Costa Rica

Matthew D. Firestone

Guyan Mitra, Wendy Yanagihara

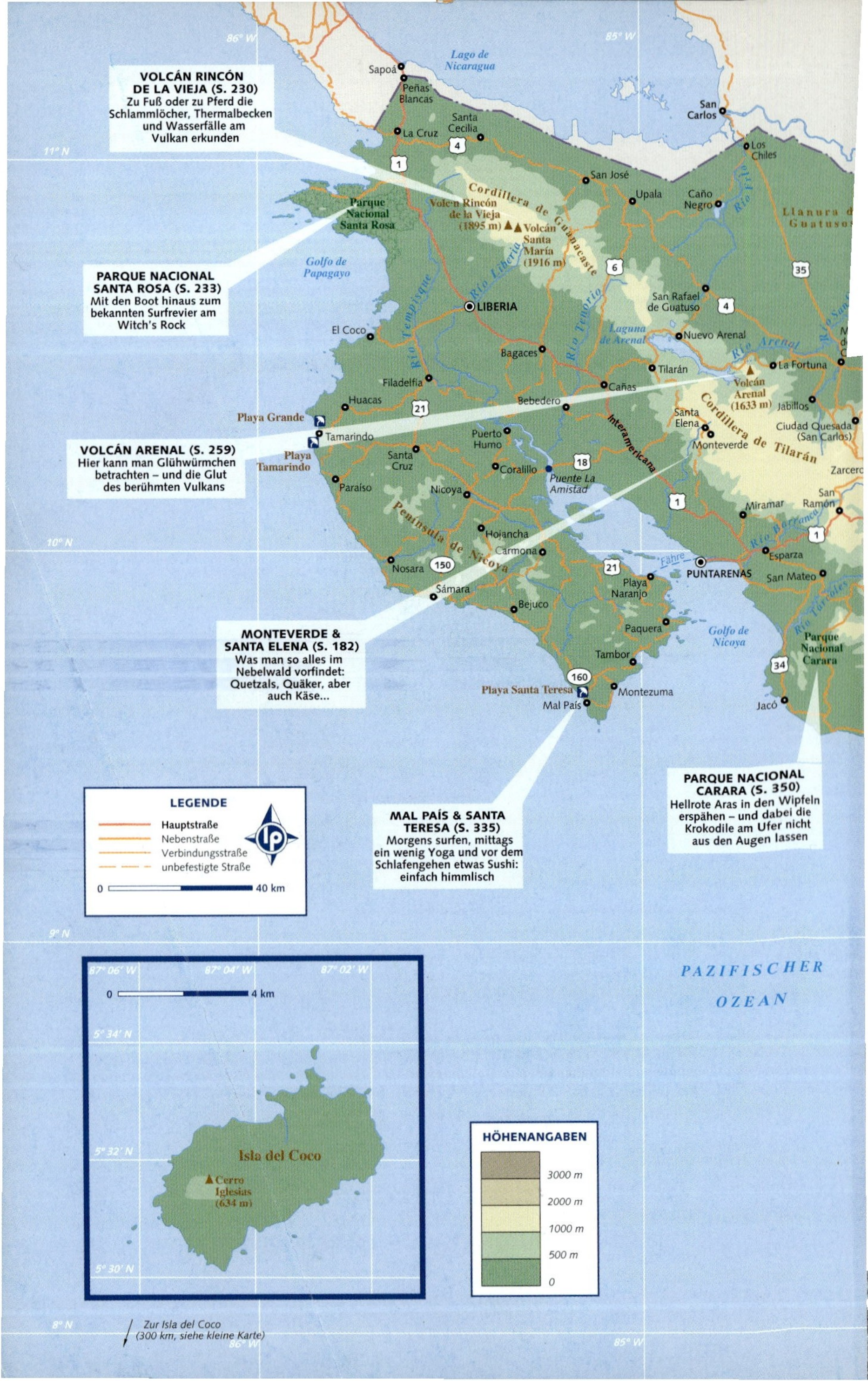

VOLCÁN RINCÓN DE LA VIEJA (S. 230)
Zu Fuß oder zu Pferd die Schlammlöcher, Thermalbecken und Wasserfälle am Vulkan erkunden
PARQUE NACIONAL SANTA ROSA (S. 233)
Mit den Boot hinaus zum bekannten Surfrevier am Witch's Rock
VOLCÁN ARENAL (S. 259)
Hier kann man Glühwürmchen betrachten – und die Glut des berühmten Vulkans
MONTEVERDE & SANTA ELENA (S. 182)
Was man so alles im Nebelwald vorfindet: Quetzals, Quäker, aber auch Käse...
MAL PAÍS & SANTA TERESA (S. 335)
Morgens surfen, mittags ein wenig Yoga und vor dem Schlafengehen etwas Sushi: einfach himmlisch
PARQUE NACIONAL CARARA (S. 350)
Hellrote Aras in den Wipfeln erspähen – und dabei die Krokodile am Ufer nicht aus den Augen lassen
Lago de Nicaragua
Sapoá
Peñas Blancas
La Cruz
Santa Cecilia
San Carlos
Los Chiles
San José
Upala
Caño Negro
Cordillera de Guanacaste
Volcán Rincón de la Vieja (1895 m)
Volcán Santa María (1916 m)
Parque Nacional Santa Rosa
Llanura de Guatuso
Golfo de Papagayo
LIBERIA
Río Liberia
Río Tempisque
Río Tenorio
San Rafael de Guatuso
Laguna de Arenal
Nuevo Arenal
El Coco
Bagaces
Tilarán
La Fortuna
Volcán Arenal (1633 m)
Filadelfia
Cañas
Huacas
Bebedero
Jabillos
Playa Grande
Tamarindo
Playa Tamarindo
Puerto Humo
Santa Elena
Monteverde
Cordillera de Tilarán
Ciudad Quesada (San Carlos)
Santa Cruz
Coralillo
Puente La Amistad
Interamericana
Zarcero
Paraíso
Nicoya
Miramar
San Ramón
Península de Nicoya
Hojancha
Carmona
Fähre
PUNTARENAS
Esparza
Río Barranca
Nosara
Sámara
Playa Naranjo
San Mateo
Bejuco
Río Tárcoles
Paquera
Golfo de Nicoya
Parque Nacional Carara
Tambor
Playa Santa Teresa
Montezuma
Mal País
Jacó
PAZIFISCHER OZEAN
86° W
85° W
11° N
10° N
9° N
8° N
LEGENDE
Hauptstraße
Nebenstraße
Verbindungsstraße
unbefestigte Straße
0
40 km
87° 06' W
87° 04' W
87° 02' W
0
4 km
5° 34' N
5° 32' N
5° 30' N
Isla del Coco
Cerro Iglesias (634 m)
HÖHENANGABEN
3000 m
2000 m
1000 m
500 m
0
Zur Isla del Coco (300 km, siehe kleine Karte)

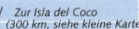

NICARAGUA

KARIBISCHES MEER

84° W

83° W

11° N

SAN JOSÉ (S. 83)
Kultur erleben – z. B. im prächtigen Teatro Nacional der Hauptstadt

PARQUE NACIONAL TORTUGUERO (S. 499)
Die ganze Nacht am Strand verbringen und auf die Ankunft der Schildkröten warten

VOLCÁN IRAZÚ (S. 162)
Den atemberaubenden Blick vom Gipfel des Vulkans genießen

TURRIALBA (S. 169)
Da pocht der Puls schneller: die Stromschnellen zählen zu den wildesten weltweit

PUERTO VIEJO DE TALAMANCA (S. 521)
Einfach einmal in der Hängematte liegen und den Tag vergehen lassen

PARQUE NACIONAL CHIRRIPÓ (S. 410)
Den höchsten Gipfel des Landes erklimmen

PARQUE NACIONAL MANUEL ANTONIO (S. 383)
Bekanntschaft mit dem seltenen Totenkopfäffchen schließen

DOMINICAL (S. 390)
Surfen bis zum Sonnenuntergang – vor dieser hübschen Stadt am Pazifik

PARQUE NACIONAL CORCOVADO (S. 460)
Mehrere Tage auf Tour gehen – durch die letzte große Wildnis Costa Ricas

10° N

9° N

8° N

PANAMA

Boca Tapada
Llanura de San Carlos
Río San Juan
Pital
Río Toro
San Miguel
Parque Nacional Volcán Poás
Volcán Poás (2704 m)
Cordillera Central
ALAJUELA
HEREDIA
Ciudad Colón
SAN JOSÉ
Santiago de Puriscal
CARTAGO
San Ignacio de Acosta
Paraíso
San Marcos de Tarrazú
Tapantí
Santa María de Dota
Valle de Parrita
Parque Nacional Los Quetzales
Parrita
Quepos
Parque Nacional Manuel Antonio
Savegre
Dominical
Úvita
Bahía de Coronado
Isla del Caño
Parque Nacional Corcovado
Península de Osa
Laguna Corcovado
Rincón
Carate
Puerto Jiménez
Playa Zancudo

Barra del Colorado
Puerto Viejo de Sarapiquí
Cariari
Tortuguero
Parque Nacional Tortuguero
Llanura de Tortuguero
Guácimo
Guápiles
Parismina
Llanura de Santa Clara
Siquirres
Río Reventazón
Lajas
Volcán Irazú (3432 m)
Pacayas
Turrialba
Moravia
Río Pacuare
Río Chirripó Atlántico
PUERTO LIMÓN
Cahuita
Pandora
Río Estrella
Puerto Viejo de Talamanca
Bribri
Shiroles
Amubri
Río Telire
Río Sixaola
Sixaola
Guabito
Changuinola
Bocas del Toro
Almirante
Cordillera de Talamanca
Parque Nacional Chirripó
Cerro Chirripó (3820 m)
Reserva Biológica Durika
Ujarrás
Buenos Aires
Valle del General
Río General
Potrero Grande
Paso Real
Palmar Norte
Ciudad Cortés
Sierpe
Interamericana
Río Cotón
Valle de Coto Brus
Santa Elena
Sabalito
Río Sereno
San Vito
Agua Buena
Fila Costeña
Golfito
Río Claro
Neily
Paso Canoas
Valle de Coto Colorado
Boquete
Concepción
David
Puerto Armuelles

Río San Juan
Río Sarapiquí
Río Tortuguero
4
32
10
32
36
2
34
2

Unterwegs

MATTHEW D. FIRESTONE (HAUPTAUTOR)

Diese Hängebrücken, die ein tiefes Urwaldtal überspannen, wirken auf mich immer ein wenig unwirklich. Vermutlich hat das damit zu tun, dass ich zeitlebens nie etwas anderes werden wollte als – Indiana Jones. Manchmal renne ich über solche Brücken, als sei mir eine Horde wütender Wilder auf den Fersen. Danach merke ich natürlich, wie dumm ich dabei ausgesehen haben muss, und hoffe, dass niemand mich heimlich beobachtet hat.

GUYAN MITRA Rafting gehört sicherlich zu den aufregendsten Dingen, die man in Costa Rica unternehmen kann. Was ich von dieser Wildwasserfahrt in Erinnerung behalten habe, sind allerdings nur aufgeregte Kommandos: Jetzt paddeln! Ducken! Schneller!

WENDY YANAGIHARA Mein Reisegefährte hatte die Wellen bei Ostional erspäht. Wir hielten an, und er paddelte hinaus. Da krabbelte plötzlich *dieser* kleine Kerl über mein Badetuch. Ich setzte ihn vorsichtig zurück ins Wasser und wünschte ihm eine gute Reise.

Weitere Informationen über die Autoren siehe S. 622

HIGHLIGHTS

Nur wenige Reiseländer können mit einer solchen Fülle erstaunlicher Landschaften und exotischer Tiere aufwarten, wie Costa Rica sie bietet, ein kleines mittelamerikanisches Land zwischen zwei großen Ozeanen. Was dem Land an Fläche fehlt, macht es durch biologische Vielfalt mehr als nur wett. So kann man in Costa Rica einen karibischen Sonnenaufgang erleben und am Abend desselben Tages die Sonne über dem Pazifik versinken sehen. Oder man wandert vormittags durch dichten Hochlandnebelwald, um nachmittags auf einer Plantage bei einer Tasse köstlichem Kaffee zu entspannen. In dieser reichen Naturlandschaft leben einige der faszinierendsten Tierarten der Erde, in den Baumwipfeln beispielsweise der farbenprächtige Arakanga und das Totenkopfäffchen, während am Waldboden der Jaguar dem Tapir auflauert.

Nationalparks

Nebelverhangene Regenwälder und rot glühende Vulkane, zerklüftete Küsten und Meeresschutzgebiete: All dies und vieles mehr findet man in den erstaunlichen Nationalparks von Costa Rica. Ob man sich nun den Weg durch dichten Dschungel bahnen oder lieber an sonnenverwöhnten Stränden faulenzen möchte – in Costa Rica kommt einfach jeder auf seine Kosten.

4

❶ Parque Nacional Tortuguero
Der Nationalpark schützt Flächen an Land und Teile des angrenzenden Meeres (S. 499). Seine Küsten gelten als weltweit wichtigste „Kinderstube" der gefährdeten Suppenschildkröte. In diesem ursprünglichen Schutzgebiet an der nördlichen Karibikküste leben außerdem zahlreiche weitere Tierarten, darunter Seekühe, Affen und Faultiere.

❷ Parque Nacional Isla del Cocos
Es ist nicht ganz einfach, auf diese abgeschiedene Tropeninsel (S. 480) mitten im Pazifik zu gelangen, doch die Mühe lohnt sich. Die Isla del Cocos, übrigens Drehort für den Film *Jurassic Park*, gehört zu den ökologisch bedeutsamsten Inseln der Welt.

❸ Reserva Biológica Bosque Nuboso Monteverde
Quäker waren die Ersten, die sich um den Schutz dieses berühmten Nebelwaldes (S. 212) kümmerten. Ihnen ging es darum, das unschätzbar wertvolle Gebiet der Wasserscheide zu bewahren. Hier leben seltene Tiere, darunter der farbenprächtige Quetzal, der Paradiesvogel der Maya. Seinen guten Ruf als Land des Ökotourismus verdankt Costa Rica nicht zuletzt diesem Schutzgebiet von Monteverde.

❹ Parque Nacional Volcán Arenal
Der Nationalpark (S. 259) ist ein ganz heißes Ziel, denn die Hauptattraktion ist der Volcán Arenal, einer der zehn aktivsten Vulkane weltweit. In klaren, wolkenlosen Nächten leuchtet der Himmel rund um diesen finsteren Koloss glühend rot, wenn Lavaströme Welle auf Welle den Hang hinabgleiten.

❺ Parque Nacional Corcovado
National Geographic hat diesen Park als biologisch reichhaltigsten Ort auf Erden gepriesen. Hier findet man die schönsten pazifischen Küstenregenwälder Costa Ricas. Eine Expedition durch diesen Nationalpark (S. 460) ist zweifellos der Höhepunkt einer jeden Reise.

❻ Parque Nacional Chirripó
Costa Rica wird durch die kontinentale Wasserscheide zweigeteilt: ein Bergrücken, der für die Artenvielfalt des Landes von großer Bedeutung ist. Wer den geologisch hochinteressanten höchsten Gipfel Costa Ricas erklimmen will, begibt sich zum Cerro Chirripó inmitten des Nationalparks (S. 410).

6

Tiere beobachten

Viele Besucher kommen vor allem der Tierwelt wegen nach Costa Rica. Überraschend
mühelos erspäht man dort so manche
äußerst seltene, scheue Kreatur. Bei einer
Reise in dieses Tierparadies gehört das
Fernglas also unbedingt ins Gepäck.

Tipp des Autors

Ob man nun ein aufstrebender Vogelbeobachter oder bereits ein erfahrener Naturfreund ist, das Buch *A Naturalist in Costa Rica* von Alexander Skutch gehört auf jeden Fall ins Reisegepäck. Skutch, ein renommierter Vogelkundler, unterlegt die lesenswerten Beschreibungen der Flora und Fauna mit eigenen philosophischen Betrachtungen. Das Buch mischt Memoiren mit Naturkundlichem.

❶ Arakanga

Nur wenige Bewohner des Blätterdaches wirken so majestätisch wie diese monogam lebenden Vögel, die an ihren Rufen leicht zu erkennen sind. Die besten Chancen, Arakangas oder Hellrote Aras vor dem Grün der Baumkronen zu erspähen, bieten sich im Parque Nacional Carara (S. 350).

❷ Totenkopfäffchen

Der Parque Nacional Manuel Antonio (S. 383) mit seinen von Regenwald überzogenen Berghängen, die bis zum Meer hin abfallen, gilt als eines der schönsten Reiseziele im ganzen Land. Mit etwas Glück (und Geduld) begegnet man dort vielleicht einem der seltenen Rotrücken-Totenkopfäffchen oder Saimiri.

❸ Lederschildkröte

Costa Rica ist eines der wenigen Länder, an dessen Küsten Lederschildkröten regelmäßig zur Eiablage an Land gehen. Zu den Orten, an denen sich diese Hochseebewohner zeigen, gehört Playa Grande (S. 286) – vor allem wenn der Vollmond dicht über dem Horizont steht. Pazifische Lederschildkröten vergraben ihre Eier schon seit Tausenden von Jahren hier im Sand.

❹ Jaguar

Viele altgediente Wildhüter haben ihr Leben im Dschungel von Costa Rica verbracht, ohne diese scheue Raubkatze ein einziges Mal zu Gesicht zu bekommen. Wer es selbst einmal versuchen möchte und die Spuren des großen Jägers lesen kann, hat nirgends bessere Chancen als im zerklüfteten Parque Internacional La Amistad (S. 420).

❺ Buckelwal

Zu den Meeressäugern, die man gesehen haben muss, gehört der Buckelwal. Mit ihren Brustflossen, die sie ihren Zuschauern gern präsentieren, sind sie ein unvergesslicher Anblick. Wer den sanften Riesen auf ihrer jährlichen Wanderung begegnen möchte, sollte den Parque Nacional Marino Ballena (S. 396) in die Reiseroute aufnehmen.

❻ Baird-Tapir

Diese Unpaarzeher, enfernte Verwandte der Nashörner, bewohnen Gebirgsregenwälder. An der Rangerstation von Sirena (S. 465) im Parque Nacional Corcovado bekommt man sie aber noch recht häufig zu Gesicht.

6

Tropenstrände

Natürlich findet man in Costa Rica einige der prächtigsten Regenwälder auf Erden und eine einzigartige Tierwelt noch dazu – die endlosen Sandstrände sind allerdings auch nicht zu verachten. Ob man sich nun als Surfer in die Brandung stürzt oder lieber bloß träge in der Sonne döst, eines steht fest: Die zahlreichen Strände dieses Landes sind einfach traumhaft.

5 1
2
6 3 4

3

Tipp des Autors

Costa Rica besitzt etliche Partystrände im Stil von Cancún, die ausländische Touristen anlocken. Auch wer nicht so recht davon überzeugt ist, dass Strände vor allem dazu dienen sollten, im Sand zu feiern und bis in die frühen Morgenstunden hinein zu tanzen, kommt auf seine Kosten: Costa Rica bietet noch genug einsame Strände für jeden.

❶ Playa Tamarindo

Der bei Touristen sehr beliebte Strand – auch als Playa Tamagringo bekannt – lockt mit faszinierendem Nachtleben direkt an der Küste des Ozeans. Natürlich ist Tamarindo (S. 290) nicht unbedingt einer der authentischsten Orte des Landes, aber wenn man das im Gedächtnis behält, kann man sich hier prächtig amüsieren.

❷ Playa Negra

Dieser beliebte Strand (S. 512), der zur Reggaestadt Cahuita gehört, ist mit tiefschwarzem Sand bedeckt, der an sonnigen Tagen regelrecht glänzt. Der Sand kann zwar mittags ein wenig zu warm werden, doch das türkisfarbene Wasser der Karibik ist immer für eine Abkühlung gut.

❸ Mal País & Santa Teresa

Die beiden Badeorte (S. 355) an der Spitze der Halbinsel Nicoya sind wirklich nicht gerade einfach zu erreichen. Doch die Fahrt über holprige, staubige Straßen lohnt sich, denn hier kann man an einem herrlich unverbauten Strand aufs Surfbrett steigen.

❹ Montezuma

Nur wenige Orte Costa Ricas locken derartige Besucherscharen an wie Montezuma (S. 328), ein klassisches Rucksacktouristen-Paradies am südlichen Ende der Halbinsel Nicoya. Doch gehören jene Menschenmassen gleichsam zu einer anderen Welt, wenn man a dem einsamen, schier endlosen Strand von Montezuma entlangspaziert.

❺ Playa Conchal

Conchal (S. 286) ist zwar nicht besonders groß, dennoch ist er der vermutlich schönste Strand im ganzen Land. Hier findet man besonders viele prächtige Muscheln. Also nichts wie hinein ins kristallklare Wasser und nach einem Souvenir gesucht. Müsste nicht eigentlich das Paradies so aussehen?

❻ Manzanillo

Der idyllische Ort (S. 536) liegt am Ende der Straße, die zur Karibikküste führt. Als Kulisse dient dem Städtchen ein Bilderbuchstrand aus feinem, weißem Sand. Einfach in Puerto Viejo de Talamanca ein Fahrrad ausleihen und losradeln, bis man die Brandung hört.

Abenteuerreise

Adrenalin-Junkies aller Länder, vereinigt euch! Denn in Costa Rica bedeutet „Outdoor" nicht den Spaziergang im städtischen Park. Ganz im Gegenteil werden Extremsportler hier auf harte Proben gestellt, zu Lande, zu Wasser und in der Luft. Wer mag, gleitet an Seilen durch das Blätterdach der Urwaldriesen oder stürzt sich mit dem Kanu ins schäumende Wildwasser.

Tipp des Autors

Extremsportarten zu betreiben ist auch in Costa Rica alles andere als preiswert – die Brieftasche sollte also gut gefüllt sein. Zum Glück gibt es dafür überall preisgünstige Hotels. Wer knapp kalkulieren muss, kann also bei der Übernachtung sparen und das Geld besser ins Surfvergnügen investieren.

❶ Baumkronentouren

Am besten erkundet man die luftigen Höhen der Urwaldriesen, wenn man sich, gut angeschnallt, an ein eigens für diesen Zweck konstruiertes Seil hängt und einfach durchs Blätterdach saust – in der Umgebung von Monteverde (S. 192) ist dieser Spaß möglich. Bei dem rasanten Tempo wird man zwar vermutlich nicht allzu viele Tiere entdecken, dafür sieht man die Natur aus einer ganz neuen, schwindelerregenden Perspektive.

❷ Kajaktouren auf dem Fluss

Das Paddelerlebnis gerät besonders aufregend, wenn man sich auch einmal in einem kleinen Kajak in die Stromschnellen eines Flusses hineinwagt. Die Wildwasserstrecken nahe der Kleinstadt Puerto Viejo de Sarapiquí (S. 566) – im Nordwesten, unweit der Grenze zu Nicaragua gelegen – sind geradezu sensationell.

❸ Surfen in der Karibik

Salsa Brava (S. 525) an der Küste von Puerto Viejo de Talamanca gilt als eines der attraktivsten Ziele der Surferszene weltweit. Man sollte allerdings kein Anfänger sein, wenn man mit unbeschädigtem Surfbrett – und unversehrten Knochen! – wieder aus dem Wasser herauskommen möchte, aber wer diese Wellen besteht, kann wirklich stolz auf sich sein.

❹ Wildwasserrafting

Unter Wildwasserfreunden gilt Costa Rica als eine der Topdestinationen weltweit. Nirgends kann man mächtige Urwaldströme so gut mit dem Boot bezwingen wie am Turrialba (S. 171). Einsetzen kann man sein Boot an mehreren Uferbereichen des Río Reventazón oder des Río Pacuare.

❺ Auf dem Pazifik surfen

Witch's Rock (S. 236) ist ein weiteres Lieblingsziel der Surfergemeinde – sehr abgelegen und nur mit dem Boot vom Nationalpark Santa Rosa aus zu erreichen. Die steil hochgehende Brandung hat hier Weltklasseformat und fordert selbst von geübten Wellenreitern höchste Konzentration.

❻ Tauchen

Costa Rica ist stolz auf seine artenreiche Tierwelt in den Nationalparks, doch die Unterwasserfauna ist nicht weniger sehenswert. Will man die Wunderwelt der Fische aus nächster Nähe bestaunen, wählt man einen der Tauchgründe im Norden der Halbinsel Nicoya (S. 277) für eine faszinierende Unterwassersafari. Die Riffe und Korallenstöcke präsentieren eine bunte Szenerie.

Vielfalt der Kulturen

Als Teil Lateinamerikas ist Costa Rica natürlich entschieden spanisch geprägt. Dennoch begegnet man hier einer überraschend bunten Völkervielfalt. Wer die großen Städte des Landes erkundet, wird auf Menschen mit den unterschiedlichsten kulturellen und sozialen Wurzeln treffen.

3

5

Tipp des Autors

In Costa Rica sollte man sich niemals scheuen, die Einheimischen nach ihren Sitten und Gebräuchen zu befragen. Vielleicht sitzt der perfekte Vermittler der Landeskultur ja gerade neben einem im Bus, an der Theke oder auf derselben Parkbank – und wohin ein Gespräch führt, weiß man ja vorher nicht.

❶ Josefinos

San José ist zweifellos eine der „westlichsten" Hauptstädte Mittelamerikas. Hier findet man internationale Restaurants, Bars und Tanzlokale in Hülle und Fülle. Wem der Sinn nach nächtlichen Partys steht, sollte auch das größte Club-Zentrum nicht versäumen: das El Pueblo (S. 112).

❷ Guanacastecos

Guanacaste nennt sich das trockene, dürre Farmland, das die Halbinsel Nicoya und einen großen Teil des nordwestlichen Costa Rica überzieht. Hier hat die Cowboykultur des Landes ihre Wurzeln. Wer einen Blick in diesen Wilden Westen werfen möchte, sollte ein *tope* (S. 219) nicht verpassen, eine Mischung aus Rodeo und Jahrmarkt.

❸ Afrokariben

An der Karibikküste des Landes leben viele Menschen afrikanischer Herkunft. Ihre Vorfahren wurden im 19. Jh. aus Jamaika hierhergebracht, um beim Bau der Eisenbahn mitzuarbeiten. In Städten wie Puerto Viejo de Talamanca (S. 521) ist dieses Erbe noch sehr präsent – in der Vorliebe für Kokosgerichte ebenso wie in der Calypsomusik.

❹ Gringos

Einst war die Bezeichnung ein Schimpfwort für US-Amerikaner, doch mittlerweile leben viele Bürger der USA hier im Süden und tragen diesen Namen mit Stolz. Städte wie Jacó (S. 355) haben Rentner aus dem Norden scharenweise angezogen, was der Wirtschaft dieser Region spürbar gut bekommt.

❺ Guaymí

Die meisten Völker der Ureinwohner haben sich zwar mehr oder weniger dem westlichen Lebensstil angepasst, doch im Süden Costa Ricas gibt es noch immer einige Landstriche, in denen die Guaymí (S. 450) bis heute ihre Traditionen pflegen. Die Menschen sprechen dort ihre eigene Sprache, tragen ihre herkömmliche Kleidung und leben als Jäger und Sammler.

❻ Brunka (Boruca)

Die Brunka oder Boruca sind die Erben dreier großer Stammesfürstentümer, die einst auf der Península de Osa und im Süden Costa Ricas herrschten. Heute leben sie in Reservationen (S. 414) im Tal des Río Grande de Térraba. Alljährlich feiern sie ihre Fiesta de los Diablitos (Abb. S. 16) – ein Schauspiel, das Besucher aus aller Welt anlockt.

Inhalt

Regionalkarten

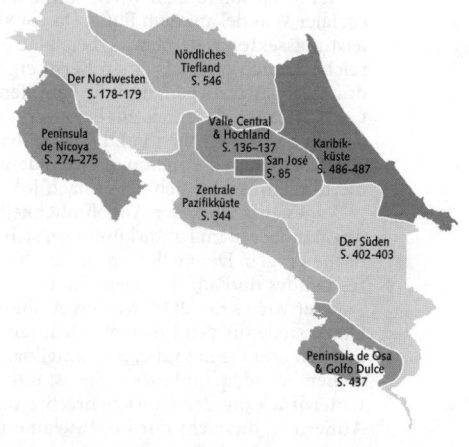

Der Nordwesten
S. 178–179

Nördliches
Tiefland
S. 546

Peninsula
de Nicoya
S. 274–275

Valle Central
& Hochland
S. 136–137

San José
S. 85

Karibik-
küste
S. 486-487

Zentrale
Pazifikküste
S. 344

Der Süden
S. 402-403

Peninsula de Osa
& Golfo Dulce
S. 437

Reiseziel Costa Rica

Wegen der vielen Annehmlichkeiten und des entspannten Lebensstils, der gefestigten Demokratie und der überwältigenden Schönheit seiner Natur gilt Costa Rica vielen Landeskennern als „mittelamerikanische Schweiz". Doch was genau hat es damit eigentlich auf sich? Ist das nur ein hübsches Klischee und ein Slogan der Tourismusbranche – oder verbirgt sich dahinter etwas, das auch für die Ticos, also die Bewohner Costa Ricas, in ihrem Alltag von Bedeutung ist?

Vor 100 Jahren hätte man das Kompliment von der „mittelamerikanischen Schweiz" eher für einen sehr optimistischen und nicht sonderlich gelungenen Scherz gehalten. Costa Rica war zu jener Zeit nur gelegentlich eine wirkliche Demokratie, die Menschen waren arm, und eine Idee wie „Umweltschutz" lag natürlich noch völlig jenseits der damaligen Vorstellungswelt. Erst in der zweiten Hälfte des 20. Jhs. entwickelte sich die Wirtschaft, und es entstand eine durchaus beachtliche Mittelschicht. Hinzu kamen großzügige staatliche Sozialleistungen und eines der fortschrittlichsten Umweltschutzprogramme der Welt.

Um den Fortschritt zu erkennen, muss man sich einfach einmal vor Augen halten, dass das ganze Land noch vor 1950 mit bitterer Armut zu kämpfen hatte und es damals eine große persönliche Leistung darstellte, wenn jemand überhaupt ein Lebensalter von 50 Jahren erreichte. Heute lebt nicht einmal mehr jeder fünfte Tico unterhalb der Armutsgrenze, und die statistische Lebenserwartung hat bereits mit der in der westlichen Welt gleichgezogen.

Noch 1980 wohnten die meisten Bewohner des Landes auf ihren eigenen kleinen Farmen. Sämtliche Einkäufe erledigten sie in der nächstgelegenen *pulpería* (einer Art „Tante-Emma-Laden"), sie informierten sich über das staatliche Radioprogramm und hatten noch niemals ein modernes Einkaufszentrum gesehen. Heute hat sich das Valle Central unter dem Einfluss der stetig wachsenden Städte erheblich verändert: Der Einkauf im Supermarkt ist für die meisten eine Selbstverständlichkeit, jeder empfängt etliche Fernsehsender über Satellit, und Shoppingmalls im US-Stil erfreuen sich großer Beliebtheit.

Natürlich folgte dem wirtschaftlichen Aufschwung ein tiefgreifender sozialer Wandel auf dem Fuße. Da vor allem im Tourismus- und Dienstleistungssektor viele neue Arbeitsplätze entstanden sind, konnten zahlreiche Frauen erstmals einen Beruf ergreifen. Mittlerweile ist die Scheidungsrate angestiegen, und die Familien bleiben kleiner als früher. Mehr Costa Ricaner als jemals zuvor erwerben eine höhere Schulbildung, und sie tun dies im eigenen Land. Die mühsame Arbeit in den Kaffeeplantagen übernehmen zunehmend Wanderarbeiter aus Nicaragua, während die Einheimischen sich lieber nach Jobs in den Städten umsehen.

Angesichts all dieser Annehmlichkeiten und der gestiegenen Lebensqualität überall im Lande kümmern sich die meisten Ticos kaum um politische Fragen. Dennoch sind sie durchaus stolz auf diese Entwicklung ihres Landes und auf ihre Demokratie, die ohne eine Armee auskommt.

Oder wie es der 2006 wiedergewählte Präsident Oscar Arias in seiner Dankesrede für den Friedensnobelpreis ausdrückte: „Wir suchen beides, Frieden und Demokratie, eine unteilbare Einheit; wir wollen das Blutvergießen beenden, und dieses Ziel ist untrennbar mit einem Ende jeglicher Unterdrückung der Menschenrechte verbunden." Eine bemerkenswerte Äußerung, die nicht nur in Mittelamerika Beachtung verdient.

KURZINFOS

Bevölkerung: 4 Mio.
(Deutschland: 82 Mio.)

Lebenserwartung:
78 Jahre
(Deutschland: 82 Jahre)

Alphabetisierungsrate:
96 %
(Deutschland: 99 %)

Bevölkerungsanteil
unterhalb der Armutsgrenze: 18 %
(Deutschland: 13 %)

Internetnutzung: 29 %
(Deutschland: 65 %)

Jährliche Kohlendioxidemission pro Kopf: 1,6 t
(Deutschland: 10,9 t)

Jährlicher Kaffeekonsum
pro Kopf: 3,9 kg
(Deutschland: 6,7 kg)

Pkw pro 1000 Ew.: 103
(Deutschland: 570)

Fläche unter Naturschutz:
27 %
(Deutschland: 3,4 %)

Anzahl der Vogelarten:
über 850

Auch wenn man einmal vom Lebensstil und der demokratischen Entwicklung absieht, ist Costa Rica ein äußerst ungewöhnliches Land. Sicherlich gibt es auf der Welt mehr als nur einen Staat, der herrliche Naturlandschaften bewahrt hat. Artenreichtum und biologische Vielfalt sind aber in den Regenwäldern und Korallenriffen von Costa Rica sogar noch größer als in Europa und den USA zusammen.

Früher betrachtete die Regierung von Costa Rica den Regenwald einfach nur als ein wertvolles Wirtschaftsgut, als Holzlieferanten und als eine Fläche, die man bei Bedarf in Acker- und Weideland umwandeln konnte. Nach einer schweren Wirtschaftskrise in den 1970er-Jahren änderte die Regierung ihren Kurs. Seither gilt Costa Rica weltweit als Vorbild hinsichtlich seiner nachhaltigen Entwicklung, die immer wieder den Ausgleich zwischen wirtschaftlichen Belangen und den Interessen des Naturschutzes zu schaffen versucht.

Natürlich geht das auch in Costa Rica nicht ganz ohne Streitigkeiten ab. Für Naturschutz und Ökotourismus sind zwei verschiedene, jeweils sehr mächtige Verwaltungsapparate zuständig: auf der einen Seite das Ministerium für Umwelt und Energie (Minae), auf der anderen das Fremdenverkehrsamt von Costa Rica (ICT). Konflikte zwischen diesen beiden Parteien stehen gleichsam auf der Tagesordnung. Denn die Öko-Elite in San José zeigt oft wenig Verständnis für die Bedürfnisse der Menschen vor Ort, die nun einmal von der Nutzung ihres Landes leben müssen. Ein weiterer Konflikt: Der gute Ruf Costa Ricas hat ausländisches Kapitel angelockt, sodass die Immobilienpreise vielerorts in die Höhe geschnellt sind und die ursprünglichen Bewohner aus ihren Vierteln verdrängt wurden.

Schließlich hat der Erfolg der „grünen Revolution" ein neuartiges Problem geschaffen: die Notwendigkeit, eine Infrastruktur für den nachhaltigen Ökotourismus (s. S. 417) aufzubauen. Neue Hotels, bessere Straßen und zusätzliche Verkehrsmittel waren unvermeidlich, doch dass nun die Besucherscharen auch die Regenwälder erleben sollen, blieb nicht überall ohne Folgen für dieses sehr empfindliche Ökosystem.

Trotz allem bleibt Costa Rica natürlich ein unvergleichliches Reiseziel, zumal es in puncto Natur und Umwelt keinen Vergleich in Lateinamerika zu scheuen braucht. Dass es dort überhaupt keine Probleme gibt, war ja ohnehin nicht zu erwarten. Zumindest aber ist Costa Rica das einzige Land Mittelamerikas, das Umweltfragen sehr ernsthaft diskutiert und nicht bloß Lippenbekenntnisse ablegt.

Bevor es losgeht

Für ausländische Besucher ist Costa Rica das unkomplizierteste Reiseland Mittelamerikas. Die meisten sehenswerten Orte sind mit preisgünstigen Bussen gut zu erreichen, es gibt zahllose Unterkünfte, und fast überall findet man viele ordentliche Lokale, in denen man etwas zu essen bekommt – man kann sogar ganz beruhigt speisen, ohne sich um die Auswirkungen auf den Magen Sorgen machen zu müssen. Außerdem kommt man hier leicht mit Einheimischen ins Gespräch, und selbst der Zugang zum Internet ist ohne große Mühe landesweit möglich.

Eine gute Vorbereitung garantiert in der Regel einen etwas reibungsloseren Reiseverlauf, doch für Costa Rica ist eine exakte Planung eigentlich nicht so dringend notwendig – es sei denn, es steht nur sehr wenig Zeit zur Verfügung. Costa Rica bietet wirklich für jeden etwas; auch die Abenteuerlustigen, die süchtig nach einem Adrenalinkick sind, finden hier bestimmt etwas nach ihrem Geschmack. Wer dagegen den Tag lieber mit einem guten Buch in der Hand oder dem Spiel der Wellen lauschend an einem sonnenbeschienenen Strand verbringen möchte: Nun, auch in dieser Hinsicht hat Costa Rica bekanntlich eine hübsche Auswahl zu bieten.

Weitere Infos über Klima (S. 589) und Festivals (S. 579) im Kapitel „Allgemeine Informationen"

Wer preiswert durch das Land reisen möchte, findet dazu genügend Möglichkeiten: Busunternehmen fahren bis ins kleinste Dorf, und sollte es einmal mit dem Bus nicht mehr weitergehen, gibt es oft genug eine Bootsverbindung. Wer es etwas komfortabler wünscht, kommt mit dem voll klimatisierten Wohnmobil und gelegentlich mit einem Inlandflug bis in den letzten Winkel des Landes. Auch an Unterkünften steht eine beachtliche Palette zur Auswahl – von schlichten Hütten oder Campingplätzen bis hin zu erstklassigen Resorts, in denen jeder erdenkliche Luxus geboten wird.

Das Angebot an Unterkünften ist im ganzen Land wirklich sehr groß, und es ist völlig unproblematisch, sich gleich nach der Ankunft in einer neuen Stadt etwas zu besorgen. Zu den wenigen Ausnahmen dieser Regel gehören die Woche zwischen Weihnachten und Neujahr sowie die Woche vor Ostern, die *(Semana Santa)*. Reist man zu dieser Zeit oder auch während der Schulferien im Januar und Februar, sollte man sich besser im Voraus um ein Nachtquartier bemühen.

Da der Lebensstandard in Costa Rica relativ hoch ist, liegen die Preise in der Regel deutlich über denen der mittelamerikanischen Nachbarländer – sogar höher als in ganz Lateinamerika. Man benötigt also mehr Geld, allerdings wird dafür in der Regel auch eine recht hohe Qualität geboten.

REISEZEIT

Die beste Reisezeit für Costa Rica liegt grundsätzlich in der Trockenzeit zwischen Dezember und April, die man hier *verano* (Sommer) nennt. Trocken heißt keineswegs, dass es überhaupt nicht regnet, sondern es gibt einfach nur weniger Regen (also sollte man diese Jahreszeit vielleicht besser „trockenere Zeit" nennen).

Die Schulen des Landes sind von Dezember bis Februar geschlossen, dafür sind dann die Strandorte voll, vor allem an den Wochenenden. Für die Semana Santa (Karwoche, Ostern) sind die Hotels meist schon Monate im Voraus ausgebucht.

Im Mai beginnt die Regenzeit, der *invierno* (Winter), wobei das Tourismusministerium sich dafür cleovererweise den netten Begriff „grüne Saison" ausgedacht hat. Die ersten Monate der Regenzeit sind indes eine wirklich verlockende Reisezeit, man vermeidet nämlich den ganzen Touri-Trubel,

---

AN ALLES GEDACHT?

- Die aktuellen Visa-Bestimmungen (S. 591) und die amtlichen Reisehinweise (S. 578) kurz vor der Abreise checken
- Ein wirksames Insektenschutzmittel, z. B. eines mit dem Wirkstoff Icaridin, besorgen; wer längere Dschungeltouren plant (oder in preiswerten Unterkünften übernachtet), sollte unbedingt ein Moskitonetz mitnehmen
- Wenigstens einige grundlegende Brocken Spanisch lernen
- Medikamente gegen Magenverstimmung und Durchfall nicht vergessen
- Eine starke Sonnencreme und eine undurchlässige Kappe einpacken, denn die tropische Sonne ist stets sehr intensiv
- Kleidung, die ruhig völlig verdrecken oder nass werden darf
- Badehose/-anzug und Handtücher für den Strand
- Einen Regenmantel für schlechtes Wetter und Bootstouren, bei denen man nass werden kann
- Wasserfeste Sandalen oder Neoprenschuhe sowie robuste Stiefel für den Dschungel
- Einen Wecker, um Busse am frühen Morgen nicht zu verpassen
- Eine wasserfeste und winddichte Jacke, dazu ein warmes Innenfutter für Wanderungen und fürs Campen im kühleren Hochland
- Taschenlampe
- Fernglas und Wanderkarte
- Diverse Kleinigkeiten: Regenschirm, Vorhängeschloss, Streichhölzer und Taschenmesser (selbstverständlich nicht ins Handgepäck!)
- Appetit auf frisches Obst
- Durst auf ein kühles Bier
- Echte Abenteuerlust

---

außerdem sind die Hotels etwas günstiger. Allerdings steigen in dieser Zeit auch die Flusspegel an, die Straßen werden matschig, das Umherreisen ist generell ein wenig schwieriger. Einige entlegene Straßen werden dann von öffentlichen Verkehrsmitteln überhaupt nicht mehr befahren, sodass man sich vor Ort jeweils genau erkundigen sollte. Außerdem muss man für diese Reisezeit einen Regenschirm und viel Geduld mitbringen.

Aufgrund der vielen Besucher aus den USA und Europa gibt es in einigen Städten Costa Ricas eine „kleine" Hochsaison im Juni und Juli, d. h. zur Ferienzeit in den entsprechenden Ländern im Norden. Dann zahlt man in Costa Rica meist Hochsaisonpreise.

Für Surfer variieren die besten Reisezeiten je nach Küste: Meist gibt es in der Regensaison am Pazifik die größten und schnellsten Wellen, oft ab Ende Juni und dann vor allem in den schlimmsten Regenmonaten September und Oktober. Auf der Karibikseite findet man die besten Wellen dagegen zwischen November und Mai. Manche Reviere mit wilder Brandung sind das ganze Jahr über zum Surfen geeignet.

Wer Tiere in freier Wildbahn beobachten möchte, sollte seine Reisezeit nach dem Kalender der Tiere ausrichten: Die Schildkrötensaison an der Pazifikküste dauert von Ende Februar bis Oktober; Lederschildkröten sieht man im April und Mai, die Suppenschildkröten vor allem im August und September. An der Pazifikküste dauert die Saison für Lederschildkröten von Oktober bis zum März.

Vogelfreunde werden das ganze Jahr über von der Anzahl der verschiedenen Arten schier überwältigt sein, wobei der prächtige Quetzal am besten zwischen November und April zu beobachten ist. März bis Mai und September bis November sind gute Zeiten, um Zugvögel zu beobachten.

Angeln bietet sich das ganze Jahr über an, eine bestimmte Jahreszeit ist nur dann von Bedeutung, wenn man einen ganz speziellen Fisch fangen möchte. Von Januar bis März angelt man beispielsweise an der Karibikküste Tarpun, im europäischen Herbst (September bis November) eher Robalo. An der Pazifikküste und am Golfo Dulce kann man diesen Fächerfisch am besten zwischen November und Mai fangen.

PREISE

WAS KOSTET WIE VIEL?

Geländewagen für eine Woche: 250–400 US$

Am Seil durch die Baumkronen gleiten: 40 US$

Eintritt in den Parque Nacional Manuel Antonio: 7 US$

Mit dem Taxi vom Internationalen Flughafen in die Innenstadt von San José: 15 US$

Gebrauchtes Surfbrett in einem Surfshop: 100–250 US$

Die Reisekosten liegen hier deutlich höher als in den meisten anderen zentralamerikanischen Staaten, aber niedriger als in den USA oder Europa. Wer vorher in einem preiswerten zentralamerikanischen Land war (wie z. B. Nicaragua), muss also darauf gefasst sein, hier tiefer in die Tasche zu greifen.

Viele Preise im Land sind übrigens in US-Dollar angegeben, vor allem in gehobenen Hotels und Restaurants, wo man in der Regel auch international übliche Preise zahlen muss. Auch die meisten Touren und Führungen werden in US-Dollar abgerechnet. Die amerikanische Währung wird überhaupt an vielen Orten akzeptiert, wobei der Colón natürlich trotzdem die Hauptwährung des Landes bleibt.

Wer sparsam reist, kann mit 25 bis 35 US$ am Tag auskommen. Dafür gibt es einfaches Essen, eine schlichte Unterkunft, und man reist mit öffentlichen Verkehrsmitteln. Die billigsten Hotels kosten etwa 7–15 US$ pro Person und Bett im eigenen Zimmer, aber mit gemeinsamem Bad. Bessere Zimmer mit eigenem Bad bekommt man ab etwa 15–20 US$ pro Person, aber das hängt auch ein wenig von der jeweiligen Region ab. In den vielen *sodas* (Mittagslokalen) kann man richtig günstig essen und für nur zwei bis drei Dollar leckere *casados* (Tagesmenüs) bestellen.

Wer etwas mehr ausgeben möchte, kann mit 50–100 US$ am Tag schon sehr komfortabel reisen: Hotels dieser Preisklasse bieten ziemlich gute Qualität, die Doppelzimmer haben bequeme Betten, eigene Badezimmer, fast immer warmes Wasser, und sogar ein Frühstück ist oft inklusive – das Ganze für 20 bis 80 US$ pro Nacht. Viele Hotels dieser Preiskategorie bieten sogar eigene oder gemeinschaftlich genutzte kleine Küchen an, sodass man sich selbst versorgen kann (gut für Familien geeignet). Viele Mittelklasse-Restaurants servieren Gerichte für 5–10 US$ – die Portionen sind meist so riesig, dass sie als Hauptgerichte gelten können.

Und wer wirklich Wert auf Luxus legt, findet in den Touristenorten eine große Auswahl an Restaurants und Hotels, ebenso wie in den meisten größeren Urlaubsorten. Elegante Strandvillen und Zimmer in Privathotels sind dort ab 80 US$ pro Nacht zu haben, und wirklich exzellene Gerichte bekommt man ab ca. 15 US$.

In der Trockenzeit von Dezember bis April liegen die Zimmerpreise generell höher, Spitzenpreise werden während der Ferientage, d. h. vor allem zwischen Weihnachten und Neujahr und in der Karwoche verlangt. In der Nebensaison stehen viele Gästezimmer leer, dann kann man also versuchen, die Zimmerpreise herunterzuhandeln. Einige der beliebtesten Ferienorte (Monteverde, Jacó, Manuel Antonio und viele Strandorte auf der Península de Nicoya) sind ebenfalls teurer als der Rest des Landes.

VERANTWORTUNGSVOLL REISEN

Seit seinen Anfängen im Jahr 1973 hat Lonely Planet seine Leser immer wieder darum gebeten, rücksichtsvoll und verantwortungsbewusst zu reisen.

TOP 10 COSTA RICA

Es ist zwar nur ein kleines Land, doch bietet Costa Rica Sehenswertes und Attraktionen fast im Überfluss. Die folgende Liste gibt einige erste Anregungen.

ROMANTISCHE SONNENUNTERGÄNGE

Magische Momente erleben, wenn die letzten Strahlen der Sonne am Himmel leuchten:

1 Beim Blick von der **Crestones Base Lodge** (S. 413) zum Cerro Chirripó

2 Mit der Aussicht von der **Cabinas El Mirador Lodge** (S. 445) in Bahía Drake

3 Beim Blick auf den Volcán Arenal von **El Castillo** (S. 262)

4 Vor **Tamarindo** (S. 289) auf dem tiefblauen Pazifik segelnd

5 Beim Genuss einer eiskalten *cerveza* (Bier) im **La Taberna** (S. 506) in Tortuguero

6 Hoch auf den Klippen bei Manuel Antonio, bei einem Abendessen im **Ronny's Place** (S. 380)

7 Bei einer Abendwanderung im **Bosque Eterno de los Niños** (S. 189) in Monteverde

8 Bei Reggaemusik in **Johnny's Place** (S. 531) in Puerto Viejo de Talamanca.

9 Am Kai der **Banana Bay Marina** (S. 471) in Golfito

10 Auf der **Plaza de la Democracia** (S. 96) in San José

DIE SCHLIMMSTEN STRASSEN

Echte Herausforderungen meistern und dabei die Schönheiten des Landes entdecken:

1 Alt, aber noch befahrbar – die Straße **von Tilarán nach Monteverde**

2 Eine echte Strafe – der Weg **von Puerto Jiménez nach Carate**

3 Ist der Motor noch drin? – Eine mehr als nur holprige Strecke zu den Wellen an der **Playa Naranjo**

4 Fahrt durch den Fluss – den Río Ora zwischen **Playa Carrillo und Islita** überqueren

5 Das soll eine Straße sein? – von **Golfito nach Pavones**

6 Der Knochenbrecher – von **Buenos Aires zur Reserva Biológica Durika**

7 Auf der Straße zwischen **Tamarindo und Avellanas** zerbröselt es fast jedes Auto.

8 Kaum befahren – der steile Anstieg von **Altamira** nach **La Amistad**

9 Gemeinsam mit den schweren Sattelschleppern die Interamericana zwischen **Cañas und Liberia** zur Reserva Biológica Durika

10 Seeblick mit Schlaglöchern – auf der Strecke rund um die **Laguna de Arenal**

DIE SCHÖNSTEN STRÄNDE

Sonnenverwöhnte Strände an zwei Ozeanen – Costa Rica ist ein Paradies für all jene, die das Meer lieben:

1 **Manzanillo** (S. 537) – der schönste Strand an der Karibikküste

2 **Playas San Miguel und Coyote** (S. 321) – einsame Strände in unberührter Natur

3 **Playa Conchal** (S. 286) – ein Strand voller Muscheln an türkisblauem Wasser

4 **Playa Grande** (S. 286) – weißer Sandstrand mit Mangroven und mächtiger Brandung

5 **Playa Matapalo** (S. 388) – Wellen für Surfer und Wanderwege zu den Wasserfällen

6 **Playa Montezuma** (S. 328) – weißer Sandstrand und tolle Sonnenuntergänge

7 **Playa Mal País** (S. 335) – donnernde Brandung, so weit das Auge reicht

8 **Playa Negra** (S. 298) – dunkler Sand und kristallklares Wasser

9 **Playa San Josecito** (S. 474) – hier sitzen Arakangas in den Mandelbäumen

10 **Playa Sámara** (S. 315) – ein Strand für anspruchsvolle Urlauber und Familien

Der internationale Reiseverkehr hat seither in rasantem Tempo zugenommen, und Lonely Planet ist noch immer der Ansicht, dass Reisen für das menschliche Verständnis von großem Nutzen sind – doch der Verlag möchte wie damals deutlich darauf hinweisen, dass jeder sich über den Einfluss im Klaren sein sollte, den sein Urlaub auf die Wirtschaft, die Kultur oder das Ökosystem eines fremden Landes haben kann.

Es gibt keine unkomplizierte, vollkommen eindeutige Definition für das Konzept des sanften Tourismus. Im Wesentlichen geht es letztlich darum, die Bedürfnisse des Reisenden und die seiner Umwelt miteinander in Einklang zu bringen. Anders ausgedrückt: Sanfter Tourismus bemüht sich darum, den nachteiligen Einfluss des Reisens auf ein ökologisches und kulturelles Gefüge so weit wie möglich zu begrenzen und zugleich die Wirtschaft einer Region so zu fördern, dass die Menschen im Schutz ihrer natürlichen Ressourcen auch einen ökonomischen Vorteil erkennen.

Das klingt in der Theorie ganz einfach. In der Realität prallen jedoch immer wieder unterschiedliche Interessen aufeinander, und der Glaube an einen sogenannten Fortschritt steht häufig genug einem verantwortlichen Umgang mit dem eigenen Erbe im Weg. Immerhin hat der sanfte Tourismus den Vorteil, dass er beim einzelnen Menschen einsetzt. So kann jeder seinen eigenen kleinen Beitrag dazu leisten, dieser Idee und diesem neuen Konzept des Reisens zum Durchbruch zu verhelfen.

In Bezug auf die physische Umwelt können Reisende den negativen Einfluss des Verkehrs auch dadurch begrenzen, dass sie ihren persönlichen Beitrag zur ökologischen Entwicklung einer Region leisten, beispielsweise als ehrenamtlicher Helfer (s. S. 580). Jeder Einzelne hat so die Möglichkeit, beim Schutz des natürlichen Erbes mitzuwirken.

Natürlich ist auch das kulturelle Erbe wichtig. Reisende sollten den Gebräuchen und Traditionen ihres Gastlandes stets mit Respekt begegnen, an örtlichen Festen teilnehmen und sich aufrichtig um ein echtes Verständnis der fremden Kultur bemühen. Im günstigsten Fall erfährt man viel Wissenswertes von den Gastgebern, kann ihnen andererseits aber auch etwas von der eigenen Kultur vermitteln.

Und schließlich hat die Anwesenheit ausländischer Gäste natürlich auch finanzielle Auswirkungen. Besucher sollten sich immer vor Augen halten, dass ihr Geld vor Ort eine große Bedeutung hat und möglichst sinnvoll eingesetzt werden sollte. Wo Geld achtlos ausgegeben wird, hat der Tourismus in Costa Rica (und letztlich auf der ganzen Welt) der Wirtschaft vor Ort manchmal eher geschadet als genutzt.

Mit etwas gesundem Menschenverstand und einem Gespür für umweltgerechtes Reisen wird man sich so verhalten, dass das Reiseland für künftige Gäste weiterhin attraktiv bleibt – und natürlich auch für die Menschen, die dort leben. Ob man nun am Strand liegt, durch die Straßen einer Stadt spaziert, den Dschungel durchstreift oder in einer Bar sitzt: Überall hat der Reisende die Möglichkeit, die künftige Entwicklung in seinem Rahmen ein klein wenig positiv zu beeinflussen.

Gute Ratschläge sind für andere Reisende immer hilfreich, ebenso sollte man auch selbst für einen Rat offen sein. Und natürlich sollte man einen ganz simplen Rat beherzigen: Nichts anderes mitnehmen als die Bilder. Und nichts zurücklassen – außer den Spuren im Sand.

REISELEKTÜRE

Wer sich gerade auf eine Reise nach Costa Rica vorbereitet, sollte sich vielleicht das eine oder andere der hier genannten Bücher besorgen, um sich schon einmal aufs Reiseland einzustimmen.

■ *A Naturalist in Costa Rica* (Alexander F. Skutch): Ein echter Klassiker, vor allem unter den Freunden der Vogelwelt. Skutch mischt viele eigene Überlegungen in die Beschreibungen der Flora und Fauna. Eine Mischung aus Memoiren und Naturführer.

■ *Around the Edge* (Peter Ford): Der Autor beschreibt seine Reise entlang der Karibikküste von Belize bis Panama; er war zu Fuß und mehr noch per Boot unterwegs.

■ *Green Dreams: Travels in Central America* (Stephen Benz): Eine gründliche Analyse, die sich mit den Auswirkungen des Tourismus auf die Menschen und ihr Land auseinandersetzt.

■ *Green Phoenix* (William Allen): Ein lesenswerter Bericht über die Bemühungen des Autors, gemeinsam mit Umweltaktivisten, amerikanischen und costa-ricanischen Wissenschaftlern den Regenwald in Guanacaste zu retten.

■ *Ninety-Nine Days to Panama* (John and Harriet Halkyard): Ein Rentnerehepaar macht sich mit Hund und Wohnmobil auf den Weg von Texas nach Panama.

■ *So fern von Gott. Eine Reise nach Mittelamerika* (Patrick Marnham): Diese vergnügliche Beschreibung einer Reise von Texas nach Panama wurde 1985 mit dem Thomas Cook Travel Book Award ausgezeichnet.

■ *Traveler's Tales Central America* (hrsg. von Larry Habegger und Natanya Pearlman): Eine Sammlung bemerkenswerter Reiseessays aus der Feder bekannter Schriftsteller, darunter Paul Theroux und Tim Cahill.

■ *Walk These Stones* (Leslie Hawthorne Klingler): Die Erlebnisse einer Mennonitin im kleinen Dorf Cuatro Cruces.

INFOS IM INTERNET

CIA Factbook (www.cia.gov/library/publications/the-world-factbook/index.html) Ein wirklich ganz hervorragender Überblick über die politische und wirtschaftliche Lage in Costa Rica.

Costa Rica Guide (www.costa-rica-guide.com) Eine gut gestaltete Website mit detaillierten Karten und Reiseinformationen zu jeder Region.

Costa Rica Link (www.1costaricalink.com) Ein Online-Nachschlagewerk mit etlichen Informationen über Verkehrsverbindungen, Hotels, Aktivitäten und vieles mehr.

Costa Rica Tourism Board (www.visitcostarica.com) Die offizielle Website der Touristeninformation von Costa Rica (ICT) ist eine ideale Einführung. Hier kann man wichtige Informationen zur eigenen Reiseroute recherchieren und sogar Unterkünfte, geführte Touren und Mietwagen buchen.

Guías Costa Rica (www.guiascostarica.com) Links zu allen erdenklichen informativen Websites – von Unterhaltungsangeboten und Freizeitaktivitäten über Gesundheitsfragen bis hin zu amtlichen Informationen der Regierung.

Lanic (http://lanic.utexas.edu/la/ca/cr) Eine von der Universität von Texas zusammengestellte Sammlung von – überwiegend spanischen – Websites zahlreicher Organisationen in Costa Rica.

Lonely Planet (www.lonelyplanet.com, www.lonelyplanet.de) Reiseinfos zu Costa Rica, Links zu Unterkünften – und natürlich auch die beliebten Tipps anderer Reisender für die Mitleser am Schwarzen Brett des Forums.

Tico Times (www.ticotimes.net) Die wöchentlich aktualisierte Online-Ausgabe der hervorragenden englischsprachigen Zeitung des Landes.

Reiserouten
KLASSISCHE ROUTEN

HIGHLIGHTS DES LANDES Zwei Wochen & bis zu einem Monat/
Nordwesten Costa Ricas & Península de Nicoya

Diese Route führt zu blubbernden Vulkanen, dampfenden, heißen Quellen und Nebelwäldern – und wieder hinunter an die Strände von Nicoya.

Von San José geht es in Richtung Norden nach **La Fortuna** (S. 246) am östlichen Ausläufer der Cordillera de Tilarán; hier kann man durch dichte Wälder am Rand des **Volcán Arenal** (S. 259) wandern und anschließend in den heißen Quellen ausspannen. Weiter geht es mit Jeep, Boot und noch einmal mit dem Jeep über die Laguna de Arenal nach **Monteverde** (S. 182) bis in die **Reserva Biológica Bosque Nuboso Monteverde** (S. 212).

Einen Abstecher wert ist auch die Party-Hochburg in Nicoya, **Playa Tamarindo** (S. 290), wo man als Surfer die Brandung genießt oder sich an Land vergnügt. Naturfans können an der **Playa Grande** (S. 286) die Lederschildkröten bewundern. Erfahrene Surfer zieht es auf der miserablen Schotterstraße zu den **Playas Avellana & Negra** (S. 298).

In südlicher Richtung locken die Strände (und die vielseitige Küche) der **Playa Sámara** (S. 315) und die berühmten Wellen von **Mal País** und **Playa Santa Teresa** (S. 336). Ausspannen kann man dann noch in **Montezuma** (S. 328), bevor es via **Jacó** (S. 355) per Boot oder Bus zurück nach San José geht.

Die klassische Route bietet einen Überblick über die vielen Aspekte Costa Ricas: Zunächst führt der Weg in die Berge und Nebelwälder im Landesinneren, bevor die Península de Nicoya in Sicht kommt.

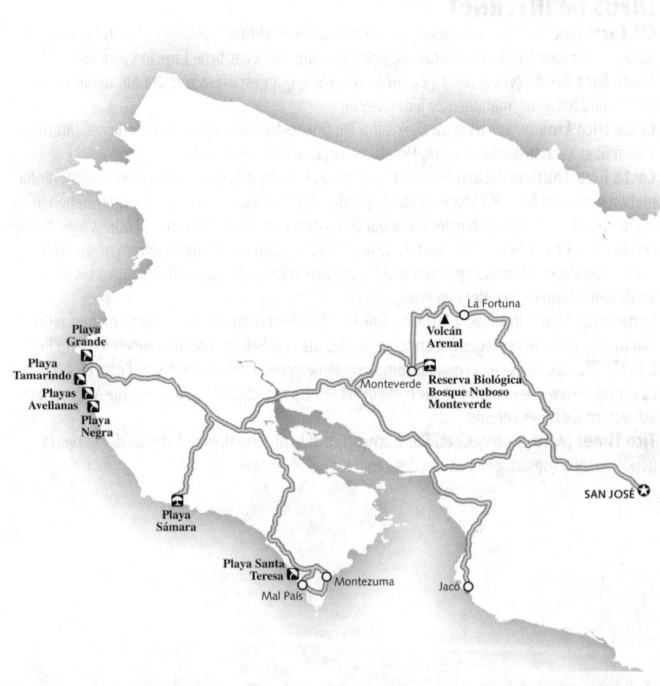

DIE PAZIFIKKÜSTE
Ein bis zwei Wochen/Zentrale Pazifikküste

Um Sonne, Sand und Wellen ausgiebig zu genießen, begibt man sich auf die Fahrt entlang der zentralen Pazifikküste gen Süden. Surfer werden von den Wellen hellauf begeistert sein.

Der Ferienort **Jacó** (S. 355), eine Art US-Enklave, lockt mit den Vergnügungen Nordamerikas: mit guten Lokalen, rappelvollen Bars und einem lebendigen Nachtleben. Wer sich von Dowtown Jacó zurücksehnt ins eigentliche Costa Rica fährt ein Stück Richtung Norden bis zum **Parque Nacional Carara** (S. 350), wo zahlreiche Arakangas, Faultiere und *cuchicuchis* (Wickelbären) in den Bäumen leben.

Bei der Weiterfahrt nach Süden kommt schon bald die Hafenstadt **Quepos** (S. 371) in Sicht, eine ideale Ausgangsbasis für Abstecher in den beliebtesten Park des Landes, den **Parque Nacional Manuel Antonio** (S. 383). Hier fällt der Regenwald bis zum Meer hin ab; zu den seltenen Arten im Park zählt auch das Mittelamerikanische Totenkopfäffchen, daneben kommen Tukane und der berühmte, fotogene Rotaugenfrosch vor.

Noch etwas weiter südlich gelangt man zum **Hacienda Barú National Wildlife Refuge** (S. 389), wo man von einer hohen Plattform aus direkt ins Blätterdach des Regenwalds späht. Wer immer noch nicht genug hat von Bilderbuchstränden, fährt ins noch südlichere **Dominical** (S. 390) oder ins beschaulichere **Uvita** (S. 394), wohin sich die Touristenmassen schon wegen der vielen Baumwurzeln an der Küste in der Regel nicht verirren.

Von Uvita aus verläuft die weitere Fahrt entweder bis zur **Península de Osa** (S. 427), oder es geht zurück nach **San José** (S. 83) – und von dort weiter bis zur **Karibikküste** (S. 483).

Diese Route beginnt dort, wo die vorhergehende endete; von San José aus führt sie durch die Regenwälder und zu den Stränden der Pazifikküste.

DIE KÜSTE AN DER KARIBIK   Ein bis zwei Wochen/Karibikküste

Begibt man sich in die völlig andere Welt an der Ostküste, weicht das Spanische dem Englischen, und die Musik wird beherrscht von den Rhythmen der Karibik, Calypso und *steel drums*.

In **San José** (S. 83) besteigt man einfach den erstbesten Bus Richtung Osten, und man klettert in **Cahuita** (S. 511) wieder heraus, Hauptstadt der afro-karibischen Kultur und „Tor zum **Parque Nacional Cahuita**" (S. 519), der mit seinen Brüllaffen schon richtig südamerikanisch wirkt. Das Städtchen ist auf jeden Fall einen Besuch wert; anschließend geht es dann nach **Puerto Viejo de Talamanca** (S. 521), also mitten hinein ins Zentrum des wilden und lustigen karibischen Nachtlebens.

In Puerto Viejo leiht man sich am besten einfach ein Fahrrad, um damit nach **Manzanillo** (S. 536) zu radeln; dort kann man schnorcheln, mit dem Kanu fahren oder im **Refugio Nacional de Vida Silvestre Gandoca-Manzanillo** (S. 538) die sumpfige Küste entlangwandern.

Wem der Sinn nach Abenteuern steht, der leiht sich in **Moín** (S. 496) ein Boot und fährt auf dem Kanal parallel zur Küste bis zum **Dorf Tortuguero** (S. 502), wo Suppen- und Lederschildkröten ihre Eier im Sand vergraben. Hier lässt sich eine Kanufahrt durch die mangrovenbestandenen Kanäle des **Parque Nacional Tortuguero** (S. 499) arrangieren, eine Art Mini-Amazonas in Costa Rica. Zu den Glanzstücken in diesem Mosaik aus Land und Wasser zählen die Monatis, amphibisches Grasfressende Seekühe, und Jaguare, die man aber allenfalls einmal anhand ihres Katzengeheules bemerken kann.

Wer in dieser schier endlosen Wasserwelt schließlich genug Tiere gesehen hat, fährt auf dem Wasserweg und mit Bussen nach San José zurück, am besten durch **Cariari** (S. 488) und **Guápiles** (S. 485).

Die Karibikküste ist praktisch eine Welt für sich; wer sich hier aufhält, erlebt ein völlig anderes Costa Rica als im Rest des Landes.

UNBEKANNTE ROUTEN

DAS OSA-ABENTEUER   Ein bis zwei Wochen/Península de Osa & Golfo Dulce
Die Halbinsel Osa ist ohne Zweifel ein ganz bedeutsamer Anziehungspunkt
für alle, die es in die unberührte Wildnis zieht.

Zunächst fliegt man nach **Puerto Jiménez** (S. 452), dem „Tor zur Halbinsel".
Dort kann man einige Tage lang die Mangroven per Kajak erkunden, sich
als Goldwäscher bewähren und einfach den Charme dieser winzigen Stadt
genießen. Anschließend geht es weiter Richtung Norden nach **La Palma**
(S. 451); von hier aus ist es nicht weit zur **Reserva Indígena Guaymí** (S. 451),
wo Besucher einen Einblick in den Alltag einer Ureinwohner-Volksgruppe
gewinnen können. Als Nächstes geht die Fahrt zur **Los Patos Ranger Station**
(S. 461), dem Ausgangspunkt einer Wanderung durch den erstaunlichen
Parque Nacional Corcovado (S. 460).

Der erste Tag dieser Tour führt zur **Sirena Station** (S. 461), einem der besten
Punkte für Tierbeobachtungen im ganzen Land; interessant sind vor allem
Totenkopfäffchen und der Baird-Tapir. Wer noch Zeit hat, sollte hier ruhig
einen Tag anhängen, um die Wanderpfade zu erkunden.

Am letzten regulären Wandertag erreicht man die **La Leona Ranger Station**
(S. 461). Vom nahe gelegenen Dorf **Carate** (S. 459) fährt ein *taxi colectivo*
zum **Cabo Matapalo** (S. 457), wo man den Rest der Woche gepflegt an einigen
herrlichen Strände relaxen kann. Von hier ist es dann nur eine kurze Taxifahrt
zurück bis nach Puerto Jiménez, und von dort geht es per Flugzeug zurück
in die Hauptstadt San José.

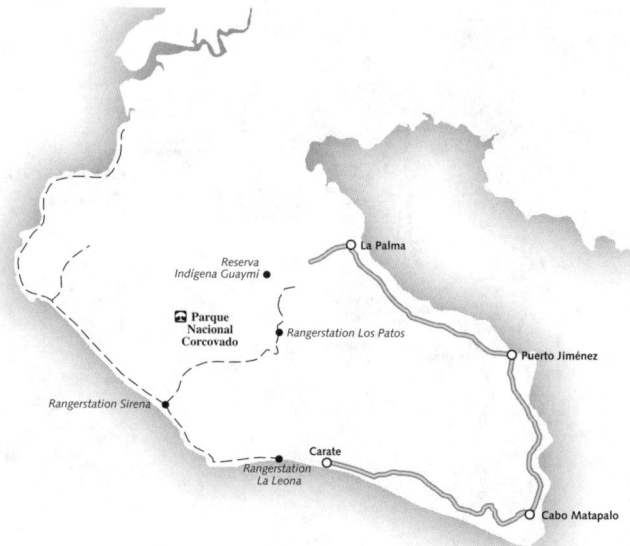

Dieses Abenteuer
ist mit keinem an-
deren Reiseerleb-
nis in Costa Rica zu
vergleichen: wenn
man sich nämlich
auf der Halbinsel
Osa den Weg durch
dichten Urwald
bahnt, in dem es
von Tieren nur so
wimmelt.

AUF DEM RÍO SAN JUAN & SARAPIQUÍ

**Ein bis zwei Wochen/
Nördliches Tiefland & Karibikküste**

Diese Tour führt in einige der einsamsten Gegenden von Costa Rica, und zwar ins dünn besiedelte nördliche Tiefland und zur Karibikküste.

Von **San José** (S. 83) geht es zunächst in den winzigen Ort **La Virgen** (S. 560), das Mekka für Wildwasser-Rafting und Kajaksport, wo man eine Tour auf dem Río Sarapiquí buchen kann und in der ziemlich luxuriösen Lodge am **Centro Neotrópico Sarapiquís** (S. 563) übernachten sollte.

Dann fährt man mit dem Bus am Río Sarapiquí entlang bis nach **Puerto Viejo de Sarapiquí** (S. 566): Hier kann man einen ganzen Tag lang durch die Bananenplantagen streifen, Tiere beobachten und an Tagen der offenen Tür den Wissenschaftlern der **Estación Biológica La Selva** (S. 569) über die Schulter bei der Arbeit zusehen.

Noch einmal verlässt man das Land und fährt mit dem Morgenboot auf dem Río Sarapiquí nach **Trinidad Lodge** (S. 566) am Südufer des Río San Juan. Hier kann man reiten, Schmetterlinge sowie Vögel beobachten und auch übernachten, bevor es dann auf dem Río San Juan in Richtung Karibisches Meer weitergeht.

Dieser Fluss, dessen Fließstrecke schon zu Nicaragua gehört, bietet eine wirklich aufregende Tour – vorbei an Ranches, durch Wälder und sogar durch ehemaliges Kriegsgebiet (hier waren einst die rechts gerichteten Contras-Rebellen gegen die Sandinisten aktiv).

Der Fluss verläuft durch den **Refugio Nacional de Vida Silvestre Barra del Colorado** (S. 507) und fließt zum Dorf **Barra del Colorado** (S. 507). Dort gibt es eine ganze Reihe von Lodges; die Umgebung lädt zum Sportangeln, zur Vogel- und Krokodilbeobachtung ein.

Hier ist der Reisende von äußeren Einflüssen abhängig – von den Gezeiten beispielsweise oder von den Bootsleuten; wenn man sich aber davon nicht abschrecken lässt, erlebt man Landschaften und wilde Tiere, die atemberaubender sind, als man es je für möglich hielt.

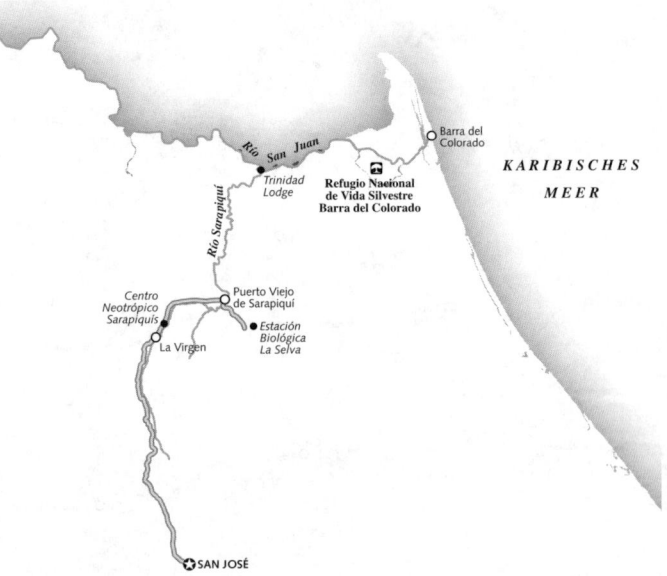

DURCH DIE TALAMANCAS   Zwei bis drei Wochen/Südliches Costa Rica

Diese Route führt durch bergiges Gelände, das bis heute zu den einsamsten Gegenden Costa Ricas zählt. Die zwei beschriebenen Wanderungen lassen sich auch separat als Kurztrips unternehmen oder bei ausreichend Zeit in einer längeren Tour zusammenfassen.

Los geht's in **San Isidro de El General** (S. 405) und von dort südöstlich durch Ananasfelder in die landwirtschaftlich geprägte Stadt **Buenos Aires** (S. 413). Hier kann man eine Fahrt über Schotterstraßen in die wirklich wunderschön und sehr einsam gelegene **Reserva Biológica Dúrika** (S. 414) buchen; der autarke kleine Ort liegt in der Cordillera de Talamanca. Auf dem Gelände liegt die Finca Anael, wo man sich mit alternativem Leben befasst.

Mit Hilfe eines ortskundigen Führers gelangt man in den **Parque Internacional La Amistad** (S. 422), eine der letzten noch nahezu unberührten Landschaften des Landes. Der sogenannte Friedenspark wird von Costa Rica und Panama gemeinsam verwaltet. Der Zugang ist von Panama aus leichter. Lohnenswert sind auch Abstecher zu den Kirchenruinen und zu den Ureinwohnern in **Ujarrás** (S. 414).

Wer noch mehr Lust auf Natur hat, kann von Buenos Aires Richtung Süden bis nach **Altamira** (S. 422) vorstoßen; dort liegt auch die Zentrale des **Parque Internacional La Amistad** (S. 430).

Von diesem Ort aus werden interessante geführte Wanderungen (etwa 20 km lang) durch das **Valle del Silencio** (S. 432) angeboten, eine der einsamsten und unberührtesten Gegenden Costa Ricas; Ziel ist ein kleines Camp am Fuße des **Cerro Kamuk** (S. 432).

Von hier aus geht es über Altamira wieder zurück zu den Straßen nahe der Carretera Interamericana.

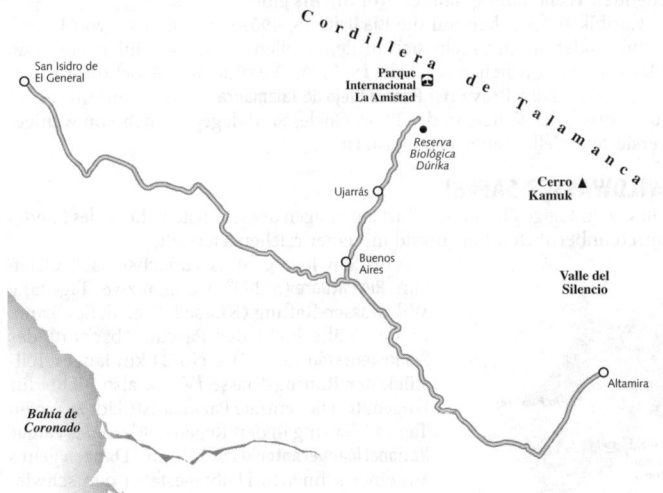

Die völlig abgelegene Cordillera de Talamanca ist einer der einsamsten Landstriche Costa Ricas. In einer überwältigend schönen Landschaft leben hier noch immer selbstständige Gemeinschaften der Ureinwohner.

MASSGESCHNEIDERTE TOUREN

SURFTOUR DURCH COSTA RICA

Die Strände von Costa Rica sind spätestens seit dem Surferfilm *Endless Summer II* für viele Surfer ein Muss.

Die **Playa Tamarindo** (S. 290) ist eine gute Ausgangsbasis für Fahrten zu etlichen attraktiven Surfrevieren. Am besten startet man mit einem Bootsausflug zum „Klassiker" Witch's Rock und Ollie's Point im **Parque Nacional Santa Rosa** (S. 233). Anschließend kann man die Wellen der einsamen Strände von **Playas Avellana** und **Negra** (S. 298) testen – beide Strände spielten in dem Surferfilm übrigens eine Hauptrolle.

Weiter südlich liegt **Playa Guiones** (S. 309), wo das ganze Jahr über Surfer anzutreffen sind; von hier aus ist es nur ein kurzer Wellenritt zum **Mal País** (S. 335).

Die nächsten größeren Stationen sind **Jacó** (S. 355) und die **Playa Hermosa** (S. 367) an der zentralen Pazifikküste mit guten, verlässlichen Wellen; noch weiter südlich sollte man die Riffbrandung in **Matapalo** (S. 388) und **Dominical** (S. 390) abchecken.

Danach geht's weiter nach Süden bis zum **Cabo Matapalo** (S. 457) auf der Península de Osa, bevor man wieder zurück aufs Festland fährt, und zwar nach **Pavones** (S. 478), wo es die größten linksbrechenden Wellen des gesamten Kontinents gibt.

Karibiksurfer gehen auf die **Isla Uvita** (S. 496) vor der Küste von Puerto Limón, oder sie tummeln sich in den Wellen an der scheinbar endlosen Playa Negra nördlich von **Cahuita** (S. 511). Die südlichen Abschnitte an der berühmten Salsa Brava bei **Puerto Viejo de Talamanca** (S. 521) sind nur etwas für Profis. Die Wellen an der Playa Cocles sind dagegen auch von weniger versierten Wellenreitern zu meistern.

WILDWASSER-SAFARI

Diese zehntägige Flusssafari führt auf einigen der schönsten Flüsse des Landes durch unberührten Regenwald mit einer reichen Tierwelt.

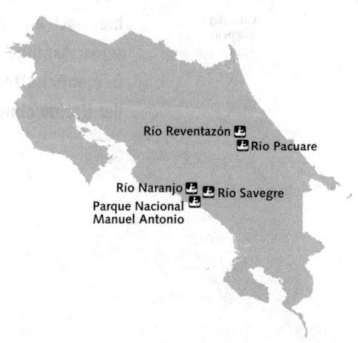

Von San José geht es zunächst nach Osten zum **Río Pacuare** (S. 171), wo man zwei Tage lang Wildwasser-Rafting (Klasse IV) genießen kann. In der Nähe lockt der Pascua-Abschnitt des **Río Reventazón** (S. 177) – ein 24 km langes Teilstück der Rafting-Klasse IV+ –, also nichts für Ungeübte. Die zentrale Pazifikküste lädt zu einem Tag mit Rafting in den Regenwäldern des **Parque Nacional Manuel Antonio** (S. 383) ein. Danach geht's auf einer schnellen Halbtagesfahrt den schwierigen **Río Naranjo** (S. 384) hinunter. Abschließend stehen zwei Tage auf dem **Río Savegre** (S. 384) auf dem Programm, wo man den einsamen oberen Abschnitt (Klasse IV+) auf dem **Río División**, dem wichtigsten Nebenfluss des Savegre, anpacken kann. Am nächsten Tag fährt man weiter stromabwärts bis zur Brücke an der Costanera, dem Küsten-Highway am Pazifik; von hier aus geht es per Auto zurück nach Norden bis nach San José.

Geschichte

DAS VERLORENE COSTA RICA

Die Küsten und Urwälder Mittelamerikas wurden schon vor 10 000 Jahren von Menschen besiedelt. Als vor etwa 500 Jahren das Zeitalter der Entdeckungen begann, lebten im heutigen Costa Rica schätzungsweise 400 000 Menschen. Leider ist das Wissen über diese vorkolumbischen Kulturen nur spärlich. Die Spuren der untergegangenen Zivilisationen wurden durch die sintflutartigen Regenfälle wortwörtlich weggespült, und die Spanier waren mehr daran interessiert, die hiesigen Kulturen möglichst völlig zu unterwerfen, anstatt ihre Lebensweise zu dokumentieren.

Anders als die riesigen Pyramidenanlagen, die es an vielen Orten Lateinamerikas gibt, wurden die alten Städte Costa Ricas vom Dschungel verschluckt (mit Ausnahme von Guayabo; s. Kasten S. 36) – niemand aus der Neuzeit hat je etwas davon gesehen. Geschichten von untergegangenen Städten haben aber in den mündlichen Überlieferungen der indigenen Bevölkerung überlebt, Archäologen hoffen deshalb, eines Tages doch noch eine dieser Stätten zu entdecken. Da ein großer Teil des Landes aus unzugänglichem Gebirge und dicht verwachsenen Regenwäldern besteht, erscheinen ihre Träume nicht völlig unrealistisch.

Der Ursprung der Erde nach dem Schöpfungsmythos der Bribrís und Cabécares ist das Thema der wunderbar illustrierten Erzählung von Susan Strauss: When Woman Became Sea.

KOLUMBUS' ERBEN

Bei seiner vierten und letzten Reise 1502 war Christoph Kolumbus gezwungen, in der Nähe des heutigen Puerto Limón vor Anker zu gehen, nachdem ein Hurrikan sein Schiff beschädigt hatte. Während er auf den Abschluss der Reparaturen wartete, wagte sich der Entdecker in das üppig grüne Landesinnere vor und tauschte mit gastfreundlichen und zuvorkommenden Häuptlingen Geschenke aus. Er kehrte von seinem Abstecher zurück und prahlte damit, dass er in zwei Tagen mehr Gold gesehen habe als in vier Jahren auf Hispaniola. Kolumbus taufte die Küste zwischen Honduras und Panama „Veragua" – doch seiner schillernden Darstellung einer „costa rica" (einer reichen Küste) verdankt die Region ihren endgültigen Namen.

Kolumbus machte seine Ansprüche geltend und bat die spanische Krone, ihn selbst als Gouverneur einzusetzen. Doch als er nach Sevilla zurückkehrte, lag Königin Isabella, seine Förderin, auf dem Sterbebett. König Ferdinand berief statt seiner einen Rivalen – Diego de Nicuesa – auf den Gouverneursposten. Kolumbus brachte es zwar noch zu ansehnlichem Wohlstand, aber er kehrte nie mehr in die Neue Welt zurück und starb 1506 – von Krankheiten gezeichnet und von Hofintrigen entnervt.

Zur Enttäuschung seiner Nachfolger, der Conquistadores, gab es in Costa Rica gar keine Goldschätze. Auch die Ureinwohner erwiesen sich als wenig

ZEITACHSE

11 000 v. Chr.	2500 v. Chr.	1000 v. Chr.
Die ersten Menschen besiedeln Costa Rica. Dank des fruchtbaren Bodens und der reichen Fischgründe an beiden Küsten entwickeln sich die Bevölkerungsgruppen schnell.	Einige Dörfer Costas Ricas gehören zu den ersten in Amerika, in denen Töpferei betrieben wird (Monagrillo-Kultur).	Die Anlage und die Wohnstätten der alten Stadt Guayabo belegen, dass hier eine Hochburg der Huetares bestanden hat. Hier leben kontinuierlich Menschen, bis die Stadt um 1400 aufgegeben wird.

DAS LEBEN VOR DER EROBERUNG

Die Invasion Mittelamerikas durch spanische Konquistadoren führte zu unermesslichem Leid und Verlusten unter der einheimischen Bevölkerung – ganze Kulturen und deren Geschichte wurden durch Gewalt und Krankheiten ausgelöscht.

Man weiß, dass die frühen Bewohner Costa Ricas in vorkolumbischer Zeit in ein ausgedehntes Handelsnetz eingebunden waren, das im Süden bis Peru und im Norden bis Mexiko reichte. In der Region dürften ungefähr 20 kleinere Stämme gelebt haben; jeder von ihnen wurde wahrscheinlich von einem Häuptling, einem *cacique*, beherrscht, der an der Spitze einer hierarchischen Gesellschaft aus Schamanen, Kriegern, Arbeitern und Sklaven stand.

Das flache Land an der östlichen Atlantikküste dominierten die Karib-Indianer. Die Karib-Stämme waren ausgezeichnete Seefahrer und trieben Handel mit Stämmen auf dem südamerikanischen Festland. Mehrere Stämme im Nordwesten hatten Beziehungen zu den mesoamerikanischen Kulturen. Die religiösen Bräuche der Azteken und die Jadebearbeitung der Maya sind auf der Halbinsel Nicoya nachweisbar, während Federn des Quetzal und Goldschmuck aus Costa Rica in Mexiko aufgetaucht sind. Die drei Häuptlingsreiche im Südwesten verraten den Einfluss indianischer Andenkulturen – angebaut wurden z. B. Kakaopflanzen, Yucca und Süßkartoffeln.

Es gibt auch Hinweise, dass alle ursprünglichen Bevölkerungsgruppen in Costa Rica die Sprache der Huetares im Valle Central beherrschten, was deren Macht und Einfluss zeigen könnte. Im Valle Central liegt auch Guayabo, eine der wichtigsten archäologischen Fundstätten Costa Ricas (S. 173).

Man geht davon aus, dass Guayabo ein zeremonielles Zentrum gewesen sein muss, in dem es einst gepflasterte Straßen und Aquädukte gab. Hier entdeckten Archäologen sehr schön gearbeiteten Goldschmuck und ungewöhnliche steinerne Statuen von Menschen in Lebensgröße sowie typische Tongegenstände und sogenannte *metates* – Platten aus Stein, die man zum Mahlen von Getreide benutzte. Heute sieht man in der Fundstätte nicht viel mehr als behauenen Stein, dennoch bleibt Guayabo ein wichtiges Zeugnis für eine einst bedeutende Kultur in der Neuen Welt.

Noch immer ein Rätsel sind dagegen Hunderte von Hand hergestellter, monolithischer Steinkugeln, die man in der Landschaft des südwestlichen Diquis-Tals in Palmar (S. 416) und auf der Insel Caño (S. 449) gefunden hat: Diese „Steinkugeln" wiegen bis zu 16 t und variieren in der Größe zwischen einem Baseball und einem VW. Über die Bedeutung der Kugeln kursieren die verrücktesten Theorien: Mal werden sie als urzeitlicher Kalender, mal als Spuren von Außerirdischen oder sogar als Bocciaspiel, das irgendwie misslungen ist, interpretiert.

In den letzten Jahren hat das Interesse an der vorkolumbischen Geschichte ihres Landes in allen Schichten der costa-ricanischen Gesellschaft zugenommen. Ein Zeichen zunehmender kultureller Toleranz gegenüber dem nicht kastilischen Erbe.

Da der Ökotourismus in Costa Rica ein enormer Marktfaktor geworden ist, versuchen die Ureinwohner des Landes auf den „grünen Zug" aufzuspringen und damit Geld zu verdienen. Mehr Informationen über diese höchst sensiblen Regionen s. S. 421.

kooperationswillig. Nicuesas erste Siedlung im heutigen Panama wurde überstürzt aufgegeben, als Tropenkrankheiten und kriegerische Ureinwohner die Zahl der Siedler stark dezimiert hatten. Auch spätere, von der Karibikküste

100 v. Chr.	800 n. Chr.	1502
Costa Rica wird Teil eines ausgedehnten Handelsnetzes, über das Gold und andere Waren befördert werden, es reicht vom heutigen Mexiko bis zu den Andenkulturen.	Die Ureinwohner beginnen in der Diquis-Region, Steinkugeln herzustellen, doch Archäologen und Historiker sind bis heute unterschiedlicher Meinung über deren genaue Funktion und Bedeutung.	Christoph Kolumbus ankert auf seiner vierten und letzten Reise nach Amerika in Puerto Limón an der karibischen Küste und leitet damit die folgenreiche Epoche des Kolonialismus in der Neuen Welt ein.

aus gestartete Expeditionen sollten scheitern. Die menschenfeindlichen Sümpfe, ein undurchdringlicher Dschungel und Vulkanberge ließen das Paradies des Kolumbus eher wie eine Hölle erscheinen.

Die spanische Entdeckungsgeschichte erlebte einen Lichtblick, als Balboa 1513 Gerüchte hörte, dass es jenseits der Berge ein weites Meer und eine reiche, Gold verarbeitende Kultur gäbe (gemeint war wohl das Reich der Inka in Peru). Angetrieben von Ehrgeiz und Gier, durchquerte Balboa die Landenge und erblickte am 26. September 1513 als erster Europäer den Pazifischen Ozean. Er wollte nicht hinter den damals in Europa üblichen Gewohnheiten zurückstehen und erklärte den Ozean und alle daran angrenzenden Länder umgehend zum Besitz des Königs von Spanien.

Mehr über die geheimnisvollen Steinkugeln erfährt man online auf www.world-mysteries. com /sar_12.htm.

Die Konquistadoren verfügten nun über einen westlichen Landungsplatz, von dem aus sie auch Costa Rica erobern konnten – und konzentrierten sich zunächst auf die Indianer am Golfo de Nicoya. Zu Ehren Gottes und des Königs plünderten die aristokratischen Abenteurer die Dörfer, töteten alle Indianer, die Widerstand leisteten, und versklavten die Überlebenden. Allerdings führten diese blutigen Feldzüge zu keiner dauerhaften Siedlung. Ein anderer Krieg – der gegen Bakterien und Infektionskrankheiten sowohl aus Europa als auch aus Mittelamerika – machte beiden Seiten zu schaffen: Tödliches Fieber forderte hier wie dort seinen Tribut. Da es in der Region keine Edelmetalle und nur wenige Ureinwohner gab, galt das Gebiet unter den Spaniern bald als „das ärmste und unglücklichste in ganz Amerika."

ORDNUNG EINER NEUEN WELT

Erst 1560–70 gelang es, dauerhaft eine Siedlung in Costa Rica zu errichten. Die Spanier gründeten das Dorf Cartago (S. 160) am Ufer des Rio Reventazón, weil sie hofften, von hier aus den fruchtbaren vulkanischen Boden im Hochland des Valle Central kultivieren zu können. Obwohl die neu gegründete Siedlung extrem isoliert lag, blieb sie wunderbarerweise unter der Führung des ersten Gouverneurs, Juan Vásquez de Coronado, bestehen. Der Bedrohung durch die heimische Bevölkerung begegnete dieser lieber mit Diplomatie statt mit Waffen. Von Cartago aus erkundete er das Land weiter südlich (bis nach Panama) und westlich (bis zum Pazifik) und erhob Besitzanspruch auf die Kolonie im Namen der Krone.

Obwohl Gouverneur Vasquez tragischerweise später bei einem Schiffbruch ums Leben kam, erwies sich sein Erbe als dauerhaft. Costa Rica war nun eine offizielle Provinz des Vizekönigtums von Neuspanien (Virreinato de Nueva España). Darunter wurden die Gebiete des spanischen Reiches in Nordamerika, Mittelamerika, der Karibik und in Asien zusammengefasst, regierender Herrscher war der Vizekönig.

Etwa drei Jahrhunderte lang war das Generalkapitanat Guatemala (oder Königreich Guatemala), das sich – abgesehen vom heutigen Belize – von Texas bis Panama erstreckte, eine lose verwaltete Kolonie im riesigen spa-

1522	1540	1562
Die Spanier beginnen, sich in Costa Rica anzusiedeln, aber es wird noch mehrere Jahrzehnte dauern, bis die Siedler dauerhaft Fuß fassen können.	Das Königreich von Guatemala wird von den Spaniern gegründet. Es umfasst große Teile Zentralamerikas, einschließlich Costa Rica, Nicaragua, El Salvador, Guatemala und die Chiapas-Region in Mexiko.	Der spanische Eroberer Juan Vásquez de Coronado kommt als Gouverneur nach Costa Rica. Er beschließt, die spanischen Siedlungen aus der Küstenregion in das besser bewohnbare Valle Central zu verlegen.

DAS ERBE VON KOLUMBUS

Obwohl Christoph Kolumbus nie nordamerikanischen Boden betreten hat, wird er von den meisten Amerikanern als Nationalheld verehrt. Er entdeckte die Neue Welt am 12. Oktober 1492, dieses Ereignis wird alljährlich in den USA gefeiert, im Allgemeinen an einem Montag, damit jeder einkaufen gehen kann: Es ist schwer, die Angebote am Columbus Day zu ignorieren.

Vor Kurzem aber haben mehrere Städte in den USA den Feiertag aus ihrem Kalender gestrichen. Die Kritiker finden, dass Kolumbus' Leben alles andere als bewundernswert war und dass mit diesem Tag Leid und Eroberung gefeiert werden. Auf den zu den USA gehörenden Jungferninseln wurde der Feiertag durch den „Tag der Freundschaft" mit Puerto Rico ersetzt, um die indigene Bevölkerung der Karibik zu ehren und an deren Schicksal unter spanischer Herrschaft zu erinnern. In South Dakota wurde stattdessen der Native American Day eingeführt, der das Bewusstsein für die Geschichte und die in der Regel schwierige Situation der oft übergangenen indianischen Bevölkerung schärfen soll.

Die zunehmende Uneinigkeit in den USA über Kolumbus' Erbe führt zu einer simplen Frage: Was hat Kolumbus wirklich entdeckt? Vor seiner Landung 1492 war Nordamerika bereits von anderen Seefahrern und Einwanderern „entdeckt" worden – nicht zu vergessen von den dort bereits lebenden Bewohnern. Vielleicht lässt sich Kolumbus' historische Bedeutung damit erklären, dass seine Reisen zu einer Zeit stattfanden, als sich die Kommunikationsmöglichkeiten in Europa deutlich verbesserten. Europäer ganz unterschiedlicher Herkunft erfuhren aus seinen Berichten von dem, was er gesehen hatte, und er wurde damit in den Augen der Weltöffentlichkeit zum Erstentdecker der Neuen Welt.

1828 veröffentlichte der amerikanische Autor Washington Irving ein Buch über Leben und Reisen des Christoph Kolumbus, in dem eine volkstümliche Legende begründet wird. Seine Darstellung rückte Kolumbus in den Mittelpunkt des nationalen Interesses, obwohl die Lobhudelei für den Entdecker erst 1892 ihren Höhepunkt erreichte, als der 400. Jahrestag der Landung in Amerika gefeiert wurde. Überall in den USA wurden Denkmäler errichtet, die Namen von Städten

---

nischen Reich. Da die politische und militärische Zentrale in Guatemala lag, war Costa Rica nur ein kleiner Außenposten in der Provinz – strategisch unwichtig und ohne brauchbare Reichtümer.

Als tiefste Provinz nahm Costa Rica deshalb eine ganz andere Entwicklung als andere spanische Kolonien: Hier dominierte keine mächtige Elite von Landbesitzern und Sklavenhaltern. Anstelle großer Plantagen, Bergwerke und Küstenstädte entstanden im Valle Central im Landesinneren bescheidene Dörfer, in denen kleine Landbesitzer lebten. Der geduldige, wirtschaftlich autarke Farmer – ein Bild, das im Rückblick natürlich immer etwas verklärt wirkt – entwickelte sich zum Rückgrat der „ländlichen Demokratie". Costa Rica wurde einer der wenigen Winkel des spanischen Reiches, in dem gesellschaftliche Unterschiede weniger ausgeprägt waren als üblich.

Gleiche Rechte und Chancen galten jedoch nicht für die Ureinwohner. So sank mit der Ausbreitung der Spanier die Zahl der Indianer in dramatischer

1563	1737	19. Jh.
Cartago wird als erste dauerhafte spanische Siedlung in Costa Rica von Juan Vásquez de Coronado gegründet, er entscheidet sich für den Standort wegen des fruchtbaren vulkanischen Bodens.	Die zukünftige Hauptstadt San José wird gegründet. Damit entsteht eine Rivalität zum benachbarten Cartago, was später zu einem Bürgerkrieg zwischen den beiden wichtigsten Städten führen wird.	Die Costa Ricaner erkennen, dass die Umweltbedingungen ideal für den Kaffeeanbau sind, die Ära des Kaffeebooms beginnt. Am Ende des Jahrhunderts werden 80 % der Deviseneinkünfte mit Kaffee erzielt.

und Straßen wurden geändert, auch die der Hauptstädte Columbus (Ohio) und Columbia (South Carolina). Die Bewunderung für Kolumbus fand vor allem Anklang bei den Amerikanern italienischer Herkunft, da „Colombo" ja aus Genua stammte, und bei Katholiken, die in ihrem Vorfahren einen der Gründungsväter der USA sahen.

Die Notwendigkeit, zwischen Mythos und Realität zu unterscheiden, führt zu einer zweiten Frage: Was hat Kolumbus wirklich erreicht? Jedes amerikanische Schulkind würde stolz antworten, dass Kolumbus bewiesen hat, dass die Welt rund ist, obwohl jeder Europäer dachte, sie wäre flach. Weil er sich nicht um die Überzeugungen seiner Zeit kümmerte und nach Westen segelte, um den Fernen Osten zu finden (Kolumbus glaubte bis zu seinem Tod, er wäre in Ostindien gelandet), wird Kolumbus gern als Vorbild für das amerikanische Erfolgsdenken gesehen. Natürlich kann man sagen, dass es eigentlich nicht Kolumbus war, der bewiesen hat, dass die Erde keine Scheibe ist, sondern der portugiesische Entdecker Ferdinand Magellan, der als Erster um den Erdball segelte. (Was auch nicht ganz korrekt ist, weil er ja 1521 auf den Philippinen in der Schlacht von Mactan getötet wurde. Es waren die 18 Überlebenden seiner Expedition, die nach einer mehr als dreijährigen Reise nach Spanien zurückkehrten.)

Leider neigt die Geschichte oft dazu, populären Mythen und Legenden nachzugeben. In den USA sieht man Columbus Day als einen Tag, an dem die nationale Geschichte gewürdigt wird, und deshalb gibt es kaum Spielraum für eine öffentliche Diskussion. Die meisten Amerikaner kennen Kolumbus' Geschichte auch nur ungenau.

Die Kritiker dieses Feiertags meinen, dass es ungerecht gegenüber den Nachkommen der Ureinwohner der Neuen Welt ist, die historische Wahrheit zu ignorieren.

Natürlich ist dieses Thema von Politikern in Lateinamerika aufgegriffen worden, vor allem vom linksgerichteten Präsidenten Venezuelas, Hugo Chávez, der sich 2003 dafür engagierte, den Columbus Day in ganz Amerika abzuschaffen.

Es ist unwahrscheinlich, dass seine Botschaft auf offene Ohren in den USA trifft, insbesondere weil die Beziehungen zwischen beiden Ländern eher unterkühlt sind.

Weise. Hundert Jahre nach der Ankunft von Kolumbus lebten von den ursprünglich 400 000 Menschen nur noch 20 000, weitere hundert Jahre später waren es nur noch 8000. Haupttodesursache waren Krankheiten; allerdings betrachteten die Spanier die Ureinwohner vor allem als ein Wirtschaftsgut, das man ausbeuten konnte. Die Indianer im Valle Central verschwanden als erste, während es außerhalb dieses Gebiets im Schutz der Wälder noch einigen Stämmen gelang, sich etwas länger zu halten und gelegentlich Angriffe auf die Siedler zu organisieren. Wie überall in Lateinamerika wurden sie aber mit Gewalt immer mehr in die Unterwerfung und Sklaverei getrieben.

DER UNTERGANG EINES REICHES

Am 27. Oktober 1807 schlossen Spanien und Frankreich den Vertrag von Fontainebleau, in dem die Besetzung Portugals festgelegt wurde. Unter dem Vorwand, zu diesem Zweck die französisch-spanische Armee zu verstärken,

1821	April 1823	Dezember 1823
Nachdem Mexiko für sich und ganz Mittelamerika eine entsprechende Erklärung abgibt, wird Costa Rica schließlich nach Jahrhunderten spanischer Kolonialherrschaft unabhängig.	San José wird Hauptstadt Costa Ricas, vorausgegangen sind heftige Gefechte mit den konservativen Einwohnern von Cartago, die die eher liberalen Vorstellungen der Einwohner von San José ablehnen.	Mit der Monroe-Doktrin erklären die USA ihren Anspruch auf die Vormachtstellung in der westlichen Hemisphäre – trotz des heftigen Protestes der europäischen Mächte.

schickte Napoleon Zehntausende von Soldaten nach Spanien. Es war ein genialer Streich, als er seinen Truppen befahl, die angespannte Situation auszunutzen und die wichtigsten spanischen Festungen zu besetzen. Die Stadt Barcelona wurde erobert, ohne einen einzigen Schuss abzugeben, nachdem Napoleons Soldaten die Stadt überredet hatten, die Tore für einen Konvoi verwundeter Soldaten zu öffnen.

Zwar war Napoleons gerissenes Vorgehen erfolgreich, aber in der Folge entstand ein schrecklicher Guerillakrieg auf der Halbinsel, der beiden Seiten schweren Schaden zufügte. Dieser Konflikt führte zu einem Machtvakuum und zu innenpolitischem Chaos, und so verlor Spanien im ersten Drittel des Jahrhunderts alle kolonialen Besitzungen. 1821 befreite sich Amerika von der spanischen Herrschaft: Mexiko erklärte sich und seine Nachbarländer für unabhängig. Die mittelamerikanischen Kolonien erklärten ihrerseits die Unabhängigkeit von Mexiko, weil sie sich nicht in neue Abhängigkeit begeben wollten. Das alles berührte in Costa Rica nur wenig, denn dort erfuhr man erst einen Monat später von der eigenen Befreiung.

Die plötzlich selbstständigen Kolonien mussten nun ihre Zukunft planen: Sollten sie sich zu den „Vereinigten Staaten von Mittelamerika" vereinen oder jeweils eigene, nationale Wege verfolgen? Zunächst entschieden sie sich für einen Mittelweg – die Zentralamerikanische Föderation; doch der Staatenbund durfte keine Armee aufstellen und keine Steuern erheben. Guatemala, das sich traditionell als Zentrum verstand, versuchte die Föderation zu dominieren, verprellte damit aber kleinere Kolonien und beschleunigte damit letztlich den Verfall dieser Föderation. Spätere Versuche, die Region zu einigen, scheiterten ebenfalls.

In der Zwischenzeit nahm ein unabhängiges Costa Rica unter Juan Mora Fernandez, dem ersten Staatschef (1824–33), Gestalt an: Mora konzentrierte sich auf den Aufbau einer Nation. Er ließ neue Städte gründen, Straßen bauen, eine Zeitung herausgeben und führte eine neue Währung ein. Seine Frau gestaltete sogar die Nationalflagge.

Bald kehrte der Alltag wieder in das Land ein – ganz im Gegensatz zum Rest Mittelamerikas, wo Bürgerkriege tobten. 1824 spaltete sich die Provinz Nicoya-Guanacaste von Nicaragua ab und trat dem friedlicheren Nachbarn im Süden bei – damit waren die Grenzen zwischen beiden Ländern gezogen. 1852 begrüßte Costa Rica die ersten Botschafter aus Großbritannien und den starken Einfluss nehmenden USA.

> 33 der 44 Präsidenten aus der Zeit vor 1970 waren Nachkommen von nur drei ursprünglichen Siedlerfamilien.

KAFFEE

Im 19. Jh. wurden die Reichtümer, die der Name Costa Rica immer verheißen hatte, endlich entdeckt – als man nämlich feststellte, dass sich Boden und Klima im Hochland des Valle Central gut für den Kaffeeanbau eigneten – ähnlich wie im Ursprungsgebiet des Kaffees, den Höhenlagen Äthiopiens. Costa

1824	1843	1856
Die Region Nicoya-Guanacaste stimmt für die Loslösung von Nicaragua und den Anschluss an Costa Rica. Der Wunsch nach Unabhängigkeit – und zwar von beiden Ländern – ist dort bis heute ungebrochen.	William Le Lacheur, ein Händler und Kapitän aus Guernsey, trägt wesentlich dazu bei, eine dauerhafte Handelsroute von Europa an die pazifische Küste Mittelamerikas über das Kap Hoorn zu etablieren.	Costa Rica versetzt den expansionistischen Zielen der Kriegstreiber in den USA einen Dämpfer, indem es die Armee William Walkers in einem tapferen Kampf in der Schlacht von Santa Rosa besiegt.

Rica machte damit in Mittelamerika den Anfang – die Kaffeebohne sollte das verarmte Land ins reichste der ganzen Region verwandeln.

Kaffee wurde schnell zum Exportschlager, sodass die Regierung die Bauern mit der Verteilung kostenloser Setzlinge dazu anhielt, diese neue Pflanze anzubauen. Anfangs exportierten die Kaffeeplantagen des Landes die Bohnen nach Südamerika, wo sie weiterverarbeitet und anschließend nach Europa verschifft wurden. In den 1840er-Jahren waren die Kaufleute in Costa Rica aber ebenso schlau, sie bauten die einheimische Produktion aus und bedienten die ausländischen Märkte in Übersee nun selbst. Der endgültige Durchbruch kam, als sie den Kapitän der HMS *Monarch* überredeten, einige hundert Säcke mit Kaffee aus Costa Rica nach London zu bringen – das war der Beginn einer wunderbaren Freundschaft.

> In den 1940er-Jahren lernten Kinder mit einem Text das Lesen, in dem stand: „Kaffee ist gut für mich. Ich trinke jeden Morgen Kaffee."

So begann der Kaffeeboom für Costa Rica. Die einfache Zubereitung des Kaffees machte das einst luxuriöse Getränk in der Arbeiterschaft Europas populär. Die Aussicht auf gute Gewinne lockte u. a. deutsche Einwanderer nach Costa Rica, deren technische und finanzielle Kenntnisse der Kaffeewirtschaft zugute kamen. Gegen Ende des 19. Jhs. wurde auf mehr als einem Drittel der Fläche des Valle Central Kaffee angebaut, die Kaffeebohne machte 90 % aller Exporte des Landes aus, 80 % aller Einkünfte in ausländischen Währungen verdankte das Land dem Kaffee.

Glücklicherweise entwickelte sich die Kaffeeindustrie Costa Ricas anders als im Rest Mittelamerikas: Wie überall entstand zwar auch hier eine Gruppe von „Kaffeebaronen", also eine Elite, die am Exportboom reichlich verdiente; doch sie verfügten weder über ausreichend Land noch über die Arbeitskräfte, um alle Produktionsschritte in eigenen Großunternehmen zu konzentrieren. Die Kaffeeproduktion ist ein intensiver, harter Arbeitsprozess mit einer langen und schwierigen Erntephase. Die kleinen landwirtschaftlichen Betriebe trugen hier die Hauptverantwortung, die Kaffeebarone beschränkten sich auf ihr Monopol in Verarbeitung, Verkauf und Finanzierung. Die Kaffeeindustrie Costa Ricas bestand deshalb aus einem weit verzweigten Netzwerk an Großhändlern und kleinen Kaffeebauern – im Rest Mittelamerikas kontrollierte dagegen eine kleine wohlhabende Minderheit riesige Kaffeeplantagen, auf denen Wanderarbeiter schufteten.

Der Kaffeereichtum hatte bald auch eine politische Dimension, denn die traditionsreichen aristokratischen Familien Costa Ricas beherrschten das Geschäft: Mitte des 19. Jhs. stammten drei Viertel der Kaffee-Großhändler aus nur zwei Familien. Der damals führende Kaffeeexporteur war Präsident Juan Rafael Mora (1849–59), dessen Familie auf den Koloniegründer Juan Vasquez zurückging. Schließlich wurde Mora durch seinen Schwager aus dem Amt geputscht, nachdem der Präsident vorgeschlagen hatte, eine von den Kaffeebaronen unabhängige Nationalbank zu gründen. Seitdem waren die wirtschaftlichen Interessen der Kaffeehändler im Besitz aller Produktionsmittel für die Politik des Landes maßgeblich.

1889	1890	1900
In Costa Rica werden die ersten demokratischen Wahlen durchgeführt, ein bedeutendes Ereignis vor dem Hintergrund der langen kolonialen Geschichte. Farbigen und Frauen ist es jedoch nicht erlaubt, zu wählen.	Der Bau der Eisenbahn zwischen San José und Puerto Limón wird endlich vollendet. Der Bau bereitet Schwierigkeiten, durch Unfälle und Krankheiten wie Malaria und Gelbfieber gibt es viele Tote.	Costa Ricas Einwohnerzahl erreicht die Zahl 50 000. Die Wirtschaft entwickelt sich aufgrund des lukrativen Handels mit Kaffee und Bananen.

BANANENIMPERIUM

Der Kaffeehandel leitete ungewollt den nächsten Exportboom für Costa Rica ein – den Export von Bananen. Um die Kaffee-Ernte des Landes verschiffen zu können, musste eine Eisenbahnlinie vom Hochland zur Küste gebaut werden: Der Tiefseehafen von Limón war der ideale Umschlagplatz. Das Landesinnere bestand aus dichtem Dschungel und malariaverseuchten Sümpfen. Die Regierung beauftragte Minor Keith, den Neffen eines amerikanischen Eisenbahntycoons, mit dem Bau der Bahnlinie.

Das Projekt erwies sich allerdings als Katastrophe: Malaria und etliche Unfälle erforderten einen ständigen Nachschub an Arbeitskräften. Die angeheuerten Tico-Arbeiter wurden bald durch US-Strafgefangene und chinesische Sklavenarbeiter auf Zeit, am Ende durch freigelassene jamaikanische Sklaven ersetzt. Um Keith zum Durchhalten zu bewegen, schenkte ihm die Regierung 323 000 ha Land an der Bahnstrecke und einen auf 99 Jahre angelegten Vertrag zum Betrieb der Eisenbahn. 1890 war die Bahn endlich fertig – und fuhr Verluste ein.

Keith hatte aber an der Strecke mit dem Anbau von Bananen begonnen, um seine Arbeiter preiswert zu ernähren. In einem Akt der Verzweiflung verschiffte er schließlich Bananen nach New Orleans – in der Hoffnung, damit ein kleines Nebengeschäft aufzubauen. Keith hatte Glück und stolperte in eine Goldgrube, oder besser: in ein Bananenimperium. Die Verbraucher waren ganz verrückt nach der länglichen gelben Frucht. Anfang des 20. Jhs. überholte die Banane sogar den Kaffee als Exportartikel, Costa Rica wurde der weltweit führende Bananenexporteur. Doch im Gegensatz zur Kaffeeindustrie wurden die Profite beim Bananenanbau außer Landes gebracht.

Costa Rica wurde durch den rasanten Aufstieg des Bananenexporteurs Keith nachhaltig verändert: Gemeinsam mit einem anderen amerikanischen Importeur gründete er die berüchtigte United Fruit Company, die bald zum größten Arbeitgeber Mittelamerikas aufstieg. Die Einheimischen nannten den Konzern nur *el pulpo*, die Krake: Diese Krakenarme hatten die gesamte Region fest im Griff und waren eng mit der Wirtschaft und Politik verstrickt. Das Unternehmen besaß riesige Flächen fruchtbaren Tieflands, den größten Teil der Verkehrs- und Kommunikationsinfrastruktur und kontrollierte zahllose Beamte. United Fruit förderte die Immigration von Wanderarbeitern aus Jamaika; dadurch veränderte sich auch die ethnische Zusammensetzung Costa Ricas, was schließlich in Rassenunruhen gipfelte.

Wer mehr über die Rolle von Minor Keith und United Fruit bei dem von der CIA in Guatemala angezettelten Putsch wissen will, sollte sich das äußerst interessante Buch *Bananen-Krieg* von Stephen Schlesinger und Stephen Kinzer besorgen.

GEBURT EINER NATION

Die Ungleichheit zu Beginn des 20. Jhs. führte zum Aufstieg von José Figueres Ferrer, der sich selbst als Bauernphilosoph bezeichnete und in Costa Rica als Vater der unbewaffneten Demokratie gilt. Er war der Sohn katalanischer Einwanderer (eines Arztes und einer Lehrerin), ein sehr guter Schüler und später Student am Massachusetts Institute of Technology, wo er Ingenieurwesen

1914	**1919**	**1940**
Die Eröffnung des Panamakanals gibt der Wirtschaft in Costa Rica neuen Schwung. Am Bau des Kanals waren 75 000 Arbeiter beteiligt – Tausende von ihnen kamen dabei jedoch ums Leben.	Federico Tinoco Granados wird als Diktator abgesetzt. Damit wird eine der wenigen kurzen Phasen der Gewalt in einer meist friedlich verlaufenden Geschichte beendet.	Rafael Ángel Calderón Guardia wird zum Präsidenten gewählt und beginnt, die Arbeitsbedingungen in Costa Rica zu verbessern, indem er Mindestlöhne und einen achtstündigen Arbeitstag festlegt.

GROSSE SCHURKEN DER GESCHICHTE: WILLIAM WALKER

Als die spanische Herrschaft zerfiel, entstand eine neue Form, die frei werdende Macht auszuüben. Im 19. Jh. war die Stimmung in den USA auf Expansion nach Süden ausgerichtet und Spanisch-Amerika wirkte zunehmend verwundbar.

1853 landete ein Glücksritter namens William Walker mit 45 Männern auf mexikanischem Gebiet in Baja California, um als Privatmann Mexiko und Zentralamerika zu erobern. Er wollte dort die Sklaverei etablieren und das Gebiet unter weiße Kontrolle bringen. Es gelang Walker, die Hauptstadt der Region, La Paz, einzunehmen. Er erklärte sich daraufhin selbst zum Präsidenten der neuen Republic of Lower California.

Drei Monate, nachdem er das Gebiet besetzt hatte, war er gezwungen, sich in das eigentliche Kalifornien zurückzuziehen, weil ihm nötige Vorräte fehlten und die Mexikaner gänzlich unerwartet heftigen Widerstand leisteten.

Obwohl er später wegen illegaler Kriegführung vor Gericht gestellt wurde, machte dieser legendäre Feldzug ihn bei den Expansionspolitikern im konservativen Westen und Süden der USA populär: Ein Geschworenengericht sprach ihn nach nur acht Minuten frei.

1856 griff Walker erneut zu den alten Tricks. Dieses Mal versuchte er, aus dem Bürgerkrieg in Nicaragua Kapital zu schlagen. Er stellte eine kleine Armee zusammen, der es gelang, die Stadt La Virgen zu plündern und die Armee Nicaraguas außer Gefecht zu setzen. Einen Monat später eroberte er die Hauptstadt Granada und übernahm die Kontrolle des Landes, indem er eine Marionette – Präsident Patricio Rivas – benutzte. Bald darauf wurde Walkers Regime von Präsident Franklin Pierce als rechtmäßige Regierung Nicaraguas anerkannt.

Bald marschierte Walker auch nach Costa Rica ein. Dessen Präsident Juan Rafael Mora Porras hatte so etwas vorausgesehen und stellte in aller Eile eine Freiwilligenarmee von 9000 Zivilisten zusammen. Es war eine brillante militärische Leistung, als es der zusammengewürfelten Truppe gelang, Walkers Armee einzukreisen: Die befand sich gerade auf einer alten Hacienda im heutigen Nationalpark Santa Rosa (s. S. 233). Nach einem nur 14 Minuten währende Kampf hatten die Ticos Walker für immer aus dem Land geworfen.

Während des Kampfes wurde Juan Santamaria, ein Trommlerjunge aus Alajuela, bei dem mutigen Versuch getötet, Walkers Barrikaden in Brand zu setzen. Die Schlacht wurde zur Legende und Santamaria ein wahrer Nationalheld, der überall in Costa Rica in Form von Statuen verewigt ist (auch an einem Flughafen).

Nach seiner Rückkehr nach Nicaragua erklärte Walker sich selbst zum Präsidenten des Landes. Seine Popularität nahm jedoch auf allen Seiten ab – schon bald wurde er in die USA zurückgeschickt. Walker hatte seine messianischen Ziele bisher in keiner Weise verwirklicht, deshalb ging er nach kurzer Pause wieder nach Mittelamerika.

Bei seiner letzten (und schließlich tödlichen) Expedition versuchte Walker, Honduras einzunehmen, was wiederum den Briten nicht passte: Sie sahen ihre Interessen in Britisch-Honduras (dem heutigen Belize) und an der Mosquitoküste (das heutige Nicaragua) bedroht.

Walker wurde von der britischen Armee festgenommen und den Behörden in Honduras übergeben. Die Verantwortlichen entschieden, dass Tod durch Erschießen die angemessene Strafe für den Versuch sei, ihr Land einzunehmen.

1940er-Jahre	1948	1949
José Figueres Ferrer mischt sich in die Politik des Landes ein und wird zum Gegner der regierenden Konservativen. Präsident Calderón und die Elite des Landes sind verärgert über Figueres' Ideen.	Der Zusammenstoß von konservativen und liberalen Kräften führt zu einem sechswöchigen Bürgerkrieg mit 2000 Todesopfern und vielen Verwundeten. Erhebliche Teile der Infrastruktur werden zerstört.	Die vorläufige Regierung legt einen mutigen neuen Politkurs fest. Sie erlässt eine Verfassung, die vorsieht, die Armee abzuschaffen, die Rassentrennung aufzuheben und auch Frauen und Farbige wählen zu lassen.

studierte. Nach seiner Rückkehr baute er seine eigene Kaffeeplantage mit Hunderten von Arbeitern auf und organisierte sie als utopische, sozialistische Gemeinschaft. Ihr Gründer Figueras nannte sie ganz treffend La Lucha sin Fin – „Der Kampf ohne Ende".

In den 1940er-Jahren engagierte sich Figueres in der Landespolitik und wurde zum entschiedenen Gegner von Präsident Caldéron. Mitten in einem Radiointerview, in dem er über den Präsidenten herzog, drang die Polizei in das Studio ein und verhaftete ihn. Er wurde nach Mexiko ausgewiesen, weil man ihm faschistische Neigungen vorwarf. Im Exil gründete er die Karibische Legion, eine Vereinigung von Studenten und demokratischen Vorkämpfern aus ganz Mittelamerika, die sich zum Ziel gesetzt hatten, die Militärdiktatoren in diesem Raum zu stürzen. Bei seiner Rückkehr nach Costa Rica wurde Figueres von 700 Männern der Karibischen Legion begleitet, sie unterstützten ihn bei seinen Protesten gegen die bestehenden Mächte.

Als Regierungstruppen auf seine Farm zumarschierten, um Figueres festzunehmen und die Karibische Liga zu entwaffnen, führte dies zum Ausbruch eines Bürgerkriegs. Nun schlug die historische Stunde für Figueres: Der Bauer und Philosoph schwang sich in den Sattel und zog in den Kampf. Er ging siegreich aus dem kurzen Konflikt hervor und nutzte die Chance, seine Vision einer sozialen Demokratie in Costa Rica umzusetzen. Als er das Militär auflöste, zitierte er H. G. Wells mit den Worten: „Das Militär kann nicht zur Zukunft der Menschheit gehören."

Als Chef der provisorischen Junta erließ er fast 1000 Dekrete. Er besteuerte die Reichen, verstaatlichte die Banken und baute einen modernen Wohlfahrtsstaat auf. Seine Verfassung von 1949 sicherte den Frauen, den Schwarzen, den Ureinwohnern und der chinesischen Minderheit volle Bürgerrechte und das Wahlrecht zu. Heute wird Figueres' revolutionäres Regime als Basis für Costa Ricas unbewaffnete Demokratie angesehen.

The Last Country the Gods Made von Adrian Colesberry ist eine Zusammenstellung von Essays und Fotos, die einen Überblick über die Geschichte, Geografie und Gesellschaft Costa Ricas gibt.

DAS IMPERIUM DER AMERIKANER

Während der gesamten 1970er- und 1980er-Jahre war die Souveränität der kleinen mittelamerikanischen Staaten durch ihren mächtigen Nachbarn im Norden, die USA, eingeschränkt. Drohungen, ganz im Sinne von Roosevelts „big stick", Kanonenboote und Dollardiplomatie – das waren die typischen politischen Mittel der US-Amerikaner zur Eindämmung sozialistischer Politik, vor allem aber auch die politischen Modelle der militärischen Oligarchien von Guatemala, El Salvador und Nicaragua.

1979 stürzten in Nicaragua die rebellierenden Sandinisten das von den USA unterstützte Somoza-Regime. Die engen Verbindungen der Sandinisten zur UdSSR und Kuba waren für den strikt antikommunistischen US-Präsidenten Ronald Reagan sehr besorgniserregend – er entschied daher, in den Konflikt in Nicaragua aktiv einzugreifen. Damit hatte der Kalte Krieg endgültig die Tropen erreicht.

1963	1987	2000
Die Reserva Natural Absoluta Cabo Blanco an der Spitze der Nicoya-Halbinsel wird mit Unterstützung einer Initiative schwedischer und dänischer Umweltschützer Costa Ricas erstes staatliches Schutzgebiet.	Präsident Oscar Arias erhält den Friedensnobelpreis für seine Friedensbemühungen, die der gesamten zentralamerikanischen Region mehr politische Freiheiten bringen.	Am Beginn des neuen Jahrtausends zählt Costa Rica über 4 Mio. Einwohner. Die Zahl liegt wegen der vielen illegalen Ansiedlungen an den Rändern der Hauptstadt wahrscheinlich deutlich höher.

Im Falle Nicaraguas wurde die Umsetzung der US-Politik Oliver North überlassen, einem übereifrigen, relativ rangniedrigen Offizier, der damals im Weißen Haus arbeitete. North gelang es, die berüchtigten Contras heranzuzüchten, die in Nicaragua einen Bürgerkrieg entfesselten. Beide Seiten benutzten große wohlklingende Worte wie Freiheit und Demokratie – aber im Grunde war der gesamte Konflikt nichts anderes als ein Machtkampf zwischen linken und rechten Politgangstern.

Von den USA unter Druck gesetzt, wurde auch Costa Rica (eher widerwillig) in den Konflikt hineingezogen: Die Contras schlugen ihre Lager im nördlichen Costa Rica auf; von hier aus unternahmen sie Guerillaüberfälle in Nicaragua. Relativ offen wurden sogar CIA-Beamte und US-Militärberater zur Unterstützung dieser Angriffe ins Land geschickt, die Behörden in Costa Rica wurden geschmiert, um stillzuhalten. Eine geheime Flugpiste wurde im grenznahen Dschungelgebiet eingerichtet, um Waffen und Ausrüstung einzufliegen. Zur Finanzierung der Rebellen benutzte Oliver North ein dichtes, geheimes Netzwerk, das illegal Drogen schmuggelte.

Eine bemerkenswert einseitige Biografie von Oliver North, der heute als Kriegsberichterstatter für Fox News arbeitet, findet sich unter: www.foxnews.com/story/

Der Krieg polarisierte Costa Rica auch innenpolitisch: Das konservative Lager forderte lautstark die Wiedereinführung der Armee, um sich dem Kampf gegen den Kommunismus anzuschließen. Das US-Verteidigungsministerium (Pentagon) befürwortete diesen Vorschlag sogar. Aus Protest

DIE GRÜNE REVOLUTION

In den 1970er-Jahren fielen die Kaffeepreise rapide, und das löste in Costa Rica eine wirtschaftliche Krise aus. Im globalen Handel mit Waren kommt es jedoch oft zu unvorhersehbaren Entwicklungen, und so entstand ein ungewöhnliches Bündnis zwischen Wirtschaftsförderern und Umweltschützern. Wenn der Wohlstand nicht durch Exporthandel aufrechterhalten werden konnte, wie wäre es dann, etwas ins Land zu bringen, nämlich Touristen?

Costa Rica knüpfte an den Erfolg der Reserva Natural Absoluta Cabo Blanco an – das erste vom Staat eingerichtete Naturschutzgebiet (mehr Informationen s. S. 340), und begann mit einer grünen Revolution. 1975 besuchten die Reserva Biológica Bosque Nuboso Monteverde nur 500 Touristen, wenige Jahren später finanzierte sich der Nebelwald sozusagen selbst. 1985 betrug der Beitrag des Tourismus zur Wirtschaft des Landes 100 Mio. US$.

Der Ökotourismus boomt seither: 1995 gab es bereits mehr als 125 vom Staat unter Schutz gestellte Flächen: Nationalparks, geschützte Waldgebiete und Tierreservate. Im gleichen Jahr überschritten die jährlichen Einkünfte aus dem Tourismus die Grenze von 750 Mio. US$. Durch das neue, nachhaltige Konzept kamen erstmals mehr Auslandsdevisen ins Land als vorher durch den Kaffee- und Bananenhandel.

Der Erfolg ermutigte auch private Landbesitzer Schutzgebiete einzurichten: Heute steht fast ein Drittel des Landes in irgendeiner Form unter Naturschutz. Seit 1999 gelingt es Costa Rica, mehr als 1 Mio. Touristen jährlich ins Land zu locken und damit auch zu beweisen, dass wirtschaftliche Entwicklung und Umweltschutz nicht unvereinbare Interessen sein müssen.

2005

Bei einem schweren Brand im Krankenhaus Calderon Guardia in San José sterben 17 Patienten und zwei Krankenschwestern. Das Ereignis trifft das Land hart, da es wenig Erfahrung mit Tragödien hat.

2006

Friedensnobelpreisträger Oscar Arias wird zum zweiten Mal zum Präsidenten gewählt, allerdings knapp, weil er zu den Befürwortern von Cafta (Freihandelsabkommen zwischen den USA und Zentralamerika) zählt.

2007

In einer Volksabstimmung wird das Cafta-Abkommen mit knapper Mehrheit angenommen. Das Land bleibt gespalten in der Frage, ob die Ausweitung des Handels mit den USA gut für Costa Rica sein wird.

dagegen marschierten im Mai 1984 über 20 000 Demonstranten durch San José, um für den Frieden einzutreten. Die Diskussion erreichte bei der Präsidentschaftswahl 1986 ihren Höhepunkt. Als Sieger ging der 44-jährige Oscar Arias hervor. Der aus einer wohlhabenden Kaffeepflanzerfamilie stammende Politiker war ein kompetenter Reformer, der seinem politischen Vorbild Figueres folgte.

Nach seinem Amtsantritt sprach sich Arias für eine Verhandlungslösung aus und bekräftigte die nationale Unabhängigkeit Costa Ricas. Er schwor, die Neutralität seines Landes strikt zu wahren und die Contras aus dem Land zu jagen – eine Position, die zum plötzlichen Rücktritt des US-Botschafters führte. In einer öffentlichen Zeremonie pflanzten Schulkinder aus Costa Rica auf dem geheimen Flugplatz der CIA Bäume. Am folgenreichsten war sicher, dass Arias Mittelamerika auf einen gemeinsamen Friedensplan einschwor, der schließlich den Krieg in Nicaragua beenden sollte. 1987 wurde er dafür mit dem Friedensnobelpreis ausgezeichnet.

COSTA RICA HEUTE

Bei den Wahlen im Februar 2006 errang Oscar Arias einen knappen Sieg über Otton Solís, den Kandidaten der Mitte-Links-Partei PAC und übernahm noch einmal das Amt des Präsidenten. Nachdem mehrere Wochen nachgezählt und mögliche Unregelmäßigkeiten überprüft worden waren, gab Solís schließlich nach. Arias errang nur 18 169 Stimmen mehr als sein Gegner, d. h. er gewann die Wahl mit einem Vorsprung von lediglich 1,2 %.

Solís Abschneiden ist bemerkenswert, weil die PAC neu in der politischen Szene ist und erst 2000 gegründet wurde. Die PAC versucht, das Zweiparteiensystem Costa Ricas aufzubrechen, forderte bei den Wahlen mehr Bürgerbeteiligung und verurteilte die Korruption – beides brisante Themen unter der vorherigen Regierung. Aber das Thema, das gerade diese Wahlen bestimmte, war das Freihandelsabkommen zwischen den USA und den zentralamerikanischen Staaten (Cafta).

Die Befürworter von Cafta, einschließlich Arias, betonen die wirtschaftlichen Vorteile, u. a. den leichteren Zugang zum nordamerikanischen Markt und die Schaffung neuer Arbeitsplätze. Nach Auffassung der Kritiker werden jedoch die Interessen der Kleinbauern und die heimische Industrie nicht ausreichend geschützt: Sie müssten mit einer hohen Zahl von Billigprodukten aus den USA konkurrieren. Deshalb erklärte Solís: „Das Gesetz des Dschungels nutzt den großen Tieren. Unser Land ist ein sehr kleines Tier."

Die Kritiker machten sich auch Gedanken über die Auswirkungen von Cafta auf die Umwelt – real und emotional immer ein heißes Thema. Sie befürchteten, dass das Handelsabkommen mehr Gewicht erhält als nationale Schutzmaßnahmen, sodass Costa Rica gezwungen wäre, neben anderen umweltfeindlichen Aktivitäten Ölbohrungen vor dem Land und den Tagebergbau zuzulassen. Cafta sollte eigentlich 2008 in Kraft treten, im September hat das Verfassungsgericht von Costa Rica die Umsetzung aber aufgrund eines Formfehlers zunächst einmal gestoppt. Die weitere Entwicklung ist kaum einzuschätzen, und zum jetzigen Zeitpunkt ist es nahezu unmöglich, alle Konsequenzen des Abkommens vorauszusehen.

Vor seiner Wiederwahl gründete Oscar Arias die „Arias Stiftung für Frieden und Fortschritt"; Informationen dazu unter: www.arias.or.cr

Kultur

MENTALITÄT

Costa-Ricaner definieren sich selbst gerne über das, was sie nicht sind: Im Gegensatz zu ihren mittelamerikanischen Nachbarn sind sie nicht arm, keine Analphabeten und werden auch nicht von politischen Unruhen heimgesucht. Es ist eine kuriose Aufzählung rein rechnerisch negativer Aspekte, aus der sich irgendwie ein positives Selbstbild ergibt.

Ticos (Costa-Ricaner) sind sehr stolz auf ihr Land – auf ihre ökologischen Schätze, den hohen Lebensstandard, das hohe Bildungsniveau und vor allem auf die Tatsache, dass das Land auch ohne Armee seit mehr als 50 Jahren einen Aufschwung verzeichnet. Sie betrachten ihr Land als Oase des Friedens in einer Region, die immer wieder von Kriegen erschüttert wurde. Der Nobelpreis, den Oscar Arias für sein Mitwirken beim mittelamerikanischen Friedensabkommen erhalten hat, erfüllt sie mit Stolz und bestärkt sie in dem Gefühl, dass sie sich vom Rest der grausameren und gewalttätigeren Welt unterscheiden. Der Frieden ist für sie ein unschätzbares Gut.

Die Umgangsformen der Costa-Ricaner sind immer exzellent, denn Ticos sind stets darum bemüht, einen möglichst guten Eindruck *(quedar bien)* zu hinterlassen. Jedes Gespräch beginnt mit einem herzlichen *buenos días* („guten Morgen") oder *buenas tardes* („guten Tag"); anschließend fragt man den anderen freundlich nach seinem Befinden, und dann erst kommt man zum eigentlichen Anlass der Unterhaltung. Rüpelhaftes Benehmen oder ein lautes Wort führen zu überhaupt nichts; mit einem Lächeln und einem freundlichen Gruß kommt man viel eher zum Ziel.

LEBENSART

Der dauerhafte Friede, die erfolgreiche Exportwirtschaft und der Boom der Tourismusbranche haben dazu geführt, dass Costa Rica den höchsten Lebensstandard in Mittelamerika genießt. Die meisten Costa-Ricaner sind auch nach westlichen Maßstäben relativ wohlhabend und wissen alle Annehmlichkeiten des Lebens zu schätzen.

Einer der Gründe für den starken Zusammenhalt der Gesellschaft sind die engen familiären Bande. In Costa Rica ist die Familie der Kern des gesamten Lebens. Das Netz der Familie trägt jeden Einzelnen, der dazugehört. Familienmitglieder haben eine sehr enge Beziehung zueinander, und oft leben die Mitglieder desselben „Clans" dicht beieinander im selben Wohnviertel. Familienfeiern, z. B. Hochzeiten, sind bedeutende gesellschaftliche Ereignisse, und ob jemand arm oder reich ist, spielt innerhalb der Familie keine Rolle. Hat jemand einen wohlhabenden Verwandten, hat er deshalb auch keine Scheu, ihn gelegentlich um Unterstützung zu bitten.

Wenn man dieses sehr stabile Gefüge kennt, verwundert es nicht, dass die Lebenserwartung in Costa Rica mittlerweile höher liegt als in den USA. Die meisten Bewohner des Landes sterben heute im Alter an Herzerkrankungen oder an Krebs und nicht an den Kinderkrankheiten wie Diphterie, Masern und Scharlach, die in manchen weniger entwickelten Ländern noch immer viele Todesopfer fordern. Ein vernünftiges staatliches Gesundheitssystem und eine effektive Entsorgung der Abwässer tragen ebenso zu diesen Erfolgsstatistiken bei wie der stressfreie Lebensstil, das konstante tropische Klima und die gesunde und abwechslungsreiche Ernährung.

Ähnlich wie in den Industriestaaten des Westens haben die Familien inzwischen durchschnittlich nur noch 2,2 Kinder. Wie in vielen anderen Ländern vertreiben sich die Jugendlichen (oft zum Entsetzen ihrer Eltern)

Die beste und umfassendste Einführung in die Geschichte und Kultur des Landes ist *The Ticos: Culture and Social Change in Costa Rica* von Richard Mavis und Karen Biesanz.

Auch auf Deutsch sind einige hervorragende Bücher über die Geschichte und Kultur Costa Ricas erschienen: *Costa Rica: Politik, Gesellschaft und Kultur* (hrsg. von Andreas Maislinger), *Costa Rica: Interne Aspekte der Entwicklung einer Demokratie in Lateinamerika* (Annette Heintz) und *Entwicklungsprobleme Costa Ricas* (Ludwig van Ellenberg, Anneliese Bergemann).

die Zeit mit Ausgehen, Musik, bauchfreier Mode und *fútbol* (Fußball). Es besteht Schulpflicht, und die Schulbildung ist kostenlos – daher die hohe Alphabetisierungsrate von 97 %. Das System der ärztlichen Versorgung orientiert sich an den sozialen Bedürfnissen, und die Altersrente sorgt für eine angemessene Versorgung der Kranken und der Senioren.

Die Mittelschicht und die Oberschicht findet man vor allem in San José und in den großen Städten des Valle Central (Heredia, Alajuela und Cartago). Dort ist der Lebensstandard der Menschen durchaus mit dem in Europa und den USA vergleichbar. Die Menschen wohnen in großen Häusern oder Apartments, viele beschäftigen eine Haushaltshilfe, sie besitzen ein oder zwei Autos, und die besonders Erfolgreichen leisten sich sogar ein Wochenendhaus an der Küste oder in den Bergen. In den Randgebieten dieser großen Städte leben jedoch die Armen in schnell und lieblos konstruierten, billigen Unterkünften und in Slums – allerdings ist deren Anzahl deutlich geringer als in anderen lateinamerikanischen Ländern.

Das Haus eines Durchschnittsbürgers ist eingeschossig und besteht aus Zement, Holz oder einer Kombination beider Materialien. In weniger wohlhabenden Regionen des Landes leben die Menschen aber oft noch in fensterlosen Häusern aus *caña brava*, einer Art Schilf.

Die Mehrzahl der Kleinbauern *(campesinos)* und der Ureinwohner *(indígenas)* führt ein mühseliges Leben. Armut ist unter ihnen weit verbreitet, und der Lebensstandard liegt deutlich unter dem der restlichen Bevölkerung. Insbesondere gilt dies für die Karibikküste, denn dort leben die Nachfahren der Einwanderer aus Jamaika, denen die Zentralregierung lange Zeit keinerlei Beachtung schenkte. Diese Menschen besitzen zwar kaum etwas, und ihre finanzielle Absicherung ist gering, doch alle Mitglieder einer Familie bearbeiten ihr Land gemeinsam und tragen zum Haushaltseinkommen bei, sodass der Einzelne dennoch in einem stabilen Gefüge abgesichert ist.

Wie überall in den Ländern, die mitten in einem wirtschaftlichen Umbruch stecken, hat die Globalisierung dramatische Auswirkungen auf das Leben der Familien. Ticos müssen heutzutage beispielsweise sehr viel mobiler sein als früher. Viele suchen sich einen Arbeitsplatz, der weit entfernt vom Heimatort liegt. Der Ausbau eines befestigten Straßennetzes, allgemeiner Zugang zu elektrischem Strom, die Verfügbarkeit von Mobiltelefonen und nicht zuletzt die Anwesenheit von rund 50 000 Zuwanderern aus Nordamerika und Europa dürften nicht ohne Auswirkungen auf die traditionellen Familienstrukturen Costa Ricas bleiben.

WIRTSCHAFT

Seit fast 20 Jahren erfreut sich die Wirtschaft des Landes einer erstaunlich stabilen Entwicklung; ihre drei Säulen sind Tourismus, Landwirtschaft und Industrie. Handel, Tourismus und Dienstleistungen (Hotels, Restaurants, Betreuung der Gäste, Banken und Versicherungen) erwirtschaften gemeinsam 60,4 % des Bruttoinlandsproduktes; der Anteil der Landwirtschaft liegt bei 8,6 %, derjenige der Industrie bei 31 %.

Die Landwirtschaft produziert für den Export – vor allem Ananas, Kaffee, Rindfleisch, Zucker, Reis, Milchprodukte, Gemüse, Obst und Blumen. Industriell gefertigt werden elektronische Bauteile (Mikrochips), Textilien, Baumaterialien und Düngemittel, daneben spielen die Verarbeitung von Lebensmitteln und die pharmazeutische Industrie eine Rolle.

Seit über 20 Jahren halten sozialpolitische Maßnahmen die Armut in einem erträglichen Rahmen. Und obwohl rund 18 % der Bevölkerung offiziell als arm gelten, sieht man auf den Straßen nur sehr wenige Bettler, und auch die zerlumpten Straßenkinder, die das Bild mancher lateinamerikanischen Hauptstadt prägen, findet man hier kaum.

Den Ausdruck *matando la culebra* („faulenzen"; wörtlich „die Schlange töten") haben die Sklaven der Bananenplantagen geprägt. Wenn die Aufseher wissen wollten, was die Leute gerade getan hatten, lautete die Antwort oft: „*¡Matando la culebra!*"

Ein Kleinbauer verdient manchmal nicht mehr als 100 US$ pro Jahr, während das Durchschnittseinkommen des Landes immerhin bei 12 500 US$ pro Kopf liegt. Dennoch haben auch die Bewohner der Karibikküste, also der ärmsten Region des Landes, Zugang zu sauberem Wasser. Laut Unicef verfügen 92 % aller Haushalte in Costa Rica über ausreichende sanitäre Anlagen, und 97 % werden mit Trinkwasser versorgt.

Ein ernstes Problem bereitet die legale und teilweise auch illegale Einwanderung aus Nicaragua. Gegenwärtig leben schätzungsweise 300 000 bis 500 000 Nicaraguaner in Costa Rica, die Mehrheit als ungelernte Arbeiter. Ihre Arbeitskraft wird benötigt, andererseits könnte ihre Anzahl auch zu einer erheblichen Belastung des Sozialsystems führen.

Ausländische Investoren schätzen die politische Stabilität des Landes, den hohen Bildungsgrad und die gut entwickelte touristische Infrastruktur. Die Regierung bemüht sich überdies um eine Begrenzung der Inflation und Staatsverschuldung sowie um eine Reform des veralteten Steuerrechts. Und man ist sich sicher, dass der Beitritt zum Mittelamerikanischen Freihandelsabkommen (Central American Free Trade Agreement; Cafta) das Investitionsklima in Zukunft noch weiter verbessern dürfte.

BEVÖLKERUNG

Costa-Ricaner bezeichnen sich selbst als Ticos (Männer) bzw. Ticas (Frauen). Zwei Drittel der fast 4 Mio. Einwohner des Landes leben im Valle Central (Meseta Central); fast ein Drittel ist jünger als 15 Jahre.

In den 1940er-Jahren war Costa Rica eine überwiegend von der Landwirtschaft geprägte Gesellschaft. Die meisten Einwohner arbeiteten auf Kaffee- und Bananenplantagen. Ende des Jahrhunderts hatte sich die Wirtschaft drastisch verändert: Nur noch ein Fünftel der Beschäftigten war in der Landwirtschaft tätig. Heute arbeitet ein weiteres Fünftel in der Industrie (besonders der Agrarprodukte verarbeitenden Industrie, auch eine Chipfabrik für Halbleiter ist wichtig), während mehr als die Hälfte der Erwerbstätigen im Dienstleistungssektor beschäftigt ist. Das Bankwesen und die Wirtschaft sind hier besonders gefragt, aber auch im Tourismus sind 10 % direkt tätig.

Die meisten Costa-Ricaner sind Mestizen, haben also sowohl spanische als auch indianische und/oder schwarze Vorfahren; dennoch definiert sich die Mehrheit der Menschen als weiß. Das hat vermutlich damit zu tun, dass die spanischen *conquistadores* („Eroberer") die indigene Bevölkerung weitgehend ausgerottet und mit negativen Vorstellungen belastet haben. Viele Costa-Ricaner sehen ihre Wurzeln daher lieber in Europa, und sie sind besonders stolz auf ihr reines, akzentfreies Spanisch.

Die Ureinwohner des Landes stellen heute nur noch rund 1 % seiner Bewohner. Zu ihnen zählen die Bribrí und die Cabécar (S. 540), die Brunka (S. 414), die Guaymí (S. 450) und die Maleku (S. 552). Nähere Informationen zu ihrer Geschichte s. Kasten S. 51.

Weniger als 3 % der Bevölkerung sind Schwarze, von denen die meisten an der Karibikküste leben. Ihre Vorfahren kamen im 19. Jh. aus Jamaika hierher, um beim Bau der Eisenbahn zu helfen. Die Schwarzen sprechen Mecatelio, eine Mischung aus Englisch, Spanisch und der auf Jamaika geläufigen Form des Englischen. Die Nähe dieser Menschen zu den Schwarzen in anderen Ländern der Karibik ist nicht zu übersehen; ihre Vorliebe für Kokosnussgerichte oder die Calypsomusik sind nur zwei auffällige Beispiele. In Limón werden sogar die Rituale des *obeah* gepflegt, einer Art schwarzer Magie, die noch aus Afrika stammen dürfte.

Chinesische Einwanderer (1 %) kamen erstmals während des Eisenbahnbaus im 19. Jh. ins Land, doch auch später gab es immer wieder einen Zustrom aus China. Erst in jüngster Zeit kamen viele Nordamerikaner und

– abermals – Europäer ins Land; die Zahl der Nordamerikaner wird derzeit auf rund 50 000 geschätzt.

SPORT

Der Nationalsport Nummer eins ist natürlich *fútbol*. In jeder Stadt gibt es einen Fußballplatz, auf dem die einheimischen Fußballer ihre leidenschaftlichen Spiele austragen.

Die *selección nacional* (Nationalmannschaft) wird von den Fans liebevoll La Sele genannt. Heerscharen von leidenschaftlichen Fußballfans blicken begeistert auf die Erfolge ihrer Nationalmannschaft zurück, darunter das überraschende Erreichen des Viertelfinales bei der WM 1990 in Italien und der überzeugende (wenn auch nur kurze) Auftritt bei der WM 2002. Zuletzt konnten die Fans die Teilnahme an der WM 2006 in Deutschland feiern, obwohl ihr Team über die Vorrunde nicht hinauskam. Costa Rica hat außerdem mehrfach an der Copa America teilgenommen und dabei zweimal das Viertelfinale erreicht. Der Frauenfußball hat längst nicht so viele Anhänger, allerdings gibt es inzwischen auch eine Frauen-Nationalmannschaft. Die reguläre Saison geht von August bis Mai.

Surfen wird immer beliebter bei den Ticos. Costa Rica ist Gastgeber zahlreicher jährlich stattfindender nationaler und internationaler Wettbewerbe, über die in den lokalen Medien ausführlich berichtet wird. Auch der Stierkampf ist populär, vor allem in der Region um Guanacaste (der Stier wird in Costa Rica im Gegensatz zu anderen Ländern aber nicht getötet; im Grunde hat man bei einem Stierkampf in Costa Rica eher die Gelegenheit, einem betrunkenen Cowboy bei der Flucht vor dem Stier zuzusehen). Die in Lateinamerika so beliebten Hahnenkämpfe sind illegal.

IMMIGRATION & MULTIKULTURELLES

Die Vermischung der überwiegend aus Mestizen bestehenden Gesellschaft mit Schwarzen, Asiaten, Indianern und Nordamerikanern hat dem Land eine interessante Verschmelzung von Kultur und Kochkunst beschert. Auch wenn das Bild vom freundlichen Tico weithin stimmt, sind Spannungen zwischen den Völkern allgegenwärtig.

Für die schwarze Bevölkerung ist der Rassismus seit mehr als einem Jahrhundert bittere Realität. Etwa 75 % der schwarzen Bevölkerung leben an der Karibikküste. Lange wurde die Region von der Regierung marginalisiert und nur unzureichend mit Infrastruktur versorgt (erst ab 1948 durften sich schwarze Costa-Ricaner im zentralen Hochland ansiedeln). Doch Ticos sind tolerant, d. h. schwarze Besucher können sich unbesorgt im ganzen Land bewegen. Asiatische Ticos und die kleine jüdische Gemeinde waren häufig Ziel schlechter Witze, allerdings können jüdische und asiatische Reisende davon ausgehen, dass auch sie zuvorkommend behandelt werden.

Nicaraguaner sehen sich im Augenblick den schlimmsten Vorurteilen der Costa-Ricaner ausgesetzt. In den 1980er-Jahren führte der Bürgerkrieg zu einer Einwandererwelle aus Nicaragua. Obwohl die Gewalt im Nachbarland längst ein Ende gefunden hat, ziehen es die meisten Einwanderer vor, wegen der wirtschaftlichen Vorteile in Costa Rica zu bleiben. Viele Nationalisten schieben die Schuld für den Anstieg der Kriminalitätsrate auf die Nicaraguaner, obwohl dies jeglicher Grundlage entbehrt (s. Kasten S. 269).

Die Urbevölkerung bleibt in der Gesellschaft Costa Ricas weitgehend unsichtbar. Während viele Ureinwohner nach der gleichen westlichen Lebensart wie die Ticos leben, wohnen andere in Reservaten und halten einen traditionelleren Lebensstil aufrecht (s. Kasten S. 51). Wichtig: Manchmal wird „Indianer" mit *Indio* übersetzt, was im Land als Schimpfwort gilt. *Indígena* – „Ureinwohner" – ist hier der bessere Ausdruck.

Spielerstatistiken, Termine und alles, was man sonst noch über La Sele, die Fußballnationalmannschaft Costa Ricas, wissen muss, findet man im Internet unter www.fedefutbol.com (auf Spanisch).

In Costa Rica findet jedes Jahr das Tennisturnier Copa del Café statt – der „Kaffee-Cup".

Gemeinsam mit zwei Frauen der indigenen Bevölkerung verfasste Paula Palmer *Taking Care of Sibö's Gifts*, ein eindrucksvolles Buch über die Spiritualität und das Umweltbewusstsein der Bribrí.

VOM AUSSTERBEN BEDROHTE KULTUREN

Jene Europäer, die vor einigen Jahrhunderten zur langen Reise über den Atlantik aufbrachen, kamen nicht, weil sie die einheimische Kultur bewundern wollten. Die spanischen Konquistadoren betrachten die Urbevölkerung als ökonomische Ressource: Rücksichtslos zerstörten sie die Stammesgesellschaft, plünderten deren magere Schätze, jagten und versklavten die Überlebenden. Kurz nach ihnen trafen katholische Missionare ein, die die heidnischen Glaubenssätze ausmerzen und eine „zivilisiertere" Lebensweise einführen sollten. Deren Arbeit war so effektiv, dass die Kultur der Ureinwohner Costa Ricas schon kurz vom Aussterben stand.

Reste des traditionellen Lebensstils überlebten in den äußersten Randgebieten des Landes. Sie wurden von Familien bewahrt, die sich dem Zugriff von Gesetz und modernen Kultur entziehen konnten. Dabei wurde die Urbevölkerung nicht mal aufgefordert, sich anzupassen, vielmehr wurde sie bewusst aus der von den Spaniern dominierten Gesellschaft ausgeschlossen. Bis weit ins 20. Jh. hinein war es den Ureinwohnern verboten, einen Fuß in besiedelte Regionen zu setzen. Außerdem wurden ihnen grundlegende politische und juristische Rechte verwehrt. Erst mit der Verfassung von 1949 erhielten Ureinwohner die Staatsbürgerschaft, obwohl das an ihrem Status letztlich auch nicht viel änderte.

1977 schuf die Regierung ein System von Reservaten, das es indigenen Gruppen ermöglichte, sich selbst in Form von selbst verwalteten Gemeinschaften zu organisieren. Allerdings behielt die Regierung die Eigentumsrechte am Land. Dank dieser Veränderungen war es Ureinwohnern nunmehr erlaubt, ihre traditionelle Sprache zu sprechen und ihre Bräuche zu pflegen – profitieren konnten davon allerdings nur diejenigen, die sich überhaupt noch an ihre Wurzeln erinnerten. Die Ureinwohner erhielten dank dieser toleranten Regierungspolitik einen besseren Zugang zum Bildungssystem und zum Arbeitsmarkt, was wiederum ironischerweise dazu führte, dass sie ihre indigene Sprache zunehmend vergaßen und sich an die Kultur der Ticos anpassten.

Gegenwärtig gibt es zwar 22 Reservate in Costa Rica, aber die indigenen Kulturen sind trotzdem immer noch stark vom Aussterben bedroht. Die einst so lebendige Huetar-Sprache, die auf der zentralen Hochebene gesprochen wurde, ist so gut wie verstummt. In Guanacaste ist das kulturelle Erbe des Chorotega-Stammes – Nachfahren der bedeutenden mittelamerikanischen Kultur – mittlerweile fast völlig verschwunden. Viele Bribrí, die in der karibischen Tiefebene geblieben sind, haben ihre traditionelle Lebensweise aufgegeben, nachdem sie Arbeit auf den Bananenplantagen fanden. Nur im hintersten Winkel des Südens sprechen die Guaymí immer noch ihre eigene Sprache, tragen traditionelle Kleidung, jagen und sammeln, um zu überleben (s. Kasten S. 450).

Die Brunka (bzw. Boruca) sind die letzten Überlebenden der drei Stammesfürstentümer, die einst die Península de Osa und den Großteil des Südens bewohnten. Heute müssen sie sich mit einem Reservat im Tal des Río Grande de Térraba begnügen. Während ihre jährliche Fiesta de los Diablitos in der Öffentlichkeit für viel Aufmerksamkeit sorgt, ist ihre Sprache fast ausgestorben und ihr Land vom Bau eines großen Wasserkraftwerks bedroht (s. S. 415).

MEDIEN

Satellitenschüsseln stehen überall im Land. Man hat beim Fernsehen also eine große Auswahl – zwischen *telenovelas* aus Venezuela, Hollywoodfilmen, Fußball oder CNN. Es gibt auch zahlreiche Radioprogramme, deren Musik allerdings stark in Richtung Reggaetón tendiert. Wer Spanisch versteht und das politische Weltgeschehen verfolgen möchte, liest am besten die Tageszeitung *La Nación*, das offizielle Nachrichtenmedium heißt *La Gaceta*.

Das 1835 verabschiedete Gesetz zur Pressefreiheit ist das älteste in Mittelamerika. Obwohl in Costa Rica mit Sicherheit eine größere Pressefreiheit herrscht als in den meisten anderen lateinamerikanischen Ländern, ist von den Medien nicht unbedingt eine große Wahrheitsliebe zu erwarten. Es gibt nur wenig Konkurrenz, und die Berichterstattung ist in der Regel relativ vorsichtig und zur bürgerlich-rechten Seite geneigt, was vor allem an den konservativen Mediengesetzen liegt.

EINWANDERER AUS NORDAMERIKA

Derzeit durchlebt Costa Rica eine Art Identitätskrise, die auf den Zustrom von Einwanderern aus Nordamerika (und in geringerer Zahl auch aus Europa) zurückzuführen ist. Denn viele Ticos gewinnen allmählich den Eindruck, sie würden im eigenen Land diskriminiert. Dass solche Gefühle zwangsläufig aufkommen mussten, liegt auf der Hand: Beispielsweise befinden sich mittlerweile zwei Drittel aller Grundstücke an den Küsten in der Hand von Ausländern. Die komplette Beschilderung ist dort in Englisch gehalten, die Preise werden in US-Dollar angegeben, und viele Luxusresorts werden ausschließlich von Zuwanderern aus dem Ausland geleitet – die Einheimischen sind dort gerade noch für einen Job als Zimmermädchen oder Gärtner gut genug.

Manche Manager ausländischer Hotelketten sind sogar regelrecht stolz darauf, dass ihre Häuser ganz ohne Personal aus Costa Rica auskommen. „Tico-frei", beschrieb ein Hotelmanager an der Pazifikküste stolz sein Erfolgsrezept. Ein Kollege fügte erklärend hinzu: „Diese Lateinamerikaner haben das Arbeiten ja nicht gerade erfunden." Natürlich teilen die meisten Zuwanderer aus Nordamerika diese Ansicht nicht, doch die Anzeichen der Diskriminierung sind tatsächlich nicht zu übersehen. Mittlerweile beklagen sich erste Urlauber schon darüber, dass Costa Rica nicht mehr so „authentisch" wie früher sei, weil man eben so vielen US-Bürgern begegnet.

Dennoch sollte man auch die Leistungen der Einwanderer anerkennen. Viele Europäer und Nordamerikaner haben einen wichtigen Beitrag zu den Umweltschutzprojekten des Landes geleistet, sei es als aktive Mitarbeiter oder durch finanzielle Zuwendungen. Der erste Nationalpark des Landes, die Reserva Natural Absoluta Cabo Blanco (S. 340), verdankt seine Gründung nicht zuletzt dem Einsatz zweier Einwanderer aus Skandinavien. Andererseits lässt sich aber auch nicht leugnen, dass viele US-Bürger vorzugsweise in völlig abgesonderten Wohnvierteln leben, die keinerlei Bezug zum Alltagsleben der Ticos haben. So viel ist sicher: Costa Rica befindet sich gerade mitten in einem kulturellen Umbruch, und es bleibt abzuwarten, in welche Richtung sich das Land in den kommenden Jahren entwickeln wird.

Englischsprachige Nachrichten über Costa Rica findet man auf der Homepage der Wochenzeitung *Tico Times* unter www.ticotimes.net sowie auf der Seite der Boulevardzeitung *Inside Costa Rica* unter www.insidecostarica.com.

Überraschenderweise ist in Costa Rica immer noch ein *desacato* – Verleumdungsgesetz – im Verlagswesen in Kraft. Dies existiert in den meisten lateinamerikanischen Ländern und erlaubt es allen in der Öffentlichkeit stehenden Personen, Journalisten zu verklagen, wenn ihre Ehre von den Medien „beschmutzt" wird. Ein „Gegendarstellungsrecht" räumt den kritisierten Personen die gleiche Zeitspanne bzw. den gleichen Platz/Raum in den Medien ein, auf die entsprechenden Vorwürfe zu antworten. Diese Gesetze sind eine Einschränkung der Pressefreiheit und schützen in erster Linie Amtsträger vor den prüfenden Blicken der Öffentlichkeit. Bei einer 2003 durchgeführten Umfrage haben 41 % der befragten Reporter zugegeben, sie hätten wegen rechtlicher Bedenken Informationen zurückgehalten, während 79 % aussagten, sie fühlten sich unter Druck gesetzt, bestimmte Themen nicht weiter zu verfolgen.

Der Mord an dem Radiojournalisten Parmenio Medina 2001 lieferte den Journalisten einen weiteren Grund, nicht weiter nachzuhaken. Medina war Gastgeber des populären investigativen Programms *La Patada* (Der Fußtritt). Kurz vor der Ausstrahlung einer Sendereihe über finanzielle Unregelmäßigkeiten bei einem heute nicht mehr existierenden katholischen Radiosender wurde er vor seiner Wohnung in Heredia erschossen. Ende 2005 wurden schließlich neun Männer, darunter auch ein Priester, im Zusammenhang mit dem Mord vor Gericht gestellt.

Weitere Gesetze hindern Journalisten daran, ihrer eigentlichen Arbeit nachzugehen. Gesetze zur Verleumdung und übler Nachrede schieben Reportern die Beweislast zu, sodass sie häufig gezwungen sind, ihre Quellen vor Gericht preiszugeben. Im Juli 2004 schmetterte der interamerikanische Menschengerichtshof eine Verleumdungsklage gegen Mauricio Herrera Ulloa von *La Nación* ab. Die Regierung von Costa Rica hat versprochen, das Urteil, das eine Revision des Verleumdungsstrafrechts fordert, zu akzeptieren. Fortschritte gehen allerdings sehr langsam vonstatten.

RELIGION

Mehr als 75 % der Ticos sind katholisch (zumindest auf dem Papier). Auch wenn viele die Jungfrau Maria verehren, befolgen sie jedoch selten blind die aus Rom stammenden Glaubenssätze. Die meisten Gläubigen gehen in der Regel wegen der Sakramente (Taufe, Erstkommunion, Firmung, Heirat und Beerdigung) und an den hohen Feiertagen in die Kirche.

Religiöse Prozessionen an Feiertagen sind generell weniger hingebungsvoll und farbenfroh als in anderen lateinamerikanischen Ländern wie etwa Guatemala oder Peru (obwohl sich während der Prozession für die Schutzheilige La Virgen de los Ángeles, die jährlich am 2. August stattfindet, Pilger aus ganz Mittelamerika auf den Weg nach Cartago machen. Die Semana Santa (Karwoche) ist ein Nationalfeiertag: ab Gründonnerstagmittag bis zum Nachmittag des Karsamstags ruht praktisch das öffentliche Leben (auch der Busverkehr), und die Hotelzimmer an der Küste sind ausgebucht.

Etwa 14 % des Costa-Ricaner sind evangelikale Christen. Das zunehmende Interesse an evangelikalen Religionen wird auf den stärkeren Gemeinschaftssinn dieser Kirchen zurückgeführt. Die schwarze Gemeinde an der Karibikküste ist überwiegend protestantisch. In San José und Jacó lebt eine kleine jüdische Gemeinde. Die aus dem Mittleren Osten und Asien kommenden Einwohner sind Anhänger des Islam bzw. des Buddhismus und Taoismus.

FRAUEN IN COSTA RICA

Frauen sind in Costa Rica traditionell hoch angesehen (der Muttertag ist ein Nationalfeiertag). Das 1974 verabschiedete Familiengesetz räumt Ehefrauen und Ehemännern gleiche Rechte und Pflichten ein. Frauen dürfen also Verträge abschließen, Kredite aufnehmen sowie Grund und Boden besitzen. Sexuelle Belästigung und Diskriminierung aufgrund der Geschlechtszugehörigkeit verstoßen gegen das Gesetz. 1996 wurde in Costa Rica ein richtungsweisendes Gesetz gegen Gewalt in der Ehe verabschiedet, das zu den fortschrittlichsten in ganz Lateinamerika zählt.

Allerdings können Frauen erst seit kurzem Fortschritte in der Arbeitswelt feiern und eine größere Anerkennung in der Politik, Rechtsprechung, Wissenschaft und Medizin gewinnen. 1993 kandidierte Margarita Penon (die Frau von Oscar Arias) für das Präsidentenamt. 1998 waren beide Vize-Präsidenten (Costa Rica hat immer zwei) Frauen: Astrid Fischel und die vormalige Justizministerin Elizabeth Odio.

Trotz einiger Fortschritte gehört der Machismo noch lange nicht der Vergangenheit an. Antidiskriminierungsgesetze werden nur selten angewandt. Frauen werden in der Regel schlechter bezahlt als Männer und gelten immer noch als weniger geeignet für Führungspositionen. Für sie ist es zudem schwieriger, an Kredite zu kommen, obwohl ihr Verhalten, die Rückzahlung der Raten betreffend, besser ist als die der Männer. Auf dem Lande haben viele Frauen nach wie vor eine traditionelle Rolle inne: Sie erziehen die Kinder, kochen und führen den Haushalt.

KUNST & KULTUR
Literatur
Nur wenige Bücher von Schriftstellern aus Costa Rica sind in andere Sprachen übersetzt worden. Carmen Naranjo (geb. 1930) ist eine der wenigen zeitgenössischen Autorinnen aus Costa Rica, die internationale Erfolge feiern konnte. Sie schreibt Romane, Gedichte und Kurzgeschichten, war

Über aktuelle Ereignisse in Costa Rica informiert auch die Website der führenden Tageszeitung *La Nación* unter www.nacion.com.

Der von Barbara Ras
herausgegebene Band
*Costa Rica: A Traveler's
Literary Companion* ent-
hält 26 Kurzgeschichten
zeitgenössischer Autoren
aus Costa Rica (in eng-
lischer Übersetzung). Das
Buch gibt interessante
Einblicke in die Lebens-
wirklichkeit des Landes
aus Tico-Sicht.

in den 1970er-Jahren Botschafterin in Indien und wurde einige Jahre später Kulturministerin. 1996 erhielt sie von der chilenischen Regierung die
hoch angesehene Gabriela-Mistral-Medaille. Ihr ist ein Kapitel in dem
Buch *Mujeres letradas: Fünf zentralamerikanische Autorinnen und ihr Beitrag zur modernen Literatur* von Barbara Dröscher gewidmet. Eine Sammlung von Kurzgeschichten ist in Englisch erschienen: *There Never Was
a Once Upon a Time.*

Tatiana Lobo (geb. 1939) wurde zwar in Chile geboren, lebt aber seit
1967 in Costa Rica, viele ihrer Bücher spielen in ihrer neuen Heimat. Für
ihren Roman *Asalto al Paraíso* (Angriff auf das Paradies) wurde ihr der
begehrte Premio Sor Juana Inés de la Cruz für lateinamerikanische Roma-
nautorinnen zuerkannt. Ihr Roman *Calypso* ist auf Deutsch unter dem Titel
Hahnenbräute (Hammer Verlag, 2001) erschienen.

José León Sánchez (geb. 1930) ist international bekannt als Autor seiner
Lebenserinnerungen. Er ist ein aus dem Grenzgebiet zu Nicaragua stam-
mender Huetar-Indianer, der wegen eines Diebstahls in der berühmten
Basílica de Nuestra Señora de los Ángeles (S. 160) in Cartago verurteilt
wurde. Seine Haftstrafe verbüßte er auf der Isla San Lucas, einem der
gefürchtetsten Gefängnisse Lateinamerikas. Bei seiner Verhaftung war er
Analphabet, brachte sich aber selber das Lesen und Schreiben in der Haft
bei und verfasste heimlich eine der ergreifendsten Memoiren des ganzen
Kontinents: *La Isla de los Hombres Solos*. Er verbüßte 20 von 45 Jahren seiner
Haftstrafe, schrieb 14 weitere Romane (u. a. *Tenochtitlan: Die letzte Schlacht
der Azteken,* Unionsverlag 1997, der die Weltanschauung der Azteken vermittelt) und bekleidete etliche hohe öffentliche Ämter.

Theater

San José ist das Zentrum einer blühenden Theaterszene. Theaterstücke werden überwiegend auf Spanisch produziert, allerdings zeigt die Little Theater
Group auch englischsprachige Aufführungen.

Das Neorenaissancebau Theater des Landes ist das Teatro Nacional
(S. 93) in San José. Im 19. Jh. weigerte sich eine berühmte italienische Opern-
Diva auf ihrer Lateinamerikatournee in Costa Rica aufzutreten, weil keine
geeigneten Räumlichkeiten zur Verfügung standen. Die einheimischen Kaffeebarone beschlossen daraufhin kurzerhand, eine spezielle Kultursteuer auf
Kaffeeexporte zu erheben, um damit den Bau eines Theaters von Weltrang zu
finanzieren. Der Neorenaissancebau von 1897 des Teatro Nacional ist inzwischen ein gefragter Veranstaltungsort für Theaterstücke, Opern, Auftritte des
nationalen Symphonie-Orchesters, Ballett-Aufführungen, Dichterlesungen
und andere Kulturevents. Es ist zudem ein architektonisches Kunstwerk und
eine der größten Sehenswürdigkeiten der Hauptstadt.

Bildende Künste

Eine eigene Tradition der Bildenden Künste formte sich in Costa Rica erst in
den 1920er-Jahren, als Teodórico Quirós, Fausto Pacheco und Zeitgenossen
damit begannen, Landschaftsbilder zu malen, die sich von den in europäischen Stilen gemalten Werken grundlegend unterschieden. Sie schufen
Landschaften mit sanft geschwungenen Hügeln und üppigen Wäldern,
auf denen vereinzelt die charakteristischen Adobe-Häuser zu sehen waren.

Die aktuelle Kunstszene ist vielfältiger, ein typischer Tico-Stil ist nicht zu
erkennen. Einige Künstler ragen heraus, darunter Isidro Con Wong und sein
magischer Realismus, Francisco Amighetti und seine surrealen Gemälde und
primitiven Stiche sowie Rafa Fernández und seine mystischen Frauenfiguren.
Andere Künstler beschäftigen sich mit einer Vielzahl an Themen und greifen
dabei auf unterschiedliche Medien zurück: Malerei, Bildhauerei, Video und

Installationen im öffentlichen Raum. Ein Großteil dieser Werke ist im Museo de Arte y Diseño Contemporáneo (S. 91) zu sehen.

Viele Kunstgalerien haben die ausländischen Urlauber als Zielgruppe entdeckt und sich auf „Kunst aus den Tropen" (in Ermangelung eines offiziellen Ausdrucks) spezialisiert: Es sind bunte volkstümliche Gemälde, auf denen eine Pflanzen- und Tierwelt zu sehen ist, die an das Werk des französischen Künstlers Henri Rousseau erinnert.

Volkstümliche Kunst und Kunsthandwerk sind weniger verbreitet als in anderen mittelamerikanischen Ländern. Allerdings dürfte der leidenschaftliche Souvenirsammler keine Probleme damit haben, die bunten Ochsenkarren aus Sarchí zu finden (S. 146), die so etwas wie ein Wahrzeichen Costa Ricas sind. Einige Ureinwohner stellen kunstvoll geschnitzte und bemalte Masken sowie handgewebte Tücher her. Diese Waren sind an vielen Orten käuflich zu erwerben.

Einen ebenso beeindruckenden wie umfassenden Überblick über die mittelamerikanische Gegenwartskunst vermittelt die Internetseite des Museo de Arte y Diseño Contemporáneo unter www.madc.ac.cr/

Musik & Tanz

In Costa Rica mischen sich viele Kulturen. Dieser Kulturenmix hat eine sehr inspirierte, lebendige Musikszene hervorgebracht, die musikalische Elemente Nord- und Südamerikas und der Karibik aufgreift. Im Bereich der Tanzmusik dominieren Salsa, Merengue, Bolero und Cumbia.

Zur populären Tanzmusik gehören lateinamerikanische Tänze wie Salsa, Merengue, Bolero und Cumbia. Diese aufregenden Tänze werden in Clubs im ganzen Land gehört (und getanzt). Die Tico-Salsa-Gruppe Los Brillanticos, die sich auf regionaler Ebene einen Namen gemacht hat, hat bereits zusammen mit der kubanischen Legende Celia Cruz bei einem ihrer Auftritte in San José auf der Bühne gestanden.

In San José hört man heimische und internationale Rockmusik, Folk und Hip-Hop. Die Musiktraditionen der einzelnen Provinzen sind aber nicht weniger lebendig, und jede Region besitzt ihre eigenen Rhythmen, Instrumente und Stilrichtungen. Auf eine reiche, lange musikalische Tradition blickt beispielsweise auch die Península de Nicoya zurück; dort werden vor allem Gitarren, Maracas und Marimbas gespielt. An der Karibikküste dominiert die Calypsomusik, die unter den afrikanischen Sklaven der Karibik entstanden ist und wegen ihrer schwungvollen Rhytmik weithin beliebt ist.

Viele althergebrachte Tänze des Landes stammen aus Guanacaste. Die meisten dieser Tänze spiegeln das Ritual der Brautwerbung auf dem Lande wider, der berühmteste – viele halten ihn für eine Art „Nationaltanz" – ist der *punto guanacasteco* (s. Kasten S. 219). Der besondere Reiz dieses Tanzes liegt in der *bomba*, einem ebenso witzigen wie feurigen Vers, den die männlichen Tänzer während eines musikalischen Zwischenspiels zum Besten geben.

Essen & Trinken

Spätestens beim Blick auf die Speisekarte wird klar, dass Costa Rica in den Tropen liegt: Das Land ist ein Fest für den Geschmack und für die Augen – angefangen von exotischen Früchten wie Mangos, Guaven und Litschis und der obligatorischen Tasse lokalen Kaffee bis hin zu den Fischen aus einheimischen Gewässern und dem pikanten Gericht *ceviche* (ungekochte, aber gut marinierte Meeresfrüchte), das aus fangfrischem Fisch hergestellt wird.

Natürlich bleibt Costa Rica seinen lateinamerikanischen Wurzeln treu, sprich: Zu den meisten Mahlzeiten gibt es Reis und Bohnen. Strohgedeckte Lokale auf dem Land sind ein allgegenwärtiges Bild: Einheimische Frauen bieten dort einfache, hausgemachte Gerichte an, die *comida típica* (landestypisches Essen) genannt werden. Außerdem lassen die Costa-Ricaner für ein gutes Steak alles stehen und liegen – das erklärt auch die zahlreichen Rinderfarmen im ganzen Land.

Tico-Spezialitäten (also costa-ricanische Gerichte) findet man in den schickeren Touristengegenden auch in der Luxusfassung mit einem kreativ-modernen Touch. Aufgrund der hohen Einwanderungszahlen aus Europa und den USA gibt es eine große Auswahl an verschiedenen Gerichten. Von Sushi bis Souvlaki bietet dieses kleine Land etwas für jeden Geschmack.

TYPISCHES & SPEZIALITÄTEN

Wer den reichhaltigen, feurigen *mole poblano* (Fleisch in einer kalorienreichen Schokoladensauce) oder eine hausgemachte Avocadosuppe essen möchte, ist hier am falschen Platz. Leider haben es die abwechslungsreichen Rezepte aus Mexiko und Guatemala nicht über die Grenze geschafft. Das Essen in Costa Rica ist sehr einfach und ziemlich langweilig. Es gibt hauptsächlich Reis mit Bohnen – und Bohnen mit Reis –, immer aber ist das Essen frisch zubereitet und herzhaft.

Das Frühstück besteht meist aus *gallo pinto* (wörtlich: „Gefleckter Hahn"), ein Pfannengericht aus Reis mit Bohnen. Wenn die Bohnen mit dem Reis verrührt werden, nimmt dieser die Farbe der Bohnen an: Die Mischung sieht gefleckt aus. Gallo pinto wird mit Eiern, Käse oder *natilla* (saurer Sahne) serviert, ist normalerweise recht günstig (1–2 US$), sehr sättigend und manchmal sogar richtig lecker. Wer den ganzen Tag mit Surfen oder Wandern verbringen will, für den sind Reis und Bohnen ein ausgezeichneter Energielieferant. Für diejenigen, die nicht scharf auf Reis und Bohnen sind, servieren viele Hotels ein „tropisches Frühstück", das normalerweise aus Brot und einer Auswahl an frischen Früchten besteht. Manche Lokale bieten auch ein amerikanisches Frühstück, sprich: viel Gebratenes und fettiges Fleisch.

Fast überall werden mittags und abends Tagesgerichte angeboten – sie heißen *casado* oder „Mittagessen für Ehemänner" und sind immer preiswert und sättigend. Zu einem casado gehören meist Fleisch, Bohnen, Reis und Salat. Ein sehr beliebtes Casado ist das allgegenwärtige *arroz con pollo*, das – wie der Name schon sagt – aus Hühnchen mit Reis besteht und meist mit Getreide, Gemüse und verschiedenen milden Gewürzen serviert wird. Lecker sind auch die *patacones,* pürierte Kochbananen, die frittiert wie Pommes frites gegessen werden.

Das Essen in Costa Rica ist nicht besonders würzig, es sei denn, man bestellt traditionelle Gerichte aus der Karibik. Die meisten Ticos mögen keine scharfen Saucen, auch wenn in vielen Restaurants scharfe *curtido* (eingelegtes Gemüse mit scharfen Paprikaschoten) oder kleine Flaschen mit einer tabas-

Gourmet-Kaffee und andere Köstlichkeiten aus Costa Rica können unter www.cafebritt.com bestellt werden.

Concinando con Tia Florita ist eine populäre Tico-Kochshow. Am besten die Rezepte selbst ausprobieren und alles über Tia Florita auf ihrer Website www.concinancdocontia florita.tv nachlesen.

Das Buch *Entradas: Journeys in Latin American Cuisine* von Joan Chatfield-Taylor enthält einige der beliebtesten Rezepte Costa Ricas – und vieles andere mehr.

DER GALLO-PINTO-STREIT

Kein anderes Gericht in Costa Rica begeistert die Ticos so sehr wie das Nationalgericht *gallo pinto*, dieses himmlische Gemisch aus Reis, Bohnen und Gewürzen. In welcher Kombination die Zutaten für ein echtes Gallo pinto verwendet werden, ist Gegenstand hitziger Diskussionen, vor allem deshalb, weil es auch das Nationalgericht des Nachbarlandes Nicaragua ist.

Beide Länder beanspruchen für sich, das Gericht erfunden zu haben. Nach costa-ricanischen Überlieferungen entstanden das Gericht und sein kultiger Name 1930 in der Nähe von San Sebastián an der südlichen Peripherie von San José. Dagegen behaupten die Einwohner von Nicaragua, dass es von afro-lateinischen Einwanderern an die karibische Küste ihres Landes gebracht wurde – lange bevor es die Costa Ricaner für sich entdeckten.

Der Kampf um die Rechte an Gallo pinto ist an dieser Stelle noch lange nicht zu Ende, denn die beiden Länder sind sich noch nicht einmal über das Grundrezept einig. In Nicaragua wird es traditionell mit kleinen roten Bohnen gekocht, während die Costa Ricaner auf schwarze Bohnen schwören. Und dann dreht sich der Küchenstreit noch um Dinge wie das ausgewogene Verhältnis von Koriander, Salz und Pfeffer…

Zum Entsetzen der patriotischen Costa Ricaner ist Nicaragua derzeit Weltrekordhalter des größten Topfes mit Gallo pinto. Am 5. September 2007 aßen 22 200 Menschen *gallo pinto* gemeinsam aus einem dampfenden Bottich. Somit ist der Name Nicaragua im *Guinness Buch der Rekorde* fest mit Gallo pinto verknüpft.

Wer durch Costa Rica reist, sollte am besten gar nicht über diese Peinlichkeit reden. Komplizierte historische Begebenheiten, Geopolitik und Feindseligkeiten einmal beiseitegelassen: Jedenfalls sind die Costa Ricaner ziemlich sauer, dass Nicaragua Anspruch auf ihr Nationalgericht erhebt!

---

coähnlichen Sauce auf dem Tisch stehen. Eine weitere beliebte Würzsauce ist *salsa lizano*, die Tico-Version der englischen Worcestershire-Sauce.

Angesichts der langen Küsten verwundert es kaum, dass viel Fisch und Meeresfrüchte gegessen werden. Die Fischgerichte sind normalerweise frisch und köstlich. Der Fisch wird oft frittiert, manchmal aber auch gegrillt. Ceviche ist zwar kein typisches Tico-Gericht, findet sich aber auf fast allen Speisekarten. Grundlage sind entweder Tintenfisch, Buntbarsch (Tilapia), Dorade und/oder Delfin (den Fisch, nicht den Flipper). Der rohe Fisch wird in Limonensaft mit Chili, Tomaten und Gewürzen mariniert. Gekühlt serviert, ist dies eine hervorragende Art und Weise, frischen Fisch zu genießen. Die Betonung liegt auf „frisch". Da es sich um rohen Fisch handelt (Sushi), sollte man die Finger davon lassen, sobald der Verdacht besteht, er sei nicht frisch.

Die beliebteste ausländische Küche in Costa Rica (zumindest bei den Ticos) ist die chinesische. In beinahe jeder Stadt gibt es ein China-Restaurant und wenn nicht, findet man auf fast jeder Speisekarte *arroz cantonés* (gebratenen Reis). Ebenfalls sehr beliebt sind italienische Gerichte und Pizzerien. Italienische Restaurants unterschiedlicher Qualität gibt es an jeder Ecke. Die hiesigen Pizzen werden mit einer Menge Käse gebacken.

Wenn ein Restaurant nicht besonders sauber wirkt, sollte man dort möglichst kein Obst, Gemüse oder Salat essen. Wenn diese nämlich nicht sorgfältig gewaschen wurden, wird man ziemlich wahrscheinlich mit einer kleinen Magen-Darm-Infektion bestraft. Im Allgemeinen jedoch ist das Leitungswasser in Costa Rica trinkbar.

GETRÄNKE

Kaffee ist wahrscheinlich das beliebteste Getränk im Land – und wo immer man auch hinreist: Überall bekommt man einen *cafecito* angeboten. Traditionellerweise wird der Kaffee stark gebrüht und mit heißer Milch (je nach Wahl) serviert, bekannt als *café con leche*. Doch auch der schwarze *café*

Angeblich verlieh Kaffee den Arbeitern neue Energie, daher beschloss die Regierung 1840, dass alle Arbeiter, die im Straßenbau beschäftigt waren, jeden Tag eine Tasse Kaffee trinken sollten.

ABENTEUER FÜR DEN GAUMEN

Wer experimentierfreudig ist, einen Magen aus Stahl hat und außerdem seine Geschmacksnerven ein wenig strapazieren möchte, sollte die nachstehenden Gerichte probieren, die zu den Top Five der unbeliebtesten Gerichte (für Ausländer) gehören.

■ **Mondongo (Kuttelsuppe)** Wer nicht schon von Kindesbeinen an daran gewöhnt ist, eine dampfende Tasse mit gekochten Innereien zu schlürfen, wird sich schwer tun. Selbst wenn man nicht darüber nachdenkt, was man da isst, woher es stammt und was es durchlaufen hat, läuft einem bei diesen zähen, sehnigen und schwammigen Dingen nicht gerade das Wasser im Mund zusammen.

■ **Ceviche de pulpo (Tintenfisch-Ceviche)** Sushi-Liebhaber sind wahrscheinlich anderer Meinung, aber es braucht schon ein wenig Mut, um sich ein Stück rohen Tintenfisch in den Mund zu schieben. Obwohl die Säure des Limonensaftes den Tintenfisch weich macht, ist er immer noch zäh wie Gummi und schwer zu kauen. Und das Gefühl, wenn das Tintenfischstück den Hals hinunterrutscht, lässt sich nur schwer beschreiben.

■ **Vino de palma (Palmwein)** Er ist der Lieblingsbranntwein der *campesinos* (Bauern) in Costa Rica. Der Palmwein ist der gegorene Saft aus zuckerhaltigen Teilen der *palma de corozo*. Nachdem man innerlich verbrannt und vorübergehend erblindet ist und außerdem noch einige Millionen Gehirnzellen abgestorben sind, kriegt man als Krönung noch den schlimmsten Kater, den man je gehabt hat.

■ **Chicharrones (Gebratene Schwarten)** Heiß, salzig und fettig sind normalerweise die passenden Adjektive, um einen Imbiss zu beschreiben. Aber es ist nicht einfach, die Haut vom Schwein zu essen, ohne an die Borstentiere zu denken, die sich in ihrem eigenen Dreck suhlen. In den USA sind „Schweinerinden" ein beliebter Snack, obwohl es sich bei diesem hier weniger um Kartoffelchips mit Schweinefleischgeschmack handelt, sondern mehr um ein Stück Fett mit Schweinefleischgeschmack.

■ **Huevos de tortugas (Schildkröteneier)** Auch wenn sie angeblich die Potenz steigern, Erektionen hinauszögern und den Mann zum Tier im Bett machen: Auf keinen Fall die Eier von bedrohten Meeresschildkröten essen! Obwohl sie gelegentlich noch auf der Speisekarte zu finden sind: Der Gedanke an Ausrottung und Gleichgültigkeit gegenüber der Umwelt schwingt immer mit.

negro ist beliebt, wer etwas Milch dazu haben möchte, kann um *leche al lado* (ein Milchkännchen) bitten. Schickere Läden servieren auch Cappuccino und Espresso. Da die zum Standardkaffee gereichte Milch pasteurisiert wurde, ist sie ohne Bedenken trinkbar.

Das unschlagbar frische, kühle Landesgetränk heißt *batido* – hergestellt aus frischen Früchten (vergleichbar den amerikanischen Smoothies oder Shakes). Meistens werden sie *al agua* (mit Wasser) oder *con leche* (mit Milch) hergestellt. Die Auswahl ist groß: es gibt die Shakes mit Mangos, Papaya, *piña* (Ananas), *sandía* (Wassermelone), *melón* (Honigmelone), *mora* (Brombeeren), *zanahoria* (Karotten), *cebada* (Gerstenzucker) oder *tamarindo* (Frucht des Tamarindenbaums). Wer auf die Sauberkeit des Trinkwassers achtet, sollte darum bitten, dass sein *batido* nur mit *agua enbotellada* (abgefülltem Wasser) und *sin hielo* (ohne Eis) serviert wird – auch wenn das Trinkwasser in Costa Rica im Allgemeinen durchaus sicher ist.

Die in Flaschen abgefüllte, aber weniger leckere Alternative ist ein einheimisches Fruchtgetränk namens „Tropical". Der Mix wird in vielen Geschäften und Restaurants verkauft, meist in den Geschmacksrichtungen *mora, piña, cas* (eine scharfe einheimische Frucht) und *frutas mixtas*. Vor dem Öffnen sollte man das Getränk kräftig schütteln, damit sich der Früchtezusatz am Boden gut verteilt.

Wer leider wieder nach Hause fahren muss und *salsa lizano* oder andere tropische Getränke vermisst, findet auf der Website www.lapulpe.com costa-ricanische Produkte, die von der Firma in alle Länder der Welt geliefert werden.

Pipas sind grüne Kokosnüsse mit einem eingestochenen Loch. Mit einem Strohhalm wird die Kokosmilch getrunken – sie ist sehr lecker und sättigend! *Agua dulce* ist Wasser mit Rohrzucker aus Zuckerrohr, in vielen Fällen aber auch nur abgekochtes Wasser mit braunem Zucker. *Horchata* findet man meist auf dem Land – ein süßliches Getränk, das aus Maismehl hergestellt und mit Zimt gewürzt wird.

Natürlich werden in Costa Rica auch alle bekannten Softdrinks angeboten, darunter alte US-Klassiker wie Crush und Squirt. Auf dem Land und vor allem in Bussen (!) werden die Softdrinks oder auch Säfte in einer Plastiktüte serviert – sie sind eben deutlich billiger als Plastikflaschen oder andere Behältnisse. Die Einheimischen füllen alle möglichen Getränke aus Kühlcontainern in kleine Plastiktüten ab und verkaufen diese dann am Straßenrand. Mit etwas Glück ergattert man dabei auch einen Strohhalm – damit ist es natürlich viel einfacher, das Getränk zu genießen. Bei langen Busfahrten füllen sich manche Leute die Beutel unterwegs auch wieder auf.

Das beliebteste alkoholische Getränk ist Bier, unter den einheimischen Marken ist Imperial wohl am populärsten – entweder wegen des guten Geschmacks oder wegen der allgegenwärtigen T-Shirts mit dem geschwungenen Adler-Logo. *Pilsen* hat einen höheren Alkoholgehalt und ist nicht zuletzt wegen seiner schmierigen Kalender mit *las chicas Pilsen* (die „Pilsen-Mädchen") bekannt. Beide Biere sind recht trinkbare Varianten eines klassischen Pils. Die einheimische Brauerei Bavaria stellt ein Helles sowie Bavaria Negro, ein sehr leckeres, starkes Dunkelbier her. Diese Marke ist bei Jugendlichen und Akademikern sehr beliebt, allerdings wird es außerhalb der angesagten Clubs und Lokale nur selten ausgeschenkt.

Der nach Bier beliebteste Alkohol ist *guaro*, ein farbloser Alkohol, der aus Zuckerrohr hergestellt und meist wie Schnaps getrunken wird, man kann ihn aber auch „sour" bestellen. Das Zeug lässt sich ganz gut auch in größeren Mengen trinken – nur der Kater danach ist fürchterlich.

Wie in den meisten Ländern Mittelamerikas sind die einheimischen Rumsorten preiswert und gut, besonders der Ron Centenario, der vor kurzem internationale Berühmtheit erlangte. Das beliebteste Getränk ist *cuba libre* (Rum mit Cola): Wenn er an einem schwülheißen Tag mit einem frischen Spritzer Limone serviert wird, ist er besonders erfrischend. Das Mixgetränk wird auch in der Dose verkauft, es schmeckt jedoch irgendwie nach Aluminium.

Die meisten einheimischen Weine sind so billig wie sie auch schmecken – die dicke Schädel am nächsten Morgen ist vorprogrammiert. Importierte Weine werden zwar angeboten, sind aber auch teuer (und nur schwer bei den richtigen Temperaturen zu lagern). Chilenische Weine sind normalerweise recht gut und bezahlbar.

Am Wahltag und drei Tage vor Ostern wird kein Alkohol ausgeschenkt.

WOHIN ZUM ESSEN?

Die beliebteste Restaurantform in Costa Rica ist das *soda* – kleine, einfache Mittagslokale, die einige wenige Casados servieren. Zu diesen Billiglokalen gehören auch die Stände, an denen die allgegenwärtigen gebratenen und gegrillten Hähnchen verkauft werden.

Ein normales *restaurante* ist meist teurer, bietet dafür aber auch mehr Flair. Viele Restaurantes servieren Casados, die in den besseren Lokalen oft *almuerzo ejecutivo* heißen.

Pastelerías und *panaderías* verkaufen Gebäck, Kuchen und Brot. In vielen Bars gibt es Snacks, die hier *bocas* heißen, gemeint sind imbissartige Portionen von Hauptgerichten.

Das Mittagessen ist normalerweise die Hauptmahlzeit des Tages und wird um die Mittagszeit herum serviert. Das Abendessen ist eine leichtere Version des Mittagessens und wird um 19 Uhr eingenommen.

TOPRESTAURANTS IN COSTA RICA

■ Asiatische Gerichte gibt es im **Restaurante Tin-Jo** (S. 111) in San José.

■ Scharfe, köstliche Fisch-Tacos serviert das **El Loco Natural** (S. 530) in Puerto Viejo de Talamanca.

■ Für seine Gourmet-Sandwiches und herrlichen Ausblicke ist das **Sun Spot** (S. 380) in Manuel Antonio berühmt.

■ Bei **Wok & Roll** (S. 296) in Tamarindo gibt es die besten Sushis und Wokgerichte.

■ Im **Restaurante Exótica** (S. 397) in Ojochal lohnt sich alles, was auf der Speisekarte steht.

Auf die Schnelle

Straßenverkäufer bieten frisches Obst an (das manchmal bereits vorgeschnitten ist und sofort mitgenommen werden kann) sowie Kekse, Kartoffelchips und frittierte Bananen. Viele Sodas unterhalten an kleinen Bestellfenstern einen Straßenverkauf, meist werden hier *empanadas* (mit Hackfleisch, Hähnchen, Käse oder süßen Früchten gefüllte Maistaschen), Tacos (meistens mit Fleisch gefüllte Tortillas) oder *enchiladas* (Teigtaschen mit würzigem Fleisch) angeboten.

VEGETARIER & VEGANER

Wer gerne Reis und Bohnen isst, kann als Vegetarier ziemlich gut durch Costa Rica reisen. Die meisten Restaurants bieten auf Wunsch auch vegetarische Casados an, in vielen Fällen stehen sie sogar schon auf der Karte; dazu gehören meist auch Reis und Bohnen, Weißkrautsalat und ein oder zwei ausgewählte, vorbereitete Gemüse oder Hülsenfrüchte.

Dank des hohen Touristenaufkommens haben in San José und anderen Urlaubsorten viele vegetarische Spezialitätenrestaurants und Restaurants mit vegetarischer Speisekarte aufgemacht. Lodges in entlegenen Gegenden, die „All-inclusive"-Mahlzeiten anbieten, kochen nach Vorbestellung ebenfalls vegetarisch.

Veganer, makrobiotisch essende Reisende und strikte Rohkost-Esser haben es da schon schwerer, weil nur wenige Restaurants diese Vorlieben bedienen können. Wer seine Ernährungsweise unbedingt beibehalten will, sollte Unterkünfte wählen, in denen er seine Mahlzeiten selbst zubereiten kann. In vielen Orten gibt es Läden mit gesunder Ökokost *(macrobióticas)*, die Auswahl schwankt jedoch erheblich. In abgelegenen Regionen kann man frisches Gemüse oft nur schwer bekommen, und es ist dann auch recht teuer.

FÜR KLEINE ESSER

Wer mit dem Nachwuchs reist, hat es beim Essen in Costa Rica nicht ganz so einfach, denn nur in wenigen Restaurants werden spezielle Kinderteller angeboten – eine Ausnahme sind die etwas schickeren Lodges. Allerdings ist es selten ein Problem, eine normale Portion zum Teilen für zwei Kinder zu bestellen oder eine kindgerechte Portion zu ordern. Für die Kinder bringen die Kellner auch gerne ein Hähnchen oder ein gegrilltes Steak *(a la plancha)*.

Wer mit einem Baby unterwegs ist, sollte sich vor dem Abstecher in entlegene Gebiete mit Milchpulver und Babynahrung eindecken. Avocados sind übrigens eine sichere, einfach zu essende und dazu nahrhafte Alternative – schon Kinder ab sechs Monaten können sie essen. Kleinkinder sollten aber in jedem Fall nur abgekochtes oder abgefülltes Wasser trinken und auch auf jegliches Eis in Getränken verzichten. Sie sind für Magenstörungen noch viel anfälliger als Erwachsene.

Bei langen Autofahrten durch einsame Gebiete ist etwas Proviant für unterwegs unerlässlich – oft liegt kein Lokal an der Strecke! Weitere Tipps für das Reisen mit Kindern s. S. 583.

SITTEN UND GEBRÄUCHE

Die Menschen in Costa Rica sind offen und leger und zu ihren Gästen sehr nett. Wer das Glück hat, von einem Tico nach Hause eingeladen zu werden, wird zuerst bedient, bekommt die größte Portion und vielleicht sogar ein Abschiedsgeschenk. Die Gäste bringen dem Gastgeber normalerweise Blumen oder Wein mit. Das beste Geschenk für den Gastgeber ist jedoch eine Einladung zu einem Abendessen.

Wenn man sich in einem Restaurant an den Tisch setzt, sollte man der Bedienung oder den Leuten, mit denen man am Tisch sitzt, unbedingt *buenos días* (guten Morgen) oder *buenas tardes* (guten Tag) wünschen. Vor dem Essen sagt man *buen provecho*, was guten Appetit heißt.

Costa Rican Typical Foods von Carmen de Musmani und Lupita de Weiler ist leider vergriffen. Es ist das vielleicht einzige Tico-Kochbuch, das jemals geschrieben wurde.

SPRACHFÜHRER ESSEN

Manch einem fällt es schwer, zwischen *pipas* und *patacones* oder zwischen *batido* und *bolita* zu unterscheiden. Ein Einstieg bietet dieser Sprachführer mit den wichtigsten Redewendungen und Begriffen. Details zur Aussprache stehen auf S. 612.

Was heißt...?
Haben Sie eine englische Speisekarte?
> *¿Hay una carta en inglés?*   ai u·na *kar*·ta en in·*gles*

Ich möchte...
> *Quisiera...*   ki·*sye*·ra...

Ich bin Vegetarier.
> *Soy vegetariano/a.* (m/w) soy ve·che·te·*rya*·no/a

Die Rechnung bitte.
> *La cuenta, por favor.*   la *kuen*·ta, por fa·*vor*

Essglossar
WAS STEHT AUF DER KARTE?

almojabanos	al·mo·cha·*ba*·nos	ähnlich wie *tortilla de maíz*, nur mit der Hand in kleine wurstgroße Stücke gerollt
batido	ba·*ti*·do	Milchshake mit frischen Früchten, Zucker und Milch
bocas	*bo*·kas	leckere Snacks oder Barsnacks
bolitas de carne	bo·*li*·tas de *kar*·ne	kleine, leicht gewürzte Fleischbällchen
carimañola	ka·ri·man·*yo*·la	frittierte Rolle aus Hackfleisch und gekochtem Yucca
carne ahumada	*kar*·ne a·hu·*ma*·da	geräuchertes, getrocknetes Fleisch
ceviche	se·*vi*·tche	marinierter roher Fisch oder Meeresfrüchte
chichas	tschi·*tschas*	sehr süße, frische Fruchtgetränke
comida corriente (casado)	ko·*mi*·da ko·ri·*en*·te ka·*sa* do	Gericht aus Reis, Bohnen, Bananen und einem Stück Fleisch oder Fisch
corvina	kor·*vi*·na	geschmackvoller weißer Fisch
empanada	em·pa·*na*·da	Maistasche gefüllt mit Hackfleisch, Huhn, Käse oder süßen Früchten
gallo pinto	*ga*·lyo *pin*·to	wörtlich: „gefleckter Hahn"; eine Art Suppe aus Reis und schwarzen Bohnen

hojaldres	o·*chal*·dres	frittierter Teig, ähnlich einem Pfannkuchen; wird zum Frühstück gegessen
huevos fritos/		
revueltos	*ue*·vos *fri*·tos/re·*vuel*·tos	Spiegeleier/Rühreier
licuado	li·*kua*·do	Shake aus frischen Früchten, Zucker und Wasser
mondongo	mon·*dong*·go	Kuttelsuppe
patacones	pa·ta·*ko*·nes	grüne Bananen, in dünne Stücke geschnitten, gesalzen, zerstampft und frittiert
pipa	*pi*·pa	Kokosmilch direkt von der Kokosnuss
plátano maduro	*pla*·ta·no ma·*du*·ro	reife Bananen, in Butter, braunem Zucker und Zimt ausgebacken/gebraten und heiß serviert
raspados	ras·*pa*·dos	Eis mit Fruchtsaft
ropa vieja	*ro*·pa *vye*·cha	wörtlich: „alte Kleidung"; pikantes geschnetzeltes Rindfleisch mit Reis
seco	*se*·ko	alkoholisches Getränk aus Zuckerrohr
tajadas	ta·*cha*·das	reife, der Länge nach durchgeschnittene und frittierte Bananen
tamales	ta·*ma*·les	gemahlener Mais mit Gewürzen und Huhn/Schweinefleisch wird in Bananenblättern gerollt und gekocht
tasajo	ta·*sa*·cho	getrocknetes Fleisch mit Gemüse
tortilla de maíz	tor·*ti*·ya de mai·is	dicke, frittierte Maistortilla

DIE WICHTIGSTEN BEGRIFFE

azúcar	a·*su*·kar	Zucker
cuchara	cu·*tscha*·ra	Löffel
cuchillo	cu·*tschi*·lyo	Messer
hielo	*ie*·lo	Eis
mantequilla	man·te·*ki*·lya	Butter
pan	pan	Brot
plato	*pla*·to	Teller
sal	sal	Salz
servilleta	ser·vi·*lye*·ta	Serviette
sopa	*so*·pa	Suppe
taza	*ta*·za	Tasse
tenedor	te·ne·*dor*	Gabel
vaso	*va*·so	Glas

MAHLZEITEN

desayuno	de·sa·*yu*·no	Frühstück
almuerzo	al·*muer*·so	Mittagessen
cena	*se*·na	Abendessen

OBST & GEMÜSE

aguacate	a·gua·*ka*·te	Avocado
ensalada	en·sa·*la*·da	Salat
fresa	*fre*·sa	Erdbeere
guanábana	gua·*na*·ba·na	Annone (dt.: Sauersack)
manzana	man·*za*·na	Apfel
maracuyá	ma·ra·ku·*ya*	Maracuja
naranja	na·*ran*·cha	Orange
piña	*pi*·nya	Ananas
zanahoria	sa·na·o·*rya*	Karotte
zarzamora	zar·za·*mo*·ra	Brombeere

MEERESFRÜCHTE/FISCH

camarón	ka·ma·*ron*	Garnele
filete de pescado	fi·*le*·te de pes·*ka*·do	Fischfilet
langosta	lan·*gos*·ta	Hummer
langostino	lan·gos·ti·no	Languste
pescado	pes·*ka*·do	Fisch
pulpo	*pul*·po	Tintenfisch

FLEISCH

bistec	bi·stek	Steak
carne	*kar*·ne	Rindfleisch
chuleta	tschu·*le*·ta	Kotelett
hamburguesa	am·bur·*gue*·sa	Hamburger
salchicha	sal·ts*chi*·tscha	Wurst

GETRÄNKE

agua	*a*·gua	Wasser
bebida	be·*bi*·da	Getränk
café	ka·*fe*	Kaffee
cerveza	ser·*ve*·sa	Bier
leche	*le*·tsche	Milch
ron	ron	Rum
vino	*vi*·no	Wein

KÜCHENBEGRIFFE

a la plancha	a la *plan*·tscha	gegrillt
frito	*fri*·to	gebraten

64

Natur & Umwelt David Lukas

DAS LAND

Obwohl Costa Rica nur 51 000 km² groß ist, ist es voller Gegensätze und Widersprüche. Auf der einen Seite liegt die malerische Pazifikküste, nur 119 km weiter östlich stößt man auf die feuchtheiße Karibikküste. Durch die Landesmitte zieht sich das bergige Rückgrat mit einigen aktiven Vulkanen und alpinen Gipfeln. Costa Rica ist reich an natürlichen Ressourcen. Anfang der 1990er-Jahre war Costa Rica noch das Land mit der höchsten Abholzungsrate in ganz Lateinamerika – heute ist es ein weltweites Vorbild für den tropischen Naturschutz. Das Land hat ein beispielhaftes System an gut geführten und zugänglichen Parks aufgebaut und ist wahrscheinlich das beste Land der Welt, um den tropischen Regenwald hautnah zu erleben. Die atemberaubende Landschaft ist deshalb auch das Hauptmotiv, warum so viele Touristen nach Costa Rica reisen.

Die Pazifikküste ist 1016 km lang und mit ihren Halbinseln, Golfen und kleinen Buchten sehr abwechslungsreich. Zerklüftete, felsige Landspitzen wechseln mit klassischen weißen und schwarzen Sandstränden und Palmen ab – und präsentieren sich oft als tropische Bilderbuchlandschaften. Die starken Gezeitenströmungen bringen den Wasservögeln viel Nahrung, sind schön anzuschauen und für die Surfer ein Paradies. Landeinwärts schließen sich auf der Pazifikseite Tiefländer an, die von den trockenen Laubwäldern und den offenen Weideflächen im Norden bis hin zu den üppig grünen, tropischen Regenwäldern im Süden ebenfalls viel Abwechslung bieten.

Vergleichsweise monoton wirkt dagegen die karibische Küste, sie zieht sich 212 km entlang einer flachen Tiefebene, in der das Wasser in brackigen Lagunen und Wäldern steht. Da die Gezeiten hier nur schwach ausgeprägt sind, zieht sich die Vegetation entlang von Sümpfen bis zur Wasserlinie und bildet eine Art dichte, grüne Pflanzenwand.

Weite Feuchtgebiete erheben sich nur knapp über dem Meeresspiegel, und trübe Gewässer dominieren in der Küstenregion.

Adrian Forsyth hat einige sehr farbenprächtige Kinderbücher über den Regenwald geschrieben, darunter Journey through a Tropical Jungle und How Monkeys make Chocolate.

AUF DEM RIFF

Verglichen mit dem Rest der Karibik sind die Korallenriffe in Costa Rica ziemlich klein. Die starke Brandung und die Wanderdünen entlang eines Großteils der karibischen Küste schaffen Bedingungen, die für Korallen ungeeignet sind. An der Südküste auf der geschützten Landzunge des Parque Nacional Cahuita und des Refugio Nacional de Vida Silvestre Gandoca-Manzanillo gibt es jedoch zwei wunderschöne Riffe. Auf diesen kleinen, aber dynamischen Riffen leben über 100 verschiedenen Fischarten und viele Korallen. Zahllose Demoiselle-Fische, Sergeant Majors, Papageien- und Doktorfische ernähren sich von den reichlich vorhandenen Meeresalgen, während die Barrakudas Jagd auf Fische machen. In Gandoca-Manzanillo legen vier verschiedene Arten von Meeresschildkröten ihre Eier ab.

Seit 1986 halten ehrenamtliche Helfer an der Küste nach Wilderern Ausschau. Ihren Bemühungen ist es zu verdanken, dass die Zahl der Schildkröten wieder zugenommen hat.

Leider werden die Riffe durch Sedimente bedroht, die eine Folge der Abholzung flussaufwärts sind, sowie durch giftige Chemikalien, die auf den in der Nähe gelegenen Äckern eingesetzt werden. 1991 wurden die Riffe durch ein Erdbeben um 1,5 m angehoben. Dabei wurden große Teile dieses so fragilen Ökosystems zerstört.

Bis jetzt wurde den Korallenriffen von Costa Rica nicht viel Beachtung geschenkt, angesichts dieser bedrohlichen Lage muss jedoch rasch etwas unternommen werden.

Durch die Landesmitte zieht sich das bergige Rückgrat von Costa Rica, ein Bergland mit aktiven Vulkanen, klaren Flüssen und kühlen Gipfeln, die in undurchdringlichen Nebelwäldern verschwinden. Die Bergrücken verlaufen linienförmig vom Nordwesten Richtung Südosten. Die höchsten und spektakulärsten Gipfel des Südens liegen unweit der panamaischen Grenze (höchster Berg ist der 3820 m hohe Cerro Chirripó). Die Schwierigkeiten, das Land zu durchqueren und die steilen Hänge zu bewirtschaften, haben dankenswerterweise dazu geführt, dass hier ein Naturparadies mit noch weitgehend ursprünglicher Flora und Fauna erhalten blieb.

Inmitten des Hochlands liegt das Valle Central (oder Meseta Central), das von der Cordillera Central im Norden und Osten und der Cordillera de Talamanca im Süden eingerahmt wird. In dieser fruchtbaren Ebene liegen auf einer Höhe zwischen 1000 und 1500 m (bei reichlich Niederschlag und stets milden Temperaturen) vier der fünf größten Städte Costa Ricas – hier wohnt mehr als die Hälfte der Bevölkerung.

Zweifinger-Faultiere steigen einmal alle zwei Wochen von den Bäumen herab, um sich zu entleeren.

Wie bei einem Großteil Mittelamerikas, lässt sich auch Costa Ricas Erdgeschichte auf das Aufeinandertreffen der Cocos-Platte mit der Karibischen Platte zurückverfolgen: Während die pazifische Cocos-Platte Richtung Nordosten wandert, bohrt sie sich jährlich um 10 cm in die Karibische Erdplatte hinein – ein Vorstoß, der nach geologischen Maßstäben ziemlich schnell vonstatten geht. Dort, wo die Platten aufeinanderprallen, in der sogenannten Subduktionszone, schiebt sich die Cocos-Platte unter die Karibische Platte und drückt diese nach oben. Sichtbare Folgen dieses Prozesses sind Erdbeben und dauernde vulkanische Aktivitäten (s. S. 581). Der Arenal im Norden ist einer der aktivsten Vulkane der Welt.

TIERE & PFLANZEN

Nirgendwo sonst auf der Welt gibt es so viele unterschiedliche Habitate auf so kleinem Raum. Grund dafür ist die einzigartige Geografie des Landes, die eine unglaubliche Artenvielfalt an Tieren und Pflanzen ermöglicht. Kein anderes Land weltweit hat eine vergleichbare Artenvielfalt. Wenn man die Tierarten ins Verhältnis zur Landesgröße setzt und die Zahl an Tierarten pro 10 000 km^2 bestimmt, steht Costa Rica mit einer Zahl von 615 Arten ganz oben an der Spitze (im tierreichen Ruanda hätte man bei dieser Betrachtung 596 Arten, in den USA sogar nur 104!). Allein diese Zahlen machen Costa Rica zum Reiseziel Nummer Eins für Naturliebhaber auf der ganzen Welt.

Dr. Alexander Skutch ist für den Reiseführer Guide to the Birds of Costa Rica *bekannt, aber er hat auch einige andere, z. T. sehr nachdenkliche Bücher über seine buntgefiederten Freunde geschrieben, darunter* A Naturalist in Costa Rica *und* The Minds of Birds.

Die große Zahl an unterschiedlichen Tieren und Pflanzen hat auch etwas mit dem vergleichsweise jungen Alter des Landes zu tun: Erst vor etwa 3 Mio. Jahre wurde das Land aus dem Ozean gehoben und bildete eine Landbrücke zwischen dem nord- und dem südamerikanischen Kontinent. Dank der Lage an einer Art Landbrücke konnten sich die Arten der zwei riesigen biologisch ganz unterschiedlichen Landmassen kreuzen und mischen: ihre Anzahl „verdoppelte" sich hier sozusagen.

Tiere

Das Land liegt eindeutig in den Tropen, doch neben den typischen Vertretern der Tropen wie dem giftigen Pfeilfrosch und den Klammeraffen ist Costa Rica auch das Ziel vieler Zugvögel: Über 200 Arten aus so fern liegenden Regionen wie Alaska und Australien überwintern hier jährlich. So kann es passieren, dass man einen bekannten heimischen Vogel sieht, der Seite an Seite mit Trogonen und Tukanen nach seinem Futter pickt. Das Kapitel auf S. 193 geht näher auf die einzelnen Tierarten und Insekten ein.

Carol Hendersons Field Guide to the Wildlife of Costa Rica *enthält alles, was man über die reiche Tierwelt Costa Ricas wissen sollte.*

Bei rund 850 Vogelarten, die in Costa Rica gesichtet wurden, ist es nicht weiter verwunderlich, dass die gefiederten Tiere eine der Hauptattraktionen für Naturliebhaber sind. Selbst wer mehrere Monate im Land verbringt, wird nur einen Bruchteil aller Arten sehen. In Costa Rica gibt es Vögel in allen Farben: Das Farbspektrum reicht von erdbeerroten, scharlachfarbenen Aras bis hin zu schillernden Juwelen wie dem Purpurdegenflügel (Campylopterus hemileucurus), einem Kolibri. Da viele Vögel in Costa Rica spezielle Habitate bevölkern, trifft man überall auf andere Vogelarten.

Mit hoher Wahrscheinlichkeit wird jeder Besucher eine der vier in Costa Rica beheimateten Affenarten und die beiden Faultierarten sehen, aber es gibt noch weitere 230 verschiedene Arten von Säugetieren, auf die der geduldige Beobachter stoßen kann. Zu den eher exotischen Vertretern gehören u. a. die Vieraugenbeutelratte (Philander opossum) und der Zwergameisenbär (Cyclopes didactylus). Wer Glück hat, wird vielleicht auch den scheuen Tapir entdecken oder es läuft ihm ein Jaguarundi über den Weg.

Die Nationalparks, Tierreservate und sonstigen Schutzgebiete sind die besten Orte, um Tiere in freier Wildbahn zu beobachten. Da sich die Tiere aber nicht um Parkgrenzen scheren, sollte man auch in den Waldgebieten und Pufferzonen um die Schutzgebiete aufmerksam wandern. Am frühen Morgen sind die Chancen auf Tiersichtungen in der Regel am größten, da sich die Tiere während der großen Mittagshitze kaum bewegen. Nachtaktive Arten – wie der Baird-Tapir, der Zwergameisenbär und der Wickelbär (Kinkajou) – sind deshalb nur nachts zu sehen. Eine Nachtwanderung durch den Regenwald mit einer starken Taschenlampe (die unbedingt ins Reisegepäck gehört) ist ein einzigartiges Naturerlebnis.

Wer sich ernsthaft mit der Vogel- und Tierwelt beschäftigen will, sollte vor Ort einen kompetenten Naturführer anheuern. Seine scharfen Augen erkennen die kleinste Bewegung im Wald, er kann problemlos die exotischen Rufe der Tiere auseinanderhalten. Die meisten professionellen Vogelführer helfen ihren Kunden bei der Zuordnung der Tiere und schärfen so deren Hörvermögen. Ein guter ortsansässiger Führer weiß auch meist, wo sich gewisse Tierarten aufhalten: Quetzals zum Beispiel lieben Avocadobäume, während das mittelamerikanische Krokodil, der Brillenkaiman, gerne Fisch an einer Flussmündung jagt. Am National Biodiversity Institute werden jetzt anstelle von ausländischen Reiseführern bevorzugt Costa-Ricaner zu professionellen Naturführern ausgebildet.

Generell gilt: Es gibt keine schlechte Jahreszeit für Naturbeobachtungen. Die meisten Besucher kommen allerdings während der Trockenzeit, da dann die Wege weniger schlammig und besser begehbar sind. Ein weiteres Argument für diese Jahreszeit zwischen Dezember und Februar ist die Tatsache, dass noch viele Zugvögel im Land sind, und man z.B. arktische Limikolen (kleine Schnepfenvögel) antrifft, die normalerweise nur in entlegenen Teilen der Tundra vorkommen. Nach dem Höhepunkt der Trockenzeit wird man sicher weniger Vögel sehen, dafür haben aber die grün werdenden Trockenwälder und die einheimischen Vögel, die nun mit dem Nestbau beginnen, ihren ganz eigenen Reiz.

GEFÄHRDETE ARTEN

Wie man es in einem Land erwarten kann, in dem einzigartige Lebensräume und großflächige Rodungen nebeneinander zu finden sind, gibt es zahlreiche Tierarten, deren Zahl dramatisch zurückgeht oder die vom Aussterben bedroht sind. Gegenwärtig ist die größte Gefahr für die meisten gefährdeten Arten Costa Ricas die Zerstörung ihrer Lebensräume, gefolgt von den Bedrohungen durch die Jagd und das Fallenstellen.

Die Anzahl der legendären Quetzals, die jeder Naturliebhaber unbedingt sehen will, schwankt in bedenklichem Maße, da ihre bevorzugten Wälder in alarmierendem Tempo abgeholzt werden. Auch die lauten, scharlachroten Aras sind ein Highlight für jeden Vogelbeobachter. Durch das Ein-

---

Während das scharlachrote Arakanga-Weibchen in seinem Nest brütet, würgt das Männchen Nahrungsbrei hervor – zuerst für das Weibchen, dann für den Nachwuchs.

Die sieben Arten der Pfeilgiftfrösche in Costa Rica sind allesamt sehr nett anzusehen, haben aber ausnehmend giftige Hautabsonderungen, die Lähmung und Tod verursachen.

SCHAUEN, ABER NICHT HINEINSPRINGEN

Seit 2006 ist es in Costa Rica gesetzlich verboten, mit Delfinen und Walen zu schwimmen, ebenso wie es auch illegal ist, die Meeressäuger zu fangen oder zu belästigen. Delfin- und Walbeobachtungsfahrten sind in den letzten Jahren immer beliebter geworden, was zu einer explosionsartigen Zunahme von Anbietern geführt hat. Leider wollen viele der Veranstalter nur das schnelle Geld machen, oft genug auf Kosten der Tiere.

In einer Umfrage der Cetacean Society International haben sich 17 Anbieter geweigert, die entsprechenden Fragen zu beantworten; alle Tourveranstalter haben offen eigene Fehler eingestanden – vom Belästigen der Tiere bis hin zum Fehlen von Rettungswesten oder Motorproblemen. Nur ein Unternehmen konnte fähige und kompetente Führer nachweisen, die „sinnvolle naturkundliche Erläuterungen" geben konnten. Aufgrund fehlender Erfahrung und fehlender Kenntnisse führten viele Veranstalter ihre Ausflüge durch, ohne an den Schutz der Hauptdarsteller – nämlich den der Tiere selbst – zu denken.

Das enorme Interesse an ihnen bedeutet für manche Delfine und Wale sehr viel Stress. Untersuchungen zeigten, dass Delfine vor allem in touristischen Gegenden beginnen, ihre natürlichen Lebensräume zu verlassen und in ruhigere Gewässer abzuwandern. Einige Wissenschaftler vermuten, dass die übergroße Nähe des Menschen Fütterung, Aufzucht und andere Verhaltensmuster der Tiere empfindlich stören. Viele sind besorgt über die langfristigen Auswirkungen auf die Gesundheit ganzer Wal- und Delfinschulen. Das neue gesetzliche Verbot des Schwimmens mit den Meeressäugern dient also vor allem dem Wohl der Tiere.

Wer an einer Beobachtungsfahrt teilnimmt, sollte deshalb nicht auf die Idee kommen, zu den faszinierenden Tieren ins Wasser zu springen. Vom Boot aus hat man eine viel längere und ebenso aufregende Sicht auf die Tiere (meist schwimmen Delfine und Wale sowieso weg, wenn Menschen im Wasser sind, bleiben ansonsten aber bei den Booten und umrunden diese sogar). Wer ruhig an Bord bleibt, kann die sanften Riesen also betrachten, ohne sie zu stören.

fangen der Papageien für kommerzielle Zwecke wurden diese prächtigen Vögel jedoch weitgehend ausgerottet. Auch wenn die Population dieser Vogelart auf der Península de Osa langsam wieder zunimmt, ist der berühmte Arakanga in den meisten Teilen Mittelamerikas und der gesamten Karibikküste so gut wie ausgestorben.

Meeresschildkröten genießen in Costa Rica große Aufmerksamkeit. Die Bemühungen verschiedener Naturschutzgruppen haben dazu geführt, dass wieder mehr Schildkröten an den Stränden von Costa Rica an Land kriechen, um ihre Eier abzulegen (s. Kasten S. 68).

Das größte Landsäugetier Mittelamerikas, der 300 kg schwere Baird-Tapir *(Tapirus bairdii)*, ist ein geschätzter Proteinlieferant und deswegen bei Jägern höchst beliebt. Die bekannten Wege zwischen Futterstellen und Wasserlöchern, die sogenannten „Tapirpfade", machen die Jagd auf sie recht einfach. Heute findet man Tapire nur noch in sehr abgelegenen Wildnisgebieten des Landes. Ein ähnlich leichtes Opfer für Jäger ist die 600 kg schwere Rundschwanz-Seekuh, das Manati: Die Tiere sind friedlich und haben keine Verteidigungsstrategie. Manatis leben derzeit noch in den Kanälen des Parque Nacional Tortuguero, sie sind jedoch selten zu sehen.

Costa Ricas aufregendste Tierart ist unzweifelhaft der extrem scheue Jaguar. Jaguare brauchen ein großes Revier, um genug Beute zum Überleben reißen zu können. Jährlich verspeist ein einzelner Jaguar 53 Weißwedelhirsche, 18 Pekaris, 40 Nasenbären, 25 Gürteltiere und 55 Leguane. Ein Jaguar, wohlgemerkt! Durch die Rodung von Wäldern zur Schaffung von Weideland und einer übermäßigen Jagd auf die Beutetiere des Jaguars können die Raubkatzen nur noch in einer Handvoll Schutzgebiete wie dem Parque Nacional Corcovado (S. 460) und dem Parque Internacional La Amistad (S. 430) überleben.

Die Geschichte über das Wiederauftauchen der Grünen Schildkröte in Tortuguero wird in zwei erfolgreichen Büchern des Autors Archie Carr erzählt: *The Windward Road: Adventures of a Naturalist on Remote Caribbean Shores* und *The Sea Turtle: So Excellent a Fishe*.

Wer sich für die heimische Tierwelt interessiert, sollte sich den Lonely-Planet-Reiseführer *Watching Wildlife in Central America* von Luke Hunter und David Andrew besorgen.

DER TRAUM VON DEN VIELEN SCHILDKRÖTEN

Es gibt sieben Arten von Meeresschildkröten, vier davon besuchen Costa Ricas Strände: Bastard- oder Grüne Schildkröten, Lederschildkröten, Suppenschildkröten und Karettschildkröten. Alle vier Arten gelten als bedroht oder stark gefährdet, d. h. sie sind vom Aussterben bedroht. Einige Tierpopulationen an der Karibikküste nehmen dank verschiedener Schutzprogramme inzwischen wieder zu, die Bedrohung der Schildkröten ist insgesamt jedoch noch immer bittere Realität.

Die Zerstörung der Lebensräume ist das größte Problem: Mit Ausnahme der Lederschildkröten kehren alle Arten zur Eiablage an dem Strand, an dem sie geschlüpft sind, zurück. Der ökologische Zustand dieser Strände ist also für die Fortpflanzungsfähigkeit der Schildkröten eminent wichtig. Alle Arten lieben ungestörte Strände und verlassen das Meer bei Nacht; jegliche Bebauung oder künstliches Licht (selbst Taschenlampen!) behindern den, für die an Land schwerfälligen Reptilien, Vorgang des Ausbringens des Gelege.

Leider wird alljährlich eine ziemlich große Zahl an Schildkröten getötet, wenn sie mit Angelschnüren oder Krabbennetzen gefangen werden, die gelegentlich von den kommerziell fischenden Fischern benutzt werden. Der Leatherback Trust schätzt, dass 63 % aller pazifischen Lederschildkröten am Haken landen, wobei die Todesrate bei 15 % bis 18 % liegt.

Das Jagen und Sammeln von Eiern trägt ebenfalls in erheblichem Maße zum Rückgang des Schildkrötenbestands bei. Suppenschildkröten werden wegen ihres Fleisches gejagt, Leder- und Bastardschildkröten wegen ihrer Eier, die als Delikatesse gelten – und außerdem als Aphrodisiakum. Die Karettschildkröten wiederum werden wegen ihres ungewöhnlichen Panzers verfolgt, den man zu Schmuck, Kämmen und Spangen verarbeitet. Natürlich ist jeder Handel von Schildkrötenpanzerprodukten, Schildkröteneiern und Schildkrötenfleisch illegal, es gibt jedoch einen nicht unbedeutenden Schwarzmarkt für diese Produkte.

Durch das Jagd- und Sammelverbot wurden nächtliche Strandkontrollen während der Brutzeit der Schildkröten notwendig. Für Freiwillige gibt es zahlreiche Möglichkeiten, die Strandpatrouillen zu begleiten oder an Bildungsprogrammen mitzuwirken (s. S. 502).

Der höchste Baum im Regenwald ist meist der Kapokbaum (Ceiba pentandra). Das berühmteste Beispiel des Landes ist ein 70 m hoher, alter Baum in Corcovado.

Costa Ricas Nationalbaum ist der Guanacaste, der im Tiefland an der Pazifikküste wächst.

Pflanzen

Auch die pflanzliche Artenvielfalt Costa Ricas ist beachtlich – fast 12 000 Gefäßpflanzen wurden in Costa Rica bestimmt und jedes Jahr wird diese Liste erweitert. Es gibt alleine über 1400 Orchideenarten.

Europäer, die zum ersten Mal einen tropischen Wald besuchen, sind überrascht von der verwirrenden Fülle an Baumarten. Im Vergleich dazu sind die europäischen Wälder ja artenarm: Entweder dominieren Nadelbäume oder Laubbäume mit Eichen, Buchen oder Birken. In den tropischen Wäldern Costa Ricas wachsen dagegen über 2000 Baumarten – Sträucher und sonstige Pflanzen noch gar nicht gezählt. Wer einmal mit offenen Augen an einem Punkt stehen bleibt und sich die Vegetation genau anschaut, wird zahlreiche unterschiedliche Pflanzen entdecken – geht er einige hundert Meter weiter, wird er wiederum auf völlig andere Arten stoßen.

Die unterschiedlichen Lebensräume geben immer wieder Anlass zum Staunen – an einem Tag paddelt man in einem Kanu durch einen Mangrovensumpf, am nächsten Tag versucht man durch kalten Nebel hindurch Orchideen im Bergnebelwald zu entdecken. Es lohnt sich also, die Reise so zu planen, dass sie durch verschieden Landschaften und damit zu unterschiedlichen Pflanzengesellschaften führt – zumindest in Regenwäldern, Mangrovensümpfen, Nebel- oder Trockenwäldern.

Typische Regenwaldhabitate findet man in den Parks im Südwesten des Landes und in den mittleren Lagen der Gebirge im Landesinneren. Hier gibt es noch turmhohe Bäume, die die Sicht auf den Himmel versperren, außerdem Kletterpflanzen und viele ineinander verwobene Vegetationsschichten. Baumriesen stehen oft auf Brettwurzeln, sie sind eines der markantesten

Die folgende Liste enthält Hinweise auf die derzeitige Gefährdung der Art und auf Stellen, an denen man die Tiere derzeit noch zu Gesicht bekommt.

Bastardschildkröte Bedroht (weltweit schätzungsweise 800 000 Weibchen). Bastardschildkröten sind besonders einzigartig, da Tausende dieser Schildkröten auf einmal an einen Strand kriechen, um dort gemeinsam ihre Eier abzulegen, und zwar im Parque Nacional Santa Rosa (S. 233) und im Refugio Nacional de Fauna Silvestre Ostional (S. 314) in der Zeit zwischen Juli und November. Ebenso einzigartig ist es aber auch, dass eine bestimmte Anzahl Eier aus dem ersten Gelege gesammelt werden darf – meist zum Verkauf in San José. Das soll als Anreiz für die Einheimischen dienen, die Gelege vor Nesträubern zu schützen. Leider führt es aber auch dazu, dass auch an anderen Orten Eier gesammelt werden – denn bis heute wird der Verkauf nicht reguliert.

Lederschildkröte Stark bedroht (weltweit etwa 35 000 Weibchen). Lederschildkröten legen ihre Eier an der nördlichen Karibikküste rund um den Parque Nacional Tortuguero (S. 499) und an den Stränden von Parismina (S. 496) – von März bis Juni. Pazifische Lederschildkröten legen schon seit Tausenden von Jahren an der Playa Grande im Parque Nacional Marino Las Baulas de Guanacaste (S. 288) ihre Eier ab, die Zahl fortpflanzungsfähiger weiblicher Schildkröten ist jedoch in den letzten Jahren dramatisch zurückgegangen.

In der Saison 2005/06 kamen nur noch 51 Schildkröten an die Playa Grande, was aber immerhin noch eine Verbesserung gegenüber der Vorjahreszählung war.

Suppenschildkröte Gefährdet (weltweit vermutlich 88 520 Weibchen). Suppenschildkröten vergraben ihre Eier im Parque Nacional Tortuguero (S. 499) und an den Stränden der Umgebung (Mitte Juni bis Mitte September). Hier gibt es mal eine Erfolgsgeschichte zu berichten: Dank der Informationen der Caribbean Conservation Corporation (s. S. 502) war deutlich geworden, dass in den 1980er-Jahren weniger als 3000 weibliche Suppenschildkröten jährlich in Tortuguero ablegten – im Vergleich zu Zehntausenden in früheren Jahrzehnten. Die alarmierenden Zahlen führten zur Gründung einer Allianz aus öffentlichen und privaten Gruppen, die für langfristige Schutzmaßnahmen zur Rückkehr der Schildkröten kämpften und kämpfen: Heute zeigen sich wieder über 20 000 dieser hübschen Schildkrötendamen an den Küsten, um hier ihre Eier im Sand ausbrüten zu lassen – mit steigender Tendenz!

Karettschildkröte Stark gefährdet (weltweit etwa 22 900 Weibchen). Die Schönheiten zeigen sich zwischen Februar und September nur sehr selten an den Stränden um Tortuguero, häufiger tauchen sie dafür im Parque Nacional Marino Ballena (S. 396) von Mai bis November auf.

Merkmale tropischer Bäume: Die teilweise mannshohen Wurzeln wachsen schmal und flügelartig von Stamm weg und dienen dem Stamm als Stütze.

Die brackigen Abschnitte an beiden Küsten werden von Mangrovensümpfen beherrscht. Mangroven haben Pfahlwurzeln und wachsen auf einem von den Gezeiten regelmäßig überspülten Boden. Schon fünf Pflanzen nebeneinander bilden eine fast undurchdringliche Mauer. Mangrovenbäume sind an das Salzwasser angepasst – als einzige Landpflanze übrigens. Alle anderen würden im hohen Salzgehalt des Meerwassers sofort eingehen. Viele Mangrovensümpfe werden nur als von Moskitos verseuchtes Ärgernis wahrgenommen, sie spielen aber eine sehr wichtige ökologische Rolle: Sie schützen zum einen die Küsten vor der erodierenden Wirkung der Brandung, zum anderen sind sie höchst produktiv, da sie nährstoffreiche Bodensedimente in ihrem Wurzelgeflecht festhalten. Auch als Laich- und Aufzuchtplatz für zahllose Fischarten und Amphibien sind sie lebensnotwendig.

Zu den berühmtesten Landschaften (für viele der Höhepunkt einer Costa-Rica-Reise) zählen die Nebelwälder des Naturschutzgebietes Monteverde (S. 212). Dunstschwaden ziehen durch die Bäume, die durch die hohe Luftfeuchtigkeit dicht mit Moosen, Farnen, Bromelien und Orchideen bewachsen sind. Oft ist ihre ursprüngliche Form nur noch schwer auszumachen. Nebelwälder gibt es in höheren Lagen in ganz Costa Rica (wie etwa im Parque Nacional Chirripó, S. 410) – jeder einzelne Wald ist spektakulär. Hier spielt auch der Begriff „Regenzeit" kaum eine Rolle: Durch den Nebel tropft es ganzjährig von den Bäumen.

Wer eine komplett andere Landschaft erleben will, sollte sich die einzigartigen Trockenwälder entlang der Nordwestküste anschauen. Viele Bäume

Michael Crichtons Buch *Jurassic Park* spielt auf der Isla del Cocos. Darin bezeichnet er die Ticos jedoch als „Ticans".

COSTA RICAS OSTERBLÜTE

Von den 1400 verschiedenen Orchideenarten in Costa Rica wird die Guaria Morada *(Cattleya skinneri)* ganz besonders verehrt. Die Orchidee blüht um die Fastenzeit und Ostern herum. Sie hat dichte Büschel mit rosa-lavendelfarbenen Blüten. In ganz Mittelamerika wird sie zur Dekoration von Häusern, Kirchen und Altären benutzt. Früher ließ man diese Blumen an den Mauern und Dächern alter Häuser sowie in Innenhöfen wachsen und sie verliehen ihnen einen besonderen Charme. Dieser alte Brauch wird jedoch nicht mehr gepflegt, entsprechend seltener sind die herrlichen Blumen heute anzutreffen.

1937 wurde die Orchidee zur Nationalblume Costa Ricas erklärt, um ihre Beziehung zur Geschichte und Tradition zu ehren. Leider hat die große Beliebtheit der Orchidee dazu geführt, dass die wild blühenden Pflanzen (ohne Strafe) gepflückt wurden. Erst 2004 wurde Alarm geschlagen und darauf hingewiesen, dass sie vom Aussterben bedroht sei, wenn nicht umgehend etwas unternommen würde. Mit ein wenig Glück wird es wieder mehr Orchideen geben. Obwohl es relativ einfach ist, die Orchidee für den kommerziellen Gebrauch zu züchten, sind die im Gewächshaus entstandenen Orchideen niemals ein Ersatz für jene, die in den Wäldern Costa Ricas gedeihen.

verlieren dort während der Trockenzeit ihre Blätter und schaffen damit Teppiche von knisternden, sonnendurchtränkten Blättern. Die Wälder vermitteln ein Gefühl von offenem Raum, wie man es sonst nur selten in Costa Rica erleben wird. Die großen Bäume, darunter auch Costa Ricas Nationalbaum Guanacaste, haben schirmähnliche Baumkronen; das Unterholz wird von dürrem Unkraut, Schlingpflanzen oder Kakteen beherrscht. Zu bestimmten Zeiten blühen zahlreiche Bäume in spektakulären Farben, und zu Beginn der Regenzeit verwandelt sich alles in ein sattgrünes Blättermeer.

Falls man eine Reise in eines der genannten Gebiete plant, sollte man sich die Orchideengärten von Jardín de Orquídeas (S. 182) oder Lankester Gardens (S. 162) nicht entgehen lassen; Letzterer liegt nahe bei Cartago und enthält mehr als 800 verschiedene Arten dieser Pflanzen.

Karten und Informationen über die Nationalparks findet man auf der Website www.costarica-nationalparks.com.

NATIONALPARKS

Costa Ricas Nationalparks entstanden in den 1960er-Jahren und wurden seitdem zu einem regelrechten Netz an Schutzgebieten ausgebaut, das inzwischen 186 Schutzgebiete (u. a. 32 Nationalparks, 8 biologische Schutzgebiete, 13 Waldgebiete und 51 Tierreservate) umfasst. Mindestens 10 % der Landesfläche stehen unter strengem Schutz, weitere 17 % sind für die Mehrfachnutzung bestimmt. Die Behörden in Costa Rica betonen daher gern, dass mehr als 27 % der Landesfläche in ihrer natürlichen Form erhalten wird. Das stimmt nur bedingt, denn aufgrund dieser Mehrfachnutzung ist immer noch Landwirtschaft, Forstwirtschaft und andere Bodennutzung in den Schutzgebieten erlaubt, sodass nicht wirklich von komplett geschützten Bereichen gesprochen werden kann.

Was nicht alle Reisende wissen: Neben den offiziellen Nationalparks gibt es noch einige Hunderte kleiner, privat betriebener Lodges, Reservate und Haciendas, die auf ihre Weise Naturschutz betreiben und gleichzeitig hochinteressante Reiseziele sind.

Obwohl das Nationalparksystem auf dem Papier gut aussieht, wies die Nationale Naturschutzbehörde (Sinac; Sistema Nacional de Areas de Conservación) vor einigen Jahren darauf hin, dass große Teile der geschützten Gebiete gefährdet sind: Die Regierung besitzt dieses Land nicht komplett – fast die Hälfte des Gebiets befindet sich in Privatbesitz – und hat auch kein Geld, um es zu kaufen. Theoretisch ist auch das Privatland von jeglicher Erschließung ausgenommen, viele Landbesitzer finden jedoch Schlupflöcher in den Bestimmungen: Sie verkaufen oder bebauen ihr Land oder akzeptieren

NATIONALPARKS & SCHUTZGEBIETE

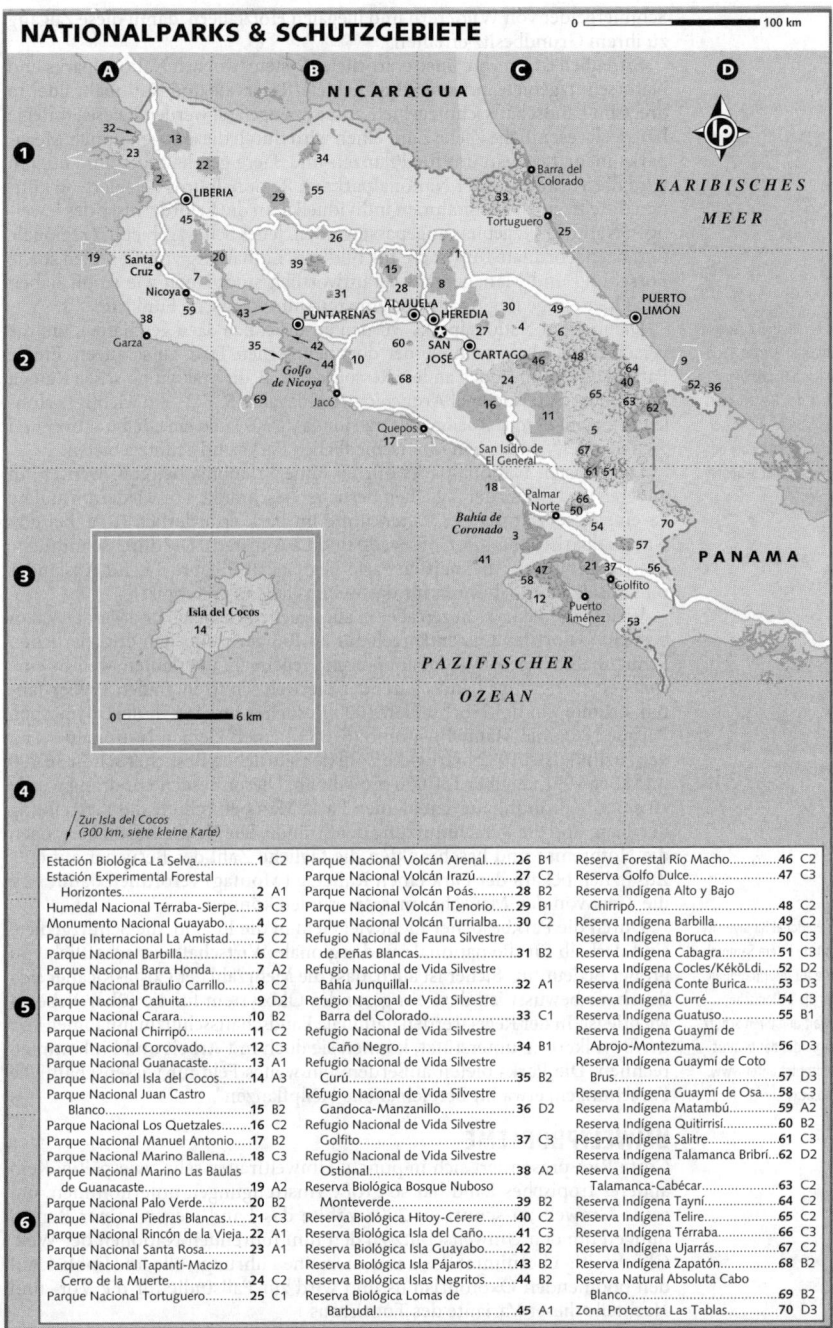

0 ▬▬▬ 100 km

NICARAGUA

KARIBISCHES MEER

PANAMA

PAZIFISCHER OZEAN

Isla del Cocos
14

0 ▬▬▬ 6 km

Zur Isla del Cocos
(300 km, siehe kleine Karte)

Schmiergelder von Wilderern und illegalen Holzfällern, damit diese Zugang zu ihrem Grundbesitz erhalten.

Erfreulich ist ein von Sinac erarbeitetes System, wonach Nationalparks und Naturschutzgebiete, private Schutzgebiete/Reservate und Nationalwälder in dreizehn Landschaftsschutzgebiete zusammengefasst werden. Diese Strategie hat zwei wesentliche Ziele: Zum einen wird durch diese sogenannten Megaparks mehr Lebensraum für Pflanzen und Tiere geschaffen, zum anderen wird die Verwaltung der Nationalparks an Regionalbüros delegiert. So können die einzelnen Maßnahmen individueller an die Erfordernisse des jeweiligen Naturschutzgebiets angepasst werden. Jedes Schutzgebiet hat regionale und nachgeordnete Büros, die für Bildung, Einhaltung von Gesetzen sowie Forschung und Management verantwortlich sind. Doch wie so oft haben auch hier einige Regionalbüros eine rein bürokratische Funktion.

Die berühmten Kalksteinhöhlen im Parque Nacional Barra Honda befinden sich in den Resten alter Korallenriffe, die später nach und nach über den Meeresspiegel gehoben wurden.

Die meisten Nationalparks wurden ausdrücklich dazu geschaffen, um die verschiedenen Lebensräume der dort heimischen Tiere zu schützen. Einige Parks schützen aber auch andere Ressourcen, z. B. die präkolumbischen Ruinen im Monumento Nacional Arqueológico Guayabo (S. 173), ein wichtiges Höhlensystem im Parque Nacional Barra Honda (S. 307) und eine Reihe aktiver und „schlafender" Vulkane in unterschiedlichen Parks und Schutzgebieten.

Die meisten Nationalparks dürfen ohne Erlaubnis betreten werden, in anderen ist die Zahl der täglichen Besucher beschränkt. Für wiederum andere ist eine Reservierung der Unterkünfte im Park erforderlich (u. a. bei den Nationalparks Chirripó, Corcovado und La Amistad). Die durchschnittliche Eintrittsgebühr für die meisten Parks liegt bei 10 US$ pro Tag für Ausländer plus zusätzliche Gebühren für das Zelten (falls es erlaubt ist).

Viele Nationalparks liegen aber in abgelegenen Gebieten und werden kaum besucht – dort fehlt es entsprechend an Rangern und den erforderlichen Schutzmaßnahmen. Wieder andere sind regelrecht überlaufen, weil sie eine weltweit einzigartige Landschaft oder Tierwelt schützen. In den 1990er-Jahren strömten in der Hochsaison 1000 Besucher pro Tag in den idyllischen Parque Nacional Manuel Antonio (S. 383), einen kleinen Nationalpark an der Pazifikküste. 1982 betrug die Zahl der jährlichen Besucher schon 36 000 und stieg 1991 auf über 150 000 pro Jahr an. Dieser Besucherandrang wurde zu einer Bedrohung für den kleinen Park: Man befürchtete die Vertreibung der Tiere und die Verschmutzung der Strände. Die Verantwortlichen zogen die Notbremse und beschränkten die tägliche Zahl der Besucher auf 600. Zusätzlich bekam der Park einen Ruhetag (Montag) verordnet, damit sich die Tiere von den Menschenmassen erholen können.

Das National Biodiversity Institute ist ein Sammelstelle für Informationen über die biologische Vielfalt und ihren Schutz. Man findet das Institut im Internet unter www. inbio.ac.cr.

Durch die Parkbesucher fließt viel Geld in die Region, die Schutzgebiete sind deshalb für die nationale und regionale Wirtschaft wirtschaftlich von großer Bedeutung. Sicher ist auch, dass die Mehrzahl der Costa-Ricaner sich durchaus bewusst ist, dass ein gesundes Ökosystem für sie (über-)lebenswichtig ist. In der Regel werden nationale Landschaftsschutzmaßnahmen von der Bevölkerung unterstützt, können sie doch mit Arbeit und Einkommen rechnen. Die Parks bieten außerdem ein weites Feld für wissenschaftliche Forschungen, etwa im Bereich „neue Heilpflanzen".

UMWELTPROBLEME

Costa Rica präsentiert sich in puncto Umweltfragen sehr zwiespältig: Kein anderes tropisches Land hat so große Anstrengungen unternommen, um seine Umwelt zu schützen: 2008 zählte das Land wegen seiner Bemühungen um den Umweltschutz zu den fünf führenden Nationen der Welt. Gleichzeitig übernimmt das Land auch eine Führungsrolle im Hinblick auf den boomenden Ökotourismus und wird zur Fallstudie für die Vor- und Nachteile dieser Variante des Tourismus.

Entwaldung

Es ist kaum zu glauben, dass dieses tropische Paradies einst von dichten Regenwäldern überzogen war. Über 100 Jahre wurde in Costa Rica gerodet, um Platz für Plantagen, Land- und Forstwirtschaft zu schaffen: Schlussendlich hatte das Land rund 80 % seiner Wälder verloren. Erst dann schritt die Regierung ein und ergriff Maßnahmen zum Schutz der verbliebenen Waldflächen. Dank zahlreicher Waldschutzmaßnahmen und Wiederaufforstungsprogramme konnten 52 % des Landes aufgeforstet werden – eine erstaunliche Leistung in nur 20 Jahren.

Auch wenn nun zwei Drittel der verbliebenen Waldfläche unter Schutz stehen, stellt die Abholzung immer noch ein großes Problem dar, besonders auf Privatland, das von reichen Landbesitzern und multinationalen Firmen gerodet wird. Selbst in den entlegenen Ecken einiger Nationalparks werden Bäume abgeholzt, weil nicht genügend Gelder für Sicherheitspersonal vorhanden sind, das über die Einhaltung der Naturschutzgesetze wachen sollte.

Einmal abgesehen vom unmittelbaren Verlust des tropischen Regenwaldes und seiner Tier- und Pflanzenwelt verursacht die Entwaldung direkt oder indirekt weitere schwerwiegende Umweltschäden. Die dichten Wälder schützen den Boden vor der Erosion durch tropische Regenstürme. Nach der Entwaldung wird ein Großteil der Bodendecke weggespült, die Fruchtbarkeit des Bodens sinkt, gleichzeitig leiden Wasserläufe und Korallenriffe unter der erhöhten Sedimentationsfracht. Auf den gerodeten Flächen werden oft verschiedene Feldfrüchte angebaut, darunter die Banane, Costa Ricas Hauptanbaufrucht – unter Einsatz von Pestiziden und blauen Plastiktüten zum Schutz der Pflanzen. Pestizide und Plastiktüten jedoch verschmutzen die Umwelt in erschreckendem Ausmaß (s. Kasten S. 490).

> Über 30 % von Costa Ricas Wäldern wurden abgeholzt, um Rindfleisch minderer Qualität für amerikanische Fastfood-Hamburger, Fertiggerichte und Haustierfutter zu produzieren.

BELIEBTE NATURSCHUTZGEBIETE

Gebiet	Besonderheiten	Aktivitäten	Beste Zeit	Seite
Parque Nacional Cahuita	leicht zugängl., Wandern, Wanderwege, Korallenriff, Strände, Brüllaffen	Strandspaziergänge, Schnorcheln	ganzjährig	S. 519
Parque Nacional Chirripó	Costa Ricas höchster Gipfel, Nebelwald, Ausblicke auf die Berge, vielfältige Tier- und Pflanzenarten in verschiedenen Höhen	anstrengender zweitägiger Gipfelaufstieg	im Mai geschlossen, Trockenzeit (Jan.–März)	S. 420
Parque Nacional Corcovado	riesiger, abgelegener Regenwald: ausgetretene Pfade, hohe Bäume, Jaguar, Ara	Tapir-Beobachtung	Erkundigungen ganzjährig, Pfade zur Regenzeit schlecht (Mai–Nov.)	S. 460
Parque Nacional Manuel Antonio	schöne, zugängliche Strände Mangrovensumpf, Meeresleben, erodierte Felsen	Strandspaziergänge	Hochsaison wenn möglich vermeiden (Jan.–März)	S. 383
Parque Nacional Santa Rosa	einzigartiger Trockenwald: Guanacaste (Costa Ricas Nationalbaum), Affen, Pekaris, Nasenbären	Wildtier-Beobachtung Wandern	beeindruckende Baumblüte zur Trockenzeit (Jan.–März)	S. 233
Parque Nacional Tortuguero	wilde Karibikküste: Meeresschildkröten, Faultiere, Manatis, Krokodile, Flussotter-Beobachtung	Strandwanderungen, Kanufahren, Schildkrötensaison	Eiablage-Details, Schildkrötensaison beim Park erfragen	S. 499
Reserva Biológica Bosque Nuboso Monteverde	weltberühmter Nebelwald: prächtiger Quetzal, Epiphyten, Orchideen, Glockenvögel	Vogelbeobachtung, Tierbeobachtung	möglich Hochsaison vermeiden	S. 212
Reserva Natural Absoluta Cabo Blanco	schöne, einsame Strände, Meeres-, vögel, Meeresleben, im Wald drei Affenarten	Strandspaziergänge, Vogelbeobachtung	ganzjährig	S. 340

DAS PROBLEM DES ÖKOTOURISMUS

Costa Rica hat Naturliebhabern so viel Erstaunliches zu bieten, dass der wachsende Ökotourismus im Land kaum überrascht: Über 70 % der ausländischen Touristen besuchen ein Schutzgebiet oder mehrere Naturziele im Land, und die Hälfte von ihnen reist vor allem wegen der Landschaft und ihrer Flora und Fauna nach Mittelamerika.

Das Land ist so populär, dass allein 2007 1,9 Mio. Besucher gezählt wurden – doppelt so viele wie noch 20 Jahre zuvor. Die Einnahmen aus dem Tourismus erreichten geschätzte 1 Mrd. US$. Der Tourismus hat vor kurzem den Bananen- und Kaffeeanbau als Haupteinnahmequelle des Landes überholt, die Preise für die Urlauber haben sich vervielfacht. Anfangs war das Land mit dem Wachstum der Tourismusindustrie überfordert – es gab keinen übergeordneten Entwicklungsplan, der Boom wurde kaum kontrolliert. Einige wollten einfach nur kurzfristig schnell Geld machen, ohne an die Zukunft zu denken. Daran hat sich leider bis heute nicht allzu viel geändert, obwohl der Druck zur Regulierung der Tourismusindustrie immer mehr zunimmt.

Traditionellerweise lief der Tourismus im kleinen Maßstab ab. Die meisten Hotels des Landes sind auch heute noch klein, haben weniger als 50 Zimmer und in der Regel freundliche, einheimische Angestellte, die sehr vertraut mit den Gästen umgehen (was beide Seiten als angenehm empfinden). Bisher galten der persönliche Umgang und die Freundlichkeit der Einheimischen als ein Markenzeichen einer Reise durch Costa Rica.

Das ändert sich jedoch allmählich: Da sich mit dem Tourismus viel Geld verdienen lässt, steigen immer mehr Unternehmen ins Geschäft ein – manche mit mehr, andere mit weniger Erfolg. Das Zauberwort in Costa Rica heißt „Ökotourismus", heute möchte jeder auf die grüne Welle aufspringen: Es gibt „ökologische" Autovermietungen und „ökologische" Speisekarten in Restaurants. Die Anbieter wollen die zahlenden Kunden, sie wollen das Geld der Urlauber. Leider ist aber die Infrastruktur oft genug nicht ausreichend, um zu verhindern, dass auch diese umweltbewussten Urlauber die Umwelt direkt zerstören oder sie durch ihren Besuch langfristig schädigen.

Immer mehr Tourismusbetreiber nutzen das „grüne" Image Costa Ricas und leisten doch nur dem Massentourismus Vorschub, indem sie riesige Hotels errichten, bei denen von Anfang an Umweltprobleme vorprogrammiert sind (weitere Infos s. auch die Diskussion über das Papagayo-Projekt, Kasten S. 280 sowie S. 327).

Die Rainforest Alliance ist eine der wenigen Organisationen, die versuchen, nachhaltige Wirtschaftssysteme in Regenwaldgebieten zu errichten. Die Website www.rainforest-alliance.org informiert über besondere Initiativen in Costa Rica.

Da die Entwaldung eine entscheidende Rolle bei der Klimaerwärmung spielt, besteht seit kurzem großes Interesse daran, Länder wie Costa Rica für seine führende Rolle beim Schutz des Regenwaldes zu belohnen. Die USA ließ kürzlich verlauten, Costa Rica für seine Bemühungen um die Erhaltung des Regenwaldes einen Schuldenerlass von 26 Mio. US$ zu gewähren. Die Regierung von Costa Rica finanziert ein Programm, wonach Landbesitzer für jeden Hektar Land, den sie stilllegen, 50 US$ erhalten, und hat bei der UNO eine Petition für ein Umweltprogramm eingereicht, das tropische Länder für ihre Bemühungen um den Schutz der Natur entlohnt.

Tourismus

Ein weiteres großes Umweltproblem, mit dem sich Costa Rica konfrontiert sieht, ist der steigende Tourismus. Die jährlich über 1 Mio. ausländischen Touristen sind alleine schon durch ihre schiere Zahl eine direkte Bedrohung für die Natur, indirekt belasten sie das Land durch die Notwendigkeit, die Infrastruktur auszubauen (s. Kasten S. 74). Jedes Jahr öffnen neue Urlaubshotels und Lodges, meist an ehemals unberührten Stränden oder inmitten eines noch intakten Regenwaldgebietes. Bei vielen dieser Projekte mangelt es aber an einer gut durchdachten Planung; darüber hinaus ziehen sie zusätzliche Maßnahmen wie den Bau von Straßen und zahlreiche Fahrten mit dem Auto nach sich. Ein Großteil dieser Aktivitäten unterliegt keinerlei Beschränkungen und wird nicht überwacht. So wächst die Besorgnis unter Umweltschützern, dass viele Hotels und Lodges ihr Abwasser einfach ins

Neben offensichtlichen Folgen wie dem Zurückdrängen der Vegetation, dem Umleiten oder Eindämmen von Flüssen und der Vertreibung frei lebender Tiere gibt es auch Folgeerscheinungen wie Erosion, das Einleiten ungereinigter Abwässer durch die großen Hotels (die oftmals nicht an eine Kanalisation angeschlossen sind) sowie den Bau von wenig sozial- und umweltverträglichen Barackensiedlungen für die Zimmermädchen, Kellner, Köche, Wärter etc.

Ein weiteres Problem besteht darin, dass viele Investoren Ausländer sind. Sie behaupten zwar, dass sie den Einheimischen Arbeit geben, aber ziehen trotzdem einen Großteil des Geldes außer Land. Und die meisten Einheimischen wollen nicht ihr Leben lang Kellner und Zimmermädchen bleiben! Lonely Planet empfiehlt deshalb allen Interessierten den Aufenthalt in kleineren Hotels, die den Umweltproblemen gegenüber aufgeschlossener sind und auch den Einheimischen mehr Einkommen ermöglichen als dies in den großen, von ausländischen Konzernen kontrollierten Massentourismuszielen der Fall ist.

Zwischen allen Fronten steht die Tourismusbehörde des Landes (ICT; Instituto Costarricense de Turismo). Sie hat eine weltweite Werbekampagne gestartet, die sich „Costa Rica: Keine künstlichen Zutaten" („No Artificial Ingredients") auf ihr Banner geschrieben hat. Leider weist die Behörde nicht darauf hin, dass man, um diese Zutaten immer frisch und verfügbar zu halten, auch die notwendige Infrastruktur bereitstellen muss (und setzt sich auch selbst nicht dafür ein). Viele sind deswegen zu Recht frustriert und verübeln dem ICT, dass er Costa Rica als grünes Paradies verkauft, ohne dafür zu sorgen, dass es auch so paradiesisch erhalten bleibt.

Die große Frage, die sich nun stellt, ist die Frage, ob zukünftige Tourismusentwicklungen sich mehr auf den Ökotourismus mit traditionellen Hotels konzentrieren oder eher auf Massentourismus setzen soll, bei dem Flugzeugladungen voller Urlauber in Mega-Resorts untergebracht werden, wie man es z. B. in Cancún in Mexiko macht. Von den oberen Regierungsabteilungen bis zu den unteren Behörden gibt es eine hitzige Debatte darüber. Einheimische und internationale Reiseveranstalter, Journalisten, Tourismusbetreiber, Fluggesellschaften, Hotelbesitzer, Journalisten, Umweltschützer und Politiker haben sich alle lauthals zu der Frage Öko- oder Massentourismus geäußert. Viele glauben, dass Land sei zu klein, um beides nebeneinander betreiben zu können. Es bleibt abzuwarten, welche Seite am Ende Recht behalten wird – oder ob beide Urlaubsformen friedlich nebeneinander existieren können.

Meer oder in die in der Nähe gelegenen Flüsse ableiten, anstatt sich um die entsprechende (kostspielige) Klärung zu kümmern. Offiziellen Schätzungen zufolge werden nur 4 % des gesamten Abwassers aufbereitet. Bei so vielen Tausenden nicht gemäß den Vorschriften betriebener Hotels kann man sicherlich davon ausgehen, dass einige Hotels und Lodges ihren Müll sonst wohin entsorgen.

Zur Ehrenrettung muss aber auch gesagt werden, dass einige der Privatlodges und Privatreservate teilweise hervorragende Naturschutzarbeit leisten. Es ist bewundernswert, mit welcher Hingabe einige hart arbeitende Familien oder kleine Organisationen sich engagieren und irgendwo in einem versteckten Winkel des Landes wichtige Arbeit für den Schutz der Umwelt Costa Ricas leisten. Dazu gehören Projekte, die durch Zucht von Schmetterlingen oder einheimischen Blumen versuchen, die ländliche Wirtschaft anzukurbeln, oder die Anstrengungen einiger Dorfbewohner, ihre heimische Tier- und Pflanzenvielfalt zu dokumentieren.

Es gibt auch erstaunlich erfolgreiche Spendenkampagnen zum Aufkauf bedrohter Landstriche. Das Refugio Nacional de Vida Silvestre Curú (S. 326), die Tiskita Jungle Lodge in Pavones (S. 478), die La Amistad Lodge (S. 424) und Rara Avis (S. 570) in der Nähe Puerto Viejo de Sarapiquí sind nur einige lobenswerte Beispiele für einen aktiven Umweltschutz. Costa Rica erzählt viele faszinierende Geschichten über Leute, die mit unglaublicher Begeisterung und Großzügigkeit die natürlichen Ressourcen unserer Erde schützen. Jedenfalls sind Anfänge gemacht.

Die weltbekannte Organization for Tropical Studies unterhält drei Feldstationen und bietet zahlreiche Kurse für Studenten an, die sich für die tropische Ökologie interessieren (www.ots.ac.cr).

Wie man helfen kann

Das Buch *Green Phoenix* des Wissenschaftsjournalisten William Allen ist ein fesselnder Bericht über seine Bemühungen, gemeinsam mit Wissenschaftlern und Aktivisten den Regenwald in Guanacaste zu erhalten und wiederherzustellen.

Ungeachtet der wirtschaftlichen Vorteile, die der Tourismus dem Land verschafft (über 1 Mio. US$ pro Jahr), gibt es auch eine Menge Nachteile. Besucher können die Folgen ihres Besuches in Costa Rica am besten dadurch mindern, dass sie sich vor Reiseantritt gut informieren und sich ihrer Möglichkeiten bewusst sind. So sollten sie nur in kleinen, von Einheimischen betriebenen Geschäften einkaufen, die sich wirklich für die örtliche Gemeinschaft und die Umwelt einsetzen. Die meisten durch den Tourismus entstehenden Probleme sind auf die übermäßig hohe Beanspruchung der Touristenattraktionen, die Ausbeutung der Arbeiter, unüberlegte Bauvorhaben sowie auf Entwicklungsprojekte, die die Kultur missachten, zurückzuführen. Viele Anlagen wurden durch ausländische Firmen geschaffen, die aus der äußerst lukrativen Tourismusindustrie Costa Ricas Profit schlagen wollen. Besonders auf der Hut sein sollte man bei Firmen, die sich fälschlicherweise als umweltbewusst ausgeben (s. S. 417). Der GreenDex auf S. 640 gibt eine Übersicht über seriöse Umweltorganisationen in Costa Rica. Wer will, kann sich auch einem der vielen spannenden Freiwilligenprojekte anschließen, z. B. dem **Costa Rica Conservation Trust** (www.conservecostarica.org).

Abenteuerurlaub

Costa Ricas außergewöhnliche Vielfalt an Nationalparks und Naturschutzgebieten bietet für Abenteuerurlauber und Sportler eine Menge Möglichkeiten. Hier bekommen Adrenalinjunkies ihren Kick – egal, ob beim Mountainbiken, bei der mehrtägigen Dschungelwanderung oder bei Raftingtouren in einigen der besten Wildwassergebieten Mittelamerikas. Wer sich lieber ins Meer stürzt, kann die tollen Surf- und Tauchmöglichkeiten an beiden Küsten Costa Ricas ausprobieren.

WANDERN & TREKKEN

Trail Source (www.trailsource.com) informiert über Wanderungen, Reitmöglichkeiten und Montainbiketouren in Costa Rica. Für die Dienstleistung wird eine monatliche Gebühr verlangt.

Costa Rica bietet die verschiedensten Wandermöglichkeiten – von Tageswanderungen in den zahlreichen privaten Schutzgebieten bis hin zu ausgedehnten Trekkingtouren in Nationalparks.

Zu den besonders attraktiven Tagesausflügen zählen die Fumarole (vulkanische Aushanchung) und der tropische Trockenwald im **Parque Nacional Rincón de la Vieja** (S. 230), die idyllischen Strände des **Parque Nacional Cahuita** (S. 520) sowie die im Bergland liegenden Nebelwald-Schutzgebiete von **Santa Elena** (S. 215) und **Monteverde** (S. 182).

Wer mehrtägige Abenteuer sucht, sollte die atemberaubend schönen Wanderungen im **Parque Nacional Corcovado** (S. 463) ins Auge fassen. Hier im letzten Stück Regenwald an der Pazifikküste leben zahlreiche Arakangas, Affen, Tapire und Pekaris. Die schroffen Felsen bieten Abenteuer pur. Empfehlenswert ist auch der historische **Parque Nacional Santa Rosa** (S. 233) mit Möglichkeiten zum Wandern und Campen im Trockenwald.

Bergsteiger können sich auf die steile und mühselige Wanderung durch den *páramo* (Ökosystem des tropischen Hochgebirges mit Sträuchern und Gräsern) zum **Cerro Chirripó** (S. 410) freuen – er ist der höchste Berg des Landes (3820 m). Und für die Trekker, die absolute Stille in völliger Einsamkeit suchen, bietet sich der **Parque Internacional La Amistad** (S. 422) an. Der weitgehend bewaldete und nur von wenigen Wanderern besuchte Park lockt mit einigen der landschaftlich schönsten Aussichten in ganz Costa Rica.

Viele einheimische Veranstalter bieten geführte Wanderungen in die unterschiedlichsten Teile des Landes an (S. 577).

Sicherheit geht vor ...

Costa Rica ist heiß und feucht: Wandern in dieser tropischen Umgebung verlangt dem Körper ziemlich viel Kraft ab. Überhitzung und Dehydrierung sind deshalb auf Wanderungen die Hauptursachen für auftretende Übelkeit. Wichtig ist also immer, ausreichend Wasser dabei zu haben und genügend Pausen einzuplanen. Wichtig sind auch festes und bequemes Schuhwerk (s. S. 78) und eine leichte Regenjacke.

Leider haben einige Leser von ziemlichen Horrorstorys berichtet: Sie wurden auf einigen abgelegenen Wanderwegen ausgeraubt. Das ist natürlich

---

DEN REISEFÜHRER BEISEITE LEGEN

Ab und zu ist es ganz gut, den Reiseführer mal eine Zeit lang zu vergessen und auf eigene Faust etwas zu unternehmen. Das ist wesentlich abenteuerlicher und bleibt besser in Erinnerung als so manche organisierte Tour.

Wer ohne Buch einen Tag – oder besser noch – eine Woche reist und sich die Plätze vornimmt, die nicht im Buch genannt werden, entdeckt ein ganz neues Costa Rica.

SO WEIT DIE WANDERSTIEFEL TRAGEN

In Costa Rica gibt es viel Schlamm, dazu zahlreiche Wasserläufe und Treiberameisen, da wird das Wandern in den Parks zu einem echten Abenteuererlebnis – vor allem für die Schuhe. Fußbeklei-dung ist eine persönliche Frage, aber dennoch geben wir hier einige Vorschläge, um auch die Füße im Dschungel bei Laune zu halten.

- Man sollte es den Einheimischen gleichtun und sich Gummischuhe kaufen, sie sind besonders in der Regenzeit unschlagbar nützlich. (Wer allerdings Schuhgröße 44 und größer trägt, sollte sie sich schon zu Hause besorgen.) Gummistiefel sind praktisch unzerstörbar, schützen vor Schlangen und Zecken, sorgen für ausgezeichnete Bodenhaftung und lassen sich am Ende des Tages mühelos abstreifen. Zu den Nachteilen der Gummistiefel gehört, dass sie nicht übermäßig bequem sind. Außerdem füllen sie sich bei manchen Flussdurchquerungen mit Wasser und sorgen einen Tag lang für feuchte Füßen. Kosten: ungefähr 6 US$.

- Marken-Sportsandalen (wie Chacos oder Tevas) werden gerne von Bergsteigern gekauft, die damit die Anfahrtsstrecke zu ihren Bergtouren zurücklegen. Zur Flussdurchquerung eignen sie sich ebenfalls hervorragend, da das Wasser einfach hindurchläuft (und die Füße in den Sandalen rasch wieder trocknen). Doch keiner sollte vergessen, dass der Regenwald stets auch voller Krabbeltiere ist. Einige von ihnen halten einen menschlichen Zeh durchaus für eine Delikatesse – Sandalen wirken dabei eher einladend als schützend. Kosten 50–100 US$.

- Auch fußfreundliche, solide und vor Nässe schützende Wanderstiefel eignen sich sehr gut: Stabile Stiefel kosten nicht unbedingt die Welt, wirken stützend und halten die Füße einiger-maßen trocken. Wer feuchte Füße aber gar nicht mag, sollte zudem noch ein Paar Sandalen zum Wechseln mit dabei haben, dann hat man bei Flussdurchquerungen Schuhe für den weiteren Marsch dabei Kosten 80–200 US$.

keinesfalls die Regel. Dennoch sollte man besser in der Gruppe wandern, das ist auf jeden Fall sicherer! Das Anheuern eines einheimischen Führers bietet ebenfalls die Sicherheit, nicht verloren zu gehen, erweitert den Erfahrungshorizont und hat den schönen Nebeneffekt, dass man viel über die heimische Flora und Fauna lernt.

Einige Parkverwaltungen bieten Kartenmaterial an – sie sind allerdings eher die Ausnahme als die Regel. Wer Wanderungen über weite Strecken auf eigene Faust plant, sollte sich vorher mit entsprechendem Kartenmaterial in San José versorgen (s. S. 583).

MOUNTAINBIKEN

Viele Radsportler behaupten, Mountainbiken in Costa Rica sei aufgrund der steilen, kurvenreichen und mit Schlaglöchern übersäten Straßen und wegen der aggressiven einheimischen Autofahrer kein wirkliches Vergnügen und sogar gefährlich. Das mag für die Hauptstraßen stimmen, es gibt aber auch einsame Nebenstraßen, auf denen das Radfahren ein großes Vergnügen ist – seien es kurvenreiche und landschaftlich wunderschöne Bergwege mit atemberaubenden Ausblicken oder auch holperige Pfade, die den Radler über Flüsse und an Vulkanen vorbeiführen. Mehr Informationen über entsprechende Veranstalter s. S. 572.

TAUCHEN & SCHNORCHELN

In Costa Rica ist es nicht erlaubt, mit Delfinen und Walen zu schwimmen.

Zum Thema Tauchen gibt es eine gute und eine schlechte Nachricht. Die gute zuerst: Costa Rica hat angenehm warme Gewässer mit einer vielfältigen Meeresfauna. Die schlechte: Schlick und Plankton trüben meistens die Sicht. Wer nach türkisfarbenem Gewässer und vielen Korallen sucht, sollte besser nach Belize oder Honduras fahren. Wer aber gerne riesige Fischschwärme und größere Meerestiere wie Schildkröten, Haie, Delfine und Wale aus der Nähe sehen möchte, ist hier genau richtig.

Einige der besten Tauch- und Schnorchelreviere liegen in den nördlichen Küstengewässern der Península de Nicoya an der **Playa del Coco** (S. 273), **Playa Ocotal** (S. 281) und **Playa Hermosa** (S. 279), wo man Mantarochen, Haie und Dutzende anderer Fischarten sehen kann (s. Kasten S. 277). Tauchbasen in der Gegend versorgen Interessierte mit entsprechender Ausrüstung und Tauchführern, außerdem bieten sie Kurse an.

Ein weiteres ausgezeichnetes Tauchrevier ist die **Isla del Caño** (S. 448) mit ihren riesigen Fischschwärmen. Verschiedene Ausflüge zur Isla del Caño werden von **Bahía Drake** (S. 443) aus organisiert.

Die Karibikküste Costa Ricas bietet nicht so viele Schnorchel- und Tauchmöglichkeiten, obwohl **Puerto Viejo de Talamanca** (S. 524) und das nahe gelegene **Manzanillo** (S. 525) gerade im Kommen sind. Die meisten Schnorchel- und Tauchausflüge sind einfach und technisch nicht schwierig und somit auch für Anfänger gut geeignet.

Das Nonplusultra für Taucher ist jedoch die **Isla del Cocos** (S. 482): Die Insel liegt 500 km südwestlich des Festlands und birgt eine erstaunliche Vielfalt an Meeresflora und -fauna. Die Anfahrt mit dem Schiff dauert 36 Stunden. Da das Campen auf der Insel verboten ist, verbringen die Taucher in der Regel ziemlich viel Zeit auf dem Boot.

Praktische Informationen zum Tauchen s. S. 573.

WILDWASSERRAFTING UND KAJAKFAHREN

Seit Mitte der 1980er-Jahre haben Wildwasserrafting und der Kajaksport vor dem Hintergrund des Ökotourismus viel zur Wirtschaft des Landes beigetragen. Von Schwierigkeitsstufe II bis V bieten Costa Ricas Flüsse sowohl für Anfänger als auch für routinierte Profis exzellente Möglichkeiten. Die besten Bedingungen für diese Sportart bieten die Monate Juni bis Oktober, obwohl das Raften im Prinzip das ganze Jahr über möglich ist.

Die beliebtesten Flüsse des Landes sind der Pacuare und der Reventazón. Beide liegen bei **Turrialba** im Valle Central (S. 169). Nördlich von Turrialba ist die kaum bekannte Stadt **La Virgen** (S. 561) der Ausgangspunkt für Wildwasserrafting und Kajakfahren auf dem Río Sarapiquí. Mehrere andere Flüsse in der Nähe des Urlaubermekkas **Manuel Antonio** (S. 376) an der zentralen Pazifikküste bieten ebenfalls das ganze Jahr hindurch großartige Wildwasser- und Wildniserlebnisse.

1228 km Küste, zwei Golfe und zahlreiche Mangrovenbuchten machen Costa Rica zu einem idealen Ziel für Kajaktouren auf dem Meer. Kajakfahren ist für Anfänger oder Fortgeschrittene eine bequeme Art und Weise, durch einsame Gebiete zu paddeln und seltene Vögel und Wildtiere zu beobachten.

An der Pazifikseite bietet das **Refugio Nacional de Vida Silvestre Curú** (S. 326) auf der Península de Nicoya ausgezeichnete Paddelmöglichkeiten entlang palmengesäumter Strände. Die Fahrt führt zu Felsbögen und Flussmündungen, in denen es von Vögeln und bunten Krebsen nur so wimmelt. An der zentralen Pazifikküste sind die **Isla Damas** (S. 365) und der in der Nähe gelegene **Parque Nacional Manuel Antonio** (S. 383) interessante Ziele.

Auf der Península de Osa bieten der **Río Agujitas** in der **Bahía Drake** (S. 442) und die Mangroven um **Puerto Jiménez** (S. 452) nahezu ideale Bedingungen für Kajakfahrten.

Auf der karibischen Seite liegt der **Parque Nacional Tortuguero** (S. 499), ein 192 km² großer Nationalpark, der für sein Netz an Lagunen und Kanälen unter Kajakfahrern berühmt ist.

Weitere Einzelheiten über Flussfahrten und Ausrüster werden in den Regionalteilen dieses Buches und auf S. 572 genannt.

In den Gewässern der Isla del Cocos tümmeln sich Bogenstirn-Hammerhaie, unzählige Riffhaie und sogar Walhaie.

Tom Youngholms fantasievoller –beinahe übernatürlicher – Roman *In the Shadow of a Sphere* handelt von den Wildwasserabenteuern eines jungen Musikers in Costa Rica.

KARTE FÜR SURFER

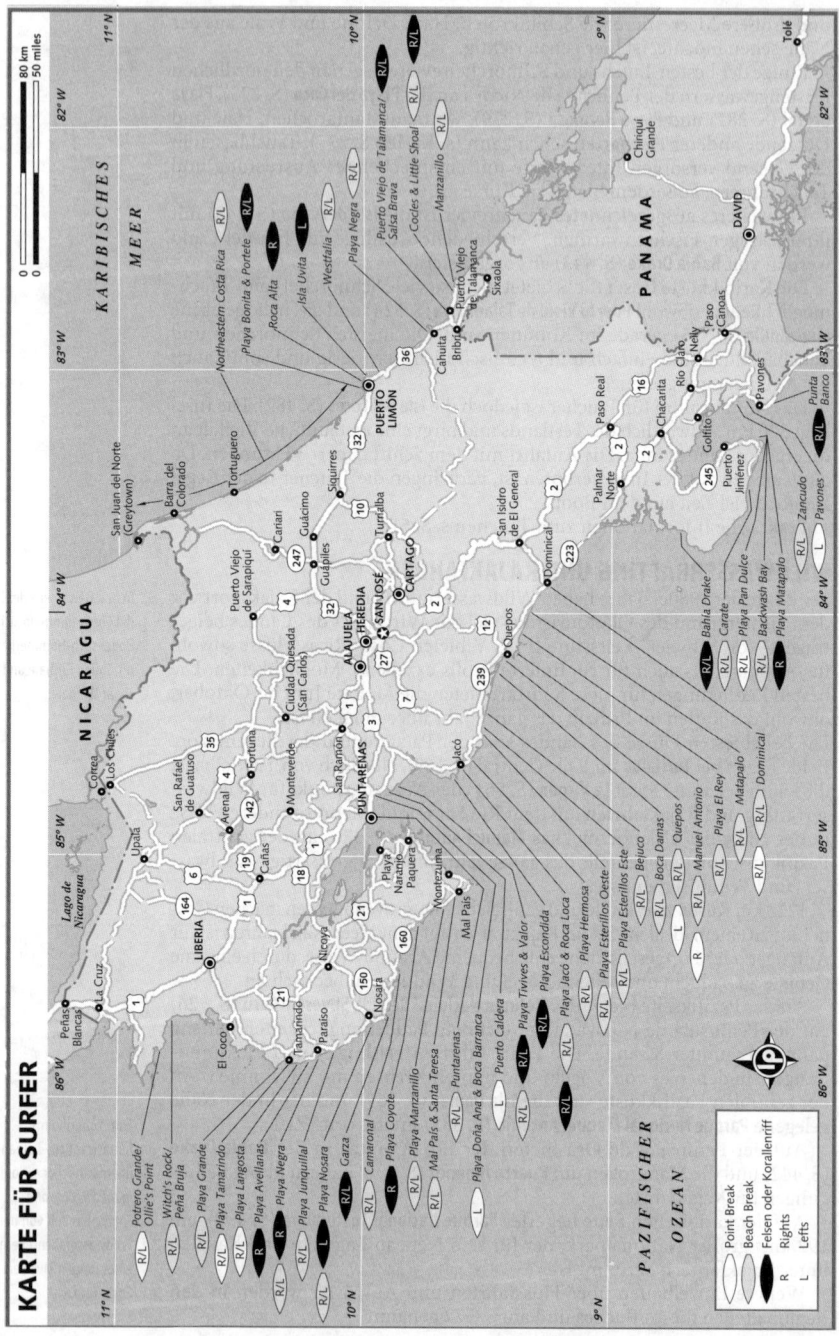

Legende:
- Point Break
- Beach Break
- Felsen oder Korallenriff
- R Rights
- L Lefts

80 km
50 miles

KARIBISCHES MEER

PAZIFISCHER OZEAN

NICARAGUA

PANAMA

Lago de Nicaragua

SURFEN

Point Breaks und Beach Breaks, Lefts und Rights, Riffe, Flussmündungen, warmes Wasser und ganzjährig Wellen machen Costa Rica zu einer weltweit einzigartigen Surfdestination. Einen Überblick über die Surfmöglichkeiten gibt die Karte auf S. 80.

Die Wellen sind recht groß (wenngleich nicht so groß wie auf Hawaii); die vielen Riffbrecher sorgen für die richtige Tieflage und Geschwindigkeit. Meist sind die Wellen an der Pazifikküste gegen Ende der Regenzeit größer und attraktiver, dafür ist die Karibikseite von November bis Mai die bessere Adresse. Grundsätzlich gilt, dass es aber zu jeder Jahreszeit irgendwo im Land eine super Welle gibt.

Wer nach einem günstigen und guten Board sucht, sollte sich in **Jacó** (S. 358), **Mal País** und **Santa Teresa** (S. 336) oder in **Tamarindo** (S. 293) umschauen. Meist kann man ein günstiges Long Board für ungefähr 250 bis 300 US$ und ein günstiges Short Board für ungefähr 150 bis 200 US$ kaufen. Die meisten Surfgeschäfte nehmen das Brett dann für 50 % des Kaufpreises wieder zurück.

Wer sich mit dem Surfen noch nicht so gut auskennt, kann in fast allen größeren Surforten Unterricht nehmen. An der Pazifikküste haben Jacó und Tamarindo Surfschulen.

Península de Nicoya & der Nordwesten

Playa Tamarindo (S. 293) könnte man auch Surf City, USA nennen. Seitdem Patrick und Wingnut hier ihren Filmklassiker *Endless Summer II* drehten, ist Tamarindo ein absolutes Surfermekka. Die kleineren Strände der Stadt eignen sich gut für Anfänger, geübtere Surfer werden jedoch die größeren, schnelleren (und nicht so überlaufenen) Surfreviere an den **Playas Negra** und **Avellana** (S. 298) oder **Playa Junquillal** (S. 301) im Süden aufsuchen. Von hier aus starten auch Ausflugstouren zu den berüchtigten Wellenbrechern am Ollie's Point und am Witch's Rock im **Parque Nacional Santa Rosa** (S. 236). Die gewiss beständigsten Wellen rollen nördlich von Tamarindo an die einsamen Strände der **Playa Grande** (S. 286).

Mal País und **Santa Teresa** (S. 337) sind schon in zweiter Generation Ziele der Surfer, die Szene dort ist super.

Der Costa Rica Surf Report (www.crsurf.com) informiert über Costa Ricas Surfszene.

Zentrale Pazifikküste

An der Pazifikküste ist die Regenzeit die beste Saison zum Surfen. Eine Ausnahme ist **Jacó** (S. 358), das ganzjährig gute Surfbedingungen bietet. Wem die Massen zu viel sind, sollte besser weiter südlich nach **Playa Hermosa** (S. 367) fahren, wo größere und schnellere Wellen die mutigeren (und erfahreneren) Wellenreiter anziehen.

Weiter südlich an der Pazifikküste folgt noch das relaxte Surferörtchen **Dominical** (S. 391), auch hier gibt es einige tückische Wellen. Der Ort ist weniger ausgebaut als die anderen Surfspots an der Pazifikküste, hat aber auch eine Szene mit Surfcamp und ein paar Board-Verleihern. In der Nähe locken die Wellen von **Matapalo** (S. 388), einem weniger bekannten Surferziel (dort hat dafür jeder mehr Wellen für sich).

Península de Osa & Golfo Dulce

Auf der Península de Osa findet man an den Stränden von **Cabo Matapalo** (S. 457) eine gute, konstante Brandung. Gegenüber vom Süßwasser des Golfo Dulce rollt die legendäre lange Left von **Pavones** (S. 478). Während der Regenzeit nehmen todesmutige Surfer die mörderische vierstündige Fahrt über felsige Straßen auf sich, um an diese Stelle zu gelangen, die für Surfer ein Mekka von Weltformat ist.

Karibikküste

Allen Weisbecker erzählt in seinem Buch *In Search of Captain Zero* von seinen Abenteuern bei der Suche nach einem verlorengegangenen Freund und einigen guten Wellen. Also nicht wundern, wenn einem in Puerto Viejo Kapitän Zero begegnet.

Die südliche Karibikküste ist im Grunde genommen ein einziges langes Surfparadies, das sich von Puerto Limón nach Süden bis zur Grenze von Panama erstreckt. **Puerto Viejo de Talamanca** (S. 525) ist für seine Wellenbrecher bei Salsa Brava berühmt, aber nur für Profis geeignet. Die etwas weniger starken Wellen an der Playa Cocles sind ebenfalls sehr beliebt und auch für Anfänger geeignet.

Wer nicht so auf die Surferszene steht, aber dennoch hohe Wellen liebt, wird an der weniger überfüllten und nicht so wettkampforientierten Playa Negra in **Cahuita** (S. 511) auf seine Kosten kommen (die Wellen sind trotzdem gleichbleibend stark).

Vor der Küste von Puerto Limón liegt die **Isla Uvita** (S. 496), ein Ziel für abenteuerlustige Surfer. Die unbewohnte Insel hat keinerlei Komfort oder entsprechende Einrichtungen. Ebenfalls weit vom Schuss ist **Manzanillo** (S. 536). Es empfiehlt sich, dorthin sein eigenes Board mitzubringen.

ABSEILEN AN WASSERFÄLLEN (ABSEILING)

Da Costa Rica so viele schöne Wasserfälle hat, war es nur eine Frage der Zeit, dass irgendjemand auf die Idee kam, sich an einem Wasserfall abzuseilen (sehr witzig für eifrige Klettertypen, die wild darauf sind, nass zu werden).

Das Mekka der Abseiler ist die Gegend um **Puerto Jiménez** (S. 451) und **Cabo Matapalo** (S. 457) auf der Península de Osa. Everyday Adventures (S. 458) hat sich auf diese Sportart spezialisiert, man kann jedoch in den meisten Lodges in und um Jiménez entsprechende Ausflüge buchen.

Rund um Monteverde bietet auch die Desafío Adventure Company (S. 191) diese Art von Abenteuer an. Im Central Valley ist Exploranatura (S. 170) in Turrialba einer der Anbieter.

HOCHSEEANGELN

Angler zieht es an beide Küsten Costa Ricas, wo sie riesengroße Marlins und gewaltige Fächerfische aus dem Wasser ziehen. Die meisten Unternehmen, die sich auf das Hochseeangeln spezialisiert haben, ermutigen ihre Kunden dazu, die Fische „zu fangen und wieder zurückzuwerfen", um den Fischbestand nicht allzu sehr zu gefährden. Trotz dieser Bemühungen wird das Hochseeangeln häufig von den Einheimischen kritisiert. Schuld daran ist unter anderem der Ruf der Angler, die als protzig und unbekümmert gelten.

An der Pazifikküste bieten sowohl **Tamarindo** (S. 292) als auch **Quepos** (S. 372) Hochseeangelfahrten an. Hauptattraktion ist der Pazifische Fächerfisch, der von Dezember bis April in diesen Gewässern auftaucht.

Der Golfo Dulce ist wahrscheinlich das beste Angelrevier in Costa Rica, vor allem für Dorade, Marlin, Indopazifische Fächerfisch (Segelfisch) und Thunfisch. Die Anbieter findet man in **Puerto Jiménez** (S. 453), **Golfito** (S. 471) und **Zancudo** (S. 475). Zancudo ist ausgezeichnet für den Robalo, der dort in den Mangrovensümpfen von Mai bis September anzutreffen ist.

Diejenigen, die sich für Abenteuerreisen interessieren, sollten sich das Buch *The Big Book of Adventure Travel* von James C. Simmons kaufen. Es beschreibt auch zahlreiche Reiserouten in Costa Rica.

In der Nähe liegt die **Bahía Drake** (S. 443), wo angeblich über 40 verschiedene Fischarten gefangen wurden, darunter Indopazifischer Fächerfisch, drei Marlin-Arten, Gelbflossen-Thunfisch, Wahoo, Cuberaschnapper, Torpedo-Makrele, Königsmakrele und Papageien-Fahnenbarsch.

Die Karibikküste ist ebenfalls ein beliebtes Angelrevier, besonders in dem abgelegenen Ort im Norden **Barra del Colorado** (S. 508). Luxuriöse Angler-Lodges ziehen Top-Angler an, die hier nach Robalo (Sept.–Dez.) und Atlantik-Tarpun (Jan.–Juni) fischen. Die Lodges in der Gegend tun alles, um ihre Kunden mit allem erdenklichen Luxus zu verwöhnen – selbst in den entlegensten Gegenden von Costa Rica. In **Cahuita** (S. 512) sind die Einrichtungen einfacher und sprechen mehr die bodenständigen Angler an.

San José

Man kann sie lieben oder hassen – Chepe, wie die Ticos (Costa-Ricaner) ihre Hauptstadt liebevoll nennen, ist in jedem Fall das lebendige Herzstück Costa Ricas. Ihr schlechter Ruf bei den Besuchern aus aller Welt ist nicht unbedingt gerechtfertigt. Zugegeben, der schnelle Wandel von einer agrarisch geprägten, vor allem mit Kaffee beschäftigten Stadt der Vorkriegszeit zum ausufernden Ballungsraum des ausgehenden 20. Jhs. hat San José nicht gerade gutgetan – vor allem der Architektur nicht. Doch ganz gewiss ist die Stadt nicht das widerwärtige Monster, als das manche Gäste sie darstellen.

San Josés Zauber liegt im geschäftigen Treiben im Zentrum. Hier verkaufen fliegende Händler alles, von der Handtasche bis zum Footbag, und versuchen dabei lautstark, die Hupen und tuckernden Motoren der Busse zu übertönen, die dem Soundtrack der Stadt seine Harmonie geben. Die zentralen Märkte summen wie Bienenstöcke. Dort schlurfen alte Frauen umher, drücken Mangos und inspizieren Fischkiemen. Nicaraguaner, Kolumbianer, Panamaer – Menschen aus allen Teilen des Kontinents haben sich im relativen Wohlstand der Stadt zusammengefunden und verwandeln San José in die kosmopolitischste Hauptstadt Mittelamerikas. Dennoch ist sie noch so überschaubar, dass man alles zu Fuß erreichen kann, und von jeder Stelle der Stadt sind die grünenden Hügel ringsum zu sehen.

Den größten Schaden nimmt San Josés Ruf aber wohl durch sein Umland: Touristen kommen wegen der Regenwälder mit ihren Faultieren, der von Krokodilen bevölkerten Flussarme und der rauen Surfreviere nach Costa Rica – in der unumgänglichen Hauptstadt findet sich nichts von alledem. Doch in einem Land, das durch die gewaltigen Touristenströme gewissermaßen kulturell verwässert wird, gibt es keinen besseren Ort, um mit den Grundlagen der costa-ricanischen Kultur in Kontakt zu kommen. Die meisten Ticos werden dem zustimmen: Um Costa Rica wirklich zu lieben, muss man zuerst seine Hauptstadt lieben lernen.

HIGHLIGHTS

- Kostbarkeiten im **Museo de Arte y Diseño Contemporáneo** (S. 91) und im **Museo de Jade** (S. 91) bestaunen

- Durch das historische **Barrio Amón** (S. 91) schlendern oder in den weitläufigen Grünanlagen von **La Sabana** (S. 92) Fußball spielen

- Die Nacht im **Centro Comercial El Pueblo** (S. 112) und auf der **Calle de la Amargura** (S. 125) durchfeiern

- Im Nobelvorort **Escazú** (S. 131) einen Cocktail schlürfen

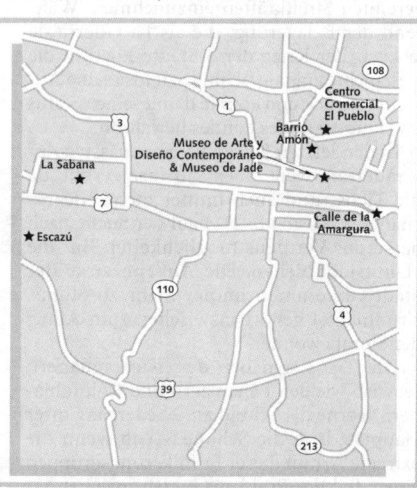

■ EINWOHNER: Stadtgebiet 350 000, Großraum San José über 1,5 Mio. ■ FLÄCHE: 2366 km²

SAN JOSÉ

GESCHICHTE

Die spätere Hauptstadt Costa Ricas wurde 1737 als Villanueva de la Boca del Monte del Valle de Abra (Neue Stadt am Mund der Berge im weiten Tal) gegründet. Erst später erhielt die Stadt zu Ehren des frommen Josephs, des Schutzheiligen der Stadt, einen etwas weniger zungenbrecherischen Namen: San José.

Die Gründung San Josés geht auf einen Erlass der katholischen Kirche zurück, nach dem die Bevölkerung in der Nähe einer Kirche siedeln sollte (die Zahl der Teilnehmer an den Messen war gering, die Zeiten waren schlecht, und der Bau der Kirchen kostete nicht viel).

Während der Kolonialzeit spielte San José – verglichen mit dem größeren und weiterentwickelten Cartago – lange die zweite Geige. Als Spanien 1821 überraschend seine Kolonien in Mittelamerika aufgab, unterzeichneten Cartago und San José eine Serie inhaltsloser Übereinkünfte, während sie sich insgeheim zum Kampf rüsteten. Am 5. April 1823 besiegte San José Cartago in der Schlacht von Ochomongo und ernannte sich daraufhin selbst zur Hauptstadt. Diese alte und bis heute nicht überwundene Rivalität spürt man immer noch, wenn die Fußballmannschaften von San José und Cartago aufeinandertreffen.

Obwohl San José das großzügige Angebot machte, den Status der Hauptstadt reihum gehen zu lassen, überwog das Gefühl der Bitterkeit: Am 26. September 1835 versuchten Cartago, Heredia und Alajuela, die Stadt mit vereinten Streitkräften einzunehmen. Während der Belagerung, die als La Guerra de la Liga (der Krieg der 3-Städte-Liga) in die Geschichte einging, schlug San José seine Angreifer zurück und konnte damit seinen Status als Hauptstadt des Landes bewahren.

In den letzten Jahren ist eine massive Zuwanderungswelle über San José gerollt, da die Ticos (und auch immer mehr Nicaraguaner, s. Kasten S. 245) auf der Suche nach besseren Verdienstmöglichkeiten in die Hauptstadt ziehen. Die Außenbezirke der Stadt verkommen immer mehr zu Slums, Kriminalität gehört inzwischen zum Alltag der Slumbewohner.

Die Ticos schieben den Nicaraguanern (ebenso wie den Panamaern und Kolumbianern) gerne die Schuld am Niedergang ihrer Hauptstadt in die Schuhe. Auch wenn die extreme Armut dieser Bevölkerungsgruppen einen Teil des Problems bilden mag, ist das Gesamtbild doch wesentlich komplexer.

ORIENTIERUNG

Die Stadt liegt direkt im Herzen des weiten, fruchtbaren Tals der Meseta Central. San Josés Stadtzentrum ist gitterartig angelegt, mit Avenidas, die sich in östliche und westliche Richtung erstrecken, und Calles, die nach Norden und Süden verlaufen. Die Avenida Central bildet den Kernpunkt der Stadt, der Abschnitt zwischen den Calles 6 und 9 ist heute eine Fußgängerzone. Westlich der Calle 14 wird die Avenida Central zum Paseo Colón.

Die Postadressen richten sich nach der nächstgelegenen Straßenkreuzung. Die Adresse der Touristeninformation lautet demnach: Calle 5 zwischen Avenida Central und Avenida 2. Auf dem Stadtplan des Buches sind die Straßen und Avenidas eingezeichnet, doch die meisten Einwohner folgen anderen Orientierungspunkten. Im Kasten auf S. 586 wird genau beschrieben, wie die Wegbeschreibungen der Ticos zu entschlüsseln sind.

Das Stadtzentrum ist in mehrere Bezirke *(barrios)* unterteilt, die relativ schwer voneinander abzugrenzen sind. Im Zentrum liegen unzählige Büros, Geschäfte, Bushaltestellen und kulturelle Sehenswürdigkeiten. Das vielleicht interessanteste Viertel für ausländische Besucher ist das Barrio Amón (nordöstlich der Avenida 5 und Calle 1) mit vielen Herrenhäusern, die zu Hotels und schicken Restaurants umfunktioniert wurden. Sie zählen zu den Wahrzeichen des Stadtteils und dienen als Orientierungspunkte. Westlich des Stadtzentrums liegt La Sabana, das nach dem gleichnamigen Park benannt ist. Direkt nördlich davon liegt der elegante Vorort Rohrmoser. Noch weiter westlich liegt der wohlhabende Vorort Escazú. Südöstlich der Innenstadt stößt man auf die lebhaften Studentenviertel Los Yoses und San Pedro.

Stadtpläne verkaufen Lehmann's (s. S. 86), die Librería Universal (s. S. 86) und die Touristeninformation (S. 87).

PRAKTISCHE INFORMATIONEN
Buchläden

Internationale, in erster Linie englischsprachige Zeitungen, Zeitschriften und Bücher sind auch in den Läden im internationalen Flughafen und in etlichen Spitzenklassehotels erhältlich. Besonders empfehlenswert sind folgende Buchhandlungen:

7th Street Books (Karte S. 94; ☎ 2256 8251; Calle 7 zw. Av. Central & Av. 1; ⏲ 9–18 Uhr) Angenehmer Laden

SAN JOSÉ

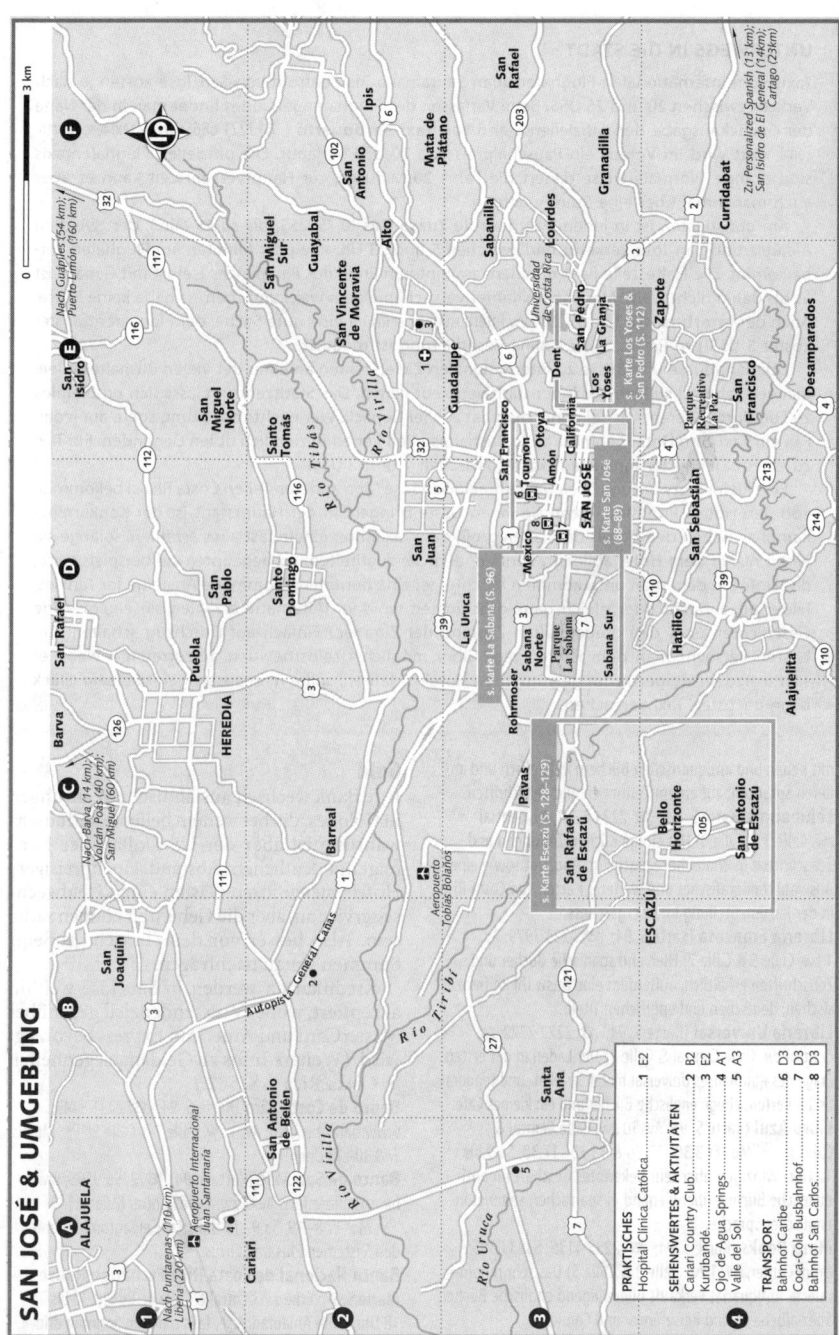

SAN JOSÉ & UMGEBUNG

Nach Puntarenas (110 km);
Liberia (220 km)

Aeropuerto Internacional
Juan Santamaría

Nach Barva (14 km);
Volcán Poás (40 km);
San Miguel (60 km)

Nach Guápiles (54 km);
Puerto Limón (160 km)

Zu Personalized Spanish (13 km);
San Isidro de El General (144 km);
Cartago (23 km)

Aeropuerto
Tobías Bolaños

Autopista General Cañas

s. Karte La Sabana (S. 96)

s. Karte San José (S. 88–89)

s. Karte Los Yoses &
San Pedro (S. 112)

s. Karte Escazú (S. 128–129)

PRAKTISCHES		
Hospital Clínica Católica	1	E2

SEHENSWERTES & AKTIVITÄTEN		
Cariari Country Club	2	B2
Kurubandé	3	E2
Ojo de Agua Springs	4	A1
Valle del Sol	5	A3

TRANSPORT		
Bahnhof Caribe	6	D3
Coca-Cola Busbahnhof	7	D3
Bahnhof San Carlos	8	D3

SAN JOSÉ

UNTERWEGS IN DIE STADT

Taxis vom internationalen Flughafen Juan Santamaría ins Zentrum von San José kosten je nach Verkehr zwischen 20 und 25 US$. Beim Verlassen des Flughafengebäudes findet man in der Nähe der Gepäckausgabe den offiziellen Stand von **Taxi Aeropuerto** (☎ 2221 6865; www.taxiaeropuerto. com), dort wird im Voraus ein Pauschalpreis von 20 US$ verlangt. Die offiziellen Flughafentaxis sind orange. Normalerweise dauert die Fahrt 20 Minuten, zur Hauptverkehrszeit kann es aber auch manchmal über eine Stunde dauern.

Am günstigsten ist in jedem Fall der rote **Tuasa Bus** (0,75 US$, bis zu 45 Min.), der zwischen Alajuela und San José verkehrt und zwischen 5 und 23 Uhr alle paar Minuten am Flughafen vorbeikommt. Die Haltestelle liegt draußen, am hinteren Ende des Parkplatzes (selbst mit Gepäck ist es bis dahin nicht weit). Manche Taxifahrer versuchen einem weiszumachen, es gäbe keine Busse. Auch der **Interbus** (☎ 2283 5573; www.interbusonline.com) ist eine gute Sache, der Flughafentransfer kostet 5 US$ pro Person. Eine Online-Reservierung ist möglich.

Überlandbusse und Busse zu internationalen Zielen halten an einer der vielen Bushaltestellen, die westlich und südlich der Innenstadt verstreut liegen. Das Stadtzentrum lässt sich problemlos zu Fuß durchqueren – es sei denn, man hat zu viel Gepäck. Wer nachts ankommt, sollte auf jeden Fall ein Taxi zum Hotel nehmen: Viele Bushaltestellen liegen in ziemlich üblen Gegenden. Ein Taxi zu einem Ziel in der Innenstadt kostet zwischen 1 und 2 US$.

Eine kleine Vorwarnung: Viele Taxifahrer in San José (und anderen Teilen Costa Ricas) bekommen von den Hotels Provision, wenn sie ihnen Gäste bringen. In der Hauptstadt ist der Konkurrenzkampf zwischen den Hotels dermaßen groß, dass Taxifahrer einem fast alles erzählen, solange sie einen nur in dem Hotel abliefern können, dem sie zuarbeiten. So behaupten sie beispielsweise, das Hotel, in dem man unterkommen möchte, sei eine heruntergekommene Absteige für Junkies, leider ausgebucht oder gleich ganz geschlossen worden. (Alternativ erzählen sie einem wilde Geschichten über den grauenhaften Zustand der Zimmer.) Einfach auf Durchzug schalten! Am besten versucht man dem Fahrer gegenüber möglichst selbstbewusst aufzutreten – wenn er sich trotzdem weigert, zum gewünschten Hotel zu fahren, sollte man aussteigen und sein Glück beim nächsten Taxi versuchen.

mit neuen und antiquarischen Büchern in Englisch und anderen Sprachen, außerdem Zeitungen und Zeitschriften.
Lehmann's (Karte S. 94; ☎ 2223 1212; Av. Central zw. Calle 1 & Calle 3) Hat einige Bücher, Zeitungen und Zeitschriften in englischer Sprache im Angebot sowie eine Auswahl topografischer und weiterer Karten von Costa Rica in der Kartenabteilung im Obergeschoss.
Librería Francesa (Karte S. 94; ☎ 2223 7979; Av. 1 zw. Calle 5 & Calle 7) Hier sind spanische Bücher und Zeitschriften erhältlich, außerdem eine Auswahl an französischen, deutschen und englischen Titeln.
Librería Universal (Karte S. 94; ☎ 2222 2222; Av. Central zw. Calle Central & Calle 1) Der Laden in der ersten Etage des Kaufhauses Universal bietet Straßen- und topografische Karten, einige englische Bücher und ein kleines Café.
Libro Azul (Karte S. 94; Av. 10 zw. Calle Central & , Calle 1; ☽ Mo–Fr 8.30–12.30 & 13.30–17.30, Sa 9 bis 12 Uhr) Winziges, aber sehr bekanntes Geschäft für antiquarische Bücher, überwiegend in spanischer, seltener in englischer Sprache.
Mora Books (Karte S. 94; ☎ 2255 4136, 8383 8385; Omni Center, Av. 1 zw. Calle 3 & Calle 5) Das sehr renommierte Antiquariat verkauft überwiegend englische Bücher; Spezialgebiete sind Reiseführer und Comics.

Geld

Jede Bank wechselt ausländische Währungen in Colones, die bei weitem beliebteste Tauschwährung ist aber der US-Dollar, der Euro folgt mit deutlichem Abstand. Hochpreisigere Hotels bieten ihren Gästen einen Geldwechselservice an, aber die Gebühren können saftig sein. Also besser vor dem Tausch größerer Summen genau nachfragen.

Kreditkarten werden in San José weithin akzeptiert, wobei Visa tendenziell gegenüber MasterCard und American Express bevorzugt wird. (Weitere Infos zu Geldangelegenheiten in Costa Rica s. S. 582.)
Banco de Costa Rica (Karte S. 94; ☎ 2221 8143; www.bancobcr.com; Av. 1 zw. Calle 7 & Calle 9; ☽ Mo bis Fr 8.30–18 Uhr)
Banco de San José (Karte S. 94; ☎ 2295 9595; www. bancosanjose.fi.cr; Av. 2 zw. Calle Central & Calle 1; ☽ Mo–Fr 8–19, Sa 9–13 Uhr) Hat Geldautomaten mit den Systemen Plus und Cirrus.
Banco Nacional de Costa Rica Exchange House (Karte S. 94; Ecke Av. Central & Calle 4; ☽ 10.30 bis 18 Uhr) Gute Anlaufadresse, falls man am Sonntag drin-

gend Geld wechseln muss, denn diese Bank hat sieben Tage die Woche geöffnet. Kunden müssen mit langen Schlangen rechnen.

Compañía Financiera de Londres (Karte S. 94; ☎ 2222 8155; Ecke Calle Central & Av. Central, 2. Etage; ☺ Mo–Fr 8.15–16 Uhr) Verlangt keine Gebühren für Bargeldtransaktionen und akzeptiert US- und kanadische Dollar, Euro und Yen; löst außerdem Reiseschecks ein.

Credomatic (Karte S. 94; ☎ 2295 9000; Banco de San José, Calle Central zw. Av. 3 & Av. 5) Bargeld auf Visa und MasterCard.

Scotiabank (Karte S. 94; ☎ 2287 8700; www.scotia bank.com; Av. 1 zw. Calle 2 & Calle 4; ☺ Mo–Fr 8.15 bis 17 Uhr) Guter Service; Geldautomaten mit Cirrus-System spucken auch US-Dollar aus.

Internetzugang

In San José, wo es mehr Internetcafés als Obsthändler gibt, ist es kein Problem, mal eben die Mails zu checken. Die Gebühren liegen im Allgemeinen bei 1 bis 2 US$ pro Stunde. Inzwischen bieten allerdings die meisten Hotels (sogar Budgetunterkünfte) ihren Gästen kostenlosen Internetzugang.

1@10 Café Internet (Karte S. 94; ☎ 2258 4561; www.1en10.com; pro Std. 1 US$; Calle 3 zw. Av. 5 & Av. 7) Dient auch als Infozentrum für Schwule und Lesben.

CyberCafé searchcostarica.com (Karte S. 94; ☎ 2233 3310; Las Arcadas, Av. 2 zw. Calle 1 & Calle 3; pro Std. 0,75 US$; ☺ 7–23 Uhr) Dazu gehören auch eine Buchtauschbörse und Pizzabar.

Medizinische Versorgung

Einzelheiten zu einem Krankenhaus in Escazú siehe S. 126. Die Kliniken Bíblica und Católica haben eine Apotheke.

Clínica Bíblica (Karte S. 88–89; ☎ 2257 5252; www. clinicabiblica.com; Av. 14 zw. Calle Central & Calle 1) Die Top-Privatklinik im Innenstadtbereich. Viele Ärzte sprechen Deutsch, Englisch und Französisch, die Notaufnahme ist rund um die Uhr besetzt. Die medizinische Behandlung muss sofort bezahlt werden, allerdings liegen die Kosten normalerweise sehr viel niedriger als in Europa oder den USA.

Hospital Clínica Católica (Karte S. 85; ☎ 2246 3000; www.clinicacatolica.com; Guadalupe) Privatklinik nördlich der Innenstadt.

Hospital San Juan de Dios (Karte S. 88–89; ☎ 2257 6282; Ecke Paseo Colón & Calle 14) Das kostenlose öffentliche Krankenhaus liegt zentral, aber die Wartezeiten sind recht lang.

Notfall

Notfälle (☎ 911) Krankenwagen zur nächsten Ambulanz sowie Feuerwehr und Polizei.

Feuerwehr (☎ 118)
Polizei (☎ 117)
Rotes Kreuz (☎ 128)
Verkehrspolizei (☎ 2222 9330)

Post

Correo Central (Zentrales Postamt; Karte S. 94; ☎ 2223 9766; www.correos.go.cr; Calle 2 zw. Av. 1 & Av. 3; ☺ Mo–Fr 8–17, Sa 7.30–12 Uhr) In ganz Costa Rica die zuverlässigste Stelle, um Post aufzugeben und zu empfangen. Angeboten werden auch Express- und Overnightservice.

Im Obergeschoss findet sich ein kleines Briefmarkenmuseum, und es gibt auch ein angenehmes Café.

Reisebüros

Die folgenden Reisebüros existieren schon länger und haben einen guten Ruf. Eine Liste der Touranbieter findet sich auf S. 100.

OTEC (Karte S. 94; ☎ 2256 0633; www.turismojoven. com; Calle 3 zw. Av. 1 & Av. 3) Auf Jugendreisen spezialisiert; stellt Ermäßigungsausweise für Studenten aus.

TAM Travel Corporation (Karte S. 94 ☎ 2256 0203; www.tamtravel.com; Calle 1 zw. Av. Central & Av. 1) Flugbuchungen, Inlandreisen und mehr.

Telefon

Anrufe ins In- und Ausland sind von den meisten öffentlichen Telefonzellen aus möglich. Die Telefonzellen stehen in der ganzen Stadt – mehrere Dutzend liegen an der Westseite des Parque Central und rund um die Plaza de la Cultura. Auch viele Hotels haben öffentliche Telefone in ihren Eingangsbereichen. Chip- und Colibrí-Telefonkarten werden in Souvenirläden, Zeitungsläden und den Más-X-Menos-Supermärkten verkauft. Telefonbücher haben die meisten Hotels. Für weitere allgemeine Informationen zum Telefonieren s. S. 588.

Touristeninformation

Canatur (☎ 2234 6222; www.costarica.tourism.co.cr; Internationaler Flughafen Juan Santamaría; ☺ 8–22 Uhr) An einem kleinen Stand neben der internationalen Gepäckausgabe informiert der costa-ricanische Tourismusverband über Angebote seiner Mitglieder.

Instituto Costarricense de Turismo (ICT; ☎ 2223 1733, Nebenstelle 277; www.visitcostarica.com; ☺ Mo bis Fr 9–17 Uhr mit flexibler Mittagspause; Correo Central (Karte S. 94; Calle 2 zw. Av. 1 & Av. 3); Plaza de la Cultura (Karte S. 94; Calle 5 zw. Av. Central & Av. 2) Im staatlichen Tourismusbüro sind z. B. ein allgemeiner Busfahrplan und handliche, kostenlose Stadtpläne von San José und Landkarten von Costa Rica erhältlich.

SAN JOSÉ

SAN JOSÉ

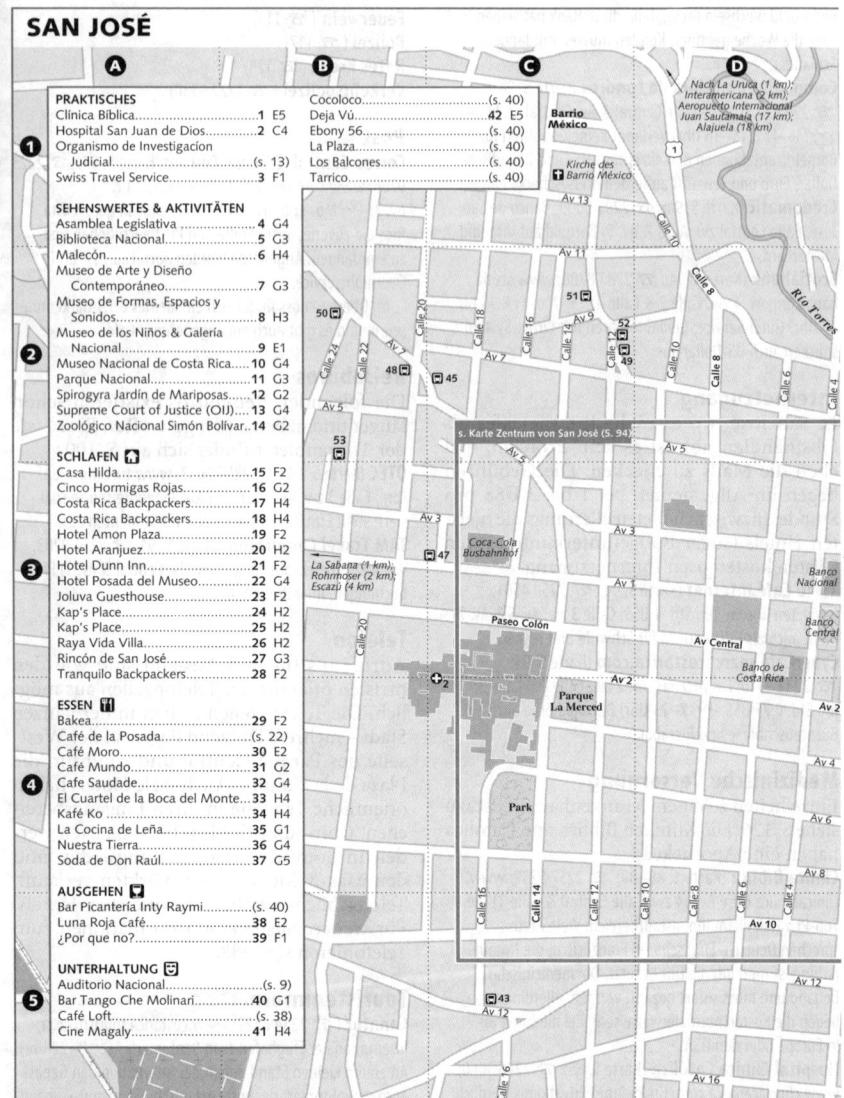

Waschsalon

In San José einen Waschsalon zu finden, ist wirklich nicht leicht. Die meisten *lavanderías* bieten nur chemische Reinigung an. In vielen Hotels und Hostels gibt es einen Wäschereiservice. Vorsicht ist allerdings in Spitzenklassehotels geboten, die nach Wäschestücken abrechnen: Das kann teuer werden!

GEFAHREN & ÄRGERNISSE

Straßenkriminalität ist in den vergangenen Jahren für Touristen, die San José besuchen, ein größeres Problem gewesen, und sie ist einer der wesentlichen Gründe, aus denen Leute die Stadt in unguter Erinnerung behalten. Nachdem vonseiten der Regierung jahrelang nur heiße Luft verbreitet worden

0   300 m

SHOPPEN	
La Buchaca	(s. 35)

TRANSPORT	
Busse nach Puntarenas	43 C5
Gran Terminal del Caribe	44 E1
Grecia & Sarchí Bus	45 C2
Heredia Bus	46 E2
Pavas & Aeropuerto Tobias Bolanos Bus	47 C3
Peninsula de Nicoya Beaches, Canas, Santa Cruz & Liberia Bus (Tracopa)	48 B2
Playa Bejuco	49 C2
Playa del Coco & Liberia Bus (Pulmitan)	50 B2
Puerto Jimenez Bus (Blanco Lobo)	51 C2
Bahnhof San Carlos	52 C2
Trans Nica Bus nach Managua, Nicaragua	53 B2

war, wenn es um Maßnahmen zum Schutz der vielfach betroffenen Touristen ging, wird nun tatsächlich etwas getan. 2007 ist die Zahl der angezeigten Vergehen an Touristen (meist geht es um einfachen Diebstahl) in San José um 36 % gesunken. Diese Entwicklung ist im Wesentlichen auf die Einführung einer speziellen Touristenpolizei seit Beginn des Jahres zurückzuführen. Vorsichtsmaßnahmen sind dennoch auch weiterhin notwendig, denn das Problem der Straßendiebstähle, insbesondere Taschendiebstähle, besteht noch immer. Dagegen sind Gewaltverbrechen im Vergleich zu Städten in den USA und Europa glücklicherweise noch immer selten. Wie in jeder anderen Stadt sollte man auf der Hut sein,

NACHGEFRAGT

Rafael Ferrera fährt seit zwölf Jahren Taxi in der Hauptstadt San José – der Stadt, in der er schon sein ganzes Leben lang wohnt.

Wie sagen Sie zu Tourismus und Kriminalität? Touristen sollten in San José vorsichtig sein. In dieser Stadt sind Ausländer schon aus 1000 m Entfernung zu erkennen. Mit ihrer hellen Haut und dem fragenden Ausdruck im Gesicht stechen sie aus der Menge hervor. Ich verstehe nicht, warum sie immer so viel Zeug mit sich herumschleppen müssen: Rucksack, Geldgürtel, Kamera, Sonnenbrille … Kein Wunder, dass sie so oft ausgeraubt werden. Die Diebe denken wahrscheinlich, sie haben zu viel zu tragen, und wollen ihnen nur helfen!

Taxifahrer und Touristen haben in San José sehr viele Probleme miteinander. Das weiß jeder. Aber dazu tragen beide Seiten bei. So wie manche Taxifahrer ihre Fahrgäste betrügen, sind manche Touristen wirklich paranoid. Sie können mitunter sehr grob werden und beschuldigen uns andauernd, wir wollten sie bloß übers Ohr hauen.

Ich glaube, Touristen tragen manchmal durch ihr Auftreten dazu bei, dass sie in San José das Opfer von Verbrechen werden. Viele Touristen behandeln die Einheimischen wie Ganoven, dann sind wiederum die Ticos auch nicht nett zu ihnen. Sie sollten es lockerer sehen, sich an unsere Lebensart anpassen. Sich dem *pura vida* hingeben, statt so zugeknöpft zu sein.

Geld und Ausweis immer in einer Innentasche oder im Geldgürtel mit sich führen und Geld, Pass oder wichtige Dokumente nie in eine Außentasche des Rucksacks stecken – das kann böse enden. Außerdem empfiehlt es sich, den Tagesrucksack vorn und nicht auf dem Rücken zu tragen, wo er leichter geöffnet und geplündert werden kann.

Leider ereignen sich in San José immer noch bewaffnete Überfälle. Wer mit Messer oder Schusswaffe bedroht wird, sollte auf keinen Fall Widerstand leisten. Stattdessen lieber die Brieftasche langsam und ruhig hervorholen und sie dem Räuber aushändigen oder auf den Boden legen und beiseite treten. Heldentum ist wirklich nicht angebracht!

Um Problemen von vornherein aus dem Weg zu gehen, ist es ratsam, sich im Hotel oder bei anderen Reisenden über die Gegend zu informieren, die man aufsuchen möchte, und – wenn irgend möglich – immer mindestens zu zweit loszuziehen. Generell sollte man es vermeiden, in der Stadt teuren Schmuck oder auffällige Uhren zu tragen, und man sollte immer zielstrebig gehen. Wen es abends in die Bars zieht, der sollte immer mit dem Taxi heim in seine Unterkunft fahren.

Wer Opfer einer Straftat geworden ist, sollte ein Protokoll erstellen lassen, und zwar bei der Behörde **Organismo de Investigacíon Judicial** Karte S. 94–95; (☙ Mo–Fr 9–17 Uhr), die ihren Sitz im Gebäude des Obersten Gerichtshofes hat.

Die Gegenden, die in diesem Buch beschrieben werden, sind tagsüber im Allge-

meinen sicher, besondere Vorsicht ist in der Nähe des Coca-Cola-Busbahnhofs und im Rotlichtbezirk südlich des Parque Central geboten (besonders nachts). Folgende Gegenden sind auch tagsüber riskant und nachts unsicher: Leon XIII, 15 de Septiembre, Cuba, Cristo Rey, Sagrada Familia, México, Bajo Piuses, Los Cuadros, Torremolinos, Desamparados und Pavas. Wie in vielen Großstädten kann auch hier das angrenzende Viertel schon wieder ausreichend sicher sein. Wer in einen unbekannten Stadtteil fahren will, sollte vorher unbedingt die Einheimischen befragen.

Auch vom Autofahren in der Hauptstadt kann nur abgeraten werden. Die meisten Autovermietungen haben ihre Büros in der Nähe des Flughafens, also außerhalb der Stadt. Wer trotzdem in die Stadt fahren muss (oder will), sollte sein Auto ausschließlich auf bewachten Parkplätzen abstellen. Wie überall auf der Welt gilt auch hier: niemals etwas im Wagen liegen lassen – auch nicht auf einem bewachten Parkplatz. Die sind übrigens noch aus einem ganz anderen Grund gefährlich: Man läuft nämlich Gefahr, in einem der riesigen Schlaglöchern zu verschwinden!

Wie überall auf Welt sind für allein reisende Frauen besondere Vorsichtsmaßnahmen zu empfehlen. In der Vergangenheit haben sich Frauen mitunter beschwert, dass sie abends von Taxifahrern belästigt wurden – deshalb Taxis ohne Lizenz unbedingt meiden. Frauen sollten außerdem abends nicht allein umherspazieren. (Weitere Informationen für reisende Frauen s. S. 579.)

Männer sollten sich vor freundlichen Prostituierten hüten. Sie sind dafür bekannt, dass sie ihren Kunden oft mehr abnehmen, als vereinbart war – nämlich die gesamte Brieftasche. Außerdem stellt Aids in Mittelamerika ein rasant wachsendes Problem dar. Die costa-ricanische Regierung toleriert zwar die Prostitution, überwacht sie aber nicht (wir sind ja nicht in Amsterdam).

Schließlich gehören Lärm und Luftverschmutzung unvermeidlich zum „Erlebnis San José" dazu. Die meisten zentral gelegenen Hotels, so nett sie auch sein mögen, sind von erheblichem Straßenlärm betroffen.

SEHENSWERTES

Das Stadtzentrum ist relativ klein und lässt sich am besten zu Fuß erkunden: Die Straßen sind völlig verstopft, außerdem gibt es kaum Parkmöglichkeiten. Als Fußgängerzonen wurde der Abschnitt der Avenida Central zwischen Plaza de la Cultura und Calle 8 ausgewiesen, außerdem der Boulvard Ricardo Jimenez südlich des Stadtparks Parque Nacional.

Die folgenden Sehenswürdigkeiten der Stadt sind, bei einem Rundgang, entgegen dem Uhrzeigersinn aufgeführt, beginnend mit dem Museum für zeitgenössische Kunst direkt östlich des Parque España.

Museo de Arte y Diseño Contemporáneo

Dieses **Museum für zeitgenössische Kunst** (Karte S. 88–89; ☎ 2257 7202; www.madc.ac.cr; Av. 3 zw. Calle 13 & Calle 15; Eintritt 1 US$; ⏲ Di–Sa 10–17 Uhr), allgemein MADC abgekürzt, ist im historischen, 1856 errichteten Gebäude der staatlichen Spirituosenherstellung untergebracht. Das MADC präsentiert vorrangig zeitgenössische Werke von Künstlern aus Costa Rica und Mittelamerika, außerdem werden regelmäßig Wechselausstellungen gezeigt.

Museo de Jade

San Josés bekanntestes **Museum** (Karte S. 94; ☎ 2287 6034; Edificio INS, Av. 7 zw. Calles 9 & 11, 11. Stock; Erw./Kind bis einschließlich 10 Jahre 2 US$/frei; ⏲ Mo–Fr 8.30–15.30 Uhr) liegt im Erdgeschoss des Instituto Nacional de Seguros (Nationales Versicherungsinstitut). Das Museum präsentiert die weltweit größte Sammlung amerikanischer Jade, es ist meistens voller Besuchergruppen. Die Qualität der einzelnen Edelsteine, die in

der Ausstellung zu sehen sind, ist auf jeden Fall erstklassig. Die vielen archäologischen Fundstücke aus Keramik und Stein bieten einen guten Einblick in Costa Ricas präkolumbische Kulturen (besonders interessant für alle, die schon in Guayabo waren oder vorhaben, dorthin zu fahren).

Barrio Amón

Das nette **Viertel** (Karte S. 88–89) ist einer der wenigen erhalten gebliebenen Kolonialbezirke der Stadt, hier stehen noch viele Herrenhäuser der *cafétaleros* (Kaffeebarone), die im späten 19. und frühen 20. Jh. gebaut wurden. Erst kürzlich wurden einige in Hotels, Restaurants und Bürogebäude umgebaut. Das Viertel eignet sich daher wunderbar für einen gemütlichen Spaziergang, es ist außerdem eines der sichersten Viertel der Stadt und entsprechend bei allen Hauptstadtbesuchern beliebt. Es gibt Überlegungen, dort Fußgängerwege anzulegen und viele der historischen Gebäude zu renovieren. Das wird aber sicher noch einige Jahre dauern. Doch auch die verfallenen Villen haben ihren ganz eigenen Charme.

Bei einem Spaziergang durch das Barrio Amón lohnt sich ein Abstecher in die **Galería Andrómeda** (Karte S. 94; ☎ 2223 3529; andromeda@am-net.co.cr; Ecke Calle 9 & Av. 9), die sich hinter dem Museo de Jade befindet. Sie ist ein freier ortsspezifischer Kunstraum, in dem Werke aufstrebender heimischer Künstler im lockeren Rahmen präsentiert werden.

Zoológico Nacional Simón Bolívar

Es ist eigentlich absurd, dass ein Land mit der vielleicht größten Artenvielfalt der Welt überhaupt einen **Zoo** (Karte S. 88–89; ☎ 2233 6701; Av. 11 zw. Calles 7 & 9; Eintritt 2 US$; ⏲ Mo–Fr 8–15.30, Sa, So 9–16.30 Uhr) hat. Viele Leser haben in der Vergangenheit die dreckigen Käfige und die viel zu kleinen Ausläufe mit Bewegungsnot angeprangert, inzwischen wurden die Gelder aber aufgestockt und den Tieren deutlich bessere Lebensumstände geschaffen.

Spirogyra Jardín de Mariposas

In kleinen **Schmetterlingsgarten** (Karte S. 88–89; ☎ 2222 2937; parcar@racsa.co.cr; Erw./Kind/Stud. 6/3/5 US$; ⏲ 8–16 Uhr) fliegen über 30 Schmetterlings- und fünf Kolibriarten in hübschen Volieren umher. Ein Vormittagsbesuch ist besonders schön, denn dann sind die Schmetterlinge beim Flattern in Top-Form. Es gibt ein kleines Café, das während der Hauptsaison geöffnet hat. Der Garten liegt 150 m östlich und 150 m südlich des Centro Comercial El Pueblo. Zu Fuß sind es etwa 20–30 Minuten von der Innenstadt, die Alternative ist das Taxi oder der Bus bis El Pueblo (der Garten ist ausgeschildert).

Museo de los Niños & Galería Nacional

Das einzigartige **Kindermuseum** (Karte S. 88–89; ☎ 2258 4929; www.museocr.com; Calle 4, nördl. der Av. 9; Eintritt 2 US$; ☽ Di–Fr 8–16.30, Sa & So 9.30– 17 Uhr) befindet sich in einer ehemaligen Strafanstalt, die 1909 erbaut wurde, und heißt im Volksmund *La Peni*. Auf die Kinder warten viele Schaustücke zu Naturwissenschaften, Musik und Geografie; die Erwachsenen lassen sich unterdessen von der **Galería Nacional** (Eintritt frei) gefangennehmen, die in den einstigen Gefängniszellen moderne Kunst präsentiert.

Museo Postal, Telegráfico y Filatélico de Costa Rica

Die Post geht ab im **Postmuseum** (Karte S. 94; ☎ 2223 6918; Correo Central; Calle 2 zw. Av. 1 & Av. 3; Eintritt frei; ☽ Mo–Fr 9–14 Uhr) mit seiner halbwegs interessanten Ausstellung costa-ricanischer Briefmarken. Ein netter Zeitvertreib, während die anderen Schlange stehen, um Briefe nach Hause aufzugeben.

Mercados (Märkte)

Die vielleicht beste Einführung in die lateinamerikanische Kultur ist ein kurzer Rundgang über den **Mercado Central** (Karte S. 94; Avs. Central & 1 zw. Calles 6 & 8; ☽ Mo–Sa 6–18 Uhr). Verglichen mit den Märkten in Ländern wie Peru oder Guatemala geht es hier zwar wesentlich gemäßigter zu (so werden hier z. B. nicht kiloweise Schweineherzen verkauft), trotzdem herrscht immer ein geschäftiges Treiben. Die Stände verkaufen alles von Obst und Gemüse über rohe Würstchen bis hin zu Bio-Kaffeebohnen und dem obligatorischen *Pura-vida*-T-shirt als Souvenir. Und wer Hunger bekommen hat, kann hier die billigsten und frischesten Gerichte der Stadt probieren.

Direkt um die Ecke liegt ein ähnlicher Markt, der **Mercado Borbón** (Karte S. 94; Ecke Av. 3 & Calle 8), er ist ebenfalls knallvoll mit Kauflustigen, Guckern und Verkäufern.

Parque Metropolitano La Sabana

Der weitläufige **Park** (Karte S. 96) am Westende des Paseo Colón war früher der größte Flughafen des Landes. Dank eines eindrucksvol-

len Landschaftsbauprojekts wurde er eine der beliebtesten Oasen der Stadt für alle, die dem rauen, schmutzigen Stadtalltag für ein paar Stündchen entfliehen wollen. In La Sabana befinden sich außerdem zwei Museen, eine Lagune, ein Springbrunnen und diverse Sportanlagen, darunter das Estadio Nacional (Nationalstadion), in dem die Spiele der Nationalmannschaft und ihrer Erstligisten ausgetragen werden. Tagsüber ist der Park ein netter Ort zum Spazierengehen, Picknicken oder Joggen.

Am westlichen Ende des Paseo Colón (oder dem Osttor zum Park) liegt das **Museo de Arte Costarricense** (Karte S. 96; ☎ 2222 7155; www.musarco.go.cr; Parque La Sabana; Eintritt 1 US$, So frei; ☽ Di–So 10–16 Uhr) mit einer Dauerausstellung costa-ricanischer Kunst des 19. und 20. Jhs. Das Museum selbst ist ein hübsches Gebäude im spanischen Kolonialstil und war bis 1955 der Flughafenterminal des Flughafens. Daneben liegt ein eindrucksvolles Open-Air-Gelände mit unzähligen Skulpturen. Das Kunstmuseum zeigt regelmäßig Wechselausstellungen mit Werken zeitgenössischer oder alter Tico-Künstler.

Am südwestlichen Ende des Parks liegt das **Museo de Ciencias Naturales La Salle** (Karte S. 96; ☎ 2232 1306; Eintritt 2 US$; ☽ 7.30–16 Uhr) mit einer umfassenden Sammlung verstaubter, in die Jahre gekommener ausgestopfter Tiere und präparierter Schmetterlinge. Die Ausstellung hat mit Sicherheit schon bessere Zeiten erlebt, aber selbst wenn einige der Exemplare aussehen, als könnten sie jeden Moment zerfallen, dürfte es nicht leicht sein, irgendwo auf der Welt eine ähnlich bizarre Ansammlung ausgestopfter Tiere zu finden. Dazu kommen noch einige Ausstellungsstücke über Paläontologie und präkolumbischer Archäologie. Das Museum ist in den Räumen des alten Colegio La Salle untergebracht.

Parque Central

Der zentrale **Park** (Karte S. 94; Av. 2 & Av. 4 zw. Calle Central & Calle 2) der Stadt ist Standort eines Konzertpavillons mit Kuppeldach, den der frühere nicaraguanische Diktator Anastasio Somoza gestiftet hat. Der Bau ist ziemlich umstritten, aber die Josefinos haben vor einigen Jahren dafür gestimmt, ihn zu erhalten. Was sollen sie auch sonst damit anfangen?

An der Ostseite des Platzes steht die moderne, aber klassisch inspirierte **Catedral Metropolitana** (Karte S. 94; Av. 2 & Av. 4 zw. Calle Central & Calle 1). Sie zählt in San José zu den beliebtesten Kirchen für die Sonntagsmesse.

An der Nordseite des Parks befindet sich das **Teatro Melico Salazar** (Karte S. 94; Av. 2 zw. Calle Central & Calle 2). Es wurde als Alternative für arme Leute zum Teatro Nacional gebaut. 2002 wurde hier der Staatspräsident vereidigt, und es gibt regelmäßig Veranstaltungen zur bildenden Kunst und musikalische Aufführungen (S. 114).

Plaza de la Cultura

Auch wenn sie nicht gerade überwältigend aussieht, bezeichnet praktisch jeder Tico diese **Plaza** (Karte S. 94; Av. Central & Av. 2 zw. Calle 3 & Calle 5) als das geografische Herzstück von Costa Rica. Zufälligerweise ist sie auch der sicherste Ort in der Stadt, denn die gesamte Plaza bildet zugleich die Gebäudedecke des **Museo de Oro Precolombino** und ist als solche Privatbesitz – das gibt den Sicherheitsleuten das Recht, „zwielichtige" Gestalten zu vertreiben. Außerdem steht hier das Teatro Nacional. Auffällig sind die vielen Vögel, darunter regelmäßig auch Wildtauben.

Darüber hinaus ist die Plaza Standort des Instituto Costarricense de Turismo (S. 87), das Reiseinformationen, Pläne und eine Reihe von Karten bereithält.

MUSEO DE ORO PRECOLOMBINO Y NUMISMÁTICA

Unter der Plaza de la Cultura liegen insgesamt drei **Museen** (Karte S. 94; ☎ 2243 4202; www. museosdelbancocentral.org; Untergeschoss, Plaza de la Cultura; Eintritt 5 US$; ☼ Di–So 10–16.30 Uhr). Das Gebäude gehört dem Banco Central – seine Architektur ist ebenso anheimelnd und gemütlich wie ein Tresorraum. Die Kollektion von glitzerndem präkolumbischem Gold ist zwar hübsch anzusehen (entsprechend beliebt ist das Museum), allerdings ist die Sammlung nicht so umfangreich wie vergleichbare Sammlungen in Mexiko und Peru. Ein kleiner Ausstellungsraum zeigt die Geschichte der costa-ricanischen Währung, in einem anderen Raum werden Wechselausstellungen mit Werken lokaler Künstler präsentiert.

TEATRO NACIONAL

Das **Nationaltheater** (Karte S. 94; ☎ 2221 1329; Calles 3 & 5 zw. Avs. Central & 2; Eintritt 3 US$; ☼ Mo–Fr 9–17, Sa 9–12.30, 13.30–17.30 Uhr) gilt als San Josés eindrucksvollstes öffentliches Gebäude. Es wurde 1897 gebaut, hat eine neoklassizistische

Fassade mit Säulen und wird von Statuen von Beethoven und Calderón de la Barca, einem spanischen Dramatiker des 17. Jhs., flankiert. In der Eingangshalle und dem Auditorium hängen viele Gemälde, die verschiedene Facetten des Lebens im 19. Jh. zeigen. Das bekannteste Bild ist die *Alegoría al café y al banano*. Das idyllische Gemälde zeigt die Kaffee- und Bananenernte. Das Bild stammt ursprünglich aus Italien und wurde dann nach Costa Rica geliefert, wo es nicht nur im Theater ausgestellt, sondern auch auf den Fünf-Colón-Scheinen abgedruckt wurde. Die Scheine sind heute nicht mehr im Verkehr, man findet sie aber noch in einigen Souvenirläden.

Fest steht jedenfalls, dass der Maler niemals bei einer Bananenernte dabei gewesen sein kann, da im Mittelpunkt seines Bildes ein Mann zu sehen ist, der unbeholfen die Hand nach einem Büschel Bananen ausstreckt. Echte Bananenarbeiter stemmen dagegen den Fruchtstand fachmännisch auf die Schultern.

Für weitere Informationen über Aufführungen siehe S. 114.

Es gibt hier zum Verweilen auch ein ausgezeichnetes Café (S. 111).

Zum Nationaltheater gehört die wirklich sehenswerte **Galería García Monge** (Karte S. 94; Ecke Av. 2 & Calle 5; Eintritt frei) auf der gegenüberliegenden Straßenseite. Sie zeigt wechselnde Ausstellungen zeitgenössischer Künstler.

Museo Para la Paz

Das **Museo Para la Paz** (Karte S. 94; ☎ 2223 4664; Ecke Av. 2 & Calle 13; Eintritt frei; ☼ Mo–Fr 8–12 & 13.30 bis 16.30 Uhr) wird von der Arias-Stiftung betrieben und dokumentiert die Bemühungen des Präsidenten – und Friedensnobelpreisträgers – Oscar Arias um Frieden in Mittelamerika. Es gibt zudem Einblick in die Arbeit weiterer Preisträger, darunter der Dalai-Lama, Jimmy Carter und Lech Walesa. Im Obergeschoss ist eine interessante Ausstellung zu sehen, die die Geschichte Mittelamerikas und Arias' Friedensplan rekonstruiert.

Museo Nacional de Costa Rica

Das **Museo Nacional** (Karte S. 94–95; ☎ 2257 1433; Calle 17 zw. Av. Central & Av. 2; Erw./Stud. 4/2 US$; ☼ Di–So 8.30–16.30 Uhr) liegt in der Festung Bellavista („Schöne Aussicht"), die einst der Armee als Hauptquartier diente und während des Meuterei der Armee 1931 und im Bürgerkrieg 1948 Schauplatz erbitterter Kämpfe war (da-

SAN JOSÉ-ZENTRUM

her die Pockennarben). Ironischerweise war Bellavista auch der Amtssitz des costa-ricanischen Präsidenten José Figueres, der 1949 die Abschaffung des Militärs verkündete. Das Museo Nacional de Costa Rica ist der ideale Platz, um sich in aller Kürze einen fundierten Überblick über die Geschichte des Landes zu verschaffen. Zu sehen sind verschiedene präkolumbische Artefakte aus noch andauernden Ausgrabungen an archäologischen Stätten wie Guayabo, aber auch zahlreiche koloniale Objekte und viel religiöse Kunst. Die naturgeschichtliche Abteilung zeigt beispielhafte Exemplare aus Flora und Fauna, von Mineralien und Fossilien.

Museo de Formas, Espacios y Sonidos

Dieses interaktive **Museum** (Karte S. 88–89; ☎ 2222 9462; Av. 3 zw. Calle 17 & Calle 23; Eintritt 1 US$; ☺ Mo–Fr 9.30–15 Uhr) im alten Bahnhof der Atlantikbahn von San José wartet auf kleine Kinder

– oder Erwachsene, die ein kindliches Gemüt bewahrt haben: Die Besucher können eine uralte Lokomotive erklimmen und durch alte Eisenbahnwaggons schlendern. Es gibt mehrere kleine Ausstellungen, die sich mit den Sinnen Hören, Fühlen und Sehen befassen. Ein seltsamer Anblick ist die Büste von Tomás Guardia vor dem Museum. Ihm fällt das zweifelhafte Verdienst zu, die erste Eisenbahnstrecke gebaut zu haben und einer der wenigen Diktatoren in der Geschichte Costa Ricas gewesen zu sein.

Parks & Plätze im Osten der Stadt

In San Josés Innenstadt gibt es mehrere grüne Oasen inmitten all des Stahls und Betons der Hauptstadt. Doch nach Einbruch der Dunkelheit sind diese Parks nicht mehr sicher – viele gehören zum Straßenstrich, wo Prostituierte auf ihre Kundschaft warten. Einer der schönsten Parks der Hauptstadt ist der schattige **Par-**

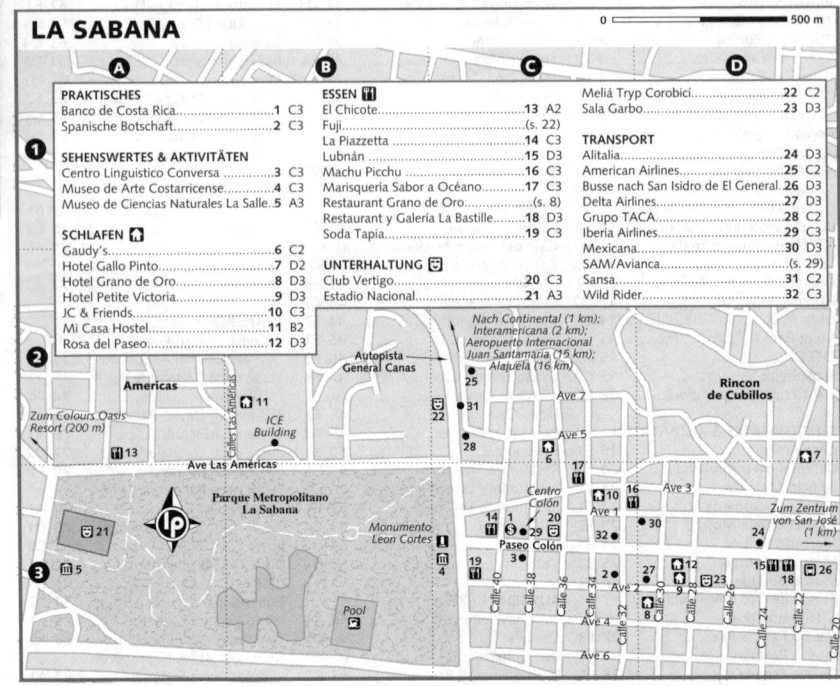

LA SABANA

0 ——————— 500 m

A **B** **C** **D**

❶

PRAKTISCHES
Banco de Costa Rica...........................1 C3
Spanische Botschaft...........................2 C3

SEHENSWERTES & AKTIVITÄTEN
Centro Linguistico Conversa 3 C3
Museo de Arte Costarricense..............4 C3
Museo de Ciencias Naturales La Salle..5 A3

SCHLAFEN 🛏
Gaudy's..6 C2
Hotel Gallo Pinto...............................7 D2
Hotel Grano de Oro.............................8 D3
Hotel Petite Victoria............................9 D3
JC & Friends..10 C3
Mi Casa Hostel...................................11 B2
Rosa del Paseo...................................12 D3

ESSEN 🍴
El Chicote...13 A2
Fuji..(s. 22)
La Piazzetta 14 C3
Lubnán 15 D3
Machu Picchu 16 C3
Marisquería Sabor a Océano.............17 C3
Restaurant Grano de Oro...................(s. 8)
Restaurant y Galería La Bastille.......18 D3
Soda Tapia..19 C3

UNTERHALTUNG 🎭
Club Vertigo......................................20 C3
Estadio Nacional...............................21 A3

Meliá Tryp Corobicí..........................22 C2
Sala Garbo...23 D3

TRANSPORT
Alitalia..24 D3
American Airlines...............................25 C2
Busse nach San Isidro de El General..26 D3
Delta Airlines.....................................27 D3
Grupo TACA.......................................28 C3
Iberia Airlines....................................29 C3
Mexicana..30 D3
SAM/Avianca....................................(s. 29)
Sansa..31 C3
Wild Rider..32 C3

Americas

Zum Colours Oasis
Resort (200 m)

🏨 11

ICE
Building

🏨 13

Ave Las Américas

Calles Las Américas

❷

Autopista
General Canas

Nach Continental (1 km);
Interamericana (2 km);
Aeropuerto Internacional
Juan Santamaría (15 km);
Alajuela (16 km)

25
🚍 31
🚍 22

28

Ave 7

Ave 5

6

Rincon
de Cubillos

🏨 7

Parque Metropolitano
La Sabana

🅿 21

🏛 5

❸

Monumento
Leon Cortes

🏛
4

Pool
🏊

Centro
Colón

14 1
🍴 🛏

19
🍴

3 ●

🚍 10 16
Ave 1

20
● 29 🍴

2 ●

Ave 2

Calle 40

Ave 4

Calle 38

Calle 36

Ave 6

Calle 34

🍴

Ave 3

32 ● ● 30

27
28
9

8

Calle 32

Calle 30

12
23

Calle 28

Calle 26

Zum Zentrum
von San José
(1 km)

24

15 🍴
18 🍴 26

Calle 24

Calle 22

Calle 20

que Nacional (Karte S. 88–89; Avs. 1 & 3 zw. Calles 15 & 19) mit Wegen aus Kopfsteinpflaster. In der Mitte des Parks steht das dramatische **Monumento Nacional**, das die mittelamerikanischen Nationen (natürlich mit Costa Rica an der Spitze) dabei zeigt, wie sie den amerikanischen Freibeuter William Walker in die Flucht schlagen.

Zu den wichtigen Gebäuden, die den Park umgeben, zählen die **Biblioteca Nacional** im Norden, der Cenac-Komplex mit dem Museum für moderne Kunst (S. 91) im Nordwesten und die **Asamblea Legislativa** (Parlament) im Süden. Im Vorgarten des Parlaments steht die Statue des Nationalhelden Juan Santamaría, der dadurch Ruhm erlangte, dass er einen verhassten Gringo aus Costa Rica verjagte.

Südlich der Asamblea Legislativa liegt die nüchterne **Plaza de la Democracia** (Karte S. 94; Avs. Central & 2 zw. Calles 13 & 15), die Präsident Oscar Arias 1989 anlässlich des 100-jährigen Jubiläums der costa-ricanischen Demokratie errichten ließ. Der Platz ist architektonisch gesehen ziemlich unspektakulär, er bietet aber einen schönen Ausblick über die Berge rund um San José. Auf der Westseite erstrecken sich die Reihen der Stände eines Kunsthand-

werksmarktes, hier gibt es eine gut sortierte Auswahl an Souvenirs (s. S. 115).

Der **Parque España** (Karte S. 94; Avs. 3, 7 zw. Calles 9 & 11) wird zwar von starkem Verkehr umtost, dafür lassen sich jeden Abend bei Sonnenuntergang die Vögel aus der Umgebung hier nieder und zwitschern lautstark um die Wette. Im Norden grenzt das schwarze INS-Glasgebäude an den Park, in dem sich auch das Museo de Jade (S. 91) befindet.

Noch ein wenig weiter westlich liegt das **Edificio Metálico** (Karte S. 94; Ecke Av. 7 & Calle 9), ein interessantes zweistöckiges Metallgebilde in gelb und blau, das in Frankreich entworfen und in Belgien vorgefertigt wurde. In den 1890er-Jahren wurde das gesamte Gebäude Stück für Stück nach San José verschifft und beherbergt heute eine Elite-Schule.

Nordöstlich des Parque España steht die **Casa Amarilla** (Karte S. 94; Av. 7 zw. Calles 11 & 13), das elegante Kolonialhaus ist Sitz des Auswärtigen Amtes und deshalb nicht für die Öffentlichkeit zugänglich. Der herrliche Kapokbaum vor dem Gebäude wurde übrigens 1963 von John F. Kennedy während seines Besuchs in Costa Rica gepflanzt.

Weiter südwestlich folgt der etwas heruntergekommene **Parque Morazán** (Karte S. 94; Avs. 3 & 5 zw. Calles 5 & 9), in dem zufälligerweise auch der berüchtigtste Treffpunkt der Prostituierten liegt. Tragischerweise (oder vielleicht passenderweise) wird der Pavillon aus Beton in der Mitte des Parks gewöhnlich als **Templo de Música** (Musiktempel) bezeichnet –viele betrachten ihn als das Wahrzeichen San Josés. Der Park wurde nach General Francisco Morazán benannt, dem es in den 1830er-Jahren nicht gelang, die neuen unabhängigen Staaten Mittelamerikas unter einer Flagge zu vereinigen.

AKTIVITÄTEN

Parque Metropolitano La Sabana (Karte S. 96) bietet verschiedene Sportanlagen, darunter Tennisplätze und Spielfelder für Volleyball, Basketball und Baseball, Joggingpfade und Fußballfelder. An den meisten Tagen ergeben sich spontan Fußballspiele, aber wer mitmachen möchte, sollte schon richtig gut sein – viele Ticos bekommen schon mit sieben Jahren einen tollen Fallrückzieher hin und können schon richtig gut dribbeln.

Es gibt außerdem ein **Schwimmbad** (Eintritt 3 US$; ⏱ 12–14 Uhr) mit Olympiamaßen, aber die meisten Ticos fahren lieber zum Ojo de Agua (in San Antonio de Belén, s. S. 139), wo man den ganzen Tag schwimmen kann.

Tennis, Fitnesseinrichtungen und mehrere Schwimmbecken bietet der **Costa Rica Tennis Club** (☎ 2232 1266) am südlichen Ende des Stadtteils La Sabana für 10 US$ pro Person und Tag. Es gibt elf Plätze in der Halle und im Freien, drei Pools, eine Sauna und eine Anzahl von Fitnessgeräte.Die Mitgliedschaft in den örtlichen Fitnessclubs kostet etwa 20 bis 40 US$ im Monat; einfach in den Gelben Seiten unter „Gimnasios" nachschlagen. Oder mit den Einheimischen im **Thaiboxing Center** (Karte S. 122; ☎ 2225 7386) oder **Atemi Ryu Martial Arts Center** (Karte S. 122; ☎ 2524 0781) in San Pedro über einige Runden im Kampfsport gehen.

Reisende Golfer können ihre Bälle (und ihre Geduld) entweder im **Cariari Country Club** (Karte S. 85; ☎ 2293 3211; cariari@racsa.co.cr), im **Costa Rica Country Club** (Karte S. 128–129; ☎ 2228 9333, 2208 5000) oder im **Valle del Sol** (Karte S. 85; ☎ 2282 9222, Nebenstelle 218/219) verlieren.

Adrenalin-Junkies treffen sich in Grecia bei **Tropical Bungee** (☎ 2248 2212, 8383 9724; www.bungee.co.cr; 1./2. Sprung 60/30 US$) zum täglichen Bungee-Jump von der nahe gelegenen Brücke über den Río Colorado. Der Transfer von San José ist im Preis inbegriffen.

STADTSPAZIERGANG

San José besitzt keine kolonialen Promenaden und auch keine Wolkenkratzer, doch es hat viel Charakter – wenn auch wie in einem Film

---

ROUTENINFOS

Start Plaza de la Cultura
Ziel Mercado Central
Länge 2 km
Dauer 30 Minuten

STADTSPAZIERGANG

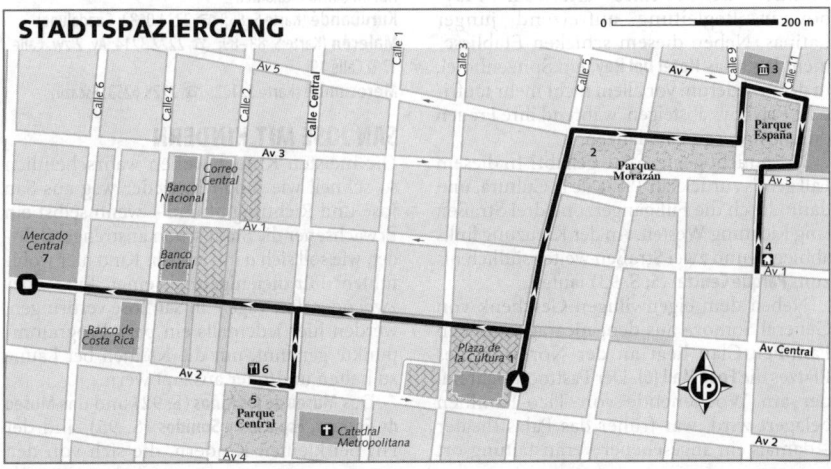

noir auf eine etwas düstere Art. Dieser Stadtspaziergang ist all jenen zu empfehlen, die etwas über die vielen Dinge erfahren möchte, die bei der Touristeninformation normalerweise nicht erwähnt werden. Start ist an der **Plaza de la Cultura** (**1**; S. 93). Von dort geht es über die Straße und zwei Querstraßen weiter in Richtung Norden bis zum **Parque Morazón** (**2**; S. 97). Der Park ist am Tag wirklich attraktiv, aber wer abends hierherkommt (was man keinesfalls tun sollte), entdeckt schnell, dass der Ort den SexarbeiterInnen von San José als eine Art Stützpunkt dient (S. 107).

Nicht zu übersehen ist das im Nordosten aufragende Gebäude aus Stahl und Glas. Viele kennen es nur als **Museo de Jade** (**3**; S. 91), aber in den zehn Stockwerken darunter hat das Instituto Nacional de Seguros (Nationales Versicherungsinstitut) seine Räume.

Es gehört der Regierung und hat eine Monopolstellung im Land. „Wen interessiert das schon?", wird sich mancher da fragen. Alle, die sich darüber geärgert und gefragt haben, warum es in Costa Rica so unverschämt teuer ist, ein Auto zu mieten, kennen nun die Antwort. Am besten leise vor sich hin fluchen und dann umdrehen.

Das wenig ansprechende rosafarbene Gebäude, dem man nun gegenüber steht, ist das **Key Largo** (**4**), das hier nur erwähnt wird, weil einige Reisende einen Besuch in diesem Club zu ihrem Studienprogramm der landestypischen Tierwelt zählen.

Zu den Kunden zählen vor allem Männer der Spezies alternder Playboy in Begleitung aufreizend junger Latinas. Neben diesem schicken Etablissement liegt das **Hotel Del Rey**, ein Spitzenhotel, in dem wiederum vor allem nicht mehr taufrische Playboys absteigen, während ihre Frauen durch Abwesenheit glänzen.

Noch nicht genug Spaß gehabt? In diesem Fall geht's zurück zur Plaza de la Cultura, und dann durch die Fußgängerzone drei Straßen lang Richtung Westen. An der Kreuzung links abbiegen und zwei Straßen weiter südlich bis zum **Parque Central** (**5**; S. 93) laufen.

Neben dem eigenwilligen Geschenk von General Somoza aus dem nicaraguanischen Familien-Clan liegt an der Nordseite des Platzes die **Food Mall** (**6**). Der Fastfood-Schrein, der am Wochenende von Tico-Familien belagert wird, war früher das Palasttheater – damals ein angesehener Veranstaltungsort

für Kunstausstellungen und Aufführungen. Gibt es ein besseres Symbol für die Globalisierung?

Noch einmal geht's zurück in die Fußgängerzone und von da aus drei Straßen weiter in westliche Richtung bis zum **Mercado Central** (**7**; S. 115), der Top-Adresse in San José, um ausgeraubt zu werden. Jeden Tag werden gutgläubige Urlauber mit Nikon-Kameras und schweren Portemonnaies von der „Zugreifenund-wegrennen"-Guerilla überwältigt.

Wer aber brav alle seine Wertsachen zu Hause gelassen hat, kann sich sorglos in das Konsumparadies stürzen und versuchen, ein gutes Geschäft zu machen. Viel Spaß beim findigen Feilschen!

KURSE
Tanzen
Alle, die hier ihre Tanzkünste verbessern wollen, können sich in einem der zahlreichen Tanzkurse anmelden, die in San José angeboten werden. Die eigentliche Zielgruppe sind aber die Ticos, und nicht die Urlauber, denn wer kann schon in ein paar Tagen tanzen lernen. Reisende mit Spanischkenntnissen sind aber jederzeit willkommen. Auf dem Programm stehen verschiedene lateinamerikanische Tänze – Salsa, Cha-Cha-Cha, Merengue, Bolero und Tango. Der Gruppenunterricht kostet etwa 20 US$ für zwei Stunden pro Woche. Auch die Sprachschulen können über Tanzkurse Auskunft geben.

Academia de Bailes Latinos (Karte S. 88–89; ☎ 2233 8938; Av. Central zw. Calle 25 & Calle 27) Neben dem Pizza Hut im Barrio Escalante.

Kurubandé (Karte S. 85; ☎ 2234 0682; Guadalupe)

Malecón (Karte S. 88–89; ☎ 2222 3214; Av. 2 zw. Calle 17 & Calle 19)

Merecumbé (Karte S. 122; ☎ 2228 6253; Escazú)

SAN JOSÉ MIT KINDERN
Die meisten Kinder wollen wahrscheinlich so schnell wie möglich wieder weg aus San José und Richtung Strand – wenn selbst ein Erwachsener die Stadt schon anstrengend findet, wie soll sich dann erst ein Kind hier wohlfühlen? Für diejenigen, die einen Tag – oder zwei oder drei Tage – in San José verbringen, werden hier jedenfalls ein paar Programmpunkte genannt, um die Kleinen bei Laune zu halten und/oder auszupowern.

Das **Museo de los Niños** (S. 92) und das **Museo de Formas, Espacios y Sonidos** (S. 95) sind der Hit bei kleinen Kindern, die sich von den

SPRECHEN WIE DIE TICOS

In und um San José gibt es sehr gute Sprachschulen. Die genannten Schulen existieren schon seit mindestens 1998 und/oder sind besonders positiv bewertet worden. Die meisten Sprachschulen bieten außerdem Stellen für Freiwilligenarbeit an; auf diese Weise kann man Spanisch lernen und zugleich denen helfen, die es am nötigsten brauchen.

Sofern nicht anders angegeben, gelten die Preise für 20 Unterrichtsstunden pro Woche, entweder mit oder ohne Unterbringung in einer Gastfamilie. Die Preise beinhalten Frühstück und Abendessen. Je länger der Spanischkurs besucht wird, desto günstiger werden oft die Preise.

Amerispan Unlimited (☎ +1 215-751-1100; www.amerispan.com; Kurse mit/ohne Unterbringung in einer Gastfamilie 570/430 US$) Bietet eine große Auswahl an Programmen für Bildungsreisen, darunter Sprachreisen, Vermittlung von Freiwilligenarbeit und Praktika, Auslandsstudium und Spezialangebote wie „Salud", ein Spanischprogramm für medizinische Berufe.

Centro Cultural Costarricense Norteamericano (Costa-ricanisch-nordamerikanisches Kulturzentrum; Karte S. 122; ☎ 2207 7500; www.cccncr.com; Calle 37 & Calle de los Negritos) Hier werden Spanischkurse angeboten, vornehmlich geht es der großen Sprachschule aber um Englischunterricht für die Einheimischen. Deshalb findet man sich hier in der Gesellschaft vieler Ticos wieder. Monatskurse kosten ab 250 US$.

Costa Rican Language Academy (Karte S. 122; ☎ 2280 1685; www.learn-spanish.com; Kurse mit/ohne Unterbringung in einer Gastfamilie 411/286 US$) Die Organisation bietet auch Kochkurse und Unterricht für lateinamerikanische Tänze an, außerdem informiert sie über die Zugangsbestimmungen verschiedener Freiwilligenprogramme. Vom Subaru-Händler aus sind es 300 m nach Norden und 50 m nach Westen.

Institute for Central American Development Studies (Icads; ☎ 2225 0508; www.icadscr.com) Die Schule bietet Monatsprogramme (mit/ohne Unterbringung in einer Gastfamilie 2100/1700 US$) mit Vorlesungen und Aktivitäten zu umwelt- und sozialpolitischen Themen. Sie vermittelt außerdem Freiwillige in lokale Projekte, wobei sie die Interessen des Einzelnen berücksichtigt. Das Institut liegt etwas abseits der Hauptstraße nach Curridabat, etwa 1 km von der Innenstadt entfernt.

Instituto Británico (Karte S. 122; ☎ 2225 0256; www.institutobritanico.co.cr; Los Yoses; Kurse mit/ohne Unterbringung in einer Gastfamilie 305/180 US$) Das Institut bietet Spanischunterricht auf hohem Niveau, der auch zur Ausbildung von Lehrern und zur Mitarbeiterschulung geeignet ist. Die Schule liegt 75 m südlich vom Orientierungspunkt der Subaru-Niederlassung.

Personalized Spanish (Karte S. 85; ☎ 2278 3254; www.personalizedspanish.com; Tres Rios; Kurse mit/ohne Unterbringung in einer Gastfamilie 383/488 US$) Das Institut wird von Lesern als sehr empfehlenswert eingestuft und liegt in einem schönen Vorort der Hauptstadt.

Ausstellungsstücken zum Anfassen gar nicht mehr losreißen können. Interaktives Lernen lautet hier das Motto.

Sowohl im **Teatro Eugene O'Neill** (S. 125) als auch im **Teatro Fanal** (S. 114) treten Kindertheatergruppen auf. Wer ein Kind hat, das gerade Spanisch lernt, sollte eine Vorstellung besuchen.

Junge Naturliebhaber werden im **Spirogyra Jardín de Mariposas** (S. 91) begeistert die frei fliegenden Schmetterlinge aus nächster Nähe beobachten oder im **Zoológico Nacional Simón Bolívar** (S. 91) die vielen prachtvollen exotischen Tiere bestaunen.

Teenager treffen sich zum gegenseitigen Abchecken regelmäßig auf der **Plaza de la Cultura** (S. 93), dort gibt es einige Fastfood-Buden und Eisläden.

In den Vorstädten strömen die konsumfreudigen Jugendlichen in die Einkaufspas-

sagen **San Pedro** (S. 125) und **Escazú Multiplaza** (S. 133).

So richtig verausgaben können sich Kinder und Jugendliche im Schwimmbad des **Costa Rica Tennis Club** (S. 97), das aber auch öffentlich zugänglich ist. Ein noch intensiveres Wasservergnügen bietet **Ojo de Agua** (S. 139) nordwestlich von San José.

Wer beabsichtigt, mehr als eine Woche mit dem lieben Nachwuchs in der Stadt zu bleiben, dem sei gesagt, dass die meisten spanischen Schulen (siehe oben) Kurse anbieten, die speziell auf *chicos y chicas* (Jungen und Mädchen) zugeschnitten sind.

SAN JOSÉ KURIOS

Jeden Sonntag sammelt der **Tico Train** (Erw./Kind 2/1 US$) an der Ostseite der Plaza de la Cultura (S. 93) seine Fahrgäste ein und nimmt sie mit auf eine 45-minütige Spazierfahrt

SAN JOSÉ

MITMACHEN – FREIWILLIGENARBEIT IN SAN JOSÉ

Freiwilligenarbeit ist eine tolle Möglichkeit, in Stadtteile einzutauchen, die sogar viele Einheimische gar nicht kennen. Es ist nicht zu übersehen, dass dort Menschen verzweifelt auf Hilfe warten, doch Vorsicht: Viele Freiwillige reisen mit dem frustrierenden Gefühl wieder ab, dass sie ihrem eigenen Ego weit mehr geholfen haben als den Menschen, für die sie hätten da sein sollen. Wer eine Aufgabe in der Wohlfahrt übernehmen möchte, sollte realistisch bleiben und sich vorher gut informieren. Zu den renommierten Freiwilligen-Organisationen zählen die folgenden:

Amerispan (☎ +1 215-751 1100; www.amerispan.com) Vermittelt vielfältige Angebote für Freiwillige in San José und im übrigen Land. Programme in der Hauptstadt befassen sich u. a. mit Jugendarbeit, Gesundheitsfürsorge, Englischunterricht und der Betreuung streunender Tiere.

Geo Visions (☎ +1 203-457-4257; www.geovisions.org) Vermittelt Einsätze in einem Tagespflegezentrum für Kinder in San José.

Sustainable Horizon (☎ +1 718-578 4020; www.sustainablehorizon.com) Arrangiert eine große Auswahl an Freiwilligenreisen, von Ökotourismus bis zu Einsätzen im Waisenhaus.

United Planet (☎ +1 215-751 1100; www.geovisions.org) Betreibt ein Programm, in dessen Rahmen Freiwillige älteren Menschen in den östlichen Vorstädten von San José helfen. Es werden aber auch Einsätze im Waisenhaus angeboten.

Volunteer Abroad (☎ 1-888-649 3788; www.volunteerabroad.ca) Schickt Freiwillige ins Hospital Nacional de Niños, die in diesem wichtigsten Kinderkrankenhaus des Landes bei den alltäglichen Abläufen helfen.

---

durch die Stadt. Der Zug selbst sieht aus, als hätte man ihn auf einem Volksfest in Iowa mitgehen lassen, während die *cumbia*-Musik (traditionelle Balladen), die vom Zug herunterschallt, typisch costa-ricanisch ist. Der Tico Train war die Idee des Stadtrats, der der Innenstadt damit zu einem lebendigeren und persönlicheren Flair verhelfen wollte. Er soll an die Zeiten erinnern, in der die Josefinos ihre Hauptstadt noch im Zug durchquerten. Aber selbst wer sich nicht nach den guten, alten Zeiten zurücksehnt, kann auf dem Zug eine Mordsgaudi erleben, besonders, wenn der Fahrer wild klingelnd Autos überholt.

GEFÜHRTE TOUREN

Die Orientierung in der Stadt ist ziemlich leicht, wer Zeit hat, braucht sich keiner geführten Reisegruppe anschließen. Wer aber nur ein paar Stunden Zeit hat und die wichtigsten Sehenswürdigkeiten San Josés sehen möchte, für den gibt es die dreistündige Tour des Swiss Travel Service.

Calypso Tours (☎ 2256 2727; www.calypsotours.com) Veranstaltet mit Bussen und motorisierten Katamaranen Ausflüge zu den Inseln unweit der Bahía Gigante.

Costa Rica Art Tour (☎ 2288 0896, 8359 5571; www.costaricaarttour.com; Touren 95 US$) Kunstliebhaber sollten unbedingt an dieser Tagestour teilnehmen. Besichtigt werden fünf verschiedene Ateliers in der Stadt, einige davon liegen im Hause des jeweiligen Künstlers. Die Strecke wechselt täglich, keine Tour wiederholt sich also. Im

Vordergrund stehen Malerei, Skulptur, Druckerei, Keramik, Schmuckherstellung sowie Kunstwerk im Materialmix. Es gibt genug Möglichkeiten, Originalwerke direkt beim Künstler zu erwerben. Im Preis sind das Mittagessen und der Abholservice vom Hotel eingeschlossen. Gruppen, Senioren und Studenten bekommen Ermäßigungen.

Lava Tours (☎ 2281 2458; www.lava-tours.com) Organisiert einige Ausflüge, darunter sehr empfehlenswerte Mountainbikefahrten durch das Valle Central.

Swiss Travel Service (Karte S. 88–89; ☎ 2221 0944) Alteingesessenes Reisebüro mit gutem Ruf, das Touren durch ganz Costa Rica anbietet. Es liegt 250 m westlich vom Centro Comercial El Pueblo und hat zudem eine Zweigstelle im Radisson Europa.

Tiquicia Travel (☎ 2256 9682; www.tiquiciatravel. com; Condominios Pie Montel, La Uruca) Eine recht kleine Agentur, die Costa-Rica-Reisen speziell für alle Schwule und Lesben anbietet.

FESTIVALS & EVENTS

Festival de Arte Das Kunstspektakel findet in jedem geraden Jahr in San José statt. Die Veranstaltungsorte des zweiwöchigen Festivals im März sind über die ganze Stadt verteilt, es gibt Theater-, Musik-, Tanz- und Filmvorführungen. Nähere Informationen stehen in der Tageszeitung.

Día de San José Am 19. März feiert San José den Tag des Schutzheiligen der Stadt, in einigen Kirchen werden Messen abgehalten. Früher war der Tag ein Feiertag, der aber im Zuge der Modernisierung abgeschafft wurde.

Festival de las Carretas (Ochsenkarrenfestival) Findet jedes Jahr im November statt, gefeiert wird die landwirtschaftliche Tradition des Landes. Den Höhepunkt bildet die Ochsenkarrenparade auf dem Paseo Colón.

Festival de Luz (Lichtfestival) Einen Monat später steigt, ebenfalls auf dem Paseo Colón, die Weihnachtsfeier mit einer absurden Menge Plastikschnee und ebenfalls mit einem Umzug mit Ochsenkarren.

Las Fiestas de Zapote Für diejenigen, die sich zwischen Weihnachten und Neujahr in San José aufhalten, ist das einwöchige Volksfest mit waschechten costa-ricanischen Zutaten (namentlich Rodeos, Cowboys, Autoscooter, gebratenem Essen auf dem Barbecue-Grill und jeder Menge Alkohol) ein absolutes Muss. Die Feier findet im Vorort Zapote gleich südöstlich des Zentrums statt und zieht jährlich Zehntausende Ticos an.

SCHLAFEN

Die Unterkünfte in San José durchlaufen die gesamte Palette von winzigen, unfreundlichen Käfigen bis hin zu prächtigen Weltklassehotels. Die billigsten Hotels der Stadt liegen in der Nähe des Coca-Cola-Busbahnhofs. Die Gegend wird für Reisende allerdings immer gefährlicher: Wer jedoch kein hartgesottener Fan von schmuddeligen Menschenansammlungen und Kriminellen ist, sollte lieber woanders einchecken.

Richtig schicke Übernachtungsmöglichkeit in San José liegen in den beiden schönsten Vierteln der Stadt, im Barrio Amón und La Sabana. In diesen gediegenen Vierteln gibt es viele Mittelklasse- und Spitzenklassehotels, aber auch einige der günstigen Hostels der Stadt. Auch das Stadtzentrum selbst bietet eine gute Auswahl an Hotels.

Wer ruhiger übernachten will, sollte die Nacht in einem der noblen Vororte der Stadt verbringen, etwa in Los Yoses, San Pedro oder Escazú. Die Wohngebiete liegen zwar ein paar Kilometer außerhalb des Innenstadt, sind aber mit dem Bus oder Taxi leicht zu erreichen.

Bei der An- oder Abreise mit dem Flugzeug ist es praktischer, sich eine Übernachtung in Alajuela im Nordwesten zu suchen (Taxifahrer erzählen einem gerne das Gegenteil), da es näher beim Flughafen liegt als San José.

Auch im Vorort Cariari gibt es einige Unterkünfte, von hier aus ist es ebenfalls nicht weit zum Flughafen.

In der Hauptsaison (Dez.–April), ist eine Reservierung sehr sinnvoll, das gilt besonders für die zwei Wochen um Weihnachten und für die Karwoche. Für alle weiteren allgemeine Informationen zu Hotels in Costa Rica s. S. 590. Im Folgenden werden immer die Preise der Hauptsaison genannt. Wer vorhat, mit seiner Kreditkarte zu reservieren, sollte vorher die Infos auf S. 591 lesen.

Barrio Amón & Umgebung
BUDGETUNTERKÜNFTE

Tranquilo Backpackers (Karte S. 88–89; ☎ 2223 3189, 2222 2493, 8355 5103; www.tranquilobackpackers.com; Calle 7 zw. Av. 9 & Av. 11; B 10 US$, DZ 28 US$, alle inkl. Frühstück; ☐) Das Tranquilo, in einem alten Herrenhaus im Barrio Amón eingerichtet, ist eines der von Lesern meistempfohlenen Hostels der Stadt. In jedem Fall verströmt es eine heitere Atmosphäre und verspricht entspannte Zeiten. Japanische Lampions, leuchtende Wandmalereien und breite Hängematten schmücken die großen Räume; außerdem hängen an den Wänden genügend Gitarren, um alle spontanen musikalischen Gelüste zu befriedigen. Gemeinschaftsduschen und -küche weisen skurrile Fliesenmosaike auf, zudem gibt es eine kostenlose Gepäckaufbewahrung, Internetzugang und das berühmte (und weltweit geschätzte) Pfannkuchenfrühstück. Auf Anfrage wird ein Transfer vom und zum Flughafen geboten.

Costa Rica Backpackers (Karte S. 88–89; ☎ 2221 6191; www.costaricabackpackers.com; Av. 6 zw. Calle 21 & Calle 23; B/DZ 12/26 US$; P ☐ 🐕) Nahe dem Gebäude des Obersten Gerichtshofs liegt dieses extrem beliebte Hostel in einem lebhaften Komplex rund um einen wunderschönen Pool, der von einem Garten voller Hängematten umgeben wird. Musik zum Chillen vervollständigt das entspannte Ambiente. Aber es geht auch noch einen Tick besser: im zugehörigen Bar-Restaurant, das an manchen Abenden auch als Kino fungiert. Die Wände der Zimmer und Gemeinschaftsbäder sind mit tropischen Motiven dekoriert. Außerdem gibt es zwei Gemeinschaftsküchen und eine TV-Lounge, dazu kostenlose Gepäckaufbewahrung und Internetzugang. Für ein paar Dollar mehr gibt es im neuen Gästehausflügel des Hostels auf der anderen Straßenseite etwas komfortablere Doppelzimmer in ruhigerer Umgebung – ideal für Paare, die etwas Abstand von der Party wollen. Parkplätze sind vorhanden, auf Wunsch der Transfer vom und zum Flughafen arrangiert.

Hotel Aranjuez (Karte S. 88–89; ☎ 2256 1825; www. hotelaranjuez.com; Calle 19 zw. Av. 11 & Av. 13; EZ mit/ohne Bad 30/23 US$, DZ mit/ohne Bad 40/26 US$, alle inkl. Frühstück; P ☐) Das weitläufige Hotel besteht aus mehreren gepflegten, älteren Holzhäuschen, die durch den gemeinsamen Garten und einen üppig grünen Hinterhof mit Mangobaum verbunden sind. Die blitzblanken Zimmer unterscheiden sich in Größe und Preis.

Die Gastgeber servieren täglich ein opulentes Frühstücksbüfett auf der Terrasse.

LP Tipp Hostel Pangea (Karte S. 94; ☎ 2221 1992; www.hostelpangea.com; Av. 7 zw. Calle 3 & Calle 3bis; B 10 US$, DZ mit/ohne Bad 32/28 US$; P ☐ ☎) Einfach gesagt: Dies ist für Rucksacktouristen in San José der Lieblingstreff. Tagsüber geben Reisende am Pool die neuesten Geschichten zum Besten, abends lassen sie es in der Bar im Obergeschoss krachen. Auch wenn das Hostel sehr partyorientiert ist, haben die Besitzer nicht die Tatsache aus den Augen verloren, dass San José für die meisten Gäste nur ein Zwischenstopp auf dem Weg in einen anderen Teil des Landes ist. Deshalb ist für fast alle praktischen Fragen gesorgt, dank kostenlosem Internet (und WLAN), kostenlosen Telefonaten nach Nordamerika sowie günstigen Tarifen für Telefonate weltweit, kostenloser Gepäckaufbewahrung, Buchungsservice für die Weiterreise und Abholung vom Flughafen (16 US$).

MITTELKLASSEHOTELS

Die Zimmer in den aufgelisteten Hotels verfügen, wenn nicht anders vermerkt, über eigene Dusche mit Warmwasser und Kabel-TV. Außerdem können die Hotels Touren überall im Land arrangieren.

LP Tipp Kap's Place (Karte S. 88–89; ☎ 2221 1169; www.kapsplace.com; Calle 19 zw. Av. 11 & Av. 13, Av. 11 zw. Calle 19 & Calle 21; EZ 20–45 US$, DZ 30–55 US$, 3BZ 40–65 US$, Apt. ab 80 US$; P ☐) Die Besitzerin dieses angenehmen Gästehauses, Karla Arias, hat jedes der 24 heimeligen Zimmer in wunderbar leuchtenden Farben individuell ausgestaltet und schafft so eine einzigartige, künstlerische Atmosphäre. Indische Sarongs und Steppdecken liegen auf den Betten. Zu den Gemeinschaftsräumen zählen ein Innenhof voller Yuccapalmen und Hängematten ringsum sowie eine gut ausgestattete Küche. Außerdem gibt es kostenloses Internet, und man kann sich auf Spanisch, Englisch und Französisch verständigen.

Cinco Hormigas Rojas (Karte S. 88–89; ☎ 2257 8581, 2255 3412; www.cincohormigasrojas.com; Calle 15 zw. Av. 9 & 11; Zimmer 30–58 US$; ✗) Die empfehlenswerte Unterkunft ist gleichzeitig das künstlerische Refugium der vielsprachigen und sagenhaft talentierten Mayra. Die Tica-Künstlerin und Botanikerin, die den Garten ihrer kleinen Pension seit über zehn Jahren hegt und pflegt, leitet das Hotel „Fünf Rote Ameisen". Das Anwesen ist ein Mikro-Ökosystem, in dem sich inzwischen unzählige tropische Vögel

tummeln. Ein schöner Ort, um zu vergessen, dass man sich in San José befindet. Das Gästehaus hat drei Zimmer mit unterschiedlicher Ausstattung (kein TV), alle folgen einem anderen künstlerischen Thema und sind mit Mayras unglaublichen Kunstwerken bestückt. Ihre Spezialität besteht darin, Haushaltsgegenstände mit Pappmaché zu umhüllen, um sie dann so zu formen und zu bemalen, dass sie zu komplexen Kunstwerken werden – ihre Werke sind sehr originell und schön. Die Kunstwerke werden auch verkauft, und kein Reisender verlässt das Frühstück ohne ein kleines Geschenk in der Hand.

Casa Hilda (Karte S. 88–89; ☎ 2221 0037; c1hilda@racsa.co.cr; Av. 11 zw. Calle 3 & Calle 3bis; EZ/DZ inkl. Frühstück 26/36 US$) Die Quesadas geben ihren Gästen das Gefühl, nach Hause zu kommen – in dieses friedliche, pfirsichfarben gestrichene Gasthaus im Barrio Amón. Die Zimmer sind sehr einfach, aber das gesamte Anwesen glüht geradezu vor heimeliger Wärme – eine ausgezeichnete Wahl für Leute, die Zeit mit einer costa-ricanischen Familie verbringen möchten. Unbedingt auch die natürliche Quelle mitten im Haus anschauen, aus der seit 90 Jahren Trinkwasser hervorsprudelt (sogar während der Trockenzeit).

Hotel Dunn Inn (Karte S. 88–89; ☎ 2222 3232, 2222 3426; www.hoteldunninn.com; Ecke Calle 5 & Av. 11; EZ Standard/Deluxe 49/59 US$, DZ Standard/Deluxe 59/69 US$, Suite 80 US$; P ☐) Das weitläufige, blassgelbe Herrenhaus aus Ziegeln und Holz wurde 1929 errichtet und besitzt komplett renovierte Zimmer mit modernem Inventar. Die Räume sind nach verschiedenen Wörtern aus den indigenen Sprachen Costa Ricas benannt (Tafeln in den Zimmern erklären Herkunft und Verwendung der Wörter). Außerdem gibt es ein Restaurant und eine kleine Bar, die bis tief in die Nacht geöffnet ist. Visa-Karten werden akzeptiert.

Joluva Guesthouse (Karte S. 88–89; ☎ 2223 7961; www.joluva.com; Calle 3bis zw. Av. 9 & Av. 11; EZ/DZ 30/50 US$; ☐) Das drollige Gästehaus im Barrio Amón wird von Schwulen geführt. Es besitzt sieben kleine, aber gut ausgestattete Zimmer (unbedingt die Massageköpfe an den Duschen ausprobieren), die zwischen diversen gemütlichen Gemeinschaftsbereichen liegen. Das Management spricht Englisch und liefert Informationen zur Schwulen- und Lesbenszene Costa Ricas.

Hotel Posada del Museo (Karte S. 88–89; ☎ 2258 1027; www.hotelposadadelmuseo.com; EZ/DZ/Suite ab

48/55/65 US$) Diese *posada* (Gasthaus im ländlichen Stil) liegt schräg gegenüber dem Museo Nacional, an einer Fußgängerzone in einem wunderschönen Viertel der Hauptstadt. Das Gebäude stammt von 1928 und besitzt einen „dramatisch" gestalteten Eingangsbereich, einschließlich eines Balkons à la Romeo und Julia mit Blick aufs Foyer. Flügeltüren führen zu den Zimmern, die nach costa-ricanischen Vögeln und Blumen benannt und mit Möbeln aus der Entstehungszeit des Hauses eingerichtet sind. Die argentinischen Manager sprechen mehrere Sprachen (Englisch, Spanisch, Französisch und Italienisch) und gehen möglichst individuell auf ihre Gäste ein. Das zugehörige Café eignet sich perfekt, um Leute zu beobachten oder einfach die Stimmung dieser ruhigen Umgebung zu genießen.

Casa Morazan (Karte S. 94; ☎ 2257 4187; www.casamorazan.com; Ecke Calle 7 & Av. 9; EZ/DZ inkl. Frühstück 55/65 US$) Das Art-déco-Herrenhaus im Barrio Amón wurde in den 1930er-Jahren als Wohnsitz für John Keith erbaut. Er war der Cousin des berühmten Bananenbarons Minor Keith, der sich am Bau der Atlantikbahn beteiligte. Das Haus ist komplett mit Möbeln aus der Entstehungszeit eingerichtet, die Zimmer sind gepflegt und haben Badewannen, Bidets und Polsterbetten.

Hotel Kekoldi (Karte S. 94; ☎ 2248 0804; www.kekoldi.com; Av. 9 zw. Calle 5 & Calle 7; EZ/DZ/3BZ inkl. Frühstück ab 57/69/79 US$) Das Kekoldi liegt in einem fabelhaft hellen und luftigen Art-déco-Gebäude im Barrio Amón und hat makellos saubere, frisch in Pastellfarben gestrichene Zimmer mit himmelblau gefliesten Bädern. In nahezu jeder Ecke des Hotels stehen frische Blumen, und die Gemeinschaftsbereiche sind mit ruhigen Strandlandschaften dekoriert. Das Hotel ist schwulen- und lesbenfreundlich und beliebt bei jungen Leuten. Die Mitarbeiter sprechen Deutsch, Englisch und Italienisch. Kreditkarten werden akzeptiert.

Rincón de San José (Karte S. 88–89; ☎ 2221 9702; www.hotelrincondesanjose.com; Av. 9 zw. Calle 13 & Calle 15; EZ/DZ/3BZ/4BZ inkl. Frühstück 56/70/86/110 US$; 🖳) Das bezaubernde kleine Hotel in einem aufsehenerregenden Kolonialgebäude im Barrio Amón ist wunderbar gepflegt und mit zeitgenössischen Möbeln bestückt. Große Zimmer mit schimmernden Holz- oder Fliesenböden liegen rund um einen attraktiven Innenhof. Das Frühstück wird auf einer Gartenterrasse serviert, die kleine Bar hat bis 22 Uhr geöffnet. Kreditkarten werden akzeptiert.

Hotel Don Carlos (Karte S. 94; ☎ 2221 6707; www.doncarloshotel.com; Calle 9 zw. Av. 7 & Av. 9; EZ/DZ/3BZ inkl. Frühstück ab 76/87/100 US$; P 🖳) Das umgebaute Herrenhaus im Barrio Amón besitzt 33 einzigartige, im Kolonialstil eingerichtete Zimmer mit riesigen, gefliesten Badezimmern. Das gesamte Anwesen ist mit Kunstwerken übersät – von Ochsenkarren im Sarchí-Stil bis zu Ölgemälden von verstorbenen weißen *conquistadores* („Eroberern"). Außerdem gibt es einen Skulpturengarten zu präkolumbischen Themen, eine Bar und ein Restaurant sowie eine Sonnenterrasse mit Tischen, einen kleinen Whirlpool und einen ausgezeichneten Souvenirladen. Ein Willkommenscocktail ist im Zimmerpreis inbegriffen.

SPITZENKLASSEHOTELS
Die folgenden Hotels akzeptieren die gängigen Kreditkarten.

Hotel Santo Tomás (Karte S. 94; ☎ 2255 0448; www.hotelsantotomas.com; Av. 7 zw. Calle 3 & Calle 5; DZ inkl. Frühstück ab 93 US$, zusätzliche Person 15 US$; 🖳 🛠) Das im frühen 20. Jh. im französischen Kolonialstil errichtete Gebäude ist im Barrio Amón eine Sehenswürdigkeit. Einst gehörte es der *cafétalero*-Familie Salazar. Die 20 eleganten Zimmer in verschiedenen Größen haben polierte Holzböden, 4 m hohe Decken und antike Möbel. Im Garten gibt es eine Terrasse mit einem solarbeheizten Schwimmbecken, Whirlpool und kleinem Fitnessbereich. Die Mitarbeiter sprechen Englisch.

Raya Vida Villa (Karte S. 88–89; ☎ 223 4168; www.rayavida.com; Calle 15, abseits der Av. 11; EZ/DZ 93/110 US$ inkl. Frühstück; P) Die abgelegene Villa liegt auf einer Bergspitze und ist ein Juwel unter den B&Bs. Die Zimmer, der Speisesaal und die Aufenthaltsräume zeigen das Interesse des Inhabers für Kunst und Antiquitäten – Besucher stoßen dort sogar auf Originalwerke von Dalí und Toulouse-Lautrec (kein Scherz!). Die Zimmer wurden mit allem erdenklichen Luxus ausgestattet – bis hin zur orthopädischen Matratze, Bettwäsche aus Europa und blitzeblanken Bädern (eins davon mit einer Whirlpool-Badewanne). Das elegante Haus im Kolonialstil hat Buntglasscheiben, echte Holzböden, einen Innenhof mit Springbrunnen, einen Kamin und einen kleinen Garten. Michael Long, der Eigentümer, ist auch bei der Reservierung von anderen B&Bs behilflich und organisiert bei vorheriger Anmeldung einen Abholservice vom Flughafen. Wegweiser für den Taxifahrer: Vom Hospital Calderón Guar-

SAN JOSÉ

PRIVATUNTERKÜNFTE

Bell's Home Hospitality (☎ 2225 4752; www.homestay.thebells.org; EZ/DZ/3BZ inkl. Frühstück 30/45/50 US$) Vernon Bell kommt ursprünglich aus Kansas, lebt mittlerweile aber schon seit über 30 Jahren in Costa Rica und leitet die Agentur zusammen mit seiner costa-ricanischen Frau Marcela. Das Paar vermittelt Zimmer in mehr als 70 Privathaushalten, die sie persönlich unter die Lupe genommen haben, um ein hohes Maß an Sauberkeit und eine gute Gesamtausstattung zu gewährleisten. Alle Unterkünfte haben eine gute Verkehrsanbindung. Bisher waren alle Gäste ausgesprochen zufrieden. Wer nur eine Nacht bleibt oder ein Zimmer mit eigenem Bad haben möchte, zahlt einen Zuschlag von 5 US$. Die Bells können auch einen Flughafentransfer (15 US$), Mietwagen und Ausflüge organisieren.

dia (auf der Calle 17) 100 m Richtung Norden und dann 50 m nach Westen auf der Avenida 11 fahren. Von dort sind es noch einmal weitere 50 m Richtung Norden zum Hotel.

Hotel Amon Plaza (Karte S. 94–95; ☎ 2523 4600; www.hotelamonplaza.com; Av 11; DZ Standard/Superior inkl. Frühstück ab 150/185 US$; 😵 🖳 🔊) Das lebhafte Hotel in der Innenstadt verfügt über sämtliche Annehmlichkeiten: Die Gäste müssen das Gebäude gar nicht mehr verlassen. Aus dem Casino im Erdgeschoss ertönt das obligatorische Kreischen und Jubeln. Wer ein Workout braucht, kann im Fitnessbereich ordentlich schwitzen. Die Zimmer sind hell und luftig, aber für diese Preisklasse ein wenig gesichtslos. Das Restaurant im Erdgeschoss bietet eine vernünftige internationale Küche und den Blick in die Seitenstraßen des historischen Viertels.

La Sabana & Umgebung

Dieser Abschnitt befasst sich mit Hotels in den Stadtvierteln La Sabana, La Uruca, La Pitahaya und Rohrmoser.

BUDGETUNTERKÜNFTE

Gaudy's (Karte S. 96; ☎ 2258 2937; www.backpacker.co.cr; Av. 5 zw. 36 & Calle 38; B 10 US$, DZ mit Bad 23–28 US$; 🖳) In einem Wohngebiet östlich des Parque La Sabana liegt dieses behagliche Hostel, das bei Reisenden mit sehr schmalem Geldbeutel seit Jahren beliebt ist. Der kolumbianische Besit-

zer betreibt eines der preiswertesten Hostels in der Stadt. Doch auch wenn die Ausstattung gerade einmal die Grundbedürfnisse abdeckt, ist der Service professionell, und das Haus ist gepflegt. Es gibt eine Gemeinschaftsküche, heiße Duschen, eine TV-Lounge, einen Patio unter freiem Himmel mit Hängematten sowie kostenlosen Internetzugang. Das Hostel liegt 200 m nördlich und 150 m östlich der Banco de Costa Rica.

JC & Friends (Karte S. 96; ☎ 8374 8246; www.jcfriends hostel.com; Ecke Calle 34 & Av. 3; Camping pro Pers. 7 US$, B 9 US$, Zi. pro Pers. 12 US$, alle inkl. Frühstück; 🖳) Das oft empfohlene Hostel wird von Besitzer Juan Carlos – er ist JC, die Gäste sind die Freunde – selbst gemanagt. Der gebürtige Costa-Ricaner ist in Spanien aufgewachsen, wurde in den USA ausgebildet und ist ein rundum toller Kerl, dessen persönlicher Einsatz diese heimelige Unterkunft zu einem Volltreffer macht. Es gibt einen Billardtisch, Bar, TV-Zimmer und eine Hängematten-Lounge unter freiem Himmel (sogar mit künstlichem „Sand"). Und das Allerbeste: Der Tuasa-Bus zum Flughafen hält direkt vor der Tür.

Mi Casa Hostel (Karte S. 96; ☎ 2231 4700; www.mi-casahostel.com; B/Zi. inkl. Frühstück ab 8/25 US$; 🅿 🖳) Das wunderschöne alte Herrenhaus mit polierten Holzböden und antiken Möbeln hat verschiedene Schlafsäle und Einzelzimmer zur Auswahl – die schöneren haben gefliestes Badezimmer mit Heißwasser und Balkonen, die auf das attraktive Viertel La Sabana hinausschauen. Die Gemeinschaftsbereiche sind gut ausgestattet, die Küche und heißen Duschen sind sauber und komfortabel. Außerdem gibt es kostenlosen Internetzugang. Das Hostel liegt 50 m westlich und 150 m nördlich des ICE-Gebäudes.

MITTELKLASSEHOTELS

Die Zimmer in diesen Hotels haben, wenn nicht anders angegeben, jeweils eigene Dusche mit Heißwasser.

Hotel Petite Victoria (Karte S. 96; ☎ 2225 8488; victoria@amnet.com; Ecke Calle 28 & Av. 2; EZ/DZ inkl. Frühstück 25/30 US$) Das Haus im viktorianischen Stil ist mit antiken Kronleuchtern und Möbeln ausstaffiert, auch die originalen Fliesen aus der Kolonialzeit sind noch erhalten. Die Zimmer und Bäder sind allerdings leider etwas verwohnt. Dennoch: ein gemütliches Plätzchen zum Übernachten.

Rosa del Paseo (Karte S. 96; ☎ 2257 3258; www.rosadelpaseo.com; Paseo Colón zw. Calle 28 & Calle 30; EZ/

DZ/Suite ab 76/88/93 US$; (P) (□) Das Herrenhaus im „karibisch-viktorianischen" Stil wurde 1897 von der Familie Montealegre erbaut, die zu den ersten Kaffeeexporteuren Costa Ricas zählte. Inzwischen ist das Gebäude in ein sehr empfehlenswertes Gästehaus umgewandelt worden, wobei das historische Ambiente weitgehend intakt blieb. Die Böden mit den originalen Fliesen und die Decken aus poliertem Holz sind erhalten, und zeitgenössische Kunstwerke, darunter Ölgemälde und Skulpturen, finden sich überall im Hotel. Außerdem gibt es einen atemberaubend schönen Garten mit Helikonien und Bougainvilleen, in dem jeden Morgen ein tropisches Frühstück serviert wird. Das San José von einst ist wirklich nicht leicht zu finden, doch hier fühlt man sich ohne weiteres in vergangene Zeiten zurückversetzt.

SPITZENKLASSEHOTELS

Alle genannten Hotels akzeptieren die gängigen Kreditkarten.

Colours Oasis Resort (☎ 2296 1880; www.colours. net; Blvd. Rohrmoser, Ecke des „El Triangulo"; DZ/Suite ab 93/ 140 US$; ⌂) Das selbst ernannte „Schwulen-Resort mit Komplettservice" liegt im ruhigen, eleganten Rohrmoser-Viertel und gehört zur „Colours Destinations International", einem Zusammenschluss schwulen- und lesbenfreundlicher Hotels in aller Welt. Die Zimmer in diesem weit hingestreckten Komplex im spanischen Kolonialstil verfügen über romantische Schaufelventilatoren, moderne Möbel und makellose Bäder. Zu den Einrichtungen im Resort zählen eine TV-Lounge, ein Bar-Restaurant, Pool, Sonnenterrasse und Whirlpool. Wer eine Wegbeschreibung benötigt, kann vorher im Hotel anrufen.

LP Tipp **Hotel Grano de Oro** (Karte S. 96; ☎ 2255 3322; www.hotelgranodeoro.com; Calle 30 zw. Av. 2 & Av. 4; EZ/DZ/Suite ab 117/122/185 US$; (P) (✗)) In Sachen Luxus bietet das Hotel das Optimum in dieser Stadt. Das Herrenhaus aus dem frühen 20. Jh. liegt an einer ruhigen Seitenstraße des Paseo Colón und gehört zur Gruppe der „Small Distinctive Hotels of Costa Rica". Der „tropisch-viktorianische" Umbau verknüpft traditionelle Elemente wie Gusseisen und dunkles Holz mit costa-ricanischen Möbeln und Kunstwerken. Die Bäder glänzen mit blau-weißen italienischen Kacheln und funkelnden Armaturen. Jedes Zimmer ist individuell eingerichtet. Außerdem gibt es ein sehr empfehlenswertes Restaurant der Spitzenklasse (S. 110).

Zentrum von San José

Einige der genannten Unterkünfte sind erheblich durch Lärm beeinträchtigt, doch dafür befindet man sich mitten im Geschehen – mit allen Vor- und Nachteilen: Es gibt keine Beschaulichkeit, dafür buntes Straßenleben.

BUDGETUNTERKÜNFTE

Alle Duschen haben, wenn nicht anders vermerkt, heißes Wasser.

Casa Ridgway (Karte S. 94; ☎ 2233 6168; www. amigosparalapaz.org; casaridgway@yahoo.es; Ecke Calle 15 & Av. 6bis; B/EZ/DZ 10/12/24 US$; ✗) Das einladende Gästehaus liegt in einer ruhigen Seitenstraße, nahe dem Gebäude des Obersten Gerichtshofs, und wird vom angrenzenden Centro de Amigos para la Paz betrieben. Diese Organisation setzt sich für Frieden, soziale Gerechtigkeit und Zusammenarbeit der Völker ein. Die Zimmer sind makellos sauber, es gibt Gemeinschaftsduschen, die gemeinschaftliche Küche ist fleckenlos und die Atmosphäre – eben friedlich. Eine Leihbücherei bietet Titel über die Politik und Gesellschaft Mittelamerikas. Wer die Party sucht, ist hier allerdings fehl am Platz – Rauchen, Alkohol und Drogen sind verboten, und von 22 bis 6 Uhr herrscht Nachtruhe.

Pensión de la Cuesta (Karte S. 94; ☎ 2256 7946; www.pensiondelacuesta.com; Av. 1 zw. Calle 11 & Calle 15; EZ/DZ/3BZ inkl. Frühstück 18/28/38 US$) Auf einem kleinen Hügel hinter der Asamblea Legislativa steht dieses Holzhaus aus den 1920er-Jahren, das aussieht, als sei es von Barbie und Ken entworfen und eingerichtet worden. Neun kleine, aber attraktive Zimmer mit eigenem Bad teilen sich eine gemütliche TV-Lounge, die bestens zum Relaxen mit Besitzern und Gästen geeignet ist.

Green House Hostel (Karte S. 94; 2258 0102; www. greenhousehostel.altervista.org; Calle 11 zw. Av. 16 & Av. 18; B/EZ/DZ/3BZ 14/28/38/49 US$) Das überaus ansprechende Hostel, das sich erst kürzlich der Jugendherbergsorganisation angeschlossen hat, schäumt vor Persönlichkeit geradezu über – das gesamte Gebäude ist mit Hängepflanzen, historischen Fotografien und interessanten Antiquitäten ausstaffiert. Die Zimmer selbst fallen eher bescheiden aus, doch der Riesenpluspunkt besteht darin, dass alle ein eigenes Bad haben (sogar die Schlafsäle). Leider ist es hier im Vergleich zu den anderen Hostels der Stadt etwas teurer, und das Haus liegt ungünstig an der Plaza Víquez, also nicht gerade im allerbesten Viertel.

MITTEL- & SPITZENKLASSEHOTELS

Gran Hotel Doña Inés (Karte S. 94; ☎ 2222 7443, 2222 7553; www.donaines.com; Calle 11 zw. Av. 2 & Av. 6; EZ/DZ/3BZ inkl. Frühstück 45/60/60 US$) Das Hotel in italienischem Besitz ist in einem alten Kolonialgebäude untergebracht. Es besitzt eine Handvoll altmodischer Zimmer, die mit zeitgenössischen Möbeln eingerichtet sind. Die Zimmer liegen abseits der Straße, sind also einigermaßen ruhig, und rund um einen angenehmen Innenhof gruppiert. Die Mitarbeiter sprechen Englisch, Spanisch und Italienisch, und sie helfen bei der Reiseorganisation. Kreditkarten werden akzeptiert.

Hotel Colonial (Karte S. 94; ☎ 2223 0109; www.hotelcolonialcr.com; Ecke Calle 11 zw. Av. 2 & Av. 6; EZ/DZ/Suite 55/67/102 US$; 🏊) Das 60 Jahre alte Herrenhaus wurde im spanischen Kolonialstil mit deutlichen maurischen Einflüssen errichtet. Es besticht durch schöne Schmiedeeisen- und Holzarbeiten und einen Bogengang am Pool. Die klassisch akzentuierten Zimmer sind modern möbliert, von den Zimmern der oberen Etagen eröffnet sich ein weiter Blick auf die Stadt und die umliegenden Berge.

Gran Hotel Costa Rica (Karte S. 94; ☎ 2221 4000; www.grandhotelcostarica.com; Calle 3 zw. Av. Central & Av. 2; DZ/Suite inkl. Frühstück ab 94/160 US$) Das erste Grandhotel der Stadt wurde 1930 erbaut und gilt heute als nationale Sehenswürdigkeit. Dank regelmäßiger Renovierungen sind die Zimmer modern und komfortabel. Dennoch erinnern viele architektonische Details an die Geschichte des Hotels, wie die unverputzten Balken, Stuckdecken und die prächtige Eingangshalle. Teil des Hotels ist das Café Parisienne (S. 111) – unter freiem Himmel und rund um die Uhr geöffnet, es zählt zu den beliebtesten Touristencafés der Stadt. Es gibt außerdem zwei Restaurants, eine Bar und ein Casino, das ebenfalls 24 Stunden am Tag geöffnet hat. Kreditkarten werden akzeptiert.

Rund um den Coca-Cola-Busbahnhof

Ein Aufenthalt in dieser Gegend ist nicht zu empfehlen – die Kriminalität steigt, und Reisende sind ein leichtes Ziel, vor allem abends. Für Leute, die nur für eine Nacht nahe dem Busbahnhof unterkommen möchten, sind die folgenden Hotels jedenfalls besser als die meisten anderen geeignet.

BUDGETUNTERKÜNFTE

Hotel Musoc (Karte S. 94; ☎ 2222 9437; Calle 16 zw. Av. 1 & Av. 3; EZ/DZ 9/15 US$, EZ/DZ/3BZ mit Bad 12/16/18 US$)

Das große Gebäude nahe dem Coca-Cola-Terminal ist von innen hübscher, als es von außen aussieht. Die mit Linoleum ausgelegten Zimmer sind einfach und sauber, die Duschen sind heiß, aber weil unten so viele Busse vorbeifahren, kann der Lärm wirklich nervtötend sein. Die Mitarbeiter sprechen Englisch, und Kreditkarten werden akzeptiert.

Hotel Gallo Pinto (Karte S. 96; ☎ 2257 3632; Calle 24 zw. Av. 3 & Av. 5; B 12 US$, DZ inkl. Frühstück 25 US$) Wer in der Nähe des Coca-Cola-Terminals übernachten muss, trifft mit diesem Hotel die beste Wahl. Das familiengeführte Hostel bietet leuchtend bunt gestrichene Zimmer mit Holzfußböden und Schlafsäle mit Steinboden. Die Gemeinschaftsbereiche erfüllen die Grundfunktionen, die Bäder mit heißer Dusche sind sauber gehalten. An der Rezeption werden Ausflüge und Autovermietungen vermittelt.

In Flughafennähe

Das Wohngebiet Cariari liegt im Flachland zwischen San José und Alajuela. Für diejenigen, die mit dem Flugzeug an- oder abreisen (und das nötige Kleingeld besitzen), ist das Viertel ein idealer Übernachtungsort. Hier herrscht kein Mangel an teuren Hotels; die im Folgenden aufgeführten Unterkünfte sind aber besonders zu empfehlen und gut mit dem Taxi zu erreichen. Die Hotels sind auf der Karte nicht eingezeichnet.

MITTEL- & SPITZENKLASSEHOTELS

Cariari Bed & Breakfast (☎ 2239 2585; www.cariaribb.com; Av. de la Marina; DZ inkl. Frühstück 76–90 US$; 🅿 💻) Das bezaubernde B&B wird von der freundlichen Amerikanerin Laurie geführt und stellt in dieser Gegend mit ihren absurd teuren Hotels eine angenehme Ausnahme dar. Drei Suiten unterschiedlicher Größe und Annehmlichkeiten (ein Zimmer nutzt ein Gemeinschaftsbad, eines hat eine eigene Dusche, das dritte eine Badewanne) stehen den Gästen zur Verfügung. Außerdem gibt es in diesem atemberaubend schönen Haus im spanischen Kolonialstil viele Gemeinschaftsbereiche, darunter einen tropischen Garten, eine TV-Lounge und Dachterrasse.

Hotel Herradura (☎ 2293 0033; www.hotelherradura.com; EZ/DZ/Suite ab 155/170/250 US$; 🅿 ❄ 💻) Das Golfresort und Konferenzzentrum hat für seine Gäste ein Arrangement mit dem benachbarten Country-Club getroffen. Die modernen Zimmer sind mit flauschigen Tep-

DAS GESCHÄFT MIT DEM KINDERSEX

Auch wenn die Mehrheit der Reisenden mit Ziel Mittelamerika Sandstrände, eine tropische Brise und lateinamerikanische Lebensart sucht, so finden doch auch immer mehr Sextouristen, die es auf Kinder abgesehen haben, ihren Weg nach Costa Rica.

Für Frauen und Männer ab 18 Jahren ist in Costa Rica die Prostitution legal. Kinderprostitution ist jedoch ein unübersehbares und wachsendes Problem im Land. Wie viele Minderjährige in Costa Rica als Prostituierte arbeiten, weiß niemand genau, aber Regierung, Polizei sowie Vertreter von Unicef und Human Rights Watch räumen ein, dass die Kinderprostitution zunimmt. Das Nationale Institut für Kinderrechtsfragen (PANI) schätzt, dass sich im Ballungsraum San José bis zu 3000 Kinder prostituieren, und der frühere Vorsitzende des costa-ricanischen Kinderschutzbundes stellte 2004 fest, dass es im Land einen beschleunigten Zuwachs in der Kinderprostitution gegeben habe.

Experten sehen vielfältige Gründe für diesen Anstieg der sexuellen Ausbeutung von Kindern. Zunächst einmal haben traditionelle Ziele von Sextouristen – wie Thailand und die Philippinen – in den letzten Jahren strengere Gesetze erlassen und mit Kampagnen das Bewusstsein der Öffentlichkeit geschärft. Dadurch konnte die Sexindustrie in beiden Staaten eingedämmt werden. Zum Zweiten zieht der wachsende Tourismus in Costa Rica auch eine größere Zahl von Sextouristen aus Europa und Nordamerika an, vor allem weil die Prostitution Erwachsener vollkommen legal ist. Zum Dritten ist die wachsende Nachfrage nach Kinderprostituierten auf den Irrglauben zurückzuführen, jüngere Männer und Frauen seien mit geringerer Wahrscheinlichkeit HIV-infiziert oder aidskrank. Und schließlich macht es das Internet den Sextouristen leichter, sich genaue Informationen über die Möglichkeiten von Sex mit Minderjährigen in den verschiedenen Zielgebieten zu verschaffen.

Kinder werden oft in die Prostitution gedrängt, wenn arme Familien sich nicht mehr selbst finanzieren können. Studien zeigen auch, dass Kinderprostituierte oft schon zu Hause Opfer sexuellen und körperlichen Missbrauchs wurden und dass sie zur Prostitution gezwungen sind, um überleben zu können. Darüber hinaus besteht ein enger Zusammenhang zwischen Drogenmissbrauch und Kinderprostitution: Minderjährige finanzieren oft ihre Abhängigkeit durch käuflichen Sex.

Glücklicherweise gibt es erste Anzeichen dafür, dass die costa-ricanische Regierung die Täter nicht mehr davonkommen lässt. Zuallererst drohen jedem, der von einem Minderjährigen Sex erkauft, harte Strafen, darunter saftige Geldbußen und Haftstrafen. Auf den beiden internationalen Flughäfen von Costa Rica weisen Schilder und Faltblätter die Ankommenden auf die Strafen für Sex mit Minderjährigen hin. An den größeren Straßen und an Touristenorten im ganzen Land stehen Plakatwände, die ebenfalls diesen Zweck erfüllen.

Zusätzlich hat die costa-ricanische Tourismusorganisation (ICT) kürzlich eine unübersehbare Kampagne ins Leben gerufen, die Touristen vom Sexgewerbe fernhalten soll. Sie hat außerdem einen Verhaltenskodex entwickelt, um Dienstleister vor Ort davon abzuhalten, dass sie Ausländern bei der Suche nach Prostituierten helfen. So sind z. B. Taxifahrer, Kellner und Hotelangestellte oft nur allzu gern den Gästen bei der Vermittlung von Prostituierten behilflich, da sie damit in der Regel ein dickes Trinkgeld verdienen. Diese Praxis versuchen einige Unternehmen durch „Umerziehungs"-Kurse für ihre Mitarbeiter zu unterbinden. Leider ist die Wirksamkeit des Programms insgesamt jedoch zweifelhaft.

Mehrere Organisationen bekämpfen die sexuelle Ausbeutung von Kindern in Costa Rica. Sie können genauer über das Geschehen informieren oder auch Meldungen von Reisenden über mögliche Fälle von Kinderprostitution entgegennehmen und verfolgen; s. Kasten S. 585.

pichen und allem Drum und Dran ausgestattet. So teuer wird es allerdings durch die vielen Annehmlichkeiten –drei Pools, darunter einer mit Wasserfällen und Bar, fünf Whirlpools, ein Casino, eine Sauna, Portierservice, drei Restaurants und zwei Bars.

Meliá Cariari Hotel (☎ 2239 0022; DZ/Suite ab 165/275 US$; P ⚙ 🖵 ☲) Das Luxushotel verfügt über eine Präsidentensuite, die ihrem Namen gerecht wird: Zahlreiche ausländische Staatsmänner aus aller Welt übernachten hier regelmäßig während ihrer Besuche in Costa Rica. Für die Normalsterblichen stehen 221 geräumige, mit Teppich ausgelegte Zimmer und Suiten bereit, die sämtlich mit Klimaanlage, Kabel-TV und eigenem Balkon ausgestat-

SAN JOSÉ

tet sind. Außerdem haben die Gäste Zutritt zum benachbarten Cariari Country Club.

ESSEN

Costa-Ricaner lieben das Sprichwort *Pansa llena, corazón contento*, „Voller Bauch erfreut das Herz". Kein Wunder also, dass Essen der Stoff ist, der costa-ricanische Familien zusammenhält, und die Josefinos bilden da keine Ausnahme. Das kosmopolitische San José besitzt eine eindrucksvolle Zahl und Vielfalt an Restaurants, da findet sich leicht etwas für jeden Geldbeutel und jeden Geschmack.

Zur Orientierung werden in diesem Buch ungefähre Preise für das Essen angegeben, Gerichte mit Shrimps, Hummer oder Krabben sind in der Regel teurer. Viele der besseren Restaurants in San José sind sehr gut besucht (besonders abends und am Wochenende), daher sollte man am besten vorher einen Tisch reservieren.

Esslokale in den Vororten Escazú und Los Yoses und San Pedro sind weiter hinten in diesem Kapitel aufgelistet.

Supermärkte finden sich überall in der Stadt; für jedes Stadtviertel sind etliche in den Karten verzeichnet.

Barrio Amón & Umgebung
GÜNSTIG
Soda de Don Raúl (Karte S. 88–89; Calle 15 zw. 6bis & Av. 8; Gerichte 2–4 US$) Die schlichte Soda (kleiner, ungezwungener Mittagsimbiss) verkauft deftige Gallo pinto (Pfannengericht mit Reis und Bohnen) und hält zahlreiche Angebote zum Mittagstisch (2,50 US$) bereit. Damit lockt sie einen steten Strom wohlbestallter Ticos aus den nahe gelegenen Gerichtsgebäuden an.

El Cuartel de la Boca del Monte (Karte S. 94–95; Av. 1 zw. 21 & Calle 23; Gerichte 3–6 US$; 11.30–14 & 18 bis 22 Uhr) Der beliebte Nachtclub fungiert tagsüber als preiswertes Schnellrestaurant. Na ja, die unverputzten Ziegelwände und ausgetretenen Holzböden bieten nicht gerade das schönste Ambiente, aber die typischen Gerichte in diesem Lokal sind billig, sättigend und genau richtig, um vor einer langen, trinkfreudigen Nacht den Magen ordentlich zu füllen.

MITTELTEUER
Cafe de la Posada (Karte S. 88–89; 2258 1027; Calle 17 zw. Av. 2 & Av. 4; Gerichte 3–6 US$; Mo–Fr 11–19, Sa & So bis 17 Uhr) Das Café unter argentinischer Leitung liegt an einer Fußgängerzone in einem ruhigen, malerischen Stadtviertel. Es ist eines

der wenigen Lokale in San José, in dem man zum Essen draußen sitzen kann. Spezialitäten sind ausgezeichnet zubereitete Kaffees und auf authentisch argentinische Art zubereitete Empanadas (Teigtaschen aus Maismehl, die meist mit Hackfleisch gefüllt sind), und auch das „Tagesgericht" für 5 US$ ist immer eine gute Wahl. Das Café zeigt außerdem wechselnde Ausstellungen von Werken einheimischer und internationaler Künstler.

Cafe Saudade (Karte S. 88–89; 2233 2534; Calle 17 zw. Av. 2 & Av. 4; Gerichte 4–12 US$; Mo–Do 10–18.30, Fr & Sa 11–17 Uhr) Die vielseitige Speisekarte dieses versteckt liegenden Schmuckstücks umfasst neben dem Standardangebot eines Cafés auch verlockende internationale Gerichte, darunter Sushi, Hummus, Crêpes und Salate. Außerdem dient das Café als Ausstellungsraum für lokale Künstler und Fotografen (die Tische sind eigentlich Schaukästen). In den Räumen im Obergeschoss werden gelegentlich Tanz- und Yogakurse veranstaltet.

La Cocina de Leña (Karte S. 88–89; 2223 3704, 2255 1360; Centro Comercial El Pueblo; Gerichte 5–9 US$; So–Do 11–22, Fr & Sa bis 24 Uhr) „Der Holzofen" ist eines der bekanntesten Restaurants der Stadt, und es pflegt die liebenswerte Tradition, die Speisekarte auf braune Papiertüten zu drucken. Typische Gerichte sind u. a. Maissuppe mit Schweinefleisch, Schwarze-Bohnen-Suppe, Tamales, Gallo pinto mit Fleisch und Eiern, gefüllte Paprikaschoten und Ochsenschwanz, der mit Yucca und gebratenen Kochbananen serviert wird. Auf den Tisch kommen außerdem lokale Desserts und alkoholische Mixturen, darunter *guaro*, ein äußerst empfehlenswertes lokales Feuerwasser. An manchen Abenden wird Marimba-Livemusik gespielt.

Café Mundo (Karte S. 88–89; 2222 6190; Ecke Av. 9 & Calle 15; Gerichte 5–10 US$; Mo–Fr 11–23, Sa 17 bis 0.30 Uhr) Wer genug von Reis und Bohnen hat und sich mal wieder nach einem europäischen Gericht und einem halbwegs vernünftigen Glas Beaujolais sehnt, ist hier am richtigen Platz. Das Restaurant ist in einem schönen alten Herrenhaus untergebracht. Eine Terrasse unter freiem Himmel mit Blick auf einen üppig grünen Garten und plätschernden Springbrunnen lädt zum Entspannen ein. Dies ist der perfekte Ort für einen Nachmittags-*Cafécito* (Tasse Kaffee). Was die Massen anzieht, ist aber die europäische Speisekarte voller Salate, Pasta- und Fleischgerichte.

Kafé Ko (Karte S. 88–89; 2258 7453; Ecke Av. Central & Calle 21; Gerichte 5–10 US$; Mo–Fr 11–24,

Sa 17–1 Uhr) Das hippe, von Kerzen erleuchtete „Kafé" serviert einfache, aber superleckere Sandwiches, Quiches und Salate und verwandelt sich im Laufe des Abends in ein beliebtes Nachtlokal. Während der Woche wird gelegentlich Livemusik gespielt, aber erst am Wochenende geht hier richtig die Post ab, wenn abends DJs live auflegen.

TEUER

LP Tipp **Bakea** (Karte S. 88–89; ☎ 2248 0303; Ecke Av. 11 & Calle 7; Gerichte 7–18 US$; ☽ Di–Fr 12–24, Sa 19–24 Uhr) Das trendigste Restaurant der Hauptstadt liegt in einem liebevoll umgebauten alten Wohnhaus mit einer Reihe intimer Essräume, einem sanft beleuchteten Patio und einer kleinen Kunstgalerie. Die Karte legt ihren Schwerpunkt auf internationale Nouvelle Cuisine, vom Risotto über Steak *frites* bis zu Fisch und Meeresfrüchten – alle Gerichte sind Weltklasse. Auf keinen Fall den köstlichen *degustación*-Dessertteller auslassen! Kreditkarten werden akzeptiert.

Café Moro (Karte S. 88–89; ☎ 2223 3116; Ecke Calle 3 & Av. 13; Gerichte 9–15 US$; ☽ Mo–Fr 11.30–21.30, Sa bis 22.30 Uhr) Das orientalisch inspirierte Restaurant liegt im Erdgeschoss eines 75 Jahre alten Herrenhauses im maurischen Stil, das mit arabischen Dekorationen und dunkel gestrichenen Wänden sehr sorgfältig hergerichtet ist. Die Speisekarte weist neben traditionellen orientalischen Gerichten wie Kebab, Falafel, Couscous und griechischen Dolmades auch eine Auswahl an Pasta-, Fleisch- und Fischgerichten auf. Der Kaffee ist stark und aromatisch und passt sehr gut zum honiggetränkten Gebäck.

La Sabana & Umgebung

GÜNSTIG

Marisquería Sabor a Océano (Karte S. 96; ☎ 2255 0994; Ecke Av. 3 & Calle 34; Casados 2–6 US$; ☽ 11 bis 22 Uhr) Der „Geschmack des Ozeans" bietet eine reichhaltige Auswahl an Fisch und Meeresfrüchten, darunter *ceviche* (einheimisches Gericht aus rohen, aber gut marinierten Meeresfrüchten), diverse Tintenfischarten, Fischfilet und Fischrogen, ohne dabei das Budget der Reisekasse zu sprengen.

Soda Tapia (Karte S. 96; Ecke Av. 2 & Calle 42; Casados 3–4 US$; ☽ 6–24 Uhr) Das unprätentiöse Lokal ist bei den Einheimischen beliebt – bei keinem der Casados liegt man falsch. Nur empfiehlt es sich, noch etwas Platz für die Eisbecher zu lassen, die eine Sünde wert sind.

MITTELTEUER

Lubnán (Karte S. 96; ☎ 2257 6071; Paseo Colón zw. Calle 22 & Calle 24; Gerichte 5–10 US$; ☽ Di–Sa 11–15 & 18–23, So 11–16 Uhr) Das Schöne an San José ist, dass man immer wieder auf Orte wie das Lubnán stößt. Das hervorragende libanesische Esslokal serviert orientalische Spezialitäten, darunter Schisch-Kebab, Falafel und Lammeintopf.

LP Tipp **Machu Picchu** (Karte S. 96; ☎ 2222 7384; Calle 32 zw. Av. 1 & Av. 3; Hauptgerichte 6–13 US$; ☽ Mo–Sa 11–15 & 18–22 Uhr) Der höchst empfehlenswerte peruanische Vorposten zählt zu den beliebtesten Restaurants in der City – aus gutem Grund. Nirgendwo in der Stadt gibt es bessere Ceviche, und die überquellenden Meeresfrüchteplatten sind ein absolutes Muss. Wer noch nie in Peru war, kann hier außerdem den berühmten Nationalcocktail des Landes, den *pisco sour*, probieren.

TEUER

El Chicote (Karte S. 96; ☎ 2232 0936; Hauptgerichte 8–13 US$; ☽ Mo–Fr 11–15 & 18–23, Sa & So 11–23 Uhr) Proteinsüchtige können sich in diesem altehrwürdigen Steakhaus so richtig austoben. In der Mitte des Restaurants werden die fleischigen Lendensteaks gegrillt und schließlich mit schwarzen Bohnen, gebratenen Bananenscheiben und einer Backkartoffel serviert. Tische stehen auch im schmalen, gepflasterten Hof, und der große Innenraum ist üppig mit Blumen dekoriert. Das El Chicote liegt nahe der Nordwestecke des Parks.

La Piazzetta (Karte S. 96; ☎ 2222 7896; Ecke F Colón & Calle 40; Gerichte 8–18 US$; ☽ Mo–Fr 12–14.30 & 18.30–23, Sa 18–23 Uhr) Einer der besten Italiener der Stadt, der seinen Gästen das Essen buchstäblich auf dem Silberteller serviert. Zu den Spezialitäten des Hauses zählen hausgemachte Pastagerichte, cremige Risottos sowie zartes Kalb- und Rindfleisch. Es gibt eine umfangreiche Karte mit Importweinen und eine Auswahl an üppigen Desserts.

Fuji (Karte S. 96; ☎ 2232 8122, Nebenstelle 191; Calle 42, Hauptgerichte 10–30 US$; ☽ Mo–Sa 12–15 & 18.30–23, So 12–22 Uhr) Das unbestritten beste japanische Restaurant der Stadt liegt im Hotel Meliá Tryp Corobicí, 200 m nördlich des Parque La Sabana. Das Restaurant serviert kenntnisreich zubereitete Sushi und traditionelle japanische Gerichte wie *teppanyaki* und *bento*. Kreditkarten werden akzeptiert.

Restaurant y Galería La Bastille (Karte S. 96; ☎ 2255 4994; Ecke Paseo Colón & Calle 22; Gerichte 12 bis 16 US$; ☽ Mo–Fr 11.30–14 & 18.30–24, Sa 18–24 Uhr) Das fröhlich-schicke Bistro ist eines der langlebigsten französischen Restaurants in San José. Die Gerichte, die sich auf lokale Fleischsorten und sämige Saucen stützen, sind schlicht tadellos. Das Restaurant dient außerdem als farbenfrohe Kunstgalerie und zeigt wechselnde Ausstellungen mit Schwerpunkt auf den Werken lokaler Künstler.

Restaurant Grano de Oro (Karte S. 96; ☎ 2255 3322; Calle 30 zw. Avs. 2 & 4; Hauptgerichte 20 US$; ⏲ 18–22 Uhr) Das Grano de Oro steht an der Spitze der kleinen Hotelrestaurants in San José und begeistert mit seinem historischen Speisesaal und der erstklassigen internationalen Küche. Auf der Karte finden sich so ausgefallene Eigenkreationen wie Hühnchen in Kokosmilch mit gegrillter Ananas oder chilenischer Seebarsch in Orangenkräutersoße mit Macadamianüssen. Das Restaurant ist beliebt, eine Reservierung ist an allen Tagen sinnvoll. Die Hotelgäste können sich das Essen ohne Extrakosten aufs Zimmer bringen lassen. Kreditkarten werden akzeptiert.

Zentrum von San José & Rund um den Coca-Cola-Busbahnhof

GÜNSTIG

Pastelería Merayo (Karte S. 94; Calle 16 zw. Paseo Colón & Av. 1; Gebäck 1–2 US$) Die gut besuchte Konditorei bietet eine große Auswahl zahnschädigender Leckereien. Der Kaffee ist stark, und wer auf einen Bus am Coca-Cola-Terminal wartet, kann sich hier die Zeit wahrhaft versüßen.

Soda Castro (Karte S. 94; Av. 10 zw. Calle 2 & Calle 4; Gerichte 2–5 US$) Die Umgebung ist wirklich furchterregend, doch drinnen ist es dafür umso angenehmer. Also, die Nachbarschaft ist nicht die beste, aber für Süßschnäbel, die ohnehin hier vorbeikommen, ist das Castro der passende Ort. Die riesige Halle ist ein altmodisches Familienziel der Ticos (es gibt ein Schild, das öffentliche Zärtlichkeiten untersagt), wo man gewaltige Eisbecher und Bananensplits bekommt.

Huarache's (Karte S. 88–89; Av. 22 zw. Calle 5 & Calle 7; Gerichte 2–5 US$; ⏲ 11–23 Uhr) Das quirlige mexikanische Restaurant bietet ein Kontrastprogramm zu den manchmal etwas faden Speisen in Costa Rica. Hier findet man frische und waschechte Tacos, Quesadillas, Guacamole, Tortillasuppe und scharfe Saucen, die zu der Vorstellung verleiten, man sei gestorben und in Mexiko wiederauferstanden.

Vishnu (Karte S. 94; Gerichte 3–5 US$; Av. 1 Av. 1 zw. Calle 1 & Calle 3; Calle Central Calle Central zw. Av. 6 & Av. 8)

Vegetarier drehen ab in diesem berühmten Kettenrestaurant in San José, das für seine großzügigen Portionen und erschwinglichen Preise bekannt ist. Zum Mittagstisch für 3 US$ gehören Suppe, brauner Reis, Gemüse, ein Fruchtgetränk und Dessert. Es lohnt sich auch, zum Abendessen zu kommen – die Kombination aus Gemüseburger und Fruchtgetränk ist so gut, dass alle auf Fleisch versessenen Freunde neidisch werden.

Churrería Manolo's (Karte S. 94; Churros 0,50, Gerichte 3–5 US$; ⏲ 24 Std.) Westliches Stadtzentrum (Av. Central zw. Calles Central & 2); 2. Filiale (Av. Central zw. Calles 9 & 11) Das Restaurant ist eine Institution in San José und bekannt für seine *churros* (längliche Krapfen) mit Sahnefüllung. Die süßen Dinger locken zu jeder Tages- und Nachtzeit scharenweise hungrige Josefinos auf der Suche nach einer schnellen Zuckerdröhnung herbei. Ein Tipp – die Churros sind gegen 17 Uhr besonders frisch, denn dann stürmen die hungrigen Büroangestellten nach Dienstschluss in die Churrería. Wem der Sinn nach etwas Herzhafterem steht, sollte einmal in der Filiale im westlichen Stadtzentrum die traumhaft leckeren Casados probieren. Vom Balkon im 2. Stock lassen sich außerdem großartig die vorbeiflanierenden Passanten drunten auf der Straße beobachten.

Chelle's (Karte S. 94; Ecke Av. Central & Calle 9; Gerichte 3–6 US$; ⏲ 24 Std.) Der unspektakuläre Laden liegt zentral und tischt lokale, eher langweilige Gerichte auf. Trotzdem behaupten einige Ticos, dass man San José erst dann richtig kennt, wenn man im Anschluss an eine nächtliche Saeftour hier gefrühstückt hat. (Für diejenigen, die gleich weitertrinken wollen: Das rund um die Uhr geöffnete Chelle's hat auch eine Bar.)

Restaurant Shakti (Karte S. 94; ☎ 2222 4475; Ecke Av. 8 & Calle 13; Gerichte 4–6 US$; ⏲ 7–19 Uhr) Das vegetarische Restaurant ist die anspruchsvollere Variante des Vishnu. Topangebote auf der Karte sind das frisch gebackene Brot, Gemüseburger, makrobiotische Produkte und lokale Wurzelgemüse. Und falls ein Reisegefährte bereits beim Gedanken an Vollwertkost würgen muss, werden die freundlichen Mitarbeiter für diesen Unerleuchteten auch ein Hähnchen zubereiten.

LP Tipp **Nuestra Tierra** (Karte S. 88–89; Ecke Av. 2 & Calle 15; Casados 4–6 US$; ⏲ 24 Std.) Ein leuchtender Stierkopf begrüßt die Gäste des rustikalen Restaurants im Ranchstil à la *campesino* (Landarbeiter oder Bauer) mit Spucke und Sägespänen. Gut aufgelegte Kellner wirbeln durchs Lokal und stemmen Holzplatten, die vor Casados überquellen, für Horden hungriger Touristen und Tico-Familien, die vor allem am Wochenende für drangvolle Enge sorgen. Die Portionen sind groß, das Essen ist gut, und die Preise sind niedrig.

Restaurante Don Wang (Karte S. 94; Calle 11 zw. Av. 6 & Av. 8; Gerichte 4–10 US$; ⏱ Mo 8–15 & 18–23, Di–Sa 8–23, So 8–22 Uhr) Wer eine Weile in Costa Rica unterwegs ist, gerät schon mal über die Frage ins Grübeln, was in diesem Land so alles als chinesisches Essen durchgeht. Don Wang bildet eine Ausnahme, hier ist alles echt, vor allem wenn man vormittags zu einem kantonesischen Dim Sum vorbeischaut.

Eine der preiswertesten Anlaufadressen für einen netten Imbiss ist der **Mercado Central** (Karte S. 94; Av. Central zw. Calle 6 & Calle 8). Hier serviert eine Reihe von Restaurants und Sodas nahezu alles, von Casados und Tamales bis zu Fisch und Meeresfrüchten. Zu den besten Lokalen zählt das **LP Tipp Poseidon** (Karte S. 94; Gerichte 2–5 US$), dessen Besitzer jeden Tag den besten marktfrischen Fisch auf die Karte setzt. Der Eintopf mit Meeresfrüchten ist eines der leckersten Gerichte in der ganzen Stadt. Zum Dessert empfiehlt sich ein Zwischenstopp bei **Helados de Sorbotela** (Karte S. 94; Eis 0,75 US$). Der Favorit der Einheimischen erfrischt nach einem schweißtreibenden Gang über den Markt mit feinem Vanilleeis.

MITTELTEUER & TEUER

Restaurante Tin-Jo (Karte S. 94; ☎ 2221 7605; Calle 11 zw. Av. 6 & Av. 8; ⏱ Mo–Do 11.30–15 & 17.30–22, Fr & Sa 11.30–15 & 17.30–23, So 11.30–22 Uhr; Gerichte 6 bis 13 US$) Hier gibt es mit Sicherheit das beste asiatische Essen in San José; die Inneneinrichtung des Lokals ist ein Aufruhr an panasiatischen Designs. Die Karte deckt eine große Bandbreite asiatischer Gerichte ab, von Indisch bis Indonesisch (und so gut wie alles dazwischen). Allerdings leidet die Küche ein wenig darunter, dass sie alles kann, es aber nirgends zur Meisterschaft bringt.

La Esquina de Buenos Aires (Karte S. 94; Ecke Calle 11 & Av. 4; Gerichte 5–20 US$; ⏱ Mo–Fr 11.30–15 & 18 bis ,23, Sa & So 12–23 Uhr) Unbestritten die stadtweit beste Platz für ein Steak und ein Glas Rotwein. Die gefliesten Böden und die Tische aus dunklem Holz erwecken den Eindruck, es handele sich um ein Esslokal im Buenos-Aires-Viertel San Telmo. Die italienischen Gerichte sind ebenfalls so gut, wie man sie in diesem Teil der Welt nur erwarten kann.

Café del Teatro Nacional (Karte S. 94; Plaza de la Cultura; Gerichte 6–8 US$; ⏱ Mo–Fr 9–17, Sa 9–12.30 & 13.30–17.30 Uhr) Das schönste Café in der Innenstadt liegt, kaum überraschend, im schönsten Gebäude der City. Der Kaffee und die kleinen Sandwiches sind Anlass genug für einen Besuch; der wahre Grund liegt aber darin, die Atmosphäre der erstaunlichen Fresken des Gebäudes in sich aufzunehmen.

Dos Gringos (Karte S. 94; Ecke Av. 1 & Calle 7; Gerichte 5–11 US$; ⏱ 11–2 Uhr) Zwei Gringos – der eine aus Boston, der andere aus Florida – betreiben dieses Restaurant mit Bar und bieten einen guten Mix amerikanischer Gerichte. Abends ist dies ein beliebter Treffpunkt für Touristen mittleren Alters, die zu klassischer Rockmusik tanzen und dabei den einen oder anderen Drink schlürfen.

Café Parisienne (Karte S. 94; Plaza de la Cultura; Gerichte 6–10 US$; ⏱ 24 Std.) Als Teil des Gran Hotel Costa Rica eignet sich dieses Café im europäischen Stil hervorragend, um Leute zu beobachten, und die Aussicht auf das Teatro Nacional ist unschlagbar. Die Gerichte sind definitiv zu teuer und eher durchschnittlich, aber die Bedienung lässt Gäste, die nur einen Kaffee bestellen, in Ruhe.

News Café (Karte S. 94; Ecke Av. Central & Calle 7; Gerichte 6–10 US$; ⏱ 6–22 Uhr) Im Erdgeschoss des Hotel Presidente liegt das beliebteste Café in der

City für Exil-Gringos. Hauptanziehungspunkte sind die tägliche Auswahl ausländischer Zeitungen und das kostenlose WLAN. Das zugehörige Restaurant serviert eine Auswahl an Sandwiches im amerikanischen Stil, Salate und empfehlenswerte Steaks.

Balcón de Europa (Karte S. 94; ☎ 2221 4841; Calle 9 zw. Av. Central & Av. 1; Gerichte 6–12 US$; ᗇ So–Fr 11.30 bis 22 Uhr) Das Restaurant, eines der beliebtesten Esslokale in San José, wurde 1909 gegründet und behauptet von sich, es sei das älteste in Costa Rica. Die Karte ist stark von der kulinarischen Tradition Europas beeinflusst und umfasst vielfältige Pastagerichte, Antipasti und Salate. Außerdem gibt es viele authentische Tico-Spezialitäten, darunter *palmitos* (Palmenherzen).

AUSGEHEN

Welchem Gift man auch den Vorzug geben mag (für die Autoren ist es gerade ein doppelter Schuss *guaro*, garniert mit Limone): San José bietet zahlreiche Möglichkeiten, damit der Flüssigkeitspegel nicht sinkt. Und es gibt für jeden etwas – von kleinen Kellerlöchern über trendige Lounges bis hin zu Touristenschwemmen, *gringolandia* genannt.

Ein Auswahl an Nachtclubs und Lesben- und Schwulenbars siehe S. 114.

Bars, die gelegentlich oder regelmäßig mit Livemusik aufwarten, siehe S. 114.

Weitere Ausgehmöglichkeiten sind auch im Abschnitt Los Yoses & San Pedro (S. 125) und bei Escazú (S. 132) beschrieben.

Bitte nicht vergessen, dass San José für Nachtschwärmer nicht gerade die sicherste Stadt ist – schlauerweise fährt man deshalb abends und nachts mit dem Taxi.

Barrio Amón & Umgebung

Centro Comercial El Pueblo (Karte S. 94–95; P) Das empfehlenswerte „El Pueblo" ist eine Art Einkaufszentrum voller hipper Bars und Clubs, von denen vier auch Livemusik bieten. Beim Parkplatz steht ein Geldautomat (Cirrus-System), der rund um die Uhr in Betrieb ist. Im Centro geht ab 21 Uhr die Post ab, gegen 3 Uhr werden die Schotten dichtgemacht. Die Sicherheitsdienste sind wachsam, allein deshalb ist es schon der beste Ort in Chepe, um unbesorgt den einen oder anderen Drink zu trinken und zu feiern. (Problematisch ist der Heimweg: Draußen geht es wesentlich raubeiniger zu). Personalausweis nicht vergessen! In der peruanisch gestylten Bar Picantería Inty

Raymy gibt es Pisco Sours mit ordentlichem Durchschlag – ein guter Startschuss für eine Nacht auf Achse.

¿Por que no? (Karte S. 94–95; ☎ 2233 6622; ᗇ ab 17.30 Uhr) Überquert man vom Centro Comercial El Pueblo aus die Straße, so liegt nach etwa 100 m in Richtung Westen dieses Lokal, das zum Hotel Villa Tournón gehört. Zwar wird das Hotel vor allem von Geschäftsreisenden frequentiert, aber die Bar ist ein beliebter lokaler Treffpunkt, besonders am Freitagabend: Dann wird hier Livemusik gespielt.

Luna Roja Café (Karte S. 94–95; ☎ 2223 2432; Calle 3 zw. Av. 9 & Av. 11) Junge, hippe, trendige Josefinos füllen das Lokal – also die Bermudashorts zu Hause lassen und lieber etwas Schwarzes anziehen. Jeden Montag ist *Ladies Night*, und gelegentlich gibt es sogar eine *Gothic Night*. An den meisten Abenden wird Eintritt (2,50 US$) verlangt, mittwochs ist der Eintritt aber definitiv frei.

Zentrum von San José

Nashville South Bar (Karte S. 94; Calle 5 zw. Av. 1 & Av. 3) Die Bar im Honky-Tonk-Stil serviert einem Tresen voller ermatteter Gringos Burger, Hotdogs mit Chili und andere Köstlichkeiten. Wer einige neue US-Bekanntschaften schließen möchte und sowieso besser Englisch als Spanisch spricht, ist hier richtig angekommen. Ähnliches gilt für das nahe gelegene Dos Gringos (S. 114).

Chelle's (Karte S. 94; ☎ 2221 1369; Ecke Av. Central & Calle 9; ᗇ 24 Std.) Wer mit Ticos die Nacht durchzecht, landet früher oder später in dieser berühmten Rund-um-die-Uhr-Kneipe in der Innenstadt. Schon etwas benebelt? Es gibt auch etwas zu Essen.

Bar Chavelona (Karte S. 94; Av. 10 zw. Calle 10 & Calle 12; ᗇ 24 Std.) Die historische Bar – immerhin 77 Jahre alt – liegt in einem eher menschenleeren Viertel südlich der Innenstadt (mit anderen Worten: Taxi nehmen). Der Service ist gut, die Atmosphäre angenehm. Zum Publikum zählen viele Rundfunk- und Theaterleute, was dem Lokal ein europäisches Bohemien-Ambiente verleiht.

UNTERHALTUNG

Donnerstags erscheint La Nación (auf Spanisch), darin werden die Ausgehmöglichkeiten und kulturellen Events für die kommende Woche genannt. Im Wochenendteil der *Tico Times* (auf Englisch) ist ein Kalender mit Veranstaltungstipps für Theater, Museen,

Konzerte u. a. abgedruckt. Praktisch ist auch *Guía de Ciudad*, der kostenlose Cityguide mit aktuellen Events wird von *El Financiero* herausgegeben (Touristeninformation und in besseren Hotels). Auf www.entretenimiento. co.cr findet man das aktuelle Kinoprogramm sowie eine Auflistung der Bars und Clubs in der Gegend von San José.

Nachtclubs

Josefinos trinken beinah ebenso gern, wie sie tanzen. Ob nun Salsa, Meringue, Hip-Hop oder Reggaetón: In den Clubs in Chepe geht es immer heiß her.

Clubs mit Livemusik und Tanzfläche erheben normalerweise 2 bis 5 US$ Eintritt, abhängig vom Abend und dem Kaliber des Künstlers. Ausweis nicht vergessen!

Im Abschnitt Los Yoses & San Pedro (S. 121) finden sich weitere Ausgehmöglichkeiten im Univiertel.

Falls jemand die erste Warnung verpasst haben sollte, kommt sie hier nochmal: Wer clever ist, nimmt abends und nachts ein Taxi. Die meisten Clubs öffnen gegen 22 Uhr, kommen aber erst nach Mitternacht so richtig in Schwung. Die wildesten Treffs schließen morgens um sechs.

BARRIO AMÓN & UMGEBUNG

Centro Comercial El Pueblo (Karte S. 94–95; P) Der angesagteste Nachttreff in San José ist am Wochenende eine einzige dichte Masse menschlicher Aktivität. Kleinere Clubs kommen und gehen, also am besten der Menge folgen, um zu sehen, was gerade hip ist. Allerdings gibt es auch einige Dauerbrenner.

Cocoloco (Karte S. 94–95; ☎ 2222 8782) Im Moment der angesagteste Treff. Das Publikum, das auf den beiden dicht besetzten Tanzflächen zu Reggaetón-Beats rotiert, ist ziemlich jung und sexy.

Ebony 56 (Karte S. 94–95) In der langgestreckten Disko herrscht an Tanzflächen wahrlich kein Mangel. Wem die aktuelle Musik nicht gefällt, der geht einfach bloß einen Raum weiter.

La Plaza (Karte S. 94–95; ☎ 2233 5516) Einer der hochklassigeren Clubs in El Pueblo (obwohl er eigentlich gar nicht mehr in diesem Viertel liegt). Deshalb: aufbretzeln, um aufzufallen, Spanischkenntnisse hervorkramen und einige Josefinos anflirten.

Gleich neben dem Luna Roja befindet sich das **Café Loft** (Karte S. 94–95; ☎ 2221 2302; ⏱ 19 bis 2 Uhr), in dem DJs House, Ambient und andere elektronische Tanzmusik auflegen. Hier gilt

ein Dresscode: Nur wer sich schick zurechtmacht, kommt rein. Das Kafé Ko (S. 108) ganz in der Nähe ist ebenfalls ein Hotspot für aktuelle Livemusik.

LA SABANA

Club Vertigo (Karte S. 96; Paseo Colón zw. Calle 36 & Calle 38) Der Raverclub Nummer eins in der Stadt verpflichtet House-DJs mit richtig großen Namen aus aller Welt. Unten gibt es einen Dancefloor für 850 Leute – puh! schweißtreibend –, während man oben auf weichen, roten Sofas chillt. Der Trick besteht darin, sich in den VIP-Raum zu quatschen und dort mit den Mutigen und Schönen der Hauptstadt abzuhängen.

ZENTRUM VON SAN JOSÉ

Ticos beschreiben die Innenstadtszene als heruntergekommen (sogar abgerissen), aber zwei empfehlenswerte Clubs gibt es doch, wenn man ein wenig Lokalkolorit schnuppern möchte.

El Túnel de Tiempo Disco (Karte S. 94; Av. Central zw. Calle 7 & Calle 9) Zu später Stunde setzt der hämmernde Techno ein – und hält bis zum Morgengrauen durch.

Complejo Salsa 54 y Zadidas (Karte S. 94; Calle 3 zw. Av. 1 & Av. 3) Eine weitere gute Adresse, um richtig abzutanzen. Dieser Club im Obergeschoss spielt immer und ausschließlich Latin. Einige Tänze sollte man allerdings schon gut beherrschen – die Einheimischen sind ausgezeichnete *salseros*.

Kinos

In vielen Kinos werden aktuelle Hollywoodfilme mit spanischen Untertiteln und englischem O-Ton gezeigt. Manche Filme werden auch in spanischer Synchronfassung *(hablado en español)* gezeigt; also besser nachfragen, bevor man die Kinokarte kauft! Die Tickets kosten etwa 3 US$, mittwochs gilt in der Regel: zwei Karten zum Preis von einer. *La Nación, Tico Times* oder die Internetseite www.entretenimiento.co.cr haben das aktuelle Kinoprogramm.

Größere und modernere Multiplexkinos liegen in den Vororten San Pedro und Escazú. In der Stadt sind die folgenden Kinos zu empfehlen:

Cine Magaly (Karte S. 88–89; ☎ 2223 0085; Calle 23 zw. Av. Central & Av. 1)

Omni (Karte S. 94; ☎ 2221 7903; Calle 3 zw. Central & Av. 1)

Sala Garbo (Karte S. 96; ☎ 2222 1034; Ecke Av. 2 & Calle 28)

Lesben- & Schwulentreffs

Als kosmopolitische Stadt hat San José eine lebhafte Lesben- und Schwulenszene. Darüber sollte man aber nicht vergessen, dass es hier weiterhin Bigotterie und Intoleranz gegenüber Homosexuellen gibt. Weitere Informationen siehe S. 586.

An Wochenenden und besonderen Abenden wird Eintritt erhoben, die Preise liegen dann zwischen 2 und 5 US$. Clubs haben eventuell an manchen Abenden geschlossen oder veranstalten bisweilen Abende nur für Frauen oder nur für Männer. Immer auf dem neuesten Stand ist **Gay Costa Rica** (www.gaycostarica. com); auf deren Website kann man ganz aktuelle Club-Infos auf Englisch oder Spanisch abrufen – oder man schaut im 1@10 Café Internet (S. 87) vorbei, das als Infocenter für Lesben und Schwule fungiert.

ZENTRUM VON SAN JOSÉ

Die Schwulenszene tendiert eher zur Peripherie: Die besten Clubs sind in den übelsten Vierteln zu finden. Auch hier gilt: Abends und nachts sollte man mit dem Taxi fahren, und das möglichst nicht allein.

Bochinche (Karte S. 94; ☎ 2221 0500; Calle 11 zw. Av. 10 & Av. 12) Die noble Schwulenbar ist vor allem bei trink- und flirtfreudigen Yuppies beliebt.

Deja Vú (Karte S. 94–95; ☎ 2223 3758; Calle 2 zw. Av. 14 & Av. 16) Der derbe Tanzclub zählt zu den beliebtesten Orten der Stadt. Mittwochs läuft hier eine Open-Bar-Night für Männer, und samstags treten Go-go-Boys auf.

La Avispa (Karte S. 94; ☎ 2223 5343; Calle 1 zw. Av. 8 & Av. 10) Eine langlebige schwule Institution, die schon seit mehr als 25 Jahren besteht. La Avispa hat eine Bar, Billardtische und eine wilde Tanzfläche, die von Lesern empfohlen wird. Besonders beliebt ist das Lokal bei Schwulen, aber einmal im Monat gibt es auch eine Lesbennacht.

Los Cucharones (Karte S. 94; ☎ 2233 5797; Av. 6 zw. Calle Central & Calle 1) Der lärmige Laden wird von jungen Männern aus der Arbeiterklasse wegen seiner überdrehten (und sehenswerten) Dragshows frequentiert.

Livemusik

Los Balcones (Karte S. 94–95; ☎ 2223 3704; Centro Comercial El Pueblo; P) Die kleine Bar hat sich auf sozialkritischen lateinamerikanischen Folk,

den sogenannten *nueva trova*, spezialisiert. Regelmäßig treten hier Musiker ohne Verstärker und ohne Eintrittsgeld auf.

Bar Tango Che Molinari (Karte S. 88–89; ☎ 2226 6904; Centro Comercial El Pueblo; P) Eine intime argentinische Bar, in der Tango live gespielt wird. Der Eintritt ist gering.

Tarrico (Karte S. 88–89; ☎ 2222 1003; Centro Comercial El Pueblo; P) In dieser beliebten Kneipe umlagern trinkfeste Josefinos die lange Bar und den Kicker. Hier wird regelmäßig Livemusik gespielt.

Theater

San José bietet viele Möglichkeiten, ins Theater zu gehen – vorausgesetzt, man versteht Spanisch; einige Vorstellungen werden aber auch in englischer Sprache gehalten. In den Lokalzeitungen, z. B. der *Tico Times*, ist der aktuelle Spielplan abgedruckt.

Das Teatro Nacional ist das wichtigste Theater der Stadt. Die meisten anderen Theater sind relativ klein, die Aufführungen sind beliebt und die Ticketpreise bezahlbar. Entsprechend schnell sind die Vorstellungen ausverkauft. Montags gibt es nur selten Vorstellungen.

Auditorio Nacional (Karte S. 88–89; ☎ 2249 1208; www.museocr.com; Museo de los Niños, Calle 4, nördlich der Av. 9) Eine großartige Bühne für Konzerte, Tanztheater und Schauspiel – und sogar der Schauplatz der Wahl zur Miss Costa Rica.

Little Theater Group (LTG; ☎ 2289 3910) Die englischsprachige Theatertruppe besteht seit den 1950er-Jahren und bringt jedes Jahr mehrere Stücke heraus; Zeit und Ort der Aufführungen kann man telefonisch erfragen.

Teatro Carpa (Karte S. 88–89; ☎ 2234 2866; Av. 1 zw. Calle 29 & Calle 33) Bekannt als Alternativ- und Freilichttheater und durch Aufführungen der Little Theater Group.

Teatro Fanal (Karte S. 88–89; ☎ 2257 5524; Cenac-Komplex; Av. 3 zw. Calle 11 & Calle 15) An das Museum für zeitgenössische Kunst angrenzend, zeigt das Theater ganz verschiedenartige Stücke, einige auch für Kinder – und alle auf Spanisch.

Teatro La Máscara (Karte S. 94; ☎ 2222 4574; Calle 13 zw. Av. 2 & Av. 6) Allerlei Tanzvorstellungen sowie alternatives Theater.

Teatro Melico Salazar (Karte S. 94; ☎ 2233 5434; Av. 2 zw. Calle Central & Calle 2) Das restaurierte Theater aus den 1920er-Jahren ist nach einem der angesehensten Kaffeebarone benannt und bietet verschiedenartige Aufführungen, darunter Musik und Tanz, aber auch Schauspiel.

Teatro Nacional (Karte S. 94; ☎ 2221 5341; Av. 2 zw. Calle 3 & Calle 5) Bringt Schauspiel, Tanz, Oper, klassische Konzerte, lateinamerikanische Musik und andere größere

---

INDIGENE KUNST

Für einen Schnellkurs über indigene Kultur in Costa Rica ist die **Galería Namu** (Karte S. 94; ☎ 2256 3412; www.galerianamu.com; Av. 7 zw. Calle 5 & Calle 7; ☺ Mo–Sa 9.30–18.30, So 9.30–13.30 Uhr) ein guter Ausgangspunkt. Die Galerie ist eine der offiziellen Ausstellungsflächen beim alljährlichen costaricanischen Kunstfestival in San José. In bewundernswerter Kleinarbeit hat sie Kunstwerke und Kunsthandwerk der kleinen, aber vielfältigen indigenen Völker Costa Ricas zusammengetragen.

Besitzer Aisling French besucht regelmäßig Künstler in abgelegenen Dörfern im ganzen Land und gibt gern Hintergrundinformationen zu den verschiedenen Traditionen, die in Kunst und Handwerk sichtbar sind. Viele dieser Traditionen sind in der Galerie zu sehen: zeremonielle Masken der Boruca, Puppen und Kleider der Guaymí, Einbaumkanus der Bribrí, Keramik der Chorotega, Holzschnitzereien und Matten der Huetar sowie Decken, die von den Guatuso hergestellt wurden.

Gezeigt werden auch einige Arbeiten zeitgenössischer Künstler aus der Stadt, darunter auch Kunst, die benachteiligte mittelamerikanische Straßenkinder im Rahmen eines gemeinnützigen Projekts erschaffen haben.

Die Mitarbeiter sprechen Englisch. Während der Regenzeit ist die Galerie sonntags geschlossen, die übrigen Öffnungszeiten können sich dann ebenfalls ändern.

Kulturereignisse auf die Bühne. Die Spielzeit dauert von März bis November, während der übrigen Monate laufen unregelmäßig Veranstaltungen. Tickets sind schon ab 4 US$ zu bekommen. Das Nationale Sinfonieorchester (Orquesta Sinfónica Nacional) spielt ebenfalls hier.

Teatro Sala Vargas Calvo (Karte S. 94; ☎ 2222 1875; Av. 2 zw. Calle 3 & Calle 5) Bekannt für Aufführungen auf der Arenabühne.

Casinos

Glücksspieler finden Casinos in etlichen der größeren und teureren Hotels. In den meisten Casinos geht es eher leger zu, doch in den angenehmeren Hotels sollte man sich schon etwas aufhübschen: Möglicherweise gilt dort eine Kleiderordnung. Etwas Vorsicht ist geboten: Die Casinos werden oft von Edelprostituierten aufgesucht. Wer plötzlich die begehrenswerteste Person im ganzen Saal ist, sollte auf der Hut sein.

Aurola Holiday Inn (Karte S. 94; ☎ 2222 2424; 16. Etage, Ecke Calle 5 & Av. 5)

Casino Club Colonial (Karte S. 94; ☎ 2258 2807; Av. 1 zw. Calle 9 & Calle 11; ☺ 24 Std.)

Gran Hotel Costa Rica (Karte S. 94; ☎ 2221 4000; Calle 3 zw. Av. Central & Av. 2)

Meliá Tryp Corobicí (Karte S. 96; ☎ 2232 8122; Calle 42; ☺ 18–2 Uhr) Liegt 200 m nördlich des Parque La Sabana.

Sport

Spiele im internationalen und nationalen *fútbol* (Fußball) werden im **Estadio Nacional** (Karte S. 96; ☎ 2257 6844) im Parque La Sabana ausgetragen. Infos zum Spielplan kann man telefonisch erfragen. Weitere Informationen zu dieser costa-ricanischen Nationalleidenschaft siehe S. 50.

Infos über Sportmöglichkeiten überall in der Stadt siehe S. 97.

Auch der Stierkampf ist ein bei den Ticos beliebter Sport. Solche Kämpfe werden vornehmlich an den landesweiten Feiertagen veranstaltet und bilden den Mittelpunkt ausgedehnter Fiestas. Das größte Ereignis dieser Art findet über die Weihnachtstage in Zapote (einem südlichen Vorort) statt, und die Zuschauer sind aufgefordert, sich am Geschehen zu beteiligen.

SHOPPEN

Ob man nun nach einheimischem Kunsthandwerk oder einem Plastikbrüllaffen sucht: San José hat wirklich keinen Mangel an Geschäften. Das Angebot deckt die gesamte Skala ab, von anspruchsvollen Boutiquen bis zu schamlosen Touristenfallen. Größtenteils bietet die Hauptstadt aber eine gute Auswahl an Einkaufsmöglichkeiten für Kunsthandwerk, und die Läden sind hier im Allgemeinen preiswerter als in den Touristenorten. Mit Ausnahme der Märkte wird Feilschen in Kaufhäusern und Geschäften nicht toleriert – dies ist nicht Thailand. Allgemeine Informationen zum Einkaufen in Costa Rica siehe S. 588.

Mercado Central (Karte S. 94; Av. Central & Av. 1 zw. Calle 6 & Calle 8) Unauffällig anziehen, das Extra-Geldbündel im Strumpf verstauen und ab auf den Zentralmarkt: Hier ist der beste Ort in der City für nahezu alles, was man sich wünschen kann. Wer das Touristending vollständig durchziehen möchte, findet hier die preisgünstigsten Hängematten *(Hecho en Nicaragua)* oder ein *pura-vida*-T-Shirt *(Made in China)*. Sehr viel typischer für Costa Rica sind die Kaffeebohnen in Exportqualität (die Autoren bevorzugen ganze Bohnen aus biologischem Anbau, unter Schatten gewachsen, dunkle Röstung), die hier nur einen Bruchteil dessen kosten, was in Touristenläden verlangt wird.

Mercado Artesanal (Kunsthandwerkmarkt; Karte S. 94; Plaza de la Democracia; Av. Central & Av. 2 zw. Calle 13 & Calle 15) Ein wahrhaft lohnendes Einkaufserlebnis: Unter freiem Himmel gibt es fast 100 Stände zu durchstöbern, die von handgearbeitetem Schmuck und raffinierten Holzarbeiten bis zu kubanischen Zigarren und guatemaltekischen Sarongs nahezu alles verkaufen.

La Casona (Karte S. 94; Calle Central zw. Av. Central & Av. 1; ☺ Mo–Sa) Willkommen in der Touristenfalle Nummer eins in Chepe! Zugegeben, der Einkauf in diesem Shoppingkomplex mit seinen vielen Ebenen ist ungefähr so, als wolle man Kunstwerke im Wal-Mart erwerben, aber es ist billig, und die Auswahl ist überraschend gut. Genau der richtige Ort, um kitschige Andenken zu erstehen, seien es nun Zeitungen auf Papier aus Bananenblättern oder Baumfrosch-Sticker. Wer die Augen offenhält, stößt auch auf hochwertiges Kunsthandwerk.

La Buchaca (Karte S. 88–89; ☎ 2223 6773, 2253 8790; Centro Comercial El Pueblo; ☺ Mo–Sa 16–20 Uhr) Eine winzige Oase in El Pueblo, auf der gut gearbeiteter Schmuck, Keramik und Skulpturen ihren Platz haben – alles costa-ricanischer Herkunft. Besonders interessant sind die wunderschön ausgeführten modernen Gemälde, die präkolumbische Motive aus ganz Mittelamerika zeigen.

Sol Maya (Karte S. 94; ☎ 2221 0864; Calle 16 zw. Av. Central & Av. 1; ☺ So–Fr) Wer etwas Zeit totschlagen möchte, ehe der Bus abfährt, sollte diesen kleinen Laden in der Nähe des Coca-Cola-Busbahnhofs aufsuchen. Das schlichte, aber originelle Geschäft enthält eine eindrucksvolle Vielfalt an guatemaltekischen Stoffen zu (den üblichen) günstigen Preisen.

Von San José aus lohnt sich unbedingt ein Ausflug zu Biesanz Woodworks in Escazú (S. 132). Wer Zeit und Lust hat, findet eine große Auswahl an Waren zu vernünftigen Preisen im Vorort Moravia, etwa 8 km nordöstlich der Innenstadt, oder auch bei einem Tagesausflug zum Dorf Sarchí, wo die farbenfrohen Ochsenkarren und schönsten Holzarbeiten Costa Ricas hergestellt werden.

AN- & WEITERREISE

San José ist der Verkehrsknotenpunkt des Landes, sodass viele auf ihrer Reise mehrmals durch die Hauptstadt kommen (ob man nun will oder nicht). Das Land hat ein undurchsichtiges Verkehrssystem: Obwohl die meisten Leute per Bus durchs Land reisen, gibt es keinen zentralen Busbahnhof. Stattdessen starten die Busse von Dutzenden Bushaltestellen, Busbahnhöfen und einer alten Coca-Cola-Abfüllanlage. Immerhin wurden erste Versuche unternommen, die Abfahrtsorte der Busse an einigen Punkten zu bündeln – die Busbahnhöfe Coca-Cola, San Carlo, Caribe und Musoc haben schon die ersten Schritte in Richtung Verkehrssteuerung hinter sich.

Bus

Der **Coca-Cola-Busbahnhof** (Karte S. 94; Coca-Cola; Av. 1 zw. Calle 16 & Calle 18) ist eine bekannte Sehenswürdigkeit in San José. Im Umkreis von vier Blocks fahren hier unendlich viele Busse ab. Mehrere weitere Terminals bedienen bestimmte Regionen. Unmittelbar nördlich des Coca-Cola-Terminals deckt der **Terminal San Carlos** (Karte S. 88–89; Ecke Av. 9 & Calle 12) Ziele im Norden ab, z. B. Monteverde, La Fortuna und Sarapiquí. Vom **Gran Terminal del Caribe** (Karibikterminal; Karte S. 94–95; Calle Central, nördlich der Av. 13) aus geht es an die Karibikküste. Vom **Terminal Musoc** (Av. 22 zw. Calle Central & Calle 1) am Südrand der Stadt starten die Busse in Richtung San Isidro.

Viele Busgesellschaften sind nur durch ihre Haltestelle präsent (in diesem Fall direkt beim Fahrer zahlen); manche haben dagegen ein winziges Büro mit einem Fenster zur Straße, manche auch eine Niederlassung in einem der Terminals.

Die Fahrpläne wechseln häufig. Das ICT-Büro (S. 87) vertreibt einen nützlichen Busfahrplan, der leider nicht immer ganz stimmt, die Alternative ist *Hop on the Bus*, eine hilfreiche und aktuelle Broschüre von Exintur, denn sie beschreibt die Standorte der Bushaltestellen und gibt die wichtigsten Fahrtziele an.

Die Buspreise schwanken mit den Benzinpreisen in den USA – die Angaben sind daher nur Richtwerte.

Am Freitagabend und Samstagmorgen sind die Busse besonders voll, noch schlimmer ist es über Weihnachten und Ostern.

In der Nähe des Coca-Cola-Busbahnhofs wird extrem viel geklaut, deshalb sollte man vor allem nachts sehr aufmerksam sein! In den Überlandbussen häufen sich die Diebstähle – alle Wertgegenstände sollten sicher in einer Tasche verstaut werden, die man am besten am Körper trägt.

Eine ausgezeichnete Möglichkeit, Schwierigkeiten mit den öffentlichen Bussen zu vermeiden, bietet die Vorausbuchung der Weiterreise über **A Safe Passage** (☎ 2441 7837, 8365 9678; www.costaricabustickets.com). Die Firma verkauft gegen eine kleine Gebühr Fahrkarten im Voraus. Sie arrangiert außerdem den Transfer zum Flughafen, sodass es tatsächlich möglich ist, in San José zu landen und ohne Umschweife den abfahrbereiten Überlandbus zu erreichen.

INTERNATIONALE BUSSE AB SAN JOSÉ

Wer Fahrkarten zu einem Ziel im Ausland kaufen möchte, sollte eine Kopie seines Reisepasses dabeihaben. Weitere Infos zum Grenzübertritt siehe Kasten S. 596.

Changuinola/Bocas del Toro, Panama Panaline (Karte S. 94; Ecke Calle 16 & Av. 3) 15 US$, 8 Std., Abfahrt 10 Uhr.

David, Panama Tracopa (Karte S. 94; Calle 14 zw. Av. 3 & Av. 5) 18 US$, 9 Std., Abfahrt 7.30 Uhr.

Guatemala-Stadt Tica Bus (Karte S. 94; Ecke Calle 9 & Av. 4) 45 US$, 60 Std., Abfahrt 6 und 7.30 Uhr.

Managua, Nicaragua Nica Bus (Karte S. 94; Gran Terminal del Caribe) 14 US$, 9 Std., Abfahrt 6, 7 und 9 Uhr; Tica Bus (Karte S. 94–95; Ecke Calle 9 & Av. 4) 14 US$, 9 Std., Abfahrt 6 und 7 Uhr; Trans Nica (Karte S. 88–89; Calle 22 zw. Av. 3 & Av. 5) 14 US$, 9 Std., Abfahrt 4.30, 5.30 und 9 Uhr; Transportes Deldu/Sirca Express (Karte S. 94; Calle 16 zw. Av. 3 & Av. 5) 14 US$, 9 Std., Abfahrt 4.30 Uhr.

Panama-Stadt Panaline (Karte S. 94; Ecke Calle 16 & Av. 3) 42 US$, 15 Std., Abfahrt 13 Uhr; Tica Bus (Karte S. 94; Ecke Calle 9 & Av. 4) 25 US$, 15 Std., Abfahrt 22 Uhr.

San Salvador, El Salvador Tica Bus (Karte S. 94; Ecke Calle 9 & Av. 4) 42 US$, 48 Std., Abfahrt 6 und 7.30 Uhr.

Tegucigalpa, Honduras Tica Bus (Karte S. 94; Ecke Calle 9 & Av. 4) 32 US$, 48 Std., Abfahrt 6 und 7.30 Uhr.

BUSSE ZU ZIELEN IM INLAND AB SAN JOSÉ

Innerhalb von Costa Rica werden folgende Ziele angefahren:

Valle Central

Alajuela Tuasa (Karte S. 94; Av. 2 zw. Calle 12 & Calle 14) 0,75 US$, 40 Min., von 4.20 bis 23 Uhr Abfahrt alle 10 Min., nach 23 Uhr alle 30 Min.

Cartago (Karte S. 94; Calle 13 zw. Av. 6 & Av. 8) 0,50 US$, 40 Min.

Grecia (Karte S. 88–89; Av. 5 zw. Calle 18 & Calle 20) 0,50 US$, 1 Std., von 5.35 bis 22.10 Uhr ist die Abfahrt alle 30 Min.

Heredia (Karte S. 88–89; Calle 1 zw. 7 & Av. 9) 0,75 US$, 20 Min., von 5 bis 23 Uhr Abfahrt alle 10 Min.

Sarchí (Karte S. 88–89; Av. 5 zw. Calle 18 & Calle 20) 2 US$, 1½ Std., von 5 bis 22 Uhr Abfahrt alle 30 Min.

Turrialba (Karte S. 94; Calle 13 zw. Av. 6 & Av. 8) 2 US$, 2 Std., von 5.15 bis 22 Uhr Abfahrt stündlich.

Volcán Irazú (Karte S. 94; Av. 2 zw. Calle 1 & Calle 3) 4,50 US$, 2 Std., Abfahrt 8 Uhr.

Volcán Poás Tuasa (Karte S. 94; Av. 2 zw. Calle 12 & Calle 14) 4 US$, 5 Std., Abfahrt 8 Uhr.

Nordwesten Costa Ricas

Cañas Tralapa (Karte S. 88–89; Calle 14 zw. Av. 1 & Av. 3) 3 US$, 3¼ Std., Abfahrt 8.30, 9.20, 12.20, 13.40, 16.45 und 18.15 Uhr.

Ciudad Quesada (San Carlos) Autotransportes San Carlos (Karte S. 94–95; Terminal San Carlos) 2,50 US$, 2½ Std., von 5 bis 18 Uhr Abfahrt stündlich.

La Fortuna (Karte S. 88–89; Terminal San Carlos) 4 US$, 4 Std., Abfahrt 6.15, 8.30 und 11.30 Uhr.

Liberia (Karte S. 88–89; Calle 24 zw. Av. 5 & Av. 7) 5 US$, 4 Std., von 6 bis 18 Uhr Abfahrt stündlich.

Monteverde/Santa Elena (Karte S. 88–89; Calle 12 zw. Av. 7 & Av. 9) 4,50 US$, 4½ Std., Abfahrt 6.30 und 14.30 Uhr. (Der Bus ist sehr schnell voll – am besten im Voraus buchen!)

Peñas Blancas, Grenzübergang zu Nicaragua Transportes Deldú (Karte S. 88–89; Calle 14 zw. Av. 3 & Av. 5) 7 US$, 6 Std., Abfahrt 4.30, 5, 7, 7.45, 10.30 Uhr.

Tilarán Autotransportes Tilarán (Karte S. 88–89; Calle 20 & Av. 3) 4 US$, 4 Std., Abfahrt 7.30, 9.30, 12.45, 15.45 und 18.30 Uhr.

Península de Nicoya

Nicoya Empresas Alfaro (Karte S. 88–89; Av. 5 zw. Calle 14 & Calle 16) 5,25–6 US$, 5 Std., Abfahrt 6, 6.30, 8, 10, 10.30, 12.30, 13.30, 14, 15, 16, 17 und 17.20 Uhr.

Playa Bejuco Empresas Arza (Karte S. 88–89; Calle 12 zw. Av. 7 & Av. 9) 5,75 US$, 5½ Std., Abfahrt 6 und 15.30 Uhr.

Playa del Coco Pullmitan (Karte S. 88–89; Calle 24 zw. Av. 5 & Av. 7) 5,25 US$, 5 Std., Abfahrt 8, 14 und 16 Uhr.

Playa Flamingo, über Brasilito Tralapa (Karte S. 88–89; Calle 20 zw. Av. 1 & Av. 3) 6,50 US$, 6 Std., Abfahrt 8, 10.30, 11 und 15 Uhr.

Playa Junquillal Tralapa (Karte S. 88–89; Av. 7 zw. Calle 20 & Calle 22) 8 US$, 6 Std., Abfahrt 14 Uhr.

Playa Nosara Empresas Alfaro (Karte S. 88–89; Calle 14 zw. Av. 3 & Av. 5) 5 US$, 6 Std., Abfahrt 18 Uhr.

Playa Sámara Empresas Alfaro (Karte S. 88–89; Calle 16 zw. Av. 3 & Av. 5) 5 US$, Fahrtdauer 5 Std., Abfahrt 12.30 und 18 Uhr.

Playa Panamá & Playa Hermosa Tralapa (Karte S. 88–89; Av. 7 zw. Calle 20 & Calle 22) 5 US$, 5 Std., Abfahrt 15.25 Uhr.
Playa Tamarindo Empresas Alfaro (Karte S. 88–89; Calle 16 zw. Av. 3 & Av. 5) 5 US$, 5 Std., Abfahrt 11 und 15.30 Uhr.
Santa Cruz, über die Tempisque-Brücke (Karte S. 88–89; Av. 5 zw. Calle 14 & Calle 16) 5,50 US$, Abfahrt 6.30, 13.30 und 15 Uhr.

Zentrale Pazifikküste
Dominical Transportes Morales (Karte S. 88–89; Coca-Cola) 4,50 US$, 7 Std., Abfahrt 5.30 und 15 Uhr.
Jacó Transportes Jacó (Karte S. 88–89; Coca-Cola) 2,50 US$, 3 Std., Abfahrt 7.30, 10.30, 13, 15.30 und 18.30 Uhr.
Puntarenas Empresarios Unidos (Karte S. 88–89; Ecke Av. 12 & Calle 16) 2,50 US$, 2½ Std., viele Busverbindungen ab 4, 6 und 19 Uhr.
Quepos/Manuel Antonio Transportes Morales (Karte S. 88–89; Coca-Cola) 4 US$, 4 Std., Abfahrt 5, 8, 11, 14.30 und 16.30 Uhr.
Uvita, über Dominical Transportes Morales (Karte S. 88–89; Coca-Cola) 6 US$, 6 Std., Abfahrt 6 und 15 Uhr.

Süden Costa Ricas & Península de Osa
Ciudad Neily Tracopa (Karte S. 94–95; Calle 14 zw. Av. 3 & Av. 5) 9 US$, 8 Std., Abfahrt 5, 10, 13, 16.30 und 18 Uhr.
Golfito Tracopa (Karte S. 88–89; Calle 14 zw. Av. 3 & Av. 5) 8,50 US$, 8 Std., Abfahrt 7 und 15 Uhr.
Palmar Norte Tracopa (Karte S. 88–89; Calle 14 zw. Av. 3 & Av. 5) 5 US$, 5 Std., Abfahrt 5, 7, 8.30, 10, 13, 14.30 und 18 Uhr.
Paso Canoas, Grenzübergang nach Panama Tracopa (Karte S. 88–89; Calle 14 zw. Av. 3 & Av. 5) 9 US$, 6 Std., Abfahrt 8.30, 10.30, 14.30, 19.30 und 21 Uhr.
Puerto Jiménez Blanco Lobo (Karte S. 88–89; Calle 14 zw. Av. 9 & Av. 11) 6,50 US$, 8 Std., Abfahrt 6 und 12 Uhr.
San Isidro del General Tracopa (Karte S. 94; Av. 4 zw. Calle 14 & Calle 16) 3,75 US$, 3 Std., von 5 bis 18 Uhr Abfahrt stündlich; Transportes Musoc (Karte S. 96; Ecke Calle Central & Av. 22) 3,25 US$, 3 Std., von 5.30 bis 17.30 Uhr Abfahrt stündlich.
San Vito Empresa Alfaro (Karte S. 88–89; Calle 16 zw. Av. 3 & Av. 5) 7,50 US$, 7 Std., Abfahrt 5.45, 8.15, 11.30 und 14.45 Uhr.
Santa María de Dota Transportes Los Santos (Karte S. 88–89; Av. 16 zw. Calle 19 & Calle 21) 2 US$, 2½ Std., Abfahrt 7.15, 9, 11.30, 12.30, 15, 17 und 19.30 Uhr.

Karibikküste
Die folgenden Busse fahren vom Caribe-Terminal ab (Karte S. 88–89):
Cahuita (Autotransportes Mepe) 6,50 US$, 4 Std., Abfahrt 6, 10, 12, 14 und 16 Uhr.
Cariari, zum Transfer nach Tortuguero (Empresarios

Guapileños) 2,50 US$, 2¼ Std., Abfahrt 6.30, 9, 10.30, 13, 15, 16.30, 18 und 19 Uhr.
Guápiles (Empresarios Guapileños) 1,75 US$, 1½ Std., von 5.30 bis 22 Uhr Abfahrt stündlich.
Puerto Limón (Autotransportes Caribeños) 3,50 US$, 3 Std., von 5 bis 19 Uhr Abfahrt alle 30 Min.
Puerto Viejo de Talamanca (Autotransportes Mepe) 7,50 US$, 4½ Std., Abfahrt 6, 10, 12, 14 und 16 Uhr.
Siquirres (Líneas Nuevo Atlántico) 2 US$, 1½ Std., Abfahrt 6.30, 8, 9.30 und 18 Uhr.
Sixaola, Grenzübergang zu Panama (Autotransportes Mepe) 9,50 US$, 6 Std., Abfahrt 6, 10, 12, 14 und 16 Uhr.

Nördliche Tiefebene
Ciudad Quesada (San Carlos) Siehe S. 116.
Los Chiles, Grenzübergang zu Nicaragua (Karte S. 88–89; Terminal San Carlos) 3,75 US$, 5 Std., Abfahrt 5.30 und 15.30 Uhr.
Puerto Viejo de Sarapiquí Autotransportes Sarapiquí (Karte S. 88–89; Caribe-Terminal) 2,50 US$, 2 Std., Abfahrt 6, 7.30, 10, 11.30, 13.30, 14.30, 15.30, 16.30 und 18 Uhr.
Rara Avis (Karte S. 88–89; Terminal San Carlos) 4,50 US$, 4 Std., Abfahrt 6.30 Uhr.
Upala Transportes de Upala (Karte S. 88–89; Terminal San Carlos) 6 US$, 5 Std., Abfahrt 15.45 Uhr.

TOURISTENBUSSE
Grayline's Fantasy Bus (☎ 2220 2126; www.graylinecostarica.com) und **Interbus** (☎ 2283 5573; www.interbusonline.com) befördern Fahrgäste aus dem Gebiet von San José zu einer ziemlich langen und ständig wachsenden Reihe beliebter Touristenziele in ganz Costa Rica. Sie sind teurer als die Standardbusverbindungen, dafür aber schneller. Weitere Informationen siehe S. 601.

Flugzeug
Im Raum San José gibt es zwei Flughäfen. Infos zur Anfahrt siehe S. 119. Achtung: Wer das Land verlässt, muss eine Ausreisegebühr von 26 US$ zahlen.
Aeropuerto Internacional Juan Santamaría (Karte S. 85; ☎ 2437 2626) wickelt in seinem glitzernden neuen Terminal den internationalen Verkehr ab, im sehr kleinen, blauen Gebäude rechts des Hauptterminals werden die Sansa-Inlandflüge abgefertigt. Der Flughafen liegt im Nordwesten bei Alajuela.
Sansa (Karte S. 96; ☎ 2221 9414; www.flysansa.com; Ecke Av. 5 & Calle 42, La Sabana) führt auch eine Niederlassung in der Stadt.
Aeropuerto Tobías Bolaños (Karte S. 85; ☎ 2232 2820; Pavas) Hier werden Inlandflü-

ge der Gesellschaften Sansa und **NatureAir** (☎ 2220 3054; www.natureair.com) abgefertigt. Jedes Reisebüro kann bei beiden Gesellschaften Flüge buchen und bestätigen, auch Online-Reservierung ist möglich.

Beide Airlines waren zur Entstehungszeit dieses Reiseführers gerade dabei, ihren Service auf weitere Ziele in Mittelamerika zu erweitern.

INTERNATIONALE FLUGLINIEN

Im Folgenden werden internationale Fluggesellschaften, die eine Niederlassung in San José unterhalten, aufgelistet. Airlines, die Costa Rica direkt anfliegen, sind mit einem Sternchen gekennzeichnet; sie haben auch einen Schalter am Flughafen.

Air France (☎ 2280 0069; Curridabat) Liegt 100 m östlich und 10 m nördlich des Pops.

Alitalia (Karte S. 96; ☎ 2295 6820; Ecke Calle 24 & Paseo Colón)

American Airlines* (Karte S. 96; ☎ 2257 1266; Av. 5bis zw. Calle 40 & Calle 42, La Sabana)

Continental* (Karte S. 96; ☎ 2296 4911; La Uruca) Neben dem Hotel Barceló.

COPA* (Karte S. 94; ☎ 2222 6640; Ecke Calle 1 & Av. 5)

Cubana de Aviación* (Karte S. 94; ☎ 2221 7625, 2221 5881; in der 4. Etage des Edificio Lux, Ecke Av. Central & Calle 1)

Delta* (Karte S. 96; ☎ 2256 7909, für Reservierungen die 5 drücken; Paseo Colón) Liegt 100 m östlich und 50 m südlich von Toyota.

Grupo TACA* (Karte S. 96; ☎ 2296 0909; Ecke Calle 42 & Av. 5) Gegenüber dem Datsun-Vertragshändler.

Iberia* (Karte S. 96; ☎ 2257 8266; 1. Etage, Centro Colón)

KLM* (☎ 2220 4111; Sabana Sur)

LTU* (☎ 2234 9292; Barrio Dent)

Mexicana* (Karte S. 96; ☎ 2295 6969; 2. Etage, Torre Mercedes Benz, Paseo Colón)

SAM/Avianca* (Karte S. 96; ☎ 2233 3066; Centro Colón)

United Airlines* (☎ 2220 4844; Sabana Sur)

CHARTERFLÜGE

Sansa und NatureAir bieten, ebenso wie eine Reihe von Lufttaxi-Firmen, Charterflüge ab San José.

Die meisten Chartermaschinen sind klein (drei bis fünf Passagiere) und können daher jede der vielen Landebahnen Costa Ricas anfliegen.

In der folgenden Liste ist auch jeweils der Flughafen in der Umgebung San José angegeben, von dem die Gesellschaft startet.

Aero Bell (☎ 2290 0000; aerobell@racsa.co.cr; Tobías Bolaños)

Aviones Taxi Aéreo SA (☎ 2441 1626; Aeropuerto Juan Santamaría)

Helicópteros Turísticos Tropical (☎ 2220 3940; Tobías Bolaños)

Pitts Aviation (☎ 2296 3600; Tobías Bolaños)

Viajes Especial Aéreos SA (Veasa; ☎ 2232 1010, 2232 8043; Tobías Bolaños)

UNTERWEGS VOR ORT

Die Innenstadt von San José ist völlig verstopft – wegen der engen Straßen, des starken Verkehrs und eines komplizierten Systems von Einbahnstraßen ist man zu Fuß oft schneller unterwegs als mit dem Bus. Gleiches gilt für das Autofahren: Wer ein Auto mietet, sollte damit bloß nicht ins Stadtzentrum fahren – das wird ziemlich sicher ein Alptraum! Die bessere Alternative ist das Taxi.

Auto

Eine Fahrt mit dem Mietwagen durch San José ist nicht zu empfehlen. Der Verkehr ist heftig, die Straßen sind eng, und die metertiefen Straßengräben machen selbst das Einparken zu einem traumatischen Erlebnis. Außerdem wird häufig in Autos eingebrochen – selbst bewachte Parkplätze bieten keine Garantie. Immer wieder werden Scheiben eingeschlagen, und alles ist weg. Sicherer sind die unzähligen Taxis – sie fahren rund um die Uhr.

Wer mit dem Mietwagen durch Costa Rica reisen will, hat die Qual der Wahl: In und um San José warten über 50 Autovermietungen auf Kundschaft; auch die Reisebüros und besseren Hotels vermieten Autos in unterschiedlichen Kategorien. In der Broschüre *Naturally Costa Rica*, die vom ICT und Canatur herausgegeben werden (sie liegt in vielen Hotels und im ICT-Büro aus), findet sich eine umfangreiche Liste mit Autovermietungen – sie stehen aber auch in den Gelben Seiten (Stichwort: *Alquiler de Automóviles*). Weitere Informationen zu Mietwagenfirmen s. S. 599.

Für Anmietungen ab dem internationalen Flughafen Juan Santamaría wird ein Aufschlag von ca. 25 US$ erhoben. Das kann man sich sparen, wenn man den Wagen bereits in der Stadt mietet.

Bus

Die Stadtbusse sind eine gute Wahl für Fahrten in die Vorstädte, die umliegenden Dörfer oder zum Flughafen. Sie fahren regelmäßig von bestimmten Haltestellen in der Innenstadt ab und sammeln unterwegs weitere Passagiere ein. Die meisten Busse verkehren von 5 bis 22 Uhr, die Fahrt kostet zwischen 0,25 bis 0,75 US$.

Vom Parque La Sabana fahren Busse auf dem Paseo Colón in die Stadt, am Krankenhaus San Juan de Dios wechseln sie auf die Avenida 2. Ab da nehmen sie unterschiedliche Routen durch die Stadt, bevor sie wieder nach La Sabana zurückfahren. Vorne auf den Bussen steht entweder Sabana–Estadio, Sabana–Cementario oder Cementario–Estadio: Die Linien sind zugleich eine billige Stadtrundfahrt.

Die Busse in Richtung Osten, nach Los Yoses und San Pedro, fahren auf dem Hin- und Rückweg über die Avenida 2, an der Calle 29 wechseln sie auf die Avenida Central (sie sind an ihrem Schild „Mall San Pedro" zu erkennen). Sie starten an der Ecke Avenida 2/Calle 7, nahe des Restaurants El Pollo Campesino.

Die Busse zu den unten genannten Vororten und Städten im Umkreis fahren von Bushaltestellen im angegebenen Straßenabschnitt ab. Manchmal gibt es mehrere Haltestellen, in dem Fall ist nur die wichtigste vermerkt. Wer in einen Vorort fahren möchte, der hier nicht aufgelistet ist, erhält in der Touristeninformation (S. 87) Auskunft.

Escazú Avenida 6 (Karte S. 94; Av. 6 zw. Calle 12 & Calle 14); Calle 16 (Karte S. 94; Calle 16 zw. Av. 1 & Av. 3)
Guadalupe (Karte S. 94; Av. 3 zw. Calle Central & Calle 1)
Moravia (Karte S. 94; Av. 3 zw. Calle 3 & Calle 5)
Pavas (Karte S. 88–89; Ecke Av. 1 & Calle 18)
Santa Ana (Karte S. 88–89; Calle 16 zw. Av. 1 & Av. 3)
Santo Domingo (Karte S. 94; Av. 5 zw. Calle Central & Calle 2)

Vom/Zum Flughafen

AEROPUERTO INTERNACIONAL JUAN SANTAMARÍA

Bei **Taxi Aeropuerto** (☎ 2221 6865; www.taxiaeropuerto.com) können Flughafentransfers gebucht werden, für die meisten Viertel der Stadt wird eine Pauschale von 12 US$ berechnet. Die Straßentaxis fahren ebenfalls zum Flughafen. 12 bis 15 US$ sollten eigentlich ausreichen – in Abhängigkeit vom Verkehr. Günstiger ist der rote **Tuasa Bus** (Karte S. 94; Ecke Calle 10 & Av. 2; 0,60 US$) Richtung Alajuela. Der Fahrer hält auf Wunsch am Flughafen (*voy al aeropuerto, por favor*). **Interbus** (☎ 2283 5573; www.interbusonline.com) betreibt einen Shuttleservice zum Flughafen

und holt die Fahrgäste für nur 5 US$ direkt vom Hotel ab.

AEROPUERTO TOBÍAS BOLAÑOS

Busse zum Flughafen Tobías Bolaños fahren alle 30 Minuten auf der Avenida 1 (150 m westlich vom Coca-Cola-Busbahnhof) ab. Ein Taxi von der Innenstadt bis zum Flughafen kostet rund 3 US$.

Motorrad

Angesichts der engen Straßen, tiefen Straßengräben und Kamikaze-Busfahrern ist Motorradfahren nur denjenigen zu empfehlen, die nicht allzu sehr am Leben hängen. Wer viel Erfahrung hat und vorsichtig unterwegs ist, für den ist das Mieten eines Bikes eventuell interessant. Die Motorräder sind meistens klein (185–350 ccm), eine 350er-Maschine kostet ab 50 US$ pro Tag, bei größeren Modellen steigen die Preise sprunghaft an (eine Harley kostet über 200 US$ pro Tag). Hier ein paar lohnenswerte Adressen von Vermietern in San José:

Bei **Wild Rider** (Karte S. 96; ☎ 2258 4604; www.wildrider.com; Hotel Ritmo del Caribe, Ecke Paseo Colón & Calle 32) beginnen die Preise bei 350 US$ pro Woche für eine Yamaha TT-R 250 oder eine Suzuki DR-350 (im Preis sind Versicherung, Steuern, Karten und Helme inbegriffen). Wild Rider bietet außerdem eine Handvoll gebrauchter Geländewagen, die zu deutlich niedrigeren Wochenpreisen gemietet werden können als bei den großen Autovermietungen. Außerdem organisiert die Agentur geführte On- und Offroadtouren.

Harley Davidson Rentals (siehe S. 126) in Escazú vermietet Harleys.

Taxi

Rote Taxis können zu jeder Tages- und Nachtzeit auf der Straße herbeigewunken werden, die Hotels rufen ebenfalls eins herbei. Taxistände befinden sich beim Parque Nacional, Parque Central und in der Nähe des Teatro Nacional. Bei Regen sind die Taxis allerdings schnell vergeben.

Marías (Taxameter) sind eigentlich Pflicht. Einige Fahrer behaupten jedoch, ihre Uhr sei kaputt – den Taxameter nicht einzuschalten ist verboten –, und versuchen so, einen höheren Preis zu berechnen – vor allem bei Touristen, die kein Spanisch sprechen. Deshalb sollte man unbedingt darauf achten, dass die María läuft, wenn man einsteigt, oder aber den Fahrpreis vorher vereinbaren. Kurze Fahrten in der Innenstadt kosten etwa 2 US$. Ein Taxi von der Innenstadt nach Escazú kostet etwa 8 US$, die Fahrt nach Los Yoses oder San Pedro unter 4 US$ Nach 22 Uhr wird ein Aufschlag von 20 % berechnet, der nicht immer auf dem Taxameter angezeigt wird.

Es ist auch möglich, ein Taxi mit Fahrer für eine Ausflugsfahrt zu mieten. Die Preise hängen davon ab, wo es hingehen soll und wie die Straßen beschaffen sind. Für einen kurzen Ausflug über einigermaßen akzeptable Straßen in einer Limousine zahlt man mindestens 7,50 US$ pro Stunde. Geländewagen mit Allradantrieb oder Minivans kosten natürlich wesentlich mehr, hier lohnt es sich, einen Pauschalpreis auszuhandeln.

RUND UM SAN JOSÉ

Wie die meisten ständig wachsenden Metropolen verschwimmen auch bei San José die Grenzen zwischen den Vororten. Einen Großteil der Vororte sollten Ausländer auf alle Fälle meiden, dies gilt vor allem für die Außenbezirke, in denen sich die Slums ausbreiten. Ein paar Gegenden sind aber eine gute Alternative zu einem Aufenthalt direkt in der Stadt. 2 km östlich vom Zentrum und gut zu Fuß zu erreichen liegen Los Yoses und San Pedro, dort haben auch einige Botschaften und die prestigeträchtigste Universität des Landes, die Universidad de Costa Rica (UCR), ihren Sitz. 7 km westlich vom Zentrum ist Escazú die elitärste Wohngegend der Hauptstadt und das Epizentrum einer neuen Welle der Amerikanisierung.

Bis Mitte des 20. Jhs. gehörten diese beiden Vororte nicht zu San José und wurden vor allem von der privilegierten Elite bewohnt. Heute gehen Los Yoses, San Pedro und Escazú nahtlos in die Stadt über, haben aber noch weitgehend ihr altes Flair behalten. Wer nach einer sicheren und entspannten Atmosphäre sucht, dem bieten diese gehobenen Wohnviertel eine gute Alternative zur Innenstadt.

LOS YOSES & SAN PEDRO

Es ist eigentlich nicht überraschend, dass die meisten Bars und Clubs der Stadt im Universitätsviertel liegen. Abends ziehen die Studenten durch die Straßen, und wer einmal die ausufernden Partys auf der Calle La Amargura miterlebt hat, bekommt vielleicht Lust, länger

---

RAUS AUS DER STADT

Für all jene, die etwas außerhalb von San José unternehmen möchten, gibt es hier einige Vorschläge:

- In **Sarchí** (S. 147) Kunsthandwerk aus Hartholz und Mini-Ochsenkarren kaufen
- Im **Café Britt Finca** (S. 156) so ziemlich alles erfahren, was es über Kaffee zu wissen gibt
- Schöne Lederwaren erstehen in der Kolonialstadt **Moravia** (S. 160)
- Für Freunde und Verwandte in den **Lankester Gardens** (S. 164) seltene Orchideen erwerben
- Am **Volcán Poás** (S. 150) einen Blick in aktive Krater riskieren (und die Touristenhorden abschütteln)

---

als geplant in der Hauptstadt zu bleiben. Wer nicht so trinkfreudig ist, kann sich in den schönsten Einkaufszentren und Kinos der Stadt vergnügen. Außerdem haben sich hier die besten Restaurants niedergelassen.

Die beiden Vororte konzentrieren sich um den Kreisverkehr, an dem die Avenida Central auf die Straße nach Zapote trifft. Westlich liegt Los Yoses mit dem Fuente de la Hispanidad (einem großen Springbrunnen) und dem Einkaufszentrum San Pedro, beide sind ganz gute Orientierungspunkte. Im Osten liegt San Pedro mit einer kleinen Plaza und der Iglesia de San Pedro. Ein paar Straßen nördlich der Avenida Central folgt der baumbestandene Campus der Universidad de Costa Rica (UCR).

Orientierung & Praktische Informationen

In Los Yoses und San Pedro haben nur die wenigsten Straßen einen Namen. Die Einheimischen setzen überwiegend auf das landesübliche System der Orientierungspunkte. (Einzelheiten siehe Kasten S. 586.) Drei wichtige Orientierungspunkte in dieser Gegend sind das alte ICE-Gebäude (el antiguo ICE), das Spoon in Los Yoses und die alte Banco Popular (el antiguo Banco Popular) in San Pedro.

In diesem Viertel wimmelt es nur so von Internetcafés, es ist also kein Problem, sich schnell einmal einzuloggen. Die studentische

SAN JOSÉ

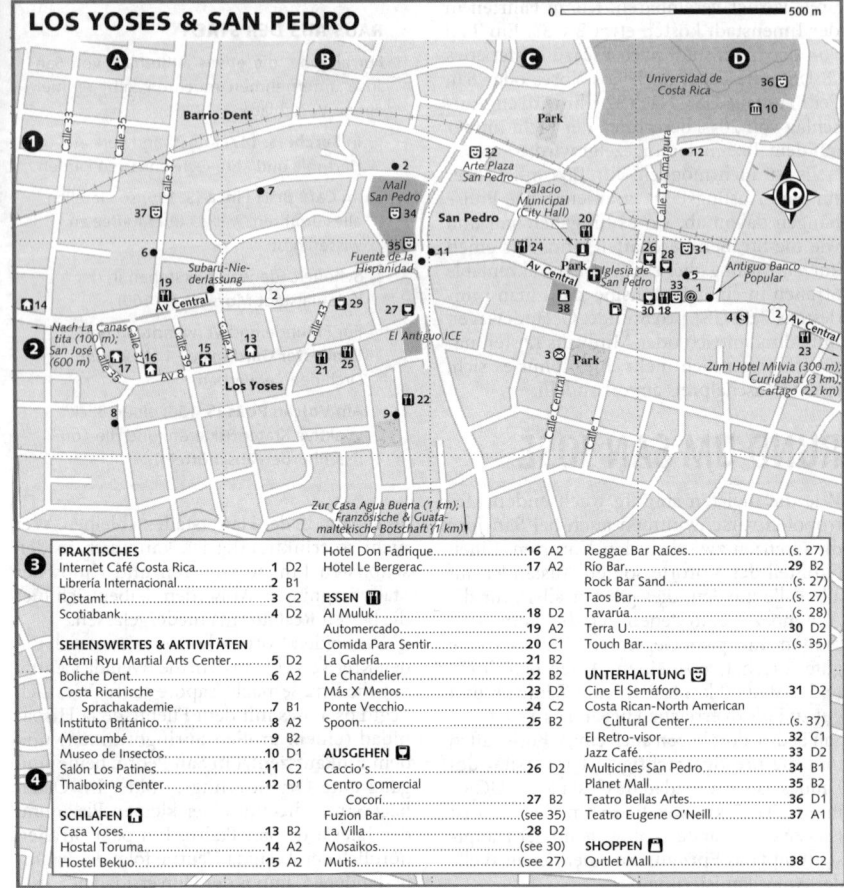

LOS YOSES & SAN PEDRO

0 ——————————— 500 m

PRAKTISCHES	Hotel Don Fadrique.................**16** A2	Reggae Bar Raíces....................(s. 27)
Internet Café Costa Rica.................**1** D2	Hotel Le Bergerac.....................**17** A2	Río Bar..................................**29** B2
Librería Internacional.......................**2** B1		Rock Bar Sand.........................(s. 27)
Postamt...**3** C2	**ESSEN** 🍴	Taos Bar.................................(s. 27)
Scotiabank......................................**4** D2	Al Muluk...............................**18** D2	Tavarúa..................................(s. 28)
	Automercado.........................**19** A2	Terra U..................................**30** D2
SEHENSWERTES & AKTIVITÄTEN	Comida Para Sentir.................**20** C1	Touch Bar...............................(s. 35)
Atemi Ryu Martial Arts Center.........**5** D2	La Galería..............................**21** B2	
Boliche Dent.....................................**6** A2	Le Chandelier........................**22** B2	**UNTERHALTUNG** 🎬
Costa Ricanische	Más X Menos..........................**23** D2	Cine El Semáforo....................**31** D2
Sprachakademie......................**7** B1	Ponte Vecchio........................**24** C2	Costa Rican-North American
Instituto Británico..........................**8** A2	Spoon...................................**25** B2	Cultural Center.....................(s. 37)
Merecumbé......................................**9** B2		El Retro-visor.........................**32** C1
Museo de Insectos.........................**10** D1	**AUSGEHEN** 🍷	Jazz Café...............................**33** D2
Salón Los Patines...........................**11** C2	Caccio's................................**26** D2	Multicines San Pedro...............**34** B1
Thaiboxing Center.........................**12** D1	Centro Comercial	Planet Mall.............................**35** B2
	Cocorí.............................**27** B2	Teatro Bellas Artes..................**36** D1
SCHLAFEN 🛏	Fuzion Bar........................(see 27)	Teatro Eugene O'Neill..............**37** A1
Casa Yoses.....................................**13** B2	La Villa..................................**28** D2	
Hostal Toruma...............................**14** A2	Mosaikos.............................(see 30)	**SHOPPEN** 🛍
Hostel Bekuo................................**15** A2	Mutis...................................(see 27)	Outlet Mall.............................**38** C2

Wochenzeitung *Semana Universitaria* ist eine verlässliche Quelle für lokale Ereignisse innerhalb eines bestimmten Interessenkreises.

Internet Café Costa Rica (Karte S. 122; ☎ 2224 7295; pro Std. 0,60 US$; ☺ 24 Std.) Das Internetcafé ist so gut wie jedes andere und liegt 75 m westlich der alten Banco Popular.

Librería Internacional (Karte S. 122; ☎ 2253 9553; Barrio Dent; ☺ Mo–Sa 9.30–19.30, So 13–17 Uhr) Hier gibt es neue Bücher, überwiegend auf Spanisch (es sind auch einige englischsprachige darunter), sowie aktuelle Reise- und Naturführer. Die Liberia International liegt 300 m westlich des Taco Bell und befindet sich hinter der Mall San Pedro.

Scotiabank (Karte S. 122; ☎ 2280 0604; Av. Central zw. Calle 5 & Calle 7, San Pedro) Wechselt Bargeld und hat einen 24-Stunden-Geldautomaten (Cirrus).

Sehenswertes & Aktivitäten

Das **Museo de Insectos** (Karte S. 122; ☎ 2207 5318, 2207 5647; Eintritt 1 US$; ☺ Mo–Fr 13–17 Uhr) wird auch Museo de Entomología genannt; es steht unter der Schirmherrschaft der Facultad de Agronomía der Universidad de Costa Rica. Die schöne Insektensammlung wird im Erdgeschoss der Fakultät für Musik (Facultad de Artes Musicales) auf dem Campus gezeigt. Angeblich ist es das größte Insektenmuseum ganz Mittelamerikas. Die Sammlung ist auf jeden Fall umfangreich und präsentiert viele exotische (und teilweise ziemlich furchteinflößende) Krabbelmonster. Ab der Kirche in San Pedro ist das Museum ausgeschildert, ansonsten fragt man sich durch. Bei verschlossener Tür einfach beim Kustoden klingeln!

Wer gern Bowling spielt, kann dieser Leidenschaft im **Boliche Dent** (Karte S. 122; ☎ 2234 2777; Ecke Av. Central & Calle 23, Los Yoses; Bowling pro Std. 5 US$) frönen. Es liegt einen Block südlich des Centro Cultural Costarricense Norteamericano. Östlich der Rotunde in San Pedro kann man sich die Rollerskates anziehen und im **Salón Los Patines** (Karte S. 122; ☎ 2224 6821), der örtlichen Rollerbahn, umhersausen. Dabei entsteht leicht der Eindruck, dass jeder einzelne Teenager von San José ebenfalls auf Inlinern anwesend ist.

Wem der Sinn eher nach einem Kämpfchen steht, der ist im **Thaiboxing Center** (Karte S. 122; ☎ 2225 7386) oder im **Atemi Ryu Martial Arts Center** (Karte S. 122; ☎ 2524 0781) gut aufgehoben.

Schlafen

Casa Agua Buena (Karte S. 122 ☎ 2234 2411; www. aguabuena.org/casabuena/index.html; Barrio Lourdes; Zi. pro Woche 60–80 US$) Die WG-artige Unterkunft östlich von San Pedro vermietet Zimmer längerfristig und ist bei internationalen Studenten sehr beliebt. Sie besteht aus zwei pfirsichfarbenen Wohnhäusern mit Zimmern unterschiedlicher Größe.

Die Häuser, die nebeneinander an einer ruhigen Sackgasse stehen, sind mit Gemeinschaftsküche, Waschmaschine (die Nutzung ist im Mietpreis inbegriffen), Salon mit Kabel-TV und Telefon ausgestattet. Einige Zimmer teilen sich ein Bad, andere verfügen über ein eigenes Badezimmer – alle haben heißes Wasser.

Das Haus ist außerdem Sitz der Menschenrechtsgruppe Agua Buena, die sich für einen verbesserten Zugang zu medizinischer Hilfe für HIV-Infizierte und Aidskranke einsetzt. Die Casa ist lesben- und schwulenfreundlich.

Hostel Bekuo (Karte S. 122; ☎ 2234 5486; www. hostelbekuo.com; B/EZ/DZ/3BZ 12/20/30/36 US$; P 🖳) Wenn es um das schönste Hostel im Land geht, liegt das Bekuo weit vorn – und das ist gar nicht so verwunderlich, denn einer der costa-ricanischen Gründer hat Innenarchitektur studiert. Die Gemeinschaftsbereiche des Hostels sind von japanischem Minimalismus geprägt: niedrige Tische, Sitzsäcke und Hängelampions. Die Zimmer selbst folgen den Themen aus der Natur, an ihren Wänden hängen atemberaubend schöne Fotografien. Zu den Gemeinschaftseinrichtungen gehören eine Küche, ein Bad mit heißem Wasser, ein Freizeitbereich mit Billardtisch und eine TV-

Lounge. Außerdem ist der Internetzugang (einschließlich WLAN) kostenlos. Das Hostel liegt 325 m westlich des Spoon.

Casa Yoses (Karte S. 122; ☎ 2234 5486; www.casayoses. com; B/EZ/DZ/3BZ inkl. Frühstück 12/20/28/36 US$; P 🖳) Dieses Hostel ist ein wahrer Glücksfall. Schlafsäle und Einzelzimmer mit Gemeinschaftsbad (Heißwasser) befinden sich in einem Herrenhaus aus dem 19. Jh. Die wahre Attraktion aber ist der wunderschöne, umzäunte Garten mit Hängematten, Liegestühlen und tropischen Pflanzen. Die Gäste können sich außerdem im gemütlichen Fernsehraum entspannen, einige Runden Kicker spielen oder in der Küche (oder auch auf dem Grill im Freien) eine Mahlzeit zubereiten. Der Internetzugang (inklusive WLAN) ist kostenlos. Die drei costa-ricanischen Besitzer sprechen Englisch und Französisch (und natürlich Spanisch) und sind rundum coole Kerle. Die Casa befindet sich 250 m westlich des Spoon.

Hostal Toruma (Karte S. 122; ☎ 2234 8186; www. hicr.org; Av. Central zw. Calle 29 & Calle 31; B/EZ/DZ/3BZ 10/35/50/60 US$; P 🖳 🐾) Früher gehörte das Hostel zur Internationalen Jugendherbergsorganisation, seit kurzem hat es denselben Besitzer wie das Hostel Pangea der Innenstadt (S. 102). Von der Idee her ist dies die entspanntere und gemütlichere Alternative zum sinnenfreudigen Gegenstück in der City. Moderne Rucksackreisende können hier auf ihrer Checkliste jedes Kästchen ankreuzen: Schwimmbecken in der Sonne, Plasmabildschirme und Hochgeschwindigkeits-WLAN hat das ansprechend umgestaltete Kolonialwohnhaus zu bieten. Die luftigen Doppelzimmer sind es wert, das Budget ein wenig zu strapazieren, vor allem unter dem Gesichtspunkt, dass sie angenehmer sind als nahezu alles andere im Mittelklassebereich.

Hotel Milvia (Karte S. 122; ☎ 2225 4543; www. hotelmilvia.com; EZ/DZ/3BZ inkl. Frühstück 69/80/88 US$; 🖳) Diese fantastische Plantagenvilla im Karibikstil diente einst dem Artillerie-Oberst Ricardo Fernández Peralta, der 1948 im Bürgerkrieg kämpfte, als Wohnhaus. Sein Enkel stellte die ursprüngliche Grandezza der Villa wieder her, und jetzt fungiert sie als kleines, sehr persönliches Hotel. Jedes der geräumigen Zimmer mit eigenem Bad und Heißwasser kombiniert Alt und Neu in genau richtigen Maß. Eine Terrasse im Obergeschoss liefert unglaubliche Ausblicke auf die Nachbarschaft. Kreditkarten werden akzeptiert. Für den Taxifahrer: Das

Hotel liegt 100 m nördlich und 200 m östlich des Mercado San Pedro Muñoz y Nanne.

Hotel Don Fadrique (Karte S. 122; ☎ 2225 8166, 2224 7583; www.hoteldonfadrique.com; Ecke Calle 37 & Av. 8; EZ/DZ/3BZ inkl. Frühstück 68/80/95 US$; (P)) Das familiengeführte Hotel ist mit einer Privatsammlung zeitgenössischer mittelamerikanischer und costa-ricanischer Kunst ausgeschmückt, darunter die Dauersammlung der Malerin Florencia Urbina. Das kunstbeflissene, anspruchsvolle Ambiente passt gut zu den frischen Pflanzen und Blumen, mit denen das gesamte Hotel übersät ist. Im üppig begrünten tropischen Patio wird ein kontinentales Frühstück serviert. Kreditkarten werden akzeptiert. Am besten nimmt man von der Avenida Central die zweite Zufahrt nach Los Yoses.

Hotel Le Bergerac (Karte S. 122; ☎ 2234 7850; www.bergerac.co.cr; Calle 35, Los Yoses; EZ 85–130 US$, DZ 95–145 US$, alle inkl. Frühstück; (P)(💻)) Das Luxusboutiquehotel, 50 m südlich der Avenida Central gelegen, gilt als eine der anspruchsvollsten Übernachtungsmöglichkeiten in der Hauptstadt. Das Gebäude im französischen Kolonialstil verströmt eine einladende Atmosphäre, Leser schwärmen allerdings in erster Linie von der außergewöhnlichen Professionalität der Mitarbeiter. Die unterschiedlich großen Zimmer sind mit antiken Möbeln eingerichtet, Highlights sind die attraktiven Holzakzente und die makellosen Badezimmer. Das hoteleigene **Restaurant L'Île de France** (☎ 2283 5812; Hauptgerichte 8–15 US$; ⏰ Mo–Sa 18–22 Uhr) ist eine der ersten Adressen in der Stadt für die französische Küche. Auch Hotelgäste sollten einen Tisch reservieren. Kreditkarten werden akzeptiert.

Essen

In San Pedro und Los Yoses finden sich einige der besten Restaurants ganz Costa Ricas (und wahrscheinlich Mittelamerikas). An preiswerten Studententreffs herrscht kein Mangel, aber in dieser Gegend lohnt sich eher das Prassen.

La Canastita (Karte S. 122; ☎ 2221 3816; Ecke Av. Central & Av. 25; Gerichte 2–5 US$; ⏰ 11.30–23 Uhr) Lichtleisten und Plastiktische prägen die Kneipe, die köstliche Casados serviert und die lebhaften Wettbegeisterten schmetternd mit Fußballergebnissen versorgt.

Spoon (Karte S. 122; ☎ 2253 1331; Ecke Calle 43 & Av. 10; Gerichte 2–8 US$; ⏰ Mo–Fr 8–19, Sa & So 9–17 Uhr) Die Los-Yoses-Filiale dieser weltweit beliebten Restaurantkette ist so bekannt, dass sie als Orientierungspunkt für Wegbeschreibungen

dient! Die Karte ist umfangreich, vor Ort sind aber die großen Frühstücksangebote der Favorit (vor allem nach einer langen Nacht in den Clubs).

Al Muluk (Karte S. 122; Calle 3, nördlich der Av. Central; Gerichte 3–7 US$) Es gibt zwar eine große Auswahl an traditionellen libanesischen und orientalischen Gerichten, aber den Glanzpunkt setzen die Falafel: frisch, billig und verflixt gut!

Comida Para Sentir (Karte S. 122; Gerichte 4–8 US$) Vegetarier aller Länder, vereinigt euch – das brechend volle Studententreff, 150 m nördlich der Kirche zu finden, tischt Vollkornsandwiches auf, für die kein Tier leiden muss. Es gibt sie mit allen erdenklichen Veggiefüllungen und -belägen.

Ponte Vecchio (Karte S. 122; ☎ 2283 1810; Hauptgerichte 6–15 US$; ⏰ Mo–Sa 12–14.30 & 18–22.30 Uhr) Der elegante Italiener mischt regelmäßig im Wettstreit um die Best-of-Liste im Großraum San José mit und zählt anerkanntermaßen zu den Toprestaurants von ganz Mittelamerika. Küchenchef Antonio D'Alaimo, der früher in New York gearbeitet hat, bereitet seine eigene frische Pasta zu und importiert viele Zutaten direkt aus Italien. Kreditkarten werden hier akzeptiert. Vom Fuente de Hispanidad aus sind es 150 m nach Osten und 10 m nach Norden.

La Galería (Karte S. 122; ☎ 2234 0850; Los Yoses; Gerichte 7–12 US$; ⏰ Mo–Fr 12–14.30 & 18.30–22.30, Sa 18.30–22.30 Uhr) Das alteingesessene Esslokal mit deutschem Einschlag – es liegt 125 m westlich des alten ICE-Gebäudes – verdient sich Jahr um Jahr das Lob der Kritiker als eines der besten Restaurants in Mittelamerika. Spezialitäten des Hauses sind Spätzle und Strudel – beides so gut, dass es heimwehkranken Deutschen, Schweizern und Österreichern die Tränen in die Augen treibt. Kreditkarten werden akzeptiert.

Le Chandelier (Karte S. 122; ☎ 2225 3980; Los Yoses; Menüs 10–25 US$; ⏰ Mo–Fr 11.30–14 & 18.30–23, Sa 18.30–23 Uhr) Das bekannteste französische Restaurant in San José (es hat sogar eine eigene Saucenkollektion, die in einigen hochpreisigeren Supermärkten verkauft wird). Das Essen ist erwartungsgemäß erstklassig, und ein romantischeres Fleckchen ist kaum zu finden, ob man an gemütlichen Kamin oder draußen im Patio sitzt. Vom alten ICE-Gebäude sind es 100 m nach Westen und 100 m nach Süden.

Der **Automercado** (Karte S. 122; Av. Central zw. Calle 39 & Calle 41, Los Yoses) und der **Más X Menos** (Karte

S. 122; Av. Central, San Pedro) sind große, moderne Supermärkte, die Selbstversorger rundum zufriedenstellen.

Ausgehen

Río Bar (Karte S. 122; Ecke Av. Central & Calle 39, Los Yoses) Direkt westlich des Springbrunnens liegt die beliebte Bar, an der immer mal wieder Bands auftreten. Der explosive Hausdrink heißt *la cucaracha* – die Kakerlake. Der Montagabend steht unter dem Motto: Zwei Drinks zum Preis von einem.

Centro Comercial Cocorí (Karte S. 122; südlich der Av. Central, Los Yoses) Der zur Zeit sehr angesagte Treffpunkt liegt weiter östlich und direkt südlich von Los Antojitos Cancún. In den meisten Läden geht es ab 21 Uhr richtig los, und die Party dauert lange (bis der letzte Gast gegangen ist). Die einheimischen Rocker löschen ihren großen Durst in der Rock Bar Sand oder dem Mutis. Im hinteren Teil des Centro schwingen Rastafaris in der Reggae Bar Raíces die Zöpfe. Nebenan in der Taos Bar geht es etwas ruhiger zu, aber auch hier wird es voll.

Calle La Amargura (Straße der Sorgen; Karte S. 122; San Pedro) lautet der Spitzname der Calle 3, die nördlich der Avenida Central liegt. Passender wäre sicherlich die Bezeichnung Calle de la Cruda (Straße des Katers), weil es in der ganzen Stadt keine zweite Straße mit einer solchen Ansammlung von Bars gibt. In den meisten trinken die Gäste bis in die frühen Morgenstunden. Terra U, Mosaikos, Caccio's und Tavarúa sind derbe Kneipen mit einem jungen, rüpelhaften Publikum: hier fließt das Bier in Strömen. Entspannter (und etwas erwachsener) geht es im La Villa zu, einem Holzhaus mit einem von Kerzen beleuchteten Hinterhof. An manchen Wochenenden wird Livemusik gespielt.

In der **Mall San Pedro** (Karte S. 122; ☎ 2283 7516) nordöstlich vom Fuente de la Hispanidad liegen zwei Bars. Sie sind besonders bei den Besuchern der Mall beliebt, die nach Sonnenuntergang noch nicht nach Hause wollen. In der Fuzion Bar wird ein Mix aus Hip-Hop und Reggae gespielt, die Touch Bar ist, wie der Name schon sagt, ein netter Ort, um zu flirten und Leute zu treffen.

Unterhaltung

An Kinos herrscht in diesem Viertel kein Mangel. **Multicines San Pedro** (Karte S. 122; ☎ 2283 5715/6; oberste Etage, Mall San Pedro; Eintritt 4 US$) hat zehn Kinosäle, in denen die neuesten Hollywoodstreifen laufen. Mehr Atmosphäre bietet das **Cine El Semáforo** (Karte S. 122; ☎ 2253 9126; www.cineselsemaforo.com; Eintritt 3 US$; 11–20 Uhr), ein kleines Kino, das jeden Tag spanische und lateinamerikanische Filmklassiker spielt (nur auf Spanisch). Das Kino liegt neben den Bahngleisen, östlich der Calle 3.

Auch Menschen, die lieber ins Theater gehen, steht in dieser Gegend einiges zur Auswahl. Das **Teatro Eugene O'Neill** (Karte S. 122; ☎ 2207 7554; www.cccncr.com; Ecke Av. Central & Calle 37, Los Yoses) zeigt Aufführungen, die vom Centro Cultural Costarricense Norteamericano (costa-ricanisch-nordamerikanisches Kulturzentrum) unterstützt werden. Auf der Ostseite des Campus der Universidad de Costa Rica liegt das **Teatro Bellas Artes** (☎ 2207 4327) mit einem sehr vielseitigen Programm. Dazu gehören auch Arbeiten der Studenten an der Kunstakademie der Universität.

Jazz Café (Karte S. 122; ☎ 2253 8933; 18–2 Uhr) ist in San Pedro die Adresse für Livemusik, jeden Abend spielt eine andere Band. Die Höhe des Eintritts hängt davon ab, wie bekannt die Musiker sind, normalerweise bewegt sie sich für lokale Gruppen bei 4 bis 6 US$. Das Café liegt 50 m westlich des Gebäudes der alten Banco Popular.

Zur ausgewachsenen Tanzparty wird in der **Planet Mall** (Karte S. 122; ☎ 2280 4693; Do–Sa 20–2.30 Uhr), einem der teuersten Nachtclubs in San José, geblasen. Die riesige Disko mit den Ausmaßen eines Kaufhauses nimmt die 3. und 4. Etage der Mall San Pedro ein, hat mehrere Ebenen und diverse Bars. Die funkelnden Lichter von San José sind durch die überdimensionierten Fenster zu bewundern. Der Eintritt hängt davon ab, wer auflegt oder spielt, kann aber an jedem beliebigen Abend leicht auf 10 US$ klettern.

Einer der angesagtesten Treffs in der Gegend ist **El Retro-visor** (Karte S. 122; Arte Plaza San Pedro; 18–2 Uhr), ein Retro-Café in argentinischem Besitz, das mit Erinnerungsstücken der Popkultur aus den 1980er-Jahren gespickt ist. Unter den trendigen UCR-Studenten ist es sehr beliebt.

Shoppen

Sowohl die **Mall San Pedro** (Karte S. 122; ☎ 2283 7516; nordwestlich von Fuente de la Hispanidad) als auch die **Outlet Mall** (Karte S. 122; Av. Central) bieten Gelegenheit zum Shoppen bis zum Umfallen. Sie liegen östlich der Straße nach Zapote.

An- & Weiterreise

Von der Plaza de la Cultura in San José kann man jeden Bus mit der Zielangabe „Mall San Pedro" nehmen. Eine Taxifahrt von der Innenstadt aus kostet 1,50 bis 2 US$.

ESCAZÚ

Der wohlhabende Vorort Escazú liegt an einem Hügel mit Blick auf San José und Heredia – hier wohnen vor allem reiche Ticos aus der Aristokratie des Landes und amerikanische Auswanderer. Das Gebiet setzt sich aus den drei nebeneinander liegenden Vierteln San Rafael de Escazú, Escazú Centro und San Antonio de Escazú zusammen – jedes Viertel hat seinen ganz eigenen Charakter.

In San Rafael wird sich mancher fragen, ob er noch in Costa Rica oder in den USA gelandet ist. Das Viertel ist gespickt mit Einkaufszentren, Autohändlern, schönen Einfamilienhäusern, noch schöneren Autos und Restaurantketten, die ihre Speisekarten vornehmlich auf Englisch austeilen. Escazú Centro konnte sich sein etwas gemächlicheres, costa-ricanisches Ambiente bewahren: Hier dominieren kleine Gassen mit vielen Geschäften und sodas. Die Gegend um San Antonio ist eine fast reine Wohngegend mit ein paar Hotels mit spektakulärem Blick auf das Tal.

Escazú ist auch für Reisende sehr empfehlenswert, denn es hat gute Busverbindungen ins Zentrum und einige der besten Restaurants der Stadt sowie jede Menge ausgezeichneter Unterkünfte.

Praktische Informationen

Banco Nacional de Costa Rica (Karte S. 128–129; Ecke Calle 2 & Av. 2, Escazú Centro; ☾ 8.30–15.45 Uhr) Die Bank an der Hauptplaza wechselt Geld und tauscht Reiseschecks ein, und sie hat sogar einen Autoschalter (Drive-Through-Schalter).

Banex (Karte S. 128–129; Centro Comercial Guachipelín, Carretera JF Kennedy, San Rafael) An der Nordwestecke des Centro Comercial Guachipelín steht ein rund um die Uhr zugänglicher Geldautomat.

Escazú Internet (Karte S. 128–129; Erdgeschoss, Centro Comercial Plaza Escazú, Escazú Centro; pro Std. 0,50 US$; ☾ Mo–Sa 8.30–22, So 9–21 Uhr) E-Mail-Zugang.

Hospital CIMA (Karte S. 128–129; ☎ 2208 1000; www.hospitalsanjose.net) Medizinische Versorgung – nicht nur im Notfall. Das Krankenhaus, eines der modernsten im Ballungsraum San José, liegt 500 m westlich des Mauthäuschens Próspero Fernández, im Bereich Guachipelín auf der Westseite von Escazú. Es steht mit dem Baylor

University Medical Center in den USA in Verbindung und ist zu empfehlen.

Librería Internacional (Karte S. 128–129; ☎ 2201 8320; Multiplaza Escazú; ☾ Mo–Sa 10–20, So bis 19 Uhr) Filiale einer Buchhandelskette.

Scotiabank (Karte S. 128–129; Carretera JF Kennedy, San Rafael) Hat einen Cirrus-Geldautomaten.

Aktivitäten

Bei **Harley Davidson Rentals** (Karte S. 128–129; ☎ 2289 5552; www.mariaalexandra.com), das ein Büro im Apartotel María Alexandra unterhält, kann man Motorradtouren buchen oder Bikes mieten. Die Fahrer müssen mindestens 25 Jahre alt sein und einen gültigen Motorradführerschein besitzen. Die Preise beginnen bei 80 US$ pro Tag inklusive Helm, Schutzbrille und unbegrenzte Kilometer – nicht enthalten sind Versicherung und Steuern. Gegen Gebühr liefert die Agentur die Motorräder an die gewünschte Adresse.

Der renommierte **Swiss Travel Service** (Karte S. 128–129; ☎ 2282 4898; www.swisstravelcr.com; Autopista Próspero Fernández, 300 m westlich des Cruce de Piedeades de Santa Ana) hat Touren in ganz Costa Rica im Programm.

Wer seinen Golfschwung üben möchte, kann den **Costa Rica Country Club** (Karte S. 128–129; ☎ 2228 9333, 2208 5000; www.costaricacountryclub.com) aufsuchen, der einen Neun-Loch-Kurs hat. Außerdem gibt es dort Tennisplätze und einen Pool. In Santa Ana, westlich von Escazú, liegt das **Valle del Sol** (Karte S. 128–129; ☎ 2282 9222, Nebenstelle 218/219; www.vallesol.com; Greenfee 7 US$, Golfkarren 20 US$) in der Gemeinde gleichen Namens. Hier gibt es einen neuen öffentlichen Golfkurs mit 18 Löchern (6400 m, Par 72).

Natürlich gibt es auch Leute, die in diesem Vorort mit seiner gemächlichen Gangart einen Adrenalinkick suchen – sie können in den umliegenden Hügeln Soldat spielen: auf dem örtlichen Paintballgelände der **Paintball Arena** (☎ 2560 0400; www.paintball.co.cr, pro Pers. 10 US$).

Feste & Events

Am zweiten Sonntag im März feiert Escazú die **Día del Boyero**, ein Fest zu Ehren der Ochsenkarrenfahrer. Dutzende *boyeros* aus dem ganzen Land schmücken die traditionellen, bunt bemalten Karren und bilden einen farbenfrohen (und recht langsamen) Umzug.

Schlafen

Escazú bietet eine große Auswahl an Unterkünften – nur Angebote im Budgetbereich fehlen. Adressen werden hier nicht angegeben – bitte auf der Karte nachsehen oder in den Hotels telefonisch eine Wegbeschreibung (die ausnahmslos kompliziert ist) erfragen. Alle angegebenen Unterkünfte arrangieren auf Wunsch den Flughafentransfer zu den beiden Flughäfen im Raum San José.

In Escazú drängeln sich die B&Bs geradezu – sie sind eine gemütliche Alternative zu den Hotelketten. Hier werden sie gleich zu Beginn aufgeführt.

MITTELKLASSEHOTELS

Hotel Tapezco Inn (Karte S. 128–129; ☎ 2228 1084; info@ tapezco-inn.co.cr; Calle Central zw. Av. 2 & Av. 4; EZ/DZ inkl. Frühstück 45/55 US$; ▣ ⚹) Das Hotel, in der Nähe der Kirche von Escazú sowie an der Hauptplaza der Stadt gelegen, ist in der Budgetkategorie die beste Unterkunft der ganzen Gegend. Eine freundliche Tico-Familie managt das leuchtend gelb und blau gestrichene Hotel mit einfachen, sauberen Zimmern mit eigener heißer Dusche und Kabel-TV. Das Hotel liegt sehr günstig – von der Bushaltestelle von San José sind es nur 100 m, Restaurants und Cafés sind leicht zu Fuß zu erreichen.

Park Place B&B (Karte S. 128–129; ☎ 2228 9200; EZ/DZ inkl. Frühstück 55/60 US$; ▣) Barry Needman, ein Zahnarzt im Ruhestand, betreibt die freundliche kleine Unterkunft, die in einem attraktiven, weiß getünchten Haus im alpinen Stil eingerichtet ist. (Draußen hängt kein Schild, deshalb auf die hohen Dachtraufen achten.) Vier blitzblanke Gästezimmer teilen sich zwei Bäder, Küchennutzung und einen geräumigen Salon mit Kabel-TV. Jeden Morgen bereitet Barry für seine Gäste ein üppiges Frühstück auf amerikanische Art zu. Für längere Aufenthalte gelten andere Tarife.

Villa Escazú (Karte S. 128–129; ☎ 2289 7971; www. hotels.co.cr/vescazu.html; EZ/DZ/3BZ inkl. Frühstück 45/65/80 US$; ▣) Das Gebäude sieht wie ein Schweizer Chalet aus – einschließlich der umlaufenden Veranda. Es liegt inmitten von Gartenterrassen mit Obstbäumen und wird von einem sehr freundlichen Hund namens Felíz bewacht. Die Gäste wohnen in sechs altmodischen, holzgetäfelten Zimmern mit lokalen Kunstwerken, gemütlichen Sofas und einem Gemeinschaftsbad mit heißem Wasser. Außerdem gibt es ein Ein-Zimmer-Apartment mit kleiner Küche, Kabel-TV und gut bemessenem, gefliestem Bad für 250 US$ pro Woche – ein ausgezeichnetes Preis-Leistungs-Verhältnis. Die Mitarbeiter sprechen Englisch.

Hotel Mirador Pico Blanco (Karte S. 128–129; ☎ 2228 1908, 2289 6197; pblanco@costarica.net; EZ/DZ 48/68 US$, Suite 64/70 US$, Hütte 81 US$; ▣) Das ländliche Hotel liegt hoch in den Hügeln, etwa 3 km südöstlich des Zentrums von Escazú, und bietet von seinen Zimmern mit Balkon einen atemberaubenden Blick auf das Valle Central. Die 15 geräumigen Wohneinheiten haben gestrichene Steinwände, Queensizebetten, Kabel-TV und heiße Duschen. Es gibt außerdem drei Hütten (allerdings ohne Ausblick), in der bis zu sechs Personen übernachten können und die auf Monatsbasis vermietet werden. Das kleine Restaurant (Gerichte 4–8 US$) eignet sich gut, um zu entspannen und das Panorama zu genießen. Kreditkarten werden akzeptiert.

Costa Verde Inn (Karte S. 128–129; ☎ 2228 4080; www.costaverdeinn.com; EZ/DZ/3BZ 60/75/82 US$, Apt. 70 US$, alle inkl. Frühstück; ▣ ⚹) Der Schwestergasthof des bekannten Hotels Manuel Antonio ist ein attraktives, ländliches Haus, zu dem einige recht eindrucksvolle Annehmlichkeiten wie heiße Bäder, Tennisplatz mit Flutlicht, Pool, Sonnenterrasse, Grillbereich und Kamin gehören. Die eigentlichen Zimmer sind modern möbliert und bieten Kingsizebetten, Kabel-TV und eigene heiße Duschen. Die größeren Loft-Apartments mit höheren Decken verfügen über Balkon und voll ausgestattete Küche. Das Tico-Frühstück wird im Freien auf der Terrasse serviert. Es gibt auch besondere Wochentarife. Kreditkarten werden akzeptiert.

Posada del Bosque (Karte S. 128–129; ☎ 2228 1164; posada@amerisol.com; DZ inkl. Frühstück 75 US$; ▣ ✕ ⚹) Die Posada unter costa-ricanischer Leitung liegt in einem tropischen Garten mit Schwimmbecken, Grillbereich, Tennisplatz und Reitwegen. Das Gasthaus hat acht rustikale Zimmer mit eigenem Bad (Heißwasser) sowie viele Gemeinschaftsbereiche, die zum Schwätzchen mit den freundlichen Besitzern und anderen Gästen einladen. Außerdem gibt es für die kühlen Nächte in San José einen gemütlichen Kamin.

SPITZENKLASSEHOTELS

Casa de las Tías (Karte S. 128–129; ☎ 2289 5517; www. hotels.co.cr/casatias.html; Calle León; EZ/DZ/3BZ inkl. Frühstück 71/95/107 US$; ▣ ✕) In einer ruhigen Gegend von San Rafael liegt dieses leuchtend gelb und türkis gestrichene Haus à la Cape Cod (einschließlich Lattenzaun). Die Zimmer sind mit Kunsthandwerk aus ganz Lateinamerika

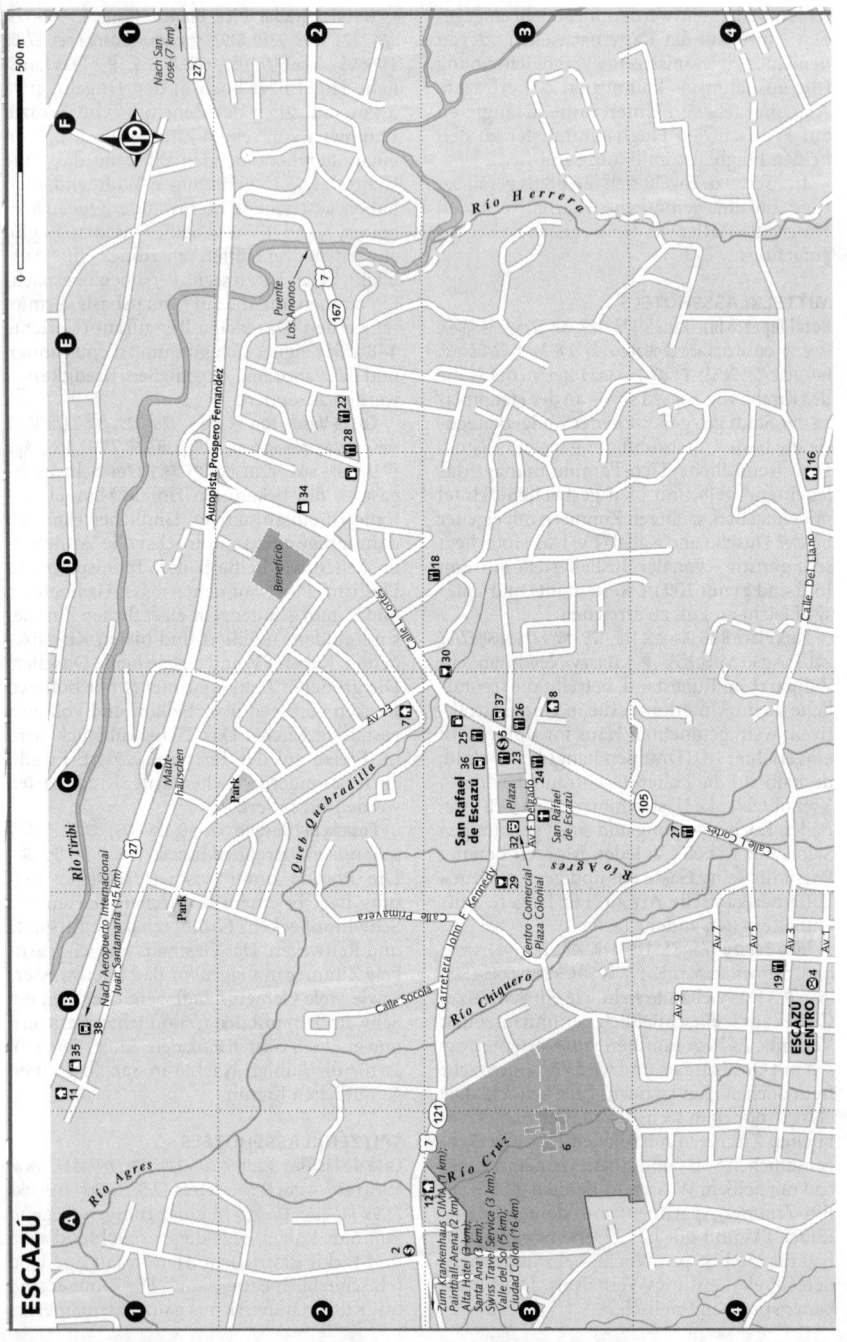

ESCAZÚ

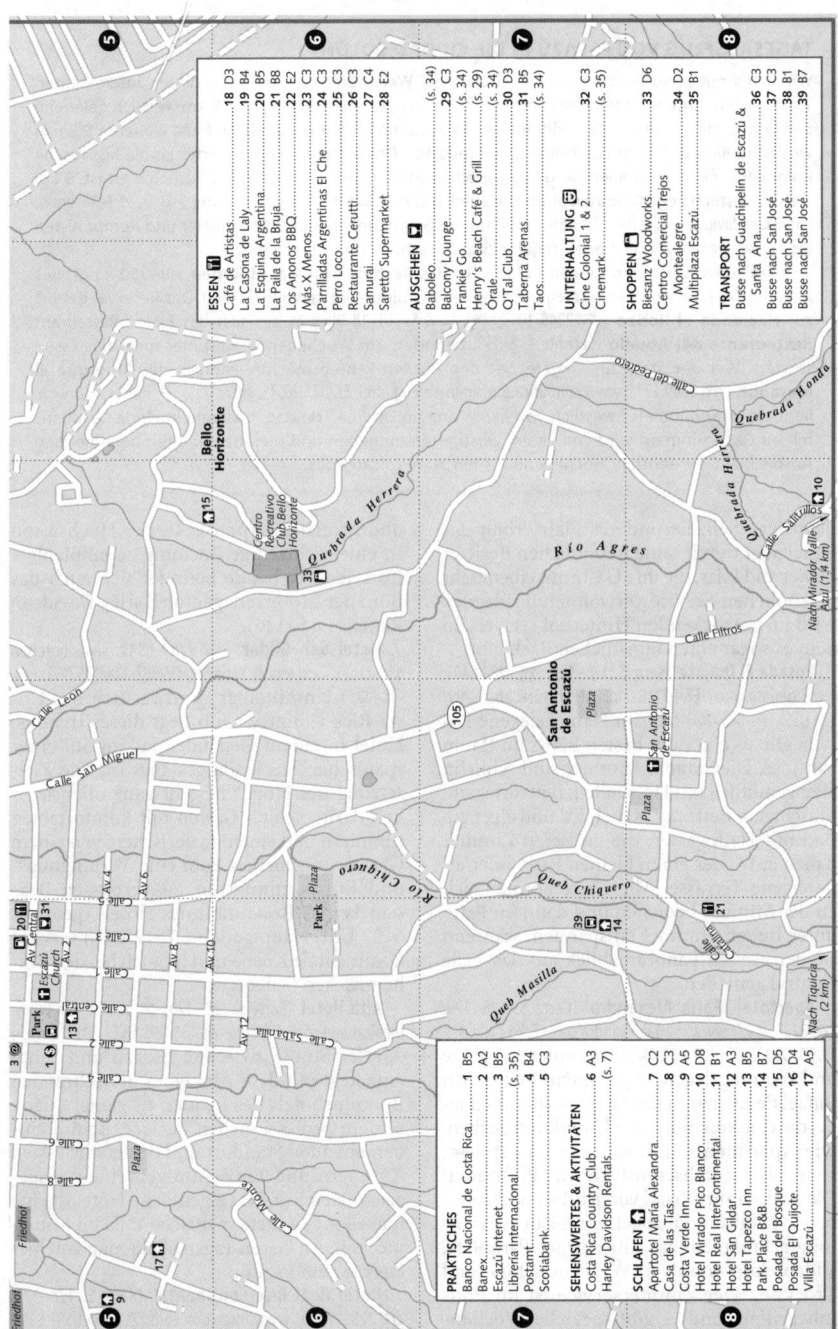

TAGESAUSFLUG VON ESCAZÚ IN DIE CIUDAD COLÓN

Wie wär's mit einer Auszeit von der Großstadt? Wer motorisiert ist, kann diesen interessanten Tagesausflug unternehmen. Die Fahrt beginnt in Escazú, erster Halt ist das 3 km westlich gelegene **Santa Ana**, das Zentrum für traditionelle und zeitgenössische Töpferkunst. Nach weiteren 5 km in westliche Richtung folgt das kleine Dorf **Piedades**. Der Mittelpunkt des Dorfes ist die historische Kolonialkirche, die vor allem wegen ihrer schönen Buntglasscheiben einen Besuch wert ist. 8 km weiter westlich liegt **Ciudad Colón**. Die **Julia & David White Artists' Colony** (☎ 2249 1414; www. forjuliaanddavid.org) wurde 1998 als Refugium für Schriftsteller, bildende Künstler und Komponisten ins Leben gerufen. Hier finden regelmäßig Workshops und Kurse statt.

5 km südwestlich von Ciudad Colón liegt das **Reserva Forestal el Rodeo**, ein 350 ha großes privates Reservat mit dem letzten geschützten Urwaldgebiet im Valle Central. Das Reservat gehört zur **Hacienda el Rodeo** (☎ 2249 1013; ⏱ Sa & So 10–18 Uhr), in der sich das kleine Restaurant **Restaurante del Abuelo** (Gerichte 4–8 US$) befindet. Am Wochenende wird hier rustikales Essen serviert. Wer der Stadt für längere Zeit den Rücken kehren möchte, kann in der **Albergue El Marañon** (☎ 2249 1271; www.cultourica.com/frameseteng.html; EZ/DZ/3BZ 35/49/77 US$; ℗) absteigen, sie liegt ein paar Kilometer westlich von Santa Ana im Dorf La Trinidad. Das anheimelnde Landhaus mit elf Gästezimmern wird von einem Obstgarten umgeben und bietet einen atemberaubenden Ausblick auf die zentrale Hochebene bis hin zum Volcán Poás.

---

dekoriert. Sein besonderes Flair erhält das Hotel aber durch seine freundlichen Besitzer Xavier and Pilar, die ihre Gäste mit einem sehr persönlichen Service verwöhnen. Frühstück wird im entzückenden Hinterhof serviert, in dem es sogar einen künstlichen Bach gibt.

Posada El Quijote (Karte S. 128–129; ☎ 2289 8401; www.quijote.co.cr; EZ/DZ/3BZ inkl. Frühstück ab 89/99/124 US$; ℗ ⊠ 🐾) Die am Hang gelegene Posada gilt als eines der besten B&Bs im Raum San José. Die Standardzimmer sind schlicht, aber gemütlich mit Holzböden, Bettvorlegern, plüschigem Bettzeug, Kabel-TV und eigenem Bad mit Heißwasser; die größeren Zimmer haben entweder einen kleinen Patio oder eine eigene Terrasse. Alle Gäste können sich an der Minibar bedienen und dann im Patio unter freiem Himmel entspannen, während sie den weiten Panoramablick auf das Valle Central genießen.

Apartotel María Alexandra (Karte S. 128–129; ☎ 2228 1507; www.mariaalexandra.com; Ecke Calle 3 & Av. 23; DZ 105 US$; ℗ 🐾 🐾) Das saubere, ruhige und zentral gelegene Apartmenthotel in San Rafael de Escazú ist eine gute Wahl für all jene, die eine voll möblierte Unterkunft suchen. Die Apartments sind sauber und gepflegt, sonst aber durchschnittlich. Ihr Pluspunkt: Die Schlafzimmer sind von Küche und Wohnbereich vollständig abgetrennt. Zur Ausstattung gehören Sauna, hauseigener Parkplatz, Videorekorderverleih, Waschmaschine und Trockner. Der Zimmerservice ist im Preis inbegriffen, und es gibt spezielle Wochen-

und Monatsmietpreise. In der Hochsaison ist eine rechtzeitige Buchung zu empfehlen. Im selben Gebäude befindet sich auch das Büro der Motorradagentur Harley Davidson Rentals (s. S. 126).

Hotel San Gildar (☎ 2289 8843; www.hotelsangildar.com; Carretera JF Kennedy; DZ/3BZ 118/145 US$; ℗ 🐾 🐾) Unmittelbar nordwestlich des Costa Rica Country Club liegt dieses trendige Hotel in einem Gebäude, das im Stil einer spanischen Hacienda gestaltet ist. Die Zielsetzung des Hotels besteht ganz offensichtlich darin, seinen Gästen mit komfortablen Zimmern und einem malerischen, von einem Garten umgebenen Pool eine Verjüngungs- und Entspannungskur zu verpassen. Das schicke Bar-Restaurant des Hotels (geöffnet 6–22 Uhr, Hauptgerichte 7–12 US$) serviert kontinentale Küche und ist auch bei den Einheimischen beliebt.

Alta Hotel (Karte S. 128–129; ☎ 2282 4160; www.thealtahotel.com; DZ/Suite ab 165/195 US$; ℗ 🐾 🐾) An der Straße zwischen Escazú und Santa Ana liegt mit dem Alta eines der führenden Boutiquehotels des Landes. Es genießt dank seinem professionellen Service, dem atemberaubenden Standort und den erstklassigen Zimmern und Einrichtungen einen ausgezeichneten Ruf. Das eigentliche Hotel ist eine makellos gestaltete spanische Villa im Mittelmeerstil. An klaren Tagen blickt man von hier aus bis zum Pazifik.

Hotel Real InterContinental (Karte S. 128–129; ☎ 2289 7000; www.interconti.com; Zi. 250 US$, Suite

400–1000 US$; (P) (X) (Q) (R)) Etwa 2 km nord-westlich von Escazú liegt dieses Hotel, das zur renommierten Kette InterContinental gehört. Das fünfgeschossige Gebäude hat 260 Luxuszimmer mit Klimaanlage und all den üblichen Annehmlichkeiten eines Geschäftshotels der Spitzenklasse. Dazu gesellt sich eine eindrucksvolle Liste an Einrichtungen, wie ein Pool, Spa, Fitnessraum, drei Restaurants, zwei Bars, ein Konferenz- und Geschäftszentrum, Conciergeservice und ein kleiner Andenkenladen. Das größte Einkaufszentrum des Landes, das Multiplaza, liegt direkt gegenüber.

Essen

Es gibt nur ein paar günstige Sodas in Escazú Centro, ansonsten überwiegen hier eher teure, internationale Restaurants und Restaurantketten.

GÜNSTIG

La Casona de Laly (Karte S. 128–129; Ecke Av. 3 & Calle Central; 1–5 US$; (Y) 11–0.30 Uhr) Die beliebte Soda, die sich auf traditionelle ländliche Tico-Kost spezialisiert hat, liegt mitten im Herzen von Escazú. Abends drängeln sich hier die Einheimischen, um billige *bocas* (würzige Bar-Snacks) und eiskaltes Bier zu genießen.

La Paila de la Bruja (Karte S. 128–129; Gerichte 2 bis 5 US$; (Y) Mo–Do 16–24, Fr–So 12–24 Uhr) Die rustikale Soda in San Antonio de Escazú ist geradezu eine Institution: Hier werden auf einem Backsteinherd im Freien traditionelle Tico-Spezialitäten zubereitet. Die Terrasse ist abends gesteckt voll. Mit seinem spektakulären Blick auf das Valle Central ist das Lokal ein Ort, an den man sich erinnert.

La Esquina Argentina (Karte S. 128–129; Ecke Av. Central & Calle L Cortés; (Y) Mo–Fr 7–14; Gerichte 2–7 US$) Der beliebte Imbissstand am Straßenrand verkauft hungrigen Einheimischen kochend heiße *Empanadas*. Im Patio unter freiem Himmel lässt sich bei einer Tasse Kaffee gut das eine oder andere Stündchen damit verbringen, die Leute zu beobachten und herumzutrödeln.

Perro Loco (Karte S. 128–129; Centro Comercial El Cruce, Ecke Calle L Cortés & Carretera JF Kennedy; Gerichte 3–5 US$; (Y) Mo & Di 12–20, Mi–Sa bis 16, So 16–22 Uhr) Wer es mit dem Alkoholgenuss ein wenig übertrieben hat, ist in diesem preiswerten Schnellrestaurant am richtigen Platz. Die Karte im „Verrückten Hund" besteht aus Hotdogs in zehn internationalen Variationen, die allesamt großzügig garniert werden (die Autoren haben den „Chihuahua", hoch beladen

mit frischer Guacamole, zu ihrem Lieblingshund erkoren).

Selbstversorger sollten Más X Menos in San Rafael de Escazú oder den Saretto-Supermarkt nahe der Autopista Próspero Fernández ausprobieren.

MITTELTEUER & TEUER

Café de Artistas (Karte S. 128–129; (☎) 2228 6045, 2288 5082; Gerichte 4–8 US$; (Y) Di–Sa 8–18, So bis 16 Uhr) Das Café zeigt an seinen Wänden und auf den Wandborden wechselnde Ausstellungen von Werken lokaler Künstler (manche Werke sind zu verkaufen). In dieser sehr persönlichen Atmosphäre werden liebevoll zubereitete Mahlzeiten serviert. Die Kaffees und hausgemachten Kuchen sind ausgezeichnet, außerdem gibt es auch Herzhaftes – vegetarische Gerichte, Sandwiches und Salate. Besonders zu empfehlen ist der Sonntagsbrunch, der von Livemusik untermalt wird.

Parrilladas Argentinas El Che (Karte S. 128–129; Calle L Cortés; Hauptgerichte 6–10 US$; (Y) 12–24 Uhr) Ob man nun die Nachmittagsstunden unter freiem Himmel im Patio bei einem kalten Bier verbringt oder zum Abendessen vorbeischaut und ein riesiges Steak argentinischer Art vertilgt, auf jeden Fall ist die entspannte Atmosphäre in diesem beliebten Restaurant, südlich der Carretera JF Kennedy, ein Genuss.

Tiquicia (Karte S. 128–129; (☎) 2289 5839; Hauptgerichte 6–10 US$; (Y) Di–Fr 17–24, Sa 13–2, So 11 bis 18 Uhr) Das typische Restaurant der gehobenen Preiskategorie verleiht traditionellen costaricanischen Gerichten einen anspruchsvollen Touch: Verwendet werden nur frische Produkte sowie erstklassiges Fleisch und ebensolcher Fisch. Das Restaurant liegt an einer gut asphaltierten Straße, 5 km südlich der Innenstadt von Escazú, und bietet ein entspanntes, rustikales Ambiente sowie einen spektakulären Ausblick auf das Valle Central – der Weg lohnt sich. Am Wochenende wird regelmäßig die Musik dieser Gegend gespielt. Am besten vorher anrufen und eine Wegbeschreibung erfragen, denn es ist nicht ganz leicht zu finden.

Los Anonos BBQ (Karte S. 128–129; (☎) 2228 0180; Gerichte 7–12 US$; (Y) Di–Sa 12–15 & 18–22, So 11.30 bis 21 Uhr) An der Straße zwischen San José und Escazú liegt dieses Grillrestaurant, das seit Anfang der 1960er-Jahre in Betrieb ist. Das gesamte Restaurant wurde aus poliertem Holz erbaut, sämtliche Wände sind mit historischen Aufnahmen von Costa Rica ge-

SAN JOSÉ

schmückt. Das Los Anonos ist das Mekka aller hungrigen Fleischliebhaber. Die große Auswahl an Fleisch stammt teils von Tieren, die an Ort und Stelle aufgezogen wurden, teils aus Importen, denen die US-Landwirtschafts-behörde ihren Segen gegeben hat. Kreditkarten werden akzeptiert.

Mirador Valle Azul (Karte S. 128–129; ☎ 2254 6281; Gerichte 8–12 US$; ⊙ Mo–Sa 16–24 Uhr) Eine holprige steile Straße führt zum Restaurant mit dem passenden Namen Mirador Valle Azul (Ausblick aufs blaue Tal), von dem aus sich ein atemberaubender Ausblick auf das Tal von San José eröffnet. Den Sonnenuntergang sollte man auf keinen Fall verpassen! Die Küche ist europäisch gefärbt und bietet eine große Auswahl an Meeresfrüchten, Nudel- und Fleischgerichten und ein paar typisch costaricanische Gerichte. Am Samstag- und Sonntagabend wird hier häufig Livemusik gespielt. Das Restaurant liegt 700 m südlich und 700 m westlich vom Hotel Mirador Pico Blanco.

Samurai (Karte S. 128–129; ☎ 2228 4124; Calle L Cortés; Gerichte 9–25 US$; ⊙ 12–15, 18.30–22 Uhr) Sushi ist in Escazú zurzeit sehr „in" – in diesem japanischen Restaurant der gehobenen Kategorie mit Hibachis an den Tischen bekommt man aber auch authentisches Teppanyaki und gegrillte Meeresfrüchte. Wer eher auf Traditionelles steht – das Sushi hier könnte nicht besser sein. Die Preise sind gesalzen – die Qualität stimmt aber und ist unschlagbar.

Restaurante Cerutti (Karte S. 128–129; ☎ 2228 4511, 2228 9954; Calle L Cortés; Gerichte 10–20 US$; ⊙ Mi–Mo 12–14.30, 18–23 Uhr) Das Restaurant südlich der Carretera JF Kennedy in San Rafael de Escazú gilt als eines der besten italienischen Restaurants in der Hauptstadt. Das Essen ist erwartungsgemäß vom Feinsten, auf der Karte finden sich handverlesene Meeresfrüchte und köstliche hausgemachte Pasta. Zu den Klassikern des Hauses zählen die Ravioli mit Ricotta und Pilzen (15 US$), eine gute Alternative sind die zahlreichen Risottos. Kreditkarten werden akzeptiert.

Ausgehen

Der heißeste Treffpunkt im exklusivsten Teil von San José ist das **Centro Comercial Trejos Montealegre**, die etwas edlere Version des El Pueblo (S. 112). Am Wochenende wimmelt es hier nur so von trendigen Szenetypen aus der Hauptstadt, die in einem der zahlreichen Tanzclubs die (von Papis Geld) neuerworbenen schicken Fummel zur Schau tragen. Die beliebtesten Clubs sind das Baboleo, Taos und Praukie Go, wobei sich das – wie bei allem, was gerade angesagt ist – jederzeit ändern kann. Aktuell werden die Hüften am liebsten zum puerto-ricanisch inspirierten Reggae geschwungen, aber auch hierfür gilt: alles ändert sich ständig. Ein empfehlenswerter Laden in Trejos Montealegre ist das Órale, hier werden die typischen Tex-Mex-Gerichte, die man sich vor einer Party gerne einverleibt, serviert. Vor allem freitags geht hier die Post ab, dann stehen einige Drinks zu besonders günstigen Preisen auf der Karte.

Das **Taberna Arenas** (Karte S. 128–129; Escazú Centro; ⊙ ab 16 Uhr) ist in Escazú eine Institution. Die angenehm altmodische Tico-Bar liegt schräg gegenüber der Shell-Tankstelle. Das Arenas hat ausgezeichnete *bocas* (1 US$) und eine große Auswahl an einheimischen und Importbieren im Angebot. Der Besitzer Don Israel ist ein wahrer Charmeur. Fotos, auf denen er mit diversen Staatsoberhäuptern zu sehen ist, schmücken die Wände – und natürlich landwirtschaftliche Arbeitsgeräte, wie sie zu jeder ordentlichen Countrybar gehören.

Viel Alkohol fließt in zwei weiteren Ausgehmöglichkeiten im Einkaufscenter Plaza San Rafael, einige hundert Meter östlich des Fußballplatzes gelegen. **Balcony Lounge** (Karte S. 128–129; Carretera JF Kennedy; ⊙ 12–1 Uhr) ist eine Nobelbar und ein Gringotreff, der sich auf gut gerührte (oder geschüttelte?) Martinis spezialisiert hat. Etwas entspannter (aber ebenso gringomäßig) geht es in **Henry's Beach Café & Grill** (Karte S. 128–129; Carretera JF Kennedy; ⊙ 11–2.30 Uhr) zu, vor Ort zudem der beste Platz, um sich auf der Tanzfläche einmal richtig auszutoben.

An der Straße von San José in die Stadt liegt der **Q'tal Club** (Karte S. 128–129; Calle L Cortés; ⊙ 18–2 Uhr), ein anspruchsvoller Club mit eigener Hausband. Regelmäßig wird hier Livejazz gespielt; der Eintritt liegt bei 5 US$.

Unterhaltung

Aktuelle Hollywoodfilme laufen im **Cine Colonial 1 & 2** (Karte S. 128–129; ☎ 2289 9000; Erdgeschoss, Plaza Colonial Escazú, San Rafael; Eintritt 3 US$) und im **Cinemark** (Karte S. 128–129; ☎ 2288 1111; Multiplaza Escazú; Eintritt 3 US$).

Shoppen

Biesanz Woodworks (Karte S. 128–129; ☎ 2289 4337; www.biesanz.com; ⊙ Mo–Fr 8–17, Sa & So nach Vereinbarung) In diesem Ausstellungsraum in Bello Horizonte werden edle, hochwertige Handwerksarbeiten aus Holz verkauft, die im traditionellen präkolumbischen Stil gefertigt sind. Verschiedene Schalen und andere dekorative Behältnisse sind wunderbar gearbeitet, meist mit traditionellen Handwerkstechniken, bei denen die natürlichen Linien und Verläufe des Holzstücks Größe und Form der Schale vorgeben. Dadurch wird jedes Stück einzigartig. Die Erzeugnisse sind teuer (die Preise beginnen bei 50 US$ für eine handgroße Schale), aber ihren Preis wert.

Multiplaza Escazú (Karte S. 128–129; ☎ 2289 8984; www.multiplazamall.com; ◷ Mo–Sa 10–20, So bis 19 Uhr) Ein komplettes Vorstadt-Einkaufszentrum, in dem es alles gibt, was man braucht (oder auch nicht) – von Klamotten über Brillen bis zu Schuhen. Außerdem findet sich hier ein guter Lebensmittelbereich. Für Reisende ist **Cemaco** (☎ 2289 7474) besonders interessant, eine Art Kaufhaus im Wal-Mart-Stil, in dem Angel- und Campingausrüstungen mitsamt Propangasflasche für den tragbaren Kocher angeboten werden. Von San José aus fährt jeder Bus mit der Zielangabe „Escazú Multiplaza" zum Einkaufszentrum (weitere Infos zu diesen Bussen s. S. 118).

AN- & WEITERREISE

Zwischen San José und Escazú verkehren regelmäßig Busse, die Fahrt kostet 0,25 US$ und dauert 25 Minuten. Alle Busse fahren östlich vom Coca-Cola-Busbahnhof in San José ab und nehmen ab da unterschiedliche Routen: Die Busse, auf denen „San Antonio de Escazú" steht, fahren bergauf in den Süden von Escazú, die Endhaltestelle liegt in der Nähe der Kirche von San Antonio de Escazú. Busse Richtung „Escazú" fahren bis zum Hauptplatz von Escazú; die Busse nach „Guachipelín" fahren Richtung Westen über die Carretera John F Kennedy, vorbei am Costa Rica Country Club. Alle fahren durch San Rafael.

Valle Central & Hochland

Für viele Reisende sind die welligen, fruchtbaren Täler des costaricanischen Kernlandes nur ein Zwischenstopp auf ihrem Weg zu den beliebteren Urlaubszielen des Landes. Dabei ist die Region eines der wichtigsten Kaffeeanbaugebiete der Welt – entlang der kurvenreichen Straßen durch die üppig grüne Region erstrecken sich scheinbar endlose Kaffeeplantagen. Doch das Kernland bietet auch noch andere Schätze: dunstige Regenwälder und schlafende Vulkane, zu denen sich meist nur eine Handvoll Reisender verirrt.

Von den vier großen städtischen Zentren tauchen nur Alajuela und Turrialba auf den Karten der Costa-Rica-Reisenden auf. Wer nicht in San José übernachten will, entscheidet sich für das unweit des Flughafens gelegene Alajuela, bevor er am nächsten Tag weiter zu den Stränden fährt. Die kaskadenartigen Stromschnellen außerhalb von Turrialba sind ein Mekka für Rafter aus aller Welt.

Die Region lässt sich herrlich mit dem eigenen Wagen erkunden: Die kurvenreichen Straßen sorgen für reichlich Fahrvergnügen, die in der Ferne liegenden Vulkangipfel dienen als Orientierungspunkte, wenn die örtlichen Straßenkarten wieder einmal versagen – was fast unweigerlich der Fall sein wird. Wer für das Valle Central und das Hochland mehr als die übliche halbe Stunde in einem Straßenrestaurant übrig hat, wird überrascht sein, was das Zentrum des Landes unmittelbar vor der Nase der Hauptstadt Costa Ricas an Naturschönheiten und Kultur alles zu bieten hat.

Das folgende Kapitel präsentiert die vier größten Bevölkerungszentren der Region – Alajuela, Heredia, Cartago und Turrialba – von Westen nach Osten.

HIGHLIGHTS

- Eine abenteuerliche Fahrt durch das schäumende Wildwasser des **Río Reventazón** und des **Río Pacuare** (S. 171)

- Ein vorsichtiger Blick in die Mammutkrater der aktiven Vulkane **Irazú** (S. 162), **Poás** (S. 150) und **Turrialba** (S. 174)

- Fahrt durch die üppig grünen Kaffeeplantagen des **Valle de Orosi** (S. 164)

- Eine Reise in die Vergangenheit zur wichtigsten Ausgrabungsstätte Costa Ricas, dem **Monumento Nacional Arqueológico Guayabo** (S. 173)

- Eine Woche ohne Schlaf: Costa Ricas größte Fiesta in **Palmares** (S. 147)

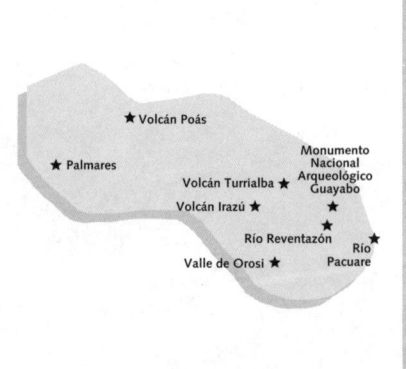

Geschichte

Vor der Ankunft der Spanier herrschten vermutlich die Huetar über das Valle Central. Es gibt allerdings außer der Ausgrabungsstätte in Guayabo nur sehr wenig historische Relikte aus dieser Zeit, da der tropische Regen und die skrupellose Kolonisierung durch die Europäer die präkolumbische Kultur Costa Ricas fast vollständig ausradiert haben.

Die Spanier errichteten ihre erst dauerhafte Siedlung 1561 in Garcimuñoz im Westen des Valle Central. Erst zwei Jahre später begann die eigentliche Kolonisation: Die Spanier gründeten Cartago und begannen mit der Landwirtschaft und der Versklavung der Ureinwohner. Das reiche, fruchtbare Vulkanland ermöglichte immer neue Siedlungsgründungen: Auf diese Weise entstanden im 18. Jh. Heredia, San José und Alajuela.

Die Gegend brachte es allerdings erst im 19. Jh. zu Wohlstand, und zwar durch die hohen Einnahmen aus den Kaffeeplantagen. Der Anbau der „goldenen Bohnen" führte zur Entstehung einer großen und mächtigen bäuerlichen Mittelschicht. Der Verfall des Kaffeepreises hat inzwischen zu einer stärker diversifizierten Landschaft geführt, doch die gebildete und wohlhabende Gesellschaft des Valle Central hat auch heute noch großen Einfluss auf die Geschicke des Landes.

Klima

Das Klima ist überraschend mild, die Temperaturen bewegen sich das gesamte Jahr über um die 25 °C. Die Höhenlage im Binnenland sorgt dafür, dass die Hitze, unter der das restliche Costa Rica leidet, hier kein Thema ist. Von Juni bis Dezember regnet es häufiger am Nachmittag, doch schon nach einer Stunde setzt sich in der Regel wieder die Sonne durch.

Nationalparks & Schutzgebiete

Die faszinierenden Nationalparks des Valle Central bieten hervorragende Möglichkeiten, freilebende Tiere zu beobachten und die Vulkanlandschaften zu erkunden.

Los Ángeles Cloud Forest Reserve (S. 148) Das Nebelwald-Reservat ist ideal für Aktivitäten abseits der ausgetretenen Touristenpfade. Zur Auswahl stehen Baumkronentouren und Ausritte.

Los Jardines de la Catarata la Paz (S. 152) 3,5 km lange Wanderwege ziehen sich durch den Regenwald, es gibt einen Kolibrigarten, ein Schlangenhaus, eine Froschausstellung, einen Forellenteich und die größte Schmetterlingsfarm der Welt.

Monumento Nacional Arqueológico Guayabo (S. 173) Die einzige bedeutende Ausgrabungsstätte des Landes kann mit den archäologischen Funden in Mexiko oder Guatemala nicht das Wasser reichen, aber die unscharfen Umrisse der Dörfer inmitten des Regenwaldes sind trotzdem faszinierend.

Parque Nacional Tapantí-Macizo Cerro de la Muerte (S. 167) Im Park fallen die höchsten Niederschläge des Landes – entsprechend vielfältig zeigen sich Fauna und Flora. Jaguare, Ozelote und Tapire zählen zu den Säugetieren, die hier jeder gerne einmal sehen würde, aber Vögel und Schmetterlinge bekommt man hier zu Gesicht.

Parque Nacional Volcán Irazú (S. 162) Einer der wenigen Aussichtspunkte auf der ganzen Welt, von dem aus die Karibik und der Pazifik zu sehen sind. Irazú ist außerdem der höchste noch aktive Vulkan des Landes.

Parque Nacional Volcán Poás (S. 150) Er ist wegen seines schimmernden Kratersees und des umliegenden Nebelwalds einer der schönsten Vulkane der Region. Die dampfenden Geysire werden manchmal so aggressiv, dass der Park schließen muss.

Gefahren & Ärgernisse

Während die Region gemeinhin als sehr sicher und freundlich gilt, muss man in den großen Städten wie Alajuela trotzdem mit gelegentlichen Autoeinbrüchen rechnen. Um das Risiko zu minimieren, sollte man auf bewachten Parkplätzen parken und Wertsachen im Wagen liegen lassen.

Anreise & Unterwegs vor Ort

Wer die verborgenen schönen Ecken dieses Landesteils besuchen will, sollte sich einen Leihwagen nehmen. Die Städte sind von San José aus gut mit dem Bus erreichbar, zwischen den Orten kann die Fortbewegung mühsam werden. Einheimische (und gelegentlich auch mutige Lonely-Planet-Autoren) fahren deshalb per Anhalter. Dies birgt aber gewisse Risiken (s. S. 604), deren man sich bewusst sein sollte. Zum guten Ton gehört, eine Beteiligung an den Spritkosten anzubieten.

ALAJUELA & DER NORDEN DES TALES

Die Provinzhauptstadt Alajuela ist umgeben von sanft wogenden Kaffeefeldern und dschungelartigen Parks. Sie liegt 18 km nordwestlich von San José und hieß ursprünglich Villa Hermosa. Die reizvolle Stadt ist mit 185 000 Einwohnern die zweitgrößte Metro-

VALLE CENTRAL & HOCHLAND

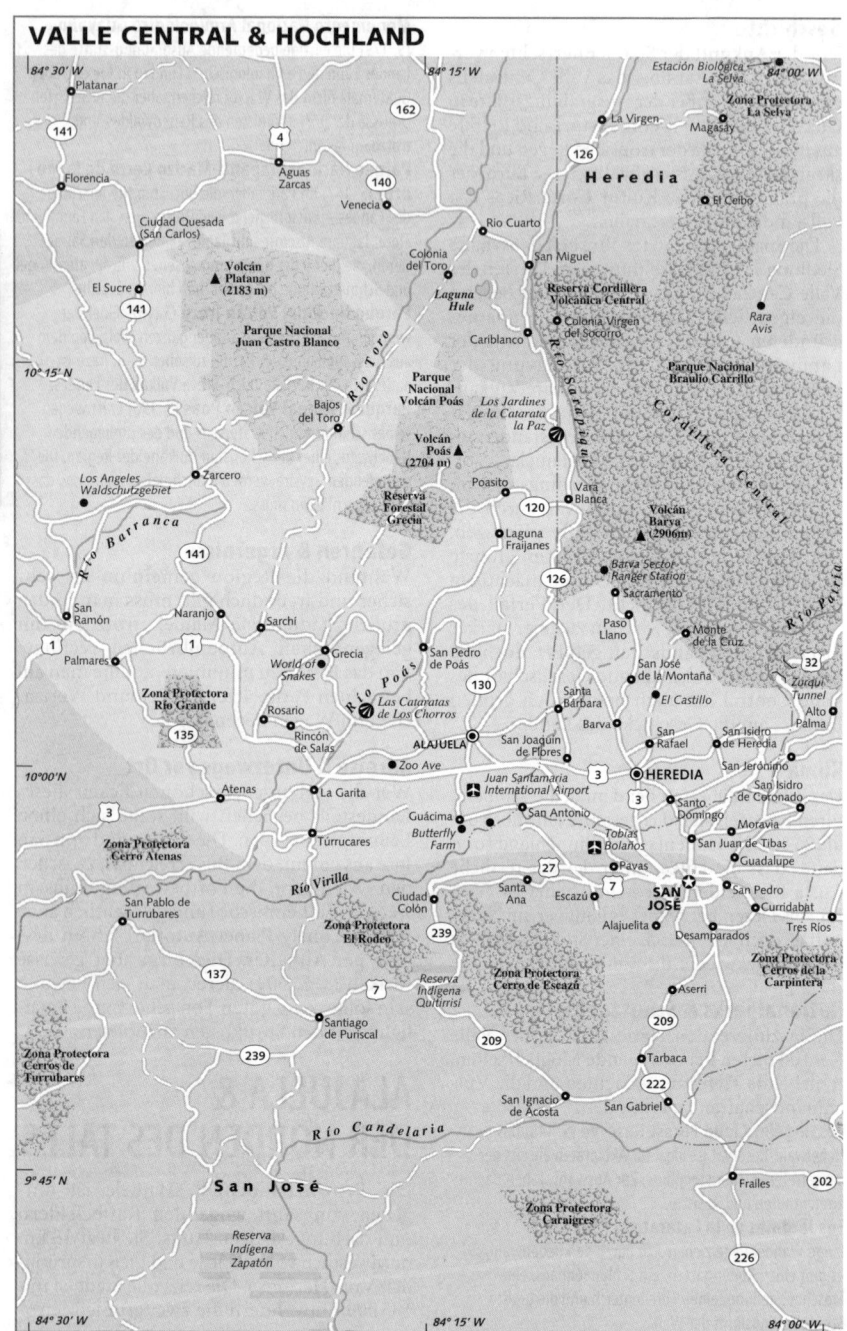

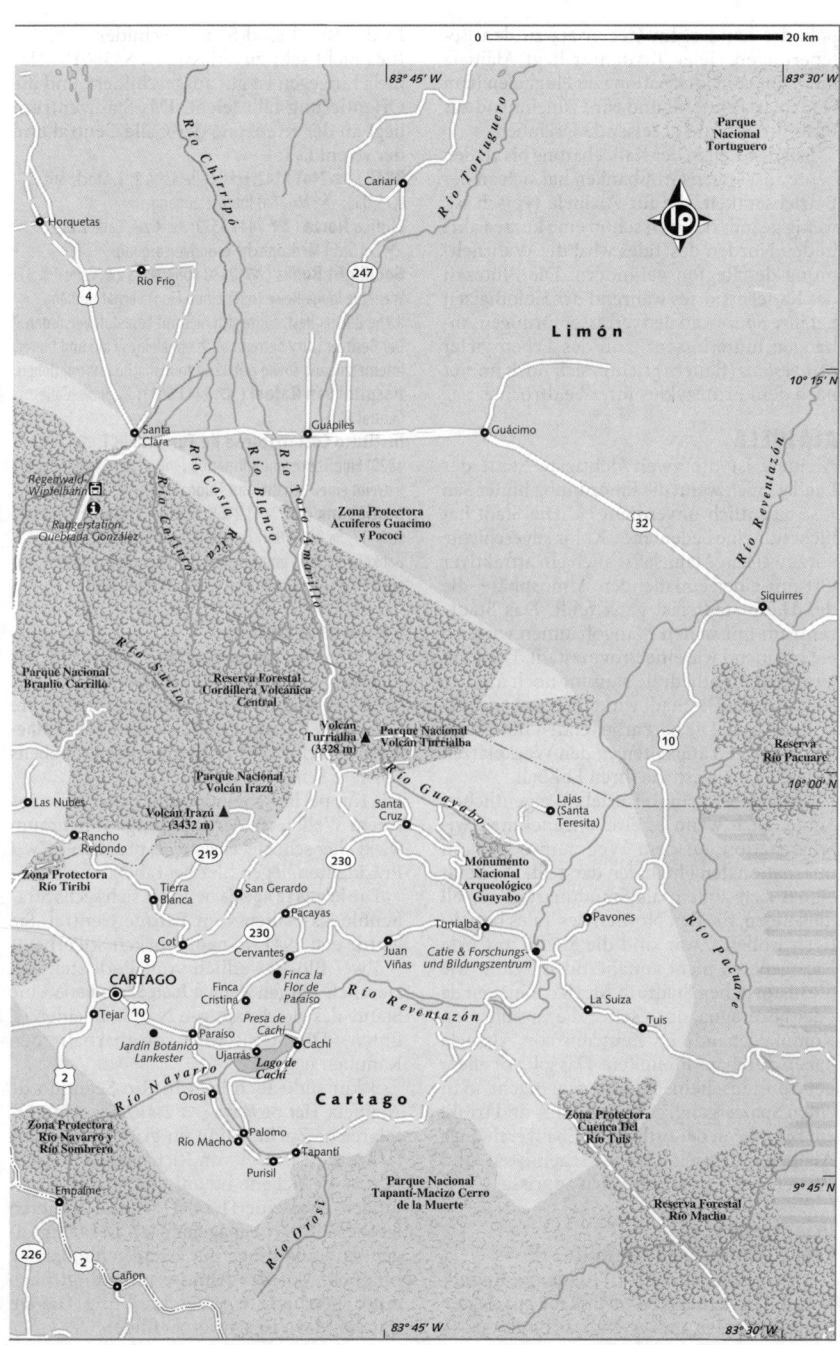

0   20 km

pole des Landes. Im Gegensatz zu den Beteuerungen vieler Taxifahrer liegt Alajuela nur 3 km vom internationalen Flughafen Juan Santamaría entfernt und wird zunehmend zur Basis für an- und abreisende Urlauber.

Seit den Zeiten der Kaffeebarone bis zu den heute ansässigen Großbanken hat sich an der Betriebsamkeit, die für Alajuela typisch ist, wenig geändert. Doch schon eine kurze Fahrt in den Norden des Tales wird die Wahrnehmung der Region verändern. Die Blütezeit des Kaffeeexportes während der Kolonialzeit hat ihre Spuren an den terrassenförmigen Abhängen hinterlassen. Und das Leben vieler *campesinos* (Bauern) richtet sich noch immer nach dem Erntezyklus ihrer Feldfrüchte.

ALAJUELA

Alajuela ist die zweitwichtigste Stadt des Landes, auch wenn die Einordnung hinter San José eigentlich unverdient ist. Die Stadt hat nicht nur eine bedeutende Kolonialgeschichte vorzuweisen, Alajuela ist auch ein attraktiver Ort mit einer einladenden Atmosphäre, die der Hauptstadt fast ganz fehlt. Das Stadtzentrum mit seinen Mangobäumen wirkt so entspannend wie eine Provinzstadt. Die weiß leuchtende Kathedrale stammt noch aus der Kolonialzeit. Die Stadt wirkt insgesamt sauber und modern. Die hart arbeitenden Bewohner nehmen ihre Tätigkeiten an den Werkplätzen fast genauso ernst wie ihren Fußball.

Alajuela ist kein Reiseziel im eigentlichen Sinne, auch wenn es eine angenehme Zwischenstation auf dem Weg zum oder vom internationalen Flughafen darstellt. Die Stadt eignet sich zudem als Standquartier für all diejenigen, die den Norden des Tales besichtigen wollen. Zwar sind die Städte in Costa Rica generell nicht annähernd so schön wie die historischen Städte in Mexiko, Guatemala oder Nicaragua, doch selbst die verfallenden Kolonialgebäude im Zentrum von Alajuela haben durchaus ihren Reiz. Das gilt vor allem bei Sonnenschein. Am besten macht man einen Spaziergang, genießt ein Eis und trinkt ein Bier, wenn der örtliche Fußballverein Liga Alajuelense spielt. Am aufregendsten sind Partien gegen den Erzrivalen Saprissa!

Orientierung & Praktische Informationen

Das Zentrum Alajuelas ist fußgängerfreundlich und besteht aus rechtwinkelig angelegten Calles (Straßen) und Avenidas (Boulevards).

In der Regel sind Straßenschilder in Costa Rica nicht sehr zuverlässig (s. S. 586) – Alajuela hingegen ist gut ausgeschildert, und die Orientierung fällt leicht. Das Stadtzentrum liegt an der Kreuzung der Calle Central und der Avenida 1.

BYTE (☎ 2441 1142; Ecke Calle 3/Av. 1, 1. Stock; Std. 0,75 US$; ☼ Mo–Sa) Internetzugang.

Clínica Norza (☎ 2441 3572; Av. 4 zw. Calle 2 & 4; ☼ 24 Std.) Medizinische Grundversorgung.

Goodlight Books (☎ 2430 4083; Av. 3 zw. Calle 1 & 3) Wer eine lange Reise (oder einen Flug) vorhat und englische Bücher liest, sollte sich hier mit Lesestoff versorgen. Der Besitzer Larry betreibt auch ein kleines Café und bietet Internetzugang sowie nützliche touristische Informationen.

Hospital San Rafael (☎ 2441 5011; Av. 9 zw. Calle Central & 1)

Instituto Costarricense de Turismo (ICT; ☎ 2442 1820) Eine Touristeninformation fehlt in der Stadt, aber ICT betreibt einen Schalter am Flughafen.

Scotiabank (☎ 2443 2168; Ecke Av. 3/Calle 2; ☼ Mo–Fr 8–17, Sa 8–16 Uhr) Es gibt ungefähr ein Dutzend Banken, die Geld umtauschen, darunter die Scotiabank, die auch einen Geldautomaten (Cirrus-System) hat.

Sehenswertes

Der schattige **Parque Central** ist ein herrlicher Ort, um sich unter Mangobäumen zu entspannen. Rund um den Park stehen mehrere Gebäude aus dem 19. Jh., darunter die **Kathedrale**. Sie erlitt 1991 während eines Erdbebens schwere Schäden.

Die Kuppel besteht ungewöhnlicherweise aus rotem Wellblech, der geräumige Innenraum wirkt eher schlicht-elegant als prunkvoll. Zwei Präsidenten liegen hier begraben.

Die **Iglesia La Agonía** befindet sich sechs Straßenblocks östlich vom Parque Central. Sie wurde erst 1941 im neobarocken Stil erbaut.

Zwei Blocks südlich vom Park steht im ziemlich kargen **Parque Juan Santamaría** eine Statue des gleichnamigen Nationalhelden (s. unten). Die Statue wird von martialischen Kanonen flankiert.

3 km südöstlich liegt in Río Segundo de Alajuela **Flor de Mayo** (☎ 2441 2658), eine erfolgreiche Zuchtstation für grüne und scharlachrote Aras. Der von Richard und Margot Frisius betriebene botanische Garten bietet jungen Aras eine Heimat. In drei Volieren lebt jeweils ein Papageienpaar. Besichtigungen sind allerdings nur nach Vereinbarung möglich. Vor der Anreise unbedingt nach einer genauen Wegbeschreibung fragen, Flor de Mayo ist schwer zu finden.

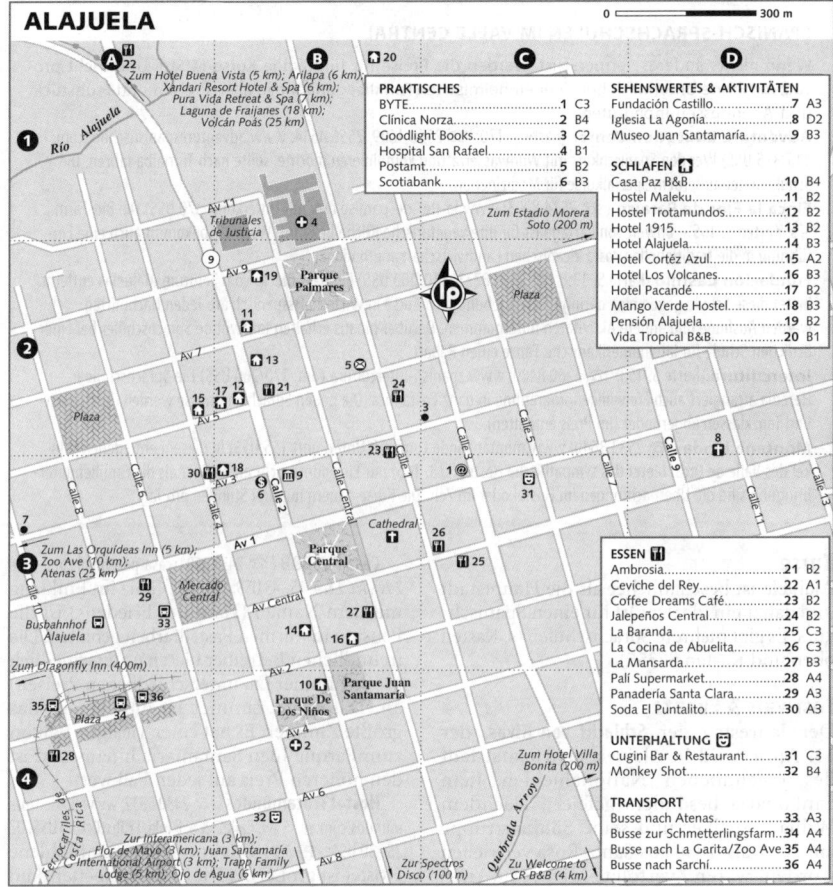

ALAJUELA

MUSEUM JUAN SANTAMARÍA

Alajuelas ist vor allem als Geburtsort des Nationalhelden Juan Santamaría bekannt, nach dem der nahe gelegene Flughafen benannt wurde. Santamaría ist auch das kleine **Museum** (☎ 2441 4775; Ecke Av. 3 & Calle 2; Eintritt frei; ☉ Di–So 10–18 Uhr) gewidmet.

Santamaría wurde als der Trommlerjunge berühmt, der heldenhaft das Gebäude in Brand steckte, in dem sich während des Krieges 1856 der Nordamerikaner William Walker verschanzt hatte. Santamaría wurde dabei jedoch erschossen. Das Museum war früher das Stadtgefängnis und zeigt nun Landkarten, Gemälde und historische Gegenstände, die sich auf den Krieg gegen Walker beziehen. Dazu kommen Wechselausstel-

lungen. Im kleinen Vortragssaal gibt es oft Aufführungen.

OJO DE AGUA

6 km südlich von Alajuela liegt das Kurbad **Ojo de Agua** (☎ 2441 2808; Eintritt 2 US$; ☉ 8–17 Uhr). Der malerische Ferienort ist an Wochenenden ein beliebtes Ausflugsziel für die Bewohner von San José und Alajuela. Rund 20 000 l Wasser sprudeln pro Minute aus der natürlichen Quelle. Das Wasser füllt mehrere Schwimmbecken und einen künstlichen See, bevor es nach Puntarenas gepumpt wird. Es gibt Imbissstände, Spielplätze und eine kleine Sporthalle. Wer die Badefreuden genießen möchte, fährt mit dem Auto an der Ausfahrt San Antonio de Belén von der Interamericana ab.

SPANISCH-SPRACHSCHULEN IM VALLE CENTRAL

Wenn nichts anderes vermerkt ist, werden die Preise für fünftägige Kurse (4 Std. Unterricht pro Tag; mit/ohne Unterkunft bei einer einheimischen Familie) genannt. In allen Preisen sind Frühstück und Abendessen inbegriffen.

Adventure Education Center (Karte S. 170; ☎ 2556 4609, 2556 4614; www.adventurespanishschool.com; 415/315 US$) Wer den Spanischkurs mit Wildwasserrafting kombinieren möchte, sollte nach Turrialba fahren. Die Schule bietet außerdem Spezialkurse für Mediziner an.

Finca la Flor de Paraíso (☎ 2534 8003; www.la-flor-de-paraiso.org; mit Unterkunft 370 US$) Die Bio-Farm – s. Kasten S. 165 – unweit von Cartago ist für ihre vegetarische Küche bekannt. Wer will, bekommt auch eine Einführung in die traditionellen costa-ricanischen Landwirtschaftsmethoden.

Fundación Castillo (Karte S. 139; ☎ 2440 8771; 310/200 US$) Ein paar Blocks vom Zentrum Alajuelas entfernt bietet diese Schule gegen eine geringe Zusatzgebühr auch Kurse in Wirtschaftsspanisch an. Jeden Nachmittag werden Ausflüge und andere Aktivitäten unternommen. Darüber hinaus erhalten tanzwütige Sprachschüler bei einer örtlichen Schule für lateinamerikanische Tänze einen Rabatt.

Intercultura (Karte S. 153; ☎ 2260 8480; www.spanish-intercultura.com; 370/260 US$) Die Sprachschule in Heredia arrangiert auch Freiwilligenprogramme in ganz Costa Rica. Die neuen Sprachkenntnisse werden durch Koch- und Tanzklassen abgerundet (im Preis enthalten).

Montaña Linda (☎ 2533 3640; www.montanalinda.com; mit Unterkunft 155 US$) In diesem entlegenen Winkel des Valle de Orosí bietet das sympathische Hostel (s. S. 166) nur Einzelunterricht an. Billiger als die Familienunterbringung sind die Übernachtungen im Hostel oder im Zelt. Die Kurse dauern nur drei Stunden pro Tag.

Kurse

Alajuela ist beschaulicher als die Hauptstadt und daher ein idealer Ort für einen Spanischkurs. Es gibt mehrere Sprachschulen (s. Kasten oben und Kasten S. 355).

Festivals & Events

Der Jahrestag der **Schlacht von Rivas**, der 11. April, wird in Alajuela als Heimatstadt des jugendlichen Nationalhelden Juan Santamaría besonders gefeiert. Nachdem William Walker und seine Söldnertruppe am 20. März 1856 aus Santa Rosa vertrieben worden waren, verfolgte die costa-ricanische Miliz sie bis nach Nicaragua. Am 11. April erreichte die Schlacht von Rivas ihren Höhepunkt: Santamaría wurde erschossen, nachdem er das Verteidigungsbollwerk Walkers mit einer Fackel angezündet hatte. An das Ereignis wird alljährlich mit einer Parade, zahlreichen Veranstaltungen und vielen Feuerwerkskörpern gedacht.

Schlafen

Da Alajuela so nahe am Flughafen liegt, organisieren die meisten Hotels und B&Bs gegen eine geringe Gebühr den Transfer.

BUDGETUNTERKÜNFTE

Es gibt einige hervorragende preisgünstige Unterkünfte in Alajuela. Alle Hotels haben Bäder mit Warmwasser.

Casa Paz B&B (☎ 2431 2691; casa-paz@mail.com; Calle 2 zw. Av. 2 & 4; 15–45 US$; P ⌨) Ganz im Einklang mit dem Namen (Haus des Friedens) ist die Pension in warmen Pastellfarben gehalten. Die freundlichen Betreiber bieten unterschiedlich große Zimmer (zu unterschiedlichen Preisen) an. Das beste Zimmer ist ohne Frage das größte Zimmer: Es hat einen riesigen Balkon zum Parque Juan Santamaría hinaus und ist den höheren Preis auf jeden Fall wert!

Hostel Trotamundos (☎ 2430 5832; www.hosteltrotamundos.com; Av. 5 zw. Calle 2 & 4; B inkl. Frühstück 10 US$, DZ 25–30 US$; P ⌨) Das von Lesern empfohlene Hostel ist großartig. Die Schlafsaalbetten sind preisgünstig, es gibt eine Küche, einen Fernsehraum, kostenlosen Internetzugang sowie viel Platz, um sich mit anderen Reisenden zu treffen.

LP Tipp **Hostel Maleku** (☎ 2430 4304; www.malekuhostel.com; Av. 9 zw. Calle Central & 2; B/EZ/DZ/3BZ 12/25/30/40 US$; P ⌨) Die nette kleine Herberge für Rucksacktouristen ist sauber und wird von einer freundlichen Familie betrieben, die sich auch um die Buchung weiterer Unterkünfte auf der Reiseroute kümmert (sehr nützlich, wenn man gerade erst gelandet ist). Kostenloser Transfer vom/zum Flughafen.

Hotel Pacandé (☎ 2443 8481; www.hotelpacande.com; Av. 5 zw. Calle 2 & 4; EZ 27–50 US$, DZ 28–50 US$, alle inkl. Frühstück; P ⌨) Das beliebte Hotel ist wirklich tipptopp in Schuss, die Besitzer sind sehr gastfreundlich und eine gute Informationsquelle. Der Frühstücksbereich draußen ist ein herrlicher Ort für den morgendlichen Kaffee, zu dem frische Ananas serviert wird. Es gibt Zimmer mit eigenem Bad, aber auch einige mit Gemeinschaftsbad.

Hotel Cortéz Azul (☎ 2443 6145; Av. 5 zw. Calle 2 & 4; EZ/DZ/3BZ 15/30/45 US$; P) Der Besitzer Eduardo Rodríguez ist ein begabter Künstler und stellt seine originellen Arbeiten (aus Zementplatten ragende surrealistische Vasen) auf dem Gelände aus. Die Zimmer mit ihren polierten Holzböden sind sehr gemütlich. Es gibt einen schönen Gemeinschaftsbereich und zwei Küchen. Das Wandgemälde „Das letzte Abendmahl" ist sehenswert. An der Rezeption werden einige der Kunstwerke des Malers verkauft.

Mango Verde Hostel (☎ 2441 6330; mirafloresbb@hotmail.com; Av. 3 zw. Calle 2 & 4; EZ/DZ 15/30 US$, mit Bad 20/40 US$) Die beliebte Pension bietet recht einfache Zimmer. Die hübsche Küche, die zahlreichen Hängematten und die großzügigen Aufenthaltsräume sind ideale Treffpunkte, um sich mit anderen Reisenden auszutauschen.

Pensión Alajuela (☎ 2441 6251; www.pensionalajuela.com; Av. 9 zw. Calle Central & 2; EZ/DZ 25/35 US$, mit Bad 30/40 US$; P X 및) Ebenfalls ein guter Tipp: Die einladenden Zimmer sind um eine „Dschungel-Lounge" gruppiert, in der man sich mit anderen Reisenden austauschen kann. Es gibt eine Gemeinschaftsküche sowie drahtlosen Internetzugang, auf Wunsch auch Klimaanlage (10 US$).

Arilapa (☎ 2443 6941; www.arilapa.com; B/EZ/DZ/3BZ 8/30/35/45 US$; P 및) Das Villa liegt außerhalb der Stadt und ist eine gute Adresse für alle, die vom Flughafen kommend lieber auf dem Land übernachten wollen. Die ländliche Unterkunft in einem hübschen Orangenhain wird von dem netten Ehepaar Arnold und Ileana betrieben. Sie kümmern sich auch um den kostenlosen Flughafentransfer und bringen Gästen in der hauseigenen Bäckerei die Tortillaherstellung bei.

Welcome to CR B&B (☎ 2265 6563; www.welcometocr.com; B/DZ 14/35 US$; P 및) Eine solide Unterkunft für Rucksacktouristen etwa 5 km östlich vom Flughafen an der Straße nach San Joaquín. Die Besitzer haben viele Jahre das berühmte Toruma Hostel in San José geleitet. Ihr eigenes Hotel in der Kolonialstadt San Joaquín ist eine nette Alternative zu Alajuela – vor allem Naturliebhaber übernachten hier gerne. Im Preis inbegriffen sind das Frühstück und der Flughafentransfer (Minimum 2 Pers.).

MITTELKLASSEHOTELS

Für ein paar Dollar mehr können Reisende in schönen B&Bs unterkommen.

Hotel Alajuela (☎ 2441 1241; alajuela@racsa.co.cr; Calle 2 zw. Av. Central & 2; DZ 30–45 US$; P 및) Das Hotel hat 50 einfache Zimmer. Da einige der Zimmer nach vorne hinaus bei der Besichtigung etwas schmuddelig erscheinen, lohnt es sich, vor der Buchung mehrere Zimmer anzusehen. Zum Hotel gehört eine kleine, mit Pflanzen geschmückte Terrasse zum Lesen und Entspannen.

Hotel Los Volcanes (☎ 2441 0525; www.montezumaexpeditions.com/hotel.htm; Av. 2 zw. Calle Central & 2; EZ/DZ inkl. Frühstück 30/45 US$; P X 및) Das Haus aus den 1920er-Jahren wurde in ein familiäres B&B umgewandelt. Die sechs hübschen Gästezimmer sind mit Stilmöbeln aus tropischen Hartholz eingerichtet. Nicht alle haben ein eigenes Bad.

Vida Tropical B&B (☎ 2443 9576; www.vidatropical.com; EZ/DZ inkl. Frühstück 30/45 US$; P 및) Das von kolumbianisch-amerikanischen Besitzern betriebene B&B (die Besitzer sind auch Eigentümer des empfehlenswerten Restaurants Jalapeños Central, s. S. 143) liegt in einer ruhigen Wohngegend unmittelbar nördlich der Innenstadt. Im gesamten Haus dominieren leuchtende Wandgemälde. Der Garten hinter dem Haus ist ideal, um die Sonne zu genießen. Für Faulenzer gibt es zahlreiche Hängematten und bequeme Sofas.

Dragonfly Inn (☎ 2443 4152; www.dragonflyinncr.com; EZ/DZ inkl. Frühstück 45/65 US$; P 및) 1 km westlich des Stadtzentrums liegt das hübsche Gästehaus in einem ruhigen Wohnviertel nordwestlich des Parque La Trinidad. Das zweistöckige weiße Kolonialhaus hat helle und geräumige Zimmer, die sich zwei blitzsaubere Gemeinschaftsbäder teilen (eines davon hat sogar einen Whirlpool). Der Balkon im Obergeschoss und das „Business Center" sind perfekte Orte zum Entspannen und dem Checken von E-Mails.

LP Tipp **Hotel 1915** (☎ 2441 0495; www.1915hotel.com; Calle 2 zw. Av. 5 & 7; EZ/DZ 45/55 US$, EZ/DZ/3BZ mit Klimaanlage 50/65/75 US$; P X) Das sehr empfehlenswerte Hotel gehört zu den schönsten Gebäuden in Alajuela. Von außen wirkt es ein bisschen, als wäre es geschlossen (was einem auch manche Taxifahrer einreden wollen). Die Innenräume des gut 100 Jahre alten Hotels im spanischen Kolonialstil sind geradezu atemberaubend. Manch einer meint, in einer anderen Zeit gelandet zu sein.

VALLE CENTRAL & HOCHLAND

Hotel Villa Bonita (☎ 2441 0239; www.hotelvilla bonita.com; Av. 8, Calle 9; EZ/DZ 47/57 US$; P ⌨) Ein hübsches und gemütliches Hotel am Rand des Stadtzentrums. Die Zimmer mit ihren dicken weißen Kissen und Matratzen sind sehr bequem. Die Hauptattraktion ist aber der Blumengarten, in dem sich die Gäste auf dem gepflegten Rasen und in den Hängematten entspannen können.

SPITZENKLASSEHOTELS

Hotel Buena Vista (☎ 2442 8595; www.hotelbuenavista.com; DZ 75–130 US$; P ✗ 🐾 ⌨ 🛏) 5 km nördlich von Alajuela liegt das weiß gekalkte Hotel im mediterranen Stil. Es dominiert einen Hügel an der Straße nach Poás und bietet einen schönen Panoramablick auf die nahe gelegenen Vulkane. Das gilt vor allem für die teureren Zimmer mit Balkon. Die komfortablen Zimmer sind unterschiedlich groß und verschieden geschnitten. Die Gäste können beim Bummel über das große Gelände und den tollen Ausblick genießen.

Las Orquídeas Inn (☎ 2433 9346; www.orquideasinn.com; DZ 79–99, Suite 99–150 US$, Apt. 140 US$; P ✗ 🐾 🛏) Ein stattliches Herrenhaus im spanischen Kolonialstil an der Straße nach San Pedro de Poás etwa 5 km westlich von Alajuela. Die normalen Zimmer sind mit Bettüberwürfen aus Guatemala dekoriert und liegen nur ein paar Schritte vom Pool entfernt. Die verschiedenen Suiten sind dagegen der reine Luxus (besonders die kuppelförmige Suite). Das Restaurant ist für seine Gourmet-Küche berühmt, die Bar für ihre Marilyn-Monroe-Ausstattung.

[LP Tipp] **Trapp Family Lodge** (☎ 2431 0776; www.trappfam.com; DZ 110 US$; P ⌨ 🛏) Zweifellos die komfortabelste Wahl in der Nähe des Flughafens. Jedes der 20 Zimmer mit Terrakottaböden hat zwei große Betten, die besten Zimmer bieten Aussicht auf den hübschen Garten mit Pool. Kostenloser Flughafentransfer ist inbegriffen.

Pura Vida Retreat & Spa (☎ 8392 8099, in den USA 888-767 7375; www.puravidaspa.com; DZ 165–185 US$, 7-Tage-Paket pro Pers. 1465 US$; P ✗ 🛏) 7 km nördlich von Alajuela an der Straße nach Carizal liegt eine außergewöhnliche Ferienanlage, zu der auch ein renommiertes Zentrum für Yoga und alternative Medizin gehört. Im Zimmerpreis enthalten sind zwei Yogastunden täglich. Die Gäste werden in eleganten Zen-Zelten („Tentalows") oder komfortableren Suiten untergebracht. Das Angebot umfasst Kurse und

Ausflüge, die sich mit alternativer Medizin beschäftigen oder einen spirituellen Bezug haben. Ins Pauschalpaket sind auch Therapien einbezogen, darunter verschiedene Massagen und ganzheitliche Therapien. Inklusive ist auch das Essen in dem vegetarisch-makrobiotischen Hotelrestaurant. Die Beschilderung beginnt am Estadio.

Xandari Resort Hotel & Spa (☎ 2443 2020; www.xandari.com; DZ-Villa 192–280 US$; P ✗ 🐾 🛏) Die Ferienanlage 6 km nördlich von Alajuela liegt mitten in einer Kaffeeplantage mit Blick auf das Valle Central. Der Ort ist geradezu ideal für einen romantischen Urlaub: Die Zimmer sind luxuriös ausgestattet, der Ausblick gleicht einer Postkartenidylle. Auf dem Grundstück sind 3 km Wanderwege angelegt, dazu kommen mehrere Wasserfälle. Das Xandari bietet seinen Gästen auch Fitnesskurse und Wellnesspauschalen, medizinische Fußpflege und exotische Massagen. Daneben gibt es noch zwei Schwimmbecken, einen Whirlpool und als Krönung ein Gourmet-Restaurant, das sich auf fettarme, vegetarische Küche spezialisiert hat.

ESSEN

Soda El Puntalito (Ecke Calle 4/Av. 3; Snacks 1–3 US$) Reisende sollten es den Einheimischen gleich tun und sich an diesem sehr billigen und bescheidenen Imbiss an der Straße zuerst einmal einen Barhocker greifen.

Panadería Santa Clara (Av. 1 zw. Calle 6 & 8; pro Teil 1–3 US$) Der Duft weist den Weg zu dieser wunderbaren Bäckerei, die viele Sorten selbst gebackenes Brot sowie atemberaubende Teilchen und Kuchen verkauft.

Coffee Dramas Café (Calle 1 zw. Av. 1 & 3; Gerichte 2–5 US$) Ein „traumhaftes" Café und eine gute Gelegenheit, die heimischen Kaffeesorten zu probieren. Unbedingt mit Hunger kommen: Die heißen *tamales* sind himmlisch gut!

La Cocina de Abuelita (Ecke Av. Central, zw. Calle 1 & 3; Mahlzeiten 2–5 US$; ⏱ 11–15 Uhr) Ein echter Favorit der Einheimischen. Hier kommen lokale Spezialitäten wie Schweinefleischeintopf und frittierte Plantainbananen auf den Tisch. Alles ist billig, deftig und authentisch.

Ceviche del Rey (☎ 2442 3977; Calle 2 nördlich von Río Alajuela; Mahlzeiten 3–6 US$; ⏱ 11–23 Uhr) Die Reise zum nördlichen Stadtrand lohnt sich, denn hier servieren lebhafte peruanische Ober die vielleicht besten *ceviches* (ungekochte, aber köstlich marinierte Meeresfrüchte) der ganzen Region.

Jalepeños Central (☎ 2430 4027; Calle 1 zw. Av. 3 & 5; Gerichte 3–6 US$; Ⓨ Mo–Sa 11.20–21 Uhr) Wer in Alajuela wohnt, sollte unbedingt hier essen. Der lebhafte kolumbianisch-amerikanische Besitzer aus Queens serviert würzige Tex-Mex-Gerichte.

La Baranda (Av. Central zw. Calle 1 & 3; Gerichte 3–7 US$) Auch wenn diese Soda (kleines Restaurant) auf Touristen ausgerichtet ist, kommen noch immer zahlreiche Einheimische, um herzhafte casados und frische Ceviche zu essen.

La Mansarda (☎ 2441 4390; Calle Central zw. Av. Central & 2, 1. Stock; Mahlzeiten 4–9 US$; Ⓨ 11–23 Uhr) Bestes Restaurant in Alajuela für costa-ricanisches Essen. Auf dem Balkon oberhalb der Straße werden frische Fisch- und Grillgerichte serviert. Dazu kommt eine exquisite Weinkarte.

Einen Besuch wert ist der überdachte Wochenmarkt **Mercado Central** (Calle 4 & 6 zw. Av. 1 & Central; Ⓨ Mo–Sa 7–18 Uhr). Hier gibt es zahlreiche Sodas, Lebensmittelstände und vieles mehr. Wem der Kulturschock zu groß ist, findet im Stadtzentrum auch alle bekannten Fast-Food-Ketten. Selbstversorger können sich im **Palí Supermarkt** (Ecke Av. 2/Calle 10; Ⓨ 8 bis 20 Uhr) eindecken.

UNTERHALTUNG

Alajuelas Fußballklub La Liga ist der Dauer-Champions des costa-ricanischen Fußballs. Der Verein kommt aus Alajuela und spielt während der Fußballsaison sonntags im Estadio Morera Soto im Nordosten der Stadt. Wer kein Ticket ergattern kann, verfolgt das Spiel bei ein oder zwei Gläsern Bier im **Cugini Bar & Restaurant** (☎ 2440 6893; Ecke Av. Central/Calle 5; Ⓨ Mo–Sa 12–24 Uhr).

Es herrscht kein Mangel an Kneipen in Alajuela, und vielerorts wird nach 22 Uhr Karaoke veranstaltet. Dann sieht man schon mal eine Gruppe angetrunkener Ticos, die sich an *Let It Be* versuchen. Für Neuankömmlinge in Costa Rica empfiehlt sich als Warm-up erst einmal ein Gläschen Guaro Cacique (Rum).

Wer sich für die melodische Monotonie des *reggaetón* interessiert, sollte es im **Monkey Shot** (Calle 4) versuchen. Die riesige Bar mit Innen- und Außenbereich zeigt gelegentlich männliche und weibliche Stripper. Ein weiterer Tipp ist die **Spectros Disco** (Calle 2 zw. Av. 10 & 12) mit der größten Tanzfläche der gesamten Stadt.

An- & Weiterreise

Details zu Flügen zum Aeropuerto Internacional Juan Santamaría finden sich auf S. 603.

Vom Parque Central ist das Taxi (3 US$) ohne jeden Zweifel das beste Transportmittel zum Flughafen.

Busse halten an mehreren Punkten in Alajuela, die meisten jedoch am **Busbahnhof** (Calle 8 zw. Av. Central & 1). Von hier verkehren Busse nach San José, zum Flughafen, zum Vulkan Poás und anderen Zielen.

Atenas 0,50 US$, 30 Min., Ecke Calle 6/Av. Central, alle 30 Min., Abfahrt 6–21 Uhr.

Butterfly Farm 0,50 US$, 30 Min., Ecke Calle 8/Av. 2, Abfahrt 6.20, 9, 11 & 13 Uhr.

Heredia 0,50 US$, 30 Min., Busbahnhof Alajuela, alle 15 Min., Abfahrt 5–23 Uhr.

La Garita/Zoo Ave 0,50 US$, 30 Min., Ecke Calle 10/Av. 2, alle 30 Min., Abfahrt 6–21 Uhr.

Laguna de Fraijanes 0,50 US$, 30 Min., Busbahnhof Alajuela, Abfahrt 9, 13, 16.15 & 18.15 Uhr.

San José (Tuasa) 0,75 US$, 45 Min., Busbahnhof Alajuela, alle 10 Min., Abfahrt 5–23 Uhr.

Sarchí 0,50 US$, 30 Min., Calle 8 zw. Av. Central & 2, alle 30 Min., Abfahrt 5–22 Uhr.

BUTTERFLY FARM

1983, als der Fremdenverkehr in Costa Rica noch in den Kinderschuhen steckte, öffnete die **Butterfly Farm** (☎ 2438 0400; www.butterflyfarm.co.cr; Erw./Kind (5–12 Jahre)/Stud. 15/7/10 US$; Ⓨ 8.30–17 Uhr) als erste kommerzielle Schmetterlingsfarm Lateinamerikas ihre Pforten. In der freien Natur erreichen weniger als 2 % der Raupen das Schmetterlingsstadium. Die hiesigen Züchter haben jedoch eine beeindruckende Rate von 90 % erreicht. So können Gärten, Schulen, Museen und private Sammlungen rund um die Welt zuverlässig beliefert werden. Wer zwischen März und August von Montag bis Donnerstag vorbeischaut, sieht, wie Tausende Puppen für den Export verpackt werden.

Die Schmetterlinge sind an sonnigen Vormittagen am aktivsten, sodass Besucher früh kommen sollten. Die Eintrittsgebühr umfasst eine zweistündige Führung, in der alles über den komplexen Lebenslauf der Schmetterlinge sowie ihre Bedeutung für die Natur erklärt wird. Die Führungen finden mindestens dreimal täglich in Englisch, Deutsch, Spanisch und Französisch statt.

Zu den weiteren Attraktionen zählen die Bienengärten mit ihren Orchideen und anderen tropischen Pflanzen, außerdem gehört eine Fahrt mit einem traditionellen Ochsenkarren dazu.

Die Butterfly Farm bietet zusätzlich verschiedene Tagesausflüge an (Erw./Kind/Stud.

63/48/53 US$). Im Preis inbegriffen sind der Transfer von jedem Hotel in San José, eine Führung durch die Stadt, eine Kaffeetour zur Café Britt Finca (s. S. 156) sowie weitere Ausflugsziele.

Autofahrer erreichen die Butterfly Farm, indem sie von Alajuela 12 km südlich zur Ortschaft La Guácima fahren; die Anlage liegt unmittelbar vor dem gut ausgeschilderten El Club Campestre Los Reyes. Die Farm bietet für 10 US$ pro Person einen Shuttle-Service zu den Hotels in San José an. Von Alajuela fährt ein Direktbus (s. unten) dorthin.

NACH WESTEN RICHTUNG ATENAS

Die 25 km lange Strecke von Alajuela nach Atenas ist ein netter Tagesausflug, vor allem für diejenigen, die sich für Maisfelder begeistern können. Doch allein schon das angenehme Klima und die ländliche Stimmung sind Gründe genug, sich hier einmal in Ruhe umzuschauen.

La Garita

Wer gerne Mais isst, wird den 11 km westlich von Alajuela gelegenen Ort wie einen Wallfahrtsort schätzen. Neben einigen „knackigen" Mais-Restaurants gibt es hier aber auch die größte Vogelsammlung Mittelamerikas.

Der **Zoo Ave** (☎ 2433 8989; www.zooave.org; Erw./ Kind 9/1 US$; ☺ 8.30–17 Uhr) liegt 10 km westlich von Alajuela in Richtung La Garita. Hier sind mehr als 80 farbenfrohe und lautstarke costaricanische Vogelarten in einer parkähnlichen Umgebung zu Hause – ein beliebtes Ausflugsziel vor allem für Familien. Dazu kommen noch alle vier heimischen Affenarten sowie weitere landestypische Tierarten. Der Zoo ist eigentlich eine Zuchtstation, um heimischen Arten wieder in der Wildnis anzusiedeln. Für Freiwillige bieten sich diverse Arbeitsmöglichkeiten, vor allem wenn sie schon Erfahrung im Umgang mit Tieren haben.

SCHLAFEN & ESSEN

Martino Resort & Spa (☎ 2433 8382; www.hotelmartino. com; DZ Standard/Deluxe 187/244 US$; ℙ ✂ ▨ 📻 🗔 📺) Wer Luxus liebt und gerne spielt, ist hier richtig: Das 5-Sterne-Hotel beherbergt Costa Ricas elegantestes Casino. Abgerundet wird das Angebot durch italienische Bio-Gourmetküche, einen Vogelpark sowie einen luxuriösen Wellnessbereich mit riesigen Schwimmbecken, Sauna und einem Fitnesszentrum mit allen Schikanen. Von der Abfahrt Alajuela

der Interamericana sind es bis zum Resort 2 km in nördlicher Richtung bzw. 15 Minuten vom Flughafen.

Wissenschaftler aus der ganzen Welt kommen für Studienzwecke in das costaricanische Hauptanbaugebiet des Mais. Alle anderen konzentrieren sich lieber auf die außergewöhnlichen Restaurants.

La Fiesta del Maíz (☎ 2487 7057; Hauptgerichte 1–5 US$; ☺ 6–21.30 Uhr) Das unaufdringliche Restaurant ist berühmt für seine abwechslungsreichen Maisgerichte. Mutige probieren vielleicht mal die gebratenen Schweinehäute, sprich Schwarten.

Delicias del Maíz (☎ 2433 7206; Hauptgerichte 3–9 US$; ☺ 8–21.30 Uhr) Das Delicias ist definitiv exklusiver: Hier werden alle möglichen Rezepte mit Mais serviert.

La Casa del Viñedo (☎ 2487 6086; Hauptgerichte 4–15 US$; ☺ 11–23 Uhr) Wer nicht auf Mais steht, sollte alternativ dieses Weingut am Ortsrand besuchen. Hier werden in kleinen Mengen sieben verschiedene Weinsorten gekeltert. Zur Weinprobe bekommen die Gäste dann herzhafte argentinische und nordamerikanische Steaks serviert.

AN- & WEITERREISE

Busse (0,75 US$, 30 Min.) verkehren alle halbe Stunde zwischen Alajuela, Zoo Ave und La Garita. Autofahrer nehmen die Abfahrt Atenas von der Interamericana und fahren dann 3 km östlich zum Zoo Ave.

Atenas

Das kleine Dorf liegt am historischen *camino de carretas* (Ochsenkarren-Weg), über den früher Kaffeebohnen nach Puntarenas transportiert wurden. Zwar soll das Klima von Atenas laut einer Ausgabe von *National Geographic* von 1994 das angenehmste der ganzen Welt sein, dafür mangelt es aber etwas an Sehenswürdigkeiten. Aber unbestreitbar liegt hier tatsächlich immer der laue Frühling in der Luft.

Schilder weisen den Weg zum **El Cafetal Inn B&B** (☎ 2446 5785; www.cafetal.com; EZ/DZ ab 80/90 US$; ℙ), einer weitläufigen Kaffeeplantage 5 km nördlich von Atenas. Wer nicht übernachten möchte, sollte wenigstens die örtliche Spezialität probieren: Kaffee. Es gibt einen großen Garten mit zwei Pfaden, die zu Wasserfällen führen, einen Pool und mehrere sympathische Zimmer. Sie sind verschieden groß und unterschiedlich ausgestattet, aber alle hell und mit großartigen Ausblicken. Das dazugehörige Café **Mirador del Cafetal** (Gerichte 1–5 US$; ⊙ 7–17 Uhr) verkauft die hauseigene Kaffeesorte La Negrita – als Bohnen oder in Form einer ganzen Auswahl an köstlichen Heiß- und Kaltgetränken. Der grandiose Blick über das gesamte Valle Central ist gratis.

Die **Rancho Típico La Trilla** (☎ 2446 5637; Hauptgerichte 3–8 US$) liegt 75 m östlich von der Tankstelle, serviert rustikale *casados* und ist besonders bei Touristen sehr beliebt. Gäste können sich in der „Kaffeemühle" verpflegen: Das Restaurant verdankt seinen Namen einer nahe gelegenen alten Mühle.

Zwischen Atenas, San José und Alajuela verkehren regelmäßig Busse.

NACH NORDWESTEN RICHTUNG SARCHÍ

In der sorgsam bewirtschafteten Hügellandschaft nordwestlich von Alajuela liegen die Kleinstädte Grecia (22 km), Sarchí (29 km), Naranjo (35 km) und Zarcero (52 km). Sie sind beliebte Urlaubsorte der Josefinos – dank ihrer blühenden Bäume und der frischen Landluft und dem exzellenten Kaffee, der hier angebaut wird. Zu den Sehenswürdigkeiten zählen der berühmte Zierbusch-Kunstpark in Zarcero und der Ort Sarchí als Zentrum des Kunsthandwerks.

Grecia

Im Ortszentrum steht die etwas fehl am Platze wirkende hellrote **Catedral de la Mercedes**, sie wurde aus Stahl errichtet. Die Kirche wurde in Belgien konstruiert und 1897 nach Costa Rica verschifft. Grecia ist ein moderner Ort mit einem guten Schuss costa-ricanischer Volkstümlichkeit. In der kleinen **Casa de Cultura** (☎ 2444 6767) finden sich Gegenstände aus der spanischen Kolonialzeit sowie Artikel über die Preisverleihung als „sauberste Kleinstadt Lateinamerikas". Beeindruckend ist die Insektensammlung.

PRAKTISCHE INFORMATIONEN

Informationen über die umliegenden Naturparks bietet **Minae** (Umwelt- und Energieministerium; ☎ 2494 0065; ⊙ Mo–Fr 8–16 Uhr). Der Ort hat mehrere schlichte Sodas und Bars sowie Banken mit Geldautomaten und eine Post.

SEHENSWERTES

Die **Felsenbrücke aus dem 18. Jh.** steht südlich der Stadt zwischen den Weilern Puente de Piedra

und Rincón de Salas. Die Einheimischen behaupten, dass sich die einzige andere Brücke dieser Art in China befindet. Manche sind sogar überzeugt, sie sei vom Teufel höchstpersönlich erbaut worden. 1994 wurde sie unter Denkmalschutz gestellt.

Hauptattraktion von Grecia ist allerdings **World of Snakes** (☎ 2494 3700; Erw./Kind 12/7 US$; ⊙ 8–16 Uhr) Die Schlangenwelt liegt 1,5 km südöstlich vom Stadtzentrum und unterhält ein Zuchtprogramm für bedrohte Arten. Mehr als 150 einheimische und „ausländische" Schlangen (insgesamt 40 verschiedene Arten) sind hier in geräumigen Käfigen untergebracht. Bei den informativen Führungen in Englisch, Deutsch oder Spanisch darf man ab und zu auch mal eine Schlange anfassen. Jeder Bus von Alajuela nach Grecia hält bei Bedarf am Eingang.

Mariposario Spirogyra (Erw./Kind 5/3 US$; ⊙ 8 bis 17 Uhr) ist ein kleiner, aber schöner Schmetterlingsgarten und liegt 150 m von der Catedral de la Mercedes entfernt. Es gibt nur wenige Informationstafeln, doch die Führungen sind im Eintritt inklusive.

Idyllisch gelegen sind die Wasserfälle **Las Cataratas de Los Chorros** (Eintritt 4 US$; ⊙ 8–17 Uhr), 5 km südlich von Grecia in Richtung Santa Gertrudis. Außer den zwei Wasserfällen gibt es eine Bademöglichkeit mit Picknicktischen. An Wochenenden treffen sich hier die Einheimischen.

AKTIVITÄTEN

Wen Costa Ricas sicheres und friedliches Image ein wenig langweilt, kann es beim **Tropical Bungee** (☎ 2290 5629; www.bungee.co.cr; 1./2. Sprung 60/30 US$) auch gefährlicher haben und sich von der Brücke über den Río Colorado 75 m in die Tiefe stürzen. Die Brücke liegt 2 km westlich der Abfahrt nach Grecia.

SCHLAFEN & ESSEN

Healthy Day Country Inn Resort (☎ 2444 5903; Dz. inkl. Frühstück 45 US$; P ☒ ☒ ▢ ♨) Die verfallende Dschungelfassade am Eingang hat schon bessere Tage erlebt. Doch die Anlage ist eine willkommene Abwechslung vom Stadtleben, insbesondere wenn man abnehmen möchte. Die Zimmer mit Gemeinschaftsbad sind sehr preisgünstig, die Gäste dürfen den Tennisplatz, den Fitnessraum, den Whirlpool sowie andere Abmagerungsmöglichkeiten nutzen, die nicht so anstrengend sind: homöopathische Therapien, Massagen und makrobiotische Mahlzeiten. Die Anlage liegt 800 m nördlich der Kirche an der Hauptstraße.

LP Tipp **Vista del Valle Plantation Inn** (☎ 2450 0800; www.vistadelvalle.com; EZ/DZ 100/120 US$, Suite inkl. Frühstück 155-200 US$; P ⊠ ☎) In der Ortschaft Rosario, 7 km südwestlich von Grecia, liegt das womöglich protzigste Dschungelhotel des Landes. Die eleganten Gartenhütten verteilen sich über den wunderschön angelegten botanischen Garten. Von den Balkonen reicht der Blick über den Río Grande und mehrere Vulkane bis zum Lichtermeer von San José. Wanderwege führen am 90 m hohen Wasserfall vorbei in die benachbarte Zona Protectora Río Grande. Das Nebelwaldgebiet liegt auf rund 800 m Höhe. Ausritte, Massagen, ein Schwimmbecken, ein Whirlpool zur Entspannung sowie ein regelmäßiger Flughafen-Shuttle gehören zum Standardangebot.

Die Stadt bietet ein paar gut sortierte Märkte, Bäckereien und einfache Sodas.

AN- & WEITERREISE
Der Busbahnhof befindet sich etwa 400 m südlich der Kirche hinter dem *mercado*.
San José 0,50 US$, 1 Std., alle 30 Min., Abfahrt 5.30–22 Uhr.
Sarchí, Anschluss nach Naranjo 0,25 US$, 1 Std., alle 25 Min., Abfahrt 4.45–22 Uhr.

Sarchí
Costa-Rica-Urlauber haben ein echtes Problem: Die Souvenirläden sind lausig. Vielleicht ist der Ökotourismus schuld, aber es wirkt einfach fehl am Platze, in einem der letzten unberührten Regenwälder der Welt Plastikkitsch als Andenken zu kaufen.

Aber so ist es nun mal: Nach dem Urlaub interessiert es die Freunde und Verwandten nicht, ob man beim Waten durch knietiefen Schlamm einen seltenen Vogel gesichtet hat, den sie vermutlich ohnehin nicht kennen. Nein, sie wollen Geschenke.

Willkommen in Sarchí, Costa Ricas berühmtestem Zentrum für Kunsthandwerk. Die hübsche Stadt liegt zwischen mehreren welligen Tälern, in denen Kaffee angebaut wird, und besteht aus lauter bungalowgroßen Ständen. Die Künstler setzen hier die lange Tradition der Holzschnitzerei fort. Leider entsteht bei den 45minütigen Stopps im hübschen Ort (so lange bleiben in der Regel die Tourbusse) schnell der Eindruck, in eine Touristenfalle getappt zu sein. Doch rund um Sarchí arbeiten Künstler in insgesamt rund 200 Werkstätten. Wer also auf eigene Faust unterwegs ist, findet mit ein bisschen Ausdauer auch Kunsthandwerker, die Sonderanfertigungen machen oder auch mal ein oder zwei Unterrichtsstunden in der Holzverarbeitung geben.

ORIENTIERUNG & PRAKTISCHE INFORMATIONEN
Sarchí wird vom Río Trojas in die zwei Stadtviertel Sarchí Norte und Sarchí Sur geteilt. Der Ort ist weitläufig und zieht sich mehrere Kilometer an der Hauptstraße von Grecia nach Naranjo entlang.

In Sarchí Norte liegt der Hauptplatz mit den typischen Zwillingstürmen der Kirche, einem Hotel sowie einigen Restaurants. Es gibt auch eine Filiale der **Banco Nacional** (☎ 2454 4262; ☾ Mo–Fr 8.30–15 Uhr), in der Geld gewechselt werden kann.

SCHLAFEN & ESSEN
Cabinas Mandy (☎ 2454 2397; EZ/DZ 10/15 US$; P) Die beste Budgetunterkunft liegt an der Feuerwache in Sarchí Norte. Die kleinen, aber gut gepflegten Zimmer haben Kabel-TV und eigene Duschen.

Hotel Daniel Zamora (☎ 2454 4596; DZ 35 US$; P) An einer ruhigen Straße östlich vom Fußballstadion liegt dieses etwas gehobene Hotel. Die Zimmer haben Kabel-TV und eigene Duschen und sind groß und nett eingerichtet.

Las Carretas (☎ 2454 1636; Hauptgerichte 5–10 US$; ☾ 11–21 Uhr) Das bei Reisebusgesellschaften und Einheimischen gleichermaßen beliebte Lokal serviert Klassiker der costa-ricanischen Küche. Der elegante Speisesaal wurde von den örtlichen Holzschnitzern verschönert.

Freitags wird hinter Taller Lalo Alfaro ein großartiger Bauernmarkt abgehalten. Die Händler verkaufen hausgemachte Snacks, Palmetto-Käse und viele weitere Erzeugnisse.

ANREISE & UNTERWEGS VOR ORT
Autofahrer folgen der ungeteerten Straße nordöstlich von Sarchí nach Bajos del Toro und weiter durch Colonia del Toro bis ins nördliche Tiefland nach Río Cuarto. Die Hauptattraktion dieser Route ist der herrliche Wasserfall nördlich von Bajos del Toro. Er ist ausgeschildert ("Catarata").
Alajuela (Tuasa) 0,75 US$, 30 Min., alle 30 Min., Abfahrt 6–23 Uhr.
Grecia 0,50 US$, 20 Min., alle 30 Min., Abfahrt 6–23 Uhr.
San José 2 US$, 1½ Std., Abfahrt 6, 13 & 16.05 Uhr.

EINKAUFSTIPPS FÜR SARCHÍ

Ob elegant poliert oder hell angestrichen, die Holzarbeiten aus Sarchí sind einzigartig. Die Palette an Kunsthandwerk ist groß, doch die meisten Reisenden interessieren sich nur für *carretas*. Die kunstfertig bemalten Ochsenkarren sind das inoffizielle Standardsouvenir Costa Ricas und das offizielle Symbol der costa-ricanischen Arbeiter.

Um die komplizierten Mandala-Zeichen zu malen, braucht der Künstler eine ruhige Hand und eine lebhafte Vorstellungskraft. Schon beim Arbeiten zuzuschauen ist interessant. Natürlich gibt es auch Modelle in Originalgröße (der Ochse muss separat erworben werden…). Am gefragtesten sind aber die kleineren Versionen für Gärten und Wohnungen. Manche wurden zu Tischen, Anrichten oder Minibars umfunktioniert. Billige Miniaturausgaben passen natürlich in jeden Rucksack.

Kenner kommen neben den Carretas wegen der Leder- und Holzmöbel nach Sarchí. Besonders beliebt sind die Schaukelstühle, die sich für den Versand zerlegen lassen. Typisch sind auch die glänzenden Holzschüsseln und andere Tischaccessoires. Einige Teile werden aus seltenem Hartholz hergestellt. Der Kauf derartiger Souvenirs ist aber recht fragwürdig, weil er zum weiteren Abholzen der Regenwälder beiträgt. Bei den meisten Objekten, die in Sarchí geschnitzt werden, wird das Hartholz auf Plantagen angebaut. Wer sich unsicher fühlt, sollte vor dem Kauf nach der Herkunft des Holzes fragen.

Was Sarchí von anderen Touristenorten abhebt, ist die Tatsache, dass die Spitzen-Kunsthandwerker zu den berühmtesten Holzschnitzerfamilien des Landes gehören. Viele öffnen ihre Türen für interessierte Reisende. Wer gerne ein Stück nach Maß fertigen lassen möchte, wird bei den Künstlern ein offenes Ohr finden. Sie machen auch gerne eigene Vorschläge, und die Preise sind im Allgemeinen fair und angemessen. Interessenten finden in Sarchí auch reichlich Gelegenheit, an Holzschnitzkursen teilzunehmen oder gleich eine Lehre zu beginnen. Am besten redet man mit mehreren Meistern und schließt einen Handel ab, von dem beide Seiten etwas haben.

Die Werkstätten sind normalerweise täglich von 8 bis 16 Uhr geöffnet. Sie akzeptieren Kreditkarten und US$. Unten sind empfehlenswerte Läden aufgelistet. Bei über 200 Geschäften lohnt sich aber ein Vergleich – viel Spaß beim Stöbern.

Fábrica de Carretas Joaquín Chaverri (☎ 2454 4411) Die älteste und bekannteste Fabrik in Sarchí Sur. Hier verzieren Kunsthandwerker die Ochsenkarren noch per Hand mit unglaublich schönen Mustern.

Los Rodríguez (☎ 2454 4097), **La Sarchiseño** (☎ 2454 3430) und **El Artesano** (☎ 2454 4304) Die drei Manufakturen liegen allesamt an der Hauptstraße und produzieren Schaukelstühle und andere Möbelstücke.

Pidesa Souvenirs (☎ 2454 4540) Der Laden am Hauptplatz hat sich darauf spezialisiert, Souvenirs im typischen Sarchí-Stil, darunter originalgroße Milchkannen, mit der Hand zu bemalen.

Plaza de la Artesanía (☎ 2454 3430) Die Top-Adresse für Kitsch-Liebhaber in Sarchí Sur. In diesem Einkaufszentrum mit mehr als 30 Souvenirläden bekommt man alles – von wirklich schönen Möbeln bis hin zu Massenware (Schlüsselketten).

Taller Lalo Alfaro Zwei Blocks nördlich der Kirche liegt Sarchís älteste Werkstatt. Hier werden noch heute Ochsenkarren für die alltägliche Arbeit hergestellt. Die Energie liefert ein Wasserrad.

VALLE CENTRAL & HOCHLAND

PALMARES

Palmares' Bekanntheit geht auf das jährlich stattfindende Festival **Las Fiestas de Palmares** zurück. Das zehntägige bierselige Fest findet Mitte Januar statt. Zu den Attraktionen zählen Umzüge, eine Pferdeparade (*tope*), ein Feuerwerk, Diskoabende, Konzerte bekannter und weniger bekannter Bands, Auftritte exotischer Tänzer, gebratenes Essen, Guaro-Cacique-Zelte und die größte Anzahl betrunkener Ticos, die man jemals gesehen hat. Es ist eines der größten Feste des Landes, über das auch im nationalen Fernsehen regelmäßig und ausführlich berichtet wird.

Während der restlichen 355 Tage des Jahres ist Palmares ein verschlafenes Städtchen, dessen träges Leben sich um die schöne Kirche mit ihren Buntglasfenstern an der zentralen Plaza konzentriert. Hier kann man die Hände in den Schoß legen und sich ausruhen.

Für das Festival kommen bis zu 10 000 Menschen zusammen – die Party läuft dann ununterbrochen zehn Tage lang Tag und Nacht. Es ist unglaublich, wie ausdauernd die Ticos feiern können! Wer Costa Rica im Januar bereist, sollte nach Werbeplakaten für das Festival Ausschau halten. Dort ist auch ein Veranstaltungskalender abgedruckt.

Doch nur wer im Ort Leute kennt, kann hier auch übernachten. Das ist aber kein Problem, da die Busse zu Festivalzeiten sehr regelmäßig von San José nach Palmares fahren. Die meisten Ticos organisieren sich jedoch gruppenweise private Shuttles. Autofahrer nehmen die Straße von Sarchí in westlicher Richtung nach Naranjo. Von dort geht es 13 km weiter in südlicher Richtung nach Palmares.

SAN RAMÓN

Die Kolonialstadt hat einen besonderen Stellenwert in der costa-ricanischen Geschichte. Die „Stadt der Präsidenten und Dichter" hat fünf Männer in das höchste Landesamt entsandt, darunter Ex-Präsident Rodrigo Carazo, der wenige Kilometer nördlich am Eingang des privaten Schutzgebietes Los Ángeles Cloud Forest (s. S. 148) eine Ferienanlage errichten ließ.

Tafeln, die an die ehemaligen Präsidenten und Dichter erinnern, findet man in der ganzen Stadt und im **Museo de San Ramón** (☎ 2437 9851; Eintritt frei; ⌚ Mi–Sa 8.30–11, Mo–Fr 13–17 Uhr) an der Nordseite des Parks. Die lebensgroßen Schaugruppen der Dioramen zeigen Szenen aus der Kolonialzeit und schöne Exponate über die beeindruckende Geschichte dieser Gegend.

Im Zentrum von San Ramón erheben sich die Zwillingstürme der aschgrauen **Iglesia de San Ramón** über der Stadt. Vor der Kirche liegt der **Parque Central**, der von ein paar Kolonialgebäuden eingerahmt wird. Zu sehen ist auch eine bizarre Sammlung von limonengrünen *torii*, traditionellen japanischen Toren, die zu einem Shinto-Schrein führen.

Die schönste Zeit für einen Besuch ist der Samstag. Dann werden auf dem wöchentlichen Bauernmarkt Käse und *chorizo* verkauft. Die alten Frauen erledigen hier ihren Wocheneinkauf und nutzen die Gelegenheit für ein Schwätzchen.

Schlafen & Essen

Es gibt nur wenige preiswerte Übernachtungsmöglichkeiten in der Stadt, außerdem zwei luxuriösere Hotels im nahe gelegenen Los Ángeles Cloud Forest Reserve (s. S. 149).

Hotel Gran (☎ 2445 6363; EZ/DZ 10/15 US$; P) Drei Straßenblocks westlich des Parks bietet die günstige Unterkunft Standardzimmer, die sich um einen Innenhof gruppieren. Einige haben Kabel-TV und ein eigenes Bad mit warmem Wasser.

Hotel la Posada (☎ 2445 7359; EZ/DZ inkl. Frühstück 30/40 US$) Die Mehrausgaben für das luxuriöse Hotel lohnen sich. Die vornehmen Zimmer sind mit wunderbaren Holzmöbeln und großen Fernsehern ausgestattet. Die Bäder haben heiße Duschen.

Il Giardino (Gerichte 4–8 US$) Das Il Giardino an der Südwestecke des Parks hat sich auf Pizza aus dem Holzofen und auf dicke, saftige Steaks spezialisiert.

Samstags findet ein großer Bauernmarkt statt, mittwochs und sonntags folgt eine kleinere Ausgabe.

An- & Weiterreise

Es gibt stündlich Busverbindungen nach San José sowie regelmäßige Verbindungen nach Zarcero und Ciudad Quesada. Die Busse verkehren ab Calle 16 zwischen der Avenida 1 und 3.

LOS ÁNGELES CLOUD FOREST RESERVE

Das **Privatreservat** (☎ 2661 1600; pro Pers. 18 US$) liegt 20 km nördlich von San Ramón. Auf dem Gelände liegen ein Landsitz und eine Farm, die Ex-Präsident Rodrigo Carazo gehört hat. Ein kurzer Bohlenweg sowie längere Pferde- und Wanderpfade führen durch 800 ha Nebelwald zu imposanten Wasserfällen und Aussichtspunkten. Das Schutzgebiet, das an die Reserva Bosque Nuboso Monteverde grenzt (s. S. 212), ist besonders reizvoll, weil es noch weitgehend unberührt ist. Besucher haben deshalb eine gute Chance, die Tierwelt zu beobachten. Gelegentlich werden Jaguare und Ozelots gesichtet. Die Vogelwelt ist geradezu fantastisch.

Zweisprachige (englische-spanische) Naturführer stehen für Wanderungen zur Verfügung (pro Pers. 24 US$). Wer möchte, kann sich ein Pferd mieten (Std. 20 US$) oder an einer Baumkronentour teilnehmen (pro Pers. 40 US$). Führungen werden vom Villablanca Cloud Forest Hotel & Spa (s. unten) organisiert. Hotelgäste können das Schutzgebiet kostenlos betreten. Ein Taxi von San Ramón zum Schutzgebiet oder Hotel kostet 10 US$. Die Abzweigung ist vom Highway recht gut ausgeschildert.

Schlafen

Villablanca Cloud Forest Hotel & Spa (☎ 2228 4603; www.villablanca-costarica.com; DZ 135–175 US$) Das große Haupthaus, das Restaurant und die rund

30 weiß gekalkten rustikalen *casetas* mit den roten Ziegeldächern liegen mitten im Los Ángeles Cloud Forest Reserve. Die komfortablen Hütten haben Kühlschrank, Badewanne und offenen Kamin. Auf dem Gelände gibt es ein gutes Restaurant und einen Wellnessbereich. Das Beste ist jedoch der kostenlose und direkte Zugang zum Schutzgebiet.

Valle Escondido Lodge (☎ 2231 0906; EZ/DZ 70/94 US$) Die Ferienanlage mit luxuriösen Hütten liegt neben einem weiteren privaten Schutzgebiet mit 20 km Wanderwegen durch den Nebelwald und einer Farm, auf der Zierbäume und Zitrusfrüchte gezogen werden. Wer nicht im Hotel wohnt, bezahlt 8 US$ für die Benutzung der Wanderwege. Es gibt einen Pool, einen Whirlpool und ein beliebtes italienisches Restaurant. Die Anlage liegt auf halbem Weg zwischen dem Hotel Villablanca und dem Ort La Tigra.

ZARCERO

20 km nördlich von Naranjo erreicht die kurvenreiche Straße auf 1736 m Höhe die Ortschaft Zarcero, die sich am westlichen Ende der Cordillera Central befindet. Die Bergwelt ist traumhaft schön, das Klima angenehm. Doch die eigentliche Attraktion befindet sich in der Stadt.

Vor der 1895 errichteten pinkblauen Kirche Iglesia de San Rafael, die ihre besten Tage bereits gesehen hat, erstreckt sich der **Parque Francisco Alvarado**. Bis in die 1960er-Jahre war es ein Park wie jeder andere. Dann begann Gärtner Evangelisto Blanco von einem Tag auf den anderen die Büsche so zu beschneiden, dass Figuren entstanden. Über die Jahre schuf er alle möglichen Formen, von Elefanten bis zu Stierkampfgruppen. Die neueste Kreation ist ein doppelter Tunnel aus ineinandergreifenden Bögen.

Heute ist der Kunstpark sicherlich die wichtigste Sehenswürdigkeit der Stadt. Zarcero ist außerdem ein wichtiges Anbaugebiet für Bioprodukte, in der ganzen Stadt wird eine riesige Auswahl an pestizidfreien Lebensmitteln verkauft. Mit den eingekauften Produkten kann man dann in die umliegenden Berge für ein Picknick fahren.

Aktivitäten

Rund um Zarcero bieten kleine Stände am Straßenrand verschiedenste Lebensmittel an. Besonders lecker ist der *queso palmito*, eine herzhafte regionale Käsesorte, die mit frischen Tomaten und Basilikum gegessen wird. Sobald der Picknickkorb gefüllt ist, sollte man sich einen schönen Fleck im Gras unter einem Guanacaste-Baum suchen.

Wer einen Badeanzug dabei hat, kann sich im **Piscinas Apamar** (☎ 2463 3674; pro Pers. 2 US$; ⏲ Mo–Sa 7–16 Uhr) erfrischen. Das Bad liegt 500 m westlich des Parks an der Straße nach Guadalupe. Neben einem großen Schwimmbecken gibt es drei Heißwasserbecken und einen Whirlpool.

Schlafen

Hotel Don Beto (☎ 2463 3137; www.hoteldonbeto.com; DZ ohne/mit Bad 28/33 US$, 3BZ 35 US$; Ⓟ) Das empfehlenswerte Hotel liegt unmittelbar nördlich der Kirche. Die gemütlichen Zimmer sind entweder mit Hartholzfußböden oder Teppichläufern ausgelegt und haben Balkone. Die einheimischen Besitzer behandeln alle Gäste wie Familienmitglieder und organisieren Ausflüge in die Umgebung, vor allem zum nahe gelegenen Los Ángeles Cloud Forest Reserve oder zum Nationalpark Juan Castro Blanco.

An- & Weiterreise

Zwischen San José und Ciudad Quesada verkehren stündlich Busse mit Halt in Zarcero. Manche Busse sind jedoch schon voll, wenn sie in Zarcero eintreffen, vor allem an den Wochenenden. Auch von Alajuela und San Ramón gibt es Busverbindungen.

PARQUE NACIONAL JUAN CASTRO BLANCO

Der 143 km² große **Nationalpark** (Eintritt 6 US$, Zelten 2 US$) wurde 1992 mit dem Zweck gegründet, die bewaldeten Hänge der Vulkane Platanar (2183 m) und Porvenir (2267 m) vor dem Abholzen zu schützen. Hier liegt das Quellgebiet fünf großer Flüsse; die Region ist damit eines der bedeutendsten Wasserreservoire des Landes.

Der Park befindet sich derzeit in einer Art Übergangsstadium. Zwar untersteht er dem Schutz des Staates, gehört jedoch teilweise noch mehreren Familien von Plantagenbesitzern. Nur die Flächen, die schon von der Regierung gekauft wurden, können deshalb besucht werden. Bis jetzt gibt es praktisch keine Infrastruktur für Besucher, außer dem **Minae-Büro** (☎ 2460 7600) in El Sucre, das sich neben dem einzigen offiziellen Parkeingang befindet. Hier zahlt man auch die Eintrittsgebühr. Das Büro ist jedoch meistens ge-

VALLE CENTRAL & HOCHLAND

schlossen – nur selten kassiert jemand die Eintrittsgelder.

Besonders Angler schätzen den Park, weil alle fünf Flüsse gut mit Forellen besetzt sind. Da der Park nur schwer zugänglich ist, ist er auch weitgehend menschenleer. Somit erhöht sich auch die Chance, seltene Tiere und Vögel zu beobachten. Da nur wenige markierte Pfade angelegt wurden, sollte man in einem der umliegenden Hotels einen Führer anheuern.

PARQUE NACIONAL VOLCÁN POÁS

Nur 37 km nördlich von Alajuela liegt an einer landschaftlich reizvollen, aber kurvenreichen Straße der meistbesuchte **Nationalpark** (Eintritt 7 US$; ⊗ 8–15.30 Uhr) Costa Ricas. Der Besucherandrang überrascht nicht, denn wo sonst kann man in einen Vulkan schauen, ohne ihn erst mühevoll besteigen zu müssen. Das Herzstück des Parks ist natürlich der 2704 m hohe Vulkan Poás, der 1953 das letzte Mal ausbrach. Damals entstand der merkwürdig aussehende riesige Krater mit einem Durchmesser von 1,3 km und einer Tiefe von 300 m. In einem der zwei Nebenkrater liegt ein See.

Da der Vulkan Poás noch aktiv ist, ist die Gefahr eines Ausbruchs immer gegeben. So musste der Park im Mai 1989 nach einem kleinen Ausbruch kurzzeitig geschlossen werden. Damals spuckte der Vulkan seine Asche mehr als 1 km hoch in die Luft. Auch 1995 gab es eine kurze Schließung. In den letzten Jahren geschah jedoch nichts Gefährliches. Die Wissenschaftler sind allerdings beunruhigt, zumal der Wasserstand im See drastisch gesunken ist. Dies gilt als wichtiges Warnsignal eines bevorstehenden Ausbruchs (s. Kasten S. 261).

In der Zwischenzeit besteht für den Besucher das einzige Risiko darin, den Vulkan nicht sehen zu können. Denn fast täglich ab 10 Uhr hüllen dichte Wolkenschleier den Berg ein. Selbst wenn der Tag klar beginnt, sollte man so früh wie möglich vor Ort sein. Von den Wolken und Touristenscharen einmal abgesehen, ist der Anblick des blubbernden und dampfenden Vulkankraters spektakulär. Besonders eindrucksvoll ist es, wenn schwefelhaltiger Schlamm und dampfendes Wasser Hunderte von Metern in die Luft geschleudert werden.

Praktische Informationen

Rund 250 000 Menschen besuchen den Park jährlich, wer kann, sollte unter der Woche dorthin fahren. Das Besucherzentrum bietet ein Café, Souvenirläden und informative Videos, die stündlich zwischen 9 und 15 Uhr gezeigt werden. Das kleine Museum gibt Erläuterungen in Spanisch und Englisch. Zelten ist im Park nicht erlaubt.

Die beste Zeit für einen Besuch ist die Trockenzeit, besonders am frühen Morgen, bevor die Wolken aufziehen und die Sicht versperren. Selbst wenn der Gipfel wolkenverhangen ist, gibt es keinen Grund zur Verzweiflung! In diesem Fall besucht man am besten erst einmal einen der anderen Krater und kommt später noch einmal hierher zurück: Oft lösen sich die dichten Wolken rund um den Gipfel durch die wechselnden Winde unvermittelt und manchmal nur sekundenlang wieder auf.

Die Nachttemperaturen können bis unter 0 °C sinken, und selbst am Tage kann es kalt und windig sein, vor allem morgens. Am Poás fallen jährlich fast 4000 mm Niederschlag – entsprechende Kleidung ist also empfehlenswert.

Wandern

Vom Besucherzentrum führt eine für Rollstuhlfahrer geeignete geteerte Straße direkt zum Krater-Aussichtspunkt. Aufgrund der giftigen schwefelsäurehaltigen Dämpfe ist der Abstieg in den Krater verboten.

Vom Kraterrand gehen zwei Pfade ab: nach rechts der Sendero Botos, nach links der Sendero Escalonia. Der **Sendero Botos** ist ein kurzer 30-minütiger Rundweg durch einen Krüppelwald; die bizarren Wuchsformen entstehen aufgrund der säurehaltigen Luft und der frostigen Temperaturen. Entlang des Weges wachsen Bromelien, Flechten und Moose, die sich an den verkrüppelten Bäumen festgesetzt haben. Die Vogelwelt ist außergewöhnlich artenreich. Eine costa-ricanische Besonderheit ist der Feuerkehl-Kolibri (Prachtweibchenkolibri), der nur im Hochgebirge lebt. Der Pfad endet an der **Laguna Botos**, einem Kaltwassersee, der sich in einem der erloschenen Krater gebildet hat.

Der **Sendero Escalonia**, ein etwas längerer Waldpfad, wird seltener begangen. Auf der Wanderung lassen sich typische Hochlandvogelarten beobachten, darunter Rußdrosseln, Schwarzbauchguane, Schleiereulen und gelegentlich sogar Quetzale (vor allem zwischen Februar und April). Auch wenn Säugetiere eher selten im Park gesichtet werden, so leben hier Kojoten und – am ehesten zu beobachten – die heimischen Bergeichhörnchen.

Geführte Touren

Viele Agenturen bieten Tagestouren zum Vulkan an, wobei sich die Leser regelmäßig über die schlechte Organisation und die überteuerten Preise beschweren. Die Touren kosten in der Regel zwischen 40 und 100 US$ und treffen üblicherweise gegen 10 Uhr vor Ort ein – genau dann, wenn die Wolken aufziehen. Viele Leser beschweren sich außerdem, dass sie schnell wieder den Krater verlassen mussten, ganz offensichtlich damit noch genügend Zeit bleibt, einige Souvenirläden auf dem Rückweg zu besuchen.

Wie immer sollte man die Angebote vergleichen und Fragen stellen. Fest steht, dass das billigere Tourenangebot nur die Anfahrt und den Parkeintritt einschließt, es sich meist um große Gruppen handelt und dass meist nur wenig Zeit am Krater eingeräumt wird. Die teureren Touren bieten kleinere Gruppen, englisch sprechende Naturführer und ein Mittagessen. Es ist aber auch problemlos möglich, den Vulkan mit öffentlichen Verkehrsmitteln von San José aus zu besichtigen. Ab zwei Personen lohnt es sich auch, ein Auto zu mieten und selbst zum Vulkan zu fahren.

Schlafen

STRASSE NACH POÁS

Lo Que Tu Quieres Lodge (☎ 2482 2092; EZ/DZ/3B-Hütten 19/25/30 US$; **P**) Der Name der 5 km vom Parkeingang entfernt liegenden Anlage bedeutet übersetzt etwa „Was-immer-du-willst-Häuschen". Die Hütten sind eine preisgünstige Option, zumal sie Heizung und Heißwasser haben. Für ein paar Dollar kann man sogar zelten. Das Restaurant (Gerichte 3–8 US$) bietet einfache regionale Küche.

Lagunillas Lodge (☎ 2448 5506; DZ/3BZ 25/30 US$, Hütten 30–40 US$; **P**) Die am nächsten zum Vulkan gelegene Unterkunft empfiehlt sich wegen der tollen Aussicht und dem freundlichen Empfang. Die Zimmer und größeren Hütten (für bis zu 6 Pers.) haben Duschen mit Heißwasser sowie Heizung. In der Umgebung gibt es schöne Wanderwege. Im rückwärtigen Teil liegt ein Fischteich, in dem sich die Gäste ihr Abendessen angeln können. Das Restaurant (Hauptgerichte 4–10 US$) bereitet die Fische zu und serviert auch Beilagen. 2 km vor dem Parkeingang führt eine beschilderte Abzweigung auf eine steile, 1 km lange ungeteerte Straße – ein Fall für den Allradantrieb. Am besten vorher anrufen.

RUND UM POÁS

Poás Volcano Lodge (☎ 2482 2194; www.poasvolcano lodge.com; EZ/DZ 45/55 US$, EZ/DZ mit Bad 55/75 US$, Suite 90–115 US$; **P** 🖥) Der Milchhof liegt 16 km östlich des Vulkans bei Vara Blanca. Das attraktive Steingebäude verrät walisische wie auch costa-ricanische Einflüsse – die ursprünglichen Besitzer waren britische Bauern. Die Zimmer sind in unterschiedlichen Stilrichtungen gestaltet. Es gibt ein Billardzimmer und im Wohnzimmer einen offenen Kamin, Bücher und Brettspiele. Vom Haupthaus führen zahlreiche Pfade in die Umgebung.

Bosque de Paz Rain/Cloud Forest Lodge & Biological Reserve (☎ 2234 6676; www.bosquedepaz.com; EZ/DZ/3BZ inkl. Vollpension 121/196/279 US$; **P**) Geschmackvolle, rustikal-luxuriöse Ferienanlage. Das 1000 ha große Reservat bildet eine Art wilden Korridor zwischen den Nationalparks Volcán Poás und Juan Castro Blanco, der Forscher aus der ganzen Welt anzieht. Wanderern stehen 22 km an Wanderwegen zur Verfügung. Die Anfahrt erfolgt über Zarcero, an der dortigen Kirche geht gleich rechts eine Straße ab, sie führt 15 km nach Norden. Das Reservat liegt unmittelbar vor der letzten Brücke Richtung Bajos del Toro auf der rechten Seite.

Essen

An sonnigen Tagen säumen Stände, die Obst, Käse und Snacks verkaufen, die Straße nach Poás. Es lohnt sich, hier für ein Picknick einzukaufen, weil der Coffeeshop bei der Touristeninformation nur eine begrenzte Auswahl hat. Trinkwasser unbedingt selbst mitbringen, weil das Leitungswasser durch Verunreinigungen nicht mehr trinkbar ist!

Colbert Restaurant (Gerichte 5–10 US$) 2 km östlich der Poás Volcano Lodge (s. S. 151) gibt es ein von Lesern empfohlenes rustikales französisches Restaurant, das auf einem Grat mit Blick auf den Vulkan liegt. Auf der Speisekarte stehen u. a. lokale Käsesorten, die in den traditionellen kontinentalen Gerichten verarbeitet werden

An- & Weiterreise

Von San José kostet die Taxifahrt zum Park 80 US$, von Alajuela 40 US$. Autofahrer nehmen die von Alajuela gut ausgeschilderte Straße zum Vulkan. Die meisten Besucher

benutzen die Busse von San José, doch sollte man früh am Busbahnhof erscheinen.
Von San José (4 US$, 3 Std.) verkehren die Tuasa-Busse täglich um 8.30 Uhr zum Park: Sie fahren in der Avenida 2 zwischen Calle 12 & 14 ab und halten unterwegs in Alajuela um 9.30 Uhr und sind um 14.30 Uhr wieder zurück.

LOS JARDÍNES DE LA CATARATA LA PAZ

Die **Jardínes de la Catarata La Paz** (☎ 2225 0643; www.waterfallgardens.com; Erw./Kind & Stud. 25/15 US$; ☺ 8.30–17.30 Uhr) wurden um eine Reihe eindrucksvoller Wasserfälle angelegt. Der Río La Paz stürzt hier auf einer Strecke von nur 8 km rund 1400 Höhenmeter tosend die Abhänge des Vulkan Poás hinunter.

Der unterste Fall ist eine der beliebtesten und meist fotografierten Sehenswürdigkeiten Costa Ricas. Sein Name bedeutet übersetzt „Wasserfall des Friedens".

Die Besucher – viele von ihnen schließen sich organisierten Touren von San José aus an – wandern auf den gut ausgebauten 3,5 km langen Wegen. Zu sehen gibt es die größte Schmetterlingsfarm der Welt, einen Kolibri-Garten und eine seltene Orchideensammlung, bevor es an fünf Wasserfällen vorbei ins Tal geht.

Selbst kleine Kinder, ungeübte Wanderer und Senioren schaffen die Strecke, zumal am unteren Ende der Wasserfälle ein Shuttle-Bus die Besucher nach der Wanderung wieder zum Besucherzentrum hinauffährt.

Die Gärten werden von der **Peace Lodge** (☎ 2482 2720; www.waterfallgardens.com; B 185/215 US$) verwaltet. Das Hotel ist eines von sechs „Small Distinctive Hotels", einer costa-ricanischen Luxus-Hotelkette. Wer sich etwas Besonderes gönnen möchte, sollte hier die Nacht verbringen. Die Gästezimmer sind ein Kunstwerk. Die Wasserfallduschen treten schon bei der leisesten Berührung des Knopfes in Aktion, die offenen Kamine sorgen für Stimmung während der kalten Nächte, und das exotische Design spielt mit den Regenwaldfantasien der Gäste. Die Deluxe-Zimmer toppen das Ganze noch einmal, z. B. mit einem Whirlpool drinnen und draußen.

Wer nicht im Hotel übernachtet, kann zumindest das Büfett probieren (Erw./Kind 10/5 US$). Neben dem großen Kamin lässt es sich gemütlich speisen, das Ambiente entschädigt für einen verregneten Tag.

HEREDIA & UMGEBUNG

Trotz des ersten Anscheins und der Lage ist Heredia (33 000 Einw.) nicht einfach ein Vorort von San José. Seit den späten 1990er-Jahren hat sich die Stadt zur Hightech-Metropole Costa Ricas gemausert. Die hier produzierten Mikrochips avancierten zum wichtigsten Exportgut des Landes. Die vielen Karrierechancen haben Heredia zum Magnet für die hervorragend ausgebildete technische Elite Costa Ricas werden lassen. Da in dem traditionellen Kaffeeanbaugebiet auch noch ein sehr starker Kaffee erzeugt wird, gibt es eigentlich keine Ausrede dafür, das Programmieren jemals zu unterbrechen.

Diese Provinz hat allerdings noch weit mehr zu bieten als ihre wohlhabende Hauptstadt. Noch heute erinnert viel im Umland von Heredia daran, dass hier ein Zentrum des Kaffeeanbaus lag. Reisende können beispielsweise die Hauptverwaltung des berühmtesten Kaffeerösters des Landes – Café Britt Finca (S. 156) – besichtigen. Die Stadt selbst besitzt eine sehr jugendliche Atmosphäre, vor allem im westlichen Teil, in dem Studenten den ganzen Tag über die Cafés und Bars füllen. Die Region ist außerdem die Heimat einer der größten zusammenhängenden Regenwaldflächen Costa Ricas im Parque Nacional Braulio Carrillo (S. 157).

HEREDIA

Während der Kolonialzeit war „la Ciudad de las Flores" (die Stadt der Blumen), wie Heredia auch genannt wird, Sitz der spanischen Adeligen, die durch den Kaffeeexport zu Reichtum gelangten. Die Spanier errichteten eine ansehnliche Kolonialstadt mit einem rechtwinkligen Straßensystem. Auch als Heredia mit den Jahren größer wurde, bewahrte es seine ursprüngliche Eleganz und den kleinstädtischen Charme. Nachdem Costa Rica die Unabhängigkeit erlangte, war es sogar in Regierungssitz im Gespräch.

Heredia liegt nur 11 km von San José entfernt, doch ist hier vom Dreck und Schmutz der Hauptstadt nichts mehr zu spüren. Die kosmopolitische Geschäftigkeit, die das Städtchen ausstrahlt, verdankt es den multinationalen Hightech-Firmen, die hier ihre zentralamerikanischen Hauptquartiere aufgeschlagen haben. Studentisches Flair verströmt die Universidad Nacional (Nationale Universität),

VALLE CENTRAL & HOCHLAND

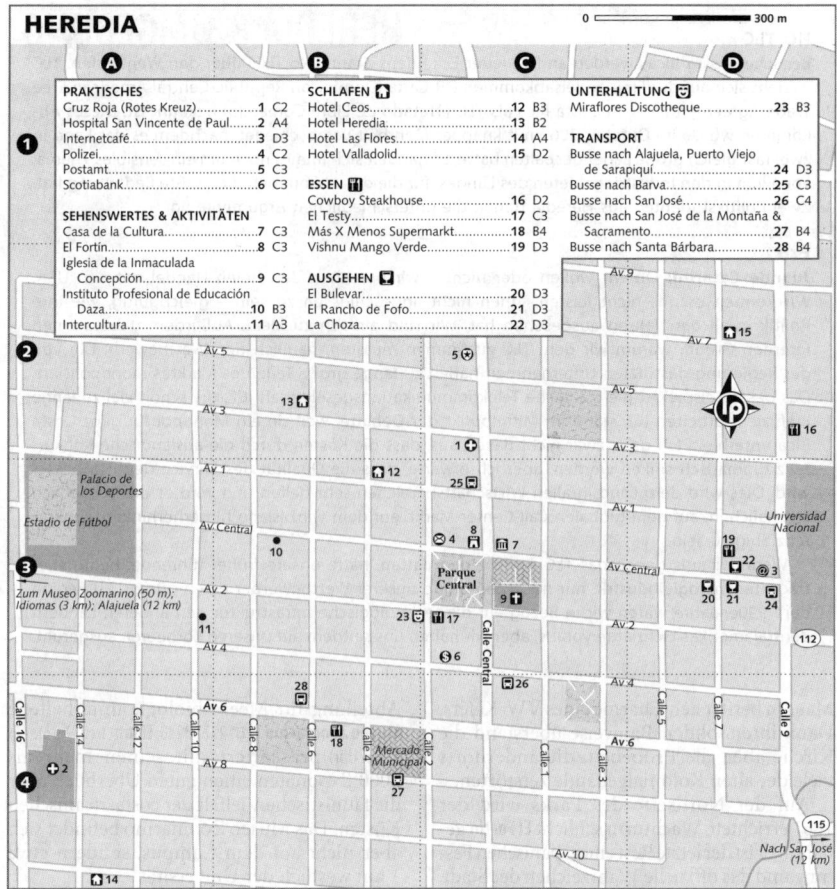

HEREDIA

0 ———————— 300 m

PRAKTISCHES
Cruz Roja (Rotes Kreuz)..................**1** C2
Hospital San Vincente de Paul........**2** A4
Internetcafé.....................................**3** D3
Polizei..**4** C2
Postamt..**5** C3
Scotiabank.......................................**6** C3

SEHENSWERTES & AKTIVITÄTEN
Casa de la Cultura.........................**7** C3
El Fortín...**8** C3
Iglesia de la Inmaculada
   Concepción...................................**9** C3
Instituto Profesional de Educación
   Daza..**10** B3
Intercultura...................................**11** A3

SCHLAFEN
Hotel Ceos.....................................**12** B3
Hotel Heredia................................**13** B2
Hotel Las Flores............................**14** A4
Hotel Valladolid............................**15** D2

ESSEN
Cowboy Steakhouse......................**16** D2
El Testy...**17** C3
Más X Menos Supermarkt.............**18** B4
Vishnu Mango Verde.....................**19** D3

AUSGEHEN
El Bulevar......................................**20** D3
El Rancho de Fofo.........................**21** D3
La Choza..**22** D3

UNTERHALTUNG
Miraflores Discotheque................**23** B3

TRANSPORT
Busse nach Alajuela, Puerto Viejo
   de Sarapiquí................................**24** D3
Busse nach Barva...........................**25** C3
Busse nach San José.......................**26** C4
Busse nach San José de la Montaña &
   Sacramento................................**27** B4
Busse nach Santa Bárbara.............**28** B4

VALLE CENTRAL & HOCHLAND

---

die in Heredia ihren Sitz hat. Das historische Stadtzentrum mit seinem hübschen, grünen Hauptplatz und der stämmigen Kathedrale ist eines der schönsten im Land. Heredia ist ein günstiges Standquartier, um die Sehenswürdigkeiten der Provinz zu erkunden.

Praktische Informationen

Es gibt zwar keine Touristeninformation, doch sonst mangelt es nicht an Dienstleistungen. Das Univiertel bietet jede Menge Copyshops, Internetcafés, Handyläden sowie Musik- und Videogeschäfte.

Hospital San Vicente de Paul (☎ 2261 0001; Av. 8 zw. Calle 14 & 16)

Internet Café (Av. Central zw. Calle 7 & 9; Std. 0,75 US$) Rund um die Uhr Internetzugang.

Scotiabank (☎ 2262 5303; Av. 4 zw. Calle Central & 2; ☺ Mo–Fr 8–17, Sa 8–16 Uhr) Die einzige Bank der Stadt, die Geld wechselt. Der Geldautomat spuckt rund um die Uhr US$ aus.

Sehenswertes

Heredia wurde 1706 gegründet. Spanische Kolonialgebäude stehen rund um den **Parque Central**. Auf der Ostseite des Parks erhebt sich die **Iglesia de la Imaculada Concepción**, die 1797 gebaut wurde. Der Platz gegenüber dem Kirchenportal ist genau richtig, um sich vom Besichtigungsprogramm ein wenig auszuruhen und den alten Männern beim Damespiel zuzuschauen, derweil Hochzeits- und Trauerprozessionen vorbeiziehen. Der gedrungene Kirchenbau mit seinen massiven

---

NO TLC

Besucher Costa Ricas werden an fast jeder Ecke dem Grafiti „No TLC" über den Weg laufen. TLC bezieht sich auf das Freihandelsabkommen DR-Cafta (Dominican Republic-Central American Free Trade Agreement), das in Costa Rica als TLC (Tratado de Libre Comercio) bekannt ist. Dieses Abkommen wurde im Oktober 2007 mit knapper Mehrheit verabschiedet, nachdem es das Land in zwei fast gleich große Lager gespalten hatte. Es handelt sich immer noch um ein sensibles Thema, vor allem in den Industriegebieten des Landes, für die das Abkommen die größte Bedeutung hat. Zwei Politikstudenten aus Heredia tragen die unterschiedlichen Argumente vor.

Pro

Juande Catarini: Ob wir wollen oder nicht – wir brauchen den freien Handel mit den USA. Wir können es uns nicht leisten, ihnen nicht angeschlossen zu sein – gleichgültig, wie ihre Politik in all den Jahren ausgesehen hat. Wir sind einfach zu klein. Außerdem gab es einen internen Grund, warum wir dem TLC zustimmen mussten, nämlich den Wettbewerb: Die von der Regierung gestützten Unternehmen haben zu lange große Teile des Marktes monopolisiert. Das beste Beispiel ist die staatliche Telekommunikationsgesellschaft ICE, die schon viel zu lange ineffizient arbeitet. ICE stand im Mittelpunkt der Debatte, weil sie ein Monopol für ganz Costa Rica unterhielt. Ich gehe zwar nicht davon aus, dass die Kosten durch die ausländische Konkurrenz dramatisch sinken werden, aber ich erwarte, dass die Qualität des Service deutlich besser wird. Dies wird dem Land in allen Wirtschaftsbereichen sehr helfen und wird es uns schließlich ermöglichen, auf dem globalen Call-Center-Markt, auf dem wir bislang hinterherhinken, konkurrenzfähig zu sein.

Wenn wir uns gegen das TLC entschieden hätten, hätte unsere früher führende, heute aber träge Technologieindustrie nur noch den Staub unserer Wettbewerber essen dürfen. Zu Beginn der 1990er-Jahre waren wir in Bezug auf die technologische Infrastruktur den anderen Ländern Zentralamerikas Lichtjahre voraus, aber wir haben uns seitdem auf unseren Lorbeeren ausgeruht.

Mauern besitzt den Charme eines VW-Käfers. Dank ihrer soliden Bauweise überstand die Kirche aber alle Erdbeben, die andernorts viele der alten Kolonialgebäude zerstörten.

Auf der Nordseite des Parks wird der 1867 errichtete Wachturm schlicht **El Fortín** genannt. Er ist der letzte Rest einer spanischen Festung und das offizielle Wahrzeichen der Stadt. Das Umfeld ist als Nationales Geschichtsdenkmal geschützt und kann deshalb nicht besichtigt werden.

An der nordöstlichen Ecke des Parks liegt die **Casa de la Cultura** (☎ 2262 2505; Ecke Calle Central/Av. Central; www.heredianet.co.cr/casacult.htm, in Spanisch; Eintritt frei; ☺ unregelmäßige Öffnungszeiten), sie war früher die Residenz von Präsident Alfredo González Flores (1913–17). Heute werden hier eine geschichtliche Dauerausstellung sowie Sonderausstellungen gezeigt. Dazu kommen weitere Veranstaltungen.

Der Campus der **Universidad Nacional** liegt sechs Straßenblocks östlich des Parque Central. Der Campus ist gut geeignet, sich über kulturelle und andere Veranstaltungen in der Stadt zu informieren: Überall hängen Plakate mit entsprechenden Hinweisen. Das von der Abteilung für Meeresbiologie unterhaltene **Museo Zoomarino** (☎ 2277 3240; Eintritt frei; ☺ Mo–Fr 8–16 Uhr) präsentiert mit seinen mehr als 2000 Exponaten einen guten Überblick über die faunistische Vielfalt der costa-ricanischen Küsten. Das Museo Zoomarino befindet sich aber nicht auf dem Campus, sondern etwa 1 km westlich der Universität.

Kurse

Es gibt in der Stadt drei Spanischschulen: **Centro Panamericano de Idiomas** (☎ 2265 6306; www.cpi-edu.com), **Intercultura** (☎ 2260 8480, in den USA 800-552 2051; www.spanish-intercultura.com) und **Instituto Profesional de Educación Daza** (☎ 2238 3608; www.learnspanishcostarica.com). S. auch Kasten S. 140.

Schlafen

Die meisten Besucher bleiben im nahe gelegenen San José, obwohl Heredia viele günstige Unterkünfte für Studenten bietet. Wen hauchdünne Wände nicht stören, bekommt Zimmer zu günstigen Monatstarifen.

Hotel Las Flores (☎ 2261 8147; www.hotel-lasflores.com; Av. 12 zw. Calle 12 & 14; EZ/DZ/3BZ 12/24/36 US$; P) Das Hotel liegt ein wenig abseits des Stadt-

Wir können es uns aber nicht leisten, weiter in unserer Traumblase zu leben. Unsere progressiven Nachbarn sind sehr dynamisch – wir wollen unsere Märkte nicht an sie verlieren.

Außerdem müssen wir weiter als bis zu unseren Nachbarn sehen. Wie sollen wir mit aufstrebenden Weltmächten wie China und Indien Handel treiben und konkurrieren, wenn wir dies nicht einmal mit unseren Nachbarländern können? Nun müssen wir die bitteren Wunden heilen, die diese hitzige Debatte in unserem Land geschlagen hat und für die zum großen Teil die altmodischen Gewerkschaften verantwortlich sind.

Contra

Carlos Angulo: Es gibt in die Augen stechende Tatsache, die sich aus der historischen und gegenwärtigen internationalen Politik ergibt: Die USA verfolgen ihre eigenen Interessen und sind bereit, jeden Preis zu bezahlen, um diese zu schützen. Diese Zielsetzung ist legitim, aber man muss nur die wachsende Arbeitslosigkeit in El Salvador, Nicaragua und Mexiko sehen, um zu erkennen, dass der Freihandel mit den USA den zentralamerikanischen Ländern keine Vorteile bringt. Sogar Kanada liegt sich in den Haaren mit den USA und ist ständig in internationalen Tribunalen gegen sie vertreten.

Wir haben es als Nation zum sozial am weitesten entwickelten Land in Zentralamerika gebracht. Warum? Weil wir historisch eine unabhängige Position eingenommen und derartige Verträge zurückgewiesen haben. Wir wollen nicht die politischen Extrempositionen von Venezuela und Kuba einnehmen, aber diese beiden Länder haben bewiesen, dass Wohlstand möglich ist, ohne günstige Handelsbeziehungen mit den USA zu unterhalten. Wir werden unsere Souveränität verlieren und ein weiterer Satellitenstaat werden, der den politischen und wirtschaftlichen Interessen der USA untergeordnet ist. Wir haben in Costa Rica eine eigene Art, Geschäfte zu machen. Dabei geht es nicht ausschließlich um Profitmargen, sondern um Respekt und Vertrauen. Diese Werte werden in Vergessenheit geraten, wenn wir uns auf den Hyper-Kapitalismus einlassen, den das TLC fördern wird.

---

zentrums, hat ein sehr freundliches Management und helle, sonnige Zimmer mit nicht nur warmen, sondern heißen Duschen sowie dicken und wirbelschonenden Matratzen.

Hotel Ceos (☎ 2262 2628; Ecke Calle 4/Av. 1; EZ/DZ/3BZ 20/30/40 US$; **P**) Eine weitere gute Wahl: Die neu eingerichteten Zimmer besitzen eigene, mit Solarenergie beheizte Duschen, Kabel-TV und einen großen Gemeinschaftsbalkon – perfekt für ein abendliches Imperial. Die alten Fotos an den Wänden im Erdgeschoss sind sehr interessant.

Hotel Heredia (☎ 2238 0880; Calle 6 zw. Av. 3 & 5; EZ/DZ/3BZ 20/30/40 US$; **P**) Das traumhafte blau-weiße Haus lockt mit schönen Zimmern mit eigenen, mit Solarenergie beheizten Duschen und Kabel-TV, ganz zu schweigen von den vielen Grünflächen, auf denen sich Gäste herrlich entspannen können.

Hotel Valladolid (☎ 2260 2905; valladol@racsa. co.cr; Ecke Calle 7/Av. 7; EZ/DZ inkl. kontinentalem Frühstück 80/93 US$; **P** 🅺) Die komplett ausgestatteten Zimmer des traditionsreichsten Hotels der Stadt richten sich vor allem an anspruchs-volle Geschäftsreisende. Wer ein paar Extras wie Sauna, Whirlpool oder, statt Sonne, ein Solarium unter dem Dach haben möchte, ist hier richtig aufgehoben.

Essen

Wie alle Universitätsstädte weltweit bietet Heredia viele Imbissstände, die Pizzastücke und billige vegetarische Snacks anbieten – essen während des Gehens soll ja kalorienmäßig nicht zu Buche schlagen. Und natürlich haben alle Fast-Food-Ketten eine Filiale vor Ort.

El Testy (Ecke Calle 2/Av. 2; Gerichte 1–5 US$) Der ideale Ort für Burritos, Ravioli, Hamburger, Tacos, Hühnchen und Fritten. Unentschlossen? Es gibt auch Eiscreme, Süßigkeiten, Kekse und Snacks.

Vishnu Mango Verde (Calle 7 zw. Av. Central & 1; Gerichte 3–5 US$; 🕙 Mo–Sa 9–18 Uhr) Die Filiale der Kette aus San José ist die beste Adresse Heredias für billige und gesunde vegetarische Gerichte. Der Magen – und das Karma – werden es danken.

Cowboy Steakhouse (Calle 7 zw. Av. 3 & 5; Gerichte 4–9 US$; 🕙 Mo–Sa 17–23 Uhr) Eine einfache Holzhütte, in der das beste Rindfleisch der Stadt serviert wird. Wie der Name schon sagt, dreht sich hier alles um Steaks. Für Fleischfreunde also das perfekte Lokal, alle anderen können auf die leckeren Salate ausweichen.

Der städtische **Mercado Municipal** (Calle 2 zw. Av. 6 & 8; ☺ 6–18 Uhr) hat viele Sodas und frische, günstige Lebensmittel. **Más X Menos** (Av. 6 zw. Calle 4 & 6; ☺ 8.30–21 Uhr) hat alles Gewünschte für Selbstversorger im Regal.

Ausgehen

Wo das Studentenleben boomt, herrscht kein Mangel an Livemusik, kulturellen Veranstaltungen und anderen Events. Flyer informieren über das Programm – sonst einfach einen Studenten nach den aktuellsten Tipps fragen.

Im Univiertel tobt praktisch jede Nacht der Bär. Die Ticostudenten zeigen dabei eine ziemliche Ausdauer.

La Choza (Av. Central zw. Calle 7 & 9), **El Bulevar** (Ecke Calle 7 & Av. Central) und **El Rancho de Fofo** (Av. Central zw. Calle 5 & 7) sind drei beliebte Studententreffs, die auch Nicht-Akademikern zusagen.

Nach ein paar Bieren und *bocas* (würzige Bar-Snacks) geht die Party in der **Miraflores Discotechque** (Av. 2 zw. Calle Central & 2) auf der Südseite des Parque Central erst richtig los. Man sollte dort jedoch wachsam bleiben, weil Heredia trotz starker Polizeipräsenz nachts etwas unsicher sein kann.

An- & Weiterreise

Heredia hat keinen zentralen Busbahnhof. Die Busse fahren von Haltestellen einzelner Gesellschaften in der Nähe des Parque Central und der Märkte ab.

Die Busse nach Barva starten vom **Cruz Roja** (Rotes Kreuz; Calle Central zw. Av. 1 & 3). Busse nach San José de la Montaña und Sacramento, mit Anschlüssen zum Vulkan Barva im Parque Nacional Braulio Carrillo, verkehren ab der Avenida 8 zw. Calle 2 & 4). Auf dem Markt gibt es Informationen zu weiteren Zielen, die die Busse ansteuern.

Alajuela 0,75 US$, 20 Min., Ecke Av. Central/Calle 9, alle 15 Min., Abfahrt 6–22 Uhr.

Barva 0,50 US$, 20 Min., Calle Central zw. Av. 1 & 3, alle 30 Min., Abfahrt 5.15–23.30 Uhr.

Puerto Viejo de Sarapiquí 2 US$, 3½ Std., Ecke Av. Central/Calle 9, Abfahrt 11, 13.30 & 15 Uhr.

San José 0,50 US$, 20 Min., Av. 4 zw. Calle Central & 1, alle 20–30 Min., Abfahrt 4.40–23 Uhr.

Santa Bárbara 0,50 US$, 20 Min., Av. 6 zw. Calle 6 & 8, alle 10–30 Min., Abfahrt 5.15–23.30 Uhr.

Taxis sind leicht zu bekommen. Sie fahren für 5 US$ nach San José und für 8 US$ zum Flughafen Tobías Bolaños.

BARVA

Nur 2,5 km nördlich von Heredia liegt die historische Stadt Barva. Sie wurde 1561 gegründet und ist heute ein Nationaldenkmal. Das Stadtzentrum prägen Gebäude aus dem 17. und 18. Jh., sie gruppieren sich um die hoch aufragende **Iglesia San Bartolomé**. Die schöne Berglandschaft und das koloniale Flair machen Barva zu einem bevorzugten Wohnort der costa-ricanischen Oberschicht. Unter anderem hatte der zweimalige Präsident Cleto González Víquez hier seinen Wohnsitz. Barva ist ideal für einen entspannten Nachmittagsbummel.

Im Ort selbst gibt es keine Unterkünfte, doch etwas außerhalb finden sich einige wirklich spektakuläre Luxushotels.

Sehenswertes

Der berühmteste Kaffeeröster des Landes ist **Café Britt Finca** (☎ 2277 1600; www.coffeetour.com, www.cafébritt.com; Erw. mit/ohne Mittagessen 30/20 US$, Stud. 27/18 US$; ☺ Führungen ganzjährig 11 Uhr, während der Hochsaison auch 9 & 15 Uhr). Der Firmensitz liegt 1 km südlich von Barva. Die Führung (englisch und spanisch) ist zwar teuer, wird aber von unseren Lesern sehr empfohlen. 90 Minuten lang werden die Besuchergruppen durch die Kaffeeplantagen und die Rösterei geführt. Dabei lernen sie alles über den Unterschied zwischen herkömmlichen und biologischen Anbaumethoden sowie über die Geschichte des Kaffeeanbaus in Costa Rica. Besonders Wissbegierige können für zusätzliche 5 US$ auf einer einstündigen Führung den *beneficio* (Verarbeitungsanlage) besichtigen, wo die Kaffeeernte erläutert wird. Café Britt organisiert täglich einen Shuttle-Service ab San José, der telefonisch reserviert werden kann. Für Autofahrer und Busreisende gibt es ausreichend Hinweisschilder zwischen Heredia und Barva.

In Santa Lucía de Barva, 1,5 km südöstlich von Barva, erweckt das **Museo de Cultura Popular** (☎ 2260 1619; Eintritt 2 US$; ☺ 9–16 Uhr) die koloniale Vergangenheit Costa Ricas in einem 100 Jahre alten Bauernhaus zu neuem Leben. Zu sehen sind auch alte Werkzeuge. Mit etwas Glück kochen Angestellte in historischen Kostümen auf den kuppelförmigen Öfen typische Ticogerichte, die man im **Gartencafé** (Gerichte 2–5 US$; ☺ 11–14 Uhr) bestellen kann.

INBio (☎ 2507 8107; www.inbio.ac.cr/en/default2.html; Erw./Kind/Stud. 15/8/12 US$; ☺ 7.30–16 Uhr) steht für El Instituto Nacional de Bioversidad. Dahinter verbirgt sich das Nationale Institut für Artenreichtum. Das private Forschungszentrum wurde 1989 gegründet, um den Artenreichtum Costa Ricas zu katalogisieren und zu sichern. Touristen können den sehr interessanten **INBioparque** besuchen. Dort gibt es Ausstellungssäle, eine Tierbeobachtungsstationen, einen Schmetterlingsgarten, ein Aquarium, einen Hof, der noch voll in Betrieb ist, einen Heilkräutergarten und eine Mühle für Zuckerrohr. Das Zentrum ist jedoch in erster Linie ein Arbeitsort. Wer entsprechende Erfahrungen mitbringt, kann hier gut als Freiwilliger mitarbeiten.

Festivals & Events
Jedes Jahr im Juli und August findet im Hotel Chalet Tirol (s. unten) das **Internationale Musikfestival** statt, das im Einklang mit dem österreichischen Leitmotiv des Hotels auf klassische Musik ausgerichtet ist.

Schlafen
Im nahe gelegenen Heredia (S. 152) finden sich günstigere Unterkünfte, aber die folgenden Luxushotels sind auf jeden Fall zu empfehlen.

Hotel Chalet Tirol (☎ 2267 6222; www.costaricabureau.com/hotels/tirol.htm; DZ-Hütten 80 US$; P 🐾) Zwischen Monte de la Cruz und Club Campestre El Castillo gelegen, war dieses malerische Landhotel früher die Residenz von Präsident Alfredo González Flores. Wie kleine Inseln im Nebelwald wirken die komfortablen Hütten im Chaletstil. Sie sind um offene Gemeinschaftsbereiche gruppiert, darunter auch eine Pizzeria. Das Hotel ist bekannt als Veranstaltungsort des sommerlichen Internationalen Musikfestivals.

Hotel Bougainvillea (☎ 2244 1414; www.hb.co.cr; EZ/DZ/3BZ/Suite 102/110/122/133 US$; P 🖳 🐾) Das Luxushotel liegt in Santo Domingo de Heredia an der Straße zwischen Heredia und San José. Ringsum liegen stattliche Kaffee-Fincas, im Garten wachsen uralte Bäume und wunderschöne Blumen. Die Zimmer und Suiten haben Balkone, von denen sich traumhafte Ausblicke in die nahen Berge oder auf das nächtliche Lichtermeer von San José bieten. Mehrere private Wanderpfade schlängeln sich durch den Dschungel und die Obstgärten. Dabei kommt man am Schwimmbad, dem Restaurant und den Tennisplätzen vorbei. Und das Beste: Das Hotel bietet stündlich kostenlose Shuttlebusse ins Zentrum von San José.

Finca Rosa Blanca (☎ 2269 9392; www.fincarosablanca.com; DZ 250–350 US$; P 🖳 🐾) Die aus mehreren Gebäuden bestehende Finca liegt unmittelbar außerhalb der Ortschaft Santa Bárbara und zählt zu den exklusivsten Hotels Costa Ricas. Auf dem Hotelgelände, das von Pfaden und sanft plätschernden Flussläufen durchzogen ist, wachsen Obstbäume und üppig blühende exotische Pflanzen. Die individuell gestalteten Luxuszimmer haben Balkone mit traumhaftem Blick auf den Regenwald. Ein Zimmer wird von einem Turm überragt, von dem aus sich ein herrlicher 360°-Rundblick eröffnet. Die Wendeltreppe nach oben wurde aus einem einzigen Baumstamm gefertigt. Duschen unter einem künstlichen Wasserfall, nächtliches Baden bei Mondschein im Heißwasser-Pool oder ein romantisches Abendessen runden das Vergnügen ab.

Anreise & Unterwegs vor Ort
Zwischen Heredia und Barva verkehren Busse im Halbstundentakt (0,75 US$, 20 Min.), sie fahren vor der Kirche ab.

PARQUE NACIONAL BRAULIO CARRILLO
Dichter Urwald, zahllose Wasserfälle, reißende Flüsse und tiefe Schluchten – es fällt schwer, sich vorzustellen, dass die hektische Metropole San José nur 30 km südlich liegt, wenn man in diesem wunderbaren Nationalpark wandert. Der Nationalpark hat einen ungewöhnlichen Artenreichtum, der sich aus seinen unterschiedlichen Höhenlagen mit den aufeinanderfolgenden Vegetationszonen ergibt. Zwischen den 2906 m hoch gelegenen Zeltplätzen auf dem Volcán Barva und den üppig bewachsenen Feuchtgebieten, die sich bis an die Karibikküste erstrecken, liegen fast 3000 Höhenmeter.

Die Einrichtung des Parks ist ein ungewöhnlicher Kompromiss zwischen Umweltschützern, Regierung und Industrie: Für mehr als 100 Jahre bestand die einzige Verbindung zwischen San José und der Hafenstadt Puerto Limón aus einer baufälligen Eisenbahn und einer Landstraße. In den 1970er-Jahren einigten sich Regierung und Industrie darauf, eine moderne Fernstraße zu bauen, um die Hauptstadt mit den wichtigsten Atlantikhafen des Landes zu verbinden.

Die einzige mögliche Route führte über einen niedrigen Pass zwischen den Vulkanen Barva und Irazú – mitten durch unberührten

WARNUNG

Leider gibt es viele Berichte, dass an einigen Zugängen des Parque Nacional Braulio Carrillo geparkte Autos aufgebrochen wurden. Auch lauern den Wanderern bewaffnete Räuber auf den Wegen oder an der Carretera auf. Leser berichteten, sie hätten Schüsse auf den Wanderwegen gehört, und Tramper wurden vor der Straße gewarnt.

Deshalb die folgenden Regeln beachten: Autos sollten grundsätzlich nicht an der Straße geparkt werden, und Wanderer sollten sich vor dem Aufbruch zunächst an einer Rangerstation registrieren lassen. Falls möglich, sollte man mit einem Ranger wandern oder sich einen Führer an einer der Stationen anheuern. Der Park lässt sich auch im Rahmen von geführten Touren besichtigen; diese Wanderexkursionen starten normalerweise in San José.

Regenwald. Die Umweltschützer reagierten entsetzt auf diese Pläne.

Doch fand sich ein Kompromiss, der beide Seiten zufriedenstellte. 1978 wurde der Nationalpark eingerichtet. Außer dem Bau der Fernstraße wurden keine weiteren Bau- oder Rodungspläne erlaubt. Die Umweltschützer verbuchten es als Erfolg, dass eine 480 km² große Fläche als Nationalpark ausgewiesen wurde, davon 85 % unberührter Primärwald. Regierung und Industrie wiederum freuten sich über die Carretera zwischen San José und Guápiles, die 1987 fertiggestellt war. Die Straße teilt den Park in zwei kleinere Naturschutzgebiete, wobei die Verwaltung aber in einer Hand liegt. Der Name des Nationalparks erinnert an Costa Ricas dritten Präsidenten, der den Kaffeeanbau einführte.

Eine Fahrt durch den Park gibt Besuchern eine Vorstellung davon, wie Costa Rica bis in die 1950er-Jahre hinein aussah: endlose Hügelketten, die von dichtem Gebirgs-Regenwald bedeckt waren. Noch 1940 waren 75 % der Landesfläche von ursprünglichem Wald bedeckt, heute sind es nicht einmal mehr 25 %.

Orientierung & Praktische Informationen

Die zwei beliebtesten Wandergebiete sind über die Carretera José–Guápiles erreichbar. 19 km nordöstlich von San José liegt am Süd-

ende des Parks die **Rangerstation Zurquí** (☎ 2257 0992; Eintritt 6 US$; ☿ 7–16 Uhr); 22 km jenseits des Zurquí-Tunnels wurde am nordöstlichen Ende die **Rangerstation Quebrada González** (☎ 2233 4533; Eintritt 6 US$; ☿ 7–16 Uhr) eingerichtet. Vom bewachten Parkplatz mit WC führen gut markierte Wanderpfade in die Wildnis.

Wer den Vulkan Barva an einer Tagestour besteigen oder im Zelt dort eine Nacht verbringen möchte, fährt zur **Rangerstation Barva Sector** (☎ 2261 2619; ☿ 7–16 Uhr) im Südwesten des Parks, sie liegt 3 km nördlich von Sacramento.

Im äußersten Nordwesten des Parks liegen zwei ziemlich abgelegene Außenposten: **El Ceibo** und **Magasay**.

Die Temperaturen schwanken enorm, und die jährliche Niederschlagsmenge kann 8000 mm erreichen. Die beste Zeit für einen Besuch des Nationalparks ist die Trockenperiode zwischen Dezember und April. Aber normalerweise regnet es auch dann. Warme, regendichte Kleidung und gute Wanderschuhe gehören deshalb unbedingt zur Ausrüstung.

Tierbeobachtung

Die Vogelwelt im Nationalpark ist wirklich beeindruckend. Zu den häufig angetroffenen Arten zählen Papageien, Tukane, Kolibris und in den Höhenlagen sogar Quetzale. Gelegentlich lassen sich auch Adler und Schirmvögel beobachten.

Säugetiere sind aufgrund der dichten Vegetation schwer zu entdecken. Ausnahmen sind Weißwedelhirsche, Affen und Pacas wie etwa die *tepezcuintles* (Agouti paca). Das Nagetier ist auch das Maskottchen des Parks. Pumas, Jaguare und Ozelots leben nur vereinzelt im Gelände.

Wandern

Von Zurquí führt ein kurzer, aber steiler, etwa 1 km langer Wanderpfad zu einem Aussichtspunkt. Ein anderer Weg, der **Sendero Histórico,** folgt dem kristallklaren Río Hondura bis zu seinem Zusammenfluss mit dem Río Sucio (schmutziger Fluss), dessen gelbes Wasser Sedimente vulkanischer Mineralien mit sich führt.

Von Quebrada González führt der 2,8 km lange **Sendero La Botella** an einer Reihe von Wasserfällen vorbei in die Patria-Schlucht. Auch unmarkierte Pfade durchziehen den Park. An einigen Stellen ist das Zelten erlaubt, auch wenn es dann dort oft keinerlei Infrastruktur gibt.

Zu den Besonderheiten im Park zählen die markanten großblättrigen Gunnera-Pflanzen (Mammutblatt, Riesen-Rhabarber), die gern an steilen und frisch gerodeten Stellen des Gebirgs-Regenwaldes wachsen. Sie sind praktisch, denn die großen Blätter können einen Menschen vor einem plötzlichen tropischen Regenschauer schützen. Daher stammt auch der Spitzname *sombrilla del pobre*: „Regenschirm der armen Leute".

Besteigung des Volcán Barva

Der Aufstieg auf den Volcán Barva dauert über den gut befestigten Pfad hin und zurück etwa vier bis fünf Stunden. Wegen der abgeschiedenen Lage ist man oft allein auf dem Gipfel des Vulkans. Ausgangspunkt ist der Sacramento-Eingang nördlich von Heredia. Von dort steigt der markierte Weg gemütlich zum Gipfel an. Die Pfade sind häufig schlammig, und zu jeder Jahreszeit ist mit Regen zu rechnen.

Der Pfad führt zu drei Lagunen am Gipfel: Lagos Danta, Barva und Copey. Vom Hauptweg zweigen mehrere Pfade ab, die zu Wasserfällen und anderen landschaftlich reizvollen Stellen führen. Wer vom Vulkan weiter nördlich in die flachen Regionen absteigen möchte, stößt auf unmarkierte Wege, die eine Orientierung erschweren. Dennoch ist es möglich, den überwachsenen und nicht gepflegten Pfaden nach Norden bis La Selva (S. 569) und La Virgen (S. 560) zu folgen. Ein Tico berichtete, dass es für die Durchquerung des Gebietes vier Tage brauchte.

Das Buschabenteuer ist nur erfahrenen Trekkern zu empfehlen, die auch mit topografischen Karten und Kompass umgehen können und die Pfadfinder-Signale des Waldes zu deuten wissen.

Tagesbesucher sollten so früh wie möglich anreisen, da die Vormittage im Allgemeinen sehr klar und die Nachmittage oft wolkenverhangen sind. Nachts kann das Thermometer deutlich unter 0 °C fallen. In der Nähe des unglaublich schönen Gipfels gibt es vereinzelt **Zeltplätze** (pro Pers. 2 US$). Trinkwasser muss man selbst mitbringen.

An- & Weiterreise

Sowohl die Rangerstationen Zurquí wie Quebrada González liegen am Highway 32 zwischen San José und Guápiles. Die Busse, die zwischen der Hauptstadt und Guápiles oder Puerto Viejo unterwegs sind, halten 2 km vom Parkeingang entfernt. Auf dem Rückweg ist der Einstieg am Highway schwierig und gefährlich.

Die Station Barva erreichen Besucher über die geteerte Straße, die von Heredia aus in nördlicher Richtung über Barva und San José de la Montaña nach Sacramento führt. Von dort zweigt ein ausgeschilderter, 3 km langer Weg nach Norden zum Parkeingang ab, er ist allerdings nur mit Allrad befahrbar.

El Ceibo und Magasay können lediglich über Schotterpisten von La Virgen (S. 560) erreicht werden.

REGENWALD-WIPFELBAHN

Die **Rainforest Aerial Tram** (☎ 2257 5961; www.rainforesttram.com; Erw./Stud. & Kind 50/27,50 US$) ist die

PROJEKT UMWELTSCHUTZ

Das **Refugio Cerro Dantas (Cerro Dantas Wildlife Refuge)** ist ein Forschungs- und Studienzentrum, das mit Wissenschaftlern, Lehrern und Studenten zusammenarbeitet. Ziel ist die Förderung des Umweltschutzes. Zum einen gibt es Projekte, bedrohte Tierarten zu schützen, darunter Jaguare, Tapire und Quetzals. Zum anderen werden Studienprogramme für Lehrer, Studenten und Forscher angeboten. Besucher sind für einen Tag oder auch längere Aufenthalte willkommen.

Die abwechslungsreichen Programme konzentrieren sich vor allem auf das Studium der verschiedenen Facetten des Ökosystems Regenwald. Dazu zählen der Schutz bedrohter Tierarten, Umweltschutz, Regenwald-Ökologie und die globale Erderwärmung. Die Teilnahmegebühren werden pro Person berechnet, mit oder ohne Mahlzeiten.

Für Studenten, Lehrer und Wissenschaftler gibt es gesonderte Tarife. Da die Plätze oftmals belegt sind, sollte man mindestens 30 Tage im Voraus buchen.

Cerro Dantas hat seine Hauptverwaltung in Monte de la Cruz, das Schutzgebiet ist Teil des großen Nationalparks Braulio Carrillo. Weitere Informationen zu den angebotenen Programmen gibt es im Internet oder per E-Mail unter pavoreal@rasca.co.cr.

Idee des Biologen Don Perry, der als Pionier der Baumkronenforschung in Regenwäldern gilt. Die Fahrt mit der Gondelbahn über die Baumkronen des Nebelwaldes ist äußerst empfehlenswert.

Die Fahrkarten sind zwar teuer, jedoch auf alle Fälle ihren Preis wert: Ein erfahrener Führer weist auf all die kleinen und wichtigen Dinge hin, die man als Laie ansonsten übersehen würde. Er leitet auch die optionale Wanderung durch das 400 ha große Schutzgebiet, das direkt an den Nationalpark angrenzt. Das Gebiet ist zwar voller Tiere, doch der dichte Bewuchs macht Beobachtungen extrem schwierig.

Die 2,6 km lange Fahrt mit der Gondelbahn dauert hin und zurück jeweils 40 Minuten. Es bleibt also genug Zeit, um den Regenwald zu bewundern und die ungewöhnlichen Pflanzen und Vögel zu beobachten. Wunderbarerweise konnte das Gondelbahn-Projekt fast ohne Auswirkungen auf den Regenwald verwirklicht werden.

Manch Anbieter von modischen Baumkronentouren könnte hier noch etwas lernen (s. Kasten S. 190)! Ein schmaler Fußpfad folgt der Gondelbahn. Das gesamte, 250 t schwere Baumaterial wurde zu Fuß oder mit einem Kabelsystem transportiert, um Bodenerosion zu verhindern. Nur die zwölf Stützpfeiler wurden mit Hubschraubern der nicaraguanischen Luftwaffe eingeflogen (weil im pazifistischen Costa Rica solches Gerät fehlt).

Vom Parkplatz bringt ein Lkw die Besucher zur 3 km entfernten Talstation der Gondelbahn, zu der auch ein kleiner Ausstellungsbereich, ein Restaurant und ein Souvenirladen gehören. Der Ausflug beginnt mit einem Einführungsvideo. Fahrgäste sollten, ungeachtet der Regenplanen auf den Gondeln, einen Regenschutz mitbringen. Die Planen nützen wenig, da die Seiten offen sind.

Wer von San José kommt, folgt der gut ausgeschilderten Abzweigung zur Gondelbahn nach rechts, sie liegt direkt hinter dem Eingang zum Nationalpark. Die Busse von San José nach Guápiles fahren am Terminal Caribe (1,50 US$, 1¼ Std.) ab zur fahren stündlich zwischen 6.30 und 19 Uhr. Dem Fahrer muss man unbedingt mitteilen, dass man am *teleferico* (Gondelbahn) aussteigen möchte. Die Angestellten der Gondelbahn helfen beim Anhalten eines Busses zurück in die Hauptstadt.

MORAVIA

Moravia, eine kleine Ortschaft 6 km nordöstlich von San José, war früher ein wichtiges Zentrum der Kaffeeproduktion. Die Arbeiter schafften die Säcke mit den rubinroten Früchten von den Berghängen hinunter in die Stadt, wo die Bohnen auf Ochsenkarren verladen und zu den nahe gelegenen *beneficios* zur Weiterverarbeitung transportiert wurden. Nachdem sie geschält und getrocknet waren, wurden die Bohnen nach Europa und Nordamerika verschifft.

Heutzutage spielt die Kaffeeproduktion in Moravia keine Rolle mehr, doch ist der Ort ein berühmtes Kunsthandwerkszentrum. Hier gibt es Produkte aus Leder, Keramik, Schmuck und Holz. Von San José lohnt sich ein Tagesausflug, um sich vor der Abreise mit Souvenirs einzudecken.

Rund um den weitläufigen Parque Central liegen mehrere Läden. Einige begannen als Sattelhändler, bieten aber inzwischen unterschiedlichste Lederwaren und anderes Kunsthandwerk an. Einen Besuch wert sind **Artesanía Bribrí**, der Arbeiten des karibischen Bribrí-Stammes verkauft, sowie der einladende **Mercado de Artesanías Las Garzas**. Dieser Komplex mit Kunsthandwerksläden, einigen Sodas und sauberen Toiletten liegt unmittelbar südöstlich des Rathauses.

Örtliche Busse von San José nach San Vincente de Moravia starten an der Avenida 3 zwischen Calle 3 & 5.

CARTAGO & UMGEBUNG

Cartagos atemberaubende Lage am Flussufer geht auf den spanischen Gouverneur Juan Vásquez de Coronado zurück, der sich in dieses Fleckchen Erde verliebte und dort 1563 die Stadt gründete. Coronado erklärte, er habe niemals ein schöneres Tal gesehen. Der Ort wurde die erste Hauptstadt des Landes, und Coronados Nachfolger ließen in der Stadt die schönsten Kolonialbauten Costa Ricas errichten. Cartago wurde jedoch 1723 bei einem Ausbruch des Volcán Irazú zerstört. Zwei Erdbeben 1841 und 1910 gaben der Stadt den Rest.

1823 wurde der Regierungssitz nach San José verlegt, und Cartago verlor an Bedeutung. Der Kaffeehandel brachte dem Valle de Orosí aber einigen Wohlstand, und die Kaffeesträucher bestimmen weiterhin das

VALLE CENTRAL & HOCHLAND

Landschaftsbild. Auch wenn Cartago nur noch Provinzhauptstadt ist, bleibt es ein bedeutendes Wirtschaftszentrum mit der wichtigsten religiösen Stätte des Landes.

CARTAGO

Nachdem die Trümmer fortgeräumt worden waren, machte sich niemand mehr die Mühe, Cartago (127 000 Einwohner) in seiner ursprünglichen Gestalt wieder aufzubauen. Deshalb hat Cartago heute ein sehr modernes, aber durchaus attraktives Stadtbild. Einzige Ausnahme unter all den Neubauten ist die Basílica de Nuestra Señora de los Ángeles, die nach jeder Heimsuchung der Stadt sofort wieder aufgebaut wurde und als wichtigstes Heiligtum des Landes gilt. Wie ein schneebedeckter Berggipfel ragt sie aus den meist niedrigen Gebäuden heraus.

Jedes Jahr am 2. August steht Cartago für kurze Zeit im Mittelpunkt des Geschehens, wenn Pilger von überall aus dem Land zur Basilika strömen, um ihre Gebete zu verrichten. Den Rest des Jahres ist Cartago eine nüchterne Geschäfts- und Wohnstadt, geprägt durch Betriebsamkeit und Hektik. Dieser Eindruck

wird durch die Schönheit der umliegenden Bergwelt aber auf wohltuende Weise gemildert.

Orientierung & Praktische Informationen

Das Straßennetz zeigt die klassische lateinamerikanische Gitterstruktur. Wie überall sind Straßenschilder auch eher eine Ausnahme und dazu manchmal noch ungenau. Trotzdem fällt die Orientierung leicht: Die allgegenwärtige Kathedrale ist eine gute Landmarke. In Cartago gibt es keine Touristeninformation.

Banco Nacional (Ecke Av. 4/Calle 5) Mehrere Banken im Stadtzentrum wechseln Geld, darunter auch die Banco Nacional.

Hospital Max Peralta (☎ 2550 1999; Av. 5 zw. Calle 1 & 3) Für medizinische Notfälle.

Internet Alta Velocidad (Calle 1 zw. Av. 1 & 3; Std. 1 US$; ⊙ 9–21 Uhr) Eine Möglichkeit, E-Mails zu checken, 50 m östlich von Las Ruinas.

Sehenswertes

Cartagos wichtigste Sehenswürdigkeit ist die **Basílica de Nuestra Señora de los Ángeles** (Ecke Av. 2/ Calle 16). Diese Kirche besitzt eine byzantinische

VALLE CENTRAL & HOCHLAND

Eleganz und schöne Buntglasfenster. Das Kirchenschiff mit viel poliertem Holz wirkt sehr leicht und luftig. Die aktuelle Version ist das Ergebnis des Wiederaufbaus von 1926, der nach der fast vollständigen Zerstörung durch das Erdbeben 1910 erforderlich wurde. Zwar sind die Außenmauern seit 1635 unzählige Male zusammengestürzt, doch La Negrita ist auf wundersame Weise stets unversehrt geblieben. Sie thront weiterhin auf dem Altar, geschmückt mit wertvollen Edelsteinen. Bei Wallfahrten ist die Basilika bis auf den letzten Platz gefüllt. Dann lässt sich die Aura von La Negrita am besten nachempfinden

Las Ruinas de la Parroquia (Ecke Av. 2/Calle 2) ist auch bekannt als Iglesia del Convento und wurde 1575 als Gotteshaus zu Ehren des Apostels Jakob errichtet. Die Kirche wurde durch das Erdbeben 1841 in Schutt und Asche gelegt, wieder aufgebaut und 1910 erneut durch ein weiteres Erdbeben zerstört. Heute stehen nur noch die Außenmauern, die Ruinen bilden die schöne Kulisse für einen beliebten Picknickplatz.

Zwei Museen geben einen guten Einblick in Costa Ricas präkolumbische Kultur. Das **Museo Histórico Etnográfico Elías Leiva Quirós** (☎ 2551 0895; Calle 3 zw. Av. 3 & 5; ☻ Mo–Fr 7–14 Uhr) zeigt historische Artefakte, während das **Museo Natural del Indio Curieti** (☎ 2573 7113; ☻ Mo–Fr 10–16 Uhr) sein Schwergewicht auf die historische Dokumentation legt. Das Museum liegt 6 km südwestlich von Cartago in Tobosi.

Schlafen & Essen

Die Übernachtungsmöglichkeiten sind begrenzt, wer etwas essen möchte, schlendert am besten über die Avenida 2 und 4 im Stadtzentrum: Dort finden sich Sodas und einige Bäckereien.

Hotel Dinastía (☎ 2551 7057; Calle 3; DZ ohne/mit Bad 13/16 US$) Günstige Tarife und private Bäder mit Warmwasser wiegen die dünnen Wände und abgewohnten Zimmer auf.

Los Ángeles Lodge (☎ 2551 0957, 2591 4169; Av. 4 zw. Calle 14 & 16; EZ/DZ inkl. Frühstück 30/35 US$; P ☻) Das B&B mit seinen Balkonen und Blick auf die Plaza de la Basílica ist aufgrund seiner geräumigen und komfortablen Zimmer und der heißen Duschen ein guter Tipp. Die fröhlichen Gastgeber bereiteten ein reichhaltiges Frühstück zu.

La Puerta del Sol (Av. 4 zw. Calle 14 & 16; Hauptgerichte 3–6 US$; ☻ 8–24 Uhr) Das Soda gegenüber der Basilika lockt mit einem hübschen Speisesaal und einer ziemlich guten Auswahl frisch zubereiteter Gerichte.

An- & Weiterreise

Cartago ist nicht gerade gesegnet mit großen Sehenswürdigkeiten, doch in der Umgebung gibt es viel zu sehen: botanische Gärten, malerische Bergdörfer, Bio-Farmen und einen aktiven Vulkan – und alle Orte sind mit örtlichen Bussen leicht in maximal ein bis zwei Stunden erreichbar. Die meisten Busse kommen an der Avenida 2 an, fahren bis zur Basilika und über die Avenida 4 wieder zurück zum Busbahnhof.

Die folgenden Buslinien steuern Ziele in der Region an.

Finca la Flor de Paraíso (1 US$) Die La Flor-/Birrisito-/El Yas-Busse fahren vor der Kirche Padres Capuchinos 150 m südöstlich von Las Ruinas ab. In La Flor an der rosafarbenen Kirche aussteigen. Der Eingang zur Finca liegt 100 m südlich.

El Jardín Botánico Lankester in Paraíso (0,75 US$, Calle 4 & Av. 1, stündl., Abfahrt 7–22 Uhr) Bei Bedarf setzt der Fahrer die Fahrgäste an der Abzweigung zum Garten ab. Von dort aus sind es noch 750 m Fußweg zum Eingang.

Orosi (0,75 US$, 40 Min., Ecke Calle 4/Av. 1, stündl., Abfahrt Mo–Sa 8–22 Uhr) Der Bus hält vor dem Aussichtspunkt Mirador Orosi.

San José, 0,75 US$, 45 Min., Av. 4 zw. Calle 2 & 4 nördlich vom Parque Central, alle 15 Min.

Turrialba (1,50 US$, 1½ Std., Av. 3 zw. Calle 8 & 10, vor den Tribunales de Justicia, alle 45 Min., wochentags 6–22, Wochenende 8.30, 11.30, 13.30, 15 & 17.45 Uhr.

Volcán Irazú (5 US$, 1 Std.) Abfahrt nur am Wochenende von der Kirche Padres Capuchinos, 150 m südöstlich von Las Ruinas de la Parroquia. Der Bus startet um 8 Uhr in San José, hält etwa um 8.30 Uhr in Cartago und fährt von Irazú um 12.30 Uhr zurück.

PARQUE NACIONAL VOLCÁN IRAZÚ

Trügerisch ruhig ragt der 3432 m hohe Irazú 19 km nordöstlich von Cartago auf. Der Name stammt vom indigenen Wort *ara-tzu* („Ort des Donners"). Der Irazú ist der größte und höchstgelegene aktive Vulkan des Landes. 1723 musste der spanische Gouverneur von Costa Rica, Diego de la Haya Fernández, hilflos zusehen, wie der Vulkan die Stadt Cartago in Schutt und Asche legte. Seither wurden 15 größere Ausbrüche registriert. De la Haya Fernández erbaute Cartago zwar nicht mehr im alten Glanze, doch wenigstens trägt ein Krater des Vulkans seinen Namen.

Der letzte größere Ausbruch ereignete sich am 19. März 1963. Damals begrüßte der Vulkan den auf Staatsbesuch weilenden John F. Kennedy mit einem heißen Ascheregen, der einen Großteil des Valle Central bis zu 50 cm tief unter sich begrub. Der zwei Jahre während Ausbruch verhinderte die landwirtschaftliche Nutzung der Gebiete nordöstlich des Irazú, während verstopfte Wasserwege in regelmäßigen Abständen die Region überschwemmten. 1994 spuckte der Vulkan völlig unerwartet eine Schwefelwolke aus, doch die Lage beruhigte sich schnell wieder. Derzeit stößt der schlafende Vulkan nur ab und zu kleine Dampfwolken aus. Doch es ist nur eine Frage der Zeit, bis die Bauern daran erinnert werden, warum die Böden im Valle Central so fruchtbar sind. Für weitere Informationen zur Vorhersage eines künftigen Vulkanausbruchs s. Kasten S. 261.

Der Nationalpark wurde 1955 eingerichtet, insgesamt wurde eine 2309 ha große Fläche rund um den Fuß des Vulkans unter Schutz gestellt. Der Gipfel besteht aus einer kargen Mondlandschaft mit mehreren Kratern. Der Hauptkrater hat einen Durchmesser von 1050 m und ist 300 m tief. Der Diego-de-la-Haya-Krater hat einen Durchmesser von 690 m, ist 100 m tief und wird von einem kleinen See ausgefüllt. Der kleinste Krater heißt Playa Hermosa und zeigt allmählich eine spärliche Vegetation von Pionierpflanzen. Es gibt auch einen sogenannten pyroklastischen Kegel, der aus Gestein besteht, das durch die vulkanische Aktivität ausgeworfen und zersplittert wurde.

Praktische Informationen

Vor Ort gibt es ein kleines **Besucherzentrum** (☎ 2551 9398; Eintritt für Park & Zentrum 7 US$; ☑ 8 bis 15.30 Uhr), ein einfaches Café, aber keine Unterkünfte oder Zeltmöglichkeiten. Selbst bei schönstem Wetter beginnt sich die Wolkendecke bereits gegen 10 Uhr vormittags zu schließen. Just zu dieser Uhrzeit treffen aber erst die Wochenendbusse ein. Wer mit einem dieser Busse kommt, sollte nicht lange zögern und sofort zum Krater aufbrechen. Autofahrer sollten versuchen, früher anzukommen.

Der Ausblick vom Gipfel reicht an schönen Tagen bis zur Pazifik- und zur Karibikküste, doch ist die Sicht nur selten klar genug dafür. Die besten Bedingungen herrschen am sehr frühen Morgen während der Trockenzeit (Jan.–April). Auf dem Vulkan ist es norma-

lerweise kalt, windig und bewölkt, außerdem regnet es jährlich 2160 mm. Warme regendichte Kleidung ist deshalb ein Muss.

Der Irazú ist zwar nicht ganz so überlaufen wie der Volcán Poás (S. 150), gehört aber dennoch zu den beliebtesten Ausflugszielen im Valle Central.

Wandern

Vom Besucherzentrum führt ein 1 km langer Weg zu einem Aussichtspunkt über die Kraterlandschaft. Ein längerer und auch steilerer Pfad beginnt hinter den Toiletten und führt näher an die Krater heran. Dieser Pfad ist allerdings zeitweise geschlossen. Zu den typische Bergvögeln gehört der Streifenjunco (*Junco vulcani*).

Geführte Touren

Mehrere Reiseveranstalter in San José bieten für 30–60 US$ Halbtagestouren zum Irazú an. Tagestouren inkl. Mittagessen und einem Besuch des Jardín Botánico Lankester sowie des Valle de Orosí kosten bis zu 100 US$.

Touren von den Hotels in Orosí können für 25–40 US$ arrangiert werden. Diese beinhalten z. B. Mittagessen und einen Besuch der Kathedrale in Cartago oder einer Sehenswürdigkeit im Valle de Orosí.

Essen

Restaurant 1910 (☎ 2536 6063; Hauptgerichte 4–9 US$) Die Einkehr zu Mittag- oder Abendessen lohnt sich allein schon wegen der Sammlung alter Fotografien, die das Erdbeben von 1910 dokumentieren.

Die Küche bietet Ticogerichte, oft auf der Basis von Reis und Bohnen, und einige wenige europäisch angehauchte Speisen. Das Restaurant liegt 500 m nördlich der Abzweigung nach Pacayas.

An- & Weiterreise

Abgesehen von einer 20 km langen Wanderung gibt es drei Möglichkeiten, um wochentags zum Irazú zu gelangen: eine organisierte Führung, ein Taxi von Tierra Blanca aus (30–40 US$), wobei der Fahrer einige Stunden im Park auf die Fahrgäste warten muss, oder ein Mietwagen. Autofahrer nehmen die Carretera 8 von Cartago, die an der nordwestlichen Ecke der Plaza beginnt.

Die einzigen öffentlichen Busse nach Irazú fahren von San José (4,50 US$, 1½ Std.) leider nur samstags und sonntags. Die Busse halten in Cartago (4 US$, 1 Std.) und starten meist gegen 8.30 Uhr. Die Rückfahrt vom Irazú beginnt um 12.30 Uhr.

VALLE DE OROSÍ

Das Flusstal südöstlich von Cartago ist berühmt für seine Berglandschaft, die Kolonialkirchen (eine davon eine Ruine), die heißen Quellen, die Orchideengärten, den Stausee, den Nationalpark sowie die Unmengen an Kaffeesträuchern, die hier wachsen. Die 60 km lange Strecke durch das Tal ist traumhaft. Die Straße windet sich durch eine sanft geschwungene Hügellandschaft, an den Abhängen gedeihen die Kaffeesträucher und im Tal reiht sich eine malerische Ortschaft an die andere. Am schönsten erlebt man das Tal mit einem Mietwagen oder einem guten Fahrrad, doch ein Großteil des Tales kann auch mit öffentlichen Bussen befahren werden.

Die Talstraße beginnt in Paraíso, 8 km südöstlich von Cartago und führt dann Richtung Süden nach Orosí (s. 165). Dort teilt sich die Straße: Nach Süden geht es entweder zum Parque Nacional Tapantí-Macizo Cerro de la Muerte (S. 167) oder man fährt in einem Bogen über Ujarrás (S. 168) zurück nach Paraíso.

Paraíso

Die Ortschaft Paraíso ist inzwischen mehr oder weniger komplett von der 8 km entfernt gelegenen Provinzmetropole Cartago geschluckt worden. Für Reisende ist sie uninteressant, den Betonhäusern entlang der Straße fehlt jeglicher Reiz. Doch unmittelbar hinter dem Ort beginnt das landschaftlich reizvolle Valle de Orosí. Einige Kilometer weiter erreicht man den **Mirador Orosí**, einen Aussichtspunkt mit Toiletten und Parkplatz.

Von hier lassen sich die schönsten Panoramabilder vom Tal schießen. Es gibt aber doch zwei beachtenswerte Sehenswürdigkeiten bei Paraíso, die einen kurzen Abstecher in den Ort lohnen.

Die Universität von Costa Rica betreibt hier den herrlichen **Jardín Botánico Lankester** (☎ 2552 3247; jbl@cariari.ucr.ac.cr; Eintritt 3,50 US$; ⏱ 8.30–16.30 Uhr). Angelegt wurde der Garten 1917 vom britischen Orchideenliebhaber Charles Lankester. Die edlen Blumen sind ein wahrer Touristenmagnet.

Während der Blütezeit zwischen Februar und April lassen sich hier 800 Orchideenexemplare bewundern. Zudem gedeihen mit den Ananas verwandte Bromelien, Palmen, Sekundär-Tropenwald, Helikonien und andere Tropenpflanzen.

Sehr lehrreich sind die Schilder an den Pflanzen und die zahlreichen Informationstafeln. So erhalten die Besucher unter dem Schatten spendenden Laubdach eine Einführung in den Artenreichtum die Vielseitigkeitszentren der costa-ricanischen Flora, bevor es in die wilderen (und natürlich unbeschilderten) Nationalparks geht.

Hier dürfen Ausländer auch legal Orchideen kaufen und mit nach Hause nehmen. Jeden Tag werden stündlich zwischen 8.30 und 14.30 Uhr Führungen durch die Gartenanlage angeboten. Der Eingang ist gut ausgeschildert und befindet sich 5 km westlich von Paraíso an der Straße nach Cartago.

2 km östlich von Paraíso liegt an der Straße nach Turrialba die **Finca Cristina** (☎ 2574 6426; www.cafecristina.com; Eintritt 10 US$) eine aktive Bio-Kaffeefarm. Besuche sind nur nach Anmeldung möglich (vorher anrufen!). Linda und Ernie sind schon seit 1977 in Costa Rica tätig, die 90minütige Führung durch ihren *microbenefico* (Kleinbetrieb) ist eine tolle

VALLE CENTRAL & HOCHLAND

BOXENSTOPPS

Es lohnt sich, an einigen der besten „Boxenstopps" im Valle Central aus dem Auto auszusteigen und sich ein wenig die Beine zu vertreten.

■ Der wöchentliche Bauernmarkt in Turrialba oder **La Castellana** (S. 172) verkauft den berühmten Turrialba-Käse für eine kleine Zwischenmahlzeit.

■ Die spektakulärste Aussicht der ganzen Region bietet der **Mirador Orosí** (S. 165).

■ Nach einer langen und kurvigen Fahrt durch endlose Kaffeefelder lädt eine Tasse Kaffee die Batterien wieder wunderbar auf. Wo? Direkt an der Quelle, bei der Bio-Kaffeefarm **Finca Cristina** (S. 164).

■ Die heißen Quellen in **Los Balnearios** (S. 165) sind eine herrliche Erfrischung für müde Füße.

■ Die zahlreichen Holzwerkstätten in **Sarchí** verkaufen alle möglichen Dinge (S. 147).

PROJEKT UMWELTSCHUTZ (TEIL II)

Die **Finca la Flor de Paraíso** (www.la-flor-de-paraiso.org) ist ein nicht-gewinnorientierter Bio-Bauernhof, der von Asodecah betrieben wird. Die Abkürzung steht für „Vereinigung zur Entwicklung eines Bewusstseins für Umwelt und Mensch". Die Farm unterhält auch ein „Alternatives Spanisch-Institut", das Spanischunterricht mit Themen wie Umweltschutz und gesellschaftlicher Entwicklung kombiniert.

Angeboten werden darüber hinaus Programme für Freiwillige. Schwerpunkte sind Öko-Landwirtschaft, Wiederaufforstung, Tierzucht, Anbau von Heilkräutern, Kunsthandwerk, Sozialprojekte und Kindererziehung. Die Freiwilligen können zwischen den Projekten rotieren und werden auf dem Bauernhof in Gästehäusern und Schlafsälen untergebracht.

Der Preis von 370 US$ für eine Woche im Alternativen Spanisch-Institut umfasst 20 Stunden Unterricht, Unterbringung vor Ort und drei vegetarische Mahlzeiten pro Tag. Die Freiwilligenprogramme kosten inklusive Unterbringung und Vollverpflegung 15 US$ täglich für die ersten zwei Wochen, danach 12 US$ pro Tag. Urlauber zahlen für einen Tagesaufenthalt und eine geführte Wanderung 22 US$, für zwei Tage Aufenthalt mit einer Übernachtung und Verpflegung 35 US$ und 210 US$ für sechs Tage. Alle erwirtschafteten Gewinne werden direkt weitergegeben und in soziale Projekte investiert.

Die Finca la Flor de Paraíso liegt 7 km nordöstlich von Paraíso an der Straße nach El Yas. Von Cartago fahren Busse dorthin. Weitere Informationen zu den Programmen gibt es auf der Webseite oder per Mail unter asodecah@racsa.co.cr.

Einführung in den Anbau, die Ernte und das Rösten von Bio-Kaffee. Die Finca Cristina verkauft Besuchern ihre Produkte zu Großhandelspreisen.

Die schönsten Unterkünfte finden sich unmittelbar außerhalb der Stadt. An der Straße von Paraíso nach Orosi steht die **Orosi Valley Farm** (☎ 2533 3001; www.orosivalleyfarm.com; Zi. inkl. Frühstück 45 US$; **P**), ein malerisches altes Bauernhaus. Ein kleiner Bach fließt durch das Anwesen, das atemberaubende Blicke über das üppig grüne Tal bietet.

Für einen Aufenthalt in der Region eignet sich das nette, familiengeführte Hotel **Sanchirí Mirador** (☎ 2574 5454; www.sanchiri.com; EZ/DZ/3BZ inkl. Frühstück 47/60/70 US$ **P** ▯) 2 km südlich von Paraíso. Die älteren Holzhütten und die neueren Zimmer sind schlicht, aber gut ausgestattet. Wer nicht über Nacht bleiben kann, sollte wenigstens das Restaurant (Gerichte 4–7 US$) mit Blick ins Tal besuchen.

Auf dem Hotelgelände gibt es auch einen **Schmetterlingsgarten** (Erw./Kind 5/3 US$), einen Picknickbereich sowie ein Wegenetz, das zu Fuß oder auf dem Pferderücken erkundet werden kann.

Orosí

Die Stadt ist nach einem Huetar-Häuptling benannt, der hier zur Zeit der Eroberung lebte. Die spanischen Kolonisten lockten das perfekte Klima, die ertragreichen Böden sowie der Wasserreichtum der Stadt – hier gibt es heiße Quellen und mächtige Wasserfälle. Und so enteigneten sie den Häuptling kurzerhand – wie es damals so üblich war.

Orosí ist einer der wenigen Orte, die Costa Ricas regelmäßige Erdbeben halbwegs unbeschadet überstanden haben. Die weiß gekalkte Kirche **Iglesia de San José Orosi** wurde 1743 errichtet und ist die älteste noch genutzte Kirche des Landes. Das Kirchendach besteht aus einer Mischung aus Reet und Keramikfliesen. Der Altar ist ganz aus Holz gefertigt und wird von religiösen Gemälden mexikanischer Herkunft geziert. Neben der Kirche liegt ein kleines **Museum** (☎ 2533 3051; Eintritt 0,50 US$; ◷ Di–Fr 9–12, 14–17, Sa–So 9–17 Uhr). Zu sehen sind interessante Beispiele religiöser Kunst aus der Kolonialzeit.

Eine weitere Attraktion des hübschen Städtchens sind die heißen Quellen. Das Thermalbad **Los Balnearios** (☎ 2533 2156; Eintritt 2 US$; ◷ 7.30–16 Uhr) liegt im Südwesten neben der Orosi-Lodge. **Los Patios** (☎ 2533 3009; Eintritt 2 US$; ◷ Di–So 8–16 Uhr) befindet sich 1,5 km südlich der Stadt. Los Balnearios sind bequemer zu erreichen, weil sie in der Stadt liegen, doch Los Patios bietet mehr Quellen.

Beide Thermalbäder sind vergleichsweise bescheiden und haben einfache Warmwasserbecken, die vor allem viele Einheimische und nur einige ortskundige ausländische Urlauber anlocken.

RUND UM DIE KAFFEEBOHNE

1779 entdeckten spanische Siedler, dass das kühle Klima und der fruchtbare Vulkanboden des Valle Central für den Kaffeeanbau optimal geeignet sind. Sie begannen an den Berghängen Terrassen für riesige Plantagen anzulegen. Weil getrocknete Bohnen praktisch nicht verschimmeln und deshalb leicht zu verschiffen sind, übertraf Kaffee als Exportartikel sehr schnell Kakao, Tabak und Zucker. Schon 1829 war Kaffee die Haupteinnahmequelle der Kolonie. Im späten 19. Jh. wurde costa-ricanischer Kaffee (dank der Bemühungen der neuen unabhängigen Regierung) in allen europäischen Cafés getrunken. Der Kaffee wurde für seinen hohen Koffeingehalt und seinen hervorragenden Geschmack gerühmt.

In den letzten 20 Jahren geriet der costa-ricanische Kaffeemarkt allerdings in eine schwere Krise. Nachdem das weltweite Quoten-Kartellsystem zusammenbrach, fiel der Kaffeepreis auf den Weltmärkten in nur wenigen Jahren um fast 40 %. Zwar stabilisierte sich der Markt 1994, doch betrat Vietnam zu diesem Zeitpunkt den Weltmarkt, nachdem die USA ihr Handelsembargo aufgehoben hatten. Die Märkte belohnten die Effizienz der vietnamesischen Kaffeelieferanten, sodass viele kaffeexportierende Länder, darunter auch Costa Rica, einen Großteil ihres traditionellen Marktanteils verloren.

Heutzutage wird weiterhin in den Provinzen Alajuela, Heredia und Cartago Kaffee angebaut. Geerntet wird vorwiegend in der Trockenzeit. Die Ernte erfolgt durch billige Saisonarbeiter, die vor allem aus Nicaragua stammen. Nach dem Pflücken werden die gereiften Beeren zu den *beneficios* gebracht, wo sie von der Frucht getrennt und in der Sonne getrocknet werden. Die grünen Kaffeebohnen werden dann vakuumverpackt, um ihren typischen Säuregehalt zu bewahren. Schließlich werden sie zu den Röstereien rund um den Globus verschifft.

Es ist völlig paradox, dass seit einigen Jahren der Preis für grüne Kaffeebohnen drastisch gefallen ist, zur gleichen Zeit aber eine Tasse Kaffee spürbar teurer wurde. Während die großen Kaffeeunternehmen weiterhin lukrative Geschäfte machen, erhalten die Kaffeebauern – ganz zu schweigen von den ausländischen Saisonarbeitern – einen absurd kleinen Prozentsatz der Gewinne. Dieses Phänomen führte zur Forderung nach fairem Handel. Wird eine Kaffeesorte als „fair gehandelt" ausgewiesen, so ist sie im Schnitt teurer, damit die Gewinne gleichmäßig auf Erst- und Zweitproduzenten verteilt werden können.

Mit dem geplanten Freihandelsabkommen Cafta (vor Ort auch als TLC bekannt), das US-Firmen bis 2015 den unbeschränkten Zugang zum Markt mittelamerikanischer Länder garantiert, werden sich die Handelsbarrieren in Amerika erneut verschieben.

Da Costa Rica ein relativ kleiner Partner in Lateinamerika ist, lässt sich nur schwer vorhersagen, ob dieser Vertrag Costa Rica angesichts wachsender Produktionskapazitäten in Ländern wie Brasilien eine Marktnische für die Zukunft offenhält (s. S. 154).

PRAKTISCHE INFORMATIONEN

Orosí Tourist Information & Arts Café (Otiac; ☎ 2533 3640; ⏰ Mo–Sa 9–16 Uhr) liegt zwei Straßenblocks südlich des Parks und wird von Toine und Sara betrieben. Beide beherrschen mehrere Sprachen, wohnen schon seit langem hier und wissen viel über das Tal. Sie organisieren eine Reihe von preisgünstigen Touren zu den umliegenden Vulkanen und heißen Quellen sowie geführte Wanderungen (10 US$), Camping und Übernachtungen im **Privatreservat Monte Sky** (pro Pers. inkl. Mahlzeiten 25 US$).

Neben der Touristeninformation dient Otiac auch als Veranstaltungssaal und Café, wo sich sowohl Reisende wie auch Einheimische treffen. Wer einen Job als Englischlehrer, Umweltschützer oder Helfer bei Sozialprojekten sucht, ist bei Otiac ebenfalls an der richtigen Adresse.

PC Orosi (☎ 2533 3302; Std. 1 US$; ⏰ 8–19 Uhr) bietet eine relativ schnelle Internetverbindung.

KURSE

Toine und Sara betreiben auch **Montaña Linda** (☎ 2533 3640; www.montanalinda.com), eine der günstigsten Sprachschulen des Landes. Weitere Informationen finden sich im Kasten S. 140.

SCHLAFEN

Montaña Linda (☎ 2533 3640; www.montanalinda.com; Camping pro Pers. 3,50 US$, B 6,50 US$, EZ/DZ mit Gemeinschaftsbad 10,50/17 US$, DZ mit Bad 25 US$; P 🖳) Die günstige Übernachtungsmöglichkeit liegt von der Bushaltestelle aus gesehen zwei Straßenblocks südlich und drei westlich. Hier herrscht eine sympathische Hostel-Atmosphäre, es gibt heiße Duschen und Küchenbenutzung (1 US$) sowie leckere Hausmannskost (1–3 US$). Die meisten Betten befinden sich in Schlafsälen, aber für Paare gibt es einige wenige Doppelzimmer.

Hotel Reventazón (☎ 2533 3838; DZ inkl. Frühstück 35–55 US$; P) Die saubereren modernen Drei-Bett-Zimmer, die das Hotel drei Blocks westlich von Otiac bietet, haben einige Annehmlichkeiten: Kabel-TV, Kühlschränke und heiße Duschen. Zum Hotel gehört ein Restaurant (Gerichte 4–8 US$), das sehr touristisch ausgelegt ist, aber gute *casados* (Hausmannskost) serviert.

Orosi Lodge (☎ 2533 3578; www.orosilodge.com; DZ 52 US$; P) Ein freundliches deutsches Paar leitet das empfehlenswerte Hotel. Die einfachen gemütlichen Zimmer bieten einen traumhaften Blick über das Tal. Sie haben eigene heiße Duschen, eine Mini-Bar mit Kühlschrank sowie einen gemeinsamen Balkon bzw. eine Veranda – der perfekte Ort für einen abendlichen Absacker. Ein kleiner Garten trennt die Zimmer vom Rezeptionsbereich, der sich in der sehr empfehlenswerten Cafetería Orosi (Hauptgerichte 4–8 US$, 7–19 Uhr) befindet. Die Cafetería serviert duftenden Kaffee sowie selbst gebackenes Gebäck, Salate und Sandwiches. Die heißen Quellen Los Balnearios liegen gleich um die Ecke.

AN- & WEITERREISE

Alle Busse halten drei Blocks westlich des Fußballstadions; nach bestimmten Zielen erkundet man sich am besten vor Ort. Die Busse von Cartago (0,50 US$, 40 Min.) fahren in der Calle 6 (zw. Av. 1 & 3) bei der Kirche ab.

Cachí Dam & Ruinas 0,50 US$, 20 Min., alle 30 Min., Abfahrt 6–21 Uhr.

Cartago 0,75 US$, 40 Min., alle 45 Min., Abfahrt 5–21 Uhr.

Südlich von Orosi

Die Weiterfahrt zum Nationalpark Tapantí-Macizo Cerro de la Muerte Richtung Süden führt über eine holprige Straße, die an Kaffeeplantagen und den Dörfern Río Macho, Palomo und Purisil (13 km) vorbeiführt. Von Purisil gelangt man über eine Schotterpiste in den wenige Kilometer entfernten **Parque Purisil** (☎ 2228 6630; ✆ 8–17 Uhr), wo Naturliebhaber an einer dreistündigen geführten Wanderung (10 US$) in den nahe gelegenen Nebel-

wald teilnehmen können. Angler hingegen können sich im fischreichen Forellenteich ihr eigenes Abendessen fangen (kg 3 US$). Das parkeigene Restaurant bereitet den Fang für die Gäste zu.

Busse von Cartago nach Orosi fahren gelegentlich auch bis nach Purisil. Eine Nachfrage beim Fahrer ist aber unerlässlich.

Parque Nacional Tapantí-Macizo Cerro de la Muerte

Der Tapantí, wie der **Park** (Eintritt 7 US$; ✆ 6 bis 16 Uhr) vor Ort genannt wird, schützt den Regenwald an den Nordabhängen der Cordillera de Talamanca. Der Park stellt einen Rekord auf: Er ist der regenreichste Nationalpark des Landes. 2000 wurde der Park um weitere 60 km^2 erweitert, seitdem gehört auch der berüchtigte Cerro de la Muerte (s. S. 404) zum Schutzgebiet.

Der „Todesberg" markiert den höchsten Punkt der Interamericana sowie das nördlichste Verbreitungsgebiet des *páramo*, einer Ökozone im tropischen Hochland. Sie kommt vor allem in den südamerikanischen Anden sehr häufig vor. Hier wachsen nur noch Büsche und Tussockgras, einige seltene Vogelarten sind hier beheimatet.

Aber auch Feuchtgebiete liegen im Park, der viele Wasserfälle hat und von Hunderten von Flüssen durchzogen wird. Flora und Fauna sind artenreich, doch wegen des stark zerklüfteten Terrains und der wenige Pfade sind die Tiere nur selten zu sehen. Extra für die Vogelkundler öffnet der Nationalpark bereits um 6 Uhr.

PRAKTISCHE INFORMATIONEN

Das **Besucherzentrum** (✆ 6–16 Uhr) befindet sich am Parkeingang. Von dort führen Pfade zu einigen Attraktionen, etwa einem Badeteich, einem Picknickplatz und einem Aussichtspunkt, der großartige Blicke auf einen Wasserfall bietet. In den tieferen Zonen liegt die Niederschlagsmenge jährlich bei rund 2700 mm, in den höheren Lagen bei sage und schreibe 7000 mm! Regenkleidung ist daher lebensnotwendig. Angeln ist während der Saison von April bis Oktober gegen eine Gebühr erlaubt. Die „Trockenzeit" von Januar bis April ist die beste Zeit für einen Besuch.

TIERBEOBACHTUNG

An den westlichen Hängen, wo sich das Besucherzentrum befindet, sollen Quetzale nisten.

Insgesamt wurden mehr als 300 Vogelarten im Park gesichtet, darunter Kolibris, Papageien, Tukane, Trogone und Adler.

Vom dichten Bewuchs vor neugierigen Blicken geschützt, leben auch Affen, Nasenbären, Pacas, Tayras und sogar Pumas, Ozelots und Oncilla-Katzen im Park.

WANDERN

Beim Besucherzentrum beginnen drei markierte Wanderwege. Der längste ist ein 4 km langer steiler Rundweg. Durch den nördlichen Teil des Parks verläuft eine nicht allzu steile Schotterpiste, die bei Mountainbikern populär ist. Aufgrund des unwirtlichen Geländes gibt es keine Pfade, die durch die entlegenen Teile des Parks führen. Und so mancher Besucher hat bei der Abfahrt das Gefühl, nur einen winzigen Blick in den Park erhascht zu haben. Die Vogelwelt ist aber legendär, und die meisten Besucher sind begeistert, auf so kleinem Raum so viele unterschiedliche Vogelarten gesehen zu haben.

SCHLAFEN & ESSEN

An der Rangerstation befindet sich eine schlichte **Herberge** (B 5 US$) mit einer Gemeinschaftsküche und einem Gemeinschaftsbad. Bei Voranmeldung werden auch Mahlzeiten (1–3 US$) gekocht.

An der Straße von Purisil nach Tapantí bietet die **Kiri Lodge** (☎ 2592 0638; EZ/DZ inkl. Frühstück 25/35 US$) sechs rustikale Hütten mit eigenen Warmwasser-Duschen, die auf einem 50 ha großen Areal liegen. Ausgedehnte Pfade führen ins Río Macho Forest Preserve, das an Tapantí angrenzt und eine vergleichbare Tierund Pflanzenwelt hat. Das Restaurant (Hauptgerichte 3–6 US$, 7–21 Uhr) ist auf Forellen spezialisiert, die im Fischteich selbst gefangen und wunschgemäß zubereitet werden.

AN- & WEITERREISE

Autofahrer folgen der Schotterpiste, die für alle Autos geeignet ist, von Purisil zum Parkeingang.

Die Busverbindung ist nicht ganz so gut. Von Cartago aus nimmt man einen Bus Richtung Orosí. Dabei muss man sich erkundigen, ob er bis nach Purisil durchfährt. Von Purisil sind es dann noch 5 km zu Fuß zum Parkeingang. Wer keine Lust auf den Fußmarsch hat, kann ein Taxi (☎ 2771 5116, 2551 2797) rufen. Von Orosi bis zum Park kostet die Fahrt in etwa 12 US$.

Von Orosí nach Paraíso

Von Orosí führt die Strecke ein kurzes Stück nach Süden, um dann, dem Río Orosí folgend, nach Norden abzuknicken. Weiter geht es in einem Bogen um den künstlichen Stausee **Lago de Cachi** herum, der durch den Bau des **Cachí-Staudamms** entstand. Dieser längste Damm des Landes versorgt San José und einen Großteil des Valle Central mit Strom. Von Orosi fahren Busse zum Staudamm und der nahe gelegenen Kirchenruine. Doch am besten lässt sich die Gegend mit dem Auto oder dem Rad besichtigen.

2 km südlich das Staudamms liegt die **Casa del Soñador** (Haus des Träumers; ☎ 2577 1186; Eintritt frei; ☾ 8–18 Uhr), ein bemerkenswertes Haus, das von dem bekannten Ticobildhauer Macedonio Quesada entworfen und gebaut wurde. Jedes Detail der Konstruktion, die größtenteils aus dem Holz des Kaffeestrauchs und aus Bambus besteht, ist sorgfältig ausgearbeitet. Die Söhne Quesadas führen seit seinem Tod 1995 den Betrieb und die Handwerkstradition fort. Das Haus zeigt eine Sammlung der teils skurrilen teilweise lebensgroßen Skulpturen. Einige werden verkauft.

Auf der anderen Seite des Damms liegt am Fuße eines steilen Hügels die kleine Ortschaft **Ujarrás**. Beim Hinweisschild für das Restaurant „La Pipiola" geht es rechts ab zum 1 km entfernten alten Dorf. Es wurde 1833 durch eine Überschwemmung zerstört und nicht wieder aufgebaut.

Die Wassermassen sind längst abgeflossen und haben die Ruinen der 1693 errichteten Kirche **Iglesia de Nuestra Señora de la Limpia Concepción** freigegeben. Einst befand sich hier ein wundertätiges Gemälde der Jungfrau Maria, das von einem örtlichen Fischer entdeckt wurde. Das Bild „weigerte" sich mit ähnlichen Methoden wie La Negrita, an einen anderen Ort verschleppt zu werden. Die örtlichen Priester sahen sich daher gezwungen, die Kirche hier zu errichten. Im Gegenzug verhalf die Jungfrau den Einheimischen 1666 zu einem Sieg über plündernde britische Piraten. Nach der Überschwemmung und mehreren Erdbeben war das Gemälde dann aber doch bereit, nach Paraíso umzuziehen. Seither verfallen die fotogenen Kirchenruinen. Jedes Jahr, üblicherweise am Sonntag, der dem 14. April am nächsten liegt, findet eine Prozession von Paraíso zu den Ruinen statt. Mit einer Messe, Essen und Musik wird der Tag von La Virgen de Ujarrás gefeiert. Sonntagnachmittags ist der Rasen rund um die Kirche dann ein beliebter Picknickplatz.

Hinter Ujarrás führt die Straße nach einigen Kilometern zurück nach Paraíso.

SCHLAFEN & ESSEN

Cabañas de Montaña Piedras Albas (☎ 2577 1462; www.cabinas.co.cr/costa_rica1.htm; EZ/DZ 46/53 US$; [P]) Wer nicht durch die Gegend hetzen und die Landschaft länger genießen möchte, für den sind die gut ausgestatteten Hütten ein Übernachtungstipp. Auf den privaten Pfaden kann man das Abenteuer suchen, um sich dann anschließend vor dem Kabelfernseher, bei einer heißen Dusche oder bei der Zubereitung des Abendessens in der Küche zu entspannen. Die Mitarbeiter helfen auch bei der Reiseplanung. Die Zufahrt zur Anlage ist direkt hinter La Casona ausgeschildert.

La Casona del Cafetal Restaurant (☎ 2533 3280; Hauptgerichte 5–15 US$; 🕑 11–18 Uhr) Das Restaurant liegt 3 km südöstlich vom Staudamm. Wer zwischen November und März reist, kann bei einer frischen Tasse Kaffee oder einer leckeren Mahlzeit zuschauen, wie schon die nächsten Kaffeebohnen gepflückt werden. An Sonntagen wird es voll, denn La Casona ist ein beliebtes Ausflugsziel für Familien. Eltern und Kinder können hier ausreiten oder mit einer Kutsche fahren.

TURRIALBA & UMGEBUNG

Rund 650 m über dem Meeresspiegel fließt der Río Turrialba in den Río Reventazón und formt ein tief eingeschnittenes Tal durch die Cordillera Central.

In den 1880er-Jahren wurde dieses Tal für den Bau des sogenannten „Dschungelzugs" genutzt: Die Eisenbahnstrecke verband nicht nur San José und Puerto Limón, sondern ermöglichte auch dem Bergdorf Turrialba den Kaffeehandel und machte es reich. Später wurde parallel dazu die erste Carretera zwischen der Hauptstadt und der Karibikküste gebaut. Turrialba boomte.

Durch das Erdbeben 1991 änderte sich die Lage von Grund auf. Das costa-ricanische Eisenbahnsystem wurde stillgelegt und die moderne Carretera 32 gebaut. Plötzlich war Turrialba mit seinen 70 000 Einwohnern von den wichtigen Verkehrsadern abgeschnitten.

Dennoch dachte niemand daran, von hier fort zu ziehen – die Gegend ist einfach zu schön.

Heute ist Turrialba eine eher ruhige Agrarstadt, die für ihre Bergluft, den köstlichen Kaffee und das rasanteste Wildwasser Zentralamerikas bekannt ist. Gleich in der Nähe erhebt sich der Volcán Turrialba und zweifellos die wichtigste Kulturstätte des Landes: Guayabo (S. 173).

TURRIALBA

Die Bewohner von Turrialba sind ein stolzer Menschenschlag. Nach den drastischen Veränderungen 1991 kehrten die Menschen schnell zu ihren Wurzeln als bescheidene Kaffeebauern zurück. Eisenbahnen und Fernstraßen mögen kommen und wieder verschwinden, doch das Leben geht weiter.

Bereits damals war Turrialba unter Wildwasserkanuten ein Geheimtipp. Die eher bescheidene Bergstadt hat nämlich fantastische Wildwasserstrecken in ihrer Umgebung. Plötzlich kam der Tourismus in Gang. Als der nationale Stromversorger ICE die schäumenden Wasserläufe mit einem Damm aufstauen wollte, kämpfte die Stadt gemeinsam mit Umweltschutzgruppen energisch gegen diese Pläne (s. Kasten S. 173). Turrialba hat den Bulldozern im Namen des Fortschritts ohnehin schon genug geopfert. Momentan sieht es so aus, als würden die Bewohner den Kampf gewinnen. Doch der Grat zwischen Umweltschutz und Kapitalismus ist in Costa Rica nur sehr schmal.

Praktische Informationen

Es gibt keine offizielle Touristeninformation. Die besseren Hotels und die meisten Raftingveranstalter organisieren Ausflüge sowie Transportmittel und buchen Unterkünfte.

Banco Popular (Mo–Fr 9–17 Uhr) Rund um die Uhr zugänglicher Geldautomat.

Dimension Internet (Std. 0,75 US$; 🕑 9–21 Uhr) Hier kann man seine E-Mails checken; auf der nordöstlichen Seite des Parque Central.

Sehenswertes

4 km östlich von Turrialba liegt das 1000 ha große **Centro Agronómico Tropical de Investigación y Enseñanza** (Catie; ☎ 2556 6431; www.catie.ac.cr; Eintritt frei; 🕑 7–16 Uhr). Das Forschungs- und Ausbildungszentrum für tropische Landwirtschaft ist in Costa Rica allgemein unter dem Kürzel Catie bekannt. Agrarforscher aus der ganzen Welt halten Catie für eine der wichtigsten

VALLE CENTRAL & HOCHLAND

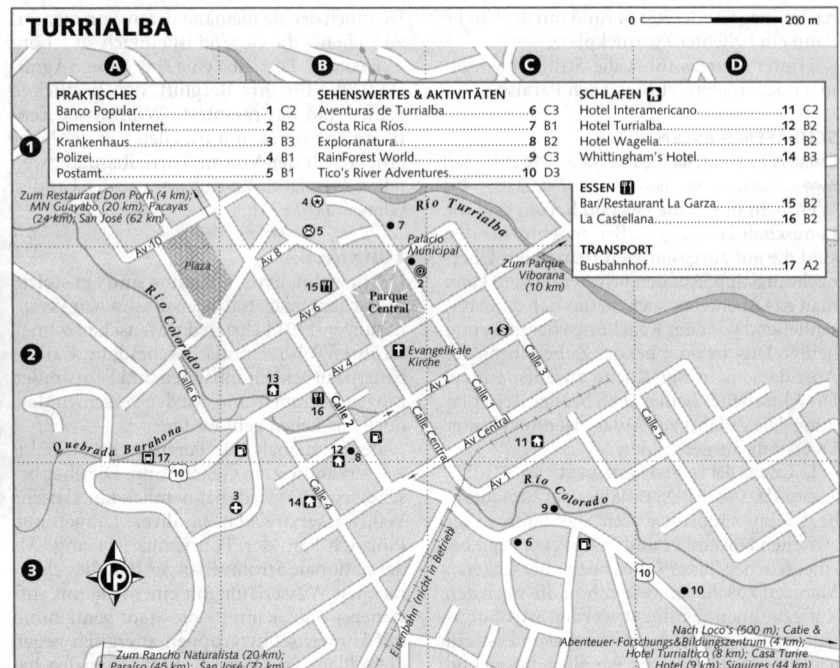

TURRIALBA
0 ——————— 200 m

PRAKTISCHES
Banco Popular.................................1 C2
Dimension Internet.........................2 B2
Krankenhaus....................................3 B3
Polizei...4 B1
Postamt...5 B1

SEHENSWERTES & AKTIVITÄTEN
Aventuras de Turrialba.....................6 C3
Costa Rica Ríos................................7 B1
Exploranatura..................................8 B2
RainForest World.............................9 C3
Tico's River Adventures.................10 D3

SCHLAFEN
Hotel Interamericano.....................11 C2
Hotel Turrialba..............................12 B2
Hotel Wagelia................................13 B2
Whittingham's Hotel......................14 B3

ESSEN
Bar/Restaurant La Garza.................15 B2
La Castellana.................................16 B2

TRANSPORT
Busbahnhof....................................17 A2

Forschungsstationen in den Tropen. Auf Voranmeldung gibt es Führungen zu den diversen landwirtschaftlichen Projekten. Auf dem Gelände befindet sich eine der weltweit größten Bibliotheken zum Thema tropische Landwirtschaft.

Dazu kommen Laboratorien, Treibhäuser, eine Molkerei, ein Herbarium, Saatbänke und Felder für Testreihen.

Mit den Übersichtsplänen kann man sich auch selbst zum zentralen Teich navigieren. Dort sind Wasservögel wie die seltenen Zwergsultanhühner die Hauptattraktion. Vogelkundler sollten auch den kurzen, aber steilen Pfad hinter dem Verwaltungsgebäude zum Río Reventazón begehen. Von Turrialba kann man zu Fuß zum Catie laufen oder ein Taxi (2 US$) rufen.

10 km östlich von Turrialba liegt in der Ortschaft Pavones (500 m hinter dem Friedhof) der **Parque Viborana** (☎ 2538 1510; Eintritt 3 US$; Mo–Fr 9–16 Uhr), der für seine Schlangenfarm bekannt ist. Unter den Schlangen finden sich auch ungewöhnliche Exemplare mit Albinismus (Weißlinge) und mehrere Boas. Eine von ihnen wiegt so viel wie ein mittelgroßer

Mensch. Zur Schlangenfarm gehört ein Besucherzentrum mit einer Ausstellung.

Geführte Touren

Die folgenden Unternehmen bieten entweder Kajak- oder Raftingtouren an. Die meisten organisieren auch Ausflüge in die Umgebung.
Aventuras de Turrialba (☎ 8363 4539; kayakers@ latinmail.com) Spezialist für Kajakfahrten. Organisiert auch den Transport zu den Einstiegsstellen.

Costa Rica Ríos (☎ www.costaricarios.com) Bietet einwöchige Raftingtouren an, die im Voraus gebucht werden müssen. Liegt 25 m nördlich vom Parque Central.

Exploranatura (☎ 2556 4932; www.costaricacanyoning.com) Exploranatura veranstaltet von Lesern empfohlene Canyoningkurse und Ausflüge, bei denen sich die Teilnehmer von Wasserfällen abseilen.

Loco's (☎ 2556 6035; riolocos@racsa.co.cr) Ein lokales Unternehmen, das mit kleinen Gruppen arbeitet.

RainForest World (☎ 2556 0014; www.rforestw. com/welcome2.cfm) Organisiert eine Flussfahrt mit Übernachtung in der Reserva Indígena Cabécar.

Tico's River Adventures (☎ 2556 1231; www. ticoriver.com) Örtliche Firma, die von Juni bis November auch Touren über den Río Chirripó (Schwierigkeitsstufe IV) anbietet.

WILDWASSERRAFTING UND KAJAKFAHREN

In der Gegend um Turrialba sind zwei Flüsse für Wildwasser-Enthusiasten von besonderem Interesse: der Río Reventazón und der Río Pacuare.

Río Reventazón

Durch den Cachí-Staudamm wurde der Río Reventazón auf 1000 m Höhe gestaut und es entstand der Lago de Cachí. Von hier aus stürzt das Wasser an den östlichen Berghängen in die karibische Tiefebene hinab. Der Fluss ist unter Wildwasser-Freaks sehr populär, aber gleichzeitig eine der schwierigsten Wildwasserstrecken Costa Ricas. Bei 65 km Stromschnellen findet sich jeder gewünschte Schwierigkeitsgrad (eingeteilt nach Klassen).

Die Tourveranstalter unterteilen den Fluss zwischen Staudamm und Ausstiegsstelle in Siquirres in vier Abschnitte. **Las Máquinas** ist eine familienfreundliche Teilstrecke (Klassen II–III), die sich auch für Anfänger eignet. **Florida**, ein landschaftlich reizvoller Klasse-III-Abschnitt, ist das letzte und beliebteste Teilstück und hat kaum noch spritzende Gischt. Der **Pascua**-Abschnitt bietet 15 Stromschnellen der Klasse IV. Dieser Klassiker hat Teilstücke mit abschreckenden Namen wie „der Abgrund". Der Abschnitt **Peralta** (Klasse V) ist eine große Herausforderung und nur für erfahrene Wassersportler geeignet. Die Veranstalter bieten diesen Abschnitt aus Sicherheitsgründen auch nicht immer an. Der Wasserstand bleibt aufgrund des Staudammes ganzjährig weitgehend konstant.

Río Pacuare

Der Río Pacuare ist der nächste größere Fluss östlich des Reventazón und für viele Wildwassersportler die landschaftlich schönste Wildwasserstrecke Costa Ricas, wenn nicht ganz Mittelamerikas. Der Fluss stürzt durch eine Reihe spektakulärer Canyons, die von Primär-Regenwald bewachsen sind, bis zur Karibik hinunter. Wilde Abschnitte wechseln sich mit ruhigen Teilstücken ab. Dann hat man Zeit, die fantastische Umgebung zu bewundern. Die Flusstour ist atemberaubend und einzigartig.

Lower Pacuare wird zur Klasse III–IV gerechnet und ist der berühmtere und leichter zugängliche Abschnitt: 28 km geht es durch felsige Schluchten und einsame Canyons, vorbei an einem von Ureinwohnern besiedelten Dorf, an ungezähmtem Dschungel und an vielen Tieren, die sich neugierig fragen, was all das Gekreische zu bedeuten hat. Der **Upper Pacuare** (Klasse III–IV) hat einige Abschnitte, die je nach Lage sogar Klasse V erreichen können. Zur Einstiegsstelle fährt man zwei Stunden mit dem Auto. Die Mühe lohnt sich, denn auf diesem Abschnitt hat man die wunderbarste Dschungel-Bootstour auf der Welt meist ganz für sich alleine.

Der Pacuare kann das ganze Jahr über befahren werden. Juni bis Oktober gelten aber als die besten Monate. Der höchste Wasserstand ist von Oktober bis Dezember erreicht.

Organisation

Reiseveranstalter in Turrialba (s. S. 170) organisieren auch Raftingtouren. Für die meisten Strecken müssen Kinder mindestens neun Jahre alt sein, auf schwierigeren Abschnitten sogar noch älter.

Auf Tagestouren geht es normalerweise den Lower Pacuare (Klasse III–IV) hinunter bzw. die Klasse-III-Abschnitte des Río Reventazón. Die Startpunkte sind leicht zu erreichen. Eine längere Anfahrtszeit muss man für den schwer zugänglichen Upper Pacuare und die Pascua-Strecke des Reventazón in Kauf nehmen. Diese Touren müssen vorab gebucht werden. Die meisten Anbieter arrangieren auch Raftingtouren auf anderen Flüssen, darunter dem Río Sarapiquí (S. 562), dem Río Chirripó (Klasse IV) und dem Río Pejibaye, der für Familien ideal ist.

Zwei-Tages-Touren mit einer Zwischenübernachtung stehen bei praktisch allen Anbietern auf dem Programm. Nachts wird zumeist ein komfortabler Zeltplatz oder ein gemütliches Hotel angesteuert. Dazu kommen geführte Wanderungen und Gourmet-Mahlzeiten.

Preise

Tagesausflüge kosten rund 80–120 US$, je nach Transportstrecke und Zugänglichkeit. Die preisgünstigsten Ausflüge werden in Turrialba angeboten, die Einstiegsstellen sind der Lower Pacuare oder die Klasse-III-Abschnitte des Reventazón. Bei Zweitagestouren schwanken die Preise je nach gebotenem Komfort enorm. Üblich sind rund 175–300 US$ pro Person.

VALLE CENTRAL & HOCHLAND

VALLE CENTRAL & HOCHLAND

Schlafen

TURRIALBA

Whittingham's Hotel (☎ 2550 8927; Calle 4 zw. Av. 2 & Central; EZ/DZ 6/8 US$) Erfahrene Reisende mit kleiner Reisekasse werden die kühlen, sauberen und geräumigen Zimmer mit eigenem Bad schätzen. Nur Kaltwasserduschen.

Hotel Interamericano (☎ 2556 0142; www.hotelin teramericano.com; Av. 1; Zi. pro Pers. ohne/mit Bad 11/18 US$; P 💻) Südlich der alten Eisenbahnstrecke gilt das empfehlenswerte Hotel unter Kajakfahrern und Raftern als *der* Treffpunkt in Turrialba. Die Zimmer mit großen Fenstern und Gemeinschaftsbad mit Warmwasser sind gut in Schuss. Die meisten Gäste übernachten hier, um sich mit anderen Wildwasserenthusiasten zu treffen und den Shuttle-Service des Hotels zu nutzen. Es gibt auch eine Bar und ein Restaurant.

Hotel Turrialba (☎ 2556 6654; Av. 2 zw. Calle 2 & 4; DZ ohne/mit Klimaanlage 26/30 US$; P) Das Turrialba bietet sehr viel fürs Geld: Die netten Zimmer haben Klimaanlage, Kabel-TV und heiße Duschen. Das hauseigene Restaurant (Gerichte 3–5 US$) serviert leckere Casados.

Hotel Wagelia (☎ 2556 1566; www.hotelwagelia.com; Av. 4 zw. Calle 2 & 4; EZ/DZ inkl. Frühstück 55/69 US$; P 🐾) Das beste Hotel am Platz ist eine gute Wahl, wenn etwas mehr Komfort gewünscht ist. Die Standardzimmer sind schön eingerichtet und haben Klimaanlage, eigene kochend heiße Duschen, riesige Kabelfernseher und einen Sitzbereich.

RUND UM TURRIALBA

In der Umgebung Turrialbas liegen einige erstklassige Hotels. Alle bieten Zimmer mit Warmwasser und können Ausflüge und Raftingtouren organisieren.

Hotel Turrialtico (☎ 2538 1111; www.turrialtico.com; EZ/DZ 52/62 US$) Das Hotel an der alten Fernstraße zwischen Siquirres und Limón liegt 8 km außerhalb von Turrialba. Es wird seit 1968 von der einheimischen Familie García geleitet. Die 14 holzgetäfelten Zimmer sind in einem alten Bauernhaus untergebracht und liebevoll mit bestickten Bettdecken und Gemälden von Künstlern aus der Region dekoriert. Vom ebenfalls künstlerisch gestalteten Restaurant (Gerichte 4–10 US$) bietet sich ein umwerfender Ausblick – der frische Fisch ist ein Gedicht.

Casa Turire Hotel (☎ 2531 1111; www.hotelcasaturire. com; DZ 156 US$; Suite 165–330 US$; P 🐾 💻 🏊) Das elegante dreistöckige Herrenhaus gehört zur Luxushotelkette „Small, Distinctive Hotels of Costa Rica". Das Hotel hat zwölf Deluxe-Zimmer und vier Suiten, jeweils mit einer privaten Veranda. Von hier schaut man über die weitläufigen Felder, auf denen Rohrzucker, Kaffeebohnen und Macadamianüsse angebaut werden.

LP Tipp **Rancho Naturalista** (☎ 2297 4134; www. costaricagateway.com/lodges/index1.php; EZ/DZ inkl. 3 Mahlzeiten 175/350 US$, 7-Tage-Pauschale pro Pers. mit 3 Mahlzeiten 1138 US$; P 💻) 20 km südöstlich von Turrialba genießt die Anlage mit ihren fünf Zimmern im spanischen Stil unter Vogelkundlern einen legendären Ruf. Die nordamerikanischen Besitzer sind selbst passionierte Vogelbeobachter und haben mehr als 400 Arten in der Gegend gesichtet – mehr als 200 allein vom Balkon aus! Auf dem Gelände tummeln sich Hunderte von Schmetterlingsarten, und ein ausgedehntes Wegenetz führt durch den nahe gelegenen Regenwald. Die Anfahrt von der Ortschaft Tuis aus ist nur mit Allradradfahrzeugen möglich.

Essen

Turrialba hat mehrere Sodas, chinesische Restaurants, Bäckereien und Lebensmittelgeschäfte.

La Castellana (Ecke Calle 2/Av. 4; Snacks 1–3 US$; Mo–Sa 7–19 Uhr) Ein verlockender, warmer Duft weist den Weg zu dieser Bäckerei, die Kuchen, Empanadas (mit Fleisch, Käse oder süßen Früchten gefüllte Maispfannkuchen) und den einheimischen Käse verkauft.

Bar/Restaurant La Garza (Ecke Av. 6/Calle Central; Hauptgerichte 3–6 US$; 10–22 Uhr) La Garza ist eine lokale Institution und ist bekannt für seinen frischen Fisch und das gute Geflügel- und Rindfleisch.

Restaurant Don Porfi (☎ 2556 9797; Hauptgerichte 4–8 US$; 10–22 Uhr) Das von Lesern empfohlene Restaurant liegt 4 km nördlich der Stadt an der Straße nach San José. Die Einheimischen zählen es zu den besten Restaurants in der Umgebung. Die Portionen (mit europäischem Einschlag) sind groß und lecker und schmecken am besten mit einem Glas Wein. Der nette Besitzer, „Sergio", arrangiert sogar die Anfahrt für alle Reisenden ohne fahrbaren Untersatz.

An- & Weiterreise

Der Busbahnhof liegt am Westrand der Stadt neben der Carretera 10. Neben den unten aufgeführten Busverbindungen fahren die

FLÜSSE AUFSTAUEN?

Der reißende Río Pacuare gilt als eines der weltweit schönsten Wildwasserreviere für Raftingtouren. Deshalb wurde er 1985 zum ersten national geschützten Fluss Mittelamerikas ernannt. Zwei Jahre später gab Costa Ricas staatlicher Energie- und Telekommunikationsanbieter ICE bekannt, im Rahmen des sogenannten Siquirres-Wasserkraftprojektes einen 200 m langen Staudamm in der schmalen und atemberaubend schönen Schlucht Dos Montañas bauen zu wollen.

Das Projekt sah insgesamt vier Staudämme vor, die über einen 10 km langen Tunnel miteinander verbunden sein sollten und Wasser vom Río Reventazón in den Río Pacuare ableiten würden. Folge des Projekts wäre ein höherer Wasserstand im Pacuare, der nicht nur 12 km Stromschnellen, sondern auch Teile der Reserva Indígena Awari überfluten würde. Auch größere Bereiche von Primär-Regenwald mit 800 registrierten Tierarten würden in den Wassermassen versinken.

Als das Projekt auf den Tisch kam, war ICE verschuldet und hatte mit dem rasch steigenden Strombedarf im Lande zu kämpfen – ein Grund dafür war etwa der Wunsch vieler Urlauber nach einer Klimaanlage. Costa Rica setzt fossile Brennstoffe nur für Autos ein, Strom wird ausschließlich aus erneuerbaren Energien gewonnen. Dazu zählen Erdwärme sowie Sonnen- und Windenergie. 81 % des Stroms werden durch ein Dutzend Staudämme gewonnen.

Technisch gesehen ist Wasser eine erneuerbare Energiequelle. In der Praxis unterbrechen Staudämme jedoch Flussläufe und überfluten Ökosysteme. Ihr Bau hat also langfristige Auswirkungen, die noch nicht umfassend erforscht sind.

Als das Pacuare-Projekt aus der Planungs- in die Bauphase trat, entstand ein Zusammenschluss aus örtlichen Landbesitzern, Vertretern der indigenen Völker, Umweltschutzgruppen und natürlich der Raftinganbieter, die sich zum Widerstand formierten. Sie beantragten die erste Umweltverträglichkeitsstudie in der Geschichte des Landes. Die unabhängige Bewertung solcher Projekte war 1989 von der Mittelamerikanischen Kommission für Umwelt und Entwicklung ins Spiel gebracht worden. Der Papierkrieg hatte rechtlich zwar kaum Auswirkungen, doch verzögerte er den Bau des Staudamms und machte die internationale Öffentlichkeit erstmals auf das Schicksal des Río Pacuare aufmerksam.

Heute ist Costa Rica, abgesehen vom Öl, ein Energieexporteur. Hauptabnehmer sind Panama und Nicaragua. Das liegt zum einen am Bau neuer Erdwärmekraftwerke, zum anderen an koordinierten staatlichen Energiesparmaßnahmen. Deshalb wird der Staudamm derzeit nicht benötigt – aber auch nur derzeit.

Die Pläne für das Projekt wurden jedoch mitnichten ad acta gelegt. Siquirres wäre leicht zu bauen und verspricht riesige Gewinne und Strommengen für ein Land, das sich rascher als die meisten seiner Nachbarn weiterentwickelt. Doch der Druck der internationalen Umweltschutzverbände hält ICE zurück. Die zunehmende Bedeutung der Raftingindustrie hat dem Pacuare geholfen, sodass auch in San José seine Schutzwürdigkeit erkannt wurde.

Der benachbarte Río Reventazón hatte jedoch nicht so viel Glück: Die berühmt-berüchtigte Peralta-Strecke hat bereits ein Drittel seiner Stromschnellen durch den ersten Bauabschnitt des Siquirres-Projektes eingebüßt. Wer die Gelegenheit hat, sollte seine Wildwassertour in Costa Rica nicht allzu lange aufschieben.

VALLE CENTRAL & HOCHLAND

örtlichen Busse regelmäßig zu den Dörfern La Suiza, Tuis und Santa Cruz.
Monumento Nacional Guayabo 0,75 US$, 1 Std., Abfahrt 11.15, 15.10 und 17.20 Uhr.
San José 2 US$, 2 Std., stündl., Abfahrt 5–21 Uhr.
Siquirres, für den Transfer nach Puerto Limón 1,50 US$, 1¾ Std., Abfahrt fast stündl.

MONUMENTO NACIONAL ARQUELOLÓCIGO GUAYABO

Die größte und bedeutendste archäologische Stätte des Landes liegt 19 km nordöstlich von Turrialba. Guayabo ist zwar nicht annähernd so atemberaubend wie manche Kultstätten der Maya oder Azteken (Pyramidenstümpfe als Unterbauten für Tempel gibt es hier nicht), doch die Forscher haben trotzdem bemerkenswerte Funde zutage gefördert, die auf eine hoch entwickelte Kultur schließen lassen. Besonders interessant und gleichzeitig rätselhaft sind die Petroglyphen (Felszeichnungen). Bunte Keramiken und goldene Gegenstände wurden ins Museo Nacional (s. S. 93) nach San José gebracht.

Sehr beeindruckend ist das Aquädukt, das zur Blütezeit der Stadt um etwa 800 n. Chr. mehr als 20 000 Menschen mit Wasser versorgte. Für den Bau wurden riesige Gesteinsbrocken verwendet, die über eine 8 km lange Straße vom Río Reventazón herbeigeschafft wurden. Für costa-ricanische Verhältnisse ist die Straße noch immer in gutem Zustand. Die enorme Anstrengung zahlte sich aus: Die Zisternen sind noch intakt, auch heute noch fließt (zumindest theoretisch) trinkbares Wasser auf dem Gelände. Beim Rundgang über das teilweise noch un1erforschte Terrain kann man es ruhig einmal probieren.

Vermutlich war das Gebiet seit 1000 v. Chr. besiedelt, wurde aber um 1400 n. Chr. aus unerklärlichen Gründen verlassen. Die spanischen Konquistadoren, Eroberer und ersten europäischen Siedlern erwähnten die Ruinen mit keiner Silbe. Die Bestimmung des Ortes ist nicht gänzlich geklärt. Die meisten Archäologen sind der Ansicht, ein bedeutendes kulturelles, religiöses und politisches Zentrum entdeckt zu haben. Leider gibt es keine schriftlichen Quellen, die das belegen können, auch lässt sich die Stätte keiner speziellen Gruppe zuordnen.

Mit den ersten systematischen Ausgrabungen begann 1968 der Archäologe Carlos Aguilar Piedra von der Landesuniversität. 1973 wurde die Stätte zum Nationalmonument erklärt und 1980 unter weitreichenden Schutz gestellt. Die Ausgrabungsstätte ist nur 232 ha groß, die meisten Ruinen müssen noch ausgegraben, die Funde inventarisiert werden. Vielleicht klärt sich dann das Rätsel um Guayabo.

Praktische Informationen

Vor Ort befindet sich ein **Besucher- und Ausstellungszentrum** (☎ 2559 1220; Eintritt 4 US$; ◷ 8 bis 15.30 Uhr). Die wertvollsten Funde, besonders Gold und Preziosen, wurden jedoch ins Museo Nacional nach San José gebracht. Unter der Woche wird weiter ausgegraben, sodass einige Bereiche für Besucher gelegentlich gesperrt sind. Führungen werden derzeit nicht angeboten, doch es lohnt sich auf alle Fälle, in Turrialba oder an der Rangerstation nach örtlichen Führern zu fragen.

Zelten (pro Pers. 2 US$) ist erlaubt; Latrinen und fließendes Wasser sind vorhanden. Die jährliche Niederschlagsmenge liegt bei rund 3500 mm, die beste Besuchszeit sind die Monate Januar bis April („Trockenzeit").

Doch selbst dann kann es noch mehr als andernorts regnen.

Tierbeobachtung

Das Nationalmonument schützt das letzte Stück subalpinen Regenwald in der Provinz Cartago. An Säugetieren leben hier nur Baumhörnchen, Gürteltiere und Nasenbären, dafür ist die Vogelwelt sehr artenreich. Besonders beachtenswert sind die Stirnvögel, die im Park sackähnliche Nester in den Bäumen errichten. Zu sehen sind auch Tukane und Braunhäher *(Cyanocorax morio)*. Sie fallen wegen ihres kleinen aufblasbaren Sacks in der Brust auf. Er ist auch für das knallende Geräusch verantwortlich, dass sie verursachen, wenn sie zu ihren lauten heiseren Schreien ansetzen.

An- & Weiterreise

Die letzten 3 km Anfahrt sind auch für herkömmliche Autos bei trockenem Wetter und vorsichtiger Fahrweise möglich, doch ein Allradantrieb ist besser. Die Busse von Turrialba (0,75 US$, 1 Std.) fahren um 11.15, 15.10 und 17.20 Uhr, die Rückfahrt ist um 12.45 und 16 Uhr. Die Busse und die meisten Taxis (ca. 10 US$ pro Weg von/nach Turrialba) halten an der Abzweigung zum Park, von dort sind es noch 4 km zu Fuß.

PARQUE NACIONAL VOLCÁN TURRIALBA

Nur selten kommen Besucher zu diesem aktiven Vulkan (3328 m), der von den ersten spanischen Siedlern Torre Alba (Weißer Turm) genannt wurde. Seinen Namen verdankt er den damaligen weißen Rauchwolken über seinem Gipfel. Seit 1866 ruht der Vulkan und der Gipfel gilt als sicher. Für weitere Informationen zur Vorhersage von Vulkanausbrüchen s. Kasten S. 261.

Der Turrialba wurde 1955 zum Nationalpark erklärt, ein Umkreis von 2 km rund um den Vulkan wurde unter Schutz gestellt. Vom Gipfel zieht sich ein feuchter Nebel- und Bergregenwald die Hänge hinab. Hier gedeihen Farne, Bromelien und sogar Bambuspflanzen. Auf der relativ kleinen Fläche wurden insgesamt 84 Vogel- und elf Säugetierarten gezählt.

2001 gab der Vulkan nach 135 Jahren Ruhe erste Lebenszeichen von sich. Bis jetzt ist es jedoch bei Dampfschwaden und kleinen Erschütterungen geblieben. Vom Gipfel fällt der Blick in den **Zentralkrater**, wo der Schwefelschlamm vor sich hinblubbert. Der **Hauptkrater** brach 1866 zum letzten Mal aus und fängt ebenfalls wieder an, schwefelhaltige Dampfschwaden auszuspucken. Vorsorglich wurde er für die Öffentlichkeit gesperrt. Der kleinere **Ostkrater** ist dagegen völlig ruhig. In der Regensaison ist es im Krater aber sehr feucht.

Der Turrialba ist zwar nicht annähernd so dramatisch wie die Vulkane Poás oder Irazú, doch nicht minder interessant. Die relativ wenigen Besucher, die sich hierher verirren, finden eine wilde und einsame Landschaft vor, die sie ohne den Besucherandrang der bekannteren Vulkanen genießen können.

Praktische Informationen

Bei Redaktionsschluss gab es weder eine Rangerstation noch wurde eine Eintrittsgebühr erhoben. Auf dem Gipfel sind aber regelmäßig Ranger anzutreffen.

Die Durchschnittstemperatur beträgt am Gipfel nur 15 °C, sodass entsprechende Kleidung erforderlich ist.

Die Volcán Turrialba Lodge organisiert eine Reihe von Wanderungen und Reittouren durch den Park.

Wandern

Vom Ende der Straße führen unmarkierte Wanderwege zum Ost- und Zentralkrater. Die Ranger können bei der Orientierung helfen. Auf dem Gipfel gibt es keine Absperrungen. Doch Achtung: Immer Abstand zu den Kratern halten und besonders an den Abbruchkanten sehr vorsichtig sein! Sie sind brüchig und können nachgeben.

Vom Kraterrand sind bei schönem Wetter in der Ferne die Vulkane Irazú, Poás und Barva auszumachen. Die Wandermöglichkeiten sind begrenzt, dafür lässt sich der Gipfel ohne Touristenmassen genießen. Der Aufstieg von Santa Cruz ist im Normalfall eine einsame Wanderung unter dem Dach des tropischen Bergwalds.

Schlafen

Volcán Turrialba Lodge (☎ 2273 4335; www.volcanturrialbalodge.com; EZ/DZ mit 3 Mahlzeiten 70/140 US$; ⓟ) 14 km nordwestlich von Santa Cruz liegt die Berg-Lodge mit angeschlossener Rinderfarm, sie ist nur mit Allradfahrzeugen erreichbar. Durch ihre Lage zwischen den Vulkanen Turrialba und Irazú ist sie genau das Richtige für Reisende, die gerne in den Bergen wohnen. Die gemütlichen Zimmer bieten elektrische Heizung bzw. Holzöfen sowie einen großartigen Ausblick. Ein weiterer Pluspunkt des rustikalen Hotels sind die geführten Wanderungen und Ausritten zum Vulkan Turrialba. Im Bar-Restaurant und Gemeinschaftsraum sorgt ein Holzofen für Gemütlichkeit, zur Unterhaltung stehen ein Fernseher und Brettspiele zur Verfügung.

An- & Weiterreise

Der Vulkan liegt nur 15 km Luftlinie nordwestlich von Turrialba. Doch mit dem Auto verdoppelt sich die Strecke nahezu. Vom Ort Santa Cruz, der 13 km von Turrialba entfernt liegt und auch mit öffentlichen Bussen erreichbar ist, windet sich eine 18 km lange Straße zum Gipfel empor. Die ersten 10 km sind asphaltiert, dann wird es immer unwegsamer. Um ganz nach oben zu gelangen, ist ein Fahrzeug mit Allradantrieb notwendig. Von Santa Cruz fahren Allradtaxis für 20 US$ die Strecke (einfach). Mit dem Fahrer lässt sich aushandeln, dass er oben für die Rückfahrt wartet oder später wieder vorbeikommt. Die Straße zum Nationalpark ist ausgeschildert.

Eine Alternative besteht darin, von Cartago aus mit dem Bus nach San Gerardo zu fahren, einer Ortschaft, die auf 2400 m Höhe am Südabhang des Vulkan Irazú liegt. Von dort führt eine holprige Straße zum Volcán Turrialba, sie endet allerdings nach 25 km. Die letzten paar Kilometer zum Vulkan muss man dann zu Fuß zurücklegen (Achtung: Die Strecke ist nicht weiter ausgeschildert!).

Der Nordwesten

Das wahre Ziel Costa Ricas liegt im Nordwesten. Der Feuer speiende Volcán Arenal, das metallisch grüne Flirren eines Quetzalflügels, ein Ritt auf der perfekten Welle am Witch's Rock und zahllose andere Gründe locken Scharen von Reisenden in diese Region. Die Landschaft reicht von der glühend trockenen Küste von Guanacaste mit ihren Stränden bis hin zu den dunstigen von Nebelwald bedeckten Höhen des Volcán Miravalles (2028 m) im Vulkangürtel der Region. Die Anzahl und Vielfalt der Nationalparks und Schutzgebiete allein spricht schon Bände für den Status als klassisches Ökoreiseziel.

Viele Besucher wählen Arenal und Monteverde als Ausgangspunkt, aber wenn mehr Zeit zur Verfügung steht, lohnen sich die kleineren und weniger überlaufenen Orte für ein authentischeres Erlebnis. Blubbernd heiße Dampf- und Schlammquellen, unglaublich blaue Wasserfälle und leuchtend gefärbte Pfeilgiftfrösche sowie buntschnäblige Tukane sind unerwartete Erscheinungen in den Weiten des tropischen Regenwalds und an den nebligen Hängen der Cordillera de Guanacaste. In niedrigeren Lagen wird das weite, flache Land links und rechts der Interamericana von Fincas (Bauernhöfen) und hin und wieder von breitkronigen Guanacastebäumen gesäumt, nach denen die Provinz benannt ist. Kurz vor der Grenze zu Nicaragua führt ein Abzweig von der Interamericana westlich zu einsamen Buchten, von denen einige immer windig genug für begeisterte Kitesurfer sind, während andere windgeschützte Strände für Sonnenanbeter bieten.

Die Topziele im Nordwesten sind zwar gut besucht, aber es gibt so unendlich viele Naturschönheiten und abgelegene Flecken, dass jegliche Erkundung so klein oder umfassend gestaltet werden kann, wie es einem gerade liegt. Es gibt zahlreiche Nebenwege, die unabhängigen Reisenden zahllose Gelegenheiten bieten, die weniger bekannten und verborgenen Schätze des costa-ricanischen Nordwestens zu erkunden.

HIGHLIGHTS

- Das nächtliche Lavaglühen über dem Gipfel des **Volcán Arenal** (S. 259) von La Fortuna oder El Castillo aus betrachten

- Eine morgendliche Wanderung im magischen Nebel der **Reserva Biológica Bosque Nuboso Monteverde** (S. 212) und der **Reserva Santa Elena** (S. 215), ehe die Busladungen eintreffen

- Ein Kitesurfingkurs für die Lust an der Geschwindigkeit in der windigen **Bahía Salinas** (S. 243) oder ein Sonnenbad in einer einsamen Bucht

- Eine Tour zu Fuß oder zu Pferd zu den Wasserfällen, Thermalbecken und den Schloten des **Volcán Rincón de la Vieja** (S. 230)

- Eine Wanderung zu den übernatürlich himmelblauen Gewässern des Río Celeste im **Parque Nacional Volcán Tenorio** (S. 219)

- Wildtiere im **Parque Nacional Palo Verde** (S. 222), dem größten geschützten Feuchtgebiet Costa Ricas, beobachten

Geschichte

Die ersten Bewohner Guanacastes waren vermutlich die Chorotega (sprich: tschro-*te*-ga), die im 8. Jh. v. Chr. ausgedehnte Landstriche des heutigen Costa Rica, Honduras und Nicaragua besiedelten. Leider ist über dieses Volk nicht viel bekannt, da sie keine größeren Ruinen hinterlassen haben, wie sie für die Völker in anderen Teilen Mittelamerikas typisch sind. Weitere Informationen über die Chorotega s. Kasten S. 306.

Die Kultur der Chorotega blühte 2000 Jahre lang, wurde aber durch Kriege und Krankheiten während der spanischen Kolonialzeit ausgelöscht. Damals rodeten die Spanier systematisch weite Teile des trockenen Regenwalds, da das Flachland ideal für Ackerbau und Viehzucht war.

Nach dem Ende der Kolonialzeit bildeten die nunmehr unabhängigen Provinzen die Mittelamerikanische Föderation. Damals war Guanacaste noch Teil Nicaraguas, allerdings kam es wegen Grenzstreitigkeiten zu Auseinandersetzungen mit Costa Rica. Am 25. Juli 1824 stimmten die Guanacastecos jedoch für die Zugehörigkeit zu Costa Rica. Die heutigen Guanacastecos sind stolz auf ihre einzigartige Herkunft und Kultur, und es kommt häufig vor, dass blau-grün-rote Flaggen ein unabhängiges Guanacaste verkünden.

Klima

Das Klima im Nordwesten Costa Ricas schwankt gewaltig und reicht vom heißen Guanacaste bis zu den Gipfeln des Vulkangürtels. Guanacaste ist die trockenste Provinz Costa Ricas. Hier regnet es von November bis April kaum oder nie, im krassen Unterschied zum Rest des tropischen Landes. In höheren Lagen, die vom trockenen Regenwald bis zu den berühmten dunstigen Nebelwäldern reichen, sind die Temperaturen merklich niedriger (im Durchschnitt ganzjährig um 18 °C). Das Klima in Orten wie Monteverde schwankt zwischen feucht und regnerisch.

Nationalparks & Schutzgebiete

Der Nordwesten ist reich an Parks und Schutzgebieten, von kleinen, kaum besuchten Nationalparks bis hin zu Monteverde, dem Highlight im Programm vieler Besucher.

Parque Nacional Guanacaste (S. 237) Der Park, der an den PN Santa Rosa anschließt, ist einer der am wenigsten besuchten Costa Ricas; das Landschaftsbild reicht von trockenem Regenwald bis zu feuchtem Nebelwald.

Parque Nacional Palo Verde (S. 222) Die Forschungsstation bietet neben Unterkunft auch Führungen an, um die über 300 Vogelarten zu erkunden, die in diesem üppigen Feuchtgebiet gezählt wurden.

Parque Nacional Rincón de la Vieja (S. 230) Gleich außerhalb von Liberia erstreckt sich eine friedliche, schlammige Einsamkeit mit vielen sprudelnden Warmquellen.

Parque Nacional Santa Rosa (S. 233) Entlang der Halbinsel wartet eine legendäre Pazifikbrandung, der größte Bestand tropischen Trockenwalds Mittelamerikas und die Stätte einer historischen Schlacht.

Parque Nacional Volcán Arenal (S. 259) In diesem Park, weiter im Landesinneren, der sich um die Spitze des perfekten Kegels des Volcán Arenal erstreckt, verziehen sich manchmal die Wolken und geben den Blick auf glühend rote Lava oder eine Rauchfahne frei.

Refugio Nacional de Fauna Silvestre Peñas Blancas (S. 180) Wer selbstgenügsam ist, kann dieses Wildschutzgebiet in der südlichen Cordillera de Tilarán besuchen; es schützt Wälder und Flussstrecken.

Refugio Nacional de Vida Silvestre Bahía Junquillal (S. 237) Das kleine, geruhsame Schutzgebiet besteht aus einem Strand, hinter dem sich Mangrovensümpfe und tropischer Trockenwald erstrecken.

Reserva Biológica Bosque Nuboso Monteverde (S. 212) Monteverde ist Costa Ricas berühmtester Nebelwald, der trotz des steten Besucherstromes seinen Zauber nicht verloren hat.

Reserva Biológica Lomas de Barbudal (S. 223) Mit viel Glück sind in diesem Schutzgebiet des tropischen Trockenwalds im März die gelben Blüten des Goldtrompetenbaums *Corteza amarilla* zu erblicken.

Reserva Santa Elena (S. 215) Das Reservat ist weniger besucht und höher gelegen als Monteverde, aber auch hier kann der Quetzal gesichtet werden.

Gefahren & Ärgernisse

Ausländische Frauen haben zwar im Allgemeinen keine Probleme in Costa Rica, könnten jedoch in Guanacaste eine Spur *machísmo* wahrnehmen, vor allem wenn sie allein reisen. Diese ständige Belästigung, meist in Form von Pfiffen und Gezische, kann auf Dauer nerven (besonders in dieser Hitze und Luftfeuchtigkeit), deshalb sollte es am besten einfach ignoriert werden.

An- & Weiterreise

Immer häufiger fliegen Besucher direkt nach Liberia, dessen internationaler Flughafen günstig liegt, um schnell in den Nordwesten Costa Ricas und zu den Stränden der Península de Nicoya weiterzureisen. Zudem ist Liberia ein Hauptknotenpunkt für Busse auf der Interamericana von der Grenze zu Nica-

DER NORDWESTEN

DER NORDWESTEN

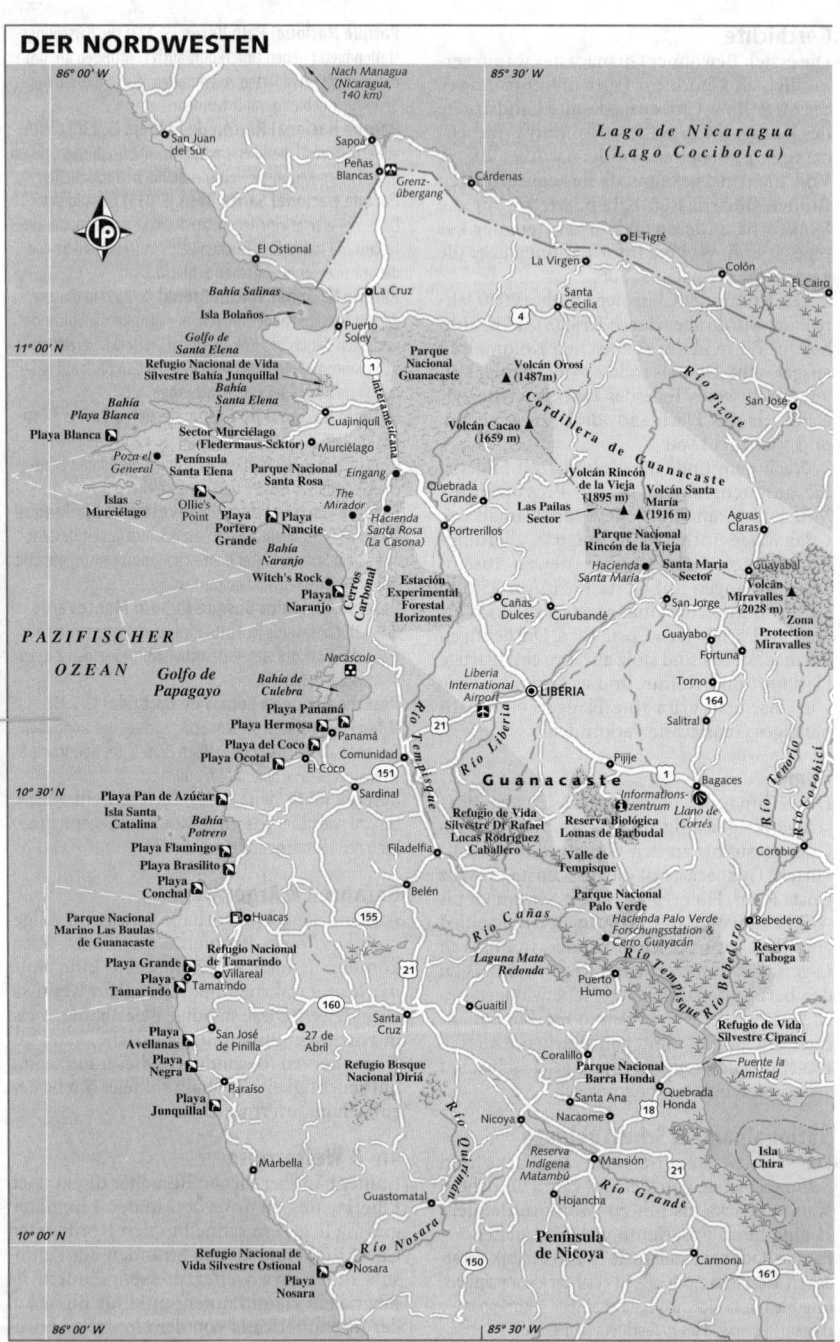

86° 00' W

85° 30' W

Nach Managua
(Nicaragua,
140 km)

Lago de Nicaragua
(Lago Cocibolca)

San Juan
del Sur

Sapoá

Peñas
Blancas

Grenz-
übergang

Cárdenas

El Tigré

Colón

El Ostional

La Virgen

El Cairo

Bahía Salinas

La Cruz

Santa
Cecilia

Isla Bolaños

4

11° 00' N

Golfo de
Santa Elena

Puerto
Soley

Parque
Nacional
Guanacaste

Volcán Orosí
▲ (1487m)

San José

Refugio Nacional de Vida
Silvestre Bahía Junquillal

Bahía
Santa Elena

Río Pizote

Bahía
Playa Blanca

Cuajiniquil

Volcán Cacao
(1659 m)

Cordillera de Guanacaste

Playa Blanca

Sector Murciélago
(Fledermaus-Sektor)

Murciélago

Poza el
General

Península
Santa Elena

Parque Nacional
Santa Rosa

Eingang

Quebrada
Grande

Volcán Rincón
de la Vieja
(1895 m)

Volcán Santa
María
(1916 m)

Aguas
Claras

Islas
Murciélago

Ollie's
Point

Playa
Portero
Grande

Playa
Nancite

The
Mirador

Hacienda
Santa Rosa
(La Casona)

Portrerillos

Las Pailas
Sector

Parque Nacional
Rincón de la Vieja

Santa María
Sector

Guayabal

Bahía
Naranjo

Witch's Rock

Playa
Naranjo

Cerros Carbonal

Estación
Experimental
Forestal
Horizontes

Cañas
Dulces

Curubandé

Hacienda
Santa María

San Jorge

Volcán
Miravalles
(2028 m)

Zona
Protection
Miravalles

PAZIFISCHER

Nacascolo

Liberia
International
Airport

Guayabo

Fortuna

Torno

164

OZEAN

Golfo de
Papagayo

Bahía de
Culebra

Bahía Panamá

LIBERIA

Salitral

Playa Hermosa

Panamá

Río Tempisque

Río Liberia

21

Playa del Coco

Playa Ocotal

Comunidad

El Coco

151

Pijije

1

Bagaces

Río Tempisque

Río Corobicí

10° 30' N

Playa Pan de Azúcar

Sardinal

Guanacaste

Informations-
zentrum

Llano de
Cortés

Isla Santa
Catalina

Bahía
Potrero

Refugio de Vida
Silvestre Dr Rafael
Lucas Rodríguez
Caballero

Reserva Biológica
Lomas de Barbudal

Corobicí

Playa Flamingo

Valle de
Tempisque

Playa Brasilito

Filadelfia

Playa
Conchal

Belén

155

Río Cañas

Parque Nacional
Palo Verde

Hacienda Palo Verde
Forschungsstation &
Cerro Guayacán

Bebedero

Parque Nacional
Marino Las Baulas
de Guanacaste

Huacas

Refugio Nacional
de Tamarindo

Villareal

Reserva
Taboga

Playa Grande

Playa
Tamarindo

Tamarindo

21

Laguna Mata
Redonda

Puerto
Humo

Río Tempisque

Río Bebedero

Refugio de Vida
Silvestre Cipancí

160

Santa
Cruz

Guaitil

Playa
Avellanas

San José
de Pinilla

27 de
Abril

Refugio Bosque
Nacional Diriá

Puente la
Amistad

Playa
Negra

Paraíso

Coralillo

Parque Nacional
Barra Honda

Playa
Junquillal

Santa Ana

Nacaome

Quebrada
Honda

18

Marbella

Río Quirimán

Nicoya

Isla
Chira

Guastomatal

Reserva
Indígena
Matambú

Mansión

21

Río Grande

Hojancha

Península
de Nicoya

10° 00' N

Río Nosara

150

Refugio Nacional de
Vida Silvestre Ostional

Nosara

Playa
Nosara

Carmona

161

86° 00' W

85° 30' W

DER NORDWESTEN

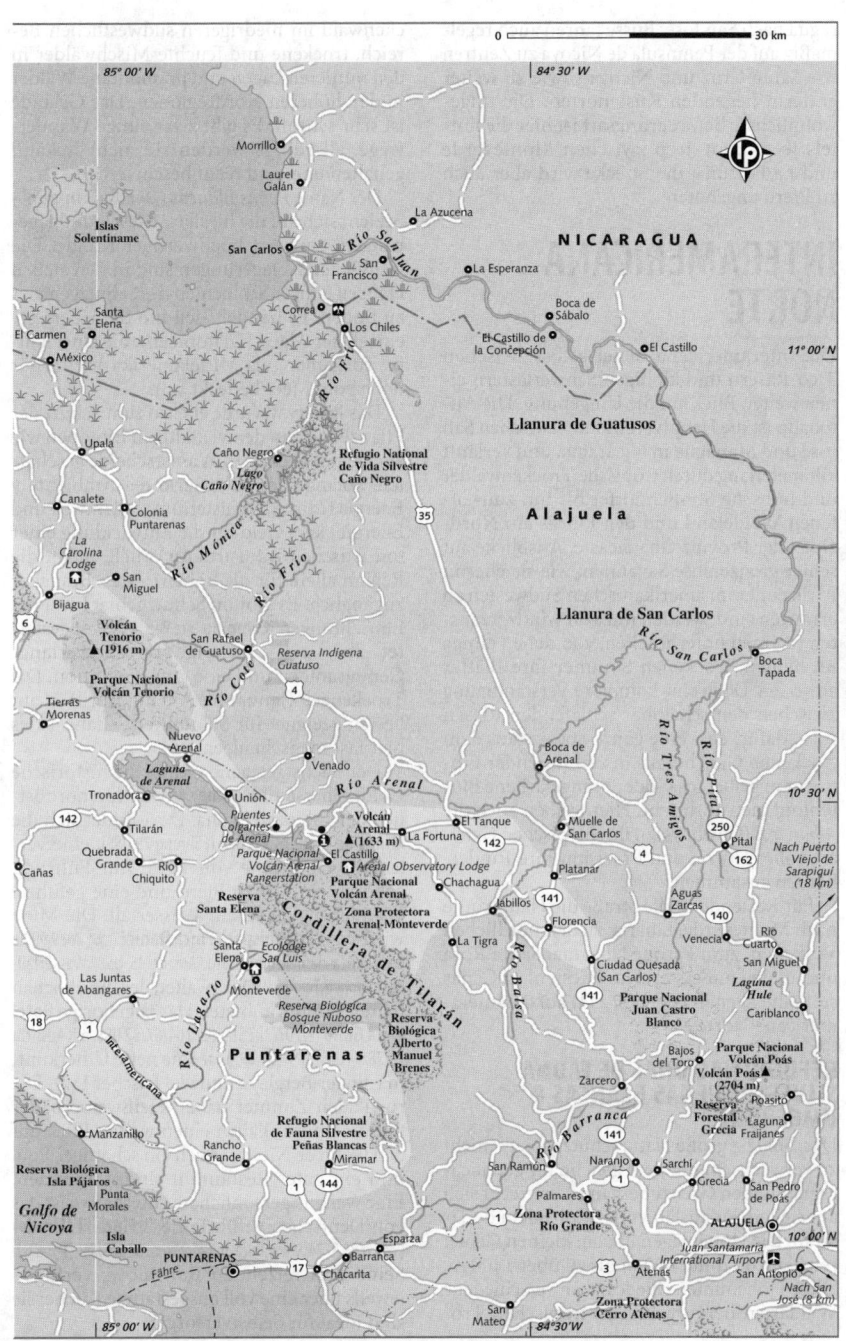

ragua nach San José. Busse fahren auch regelmäßig auf der Península de Nicoya zu Zentren wie Santa Cruz und Nicoya sowie zu weiter entfernt liegenden Küstenorten. Die ungewöhnlichste Beförderungsart ist hier die mittels Jeep–Boot–Jeep zwischen Monteverde und La Fortuna, die Strecke wird aber auch zu Pferd angeboten.

INTERAMERICANA NORTE

Die Interamericana bietet selbst zwischen Tico-Rasern und klobigen Schwerlastern einen weiten Blick auf die Umgebung. Die Autobahn ist die Hauptverbindung zwischen San José und Managua in Nicaragua und verläuft kilometerlang durch tropische Trockenwälder und hübsche Straßendörfer bis hin zum offenen Weideland und den Fincas am Nordzipfel der Provinz Guanacaste. Ausblicke auf schier grenzenlose Savannen, wie sie eher in Afrika oder im amerikanischen Südwesten zu erwarten sind, werden nur von windzerzausten Bäumen unterbrochen, von denen einige im heißen, trockenen Sommer ihre Blätter abwerfen. Doch eine komplexe Verständigung zwischen den scheinbar schlafenden Riesen sorgt dafür, dass eine ganze Spezies aus dem trockenen Gras heraus in verblüffender Eintracht in gelbe, rosa- oder orangefarbene Blütenfontänen ausbricht. Hier treiben auch die *sabaneros* (Cowboys) in ihrer typischen Gangart voller Grazie und Präzision ihre Rinderherden zusammen.

Für Reisende ist die Straße die Hauptroute nach Monteverde, Liberia, zu den nördlichen Vulkanen, zum Parque Nacional Santa Rosa und in den äußersten Nordwesten. In Cañas stößt die Arenal-Route (S. 244) auf die Interamericana Norte.

REFUGIO NACIONAL DE FAUNA SILVESTRE PEÑAS BLANCAS & UMGEBUNG

Das 2400 ha große Naturschutzgebiet – nicht zu verwechseln mit dem gleichnamigen nicaraguanischen Grenzübergang – erstreckt sich am steilen Südausläufer der Cordillera de Tilarán. Die Höhenlagen in dem kleinen Gebiet reichen von unter 600 m bis zu über 1400 m. Diese Höhenunterschiede haben verschiedene Waldarten hervorgebracht: tropischen Tro-

ckenwald im niedrigeren südwestlichen Bereich, trockene und feuchte Mischwälder in den mittleren Lagen und prämontane Wälder in den höheren Nordregionen. Das Gelände ist sehr schroff. Es gibt zwar einige Wanderwege, allerdings werden sie nicht instand gehalten und sind recht beschwerlich.

Der Name *Peñas Blancas* („weiße Klippen") bezieht sich auf die hiesigen Kieselgurablagerungen, eine Art hochwertiger Kreide. Die weißlichen Ablagerungen sind in den steilen Hängen einiger Schluchten des Schutzgebietes zu finden. Es handelt sich um die Überreste einzelliger Algen (Diatomeen), die einst häufig vorkamen, als Mittelamerika im Tertiär noch vom Meer bedeckt war.

Das Reservat wurde ebenso zum Schutz der Pflanzenwelt in den vielfältigen Biotopen wie auch einer wichtigen Wasserscheide geschaffen. Solange das Ministerio del Ambiente y Energía (Minae; Ministerium für Umwelt und Energie) kein Geld für die Entwicklung einer touristischen Infrastruktur erhält, bleibt die Region allein für die unbeirrtesten Besucher zugänglich. Es gibt im Schutzgebiet keinerlei Einrichtungen. **Camping** (pro Pers. 2 US$) ist gestattet, aber das schwierige Terrain verlangt Genügsamkeit und eine gute Kondition. Die Trockenzeit (Januar bis Anfang April) ist am besten geeignet für Solotouren – dann ist es hier fast menschenleer.

Der nächstgelegene Ort ist die historische Goldgräberstadt **Miramar**, etwa 8 km nordöstlich der Interamericana. Dort findet sich die **Minas de Montes de Oro** (Führung 79 US$), eine verlassene Goldmine von 1815. Zur Führung gehören ein Ritt zu Pferd und eine geführte Wanderung zu einem Wasserfall. Die Mine wird vom **Erlebnispark Finca Daniel** (☎ 2639 9900; www.finca-daniel.com; 2-Std.-Ausritt 45 US$, Wasserfall-Baumkronen-Tour 89 US$) verwaltet, der die üblichen teuren Touren anbietet. Das zugehörige **Hotel Vista Golfo** (EZ/DZ/3BZ Standard 64/67/82 US$, mit Aussicht 75/78/94 US$; P ▢ ☎) ist eine nette Unterkunft in ruhiger Berglage und viel frischer Luft. Die rustikalen Zimmer haben Heißwasserbäder und in einigen Fällen einen weiten Blick auf den Golfo de Nicoya. Auch ein schattiger Pool und ein gutes Restaurant sind vorhanden. Eine weitaus persönlichere Alternative ist das von Deutschen geführte B&B **Finca El Mirador** (☎ 2639 8774; www.finca-mirador.com; DZ 60 US$; P ▢). Seine drei reizenden Bungalows verfügen jeweils über eine voll ausgestattete Küche; sie sind ideal für Selbstversorger.

In dem kleinen Ort Zapotal, 18 km nordöstlich von Miramar, befindet sich das **Reserva Biológica Alberto Manuel Brenes** (☎ 2437 9906; resbiol@cariari.ucr.ac.cr), ein Nebelwaldschutzgebiet, das von der Universität von Costa Rica verwaltet wird. Unter Vogelbeobachtern ist der Park berühmt für seine Bestände des langschwänzigen Göttervogels Quetzal. Besucher kommen meist auf Privattouren hierher.

Es gibt zwar unregelmäßige Busverbindungen von Miramar nach San José und Puntarenas, doch ohne eigenes Auto ist die Gegend nur schwierig zu erkunden. Außerdem sind hier in der Regenzeit die Straßen häufig weggespült. Ein Allradfahrzeug ist daher unbedingt zu empfehlen.

COSTA DE PÁJAROS

Die 40 km lange Straße zwischen Punta Morales im Süden und Manzanillo im Norden ist berühmt für ihre Mangrovenküste, die eine unendliche Vielzahl an Vogelarten (und Vogelfreunden) anzieht. Die berühmteste Sehenswürdigkeit ist die **Isla Pájaros** (Vogelinsel), die knapp 1 km vor Punta Morales liegt. Auf der 3,8 ha großen Insel, Schutzgebiet für eine Kolonie seltener Brauner Pelikane und Zuflucht für diverse Seevögel, gibt es keinerlei Einrichtungen. Die Insel ist ein einziger niedriger Wald aus wilden Guavenbäumen. Sie ist im Rahmen organisierter Touren zu besichtigen (ab 30 US$), die in der La Ensenada Lodge vereinbart werden können.

Bei Vogelfreunden beliebt ist die **La Ensenada Lodge** (☎ 2289 6655; www.laensenada.net; EZ/DZ 3BZ/4BZ 49/62/76/84 US$; P ⌖), eine 380 ha große Finca mit Ranch, Saline und Papayaplantage. Die gemütlichen Gästehäuser mit Blick auf den Golfo de Nicoya verfügen über solargeheizte Bäder und jeweils eigene Terrassen mit Hängematten – ideal, um den Sonnenuntergang zu betrachten (oder Vögel). Es gibt auch einen Pool, ein Restaurant und Tennisplätze. Wer mag, kann sogar auf der Farm oder bei Wiederaufforstungsprojekten mithelfen.

JUNTAS

Las Juntas de Abangares (so der vollständige Name) ist ein kleiner Ort am Río Abangares, der Ende des 19. und Beginn des 20. Jhs. ein Zentrum des Goldbergbaus war. Das Städtchen war einst das Ziel von Glücksrittern und Geschäftemachern aus aller Welt, die an den anderen gewinnbringenden Unternehmen des Minenbesitzers Minor Keith teilhaben wollten. Heute ist Juntas ein hübsches Bergdorf voller Viehzüchter und Bauern.

Da der Goldboom vorbei ist, versucht Juntas nun, Besucher mit seinem Ökomuseum und der neu erbauten Ferienanlage mit heißen Quellen anzulocken. Die meisten Reisenden machen auf ihrem Weg von oder nach Monteverde keinen Abstecher hierher. Doch für Autofahrer ist es ein recht reizvoller Stopp, vor allem wenn es schon dunkel wird. Dann ist es sinnvoller, die Nacht hier zu verbringen, statt törichterweise die schlammige Rutschbahn, auch als Straße nach Monteverde bekannt, zu befahren.

Orientierung & Praktische Informationen

Das Zentrum von Juntas ist die katholische Kirche mit ihren sehr schönen Buntglasfenstern. Die kleine, aber geschäftige Innenstadt mit einer Banco Nacional, mehreren *sodas* (preiswerten Esslokalen) und kleinen Läden befindet sich etwa 300 m nördlich der Kirche. Das Ökomuseum liegt, von der Hauptstraße aus, 3 km entfernt.

Sehenswertes

Okay, die Begriffe „Öko" und „Bergbau" passen sich nicht gerade zusammen wie Erdbeeren und Schlagsahne. Aber ein Besuch in dem kleinen **Ecomuseo de las Minas de Abangares** (☎ 2662 0310; erbetene Spende 2 US$; ⌖ Di–Fr 8–17 Uhr) mit einigen Fotos und Modellen der alten Bergbaumethoden lohnt sich auf jeden Fall. Außerhalb des Museums gibt es einen Picknick- und Kinderspielplatz sowie gute Wanderwege, die an alten Minengeräten, wie Teile von Bahnschienen, vorbeiführen. Vögel oder Leguane sind entlang der Wege ebenfalls zu sehen, manchmal sogar Affen.

Zum Ökomuseum führt von der Interamericana 100 m nach dem Parque Central zunächst eine Asphaltstraße, dann geht es links und über eine Brücke, am Schild „Ecomuseo 4 km" schließlich nach rechts. Etwa 2 km hinter Juntas gabelt sich die Straße. Links geht es nach Monteverde (30 km), rechts zum Ökomuseum (3 km).

Geführte Touren

Mina Tours (☎ 2662 0753; www.minatours.com; ⌖ Mo bis Fr 8–17 Uhr), hinter der Kirche gelegen, ist ein Familienbetrieb, der nicht nur Transport und Unterkunftsreservierungen organisiert, sondern vor allem mehrere Touren zum Thema

Gold anbietet, einschließlich eines Besuches im Ökomuseum und in den Stollen verlassener Minen. Die Preise liegen bei 30 US$ pro Person für Tagesausflüge, teurer sind Exkursionen mit Übernachtung.

Schlafen & Essen

Cabinas Las Juntas (☎ 2662 0153; EZ/DZ 6/10 US$; P ☒) Das billigste Bett am Ort reicht völlig aus, wenn es nur für eine Übernachtung auf der Fahrt nach Monteverde ist. Die einfachen, aber sauberen Zimmer sind gefliest und haben Duschkabinen (Kaltwasser) und Kabel-TV. Die Besitzerin América bietet für 2 US$ extra auch Frühstück. Das Cabinas liegt 200 m südlich der Tankstelle.

Centro Turistico Cayuco (☎ 2662 0868; DZ mit/ohne Klimaanlage 15/10 US$; P ☒ ☒) Beliebt bei urlaubenden Ticos, da es hier einen Pool, eine heiße Quelle, ein Restaurant und eine Bar gibt, alles 200 m nördlich der Bergbaustatue. Leider ist der Pool kaum zum Schwimmen geeignet, und die heiße Quelle ist eigentlich nur ein Betonbecken, in das „Quellwasser" zweifelhaften Ursprungs fließt. Die Zimmer sind jedoch recht annehmbar, haben Kabel-TV und eigene Bäder mit Kaltwasser.

Pueblo Antiguo Lodge & Spa (☎ 2662 0033; www.puebloantiguo.com; EZ/DZ inkl. Frühstück 32/61 US$; P ☒ ☒) Das rustikale Berghotel liegt gleich neben dem Ökomuseum und richtet sich an Besucher, die sich ungestört erholen möchten. Die heißen Quellen, der Pool und Whirlpool, Sauna, Naturlehrpfade und das Restaurant sorgen dabei für ausreichende Unterhaltung und Entspannung. Die zehn Zimmer in Holzhütten haben je ein eigenes Bad und einen reizvollen Bergblick. Manchmal tauchen auch Wildtiere vor der Tür auf. Das freundliche Personal vermittelt Touren zum Ökomuseum und den Goldminen.

Restaurante Los Mangos (☎ 2662 0410; Hauptgerichte 3–6 US$; ☺ Di–So 11–2 Uhr) Das netteste Restaurant am Ort (etwas heruntergekommen, aber eine große Auswahl gibt's hier eh nicht) liegt an der Hauptstraße und serviert die üblichen *casados* (Menüs), *ceviche* (rohe, aber gut marinierte Meeresfrüchte) und Brathuhn – und sorgt nachts für die Drinks.

An- & Weiterreise

Busse fahren um 9.30 und 14.15 Uhr ab Cañas (0,50 US$, 45 Min.). Es gibt keine Busse zum Ecomuseo de las Minas Abangares, ein Taxi dorthin kostet etwa 4 US$.

Autofahrer können den Abzweig ab der Interamericana nehmen. Er befindet sich 27 km südlich von Cañas, an einer Tankstelle namens **La Irma** (☎ 2645 5647), an der auch die Busse der Strecke Liberia–San José halten. Monteverde liegt 30 km von Las Juntas an einer Piste, die jedoch in der Trockenzeit auch für normale Autos passierbar ist. Busse nach Monteverde (2½ Std.) halten an La Irma gegen 14.30 Uhr.

MONTEVERDE & SANTA ELENA

Zwischen zwei liebevoll erhaltenen Nebelwäldern erstreckt sich ein schmaler Streifen der Zivilisation, der aus dem Tico-Dorf Santa Elena und der Quäkersiedlung Monteverde besteht. Im *National Geographic* erschien 1983 ein Artikel über diese einzigartige Landschaft, und bald galt die Gegend als *der* Ort schlechthin, um Mittelamerikas berühmtesten Vogel zu beobachten: den prachtvollen Quetzal. Plötzlich tauchten ganze Touristenhorden mit Stativen und Teleobjektiven auf, die sich selbst von Monteverdes berüchtigten Zufahrtsstraßen nicht abschrecken ließen. Für die damalige Quäkergemeinde war das ein gewaltiger Schock. Um den Besucherstrom einzudämmen, wehrten sich die Gemeinden gegen die Asphaltierung der Straßen – mit Erfolg. Heute bilden die Pisten nach Monteverde und Santa Elena einen erfolgreichen Schutzwall um das wertvolle Experiment eines nachhaltigen Ökotourismus.

Die Nebelwälder um Monteverde und Santa Elena zählen zu Costa Ricas Topdestinationen, ob nun für Rucksacktouristen oder für reiche Pensionäre. Im besten Fall ist Monteverde ein Ort der Inspiration für eine Welt, in der biologische Landwirtschaft und alternative Energiequellen helfen können, unseren Planeten aus dem hausgemachten Schlamassel zu retten. Im schlimmsten Fall wirkt Monteverde wie eine Kreuzung aus Naturreservat und Disneyland. Aber ein Lichtblick ist, dass die Gemeinde weiterhin das empfindliche Gleichgewicht dieses Ökoparks zu erhalten versucht und sich gegen die Gefahr einer Überentwicklung wehrt.

Geschichte

Die Geschichte dieser Siedlungen reicht bis in die 1930er-Jahre zurück, als einige Tico-Familien die Goldgräberstadt Juntas verließen und bergauf zogen, um sich ihren Unterhalt mit Holz- und Landwirtschaft zu verdienen.

Völlig unabhängig davon waren vier Quäker (eine pazifistische religiöse Gruppe, die sich „Freunde" nannten) 1949 in Alabama inhaftiert wurden, weil sie den Wehrdienst im Koreakrieg verweigert hatten. Da ihr Glaube die Quäker zum passiven Widerstand gegen den Dienst an der Waffe verpflichtet, wurden die vier Männer schließlich freigelassen. Als Konsequenz verließen 44 Quäker aus elf Familien die USA und machten sich auf den Weg nach Monteverde.

Sie wählten Monteverde („grüner Berg") aus zwei Gründen: Die costa-ricanische Regierung hatte einige Jahre zuvor ihre Armee abgeschafft, und das kühle Bergklima war ideal für die Viehzucht. So fanden die Quäker ihre einsame Zuflucht vor dem Übel der Welt und führten ein einfaches und ungestörtes Leben als Milchbauern und Käseproduzenten in einer neuen Welt religiöser Freiheit.

Doch damit ist die Geschichte noch nicht zu Ende. Um die Wasserscheide oberhalb ihres 1500 ha großen Lands in Monteverde zu schützen, willigte die Quäkergemeinde ein, den Bergregenwald zu erhalten. Als Jahre später Ökologen das Gebiet besuchten, um den Erhalt zu untersuchen, entdeckten sie, dass der Nebelwald tatsächlich aus zwei verschiedenen Ökosystemen zu beiden Seiten der kontinentalen Wasserscheide bestand. In der Reserva Biológica Bosque Nuboso Monteverde (S. 212) steigen die warmen, feuchten Passatwinde aus der Karibik die Hänge der Scheide hinauf. Dort kühlen sie ab und kondensieren zu Wolken. Diese Wolken ziehen auch über die Reserva Santa Elena (S. 215), doch wegen der fehlenden Passatwinde sind die Berge hier einige Grade wärmer als in Monteverde. Als Folge hat jedes Teilsystem mehrere unterschiedliche Spezies, was Laien aber vermutlich kaum erkennen können.

Orientierung

Die beiden ersten Abzweigungen von der Interamericana führen zunächst nach Santa Elena, eine geschäftige kleine Gemeinde mit zahlreichen günstigen Hotels, Restaurants und Sehenswürdigkeiten. Eine Straße ab dem nördlichen Punkt des Dreiecks geht nach Juntas und Tilarán, mit einer Abzweigung zu Reserva Santa Elena. Am westlichen Punkt des Dreiecks (rechts vom Ortseingang) beginnt eine malerische, aber hundsmiserabel zu befahrende 6 km lange Piste zur Reserva Monteverde.

Sie gilt als Rückgrat des weit gestreuten Ortes und ist gesäumt von Hotels und Restaurants mit recht unterschiedlichem Charme. Cerro Plano, etwa 2 km von Santa Elena entfernt, hat einen kleinen Ortskern mit hübschen Geschäften, in denen sich alles um die Casem- und die Monteverde-Käsefabrik dreht. Fast 5 km entfernt führt eine Abzweigung 3 km weit steil hinauf zur Ecolodge San Luis mit einer Forschungsstation und dem San-Luis-Wasserfall. Neben den Pisten verlaufen in der Regel auch Fußpfade.

Praktische Informationen

BUCHLÄDEN

Librería Chunches (☎ 2645 5147; Santa Elena; ☺ Mo–Fr 8–19, Sa 8–18 Uhr) Ein Buchladen und Café mit einer guten Auswahl an Büchern (viele auf Englisch), darunter etliche Reise- und Naturführer und einige US-Zeitungen. Es gibt auch eine Wäscherei (6 US$ für 4 kg Wäsche inkl. Trocknen), und das Schwarze Brett ist eine gute Informationsquelle. S. auch Bromelias Books (S. 209).

GELD

Im Hotel Camino Verde (s. S. 183) werden Euro, US-Dollar und Reiseschecks gewechselt. Allerdings wird dafür eine recht heftige Gebühr verlangt.
Banco de Costa Rica (☎ 2645 5519; ☺ Mo–Fr 8–16, Sa 8–12 Uhr) Hat einen 24-Stunden-Geldautomaten und liegt an derselben Auffahrt wie das Hotel El Sapo Dorado.
Banco Nacional (☎ 2645 5027; Santa Elena; ☺ 8.30–15.45 Uhr)

INTERNETZUGANG

Internet ist rund um Santa Elena und in vielen Hotels verfügbar.
Hotel Camino Verde (☎ 2645 6304; www.exploring monteverde.com/hotel-camino-verde; ☺ 6.30–22 Uhr) Hat im vorderen Bereich ein Internetcafé mit internationalen Internetanrufen; der Gebäudekomplex liegt gegenüber der Bushaltestelle in Santa Elena.
Internet Pura Vida (☎ 2645 6419; www.internetpura vida.com; pro Std. 2 US$; ☺ 9–22 Uhr) Gegenüber der Banco Nacional in Santa Elena; eine Wäscherei gibt es auch.
Tree House Restaurant & Café (☎ 2645 5751; www. canopydining.com; ☺ 6.30–22 Uhr) Hat treppab ein paar Computer aufgestellt, die jeder eine halbe Stunde lang kostenlos (!) nutzen kann.

MEDIZINISCHE VERSORGUNG

Consultorio Médico (☎ 2645 7778, 8304 2121; ☺ 24 Std.) An der Kreuzung gegenüber dem Hotel Heliconia.
Rotes Kreuz (☎ 2645 6128; ☺ 24 Std.) Am Nordrand von Santa Elena.

MONTEVERDE & SANTA ELENA

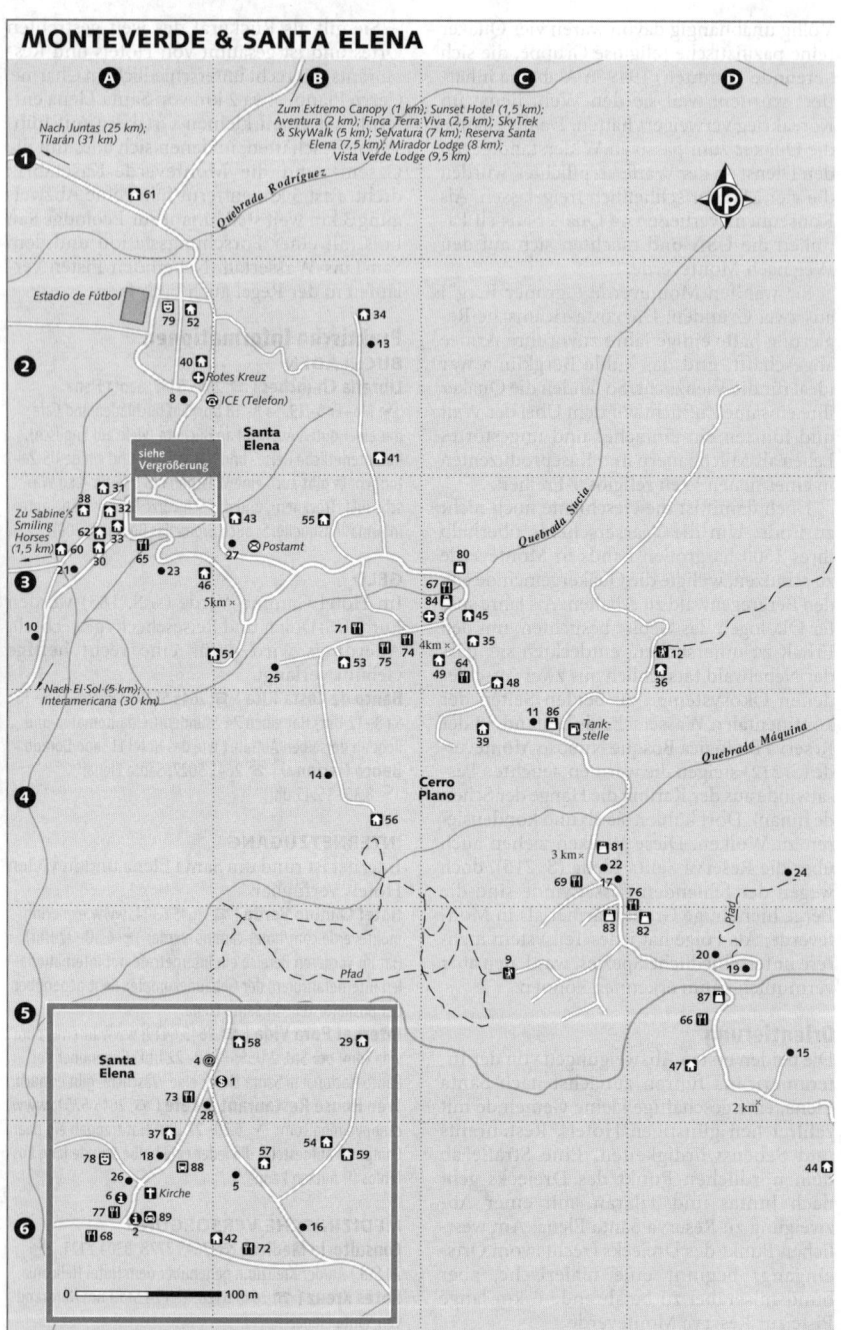

DER NORDWESTEN

Ⓐ   Ⓑ   Ⓒ   Ⓓ

Nach Juntas (25 km);
Tilarán (31 km)

Zum Extremo Canopy (1 km); Sunset Hotel (1,5 km);
Aventura (2 km); Finca Terra·Viva (2,5 km); SkyTrek
& SkyWalk (5 km); Selvatura (7 km); Reserva Santa
Elena (7,5 km); Mirador Lodge (8 km);
Vista Verde Lodge (9,5 km)

❶

🏠 61

Quebrada Rodríguez

Estadio de Fútbol

🏠 79 🏠 52

🏠 34
● 13

❷

🏠 40
✚ Rotes Kreuz

8 ● 🏠 ICE (Telefon)

Santa
Elena

🏠 41

siehe
Vergrößerung

Quebrada Sucia

38 🏠 31
🏠
Zu Sabine's 62 🏠 32
Smiling 🏠 🏠 33
Horses 🏠 60
(1,5 km) 21 🏠 30

🏠 43   55 🏠

●   ⊗ Postamt
27

80
🏠

❸

🏠 65 ● 23
🏠 46
5km ×

🏠 3
67
84 🏠 45

10 ●

71 🏠
🏠 51   🏠 53 75 74 4km × 64
25 ●   49
🏠 35
🏠 48

🏠 12
36 🏠

Nach El Sol (5 km);
Interamericana (30 km)

11 86
39 🏠 ● 🏠 Tank-
stelle

Quebrada Máquina

14 ●

Cerro
Plano

❹

🏠 56

3 km × 🏠 81
69 🏠 ● 22
17 ●
76 🏠
🏠 🏠 82
83

● 24

Pfad

Pfad

9
🏠

20 ●
19 ●

87 🏠
66 🏠

❺

● 15

47 🏠

2 km ×

Santa
Elena

4 @
🏠 58   29 🏠

🏠 1
73 🏠
28

37 🏠
78 🏠 18 🏠 🏠 88

54 🏠
57
🏠 🏠 59
5

26 ●
6 🏠 🏠 Kirche

77 🏠
🏠 89
68 🏠 2

🏠 42 🏠 72

● 16

44 🏠

❻

0 ————— 100 m

0 ⊏▭▭▭ 500 m

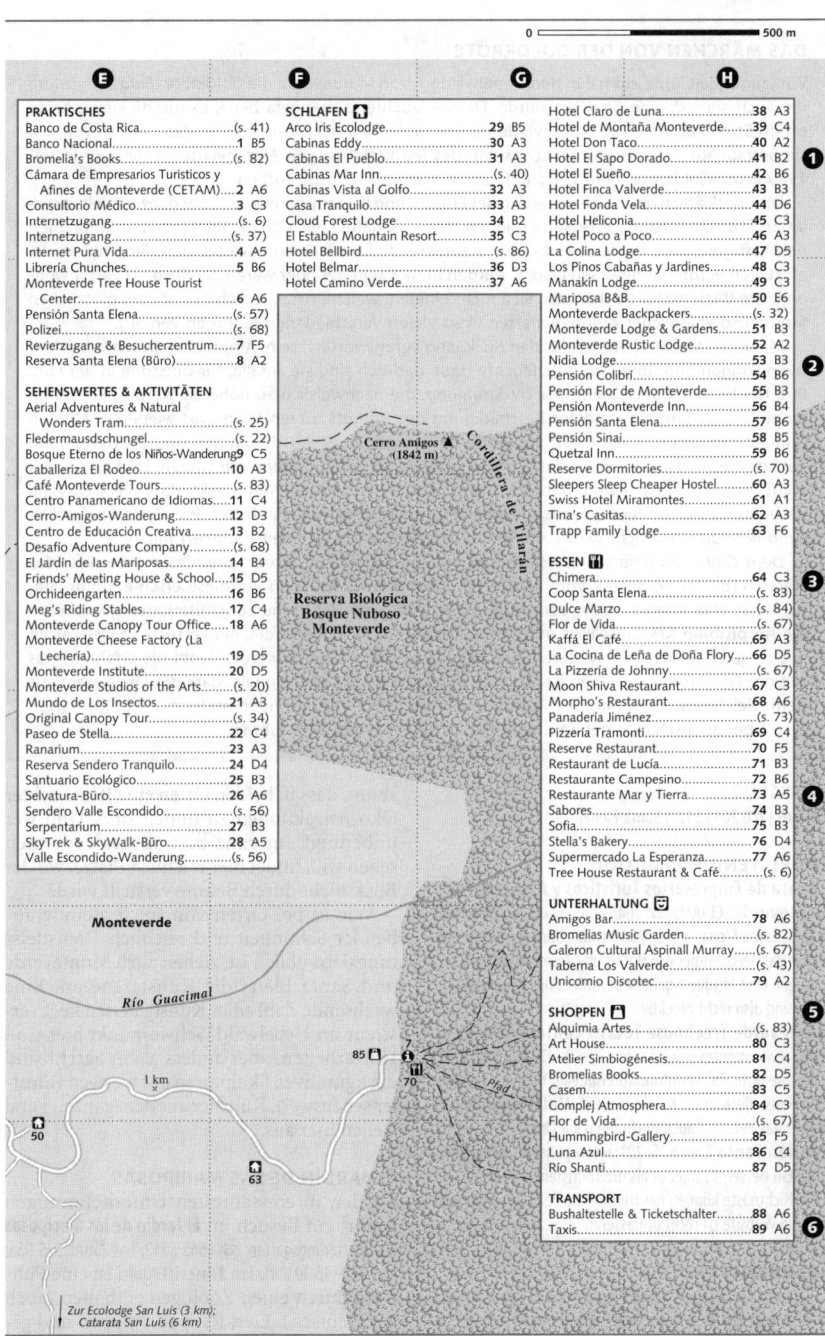

E   **F**   **G**   **H**

PRAKTISCHES
Banco de Costa Rica	(s. 41)
Banco Nacional	**1** B5
Bromelia's Books	(s. 82)
Cámara de Empresarios Turísticos y Afines de Monteverde (CETAM)	**2** A6
Consultorio Médico	**3** C3
Internetzugang	(s. 6)
Internetzugang	(s. 37)
Internet Pura Vida	**4** A5
Librería Chunches	**5** B6
Monteverde Tree House Tourist Center	**6** A6
Pensión Santa Elena	(s. 57)
Polizei	(s. 68)
Revierzugang & Besucherzentrum	**7** F5
Reserva Santa Elena (Büro)	**8** A2

SEHENSWERTES & AKTIVITÄTEN
Aerial Adventures & Natural Wonders Tram	(s. 25)
Fledermausschungel	(s. 22)
Bosque Eterno de los Niños-Wanderung	**9** C5
Caballeriza El Rodeo	**10** A3
Café Monteverde Tours	(s. 83)
Centro Panamericano de Idiomas	**11** C4
Cerro-Amigos-Wanderung	**12** D3
Centro de Educación Creativa	**13** B2
Desafío Adventure Company	(s. 68)
El Jardín de las Mariposas	**14** B4
Friends' Meeting House & School	**15** D5
Orchideengarten	**16** B6
Meg's Riding Stables	**17** C4
Monteverde Canopy Tour Office	**18** A6
Monteverde Cheese Factory (La Lechería)	**19** D5
Monteverde Institute	**20** D5
Monteverde Studios of the Arts	(s. 20)
Mundo de Los Insectos	**21** A3
Original Canopy Tour	(s. 34)
Paseo de Stella	**22** C4
Ranarium	**23** A3
Reserva Sendero Tranquilo	**24** D4
Santuario Ecológico	**25** B3
Selvatura-Büro	**26** A6
Sendero Valle Escondido	(s. 56)
Serpentarium	**27** B3
SkyTrek & SkyWalk-Büro	**28** A5
Valle Escondido-Wanderung	(s. 56)

SCHLAFEN
Arco Iris Ecolodge	**29** B5
Cabinas Eddy	**30** A3
Cabinas El Pueblo	**31** A3
Cabinas Mar Inn	(s. 40)
Cabinas Vista al Golfo	**32** A3
Casa Tranquilo	**33** A3
Cloud Forest Lodge	**34** B2
El Establo Mountain Resort	**35** C3
Hotel Bellbird	(s. 86)
Hotel Belmar	**36** D3
Hotel Camino Verde	**37** A6
Hotel Claro de Luna	**38** A3
Hotel de Montaña Monteverde	**39** C4
Hotel Don Taco	**40** A2
Hotel El Sapo Dorado	**41** B2
Hotel El Sueño	**42** B6
Hotel Finca Valverde	**43** B3
Hotel Fonda Vela	**44** D6
Hotel Heliconia	**45** C3
Hotel Poco a Poco	**46** A3
La Colina Lodge	**47** D5
Los Pinos Cabañas y Jardines	**48** C3
Manakín Lodge	**49** C3
Mariposa B&B	**50** E6
Monteverde Backpackers	(s. 32)
Monteverde Lodge & Gardens	**51** B3
Monteverde Rustic Lodge	**52** A2
Nidia Lodge	**53** B3
Pensión Colibrí	**54** B6
Pensión Flor de Monteverde	**55** B3
Pensión Monteverde Inn	**56** B4
Pensión Santa Elena	**57** B6
Pensión Sinai	**58** B5
Quetzal Inn	**59** B6
Reserve Dormitories	(s. 70)
Sleepers Sleep Cheaper Hostel	**60** A3
Swiss Hotel Miramontes	**61** A1
Tina's Casitas	**62** B3
Trapp Family Lodge	**63** F6

ESSEN
Chimera	**64** C3
Coop Santa Elena	(s. 83)
Dulce Marzo	(s. 84)
Flor de Vida	(s. 67)
Kaffá El Café	**65** A3
La Cocina de Leña de Doña Flory	**66** D5
La Pizzería de Johnny	(s. 67)
Moon Shiva Restaurant	**67** C3
Morpho's Restaurant	**68** A6
Panadería Jiménez	(s. 73)
Pizzería Tramonti	**69** C4
Reserve Restaurant	**70** F5
Restaurant de Lucía	**71** B3
Restaurante Campesino	**72** B6
Restaurante Mar y Tierra	**73** A5
Sabores	**74** B3
Sofia	**75** B3
Stella's Bakery	**76** D4
Supermercado La Esperanza	**77** A6
Tree House Restaurant & Café	(s. 6)

UNTERHALTUNG
Amigos Bar	**78** A6
Bromelias Music Garden	(s. 82)
Galeron Cultural Aspinall Murray	(s. 67)
Taberna Los Valverde	(s. 43)
Unicornio Discotec	**79** A2

SHOPPEN
Alquimia Artes	(s. 83)
Art House	**80** C3
Atelier Simbiogénesis	**81** C4
Bromelias Books	**82** D5
Casem	**83** C5
Complej Atmosphera	**84** C3
Flor de Vida	(s. 67)
Hummingbird-Gallery	**85** F5
Luna Azul	**86** C4
Río Shanti	**87** D5

TRANSPORT
Bushaltestelle & Ticketschalter	**88** A6
Taxis	**89** A6

Cerro Amigos ▲ (1842 m)

Cordillera de Tilarán

Reserva Biológica
Bosque Nuboso
Monteverde

Monteverde

Río Guacimal

1 km

Zur Ecolodge San Luis (3 km);
Catarata San Luis (6 km)

DER NORDWESTEN

DAS MÄRCHEN VON DER GOLDKRÖTE

Vor langer Zeit lebte einmal in den Nebelwäldern von Monteverde die Goldkröte *(Bufo periglenes)*, die auch *sapo dorado* genannt wurde. Da die leuchtend orangefarbene, exotische kleine Kröte oft im Streulaub rund um Monteverde umherkrabbelte – der einzige Ort in der ganzen Welt, wo sie auftauchte –, wurde sie so etwas wie das Maskottchen von Monteverde. Leider wurde seit 1989 keine Goldkröte mehr gesichtet. Sie ist vermutlich ausgestorben.

Die unerklärlich rasche Dezimierung der Frosch- und Krötenpopulation in der ganzen Welt veranlasste Ende der 1980er-Jahre Herpetologen (Wissenschaftler, die sich mit Reptilien und Amphibien beschäftigen), eine Konferenz über die alarmierende Entwicklung einzuberufen. Amphibien, die einst weit verbreitet gewesen waren, wurden immer seltener oder waren bereits ganz verschwunden. Die Wissenschaftler konnten sich nicht einigen, welche Ursache sich hinter dem plötzlichen Sterben so zahlreicher Amphibienarten in so vielen verschiedenen Biotopen verbarg.

Mehrere Faktoren könnten für den Rückgang verantwortlich sein. Amphibien atmen mit primitiven Lungen und über ihre stets feuchte Haut, dadurch sind sie anfällig für Giftstoffe in der Luft. Ihre Haut schützt auch kaum vor UV-Strahlung, die nachweislich zu höheren Sterblichkeitsraten amphibischer Embryos und zur Beschädigung des Erbguts führen kann, was wiederum Missbildungen hervorruft. Auch Pestizide wurden als Ursache von Missbildungen und Zwitterbildung nachgewiesen. Hinzu kommt das globale Problem, dass die Biotope schwinden. Und als sei das nicht schon trostlos genug, haben Wissenschaftler seitdem auch entdeckt, dass die weltweite Verbreitung der Chytridiomycosis – einer Pilzerkrankung, die durch den Pilz *Batrachochytrium dendrobatidis* verursacht wird – die Amphibienpopulation weltweit dezimiert hat.

Dem *Global Amphibian Assessment* zufolge sind ganze 39 % der Amphibien Amerikas (das wären 1187 Arten) derzeit vom Aussterben bedroht. Als Reaktion auf diese erschreckende Statistik hat eine internationale Vereinigung von Zoos und Naturschutzorganisationen gemeinsam die **Amphibian Ark** („Amphibienarche"; www.amphibianark.org), gegründet, ein Versuch, so viele Arten wie möglich für den Fall weiterer Aussterbens zu sammeln. Wir werden wohl nie erfahren, was mit der Goldkröte geschehen ist. Aber als eines der ersten Warnsignale, dass das Ökosystem aus dem Gleichgewicht geraten ist, könnte ihr mysteriöses Verschwinden anderen Amphibienarten eine Überlebenschance geben – oder gar zu einem Happy End führen.

NOTFALL
Polizei (☎ 2645 5127; Santa Elena)

TOURISTENINFORMATION
Cámara de Empresarios Turisticos y Afines de Monteverde (CETAM; ☎ 2645 6565; www.monteverde.cr.com; Santa Elena; 8–20 Uhr) Das Büro vermittelt als lokale Handelskammer nur Hotels und Touristikunternehmen, die eine Mitgliedsgebühr bezahlen. Die Informationen sind also nicht objektiv.
Monteverde Treehouse Tourist Center (☎ 2645 7070; www.monteverdeinfo.com; 8–22 Uhr) seit Langem eine gute Online-Informationsquelle; befindet sich im Tree House Restaurant & Café (S. 208). Mittlerweile übernimmt das Personal auch Buchungen vor Ort.
Pensión Santa Elena (S. 201; www.pensionsantaelena.com) Ein besseres Angebot als die Touristeninformation. Auch Nichtgäste können das freundliche Personal befragen, und die Website ist recht umfassend.

Sehenswertes

Ökotourismus ist in Monteverde und Santa Elena ein dickes Geschäft. Es überrascht also kaum, dass in beiden Orten eine Reihe echter Öko-Attraktionen zu finden sind. Und wer unbedingt ein ganz bestimmtes Federvieh sehen will, findet hier reichlich Plätze, wo der Blick nicht durch Bäume verstellt wird.

Wie es bei Orten von solch atemberaubender Schönheit und reichlich Dienstleistungsjobs üblich ist, ziehen auch Monteverde und Santa Elena die Kunstszene an. Eine wachsende Zahl edler Kunstgalerien liegt verstreut im Nebelwald. Schwerpunkt hier sind Holzarbeiten, aber anders als in Sarchí sind die figurativen Skulpturen der hiesigen Künstler sehenswert. Künstler aus dem ganzen Land stellen hier aus.

EL JARDÍN DE LAS MARIPOSAS

Zu den interessantesten Unternehmungen gehört ein Besuch im **El Jardín de las Mariposas** (Schmetterlingsgarten; ☎ 2645 5512; Erw./Stud. 9/6 US$; 9.30–16.30 Uhr). Im Eintrittsgeld ist eine Führung durch einen Zoologen enthalten (auch auf Deutsch). Eier, Raupen, Puppen und geschlüpfte Schmetterlinge werden vorgestellt. Schließlich geht es weiter in die Treibhäuser, wo die Schmetterlinge gezüchtet werden, und in den abgeschirmten Garten, wo Hunderte von Schmetterlingsarten zu sehen sind. Der Rundgang dauert etwa eine Stunde. Anschließend kann jeder so lange er will im Gelände herumlaufen. In einem Vorführraum werden informative Videos auf Deutsch, Holländisch, Englisch, Spanisch oder Französisch gezeigt. Morgens, wenn die Schmetterlinge am aktivsten sind, ist die beste Besuchszeit. Die Falter fliegen zu ausgelegten Fruchtstücken und an Schälchen mit Zuckerlösung. Freiwillige können hier sogar mitarbeiten.

RANARIUM

Monteverdes Nebelwald bietet Amphibien, wie sie mit Glück im Park zu sehen sind, ein traumhaftes Ökotop. Glück ist im **Ranarium** („Froschteich"; ☎ 2645 6320; www.ranario.com; Erw./Stud. und Kinder 9/7 US\$; ☺ 9–20.30 Uhr) nicht notwendig, da in dem Gebäude etwa 30 Arten von Costa Ricas exotischen Fröschen und Kröten in den Terrarien entlang den gewundenen Dschungelpfaden leben. Bei informativen Touren auf Englisch und Spanisch weisen scharfsichtige Führer mit Taschenlampen auf Frösche, Eier und Kaulquappen. Zu sehen sind der wunderbar an sein Umfeld angepasste Rotaugenlaubfrosch *(Agalychnis callidryas)*, der Glasfrosch *(Hyalinobatrachium fleischmanni)* und verschiedene Pfeilgiftfrösche.

Manchmal imitiert ein Führer auch Froschrufe oder erzählt aus dem lokalen Folklore (Trinkgeld ist immer willkommen). Viele dieser Amphibien sind nachtaktiv, daher ist der Abend die beste Besuchszeit. Die Eintrittskarte gestattet einen weiteren kostenlosen Besuch am Abend.

SERPENTARIUM

Der Biologe Fernando Valverde hat in seinem **Serpentarium** (☎ 2645 6002; Erw./Stud./Kind 7/5/3 US\$; ☺ 8.30–20 Uhr) über 40 Schlangenarten gesammelt, samt zahlreichen Fröschen, Echsen, Schildkröten und anderen wechselwarmen Kriechtieren. Es ist manchmal schwierig, die kriechenden Stars der Show in ihren behaglichen, blättergefüllten Käfigen auszumachen. Aber es gibt Gratisführungen auf Spanisch oder Englisch. Toll ist die Giftschlangenabteilung, in der Besucher ihre erste Lanzenotter zu Gesicht bekommen – ihre Giftzähne schlagen wie eine Lanze zu.

FLEDERMAUSDSCHUNGEL

Im großartigen **Fledermausdschungel** (☎ 2645 6566; www.paseodestella.com; Erw./Kind 8/6 US\$; ☺ 9.30–20.30 Uhr) erfahren Besucher alles über Echoortung, die Aerodynamik von Fledermausflügeln und andere erstaunliche Fakten über die (unglaublich niedlichen) fliegenden Säugetiere. Ihre Rufe lassen sich mit *bat detectors* hörbar machen. Der Biologe Richard Laval hat den *Bat Jungle* aus Leidenschaft geschaffen, mit großartigen Anlagen wie einem Freiflughabitat, wunderschönen Skulpturen und zahlreichen zweisprachigen, lehrreichen Exponaten. Der Fledermausdschungel ist Teil des neuen Besucherzentrums Paseo de Stella, einem modernen Gebäude im Stil einer landestypischen Hacienda. Dort gibt es auch ein Café, das sich auf argentinische Schokolade spezialisiert hat, ein Museum zur Geschichte Monteverdes und eine Kunstgalerie. Die große Terrasse des Hauses eignet sich wunderbar für einen Kaffee und eine handgemachte Trüffelpraline.

MUNDO DE LOS INSECTOS

In der **Welt der Insekten** (☎ 2645 6859; klatindancer@hotmail.com; Erw./Stud. 8/6 US\$; ☺ 9–19 Uhr) gibt's weitaus mehr zu sehen als nur Schmetterlinge. Zur Sammlung von Krabbeltieren des Nebelwalds gehören auch hermaphroditische Stabschrecken und die berüchtigten giftigen Bananenspinnen. Außerdem leben hier in den Schaukästen auch Wasserschaben, Skorpione und Spinnen. Die Gliedertiere werden auf Touren in Spanisch und Englisch erklärt. Ein abendlicher Besuch ist besser, da die Insekten meist nachtaktiv sind. Allerdings sehen die Terrarien und Behälter derzeit etwas heruntergekommen aus und sind nicht unbedingt das Eintrittsgeld wert.

JARDÍN DE ORQUÍDEAS

Im süß duftenden **Orchideengarten** (☎ 2645 5510; www.monteverdeorchidgarden.com; Erw./Kind 5/3 US\$; ☺ 8–17 Uhr) führen schattige Wege an über 400 systematisch angeordneten Orchideenarten vorbei. Im Preis sind Führungen auf Spanisch und Englisch inbegriffen. Zu sehen sind auch Raritäten wie *Platystele jungermannioides*, die kleinste Orchidee der Welt, sowie weitere Exemplare, die vom Orchideenforschungsprojekt Monteverde als schützenswert eingestuft wurden. Wer daheim Orchideen züchten will, erfährt hier auch Tipps und Tricks zur biologischen Pflege.

DER NORDWESTEN

CAFÉ MONTEVERDE

Kaffeefreunde werden begeistert sein, im **Café Monteverde** (☎ 2645 5901; www.cafemonteverde.com; ☻ 7.30–18 Uhr) einen der besten Kaffees der Welt zu finden und sechs verschiedene Röstungen gratis probieren zu können. Obendrein gibt es auch dreistündige **Führungen** (www.monte verdecoffeetour.com; Erw./Stud. 30/25 US$) auf den Kaffee-Fincas (vorher reservieren), die für perfekte Bohnen ausschließlich mit Methoden des biologischen Anbaus arbeiten. Besucher dürfen beim Bohnenpflücken helfen und werden anschließend zum *beneficio* (Kaffeefabrik) gebracht, wo sie beim Waschen, Trocknen, Rösten und Verpacken der Kaffeebohnen zusehen können. Natürlich gibt es auch eine Kostprobe des fertigen Produkts und einen Snack. Ende April stehen die Kaffeeplantagen in Blüte, geerntet wird von Dezember bis Februar – und zwar alles per Hand. Wie die rubinrote Beere zum süffigen schwarzen Gebräu wird, kann jedoch das ganze Jahr über erlebt werden.

LA LECHERÍA (KÄSEFABRIK)

Bis zum Aufschwung des Ökotourismus war Monteverdes größter Arbeitgeber die **Käsefabrik** (☎ 2645 5522; Führungen Erw./Kind 8/6 US$; ☻ Mo–Sa 7.30–16, So 7.30–12.30 Uhr), die La Lechería (Molkerei). Eine Reservierung für die zweistündige Fabrikführung wird gewünscht. Gezeigt werden dabei althergebrachte Methoden zur Herstellung des Käses – sei es ein milder Gouda oder ein feiner, würziger Cheddar. Der Käse wird im ganzen Land verkauft, daneben aber auch andere Milchprodukte wie etwa Joghurt und, ganz wichtig, Eiscreme. Für die Süßen gibt es übrigens einen leckeren Kaffeemilchshake.

Eis wird hier und an einigen ausgesuchten Plätzen im Ort, wie z. B. Sabores (S. 207), verkauft. Der zugehörige kleine Fabrikladen verkauft auch Würste, hausgemachtes Müsli und andere Picknickleckereien. Durch das große Fenster können die Besucher werktags auch einen Blick auf die Käseherstellung (Fermentation, Abfüllen in Formen) werfen.

SELVATURA

Die Schöpfer von Ökospaß haben im **Selvatura** (☎ 2645 5929, 2645 5757; www.selvatura.com; Eintritt Kolibrigarten 5 US$, Hängebrücken 20 US$, Baumkronentour 40 US$, Ausstellung 10 US$; ☻ 7.30–16 Uhr) alle Register gezogen. Der riesige Ökokomplex, 150 m von der Reserva Santa Elena entfernt, bietet einen Schmetterlings- und Kolibrigarten, eine

Baumkronentour (S. 192) und mehrere Hängebrücken. Hauptattraktion ist jedoch die überwältigende Ausstellung **Juwelen des Regenwalds**. Sie zeigt den größten Teil der Entomologischen Sammlung Whitten, einer unglaublichen Kollektion der merkwürdigsten und erstaunlichsten Insekten. Die gesamte Ausstellung ist das Lebenswerk von Richard Whitten (unterstützt von seiner Frau Margaret) – eine Kombination aus Kunst, Videos und Musik. Wer nur für eine Sehenswürdigkeit in Monteverde Zeit hat, der sollte sich diese Sammlung anschauen. Auf der Website sind Pauschalarrangements zu erfahren.

FRIENDS MEETING HOUSE

Die ersten Quäker (oder korrekt: *Society of Friends*, „Gemeinschaft der Freunde") von Monteverde spielten bei der Erhaltung des Nebelwalds eine unmittelbare Rolle (S. 183). Auch heute sind sie in der Gemeinde noch äußerst aktiv, allerdings nicht durch irgendeine traditionelle Kleidung (wie bei so manchen anderen Gläubigen) erkennbar. Die Quäkerbewegung wurde in den 1650er-Jahren als Abspaltung von der anglikanischen Kirche gegründet, und zwar von George Fox, der mit Anfang 20 die Stimme Christi hörte und behauptete, dass eine unmittelbare Erfahrung mit Gott auch ohne Sakramente möglich sei. Heute bezeichnen die Quäker diesen Glauben als „Gott in jedem". Die Gemeinde führt auch heute noch in der Gegend um Monteverde ein friedliches Leben.

Wer mehr über die Quäker erfahren möchte: Gebetstreffen finden sonntags um 10.30 und mittwochs um neun Uhr im **Friends Meeting House** in Monteverde statt. Und wer bereit ist, sich für mindestens sechs Wochen zu verpflichten, kann an verschiedenen Freiwilligenprogrammen teilnehmen. Weitere Informationen gibt die **Monteverde Friends School** (www.mfschool.org).

Aktivitäten

Wanderschuhe, Insektenspray und ein Hut gehören unbedingt ins Reisegepäck: Es gibt hier zahlreiche Aktivitäten in freier Natur, einschließlich Abenteuer zu Pferde oder im Dschungeldach.

WANDERN

Die besten Wandermöglichkeiten bieten die Nebelwaldreservate an den beiden Enden der Hauptstraße, die Reserva Biológica Bosque

Nuboso Monteverde (S. 212) und die Reserva Bosque Nuboso Santa Elena (S. 215).

Wer sich unter Sammelaktionen zur Rettung des Regenwaldes nie so recht etwas vorstellen konnte, sollte wirklich einmal den **Bosque Eterno de los Niños** (Ewiger Wald der Kinder; ☎ 2645 5003; www.acmcr.org; Erw./Stud. Tageskarte 7/4 US$, geführte Nachtwanderung 15/10 US$; ◷ 7.30 bis 17.30 Uhr) besuchen und sich anschauen, was mit Hilfe der Spenden entstanden ist. Das riesige 22 000 ha große Reservat, das selbst die Schutzgebiete von Monteverde und Santa Elena in den Schatten stellt, ist weitgehend unzugänglich. Die an diesem Projekt beteiligten Kinder aus aller Welt haben beschlossen, dass es wichtiger ist, der einheimischen Tierwelt eine Heimat in den Primär- und Sekundärwäldern zu sichern (und Agrarland wieder dem Dschungel zu überlassen), als eine lukrative touristische Infrastruktur zu schaffen. Immerhin wurde ein großartiger Lehrpfad angelegt, der 3,5 km lange **Sendero Bajo del Tigre** (Jaguarschluchtweg). Er ist in ein System unerschlossener Pfade (die überwiegend für Forscher angelegt wurden), eingebunden und bietet mehr offene Sichtachsen als die Wege im Nebelwald. Vogelbeobachtung ist somit etwas einfacher. Der Grund ist, dass ein großer Teil des Waldes Mitte des 20. Jhs. gerodet wurde. Allerdings sind weite Teile seit der Erklärung zum Schutzgebiet wieder zugewachsen – ungewöhnlich für Costa Rica, denn was einmal gerodet ist, bleibt sonst auch gerodet. Die daraus entstandene Landschaft wird prämontaner Wald genannt. Besucher berichten auch, dass Tierbeobachtungen hier einfacher sind als in den Schutzgebieten von Monteverde oder Santa Elena, da hier weniger Besucher unterwegs sind.

Die beliebten Nachtwanderungen, die um 17.30 Uhr starten und zwei Stunden lang mit Taschenlampen (man muss die eigene mitbringen) durch eine Welt aus rot glühenden Augen führen, sollten im Voraus gebucht werden. Die biologische Forschungsstation San Gerardo am Ende des Weges bietet Schlafsäle für Forscher und Studenten. Nach vorheriger Absprache können aber auch andere Reisende dort übernachten. Die Verwaltung des Bosque Eterno de los Niños sucht übrigens immer freiwillige Helfer.

Das **Santuario Ecológico** (Ökologisches Schutzgebiet; ☎ 2645 5869; Eintritt Erw./Stud./Kind 9/7/5 US$, Nachtführung 15/12/10 US$; ◷ 7–17.30 Uhr) bietet Wanderungen unterschiedlicher Länge auf vier Rundwanderwegen (die längste dauert etwa 2½ Std. bei langsamer Gangart) durch Privatgelände. Sie führen durch prämontane und Sekundärwälder, Kaffee- und Bananenplantagen und zu einigen Wasserfällen und Aussichtspunkten. Häufig lassen sich Nasenbären, Agutis und Faultiere blicken, daneben Affen, Baumstachler und andere Tiere. Auch Vogelbeobachtung lohnt sich. Geführte Touren finden den ganzen Tag über statt. Auf den geführten Nachtwanderungen (Erw./Stud. 14/9 US$, 17.30–19.30 Uhr) sind jedoch noch mehr Tiere zu sehen.

Das 81 ha große private Schutzgebiet **Reserva Sendero Tranquilo** (Schutzgebiet „Stiller Pfad"; ☎ 2645 5010; Eintritt 20 US$; ◷ geführte Touren 7.30–13 Uhr) liegt zwischen der Reserva Biológica Bosque Nuboso Monteverde und dem Río Guacimal. Die Wege sind dort sehr schmal, um die Natur so wenig wie möglich zu stören. Zudem ist die Teilnehmerzahl auf sechs Personen beschränkt, sodass Tiere kaum durch plappernde Touristen verschreckt werden. Die Wege führen durch vier verschiedene Waldsysteme, einschließlich eines zuvor zerstörten Areals, das nun wieder neues Leben zeigt.

Der Wanderweg **Sendero Valle Escondido** („Verborgenes Tal"; ☎ 2645 6601; Tageskarte 5 US$, Nachtwanderungen Erw./Kind 15/10 US$; ◷ 7–16 Uhr) beginnt hinter der Pensión Monteverde Inn und windet sich gemächlich durch eine tiefe Schlucht in einem 11 ha großen Reservat. Im Vergleich zu den bekannteren Schutzgebieten ist das Valle Escondido tagsüber ruhig und relativ menschenleer, also gut zum Beobachten von Tieren geeignet. Die zweistündige Nachtwanderung (ab 17.30 Uhr) ist jedoch sehr beliebt und überlaufen, eine rechtzeitige Reservierung ist also anzuraten.

Frei ist die Wanderung auf den **Cerro Amigos** (1842 m) mit schönen Ausblicken auf den umliegenden Regenwald und an klaren Tagen zum 20 km nordöstlich aufragenden Volcán Arenal. Nahe der Bergspitze stehen die Sendetürme der Fernsehkanäle 7 und 13. Der Weg beginnt in Monteverde hinter dem Hotel Belmar (den Feldweg hügelabwärts und dann den nächsten links) und steigt dann ungefähr 300 m an (Länge 3 km). Der Weg hat keine Verbindung zu den Wegen der Reserva Monteverde, man muss also den gleichen Weg zurücklaufen.

Eine weitere beliebte (aber anstrengende) Wanderung führt zum **Catarata San Luis**, einem eindrucksvollen Wasserband, das aus den

KAMPF UM DAS BLÄTTERDACH   *CAROLINA A MIRANDA*

Es ist etwas faul in der Welt der Veranstalter von Baumkronen-Touren. Als die Konkurrenz unter den fast 100 Anbietern immer stärker wurde, beschloss Darren Hreniuk, der kanadische Gründer der „Original Canopy Tour", sein Konzept und den Begriff „Canopy Tour" in Costa Rica patentieren zu lassen. Nach Erhalt des Patents klagte er alle anderen Unternehmen des Plagiats an und verlangte, dass sie ihm entweder Lizenzgebühren zahlen oder den Laden ganz dichtmachen sollten.

Die Konkurrenten ignorierten das Patent und Hreniuks Forderungen mit der Begründung, dass die Methode, an Kabeln und Flaschenzügen durch die Regenwaldbäume zu rauschen, nicht neu sei. (Es gibt im Nationalmuseum in San José tatsächlich ein Gemälde von 1858, das Leute abbildet, die sich mittels eines zwischen Bäumen befestigten Seils fortbewegen.) Hreniuk ist naturgemäß anderer Meinung. „Ich bin der Erfinder der Canopy Tour", sagte er der *Tico Times* im August 2003. „Ob es den Leuten passt oder nicht, ist unerheblich."

Das Patentamt unterstützte Hreniuks Anspruch mit einer Unterlassungserklärung, die die Einstellung aller anderen Touren verlangte. Mit diesem Geschütz besuchte Hreniuk im April und Dezember 2003 über ein Dutzend Standorte und forderte deren Schließung. 2005 hat die Regierung dieses Patent dann aber annulliert. Hreniuk hat vielleicht noch nicht ganz kapituliert, aber er hat mittlerweile ein doppeltes Seil entwickelt, das angeblich sicherer sein soll – die Anmeldung als Patent ist gerade im Gange.

Hreniuks juristische Schritte kamen vor Ort nicht gut an. Viele Ticos betrachteten sein Patent und dessen Durchsetzung als Versuch, ein ausländisches Monopol auf ein Freizeitvergnügen durchzusetzen, das von über einem Viertel aller Urlauber in Costa Rica mindestens einmal ausgeübt wird. Diese Art von juristischem Gezänk verdirbt in den Augen des Verlags jeglichen Spaß am Reisen. Man kann also nur hoffen, dass die Person, die Wildwasserfahrten „erfunden" hat, nicht noch auf die gleiche absurde Idee kommt.

Vom Patentstreit einmal abgesehen, hat sich inzwischen herauskristallisiert, dass Baumwipfeltouren die Umwelt, sprich den Regenwald, viel stärker belasten als zunächst angenommen. Die technische Anlage kann zu einer verstärkten Bodenerosion und Vegetationszerstörung beitragen und auch die Baumstämme schädigen – die Schäden variieren natürlich von Anbieter zu Anbieter ganz erheblich. Und unzweifelhaft ist das Gekreische der Gringos, die durch das Blätterdach des Regenwalds sausen, für die Tierwelt alles andere als zuträglich.

Trotz dieser Bedenken wird wohl jeder auf seiner Costa-Rica-Reise irgendwann der Versuchung nachgeben und den schnellen Adrenalinschuss buchen. Wichtig ist dabei, sich über die Umweltbelastung einer bestimmten Anlage zu informieren, bevor man Geld ausgibt – und sich dann zu freuen, dass Costa Rica ein gutes Patentgesetz hat.

Nebelwäldern in mehrere Becken strömt – perfekt für eine Picknickpause. Vom Parkplatz bis zum Wasserfall sind es zwar nur ein paar Kilometer, aber es geht steil bergab, und das felsige, schlammige Gelände kann sehr rutschig sein. Leser haben berichtet, dass auch Familien mit Kindern keine Probleme mit der Strecke hatten. Aber es ist wichtig, langsam zu gehen und umzukehren, wenn es zu schwierig wird. Die Mühe lohnt sich jedoch: Der Wasserfall und seine Umgebung bieten ein bleibendes Erlebnis.

Nur mit einem Vierradantrieb sind der kleine Fluss und die schlammige Piste zu befahren. Parken kann man auf privatem Farmgelände (6 US$ pro Auto) am Ende des Weges. Mehrere Reitställe bieten Exkursionen zum Wasserfall an (50 US$ pro Pers.), aber Teile des Weges sind jetzt asphaltiert, was nicht gerade gelenkschonend für die Pferde ist. Ein Taxi von der Stadt zum Wasserfall kostet 12 US$.

BAUMKRONENTOUREN

Mancher mag sich fragen, woher eigentlich all die Begeisterung für Baumkronentouren stammt. Ganz einfach: In Santa Elena gab es die ersten Baumgleitseile Costa Ricas. Heute werden sie in ihrer Dramatik von den über 100 Nachahmern übertroffen, von denen einige in diesem Ort zu finden sind. Zwar sind Quetzals oder Nasenbären nicht zu sehen, während man über das Blätterdach rauscht – aber es ist die schönste Art, das Urlaubsbudget zu verpulvern.

Vor dem Anschnallen der Gurte und Einhaken ans Seil sollte sorgfältig überlegt werden, welcher Anbieter das schwer verdiente Geld erhält – was schwieriger sein kann als gedacht. Wie überall in Costa Rica, so wird auch in Monteverde auf Kommissionsbasis gearbeitet. Manche Vorschläge sind daher mit Vorsicht zu genießen. Stattdessen sollte jeder auf der Tour bestehen, die er wünscht. Einige Basisinfos zu den vier größten Anbietern finden sich auf S. 192. Umfassende Informationen geben die freundlichen und unvoreingenommenen Angestellten der Pensión Santa Elena (s. S. 201).

REITEN

Bis vor nicht allzu langer Zeit war die Region am einfachsten per Pferd zu bereisen. Angesichts der Straßen oder besser Pisten stimmt das wohl noch immer. Mehrere Veranstalter bieten die Möglichkeit, diese Theorie auf geführten Ausritten (2 Std. bis 5 Tage) zu überprüfen. Kürzere Ausflüge kosten meist um die 15 US$ pro Stunde. Trecks mit Übernachtung, einschließlich Essen und Unterkunft, kommen auf 150 bis 200 US$.

Einige Anbieter organisieren Ausritte bis nach La Fortuna – eine verlockende Alternative, aber mit etlichen Vorbehalten (60 bis 100 US$; s. Kasten S. 210), z. B. Angeboten nur für die Trockenzeit. Manche dieser Anbieter sind zwar preiswerter, dem entspricht dann allerdings auch die Gegenleistung für die Reiter (oder eher für die Pferde).

Caballeriza El Rodeo (☎ 2645 5764, 2645 6306; elrodeo@racsa.co.cr) Unternimmt Ausritte auf Privatwegen, aber auch Ausflüge zum Wasserfall San Luis und einen Ritt in den Sonnenuntergang zu einem Platz mit tollem Blick auf den Golfo de Nicoya.

Desafío Adventure Company (☎ 2645 5874; www.monteverdetours.com) Bietet Ausritte in die Umgebung für Gruppen und Einzelpersonen, Tagesausflüge zum Wasserfall San Luis (6 Std., pro Pers. inkl. Eintritt 60 US$) und mehrtägige Reitausflüge. Der bewährte Anbieter organisiert auch, meist auf dem Lake Trail, Ausritte nach La Fortuna für 75 US$, sowie Wildwasser-Raftingtouren auf dem Río Toro, Río Sarapiquí und anderen Flüssen. Und er hilft zudem bei den Verkehrsmitteln und Hotelreservierungen.

Meg's Riding Stables (☎ 2645 5560, 2645 5052) Im Angebot sind hier Ausritte auf Privatwegen der Umgebung und zum Wasserfall San Luis. Es gibt auch Sättel in Kindergrößen und sanftmütige Pferde. Die Pferde werden in dem ältesten Reitstall Monteverdes gut gepflegt.

Mirador Lodge (S. 203; ☎ 2645 5354; Ritt von Monteverde nach Arenal 70 US$) Die Familie Quesada bietet hier in dieser einsamen Nebelwaldunterkunft Reitausflüge sowie Ausritte nach Arenal an. Wenn Wetter und Wegezu-

stand nicht mitspielen, organisiert sie als Alternative einen Transfer per Taxi–Boot–Taxi.

Sabine's Smiling Horses (☎ 2645 6894, 8385 2424; www.horseback-riding-tour.com) Sabine spricht Englisch, Französisch, Spanisch und Deutsch und bietet verschiedene Ausritte an, z. B. Tagesausflüge für 15 US$ pro Stunde oder Spezialausflüge wie einen Vollmondritt (3 Std., pro Pers. 50 US$). Auch mehrtägige Ausflüge sind im Angebot, und erfahrene Reiter dürfen auch, wenn das Wetter mitspielt, mit Sabine über den Castillo Trail reiten. Der Reitstall wird von Lesern seit Jahren wärmstens empfohlen.

GONDELBAHNEN & HÄNGEBRÜCKEN

Zu ängstlich, um an einem Stahlseil durchs Blätterdach zu schwirren? Keine Sorge, die Erfinder von Ökofun haben eine Alternative – Gondeln und Hängebrücken, die sichere und etwas preiswertere Art, das Regenwalddach zu erkunden.

Aerial Adventures & Natural Wonders Tram (☎ 2645 5960; naturalwonders@racsa.co.cr; Gondel Erw./Kind 15/8 US$, Fußweg 7 US$, Gondel & Fußweg 20 US$) Im Prinzip ein Skilift mit elektrisch angetriebenen Sesseln, die in 12 m Höhe an Schienen zwischen zwei Türmen aufgehängt sind. Die 1,5 km lange Fahrt dauert eine Stunde, die Passagiere können die Sessel jederzeit anhalten. Golfwagen (30 US$) für bis zu drei Leute bieten sich für eine anschließende Spritztour auf den Waldwegen an. Sie sind ideal für Menschen mit eingeschränkter Mobilität, die trotzdem die Wälder erkunden wollen.

Selvatura, SkyWalk (gehört zu SkyTrek) und Aventura bieten ein Netz von Hängebrücken, auf denen jeder beim Herumlaufen seinen Traum von Indiana Jones ausleben kann (s. S. 192). Es gibt feine Unterschiede zwischen den Brücken der verschiedenen Anbieter (manche sind breit, andere schmal, einige federnd, andere hängen schlapp durch). Egal für wen man sich entscheidet: Der Blick über das Blätterdach ist immer wieder beeindruckend. Erwachsene zahlen um die 20 US$, Studenten 15 US$. Der Ursprungsgedanke bei den Baumkronenausflügen war übrigens: Vom schattigen Boden aus und mit Kopf im Nacken ist wenig zu sehen, das meiste Leben spielt sich im Sonnenlicht der Wipfel ab.

Festivals & Events

Das **Musikfestival Monteverde** findet jährlich zu unterschiedlichen Zeiten zwischen Ende Januar und Anfang April statt. Es hat sich einen verdientermaßen guten Ruf als eines der Topmusikfestivals Mittelamerikas erwor-

DER NORDWESTEN

ben. Überwiegend wird Klassik, Jazz und Latin geboten, gelegentlich spielen auch experimentelle Gruppen. Die Konzerte finden von Donnerstag bis Samstag in verschiedenen Lokalitäten und im Monteverde Institute statt, das auch der Sponsor ist (s. unten). Einige sind frei, aber die meisten kosten 5 bis 15 US$ Eintritt. Der Erlös geht an örtliche Schulen für den Musik- und Kunstunterricht.

Das Festival **Sol y Música** findet mit wöchentlichen Aufführungen zwischen Februar und April im Amphitheater seines Sponsors Bromelias Books (S. 209) statt. Sie veranstalten auch im Juli und August das Festival **Gotas y Notas,** um in der Regenzeit für Stimmung zu sorgen. Vor Ort sind weitere Veranstaltungen zu jeder Jahreszeit zu erfahren.

Kurse

Centro Panamericano de Idiomas (CPI; ☎ 2265 6306; www.cpi-edu.com; Unterricht mit/ohne Privatunterkunft 465/315 US$; 🕑 8–17 Uhr) Schwerpunkt ist der Spanischunterricht, mit einigen Kursen speziell für Teenager, Mediziner und Sozialarbeiter. Das Zentrum führt auch Schulen in Heredia und Playa Flamingo. Ein Standortwechsel ist immer möglich.

Monteverde Institute (☎ 2645 5053; www.mvinstitute.org) Die gemeinnützige Bildungseinrichtung bietet seit 1986 interdisziplinäre Kurse an, u. a. in Tropenbiologie, Naturschutz, nachhaltiger Entwicklung und Spanisch. Gelegentlich sind die Kurse auch öffentlich, ebenso Freiwilligenarbeit im Bildungsbereich und in der Wiederaufforstung – siehe Website. Intensivkurse in Spanisch über einen Monat kosten 790 US$, in kürzeren Kursen (800–1800 US$, 2 Wochen) wird für Sekundarstufenschüler und Studenten Naturschutz und Bodennutzung in der Region Monteverde unterrichtet. Längere Kurse (4000 US$, 10 Wochen) sind von der Universität anerkannte Seminare für Studenten und konzentrieren sich auf Ökologie in tropischen Gemeinden.

Monteverde Studios of the Arts (☎ 2645 5053) Gehört zum Monteverde Institute und bietet verschiedene Kurse und Workshops von Holzarbeiten bis zur Papierherstellung, die manchmal auch Besuchern offenstehen. Besonderer Schwerpunkt ist die Töpferei.

Geführte Touren

Aventura (☎ 2645 6388; www.monteverdeadventure.com; Erw./Stud. 40/30 US$; 🕑 7–16 Uhr) Aventura hat 16 Plattformen, mit einer Tarzanschaukel und einer 15 m langen Seilrutsche aufgepeppt. Das Gelände liegt 3 km nördlich von Santa Elena, an der Straße in Richtung Schutzgebiet. Der Transport vom Hotel ist im Preis inbegriffen.

Extremo Canopy (☎ 2645 6058; www.monteverdeextremo.com; Erw./Stud./Kind 37/27/25 US$; 🕑 8–16 Uhr) Das jüngste Unternehmen in der hiesigen Blätterdachszene unternimmt Touren mit kleinen Gruppen und lässt zusätzliche Attraktionen außen vor. Schließlich geht es nur darum, die Seile entlangzusausen.

Original Canopy Tour (☎ 2645 6950; www.canopytour.com; Erw./Stud./Kind 45/35/25 US$; 🕑 7.30–16 Uhr) Auf diesem Gelände der Cloud Forest Lodge finden sich die berühmten Seilrutschen, die den Trend zum Abenteuertourismus mit fragwürdigem ökologischem Nutzen begründeten (s. Kasten S. 190). Die Anlage ist nicht so ausgeklügelt wie die anderen, doch mit 14 Plattformen, einer Seilrutsche mitten durch einen alten Feigenbaum und 5 km langen, schönen privaten Wanderwegen hat sie einen historischen Charme, der spannender ist als die meisten Museen.

Selvatura (☎ 2645 5929; www.selvatura.com; Erw./Kind 40/30 US$; 🕑 7.30–16 Uhr) Selvatura ist mit 3 km Kabel, 18 Plattformen und einer Tarzanschaukel durch den Urwald eines der größeren Unternehmen vor Ort. Das Büro befindet sich in Santa Elena, gegenüber der Kirche.

SkyTrek (☎ 2645 5796; www.skywalk.co.cr; Erw./Stud. 44/37 US$; 🕑 7.30–17 Uhr) Wer den Blätterdachtouren das „Öko" ohnehin nicht abnimmt, ist hier genau richtig. Die wirklich rasante Tour besteht aus elf Plattformen an Stahltürmen entlang einer Straße. Schnell heißt hier tatsächlich schnell, weshalb SkyTrek wohl auch der einzige Anbieter ist, der ein richtiges Bremssystem eingebaut hat.

Schlafen

Über Weihnachten und Ostern sind viele Hotels Wochen im Voraus ausgebucht. In der Hauptsaison von Januar bis April (und im Juli) sind Reservierungen empfehlenswert. Es gibt aber immer irgendeine Unterkunft. Monteverde kann in der Nacht recht kühl werden, ein Ventilator ist daher überflüssig. Nicht aber warme Decken!

Die angegebenen Preise gelten für die Hochsaison. In der Nebensaison können sie bis zu 30–40 % niedriger liegen.

BUDGETUNTERKÜNFTE

Die Konkurrenz drückt die Preise, und so bieten auch preiswerte Zimmer meist warme Duschen.

Pensión Sinai (☎ 2645 6252; lucreciajc@yahoo.com; Zi. pro Pers. mit/ohne Bad 10/6 US$; Ⓟ 💻) Die gefliesten Zimmer in der gemütlichen Familienpension sind blitzblank. Leser schwärmen vom freundlichen Personal und dem Verbundenheitsgefühl. Es gibt Warmwasserduschen und eine Gemeinschaftsküche.

Cabinas Mar Inn (☎ 2645 5279; cabmarin@racsa.co.cr; DZ inkl. Frühstück mit/ohne Bad 12/10 US$; Ⓟ) In der großartigen Pension, etwa 50 m oberhalb der

(Fortsetzung auf S. 201)

Costa Ricas Tierwelt

Ein extravaganter Rotaugenfrosch präsentiert sich in voller Farbenpracht

Ein Morphofalter mit irisierend blauen Flügeln

TOM BOYDEN

Costa Ricas Tierwelt zählt zu den vielfältigsten auf unserem Planeten. Ob prachtvolle, farbenfrohe Vögel, schillernde Schmetterlinge oder seltene Säugetiere, die sich nur hin und wieder blicken lassen – es ist ein Land voller zauberhafter Überraschungen.

Die folgende Übersicht präsentiert daher verständlicherweise nur einen Bruchteil der in Costa Rica verbreiteten Arten. Tierfreunde sollten sich daher einen der zahlreichen hervorragenden Naturführer (s. Kapitel „Natur und Umwelt", S. 64) mitbringen und nach Möglichkeit einen einheimischen Führer anheuern.

INSEKTEN

In Costa Rica haben Forscher über 35 000 verschiedene Insektenarten bestimmt, Tausende andere sind noch nicht einmal entdeckt und dürften vielleicht für immer im Verborgenen bleiben. Es gibt derart viele Tag- und Nachtfalter sowie Kleinschmetterlinge, dass man davon ausgehen kann, dass hier 10 % der weltweit vorkommenden Schuppenflüglerarten leben. Allein im Parque Nacional Santa Rosa (S. 233) wurden 3000 Arten registriert.

Eine Lanzenotter liegt auf der Lauer

JOHNNY HAGLUND

Der Morphofalter mit seinen stahlblauen, weithin aufleuchtenden Deckflügeln flattert und gleitet träge entlang tropischer Flüsse und über Waldlichtungen in ganz Costa Rica. Wenn er landet, schließen sich die Flügel und nur das gesprenkelte Braun der unteren Flügel wird sichtbar.

AMPHIBIEN

Zu den 160 Amphibienarten gehören unter anderem die kleinen, bunten Pfeilgiftfrösche aus der Familie der Dendrobatidae. Einige Frösche sind leuchtend rot mit schwarzen Beinen, andere leuchtend grün mit einer schwarzen Zeichnung. Mehrere Arten haben Hautdrüsen, die giftige Substanzen ausscheiden, die für viele Tiere (und für Menschen) lähmend oder tödlich wirken. Die weit verbreiteten neotropischen Frösche dienten den Indianern als Giftlieferanten für ihre Jagdpfeilspitzen.

REPTILIEN

Mehr als die Hälfte der über 220 Reptilienarten Costa Ricas sind Schlangen. Allerdings bekommt man sie sehr selten einmal zu Gesicht. Auf jeden Fall gilt: Achtung und Augen auf bei der Fer-de-Lance (Lanzenotter, *Bothrops atrox*) und dem Buschmeister (Grubenotter, *Lachesis muta*) – beides sind gefürchtete, weil tödlich giftige Schlangenarten. Sie haben breite, dreieckige Köpfe und kommen häufig in Niederungen vor. Die Fer-de-Lance, deren Farbe von olivgrün über braun bis schwarz changieren kann, hat X-Muster und Dreiecke auf ihrem Rücken. Der Buschmeister ist an der meist gelbbraunen Haut mit dunklen diamantförmigen Flecken zu erkennen.

Zu den häufigsten Echsen des Landes gehört die Zentralamerikanische Ameive (Peitschenschwanz-Ameive, *Ameiva festiva)*, die einen feinen weißen Streifen auf dem Rücken hat. Fast genauso oft sieht man den leuchtend grünen Stirnlappenbasilisk (Federbuschbasilisk, *Basiliscus plumifrons)*. Die Eidechse hat einen hellen Kamm, der vom Kopf über den Körper bis zum Schwanz verläuft. Das fast 1 m lange Tier ähnelt deswegen kleinen Dinosauriern und wird häufig an Wasserläufen im Tiefland gesehen. Einen ähnlichen Lebensraum bewohnt der stämmige Grüne Leguan *(Iguana iguana)*, der 2 m lang werden kann und oft auf Bäumen über dem Wasser zu sehen ist.

VÖGEL

Der Reichtum und die Varianz der Vogelwelt ist für viele einer der Hauptgründe, nach Costa Rica zu reisen. In diesem vergleichsweise kleinen Land leben mehr Vogelarten (um die 850) als in so großen Regionen wie Europa, Nordamerika oder Australien. Allein die

Der stolze Stirnlappenbasilisk posiert in prähistorischer Gestalt

MARK NEWMAN

Wirkt meine Nase etwa zu groß? Der Swainsontukan im Profil

TOM BOYDEN

schiere Anzahl und Vielfalt ist überwältigend. Wer einmal durch ein intaktes Stück Regenwald gewandert ist, wird den beeindruckenden Lärm der unzähligen Vögel, die alle auf einmal rufen und singen, niemals vergessen.

Neben den verschiedenen Waldvögeln haben auch eindrucksvolle Seevögel in Costa Rica eine Heimat gefunden, darunter der Prachtfregattvogel. Der auffällige, schwarze Vogel mit seinem aufblasbaren, roten Kehlsack ist groß, elegant und schlank. Seinen „Lebensunterhalt" erarbeitet er sich durch akrobatische Luftpiraterie: Er zwingt kleinere Vögel dazu, ihre Beute fallen zu lassen, und schießt dann hinab, um das gestohlene Futter in der Luft aufzufangen. Fregattvögel leben an beiden Küsten, sind aber am Pazifik stärker verbreitet.

Zu den größeren Reiherarten zählt der Kahnschnabel, ein stämmiger, überwiegend grauer Vogel mit schwarzer Haube und Brust und einem auffallend großen, breiten Schnabel. In Küstenregionen kommt der Krabbenreiher recht häufig vor. Er hat einen unverwechselbaren, schwarz-weißen Kopf mit gelber Haube und ist überwiegend tagaktiv.

Einen sehr anschaulichen Namen trägt der Rosalöffler, der überwiegend in der Region um Palo Verde (S. 222) und des Caño Negro (S. 554) auf taucht. Er hat einen weißen Kopf und einen charakteristischen löffelförmigen Schnabel. Sein Futter findet er mit Hilfe seines Tast- bzw. Berührungssinnes: Er schwingt seinen geöffneten Schnabel unter Wasser hin und her, während er den Boden mit den Krallen aufwühlt. Sobald er dabei Futter ertastet, schnappt er mit dem Schnabel zu.

Der bei den meisten Besuchern beliebteste Wasservogel ist das Gelbstirn-Blatthühnchen. Es hat extrem lange, dünne Krallen, mit denen es auf den Blättern von Wasserpflanzen laufen kann; deshalb wird es auch „Seerosenblattläufer" genannt. Der Vogel lebt überwiegend an Seen und Wasserläufen des Tieflandes. Auf den ersten Blick wirkt er mit seinem braunen Körper, dem schwarzen Kopf, gelben Schnabel und der ebenso gelben Stirnseite recht unscheinbar. Doch wenn er aufgestört wird, breitet er seine Flügel aus und enthüllt überraschend gelbe Flugfedern.

Unter den 16 bekannten Papageienarten in Costa Rica ist wohl keine so spektakulär wie der Hellrote Ara, auch Arakanga genannt. Dank seiner Größe (84 cm lang), mit dem leuchtend roten Körper, den blauen und gelben Flügeln, dem langen, roten Schwanz und weißen Gesicht ist er unverwechselbar. Aras fliegen paarweise oder in kleinen Schwärmen und kreischen sich dabei heiser an. Noch um 1900 waren sie weit verbreitet, doch infolge der Abholzung und der Wilderei für den Zoohandel sind sie heute außerhalb der Nationalparks Carara (S. 350) und Corcovado (S. 460) nur noch selten zu sehen.

Mehr als 50 Kolibriarten sind in Costa Rica heimisch – ihre zarte Schönheit wird lediglich von ihren extravaganten Namen übertroffen. Der größte ist der Purpurdegenflügel mit seinem auffallend violetten Kopf und Körper und den dunkelgrünen Flügeln. Er lebt in mittleren Höhenlagen. Über 20 Arten sind bereits an einheimischen Futterstellen gesichtet worden, darunter die Purpurkehlnymphe und die Kronennymphe.

Unter den zehn Trogonarten in Costa Rica ist der weit verbreitete Quetzal (sprich: ket-*sal; Pharomachrus mocinno*) sicher der berühmteste und kulturell wichtigste Vogel

Ein prächtiger Quetzal schüttelt seine Schwanzfeder   TOM BOYDEN

Mittelamerikas. Bei den Azteken und den Maya genoss er eine große zeremonielle Bedeutung, noch heute ist er der Nationalvogel und das Symbol Guatemalas. Der Vogel lässt sich nur schwer in Gefangenschaft halten, da er dann schnell stirbt – vielleicht ist er deshalb in Mittelamerika in der Kolonialzeit zum Symbol der Freiheit geworden. Die männlichen Exemplare machen ihrem Namen (er bedeutet u. a. „kostbares Grün") mit dem strahlend grünen Federkleid und dem scharlachroten Bauch sowie dem weißen Schwanzgefieder alle Ehre. Die leuchtend grünen Deckfedern des Schwanzes ragen bis zu 60 cm über den Vogelkörper hinaus. Die Kopffedern stehen wie bei einem stacheligen grünen Helm nach oben ab, dazwischen lugt der gelbe Schnabel fast schüchtern hervor.

Der Vogel lebt meist in bewaldeten oder teilweise bewaldeten Gebieten zwischen 1300 und 3000 m Höhe. Einheimische wissen oft ziemlich genau, wo man den Quetzal sichten kann, sehr vielversprechend sind die Reserva Biológica Bosque Nuboso Monteverde (S. 212) und der (nach dem Vogel benannte) Parque Nacional Los Quetzales (S. 403). In der Nistzeit (März–Juni) sieht man die Vögel oft in niedrigeren Höhen wie in Monteverde; zwischen November und April eher in höheren Lagen. Zu anderen Jahreszeiten sind sie weniger aktiv und sehr scheu – wie übrigens alle Trogone.

Tukane sind klassische Regenwaldvögel, sechs Arten leben in den Tiefland-Regenwäldern Costa Ricas. Mit ihren riesigen Schnäbeln und recht auffallenden Federkleidern sind einige Arten wie der Swainsontukan (*Ramphastos swainsonii*) und der Fischertukan (*Ramphastos*

Ein Rosalöffler spreizt seine Schwingen   LUKE HUNTER   Eine aufmerksame Blautangare   RALPH HOPKINS

sulfuratus) unübersehbar. Der Swainsontukan ist vor allem schwarz, hat aber ein gelbes Gesicht und eine gelbe Brust und rote Federn unter dem Schwanz; sein Schnabel ist zweifarbig: oben gelb und unten kastanienbraun. Der Fischertukan zeigt ein ähnliches Federkleid, aber der Schnabel ist hier noch bunter. Auch kleinere Vogelarten wie der Halsbandarassari (*Pteroglossus torquatus*) sind auffallend gefärbt.

Etwa die Hälfte aller Vogelarten Costa Ricas sind Sperlingsvögel, eine weit verbreitete Ordnung der Vögel, zu der Grasmücken, Spatzen, Finken und viele andere Familien gehören. Die systematischen Gruppen der Tangaren und Schmuckvögel leben jedoch fast ausschließlich in den Tropen. Die Blautangaren kommen in Costa Rica häufig vor. Sie leben in offenen Feuchtgebieten in bis zu 2300 m Höhe. Die männliche Passerinistangare ist tiefschwarz, während ihr Bürzel und unterer Rückenteil scharlachrot gefärbt sind – eine auffällige, unverwechselbare Kombination.

Auch der männliche Rotkopfbartvogel ist mit seinem Kopf und seiner Brust in leuchtendem Rot, mit dem gelben Schnabel, grünen Rücken und gelben Bauch ein wahres Prachtexemplar. Er lebt in Bäumen in mittlerer Höhenlage. Der Weißstirntrappist ist ein aufrecht hockender, schwarzer Vogel des karibischen Tieflands. Er ist leicht an seinem roten, von weißen Federn umrahmten Schnabel zu erkennen.

Schmuckvögel sehen noch aufsehenerregender aus. Zwei Arten sind rein weiß, zwei strahlend blau. Einer der merkwürdigsten Schmuckvögel ist der Hämmerling. Er ist wegen seines durchdringenden, metallischen *dong!* und seiner unheimlichen Pfeiftöne (vom seltsamen Aussehen des Männchens einmal abgesehen) ein Highlight für Besucher im Schutzgebiet Monteverde (S. 212).

MEERESSÄUGER

> „Die gewaltige Lederschildkröte ist mit ihren 360 kg und einem bis zu 1,6 m langen Panzer ein atemberaubendes Geschöpf."

Von jeher sind Costa Ricas riesige Meeresschildkröten berühmt, für die eigens der Tortuguero und andere Nationalparks an der Küste eingerichtet wurden. Die gewaltige Lederschildkröte ist mir ihren 360 kg und einem bis zu 1,6 m langen Panzer ein atemberaubendes Geschöpf. Die kleinere Bastardschildkröte ist weithin berühmt für ihr erstaunliches, synchrones Eiablageverhalten, wenn Zehntausende Weibchen in derselben Nacht aus dem Meer krabbeln. Alle Meeresschildkröten sind vom Aussterben bedroht. Die Bemühungen um ihren Erhalt gehören zu den wichtigsten Artenschutzprojekten in Costa Rica.

In einigen Flüssen, Mündungsarmen und Küstengebieten (vor allem rund um den Parque Nacional Tortuguero, S. 499) sind manchmal die gefährdeten Karibik-Manatis zu sehen, eine riesige Seekuhart (bis zu 4 m lang und 600 kg schwer, meist aber kleiner), die sich von Wasserpflanzen ernährt. In Costa Rica gibt es keine Robben oder Seelöwen, ein Manati ist daher also leicht und unzweifelhaft zu erkennen.

Die Meeresökosysteme Costa Ricas gehören zu den biologisch vielfältigsten der Welt, mit einer ebenso erstaunlichen Vielfalt an Meeressäugern. Wale beider Hemisphäre zieht es hierher. Der Auftrieb des Tiefenwassers ist das ganze Jahr über konstant – dadurch sind die Gewässer extrem nährstoffreich, zugleich herrschen zu jeder Jahreszeit klare Sichtverhältnisse. Buckelwale sind fast jeden Monat zu sehen; Delphine, Tümmler und Atlantische Fleckendelfine leben hier das ganze Jahr über. Es ist gut möglich, dass sich über ein Dutzend weiterer Delfin- und Walarten blicken lassen, darunter Orcas, Blauwale, Pottwale und meh-

Ein Weißschulterkapuzineraffe wagt sich vorsichtig aus dem Unterholz

ALFREDO MAIQUEZ

rere Arten von relativ unbekannten Schnabelwalen. All diese Tiere lassen sich am besten auf entsprechenden Bootstouren an beiden Küsten beobachten.

LANDSÄUGETIERE

In den Neotropen leben fünf Faultierarten, in Costa Rica sind zwei weit verbreitet: das (braunkehlige) Dreifingerfaultier und das Hoffmann-Zweifingerfaultier. Das tagaktive Dreifingerfaultier ist häufig zu sehen, das nachtaktive Zweifingerfaultier hingegen seltener. Beide sind 50 bis 75 cm lang und haben Stummelschwänze. Faultiere hängen bewegungslos an Ästen oder hangeln sich, mit dem Kopf nach unten, stets extrem langsam am Ast entlang zu den Blättern, ihrer Hauptnahrung.

Ameisenbären haben keine Zähne und schlürfen mit ihrer langen, klebrigen Zunge Ameisen und Termiten auf. In Costa Rica leben drei Arten, darunter der Große Ameisenbär, der fast 2 m lang werden kann und dessen Zunge erstaunliche 60 cm lang ist und bis zu 120-mal pro Minute herausschnellt.

Zwei Gürteltierarten sind in Costa Rica heimisch, die bekannteste ist das Neunbinden-Gürteltier. Trotz seines Namens kann es sieben bis zehn Bänder in seiner Rückenpanzerung haben. Diese Tiere werden bis zu einem Meter lang, wobei jedoch bereits der Schwanz ein Drittel der Körperlänge ausmacht. Die überwiegend nachtaktiven Tiere ernähren sich von Insekten, Obst, Pilzen und Aas.

In Costa Rica leben außerdem vier Affenarten, die an manchen Orten sogar alle zugleich zu sehen sind. Der mittelamerikanische Klammeraffe lebt in den Wäldern ganz Costa Ricas in den Bäumen und verdankt seinen Namen seinen langen, dünnen Beinen, Armen und dem Schwanz, die ihm ermöglichen, sich perfekt an Äste „anzuklammern". Klammeraffen schwingen sich geschickt durch das Blätterdach und nutzen dazu sogar ihren langen Greifschwanz, an dem sie sich auch herabhängen lassen können, während sie mit ihren langen Gliedern Früchte pflücken. Sie betreten nur selten den Boden und sind auf große Gebiete zusammenhängender Wälder als Lebensraum angewiesen. Durch Abholzung, Jagd und andere Beeinträchtigungen sind sie vom Aussterben bedroht.

Die lauten Rufe eines männlichen Mantelbrüllaffen *(Alouatta palliata)* kann man selbst im dichten Regenwald noch 1 km weit hören. Der oft als grunzend, brüllend oder heulend beschriebene Laut ist sicher die eindrucksvollste und typischste Tierstimme im tropischen Regenwald.

Der kleine und sehr neugierige Weißgesicht-Kapuzineraffe *(Cebus capucinus)* lässt sich in der freien Wildbahn am einfachsten beobachten. Sein Greifschwanz ist typischerweise an der Spitze geringelt. Kapuzineraffen suchen gelegentlich am Boden nach Nahrung und gehen dabei immer sehr systematisch vor – in faszinierender Anblick.

Weißrüssel-Nasenbär

LUKE HUNTER

Das kleinere Mittelamerikanische Totenkopfäffchen *(Saimiri oerstedii)* überlebt nur in entlegenen Gebieten im südpazifischen Küstenregenwald, wie etwa in den Nationalparks Manuel Antonio (S. 383) und Corcovado (S. 460). Der Traum eines jeden Tier- und Naturfans ist sicher die Beobachtung eines Jaguars *(Panthera onca)* in freier Wildbahn. Allerdings sind diese großen Wildkatzen sehr selten und gut getarnt, sodass die Chancen dafür eher gering stehen. Jaguare durchstreifen große Gebiete, ihre Tatzenspuren und sonstigen Hinterlassenschaften sieht man manchmal in den Tieflandparks mit weiten Wäldern wie etwa in Corcovado (S. 460). Manchmal hört man auch ihr Fauchen, es klingt aber eher wie eine Abfolge tiefer Hustenlaute.

Weitere in Costa Rica lebende Katzen sind Ozelots, die etwas über einen Meter lang werden, einen kurzen Schwanz und ein Fellmuster aus vielen schönen Rosetten haben. Der Ozelot ist zwar in Costa Rica weit verbreitet, aber scheu und selten zu sehen. Er passt sich gut an verschiedene Gelände an, an feuchte und trockene, bewaldete und offene, und ist in den meisten größeren Nationalparks heimisch.

Das weit verbreitete Halsbandpekari lebt in unterschiedlichen Lebensräumen. Ein ausgewachsenes Tier ist etwa 80 cm lang, wiegt rund 20 kg, hat ein raues, graues Fell und einen hellen Halskragen. Das größere Weißbartpekari ist dunkler und hat keinen Halskragen, dafür eine weißliche Stelle am unteren Kinn. Pekaris sind laut und aggressiv und knirschen und klappern hörbar mit den Zähnen.

Ein junger Klammeraffe hängt locker ab

RALPH HOPKINS

Von allen Säugetieren des Regenwalds sind unsere großen Nagetiere die häufigsten. Das Mittelamerikanische Aguti ist ein nachtaktiver Bodenbewohner, der in Wäldern in bis zu 2000 m Höhe lebt. Es gleicht einer überdimensionalen Kreuzung aus Kaninchen und Baumhörnchen, hat einen sehr kleinen Schwanz und kurze Ohren. Das eng verwandte Paka sieht ähnlich aus, trägt aber an den Seiten weiße Streifen und ist zweimal so groß wie ein Aguti. Es ist weit verbreitet, aber nachtaktiv.

David Lukas ist Naturkundeexperte

(Fortsetzung von S. 192)

High School gelegen, werden Gäste freundlich empfangen, dazu gibt es ein üppiges Frühstück und eine hübsche Veranda mit Blick auf die Stadt. Die holzverkleideten Zimmer sind urig und geräumig. Die ruhige Lage garantiert zudem einen ungestörten Schlaf.

Hotel Bellbird (☎ 2645 5026; www.hotelbellbird.com; Zi. pro Pers. mit/ohne Bad & inkl. Frühstück 12/10 US$; P 💻) Das schnuckelige, hölzerne Hotel mit kleinem Garten liegt an der Straße Richtung Monteverde, nahe dem Centro Panamericano. Alexis, der nette costa-ricanische Besitzer, bietet einfache, gemütliche Zimmer in ruhiger Lage. In den oben gelegenen Gemeinschaftsräumen gibt es bequeme Sessel und eine erstklassige Aussicht.

Casa Tranquilo (☎ 2645 6782; www.casatranquilohostel.com; Zi. pro Pers. inkl. Frühstück mit/ohne Bad 15/12 US$; P 💻) Das süße kleine Hotel gehört David und Elena (und ihrem Söhnchen Josue), einem liebenswürdigen Tico-Paar. Einige der holzverkleideten Zimmer haben Oberlichter und Blick auf die Bucht. Die Veranda im ersten Stock eignet sich wunderbar für nächtliches Geklimper auf der Gitarre. Hinzu kommen freier Internetzugang (und WLAN), Gratiskaffee und -tee, CD-Brenner und Drucker sowie ein Frühstücksbüfett mit Müsli, Brot, Eiern und Obst.

LP Tipp Pensión Santa Elena (☎ 2645 5051; www.pensionsantaelena.com; Camping pro Pers. 3 US$; DZ 5 US$; Zi. ohne Bad 7–28 US$, Zi. mit Bad 15–18 US$, Hütten 25–50 US$; P 💻) Mitten in Santa Elena gelegen, ist das preiswerte Hostel mit allem Drum und Dran von jeher beliebt. Das Geschwisterpaar Ran und Shannon aus Texas bemüht sich um erstklassigen Service für Budgetreisende. Und die beiden bieten die objektivste Touristeninformation vor Ort, nehmen sich auch die Zeit, Reisenden alles zu erklären. Außerdem sind sie engagierte Umweltschützer und unterstützen u. a. den Bau von Klärtanks zur Bewältigung der Abwasserprobleme der Gemeinde. Die Zimmer werden jedem Anspruch gerecht – doch jedes ist anders, daher lohnt sich zuvor ein Blick hinsichtlich ihrer Ausstattung und Sauberkeit. Heiße Duschen, gemütliche Veranden, Schwarze Bretter, eine erstklassige Gemeinschaftsküche, Gratisinternet (mit WLAN) und kostenlos Kaffee und Tee gehören zum Angebot. Das costa-ricanische Personal spricht auch Englisch, ist sehr professionell und absolut liebenswürdig.

Cabinas Eddy (☎ 2645 6635; www.cabinas-eddy.com; DZ mit/ohne Bad 25/14 US$; P 💻) Leser schwärmen noch immer für diese Unterkunft mit ihrem liebenswürdigen, Englisch sprechenden Personal und dem Marimba-Xylophon spielenden Besitzer und Manager Eddy. Frühstück kostet 3 US$ extra, aber es gibt auch eine Gemeinschaftsküche. Die Aussicht lässt sich wunderbar auf dem Balkon bei einer Tasse Gratiskaffee genießen.

Sleepers Sleep Cheaper Hostel (☎ 2645 6204; www.sleepershostel.blogspot.com; B 6 US$, EZ mit/ohne Bad 20/15 US$, DZ 25/15 US$, alle inkl. Frühstück; P 💻) Das hervorragende Hostel wird vom freundlichen Ronny und seiner reizenden Familie betrieben und bietet Internetzugang, Tee und Kaffee gratis sowie eine tolle Gemeinschaftsküche. Die Zimmer mit Heißwasserdusche sind einfach, aber komfortabel, und es herrscht eine fröhliche Atmosphäre.

Tina's Casitas (☎ 2645 5641; www.tinascasitas.de; EZ mit/ohne Bad 20/10 US$, DZ 25/18 US$; P) Die *casitas* (Hütten) in dieser flippigen, von Deutschen geführten Unterkunft sind ihr Geld wert. Die gepflegten Zimmer haben feste Matratzen und handgeschnitzte Möbel, die von Tina selbst entworfen wurden. Es gibt auch eine Kochnische für alle Gäste.

Monteverde Backpackers (☎ 2645 5844; www.monteverdebackpackers.com/home.html; B 10 US$, EZ/DZ 3BZ/4BZ 20/30/39/44 US$, alle inkl. Frühstück; 💻) Das neue Hostel in Monteverde wird von denselben Leuten betrieben wie das Pangaea in der Hauptstadt San José. Es liegt einige Häuser vom Supermercado La Esperanza entfernt und wurde stets von Reisenden empfohlen.

Cabinas El Pueblo (☎ 2645 6192; www.cabinaselpueblo.com; EZ mit/ohne Bad 15/10 US$, DZ 24/15 US$, alle inkl. Frühstück; P 💻) Die hübschen *cabinas* werden von einem liebenswürdigen Tico-Paar vermietet, das alles Menschenmögliche auf die Beine stellt, um den Aufenthalt unvergesslich zu gestalten. Die schön eingerichteten Zimmer der Wohnhütten haben feste Matratzen und Heißwasserduschen. Es gibt auch eine voll eingerichtete Küche und einen Garten im rückwärtigen Bereich.

Pensión Colibrí (☎ 2645 5682; Zi. pro Pers. mit/ohne Bad 25/6 US$; P) Die kleine Familienpension in einem ruhigen Sträßchen, eingezwängt zwischen Bäumen, gilt ebenfalls als beliebte Budgetunterkunft. Die größeren Zimmer mit eigenem Bad sind ihr Geld wert, da sie Balkone mit Blick über den Wald haben, auf denen am Abend die kühle Bergluft zu genießen ist. Eine kleine Gemeinschaftsküche ist ebenfalls vorhanden.

DER NORDWESTEN

Quetzal Inn (☎ 2645 6076; www.quetzalinn.com; EZ/DZ 15/30 US$; P ꤷ) Die fabelhafte kleine Familienpension liegt in derselben ruhigen Gasse wie die Pensión Colibrí. Mit den holzverkleideten Wänden und hohen, schrägen Decken ist sie eine perfekte Kombination aus zentraler Lage, umsichtig gestalteter Unterkunft und sympathischem, gastfreundlichem Flair.

Pensión Flor de Monteverde (☎ 2645 5236; flormon teverde@racsa.co.cr; EZ/DZ/3BZ/4BZ inkl. Frühstück 20/30/45/60 US$; P) Die Pension liegt zwar ziemlich abseits, ist dadurch aber herrlich ruhig. Der Besitzer Eduardo Venegas Castro ist ein wandelndes Lexikon. Früher arbeitete er in den Schutzgebieten von Monteverde und Santa Elena, im Letzteren als Direktor. Die Zimmer sind einfach, aber komfortabel. Touren und Anreise werden auf Wunsch organisiert.

Hotel El Sueño (☎ 2645 5021; www.hotelelsuenocr. com; EZ/DZ inkl. Frühstück 25/40 US$; P) Das von Ticos betriebene Hotel hat große Holzzimmer mit Heißwasserduschen. Die oberen Zimmer sind geräumiger, aber die besten befinden sich nach hinten raus. Der tolle Balkon bietet einen weiten Blick über die Umgebung.

Cabinas Vista al Golfo (☎ 2645 6321; www.cabinas vistaalgolfo.com; EZ mit/ohne Bad 17/12 US$; DZ 29/17 US$; P) Das sehr komfortable Haus mit kleiner Gemeinschaftsküche wird von einer sympathischen costa-ricanischen Familie betrieben. Die Zimmer sind gepflegt, die Duschen haben Heißwasser, und die Gäste fühlen sich gleich wie zu Hause. Der Balkon bietet einen tollen Blick über den Regenwald, an klaren Tagen auch auf den Golfo de Nicoya.

Manakín Lodge (☎ 2645 5080, 2645 5835; www. manakinlodge.com; Zi. pro Pers. inkl. Frühstück Standard/Superior 15/20 US$; P ꤷ) Die einfache Unterkunft in Cerro Plano wird von einer Tico-Familie betrieben und hat eine freundliche, lässige Atmosphäre. Alle Zimmer sind gemütlich eingerichtet und bieten Internetanschluss mit WLAN und Heißwasserduschen. Die Superiorzimmer im oberen Stock haben jedoch neben einer besseren Aussicht auf den Wald auch TV und Kühlschrank.

Pensión Monteverde Inn (☎ 2645 5156, 2645 6601; Zi. pro Pers. inkl. Frühstück 20 US$; P) Das kleine Gasthaus liegt in einer stillen Ecke von Cerro Plano, nahe dem Wanderweg Sendero Valle Escondido (S. 189). Die spartanischen Zimmer haben Heißwasserduschen, und die abgeschiedene Lage verspricht viel Ruhe. Die Besitzer holen angemeldete Gäste mit dem Auto von der Bushaltestelle ab.

MITTELKLASSEHOTELS

LP Tipp **Arco Iris Ecolodge** (☎ 2645 5067; www.arcoi rislodge.com; EZ 25–55 US$, DZ 35–120 US$, Flitterwochensuite 180 US$; P ꤷ) Die hübschen Hütten, auf einem kleinen Hügel mit Blick auf Santa Elena und die umgebenden Wälder gelegen, bieten die Ruhe und Intimität einer Berghütte. Ein Netz privater Wege zieht sich durch das gesamte Areal, einer führt auch zu einem Aussichtspunkt, von dem an klaren Tagen der Pazifik zu sehen ist. Größe und Ausstattung der Zimmer sind unterschiedlich, manche rustikal, andere etwas feiner. Für Gruppen von vier bis fünf Personen empfiehlt sich die Terrassenhütte (95–200 US$). Sie ist mit prächtigen Wandteppichen ausgeschmückt und hat Duschen aus Vulkangestein. Die liebenswürdigen deutschen Besitzer bereiten exzellente Mahlzeiten zu, gelegentlich mit Biogemüse aus dem eigenen Garten. Frühstück kostet 6,50 US$ extra.

Mariposa B&B (☎ 2645 5013; vmfamilia@costarricen se.cr; EZ/DZ inkl. Frühstück 25/40 US$; P) Das freundliche Privathaus liegt mitten im Wald, 1,5 km vom Reservat Monteverde entfernt, und hat einfache, aber sehr nette Zimmer mit Heißwasserduschen. Außer richtigem Frühstück (mit Obst, Pfannkuchen, Eiern und Tortillas) gibt es auch einen kleinen Balkon zum Tiere beobachten – nichts ist niedlicher als eine Gruppe *pizotes* (Nasenbären).

Finca Terra Viva (☎ 2645 5454; www.terravivacr.com; DZ 40 US$, zusätzliche Pers. 5 US$, drei Mahlzeiten zusätzlich 14 US$, Hütte 60 US$; P) Die 135 ha große Finca findet sich nach etwa 2,5 km über die Straße in Richtung der Reserva Santa Elena und wird Stück für Stück wieder dem Wald überlassen – mittlerweile sind es bereits 60 %. Bis dahin bieten Rinder, Schweine, Ziegen, Pferde und Hühner den Gästen ein typisches costaricanisches Landleben – Kinder sind begeistert. In jedem der rustikalen hölzernen Zimmer mit Heißwasserduschen können bis zu vier Personen übernachten. Einige *casetas* (Hütten) für je vier Personen und mit einer Kochnische bieten mehr Privatsphäre. Der Besitzer Federico, ein bekannter Naturschützer und -führer, wollte schon immer auf einer Finca leben, die Schulung, Naturschutz und Landwirtschaft vereint – das ist ihm gelungen. Es werden Ausritte angeboten, und wer möchte, kann auch Kühe melken und in der Biomolkerei Käse herstellen.

Sunset Hotel (☎ 2645 5228; EZ/DZ/3BZ inkl. Frühstück 30/40/55 US$; P) Die (auch deutschsprachige)

Pension liegt abgeschieden, etwa 1,5 km außerhalb Santa Elenas in Richtung der Reserva Santa Elena. Der Blick auf den Golfo de Nicoya ist von hier aus großartig, zudem gibt es viele Gelegenheiten, auf den Privatwegen Vögel zu beobachten. Die sauberen Standardzimmer mit Veranden bieten zweifachen Luxus: richtig heiße Duschen (keine Selbstmordapparate) und Toiletten mit ausreichend Druck – auch für das Klopapier.

La Colina Lodge (☎ 2645 5009; www.lacolinalodge. com; Camping pro Pers. 5 US$, DZ mit/ohne Bad inkl. Frühstück 52/44 US$; Ⓟ) La Colina ist das ehemalige Flor Mar, das 1977 von Marvin Rockwell eröffnet wurde. Er war einer jener Quäker, die wegen Wehrdienstverweigerung 1949 ins Gefängnis kamen und dann drei Monate lang von Alabama bis hierher nach Monteverde fuhren. Die nordamerikanischen Besitzer John und Kim sind heute ebenso liebenswürdig und ungekünstelt gastfreundlich wie das friedliche Haus selbst. Sämtliche Zimmer wurden per Hand in fröhlichen Farben gestrichen und mit einzigartigen Möbeln ausgestattet. Die Küche und Gemeinschaftsräume sind entweder sonnig oder schattig, auf jeden Fall immer mit lockerer Atmosphäre.

Swiss Hotel Miramontes (☎ 2645 5152; www.swisshotelmiramontes.com; EZ/DZ 47/58 US$, DZ Chalet 87 US$, alle inkl. Frühstück; Ⓟ) Eingebettet in einen Hain von Kiefern und tropischen Blumen, liegt das zauberhafte Refugium nach Schweizer Art am Rand von Santa Elena, an der Straße nach Juntas. Die acht unterschiedlich großen Zimmer haben tolle Bäder mit Heißwasser. Die beiden großen, hübschen Chalets sind etwas geräumiger und haben jeweils eigene Veranden zum Relaxen. Kinder sind vom weitläufigen Grundstück mit Wegen durch einen üppigen Orchideengarten (5 US$ für Nichtgäste) begeistert. Spezialität des Restaurants (Hauptgerichte 4–10 US$, 13–22 Uhr) sind Schweizer Gerichte. Und da das Hotel von Schweizern betrieben wird, spricht das Personal Englisch, Deutsch, Französisch und Spanisch.

Hotel Don Taco (☎ 2645 5263; www.cabinasdontaco. com; DZ Standard/Hütte inkl. Frühstück 29/47 US$, Cabaña 58 US$; Ⓟ) Der Name klingt ein wenig albern, aber die Anlage mit den großen Veranden, schönen Wandmalereien und einem Gartenlokal ist wirklich toll gelungen. Die *cabañas* haben TV, Kühlschrank und Balkone mit Blick auf den Golfo de Nicoya. Das Hotel liegt am nördlichen Rand Santa Elenas, die Nachtruhe ist also garantiert.

Monteverde Rustic Lodge (☎ 2645 6256; www. monteverderusticlodge.com; EZ/DZ/3BZ inkl. Frühstück 35/52/68 US$; Ⓟ) Die Pfosten aus Baumästen und Tische aus Baumstämmen verleihen einen rustikalen Touch, aber die Zimmer sind blitzblank, komfortabel und überhaupt nicht rustikal. Sie haben Heißwasserduschen, Bodenfliesen und Zugang zum Garten. Das Haus liegt nur wenige Schritte vom Zentrum Santa Elenas entfernt, und die Tico-Besitzer organisieren auch Touren für ihre Gäste.

Nidia Lodge (☎ 2645 5236, 2645 6082; www.nidialo dge.com; EZ/DZ Standard 45/60 US$, Deluxe 65/80 US$, Juniorsuite 80/100 US$, alle inkl. Frühstück; Ⓟ 🖳) Der Eigentümer der Pensión Flor de Monteverde, Eduardo Venegas Castro, hat das schöne neue Gasthaus nach seiner Frau benannt. Die Gegend ist ruhig und nur wenige Schritte vom Santuario Ecológico entfernt: Die Chancen stehen also gut, dass Wildtiere vor der Tür aufkreuzen und Motmots hinten in den Bäumen zwitschern. Die erstklassigen Zimmer haben Heißwasser und WLAN, die oberen Zimmer auch Balkone. Frühstück wird in dem netten Restaurant serviert. Nidia sorgt für eine total lässige Atmosphäre, und der sachkundige Naturkundler Eduardo bietet mit Begeisterung Führungen durch die Wälder der Umgebung an.

Mirador Lodge (☎ 2645 5354; www.miradorlodge. com/home.html; EZ/DZ/3BZ inkl. Frühstück 70/90/130 US$; Ⓟ 🖳) Die Familie Quesada hat etwa 9 km nördlich von Santa Elena dieses 55 ha große private Schutzgebiet im Dunst unberührten Nebelwalds geschaffen. Die Holzhütten mit Blick auf Arenal haben Gasdurchlauferhitzer, einige auch Holzöfen. Die Elektrizität wird von Generatoren erzeugt, für Notfälle gibt es aber auch Kerzen. Eine Taschenlampe sollte mitgeführt werden. Das Hotel holt Gäste gratis aus der Stadt ab; gegen ein kleines Entgelt werden auch in die Umgebung gefahren. Die Besitzer bieten zudem angesehene Reittouren an (S. 191).

Cloud Forest Lodge (☎ 2645 5058, gebührenfrei 877-2623 3198; www.cloudforestlodge.com; EZ/DZ/3BZ/4BZ 81/93/105/116 US$; Ⓟ 🖳 ♿) Die einfachen, holzverkleideten Zimmer auf dem Hügel haben Heißwasserduschen, aber keine Extras wie Satelliten-TV. Stattdessen gibt es Wanderwege, Vögel und manchmal im Garten und im Nebelwald ringsum Faultiere – und einen Blick auf den Golfo de Nicoya. Das hilfsbereite Personal organisiert auch Touren. In die Stadt ist es ein angenehmer Fußmarsch, aber für weitere Strecken wäre ein Auto nicht schlecht, weil die Wege oft Straßenränder sind.

Los Pinos Cabañas y Jardines (☎ 2645 5252; www.lospinos.net; Hütten Standard/Familien-/Juniorsuite 65/80/120 US$; P) In dem stillen, bewaldeten Garten des 9 ha großen Grundstücks, das einst Teil der Familienfinca war, verbergen sich elf *cabañas* (Hütten). Sie erlauben wegen ihres großen Abstands zueinander viel Privatsphäre, haben voll eingerichtete Küchen und eine kleine Terrasse. Die Anlage ist ideal für jene, die ein wenig Abgeschiedenheit in Laufweite von Restaurants und Läden um Cerro Plano suchen. Zwar sind alle Hütten sehr komfortabel und gemütlich, aber die Juniorsuiten sind die größten und mit Haartrocknern, Kabel-TV und schickeren Möbeln ausgestattet.

Hotel Claro de Luna (☎ 2645 5269; www.hotelclarodeluna.com; EZ Standard/Deluxe 60/67 US$, DZ Standard/Deluxe 70/79 US$, alle inkl. Frühstück; P) Das niedliche Bergchalet am Südwestrand von Santa Elena ist ein ideales Liebesnest. Ein Blick mit zusammengekniffenen Augen auf die Schweizer Architektur könnte beinah den Eindruck der Alpen vermitteln. Die neun Zimmer haben allesamt Hartholzböden und -decken, zudem luxuriöse Heißwasserbäder mit prächtigen Fliesen.

El Sol (☎ 2645 5838; www.elsolnuestro.com; DZ kleine/große Hütte 60/80 US$; P ☎) Das „sonnige" Hotel befindet sich 5 km außerhalb von Santa Elena bei Guacimal. Die Finca mit zwei Gästehütten liegt etwas tiefer als Santa Elena, das Klima ist also trockener und wärmer. Elisabeth und Ignacio, die Besitzer der sehr empfehlenswerten Unterkunft, sind ein deutsch-spanisches Paar, das seine Gäste mit Massagen und köstlicher Küche verwöhnt. Ihr Sohn, Teenager Javier, ist zu Fuß oder zu Pferd ein guter Führer auf den privaten Wegen.

Hotel Finca Valverde (☎ 2645 5157; www.monteverde.co.cr; DZ Standard/Hütte/Superior 87/93/111 US$, zusätzliche Pers. 17–23 US$; P) Die Kaffeeplantage am Rand von Santa Elena ist ideal für jene, die das Besondere schätzen. Die Hütten haben jeweils zwei karge Räume mit Heißwasserduschen, ein Dachzimmer und einen Balkon. Der eigentliche Reiz ist aber die ländliche Atmosphäre. Die Juniorsuiten sind nur wenig teurer, verfügen aber über richtige Bäder und Kabel-TV. Im einfachen, doch netten Restaurant (Hauptgerichte 4–11 US$, 6–21.30 Uhr) werden gute Fisch- und Fleischgerichte und auch Gemüse aus dem Garten serviert. Die zugehörige Bar ist stets gut besucht.

Hotel Poco a Poco (☎ 2645 6000; www.hotelpocoapoco.com; EZ/DZ/3BZ inkl. Frühstück 81/93/105 US$; P ☒ ☐) Von Santa Elena aus ist es nur ein recht kurzer Fußmarsch bis zu dem flippig wirkenden Haus, das mit Pilzen, Baumfröschen und anderen costa-ricanischen Kreaturen aus Keramik geschmückt ist. Die gelb verputzten Zimmer für drei Personen bieten einige nette Extras: richtige Badewannen, kostenloses WLAN, Kabel-TV und eine stattliche DVD-Sammlung (Leihgebühr 3 US$) für verregnete Abende. Das Beste aber ist das exzellente Restaurant (Hauptgerichte 6–11 US$, 6.30 bis 9 und 12–21.30 Uhr), das auch Nichtgästen offensteht. Spezialität ist das von Lesern empfohlene Barbecue.

SPITZENKLASSEHOTELS

Viele der teureren Hotels experimentieren mit alternativer Technologie, von solargeheizten Duschen bis hin zu komplizierten Abwassersystemen. Die Besitzer führen die Gäste gern herum und erklären die Technologien in epischer Länge. Außerdem machen sie Vorschläge, wie ähnliche Systeme zu Hause installiert werden könnten.

Monteverde Lodge & Gardens (☎ 2257 0766; www.costaricaexpeditions.com; EZ/DZ/3BZ/4BZ 99/136/150/173 US$; P ☒ ☐ ☎) Ein fortschrittliches Recycling- und Solarenergiesystem sowie ein riesiger solarbeheizter und dennoch schön heißer Whirlpool gehören zur bemerkenswert umweltgerechten Ausstattung des Nichtraucherhotels. Die geräumigen Zimmer haben richtige Bäder und rundum Panoramafenster mit Blick auf den Garten oder den Wald. Ein riesiger Kamin ziert das große Foyer, und die tadellose Bar blickt auf den Whirlpool. Die Gartenanlage ist hübsch mit heimischen Gewächsen gestaltet, überwiegend mit Farnen, Bromelien und Moosen. Ein kurzer Weg führt zu einem Felsvorsprung mit Aussichtsplattform auf Höhe der Baumwipfel, wo sich ein sehr schöner Blick auf den Wald und eine Flussklamm eröffnet. Die meisten Leute buchen hier pauschal, einschließlich drei À-la-carte-Mahlzeiten einer feinen internationalen Küche sowie Führungen und Transport von San José.

LP Tipp Hotel Belmar (☎ 2645 5201; www.hotelbelmar.net; EZ/DZ/3BZ Standard 98/110/126 US$, Chalet 87/98/110 US$, alle inkl. Frühstück; P ☐ ☎) Das Hotel Belmar ist zwar ein „echtes" Ökohotel, protzt damit aber nicht im Namen. Die Zimmer sind hier absolut vornehm, doch selbst die Einrichtung ist lobenswert, da alle Kunstwerke von der Künstlervereinigung Casem (s. S. 209) stammen. Hinzu kommen Minibars in den Zimmern, ein Fernsehraum und ein Abholservice von der Bushaltestelle. Größtes Plus ist jedoch der Wanderweg Cerro Amigos (S. 189), der gleich hinter dem Haus beginnt. Das Management bemüht sich unaufhörlich, die Umweltbelastung so gering wie möglich zu halten. Selbst der Wasserüberlauf des Whirlpools und Pools am Berg wird im Biogarten genutzt, aus dessen Produkten im Restaurant (mit hinreißendem Blick auf den Nebelwald und die Bucht) feine Gerichte gezaubert werden.

Hotel Fonda Vela (☎ 2645 5125; www.fondavela. com; EZ/DZ 109/120 US$, Juniorsuite 120/141 US$, zusätzliche Pers. 9 US$; Ⓟ ☒ ☐ ☖) Das exklusive Hotel ist mit seiner günstigen Lage nahe dem Schutzgebiet Monteverde, der originellen Architektur, 14 ha Land mit vielen Wegen und einem privaten Reitstall eine gepflegte Basis zur Erkundung der schönen Umgebung. Die geräumigen, lichten Standardzimmer sind mit Naturholz und großen Fenstern ausgestattet. Die Suiten mit ihren Bädern, Balkonen und dem Wohnzimmer mit großem TV gehören zu den schönsten Unterkünften im Ort. Viele Zimmer sind barrierefrei. Das Restaurant (Hauptgerichte 8–16 US$, 6.15–9, 12–14 und 18.30–20.30 Uhr) ist auch der Öffentlichkeit zugänglich und wird für die exzellente Küche mit frischen lokalen Zutaten gerühmt. Das Hotel gehört den beiden Söhnen von Paul Smith, einem bekannten Künstler, der in den 1850er-Jahren nach Monteverde zog und dessen Werke die Wände schmücken.

Hotel Heliconia (☎ 2645 5109; www.hotelheliconia. com; DZ Standard/Junior-/Familien-/Mastersuite inkl. Frühstück 99/111/134/151 US$; Ⓟ ☐) Das hübsche, hölzerne Hotel in Familienbetrieb in Cerro Plano besteht aus dem Haupthaus und mehreren Bungalows am Berghang. Die Standardzimmer bieten eine luftige Aussicht, die Juniorsuiten sind hingegen mit zwei Doppelbetten, Bädern mit allem Drum und Dran und Buntglasfenstern übertrieben luxuriös. Die beiden Mastersuiten, die Platz für bis zu sechs Personen bieten und für größere Gruppen miteinander verbunden werden können, sind mit riesigen Wohnzimmern, Whirlpools und einer Terrasse mit Blick auf den Golfo de Nicoya schlichtweg feudal. Die Bewohner organisieren die üblichen Touren und betreiben ein Wellnesscenter, in dem die Gäste im Whirl-

pool entspannen oder sich mit zahllosen Anwendungen verschönern lassen können. Das Restaurante Mediterráneo (Hauptgerichte 8–12 US$, 6.30–21 Uhr) serviert neue italienische Küche und Meeresfrüchte sowie einige typische costa-ricanische Gerichte.

Trapp Family Lodge (☎ 2645 5858; www.trappfam. com; DZ Superior/Suite 93/111 US$, zusätzliche Pers. 17 US$; Ⓟ ☒ ☐) Das nächstgelegene Hotel zum Reservateingang (knapp 1 km entfernt) hat 20 geräumige Zimmer mit hohen Holzdecken, großen Bädern und großartigem Blick aus den Panoramafenstern (auf den Garten oder Nebelwald). Die Suiten verfügen über TV und Kühlschrank. Rauchen ist überall untersagt, die Luft ist also rein. Es gibt ausschließlich für Gäste ein gemütliches Restaurant (Hauptgerichte 10–16 US$). Bar und Salon mit Kabel-TV sind bis 22 Uhr zugänglich. Familienatmosphäre steht im Mittelpunkt, Kinder sind also willkommen und können zudem etwas über die Natur lernen.

Hotel El Sapo Dorado (☎ 2645 5010; www.sapodora do.com; EZ/DZ inkl. Frühstück 120/142 US$, zusätzliche Pers. 30 US$; Ⓟ ☒ ☐) Das Hotel gehört der Familie Arguedas, die sich hier zehn Jahre vor den Quäkern ansiedelte. Sie ist heute in der Gemeinde höchst aktiv und setzt sich unermüdlich für die Tugenden des nachhaltigen Tourismus ein. Die „Goldene Kröte" hat 30 geräumige Zimmer, meist in Doppelhütten. Jede verfügt über zwei schmale Doppelbetten, einen Tisch mit Stühlen und Heißwasserduschen. Viele der Deluxe-Suiten haben Minibar, Kühlschrank und eine eigene Terrasse mit Blick auf den Golfo de Nicoya. Den privaten Wald hinter dem Hotel durchzieht ein ausgedehntes Wegenetz, und das Restaurant (Hauptgerichte 10–20 US$, 6.30–9, 12–15 und 18–21 Uhr) wird wegen der Verarbeitung lokaler Produkte und einer breiten Auswahl an vegetarischen Gerichten gerühmt.

Vista Verde Lodge (☎ 8380 1517; www.info-monte verde.com; EZ/DZ Standard 93/107 US$, Juniorsuite 102/ 115 US$, zusätzliche Pers. 14 US$, alle inkl. Frühstück; Ⓟ) Für völlige Abgeschiedenheit sorgt dieses wunderbare Hotel, wo die Geräusche des Regenwalds den Schlaf begleiten. Zu erreichen ist es über die ausgeschilderte Straße östlich von Selvatura und dann über eine 2,5 km lange Piste (nur mit Allrad). Die holzgetäfelten Zimmer mit Panoramafenstern blicken auf den Volcán Arenal, dessen aktueller Lavastrom an klaren Nächten reichlich Feuerwerk garantiert. In der großartigen Lounge

DER NORDWESTEN

INSPIRATION IM NEBELWALD

Marco Tulio Brenes wurde in Monteverde geboren und zog im Alter von 18 Jahren nach San José, wo er mit bekannten Künstlern arbeitete. Zehn Jahre lang führte er die Galerie Éxtasis, lebte zwischenzeitlich in den USA und präsentierte seine Arbeiten in Gruppen- und Einzelausstellungen. Inspiration für seine jüngsten Arbeiten fand er auf seinen Reisen durch Europa und die Türkei. Er ist Künstler – oder wollte zumindest einer sein –, seit er ein Knirps war. Heute arbeitet er in seinem offenen Atelier mit dem Namen Simbiogénesis (S. 209) im Nebelwald überwiegend an Skulpturen und Gemälden.

Was beeinflusst Sie künstlerisch? Den größten Einfluss auf meine Skulpturen hat immer die Natur. Auch die Werke von Henry Moore prägten mich eine Zeit lang. Mein Haupteinfluss in der Malerei waren die Surrealisten, besonders Dalí. Nach einer Weile entdeckte ich, dass der größte Einfluss auf meine Arbeit in mir selbst steckte, und zwar durch die Erkundung der intensiven Farben und organischen Formen der Tropen.

Wie würden Sie Ihren Stil beschreiben, und mit welchen Materialien arbeiten Sie? Es ist schwierig, meinen eigenen Stil zu beschreiben. Es ist eine fantasievolle, visionäre Kunst. In der Malerei arbeite ich mit Öl und Acryl auf Leinwand. In der Bildhauerei arbeite ich mit Stein, Keramik und überwiegend mit Ton. Stein und Ton sind meine Lieblingsmaterialien.

Was können Sie über die Kunstszene in Monteverde erzählen? Ich lebe in Monteverde, weil dieser Ort mit seinen großartigen Wäldern und spektakulären Aussichten auf den Pazifik mich am meisten inspiriert. Außerdem begegne ich hier guten Künstlern, die in den verschiedensten Bereichen arbeiten und das Künstlerdasein sehr intensiv leben, auch mit Engagement für die unterschiedlichen kulturellen Aktivitäten. Deshalb ist es ein großartiger Ort, wo ich meine Werke der Öffentlichkeit in meinem Studio zeigen und gleichzeitig meinen Arbeitsprozess vorführen kann.

Was bedeutet es, ein Künstler in Monteverde zu sein? Ich glaube, dass Monteverde einzigartig dafür ist, Kunst zu empfinden und zu leben. Es gibt hier auf jeden Fall ein engagiertes Gemeinschaftsgefühl der Künstler, deren Kunst sich auf verschiedenste Weise äußert – Musik, Dichtung, Bildhauerei, Yoga, Fotografie, Musikinstrumentenbauer … Hier finden auch einige Kulturveranstaltungen statt. Aber die Künstler und die Kunstfreunde wünschen sich stets mehr solcher Events und Gelegenheiten, künstlerische Erlebnisse miteinander zu teilen.

können die Gäste vor dem Fernseher entspannen und ihre Füße am Kamin wärmen. Rund 4 km lange Wege durch den umgebenden Urwald können zu Pferd erkundet werden. Das Personal holt Gäste auf Anfrage vom Flughafen ab und bietet auch einen Pendelservice nach Santa Elena. Wer bei diesem Preis Luxus erwartet, sollte sich anderweitig umtun. Außerdem kann die von Generatoren erzeugte Elektrizität zu trübem Licht und schnell abkühlenden Duschen führen. Doch dafür gibt es hier Einsamkeit im Überfluss.

Hotel de Montaña Monteverde (☎ 2645 5046; www.monteverdemountainhotel.com; Standard/Superior 73/132 US$; P 🖵) Das Hotel wurde 1978 als erstes Spitzenklassehotel in Monteverde eröffnet. Die Lobby zeigt nun nach der jüngsten Renovierung einen vorteilhafteren Blick auf die weite Landschaft. Die Zimmer wurden zwar nicht nennenswert verschönert, sind aber dennoch absolut komfortabel. Die Standardzimmer mit Naturholzakzenten haben dicke Matratzen, Kabel-TV und Platz für bis zu drei Personen. Die Superiorzimmer reichen für vier Leute und verfügen über eine große Badewanne, einen Balkon und Minibar. Gärten und Wald auf dem 15 ha großen Gelände bieten viel Platz für Spaziergänge, und es gibt auch eine Sauna und einen Whirlpool.

El Establo Mountain Resort (☎ 2645 5110; www.hotelelestablo.com; DZ Deluxe/Suite inkl. Frühstück 187/237 US$; P 🗶 🖵 🐾) Das richtig feine Hotel bietet unterschiedliche Zimmer, die zu den luxuriösesten in der Region Monteverde–Santa Elena gehören, obwohl der Name (wenig verlockend) „Stall" bedeutet. In den Deluxe-

Zimmern gibt es orthopädische Matratzen, Kabel-TV, Kühlschrank, Safe und Haartrockner. In den Juniorsuiten kommen Bäder mit getrennter Wanne und Dusche sowie ein Wohnzimmer hinzu, während die Suiten unter dem Schrägdach zusätzlich große Balkone bieten. Einige Suiten haben einen Whirlpool mit Aussicht, andere eigene Steinbodenterrassen. Wie in Monteverde üblich, verfügt das Luxushotel über Solarenergie, Abwassernutzung, ein gut isoliertes unterirdisches Stromnetz und ein gutes Büfettrestaurant mit Gemüse aus lokalem Anbau. Der Aufstieg zu den besten Zimmern ist recht steil, auf Anfrage gibt es jedoch einen Pendelservice.

Essen

Die teureren Hotels besitzen meist gute Restaurants, die auch Nichthotelgästen offenstehen. In Santa Elena gibt es die meisten günstigen Lokale.

Restaurante Mar y Tierra (Hauptgerichte 3–7 US$; ☾ 8.30–21 Uhr) Das Lokal mitten in Santa Elena serviert spitzenmäßiges typisches Essen wie *casados* (Hauptgerichte) mit den üblichen Fisch- und Fleischzutaten.

Dulce Marzo (☎ 2645 6568; Gebäck 1,50–3 US$; ☾ 10–18 Uhr) Die leckeren hausgebackenen Kuchen, Wraps, Sandwiches und der gute Espresso verführen inmitten dieser heimeligen Atmosphäre dazu, beim Morgenkaffee mit der Zeitung oder dem Reiseführer herumzutrödeln. Auf den Tischen liegen ausländische Zeitschriften, und es gibt auch eine Buchbörse, falls für die nächste Reiseetappe Lesestoff benötigt wird.

Sabores (☎ 2645 6174; Eistüte 1–3 US$; ☾ 11–20 Uhr) Der Eissalon ist länger als das La Lechería geöffnet und verkauft eine eigene Hausmarke Eiscreme sowie Kaffee und ein paar hausgemachte Süßspeisen. Der ideale Ort für eine anständige Kugel Eis nach einer Morgenwanderung durch den Urwald.

Stella's Bakery (☎ 2645 5560; Hauptgerichte 2–5 US$; ☾ 6–18 Uhr) Auf der zweisprachigen Speisekarte (Englisch und Spanisch) gibt es Sandwiches mit leckerem hausgebackenem Brot. Am Grünzeug sollte dabei nicht gespart werden, denn das stammt aus lokalem biologischem Anbau. Suppen, Salate, Quiches und zahlreiche verführerische Kuchen gibt es auch.

La Cocina de Leña de Doña Flory (☎ 2645 5306; Hauptgerichte 4–6 US$; ☾ So–Fr 8–20 Uhr) Das „rustikale Restaurant" in einer Seitenstraße nahe der La Colina Lodge gehört Flory Salas und ihrem Mann Marvin Rockwell, einem der ersten Quäker der Region. Wie zu erwarten, ist das Essen in diesem Terrassenlokal einfach, aber gesund und sättigend. Dort gibt es die vermutlich besten *tamales* im Ort und sonntags einen Eintopf nach Art des Hauses.

Restaurante Campesino (Hauptgerichte 2–8 US$; ☾ 9–23 Uhr) Etwa 80 Stofftiere, die der fingerfertige Besitzer aus Automaten gefischt hat, wachen über die Gäste, während ihnen erstklassige Casados, Salate und Ceviche freundlichst serviert werden. Die blaue Fassade trägt zudem das allerbeste Wandgemälde – und die Klobrillen muss man gesehen haben.

Panadería Jiménez (☎ 2645 5035; ☾ Mo–Sa 6–18, So 6–10 Uhr) Die beste Bäckerei im ganzen Ort, mit Vollkornbrot, Kuchen und Kaffee. Hervorragend geeignet für Leute, die mit dem Frühbus ankommen oder abfahren.

Chimera (☎ 2645 6081; Tapas 3–9 US$; ☾ 12–22 Uhr) Die Latino-Tapas werden von einer guten Weinauswahl ergänzt, wie chilenischer Syrah-Cabernet oder trockener Pinot Grigio. Den Gästen stehen die spalierumrankte Terrasse und der Speiseraum mit großen Fenstern und wunderbarem Blick auf den Dschungel zur Auswahl. Das charmante Personal serviert auf den weißen Tischdecken Cocktails (wie Kiwi-Caipirinhas mit Limone, Zucker und Rum) und Tapas, wie Seebarsch mit Passionsfruchtcreme und scharfer Mayo oder gebratenen Maniok mit Chili-Aioli.

Kaffá El Café (☎ 2645 6335; Hauptgerichte 3–10 US$; ☾ 12–22 Uhr) Wo sonst in Monteverde können Gäste an der Bar in einer Schaukel sitzen? Nur hier. Zum Essen gibt es richtige Tische, an denen süße *tres leches* (so milchig lecker, wie es klingt), Huhn in Pergamentpapier oder eine vegetarische Quesadilla mit frischem Gemüse serviert werden. In den hinteren Lounges liegen einladende Kissen rund um niedrige Tische auf dem Boden. Donnerstag- und freitagabends gibt es im Hauptraum häufig Livemusik oder einen super DJ.

Morpho's Restaurant (☎ 2645 5607; Hauptgerichte 4–10 US$; ☾ 7.30–21.30 Uhr) Das romantische Restaurant im Zentrum peppt typische costaricanische Gerichte gourmetmäßig auf. Casados werden mit europäisch angehauchten Saucen (wie Seebarsch in fruchtiger Glacé) und mit einem traditionellen *batido* (Mixgetränk mit Kokosmilch, Mango, Ananas u. a.) oder einem kultivierten Glas Wein serviert. Auf der Karte findet sich auch eine gute Auswahl an vegetarischen Gerichten.

DER NORDWESTEN

La Pizzería de Johnny (☎ 2645 5066; www.pizzeria dejohnny.com; Hauptgerichte 4–10 US$; ☾ 11–22 Uhr) Dünne, krosse Pizza aus dem Holzofen ist genau das Richtige nach einer langen Wanderung durch den Nebelwald (oder hügelaufwärts von Santa Elena). Die warme Atmosphäre und der hübsche Raum vermitteln desnEindruck eines feinen Restaurantbesuchs, ohne entsprechend zahlen zu müssen.

Pizzería Tramonti (☎ 2645 6120; Hauptgerichte 5 bis 11 US$; ☾ 12–21 Uhr, außerhalb der Saison Mo geschl.) Der Trip hierher lohnt sich, wenn der Sinn nach authentischer italienischer Küche steht. Die Pizzen kommen aus dem Holzofen, und Pasta und Meeresfrüchte sind stets frisch. Die Atmosphäre ist lässig und doch romantisch, und die Panoramafenster erlauben einen Blick auf den Nebelwald und die Passanten.

Tree House Restaurant & Café (☎ 2645 5751; www. canopydining.com; Hauptgerichte 5–13 US$; ☾ 6.30–22 Uhr) Das coole Café wurde um einen ca. 50 Jahre alten *higuerón* (Feigenbaum) herum erbaut und serviert die üblichen mexikanischen Gerichte von Burritos bis *huevos rancheros* (Eier mit Tortillas und Tomatensauce), bietet aber auch gesunde Salate und Sandwiches. Das luftige Atrium ist von Sackleinendecken und einer gelben Mauer umgeben, die mit Bildern vom Dschungel bemalt ist. Klasse Lokal für einen Happen, einen Wein und manchmal gute Livemusik.

Moon Shiva Restaurant (☎ 2645 6270; www. moonshiva.com; Hauptgerichte 10–14 US$; ☾ 11–22 Uhr) Viele Leser schreiben dem Verlag über dieses von Israelis betriebene, lässige Lokal. Tagsüber bietet das Moon Shiva mediterrane und nahöstliche Küche. Abends ist es der coolste Treff für Livemusik. Flyer kündigen die verschiedenen Events an, da dies der angesagte Ort für Rock, Jazz, Salsa und Electronica ist.

Flor de Vida (☎ 2645 6328; www.flordevida.net; Hauptgerichte 8–15 US$; ☾ 7–21 Uhr) Schwerpunkt in dem argentinischen Lokal sind hausgemachte internationale Gerichte, die kunstfertig und liebevoll zubereitet werden. Zu den vegetarischen Gerichten gehören pikanter Linseneintopf oder Polenta mit Gemüse und Käse, aber es gibt auch herzhafte Burger und Lasagne. Süßmäuler sollten Platz für Möhrenkuchen oder himmlisches Tiramisu lassen. Zudem ist es der einzige Laden im Ort, der hervorragende Bagels aus San José importiert. Die Teigkringel werden gefüllt serviert.

Restaurant de Lucía (☎ 2645 5337; www.costa-rica-monteverde.com; Hauptgerichte 7–15 US$; ☾ 11–21 Uhr) Das von Chilenen betriebene Restaurant ist das berühmteste in ganz Monteverde. Es liegt in derselben Straße wie El Jardín de las Mariposas. Der Koch José Belmar, der mehr Sprachen spricht als alle Leute hier zusammen, quatscht regelmäßig die Gäste an und fragt, wie ihnen das Essen geschmeckt hat. Die Gerichte (eine Mischung aus italienischen und südafrikanischen Spezialitäten) sind immer gut und auch relativ preisgünstig.

Sofia (☎ 2645 7017; Hauptgerichte 10–18 US$; ☾ 17–22 Uhr) Das Sofia hat sich in der hiesigen Restaurantszene mit seiner *Nuevo-Latino*-Küche – einer modernen Fusion lateinamerikanischer Gerichte – als eines der besten in Ort einen Namen gemacht. Das Ambiente ist einwandfrei – sanftes Licht, coole Musik, Panoramafenster, romantische Kerzen, schräge Holzdecken, helle Farben und starke Cocktails für die Stimmung.

Der **Supermercado La Esperanza** (☎ 2758 7351; ☾ 7–20 Uhr) in Santa Elena verkauft auch Biolebensmittel. Der **Coop Santa Elena** (☾ 7.30 bis 18 Uhr) in Cerro Plano hat ein kleineres Sortiment, aber der Profit fließt an die Kooperative der Gemeinde zurück.

Unterhaltung

Zum Nachtleben in Monteverde und Santa Elena gehört meist eine geführte Wanderung in einem der Schutzgebiete. Doch da der neblige grüne Berg ebenso Künstler und Träumer anzieht, gibt es auch einige regelmäßige Kulturveranstaltungen. Ob und wann etwas ansteht, wird flächendeckend mit Flyern angekündigt. Events gibt es meist im Galeron Cultural Aspinall Murray (s. Moon Shiva, S. 208) oder in Bromelias Music Garden (S. 209), das altbewährte und sich stets wandelnde Paradies der Künste in Monteverde.

Livemusik wird in der Regel im Tree House Restaurant & Café (S. 208), im Moon Shiva (S. 208) oder im Kaffá El Café (S. 207) gespielt – die Qualität der örtlichen Musikevents ist oft überraschend gut. Die Diskothek Unicornio am Nordrand des Fußballplatzes ist fast ausschließlich ein Treff der Einheimischen. Es ist der einzige Laden im Ort, der Imperial vom Fass hat (pro), aber auch Karaoke veranstaltet (contra). Zwei beliebte Bars, in der sich Einheimische und Touristen mischen, sind die Amigos Bar für Drinks und Billard sowie die Taberna Los Valverde (im Hotel Finca Valverde; s. S. 204) mit einer Tanzfläche zum Abrocken.

DER NORDWESTEN

Shoppen

Im Folgenden einige Galerien, die nach dem Weg vom Santa-Elena- zum Monteverde-Schutzgebiet geordnet sind.

Flor de Vida (☎ 2645 6328; www.flordevida.net; 🕙 10–19 Uhr) Die kleine Galerie ist eine der besten der Gegend, und sie hat es gewaltig in sich. Die Restaurantbesitzerin und ihre Tochter stellen hier ihre Seidenbatiken aus, aber es gibt auch eine hochklassige Sammlung an Fotos, Gemälden, tragbaren Textilien, Schmuck und handgemachten Musikinstrumenten. Die meisten hier ausgestellten Künstler stammen aus der Region.

Art House (Casa de Arte; ☎ 2645 5275; www.monteverdearthouse.com; 🕙 9–18.30 Uhr) Die Räume im Art House sind mit costa-ricanischer Kunst vollgepackt, darunter Schmuck, Keramik, Boruca-Textilien und Gemälde. Die Stile sind zwar recht breit gestreut, konzentrieren sich aber eher auf das handwerkliche im Kunsthandwerk. Auf jeden Fall sind hier einzigartige Souvenirs zu finden.

Compleja Atmosphera (☎ 2645 6555; complejoatmosphera@yahoo.com.mx; 🕙 10–20 Uhr) Die Edelgalerie im Ort Cerro Plano zwischen Monteverde und Santa Elena ist auf Holzskulpturen von Künstlern aus ganz Costa Rica spezialisiert, von denen mehrere aus Monteverde stammen. Die Stücke umfassen sämtliche Stile und Funktionen und kosten entsprechend, von etwa 25 bis 5000 US$. Wer sich nicht recht entscheiden kann, welches der kurvenreichen Stücke schöner ist, könnte ja darüber bei einer Massage (50–60 US$) im hauseigenen Naturwellnesscenter nachdenken.

Luna Azul (☎ 2645 6638; lunaazulmonteverde@gmail.com; 🕙 9–18.30 Uhr) Die schräge Boutique ist mit himmlischen Wandbildern geschmückt, zudem ist sie ein lässiger Laden, um Souvenirs für Freunde – oder für sich selbst – zu finden. Geboten wird eine große Auswahl an Kleidung, handgemachtem Schmuck und lokaler Kunst sowie verschiedene Aromatherapieprodukte. Besonders schön ist der Schmuck aus verschmolzenem Glas.

Río Shanti (☎ 2645 6121; www.rioshanti.com; 🕙 10–17 Uhr) Hier ist der eigentliche Grund für einen Besuch eine Wellnessbehandlung, eine Massage oder Yogaunterricht (vorher zwecks Termin oder Stundenplan anrufen). In dem entspannenden Haus an der Straße nach Monteverde gibt es allerdings auch eine Galerie mit lokaler Kunst, die, ebenso wie Schmuck, zum Kauf angeboten wird.

Atelier Simbiogénesis (☎ 2645 5567; 🕙 Mo–Sa 11–17 Uhr) Ein aktives Atelier, in dem Besucher in der Galerie stöbern und im oberen Bereich auch den Künstlern bei der Arbeit zusehen dürfen. Die Kunst ist eher experimentell und bietet einen faszinierenden Blick in die zeitgenössische Szene, die von der magischen Monteverde-Atmosphäre inspiriert wird (s. Kasten S. 206).

Alquimia Artes (☎ 2645 5847; www.alquimiaartes.com; 🕙 10–17 Uhr) Die Arbeiten sind hier ein wenig erschwinglicher als andernorts (sehr schön der Schmuck von Tarsicio Castillo aus den ecuadorianischen Anden), aber deshalb ist die Sammlung von Holzskulpturen, Gemälden und Drucken costa-ricanischer Künstler nicht weniger beeindruckend.

Casem (Cooperativa de Artesanía Santa Elena Monteverde; ☎ 2645 5190; www.casemcoop.org; 🕙 Mo–Sa 8–17 Uhr, in der Hochsaison auch So 10–16 Uhr) Casem wurde 1982 von acht Künstlerinnen als Frauenkooperative gegründet und repräsentiert heute eine Schaubühne für fast 150 Künstler, darunter auch Männer. Bestickte und handbemalte Kleidung, poliertes Holzgeschirr, handgemachte Karten und andere Arbeiten, teils auch für den kleinen Geldbeutel erschwinglich, gehören zum vielfältigen Angebot.

Bromelias Books (☎ 2645 6272; www.bromeliasmusicgarden.com; 🕙 10–17.30 Uhr) Niedliche Filzpantoffeln warten am Eingang auf Besucher des Buchladens, die den großen Raum mit poliertem Holzboden in Cerro Plano betreten wollen. Ausgestellt wird lokales Kunsthandwerk, darunter aufwendige Batiken, aber auch Bücher auf Englisch und Spanisch über die Region, besonders zur Naturkunde, sowie jede Menge costa-ricanische und mittelamerikanische Musik. Im kleinen Amphitheater neben dem Buchladen finden regelmäßig Theateraufführungen und Konzerte statt, die mit Postern angekündigt werden.

Hummingbird Gallery (☎ 2645 5030; 🕙 8.30 bis 17 Uhr) Die Galerie direkt vor der Reserva Monteverde bietet wunderschöne Fotos, Aquarelle, Kunstwerke der eingeborenen Chorotega aus Guanacaste und als Sahnehäubchen Futternäpfe, die alle möglichen Kolibris anlocken. Zu den Highlights zählen der Purpurdegenflügel (Costa Ricas größter Kolibri) oder das Kupferköpfchen, einer der drei Festlandsvögel, die in Costa Rica endemisch sind. Eine Tafel zeigt die neun Spezies, die hier umherschwirren. Schön anzuschauen sind auch die Dias und Fotos der gefiederten „Juwelen" des

---

REITEN ODER NICHT REITEN?

La Fortuna und Monteverde/Santa Elena liegen zwar Luftlinie nur 25 km voneinander entfernt, doch einige Hindernisse verhindern bislang eine direkte Straßenverbindung: ein aktiver Vulkan, der größte See des Landes, sieben Flüsse und die Cordillera de Tilarán. Nicht zu vergessen ein heftig wiehernder Amtsschimmel in San José. Derzeit ist die Fahrt zwischen den Orten noch eine holprige Busreise, die mehrere Stunden dauert.

Ab Mitte der 1990er-Jahre boten lokale Unternehmer den Transport zu Pferd zwischen den Orten an und nannten es „die kürzeste und bequemste Verbindung". Die Idee begeisterte die Reisenden und wurde zu einem florierenden Geschäft. Mit der Nachfrage für den malerischen Trip stieg auch die Zahl der Anbieter. Das Ergebnis war eine heftige Preisdrückerei. Irgendwer musste darunter leiden – meistens waren es die Pferde.

Es wurde mehrfach von unethischen Praktiken berichtet, wie etwa dem Kauf billiger alter Pferde, die buchstäblich zu Tode geritten wurden: Lonely Planet erhielt körbeweise entsetzte Briefe, die magere und kranke Pferde beschrieben, die es kaum mehr durch den Schlamm schafften; mindestens ein erschöpftes Tier starb unterwegs auf dem Castillo Trail. Autor Rob Rachowiecki schrieb darüber und verärgerte damit die lokalen Anbieter, die ihm rieten „Reiseführer zu schreiben und sie nicht zu schikanieren". Aber Briefe kamen immer noch, also berichtete Rachowiecki weiter über das Problem. Viele Unternehmen mussten daraufhin schließen.

Für seriöse Anbieter liegt die Messlatte heutzutage hoch, teilweise (hoffen wir) wohl auch, weil sachkundige Urlauber harte Fragen stellten und darauf bestanden, die Pferde vor der Tour zu sehen. Beides sollte man auch heute noch tun. Von Missbrauch wird zwar weiterhin berichtet, aber glücklicherweise nur noch in Ausnahmefällen. Die Kosten sind gestiegen und die Werbung dreht sich inzwischen um die Gesundheit der Pferde. Und viele Betreiber bieten sanftere Alternativen an wie etwa Jeep-Boot-Jeep-Touren.

Regenwalds (und weiterer farbenfroher Viecher), die die bekannten britischen Tierfotografen Michael und Patricia Fogden, beide Zoologen und Wissenschaftler, fotografiert haben. Kleinere Fotodrucke werden auch für die Galerie daheim verkauft.

An- & Weiterreise

Die Regierung plant seit 20 Jahren, Brücken über mehrere Flüsse zu bauen, die in die südwestliche Laguna de Arenal fließen. Sollten sie wirklich gebaut werden, gäbe es eine direkte Straßenverbindung zwischen Monteverde und La Fortuna, was vermutlich einen starken Eingriff in das Ökoparadies Monteverde bedeuten würde. Zwar gibt es die eine oder andere Baustelle, aber glücklicherweise sieht es derzeit nicht so aus, als würde es damit ernsthaft vorangehen. Das Damoklesschwert bleibt vorerst in der Schwebe.

AUTO

Die meisten costa-ricanischen Gemeinden verlangen Asphaltstraßen für ihre Region. Nicht so die Naturschützer in Monteverde. Alle Straßen sind hier haarsträubend holprig. Allradantrieb ist immer notwendig, besonders in der Regenzeit steckt man sonst fest. Viele Autovermieter weigern sich, während der Regenzeit ein normales Auto zu vermieten, wenn das Ziel Monteverde heißt.

Vier Straßen zweigen von der Interamericana ab: Von Süden kommend liegt die erste Abzweigung bei Rancho Grande (18 km nördlich der Ausfahrt Puntarenas); eine zweite Abzweigung folgt bei der Río-Lagarto-Brücke (gleich hinter Km 149, und etwa 15 km nordwestlich von Rancho Grande).

Beide sind gut ausgeschildert und vereinen sich nach etwa einem Drittel der Strecke nach Monteverde. Beide Straßen sind rund 35 km steile, kurvige und malerische Pisten mit vielen Schlaglöchern und Felsbrocken, die zumindest den Fahrer davon abhalten, die Landschaft zu genießen.

Eine dritte Straße führt über Juntas (S. 181). Sie ist zunächst asphaltiert, aber wird nach ein paar Kilometern hinter der Stadt so uneben wie die anderen beiden Pisten. Immerhin ist diese Strecke 5 km kürzer. Von Norden her kommend können Fahrer die Asphaltstraße von Cañas über Tilarán (S. 269) nehmen und dann von dort die Piste nach Santa Elena weiterfahren.

Es gibt inzwischen drei Hauptrouten: Der einzigartige und berüchtigte **Castillo Trail** (3 Std. reiten), auch „Mountain Trail" oder „Mirador Trail" genannt, überquert dreimal den reißenden Caño Negro. Er wird auch heute noch begangen, ist aber nur erfahrenen Reitern während der Trockenzeit (wenn überhaupt) von Mitte März bis Mai zu empfehlen (falls es dann tatsächlich trocken ist). Einige Unternehmen bieten den Treck ganzjährig an, da sie dann 25 US$ pro Person sparen, die sonst für andere Transportalternativen anfallen. Eine ernsthafte Bitte: Nie in der Regenzeit reiten – egal, was von den Veranstaltern behauptet wird!

Der **Chiquito Trail** (3½ Std. reiten) ist ebenfalls malerisch und rutschig, aber tiefe Flüsse müssen dabei nicht durchquert werden. Auch dieser Weg sollte, speziell von unerfahrenen Reitern, bei nassem Wetter gemieden werden. Der ebene und nicht ganz so malerische **Lake Trail** (2½ Std. reiten) ist ganzjährig auch für Anfänger geeignet. Im Prinzip folgt der Weg der Laguna de Arenal zwischen den beiden Ein- bzw. Ausstiegsstellen der Boote der Jeep-Boot-Jeep-Route.

Ein guter Anbieter würde niemals den Ritt garantieren, schon gar nicht auf den Castillo Trail, da die Sicherheit von Reiter und Pferd völlig vom Wetter abhängt. Sollte er bei Regen keine Geldrückgabe oder eine Alternative am See oder die Jeep-Boot-Option anbieten, ist er unseriös. Auch manche Hotels geben vor, dass sie bei einem bewährten Anbieter buchen, vermitteln den Kunden dann aber an das Unternehmen eines Kumpels. Besser nachfragen, wenn etwas zweifelhaft erscheint!

Und ein Hinweis für alle Sparsamen: Es gibt natürlich billigere Reittouren und seriöse Unternehmen, die man in der Nebensaison um ein paar Dollar runterhandeln kann. Das ist jedermanns persönliche Entscheidung. Aber nicht vergessen: Fünf gesparte Dollar gehen immer zulasten von einem Beteiligten – und wer ist das wohl?

Sollte jemand irgendeine Form von Pferdemisshandlung feststellen, bitte mit den Pferdefreunden in der Pensión Santa Elena (S. 201) reden. Sie kennen die Szene und sorgen dafür, dass die Beschwerde die richtigen Leute erreicht.

BUS

Alle Überlandbusse halten am **Busbahnhof** (☎ 2645 5159; ⏱ Mo–Fr 6–11, 13.30–17, Sa & So bis 15 Uhr) im Ortszentrum von Santa Elena; die meisten fahren weiter bis zur Käsefabrik in Monteverde. Im Bus unbedingt auf das Gepäck achten! Das gilt vor allem für die Streckenabschnitte San José–Puntarenas und Monteverde–Tilarán.

Busfahrkarten zu den Schutzgebieten Monteverde und Santa Elena verkauft das Hotel Camino Verde (S. 183), es nimmt auch Reservierungen für teurere Fahrten mit privaten Busgesellschaften an. Im Folgenden einige Reiseziele, Busgesellschaften, Preise, Fahrzeiten und Abfahrtszeiten:

Las Juntas 2 US$, 1½ Std., Abfahrt am Busbahnhof um 4.30 Uhr. Busse nach Puntarenas und San José halten in Las Juntas am Río Abangares.

Managua, Nicaragua (Tica Bus) 13 US$, 8 Std.; ein kleiner Shuttlebus (1,50 US$) fährt um 6 Uhr vom Busbahnhof zur Interamericana in Lagartos, wo der Bus in die Hauptstadt Managua hält.

Puntarenas 3 US$, 3 Std., Abfahrt 6 Uhr vor dem Gebäude der Banco Nacional.

Reserva Monteverde 0,50 US$, 30 Minuten, Abfahrt in das Schutzgebiet 6.30, 7.30, 9.30, 11.30, 13 & 14.30 Uhr vor der Banco Nacional, Rückfahrt um 6.30, 8, 10.40, 12, 14.10 & 15 Uhr.

Reserva Santa Elena 2 US$, 30 Min., Abfahrt 6.30, 8.30, 10.30, 14.30 & 15.30 Uhr vor der Banco Nacional, Rückfahrt 11, 13 & 16 Uhr.

San José (TransMonteverde) 3,90 US$, 4½ Std., Abfahrt 6.30 & 14.30 Uhr bei La Lechería, mit Stopp am Busbahnhof in Santa Elena.

Tilarán, mit Anschluss nach La Fortuna 2 US$, 7 Std., Abfahrt 5.30 Uhr am Busbahnhof. Eine lange Fahrt mit 2 Std. Aufenthalt in Tilarán. Für ein paar Dollar mehr bietet sich die viel attraktivere kombinierte Jeep-Boot-Jeep-Tour (s. unten) nach La Fortuna an.

JEEP-BOOT-JEEP-TOUR

Die schnellste Route zwischen Monteverde/ Santa Elena und La Fortuna ist eine kombinierte Jeep-Boot-Jeep-Fahrt (30 US$, 3 Std.), die von fast jedem Hotel oder Reiseveranstalter in beiden Orten arrangiert werden kann. Ein Jeeptaxi fährt nach Río Chiquito, dort geht es mit dem Boot über die Laguna de Arenal und auf der anderen Seite wieder mit dem Taxijeep weiter nach La Fortuna. Mehr und mehr entwickelt sich diese Strecke zur Hauptverbindung zwischen La Fortuna und Monteverde – aus verschiedenen Gründen:

Sie ist landschaftlich unglaublich schön, halbwegs bezahlbar und erspart den Reisenden einen halben, aufreibenden Reisetag. Die angebotenen Reittouren sind problematisch

REITEN
Es gibt etliche Veranstalter, die eine Beförderung **zu Pferd** (pro Pers. 65–100 US$, 5–6 Std.) nach La Fortuna anbieten, meist in Kombination mit Jeeps. Über den Castillo Trail haben Tierfreunde und Reisebuchautoren schon immer gestritten. Heute werden drei verschiedene Strecken mit unterschiedlichen Schwierigkeitsgraden angeboten. Jeder sollte für sich selbst entscheiden, wie er zu solchen Ritten steht (s. Kasten S. 210).

RESERVA BIOLÓGICA BOSQUE NUBOSO MONTEVERDE

Als sich hier die ersten Quäker ansiedelten, erklärten sie sich bereit, ungefähr ein Drittel ihres Besitzes unberührt zu lassen, um die Wasserscheide oberhalb Monteverdes zu schützen. Ab 1972 wurde das Gebiet jedoch immer stärker durch illegale Siedler bedroht. Die Gemeinde schloss sich deshalb mit Umweltschutzorganisationen wie Nature Conservancy und dem World Wildlife Fund zusammen, um weitere 328 ha neben dem bereits geschützten Areal zu erwerben. Sie nannten das Schutzgebiet Reserva Biológica Bosque Nuboso Monteverde, das seit 1975 vom Centro Científico Tropical (Zentrum für Tropenwissenschaft) verwaltet wird.

1986 wurde die Monteverde Conservation League (MCL) gebildet, mit dem Ziel, weiteres Land für die Erweiterung des Schutzgebietes aufzukaufen. Zwei Jahre später, also 1988, gründete sie das International Children's Rainforest Project. Es rief Kinder und Schulen in der ganzen Welt dazu auf, Geld für den tropischen Regenwald unweit der Reserva Monteverde zu sammeln. Heute umfasst das Schutzgebiet 10 500 ha Land.

Das Erstaunlichste an diesem Projekt ist die Tatsache, dass die Gründung des Schutzgebietes auf den alleinigen Einsatz von Privatleuten zurückzuführen ist. Sie wollten nicht darauf warten, dass die Regierung endlich einen Nationalpark schafft. Das Schutzgebiet ist teilweise von Spenden abhängig (s. S. 213). Wenn man bedenkt, dass das lachhaft unterfinanzierte Umweltministerium Minae Mühe hat, die Nationalparks zu unterhalten und zu schützen, sind solche Initiativen zum Erhalt zusammenhängender ökologischer Korridore wichtiger denn je.

Viele der Wanderwege sind sehr schlammig – selbst während der Trockenzeit (Ende Dez.–Anf. Mai) regnet es im Nebelwald. Regensachen und passendes Schuhwerk (am besten Gummistiefel sind unbedingt notwendig. Viele Wege wurden mit Zementplatten oder Holzbrettern befestigt und sind einfach zu begehen. Die unbefestigten Wege tiefer im Schutzgebiet können sich aber während der Regenzeit in Morast verwandeln.

Wegen der sensiblen Umwelt dürfen maximal 160 Menschen gleichzeitig ins Reservat. Während der Trockenzeit ist das Limit oft schon um 10 Uhr erreicht. Alle übrigen Besucher müssen sich dann in lange Schlange einreihen und darauf warten, dass einige Leute wieder den Park verlassen.

Wer schlau ist, kommt vor der Parköffnung oder noch besser (aber auch nasser) während der Nebensaison von Mai bis Juni und September bis November.

Im Folgenden ein paar wichtige Punkte, die unbedingt zu berücksichtigen sind. Wer nur Zeit für eines der beiden Schutzgebiete hat (Monteverde oder Santa Elena), sollte wissen, dass Monteverde von fast zehnmal so vielen Leuten wie Santa Elena besucht wird. Die Infrastruktur ist entsprechend besser und die Wege gepflegter, aber es sind eben auch sehr viel mehr Besucher unterwegs. Die Mehrzahl kommt hierher, um Wildtiere zu sehen. Beide Schutzgebiete decken jedoch riesige Areale ab, in denen sich die Tiere frei bewegen können. Die besten Chancen, Tiere zu sehen, haben all jene, die an einer geführten Nachtwanderung teilnehmen oder in einer der Unterkünfte tief im Reservat übernachten. Doch auch ohne Tierbegegnung sind die Nebelwälder spektakulär: Die Bäume selbst sind sehr urtümlich und alleine schon das Eintrittsgeld wert. Aber seit der Quetzal-Entdeckung 1983 und dem Ansturm auf die Nebelwälder hat sich vieles in den Parks geändert. Durch die vielen Menschen meiden die Tiere inzwischen immer mehr die Hauptwege. Doch die Mehrzahl der Besucher ist in jedem Fall begeistert, auch ohne einen Quetzal gesehen zu haben.

Praktische Informationen

Die **Besucherinformation** (☎ 2645 5122; www.cct.or.cr; Parkeintritt Erw./Kind unter 6 Jahren/Stud. 15/7,50/6,50 US$; 🕒 7–16 Uhr) liegt gleich neben dem Andenkenladen. Neben Auskünften gibt es dort auch

Wanderführer, Tierverzeichnisse und Karten. Der Laden verleiht Ferngläser (10 US$, Reisepass als Pfand) und verkauft T-Shirts, schöne Farbdias vom Fledermausexperten Richard Laval, Postkarten, Bücher, Poster und andere Souvenirs. Der jährliche Niederschlag liegt bei 3000 mm, in manchen Arealen aber auch doppelt so hoch. Die Höchsttemperaturen liegen um die 18 °C !

Manch einer vergisst, dass es im Nebelwald oft neblig (!) ist und die Vegetation sehr dicht wächst – beides zusammen beeinträchtigt das Hören von Geräuschen und die Sicht. Die Hauptwanderwege zählen zu den meistbegangenen des Landes. Manche Leser waren enttäuscht, kaum Wildtiere gesehen zu haben. Die besten Chancen bietet das Anheuern eines einheimischen Führers, der die Stimmen und Geräusche kennt.

Spenden an die **Friends of Monteverde Cloud Forest** (www.friendsofmonteverde.org) werden unter folgender Adresse dankend angenommen: PO Box 1964, Cleveland, OH 44106, USA.

Die **Centro de Educación Creativa (Cloud Forest School)** (☎ 2645 5161; www.cloudforestschool.org) ist eine zweisprachige Schule, die die Kinder vom Kindergarten bis zum 16. Lebensjahr betreut und gute Arbeitsmöglichkeiten für Freiwillige bietet. Die unabhängige Schule wurde 1991 gegründet, um die Bildungsmöglichkeiten der wachsenden Zahl schulpflichtiger Kinder in der Region zu verbessern. Die unabhängige Schule bietet kreativen und empirischen Unterricht für 220 Schüler, die Umwelterziehung ist der Schwerpunkt in allen Unterrichtsbereichen. Weitere Informationen über Freiwilligenarbeit und einige Praktikantenplätze können über E-Mail angefordert werden: opportunities@cloudforestschool.org.

Aktivitäten
WANDERN
Es gibt 13 km ausgeschilderte und gewartete Wege, eine Karte ist im Eintrittsgeld enthalten. Die beliebtesten der neun Wege sind für Tagesausflüge geeignet und bilden östlich des Eingangs ein grobes Dreieck (El Triángulo). Eine Seite bildet der **Sendero Bosque Nuboso** (1,9 km): Der informative Weg (Broschüre am Eingang 0,75 US$) durch den Nebelwald beginnt an der Rangerstation und verläuft parallel zum 2 km langen **El Camino**. El Camino führt durch offeneres Gelände und ist deshalb bei Vogelbeobachtern sehr beliebt. Der **Sendero Pantanoso** (1,6 km) bildet die am weitesten entfernt liegende Seite von El Triángulo und durchquert Sumpfland, Kiefernwälder und überquert die Wasserscheide. Der **Sendero Río** (2 km) folgt der Quebrada Cuecha passiert ein paar fotogene Wasserfällen und führt dann zurück zum Eingang.

Quer durch das Dreieck steigt der spektakuläre **Chomogo Trail** (1,8 km) zum höchsten Punkt des Dreiecks auf 1680 m an, die Wanderer steigen insgesamt 150 Höhenmeter auf. Weitere kleinere Wege durchziehen die Region, darunter der lohnenswerte **Sendero Brillante** (300 m) der einen Blick aus der Vogelperspektive auf einen Miniaturwald bietet. Etwa 1 km von der Rangerstation entfernt muss eine 100 m lange Hängebrücke überquert werden. Trotz aller Bemühungen um eine Besucherlenkung und -begrenzung sind diese kürzeren Wege immer viel begangene Trampelpfade. Die Wildtiere haben längst gelernt, diese Gegend zu meiden.

Anspruchsvollere Wanderwege führen zu den drei Übernachtungsmöglichkeiten im Hinterland (S. 215), sie beginnen am hinteren Punkt des Dreiecks. Noch längere und oft kaum gepflegte Wege führen ostwärts und folgen dem Flusstal der Peñas Blancas flussabwärts in dass Flachland nördlich der Cordillera de Tilarán zum Bosque Eterno de los Niños. Wer genug Kraft und Zeit hat, sollte diese Wanderungen unbedingt machen – unterwegs besteht eine weitaus größere Chance, Wildtiere zu beobachten! Nur wenige Besucher wagen sich über das Dreieck hinaus.

Wer bis zu den Hütten im Hinterland wandern will, sollte sich bei den Parkrangern über die Bedingungen unterwegs erkundigen. Ein ortskundiger Führer ist nicht nur ratsam, sondern manchmal auch zwingend notwendig. Zelten ist im Schutzgebiet verboten.

Infos über echte Dschungel-Touren und Hinweise auf erfahrene Führer gibt **Andres Vargas** (www.euforiaexpeditions.com), ein sehr erfahrener Spezialist für Abenteuerausflüge mit wirklichem Verantwortungsgefühl.

TIERBEOBACHTUNG
Monteverde ist ein Paradies für Vogelfreunde, doch trotz der über 400 verzeichneten Arten wollen die meisten Besucher nur den prachtvollen Quetzal sehen. Der Paradiesvogel der Mayas lässt sich am häufigsten während der Nistzeit im März und April an der Bruthöhle blicken, doch mit Glück ist er auch während des restlichen Jahres zu entdecken.

DER NORDWESTEN

Säugetiere sind wegen der beschränkten Sicht im Nebelwald und des hohen Aufkommens höherer Primaten – nämlich Menschen – nur sehr schwer zu beobachten. Am ehesten sind noch (vor allem im Hinterland) Nasenbären, Brüllaffen, Kapuzineräffchen, Faultiere, Agutis und Baumhörnchen zu sehen.

Geführte Touren

Es ist zwar möglich, auf eigene Faust im Schutzgebiet zu wandern, aber ein ortskundiger Führer ist höchst ratsam (das haben Leser immer wieder bestätigt). Der Park selbst bietet verschiedene Führungen an. Reservierungen sollten *mindestens* einen Tag im Voraus gemacht werden. Gruppen sollten während der Trockenzeit und an Feiertagen wegen der begrenzten Teilnehmerzahl sogar Monate vorher buchen. Die Führer sprechen Englisch und sind ausgebildete Naturkundler. Die Einnahmen kommen Umweltschutzprogrammen in den lokalen Schulen zugute.

Das Reservat bietet **naturkundliche Exkursionen** (Reservierung ☎ 2645 5112; Touren ohne Eintritt 15 US$) täglich um 7.30 Uhr und bei großem Andrang auch um 8.30 Uhr an. Die Teilnehmer treffen sich an der Hummingbird Kolibrigalerie Gallery (S. 209), wo eine zehnminütige Einführung stattfindet. Nach einer halbstündigen Diashow mit Bildern der bekannten Tierfotografen Michael und Patricia Fogden beginnt eine Wanderung, die 2½ bis drei Stunden dauert. Anschließend kann jeder Teilnehmer auf eigene Faust ins Reservat zurückkehren, da die Tickets den ganzen Tag über gültig sind.

Abends um 19.15 Uhr beginnen die zweistündigen empfehlenswerten **Nachtwanderungen** (inkl. Eintritt mit/ohne Transport 15/13 US$) mit Taschenlampen (eine eigene ist ganz sinnvoll, sie werden aber auch gestellt). Die stimmungsvollen Führungen bieten die gute Gelegenheit, einige der nachtaktiven Tiere zu sehen, die immerhin 70 % aller hier heimischen Tierarten ausmachen.

Geführte **Ornithologische Wanderungen** (5 Std., inkl. Eintritt pro Pers. 40–50 US$) finden auf Englisch statt. Meistens sehen die Teilnehmer um die 40 verschiedene Vogelarten, Startpunkt ist Stella's Bakery (S. 207) um 6 Uhr. Die Exkursionen finden ab zwei Teilnehmern statt, maximal können sechs Personen mitlaufen. Längere Touren, auf denen über 60 Vogelarten zu sehen sind, werden auf Anfrage angeboten und sind teurer.

Einige lokale Geschäfte vermitteln einheimische Führer für das Reservat oder für Wanderungen in der Umgebung. Die Angestellten von Läden, Hotels und Tourveranstalter helfen auch bei der Vermittlung **privater Führer** (guide@monteverdeinfo.com).

Auch die Reservatsverwaltung hat ausgezeichnete Führer für private Ausflüge an der Hand, oft sogar aus den eigenen Reihen. Die Kosten hängen von der Jahreszeit, vom jeweiligen Führer und vom Zielgebiet ab, bewegen sich aber alle zwischen etwa 60 und 100 US$ für einen halben Tag. Wenn die Touren günstig sind, muss das Eintrittsgeld separat gezahlt werden. Ganztagestouren gibt es ebenfalls. Die Teilnehmerzahl spielt keine Rolle: Man kann alleine buchen oder die Kosten mit anderen teilen.

Schlafen & Essen

Beim Parkeingang gibt es **Schlafsäle** (☎ Reservierung 2645 5122; www.cct.or.cr; D Erw./Stud. 37/33 US$) mit 43 Stockbetten und Gemeinschaftsbädern. Sie werden oft von Forschern und Studenten genutzt, sind aber auch für alle anderen buchbar – Reservierung vorausgesetzt. Vollpension kann im Voraus abgesprochen werden.

Interessant sind auch die drei **Waldhütten** (D 5 US$) mit Trinkwasser, Duschen, Propangasherden und Kochutensilien. Schlafsack, Kerzen, Essen, Waschzeug und dergleichen (wie Klopapier) müssen mitgebracht werden. Das El Valle (6 km, 2 Std.) liegt am nächsten zum Eingang, Alemán Hut (8 km, 4 Std.) liegt in der Nähe einer Seilbahn über den Río Peñas Blancas. Am nettesten ist die Waldhütte Eladios Hut (13 km, 6 Std.) mit separaten Schlafsälen und einer Veranda.

Die Wege sind matschig und anstrengend, die Landschaft vermoost und grün. Hier sind die Besucherhorden, die tagsüber die Wanderwege beim Eingang bevölkern, weit weg. Mit einer Übernachtung lässt sich das Schutzgebiet sicher am schönsten genießen. Eine Buchung bei der Parkverwaltung wird dringend empfohlen.

Es gibt ein kleines **Restaurant** (Gerichte 2–5 US$; ⌚ 7–16 Uhr) am Eingang zum Schutzgebiet, es bietet eine gute Auswahl an gesunden Sandwiches, Salaten und typischen Gerichten.

An- & Weiterreise

Busse (2 US$, 45 Min.) fahren täglich in Santa Elena vor der Banco Nacional um 6.30, 7.30, 9.30, 11.30, 13 und 14.30 Uhr ab. Rückfahrt vom Schutzgebiet ist um 6.40, 8, 10.40, 12, 14.10 und 15 Uhr. Die Busse können überall an der Straße zwischen Santa Elena und dem Reservat angehalten werden. Im Hotel erfährt man, zu welcher Zeit sie vorbeikommen. Taxis berechnen für die Fahrt zum Eingang um die 5 US$.

Die 6 km lange Wanderung ab Santa Elena geht bergauf, ist aber wunderschön, besonders auf den Wegen parallel zur Straße. Unterwegs hat man herrliche Aussicht, auf den letzten 2 km gibt es wohl einige der besten Beobachtungsmöglichkeiten von Vögeln.

RESERVA SANTA ELENA

Zwar blickt alle Welt auf Monteverde, doch auch dieses herrlich dunstige Schutzgebiet, das mit 310 ha nur einen Bruchteil so groß wie das Schwesterreservat ist, hat mehr als genug zu bieten. Der feuchte Atem des von Pflanzen überwucherten Blätterdachs ist buchstäblich zu hören, wenn Wasser auf Laub und Schlamm am Boden tropft. Hin und wieder dringt der Ruf des Hämmerlings oder das tiefe Crescendo eines Brüllaffen durch das schrille Vogelgezwitscher.

Der weithin bekannte Nebelwald von Monteverde wird jährlich von fast 200 000 Menschen besucht. In Santa Elena hingegen tummeln sich weniger als 20 000 Touristen pro Jahr, daher sind die taubenetzten Wege durch den geheimnisvoll nebelverschleierten Wald meist sehr viel ruhiger; außerdem ist es hier preiswerter und weniger erschlossen. Zudem unterstützt das Eintrittsgeld ein weiteres einzigartiges Projekt.

Das Nebelwaldschutzgebiet wurde 1989 als erstes kommunal verwaltetes Projekt ins Leben gerufen und im März 1992 der Öffentlichkeit zugänglich gemacht. Heute wird es vom Verwaltungsrat der technischen Hochschule in Santa Elena gemanagt und trägt den recht umständlichen offiziellen Namen Reserva del Bosque Nuboso del Colegio Técnico Profesional de Santa Elena. Das **Reservatsbüro** (☎ 2645 5693; ☽ Mi–Fr 8–16 Uhr) ist in der Schule untergebracht.

Das Schutzgebiet erstreckt sich etwa 6 km nordöstlich des Dorfes Santa Elena. Der Nebelwald liegt etwas höher als Monteverde. Zudem besteht er teilweise aus Sekundärwald und hat somit lichtere Stellen, wo Vögel und andere Tiere leichter zu entdecken sind. Dort lebt eine stabile Population von Affen und Faultieren, die sich oft an der Straße zum Re-

servat blicken lassen. Abgesehen von ausgebildeten Ökologen, ist zwischen dem Urwald in Santa Elena und dem in Monteverde kaum ein Unterschied auszumachen. Da die Wege nicht mit Zementplatten befestigt sind, ist das Erlebnis einer Wanderung weitaus authentischer (d. h. schlammiger).

Der Wald ist extrem feucht, ein Großteil der Feuchtigkeit ist feiner Nebel, den die Bäume aus den Wolken kämmen. Etwa 25 % der Biomasse besteht aus Epiphyten (Aufsitzerpflanzen), Moosen und Flechten, die hier optimale Wuchsbedingungen vorfinden. Etwa 10 % der hiesigen Arten kommen nicht in Monteverde vor, da der Nebelwald auf der anderen Seite der kontinentalen Wasserscheide liegt. Doch Qetzale sind auch hier heimisch, außerdem lassen sich in der Ferne die Eruptionen des Volcán Arenal bewundern – jedenfalls theoretisch. Und nicht vergessen: Im Nebelwald ist es meistens neblig!

Praktische Informationen

Das **Reservat** (☎ 2661 8290; www.monteverdeinfo.com/reserve-santa-elena-monteverde; Erw./Stud. 8/4,50 US$; ☽ 7–16 Uhr) kann auf eigene Faust erkundet werden, aber eine Führung ist weitaus aufschlussreicher (s. S. 216).

Es gibt dort ein einfaches Restaurant, ein Café und einen Andenkenladen. Alle Erlöse aus Eintrittsgeldern kommen der Reservatsverwaltung und Umweltschutzprojekten in örtlichen Schulen zugute. Spenden werden dankend angenommen.

Wer länger bleiben will, kann sich zu einem der guten Freiwilligenprogramme anmelden. Die Freiwilligen halten Wege instand, helfen bei der Überwachung, Verwaltung und der Erforschung des Parks. Seitens der Verwaltung wird ein mindestens einwöchiger Einsatz erwartet. Freiwillige erhalten sehr einfache freie Unterkunft in Schlafsälen (kein Strom, sehr kalte Duschen), doch nur die Abgehärtesten nehmen dieses Angebot in Anspruch. Die meisten suchen sich aber eine Privatunterkunft für 10 US$ pro Tag (inklusive drei Mahlzeiten). Manchmal kann man auch spontan mithelfen, doch sicherer ist eine vorherige Anmeldung beim Reservatsbüro.

Aktivitäten

Es gibt über 12 km Wanderwege, darunter vier Rundwege unterschiedlicher Längen und Schwierigkeitsgrade (45 Min.–3½ Std., 1,4–4,8 km) auf einem festen (aber nicht mit

DER NORDWESTEN

Platten ausgelegten) Wegenetz. Am Eingang gibt es leihweise Gummistiefel (1 US$). Anders als in Monteverde ist das Hinterland des Parks nicht mit Wanderwegen erschlossen, auch ein legales Übernachten im Reservat ist derzeit nicht möglich.

Geführte Touren

Die Verwaltung bietet täglich um 7.30 und 11.30 Uhr geführte **Tagestouren** (3-Std.-Tour pro Pers. ohne Eintritt 15 US$) an; die frühere Wanderung ist die bessere. Die beliebten **Nachtwanderungen** (1½-Std.-Tour pro Pers. ohne Eintritt 13 US$) starten täglich um 19 Uhr. Die Mindestteilnehmerzahl liegt bei zwei, die maximale bei sechs Personen, Reservierungen sind also in der Trockenzeit für beide Touren ratsam. Das Reservat vermittelt auch gegen eine Vermittlungsgebühr von 20 US$ dreitägige Privatführungen mit verschiedenen Führern.

An- & Weiterreise

Ein Shuttlebus (1 US$ je Fahrt) zwischen Santa Elena und dem Reservat fährt täglich um 6.30, 8.30, 10.30 und 14.30 Uhr an der Haltestelle vor der Banco Nacional im Ort ab und kehrt um 11, 13 und 16 Uhr zurück. Ein Taxi ab Santa Elena kostet 8 US$.

ECOLODGE & FORSCHUNGSSTATION SAN LUIS

Die ehemalige Forschungsstation für Tropenbiologie versucht heute, Ökotourismus und Lehre unter einem Dach zu vereinen und wird von der University of Georgia (USA) unterhalten. Das 70 ha große Areal liegt am Río San Luis und grenzt an den südlichen Teil der Reserva Monteverde. Mit einer durchschnittlichen Höhe von 1100 m liegt das Areal etwas niedriger als das Schutzgebiet Monteverde, die Temperaturen liegen entsprechend etwas höher. Ornithologen haben über 230 Arten registriert, die vom geringfügig besseren Wetter angelockt werden. Viele Wege führen in den Primär- und Sekundärwald, außerdem kann eine Obstfarm besichtigt werden. Von November bis März werden die roten Beeren des Kaffees geerntet.

Die **Lodge** (☎ 2645 8049; www.ecolodgesanluis.com; B 65 US$, EZ/DZ Hütten 85/160 US$; **P**) bietet verschiedene Unterkünfte für alle, die Interesse daran haben, etwas über das Ökosystem Nebelwald zu lernen und gleichzeitig costa-ricanisches Landleben hautnah erleben wollen. In den Preisen sind alle Mahlzeiten und viele Aktivitäten eingeschlossen. Es gibt Tages- und Nachtwanderungen unter Führung von Biologen, außerdem Diavorführungen, Seminare, Ausritte und eine Einführung in die Forschungsaktivitäten.

Nach Absprache erhalten Studenten, Forscher, große Gruppen und alle, die länger bleiben, günstigere Tarife.

Die Ecolodge unterhält ein eigenes Freiwilligenprogramm für naturkundlich interessierte Praktikanten (mind. 6 Monate Aufenthalt); Studenten und Absolventen der University of Georgia in Athens werden dabei bevorzugt. Zu den Aufgaben der Praktikanten gehört das Leiten von Workshops, Führungen und die Teilnahme an Entwicklungsprojekten in der Forschungsstation und der Gemeinde. Ausbildung, Unterkunft und Verpflegung werden gestellt.

An der Bushaltestelle an der Hauptstraße zwischen Santa Elena und Monteverde beginnt eine ausgeschilderte Straße, die sich 3 km lang steil bergauf zieht. Ein Jeeptaxi kostet ab dem Ort etwa 12 US$ je Fahrt. Nach Absprache organisiert das Gästehaus der Forschungsstation einen Transport von San José.

PUENTE LA AMISTAD

Von der Interamericana zweigt etwa 23 km südlich von Cañas eine Straße ab, die nach weiteren 25 km zum Puente La Amistad führt. Vor der Eröffnung der „Freundschaftsbrücke", die mit der Hilfe und dem Geld der taiwanesischen Regierung gebaut wurde, mussten Autofahrer den Río Tempisque mit der Fähre überqueren. Dank der Brücke wurde die Fahrzeit zu und von den Stränden in Nicoya erheblich verkürzt.

CAÑAS

Auf der Interamericana Richtung Norden ist Cañas (25 000 Ew.) die erste größere Stadt in Guanacaste, der trockensten Provinz Costa Ricas. Die *sabanero*-Kultur ist in den drückend heißen, stillen Straßen unübersehbar. Aufgemotzte Pickups teilen sich die Straße mit runzligen Cowboys zu Pferd, die ihre Macheten mit einem Stolz handhaben, wie er wirklich nur hier zu finden ist.

Es ist eine staubige, typisch lateinamerikanische Stadt, in der sich alle gemütlich fortbewegen und die Geschäfte mittags schließen. Das Zentrum bilden der Parque Central und die katholische Kirche, die beide allerdings keineswegs typisch sind.

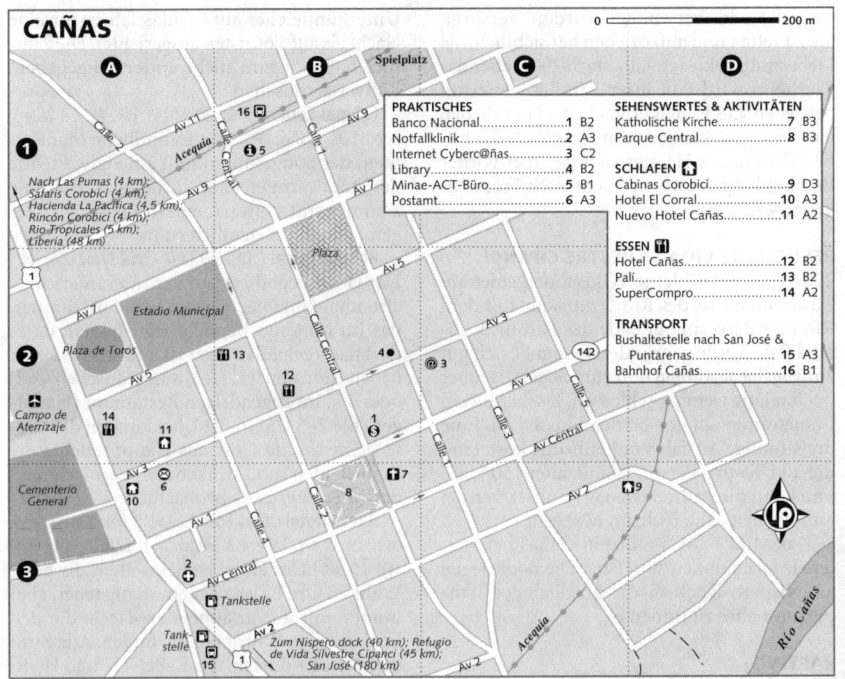

CAÑAS

0 ▬▬▬▬▬ 200 m

PRAKTISCHES
Banco Nacional.............................1	B2
Notfallklinik.................................2	A3
Internet Cyberc@ñas.....................3	C2
Library..4	B2
Minae-ACT-Büro...........................5	B1
Postamt......................................6	A3

SEHENSWERTES & AKTIVITÄTEN
Katholische Kirche.........................7	B3
Parque Central..............................8	B3

SCHLAFEN
Cabinas Corobicí...........................9	D3
Hotel El Corral............................10	A3
Nuevo Hotel Cañas.......................11	A2

ESSEN
Hotel Cañas...............................12	B2
Pali...13	B2
SuperCompro..............................14	A2

TRANSPORT
Bushaltestelle nach San José &		
Puntarenas.............................15	A3	
Bahnhof Cañas...........................16	B1

Nach Las Pumas (4 km);
Safaris Corobicí (4 km);
Hacienda La Pacífica (4,5 km);
Rincón Corobicí (4 km);
Río Tropicales (5 km);
Liberia (48 km)

Spielplatz

Plaza

Estadio Municipal

Plaza de Toros

Campo de
Aterrizaje

Cementerio
General

Tankstelle

Tank-
stelle

Zum Níspero dock (40 km); Refugio
de Vida Silvestre Cipancí (45 km);
San José (180 km)

DER NORDWESTEN

Río Cañas

Das lebhafte und viel größere Liberia bietet mehr touristische Dienstleistungen und ist daher eine bessere Basis als Cañas. Doch davon abgesehen, eignet sich Cañas gut als Standort für Wildwasserfahrten auf dem nahen Río Corobicí oder für Erkundungen des Parque Nacional Palo Verde. Und wer hier auf der Durchfahrt tanken muss, kann sich gleich einige interessante Sehenswürdigkeiten anschauen oder warten, bis eine Volkstanzgruppe der Sabaneros auftritt.

Praktische Informationen
Es gibt hier öffentliche Telefone, ein Postamt, eine Bücherei und eine Banco Nacional sowie viele einfache *sodas* und Hotels.

Notfallklinik (☎ 2669 0092; Ecke Av. Central & Highway 1; ☽ Mo–Fr 7–16 Uhr) 24-Stunden-Notruf.

Internet Ciberc@ñas (☎ 2663 5232; Av. 3 zw. Calle 1 & Calle 3; pro Std. 1,25 US$; ☽ Mo–Sa 8.15–21, So 14 bis 21 Uhr) Hat schnelle Computer und eine Klimaanlage. Wer um 8.15 Uhr auftaucht, darf zwei Stunden für den Preis von einer online gehen.

Minae/ACT-Büro (☎ 2669 0533; Av. 9; ☽ Mo–Fr 8 bis 16 Uhr) Bietet einige Infos zu den Nationalparks und Schutzgebieten in der Nähe.

Sehenswertes & Aktivitäten
Die meisten Reisenden nutzen die Stadt nur als Standort für Besuche des **Parque Nacional Palo Verde** (S. 222) oder für Wildwasserfahrten auf dem **Río Corobicí**. Wer Zeit hat, sollte sich aber die **psychedelische Mosaiken** der katholischen Kirche ansehen. Der lokale Maler Otto Apuy hat sie entworfen. Kräftige Weinranken und quietschbunte Sternenblumen betonen noch die Buntglasfenster mit ihren Dschungelmotiven und verwischen die eigentlich klaren Linien der modernen Kirche. Mal was anderes, als der Vatikan sonst so zu bieten hat! Die Parkbänke und der pyramidenförmige Musikpavillon im **Parque Central** gegenüber sind ebenso kunstvoll gestaltet.

LAS PUMAS
Direkt hinter dem Büro von Safaris Corobicí liegt **Las Pumas** (☎ 2669 6044; Eintritt Spende; ☽ 8 bis 17 Uhr), ein Wildtierheim, dass in den 1960er-Jahren von der Schweizerin Lilly Hagnauer gegründet wurde und das angeblich größte seiner Art in Lateinamerika ist. Hier werden neben Pumas, Jaguaren, Ozelots und Jaguarundis auch Pekaris und einige Vögel, die

verwaist oder verwundet wurden, versorgt. Sie zu retten und aufzuziehen hat sichtlich viel Liebesmüh gekostet. Lilly starb 2001, aber das Tierheim wird von ihrer Familie weiterhin betrieben. Las Pumas erhält keine öffentlichen Gelder, Spenden sind zum Ausgleich der hohen Kosten des Heimes wichtig. Wer vorher Bescheid sagt, kann vielleicht auch Freiwilligenarbeit leisten.

REFUGIO DE VIDA SILVESTRE CIPANCÍ
2001 wurde das kleine Wildschutzgebiet am Zusammenfluss des Río Tempisque mit dem Río Bebedero am Südende des Parque Nacional Palo Verde gegründet. Es eignet sich gut zur **Vogelbeobachtung** und zum **Angeln**, ist aber noch relativ wenig erschlossen. Fischer bieten Bootstouren auf den beiden Flüssen an. Eine dreistündige Ausfahrt mit Führung kostet um die 20 US$ pro Person (mind. aber 150 US$) und kann direkt am Hafen vereinbart werden – möglichst ganz früh am Morgen.

Das Minae-/ACT-Büro in Cañas hat weitere Informationen zum Park. Die Boote legen am Níspero-Dock ab, das nördlich der Tempisque-Fähre zu finden ist.

RAFTING
Safaris Corobicí (☎ 2669 6191; www.nicoya.com; Interamericana Km 193; ☼ Abfahrt 7–15 Uhr) bietet eher zahme Schlauchbootfahrten auf dem Río Corobicí. Sie können im Büro an der Interamericana, etwa 4,5 km nördlich von Cañas, gebucht werden. Es geht hier in erster Linie um Tierbeobachtung denn um aufregende Wildwasserfahrten. Der Fluss hat den Schwierigkeitsgrad I–II (also recht gemütlich), aber Familien und Naturfreunden gefällt es gut. Am Fluss gibt es auch einige Badestellen. Pro Person (bei mindestens zwei Personen) kostet eine zweistündige Fahrt 35/17,50 US$ pro Erwachsenem/Kind unter 14 Jahren eine dreistündige Fahrt zur Vogelbeobachtung über 12 km 45/22,50 US$ und eine Halbtagestour über 18 km mit Mittagessen 60/30 US$. Das Unternehmen vermietet auch ein kleines Ferienhaus in der Nähe.

Eine Filiale des beliebten **Rio Tropicales** (☎ 2233 6455; www.riostropicales.com/english.htm; ☼ Abfahrt 7–15 Uhr) befindet sich im Restaurant Rincón Corobicí (S. 219).

Schlafen
In Cañas sind Übernachtungen preiswerter als in Liberia, allerdings sind die folgenden Unterkünfte eher auf Fernlastfahrer für eine Nacht als auf Touristen ausgerichtet. Die Zimmer haben, wenn nicht anders angegeben, Kaltwasserduschen.

Cabinas Corobicí (☎ 2669 0241; Ecke Av. 2 & Calle 5; Zi. pro Pers. 10 US$; P) Das freundliche Management der Budgetunterkunft am Südwestende der Stadt vermietet komfortable, recht große Zimmer mit lauwarmen Duschen. Die Gegend ist nachts ziemlich ruhig.

Hotel El Corral (☎ 2669 1467; EZ/DZ 17/32 US$; ☒) Das Hotel liegt direkt an der Interamericana, also unbedingt nach einem Standardzimmer, das im hinteren Bereich liegt, fragen, da es dort naturgemäß ruhiger ist. Manche Zimmer haben Klimaanlage, Heißwasserduschen und/oder TV. Im zugehörigen Restaurant (Hauptgerichte 2–5 US$, 6–22 Uhr) können die Gäste beim *casado* (warmes Hauptgericht) die donnernden (und stinkenden) Fernlaster auf der Interamericana beobachten.

Nuevo Hotel Cañas (☎ 2669 5118; hotelcanas@racsa.co.cr; Av. 3 zw. Calle 4 & Highway 1; EZ/DZ 30/45 US$; P ☒ ☒) Das Hotel ist bei weitem die beste Wahl im Ort. Es ist zwar ein wenig teuer, aber immer voll mit urlaubenden Ticos, die den Pool und den Whirlpool toll finden. Alle Zimmer bieten Klimaanlage, Kabel-TV und Heißwasserduschen, sind also ihr Geld wert.

Hotel Capazuri (☎ 2669 6280; capazuri@racsa.co.cr; Camping 5 US$, DZ inkl. Frühstück mit/ohne Klimaanlage 50/45 US$; P ☒ ☒) Das Hotel ist zwar etwas umständlich zu erreichen – es liegt etwa 2,5 km nordwestlich von Cañas an der Interamericana –, ist aber ideal für Autofahrer. Das kleine Tico-Ferienhotel hat eher kitschig ausgestattete Zimmer mit TV und Heißwasserbad für meist drei Personen. Es gibt auch ein fröhliches Restaurant und sogar einen großen Pool (für Nichtgäste 1,25 US$). Das freundliche Management erlaubt auch Camping auf dem gepflegten Grundstück.

Essen
Hotel Cañas (☎ 2669 0039; Ecke Calle 2 & Av. 3; Hauptgerichte 3–8 US$; ☼ Mo–Sa 6–21, So 7–14 Uhr) Das Hotel-Restaurant garantiert zuverlässige Qualität. Hier werden einige europäische Gerichte, wie Cordon Bleu und Bœuf Stroganoff, serviert – wer kein Casado mit Reis und Bohnen mehr sehen kann, ist hier richtig.

Rincón Corobicí (☎ 2669 1234; www.nicoya.com/rincon; Hauptgerichte 3–10 US$; ☼ 8–18 Uhr) Das hübsche Restaurant, 4 km nördlich von Cañas, am Ufer des Río Corobicí gelegen, wird von

LAS FIESTAS DE GUANACASTE

Die Guanacasteken lieben Pferde fast ebenso sehr wie Fiestas. Und wie könnten sie beide Leidenschaften besser unter einen Hut bringen als mit einem *tope* (Pferdeparade), einer Mischung aus Rodeo und Jahrmarkt mitsamt Viehauktion, Imbissbuden, Musik, Tanz, Trinken und natürlich Bullenreiten. Erfreulicherweise werden die Bullen in Costa Rica nie getötet, also ist die irrwitzige, sattelfreie, bockende Reitaktion spannend und (meist) unblutig. Noch besser als das Bullenreiten wird es nach dem Abwurf des Reiters, wenn die einheimischen Säufer und jungen Machos wie üblich in den Ring springen und den Rodeoclown spielen, was gleichermaßen lustig und beängstigend ist.

Zum Bullenreiten kommen zwar oft die meisten Zuschauer, das wichtigste Ereignis aber ist der Tope selbst. Dabei ist auch die stelzende Gangart der *sabaneros* (Cowboys) zu bewundern, was sowohl von Pferd als auch Reiter Ausdauer und Geschick verlangt.

Die *topes* sind auch eine gute Gelegenheit, den traditionellen Tanz der Region, den *Punto Guanacasteco*, zu erleben. Das vielleicht Auffallendste an diesem Tanz sind die langen, sich bauschenden Röcke der Frauen. Der Rock soll einem Ochsenkarrenrad gleichen, dessen Herstellung vor allem in der Stadt Sarchí ein traditionelles costa-ricanisches Handwerk ist. Der Punto Guanacasteco war traditionell ein Liebeswerben. Der Tanz wird gemeinhin häufig von jungen Männern mit Reimen unterbrochen, um mit den Versen die Liebste zu gewinnen. Tanz und Begleitmusik sind schnell und leidenschaftlich und ähneln den meisten anderen mittelamerikanischen Tanzstilen.

Topes finden in Guanacaste recht häufig statt. Die Einheimischen wissen meist, wann einer veranstaltet wird, außerdem werden sie auf Plakaten angekündigt. Im Allgemeinen finden Topes an den hiesigen gesetzlichen Feiertagen statt (S. 578). Doch mit Sicherheit werden große Partys während der *Semana Santa* (der Woche vor Ostern), der Woche zwischen Weihnachten und Neujahr sowie am 25. Juli, dem Jahrestag der Annexion Guanacastes durch Costa Rica, veranstaltet.

Schweizern betrieben (man spricht Deutsch, Englisch und Französisch). Es eignet sich bestens für ein beinahe authentisches Fondue zum Mittagessen. Die Terrasse blickt auf Fluss und Garten, und ein kurzer Uferweg führt zu einer Badestelle. Hier besteht auch die Möglichkeit, eine Flussfahrt auf dem Río Corobicí über Rio Tropicales oder zu anderen Zielen in Costa Rica zu buchen.

Hacienda La Pacífica (☎ 2669 6050; Hauptgerichte 5–12 US$; 🕐 7–21 Uhr) Das elegante Restaurant war früher eine Hacienda mit Naturreservat und liegt 4,5 km nördlich von Cañas an der Interamericana. Heute gehört es zu einem privaten Hotel für Wissenschaftler. Die meisten Grundprodukte gesunder Ernährung stammen von Versuchsfeldern des biologischen Anbaus, zu denen auch das einzige großflächige Bioreisfeld des Landes gehört.

Viele Restaurants des Ortes sind sonntags geschlossen. Glücklicherweise gibt es aber einen riesigen **SuperCompro** (🕐 8–20 Uhr) direkt an der Interamericana sowie einen **Palí** (🕐 8–20 Uhr) gleich um die Ecke.

An- & Weiterreise

Abfahrt und Ankunft aller Busse erfolgt am **Terminal Cañas** (🕐 8–13 & 14.30–17.30 Uhr) am Nord-

rand der Stadt. Es gibt dort einige Sodas und Snackbars, und das Gepäck kann am Schalter deponiert werden (0,50 US$). Taxis warten am Eingang des Terminals.

Juntas 0,50 US$, 1½ Std., Abfahrt 9 und 14.15 Uhr.

Liberia 1,2 US$, 1½ Std., Abfahrt 5.30, 6.45, 7.30, 12, 13.30, 16.30 und 17.30 Uhr.

Puntarenas 2 US$, 2 Std., Abfahrt 6, 6.40, 9.30, 10.30, 11.30, 12.30, 13.45, 15.30 und 16.30 Uhr.

San José 3 US$, 3½ Std., Abfahrt 4, 4.50, 5.40, 9, 12.15 und 13.30 Uhr.

Tilarán 0,75 US$, 45 Min., Abfahrt 6, 8, 9, 10.30, 12, 13.45, 15.30 und 17.30 Uhr.

Upala 2 US$, 2 Std., Abfahrt 4.30, 6, 8.30, 11.15, 13, 15.30 und 17.15 Uhr.

RUND UM DEN VOLCÁN TENORIO

6 km nordwestlich von Cañas zweigt eine Asphaltstraße von der Interamericana Richtung Norden nach Upala ab und verläuft dann weiter zwischen dem Volcán Miravalles im Westen und dem Volcán Tenorio (1916 m) im Osten. Der **Parque Nacional Volcán Tenorio** ist einer der jüngsten Nationalparks Costa Ricas und Teil der Area de Conservación Arenal (ACA). Er zählt zu den Highlights des Nordwestens Costa Ricas, vor allem deshalb, weil wegen des fehlenden öffentlichen Verkehrs

DER NORDWESTEN

und fehlender Infrastruktur die Touristen fernbleiben. Mit dem eigenen Fahrzeug ist der Park jedoch ein lockerer Tagesausflug von Liberia oder Cañas aus. Der Parkeingang befindet sich wenige Kilometer südlich von Bijagua.

Das Wegenetz ist relativ unerschlossen, aber in der **Rangerstation** (☎ 2200 0135; Eintritt 10 US$; ☒ 7–16 Uhr) gibt es eine Karte für einen der schönsten Kurzwanderwege Costa Ricas. Nur 1,5 km von der Rangerstation entfernt, ist der **Río Celeste** an der Nordostflanke des Vulkans berühmt für seine blaue Farbe: Er verdankt sie den Mineralien, die in seinem Wasser gelöst sind. Nach einem Marsch durch Sekundärwald stoßen Wanderer auf einen unglaublich milchig blauen **Wasserfall**, der über die Felsen in einen sagenhaft aquamarinblauen Teich stürzt. Wer neugierig ist, wie das warme Wasser am Oberlauf aussieht, muss dem Pfad nur einige hundert Meter weiter bis zum Zusammenfluss zweier Flüsse folgen, wo sich braunes Wasser mit tiefem Türkis vermischt und ein ungewöhnliches Farbenspiel erzeugt. Weitere 3 km durch epiphytenüberwucherten Nebelwald führt der Weg an einigen heißen Quellen und blubbernden Schlammlöchern vorüber. Vorsicht ist hier geboten, um sich nicht zu verbrühen.

Da sich die vulkanische Aktivität des Tenorio auf Fumarolen, heiße Quellen und Schlammlöcher beschränkt, ist eine Zweitageswanderung zur Spitze des Kraters möglich, einschließlich Zelten neben einem kleinen See, der einen surreal schönen Abend verspricht. Die Wege sind hier unmarkiert und führen durch unwegsames Gelände. Ein ortskundiger Führer, der in der Rangerstation oder in einer der Unterkünfte angeheuert werden kann, ist also notwendig.

Schlafen & Essen
In Bijagua gibt es einige einfache Sodas, ansonsten bleibt nur die jeweilige Unterkunft, um etwas zu essen.

Rio Celeste Lodge (☎ 8365 3415; www.rioceleste lodge.com; Camping 2 US$; Zi. pro Pers. 20 US$) Die einfachen, rustikalen Hütten sind die preiswerteste Unterkunft der Umgebung und reichen völlig aus, wenn ein Tagestrip unerwartet eine Übernachtung verlangt. Die Zimmer haben Ventilatoren und warme Duschen, außerdem liegt die Anlage günstigerweise auf dem Hügel nahe dem Wanderweg. Das Personal organisiert auch Reitausflüge und geführte Wanderungen in die Umgebung der Lodge.

Posada Cielo Roto (☎ 8352 9439, 2466 8692; Zi. pro Pers. inkl. 3 Mahlzeiten & Ausritte 45 US$; ☒) Der Besitzer Mario Tamayo, der auch Englisch spricht, hat auf dem weitläufigen Grundstück mit Reitställen und kilometerlangen Privatwegen einige hübsche, geräumige Häuser mit Gemeinschaftsküchen errichtet, die sich bestens für Gruppen eignen. Einige Zimmer sind Doppelzimmer, die meisten jedoch Schlafsäle, alle mit eigenem Bad und die meisten mit großen Fenstern mit Blick auf die umwerfende Landschaft. Strom gibt es nicht, dafür aber Kerosinlampen und Kerzen. Mario nimmt auch unangemeldete Gäste auf, dennoch ist eine Reservierung besser, damit er ausreichend Lebensmittel, Eis, Getränke usw. besorgen kann.

La Carolina Lodge (☎ 8380 1656; www.lacarolinalo dge.com; EZ/DZ inkl. 3 Mahlzeiten & Ausritte ab 75/130 US$; ☒ ☒) Die abgelegene Unterkunft auf einer bewirtschafteten Ranch am Hang des Vulkans wird von einem liebenswürdigen Nordamerikaner namens Bill betrieben. Sie ist all jenen ans Herz zu legen, die in schönster Umgebung dem Stress des modernen Lebens entkommen wollen. Die abgeschiedene Lage bedeutet auch nur begrenzt zur Verfügung stehende Elektrizität – aber Kerzenlicht ist Teil der Atmosphäre. Das tolle Essen (Bohnen, Reis, Obst, Käse, Huhn und Schwein, alles von der Farm und aus biologischem Anbau) wird draußen auf einem Holzofen zubereitet. Ein Erlebnis ist auch ein Bad im holzbefeuerten Gemeinschaftsbottich. Die Zimmer mit Heißwasserduschen sind sehr einfach, aber die Gäste verbringen ohnehin die meiste Zeit an den nahen heißen Quellen, Badeseen oder am Fluss, um zu faulenzen, schwimmen, angeln oder Vögel und Schmetterlinge zu beobachten. Das Haus liegt etwa 12 km nördlich von Bijagua und 7 km östlich der Schnellstraße Richtung San Miguel.

RUND UM DEN VOLCÁN MIRAVALLES
Der Volcán Miravalles (2028 m) ist der höchste Vulkan in der Cordillera de Guanacaste. Der Hauptkrater ist zwar nicht aktiv, doch die geothermische Aktivität unter der Oberfläche führte dank ihrer heißen Quellen zu einer raschen Erschließung der Gegend. Immer mehr Reisende nach Liberia haben entdeckt, dass sie hier dem allgegenwärtigen kalten Duschen entkommen können.

Der Volcán Miravalles ist kein Nationalpark oder Naturschutzgebiet, aber dem Vulkan selbst wird ein Quäntchen Schutz zugestanden, da er sich innerhalb der Zona Protectora Miravalles befindet. Außerdem werden vom staatlichen Proyecto Geotérmico Miravalles, nördlich von Fortuna gelegen, Führungen angeboten. Das ehrgeizige Projekt wurde 1994 ins Leben gerufen und nutzt die aus Erdwärme entstandene geothermische Energie zur Erzeugung von Elektrizität. Der Strom wird in erster Linie nach Nicaragua und Panama exportiert, deckt aber auch 18 % des Bedarfs in Costa Rica. Die glänzenden Stahlrohre an den Flanken des Vulkans verleihen der abgeschiedenen Landschaft einen gespenstischen Touch. Die geothermische Energie, deretwegen die meisten Leute anreisen, offenbart sich hier in flüssiger Form: Auch die hier aufgeführten heißen Quellen finden sich allesamt nördlich von Fortuna.

Thermo Manía (☎ 2673 0233; www.thermomania.net; Erw./Kind 6/4 US$; ☼ 8–22 Uhr) ist hier die größte Anlage mit sieben Thermalbecken, die durch mehrere Wasserrutschen, heiße Wasserläufe, Wasserfälle und künstliche Steinbrücken miteinander verbunden sind. Dazu gesellen sich ein Kinderspielplatz, ein Fußballfeld und Picknicktische. Das gut besuchte Bar-Restaurant (Hauptgerichte 4–10 US$) befindet sich in einer 170 Jahre alten kolonialen Hütte, die museumsreif ausgestattet ist. Gäste in den Blockhauszimmern (pro Pers. Erw./Kind 22/11 US$) mit TV und Kaltwasserbädern (für Warmbäder gibt es ja die heißen Quellen) dürfen die Pools während ihres Aufenthalts kostenlos benutzen.

El Guayacán (☎ 2673 0349; www.termaleselguayacan. com; Erw./Kind 4/2 US$), eine Familienfinca mit zischenden Schloten und Schlammlöchern auf dem Grundstück (keinesfalls vom Weg abweichen!), liegt direkt hinter dem Thermo Manía. Die schlichte Unterkunft mit heißen Pools und einem kalten Pool vor den einfachen Hütten (Erw./Kind 18/11 US$) mit Kaltwasser strahlt eine freundliche Familienatmosphäre aus. Ein Restaurant gibt es dort auch (Hauptgerichte 2–6 US$).

Das nahe gelegene **Yökö Hot Springs** (☎ 2673 0410; www.yokotermales.com; Erw./Kind 5/3 US$; ☼ 7 bis 23 Uhr) hat vier heiße Quellen mit einer kleinen Wasserrutsche und einem Wasserfall inmitten einer hübschen Wiese zu Füßen des Miravalles. Die zwölf eleganten Hütten (EZ/DZ mit Frühstück 50/77 US$) bieten große Badezimmer und glänzende Holzböden; dazu kommen ein Whirlpool, eine Sauna und ein lässiges Restaurant (Hauptgerichte 2–10 US$), das von Burger bis Filet Mignon alles Erdenkliche auf der Karte hat.

Die entlegeneren, traditionelleren **Thermales Miravalles** (☎ 8358 4586, 8305 4072; Erw./Kind 2,50/ 1,50 US$) mit zwei Pools liegen an einem heißen Fluss. Die Besitzer betreiben zusätzlich ein kleines Restaurant und einen Campingplatz (pro Pers. 6 US$). In der Hochsaison sind die Thermalbäder täglich geöffnet, ansonsten meist nur am Wochenende.

Las Hornillas (☎ 8839 9769; www.lashornillas.com; Eintritt 15 US$; ☼ 9–17 Uhr) am Südhang des Miravalles bildet das hiesige Zentrum der vulkanischen Aktivität. Der Eintrittspreis schließt eine informative Tour um den kleinen Krater (auch hier gilt: auf dem Weg bleiben!) und ein Bad in den heißen Pools ein. Der wunderbar abgeschiedene Familienbetrieb bietet auch

DER NORDWESTEN

SCHLAMMSCHLACHT AM VULKAN

Nun ja, Thermalschlamm ist ja eigentlich nicht zum Herumtoben da. Um ein Schlammbad wirklich zu genießen, schlagen einheimische Anhänger heißer Quellen folgendes Vorgehen vor:

Ist eine Sauna vorhanden, sollte mit einem schönen Dampfbad von 15 Minuten begonnen werden, um die Poren zu öffnen. Andernfalls reicht auch ein Bad für einige Minuten in einem warmen Becken. Anschließend geht es hinein in den Matsch: Mit den Händen wird nun der graue Vulkanschlamm aus der Schale geschöpft (niemals direkt aus dem Tümpel selbst, das kann das Fleisch von den Händen brühen – und der Spaß ist hin) und großzügig auf Körper und Gesicht verteilt, wobei die Augenpartie ausgelassen wird. Jetzt muss der Schlamm 10 bis 15 Minuten auf der Haut trocknen, anschließend wird er unter einer heißen Dusche oder in einem der heißen Becken abgespült. Die empfohlene Dauer dieses Bads hängt vom Ort der heißen Quellen ab. Zum Schluss folgt ein mutiges Abtauchen in einem kalten Becken, falls eines vorhanden ist: Das erfrischt nicht nur ungemein, sondern jagt auch einen gesunden Blutstoß in die inneren Organe.

Vor einem Bad in den heißen Quellen sollte jeglicher Silberschmuck abgelegt werden, damit er nicht oxidiert und schwarz anläuft.

Wandertouren (25 US$) über Hängebrücken zu einem Wasserfall, mit Mittagessen und Zugang zu den Schlamm- und Wasserlöchern.

Nahe dem Fuß des Vulkans hat jüngst das **Centro de Aventuras** (☎ 2673 0697; www.volcanoadventuretour.com) eröffnet, das u. a. auch Baumkronentouren (ohne/mit Mittagessen 20/28 US$), Abseilen (10 US$), Reiten (25–50 US$) und eine Führung auf einer nahe gelegenen Macadamiaplantage (40 US$) anbietet. Die bunt gestrichenen Hütten (DZ 30 US$) haben Heißwasserbäder und sind um einen Pool gruppiert, der von Bergquellwasser gespeist wird. Auch Camping ist möglich (5 US$), mit Zugang zu Duschen und Toiletten. Hier gibt es außerdem Infos zu lokalen Führern für unabhängige Touren, z. B. Zweitageswanderungen zum Gipfel des Miravalles.

Der Volcán Miravalles liegt 27 km nordöstlich von Bagaces und ist über eine asphaltierte Straße zu erreichen. Sie führt nördlich von Bagaces durch die Dörfer Salitral und Torno. Dort gabelt sich die Straße: Die linke Abzweigung verläuft nach **Guayabo**, der Ort hat ein paar Sodas und einfache Cabinas. Die rechte Straße führt nach **Fortuna** (nicht mit La Fortuna zu verwechseln!), über diese Strecke sind die heißen Quellen einfacher zu erreichen. Beide Orte sind ziemlich klein und touristisch nicht sehr interessant. Nördlich der beiden Orte verbinden sich die beiden Straßen wieder.

Für alle mit eigenem Fahrzeug ist es eine landschaftlich schöne Rundfahrt. Die Region ist zwar ziemlich abgelegen, aber durch die Busse aus Bagaces gut erschlossen.

BAGACES

Die kleine Stadt liegt 22 km nordwestlich von Cañas an der Interamericana. Hier hat auch die Verwaltung der **Area de Conservación Tempisque** (ACT; ☎ 2200 0125; ⏱ Mo–Fr 8–16 Uhr) ihren Sitz. Sie verwaltet zusammen mit Minae den Parque Nacional Palo Verde, die Reserva Biológica Lomas de Barbudal und einige weitere weniger bekannte Schutzgebiete. Das Büro liegt an der Interamericana gegenüber dem ausgeschilderten Haupteingang in den Parque Nacional Palo Verde. Hier befinden sich vor allem Büros, ab und zu ist aber auch mal ein Ranger verfügbar. Busse zwischen Cañas und Liberia halten auf Wunsch auch in Bagaces. Zum Volcán Miravalles mit seinen touristischen Einrichtungen fahren stündliche Busse Richtung Fortuna und Guayabo.

Mit dem eigenen Auto fährt man von Bagaces 3 km nach Süden Richtung Palo Verde, dann kommt die Abzweigung zum **Llano de Cortés**, einem versteckt liegenden Wasserfall. Er eignet sich perfekt für ein Bad am Nachmittag. Eine 1,5 km lange Piste führt zu einem kleinen Parkplatz.

PARQUE NACIONAL PALO VERDE

Der 18 417 ha große Parque Nacional Palo Verde ist ein geschütztes Feuchtgebiet und liegt in Costa Ricas trockenster Provinz. Der Park schützt ein Gebiet, das nordöstlich des Río Tempisque liegt, der weiter südwestlich in den Golfo de Nicoya mündet.

Alle größeren Flüsse der Region fließen an diesem uralten Schnittpunkt zweier Becken zusammen. Dadurch entstand ein Mosaik aus verschiedenen Biotopen: Es gibt hier Mangrovensümpfe, Marschland, Savannen und immergrüne Wälder. Von einigen niedrigen Kalksteinhügeln lässt sich der Park überblicken, in den seichten Lagunen lassen sich hervorragend Wildtiere beobachten.

Der Park verdankt seinen Namen dem *palo verde* („grüner Baum"), einer kleinen immergrünen Staude, die im Park stark verbreitet ist. Zudem grenzt der Park im Norden an das 7354 ha große Refugio de Vida Silvestre Dr. Rafael Lucas Rodríguez Caballero und die Reserva Biológica Lomas de Barbudal (S. 223). Sie sind gemeinsam mit dem Parque Nacional Barra Honda (S. 307) Teil der **Area de Conservación Tempisque**, eines riesigen Naturschutzgebietes mit einigen der verbliebenen trockenen Regenwälder. Jüngster Zuwachs in diesem Projekt war das Refugio de Vida Silvestre Cipancí: Es soll die Korridore, die die Parks miteinander verbinden, vor der Rodung durch örtliche Bauern schützen.

Palo Verde weist die größte Dichte an Wasser- und Küstenvögeln Mittelamerikas auf. Über 300 verschiedene Vogelarten wurden im Park verzeichnet. Vogelbeobachter kommen speziell wegen der großen Kolonien von Reihern (darunter auch der seltene Nachtreiher), Störchen (wie dem bedrohten Jabiru), Löfflern, Fischreihern, Ibissen, Lappentauchern und Enten sowie wegen der Waldvögel, wie Aras, Hokkos und Fischertukane. Auch Papageien leben hier in Scharen. Zu den häufigen Säugetieren zählen Hirsche, Nasenbären, Gürteltiere, Affen und Pekaris, außerdem Costa Ricas größte Population von Wieselkatzen. In den Feuchtgebieten leben auch zahlreiche Reptilien wie Krokodile, die angeblich bis zu 5 m lang werden.

Die Trockenzeit von Dezember bis März ist die beste Zeit für einen Parkbesuch, da sich dann die Vogelschwärme in den verbliebenen Seen und Sümpfen versammeln und die laubfreien Bäume eine bessere Sicht garantieren. Nachteil der Trockenzeit ist die große Hitze (Sonnenschutz nicht vergessen!). Außerdem ist die Zahl lästiger Insekten geringer und die Säugetiere sammeln sich an den Wasserlöchern zur Tränke. Überflüssig zu sagen, dass man auf keinen Fall Ferngläser vergessen sollte. Während der Regenzeit sind große Teile der Region überflutet, und der Zugang ist nur beschränkt möglich.

Orientierung & Praktische Informationen

Der **Parkeingang** (☎ 2200 0125; Eintritt 6 US$; ☽ 8 bis 16 Uhr) befindet sich nahe Bagaces, 28 km nach dem Abzweig von der Interamericana. Die beste Informationsquelle zum Park ist jedoch die Forschungsstation Hacienda Palo Verde (S. 223). Mehrere Straßen und Wege führen vom Parkeingang zu verschiedenen Aussichtspunkten und Beobachtungstürmen.

Geführte Touren

Eine Bootstour ist die beste Art, die Größe und Topografie des Parks zu erfassen. Leser empfehlen die **geführten Touren** (halber Tag 2/3/4 Pers. 35/60/75 US$), die von der Forschungsstation Hacienda Palo Verde organisiert werden. Außerdem sind **Vogelbeobachtungstouren** (halber/ganzer Tag pro Pers. 38/30 US$) durch den Park möglich. Reiseveranstalter in San José und La Fortuna bieten Pauschalreisen nach Palo Verde an, es ist allerdings preiswerter, alles selbst zu organisieren.

Schlafen & Essen

Übernachtungsgäste sollten im Voraus reservieren, doch auch dann muss der Parkeintritt von 6 US$ gezahlt werden.

Nahe der Rangerstation von Palo Verde ist **Camping** (pro Pers. 4 US$) gestattet. An der Station gibt es auch Toiletten und Heißwasserduschen. Mahlzeiten und Mittagsproviant (12 US$) können in der OTS-Forschungsstation im Voraus bestellt werden.

Die **Forschungsstation Hacienda Palo Verde** (☎ 524-0607; www.ots.ac.cr; EZ/DZ inkl. Mahlzeiten 65/124 US$) der *Organization of Tropical Studies* (OTS) betreibt Tropenforschung und gibt

Universitätskurse. Forscher und OTS-Studenten genießen Vorrang bei der Belegung der Schlafsäle mit Gemeinschaftsbädern. Es stehen auch einige Zwei- und Vierbettzimmer mit Gemeinschaftsbad zur Verfügung. Für Besucher ist eine geführte Wanderung im Preis inbegriffen. Die Forschungsstation befindet sich an einer gut ausgeschilderten Straße, 8 km vom Parkeingang entfernt.

An- & Weiterreise

Die Hauptzufahrt zum Eingang, die in der Regel auch ganzjährig für normale Autos befahrbar ist, beginnt an einer gut ausgeschilderten Abzweigung von der Interamericana gegenüber von Bagaces. An der 28 km langen Schotterstraße dienen winzige braune Hinweisschilder an den Weggabelungen als Orientierung. Im Zweifelsfall aber immer die Abzweigung nehmen, die befahrener aussieht! Nach weiteren 8 km kommen der Kalksteinhügel Cerro Guayacán und die Hacienda Forschungsstation in Sicht, beide bieten einen guten Überblick. 2 km weiter sind dann die Parkverwaltung und die die Rangerstation des Nationalparks erreicht.

Über einige oftmals sehr schlammige Straßen geht es auf direktem Weg weiter zur Reserva Biológica Lomas de Barbudal – so spart man sich den langen Umweg über die Interamericana.

Die Busse zwischen Cañas und Liberia halten am ACT-Büro gegenüber der Abzweigung zum Park. Auf telefonische Anfrage im ACT-Büro holen Ranger Gäste auch gelegentlich in Bagaces ab. Auch die Angestellten der Hacienda Palo Verde holen Übernachtungsgäste in Bagaces ab.

RESERVA BIOLÓGICA LOMAS DE BARBUDAL

Die 2646 ha große Reserva Biológica Lomas de Barbudal bildet eine Einheit mit Palo Verde und schützt mehrere gefährdete Baumarten wie Mahagoni und Rosenholz, aber auch die ziemlich spektakuläre *Corteza amarilla (Tabebuia ochracea)*. Biologen nennen diesen Baum „Big-Bang-Fortpflanzer": Alle gelben *Cortezes* im Wald beginnen am gleichen Tag zu blühen und verwandeln den Wald in ein unglaubliches gelbes Blütenmeer. Das Ereignis findet im März statt, etwa vier Tage nach einem für die Jahreszeit ungewöhnlichen Reenguss.

Fast 70 % aller Bäume des Parks werfen ihr Laub ab. Während der Trockenzeit verlieren sie ihre Blätter vergleichbar dem europäischen Laubfall im Herbst. Tropischer Trockenwald wächst überall dort, wo in einer ganzjährig warmen (tropischen) Klimazone eine mehrmonatige Trockenzeit herrscht. Da Pflanzen die meiste Feuchtigkeit über die Blätter verlieren, werfen sie diese ab, um während der Trockenzeit die Verdunstungsrate zu senken. Die weitgehend entlaubten Baumkronen lassen mehr Sonnenlicht zum Boden durch und ermöglichen so das Wachstum im Unterholz. Trockenwälder bedeckten früher viele Berghänge auf der pazifischen Seite Mittelamerikas – erhalten blieb leider nur wenig. Weitere Trockenwälder schließen sich nördlich und südlich an den äquatorialen Regenwaldgürtel an, größere Bestände finden sich heute noch an der Pazifikküste Mexikos und in Yucatán sowie im Tiefland Boliviens.

Lomas de Barbudal ist außerdem noch für die zahlreichen Arten an Hautflüglern, Tag- und Nachtfaltern, Heuschrecken und anderen Insekten, wie etwa tropischen Nashornkäfern bekannt. In dem ziemlich kleinen Reservat wurden rund 250 Bienenarten gezählt – ein Viertel der weltweit lebenden Bienenarten! Zu ihnen gehört auch die „Killer"-Biene. Wer unter Bienenallergie leidet, sollte auf keinen Fall seine Notfallausrüstung vergessen.

Unter den 200 hier auftretenden Vogelarten ist auch der Tuberkelhokko, ein Hühnervogel mit warzigen Hautfortsätzen, der bejagt wird und gefährdet ist, außerdem gefährdete Vögel wie der schreiend bunte Königsgeier, der Arakanga und der Jabiru, ein riesiger Storch. In Lomas de Barbudal und Palo Verde leben viele Säugetierarten und Krokodile – Schwimmen ist hier also nicht unbedingt empfehlenswert.

Orientierung & Praktische Informationen

Am Eingang des Schutzgebietes wurde ein kleines **Informationszentrum** (☎ 2671 1029, 2237 7039; Eintritt zum Park 2 US$; ☼ 7–16 Uhr) eingerichtet. Der eigentliche Park beginnt aber erst auf der anderen Seite des Río Cabuyo hinter dem Museum. Die Infrastruktur ist weniger gut entwickelt als in Palo Verde, aber es gibt immerhin ein bescheidenes Netz an Wanderwegen, die strahlenförmig vom Informationszentrum abgehen. Eine kleine Wanderkarte wird vom Personal verteilt, Wanderer dürfen aber nicht im Schutzgebiet übernachten und die vorgegebenen Wege verlassen.

An- & Weiterreise

Die Abzweigung von der Interamericana nach Lomas de Barbudal liegt unweit des winzigen Dorfes Pijije (14 km südöstlich von Liberia und 12 km nordwestlich von Bagaces). Ab dort sind es weitere 7 km bis zum Parkeingang. Die Straße ist nicht befestigt, aber ganzjährig zugänglich – an den steilen Straßenabschnitten ist in der Regenzeit jedoch ein Vierradantrieb notwendig. Busse zwischen Liberia und Cañas halten an der Abzweigung zum Schutzgebiet.

LIBERIA

Na gut, der Geheimtipp ist futsch. Vor dem Touristenboom in Costa Rica war die Entzifferung der rätselhaften Busfahrpläne und der Ellbogenkampf durch die Massen im Coca-Cola-Busbahnhof in San José eine Feuertaufe für uneingeweihte Reisende. Noch vor wenigen Jahren brauchte es Entschlossenheit, Geduld und – je nach Zustand von Costa Ricas haarsträubenden Straßen – ein wenig Glück, um zu den Stränden auf der Península de Nicoya zu kommen. Heute erhalten Reisende ihren ersten Eindruck des *pura vida* Costa Ricas auf Liberias eigenem Aeropuerto Internacional Daniel Oduber Quirós, der in etwa die Größe eines Metro-Parkplatzes hat, aber leichter zu verlassen ist.

Früher diente die sonnige Hauptstadt Guanacastes als Verkehrsknotenpunkt zwischen Liberia und der nicaraguanischen Grenze. Sie war auch das Zentrum der costa-ricanischen *sabanero*-Kultur (s. Kasten S. 219). Bis heute sind weite Teile des Umlands von Liberia Viehzuchtgebiet, doch der Tourismus trägt mehr und mehr zur Wirtschaft bei. Liberia dient seit Langem als Basis für den Besuch der Vulkane, Nationalparks und Strände in der Umgebung. Heutzutage ist der Anblick von Gringos auf dem Weg zu ihren Ferienhäusern in Tamarindo oder von Surfern mit ihren Surfbrettern ein alltäglicher Anblick.

Bisher ist Liberia eine weitaus sicherere und erstaunlich entspannte Alternative zu San José. Allerdings plant die Regierung, in einigen Jahren den Flughafen zu erweitern – mit Aussicht auf ebenso viel oder sogar mehr Flugverkehr als auf dem Flughafen Juan Santamaría. Ein nagelneues Hilton-Hotel wird zu der Zeit, da dieses Buch erscheint, eröffnet, und am Guanacaste Country Club mit 16-Loch-Golfplatz und bewachtem Wohnkomplex wird ebenfalls fleißig gebaut.

Liberia ist noch immer ein großartiger Standort für den Besuch der Attraktionen im Nordwesten und der Strände auf der Península de Nicoya. Und auch wenn die meisten historischen Gebäude in der Stadt etwas heruntergekommen sind und dringendst einen Eimer Farbe bräuchten, ist die „weiße Stadt" recht freundlich und bietet etliche gute Unterkünfte und Dienstleistungen für Touristen mit unterschiedlichsten Reisebudgets.

Praktische Informationen

GELD

Die meisten Hotels akzeptieren US-Dollar, wechseln auch manchmal kleine Beträge. Ansonsten hat Liberia die wahrscheinlich größ-te Bankendichte pro Quadratmeter in ganz Costa Rica.

BAC San José (☎ 2666 2020; Centro Comercial Santa Rosa; ☽ Mo–Fr 9–18, Sa 9–13 Uhr) Der 24-Stunden-Geldautomat akzeptiert auch Karten, die anderswo vielleicht nicht funktionieren.

Banco de Costa Rica (☎ 2666 2582; Ecke Calle Central & Av. 1) Mit 24-Stunden-Geldautomat.

Banco Nacional (☎ 2666 0191; Av. 25 de Julio zw. Calle 6 & Calle 8; ☽ Mo–Fr 8–15.45, Sa 9–13 Uhr) Mit 24-Stunden-Geldautomat.

INTERNETZUGANG

Cyberm@nia (☎ 2666 7240; Av. 1 zw. Calle 2 & Calle Central; pro Std. 1 US$; ☽ 8–22 Uhr) Der Laden hat das freundlichste Personal der Welt. Zudem können die Kunden

LIBERIA

0 ——— 300 m

PRAKTISCHES	
BAC San José	.1 A4
Banco de Costa Rica	.2 C3
Banco Nacional	.3 B3
Cyberm@nia	.4 C3
Planet Internet	.5 D4
Sabanero Art Market & Touristeninformation	.6 D4
Touristeninformation	.7 D4

SEHENSWERTES & AKTIVITÄTEN	
Iglesia Inmaculada Concepción de María	.8 C3
La Agonía	.9 D2
La Gobernación	.10 D4
Museum	(s. 7)
Sabanero-Statue	.11 B3

SCHLAFEN	
Best Western Hotel El Sitio	.12 A4
Hospedaje Casa Vieja	.13 C3
Hostal Ciudad Blanca	.14 D3
Hotel Boyeros	.15 B4

Hotel Casa Real	.16 C3
Hotel El Bramadero	.17 B4
Hotel El Punto	.18 B4
Hotel La Casona	.19 D4
Hotel La Siesta	.20 C4
Hotel Liberia	.21 D4
Hotel Primavera	.22 D4
La Posada del Tope	.23 C3

ESSEN	
Café Liberia	.24 B4
Food Mall de Burger King	.25 B4
Guanaburger	.26 D3
Jauja-Café Boulevard	(s. 28)
Jumbo Supermercado	(s. 1)
La Toscana	(s. 1)
Los Comales	.27 C2
Pan y Miel	.28 B3
Pan y Miel	.29 C3

Paso Real	.30 D4
Pizza Pronto	.31 D3
Puerta del Sol	.32 C3
Soda Rancho Dulce	.33 D4
SuperCompro	.34 C3

AUSGEHEN	
Casa Pueblo	.35 D4
Elements	.36 C2
Las Tinajas	.37 C3
LIB	(s. 1)

UNTERHALTUNG	
Discoteque Kuru	.38 A4

TRANSPORT	
Bahnhof Liberia	.39 A3
Bahnhof Pulmitan (Busse nach San José)	.40 B3

Nach Nicaragua (77 km)

Markt

Plaza

Parque Central

Parqué Hector Zuniga Rovera

Postamt

Tankstelle

Centro Commercial Santa Rosa

Zum Flughafen (12 km); Península de Nicoya

Zum Centro Plaza Liberia (1 km); Best Western Hotel Las Espuelas (2 km); Cañas (48 km); San José (234 km)

Zum Hospital Dr Enrique Baltodano Briceño (600 m)

Jardín y Parque Infantil

Barrio La Victoria

Río Liberia

Nach San Jorge (18 km); Parque Nacional Rincón de la Vieja (25 km)

s. Vergrößerung

0 ——— 50 m

DER NORDWESTEN

auch preiswerte Ferngespräche für 0,25 US$ pro Minute in fast alle Länder führen.

Planet Internet (☎ 2665 3737; Calle Central zw. Av. Central & Av. 2; pro Std. 1 US$; ☺ 8–22 Uhr) Schnelle Computer in einem großen Raum mit eiskalter Klimaanlage. Internettelefon wird ebenfalls geboten.

MEDIZINISCHE VERSORGUNG

Hospital Dr Enrique Baltodano Briceño (☎ 2666 0011, Notruf 2666 0318) Liegt hinter dem Stadion am nordöstlichen Stadtrand.

TOURISTENINFORMATION

Sabanero-Kunstmarkt & Touristeninformation (☎ 2666 2183; www.elsabanero.8k.com; Calle 2 zw. Av. Central & Av. 2) Reisende auf der Suche nach Infos sind hier am besten bedient. Hier gibt es Busfahrpläne und Informationen zu Touren und Unterkünften, außerdem organisiert das Personal einen Taxidienst.

Touristeninformation (☎ 2666 4527; Ecke Av. 6 & Calle 1) Die Öffnungszeiten bleiben ein Rätsel. Ein Einheimischer erklärte es so: „Manchmal ist geöffnet, manchmal ist geschlossen."

Sehenswertes & Aktivitäten

Es gibt in der Stadt zwar nicht viel historisch oder kulturell Interessantes, doch die fehlenden Sehenswürdigkeiten sind eine feine Entschuldigung, in einem der Restaurants oder einer Bar entspannt dazusitzen, während die nächste Tour zu einem Strand oder Vulkan geplant wird.

Die Touristeninformation hat ein winziges **Museum** mit Exponaten zur Viehzucht, die ein historisch wichtiger Erwerbszweig in Guanacaste ist. Es wird auch überlegt, wieder ein Museum zur costa-ricanischen Kultur der Sabaneros in der **La Gobernación**, der alten Gemeindeverwaltung an der Ecke Avenida Central und Calle Central, zu eröffnen.

Einstweilen wacht die **Statue** eines Sabanero mit stählernem Blick und bewegendem Gedicht des Politikers und Heimatpoeten Rodolfo Salazar Solórzano über die Hauptstraße Avenida 25 de Julio. Rund um die Kreuzung der Avenida Central und Calle Central stehen einige der ältesten Häuser der Stadt, von denen einige etwa 150 Jahre alt sind.

Der hübsche Parque Central umgibt eine moderne Kirche, die **Iglesia Inmaculada Concepción de María**. Im Park tummeln sich in der entsprechenden Jahreszeit auch die Nicaraguagrackel, unmusikalische Vögel, die gerne Papageieneier fressen und Passanten mit ihrem krächzenden Ruf nerven.

Sechs Querstraßen weiter auf der Avenida Central, liegt nordöstlich des Parks die älteste Kirche der Stadt, allgemein **La Agonía** („die Kummervolle") genannt. Allerdings ist sie auf Karten als La Iglesia de la Ermita de la Resurrección verzeichnet. Der Weg zur Kirche und durch die umliegenden Straßen ist ein netter Spaziergang.

Geführte Touren

Das Hotel Liberia und das Posada del Tope (S. 226) sind gute Budgetunterkünfte, wo auch Ausflüge und Touren in der Provinz Guanacaste durch ganz Costa Rica organisiert werden. Die Posada del Tope hat die günstigsten Mietwagen der Umgebung.

Schlafen

Während der Trockenzeit ist Liberia sehr gut besucht. Reservierungen sind über Weihnachten, Ostern, für den Día de Guanacaste und an Wochenenden dringend zu empfehlen. In der Regenzeit geben jedoch die meisten Mittel- und Spitzenklassehotels Rabatt.

Übrigens sind die Straßen zwar auf der Karte mit Namen verzeichnet, doch nur wenige haben tatsächlich Straßenschilder, insbesondere abseits des Parque Central (s. Kasten S. 586).

BUDGETUNTERKÜNFTE

Hotel Liberia (☎ 2666 0161; www.hotelliberia.com; Calle Central zw. Av. Central & Av. 2; EZ mit/ohne Bad 19/11 US$; DZ mit/ohne Bad 22/18 US$; ℗) Die Zimmer in dem weitläufigen, jahrhundertealten Gebäude gruppieren sich um einen Innenhof samt TV, Hängematten und erschöpften Rucksacktouristen, die sich hier über ihre alten und gegenwärtigen Reiseerfahrungen austauschen. Die Zimmer sind sauber und hell, aber recht schlicht. Das Büfettfrühstück kostet 3 US$. Das Hotel hat eine sehr lebhafte Atmosphäre – auch dank des peruanischen Managers Beto, der ein absoluter Clown ist.

La Posada del Tope (☎ 2666 3876; www.posadadeltope.com; Calle Central zw. Av. Central & Av. 2; Zi. pro Pers. 5–17 US$; ℗ ✗ 🖳) Das Budgethotel ist in einem attraktiven Haus aus der Mitte des 19. Jhs. untergebracht, das mit alten Fotos, Antiquitäten und Moskitonetzen geschmückt ist – es erinnert ein wenig an ein altes Plantagenhaus. Die Zimmer mit Gemeinschaftsbädern sind recht schlicht. Das Hotel wird aber wegen seines Tico-Besitzers Denís empfohlen, der auch Englisch spricht und zahllose Informationen auf Lager hat. Der Anbau gegenüber, das Hotel Casa Real, bietet, rund um einen hübschen kleinen Innenhof gruppiert, etwas hübschere Zimmer mit TV.

Hotel La Casona (☎ 2666 2971; casona@racsa.co.cr; Ecke Calle Central & Av. 6; EZ/DZ mit Ventilator 16/24 US$, mit Klimaanlage 20/30 US$; P ✖) Das rosafarbene Holzhaus bietet einfache Zimmer mit Bad und Kabel-TV. Heißwasser gibt es zwar nicht (sollte aber kein Problem sein), dafür ein Apartment zum gleichen Preis pro Person wie die Zimmer.

Hospedaje Casa Vieja (☎ 2665 5826; Av. 4 zw. Calle Central & Calle 2; EZ/DZ mit Ventilator 18/22 US$, mit Klimaanlage 36/44 US$; ✖) Die ruhige, heimelige Unterkunft, nur wenige Straßen vom Parque Central entfernt, hat zehn komfortable Zimmer mit Bad und TV. Frühstück ist im Preis nicht enthalten, aber hinten wurde ein kleiner Garten mit einer schattigen Terrasse angelegt, wo das mitgebrachte Müsli auch gemütlich ruckend verspeist werden kann.

MITTEL- & SPITZENKLASSEHOTELS

Hotel Primavera (☎ 2666 0464; Av. Central zw. Calle Central & Calle 2; EZ/DZ mit Ventilator 30/42 US$, mit Klimaanlage 34/47 US$; P ✖) Die Zimmer in dem kleinen Hotel nahe dem Parque Central, aber ein Stück von der Straße zurückgesetzt, sind ein wenig verwohnt. Doch sie haben hübsche Holzmöbel und sind mit Mikrowelle, Kabel-TV und eigenen Kaltwasserduschen ausgestattet. Nicht das beste Hotel im Ort, aber soweit in Ordnung.

Hostal Ciudad Blanca (☎ 2666 3962; Av. 4 zw. Calle 1 & Calle 3; EZ/DZ mit Ventilator 30/40 US$, mit Klimaanlage 35/45 US$; P ✖) Eines der attraktivsten Hotels Liberias; es befindet sich in einer historischen Kolonialvilla, die komplett renoviert wurde. Die baumbeschatteten Zimmer haben Klimaanlage, Ventilatoren, Kabel-TV, hübsche Möbel und Heißwasserbäder. Das zauberhafte kleine Bar-Restaurant im unteren Bereich ist der perfekte Ort für einen Schlummertrunk – oder eine Runde am Flipper.

Hotel La Siesta (☎ 2666 0678; lasiestaliberia@hotmail.com; Calle 4 zw. Av. 4 & Av. 6; EZ/DZ inkl. Frühstück 40/50 US$; P ✖ ▢ ☒) Die blitzblanken Standardzimmer mit Kabel-TV und Kaltwasserduschen gruppieren sich um einen hübschen Garten mit Pool. Die oberen Zimmer sind etwas größer, doch alle sind sehr ruhig, wie das Hotel überhaupt sehr entspannt wirkt. Der wahre Grund für einen Aufenthalt ist hier jedoch das Restaurant (Mahlzeiten 4–7 US$), das

nach Meinung der Einheimischen das beste *Casado* der Stadt serviert.

Hotel El Bramadero (☎ 2666 0371; www.hotelelbramadero.com; Ecke Interamericana & Highway 21; EZ/DZ 40/58 US$; P ✖ ▢ ☒) Das Bramadero ist ein komfortables Mittelklassehotel mit gut ausgestatteten Zimmern, die Klimaanlage, Heißwasserduschen und Kabel-TV haben. Es ist ganz auf Sabaneros abgestimmt, folglich gibt es im Restaurant (Mahlzeiten 10–16 US$) die dicksten und saftigsten Steaks, die je serviert wurden.

Hotel Boyeros (☎ 2666 0722, 2666 0809; www.hotelboyeros.com; Ecke Interamericana & Av. 2; EZ/DZ/3BZ 56/68/74 US$; P ✖ ☒ ☒) Das größte Hotel in Liberia wirkt wie eine Kreuzung aus einer von „Bonanzas Nachfahren" geführten Ranch und dem Holiday Inn. Die tadellosen, durchweg neu eingerichteten Zimmer bieten Klimaanlage und Kabel-TV. Die oberen Zimmer haben auch Balkone. Außerdem gibt es ein 24-Stunden-Restaurant, kostenloses WLAN, einen Pool mit Wasserrutsche, ein Kinderplanschbecken und eine schattige Terrasse. Vor dem Haus begrüßt die Statue eines *boyero* (Ochsenkarrenkutscher) die Gäste.

Hotel El Punto (☎ 2665 2986; www.elpuntohotel.com; Interamericana zw. Av. 25 de Julio & Av. 2; EZ/DZ/3BZ/4BZ inkl. Frühstück 70/90/100/110 US$; P ✖ ▢) Das schicke Hotel war einst eine Grundschule und würde eher ins trendige Miami passen denn ins bescheidene Guanacaste. Die satten, tropischen Farben der Loftapartments wirken dennoch unaufdringlich und minimalistisch. Alle Zimmer haben wunderschön gefliese Badezimmer, Kochnischen, Hängematten, kostenloses WLAN und farbenfrohe moderne Kunst. Die Gemeinschaftsbereiche sind mit niedrigen Gartensofas versehen und sogar mit Malstiften für Kinder bestückt. Und die zweisprachige Besitzerin und Architektin Mariana ist die personifizierte Liebenswürdigkeit.

Es gibt gleich zwei Best-Western-Hotels für all jene, die überteuerte Kettenhotels bevorzugen.

Best Western Hotel Las Espuelas (☎ 2666 0144; espuelas@racsa.co.cr; EZ/DZ inkl. Frühstück 70/81 US$, Suite 151 US$; P ✖ ☒ ▢ ☒ ☒) Das Hotel liegt etwa 2 km südlich von Liberia und bietet, wie zu erwarten, allen Standardkomfort sowie die typischen Best-Western-Zimmer.

Best Western Hotel El Sitio (☎ 2666 1211; htlsitio@racsa.co.cr; EZ/DZ inkl. Frühstück 70/81 US$; P ✖ ☒ ▢ ☒ ☒) Dieses Hotel liegt an der Straße nach Nicoya und dichter am Zentrum der Stadt Liberia.

Essen

Food Mall de Burger King (Ecke Interamericana & Highway 21; ⊙ 7–23 Uhr) Lust auf Gringo-Fastfood wie zu Hause? Keine Sorge, das gibt es auch in Costa Rica. In der Fressmeile sind Burger King, Church's Chicken, Papa John's Pizza, Subway, TCBY und Pizza Hut zu finden.

Café Liberia (☎ 2665 1660; www.cafeliberia.com; Calle 8 zw. Av. 25 de Julio & Av. 2; Snacks 1–3 US$; ⊙ Mo–Fr 8.30–19.30, Sa & Feiertage 10–18 Uhr; ✗ ☐) Das coole Café der süßen Tica namens Radha ist ein Traum. Serviert werden Biosäfte, costa-ricanischer Kaffee, frische Sandwiches, Gebäck, Wein und viel Vegetarisches. Und es gibt kostenloses WLAN und manchmal zu besonderen Anlässen auch Livemusik.

Guanaburger (Ecke Calle 3 & Av. 1; Burger, Pommes & Getränk 2,50 US$; ⊙ 12–14.30 & 17.30–22 Uhr) Die berühmte lokale Institution lockt die Einheimischen mit ihrem ständigem Schnäppchenmenü für 2,50 US$ an.

Soda Rancho Dulce (Calle Central zw. Av. Central & 2; Hauptgerichte 2–4 US$; ⊙ Frühstück, Mittag- & Abendessen) Manchmal ist ein Casado mehr als nur ein Casado, und dieses herausragende Freiluft-Soda mit fetzigen Holztischen und guten Batidos serviert das beste.

Los Comales (Calle Central zw. Av. 7 & Av. 5; Mahlzeiten 2–5 US$; ⊙ 18.30–21 Uhr) Das fröhliche, beliebte Lokal wird von einem Frauenkollektiv betrieben und serviert heimische Guanacaste-Gerichte sowie die übliche Küche. Spezialität ist Huhn mit Salsa, einer würzigen Soße, aber die Casados sind ebenso lecker.

Pan y Miel (☎ 2666 0718; Av. 25 de Julio zw. Calle 10 & Calle 8; Hauptgerichte 2–5 US$; ⊙ 6–18 Uhr) In dieser Filiale der örtlichen Bäckerei gibt es das beste Frühstück der Stadt. Das exzellente Brot wird für Sandwiches und arme Ritter verwendet, es gibt aber auch ein Büfett mit Casado-Zutaten, Gebäck und frischem Obst. Einen Block nördlich des Parque Central findet sich eine weitere, aber weniger freundliche Bäckerei.

Jauja-Café Boulevard (☎ 2665 2061; Calle 25 de Junio zw. Calle 10 & Calle 8; Hauptgerichte 3–9 US$; ⊙ Frühstück, Mittag- & Abendessen) Das Eckcafé besteht aus einer deutschen Bäckerei mit köstlich blättrigen Hörnchen, einer recht authentischen Sushibar, die das Beste aus dem einheimischen Reis macht, und einer international Küche, die europäische Gerichte zaubert. Die Terrasse unter dem Blätterdach eines riesigen Guanacastebaums ist auch ideal für ein Bier.

Pizza Pronto (☎ 2666 2098; Ecke Av. 4 & Calle 1; Hauptgerichte 5–9 US$; ⊙ Mittag- & Abendessen) Die romantische Pizzeria in einem schönen Haus aus dem 19. Jh. ist eine Klasse für sich. Für den Belag der Holzofenpizza steht eine lange Liste von Zutaten zur Auswahl, darunter auch frische Meeresfrüchte und Ananas. Die Pastagerichte sind ebenfalls sehr lecker.

LP Tipp Puerta del Sol (Ecke Calle Central & Av. 2; Hauptgerichte 5–7 US$; ⊙ 12–15 & 18–22 Uhr) Die peruanische Ceviche ist der Hit in diesem blauen Lokal mit nur vier Tischen und köstlichen Speisen. Neben der Spezialität des Hauses gibt es auch interessante Desserts und Drinks auf Maisbasis, wie die erfrischende, nicht alkoholische *chicha morada*. Und Verliebte können eines der aphrodisischen Gerichte wählen, wie *leche de tigre* („Tigermilch") aus Meeresfrüchten und quälend geheimen Zutaten.

La Toscana (☎ 2665 0653; Centro Comercial Santa Rosa; Hauptgerichte 4–13 US$; ⊙ 12–23 Uhr; ✗) In einem der authentischsten italienischen Restaurants der Region kann jeder seinen Appetit auf Gnocchi oder Spaghetti alla carbonara befriedigen. Tischdecken, toskanischer Wein und Tiramisu gehören dazu.

Paso Real (☎ 2666 3455; Av. Central zw. Calle Central & Calle 2; Hauptgerichte 6–20 US$; ⊙ 11–22 Uhr) Liberias berühmtestes Restaurant hat einen luftigen Balkon mit Blick auf den Parque Central und wird für seine erfindungsreiche Küche gerühmt, wie Seebarsch mit cremiger Sauce aus püriertem Spinat.

In Liberia gibt es viele preiswerte Sodas. Lebensmittel verkauft der **SuperCompro** (Av. Central zw. Calle 4 & Calle 6; ⊙ Mo–Fr 8–20, Sa & So bis 18 Uhr). Eine gute Auswahl an internationalen Lebensmitteln, wie Tahini, argentinischem Wein und Currypaste, führt der **Jumbo Supermercado** (Centro Comercial Santa Rosa), günstigerweise an der Kreuzung Richtung Strand gelegen.

Ausgehen

Trotz des jüngsten Touristenbooms ist in Liberia nachts kaum etwas los. Es gibt einige Kneipen, in denen sich jeder für weniger als 10 US$ hemmungslos betrinken kann.

Las Tinajas (Calle 2 zw. Av. Central & Av. 1; ⊙ Mittag- & Abendessen) Das Lokal am Park ist der ideale Ort, um bei einem kalten Bier und fettigen Pommes frites das Geschehen und die Leute im Parque Central zu beobachten. Manchmal spielt hier auch Livemusik.

Casa Pueblo (Calle Central zw. Av. 6 & Av. 8; ⊙ 17.30 bis 22 Uhr) In der coolen kleinen Bar in einem alten spanischen Kolonialgebäude („Haus des Dorfes") trifft sich die lokale Szene.

Elements (Calle 3 zw. Av. 5 & Av. 3) In der vermutlich teuersten, auf jeden Fall aber schicksten Bar Liberias dreht sich alles um die vier Elemente: Erde, Wind, Alkohol und Sofas ... nee, Moment mal ...

Das LIB im oberen Stock des Centro Comercial Santa Rosa ist ein relativ neuer In-Laden, der Einheimische und Touristen anzieht. Gelegentlich gibt es Livemusik; am Wochenende wird oft Eintritt verlangt.

Unterhaltung

Kulturelle Veranstaltungen sind in Liberia leider sehr dünn gesät. Die beste Chance jedoch, einen *Punto Guanacasteco* zu erleben, ist während eines *tope* (S. 218), einer Pferdeparade.

Cinema (Centro Plaza Liberia) Wer unbedingt Hollywoodstreifen braucht, findet hier einige recht anständige amerikanische Mainstreamfilme.

Discoteque Kuru (Av. 25 de Julio) Gegenüber dem Best Western El Sitio legen DJs donnerstag- bis sonntagnachts ihre Scheiben auf.

An- & Weiterreise

AUTO

Liberia liegt an der Interamericana, 234 km nördlich von San José und 77 km südlich der nicaraguanischen Grenzstadt Peñas Blancas. Die Carretera 21, die wichtigste Straße der Península de Nicoya, beginnt in Liberia und führt Richtung Südwesten. Ein 25 km lange Staubstraße, die in der Trockenzeit von allen Autos befahren werden kann (Allrad ist aber besser), führt von Barrio la Victoria zum Eingang Santa María des Parque Nacional Rincón de la Vieja. Die Schotterstraße zum Eingang Las Pailas beginnt an der Interamericana, 5 km nördlich von Liberia. Die Straße ist für normale Autos geeignet, doch Allradfahrzeuge machen vom Regenwetter unabhängig.

In der Region gibt es mehrere Autovermietungen (keine mit Schalter am Flughafen), die vergleichbar viel wie in San José berechnen. Viele Vermietungen bieten auch eine Abholung in Liberia und eine Abgabe in San José an, allerdings meist nur gegen einen Aufschlag. Autovermietungen haben ihre Büros an der Carretera 21 zwischen Liberia und dem Flughafen, können die Autos aber auch in der Stadt bereitstellen. La Posada de Tope (S. 226) vermietet die billigste an Autos in Liberia. Bei der letzten Zählung gab es mehr als 30 Autovermietungen in Liberia; im Folgenden ein paar der bekanntesten:

Adobe (☎ 2667 0608; www.adobecar.com)
Avis (☎ 2668 1196; www.avis.co.cr)
Budget (☎ 2668 1024; www.budget.com)
Dollar (☎ 2668 1061; www.dollarcostarica.com)
Economy Rent-A-Car (☎ 2666 2816; www.economyrentacar.com)
Europcar (☎ 2668 1023; www.europcar.co.cr)
Hola (☎ 2667 4040; www.hola.net)
Mapache (☎ 2665 4444; www.mapache.com)
National (☎ 2666 5595; www.natcar.com)
Payless (☎ 2667 0511; www.paylesscr.com)
Toyota Rent a Car (☎ 2666 8190; www.carrental-toyota-costarica.com)
Tricolor (☎ 2665 5555; www.tricolorcarrental.com)

BUS

Busse fahren vom und zum **Terminal Liberia** (Av. 7 zw. Calle 12 & Calle 14) und **Terminal Pulmitan** (Av. 5 zw. Calle 10 & Calle 12). Im Folgenden werden die Strecken, Preise, Fahrzeiten und Abfahrtszeiten aufgeführt:

Cañas 1,20 US$, 1½ Std., ab Terminal Liberia 5.30, 6.45, 7.30, 12, 13.30, 16.30 und 17.30 Uhr. Der Bus nach San José mit Halt in Cañas ist schneller.

La Cruz/Peñas Blancas 1,25 US$, 1½–2 Std., ab Pulmitan 5.30, 8.30, 9, 12, 13, 15, 17 und 18.30 Uhr.

Managua, Nicaragua 10 US$, 5 Std., ab Pulmitan 8.30, 9.30 und 13 Uhr (Fahrkarten sollten einen Tag im Voraus gekauft werden).

Nicoya, über Filadelfia & Santa Cruz 1,15 US$, 1½ Std., 15 Abfahrten von 6.30 bis 19.30 Uhr ab Terminal Liberia.

Playa del Coco 0,75 US$, 1 Std., ab Pulmitan 5.30, 7, 9.30, 11, 12.30, 14.30, 16.30 und 18.30 Uhr.

Playa Hermosa, Playa Panamá 1,30 US$, 1¼ Std., ab Terminal Liberia 5.30, 7.30, 11.30, 13, 15.30, 17.30 und 19.30 Uhr.

Playa Tamarindo 0,90 US$, 1½–2 Std., ab Terminal Liberia 3.50, 6.10, 8.10, 10, 11.10, 12.45 und 16.10 Uhr.

Puntarenas 2,25 US$, 3 Std., sieben Abfahrten von 5 bis 15.30 Uhr. Der Bus nach San José mit Halt in Puntarenas ist schneller.

San José 3,7 US$, 4 Std., elf Abfahrten ab Pulmitan von 4 bis 20 Uhr.

FLUGZEUG

Der Aeropuerto Internacional Daniel Oduber Quirós (LIR), 12 km westlich von Liberia gelegen, dient seit 1993 als zweiter internationaler Flughafen des Landes. Von hier aus es problemlos zu all den traumhaften Stränden, ohne das Theater mit den langen Schlangen und dem Gewusel wie in San José. Es ist ein kleiner Flughafen, der wegen des zunehmenden Verkehrs rappelvoll ist. Alle interna-

DER NORDWESTEN

tionalen Flüge gehen über die USA, doch es wird derzeit darüber nachgedacht, Direktflüge nach Europa einzurichten.

NatureAir und Sansa fliegen mehrmals täglich für etwa 90 US$ einfach, für 185 US$ hin und zurück zwischen Liberia und San José, ab dort mit landesweiten Anschlüssen. Am Flughafen gibt es keine Schalter der Autovermietungen. Die Vermieter bringen das Auto bei vorheriger Reservierung jedoch zum Flughafen. Im Gebäude befinden sich ein Geldwechsel, ein Café und ein Souvenirladen. Ein Taxi nach Liberia kostet 10 US$.

Zur Zeit des Erscheinens dieses Buchs waren sechs der unten aufgeführten Fluggesellschaften die einzigen, die von den USA aus direkt von und nach Liberia flogen.

American Airlines (☎ 800-421 7300; www.aa.com) Flüge von und nach Miami, Florida.

Continental (☎ 800-231 0856; www.continental.com) Von und nach Houston, Texas.

Delta (☎ 800-241 4141; www.delta.com) Von und nach Atlanta, Georgia.

NatureAir (☎ 2220 3054; www.natureair.com) Von und nach San José.

Northwest Airlines (☎ 800-800 1504; www.nwa.com) Von und nach Minneapolis, Minnesota.

Sansa (☎ 2668 1047; www.flysansa.com) Von und nach San José.

United Airlines (☎ 800-538 2929; www.united.com) Von und nach Chicago, Illinois.

US Airways (☎ 800-622 1015; www.usairways.com) Von und nach Charlotte, North Carolina.

PARQUE NACIONAL RINCÓN DE LA VIEJA

Der 14 161 ha große Nationalpark ist trotz seiner Nähe zu Liberia – wirklich nur einen Sprung und einige Schlaglöcher entfernt – erfrischend einsam und abgeschieden. Der Park ist nach der dampfenden Hauptattraktion benannt, dem Volcán Rincón de la Vieja (1895 m). Doch zum Park gehören noch weitere Gipfel in derselben Vulkankette, darunter ihre höchste Erhebung, der Volcán Santa María (1916 m). Der Park lebt förmlich vor geothermischer Energie, was an den vielfarbigen Fumarolen, heißen Quellen, ruhelosen, blubbernden *pailas* („Schlammlöcher"), die aschgraue Lehmklumpen ausspucken, und einem jungen, hitzigen *volcancito* („kleiner Vulkan") leicht zu erkennen ist.

All das kann zu Fuß oder zu Pferd auf gut erhaltenen, aber manchmal steilen Wegen erkundet werden.

Der Park wurde 1973 zum Schutz der 32 Flüsse und Bäche geschaffen, die im Parkgelände, einer wichtigen Wasserscheide, entspringen. Die relative Abgeschiedenheit bedeutet, dass Wildtiere, die anderswo selten sind, hier zahlreich auftreten – und der Hauptkrater bildet dazu die spektakuläre Kulisse. Seit Ende der 1960er-Jahre kam es mehrfach zu vulkanischen Aktivitäten. Der jüngste Ausbruch von Dampf und Asche erfolgte 1997. Zurzeit ist der Vulkan jedoch nur mäßig aktiv und stellt keine unmittelbare Gefahr dar. Der aktuelle Stand der Dinge ist bestenfalls vor Ort zu erfahren – Vulkane sind eben von Natur aus unberechenbar.

Die Höhenlage des Parks beträgt zwischen 600 und 1916 m. Besucher durchqueren also beim Aufstieg zu den Vulkanen verschiedene Biotope, auch wenn die meisten Bäume hier typisch für den trockenen Regenwald in Guanacaste sind. Eine Besonderheit ist jedoch die Würgfeige, ein parasitärer Baum, der seinen Wirtsbaum mit seinem eigenen Geäst umfängt und ihn beim Kampf um Wasser, Licht und Nährstoffe erwürgt. Der Wirtsbaum stirbt und verrottet schließlich, während die Würgfeige als hohles, röhrenförmiges Geflecht überlebt. Der Park ist auch das größte Verbreitungsgebiet der costa-ricanischen Nationalblume, der immer seltener werdenden tiefrosa Orchidee *Cattleya skinneri*, die hier *guaria morada* genannt wird.

Die meisten Parkbesucher kommen jedoch wegen der heißen Quellen, in denen sie – vom Lärm der Brüllaffen begleitet – baden können. Vielen dieser Quellen werden heilkräftige Eigenschaften nachgesagt – nach einem Glas Guaro Cacique zu viel ist das immer gut. Mehrere Unterkünfte am Rand des Parks sorgen für Zugang und organisieren Touren. Transport und Touren können aber auch direkt in Liberia gebucht werden.

Orientierung & Praktische Informationen

An jedem der beiden Eingänge gibt es eine Rangerstation, in der sich Besucher anmelden können und kostenlose Karten erhalten. Die meisten Besucher nutzen die **Rangerstation Las Pailas** (☎ 2661 8139; Eintritt 6 US$; ☷ 7–17 Uhr, letzter Zutritt 15 Uhr, Mo geschl.) am Westhang. Hier beginnen auch die Wege zum Gipfel und zu den interessantesten vulkanischen Erscheinungen. Auf dem Weg zum Las Pailas sind übrigens 1,50 US$ für das Wegerecht durch das Privatgelände der Hacienda Guachipelín zu zahlen. Das Geld dient angeblich dem Erhalt der Straße, doch das ist angesichts der Zimmerpreise der Hacienda ziemlich lachhaft.

Die **Rangerstation Santa María** (☎ 2661 8139; Eintritt 6 US$; ⏱ 7–17 Uhr, letzter Zutritt 15 Uhr, Mo geschl.) im Osten liegt auf dem Gelände der Hacienda Santa María, die einst dem US-Präsidenten Lyndon Johnson gehörte – ein kleiner Ausstellungsraum erinnert daran. Die Station liegt den Schwefelquellen am nächsten. Es gibt dort auch einen Beobachtungsturm sowie in der Nähe einen Wasserfall.

Aktivitäten

TIERBEOBACHTUNG

Das Tierleben im Park ist außerordentlich vielfältig. Fast 300 Vogelarten wurden gezählt, darunter Hokkos, Quetzale, Glockenvögel, Papageien, Tukane, Kolibris, Eulen, Spechte, Tangaren, Motmots, Tauben und Adler.

Die Welt der Insekten reicht von wunderschönen Schmetterlingen bis zu lästigen Zecken, die vor allem im Grasland vorkommen. Etwas Schutz bieten lange Hosen, die in die Stiefel gestopft werden, und langärmelige Hemden. Besonders interessant ist die Hochlandzikade, die sich in den Erdboden eingräbt und zur Verwirrung der Naturfreunde wie ein Frosch krächzt.

Säugetiere sind ebenso vielfältig vertreten. Häufig zu sehen sind Hirsche, Gürteltiere, Pekaris, Stinktiere, Baumhörnchen, Nasen-bären und drei Affenarten. Rund um die Lagunen nahe dem Gipfel sind oft Tapirspuren zu entdecken. Auch mehrere Wildkatzenarten wurden hier gesichtet, darunter Jaguar, Puma, Ozelot und Margay. Doch um sie zu Gesicht zu bekommen, braucht es Geduld und Glück.

WANDERN

Ein insgesamt 8 km langer Rundweg beginnt östlich von Las Pailas und führt an den kochenden Schlammlöchern (Las Pailas), schwefelhaltigen Fumarolen und einem Minivulkan, einem *volcancito* (der jederzeit wieder erlöschen kann), vorbei. Etwa 700 m westlich der Rangerstation liegt am **Sendero Cangreja** ein Badeteich – er hilft erfolgreich, die Körpertemperatur nach zu langer Badezeit in den heißen Quellen wieder zu senken. Auf gleichem Weg folgen etwas später mehrere Wasserfälle. Der größte von ihnen – **Catarata La Cangreja** – kommt nach 5 km Wanderung Richtung Westen in Sicht. Das Wasser fällt postkartenschön senkrecht von einer Klippe in eine kleine Lagune, in der man ebenfalls schwimmen darf. Gelöste Kupfersalze sind der Grund für die tiefblaue Farbe des Wassers. Der Weg zieht sich anschließend weiter durch Wald und führt dann ins offene Grasland an den Vulkanflanken entlang – von hier reicht der Blick bis zum Golfo de Nicoya. Die etwas kleineren **Cataratas Escondidas** (verborgene Wasserfälle) liegen 4,3 km weiter westlich an einem anderen Weg.

DIE HEISSESTEN TIPPS FÜR THERMALBECKEN & SCHLAMMLÖCHER

Costa Ricas vulkanische Thermalbecken und Schlammlöcher sorgen für großes, *sauberes* Vergnügen – für Schönheitsköniginnen ebenso wie für Möchtegern-Schlammkämpfer.

- Das **Simbiosis Spa** (S. 232) am Hang des Volcán Rincón de la Vieja hat mehrere Becken, eine Holzsauna und eine ruhige Atmosphäre in Dschungellage.

- Einige der besten Bäder rund um Arenal verlangen zwar unverschämte Preise für ein Bad in prächtigem Ambiente, die **Eco-Termales** (S. 249) bewahren aber durch Einschränkung der Besucherzahl einen Sinn für Eleganz.

- **Las Hornillas** (S. 223) am Südhang des Volcán Miravalles bleibt ursprünglich. Besucher können durch den (begehbaren) dampfenden, blubbernden Krater stapfen und danach in ein Schlammloch und ein Thermalbecken springen.

- Der Inbegriff von Luxusschlamm ist in den abgelegenen Höhen von Rincón de la Vieja im **Hotel Borinquen** (S. 232) zu finden, das auch Hautbehandlungen mit Wein und Schokolade anbietet – falls Mineralschlamm nicht so genehm ist.

- Das von Ticos betriebene, familienfreundliche **El Guayacán** (S. 223) besitzt eine Wasserrutsche, mehrere Thermalbecken, einen Wanderweg, der um die blubbernden Schlammlöcher herumführt, und preiswerte Hütten, damit die Gäste sich Zeit lassen können.

Die längste und abenteuerlichste Wanderung ist die 16 km lange Strecke zum Gipfel des Rincón de la Vieja und zur **Laguna de Jilgueros**. Dort sind angeblich Tapire zu sehen oder zumindest ihre Spuren (wenn man aufmerksam schaut). Der größte Teil des Wegs führt auf einem Grat entlang und ist extrem windig und neblig – entsprechend vorsichtig sollte sich jeder bewegen. Allen, die sich für die Tour interessieren, wird ein ortskundiger Führer empfohlen (kann an der Rangerstation oder in einem der Hotels angeheuert werden): Der Weg ist voller schwefliger heißer Quellen und Geysire. Einige Wanderer haben sich schon böse Verbrennungen zugezogen.

An der Rangerstation Santa María beginnt ein 2,8 km langer Weg, der Richtung Westen durch den „Zauberwald" und an einem Wasserfall vorbei zu schwefligen **heißen und heilkräftigen Quellen** führt. Allgemein wird empfohlen, nie länger als eine halbe Stunde darin zu baden (manche empfehlen sogar eine noch kürzere Zeit) und auf keinen Fall auf die kurze Abkühlung in einer der kalten Quellen in der Nähe zu verzichten – sonst spielt der Kreislauf verrückt. Ein Aussichtspunkt befindet sich 450 m östlich der Station.

SIMBIOSIS SPA
Die **Wellnessanlage Simbiosis** (☎ 2666 8075; www.simbiosis-spa.com; Eintritt 15 US$; ☯ 9–17.30 Uhr) gehört zur Hacienda Guachipelín, ist aber auch öffentlich zugänglich. In einem natürlichen Umfeld lässt sich hier in einigen Pools mit heißem Quellwasser, vulkanischem Schlamm, einer Sauna, Duschen und auf Liegestühlen wunderbar entspannen. Es werden auch Massagen und Wellnessanwendungen (35 bis 75 US$) angeboten, vorherige Anmeldung ist allerdings zu empfehlen.

Geführte Touren
Jede Touristenunterkunft bietet etliche Touren an, darunter Reiten (25–35 US$), Mountainbikeausflüge (10–30 US$), geführte Wanderungen zu Wasserfällen und heißen Quellen (15–25 US$), Abseilen (20–50 US$), Rafting und Schlauchboottouren auf dem weniger bekannten Río Colorado (45–60 US$), Wanderungen auf Hängebrücken (15–20 US$) sowie die beliebteste Geldverschwendung: die Baumkronentouren (30–50 US$). Die Preise variieren je nach Saison, außerdem gibt es etliche Pauschalarrangements. Bei einem Aufenthalt in Liberia können diese Aktivitäten entweder über das jeweilige Hotel in Liberia oder über direkten Kontakt mit den hiesigen Unterkünften im Voraus gebucht werden.

Schlafen & Essen
INNERHALB DES PARKS
In beiden Rangerstationen gibt es Campingplätze (pro Pers. 2 US$). Beide haben Wasser, Plumpsklos, Duschen, Tische und Grillplätze. Brennstoff gibt es allerdings nicht, Holz, Kohle oder ein Campingkocher müssen mitgebracht werden. In der Regenzeit sind außerdem Moskitonetze und Insektenschutzmittel notwendig; außerdem sollte man seine Lebensmittel wegen der ebenso hungrigen wie hartnäckigen Waschbären und Nasenbären immer sicher und fest verschließen.

Zelten ist im Park an vielen Stellen erlaubt, aber jeder Camper muss seine Verpflegung mitbringen und sich gegen Kälte und Nebel im Hochland schützen. Ein Kompass ist auch sehr hilfreich. Während der Regenzeit regnet es sehr viel – der Oktober ist der feuchteste Monat – und Moskitos treten massenhaft auf. Die beste Zeit zum Zelten sind die Monate Dezember, März und April. Im Januar und Februar kann es recht stürmisch werden.

AUSSERHALB DES PARKS
Alle genannten Unterkünfte liegen von Restaurants recht weit entfernt. Es bleibt also nichts anderes übrig, als in den (meist teuren) Hotelrestaurants zu essen.

LP Tipp **Rinconcito Lodge** (☎ 2200 0074; www.rinconcitolodge.com; Camping pro Pers. 3 US$; EZ/DZ/3BZ/4BZ 20/35/47/57 US$; P) Die empfehlenswerte preiswerte Unterkunft liegt nur 3 km vom Parkabschnitt Santa María entfernt: in der idyllischsten Landschaft, die man sich vorstellen kann. Die hübschen, rustikalen Hütten haben allesamt Warmwasserduschen. Mahlzeiten werden für etwa 5 US$ serviert. Das Frühstück ist nicht im Preis inbegriffen, doch die Ausgabe lohnt sich, da Eier und Milch direkt von der hauseigenen Farm stammen. Da hier überwiegend Budgetreisende nächtigen, werden auch bezahlbare Touren angeboten. Die Gäste werden von und nach Liberia transportiert (einfache Fahrt 20 US$).

Rincón de la Vieja Mountain Lodge (☎ 2200 0238; www.rincondelaviejalodge.net; EZ/DZ Standard inkl. Frühstück 45/65 US$, Bungalow 55/75 US$; P 🖳 🐾) Die urige Hacienda, zu der 400 ha naturgeschütztes Land gehören, liegt dem Parkeingang Las Pailas am nächsten. Sie bietet 49 geräumige

Standardzimmer, einige mit grell getünchten Wänden oder frei liegenden Dachbalken, sowie Hütten mit noch mehr Platz und mit Balkonen. Elektrizität wird durch eine Wasserturbine erzeugt, allerdings wird der Ökostrom um 22 Uhr abgeschaltet (Kerzen stehen zur Verfügung). Das Personal ist absolut liebenswürdig.

Hacienda Guachipelín (☎ 2666 8075; www.guachi pelin.com; EZ/DZ/3BZ Standard inkl. Frühstück 51/73/93 US$, Superior 66/83/107 US$; P 💻 🐾) Die einladende, bewirtschaftete Rinderfarm aus dem 19. Jh. liegt an der Straße nach Las Pailas, von 1200 ha Primär- und Sekundärwald umgeben. Die Unterkunft besteht aus über 100 attraktiv eingerichteten, geräumigen Zimmern und Suiten mit Heißwasserbädern und Veranden. Es gibt einen Pool im Garten, kostenloses WLAN, und die Gäste werden mit einem Willkommensdrink begrüßt. Der einzige Nachteil (abgesehen vom Wegegeld für all jene, die das Anwesen durchqueren) ist der Eindruck der Massenabfertigung, den die Hacienda erweckt, da sie in erster Linie auf Pauschaltouristen ausgerichtet ist.

LP Tipp **Hotel Borinquen** (☎ 2690 1900; www. borinquenresort.com; EZ inkl. Frühstück 175–357 US$, DZ 204–374 US$; P ⊠ 🐾 🌊 🐕) Wer richtig viel Geld ausgeben möchte, sollte es hier tun. Das luxuriöseste Hotel der Umgebung bietet vornehme, voll klimatisierte Bungalows mit Terrasse, Minibar und Satelliten-TV. Bis jetzt nichts Besonderes, aber die hauseigenen heißen Quellen, Schlammbäder und Natursaunen sind wunderschön mitten in den Grünen angelegt. Und eine Wellnessbehandlung im unglaublichen Anáhuac Spa (Behandlungen 35–100 US$, 10–18 Uhr) oberhalb von Fluss und Dschungel ist das Sahnehäubchen auf diesem dekadenten (Schlamm-)Törtchen.

An der Straße zum Park liegen sehr unterschiedliche, wirklich schöne Unterkünfte, die für Autofahrer sicherlich sehr reizvoll sind. Im Folgenden sind sie nach zunehmender Entfernung von Liberia aufgelistet.

Rancho Curubandé Lodge (☎ 2665 0375; www.ran cho-curubande.com; EZ/DZ/3BZ inkl. Frühstück 35/45/ 55 US$, Villa DZ 70 US$; P ⊠) Ruhige, friedliche Finca mit Gartenzimmern; hier können auch Pferde für Ausritte in die Umgebung gemietet werden.

Canyon de la Vieja Lodge (☎ 2665 5912; www. canyonlodgegte.com; EZ/DZ/3BZ/4BZ Standard inkl. Frühstück 48/69/90/105 US$, Bungalows 65/80/100/120 US$; P ⊠ 🐾) Die Zimmer am Fluss sind rund um eine *palapa*-Bar (Unterstand mit Palmdach und offenen Seiten)

und einen Pool gruppiert. Nach einer Tagestour schläft es sich in den hübschen Zimmern besonders gut.

Posada El Encuentro Lodge (☎ 8848 0616; www. posadaencu.com; Zi. inkl. Frühstück 75–85 US$, Hütte 105 US$; P 🐾 🌊) Es gibt einige schicke Zimmer im gemütlichen Haus sowie eine separate Hütte mit fünf Betten. Von ihrer abgeschiedenen Lage in einem Obstgarten eröffnet sich ein weiter Blick auf Meer und Vulkan.

El Sol Verde (☎ 2665 5357; www.elsolverde.com; Camping 5 US$, inkl. Zelt & Bettzeug 18 US$; Zi. 40–60 US$; P) Das sehr nette holländische Paar hier in Curubandé vermietet drei schöne Zimmer mit Steinböden und Holzwänden und hat auch einen Campingplatz mit offener Gemeinschaftsküche.

Casa Rural Aroma de Campo (☎ 2665 0008; www. aromadecampo.com; EZ/DZ/3BZ/4BZ inkl. Frühstück 55/68/92/111 US$; P 🌊) Diese heitere Oase voller epiphytenbehangener Bäume und Hängematten besitzt elegant eingerichtete Zimmer mit polierten Lehmböden, großen, offenen Bädern, Moskitonetzen und stilvoller ländlicher Empfindsamkeit.

Buena Vista Lodge (☎ 2690 1414; www.buenavista lodgecr.com; EZ/DZ/4BZ 44/59/73 US$, inkl. Frühstück 51/75/95 US$; P 🌊) Auf der freundlichen Finca Richtung Borinquen werden von Quellen gespeiste Pools, ein Herpetarium (für Reptilien), tolle Aussichten und zahlreiche Aktivitäten geboten.

An- & Weiterreise

Der Las-Pailas-Sektor des Nationalparks ist über eine 20 km lange gute Schotterstraße erreichbar, die von der Interamericana rund 5 km nördlich von Liberia abzweigt (ist ausgeschildert). Für die Benutzung der Privatstraße werden 2 US$ pro Person verlangt. Zur Rangerstation Santa María weiter östlich führt eine holprige Straße, die im Barrio La Victoria in Liberia beginnt. Beide Straßen sind während der Trockenzeit für normale Autos befahrbar, in der Regenzeit schaffen nur noch Allradfahrzeuge die Strecke. Allradfahrzeuge sind aber generell von Vorteil. Es gibt keinen öffentlichen Busse, aber jede der oben genannten Unterkünfte (s. S. 232) holt ihre Gäste aus Liberia ab. Dieser Service kostet 15 US$ pro Person und Fahrt, wobei aber mindestens zwei oder drei Fahrgäste zusammenkommen müssen. Ein Jeeptaxi kostet pro Fahrt nach Las Pailas um die 25 US$, nach Santa María 45 US$.

PARQUE NACIONAL SANTA ROSA

Santa Rosa gehört zu den ältesten (1971 gegründet) und größten Nationalparks Costa Ricas. Das 38 674 ha große Schutzgebiet auf der Península Santa Elena schützt den größten verbliebenen Bestand an tropischem Trockenwald in Mittelamerika, außerdem einige der wichtigsten Legeplätze für Meeresschildkröten. Für die Costa-Ricaner ist Santa Rosa jedoch auch ein Symbol nationalen Stolzes: Das Land wurde erst dreimal von einer fremden Streitmacht angegriffen, und jedes Mal wurden die Angreifer in Santa Rosa geschlagen.

Am berühmtesten ist die Schlacht, die am 20. März 1856 stattfand: Damals marschierte William Walker – Amerikaner und kurz darauf selbst ernannter Präsident von Nicaragua – in Costa Rica ein. Walker war der Anführer der Filibuster, einer Gruppe ausländischer Piraten und Abenteurer, die bereits Baja und den Südwesten Nicaraguas eingenommen hatten und dabei waren, ganz Mittelamerika unter ihre Kontrolle zu bringen. Costa Ricas Präsident Juan Rafael Mora Porras erriet Walkers Absichten und sammelte einen bunt gewürfelten Haufen von Kämpfern um sich, die Walkers Armee im Hauptgebäude der alten Hacienda Santa Rosa (La Casona) umzingelten. Die Schlacht war nach nur 14 Minuten vorbei und Walker damit für immer von costa-ricanischem Boden vertrieben.

Santa Rosa wurde 1919 und 1955 erneut Schauplatz von Kämpfen zwischen costa-ricanischen Truppen und eindringenden Soldaten aus Nicaragua. Die erste Schlacht war ein halbwegs ehrenhafter Versuch, den costa-ricanischen Diktator General Federico Tinoco zu stürzen. Die zweite hingegen war ein fehlgeschlagener Putsch des nicaraguanischen Diktators Anastasio Somoza. Somozas verlassener Panzer liegt noch heute in einem Graben neben der Straße unweit vom Parkeingang. Die Militärgeschichte um den Park endet jedoch nicht mit Somoza, da Santa Rosa später als Truppenstandort des US-Militärs während des Kriegs zwischen Sandinistas und Contras genutzt wurde.

Der Park war zunächst hauptsächlich aus historischen und patriotischen Gründen eingerichtet worden. Doch dann stellte sich durch einen überraschenden Zufall heraus, dass Santa Rosa noch aus einem weiteren Grund sehr schützenswert ist: Die **Playa Nancite** ist einer der Eiablageplätze der Bastardschildkröten, die teilweise in Größenordnungen von bis zu 8000 Weibchen auf einmal am Strand auftauchen.

Mit seinen Akazien und dem hohen Jaragua-Gras erinnert der Park auf den ersten Eindruck an eine afrikanische Savanne. Zu den für den amerikanischen Kontinent typischen Pflanzenvertretern zählen die Kakteen und Bromelien.

Viele Reisende kommen jedoch noch aus einem weiteren Grund hierher: Sie wollen die fast perfekte Welle an der **Playa Naranjo** (auch Roca Bruja) reiten, die durch den legendären Monolithen **Witch's Rock** vor der Küste hervorgerufen wird. Ein weiterer, ebenso berühmter Break ist **Ollie's Point** – diese Welle wurde durch den Film *Endless Summer II* unsterblich gemacht und nach dem Oberstleutnant der US-Marine Oliver North benannt. Der kam in der Reagan-Ära durch seine illegalen Waffenverkäufe an den Iran und die Verwendung des Profits zur Finanzierung der paramilitärischen Contras in Nicaragua zu zweifelhaftem Ruhm. Ollie's Point verdankt seinen Namen dem nahe gelegenen Truppenübungsplatz der Männer um North, den alle kannten – nur nicht der US-Kongress.

Santa Rosa ist nur schwer zu erreichen, entsprechend wenige Leute sind hier unterwegs. Eine Ausnahme bilden die Wochenenden in der Trockenzeit, dann strömen die Ticos auf der Suche nach den Spuren ihrer oftmals schwer zu findenden Geschichte in den Park. In den Regenmonaten von Juli bis Dezember und vor allem im September und Oktober hat man den Park fast ganz für sich allein.

Orientierung & Praktische Informationen

Der Eingang zum Parque Nacional Santa Rosa liegt 35 km nördlich von Liberia und 45 km südlich der nicaraguanischen Grenze an der Westseite der Interamericana. Der **Parkeingang** (☎ 2666 5051; Eintritt 6 US$, Zelten pro Pers. 2 US$; ☽ 8 bis 16 Uhr) liegt dicht an der Interamericana, aber es sind noch weitere 7 km bis zur Parkverwaltung. Dort gibt es außer dem Verwaltungsbüros Zimmer für die Wissenschaftler, ein Informationszentrum, einen hervorragenden Zeltplatz, ein Museum und Naturlehrpfade. Die Büros stehen unter der Leitung von ACG (Area de Conservación Guanacaste).

Von diesem Komplex aus führt ein sehr holpriger Weg zur Küste bis zur 12 km entfernten Playa Naranjo hinab. Selbst in der Trockenzeit ist die Straße nur mit einem Hochradfahrzeug mit Allradantrieb passierbar. Jeder muss am Parkeingang eine Erklärung unterzeichnen, dass die Straße auf eigene Gefahr befahren wird. Es wird auch verlangt, dass sich jeder auf dieser Tour komplett selbst versorgt, also sämtliches benötigte Wasser mitnimmt und auch ein Auto reparieren kann. Die Ranger haben schlichtweg nicht die Mittel und Möglichkeiten, jemandem aus der Patsche zu helfen oder im Fall einer Panne ein Auto zu reparieren. In der Regenzeit (Mai bis November) ist die Straße für Fahrzeuge gesperrt und nur für Wanderer und Pferde freigegeben. Für Surfer ist es unendlich einfacher, ein Boot an der Playa del Coco oder Tamarindo weiter südlich zu mieten, um an den Strand zu gelangen. Die Playa Nancite wird von den Rangern während der Zeit, in der die Schildkröten ihre Eier ablegen, grundsätzlich für Besucher gesperrt. Vom Campingplatz an der Playa Naranjo sind es 5 km Fußmarsch zu dem Strand. Die Playa Nancite ist generell für Besucher gesperrt – es sei denn, man besitzt eine Genehmigung der Parkverwaltung.

Zum Sektor Murciélago (Fledermaus-Sektor) gehört die wilde Nordküste der Península Santa Elena, die aber vom Hauptteil des Nationalparks gar nicht erreichbar ist. Wer dorthin will, muss von der Interamericana am Hauptparkeingang vorbei 10 km Richtung Norden fahren und dann nach einem Polizeikontrollpunkt links abbiegen. Ein paar Kilometer weiter auf dieser Straße liegt das Dorf Cuajiniquíl, dort muss man sich wieder links halten. Auf den nächsten 15 km passiert man zwei historische Sehenswürdigkeiten: die einstige Hacienda der Familie Somoza (sie ist derzeit Trainingscamp der costa-ricanischen „Polizei") und die alte Landebahn, die Oliver North in den 1980er-Jahren benutzt hat, um „heimlich" Nachschub zu den nicaraguanischen Contras zu schmuggeln.

Kurz hinter der Landebahn im Dorf Murciélago erreicht man den **Parkeingang** (Eintritt 6 US$; Zelten 2 US$ pro Pers.; ☺ 8–16 Uhr). Von hier aus sind es weitere 16 km bis zur einsamen, weißsandigen **Playa Blanca** und dem Beginn des Wanderwegs zum Wasserloch **Poza el General**. Dort lassen sich das ganze Jahr über Vögel und andere Tiere blicken.

Ollie's Point an der **Playa Portero Grande** gehört zu diesem Teil des Parks, kann aber nur per Boot von der Playa del Coco oder Tamarindo aus angesteuert werden. Die Alternative ist, ein Flugzeug zu chartern und wie Patrick und Wingnut in *Endless Summer II* eine Bruchlandung direkt auf dem Strand hinzulegen (dieser Vorschlag ist allerdings nur bedingt zu empfehlen).

Sehenswertes
La Casona, das Hauptgebäude der alten Hacienda Santa Rosa, liegt unweit der Hauptverwaltung des Nationalparks. Leider fiel das originale Gebäude im Mai 2001 einer Brandstiftung zum Opfer und wurde bis auf die Grundmauern zerstört. Mithilfe alter Fotos und unter Verwendung von einheimischen Holzarten wurde es aber 2002 wieder aufgebaut. Die Schlacht von 1856 fand rund um dieses Gebäude statt. Die Militäraktion wie auch die Entwicklung der Landschaft werden mit Dokumenten, Gemälden, Karten und anderen Exponaten (meist auf Spanisch) erklärt. Wer sein Wörterbuch dabei hat, wird eine anregende (vielleicht auch beschämende) Geschichtslektion bekommen und lernen, wie man ein Land *nicht* angreift.

Der Brand wurde von Wilderern (Vater und Sohn) gelegt, die sauer waren, dass ihnen Parkranger das Jagen und Fallenstellen auf dem Gelände verboten hatten. Sie wurden gefasst und wegen Brandstiftung an einem kulturell und historisch wertvollen Gebäude zu 20 Jahren Haft verurteilt. Im Park wird leider immer noch gewildert, da es für die wenigen Ranger schwierig ist, ein so großes Areal effektiv zu überwachen.

Aktivitäten
TIERBEOBACHTUNG
Tiere lassen sich hier in Hülle und Fülle beobachten, das gilt im besonderen Maße für die Trockenzeit, wenn sich alle um die verbliebenen Wasserlöcher sammeln und die Bäume ihre Blätter abwerfen. Über 250 Vogelarten wurden gezählt, darunter auch der Elsterhäher *(Calocitta formosa)*, der dank seiner langen und wild gekringelten Haubenfedern nicht zu übersehen ist. Im Wald leben Papageien und Sittiche, Trogonen und Tangaren – und an der Küste viele Küstenvögel.

Auch Fledermäuse kommen hier häufig vor. In Santa Rosa wurden etwa 50 bis 60 Arten identifiziert. Weitere Tiere, die sich öfter blickenlassen, sind Hirsche, Nasenbären, Pekaris, Gürteltiere, Kojoten, Waschbären und drei Affenarten – insgesamt 115 Arten. Von den vielen Insektenarten gar nicht erst zu reden, allein 4000 Nachtfalter und tagfliegende Schmetterlingsarten kommen hier vor. Und natürlich Mücken; man sollte also ein Insektenschutzmittel nicht vergessen.

Zu den Reptilien zählen Echsen, Leguane, Schlangen, Krokodile und vier Meeresschildkrötenarten. Die Bastardschildkröte kommt am häufigsten vor. Zehntausende von ihnen landen von Juli bis Dezember an den Stränden von Santa Rosa. Der beliebteste Strand ist die Playa Nancite, wo besonders im September und Oktober bis zu 8000 der 40 kg schweren Schildkrötenweibchen zur gleichen Zeit über den Sand wandern, sie ziehen sich dabei mühsam vorwärts. Licht verschreckt die Tiere, deswegen sind Blitzlichter und Taschenlampen absolut tabu. Vollmondnächte sind ebenfalls zu hell für die Schildkröten, sie lassen sich dann nur selten blicken. Die Playa Nancite ist streng geschützt und der Zutritt nur beschränkt erlaubt. Ernsthaft Interessierte können sich bei der Parkverwaltung eine Besuchserlaubnis ausstellen lassen; auf jeden Fall vorher dort anrufen.

Die Vielfalt der Tierwelt spiegelt die Fülle der im Park vorkommenden Lebensräume wieder: Neben dem größten noch verbliebenen Bestand tropischen Trockenwaldes in Mittelamerika sind das Savannen, Eichen-, laubabwerfende und immergrüne Wälder, einem europäischen Auwald ähnliche Wälder, Mangrovensümpfe und Küstenwälder.

SURFEN

Das Surfen an der Playa Naranjo genießt wahrlich Weltruhm, vor allem im Bereich nahe dem Witch's Rock, einem Beach Break, der für seine schnellen, hohlen Drei-Meter-Rights berühmt ist (es gibt auch tolle Lefts, wenn es nicht zu heftig wird). Vorsicht vor den Felsen nahe der Flussmündung – und auch am Flussdelta sollte man gut aufpassen, da es bei Gezeitenwechsel ein Jagdgrund für Krokodile ist. Ebenso legendär ist das Surfen am Ollie's Point vor der Playa Portero Grande mit den besten Rights Costa Ricas, die einen schönen, langen Ritt erlauben, besonders bei einer Süddünung.

Der Meeresgrund besteht hier aus einer Mischung aus Sand und Felsen, und die ganzjährige Brandung ist ideal für Right-Turns und langsame Closes (Wellen, die auf ganzer Länge gleichzeitig brechen). Surfer bevorzugen an beiden Stellen Shortboards.

WANDERN

Der **Sendero Indio Desnudo** unweit der Hacienda Santa Rosa ist ein 1 km langer Lehrpfad, der auf Infotafeln das ökologische Wechselspiel zwischen Tieren, Pflanzen und der Wetterlage auf Santa Rosa erläutert. Der Pfad wurde

nach einem hier häufig vorkommenden Baum benannt: Der *indio desnudo* oder *gumbo limbo (Bursera simaruba)* hat eine orangerote Borke, die sich in der Trockenzeit schält und für die abgefallenen Blätter die Photosynthese übernimmt (sie erinnert dann an einen Urlauber mit Sonnenbrand ... oder eben an einen unbekleideten Indianer, wie der Name andeutet). Auch der Nationalbaum Costa Ricas, der *guanacaste (Enterolobium cyclocarpum)*, wächst hier im Park. Nach den riesigen Bäumen, die im Tiefland entlang der Pazifikküste wachsen, wurde die Provinz benannt, und ihr Emblem zeigt den Guanacaste. Auch Vögel, Affen, Schlangen, Leguane sowie Felszeichnungen (vermutlich präkolumbische) sind entlang des Weges zu entdecken.

Hinter La Casona führt ein kurzer Weg hoch zum **Monumento a Los Héroes** und zu einer Aussichtsplattform. Zu den längeren Wegen durch den Trockenwald zählt auch der leichte, 4 km lange Wanderweg zum Mirador. Er bietet einen traumhaften Blick auf die Playa Naranjo. Wanderer können einer 9 km langen Piste mit tiefen Rillen zum Strand folgen. Vom Hauptweg zweigen zahlreiche kurze Wege zu kleinen Wasserfällen und anderen fotogenen Naturschauspielen ab.

Am Südende der Playa Naranjo beginnen ebenfalls zwei Wanderwege: Der 20 km lange **Sendero Carbonal** schwenkt landeinwärts und endet am Strand bei Cerros Carbonal, während der **Sendero Aceituno** 13 km parallel zur Playa Naranjo verläuft und unweit der Flussmündung gegenüber vom Witch's Rock endet. Ein 6 km langer Wanderweg beginnt am Ende der nördlichen Zugangsstraße. Er führt zur biologischen Forschungsstation in Nancite und ist nur mit Genehmigung begehbar.

Es wird zwar von der Parkverwaltung nicht offiziell vorgeschlagen, aber lange Strandwanderungen sind ebenfalls möglich, besonders für erfahrene Wanderer, die bereit sind, große Mengen an Essen und Wasser mitzuschleppen. Die Ranger vor Ort können sagen, ob diese langen Wanderungen realistisch sind (d. h., ob die permanent fließenden Trinkwasserquellen alle funktionieren). Angeblich kann man von Santa Rosa bis zur Playa del Coco wandern (wer es schafft, sollte doch bitte einmal davon berichten!).

Schlafen & Essen

In der Nähe der Parkverwaltung liegt ein schattiger **Campingplatz** (pro Pers. 2 US$) mit Picknickbänken, Grillplätzen, Spülklos und Kaltwasserduschen. An der Playa Naranjo stehen Plumpsklos und Duschen, aber es gibt kein Trinkwasser – also eigenes mitbringen. Die anderen Campingplätze des Parks haben keinerlei Einrichtungen. An der Playa Natanjo dürfen maximal 25 Personen zugleich bis zu zwei Nächte lang zelten. Ein kleinerer Zeltplatz mit Plumpsklo und Duschen befindet sich nahe der Rangerstation im Sector Murciélago. Allerdings muss dort jeder seinen Proviant und sein Wasser mitbringen.

Übernachtungen in den Schlafsälen mit je acht Betten, Kaltwasserduschen und Strom in der **Forschungsstation** (B 15 US$) müssen reserviert werden. Forscher haben Vorrang, aber es ist meist immer noch Platz für andere Gäste. Es werden auch gute Mahlzeiten (3–7 US$) angeboten, die aber am Tag zuvor bestellt werden müssen.

An- & Weiterreise

Zum gut ausgeschilderten Haupteingang des Parks fahren Busse: Jeder Bus zwischen Liberia und der nicaraguanischen Grenze hält auf Wunsch auch am Parkeingang. Die Ranger sind behilflich, den Bus zurück zu erwischen. Die Hotels in Liberia arrangieren auch private Beförderung für ungefähr 15 US$ (pro Pers., hin und zurück).

Zum nördlichen Parksektor Murciélago geht es zunächst 10 km nordwärts auf der Interamericana, dann links auf eine 8 km lange Asphaltstraße nach Cuajiniquíl. Das Dorf hat ein paar *sodas* und eine *pulpería* mit dem typischen Geruch eines ländlichen Kramladens. Alle Reisenden sollten ihren Pass bereithalten – es gibt viele Kontrollpunkte. Die Straße hinter dem Dorf endet nach 4 km an einem Marinehafen. Von hier aus kommt man zwar nicht in den Murciélago-Sektor, aber zum Refugio Nacional de Vida Silvestre Bahía Junquillal.

Zur Rangerstation Murciélago zweigt auf der anderen Seite von Cuajiniquíl eine 8 km lange miserable Straße ab. Während der Regenzeit ist sie nur mit Allradfahrzeugen befahrbar, manchmal aber auch unpassierbar – aber auch sonst ist ein Allradfahrzeug ratsam. An der Rangerstation kann man zelten oder 10 bis 12 km auf einem Feldweg hinter der Station zu den abgelegenen Buchten und Stränden der Bahía Santa Elena und der Bahía Playa Blanca weiterfahren, auch eine stramme Wanderung bietet sich an.

REFUGIO NACIONAL DE VIDA SILVESTRE BAHÍA JUNQUILLAL

Das 505 ha große Wildschutzgebiet ist Teil der Area de Conservación Guanacaste (ACG) und wird von der Parkverwaltung des Parque Nacional Santa Rosa mitverwaltet. Die **Rangerstation** (☎ 2679 9692; Eintritt inkl. Parque Nacional Santa Rosa 6 US$, Zelten pro Pers. 2 US$; ⌚ 7–16 Uhr) steht mit Santa Rosa in Telefon- und Funkkontakt.

In der ruhigen Bucht mit einem geschützten Strand ist Schwimmen, Boot fahren und Schnorcheln möglich. Die Bucht begrenzen tropischer Trockenwald und Mangrovensümpfe. Kurze Wege führen zu einem Beobachtungspunkt für Seevögel und zu Mangroven, u. a. können hier Pelikane und Fregattvögel mit dem roten Kehlsack beobachtet werden. Schildkröten legen in der Saison ab. In der Ferne ist der Volcán Orosí auszumachen. Camper sollten daran denken, dass in der Trockenzeit das Wasser sehr kostbar ist und nur für eine Stunde pro Tag zur Verfügung steht. Plumpsklos sind vorhanden.

Von Cuajiniquil geht es noch 2 km auf der Asphaltstraße weiter, dann zweigt rechts eine ausgeschilderte Piste ab (auch mit normalen Autos befahrbar). Nach 4 km kommt der Eingang zur Bahía Junquillal in Sicht, von dort sind es noch einmal 700 m bis zum Strand, zur Rangerstation und zum Campingplatz.

PARQUE NACIONAL GUANACASTE

Der jüngste Park der ACG wurde am 25. Juli (dem Guanacaste-Tag) 1989 ins Leben gerufen. Er grenzt an den Parque Nacional Santa Rosa und ist von ihm nur durch die Interamericana getrennt. Der Parque Nacional Rincón de la Vieja liegt nur 5 km südöstlich.

Der Nationalpark Guanacaste ist 34 651 ha groß, aber keinesfalls nur eine Fortsetzung der Tieflandökosysteme des Nationalparks Santa Rosa. An seiner tiefsten Stelle im Westen setzen sich zwar noch die tropischen Trockenwälder fort, dann steigt das Terrain aber ziemlich bald zu zwei Vulkanen an: dem Volcán Orosí (1487 m) und dem Volcán Cacao (1659 m) auf. An ihren Hängen dominiert der feuchte Nebelwald, der in weiten Teilen der Cordillera de Guanacaste vorherrscht. Er bietet (ähnlich wie im Parque Nacional Carara) Tieren ein Rückzugsgebiet, die von Natur aus zwischen Küste und Hochland wandern (migrieren). Im Nationalpark können somit Tiere ihr uraltes Wander- und Jagdverhalten wie seit Jahrtausenden fortsetzen.

Die Nebelwälder sind hier jedoch eher die Domäne der Forscher als der Urlauber – der Park gehört zu den am wenigsten besuchten in ganz Costa Rica. Innerhalb des Parks liegen drei größere Forschungsstationen. Die Biologen beobachten nicht nur das Migrationsverhalten der Tiere, sondern überwachen auch den Fortschritt der Wiederaufforstung: Derzeit ist ein großer Teil des Parks noch Weideland. Beobachtungen haben aber ergeben, dass sich der Regenwald sein altes Territorium relativ rasch wieder zurückerobert, wenn die Natur sich selbst überlassen bleibt. Somit werden bedeutende Biotope im Nationalpark nicht nur geschützt, sondern in manchen Fällen sogar noch erweitert.

Die **ACG-Verwaltung** (☎ 2666 5051) im Parque Nacional Santa Rosa hat weitere Informationen zum Park.

Sehenswertes & Aktivitäten

Die drei **Forschungsstationen** innerhalb des Parks stehen Touristen offen und bieten sehr gute Möglichkeiten zur Tierbeobachtung. Wer einschlägige Erfahrungen in Biologie oder Ökologie hat, kann an Freiwilligenprogrammen teilnehmen. Interessenten sollten die ACG aber frühzeitig kontaktieren.

BIOLOGISCHE FORSCHUNGSSTATION MARITZA

Die Station auf 600 m Höhe ist die neueste der drei und hat ein modernes Labor. Von hier führen raue Pfade zu den Gipfeln des Volcán Orosí und des Volcán Cacao (5 bis 6 Std.). Ein besserer Weg leitet zu einer Stelle mit Hunderten von Felszeichnungen, die in das Vulkangestein geritzt wurden. Wie bei den meisten Stätten dieser Art in Costa Rica ist auch hier wenig über die Künstler bekannt. Allerdings wird vermutet, dass die Gegend einst von den Chorotega (S. 195) bewohnt wurde. Ein weiterer Weg führt zur Biologischen Station Cacao.

Wer mit dem Auto zur Forschungsstation Maritza fahren will, biegt bei der Abzweigung nach Cuajiniquíl von der Interamericana Richtung Osten ab. Nach 17 km Piste, für die man in der Regenzeit Allradfahrzeuge braucht, erreicht man die Station.

BIOLOGISCHE FORSCHUNGSSTATION CACAO

Die Forschungsstation liegt hoch oben an den Hängen des Volcán Cacao (1060 m), Pfade führen zum Gipfel des Vulkans und zur Forschungsstation Maritza. Entsprechend der Höhenlage wachsen hier Staudenpflanzen. Die Station Cacao wird von der Südseite des Parks aus angefahren: In Potrerillos (9 km südlich des Eingangs zum Parque Nacional Santa Rosa an der Interamericana) führt eine 7 km lange Asphaltstraße Richtung Osten zum Dörfchen Quebrada Grande (auf vielen Karten als Garcia Flamenco verzeichnet). Ein Bus fährt täglich um 15 Uhr von Liberia nach Quebrada Grande. Vom Dorfplatz aus geht es über eine Piste 10 km nordwestwärts zur Biologischen Forschungsstation. In der Regenzeit ist der Weg häufig unpassierbar.

BIOLOGISCHE FORSCHUNGSSTATION PITILLA

Die Station liegt an der Nordostseite des Volcán Orosí auf der Ostseite der Kontinentalen Wasserscheide. Die Wälder dort sind feucht, üppig grün und eher untypisch für die Provinz Guanacaste.

Zur Station geht es folgendermaßen: 12 km nördlich der Abzweigung nach Cuajiniquíl biegt man von der Interamericana (d. h. 3 km vor dem kleinen Ort La Cruz) nach Osten ab. Nach 28 km auf dieser Asphaltstraße (Nr. 4) kommt das Dorf Santa Cecilia in Sicht. Von dort führt eine 11 km lange Holperpiste Richtung Süden zur Forschungsstation. Meist ist die Piste nur mit Allrad zu bewältigen. (Wer auf der unbefestigte Straße weiter nach Osten fährt, kommt nach 50 km in Upala raus.)

Wandern

Die **Wanderwege** im Nationalpark gehören zu den am wenigsten ausgebauten im ganzen Land und werden hauptsächlich von Forschern für Besuche zwischen den einzelnen Stationen benutzt. Wer dennoch hier laufen will, sollte vorher mit den Leuten in den Stationen reden, denn es gibt so gut wie keine Infrastruktur im Park!

Wer den Gipfel des Volcán Cacao besteigen will, sollte unbedingt einen Führer anheuern – entweder über eine der Forschungsstationen oder über die Hacienda Los Inocentes (S. 239), die auch Gäste aufnimmt.

Schlafen & Essen
INNERHALB DES PARKS

Camping (pro Pers. 2,50 US$) ist in der Nähe der Stationen möglich, es gibt jedoch keinerlei sanitäre Einrichtungen.

DER REGENWALD-WHOPPER

In Costa Rica hat Waldrodung eine lange Tradition, doch in den 1970er-Jahren verschärfte sich die massive Rodung des Regenwalds (besonders in Guanacaste) dramatisch. Es gibt derzeit viele Diskussionen über die Ursachen dieser flächendeckenden Abholzung. Untersuchungen ergaben, dass vermutlich ein Wechsel in der Regierungspolitik die Sache ins Rollen brachte. Damals förderten Richtlinien die Ausdehnung der Felder, der Holzproduktion, des Weidelands und die Verbesserung der Transportwege. Die Maßnahmen sollten zum Aufschwung der Wirtschaft beitragen. Das Land hatte damals große wirtschaftliche Einbußen durch den nachlassenden Bedarf an costa-ricanischem Kaffee erlitten.

Fortschritt ist fraglos ein zweischneidiges Schwert. Es ist nicht zu leugnen, dass die Regierungspolitik der 1970er-Jahre zur Steigerung der Lebensqualität in Costa Rica beigetragen hat. Heute ist Guanacaste eine der reichsten Provinzen des Landes, und Costa Rica wird oft als das Juwel Mittelamerikas bezeichnet. Die Lebensqualität gehört zu den höchsten Lateinamerikas. Die Ticos mussten, anders als ihre Nachbarn im Norden oder Süden, niemals hungern. Die Viehzüchter produzieren Fleisch im Überfluss, das überwiegend ins Ausland exportiert wurde. Die Zerstörung des Regenwalds hat also gar nicht unbedingt mit wirtschaftlichem Fortschritt zu tun.

Die Beweislage für diesen Vorwurf ist eindeutig. Sie besteht aus gerichtlichen Zeugenaussagen und Belegen über Im- und Exportzahlen. Offiziell behaupten die meisten Fastfood-Konzerne, dass sie den Schutz des Regenwaldes befürworten und kein ausländisches Fleisch für ihre Hamburger verwenden. Importiertes Rindfleisch macht zwar nur einen geringen Teil des gesamten Fleischkonsums in den USA aus, stellt aber gleichzeitig einen großen Teil der gesamten mittelamerikanischen Rinderproduktion dar. Zu den Komplikationen gehört auch, dass mittelamerikanisches Fleisch bei der Einfuhr in die USA oft als „geprüft und genehmigt von den USA" bezeichnet wird, was den Ursprung des Produkts verschleiert. Da das Fleisch in einem einzigen Burger zudem von verschiedenen Rindern stammen kann, ist es schwierig nachzuweisen, dass der Burger tatsächlich mit ausländischem Fleisch gefüllt ist.

Für Konsumenten ist es praktisch unmöglich, sicherzugehen, dass sie kein Regenwald-Rind essen – abgesehen vom Boykott der größeren Fastfood-Ketten. Durch den Beitritt des Landes zur DR-Cafta (Mittelamerikanische Freihandelsvereinbarung) ist zudem mit einer dramatischen Steigerung mittelamerikanischer Fleischexporte zu rechnen. Glücklicherweise haben sich westliche Essgewohnheiten hinsichtlich Fleisch inzwischen geändert. Mehrere Fastfood-Ketten bieten nun auch gesündere Produkte an (obwohl das wohl eher den jüngsten Profitrückgängen zu verdanken ist). Es ist auch beruhigend zu wissen, dass Wissenschaftler in Costa Rica derzeit fleißig die natürlichen Wiederaufforstungsprozesse begleiten (weitere Informationen s. S. 238).

Wenn Platz ist, kann auch in den **biologischen Forschungsstationen Maritza oder Cacao** (☎ 2666 5051; B 20 US$) ein Bett im Schlafsaal reserviert werden. Die Stationen sind recht rustikal. Es gibt Platz für 30 Leute und Gemeinschaftsbäder mit kaltem Wasser. Es sind auch Mahlzeiten für 3 bis 7 US$ erhältlich, sie müssen aber vorbestellt werden.

AUSSERHALB DES PARKS

Hacienda Los Inocentes (☎ 2679 9190; www.losinocenteslodge.com; DZ mit/ohne 3 Mahlzeiten 70/45 US$) Die ehemalige Rinderranch liegt am Nordrand des Parks in spektakulärer Lage unterhalb des Volcán Orosí. Sie gehörte früher der Familie Inocente, die einmal fast ein Drittel der Provinz Guanacaste besaß. Heute ist sie teilweise eine Biologische Forschungsstation, zum Teil eine Ökolodge. Das wichtigste Ziel der Hacienda ist die Rückführung des 1000 ha großen Weidelands in Regenwald. Fast zwei Drittel des Areals sind bereits wieder Sekundärwald (mit guten Gelegenheiten zur Wildbeobachtung). Das Hauptgebäude der Hacienda ist ein sehr schönes, jahrhundertealtes Holzhaus mit elf geräumigen und mit Holz verkleideten Zimmern. Sie haben jeweils ein eigenes, wenn auch getrennt liegendes Bad. Dazu kommen noch mehrere Hütten. Der obere Stock hat eine umlaufende schattige Holzveranda mit Hängematten und Blick auf den Kegel des Vulkans. Ein traumhafter Ort für Sonnenuntergänge oder Mondaufgänge! Die Mitarbeiter auf der Hacienda organisieren geführte Wanderungen durch den Park und zum Gipfel des Volcán Cacao.

DER NORDWESTEN

ÜBER DIE GRENZE NACH NICARAGUA

Peñas Blancas ist ein viel genutzter Grenzübergang, der täglich von 6 bis 20 Uhr geöffnet hat. Costa Rica zu betreten oder zu verlassen kostet nichts, aber für die Ausreise aus Nicaragua werden 2 US$, für die Einreise 7 US$ verlangt, und für das Auto sind nochmals 22 US$ zu zahlen. Die meisten Autovermietungen in Costa Rica gestatten allerdings keine Grenzüberquerung. Vor Vertragsabschluss sollte das geklärt werden. Die Banken auf beiden Seiten wechseln Colones und Córdobas in Dollar, dummerweise aber nicht jeweils untereinander. Freie Geldwechsler tauschen jedoch gern die beiden Währungen – zu recht beliebigen Kursen.

Die Grenzstationen liegen etwa 1 km voneinander entfernt. Wer will, kann für die Strecke einen Golfwagen (2 US$) mieten. Ganze Horden nichtsnutziger Schlepper bieten eine „Führung" über den einfachen Übergang an. Es ist in Ordnung, sie das Gepäck schleppen zu lassen, aber der Preis sollte vorher ausgehandelt werden. Die Einreise in den Teilstaat Rivas könnte nochmals 1 US$ kosten, der Beitrag ist aber freiwillig. Ist noch etwas harte Währung übrig, kann die in Sapoá, dem nicaraguanischen Pendant zu Peñas Blancas, in einem recht großartigen Duty-free-Shop mit edlem Make-up und viel Alkohol ausgegeben werden.

Jede halbe Stunde fährt ein Bus (0,75 US$, 45 Min.) die 37 km bis hinüber nach Rivas im Nachbarstaat. Die Stadt ist ein ruhiger Verkehrsknotenpunkt, dennoch lohnt sich eine Erkundung des gut erhaltenen Zentrums aus dem 17. Jh. – es wirkt ein wenig wie ein heruntergekommenes Granada ohne die Massen.

Wer gut feilschen kann (und hier muss hart gefeilscht werden), kann auch eines der Taxis auf der nicaraguanischen Seite nach Rivas nehmen (8 US$).

San Juan del Sur

Nach dem Schlangestehen in der heißen Sonne und dem Chaos am Grenzübergang mag das einzige Bedürfnis sein, sich mit einem Gläschen Flor de Caña auf einen Strand zu werfen. Wenn die Antwort *„sí, por favor"* lautet, dann nichts wie nach San Juan del Sur. Das Fischerdorf hat sich ganz auf Tourismus eingestellt, also kann man sich ein antiquarisches Buch schnappen oder surfen, tauchen, hochseeangeln und anschließend mit anderen Reisenden und hier lebenden Ausländern feiern. Busse und Wassertaxis fahren zudem zu einigen der grandiosen Strände nördlich und südlich von San Juan.

In der Marktstraße, wo die Busse halten, gibt es etliche Unterkünfte. Der Uferbereich wird von fröhlichen Cafés gesäumt, und auf dem Markt sind zahlreiche preiswerte Restaurants zu finden.

- **Casa Oro** (☎ 505-568 2415; www.casaeloro.com; B 5–6 US$, Zi. mit/ohne Bad 18/12 US$) Das gut geführte Hostel ist zu Recht beliebt und immer gut gebucht. Die oberen, ruhigeren Zimmer sind geräumiger und haben eigene Badezimmer.

- **Hotel Estrella** (☎ 505-568 2210; Zi. pro Pers. 5 US$) Das Hotel am Strand war einst vermutlich recht elegant. Heute ist es eine ziemlich einfache Absteige. Doch einige Zimmer haben einen Balkon, und es gibt ein nettes Foyer, eine Buchbörse und vorn ein wunderschönes Café.

- **El Gato Negro** (☎ 505-828 5534) Hier werden ordentlicher Espresso und Leckereien wie frische Sandwiches serviert.

- **El Timón** (☎ 505-568 2243; Gerichte 5–10 US$) Das sehr gute Strandrestaurant ist der richtige Ort für ein eher feineres Essen mit professionellem Service und köstlichen einheimischen Meeresfrüchten. Der *pulpo al vapor* (gedünsteter Tintenfisch mit leckerer Knoblauchsauce) ist sehr empfehlenswert.

Busse von und nach Rivas (0,60 US$, 45 Min.) mit Anschluss an die Grenze fahren von 3.30 bis 19 Uhr etwa alle 30 Minuten. Taxis von Sapoá nach San Juan del Sur kosten etwa 10 US$.

Isla de Ometepe

Die Isla de Ometepe ist eines der Highlights Nicaraguas, eine Insel wie aus einem Fantasieland. Die Vulkane der Insel – **Concepción** (1610 m über dem See) und **Maderas** (1394 m) – erheben sich dramatisch aus dem Lago de Nicaragua und sind durch eine von Lava geschaffene Landenge miteinander verbunden.

Teile Ometepes sind bis heute von Primärwald bedeckt, der Schutz für eine verschwenderisch vielfältige Tierwelt bietet, darunter Brüllaffen und Amazonenpapageien. Die Insel ist auch durch die alten Steinstatuen und Felszeichnungen der Chorotega berühmt.

Beide Vulkane können bestiegen werden, allerdings bedeutet das sehr anstrengende, acht- bis zwölfstündige Wanderungen, die besser mit einem einheimischen Führer zu bewältigen sind. Rund um die Insel finden sich auch großartige Strände zum Sonnen und Baden. Der beliebteste Strand, die **Playa Santo Domingo**, erstreckt sich auf der Landenge und hat zahlreiche Unterkünfte und Restaurants. Viele Unterkünfte vermieten Pferde, Fahrräder oder Kajaks zu annehmbaren Preisen.

In beiden Hauptorten der Insel, Altagracia und Moyogalpa, bieten sich Unterkünfte und Restaurants an, doch der wahre Zauber Ometepes ist darüber hinaus zu entdecken: Charco Verde, Playa Santo Domingo, Balgüe und Mérida präsentieren sich allesamt als wunderbare Schauplätze inmitten der reichen Artenvielfalt der Insel.

Der schnellste Weg nach Ometepe führt über San Jorge bei Rivas; von dort setzen Boote nach Moyogalpa auf Ometepe über (15 km). Es gibt zwei Bootstypen: die erheblich komfortableren Auto- und Passagierfähren (San Jorge–Moyogalpa 1./2. Klasse 3,30/2,20 US$, Abfahrt 7.45, 12, 14.30, 16.30 und 17.30 Uhr) und die recht einfachen *lanchas* (kleine Motorboote; 1,60 US$, Abfahrt 9, 9.30, 10.30, 11.30, 13.30 und 15.30 Uhr). Taxis von Sapoá zur Fähre in San Jorge kosten etwa 10 US$ – wenn hart gefeilscht wird.

Granada

Die sehenswerte Kolonialstadt Granada ist nach all der grässlich faden Architektur Costa Ricas eine wahre Augenweide. Die geschnitzten Kolonialtore, eleganten Kirchen, schönen Plätze und auch die Lage am Lago de Nicaragua haben seit der Gründung der Stadt 1524 die Besucher bezaubert. Dabei ist sie nicht nur wunderschön für einige Tage Aufenthalt, sondern auch ein praktischer Ausgangspunkt für die weiteren Attraktionen Nicaraguas.

Im **Intur-Büro** (☎ 505-552 6858; granada@intur.gob.ni; Calle Arsenal; ☾ Mo–Fr 8–12 & 14–17 Uhr, Sa & So 8.30–12.30 Uhr), das gegenüber der Kirche San Francisco liegt, sind gute Stadtpläne mit den historischen Gebäuden erhältlich.

Nur wenige Blocks nordöstlich des Parque Central erstrahlt die hellblaue Fassade des **Convento y Iglesia de San Francisco** (Calle Cervantes). Es bildet die Stirnseite eines Komplexes von 1585, der von William Walker 1856 niedergebrannt, aber 1867–68 wieder aufgebaut wurde. Dort befindet sich das unbedingt sehenswerte **Museum** (Eintritt 2 US$; ☾ Mo–Fr 8.30–17.30, Sa & So 9–16 Uhr). Eine zweisprachige Führung ist im Preis inbegriffen.

Einige empfehlenswerte Unterkünfte:

■ **Hostal Esfinge** (☎ 505-552 4826; Calle Atravesada; B 3,30 US$, EZ/DZ 6,60/10 US$, mit Bad 10/13,90 US$; P) Ein anmutig-altmodisches Flair durchweht das hinreißende historische Gebäude. Die Zimmer gruppieren sich um einen großen Patio-Innenhof, und die Gäste haben Zugang zu einer Gemeinschaftsküche.

■ **Posada Don Alfredo** (☎ 505-552 4455; alfredpaulbaganz@hotmail.com; Calle 14 de Septiembre; Zi. 20 bis 28 US$, mit Bad 35 US$, mit Klimaanlage 40 US$;) Die chaotische, heimelige Kolonialeleganz des hübschen alten Gebäudes verleiht ihm einen wunderbaren Charakter. Die geräumigen Zimmer sind alle höchst unterschiedlich und haben meist ein Gemeinschaftsbad.

■ **Patio del Malinche** (☎ 505-552 2235; www.patiodelmalinche.com; Calle El Caimito; EZ/DZ inkl. Frühstück 57/67 US$;) Das liebevoll restaurierte Kolonialhaus ist eine der attraktivsten Unterkünfte Granadas. Die persönliche Zuvorkommenheit und das opulente Frühstück vermitteln eher den Eindruck eines Gasthauses denn eines Hotels.

Busse fahren ab Rivas (1 US$, 1½ Std.) bis nachmittags achtmal täglich ab. Taxis von Sapoá nach Granada kosten etwa 30 US$.

Die Hacienda liegt an der Asphaltstraße nach Santa Cecilia 15 km östlich der Interamericana. Die Busse zwischen San José und Santa Cecilia halten gegen 19.30 Uhr am Eingang, und kehren um 4.15 Uhr zurück. Taxis von La Cruz kosten um die 10 US$.

LA CRUZ

La Cruz ist die nächstgelegene Stadt zur nicaraguanischen Grenzstation Peñas Blancas (s. Kasten S. 239) und das Tor zur Bahía Salinas (S. 240), einer der wichtigsten Wind- und Kitesurfingregionen Costa Ricas. La Cruz selbst ist zwar eine recht verschlafene Provinzstadt, doch die Lage auf einem Hügel garantiert einen herrlichen Blick auf die Küste. Zudem fahren von dort Busse zu mehreren umwerfenden, einsamen, weißen Stränden der Bahía Salinas hinab. Ein unterschätzter Ort für eine Übernachtung, ehe es nach Nicaragua weitergeht.

Praktische Informationen

An der Grenzstation Geld zu wechseln ergibt einen besseren Kurs als in der Stadt.

Banco Nacional (☎ 2679 9296) An der Kreuzung zwischen der kurzen Straße ins Stadtzentrum und der Interamericana; hat einen 24-Stunden-Geldautomaten.

Banco Popular (☎ 2679 9352) Liegt im Stadtzentrum; mit Geldautomat.

Cruz Roja (☎ 2679 9004, Notruf 2679 9146) Das Rote Kreuz hat ein kleines Krankenhaus am Nordrand des Stadtzentrums, an der Straße Richtung Grenze.

Internet Café (☎ 2679 8190, 8838 8128; pro Std. 1 US$; ☺ Mo–Sa ca. 8–19 Uhr)

Schlafen

Hotel Bella Vista (☎ 2679 8060; pro Pers. Ventilator/Klimaanlage 7/10 US$; P 🞩 🖫) Das von Holländern geführte Hotel auf der Hügelkuppe hat einen wunderbaren Pool mit Mosaikboden und ein luftiges Restaurant, ideal für ein Bier am Abend. Bei unserem Besuch war es zwar ein wenig heruntergekommen, aber der Sohn des Besitzers plante für die noch immer anständigen Zimmer eine Renovierung. Alle Zimmer haben Heißwasserbäder, die oberen sind etwas heller und eröffnen den Blick auf einen Abschnitt der Bucht. Frühstück wird für 3 US$ im Restaurant (Frühstück, Mittag- und Abendessen) serviert.

Cabinas Santa Rita (☎ 2679 9062; EZ/DZ mit Bad 9/13 US$, mit Klimaanlage 15/23 US$; P 🞩) Die beste Budgetunterkunft des Ortes bietet saubere, allerdings dunkle Zimmer mit Gemeinschaftsbä-

dern und wird gern von Wanderarbeitern, die auf den Plantagen helfen, besucht. Die Zimmer im gegenüberliegenden neueren Anbau sind mit Bad, Kabel-TV, Heißwasserduschen und Klimaanlage ausgestattet.

LP Tipp Amalia's Inn (☎ 2679 9618; EZ/DZ 20/35 US$; P 🞩 🖫) Für einen kühlen Drink bei Sonnenuntergang auf den miteinander verbundenen Terrakottaveranden mit umwerfendem Blick auf die Bucht ist das Amalia's bei weitem die beste Wahl in La Cruz. Das weiß verputzte Haus auf einer Klippe ist auch toll für eine Übernachtung. Die gemütlichen, heimeligen Zimmer sind kunterbunt eingerichtet, von weißen Korb- bis zu ledernen Systemmöbeln, und sind mit Heißwasserbädern und Klimaanlage ausgestattet. An den Wänden des weitläufigen Hauses hängen moderne Gemälde von Amalias verstorbenen Mann Lester Bounds. Gastgeberin ist heute Amalias Nichte, die, außer kochen, alles tut, damit ihre Gäste sich wie zu Hause fühlen.

Essen

La Cruz hat vermutlich die meisten *heladerías* (Eissalons) pro Kopf in Costa Rica – und dafür ist wohl jeder dankbar, wenn die Nachmittagshitze zuschlägt. Lebensmittel und Alltagsbedarf gibt es im benachbarten Almacen Super Único sowie im SuperCompro La Cruz an der Ostseite des Hauptplatzes.

Soda Candy (Hauptgerichte 2–5 US$; ☺ 6–20 Uhr) In dem einfachen Soda gegenüber dem Busbahnhof gibt es keine Karte, aber neben den „mit viel Liebe zubereiteten" *casados* und *gallos* (Tortilla-Sandwiches) kennt Candy alle Busfahrpläne auswendig und hilft weiter, wenn der Bahnhof mal geschlossen ist.

Pollo Rico Rico (Hauptgerichte 2–5 US$; ☺ 10–22 Uhr) Leute mit einer Schwäche für Brathähnchen sollten sich in dieses Lokal direkt am Park begeben. Das Grillhähnchen schmeckt sogar noch besser (und ist auch besser für die armen fettgeplagten Arterien).

Soda Herbol (☎ 2679 8360; Hauptgerichte 2–6 US$; ☺ 6–19 Uhr) Dieses Soda führt ebenfalls keine Karte, aber das Personal bereitet das Casado nach den Vorgaben der Gäste zu. Der freundliche Besitzer spricht ein wenig Englisch, und der hauseigene Grünsittich Ana erzählt seine Abenteuer von der Gardine aus.

An- & Weiterreise

Am Schalter von **Transportes Deldú** (☺ 7–13 & 15–17.30 Uhr) werden Fahrkarten verkauft und

Gepäckstücke aufbewahrt. Der TransNica-Bus nach Peñas Blancas muss an der Interamericana angehalten werden. Innerörtliche Busse zu den Stränden fahren oben auf dem Hügel vom Hotel Bella Vista ab; ein Taxi kostet etwa 12 US$.

Liberia (Transportes Deldú) 1 US$, 2 Std., Abfahrt 6.15, 7.30, 9.30, 11.30, 15.15, 15.30, 17.30 und 18.30 Uhr.
Peñas Blancas 1 US$, 45 Min., Abfahrt 5, 7, 7.45, 10.45, 13.20 und 16.10 Uhr.
Playa Jobó 1 US$, 30 Min., Abfahrt um 11 und 16 Uhr.
San José (Transportes Deldú) 5 US$, 5 Std., Abfahrt 5.45, 8, 10, 11, 12.20, 14 und 16.15 Uhr.

BAHÍA SALINAS

Die Bahía Salinas ist für Windsurfer der zweitbeste Ort in ganz Costa Rica (nach der Laguna de Arenal) und unbestritten der beste Ort zum Kiteboarden, da die Vegetation rund um Arenal für Kiter in der Luft recht gefährlich sein kann. Außerdem ist die Bucht wenig bekannt, es kommt also oft vor, dass man den gesamten, dschungelgesäumten, weißen Sandstrand für sich allein hat. In der Bucht liegt auch die Isla Bolaños mit einer geschützten Kolonie von Seevögeln, zu denen auch der gefährdete Braunpelikan gehört (Januar bis Mai).

Sehenswertes & Aktivitäten

Ein Feldweg (in der Regel auch für Autos passierbar) führt vom Aussichtspunkt in La Cruz aus am kleinen Fischerdorf **Puerto Soley** vorbei und entlang der Bucht zu den stets windigen Stränden **Playa Papaturro** und **Playa Copal**. Wer das Sonnenbaden dem Wind vorzieht, findet rund um die Landspitze die **Playa Jobó**, eine hufeisenförmige Bucht mit ruhigen Gewässern; dahinter schließt sich die **Playa Rajada** an. Boote zur **Isla Bolaños** werden im Dorf El Jobó oder in einer der Ferienanlagen vermietet. Der Besuch der Insel ist auf die Zeit von April bis November beschränkt, um die nistenden Seevögel zu schonen. **Frank Schultz** (☎ 8827 4109; franksdiving@costaricense.co.cr) fährt ebenfalls zur Insel hinüber und organisiert auch Angel- und Tauchfahrten.

WINDSURFEN & KITEBOARDEN

Die kräftigsten und beständigsten Winde wehen zwar von November bis März, doch auch im übrigen Jahr weht der Wind recht gleichmäßig. Die Hügel rund um die Bucht sorgen für ein berechenbares Windverhalten, und die geschützten Sandstände bieten sowohl für Anfänger als auch für erfahrene Windsurfer und Kiteboarder Sicherheit. Unbedingt zu beachten ist, dass das Kiteboarden ein gefährlicher Sport ist (ein Arm oder Bein ist schnell ab!). Unerfahrene Kiteboarder sollten also professionellen Unterricht nehmen. Verantwortungsbewusste Ausbilder empfehlen mindestens zwei Tage Unterricht, ehe sich die Schüler allein hinauswagen können. Windsurferläden mit Verleih und Unterricht befinden sich im **Ecoplaya Beach Resort** (☎ 2676 1010; www.ecoplaya.com).

Wem Windsurfen zu zahm ist, kann sich in der **Kitesurf School 2000** (☎ 8826 5221; www.suntoursandfun.com/kite_surfing.htm) zu einer sportlichen Kombination aus Wind und Wellen anmelden. Kitesurfer werden an einen großen Drachen festgeschnallt und dann von der Kraft des Windes durch die Bucht gezogen. Ausbilder behaupten, es sei leichter zu erlernen als normales Surfen. Fortgeschrittene Schüler vollführen über den Wellen Saltos und andere Luftakrobatik – ziemlich cool. Wer es versuchen möchte, sollte sich einige Tage vorher anmelden, um an einem Zweitagekurs (240 US$) teilzunehmen oder einfach die Ausrüstung (einfache Ausstattung pro Tag 69 US$) ausleihen zu können.

Cometa Copal (☎ 2676 1192; lguardbl@gmail.com) ist eine weitere seriöse Kitesurfingschule. Sie wird von Bob Selfridge betrieben, der nicht nur Unterricht durch Ausbilder mit einem PASA-Zertifikat (Professional Air Sports Association – professioneller Luftsportverband) anbietet, sondern selbst auch Ausbilder, Rettungsschwimmer *und* Rettungssanitäter ist.

Schlafen & Essen

Die meisten Hotels in der Bahía Salinas holen Gäste auf Wunsch von den Flughäfen San José oder Liberia ab.

La Sandia Cabinas & Activities (☎ 8370 4894; www.lasandia-costarica.com; Zi. 20 US$; P) Der Besitzer dieser farbenfrohen Hütten hilft den Gästen dabei, Windsurfen, Kitesurfen, Reiten und alle erdenklichen Aktivitäten rund um die Bucht zu organisieren.

Blue Dream Hotel (☎ 2676 1042, 8826 5221; www.bluedreamhotel.com; B 15 US$; EZ/DZ 28/36 US$; P 🖳 🕿) Das freundliche kleine Hotel mit einfachen, komfortablen, gefliesten Zimmern blickt von seiner Hügellage auf die Playa Papaturro. Im Hotel befindet sich auch die Kitesurf School 2000. Neben einem Garten mit Hängematten gibt es auch eine Yogaterrasse, das Restaurant

Mediterraneo (Frühstück, Mittag- und Abendessen) mit einheimischer und mediterraner Küche und obendrein Wellnessanwendungen. Geführt wird das Haus von dem italienischen Kiteboardingausbilder Nicola und seiner Tica-Frau Katya.

Cometa Copal (☎ 2676 1192; lguardbl@gmail.com; Häuser ab 65 US$; P 🏠) Das freundliche amerikanische Gastgeberpaar organisiert nicht nur Kitesurfingunterricht und Ausrüstungsverleih, sondern vermietet auch kurz- oder langfristig Häuser am Strand. Bob und Kirsten bieten auch so nette Extras wie Shiatsu-Massage, Kitereparatur über Nacht und hausgebackene Leckereien.

Bolaños Bay Resort (☎ 2676 1163; hotelbolanosbay@ gmail.com; EZ/DZ inkl. Frühstück 50/70 US$; P 🏠 💻 📶) Die ältere, unauffällige Ferienanlage an der Playa Coyotera wird nach langer Zeit des Verfalls wieder aufgefrischt. Sie gleicht einer einsamen Insel, und das Personal ist sehr freundlich, aber schicke Annehmlichkeiten sind hier nicht zu erwarten. Oberhalb des einsamen Strandes gibt es eine hübsche Poolanlage und ein hauseigenes Restaurant mit einer riesigen, wohlbestückten Bar.

Proyecto Pura-Vida (☎ 2676 1055, 8389 6784; www. progettopuravida.com; Apt. & Haus pro Nacht 30–100 US$) Die italienische Agentur ist zwar auf Langzeitvermietungen ausgerichtet, vermietet aber auch kurzzeitig. Die Miete für die mit Korbmöbeln eingerichteten Apartments und Häuser richtet sich nach Größe und Annehmlichkeiten, wie Pool oder Bidet. Die kleineren Apartments haben Platz für vier Personen, die größeren Häuser für bis zu sieben Personen. Zwischen den einzelnen Anwesen mit Blick auf einen makellos weißen Strand besteht ausreichend Abstand. Es gibt auch Wochen- und Monatsrabatte.

Ecoplaya Beach Resort (☎ 2676 1010; www.ecoplaya.com; Zi. & Haus 116–250 US$; P 🍽 🏠 💻 📶 ♿) Das Ecoplaya, etwa 16 km von La Cruz entfernt, vermittelt ein Rundumerlebnis von Luxus. Die Zimmer und Bungalows reichen von eleganten Studios mit Kochnische und Möbeln aus Teak (aus umweltgerechtem Plantagenanbau) bis zu voll klimatisierten Luxussuiten mit Minibar und Wohnzimmer. Alle Zimmer haben Satelliten-TV und eigene Terrasse oder Balkon. Zum amerikanischen Pauschalarrangement (Erw./zusätzl. Kind 78/ 39 US$) gehören Vollpension sowie kostenlose Drinks von 10 bis 22 Uhr (doch, richtig gelesen). Der weiße Sandstrand des Hotels ist postkartenschön, und der Pool mit schwimmender Bar das pure Vergnügen. Das Hotel bietet auch viele Aktivitäten an, wie Kajakfahren, Mountainbiking, Angeln, Tauchen, Windsurfen und Reiten.

Restaurant Copal (☎ 2676 1006; Hauptgerichte 4– bis 7 US$; 🕐 Mittag- & Abendessen) Die verglaste *palapa* auf einem Hügel hat hier an der Playa Copal wenig Konkurrenz, serviert aber dennoch exzellente italienische Küche. Einzigartig auch die romantische Lage. Donnerstags wird Pizza aus dem Holzofen geboten.

An- & Weiterreise

Die Busse (1 US$) entlang dieser Strecke fahren täglich um 5, 11 und 16 Uhr vom Busbahnhof in La Cruz ab und kehren etwa eine Stunde später wieder zurück. Ein Taxi zu den Stränden kostet rund 12 US$. Ab La Cruz fahren auch nahe dem Taxistand *colectivos* (Kleinbusse; 3,50 US$) ab, es kann allerdings etwas dauern, bis sie voll besetzt sind.

DIE ARENAL-ROUTE

Wer mit dem eigenen Auto unterwegs ist und etwas Zeit hat, sollte die Straße von Ciudad Quesada nach Arenal wählen – es ist eine traumhafte Strecke. Mit dem Volcán Platanar im Rücken windet sich die Straße durch grünes, flussreiches Agrarland und wohlhabende, malerische Städtchen mit leuchtenden Bougainvilleen. Wenn das Wetter mitspielt, taucht voraus der rauchende Gipfel des Arenal in der Ferne auf.

Hinter La Fortuna führt die Asphaltstraße (Vorsicht vor Schlaglöchern) entlang dem Nordufer der Laguna de Arenal. Zu beiden Straßenseiten, den grünen Hang hinauf oder zum See hinab, tauchen reizvolle Auffahrten zu wunderbaren Gasthäusern, absurden pseudoösterreichischen Dörfchen, trendigen Cafés und exzentrischen Galerien wie Bilder in einem Aufklappbuch auf. Dazwischen sind unzählige Schilder zu sehen, auf denen Grundstücke zum Verkauf angeboten werden. Doch die Gegend ist ländlich und nicht überentwickelt, und zwischen jedem Halt liegt genügend Abstand, um den Eindruck von Abgeschiedenheit zu vermitteln.

Auf dem Rückweg entlang dem Westufer des Sees führt die Straße durch Nuevo Arenal und weiter zum hübschen Bergstädtchen Tilarán, ehe es zurück zur Interamericana geht. Die Strecke wird auch von Bussen befahren, ein eigenes Auto dabei zu haben, ist also nicht zwingend notwendig.

CIUDAD QUESADA (SAN CARLOS)

Der offizielle Name der kleinen Stadt lautet Ciudad Quesada (oder kurz Quesada), die Einheimischen nennen sie aber nur San Carlos. Auch auf den Lokalbussen steht San Carlos. San Carlos war schon immer ein geschäftiges Landstädtchen mit den nötigen Dienstleistungen für Viehzüchter und Farmer und berühmt für seine *talabaterías* (Sattlereien). Hier werden die aufwendigsten Ledersättel Costa Ricas gefertigt; ein sehr guter Sattel kann schon mal 1000 US$ kosten. In der Stadt findet jeden April die **Feria del Ganado** (Viehmarkt) statt, samt Kirmes und *tope*. Die Region rund um San Carlos ist zwar agrarisch geprägt, die Stadt selbst (31 000 Ew.) ist

das regionale Wirtschaftszentrum. Autofahren kann hier für Uneingeweihte schnell zum Alptraum werden. Doch es gibt auch keinen wirklichen Grund, in die Stadt zu fahren, es sei denn, man muss hier den Bus wechseln oder will eine der schönen heißen Quellen der Umgebung besuchen.

Ein **Internetcafé** (pro Std. 1 US$; ☻ Mo–Sa 8–21, So 15–19 Uhr) liegt 100 m nördlich des Parque Central. Geldautomaten, allerdings nur für Cirrus- und Pluskarten, bieten sowohl die Banco de San José, 200 m nördlich des Parque Central zu finden, als auch die gegenüberliegende Mutual de Alajuela.

Wer nicht in einem der beiden privaten Thermalbadhotels übernachtet, kann die preiswerten **Aguas Termales de la Marina** (☎ 2460 1692; Eintritt 2 US$) besuchen. Die Quellen am Ortsrand werden hier *El Tucanito* genannt – El Tucano heißt das teuerste Hotel im Ort.

NICA GEGEN TICO

Ticos haben einen wohlverdienten Ruf als freundliche Menschen. Es ist selten, dass Reisende, gleich welchen Geschlechts, welcher Rasse oder Überzeugung, in Costa Rica Rassismus erfahren. Umso bedauernswerter und manchmal erschreckender ist es jedoch, dass die bloße Erwähnung von allem, was mit Nicaragua zu tun hat, jeden ganz normalen Tico in einen hasserfüllten Fanatiker verwandelt (selbst der Begriff „Nica" wird von *einigen* Ticos in abfälliger Weise benutzt, also aufpassen, was man sagt). Trotz der Gemeinsamkeiten in Sprache, Kultur, Geschichte und Tradition sind die nachbarschaftlichen Beziehungen auf dem Tiefststand angekommen; auch die Rhetorik auf beiden Seiten der *frontera* wird so schnell nicht verbessern.

Warum also herrscht so viel Feindseligkeit zwischen Nicas und Ticos? Die Antwort ist ebenso in der Geschichte wie in Missverständnissen verwurzelt. Allerdings tragen weitgehend auch ökonomische Ungleichheiten zwischen beiden Ländern die Schuld.

Nicaragua war zwar bis vor 15 Jahren reicher als Costa Rica, doch ein jahrzehntelanger Bürgerkrieg und ein US-Embargo trieben das Land schnell in den Bankrott. Heute ist Nicaragua nach Haiti das zweitärmste Land der westlichen Hemisphäre. Beispielsweise führt das *CIA World Factbook* von 2007 für das costa-ricanische Bruttoinlandsprodukt eine Kaufkraft von 13 500 US$ pro Kopf auf, in Nicaragua sind es 3200 US$. Das Hauptproblem Nicaraguas ist die gewaltige Auslandsverschuldung. Schuldenerlassprogramme des IWF und die von der DR-Cafta (Central American Free Trade Agreement) geplante Freihandelszone geben jedoch Anlass zur Hoffnung.

Noch kommen Nica-Familien jedoch in Rekordzahlen über die Grenze – von Costa Ricas Wirtschaftswachstum und dem beachtlichen Bildungs- und Gesundheitswesen angelockt. Leider erschweren es Costa Ricas Einwanderungsgesetze, dass die Nicas Arbeit finden; die Mehrheit endet in Slums. Zudem steigt die Kriminalität in Costa Rica, was die Ticos schnell auf die Nicas schieben, obwohl es schwierig ist zu bestimmen, welcher prozentuale Anteil den nicaraguanischen Einwanderern zuzuschreiben ist.

Es ist kaum vorherzusagen, ob sich die Beziehungen zwischen den beiden Ländern verbessern werden. Die Zeichen sehen jedenfalls recht schlecht aus. Costa Rica, dessen Polizei besser finanziert ist als das Militär der meisten Länder, hat die schlechte Angewohnheit, Patrouillenboote mit Soldaten in Kampfanzügen und M16-Gewehren auf den Fluss San Juan zu schicken. Nicaragua hat zwar die Macht, den Zwist zu entschärfen und zugleich den Tourismus zu fördern, erließ aber jüngst ein Gesetz, das von allen Ticos ein gültiges Einreisevisum verlangt. Es ist wie immer bei tief verwurzelten Vorurteilen: Eine Lösung ist alles andere als greifbar.

Schlafen

Hotel del Norte (☎ 2460 1959; EZ/DZ 6/9 US$, mit Bad 9/13 US$) Die kleinen, sauberen Zimmer mit TV haben lächerlich dünne Wände (bleibt zu hoffen, dass der Nachbar etwas Nettes im Fernsehen anschaut und den Ton herunterdreht). Es ist jedoch wegen der hervorragenden Sicherheit und des professionellen Personals das beste Budgethotel im Ort. Es liegt 200 m nördlich der Banco Nacional.

Hotel Don Goyo (☎ 2460 1780; EZ/DZ 15/25 US$; P) Das etablierteste Hotel in San Carlos, 100 m südlich des Parque Central gelegen, hat kleine, hübsche, lachsfarbene Zimmer mit Heißwasserduschen. Das hauseigene Restaurant (Hauptgerichte 4–10 US$) wird für seine erstklassige Küche geschätzt, zu der traditionelle Tico-Gerichte und eine gute Auswahl an westlichen Gerichten zählen.

Termales del Bosque (☎ 2460 4740; www.termales delbosque.com; EZ/DZ inkl. Frühstück 49/61 US$; P ☲) Auf dem dschungelartigen Grundstück verteilen sich mehrere luftige Hütten. Die empfehlenswerte Anlage wurde eher für Tico-Touristen entworfen, ist aber bei Ausländern ebenfalls beliebt, die sich das Geld für das benachbarte El Tucano sparen wollen. Luxus findet sich hier kaum: Es gibt therapeutische Bäder in seinen natürlichen Heiß- und Warmwasserquellen (Erw./Kind 10/5 US$) am Flussufer, in einem bewaldeten Tal voller leuchtend blauer Morphofalter. Zum Hotel geht es hinter der Kathedrale rechts ab, anschließend weitere 7 km in Richtung Osten, bis links ein Schild zu sehen ist.

Hotel Occidental El Tucano (☎ 2460 6000; www. 1costaricalink.com/eng/hotels/hota/tucano/home.htm; DZ inkl. Frühstück 152–215 US$; P ☒ ☲) Das vornehme, mediterran wirkende Hotel liegt 8 km nordöstlich von Ciudad Quesada, mitten im Primärwald. Es hat ein italienisches Restaurant, Swimmingpool, Whirlpool, Wellnessbereich und Sauna sowie verschiedene Sportanlagen, vom Tennisplatz bis zum Minigolf. Die eigentliche Attraktion aber sind die Thermalquellen, die in drei kleine, warme Pools fließen und ideal gegen jegliches Zipperlein und Rheuma sind.

Essen

San Carlos wird urban – Kettenrestaurants gibt es in der Stadt in Hülle und Fülle. Daneben sind aber auch noch einige recht anständige einheimische Lokale an und um den Park zu finden.

Restaurant Los Geranios (☎ 2460 0553; Hauptgerichte 2–6 US$; ☯ Mittag- & Abendessen) Der beliebte Treffpunkt der Twens ist auf einer Terrasse im ersten Stock mit Blick auf die lebhafte Straße (100 m südlich der Kathedrale) eingerichtet und serviert billige Casados und kaltes Bier – eine perfekte Kombination.

Restaurant El Parque (☎ 2460 0938; Hauptgerichte 3–6 US$; ☯ Mittag- & Abendessen) Wer einmal etwas anderes als immer nur Reis und Bohnen essen möchte, sollte diese kleine Soda, 50 m nördlich des *parque*, aufsuchen: Sie serviert die von zuhaus gewohnte italienische Pasta.

Restaurante Don Goyo (☎ 2460 1780; Hotel Don Goyo; Hauptgerichte 4–9 US$; ☯ Frühstück, Mittag- & Abendessen) Steht der Sinn nach einem Burger, dann ist diese San-Carlos-Institution der richtige Ort – die Dinger sind ziemlich groß, sehr saftig und superbillig.

An- & Weiterreise

Der Terminal Quesada liegt etwa 2 km vom Stadtzentrum entfernt. Taxis (1 US$) und ein Bus (0,25 US$, 2-mal stündl.) verkehren regelmäßig zwischen Stadt und Bahnhof. Zu Fuß geht es auch – sofern es nichts ausmacht, das Gepäck den Weg bergauf zu schleppen. Die wichtigsten Busstrecken (und Busgesellschaften) ab Ciudad Quesada:

La Fortuna (Coopatrac) 0,75 US$, 1½ Std., Abfahrt 6, 10.30, 13, 15.30, 17.15 und 18 Uhr.

Los Chiles (Chilsaca) 3 US$, 2 Std., Abfahrt 12-mal tgl. von 5 bis 19.15 Uhr.

Puerto Viejo de Sarapiquí (Empresarios Guapileños) 1,50 US$, 2½ Std., Abfahrt 4.40, 6, 9.15, 10, 15 und 17.30 Uhr.

San José (Autotransportes San Carlos) 2,50 US$, 2½ Std., Abfahrt 11-mal tgl. von 5 bis 18 Uhr.

Tilarán (Transportes Tilarán) 4 US$, 4½ Std., Abfahrt 6.30 und 16 Uhr.

LA FORTUNA & UMGEBUNG

Der Touristenboom hat Gesicht, Ruhm und Schicksal dieses einstigen Kaffs verändert, dennoch hat sich La Fortuna nicht unbedingt zu einem überentwickelten Tor zum Volcán Arenal gewandelt. Es stimmt zwar, dass in jeder Straße Reiseveranstalter zu finden sind und Besucher sich gegen den Ansturm der Schlepper und Straßenhändler wehren müssen, sobald sie aus dem Bus steigen. Doch das liegt daran, dass die lokale Wirtschaft vom Tourismus angetrieben wird. La Fortuna ist es gelungen, sein kleinstädtisches *sabanero*-Flair unterschwellig zu bewahren. Jegliche

---

GAUNEREIEN

Im Bus nach La Fortuna geht es schon los, kaum dass er abgefahren ist: Die Jungs steigen ein paar Kilometer außerhalb der Stadt zu und machen sich dann über die Reisenden her: „Das Hotel nimmt zu viel Geld, aber ich habe da einen Freund …" Die Masche kennt man doch, oder? Aber es kommt noch um einiges schlimmer.

Reisende werden in minderwertige Hotels geschleppt, was ehrbare Hoteliers in Misskredit bringt, die persönlich zum Bus kommen, weil sie sich keine Broschüren leisten können, aber trotzdem nur 5 US$ pro Zimmer verlangen. Dann gibt es da die Familie in La Fortuna, die „Touren zum halben Preis" anbietet. Taucht man dann zum vereinbarten Zeitpunkt auf, heißt es, die Quittung sei ungültig. Leser haben auch davon berichtet, dass sie zu teuren heißen Quellen gebracht wurden und dort ohne Rücktransport oder trotz bezahlter Eintrittsgelder sich selbst überlassen blieben. Ein neuer Trick scheint zu sein, dass Händler Karten für erfundene Touren zu Zielen wie Monteverde und Caño Negro verkaufen.

Solche Clans machen sich nach dem Abzocken einer Ladung Urlauber für ein paar Wochen aus dem Staub. Das hat jahrelang problemlos geklappt. Warum die Polizei nichts dagegen unternommen hat? Gute Frage, aber letztlich hat wohl kein Ausländer Lust, Protokollformulare auszufüllen und monatelang zu warten, bis diese Leute vor Gericht gestellt werden. Eine Anzeige bei der Polizei ist letztlich nur ein Akt für die Versicherung.

Umso wichtiger ist es, die Touren in einer angesehenen Agentur oder im Hotel zu buchen. Sie kosten dann vielleicht doppelt so viel, aber wenigstens funktioniert dann auch alles. Ein Lichtblick ist, dass mit zunehmendem Tourismus in der Region La Fortuna die Tourismusbehörde Instituto Costarricense de Turismo zum Versprechen genötigt wurde, den Schwarzhändlern das Handwerk zu legen. Andererseits ist die Regierung ja berühmt für ihre uneingehaltenen Versprechen. Wer das nicht glaubt, sollte sich den Zustand der Straßen anschauen.

Betriebsamkeit konzentriert sich noch immer rund um die hübsche Kirche und den Parque Central. Jenseits des Parks verschwinden Verkehr und Gewühl, stattdessen säumen Tante-Emma-Buden die unbefestigten Straßen.

Vor 1968 war La Fortuna ein verschlafenes Landstädtchen, das sich 6 km vor dem Fuß des Cerro Arenal („Arenal-Hügel") erstreckte. Doch dann, am Morgen des 19. Juli 1968, erwachte der Arenal aus seinem 400 Jahre währenden Schlaf. In einer gewaltigen Eruption begrub er die kleinen Dörfer Pueblo Nuevo, San Luís und Tabacón – genau, die Tabacón Hot Springs (S. 249) liegen tatsächlich auf dem Eruptionspfad.

Wie Motten ans Licht, so zog es plötzlich Touristen aus aller Welt nach La Fortuna, auf der Suche nach feurigem Nachthimmel und der Jagd nach dem unvermeidlichen, verschwommenen Foto.

Seither dient La Fortuna als das wichtigste Tor zum Volcán Arenal und ist heute eine der Spitzendestinationen Costa Ricas. Die Verkehrsverbindungen mit San José sind hervorragend ausgebaut. Viele Reisende nutzen die malerische, ungewöhnliche Tour mit Jeep–Boot–Jeep von und nach Monteverde. Wer jedoch ein eigenes Fahrzeug hat, sollte vielleicht besser in der Arenal Observatory Lodge (S. 260) oder in dem kleinen Ort El Castillo (S. 262) unterkommen, da es dort weniger überlaufen und der Blick auf die glutrot leuchtenden Lavaströme besser ist.

Orientierung & Praktische Informationen

Die Straßen in La Fortuna tragen zwar Namen, allerdings gibt es nur wenige Straßenschilder. Die meisten Einheimischen können die Wege besser anhand von Landmarken, wie etwa Hochhäusern, erklären. Zentrum der Stadt ist ein kleiner Park neben der Bushaltestelle und dem Taxistand.

GELD

Die genannten Banken haben 24-Stunden-Geldautomaten.

BAC San José (Karte S. 248; ☎ 2295 9797; Ecke Av. Fort & Calle 3)

Banco de Costa Rica (Karte S. 248; ☎ 2479 9113; Av. Central)

Banco Nacional (Karte S. 248; ☎ 2479 9355; Calle 1)

INTERNETZUGANG

Expediciones (Karte S. 248; ☎ 2479 9101; pro Std. 1,55 US$; ☼ Mo–Sa 7–22 Uhr) Die meisten Tourveran-

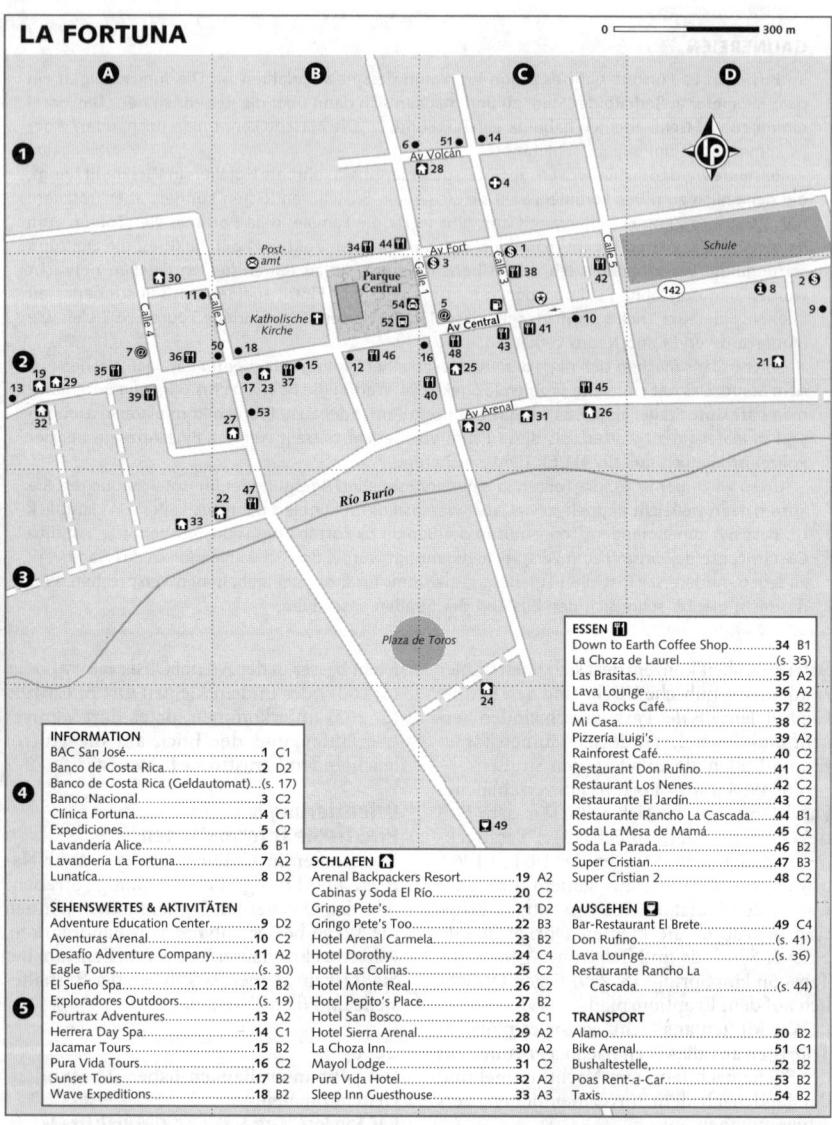

LA FORTUNA   0 ⊢━━━━━━ 300 m

DER NORDWESTEN

ESSEN
Down to Earth Coffee Shop............**34** B1
La Choza de Laurel.........................(s. 35)
Las Brasitas.....................................**35** A2
Lava Lounge....................................**36** A2
Lava Rocks Café..............................**37** B2
Mi Casa...**38** C2
Pizzeria Luigi's **39** A2
Rainforest Café................................**40** C2
Restaurant Don Rufino......................**41** C2
Restaurant Los Nenes.......................**42** C2
Restaurante El Jardin........................**43** C2
Restaurante Rancho La Cascada.......**44** B1
Soda La Mesa de Mamá....................**45** C2
Soda La Parada...............................**46** B2
Super Cristian.................................**47** B3
Super Cristian 2...............................**48** C2

AUSGEHEN
Bar-Restaurant El Brete....................**49** C4
Don Rufino....................................(s. 41)
Lava Lounge..................................(s. 36)
Restaurante Rancho La
   Cascada......................................(s. 44)

TRANSPORT
Alamo...**50** B2
Bike Arenal.....................................**51** C1
Bushaltestelle,.................................**52** B2
Poas Rent-a-Car...............................**53** B2
Taxis...**54** B2

INFORMATION
BAC San José....................................**1** C1
Banco de Costa Rica..........................**2** D2
Banco de Costa Rica (Geldautomat)...(s. 17)
Banco Nacional.................................**3** C1
Clínica Fortuna..................................**4** C1
Expediciones....................................**5** C2
Lavandería Alice................................**6** B1
Lavandería La Fortuna........................**7** A2
Lunatíca...**8** D2

SEHENSWERTES & AKTIVITÄTEN
Adventure Education Center.............**9** D2
Aventuras Arenal............................**10** C2
Desafío Adventure Company...........**11** A2
Eagle Tours....................................(s. 30)
El Sueño Spa..................................**12** B2
Exploradores Outdoors....................(s. 19)
Fourtrax Adventures........................**13** A2
Herrera Day Spa..............................**14** C1
Jacamar Tours.................................**15** B2
Pura Vida Tours...............................**16** C2
Sunset Tours...................................**17** B2
Wave Expeditions............................**18** B2

SCHLAFEN
Arenal Backpackers Resort..............**19** A2
Cabinas y Soda El Río......................**20** C2
Gringo Pete's..................................**21** D2
Gringo Pete's Too............................**22** B3
Hotel Arenal Carmela.......................**23** B2
Hotel Dorothy.................................**24** C4
Hotel Las Colinas............................**25** C2
Hotel Monte Real............................**26** C2
Hotel Pepito's Place.........................**27** B2
Hotel San Bosco..............................**28** C1
Hotel Sierra Arenal..........................**29** A2
La Choza Inn...................................**30** A2
Mayol Lodge...................................**31** C2
Pura Vida Hotel...............................**32** A2
Sleep Inn Guesthouse......................**33** A3

stalter bieten auch Internetzugang an. Wer jedoch keine Lust auf Kundenwerbung hat, kann hier im Laden ungestört surfen.

MEDIZINISCHE VERSORGUNG

Clínica Fortuna (Karte S. 248; ☎ 2479 9461; Calle 3 zw. Av. Volcán & Av. Fort; ☺ Mo–Fr 8–17 Uhr). Ein allgemeines Krankenhaus mit einer Nothilfe für akute Fälle.

TOURISTENINFORMATION

Es gibt in La Fortuna keine objektive Touristeninformation (was kaum überrascht). Doch jeder Tourveranstalter oder Hotelrezeptionist informiert gern – natürlich ohne jeden Hintergedanken.

Lunatíca (Karte S. 248; ☎ 2479 8255; lunaticarte2@ice. co.cr; ☺ 8.30–20 Uhr) Informiert über kulturelle Veranstaltungen und Events in La Fortuna, die leider aber nur unregelmäßig bis selten stattfinden. Der Laden gegenüber der Schule stellt auch Werke lokaler Künstler aus, wie Körbe, Masken und Schmuck der Maleku-Indianer.

WÄSCHEREI

Lavandería Alice (Karte S. 248; ☎ 2479 7111; pro Kilo 3 US$; ☸ 7–22 Uhr) Hier wird das volle Programm bis zur schrankfertigen Wäsche geboten; liegt 100 m nördlich des Parks.

Lavandería La Fortuna (Karte S. 248; ☎ 2479 9547; pro 4 Kilo 7 US$, Internet pro Std. 1 US$; ☸ Mo–Sa 8 bis 21 Uhr) Selbst waschen oder waschen und trocknen lassen – und dabei im Internet surfen.

Sehenswertes

HEISSE QUELLEN

Was ist wohl der Trostpreis, wenn der Vulkan nicht zu sehen ist? Na, was wohl: heiße Quellen natürlich. Und La Fortuna hat da einige Prachtexemplare zu bieten.

Sollte Steven Spielberg jemals die *Genesis* (1. Buch Mose) verfilmen wollen und für die Garten-Eden-Sequenz ein Set benötigen – ja, dann wären die **Tabacón Hot Springs** (Karte S. 250; ☎ 2519 1900; www.tabacon.com; Erw./Kind 60/20 US$, nach 19 Uhr 45/20 US$; ☸ 10–22 Uhr) genau das Richtige. Die Quellen liegen 13 km westlich von La Fortuna; ihren Eingang bildet der unnötig bombastische Kartenschalter, der auf der einen Seite von einem unglaublichen Büfett (15 US$ extra), auf der anderen von einem funkelnden Souvenirladen eingerahmt wird. Dahinter teilt sich der Vorhang aus seltenen Orchideen und anderen üppigen Tropenblumen, um einen – Tusch! – donnernden, 40 °C warmen Wasserfall zu offenbaren, hinter dem sich natürlich wirkende Höhlen mit geschickt getarnten Tassenhaltern verbergen. Und auf jedem dieser geschickt platzierten Felsen relaxen krebsrote Touristen, die sich in verschiedenen Stadien hitzebedingter Erschöpfung befinden, und genießen eine buchstäblich heiße Begegnung.

Diese Sinnenlust hat jedoch – zusätzlich zum saftigen Eintritt – ihren Preis. Die Wellnessanlage liegt genau an der Stelle, an der im vortouristischen Jahr 1975 eine vulkanische Eruption durchbrach und einen Einheimischen tötete. Mehrmals im Jahr – sobald der Arenal rülpst und giftige Gase verströmt (oder die Gefahr einer plötzlichen Schlammlawine besteht) – wird die Anlage evakuiert. Meist geht alles gut, doch der Arenal ist ein aktiver Vulkan und birgt damit das Risiko in sich, unvorhergesehen wieder einmal verrücktzuspielen.

Die **Baldi Termae Hot Springs** (Karte S. 250; ☎ 2479 9651; www.arenal.net/baldi-hot-springs.htm; mit/ohne Büfett 45/28 US$; ☸ 10–22 Uhr) sind mit römischen Betonsäulen und einer Mayapyramide mit Wasserrutschen ausgestattet. Das Ambiente dieser Quellen, 5 km westlich von La Fortuna, erinnert an eine Mischung aus Las Vegas und Disney World. Die 16 Thermalbecken sind im Vergleich zu denen des Tabacón eher bescheiden. Trotz der hohen Preise ziehen jedoch die schwimmenden Bars und die Technomusik vor allem junge Besucher an, die Badespaß wollen.

Gegenüber führt ein unbeschilderter Eingang zu den empfehlenswerten **Eco-Termales** (Karte S. 250; ☎ 2479 8484; Erw./Kind 24/16 US$; ☸ 10–21 Uhr). Der Thermalbadkomplex kann nur auf Anmeldung besucht werden. Hier herrscht minimalistische Eleganz vor. Alles, vom natürlichen Zirkulationssystem in den Pools bis zur sanften Beleuchtung, ist unaufdringlich, doch luxuriös. Nur 100 Besucher dürfen sich hier zugleich für jeweils vier Stunden aufhalten (Einlass um 10, 13 und 17 Uhr) und müssen sich telefonisch oder im benachbarten Hotel el Silencio del Campo (S. 255) anmelden. Mit Glück ist der Eintritt auch ohne Reservierung möglich. Gäste, die um 17 Uhr kommen, können zwischen drei Menüs mit Hausmannskost in Tontöpfen wählen (15/17/23 US$).

Hier soll zwar ganz gewiss kein Geheimtipp verraten werden – doch in der Umgebung gibt es einige kostenlose **heiße Quellen**. Die Einheimischen wissen, wo.

WELLNESSSALONS

El Sueño Spa (Karte S. 248; ☎ 2479 8261; Massagen 35 bis 60 US$; ☸ 9–21 Uhr) bietet Massagen, Gesichtskosmetik und Reflexzonenmassagen. Der stille kleine Salon liegt gegenüber dem Südrand des Parque Central. Er verkauft auch Vulkanschlamm in Packungen für eine Wellnessanwendung zu Hause.

Herrera Day Spa (Karte S. 248; ☎ 2479 9016; Massagen 20–85 US$; ☸ 9–22 Uhr), 200 m nordöstlich des Parque Central, hat eine intime, europäische Atmosphäre und verkauft eine eigene Linie hausgemachter Schönheitsprodukte.

WASSERFALL

Selbst wenn der Arenal nicht zu sehen ist, bietet La Fortuna noch ein anderes Natur-

DER NORDWESTEN

LA FORTUNA & UMGEBUNG

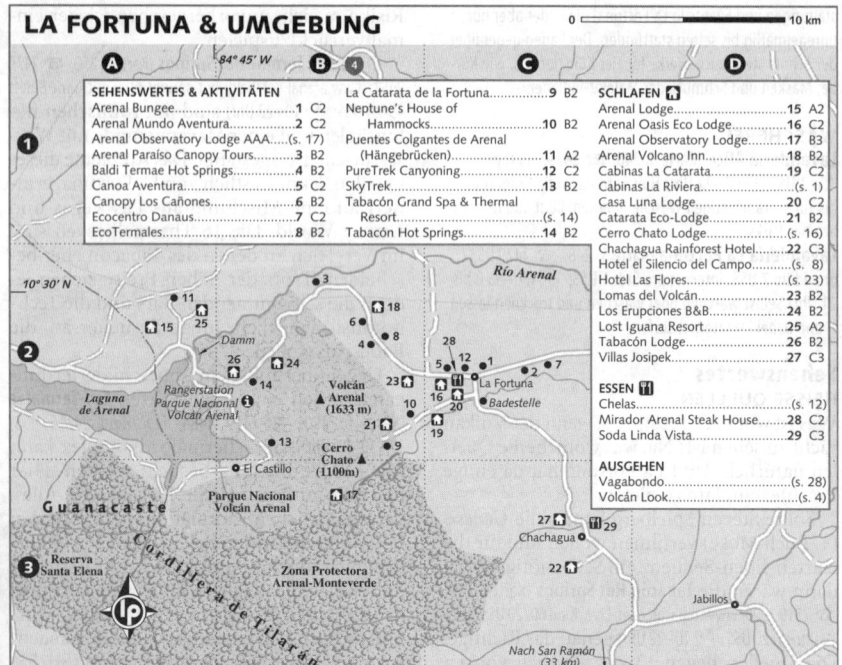

SEHENSWERTES & AKTIVITÄTEN		La Cataratа de la Fortuna..............9 B2	SCHLAFEN
Arenal Bungee...............................1 C2		Neptune's House of	Arenal Lodge................................15 A2
Arenal Mundo Aventura................2 C2		Hammocks...........................10 B2	Arenal Oasis Eco Lodge.................16 C2
Arenal Observatory Lodge AAA.....(s. 17)		Puentes Colgantes de Arenal	Arenal Observatory Lodge...........17 B3
Arenal Paraíso Canopy Tours.........3 B2		(Hängebrücken)....................11 A2	Arenal Volcano Inn......................18 B2
Baldi Termae Hot Springs...............4 B2		PureTrek Canyoning...................12 C2	Cabinas La Catarata....................19 C2
Canoa Aventura.............................5 C2		SkyTrek.......................................13 B2	Cabinas La Riviera.........................(s. 1)
Canopy Los Cañones.....................6 B2		Tabacón Grand Spa & Thermal	Casa Luna Lodge...........................20 C2
Ecocentro Danaus..........................7 C2		Resort......................................(s. 14)	Catarata Eco-Lodge......................21 B2
EcoTermales...................................8 B2		Tabacón Hot Springs.................14 B2	Cerro Chato Lodge.......................(s. 16)
			Chachagua Rainforest Hotel.......22 C3
			Hotel el Silencio del Campo........(s. 8)
			Hotel Las Flores..........................(s. 23)
			Lomas del Volcán........................23 B2
			Los Erupciones B&B......................24 B2
			Lost Iguana Resort.......................25 A2
			Tabacón Lodge............................26 B2
			Villas Josipek..............................27 C2
			ESSEN
			Chelas..(s. 12)
			Mirador Arenal Steak House.......28 C2
			Soda Linda Vista..........................29 C3
			AUSGEHEN
			Vagabondo.................................(s. 28)
			Volcán Look...................................(s. 4)

wunder, das nur im Vergleich zu einem Vulkanausbruch verblasst: **La Catarata de la Fortuna** (Karte S. 250; Eintritt 8 US$; 8–17 Uhr) ist ein 70 m langes Band aus klarem Wasser, das durch eine tiefe Schlucht aus dunklem Vulkangestein strömt. Die Schlucht ist mit Bromelien und Farnen bewachsen, alles ist sehr fotogen. Ein schönes Foto lässt sich sogar ohne Abstieg in die Schlucht machen – ein kurzer, gepflegter und nahezu vertikal verlaufender Fußweg führt parallel zum Wasserfall. Doch auch wer nicht absteigt, muss den hohen Eintrittspreis bezahlen.

Doch der Abstieg (gleichsam ein Fitnesstraining Marke Stepper mit Aussicht) in die ungewöhnliche Welt des Dschungelgrunds lohnt sich. Es ist zwar gefährlich, unter den donnernden Fällen hindurchzutauchen, aber einige perfekte Badeteiche mit spektakulärem Blick verleihen der Schlucht aquamarinblaue Tupfer – kühl und einladend nach dem Marsch oder Ritt hierher. Unbedingt den Rucksack im Auge behalten!

Vom Abzweig von der Straße nach San Ramón sind es bis zu den Fällen etwa 4 km bergauf. Der Weg durch Weideland, an klei-

nen Hotels vorüber, erlaubt spektakuläre Ausblicke auf den Cerro Chato. Eine wohltuende Pause bietet das **Neptune's House of Hammocks** (Karte S. 250; 2479 8269; Hängematten 50–150 US$). Dort werden Softdrinks und Hängematten (auch in Katzengröße) verkauft, die gleich vor Ort ausprobiert werden dürfen.

Zur *catarata* geht es auch zu Pferd (pro Pers. 25–35 US$) oder mit Auto oder Taxi (einfache Fahrt 5 US$). Mehrere Anbieter organisieren überteuerte Touren mit Shuttleservice. Am Eingang zu den Fällen steht eine Handvoll Imbiss- und Souvenirbuden, besser ist jedoch ein eigenes Picknickpaket, das für den ganzen Tag reicht.

Die Fälle sind auch der Ausgangspunkt für den steilen, fünf- bis sechsstündigen Aufstieg zum **Cerro Chato**. Der richtig mühsame, aber lohnende Marsch führt zu einem wunderschönen Kratersee, der nach erfolgreicher Gipfeltour zum Schwimmen einlädt. Von hier aus sind 10 US$ für die Durchquerung der Finca zum Cerro Chato zu zahlen. Eine etwas preiswertere (ein Entgelt ist dennoch zu zahlen) und weniger anstrengende Alternative ist der Aufstieg auf der anderen Seite, von der Beobachtungsstation Arenal Observatory Lodge (S. 260) aus.

Zu schlapp für die Wanderung? Kurz hinter dem Abzweig zur *catarata* führt an der – von La Fortuna Richtung San Ramón aus gesehen – dritten Brücke ein kurzer Weg nach links zu einem hübschen **Badesee**, der sich gleich unterhalb der Straße mitsamt einer Seilschaukel und einem kleinen Wasserfall ausbreitet – na bitte!

ECOCENTRO DANAUS

Das von Lesern empfohlene **Ökologische Zentrum** (Karte S. 250; ☎ 2460 8005; www.ecocentrodanaus. com; Eintritt 5 US\$; ☺ 8–15.30 Uhr) liegt 3 km östlich der Stadt; ein 500 m langer Feldweg führt dorthin. Hier gibt es ein gut erschlossenes Wegenetz für Vogelbeobachter, es lassen sich aber häufig auch Faultiere, Nasenbären und Brüllaffen blicken. Im Eintrittspreis ist auch ein Besuch im Schmetterlingsgarten, im Ranarium mit Pfeilgiftfröschen und der Rundgang um einen kleinen See voller Kaimane und Schildkröten enthalten. Mehrere Tourveranstalter bieten Nachtführungen (25 US\$) zum Ökozentrum an.

Aktivitäten

In der Umgebung von La Fortuna herrscht absolut kein Mangel an Freizeitmöglichkeiten, aber sie sind recht teuer.

JEEPFAHRTEN

Ökotourismus und Jeepfahrten passen zusammen wie Oben-ohne-Baden und Naher Osten, doch wie soll's – jedem das Seine. Es gibt überraschend viele Anbieter; **Fourtrax Adventures** (Karte S. 248; ☎ 2479 8444; www.fourtraxadventure. com; Av. Central; 3-Std.-Tour 75 US\$) am Westrand der Stadt ist der renommierteste. Die Dreistundentour führt bis zum Fuß des Arenal. Ein zweiter Fahrgast, der im Jeep mitgenommen wird, kostet 30 US\$ extra.

BUNGEE-JUMPING

Es war nur eine Frage der Zeit, bis auch dieser Freizeitspaß hier auftauchen würde – **Arenal Bungee** (Karte S. 250; ☎ 2479 7440; www.arenalbungee. com; Sprung 39 US\$; ☺ 9.30–21.30 Uhr) bietet unterschiedliche Sprünge mit einer „Extremmaschine", die den Adrenalinfan auch vom Boden hochschießen kann. Verwirrt? Na, jeder kann es ja selbst ausprobieren. Der Anbieter besitzt ein Sicherheitszertifikat der North American Bungee Association.

KANUFAHREN

Das sehr empfehlenswerte **Canoa Aventura** (Karte S. 250; ☎ 2479 8200; www.canoa-aventura.com; ☺ 6.30 –21.30 Uhr) liegt etwa 1,5 km westlich der Stadt, an der Straße zum Arenal, und ist Spezialist für Kanu- und Floßfahrten mit zweisprachigen Naturführern. Die meisten sind auf Tierbeobachtung spezialisiert, wobei Vögel – z. B. Soldatenaras, Rosalöffler und Türkisvögel – im Mittelpunkt verschiedener Touren stehen. Beliebte Flussfahrten sind der Tagestrip zum Caño Negro (105 US\$, inkl. Frühstück und Mittagessen) und die Zweitagestour (250 US\$) zum nördlichen Regenwald, um einen Blick auf den Großen Soldatenara zu erhaschen.

BAUMKRONENTOUREN

Arenal Paraíso Canopy Tours (Karte S. 250; ☎ 2460 5333; www.arenalparaiso.com; Erw./Stud. oder Kind 45/35 US\$) bietet zweistündige Touren an zwölf Seilen. **Canopy Los Cañones** (Karte S. 250; ☎ 2461 1818; Erw./Kind 45/35 US\$) führt sein Büro am anderen Ende von La Fortuna im Hotel Los Lagos und verfügt über 15 Seile über dem Regenwald. Innerhalb des Parks selbst organisiert SkyTrek (s. S. 262) Baumkronentouren. Vielseitiger ist **Arenal Mundo Aventura** (Karte S. 250; ☎ 2479 9762; www.arenalmundoaventura.com; Erw./Kind Baumkronentour 60/30 US\$), ein Ökopark, der neben Baumkronentouren auch Abseilen und Aufführungen von Maleku-Indianern anbietet.

CANYONING

Das angesehene Unternehmen **PureTrek Canyoning** (Karte S. 250; ☎ 2479 9940, 2461 2110; www.puretrek. com; ☺ 7–22 Uhr), 500 m westlich der Stadt zu finden, bietet begleitetes Abseilen in Schluchten an vier Wasserfällen, von denen einer 50 m hoch ist. Die vierstündige Tour kostet 85 US\$ und schließt Transport und Mittagessen ein.

REITEN

Die **Desafío Adventure Company** (Karte S. 248; ☎ 2479 9464; www.desafiocostarica.com; ☺ 6.30–21 Uhr) behandelt ihre Pferde gut und wurde für den Treck nach Monteverde (75 US\$) empfohlen – wenn auch mit einigen Vorbehalten (s. Kasten S. 210). Neben Reitausflügen werden auch Abenteuertouren mit Abseilen an Wasserfällen angeboten; außerdem werden Besichtigungen von Gemeindeprojekten – wie ein von Frauen geführtes Recyclingkollektiv und ein Tierasyl – organisiert.

KITESURFEN & WINDSURFEN

Bis zum bedeutendsten Windsportort Costa Ricas, der Laguna de Arenal (S. 263), ist es nur eine kurze Fahrt.

RAFTING & KAJAKFAHREN

Die **Desafío Adventure Company** (Karte S.248; ☎ 2479 9464; www.desafiocostarica.com; ☺ 6.30–21 Uhr) wird auch dank ihrer Kompetenz bei Flussfahrten empfohlen. Wildwasser- und Kajaktouren auf dem Río Toro, Río Peñas Blancas und Río Sarapiquí sind bequeme Tagesausflüge von La Fortuna aus. Die Stromschnellen reichen von Klasse I bis IV und werden jedem Können gerecht. Je nach Zugang und Schwierigkeitsgrad kosten die Touren zwischen 45 und 100 US$.

Ein neuer Anbieter ist **Wave Expeditions** (Karte S. 232; ☎ 2479 7263; www.waveexpeditions.com; ☺ 7–21 Uhr) mit vergnüglichen, professionellen Flussfahrten für jeden Erfahrungsstand. Die Preise sind konkurrenzfähig, und Leser haben vom erstklassigen Personal geschwärmt.

Festivals & Events

Das größte Fest sind die **Fiestas de la Fortuna**, die Mitte Februar stattfinden. Zwei Wochen lang gibt es costa-ricanische Stierkämpfe, farbenprächtige Karnevalsumzüge, fettiges und zuckersüßes Jahrmarktsessen, Kunsthandwerkbuden und ungewöhnliche Glücksspielautomaten. Alles ist kostenlos – bis auf das Bier (und das ist ziemlich billig). Außerdem macht es einen Mordsspaß, zwischen der provisorischen Disko mit ihren Reggae-Go-go-Tänzern und den derb-ausgelassenen Zelten nebenan mit live gespieltem Ranchero und Salsa hin und her zu schlendern.

Kurse

Das **Adventure Education Center** (Karte S.248; ☎ 2479 8390; www.adventurespanishschool.com; 1 Woche mit/ohne Privatunterkunft 440/315 US$) ist eine ungewöhnliche Sprachschule, die auch Kurse über Sicherheit in der Wildnis sowie verschiedene Wander- und Abenteuerführungen im Programm hat (die meisten Abenteuer kosten etwas mehr). Außerdem werden spezielle Kinderkurse und Unterricht in medizinischem Spanisch geboten. Weitere Lehrzentren gibt es in Turrialba und in Dominical.

Geführte Touren

Auch mit verbundenen Augen kräftig im Kreis gedreht, ist in der Avenida Central die Chance groß, an den Schalter eines Tourveranstalters zu stolpern – falls einen ein Schlepper nicht vorher abfängt. Die explosionsartige Entwicklung in La Fortuna bedeutet zwar eine gesunde Konkurrenz unter den Anbietern, dennoch ist es wichtig, sich umzusehen, Preise zu vergleichen und keine Tour von einem freundlichen Typen auf der Straße zu kaufen. Hier kann ein eigenes Auto auf jeden Fall Geld und Ärger ersparen.

Alle Touren finden in der Regel nur ab einer Gruppenstärke von mindestens zwei Personen statt – wenn mehrere Leute zusammen kommen, sollten sie einen Rabatt im Voraus aushandeln. Wer nichts mit den Tourveranstaltern zu tun haben will, kann sich auch in den meisten Hotels eigene Ausflüge organisieren lassen (in der Regel werden dann 5 US$ Kommission pro Person fällig). Immer mehr Veranstalter versuchen den Leuten auch teure Fahrten zu entfernteren Zielen wie Caño Negro zu verkaufen. Das ist sicher interessant für alle diejenigen, die keine Lust auf öffentliche Busse haben. Billiger und wahrscheinlich viel eindrucksvoller ist es allerdings, wenn man mit dem Bus direkt zu den jeweiligen Orten fährt und die Ausflüge vor Ort organisiert.

Fast jeder will den Volcán Arenal sehen – die Nachmittagsausflüge führen entweder in den Nationalpark oder zu einem schönen Aussichtspunkt. Nach der Besichtigung des Vulkans bei Tageslicht wird meistens eine der heißen Quelle besucht und danach irgendwo zu Abend gegessen. Anschließend geht es dann weiter zu einem anderen Aussichtspunkt, um mit etwas Glück ein bisschen rot glühende Lava zu sehen. Die Preise für die Touren variieren sehr stark, die Bandbreite reicht von 25 bis 65 US$ pro Person. Eintrittsgelder für den Park und die heißen Quellen sollten eigentlich im Preis enthalten sein (sonst müssen noch einmal 25 US$ dazugerechnet werden). Immer daran denken, dass sich der Arenal häufig und normalerweise ohne Vorankündigung züchtig in eine Wolkendecke hüllt – einen Anspruch auf Geldrückgabe hat keiner! Aber wie dem auch sei – das nächtliche Bad in den heißen Quellen ist ja auch nicht zu verachten.

Die meisten Agenturen in der Stadt organisieren auch Fahrten mit Jeep–Boot–Jeep hinüber nach Monteverde (s. S. 259) – die einfachste und malerischste Art, den berühmten Nebelwald zu besuchen.

Die folgenden Tourveranstalter gehören zu den etablierteren Agenturen. Die Liste ist jedoch keineswegs vollständig.

Aventuras Arenal (Karte S. 248; ☎ 2479 9133; www.arenaladventures.com; ⏱ 6.30–21 Uhr) Organisiert seit 15 Jahren verschiedene Tagestouren mit dem Fahrrad, Boot und zu Pferd.

Eagle Tours (Karte S. 248; ☎ 2479 9091; www.eagletours.net; ⏱ 6.30–21 Uhr) Budgetreisende schwärmen von dieser professionell geführten Agentur. Das Büro liegt etwa 150 m westlich der Kirche.

Exploradores Outdoors (Karte S. 248; ☎ 2479 7500; www.exploradoresoutdoors.com; ⏱ 6–22 Uhr) Auf Flussfahrten auf dem Río Pacuare spezialisiert. Der Schalter befindet sich im Arenal Backpackers Resort.

Jacamar Tours (Karte S. 248; ☎ 2479 9767; www.arenaltours.com) Empfehlenswert wegen der unglaublichen Vielzahl an Naturkundewanderungen.

Pura Vida Tours (Karte S.248; ☎ 2479 9045; www.puravidatrips.com; ⏱ 7.30–21 Uhr)

Sunset Tours (Karte S. 248; ☎ 2479 9800; www.sunsettourcr.com; ⏱ 6.30–21 Uhr) La Fortunas ältester Touranbieter wird aufgrund seiner erstklassigen Touren mit zweisprachigen Führern empfohlen.

Schlafen

Ferien in Costa Rica schreien geradezu nach Amüsement und „explosiven Erlebnissen" – und welches Feuerwerk könnte schöner sein als die berühmte Lava von La Fortuna? Um zu erleben, wie der Vulkan sein Magma ausspuckt, zieht es ausländische wie einheimische Besucher nach La Fortuna, vor allem an Wochenenden und Feiertagen. Zu diesen Zeiten ist eine Reservierung empfehlenswert.

Es gibt in der Stadt zig Unterkünfte, auch wenn hier nur eine Handvoll erwähnt wird. Das Tolle an La Fortuna sind die zahlreichen kleinen Familienbetriebe, die meist nur einige einfache Zimmer mit elektrischer Dusche und vielleicht eigenem Bad vermieten und auf Wunsch Mahlzeiten und nette Gespräche bieten. Sie sind oft durch Mundpropaganda oder nach wenigen Minuten des Umherstreifens zu entdecken. Solche Unterkünfte helfen nicht nur den Gästen bei Touren in der Umgebung, sondern tragen auch dazu bei, dass Einheimische am Tourismusboom verdienen. Hotelschlepper warten an den Bushaltestellen und können aggressiver als in anderen Orten Costa Ricas sein. Und nicht alle sind vertrauenswürdig (s. Kasten S. 247).

Autofahrer haben die Möglichkeit, an der Landstraße Richtung Cerro Chato ein paar Kilometer südlich der Stadt zu übernachten.

Dort gibt es etliche einladende Hotels. Die Hotels westlich und südlich der Stadt sind separat aufgelistet.

Die angegebenen Preise beziehen sich auf die Hochsaison. In der Nebensaison fallen sie um bis zu 40 %.

IN DER STADT
Budgetunterkünfte
Die angegebenen Preise verstehen sich ohne Steuer, da Barzahlung meist steuerfrei ist.

Gringo Pete's (Karte S. 248; ☎ 2479 8521; gringopetes2003@yahoo.com; Camping pro Pers. 2 US$, B 3 US$, Zi. pro Pers. mit/ohne Bad 5/4 US$; P) Kaum zu glauben, dass dieses lilafarbene Hostel (100 m südlich der Schule) mit seiner sauberen, behaglichen Atmosphäre so billig ist! Ob gemütlicher Schlafsaal mit vier Betten oder Privatzimmer – ohnehin trifft sich alle Welt im luftigen, überdachten Gemeinschaftsbereich zum Plausch mit anderen Rucksacktouristen. Pete aus dem nordamerikanischen Staat Washington hält Tipps zu preiswerten Touren parat und bewahrt bei Abwesenheit auch das Gepäck auf. Außerdem gibt es eine Bücherbörse und in jedem Zimmer Schließfächer. Sollte das Haus voll belegt sein, gibt es immer noch die Möglichkeit, einen Platz im Gringo Pete's Too (rund 750 m entlang dem Fluss in Richtung Arenal) zu bekommen.

LP Tipp Arenal Backpackers Resort (Karte S. 248; ☎ 2479 7000; www.arenalbackpackers.com/home.html; Av. Central; Camping 6 US$, B 10 US$, DZ/3BZ/4BZ 50/60/72 US$; P X 🖥 🛇) Das selbst ernannte „5-Sterne-Hostel" 300 m westlich der Kirche gehört zu den angenehmsten Hostels Costa Ricas. Die Schlafsäle haben jeweils eigene Heißwasserbäder und dicke, orthopädische Matratzen. Die privaten Zimmer richten sich eindeutig an Reisende aus dem Mittelklassesegment. Doch die mit Flachbildfernseher und gefliesten Badezimmer lohnen die Ausgabe. Eigentliche Attraktion ist jedoch der Pool im Garten, an dem Rucksacktouristen mit einem kühlen Bier abhängen. Zu den weiteren Annehmlichkeiten gehören WLAN, eine professionell ausgestattete Gemeinschaftsküche und ein Billardtisch. Einige Leser haben sich über den unpersönlichen Service beschwert.

Sleep Inn Guesthouse (Karte S. 248; ☎ 8394 7033; misterlavalava@hotmail.com; Av. Arenal; Zi. mit/ohne Bad pro Pers. 7/5 US$) Wer nach einer herzlichen Tico-Unterkunft sucht, findet sie hier, 250 m westlich des MegaSuper. Cándida empfängt ihre Gäste, als sei es deren eigenes Zuhause. Und

Carlos, der auch „Mr. Lava-Lava-Man" genannt wird, sorgt dafür, das jeder die Lava zu sehen bekommt – andernfalls ist die nächste Tour kostenlos. Seine Touren (25 US$) sind die billigsten im Ort.

Hotel Dorothy (Karte S. 248; ☎ 2479 8068; www. hoteldorothy.com; Zi. pro Pers. inkl. Frühstück unten/oben 8/ 10 US$; P 🖳) Das Hotel liegt zwar etwas weit von der Stadt entfernt – 300 m südlich neben der Stierkampfarena – und ist auch etwas heruntergekommen, dennoch ist es sehr empfehlenswert, da der (zweisprachige) limoneskreolische Besitzer Noel voller karibischer Wärme steckt. Noel ist auch so etwas wie ein lokaler Held: Als er einst Feuer in der Arena entdeckte, alarmierte er die Feuerwehr und rettete somit all die illegalen nicaraguanischen Arbeiter, die dort interniert waren.

La Choza Inn (Karte S. 248; ☎ 2479 9091; www.lacho zainnhostel.com; Av. Fort zw. Calle 2 & Calle 4; B 5 US$, EZ/ DZ/3BZ 8/10/15 US$, mit Bad & Klimaanlage 20/30/40 US$; P 🍴 🖳) Die beliebte Budgetunterkunft, 100 m westlich des Parque Central gelegen, hat eine tolle Auswahl an Zimmern, eine gut bestückte Gemeinschaftsküche und äußerst sympathisches Personal – und sie wird stets von anspruchsvollen Reisenden dicht bevölkert. Ein riesiger Bonus ist auch das Büro der empfehlenswerten Eagle Tours (S. 253) im Haus.

Mayol Lodge (Karte S. 248; ☎ 2479 9110; www.mayol lodge.com; Av. Arenal; EZ/DZ mit Ventilator 18/30 US$, mit Klimaanlage 30/45 US$; P 🖳) Die kleinen, fröhlichen Zimmer mit blauen und gelben Fliesen gruppieren sich um einen kühlen, erfrischenden Pool mit Vulkanblick. Das Haus liegt 200 m südöstlich des Parque Central.

Cabinas La Riviera (Karte S. 250; ☎ 2479 9048; Av. Fort; Camping pro Zelt 6 US$, EZ/DZ/3BZ inkl. Frühstück 20/30/40 US$; P 🍴) Neun einfache Hütten mit Ventilatoren liegen hier in einem absolut fantastischen Garten, in dem die Obstbäume alle Arten von Vögeln anlocken. Zu finden ist die empfehlenswerte Unterkunft östlich der Stadt, nach einem angenehmen Spaziergang von zehn Minuten.

Cabinas y Soda El Río (Karte S. 248; ☎ 2479 9341; Av. Arenal; Zi. mit Ventilator/Klimaanlage 25/35 US$; 🍴) Die freundliche Familie vermietet sichere, heimelig-komfortable Zimmer am Fluss Rió Brío. Zudem ist an der Vorderseite eine Soda (6 bis 21 Uhr) eingerichtet.

Mittelklassehotels
Alle hier genannten Unterkünfte haben Zimmer mit Bad und heißem Wasser.

Pura Vida Hotel (Karte S. 248; ☎ 2479 9495; www. hotelpuravida.net; EZ/DZ/3BZ 25/35/50 US$; P 🖳) Das Pura Vida ist zwar nichts Besonderes, aber die Preise stimmen, und die Zimmer mit festen Matratzen und ordentlichem Wasserdruck in den Duschen sind sehr komfortabel. Die chinesischen Besitzer betreiben im unteren Bereich auch – Überraschung! – ein chinesisches Restaurant (3–10 US$).

Hotel Las Colinas (Karte S. 248; ☎ 2479 9305; www. lascolinasarenal.com; Calle 1 zw. Av. Central & Av. Arenal; EZ/ DZ/3BZ/4BZ inkl. Frühstück ab 29/42/60/7 US$; 🍴 🖳) Die supernetten Besitzer haben das Hotel komplett umgestaltet. Die Zimmer sind nun modern und luftig, und es gibt im ersten Stock eine Terrasse mit großartigem Blick auf den Vulkan. Alle Zimmer haben Kabel-TV und von Solarenergie erzeugtes heißes Wasser. Die Preise steigen mit der Ausstattung, wie Klimaanlage, Minibar und Wohnzimmer.

Hotel Pepito's Place (Karte S. 248; ☎ 2479 9238; Calle 2; EZ/DZ 30/40 US$; P 🍴 🖳) Das schnuckelige, von einer Familie betriebene Hotel mit Blumentöpfen auf den Balkonen ist eine gute Wahl in der unteren Preisklasse dieser Kategorie. Zu finden ist es 100 m südlich der katholischen Kirche.

Hotel Sierra Arenal (Karte S. 248; ☎ 2479 9751; Av. Central; EZ/DZ/3BZ inkl. Frühstück 40/50/60 US$; P 🍴 🖳) Hier gibt es alles, was der Reisende braucht: heiße Duschen, gute Matratzen, Kabel-TV, Internetzugang, eigene Balkone und eine der besten Aussichten auf den Vulkan. Die oberen Zimmer haben einen besseren Vulkanblick und kosten 10 US$ extra. Die Tico-Besitzer sind locker und wirklich hilfsbereit.

Hotel Monte Real (Karte S. 248; ☎ 2479 9357; www. monterealhotel.com; Av. Arenal zw. Calle 3 & Calle 5; DZ 50 bis 75 US$; P 🍴 🖳) Das komfortable Hotel am Río Burío hat einen Pool mitten im gepflegten Garten und wird von einem aufmerksamen Tico-Paar namens Francisco und Nury geführt. Die teureren Zimmer sind größer und haben Balkone mit Fluss- oder Vulkanblick. Dank der Lage sind auch manchmal Faultiere zu sehen, die an den Hotelbäumen hängen.

Hotel San Bosco (Karte S. 248; ☎ 2479 9050; www. arenal-volcano.com; Av. Volcán; EZ/DZ inkl. Frühstück 66/ 77 US$; P 🍴 🖳 🏊) Das etablierteste Hotel der Stadt ist auch das teuerste. Vorteile, die sich bezahlt machen, sind jedoch kostenloses WLAN in den tadellosen Zimmern, kostenloser Kaffee oder Tee den ganzen Tag über, ein bewachter Parkplatz, ein wunderbarer Pool und superfreundliches Personal.

Hotel Arenal Carmela (Karte S. 248; ☎ 2479 9010; www.hotelarenalcarmela.com; Av. Central; EZ/DZ inkl. Frühstück 50/60 US$; P ⛄ 🖥 🖵) Hier wurden auf kleinstem Raum ziemlich viele Zimmer gequetscht – steht jemand auf dem Balkon, während ein anderer im Pool schwimmt, kommt der sich vor wie eine abgerichtete Robbe. Aber die Zimmer sind modern und sauber, wenn auch eher klein. Zudem liegt das Hotel direkt gegenüber der Kirche, also mitten im Stadtzentrum.

WESTLICH DER STADT

Es gibt einige empfehlenswerte Unterkünfte an der Straße nach Arenal, mal mehr, mal weniger charaktervoll. Die folgenden Hotels sind in der Reihenfolge ihrer Entfernung von La Fortuna aufgeführt.

Hotel Las Flores (Karte S. 250; ☎ 2479 9307; Camping pro Pers. 5 US$, EZ/DZ/3BZ inkl. Frühstück 20/30/40 US$; P ⛄) Eine erstklassige Budgetunterkunft! Die attraktiven, holzgetäfelten Hütten, 2,5 km westlich der Stadt, haben Heißwasserbäder und liegen wunderbar auf ruhigem Farmgelände, weitab von La Fortuna. Wer ein Zelt hat, kann es hier problemlos aufschlagen.

Cerro Chato Lodge (Karte S. 250; ☎ 2479 9522; www.cerrochato.com; Zi. inkl. Frühstück 30–60 US$; P 🖵) Der Besitzer Miguel Zamora ist ein passionierter Naturforscher, der mit Freude Touristen auf Ausflüge in die Wälder mitnimmt. Die Zimmer sind einfach und haben Heißwasserbäder sowie einen tollen Vulkanblick. Etwa 1,5 km westlich von La Fortuna führt ein Abzweig 800 m weit bis zur Lodge. Miguel holt seine Gäste auch kostenlos von La Fortuna ab.

Los Erupciones B&B (Karte S. 250; ☎ 2460 8000; EZ/DZ inkl. Frühstück 65/75 US$; P ⛄) Die bunten Hütten des einladenden B&B sind mit dekorativen Fliesen und Fenstern Richtung Vulkan ausgestattet. Jede hat eine eigene Veranda mit Stühlen und schönen Blick auf die grüne Landschaft oder den Vulkan. Es gibt sogar einen Whirlpool. Das B&B liegt 9 km westlich von La Fortuna.

Arenal Oasis Eco Lodge (Karte S. 250; ☎ 2479 9526; www.arenaloasis.com; EZ/DZ/3BZ inkl. Frühstück 50/65/80 US$; P 🖵) Die warmherzige, gastfreundliche Familie Rojas Bonilla betreibt eine umweltfreundlich geführte Farm und vermietet insgesamt fünf putzige Hütten, etwa 800 m südlich der Schnellstraße. Alle sind mit Heißwasser und Badewannen ausgestattet. Die Anlage befindet sich in einem schönen botanischen Garten und ist von einem Stück Regenwald umgeben. Durch ihn führen ein paar lohnenswerte Wanderwege.

Arenal Volcano Inn (Karte S. 250; ☎ 2461 2021; www.arenalvolcanoinn.com; EZ/DZ/3BZ inkl. Frühstück ab 82/95/107 US$; P ⛄ 🖵) Die kleinen Bungalows und der Pool befinden sich im wunderschön gestalteten Garten des malerischen Gasthauses, etwa 6,5 km von La Fortuna entfernt. Die gefliesten Zimmer sind einfach, haben aber eine Kochnische und Kabel-TV. Das Management gibt sich alle Mühe, den Aufenthalt so erholsam und bequem wie möglich zu gestalten.

Lomas del Volcán (Karte S. 250; ☎ 2479 9000; www.lomasdelvolcan.com; EZ/DZ/3BZ/4BZ inkl. Frühstück 95/100/120/140 US$; P ⛄ 🖵) Das Lomas del Volcán ist zwar eine der ersten Ferienanlagen an dieser Straße, wird aber wegen seiner ruhigen Lage (man kann die Affen in den Bäumen hören) und des umwerfenden Vulkanblicks (vor allem vom Freiluftwhirlpool aus) empfohlen. Die behaglichen Hartholzhütten haben Heißwasserbäder mit Buntglasdetails, und es gibt zahlreiche Wandermöglichkeiten durch den umliegenden Primärwald. Die Anlage liegt etwa 2 km westlich von La Fortuna, zum Hotel führt ein 1,5 km langer unbefestigter Feldweg (ausgeschildert).

Hotel el Silencio del Campo (Karte S. 250; ☎ 2479 7055; www.hotelsilenciodelcampo.com; DZ/3BZ/4BZ inkl. Frühstück 119/134/149 US$; P ⛄ 🖵 🛁) Das wunderbare Ferienhotel liegt 4 km westlich der Stadt; es wurde von den Besitzern der Eco-Termales erbaut und weist die gleiche zurückhaltende Eleganz auf, durch die seine heißen Quellen so unvergesslich werden. Die Hütten sind luxuriös, aber nicht protzig mit attraktiven Fliesen, edlem Bettzeug und sanfter Beleuchtung eingerichtet. Bonus: Wer hier übernachtet, erhält einen Rabatt in den Eco-Termales. Bei unserem letzten Besuch wurde gleich nebenan ein hässliches Hotel hochgezogen, das aber hoffentlich nicht allzusehr die geruhsame Atmosphäre dieses Hauses beeinträchtigen wird.

Tabacón Lodge (Karte S. 250; ☎ 2256 1500; www.tabacon.com; DZ inkl. Frühstück 302–466 US$; P ⛄ 🖵 🖵) Gäste des Tabacón haben uneingeschränkten Zugang zu den heißen Quellen, an denen sie ohnehin die meiste Zeit verbringen. Die Zimmer entsprechen zwar der Spitzenklasse, rechtfertigen aber nicht die überzogenen Preise. Wenn hier schon so viel Geld für eine Übernachtung ausgegeben wird, dann auch richtig: für eine Suite. Die Anlage befindet sich 13 km westlich von La Fortuna.

DER NORDWESTEN

SÜDLICH DER STADT

Nur wenige Kilometer südlich der Stadt führt ein überwiegend unbefestigter Weg bis zum Fuß des Cerro Chato. Wo früher Fincas (Landhäuser) waren, stehen heute Hotels zu beiden Straßenseiten. Einige werden hier – in der Reihenfolge der Entfernung von der Hauptstraße – aufgeführt.

Weitere 8 km südlich liegt das Dorf Chachagua, an der Straße nach San Ramón. Die von Flüssen durchzogene Gegend im Regenwald ist ruhig und weit vom touristischen Trubel La Fortunas entfernt.

Cabinas La Catarata (Karte S. 250; ☎ 2479 9753; EZ/DZ 25/30 US$; P) Nach etwa 1 km entlang der Straße bieten einige Gasthäuser Hütten an. Unter ihnen ist dieses Familienunternehmen am Fluss das weitaus beste für den Preis. Die Holzhütten sind zwar einfach, aber blitzsauber und verfügen über voll eingerichtete Küchen, TV und heißes Wasser. Einige bieten Platz für bis zu acht Personen. Die Anlage ist friedlich und rustikal.

Catarata Eco-Lodge (Karte S. 250; ☎ 2479 9522; www.cataratalodge.com; EZ/DZ inkl. Frühstück 35/54 US$; P) Na gut, sie recyceln und wechseln auch nicht automatisch täglich die Bettwäsche. Doch davon abgesehen, beschränkt sich das „Öko" im Namen schlichtweg darauf, sich um die Umwelt zu sorgen. Und dennoch: Die Lage am Fuß des Cerro Chato ist hinreißend, und das Personal kümmert sich wunderbar um den Garten, den Pool und die Gäste.

Villas Josipek (Karte S. 250; ☎ 2430 5252, 2479 9555; www.costaricavillasjosipek.com; DZ/3BZ 60/75 US$; P) Die einwandfreien, einfachen Holzhütten im Dorf Chachagua bieten Blick auf den Vulkan und sind von privaten Wegen durch den Regenwald umgeben, die bis in den Bosque Eterno de los Niños (Regenwald der Kinder) vordringen. Jede der acht Hütten hat eine komplette Küche, und die größte bietet Platz für zwölf Personen. Es gibt auf dem ruhigen, von Dschungel gesäumten Grundstück einen gepflegten Pool, und die Familie organisiert auch Touren in der Region.

Chachagua Rainforest Hotel (Karte S. 250; ☎ 2468 1010; www.chachaguarainforesthotel.com; EZ/DZ inkl. Frühstück 82/92 US$; P) Das Hotel ist ein Traum für Naturfreunde. Es liegt in einem privaten Schutzgebiet, das an den Bosque Eterno de Los Niños grenzt. Ein Teil des Landes dient als Obstplantage, Rinder- und Fischfarm. Das restliche Anwesen nimmt feuchter Regenwald ein, der entweder auf Wanderwegen oder zu Pferd zugänglich ist. Die älteren Hütten, die an niedrige Steppenbehausungen erinnern, haben tiefe Fenster zur Vogelbeobachtung. Auf dem herrlich üppig grünen Gelände gibt es auch einen Pool und zwei Restaurants (Mahlzeiten 8–16 US$), in denen die Erzeugnisse der Farm verarbeitet werden. Für den 2 km langen Feldweg, der von der Hauptstraße abzweigt, ist in der Regenzeit ein Vierradantrieb erforderlich.

Casa Luna Lodge (Karte S. 250; ☎ 2479 7368; www.casalunalodge.com; Zi. inkl. Frühstück 95 US$; P) Holztüren führen in die eleganten, mit Terrakotta gefliesten Zimmer. Einige sind barrierefrei, alle haben große orthopädische Betten. Hinzu kommen WLAN und gesicherte Parkplätze. Der schöne Pool wird von gepflegten Gartenwegen gesäumt, die zu einem Open-Air-Restaurant führen. Die Anlage liegt 1,5 km von der Hauptstraße auf der rechten Seite.

Essen

GÜNSTIG

Mi Casa (Karte S. 248; ☎ 2479 7115; Calle 3; Gebäck 1 bis 2 US$; Mo–Sa 7–18, So 7–17.30 Uhr) Das europäisch angehauchte Café mit viel Tico-Charme bietet verschiedene starke Kaffees, *batidos* und sehr süßes, hausgemachtes Gebäck. Das Mi Casa liegt 200 m östlich des Parque Central.

Rainforest Café (Karte S. 248; ☎ 2479 7239; Calle 1 zw. Central & Av. Arenal; Gebäck 1–3 US$; 7–20.30 Uhr) Exzellenter Kaffee und Espresso wird in diesem Café serviert, das mit seinen Glaswänden und der Aluminiumklotür wie ein Industriezelt wirkt. Die Kaffeesäcke auf dem Boden und Kaffeebohnen unter dem Glastischen verleihen einen Hauch urbanen Flairs. Die Gebäckvitrine ist göttlich, und auf der Karte stehen auch einige Sandwichkreationen und Spezialkaffees.

Soda La Mesa de Mamá (Karte S. 248; ☎ 2479 9727; Av. Arenal zw. Calle 3 & Calle 5; Hauptgerichte 2–5 US$; 6–22 Uhr) Hier werden die vermutlich besten *casados* La Fortunas serviert – jeder kann es selbst beurteilen, sollte aber möglichst vor oder nach dem Mittagsansturm antreten.

Soda Linda Vista (Karte S. 250; ☎ 2468 0660; Hauptgerichte 2–5 US$; 8–22 Uhr) Das Straßen-*soda* in Chachagua mit toller Aussicht liegt etwa 500 m südlich der Villas Josipek. Die netten Damen servieren hier typische costa-ricanische Gerichte.

Lava Rocks Café (Karte S. 248; ☎ 2479 9222; Av. Central; Hauptgerichte 2–7 US$; 7–22 Uhr) Das beliebte

Café tischt ein großes Frühstück, herzhafte Casados und frische Salate auf – und das im Freien, aber luftig und schattig. Es ist ein Magnet für Touristen, die dort auch gleich Touren buchen können.

Restaurante El Jardín (Karte S. 248; ☎ 2479 9360; Ecke Av. Central & Calle 3; Hauptgerichte 2–7 US$; ⏰ 5 bis 13 Uhr) In dem geschäftigen Lokal, 100 m östlich des Parque Central, kann man entweder bei einer Krabbenpizza entspannen oder sich einen Stuhl unter dem *Pollo-Pito-Pito*-Schild schnappen und sich fettige, aber leckere Hühnchenteile schmecken lassen.

Chelas (Karte S. 248; ☎ 2479 9594; Hauptgerichte 3 bis 7 US$) Das beliebte Freiluftlokal neben dem Valle Cocodrilo bereitet tolle *bocas* (kleine, pikante Gerichte) zu, darunter *chicharrones* (geschmortes Schwein) und *ceviche de pulpo* (roher, in Zitronensaft marinierter Tintenfisch). Die Bar ist bis ein Uhr geöffnet – genug Zeit, um das Essen mit einem (oder vier) kalten Bier runterzuspülen.

Soda La Parada (Karte S. 248; ☎ 2479 9547; Av. Central; Hauptgerichte 2–8 US$; ⏰ 24 Std.) Die populäre Soda gegenüber dem Parque Central und all seinem Gewusel serviert Nachteulen und Leuten, die auf ihren Bus warten, super Steak-Casados, anständige Pizza und einige absonderliche Tico-Gesundheitsdrinks: *chan* (schleimig) und *linaza* (gut für die Verdauung).

Down to Earth Coffee Shop (Karte S. 248; ☎ 2479 7328; godowntoearth.org; Av. Fort; ⏰ 9–20 Uhr) Die Familie des geselligen Besitzers Matías Zeledón baut sei 1883 Kaffee an, und er selbst gibt gern sein Wissen über die göttlichen Bohnen und andere costa-ricanische Spezialitäten preis. Hier kann man nicht nur bei einer Tasse seines Hausgewächses entspannen, dazu ein lecker Sandwich essen und ein Pfund seiner Biobohnen (oder schokoladenüberzogene Bohnen, hmm) kaufen – Matías erklärt auf Anfrage auch die Etymologie des Tico-Slangs. Zudem betreibt er einen sozial verantwortlichen Betrieb, und dessen goldene Regeln erklärt er auf Wunsch natürlich auch.

Lebensmittel gibt es im gut bestückten **Super Cristian 2** (Karte S. 248; Ecke Av. Central & Calle 1; ⏰ 7–21 Uhr), der an der Südostecke des Parque Central liegt. Am Fluss befindet sich eine **Filiale** (Karte S. 248; Ecke Av. Arenal & Calle 2; ⏰ 7–21 Uhr).

MITTELTEUER & TEUER
La Choza de Laurel (Karte S. 248; ☎ 2479 9231; www.lachozadelaurel.com; Hauptgerichte 4–9 US$; ⏰ 6.30 bis 22 Uhr) Das Lokal serviert gute, preiswerte

comida típica (typische Gerichte) und scheint stets gut besucht zu sein. Absolut lecker ist das Bananensplit auf einer halben Ananas.

Lava Lounge (Karte S. 248; ☎ 2479 7365; Av. Central zw. Calle 2 & Calle 4; Hauptgerichte 4–11 US$; ⏰ 11 bis 22.30 Uhr) Das relativ neue, coole Freiluftrestaurant bringt frischen Wind ins gourmetarme La Fortuna, wenn einem Casado allmählich aus den Ohren kommt. Hier gibt es Pasta, Fisch und eine feine Auswahl an gut zubereiteten internationalen Gerichten, die von netten Kellnern serviert werden.

Restaurante Rancho La Cascada (Karte S. 248; ☎ 2479 9145; Av. Fort; Hauptgerichte 4–15 US$; ⏰ 7–11 & 18–2 Uhr) Das charakteristische, strohgedeckte Lokal eignet sich wohl eher für ein abendliches Bier oder einen Cocktail, da die Gerichte teuer und nichts Besonderes sind. Wer jedoch das nötige Kleingeld hat, kann einen Blick auf die Weinkarte mit importierten Weinen werfen.

Mirador Arenal Steak House (Karte S. 250; ☎ 2479 9023; Hauptgerichte 5–12 US$; ⏰ 6.30–22 Uhr) Auf nach Westen, Leute! Das gilt zumindest für den, der nach einem guten *churrasco* (Steak) lechzt. Das *sabanero*-Steakhaus beherrscht die Grilltechnik perfekt.

Restaurant Los Nenes (Karte S. 248; ☎ 2479 9192; Calle 5; Hauptgerichte 5–15 US$; ⏰ 10–23 Uhr) Einheimische wie Touristen schwärmen von diesem 200 m östlich des Parque Central gelegenen, klassischen La-Fortuna-Lokal. Wem nach feinem Speisen zumute ist: Die Meeresfrüchteplatte ist unschlagbar, und die Ceviche (3 US$) könnte nicht besser sein.

Las Brasitas (Karte S. 248; ☎ 2479 9819; Av. Central; Hauptgerichte 5–15 US$; ⏰ 11–23 Uhr) Manchmal gibt es einfach Gelüste auf gutes mexikanisches Essen – nichts gegen Lizanosauce, aber die wahre Schärfe hat sie nicht. In diesem lockeren, aber eleganten Freiluftlokal, 200 m westlich des Parque Central, gibt es gute Fajitas (6 US$) und ein Gericht namens *choriqueso*, eine Art Wurstfondue. Wenn schon Herzinfarkt, dann wenigstens satt und zufrieden.

Pizzería Luigi's (Karte S. 248; ☎ 2479 9909; Ecke Av. Central & Calle 4; Frühstück 5 US$, Abendessen 6–15 US$; ⏰ 7–9.30 & 11–23 Uhr) Das große italienische Restaurant findet sich 200 m westlich des Parque Central und ist fein genug, um das Hemd zuzuknöpfen und Lippenstift aufzutragen (oder wenigstens mal die Haare zu waschen). Das Frühstücksbüfett ist empfehlenswert, wenn eine lange Tageswanderung ansteht. Pizza, Calzone und Pasta sind jedoch weitaus besser. Die Casino-Bar ist bis etwa drei Uhr früh geöffnet.

Restaurant Don Rufino (Karte S. 248; ☎ 2479 9997; www.donrufino.com; Ecke Av. Central & Calle 3; Hauptgerichte 3–30 US$; ⏰ 10–23 Uhr) Kontinentale Küche mit einem behutsamen Tico-Touch beherrscht hier die Speisekarte. Besser als das verfeinerte Casado sind die Meeresfrüchte mit Knoblauch und Cognac oder das Ribsteak. Die Bar mit Terrasse ist auch super für einen entspannten Cocktail (hat bis 2.30 Uhr geöffnet – sofern der Sinn danach steht).

Ausgehen

Trotz des Tourismusbooms ist La Fortuna leider noch immer eine Kulturwüste. Gelegentlich werden Veranstaltungen in Lunatíca (S. 248) angezeigt, doch Unterhaltung ist in dieser Gegend eher von der flüssigen Sorte und richtet sich mehr an Einheimische, die sich betrinken und darauf hoffen, eine Gringa ins Bett zu bekommen.

Volcán Look (Karte S. 250; ☎ 2479 9690; ⏰ Mi–Sa 20–2.30 Uhr) Der Club ist angeblich die größte Disko Costa Ricas, zumindest außerhalb von San José. Er liegt etwa 5 km westlich der Stadt, ist aber – ausgenommen an Wochenenden und Feiertagen – ziemlich tot. Vor 23 Uhr muss niemand erscheinen, wenn er die Cumbia nicht allein tanzen will.

Lava Lounge (Karte S. 248; ☎ 2479 7365; Av. Central zw. Calle 4 & Calle 2; ⏰ bis 22.30 Uhr) Der coole Laden im Westen der Stadt hat einige romantische Tische, an denen sich Verliebte über eine Margarita hinweg in die Augen schauen können. Das Essen ist aber auch gut, die Atmosphäre lebhaft und der Laden eine willkommene Ergänzung zum Nachtleben in La Fortuna.

Vagabondo (Karte S. 250; ☎ 2479 9565; ⏰ 20.30 Uhr bis spät) Hat eine kleine Disko-Bar, die gern von Reisenden und Ticos aus der Tourismusbranche besucht wird. Es befindet sich 1,5 km westlich von La Fortuna. Außerdem werden hier auch Holzofenpizza und gute Pastagerichte serviert.

Don Rufino (Karte S. 248; Ecke Av. Central & Calle 3; ⏰ bis 2.30 Uhr) In der einladenden Bar mischen sich Einheimische und Reisende.

Restaurante Rancho La Cascada (Karte S. 248; ☎ 2479 9145; Av. Fort; ⏰ bis 2 Uhr) Eines der etablierteren Lokale La Fortunas für ein Bier am Abend. Gelegentlich gibt es hier auch Disko oder Kino.

Bar-Restaurant El Brete (Karte S. 248; ☎ 2479 9982; ⏰ 11 Uhr bis open end) Im Süden der Stadt, an der Straße nach San Ramón, liegt diese Bar mit billigem Bier, in der auch *Ladies Nights* und andere Spezialabende veranstaltet werden.

An- & Weiterreise

BUS

Alle Busse halten zurzeit am Parque Central. Ein richtiger Busbahnhof ist aber gerade erst im Entstehen.

Reisende sollten immer das Gepäck im Auge behalten, vor allem während des San-José-Ansturms am Wochenende.

Ciudad Quesada (Auto-Transportes San José–San Carlos) 1 US$, 1 Std., Abfahrt 5, 8, 12 und 15 Uhr.

Monteverde 2 US$, 6–8 Std., Abfahrt 8 Uhr (um 12.30 Uhr in Tilarán Umsteigen Richtung Monteverde).

San José (Auto-Transportes San José–San Carlos) 3 US$, 4½ Std., Abfahrt 12.30 und 14.30 Uhr.

Tilarán (Auto-Transportes Tilarán) 1,85 US$, 3½ Std., Abfahrt 8 und 12.30 Uhr.

JEEP-BOOT-JEEP-TOUR

Die schnellste Verbindung zwischen Monteverde/Santa Elena mit La Fortuna ist die sexy klingende Jeep-Boot-Jeep-Kombination (13–20 US$, 3 Std.). Der Jeep ist eigentlich ein Minivan mit dem erforderlichen Logo „Turismo" an der Seite. Doch ob Jeep oder nicht, es ist eine fantastische Transportmöglichkeit und wird von fast jedem Hotel oder Tourveranstalter in beiden Orten organisiert. Der Minivan ab La Fortuna fährt zur Laguna de Arenal, dort geht es mit dem Boot über den See. Vom anderen Ufer aus fährt ein Allradtaxi weiter nach Monteverde. Diese Tour entwickelt sich mehr und mehr zum Hauptverkehrsmittel zwischen La Fortuna und Monteverde, da sie unglaublich malerisch und relativ preiswert ist und zudem einen halben Tag über holprige Straßen erspart.

REITEN

Mehrere Unternehmen bieten die Strecke auch teilweise zu Pferd an, darunter die Desafío Adventure Company (S. 251). Es gibt noch einige Alternativen, von denen eine nicht immer empfehlenswert ist. S. Kasten S. 210 für eine genauere Beschreibung der Tour.

Unterwegs vor Ort

AUTO

La Fortuna ist mit öffentlichen Verkehrsmitteln leicht zu erreichen. Doch zu Attraktionen wie den heißen Quellen, dem Parque Nacional Volcán Arenal und der Laguna de Arenal kann man ohne Auto nur mühsam gelangen. Zum Glück vermieten **Alamo** (Karte S. 248; ☎ 2479 9090; www.alamocostarica.com; Ecke Av. Central & Calle 2; ☺ 7.30–18 Uhr) oder **Poas Rent-a-Car** (Karte S. 248; ☎ 2479 8418; www.carentals.com; Calle 2), 100 m westlich der Kirche, zu den gleichen Preisen Autos, wie sie in San José oder Liberia geboten werden. Es lohnt sich wirklich, hier eine eigenen fahrbaren Untersatz zu haben.

FAHRRAD
Einige Hotels verleihen Fahrräder an ihre Gäste, **Bike Arenal** (Karte S. 248; ☎ 2479 9454; www. bikearenal.com; Av. Volcán; halber/ganzer Tag 52/75 US$) hat jedoch die gepflegtesten Mountainbikes und Fahrräder im Ort. Es werden auch geführte Radtouren angeboten, darunter so traumhafte Fahrten wie die nach El Castillo oder jene rund um die Laguna de Arenal. Nach Einbruch der Dunkelheit ist das Fahrradfahren in La Fortuna übrigens verboten.

Die letzten Kilometer des klassischen Mountainbiketrips hoch nach La Catarata (etwa 7 km von der Stadt aus) sind zu bewältigen, aber durch den steilen Anstieg ziemlich anstrengend. Es kursieren Geschichten, dass selbst unverbesserliche Raucher (20 Zigaretten am Tag) es geschafft haben sollen – allerdings nur so gerade eben.

PARQUE NACIONAL VOLCÁN ARENAL
Der Vulkan Arenal war zwischen 1500 und dem 29. Juli 1968 nur einer von mehreren schlafenden Vulkanen zwischen fruchtbaren Feldern und Weiden. Dann knackte und krachte es plötzlich: Lava floss die Hänge herab, zerstörte drei Dörfer und tötete 80 Menschen und 45 000 Stück Vieh. Die Umgebung wurde evakuiert, die Straßen in der ganzen Region geschlossen. Allmählich nahm der Lavafluss ab und wurde ungefährlicher, das Leben nahm wieder seinen gewohnten Lauf.

Obwohl sich der Arenal immer wieder für einige Wochen oder Monate beruhigt, hat er seit 1968 fast täglich besorgniserregende Aschesäulen, massive Explosionen und Ströme aus glühend heißem, geschmolzenem Gestein ausgestoßen. Wundersamerweise hat der Vulkan seine bildschöne Kegelform behalten – trotz aller Aktivität. Seine Hänge sind jedoch heute nicht mehr grün bewachsen, sondern aschgrau verstaubt.

Der Grad seiner Aktivität ändert sich von Jahr zu Jahr und von Woche zu Woche – ab und zu sogar täglich! Manchmal bietet sich den Besuchern ein Spektakel mit fließender rot glühender Lava und weiß glühenden Felsstücken, die durch die Luft fliegen, manchmal glüht er nur leicht vor sich hin. Tagsüber lässt sich der Lavastrom nur schwer ausmachen, dafür sind unter Umständen größere Explosion zu hören und die dazu gehörigen Aschewolken zu sehen. Zwischen 1998 und 2000 war der Vulkan teilweise recht aktiv (damals entstanden auch all die vielen Fotos, die nun die Urlaubsbroschüren schmücken). Selbst wenn die Lavaströme in jüngster Zeit weniger fotogen waren, bieten sie doch immer noch einen atemberaubenden Anblick!

Die besten Nachtblicke auf den Vulkan hat man momentan von der Südwestseite. Um in den Genuss dieser Aussicht zu kommen, unternimmt man am besten einen Nachtausflug oder übernachtet in der Arenal Observatory Lodge (s. unten) oder in einer der vielen Unterkünfte von El Castillo (s. S. 262). Oft ist der Vulkan allerdings durch Wolken verdeckt, und an Regentagen kann es in der Höhe lausig kalt werden – dann sind die heißen Quellen wirklich ein Genuss!

Orientierung & Praktische Informationen
Die **Rangerstation** (☎ 2461 8499; Parkeintritt 6 US$; ☺ 8–16 Uhr) liegt an der Westseite des Vulkans. Viele kommen im Rahmen einer Gruppenwanderung, man kann jedoch auch auf eigene Faust dorthin laufen. Fahrer (mit mindestens halbgefülltem Tank!) halten sich von La Fortuna 15 km lang Richtung Westen, um dann beim Schild „Parque Nacional" links abzubiegen und der 2 km langen Piste zum Eingang zu folgen. Der 8-Uhr-Bus Richtung Tilarán hält auf Wunsch unterwegs, der Bus kommt dann um 14 Uhr auf der Fahrt nach La Fortuna an gleicher Stelle wieder vorbei.

Vom Schild „Parque Nacional" führt eine 2 km lange Piste von der Hauptstraße zur Rangerstation, zum Informationszentrum und zum Parkplatz. Hier beginnt auch der Wanderweg zum Vulkan (einfach 3,4 km). Die Ranger sagen den Besuchern, wie weit sie gehen dürfen. Zuletzt lag das Gebiet außerhalb der Gefahrenzone, das kann sich aber jederzeit wieder ändern.

Bei der Rangerstation und dem Informationszentrum teilt sich die Straße – hier sollte man sich links halten, es sei denn, man will zur Hauptstraße oder zur Parkverwaltung. Nach der Abzweigung nach rechts folgt nach ungefähr 5,5 km eine weitere Gabelung: Der linke Weg führt zur Arenal Observatory Lodge (ungefähr 9 km), der rechte ins Dorf El Castillo (ungefähr 4 km). Selbst in der Trockenzeit ist hier ein Allradfahrzeug Pflicht. Ein Taxi zur Lodge oder nach El Castillo kostet um die 20 US$.

Sehenswertes & Aktivitäten

Arenal wurde 1995 zum Nationalpark erklärt und gehört zur Area de Conservación Arenal, die den größten Teil der Cordillera de Tilarán unter Schutz stellt. Die Region ist zerklüftet und abwechslungsreich. Auch die Artenvielfalt ist groß: Etwa die Hälfte aller Landwirbeltiere (Vögel, Säugetiere, Reptilien und Amphibien) Costa Ricas sind hier vertreten.

Die Vogelwelt ist im Park sehr ebenfalls reichhaltig. Dazu zählen solche Besonderheiten wie Trogone, Zimtbrustmotmots, Karminvögel und Lanzettschnäbel. Häufig gesichtete Säugetiere sind Brüllaffen, Kapuzineraffen und überraschend zahme Nasenbären (auch wenn es verlockend ist, bitte nie die Wildtiere füttern; s. Kasten S. 385).

ARENAL OBSERVATORY LODGE

Die **Arenal Observatory Lodge** (Reservierungen ☎ 2290 7011, Lodge 2479 1070; www.arenalobservatorylodge.com; Tagespass 7 US$; Ⓟ) wurde 1987 als privates Observatorium für die Universität von Costa Rica errichtet. Wissenschaftler entschieden, die Lodge auf einer Macadamianuss-Farm auf der Südseite des Vulkans zu errichten: Hier war man sehr nah am Vulkan (er liegt nur 2 km entfernt) und auf dem Bergrücken dennoch relativ sicher. Seitdem reisen Vulkanologen aus der ganzen Welt hierher, um den aktiven Vulkan zu studieren. Heute sind aber die Mehrheit der Besucher Urlauber, obwohl auch Wissenschaftler regelmäßig die Lodge besuchen. Der Seismograf im Hotel arbeitet immer noch rund um die Uhr. Die Lodge ist der einzige Ort innerhalb des Parks, an dem man legal übernachten darf.

Die Lodge bietet Massagen (ab etwa 60 US$), geführte Wanderungen und sonstige Ausflüge zu vernünftigen Preisen an. Die Gäste können im Pool schwimmen, die Macadamianuss-Farm besichtigen oder in den Fichtenwald spazieren, der ungefähr die Hälfte des 347 ha großen Anwesens bedeckt. Für 8 US$ pro Stunde werden Reitpferde vermietet.

Ein winziges **Museum** (Eintritt frei) auf der alten Beobachtungsplattform hat einen Seismo-

grafen und zeigt ein paar interessante Zeitungsausschnitte.

WANDERN

Bei der Rangerstation (sie hat Wanderkarten) beginnt der 1 km lange Rundweg **Sendero Los Heliconias**, der am Lavastrom von 1968 vorbeiführt (erste Pionierpflanzen siedeln sich hier schon wieder an). Von diesem zweigt ein 1,5 km langer Pfad ab und führt zu einem Aussichtspunkt mit allerdings beschränkter Aussicht (dafür sind die Explosionen umso besser zu hören!).

Der **Sendero Las Coladas** zweigt ebenfalls vom Sendero Los Heliconias ab und sticht sich 2 km rund um den Vulkan (u. a. ist der erhärtete Lavafluss von 1993 zu sehen), er verbindet sich dann mit dem **Sendero Los Tucanes**. Dieser Weg zieht sich für weitere 3 km durch den tropischen Regenwald am Fuße des Vulkans. Zum Parkplatz kommt man nur auf dem gleichen Weg zurück, was aber nicht so schlimm ist, da man auf dem Rückweg den Gipfel besser im Blickfeld hat.

Von der Parkverwaltung (nicht der Rangerstation!) führt der 1,2 km lange **Sendero Los Miradores** zum Seeufer und bietet eine weitere, gute Sicht auf den Vulkan.

Ab und zu kommen Leute – vielleicht weil sie sich in falscher Sicherheit wiegen – auf die Idee, den Krater selbst zu besteigen. Das ist extrem gefährlich! Unvorsichtige wurden schon getötet oder durch Explosionen verstümmelt. Das Problem ist dabei ist nicht nur der Tod der Dummköpfe (ein Risiko, das sie ja selbst gewählt haben), sondern vor allem die Gefahren, denen die einheimischen Retter anschließend ausgesetzt sind.

Auch wer nicht in der Arenal Observatory Lodge nächtigt, sollte bei der Lodge vorbeischauen: Die **Wanderwege** sind insgesamt 6 km lang und der Eintritt kostet nur 7 US$. Einige kurze Spaziergänge bieten Aussicht auf den nahe gelegenen Wasserfall, hartgesottene Zeitgenossen besuchen auch gleich noch die frischen Lavaströme (2½ Std.) und alten Lavaströme (3 Std.) oder besteigen den schlafenden Bruder des Arenal, den Volcán Chato. In seinem Krater befindet sich ein 1100 m hoch gelegener See – und das nur 3 km südöstlich des Arenal (Wanderzeit 4 Std.). Wer den Vulkan gerne in der Nacht sehen will, sollte sich einer geführten Wanderung anschließen, Karten und einheimische Führer können organisiert werden. Die Lodge bietet

GANZ SCHÖN HEISS!

Vulkane sind ein Produkt der kontinentalen Plattenverschiebung. Trifft z. B. eine ozeanische auf eine kontinentale Platten, so wird die spezifisch schwerere ozeanische Platte unter die kontinentale Platte in die sogenannte Asthenosphäre gedrückt (diese Erdschicht liegt in 60–210 km Tiefe, auf ihr schwimmen die Platten der Erdkruste/Lithosphäre). Dieser Vorgang und die dabei frei gesetzte Reibungsenergie führen zu einem Aufschmelzen der festen Erdkruste. Die flüssige Magma steigt über durchlässigere Schichten in der Kontinentalplatte wieder auf und sammelt sich gewöhnlich in einer Kammer unterhalb der Erdoberfläche. Wird der Druck zu stark, wird das flüssige Magma durch einen Kanal nach oben gepresst und fließt oberirdisch als Lava ab. Über einen langen Zeitraum formt austretende Lava große konische Vulkane mit runden Kratern, aus denen Magma in Form von Gas, Lava und Auswürfen austreten kann.

In den letzten Jahrzehnten hat sich das Wissen um die Vulkane zwar enorm erweitert, aber Wissenschaftler sind noch immer nicht in der Lage, einen Vulkanausbruch mit Bestimmtheit vorherzusagen. Immerhin ist es möglich, drei Phänomene zu überwachen, die helfen, die Wahrscheinlichkeit eines Vulkanausbruchs zu prognostizieren: seismische Aktivität, Gasemissionen und Bodendeformation. Seismische Aktivität tritt bei aktiven Vulkanen permanent auf. Typisch für viele aktive Vulkane ist ein Schwanken dieser seismischen Aktivität. Zwar sind die Aktivitätsmuster schwer zu interpretieren, aber im Allgemeinen ist eine Zunahme der Aktivität (die sich häufig in gleichmäßigen Beben äußert) ein Zeichen für eine wahrscheinliche Eruption.

Wissenschaftler untersuchen auch regelmäßig die Zusammensetzung der Gasemissionen, da eruptierendes Magma Druck verliert und große Menge an vulkanischen Gasen freisetzt. Schwefeldioxid ist zum Beispiel eine der Hauptkomponenten vulkanischer Gase – eine Zunahme dieses Gases in der Luft ist ein weiteres Zeichen für einen möglichen Ausbruch. Schließlich messen die Wissenschaftler die Neigungswinkel des Vulkans, um eine mögliche Veränderung seiner Form festzustellen. Diese Messungen sind Indikatoren für eine mögliche Bodendeformation, die durch unterirdischen Druck auf große Magmamengen hervorgerufen wird.

Da der Volcán Arenal von Wissenschaftlern zu den zehn aktivsten Vulkanen der Welt gezählt wird, wird er sorgfältig überwacht. Es gibt zwar ständige Aktivitäten und immer wieder auftretende Eruptionen, aber bislang wurde ein tödlicher Ausbruch wie 1968 nicht wieder verzeichnet. Vor nicht allzu langer Zeit änderte der Lavastrom seine Richtung gen Südwesten (sehr zum Leidwesen der Hotelbesitzer in La Fortuna), doch die Wissenschaftler sind derzeit der Meinung, dass er seine Richtung in den kommenden Jahren wieder umkehren wird.

außerdem noch einen 4,5 km langen Fahrradwanderweg, der sich durch den Sekundärwald zieht, ein 1 km langer Weg ist durchgehend rollstuhlgeeignet.

Zelten ist im Park verboten, was einige Leute jedoch nicht davon abhält, am Seeufer westlich des Vulkans an Stichstraßen ihre Zelte aufzuschlagen. Es gibt dort keinerlei (sanitäre) Einrichtungen.

Schlafen & Essen

Arenal Observatory Lodge (Karte S. 250; ☎ Reservierungen 2290 7011, Lodge 2692 2070; www.arenalobservatory lodge.com; EZ/DZ/3BZ/4BZ inkl. Frühstück La Casona 68/81/95/111 US$, Standard 95/108/116/136 US$, Smithsonian 128/142/151/162 US$, Juniorsuite 155/163/172/182 US$, White Hawk Villa für 8 Pers. 495 US$; P ⊠ 🖥 ♨) Zwar fließt die Lava größtenteils an der Südwestseite des Arenal (die Lodge liegt im Westen), aber der Blick auf die Eruptionen ist großar-

tig, und das permanente Grollen reicht für eine leicht unbehagliche Nachtruhe. Das Haus bietet, über das gesamte Anwesen verstreut, unterschiedliche Zimmer, von denen fünf barrierefrei sind (auch der Pool und mehrere Wege – die Lodge hat nicht geschlafen). Im Preis sind das Frühstücksbüfett und eine geführte Wanderung inbegriffen. La Casona ist im 500 m entfernten, originalen Farmhaus eingerichtet. Dort gibt es jetzt auch vier rustikale Doppelzimmer mit zwei Gemeinschaftsbädern. Von der Veranda aus ist auch der Vulkan zu sehen. Die Standardzimmer neben dem Haupthaus wurden ursprünglich für Forscher eingerichtet, sind aber auf etwas feineren Standard renoviert worden. Die Smithsonian-Zimmer, die über eine Hängebrücke über eine tiefe Schlucht zu erreichen sind, sind die besten und bieten die schönste Aussicht. Die White Hawk Villa mit Küche und mehreren Zimmern ist für Gruppen bis zu acht Personen ideal.

Das Restaurant (Mittag-/Abendessen 10/ 25 US$) ist zwar deutlich überteuert, hat aber dafür eine gute Auswahl internationaler Gerichte – und ist übrigens mit Glasgefäßen dekoriert, in denen Giftschlangen in Formaldehyd konserviert sind.

EL CASTILLO

Das winzige Bergdorf El Castillo ist eine wunderbare Alternative zu La Fortuna – es ist ländlich, nicht touristisch und ideal gelegen, um die südwestlichen Lavaströme zu beobachten. Es gibt dort auch einige entzückende Unterkünfte, einige Sehenswürdigkeiten und ein vielversprechendes Ökotourismusprojekt, bei dem selbst Zyniker einen Hoffnungsschimmer erblicken (s. Kasten S. 264).

SkyTrek (Karte S. 250; ☎ 2645 7070; www.skytrek.com; Erw./Stud./Kind nur Gondel 55/44/28 US$; ☼ 7.30–16 Uhr) an der Straße nach El Castillo bietet Baumkronentouren an der Südseite des Arenal. Die Touren erlauben einen grandiosen Blick auf die Laguna de Arenal, den Vulkan und den üppigen Regenwald. Eine geräuschlose Gondel (die Sky-Tram) befördert die Besucher langsam ins Blätterdach hinauf. Von dort oben hat man die Wahl, entweder mit der Gondel wieder hinabzufahren oder am Seil hinabzusausen.

In der einzigen Straße des Ortes gibt es zwei bemerkenswerte ökologische Attraktionen. Das **El Castillo-Arenal Butterfly Conservatory** (☎ 2479 1149; www.butterflyconservatory.org; mit/ohne Führung 10/8 US$; ☼ 8–17 Uhr) wird von dem Nordamerikaner Glenn betrieben, dessen Naturschutzprojekt über einen gewöhnlichen Schmetterlingsgarten weit hinausgeht. Er erforscht die Lebenszyklen und Schlüpfzeiten verschiedener Arten und katalogisiert gemeinsam mit Studenten und Freiwilligen penibel jede Einzelheit. Es gibt hier sieben unterschiedliche Gärten mit jeweils zugehörigen Biotopen sowie ein Ranarium, ein Insektenmuseum, einen Heilkräutergarten, ei-

---

RANCHO MARGOT

Die 152 ha große **Ranch** (☎ 2479 7259, 8302 7318; www.ranchomargot.org) liegt im Dorf Pueblo Nuevo, gleich hinter El Castillo. Sie ist Schauplatz des spannendsten Entwicklungsprojekts im ganzen Land (s. auch Kasten S. 264). Laut Juan, dem chilenischen Initiator hinter diesem unglaublichen Unternehmen, ist die Rancho Margot „eine umweltfreundliche Selbstversorgungsranch". Tatsächlich reicht schon ein kurzes Gespräch mit Juan, um die Erhabenheit und das Ausmaß dieser großartigen Vision zu erfassen.

Auf der Ranch wird der Strom durch Turbinen erzeugt, es werden Milchkühe zur Erzeugung von Käse und Milchprodukten sowie Schweine und Hühner als Fleischlieferanten gehalten, Obst- und Biogemüsegärten werden kultiviert, in Faulbehältern werden tierische Exkremente in Energie zur Beheizung von Thermalbecken umgewandelt, und einheimische Fischarten werden wieder in die Gewässer eingesetzt. Die Aufzählung geht endlos weiter.

Und als sei das noch nicht beeindruckend genug, macht sich Juan auch in der Gemeinde stark und hat bereits Schulschulden abbezahlt, Pendelbusse angeschafft, Hügel aufgeforstet und ein Tierschutzheim, eine Tierklinik und eine Rangerstation errichtet. Die Ranch ist zwar noch lange nicht vollendet, zieht aber bereits Studenten, Forscher, Bauern, Gemüsegärtner, Rucksacktouristen und auch gutsituierte Reisende an.

Wer Interesse an einer Übernachtung auf der Ranch hat (was absolut empfehlenswert ist!), kann sich in den mustergültigen **Schlafbaracken** (pro Nacht 40 US$) mit orthopädischen Matratzen und selbst gebautem Holzinventar oder in den elegant gestalteten **Bungalows** (EZ/DZ 100/130 US$, zusätzliche Pers. 30 US$) in eindrucksvoller Lage auf den Hügeln einquartieren. Gäste sind auch zu den **Mahlzeiten** (Mittag-/Abendessen 15/17 US$) willkommen, die überwiegend aus Fleisch und Gemüse aus eigenem Anbau der Ranch zubereitet werden.

Da dies eine betriebsame Ranch ist, kann Juan auch verschiedene **Reitausflüge** (ab 35 US$) in den Regenwald der Umgebung organisieren. Wer sich für ganzheitliche Gesundheit interessiert, findet auf der Ranch zudem ein umwerfendes **Yogazentrum**, das über einem plätschernden Bach auf Pfählen erbaut wurde.

Juan arrangiert auch für Gäste ohne Auto eine kostenlose Abholung mit dem Bus von La Fortuna sowie nach Absprache einen privaten Hoteltransfer (25 US$).

nen botanischen Garten mit Wanderwegen und einen Wanderweg am Fluss. Die Anlage birgt eine der größten Schmetterlingsausstellungen Costa Ricas und ist einer der wenigen Orte, wo die ausgestellten Schmetterlinge und Frösche selbst aufgezogen werden. Das Zentrum setzt diese Spezies peu à peu wieder ein, um die Biotope der Umgebung zu bevölkern. Glenn ist auch aktiv an lokalen Wiederaufforstungsprogrammen beteiligt und sucht immer ein paar gute Freiwillige.

Gleich nebenan liegt der **Jardín Zoológico de Serpientes del Arenal** (☎ 8358 6773; Eintritt 8 US$; ☯ 8.30–17.30 Uhr), in dem der Schlangenhändler Victor Hugo Quesada sechs Frosch-, vier Schildkröten- und 35 Schlangenarten sowie etliche Echsen und Leguane präsentiert.

Schlafen & Essen

Majestic Lodge (☎ 8350 7431; www.arenalmajesticlodge. com; Zi. inkl. Frühstück 35–50 US$; Ⓟ ⌘) Die von Gringos betriebene Unterkunft an der Straße zur Rancho Margot bietet kleine, blitzsaubere Zimmer mit Seeblick und Satelliten-TV. Die hübsche Holzveranda ist ideal, um die gesellige Runde zu genießen und die Sterne zu betrachten. Manchmal werden fantasievolle Abendessen für die Gäste zusammengebrutzelt, und die kleinen Balkone sind optimal, wenn man einmal allein sein möchte.

Cabanitas El Castillo Dorado (☎ 2692 2065; EZ/DZ 40/55 US$; Ⓟ) Hier gibt es einfache Hütten mit Warmwasserbädern und riesigen Panoramafenstern mit Vulkanblick. Das hauseigene Restaurant (Hauptgerichte 2–6 US$) ist wegen der frischen *tilapia* und natürlich wegen der tollen Aussicht zu empfehlen.

Hotel Linda Vista del Norte (☎ 2692 2090, 8380 0847; www.hotellindavista.com; EZ/DZ inkl. Frühstück Standard 63/73 US$, Suite 95/105 US$; Ⓟ ⌘ 🕭) Das Hotel ist die erste Unterkunft auf dem Weg in den Ort. Es hockt hoch oben auf einem Berg und besteht aus elf einfachen Zimmern mit überwältigendem Blick. Allerdings geben nur einige Zimmer den Blick auf den Vulkan frei. Noch besser ist das Bar-Restaurant (Hauptgerichte 10–15 US$) mit seinen Rundum-Panoramafenstern und der spektakulären Aussicht auf die Lavaströme des Arenal.

Nido del Colibrí (☎ 8835 8711; www.hummingbird nestbb.com; EZ/DZ inkl. Frühstück 50/75 US$; Ⓟ) Am Ortseingang führt ein kleiner Pfad den Hügel steil hinauf zu einem der schönsten B&Bs in Costa Rica. Die Besitzerin Ellen, eine ehemalige PanAm-Stewardess und Weltreisende, hat

hier ihr eigenes kleines Stück Paradies gefunden. Ihr niedliches kleines Haus verfügt über zwei Gästezimmer mit jeweils eigenen Heißwasserduschen und genug kuscheligen Kissen, um kein Heimweh aufkommen zu lassen. Aber das ist noch nicht einmal das Beste! In ihrem wunderschön gestalteten Garten können die Gäste in einem riesigen Whirlpool entspannen und dabei die Lava des Arenal bestaunen. Als Extra gibt es auf Wunsch sogar Massagen (45 US$). Ellen ist nicht nur charmant und liebenswürdig, sondern engagiert sich auch in den örtlichen Schulen – die richtige Person, um sich über Freiwilligenarbeit in der Gegend zu informieren.

Café Jardín Escondido (☯ Mittag- & Abendessen) An der Straße, die von der Majestic Lodge aus weiterführt, weist ein Schild zu dieser wunderbaren Pizzeria mit Garten, wo der nette Nordamerikaner John auch leckeres hausgemachtes Eis anbietet.

RUND UM DIE LAGUNA DE ARENAL

Rund 18 km westlich von La Fortuna trifft man auf einen 750 m langen Staudamm, der die Laguna de Arenal geschaffen hat. Der 88 km² große See ist das größte Binnengewässer des Landes. Obwohl einige kleinere Orte dem See weichen mussten, ist der Nutzen doch größer als alle Nachteile – Guanacaste wird mit wertvollem Wasser versorgt und die Region profitiert von der erzeugten Wasserkraft. Riesige stählerne Windmühlen sorgen für zusätzlichen Strom, auch wenn ihnen die Wind- und Drachensurfer regelmäßig die eine oder andere Brise stehlen.

Wer sein eigenes Auto (oder Fahrrad) hat, kann sich auf eine der landschaftlich schönsten Strecken in ganz Costa Rica freuen. An der Straße liegen mitunter skurrile, aber auch elegante Geschäfte, viele werden von Ausländern betrieben, die sich in diese Region verliebt haben und geblieben sind. Die Ausblicke auf die Wälder rund um den See und den Volcán Arenal sind sehr romantisch. Manchen erinnert die Szenerie an den britischen Lakes District oder die Zungenbeckenseen am nördlichen Schweizer Alpenrand.

Doch wie nicht anders zu erwarten, ändern sich die Dinge – und sie ändern sich schnell. Die Nachkriegsgeneration, vom kühlen Klima und erstklassigen Angelgründen angezogen, schnappt sich jedes Stückchen Land, das zum Verkaufen angeboten wird. Das Problem ist, dass das costa-ricanische Gesetz von Möch-

DER NORDWESTEN

JUAN SOSTHEIM ÜBER DIE RANCHO MARGOT

Juan Sostheim, der Visionär hinter der Rancho Margot, strebt nach einer völlig neuen Definition des sanften Tourismus. Bei einem Glas mit feinem Rum erzählt Juan von seiner Vision für ein grüneres Costa Rica.

Was ist die treibende Idee hinter der Rancho Margot? Die wichtige Botschaft ist, dass wir eine bewirtschaftete Ranch sind, die unsere Gäste über die Konsequenzen ihrer Lebensweise aufklären und inspirieren will. Wir sind zwar keinem besonderen Dogma verpflichtet, aber auf der Rancho Margot geht es auf jeden Fall um Bewusstwerdung. Wir hoffen, dass alle unsere Gäste unvoreingenommen herkommen und sich bei ihrer Abreise über die Folgen ihrer Handlungen auf diesem Planeten im Klaren sind. Letztlich stelle ich mir vor, diese Ranch in eine Universität für Lebensbewältigung umzuwandeln, wo Leute etwas zu Themen wie alternative Energien, biologischen Anbau und Wiederaufforstung erfahren.

Was ist Ihre Definition des sanften Tourismus? Das große Problem in Costa Rica ist, dass Worte wie „umweltfreundlich", „grün" und „öko" oft missbraucht werden. Für mich bedeutet der grundlegende Gedanke hinter diesen Begriffen, dass ein Individuum die geringstmögliche Auswirkung auf die Natur haben muss. So stammen alle Baumaterialien auf dieser Ranch aus dem Umland. Wir verarbeiten ausschließlich Bauholz aus Nutzholzpflanzungen, Keramikfliesen aus alten Häusern und *caña brava*, eine bambusartige Pflanze, die sich nach der Ernte rasch regeneriert.

Was halten die Costa-Ricaner von der Rancho Margot? Als in Costa Rica lebender Chilene meine ich, dass es meine Verantwortung ist, ein positives Beispiel zu geben, dem andere folgen können. Wenn uns costa-ricanische Familien besuchen, sind sie fast immer von der enormen Schönheit ihres Naturerbes ergriffen. Wenn sie erleben, wie viel Liebe und Sorgfalt wir in diesen Ort investieren, besteht die Hoffnung, dass sie von unserem Beispiel inspiriert werden und vielleicht

tegernmaklern keine rechtsgültige Maklerlizenz verlangt. Derzeit sieht es aus, als würde sich jeder Depp in Grundstücksspekulationen stürzen, um schnellen Profit zu machen. Die Costa-Ricaner sind über den drohenden Verlust ihres Seeparadieses alles andere als glücklich. Und es sieht nicht danach aus, als ob der Bauboom nachließe.

Der größte Teil der Straße ist asphaltiert und in gutem Zustand, von einigen großen Schlaglöchern abgesehen. Busse fahren etwa alle zwei Stunden; die Hotelbesitzer kennen die Fahrpläne. Die wunderbarste Fahrt nach Monteverde ist die Jeep-Boot-Jeep-Tour.

Vom Damm nach Nuevo Arenal

Dieser schöne Straßenabschnitt führt mitten durch den Nebelwald, und an der Strecke liegen etliche fantastische Unterkünfte.

RUND UM DEN DAMM

Anders als beim flüchtigen Blick während einer Baumkronentour, erlaubt ein Gang über die **Puentes Colgantes de Arenal** („Hängebrücken des Arenal"; Karte S. 250; ☎ 2479 9686; www.hangingbridges. com; Erw./Stud. 22/12 US$, Kinder unter 12 Jahren frei;

🕓 7.30–16.30 Uhr), den Regenwald und das Blätterdach von den Wegen und Hängebrücken aus in einer natürlicheren und geruhsameren Gangart zu erkunden.

Geführte Vogelbeobachtungstouren (3 Std., ab 6 Uhr) und informative allgemein-naturkundliche Wanderführungen (8 und 14 Uhr) müssen reserviert werden.

Die Brücken sind gut ausgeschildert und mit dem Auto leicht zu erreichen. Die meisten Touristen kommen jedoch im Zuge einer Pauschaltour aus La Fortuna. Der Tilarán-Bus hält am Eingang, anschließend sind es allerdings noch 3 km weit den Berg zu erklimmen.

Für Übernachtungen in der Gegend eignet sich die **Arenal Lodge** (Karte S. 250; ☎ 2460 1881; www. arenallodge.com; EZ/DZ inkl. Frühstück Standard 83/91 US$, Juniorsuite 145/152 US$, Chalet 150/159 US$, Hochzeitssuite 184/191 US$; ⓅⓍⓇ), die 400 m westlich des Damms liegt und nach einem 2,5 km langen, steil bergauf führenden Marsch zu erreichen ist. Die gesamte Lodge bietet zahllose Ausblicke auf den Arenal und den Nebelwald. Die Standardzimmer sind genau das: Standard. Doch die Juniorsuiten sind geräumig, gefliest, mit Korbmöbeln eingerichtet, haben ein mehr auf ihre eigene Umwelt achtgeben. Es ist einfach, anderen die Schuld für die Probleme der Welt in die Schuhe zu schieben, doch grundsätzlich sollte jeder, der etwas bewirken will, zuerst sein eigenes Verhalten ändern.

Welche Art Menschen wollen Sie ansprechen? Die Rancho Margot ist ein Gemeinschaftsprojekt, in dem jeder auf seine eigene Weise einen Beitrag leistet. Wir laden Leute ein, um hier bestimmte Fertigkeiten zu kultivieren und sich gleichzeitig als Individuum weiterzuentwickeln. Die meisten unserer Gäste sind mündige, gebildete Menschen, die vernünftig genug sind zu begreifen, was in der Umwelt vor sich geht, und etwas tun wollen. Die Besucher, die nicht auf die Rancho Margot passen, sind die Pauschaltouristen, die im Zuge einer Rundreise hierherkommen, und jene Reisenden, die nur mal schnell reinschauen und dann diesen Punkt auf ihrer Liste abhaken wollen.

Warum glauben Sie, dass das Interesse an der Ranch zunimmt? Das Schöne an dem, was wir hier tun, ist, dass jeder, ungeachtet seines Alters, an unserem kontinuierlichen sozialen Experiment teilhaben kann. Die Rancho Margot ist für die Nachkriegsgeneration, die Zeit hat, über den Sinn ihres Lebens nachzudenken, ebenso attraktiv wie für Rucksacktouristen, die noch ihre eigene Identität suchen. Was all unsere Gäste miteinander verbindet, ist die Hinterfragung alter Lebensweisheiten und die Bereitschaft, ein Projekt zu unterstützen, das ihnen ein kleines Stückchen Wahrheit vermitteln kann.

Sind Sie zuversichtlich über die potenzielle Wirkung dieses Projekts? Wenn jemand verkündet, er wolle die Lebensweise von Menschen beeinflussen, dann ist das sicherlich ein gewaltiger Brocken. Einige Leute mögen zwar denken, dass meine Träume hohl seien, aber ich glaube, dass ich richtig liege. Natürlich erziele ich nicht immer die richtigen Ergebnisse, aber die Möglichkeit eines grüneren Costa Rica ist ein Ziel, das wir alle anstreben sollten. Letztlich ist meine größte Hoffnung, dass meine Kinder und Kindeskinder von meinem Beispiel lernen und ihm folgen.

DER NORDWESTEN

großes Bad mit Heißwasser und ein Panoramafenster oder einen Balkon mit Vulkanblick. Die zehn Chalets bieten jeweils vier Personen Platz, eine Kochnische und schöne Aussichten. Dazu gesellen sich ein Whirlpool, ein Billardzimmer, ein feines Restaurant (Hauptgerichte 6–15 US$), kostenlose Mountainbikes und Reitställe.

Das **LP Tipp** **Lost Iguana Resort** (Karte S. 250; ☎ 2461 0122; www.lostiguanaresort.com; Zi./Suite 215/297 US$, Villa 460–535 US$, alle inkl. Frühstück; P 🛇 🏊) ist bei weitem die eleganteste Unterkunft der Gegend. Die Ferienanlage liegt, von Regenwald umgeben, fernab der Betriebsamkeit La Fortunas an einem idyllischen Berghang mit phänomenalem Blick auf dem Vulkan. Sogar die Standardzimmer haben eigene Balkone zum Arenal hin, Bettwäsche aus ägyptischer Baumwolle, Satellit-TV und ein unschätzbares Flair der Ruhe und Privatsphäre. Sie sind geschmackvoll mit Bambusmöbeln, frei liegenden Dachbalken und großen Fenstern ausgestattet. Foyer und Restaurant vermitteln genug romantisches Ambiente, dass es wirklich keine Tragödie ist, die gemütlichen *casitas* einmal zu verlassen.

RUND UM UNIÓN

La Ceiba Tree Lodge (☎ 2692 8050, 8814 4004; www.ceibatree-lodge.com; DZ 49 US$; P), ein heiteres, von Deutschen betriebenes Refugium, liegt 21 km westlich des Damms, rund um einen 500 Jahre alten Kapokbaum. Die fünf geräumigen, gut belüfteten Zimmer haben – von der Mayakunst inspiriert – geschnitzte Holztüren und sind mit Originalgemälden dekoriert. Der Blick auf die Laguna de Arenal, der üppige tropische Garten und der rundum hinreißende Speise- und Aufenthaltsbereich machen diese Bergunterkunft zu einem stillen Rückzugsort vor jeglichen Kümmernissen. Ein kleines Apartment (Preis nach Vereinbarung) wird ebenfalls vermietet.

Das **Hotel Los Héroes** (☎ 2692 8012/3; www.hotel losheroes.com; DZ mit/ohne Balkon 65/55 US$, 3BZ 85 US$, Apt. 115 US$, alle inkl. Frühstück; P 🏊) liegt 14 km westlich des Damms und ist dort nicht zu übersehen: ein etwas deplatziert wirkendes Alpenchalet mit geschnitzten Holzbalkonen und europäischen Fensterläden – um nur die Außenansicht zu beschreiben. Die großen, makellosen, holzgetäfelten Zimmer mit Bad sind mit klobigen Holzmöbeln ausgestattet, die Deutsch-Schweizer ein wenig heimweh-krank machen könnten, vor allem beim Anblick der Gemälde von flachsblonden Kindern in Lederhosen, die unschuldig schmusen. Vermietet werden auch drei Apartments (für je sechs Personen) mit Küche, großem Bad und Balkon mit Seeblick. Zur Anlage gehören ein Whirlpool, Swimmingpool, eine Kirche samt Schweizer Glockenspiel und ein Restaurant (Hauptgerichte 5–12 US$, 7–15 und 18–20 Uhr), für das Schweizer viel zu weit anreisen müssen, um authentisches *Zürcher Geschnetzeltes* und Fondues zu genießen. Die Besitzer haben sogar einen Miniaturzug (10 US$) gebaut, der den Hügel hinauf zu einem U-Bahnhof unter dem Rondorama Panoramic Restaurant (Hauptgerichte 8–15 US$) fährt. Dieses Drehrestaurant ist angeblich in Mexiko und Mittelamerika einzigartig. Der Wanderweg zum Restaurant eignet sich wunderbar, um Tiere zu beobachten.

Eine weitere Unterkunft ist das **Villa Decary B&B** (☎ 2694 4330, 8383 3012; www.villadecary.com; EZ/DZ 90/107 US$, Hütte mit Küche 164 US$, zusätzliche Pers. 15 US$, alle inkl. Frühstück; P), ein absoluter Hit mit lichten, geräumigen, hübsch eingerichteten Zimmern, leckerem Frühstück und fantastischen Gastgebern. Die fünf Zimmer haben allesamt Heißwasserduschen, ein schmales und ein breites Doppelbett, fröhliche lateinamerikanische Bettüberwürfe und Kunstwerke sowie Balkone mit tollem Blick auf den Wald direkt unterhalb der Villa und den daran angrenzenden See. Außerdem stehen drei separate *casetas* mit Kochnische zur Verfügung. Die Pfade, die durch den Wald hinter dem Haus führen, bieten gute Möglichkeiten, Vögel und andere Tiere zu beobachten. Es kann auch durchaus vorkommen, dass ein Chor heulender Brüllaffen morgens die Leute weckt. Gäste können sich Ferngläser und ein Vogelbuch ausleihen, damit sie bestimmen können, was sie sehen. Jeff, einer der amerikanischen Besitzer, ist begeisterter Vogelbeobachter und hilft bei der Identifizierung. Sein Partner Bill ist Botaniker, der sich auf Palmen spezialisiert hat (Decary war ein französischer Botaniker, der eine neue Palmenart entdeckte). Kreditkarten werden nicht akzeptiert, also ausreichend Bargeld mitbringen.

Nur wenige Kilometer hinter der Villa Decary befindet sich links an der Straße das **Nuevo Arenal** (Camping pro Zelt 5 US$), ein kleiner Park am Stausee mit Campingplatz, der kalte Duschen und Toiletten bietet.

Im Preis für die schlichtweg umwerfenden Zweipersonenhütten – wahre Kunstwerke – im **La Mansion Inn Arenal** (☎ 2692 8018; www.lamansionarenal.com; Hütten inkl. Frühstück 204–640 US$; P ⊠ ⊠) sind ein Champagnerfrühstück, ein Obstkorb, ein Willkommenscocktail, Kanunutzung und Ausritte enthalten. Das alles und die prachtvolle Aussicht machen es zum schönsten Gasthaus der Region. Die Hütten haben riesige Zimmer auf zwei Ebenen mit eigener Terrasse, Seeblick, hohen Decken, mediterran gestrichenen Wänden und bogenförmigen Badezimmertüren. Weitere Highlights sind der Ziergarten mit Chorotega-Keramik, ein endlos wirkender Swimmingpool, der in den See zu fließen scheint, ein Billardtisch, ein formelles Restaurant (4-Gang-Menü ohne Wein 35 US$) und eine gemütliche Bar, die wie ein Schiffsbug geformt ist. Die Anlage liegt 17 km westlich des Damms.

Die **Toad Hall** (☎ 2592 8001, 2692 8020; www.toadhall-gallery.com; Hauptgerichte 3–8 US$; ☉ 8–17 Uhr) lockt mit Espresso und göttlichen Macadamia-Schokobrownies. Das Restaurant liegt 16 km westlich des Damms mit Blick auf Wald und See und bietet wenige, aber köstliche und wunderschön präsentierte Speisen, die mit selbst angebautem Biogemüse und hausgebackener Focaccia zur kalifornischen Küche tendieren. Hier lässt sich im Freien wunderbar ein Happen und einer der Fruchtsäfte genießen. Daneben locken auch der Buchladen und eine Kunstgalerie zum Stöbern, die eine hochklassige Sammlung von lokaler und indigener Kunst und Schmuck zeigt und ein Residenzprogramm für Künstler unterhält. Gleich hinter der Toad Hall führt rechts ein Feldweg zu den Venado-Höhlen, die gemeinsam mit Führern erkundet werden können.

Gourmets, die unvergessliche Küche vermissen, sollten sich unbedingt einen Tisch im neuen **LP Tipp** **Gingerbread Hotel & Restaurant** (☎ 2694 0039, 8351 7815; www.gingerbreadarenal.com; Zi. inkl. Frühstück 100 US$; ☉ Di–Sa 17–20 Uhr, mittags nur auf Reservierung) reservieren, dem wohl besten Restaurant im Nordwesten Costa Ricas (wenn nicht gar des ganzen Landes). Noch besser ist eine Übernachtung in dem zauberhaften kleinen Hotel, in dem die Betten prächtig und die Zimmer mit Wandbildern bekannter lokaler Künstler geschmückt sind – ebenso prächtig ist das Frühstück mit hausgemachten Marmeladen und Backwaren. Der Koch Eyal zaubert für seinen wöchentlichen Speiseplan aus frischesten Zutaten überragende Gerichte

(Hauptgerichte 11–20 US$, Wein 30–200 US$) und sorgt für eine ausgewählte Weinkarte mit Spitzengewächsen aus Chile und Spanien. Dennoch herrscht in dem sehr gemütlichen, abgelegenen Lokal mit Seeblick, dessen Wände mit Gemälden ansässiger Künstler (auch des Managers Coryn) geschmückt sind, keine arrogante Atmosphäre. Ein guter Rat am Esstisch: nicht auf das Dessert verzichten!

Nuevo Arenal

Die einzige nennenswerte Stadt zwischen La Fortuna und Tilarán liegt 29 km westlich des Damms: die kleine Tico-Siedlung Nuevo Arenal. Wer sich nun fragt, wo das alte Arenal geblieben ist (nein, es wurde nicht durch den Vulkan ausgelöscht, obwohl auch das möglich gewesen wäre): Es liegt etwa 27 m unter der Wasseroberfläche der Laguna de Arenal. Um einen ausreichend großen Stausee für den Damm anlegen zu können, musste die costaricanische Regierung gewissen Sachzwängen nachgeben und, ähm, Opfer bringen. Also wurden 3500 Menschen zwangsumgesiedelt. Die braven Einwohner von Nuevo Arenal scheinen heute von der Geschichte nicht sonderlich berührt zu sein, vor allem da sie nun wertvollen Grund am See besitzen.

Nuevo Arenal ist zwar nur eine Art Zwischenstopp auf dem Weg in Richtung Tilarán, aber es ist sicherlich ein hübscher (und billiger) Ort für eine Übernachtung. Im winzigen Zentrum gibt es außerdem eine Tankstelle, eine Banco de Costa Rica, eine Einkaufsmöglichkeit im SuperCompro und eine Bushaltestelle nahe dem Park.

SCHLAFEN & ESSEN
Cabinas Rodríguez (☎ 2694 4237; Zi. pro Pers. mit Bad 6 US$) Die Unterkunft nahe dem Fußballplatz ist so ziemlich die billigste in der gesamten Region um die Laguna de Arenal. Die Zimmer sind sauber, wenn auch etwas dunkel. Die Gäste können sich eine Kochnische teilen.

Cabinas Catalina (☎ 8819 6793; DZ 20 US$; (P)) Die Budgetunterkunft liegt gegenüber der Tankstelle (in der auch nach Zimmern gefragt werden kann, wenn man keine bei den *cabinas* zu finden ist). Die keimfreien Hütten sind aus Beton und haben lauwarme Duschen, die es zur Not auch tun.

Hotel Lago de Arenal (☎ 2694 4319; www.hotellagoarenal.com; EZ/DZ/3BZ inkl. Frühstück 70/79/87 US$; (P) 🛇 🖥 🖾) Angesichts der Hanglage mit weitem Seeblick macht das Hotel den Eindruck, als könnte es sehr viel großartiger sein, sei aber schlicht zu müde, sein volles Potenzial zu entfalten (seufz). Doch wer in Nuevo Arenal übernachten muss, hat es hier weitaus komfortabler als in den Budgetunterkünften. Das Hotel liegt holprige 1,5 km von der Hauptstraße entfernt.

Bar y Restaurant Bambú (☎ 2694 4048; Hauptgerichte 2–4 US$; 🕐 6–22 Uhr) Der Besitzer bietet nicht nur gute *casados* und *gallos* (nicht zu vergessen die Extrarunde Bier am Freitagabend, wenn Livemusik gespielt wird), sondern auch Infos für Touristen. Er organisiert außerdem Touren, einschließlich Angelausflüge, geführte Wanderungen und Ausritte.

Lava Java (☎ 2694 4753; pro Std. 1 US$; 🕐 6–20.30 Uhr) An der Hauptstraße gelegen, können Reisende hier bei einem Smoothie oder Kaffee ihre E-Mails checken.

Restaurant La Casa de Doña Celina (☎ 2694 4609; Hauptgerichte 4–8 US$; 🕐 7–21 Uhr) Es ist zwar nur ein einfaches Soda neben dem Lava Java, aber die Aussicht und die Retrotische auf der Veranda lassen das Essen sofort besser schmecken. Und der richtige Appetit kommt bei einer Runde Flipper.

Tom's Pan (☎ 2694 4547; Hauptgerichte 1–6 US$; 🕐 Mo–Sa 7–16 Uhr; (P)) Die deutsche Bäckerei ist unter Reisenden nach Tilarán berühmt. Brot, Strudel und Kuchen sind allesamt selbst gebacken und köstlich. Liebhaber herzhafter Gerichte werden vom großen deutschen Frühstück, Gulasch mit hausgemachten Spätzle und dem Feinkosttresen mit Leberkäse und Weißwurst begeistert sein. Hinter dem Restaurant wird auch ein gemütliches Doppelzimmer (55 US$ pro Nacht mit Frühstück) mit riesigen Fenstern und einem Freiluftwhirlpool vermietet.

Nach dem Essen lohnt ein Blick in den benachbarten **Ellen's Indigenous Souvenir Shop** (☎ 2694 4582; www.ellenssouvenir.com; 🕐 10–19 Uhr), in dem alle Waren hundertprozentig nicht „Made in China" sind.

Von Nuevo Arenal nach Tilarán
Fährt man von Nuevo Arenal aus gen Westen und um den See herum, so wird die Landschaft noch spektakulärer, die Straße hingegen immer schlechter. Tilarán ist die nächste „große" Stadt mit einer recht ordentlichen Auswahl an Hotels und Restaurants sowie mit Straßen und Bussen, die nach Liberia, Monteverde und noch weiter führen.

HOTSPOT FÜR WINDSURFER

Über den Nordwesten Costa Ricas weht einer der beständigsten Winde der Welt, er zieht Windsurfer und Kitesurfer aus der ganzen Welt nach Costa Rica. Die Laguna de Arenal zählt zu den drei weltbesten Destinationen für Windsurfer, vor allem wegen der Berechenbarkeit der Winde. Von Dezember bis April sorgen sie zuverlässig an der Südwestecke des Sees für traumhafte Surfbedingungen. Der Sport kann auch während des restlichen Jahres betrieben werden, am schlechtesten sind die Bedingungen im September und Oktober.

Es gibt zwar zahlreiche Surfanbieter, aber eigentlich nur zwei, die wirklich etwas taugen. Die beste Firma ist **Tico Wind** (☎ 2695 5387; www.ticowind.com; Verleih inkl. Mittagessen halber/ganzer Tag 38/68 US$), die jährlich vom 1. Dezember bis 15. April am Westufer des Sees einen Laden betreibt. Sie bietet allerneueste Boards und Segel, die jedes Jahr durch neue ersetzt werden. Es gibt 50 Segel für unterschiedliche Windbedingungen, Vorkenntnisse und verschiedenes Körpergewicht: Insgesamt werden pro Tag aber nur jeweils zwölf gleichzeitig verliehen, damit Surfer ihre Ausrüstung den wechselnden Windbedingungen anpassen können – was für ein Luxus! Tico Wind hilft auch bei der Organisation von Hotelunterkünften. Profisurfer buchen die Boards schon Wochen im Voraus; für Anfänger und jene, die ihr Können verbessern wollen, gibt es Kurse. Tico Wind verleiht und schult auch im Ecoplaya Beach Resort (S. 244) an der Bahía Salinas, Costa Ricas zweitbestem Windsurferparadies.

Das Hotel Tilawa (unten) hat sich unter Windsurfern (und zunehmend auch Kitesurfern) als ein beliebtes Ziel entpuppt. Es gibt dort eine hervorragende Auswahl an Boards zu günstigen Mietpreisen. Manche Leute glauben zwar, dass die starken Winde, Wellen und erstklassigen Bedingungen für Anfänger zu schwer seien, aber die Leute von Tilawa sind anderer Meinung. Sie betreiben eine von Lesern empfohlene **Windsurfing- und Kitesurfingschule** (halber/ganzer Tag 100/150 US$). Wem der erste Tag des Unterrichts, der an Land mit feststehenden Boards stattfindet, nicht gefällt, bekommt sein Geld zurück. Ab dem zweiten Tag wird der Unterricht teurer (Std. 60 US$) und geht auf das individuelle Können der Kursteilnehmer ein. Sitzen erst einmal die Grundregeln, ist Praxis mit kurzen Unterrichtseinheiten die beste Lernmethode. Wer im Hotel wohnt, bekommt Rabatt auf die Leihgebühren (halber/ganzer Tag 45/55 US$).

Da es auf der Laguna de Arenal ein bisschen kühl werden kann, gehört zur Ausrüstung neben Gurten und Helmen auch ein Neoprenanzug (Profisurfer bringen ihre eigene Ausrüstung mit und leihen nur Board und Segel). Bahía Salinas an Costa Ricas nordwestlichster Küste bietet wärmere Bedingungen. Dort ist Windsurfen das ganze Jahr über möglich, auch wenn der Wind nicht ganz so erstklassig ist wie in der Laguna de Arenal (er kommt aber schon ziemlich nahe dran). Die Jahreszeiten sind dort die gleichen wie am See.

SCHLAFEN & ESSEN

La Rana de Arenal (☎ 2694 4031; www.dorislakearenal. com; EZ/DZ inkl. Frühstück 30/45 US$; **P**) Vorsicht an dem Haarnadelabzweig an der Auffahrt zum La Rana, einem urigen, von Deutschen geführten Hotel mit sieben komfortablen Zimmern. Das Restaurant (Hauptgerichte 6 bis 11 US$, 11–22 Uhr) serviert in einem luftigen, kneipenartigen Speiseraum im oberen Stock gute internationale Küche mit Schwerpunkt auf deutschen Gerichten. Das Grundstück, auf dem sich auch Tennisplätze befinden, eignet sich bestens, um einige neotropische Vögel zu beobachten. Das Personal organisiert zudem Reit- und Bootstouren.

Chalet Nicholas (☎ 2694 4041; www.chaletnicholas. com; DZ inkl. Frühstück 79 US$, zusätzliche Pers. 15 US$; **P** ✗) Das attraktive Bergchalet liegt 2 km westlich von Nuevo Arenal und gehört Catherine und John Nicholas. Ihre Mitbesitzer jedoch, fünf sehr verspielte Deutsche Doggen (keine Angst, wenn sie, groß wie Kälber, zur Begrüßung angerannt kommen), stehlen allem und jedem die Schau. Die beiden unteren Zimmer haben je ein eigenes Bad, die oberen bestehen aus zwei verbundenen Zimmern (für Familien oder Gruppen) mit einem gemeinsamen Bad im unteren Stock. Alle Zimmer eröffnen an klaren Tagen den Blick auf den Vulkan am Ende des Sees. Die Besitzer sind an Naturkunde interessiert und pflegen Dutzende von Orchideen, die wiederum zahlreiche Blütenbesucher anziehen. Das Hotel hat viele Stammgäste.

Lago Coter Ecolodge (☎ 2440 6768; www.ecolodge costarica.com; EZ/DZ/3BZ Standard 76/87/99 US$, Hütte

93/105/122 US$, alle inkl. Frühstück; P) Die ziemlich umweltfreundlich geführte Unterkunft richtet sich vorwiegend an Gäste mit Pauschalarrangement, inklusive Vollpension, Ausrüstungsverleih und geführten Naturkundewanderungen. Die Standardzimmer mit Heißwasserduschen befinden sich in einem hübschen Holz- und Steinhaus mit großem offenem Kamin und einem Freizeitbereich mit Billardtischen, TV und einer kleinen Bibliothek. Es gibt auch 14 größere Hütten mit Panoramafenstern, die den Blick auf den See freigeben. Zu erreichen ist das Haus nach 3 km über eine unbefestigte Straßenpiste, die 5 km westlich von Nuevo Arenal abzweigt.

Mystica Resort (☎ 2692 1001; mystica@racsa.co.cr; EZ/DZ inkl. Frühstück 76/81 US$, Villa 163 US$; P) Die mediterran anmutende Ferienanlage liegt auf einem Hügel, 1 km nach dem Abzweig nach Tierras Morenas. Das recht gute Mittelklassehotel hat mehrere komfortable, farbenfrohe Zimmer mit blauen Fliesen, leuchtend bunten Webdecken, heißen Duschen und Vulkanblick. Auch wer nicht hier übernachtet, kann sich als Speisegast im Restaurant (Hauptgerichte 5–10 US$, 12–21 Uhr) eine Holzofenpizza schmecken lassen. Das Yoga- und Meditationszentrum Essence sorgt dafür, dass jegliches Bedürfnis nach ganzheitlicher Gesundheit befriedigt wird.

Hotel Tilawa (☎ 2695 5050; www.hotel-tilawa.com; DZ 68–98 US$; P) Das Hotel ist unter Wind- und Kitesurfern eine Art Legende. Ob Halbprofis oder Anfänger, hier trifft sich eine großartige Szene der Windkrieger. Die Zimmer sind schier unendlich groß und für jeden Geldbeutel geeignet, das griechische Motiv – mit Fresken und dergleichen – wird aber etwas übertrieben. Das Tilawa hat auch die besten Sportangebote am See, z. B. einen großen Skateboardpark, Pool, Tennisplätze und kostenlosen Fahrradverleih.

Lucky Bug B&B und Caballo Negro Restaurant (☎ 2694 4515; www.luckybugcr.com; Zi. inkl. Frühstück 79–140 US$; P) Die Bungalows an einer Regenwaldlagune liegen nicht nur herrlich abgeschieden, sondern sind auch mit einzigartiger Kunst und dekorativen Details lokaler Kunsthandwerker ausgestattet. Das Caballo Negro („Schwarzes Pferd"; Hauptgerichte 3–10 US$, 8–20 Uhr) serviert exzellente vegetarische und europäische Gerichte mit Zutaten aus biologischem Anbau, von der Besitzerin Monica zubereitet, die Deutsch spricht und ein fabelhaftes Schnitzel brutzelt. Außerdem gibt es

hier die wunderbar schräge Lucky Bug Gallery, die hochwertige Arbeiten lokaler und internationaler Kunsthandwerker ausstellt, zu denen auch Monicas Drillinge Kathryn, Alexandra und Sabrina gehören. Die Kunstfertigkeit der darbietenden Maler und Grafiker ist wirklich außerordentlich. Sollte sich jemand in das Gemälde eines Käfers oder einer größeren Kreatur verlieben, wird es auch nach Hause geschickt. Zu finden ist das Haus 3 km westlich von Nuevo Arenal.

Café y Macadamia de Costa Rica (☎ 2692 2000; cafeymacadamia@yahoo.com; Hauptgerichte 2–8 US$; 7.30–17 Uhr) Ein hervorragender Anlaufpunkt für eine Tasse Kaffee – und vielleicht einen Salat oder ein Thaicurry mit Huhn, und noch etwas Platz lassen für einen leckeren Kuchen – mit spektakulärem Blick auf den See (oder auf Wolken und Nebel, je nach Wetterlage). Allein der riesige Raum mit Holzboden und die ebenfalls riesige Terrasse sind schon eine kleine Pause wert.

Equus Bar-Restaurant (Hauptgerichte 4–8 US$; 11 bis open end) Das Seerestaurant, 13 km westlich von Nuevo Arenal, ist seit je unter Windsurfern beliebt, die hier bei einem kalten Bier mit ihren Heldentaten angeben. Es wird eine gute Mischung an costa-ricanischen und westlichen Gerichten angeboten, und an manchen Abenden spielt auch Livemusik auf.

TILARÁN

Die kleine Stadt Tilarán liegt nicht weit vom südwestlichen Ende der Laguna de Arenal und macht einen recht wohlhabenden Eindruck – vermutlich weil sie, lange bevor es einen See gab, ein regionales Zentrum der Viehzucht war. Dieser Tradition wird jedes Jahr am letzten Aprilwochenende gedacht. Und zwar mit einem unter Ticos beliebten Rodeo sowie am 13. Juni bei einer Fiesta, die dem Schutzheiligen San Antonio gewidmet ist, und an der Stierkämpfe stattfinden.

Der kleine Ort ist dank seiner Lage an den Hängen der Cordillera de Tilarán eine weitaus coolere Alternative (klimatisch und atmosphärisch) als z. B. das etwas trockene Cañas. Auf jeden Fall ist er ein netter Stopp zwischen La Fortuna und Monteverde.

Wer seine E-Mails checken will oder auf den Bus warten muss, kann dies im **Cybercafé Tilarán** (☎ 2695 9010; pro Std. 1,25 US$; Mo–Sa 9 bis 22 Uhr) mit seinen schnellen Internetverbindungen tun. Es liegt nur einen Katzensprung westlich des Busbahnhofs.

DER NORDWESTEN

Schlafen & Essen

Alle aufgeführten Hotels haben Zimmer mit (lau)warmen Duschen.

Hotel Tilarán (☎ 2695 5043; Zi. Gemeinschafts-/eigenes Bad 6/10 US$; Ⓟ) Die hinteren Zimmer in dieser Budgetunterkunft an der Westseite des Parque Central sind ganz passabel. Sie sind winzig, haben Kabel-TV und sind für eine Nacht sauber genug.

Hotel Mary (☎ 2695 5479; DZ 25 US$; Ⓟ) Das Hotel an der Südseite des Parque Central ist eine gute Wahl. Die Zimmer sind sauber und haben jene Art von Bettwäsche, wie sie Oma lieben würde. Die Zimmer, die zum Park hin liegen, sind laut, haben aber Balkon. Das hauseigene Restaurant (Hauptgerichte 3–6 US$, 6–24 Uhr) serviert eine Mischung aus Tico- und chinesischen Gerichten.

Hotel El Sueño (☎ 2695 5347; EZ/DZ Standard 20/30 US$, mit Balkon 25/35 US$) Die Zimmer in dem (auf etwas betagte und barocke Art) schönen Hotel nahe dem Busbahnhof sind antik dekoriert. Die Mehrausgabe für den Balkon mit seinem Hauch verblichener Pracht lohnt sich. Im unteren Bereich ist das Restaurante El Parque (☎ 2695 5425, Hauptgerichte 3 bis 5 US$, 7–23 Uhr) eingerichtet; es bietet eine Auswahl an bocas, die auch von anspruchsvollen Kneipengängern geschätzt werden.

Hotel Guadalupe (☎ 2695 5943; www.hotelguadalu-pecr.com; EZ/DZ inkl. Frühstück 25/40 US$; Ⓟ) Die ruhigen, sauberen Zimmer mit Kabel-TV in dem gepflegten Hotel, anderthalb Blocks südöstlich des Parks gelegen, gruppieren sich um einen gesicherten Parkplatz. Die Cafeteria (Hauptgerichte 2–6 US$, Mo–Fr 6–21, Sa 7–17 Uhr) im unteren Stock ist stets voll mit hungrigen Einheimischen.

Hotel La Carreta (☎ 2695 6593; EZ/DZ inkl. Frühstück 40/55 US$; Ⓟ ♿) Die Besitzer Rita und Ed haben die Zimmer mit Oberlicht wunderschön renoviert. Sie sind mit orthopädischen Betten, Leselampen und Wandbildern lokaler Künstler ausgestattet. Zum Restaurant gehört eine hübsche Gartenterrasse, auf der Gäste ihren Kaffee trinken und sich ein Buch aus der Bücherbörse im Empfangsraum vornehmen können. Zum Frühstück gibt es hausgemachtes Gebäck. Auch Nichtgäste können hier zu Mittag essen. Das Hotel liegt 150 m südlich der Banco de Costa Rica, nicht zu verfehlen dank der gemalten *carreta* (Ochsenkarren) an der Fassade.

Restaurant Casa Antigua (☎ 2695 6053; Hauptgerichte 5–14 US$; ⏰ Mo–Sa 7–21.30, So 15–21.30 Uhr) Das schicke, blau-weiße Café vermittelt mit dem dunklen Holz und der Espressobar einen Hauch von Eleganz. Neben all den üblichen *comida típica* ist dies wahrlich kein schlechter Ort für ein romantisches Abendessen mit Pasta, Steak und Salat. Das Haus liegt schräg gegenüber der Tankstelle.

Preiswerte Mahlzeiten, Obst und Gemüse gibt es auf dem *mercado* („Markt") neben dem Busbahnhof, Lebensmittel im **SuperCompro** (⏰ 8–20 Uhr) gegenüber dem Park.

An- & Weiterreise

Die Hauptzufahrtsstraße nach Tilarán ist eine 24 km lange Asphaltstraße, die bei Cañas von der Interamericana abzweigt. Die Strecke nach Santa Elena und Monteverde ist unbefestigt und holprig. Normale Autos können sie aber in der Trockenzeit vorsichtig im zweiten Gang befahren.

Alle Busse halten am Busbahnhof, der einen halben Block westlich des Parque Central liegt. Die Sonntagnachmittagsbusse nach San José sind manchmal schon am Samstag ausgebucht. Die Strecke zwischen Tilarán und San José führt über Cañas und die Interamericana, nicht über die Route Arenal, La Fortuna und Ciudad Quesada. Es gibt regelmäßige Verbindungen zu folgenden Orten:

Cañas 0,50 US$, 30 Min., Abfahrt 5, 6.40, 7.30, 8, 10, 11.30 und 15.30 Uhr.

Ciudad Quesada, über La Fortuna 2,50 US$, 4 Std., Abfahrt 7 und 12.30 Uhr.

Nuevo Arenal 0,75 US$, 1¼ Std., Abfahrt 5, 6, 8, 9, 10, 11, 13, 14.30 und 15.30 Uhr.

Puntarenas 2,50 US$, 2 Std., Abfahrt 6 und 13 Uhr.

San José (Auto-Transportes Tilarán) 3,50 US$, 4 Std., Abfahrt 4.45, 7, 9.30, 14 und 17 Uhr.

Santa Elena 1,75 US$, 3–4 Std., Abfahrt 12.30 Uhr.

Península de Nicoya

Die Faszination der Halbinsel Nicoya erklärt sich von selbst: Regenwald bildet die Kulisse der tropischen Bilderbuchstrände, die sich ins Gedächtnis von Millionen von Meeresschildkröten eingeprägt haben. Sie kommen an ihre Geburtsstätte zurück, um hier ihre Eier abzulegen. Im gleichen Maße strömen aber auch Besucher an die Traumstrände. Deren (negativer) Einfluss auf die Umwelt ist groß, weshalb Strandabschnitte geschützt werden.

Erschließung ist gerade das heiße Thema auf der Halbinsel und Nicoya das Feld, um das mit hohen Einsätzen gespielt wird. Die Halbinsel läuft Gefahr, zubetoniert zu werden; der Prozess hat in weiten Teilen der Halbinsel leider schon begonnen. Wie die Zukunft aussieht, ist schwer vorherzusagen. Optimisten betonen, dass Costa Rica eines der umweltbewusstesten Länder dieser Erde ist – Präsident Oscar Arias hat große Pläne, das Land bis 2021 zur ersten klimaneutralen Nation zu machen. Auf Gemeindeebene kämpfen Einheimische und Ausländer gemeinsam für die staatliche Durchsetzung nachhaltiger Entwicklung. Als nächster Schritt muss nun um den Erhalt der ursprünglichen Wildnis gekämpft werden – hoffentlich sind auch hier die Einheimischen und hier wohnhaften Ausländer erfolgreich.

Die leichte Erreichbarkeit all dieser Schönheit trägt natürlich ihren Teil zur Erschließung der Region bei. Aber wem könnte man ein solches Paradies mit endlos rollenden Wellen, tierreichen tropischen Wäldern, dem trägen Tempo der *vida costariccense* und den Überraschungen, die sich hinter der nächsten Biegung auf einer mit Schlaglöchern übersäten Schotterstraße liegen, verbieten?

HIGHLIGHTS

- In **Nosara** (S. 309) morgens die Wellen reiten und nachmittags sein Yoga perfektionieren
- Auf dem Gringo Trail die Unterschiede zwischen **Playa Tamarindo** (S. 280) und dem freundlichen **Montezuma** (S. 328) feststellen
- Wanderung zur Spitze der Halbinsel in der **Reserva Natural Absoluta Cabo Blanco** (S. 340) – Costa Ricas erstem Naturpark
- Auf den Wellen an den wenig besuchten Stränden **Playa Grande** (S. 286), **Playa Avellanas** und **Playa Negra** (S. 300) surfen
- Morgens mit dem Seekajak zur Isla Chora paddeln und an der **Playa Sámara** (S. 315) schnorcheln
- Durch Flüsse auf der Holperpiste durch die Badlands fahren und die legendären Wellen von **Mal País** (S. 335) reiten

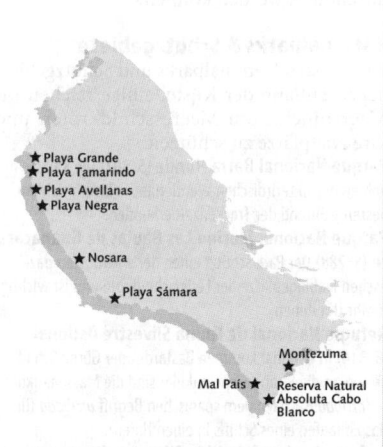

★ Playa Grande
★ Playa Tamarindo
★ Playa Avellanas
★ Playa Negra

★ Nosara

★ Playa Sámara

Montezuma
★

Mal País ★   ★ Reserva Natural
                  Absoluta Cabo
                  Blanco

Geschichte

Nach der Unabhängigkeit Mittelamerikas von Spanien bildete die Halbinsel (zusammen mit dem Nordwesten von Costa Rica) den Hauptteil der Provinz Guanacaste, eine der Provinzen des neu gegründeten Landes Nicaragua. Am 25. Juli 1824 stimmten die Guanacastecos in einer Volksbefragung über die Abspaltung von Nicaragua und dem Anschluss an Costa Rica ab – und sorgten so für einen weiteren Streitpunkt zwischen Nicas und Ticos (S. 245). Noch heute träumen einige Leute in der Region von der Unabhängigkeit. Die Flagge von Guanacaste ist oft zu sehen und wird manchmal sogar höher gehisst als die costaricanische Nationalflagge. Auf dem Wappen von Guanacaste steht „De la Patria por Nuestra Voluntad" – wörtlich: „Von der Heimat unseres Willens".

Klima

Der Norden der Halbinsel Nicoya liegt in einer der trockensten Klimazonen Costa Ricas, die Küste ist hauptsächlich mit tropischem Trockenwald bestanden. Weiter Richtung Süden nimmt die Luftfeuchtigkeit zu – der Trockenwald geht in tropischen Regenwald über. Im Süden Nicoyas steigt der Niederschlag im Laufe der Regenzeit kontinuierlich; im September und Oktober regnet es am meisten und macht einige Regionen unerreichbar: Unbefestigte Straßen werden ausgewaschen und die Pegel der Flüsse steigen so stark, dass diese Fließgewässer nicht mehr durchquert werden können.

Nationalparks & Schutzgebiete

Die meisten Nationalparks und Schutzgebiete liegen entlang der Küste, einige reichen ins Meer hinein, um Meeresschildkröten und ihre Nistplätze zu schützen.

Parque Nacional Barra Honda (S. 307) Die Kalksteinhöhlen des unterirdischen Wunderlandes lassen sich am besten während der Trockenzeit erkunden.

Parque Nacional Marino Las Baulas de Guanacaste (S. 288) Der Park schützt einen der wichtigsten pazifischen Eiablageplätze der Lederschildkröte und ist wichtig für ihr Überleben.

Refugio Nacional de Fauna Silvestre Ostional (S. 314) In Ostional kommen Bastard- oder Gürne Schildkröten an die Strände, spektakulär sind die Massenankünfte (*arribadas* – nach dem spanischen Begriff *arribada* für das Einlaufen eines Schiffs in einen Hafen).

Refugio Nacional de Vida Silvestre Camaronal (S. 320) Das abgelegene Schutzgebiet ist für seine Bran-

dung bekannt und schützt die Eiablageplätze von verschiedenen Meeresschildkröten.

Refugio Nacional de Vida Silvestre Curú (S. 326) Das kleine, in Privatbesitz befindliche Schutzgebiet birgt eine unerwartete Vielfalt an unterschiedlichen Landschaften.

Reserva Natural Absoluta Cabo Blanco (S. 340) Costa Ricas erstes Schutzgebiet liegt an der Südspitze der Halbinsel Nicoya.

An- und Weiterreise

Seitdem immer mehr internationale Flüge direkt nach Liberia fliegen, ist auch die Halbinsel Nicoya leichter erreichbar. Kleine Landebahnen in Marindo, Nosara, Sámara, Punta Islita und Tambor werden täglich angeflogen, sodass anstrengende Fahrten auf schlechten (oder gar unpassierbaren) Straßen umgangen werden können.

Die Mehrzahl der beliebten Urlaubsziele werden von öffentlichen Bussen angefahren; Santa Cruz und Nicoya sind die Verkehrsknotenpunkte der Region. Private Shuttlebusse fahren Ziele an, zu denen keine regelmäßigen öffentlichen Verkehrsanbindungen bestehen. Von Sámara und Montezuma aus wird auf Wunsch die Weiterfahrt zu abgelegenen Zielen an der Südwestküste organisiert.

Auf weniger befahrenen Straßen ist ein Allradfahrzeug erforderlich, doch selbst mit einem solchen Fahrzeug sind viele Straßen der südlichen Halbinsel in der Regenzeit schlichtweg nicht befahrbar. Generell gilt: Vor einer geplanten Fahrt bei den Einheimischen sollte man Erkundigungen über den Zustand der Straßen einholen!

NÖRDLICHE HALBINSEL

Die nördliche Küste Nicoyas als Momentaufnahme: weiße Sandstrände, ungezügelt wachsende Vegetation, azurblaues Wasser. So überrascht es nicht, dass in der Region die begehrtesten Grundstücke des Landes liegen. Beim Heranzoomen ist der geschäftige Ausbau von Badeorten und Alterswohnsitzen zwischen den Bäumen hinter der Hochwasserlinie erkennbar. Und einmal vor Ort angekommen, ist der hohe Anteil an Auswanderern aus den Vereinigten Staaten unter den Einheimischen nicht zu übersehen.

Während der Trockenwald der nördlichen Halbinsel früher von den Einheimischen zur Gewinnung von Farm- und Weideland gerodet wurde, so fallen die Bäume heute – wenn

PENÍNSULA DE NICOYA

auch selektiver – für die begehrten Zweit-wohnsitze. Früher drehte sich alles um die Ernte und das Vieh, heute leben die Ticos von der Touristensaison. Jedes Jahr von Dezember bis April, wenn es in weiten Teilen Europas und Nordamerikas winterlich kalt ist, herrscht in Guanacaste Trockenzeit und die Besucher strömen in Scharen auf der Suche nach Wärme und Sonne herbei.

Während die florierende Tourismusindustrie für einen wirtschaftlichen Aufschwung sorgt, werden sich Einheimische wie Ausländer immer mehr des komplizierten und gefährdeten Gleichgewichts zwischen Erschließung und Naturschutz bewusst. Manch einer verdrängt die düsteren Vorahnungen angesichts der Brandung und der vom Himmel auf die Strände der nördlichen Halbinsel scheinenden Sonne.

Die Hauptverkehrsachse der Region, die Carretera 21, führt von Liberia aus in Richtung Süden, in den kleinen Orten Comunidad, Belén und Santa Cruz zweigen einzelne Küstenstraßen zu den Stränden ab.

PLAYA DEL COCO

Playa del Coco liegt 37 km westlich von Liberia und ist durch gute Straßen mit San José verbunden. Der Strand ist von allen Stränden der Halbinsel am einfachsten zu erreichen. Rechts und links säumen Felsen den kakaofarbene Sand – ihm verdankt der Strand seinen Namen. Leider ist er manchmal jedoch ziemlich verdreckt. Während das nahe gelegene Tamarindo vor allem wohlhabende Ausländer anzieht, ist Playa del Coco am Wochenende Partymeile junger Ticos und unter der Woche die Domäne von Sportfischern und Tauchern. Obwohl die professionelle Erschließung auch hier voranschreitet, hat sich El Coco seinen trägen, etwas schäbigen Charme erhalten.

Die meisten Besucher verweilen nicht lange in El Coco, sondern fahren gleich weiter zu den Stränden im Süden. Dafür wird die Stadt zunehmend zu einem Mekka für Gerätetaucher und ist ein idealer Ausgangspunkt für Surfer, die von hier aus weiter zum berühmten Witch's Rock und Ollie's Point (S. 234) reisen wollen.

Praktische Information

Die Polizeiwache und die Post liegen an der Südostseite der Plaza am Strand. Die Banco Nacional befindet sich südlich des Zentrums an der Hauptstraße in den Ort und wechselt US-Dollars und Reiseschecks. Die wenigen Gäste, die mit dem Boot nach Playa del Coco kommen, finden das Büro der Einwanderungsbehörde *(migración)* in der Nähe der Banco Nacional.

Internet Juice Bar (Std. 2 US$; 8–21 Uhr) Hier können nen Besucher im Internet surfen, ihre Wäsche waschen (1 kg 2 US$), frische Säfte trinken (2 US$) oder ein Mountainbike mieten (Tag 8 US$).

Internet Leslie (☎ 2670 0156; Std. 1,50 US$; 7.30–20 Uhr) E-Mail-Zugang und englischsprachige Zeitungen.

Aktivitäten

SCHWIMMEN

Der Strand von Playa del Coco ist für Schwimmer nicht empfehlenswert, aber bis zur Playa Ocotal (S. 281) sind es nur 4 km zu Fuß (auf der Asphaltstraße) oder mit dem Auto. Der Strand ist sauber, ruhig und ideal zum Schwimmen und Schnorcheln.

SURFEN

In Playa del Coco selbst wird nicht gesurft, aber der Ort ist Ausgangspunkt für Costa Ricas Spitzenreviere Witch's Rock und Ollie's Point. Beide liegen im Parque Nacional Santa Rosa (S. 233) und sind am besten mit dem Boot erreichbar. Die Bootsbetreiber *müssen* eine Lizenz vom Minae (Ministerium für Umwelt und Energie) haben, sonst dürfen sie nicht in den Nationalpark fahren.

Roca Bruja Surf Operation (☎ 2670 0952; www.costaricasurftrips.com) Bei diesem lizenzierten Anbieter vor Ort kostet eine achtstündige Tour zu beiden Surfrevieren 270 US$ (max. 5 Pers.). Die Firma verleiht Surfbretter und veranstaltet Angel- und Schnorchelausflüge. Bei den Letzteren muss die Angel mitgebracht werden. Verschiedene Surfshops in Tamarindo (S. 293) bieten ebenfalls Ausflüge nach Santa Rosa an.

TAUCHEN & SCHNORCHELN

Die folgenden Veranstalter sind uneingeschränkt empfehlenswert.

Deep Blue Diving Adventures (☎ 2670 1004; www.deepblue-Tauchen.com) Der Ausrüster mit Büro im Coco Bay Hotel & Casino (Karte S. 276) bietet Tagestouren mit zwei Tauchgängen inklusive Snacks für 70 US$ an.

Rich Coast Diving (☎ 2670 0176; www.richcoast diving.com) Der Tauchshop an der Hauptstraße gehört einem Amerikaner und hat einen Trimaran, mit dem auch Tauchausflüge über Nacht möglich sind.

PENÍNSULA DE NICOYA

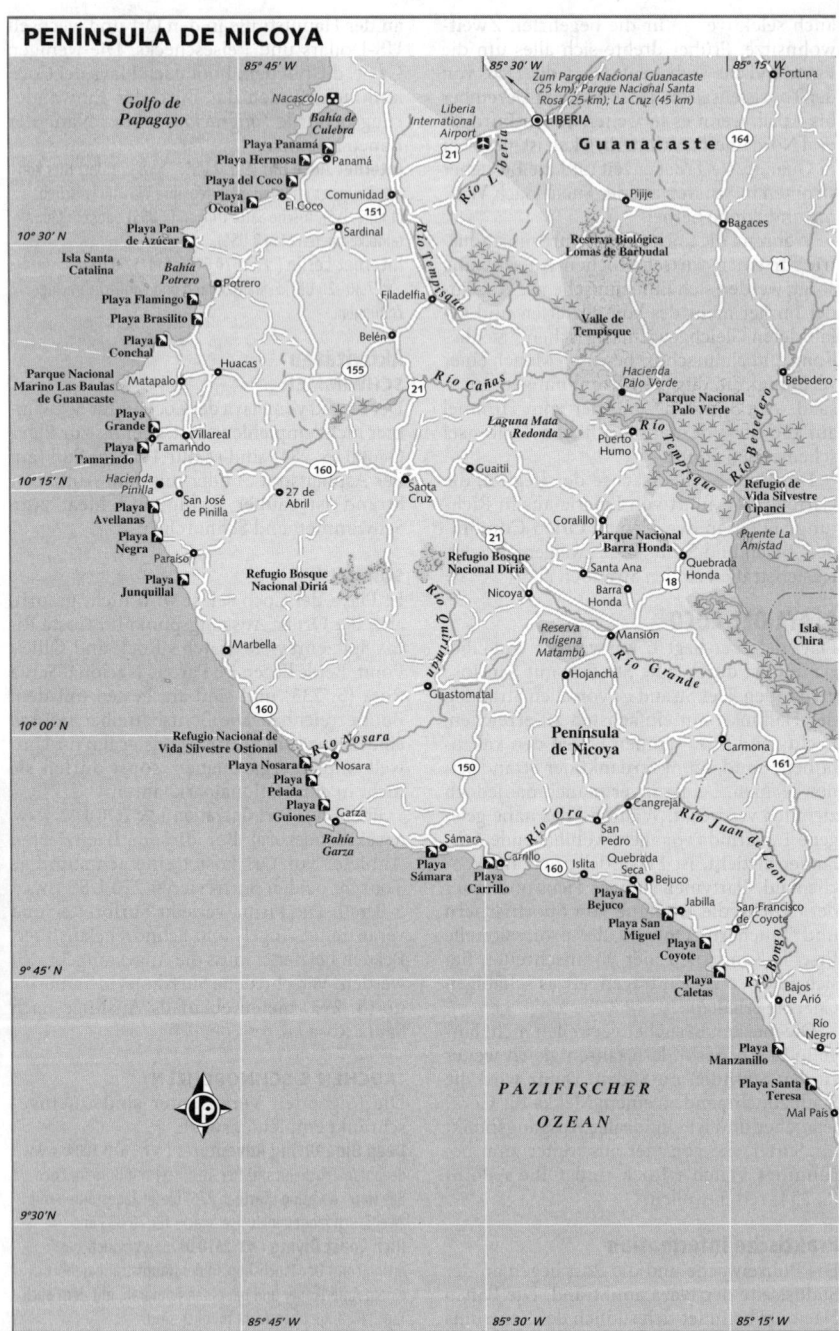

PENÍNSULA DE NICOYA

PENÍNSULA DE NICOYA

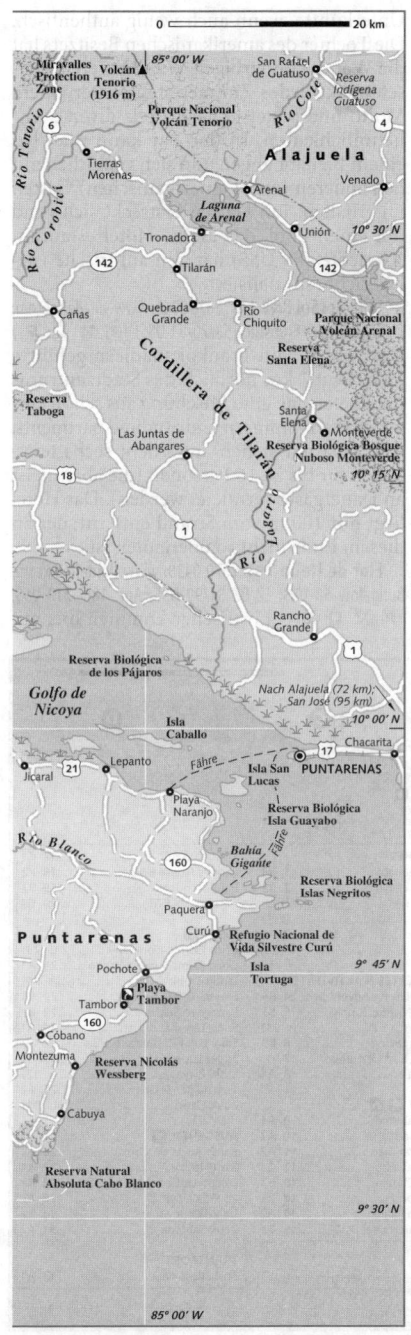

Summer Salt (☎ 2670 0308; www.summer-salt.com) Die Mitarbeiter der freundlichen, von Schweizern geführten kleinen Tauchbasis legen großen Wert auf die Sicherheit ihrer Kunden und sorgen für erlebnisreiche Tauchgänge. Zwei Bootstauchgänge inklusive Snack kosten 70 US$.

WEITERE AKTIVITÄTEN

Sportfischen, Segeln und Fahrten mit dem Seekajak sind weitere beliebte Sportarten. Seekajaks lassen sich fast überall mieten und sind ideal, um die Felsen nördlich und südlich des Strandes und weitere Strände in der Nähe zu erkunden.

Papagayo Marine Supply (☎ 2670 0774; papagayo@ infoweb.co.cr) Hier gibt es Informationen und Ausrüstung in Hülle und Fülle. Gleich nebenan bieten **R & R Tours** (☎ 2670 0573) Charterfahrten zum Hochseeangeln von Booten aus an, Tagesausflüge zum Parque Nacional Palo Verde (S. 222) kosten 65 US$.

Feste

Ende Januar findet im Ort die **Fiesta Cívica** mit Stierkämpfen, Rodeos, Tanz und viel Alkohol statt. Höhepunkt des Festtagskalenders in Coco ist aber Mitte Juli die religiöse **Fiesta de la Virgen del Mar**. Besonders bemerkenswert sind die farbenprächtige Bootsprozession im Hafen und der Festumzug mit Pferden.

Schlafen

BUDGETUNTERKÜNFTE

Alle hier aufgeführten Unterkünfte haben – sofern nichts anderes erwähnt ist – eine kalte Dusche und einen Ventilator. Hier übernachten vor allem die einheimischen Wochenendausflügler. Am liebsten campieren die Ticos in Strandnähe, aber Vorsicht: Wenn die Clubs schließen, herrschen unter den johlenden Heimkehrern ziemlich raue Sitten.

Camping Chopin (☎ 8391 5998; pro Pers. 5 US$; P) Zelten am Strand ist verboten, der Campingplatz ist somit die zweitbeste Lösung. Toiletten und Wasser sind vorhanden.

Cabinas Jivao (☎ 2670 0431; Zi. pro Pers. 10 US$; P) Eine gute Wahl, denn die gemütlichen Cabinas sind blitzsauber und ruhig gelegen. Jede Hütte hat ein eigenes Bad und eine kleine Terrasse mit Tisch und Hängematten.

Cabinas Marimar (☎ 2670 1212; EZ/DZ 14/30 US$; P) Einfache Zimmer mit Ventilator in einem durch Pfosten und Bohlen erhöhten Holzhaus an der Straße gegenüber vom Strand. Ohne Schnickschnack, aber freundlich und direkt am Strand gelegen.

Cabinas Catarino (☎ 2670 0156; cabinascatarino@hotmail.com; Zi. pro Pers. 15 US$; **P** **Q**) Die Hütten liegen günstig (oder ungünstig) in der Nähe der Disko. Die Zimmer wurden kürzlich umgebaut und ganz hübsch renoviert.

MITTELKLASSEHOTELS

Laura's House B&B (☎ 2670 0751; www.laurashousecr.net; EZ/DZ inkl. Frühstück 50/60 US$; **P** **X** **Q** **R**) Die acht makellosen Zimmer des gemütlichen B&Bs überblicken einen kleinen Pool und bieten WLAN-Verbindung und Kabel-TV. Das B&B hat eine freundliche, familiäre Atmosphäre und liegt einen kurzen Spaziergang vom Stadtzentrum entfernt.

La Luna Azul (☎ 2670 0313; www.la-luna-azul.com; Zi. inkl. Frühstück mit/ohne Klimaanlage 65/55 US$; **P** **X**) Der winzige Neuling mit einem gepflegten Garten und einer netten Atmosphäre liegt etwa 300 m vom Strand entfernt und bietet zwei Zimmer mit Gemeinschaftsbad. Auf Wunsch ist ein Transfer vom/zum Flughafen Liberia (30 US$) möglich.

Pato Loco Inn (☎ 2670 0145; www.costa-rica-beach-hotel-patoloco.com; EZ/DZ 58/64 US$; **P** **X** **Q** **R**) Das Pato Loco Inn ist eine der komfortabelsten Unterkünfte, wenn auch wenig authentisch. Die Tochter des amerikanischen Besitzers hat die Wände mit farbigen Wandmalereien geschmückt. Jedes Zimmer steht unter einem Motto und bietet je nach Preis diverse Annehmlichkeiten. In der Bar kann man bei einem Bier abhängen und sich gemütlich mit den anderen (meist amerikanischen) Gästen unterhalten. Ein Garten erstreckt sich rund um einen Pool, das kleine Hotelrestaurant (Gerichte 4–8 US$) hat sich auf frische Pastagerichte spezialisiert.

Villa del Sol B&B (☎ 2670 0085; www.villadelsol.com; E//DZ/3BZ inkl. Frühstück 58/70/81 US$; **P** **X** **Q** **R**) Das ruhige, von Frankokanadiern geführte Haus liegt 1 km nördlich des Stadtzentrums und bietet eine gute Mischung aus schön eingerichteten Zimmern und Studio-Apartments. Zur Auswahl stehen außerdem sechs teure Villen für bis zu 16 Personen (die aber meist an Dauergäste vermietet werden). Das Hotel liegt nur 100 m vom Strand entfernt, der an diesem Ende nicht so überlaufen ist.

Flor de Itabo (☎ 2670 0438; www.flordeitabo.com; Bungalow 58 US$, EZ/DZ 81/99 US$, Apt. 186–210 US$; **P** **X** **Q** **R**) Sportfischer kommen hier auf

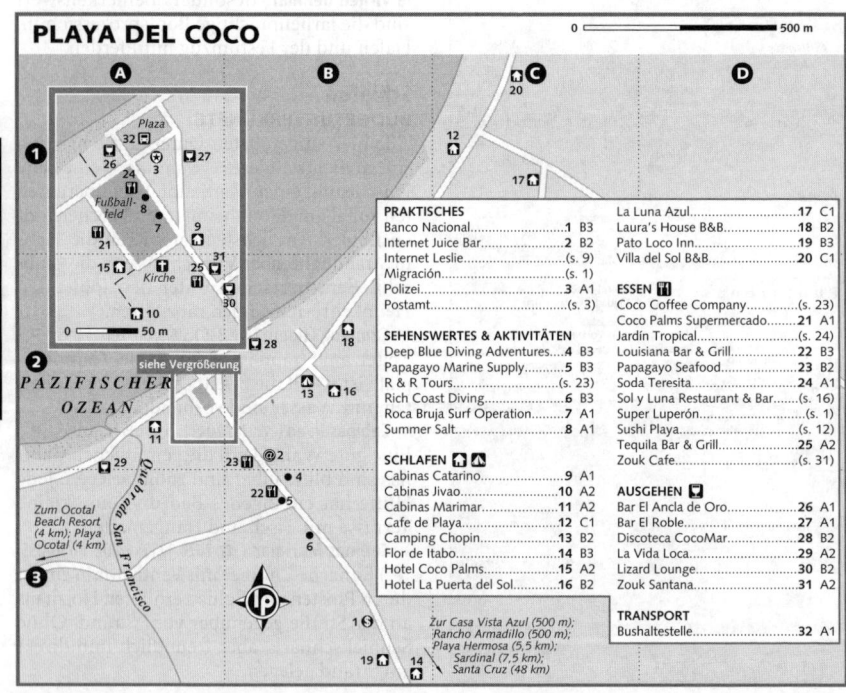

PLAYA DEL COCO

0 ▭▭▭▭▭▭▭ 500 m

PENÍNSULA DE NICOYA

PRAKTISCHES
Banco Nacional	1 B3
Internet Juice Bar	2 B2
Internet Leslie	(s. 9)
Migración	(s. 1)
Polizei	3 A1
Postamt	(s. 3)

SEHENSWERTES & AKTIVITÄTEN
Deep Blue Diving Adventures	4 B3
Papagayo Marine Supply	5 B3
R & R Tours	(s. 23)
Rich Coast Diving	6 B3
Roca Bruja Surf Operation	7 A1
Summer Salt	8 A1

SCHLAFEN
Cabinas Catarino	9 A1
Cabinas Jivao	10 A2
Cabinas Marimar	11 A2
Cafe de Playa	12 C1
Camping Chopin	13 B2
Flor de Itabo	14 B3
Hotel Coco Palms	15 A2
Hotel La Puerta del Sol	16 B2
La Luna Azul	17 C1
Laura's House B&B	18 B2
Pato Loco Inn	19 B3
Villa del Sol B&B	20 C1

ESSEN
Coco Coffee Company	(s. 23)
Coco Palms Supermercado	21 A2
Jardín Tropical	(s. 24)
Louisiana Bar & Grill	22 B3
Papagayo Seafood	23 B2
Soda Teresita	24 A1
Sol y Luna Restaurant & Bar	(s. 16)
Super Luperón	(s. 12)
Sushi Playa	(s. 12)
Tequila Bar & Grill	(s. 23)
Zouk Cafe	(s. 31)

AUSGEHEN
Bar El Ancla de Oro	26 A1
Bar El Roble	27 A1
Discoteca CocoMar	28 B3
La Vida Loca	29 A2
Lizard Lounge	30 B2
Zouk Santana	31 A2

TRANSPORT
Bushaltestelle	32 A1

Plaza

Fußballfeld

Kirche

0 ▭▭ 50 m

siehe Vergrößerung

PAZIFISCHER OZEAN

Zum Ocotal Beach Resort (4 km); Playa Ocotal (4 km)

Zur Casa Vista Azul (500 m); Rancho Armadillo (500 m); Playa Hermosa (5,5 km); Sardinal (7,5 km); Santa Cruz (48 km)

TAUCHER BLICKEN TIEFER

Im Nordteil der Halbinsel finden sich die besten und am leichtesten zugänglichen Tauchreviere des Landes. Tauchgänge vom Strand aus lohnen in dieser Gegend nicht so recht, deshalb wird meistens rund um die vulkanischen Felsspitzen in Küstennähe getaucht oder vom Boot aus weiter draußen vor **Isla Santa Catalina** (etwa 20 km Richtung Südwesten) oder **Isla Murciélago** (40 km Richtung Nordwesten, nahe der Spitze der Halbinsel Santa Elena).

Das Revier ist nicht mit denen in der Karibik zu vergleichen – farbenprächtige harte Korallen wie in Belize suchen Taucher hier vergeblich. Auch die Sicht ist nicht überragend (9–15 m, manchmal auch 20 m), dafür bietet die Region Meerestiere in unglaublicher Vielfalt und Zahl. Hier sehen Taucher große Gruppen von Mantarochen, gefleckten Adlerrochen, Haien, Walen, Delfinen und Schildkröten, aber auch Muränen, Seesterne, Krebstiere und riesige Schwärme tropischer Fische. Die meisten Tauchstellen sind weniger als 25 m tief, was drei Tauchgänge am Tag ermöglicht. Bitte daran denken, dass es seit Februar 2006 nicht mehr erlaubt ist, sich in der Nähe von Delphinen und Walen aufzuhalten.

Die Papagayowinde wehen von Anfang Dezember bis Ende März. Sie machen das Wasser unruhiger und kühler und reduzieren die Sicht, vor allem an den vier Tagen rund um den Vollmond. Die besten Sichtverhältnisse herrschen im Juni und Juli.

Isla Santa Catalina und Isla Murciélago haben beide eine großartige Unterwasserwelt zu bieten mit unzähligen Meerestieren, die in den Höhlungen und an der Oberfläche in den Felsen leben. Von Dezember bis Ende April sind hier Mantarochen beobachtet worden, und zu anderen Zeiten lassen sich Adlerrochen, Meeraale, Cortez-Kaiserfische, Eber-Lippfische, Papageifische, Seesterne, Harlekingarnelen und andere Bodenbewohner blicken. Am entfernten Ende von Murciélago werden regelmäßig Gruppen von Bullenhaien gesichtet, die unerfahrene Taucher gewöhnlich zu Tode erschrecken. Ein gutes, etwa 27 m tiefes Tauchrevier gibt es bei **Narizones**, und **Punta Gorda** eignet sich perfekt für Tauchanfänger.

Glücklicherweise ist es so teuer, ein Tauchcenter einzurichten und zu betreiben, dass es kaum schwarze Schafe unter den Anbietern gibt. Es ist aber trotzdem ratsam, sich genau zu informieren, bevor man für einen Tauchgang bezahlt – zunächst mit dem Leiter sprechen, die Ausrüstung genau ansehen, und erst wenn alles stimmt, kann es losgehen (niemand sollte das Gefühl haben, zum Tauchen gezwungen worden zu sein!).

Wer noch nie getaucht ist, sollte sich für den „Discovery Course" anmelden, der etwa 125 US$ kostet und das nötige Basiswissen vermittelt. In einem drei oder vier Tage dauernden Kurs kann dann auch der Tauchschein erworben werden, der auf der ganzen Welt gültig ist. Die Kosten hierfür betragen rund 400 US$. Das ist ein Spottpreis im Vergleich zu dem, was solche Kurse in Nordamerika oder Europa kosten.

ihre Kosten, denn die Besitzer sind für ihre kapitalen Fänge bekannt. Sie organisieren Ausflüge rund um Nicoya und entlang der Pazifikküste. Alle Zimmer bieten Klimaanlage, Satelliten-TV, Telefon und Kühlschrank. In den Deluxe-Zimmer steht sogar eine Whirlpoolbadewanne. Die Apartments mit voll ausgestatteter Küche sind ideal für vier oder sechs Personen. Zum Hotel gehören außerdem ein Restaurant mit italienisch-internationaler Küche, ein Kasino und eine Bar.

Hotel Coco Palms (☎ 2670 0367; www.hotelcocopalms. com; EZ/DZ 75/104; P ⊠ 🖳 🔊) Das bescheidene Strandhotel bietet eine Vielzahl an Zimmern und Apartments mit kostenloser WLAN-Verbindung. Die Flure sind hell und luftig gestaltet und haben hohe Decken, einige der billi-

geren Gästezimmer sind allerdings ziemlich dunkel. Ganz nett sind auch die Sonnenterrasse, der Pool, die kleine Sushi-Bar (Sushigerichte 5–10 US$) und das internationale Restaurant. Der große Supermarkt verkauft neben den üblichen Lebensmitteln auch Wein und Importwaren.

Hotel La Puerta del Sol (☎ 2670 0195; hotelsol@sol. racsa.co.cr; EZ/DZ/3BZ/Suite inkl. Frühstück 76/93/122/128 US$; P ⊠ 🔊) Das schlichte, luxuriöse und mediterran gestaltete Hotel liegt nur fünf Gehminuten vom Ort entfernt. Es bietet zwei große Suiten und acht geräumige Zimmer, die in Pastellfarben gehalten sind – alle mit eigener Terrasse. In den gepflegten Außenanlagen liegen ein Pool und ein von Spalieren beschatteter Fitnessraum. Das ausgezeichnete Restaurant mit Bar – Sol y Luna (s. S. 279) – gehört zu den besten im Ort.

SPITZENKLASSEHOTELS

Weitere Hotels sind unter Playa Ocotal (S. 281) und Playa Hermosa (S. 279) aufgeführt. Beide Strände liegen 4 km südlich bzw. 5,5 km nördlich von Playa del Coco.

Casa Vista Azul (☎ 2670 0678; www.hotelvistaazul. com; Zi. inkl. Frühstück 105 US$, Apt. 140 US$; P 🗙 🗵 🕭) Das neue Hotel vermietet sieben Zimmer und zwei Apartments. Die von Licht durchfluteten Räume mit Meerblick haben jeweils eine Klimaanlage und ein eigenes Bad. Traumhaft schön ist auch die luftige Dachterrasse, auf der die Gäste essen können. Der Besitzer hilft beim Organisieren von Ausflügen in die Umgebung. Wer nun Lust aufs Vista Azul bekommen hat, hier die Wegbeschreibung: Südlich vom Flor de Itabo von der Hauptstraße der Ausschilderung zur Casa Vista Azul in westlicher Richtung folgen.

Rancho Armadillo (☎ 2670 0108; www.ranchoarma dillo.com; DZ/3BZ inkl. Frühstück 170/232 US$; P 🗙 🗵) Das Privatanwesen liegt unweit vom Ortseingang rund 600 m von der Hauptstraße entfernt (asphaltierte Zufahrt). Dank der Lage am Hang bietet es einen fantastischen Blick und die Möglichkeit, sich vom Trubel des Strandlebens zurückzuziehen. Die sieben Zimmer sind hell, geräumig und geschmackvoll mit individuell gefertigten Möbeln eingerichtet. Die Suiten bieten vier Personen Platz; einige haben zwei Bäder und zwei Eingänge. Dazu kommen noch ein Pool, Fitnesseinrichtungen im Freien und Unmengen dekorativer Gürteltiere. Somit ist das Hotel ideal für alle, die einen erholsamen, meditativen Aufenthaltsort suchen. Die amerikanischen Besitzer organisieren Angel-, Segel-, Tauch- und Surfausflüge. Feinschmecker können mit dem Chefkoch und Inhaber Rick Vogel Rezepte austauschen und die professionell ausgestattete Küche benutzen.

Cafe de Playa (☎ 2670 1471, 2670 1621; www.cafede playa.com; DZ inkl. Frühstück US$197; P 🗙 🖳 🗵) Die eleganten Zimmer des Strandclubs sind mit zeitgenössischer Kunst dekoriert, die problemlos in einer Galerie zum Verkauf hängen könnten. Von allen Zimmern blickt man auf den Pool, auch zum Strand sind es nur ein paar Schritte. Eine Open-Air-Sushi-Bar und ein Restaurant am Strand runden das Angebot ab. 15 Minuten läuft man ins Ortszentrum – viele wollen aber gar nicht weg.

Essen

Soda Teresita (Sandwich 2–4 US$; 🕑 Mittag- & Abendessen) Das beliebte rosarot gestrichene Soda (einfaches Lokal) westlich des Fußballplatzes ist der beste Ort für ein *torta* (Sandwich) und ein Gespräch mit den Einheimischen.

Coco Coffee Company (☎ 2670 1055; Gerichte 3 bis 6 US$; 🕑 Mo–Sa 7–16 Uhr) Das Café liegt direkt neben Papagayo Seafood und lockt vor allem Gringos mit Frischkäse-Bagels, frischen Sandwiches, Espresso und leckerem, selbst gemachtem Gebäck.

Jardín Tropical (☎ 2670 0428; Gerichte 3–9 US$; 🕑 7–20.30 Uhr) Bekanntes, sauberes und effizient arbeitendes Soda am Fußballfeld mit einer großen Auswahl an Gerichten, u. a. sättigende Pizzen und frische Fischgerichte. Wer gerne ausgedehnt am Strand frühstücken will, ist hier genau richtig.

Zouk Cafe (☎ 2670 0191; www.zouksantana.com; Gerichte 3–10 US$; 🕑 7–2 Uhr; 🖳) Mit Sicherheit das angesagteste Café in Coco und so überrascht es nicht, dass es unter italienischer Leitung steht. Zum Frühstücks gibt es frische Brioches und einen guten Espresso, im Tagesverlauf ändert sich die Speisekarte: Wenn es mittags heiß wird, stehen erfrischende Salate zur Auswahl, bis spät in die Nacht hinein werden später internationale Gerichte angeboten. Sie sorgen für die nötige Grundlage für die anschließenden Drinks an der Bar.

Sushi Playa (☎ 2670 1621, 2670 1471; Sushi 3,50 bis 7 US$; 🕑 11.30–14 & 18.30–22 Uhr) Eine kühle Brise vom Meer und gedämpftes Licht auf der luftigen Terrasse tragen zu der unaufdringlichen Atmosphäre der Sushi-Bar im Cafe de Playa bei. Sehr zu empfehlen ist der auf der Zunge zergehende *maguro* (Thunfisch).

Papagayo Seafood (☎ 2670 0298; Gerichte 5–8 US$; 🕑 Mittag- & Abendessen) In diesem Fischrestaurant wird der frische Fang entweder gegrillt, direkt in der Pfanne oder *a la veracruzana* (in einer Sauce aus Tomaten, Zwiebeln und Oliven) serviert. Egal, für welche kulinarische Version man sich auch entscheidet: Es schmeckt immer hervorragend!

Louisiana Bar & Grill (☎ 2670 0319; Gericht 6–9 US$; 🕑 Mittag- & Abendessen) Etwas Feuer gefällig? Hier gibt es würzige Cajun-Klassiker wie Jambalaya, Meeresfrüchte-Gumbo und Po'boys. Außerdem Fisch auf jede nur erdenkliche Art zubereitet – scharf angebraten mit asiatischer Ingwer-Sesam-Sauce oder gegrillt mit Macadamia-Pesto. Von den Balkontischen aus lässt sich gut das Straßentreiben beobachten.

Sol y Luna Restaurant & Bar (Hotel La Puerta del Sol; Gerichte 6–9 US$; ☺ Abendessen) In diesem Restaurant im Hotel La Puerta del Sol (S. 277) wird authentische italienische Pasta in einer mediterranen Atmosphäre serviert. Unbedingt noch Platz lassen für eine Portion himmlisch gute, hausgemachte Tiramisu.

Tequila Bar & Grill (☎ 2670 0741; Gerichte 6–11 US$; ☺ 12–23 Uhr) Nachtschwärmer kommen nicht nur wegen der traditionellen (allerdings teuren) mexikanischen Gerichte (Burritos, Tacos und Fajitas), sondern vor allem, um einige Margaritas als flüssiges Abendessen zu genießen. Die gibt es in über 20 Varianten!

Für Selbstversorger (Alltagsbedarf) bieten sich der Super-Luperón-Markt und der ziemlich gut sortierte **Coco Palms Supermercado** (☎ 2670 0367; ☺ 6–23 Uhr) an.

Ausgehen

Playa del Coco stellt eine wilde Mischung aus Ticos dar, die sich hier hemmungslos volllaufen lassen, und sonnenverbrannten Sportanglern, die ihre Fersen kühlen und Angelgeschichten austauschen. Wer allerdings eine gepflegte Unterhaltung ohne Alkohol sucht, ist hier definitiv fehl am Platz.

Die Restaurants um den Platz dienen gleichzeitig als Bars: Die Bar El Ancla de Oro zählt zu den Favoriten am Strand, während sich in der Open-Air-Bar El Roble die harten Trinker treffen. In der **Lizard Lounge** (☺ 15 bis 2 Uhr) sind die Gäste lebhafter und tanzfreudiger. Hier lässt sich der Abend gut mit einer Runde Poolbillard, einem Cocktail und *boca* (dem hiesigen Äquivalent von Tapas) auf der Straßenterrasse beginnen. Die Tequila Bar & Grill (siehe oben) bietet sich für einige Krüge Margarita an; wer nach einem stilvolleren Treffpunkt sucht, ist im **Zouk Santana** (☎ 2670 0191; www.zouksantana.com; ☺ 17–2 Uhr) genau richtig. Dort gibt es einen offenen Sitzbereich, eine Tanzfläche und eine Straßenbar.

In der **Discoteca CocoMar** (☺ 20–2 Uhr) am Strand, dem größten (und heißesten) Tanzschuppen vor Ort, wird bis in die frühen Morgenstunden getanzt, anschließend verlagert sich das verrückte Geschehen ins **La Vida Loca** (☎ 2670 0181; ☺ 17–2 Uhr).

An- und Weiterreise

Alle Busse fahren die Haltestelle an der Plaza gegenüber der Polizeiwache an.
Filadelfia, für Verbindungen nach Santa Cruz 0,75 US$, 45 Min., Abfahrt 11.30 und 16.30 Uhr.

Liberia 1,25 US$, 1 Std., Abfahrt 5.30, 7, 9, 11, 13, 15, 17 und 18 Uhr.
San José (Pulmitan) 5,25 US$, 5 Std., Abfahrt 4, 8 und 14 Uhr.

Ein Taxi von Liberia nach Playa del Coco kostet 30 US$. Taxis oder *remises* zwischen Playa del Coco und Playas Hermosa beziehungsweise Ocotal kosten 7–9 US$.

Im Ort gibt es keine Tankstelle; die nächste befindet sich in Sardinal, etwa 9 km landeinwärts von Playa del Coco.

PLAYA HERMOSA

Wer zum legendären Surfstrand will, sollte auf S. 367 weiterlesen. Für alle anderen hier eine kurze Beschreibung von Playa Hermosa: Der Strand ist ein rund 2 km langer, sanft gewellter und ruhiger grauer Sandstrand. Obwohl sich die Erschließung über die ganze Küstenlinie erstreckt und Hermosa nur 7 Straßenkilometer von Playa del Coco entfernt liegt, geht es hier weniger ausschweifend und gediegener als in Coco zu. Die Hänge stehen zwar zum Verkauf, aber sie sind noch recht wenig bebaut.

Wer gern ins Wasser möchte: Die Firma **Bill Beard's Diving Safaris** (☎ 2453 5044; www.bill beardcostarica.com) im Villas Sol Hotel bietet seit 1970 Tauch- und Schnorchelfahrten an. Auch **Aqua Sport** (☎ 2672 0050) hält Boote für Angel- und Schnorchelausflüge bereit.

Von der Hauptstraße führen eine südliche und eine nördliche Zufahrtsstraße hinüber nach Playa Hermosa.

Schlafen

Wer dem Beispiel der Ticos folgen will, kann kostenlos an einem der schattigen Plätzchen in Strandnähe zelten. Die Annehmlichkeiten eines Campingplatzes bietet das wilde Zelten allerdings nicht.

Am zweiten (oder nördlichen) Zugang zum Strand liegen weitere Unterkünfte, falls die folgenden Vorschläge für Übernachtungsplätze nicht zusagen.

Iguana Inn (☎ 2672 0065; EZ/DZ 20/30 US$; ⊠) Die weitläufige, zweistöckige Terrakotta-Unterkunft steht 100 m vom Strand entfernt. Sie bietet zehn einfache, etwas verwohnte Zimmer mit Bad zu einem fairen Preis. Die Ticos, denen das Haus gehört, sind eigentlich immer locker drauf.

Cabinas La Casona (☎ 2672 0025; gaviotalouise@ hotmail.com; EZ/DZ 30/45 US$; ℗) Die sieben weiß getünchten Cabinas mit kleinen Kochnischen, TV und eigenem Bad (mit warmem Wasser) sind ideal für Selbstversorger und liegen nur wenige Schritte vom Strand entfernt. **Playa Hermosa Inn** (☎ 2672 0063; www.costa-rica-beach-hotel.com; EZ/DZ inkl. Frühstück 45/70 US$; P 🐾) Das B&B direkt am Strand hat einen etwas

heruntergekommenen Charme, sein Wahrzeichen ist ein riesiger Baum. Auch wenn die Unterkunft etwas vernachlässigt wirkt, so hat sie doch einen gewissen Charakter bewahrt und darüber hinaus eine ruhige Lage am Strand (am Ende der Schotterstraße der nördlichen Zugangsstraße zum Strand).

DAS PROBLEM VON PAPAGAYO

Wer glaubt, Costa Rica wäre das ultimative Öko-Paradies, das dem Naturschutz stets höheren Stellenwert einräumt als dem Gewinn, der sollte schleunigst seine Lesebrille aufsetzen und weiterlesen, um sich auch über die dunkle Seite des Landes zu informieren.

Mitte der 1970er-Jahre brütete die Tourismusbehörde von Costa Rica, bekannt unter dem Kürzel ICT (deren Slogan übrigens „alles ganz natürlich" lautet), einen langfristigen Entwicklungsplan für den Golfo de Papagayo aus. Schwerpunkt war die Halbinsel Nacascolo, ein winziger Landstreifen, der in die Bahía de Culebra hineinragt. Die „harmlose" Idee bestand darin, das Image von Costa Rica als glückliches, Faultiere liebendes tropisches Wunderland dafür zu nutzen, Pauschalreisende aus traditionellen Badeorten wie dem mexikanischen Cancún abzuwerben.

Gestartet wurde das Projekt in der Regierungszeit von Präsident Rafael Calderón, der die Erschließung der Region rückhaltlos unterstützte. Bald darauf wurde die Projektgruppe Grupo Papagayo gebildet. Sie stand unter der Leitung der mexikanischen Grupo Situr, die angeblich 2,5 Mio. Dollar in das Projekt investierte. Ohne die Auswirkungen auf die Umwelt zu untersuchen, plante die Gruppe, einen Großteil des tropischen Trockenwaldes zu roden und so Platz für 20 000 Hotelzimmer, zwei Golfplätze, einen Yachthafen, eine Rennbahn, ein Fitnesscenter und (natürlich) Wohnanlagen zu schaffen. Die Erschließungsgesellschaften machten sich dabei weder über das Vorhandensein von Trinkwasser Gedanken noch über die präkolumbischen archäologischen Stätten, die die Halbinsel überziehen.

Als eine durch Calderón eingesetzte unabhängige Kommission Bedenken äußerte, dass das Papagayo-Projekt, offen gesagt, eine Umweltkatastrophe sei, schlug dies wie eine Bombe ein. Der Tourismusminister wurde der Korruption angeklagt, das gesamte ICT war in den Skandal verwickelt. Dass die Planierraupen gelegentlich präkolumbische Stätten ausgruben, half da auch nichts mehr. Hektisch übernahm Calderón die Kontrolle über die gesamte Halbinsel, die Grupo Papagayo legte schnell ein bisschen frische PR-Farbe auf und benannte sich in Ecodesarollo Papagayo (Ökologische Erschließung Papagayo) um. Was das Prädikat „Öko" derzeit wirklich bedeutet, lässt sich auf S. 375 nachlesen.

Glücklicherweise ging die Gesellschaft Pleite, der Ausbau wurde gestoppt, bis eine Gruppe nordamerikanischer Investoren 1999 unter Führung des einheimischen Bauträgers Alan Kelso die Trümmer des Projekts übernahm. 2004 wurde das Four Seasons Resort eröffnet, für 2009 ist die Einweihung des ersten Abschnitts des Yachthafens für 350 Boote geplant. Gegenwärtig gibt es in der Bucht mehrere Resorts der Spitzenklasse, aber schon wieder wird Papagayo von Skandalen heimgesucht: Im Februar 2008 wurde das 300-Zimmer-Hotel Occidental Allegro Papagayo von der Regierung wegen Entsorgung seiner Abfälle in einer nahe gelegenen Flussmündung und angrenzenden Gemeinden stillgelegt. Nur neun Monate zuvor war das Hotel schon einmal von Minae wegen unzulässiger Abfallentsorgung geprüft und abgemahnt worden. Ganz wesentlich zur Schließung des Hotels trugen die Proteste und Ermittlungen der Bevölkerung bei. Kurz darauf wurde auch das zur gleichen Gruppe gehörende Resort Occidental Grand Papagayo wegen der vermeintlichen Einleitung von Abfällen in den Ozean bei Playa Buena überprüft. Dieser Teil des Meeres ist wegen eines empfindlichen Korallenriffs besonders schützenswert.

Wer trotzdem in einem der besseren Resorts in Papagayo Urlaub machen möchte, sollte vor der Buchung eigene, die Umweltverträglichkeit betreffende Untersuchungen anstellen. Jeder kann seinen Teil zur ökologischen Erschließung Costa Ricas beitragen, indem er für eine entsprechende Nachfrage sorgt und sein hart verdientes Geld wirklich nur dort ausgibt, wo die ökologisch orientierten Richtlinien eingehalten werden.

Hotel El Velero (☎ 2672 0036, 2672 1017; www.costa ricahotel.net; DZ 92 US$; P ☒ ☲) Das Resorthotel liegt nur wenige Schritte vom Strand entfernt und bietet 22 geräumige und gut ausgestattete Zimmer, die mit Holzarbeiten und farbigen Tagesdecken verschönert sind. Zum Komplex gehören ein Pool, eine Terrasse und ein Restaurant (mit Bar) im amerikanischen Stil. Das Beste aber ist die Yacht des Besitzers: Den Gäste werden verschiedene Kreuzfahrten durch das kristallblaue Wasser der Bahía Culebra angeboten, darunter täglich eine Fahrt ins Licht der untergehenden Sonne (pro Pers. 40 US$, mind. 4 Personen).

Hotel Playa Hermosa (☎ 2672 0046; www.hotelpla yahermosa.com; Zimmer 99 US$, Deluxe EZ/DZ 134/169 US$; P ☒ ☲ ☖) Hermosa (schön) ist die einfachste Art, dieses herrliche Hotel zu beschreiben. Es wurde vor kurzem renoviert und liegt am Südende des Strandes und ist über die erste Zufahrtsstraße erreichbar. Die luxuriösen Zimmer werden durch das Laub der uralten Bäume beschattet. Die gut ausgestatteten Zimmer mit Kabel-TV und bequemen Möbeln liegen rund um einen Pool in einem wunderschön angelegten Garten. Im Zentralbereich haben die Gäste WLAN-Zugang.

Villas Sol Hotel (☎ 2672 0001; www.villassol.com; DZ 212 US$, Villa 316 US$; P ☒ ☲) Wer ein Pauschalhotel sucht, ist in diesem am Hang gelegenen Hotel richtig. Die Standardzimmer bieten alle Annehmlichkeiten und einen atemberaubenden Blick über den Golf. Die Villen sind ziemlich teuer, haben aber dafür drei Schlafzimmer, eine Küche und die Möglichkeit, einen privaten Pool zu mieten. Also: Ein paar reiche Freunde mitnehmen und genießen! Zur Anlage gehören auch Tennisplätze, ein Restaurant und eine Bar. Die Besitzer können auf Wunsch verschiedene Freizeitaktivitäten organisieren. Der Veranstalter Bill Beards Diving Safaris hat hier sein Büro. Kreditkarten werden akzeptiert.

Essen & Ausgehen

Egal, ob man nur auf der Durchreise ist oder in Playa Hermosa übernachtet: Es gibt hier einige gute Restaurants. Lebensmittel und andere Vorräte sind im Mini Super Cenizaro an der Asphaltstraße in dem Ort erhältlich.

Restaurant Pescado Loco (☎ 2672 0017; Gerichte 5–14 US$; ☽ 9–1 Uhr) Der „verrückte Fisch" serviert vermutlich den frischesten Fisch der Gegend, darunter landestypische Spezialitäten wie Snapper und *ceviche* (roher, marinierter

Fisch). Sehr lecker wird auch der *pulpo de gallego* (galicischer Oktopus) zubereitet. Das Restaurant liegt zwischen der ersten und zweiten Zufahrt nach Playa Hermosa.

Ginger (☎ 2672 0041; Gerichte 15–20 US$; ☽ Abendessen Di–So) Wer auf der Fahrt nach Norden den Blick nach rechts über die Hügel schweifen lässt, dem wird das umwerfende Open-Air-Restaurant nicht entgehen. Es ist ein Entwurf des berühmten costa-ricanischen Architekten Victor Cañas. Das schicke Ambiente, das ebenso gut nach New York passen würde, wird durch eine Speisekarte mit asiatisch und mediterran inspirierten Tapas ergänzt.

Monkey Bar (☎ 2672 0267; ☽ 17–24 Uhr) Bei Sonnenuntergang einen gepflegten Drink nehmen und dabei dem Gebrüll der Affen lauschen – das können die Gäste in diesem riesigen Baumhaus zwischen der ersten und zweiten Zufahrt nach Playa Hermosa.

An- und Weiterreise

Täglich fährt ein Bus von San José nach Playa Hermosa, alternativ nimmt man einen Bus nach Liberia und steigt dort in einen der häufiger fahrenden Busse nach Playa Hermosa um. Ein Taxi von Liberia kostet ungefähr 15 US$, die Fahrt ab Playa del Coco etwa 5 US$. Mit dem Auto von Liberia der Ausschilderung nach Playa del Coco folgen. Die gesamte Strecke ist asphaltiert.

Busse nach Liberia und San José fahren von der Hauptstraße am Nordende des Strandes ab und halten in Sardinal.

Liberia 0,75 US$, 1¼ Std., Abfahrt 5.30, 7, 9.30, 11, 12.30, 14.30, 16.30 und 18.30 Uhr.

San José (Empresa Esquivel) 5 US$, 6 Std., Abfahrt 5 Uhr.

PLAYA OCOTAL

Dieser kleine, aber hübsche graue Sandstrand mit den Gezeitenbecken an beiden Enden liegt 4 km südwestlich von Playa del Coco. Eine Asphaltstraße führt dorthin. Abgesehen von ein paar privaten Villen (von denen die meisten als Ferienhäuser vermietet werden) gibt es hier keinen eigentlichen Ort. Doch Coco ist ja per Auto oder in einer gemütlichen Wanderung gut erreichbar. Obwohl Ocotal eigentlich ein ruhiger Strand ist, wimmelt es dort an Wochenenden oft von Ticos, die der Coco-Szene entfliehen wollen.

Das **Ocotal Beach Resort** (☎ 2670 0321; www. ocotalresort.com) bietet Pauschalangebote für Taucher, z. B. acht Tage und sieben Übernachtungen mit Frühstück, dazu Boots- und

Strandtauchgänge an sechs Tagen (DZ pro Pers. 1095 US$). Im Programm sind auch Ausfahrten zum Fischen (insgesamt stehen sechs Charterboote zur Verfügung); fürs Meer geeignete Kajaks können ebenfalls gemietet werden. Auf Wunsch gibt es Pauschalangebote für Küsten- und Hochseeangler.

Schlafen & Essen

Los Almendros de Ocotal (☎ 2670 1560, 2670 1744; www. losalmendrosrentals.com; Studio/Apt./Villa 60/180/235 US$; Ⓟ Ⓧ ▣ ▣) Die Apartments am Hang über Playa Ocotal eignen sich insbesondere für Selbstversorger oder Dauergäste. Sie sind ruhig, haben wunderbare Ausblicke und sind gut gepflegt und bequem. Die Apartments sind für vier, die Villen für sechs Personen konzipiert, einige Einheiten haben einen eigenen Pool und Terrasse.

Villa Casa Blanca (☎ 2670 0518; www.hotelvillacas ablanca.com; DZ/Suite inkl. Frühstück 145/163 US$, weitere Pers. 10 US$; Ⓟ Ⓧ ▣ ▣) Die attraktive Villa zwischen Playa del Coco und Ocotal thront auf einer Bergkuppe nur wenige Minuten vom Strand entfernt. Einige Zimmer sind mit viktorianischen Motiven, andere eher modern gestaltet. Die drei größeren Flitterwochen-Suiten mit Seeblick haben erhöht gebaute Badewannen mit Ozeanblick. Der Pool hat eine Swim-up-Bar. WLAN-Zugang ist ebenfalls vorhanden. Zuletzt stand das Hotel allerdings zum Verkauf.

Ocotal Beach Resort (☎ 2670 0321; www.ocotalresort. com; EZ/DZ inkl. Frühstück ab 175/200 US$; Ⓟ Ⓧ ▣ ▣) Die Anlage am Strand hat eine nette, entspannte Atmosphäre und ist eine gute Wahl für Taucher und Sportfischer. Zur Anlage gehören mehrere Pools, Tennisplätze und ein angesehenes, mediterran inspiriertes Restaurant, dessen Chefkoch im Cordon Bleu lernte. Die Suiten (378 US$) mit Meeresblick und Whirlpool wirken durch die riesigen Betten etwas vollgestellt. Doppelbungalows (175 US$) teilen sich jeweils einen kleinen privaten Pool. Alle Zimmer bieten die zu erwartenden Annehmlichkeiten in dieser Preisklasse.

Father Rooster Bar & Grill (☎ 2670 1246; www. fatherrooster.com; Gerichte 5–16 US$; ☹ 11–23 Uhr) Im großartigen Strandlokal wird eine Auswahl gegrillter Gerichte wie Fisch, Snacks und Burger serviert. Die Lage ist nicht zu überbieten, die Gäste können zwischen dem kühlen Restaurant, der schattigen Holzterrasse und den Plätzen unter Palmen am Strand wählen. Die Barkeeper mixen eine gute Margarita sowie eine eiskalte Tica Linda, für den K.O.-Schlag sorgt naturgemäß Guaro Cacique.

DIE STRÄNDE SÜDLICH VON PLAYA OCOTAL

Obwohl sie nebeneinander liegen, haben die Strände Pan de Azúcar, Potrero, Flamingo, Brasilito und Conchal kaum Gemeinsamkeiten. Die Farbe des Sandes variiert von Grau bis Weiß, teilweise besteht er aus zermahlenen Muscheln. Auch die Infrastruktur erweist sich als überraschend unterschiedlich.

Es verlockt zwar, die „Straße" von Sardinal nach Potrero zu nehmen, aber es hat seinen Grund, dass sie die Einheimischen sie „Affenpfad" nennen. Die ersten 9 km bis zum Dörfchen Artola sind noch ganz in akzeptabel, aber die zweite Hälfte ist grausig und sollte nur mit einem Allradfahrzeug befahren werden (und nach Rücksprache mit den Einheimischen, die man zum aktuellen Stand befragt hat).

Wer die schlechten Straßen vermeiden will, sollte zur Carretera zurückzukehren und dann in Richtung Süden durch Filadelfia und weiter nach Belén (18 km) fahren. Dort biegt man auf die Asphaltstraße nach Westen ab und fährt ins 25 km entfernte Huacas (hier gibt es auch eine Tankstelle). Von dort geht es Richtung Norden bis zum Dorf Brasilito, wo das Meer erreicht ist.

In Brasilito rechts abbiegen und Richtung Norden entlang der Bahía Potrero an der Playa Flamingo vorbei bis Playa Pan de Azúcar fahren. Wer in Brasilito Richtung Süden fährt, kommt nach Playa Conchal.

Busse von San José, Liberia oder Santa Cruz fahren die meisten der Strandorte an. Seekajakfahrer können hier schöne Tagestouren entlang der Küste unternehmen, da die Strände dicht beieinander liegen.

In Artola ist die Teilnahme an der **Congo Trail Canopy Tour** (☎ 2666 4422; 45 US$) möglich - ideal für alle, die das Abenteuer einer Baumkronentour *ohne* Achsbruch und sonstige Pannen erleben wollen.

Playa Pan de Azúcar

Die Buslinie endet zwar in Potrero, aber wer motorisiert ist (in der Regenzeit besser mit Allradantrieb), gelangt über eine 3 km lange Schotterpiste Richtung Norden zum „Zuckerbrotstrand" mit kristallweißem – daher der Name! – Sand. Da er nur schwer zugänglich ist und günstige Unterkünfte fehlen, entsteht ein Gefühl vollkommener Abgeschiedenheit, und das Meer ist hier ruhig, klar, reich an Interessantem und deshalb zum Schnorcheln bestens geeignet.

Am beidseits durch Felsen geschützten Strand steht zwar das Sugar Beach Hotel, aber das sollte niemanden davon abhalten, zum Wasser hinunterzugehen, denn in Costa Rica sind alle Strände öffentliches Eigentum.

Der Luxus im **Hotel Sugar Beach** (☎ 2654 4242; www.sugar-beach.com; DZ ab 145 US$; **P** **✗** **▯** **♋**) zeugt von Understatement, und das ist genau der richtige Ansatz – gegen die natürliche Schönheit des Strandes kann sich ohnehin nichts behaupten. Die 22 traumhaften Zimmer sind in hellen Farben gehalten und haben kunstvolle, handgeschnitzte Eingangstüren. Die Deluxe-Zimmer sind etwas größer und begeistern mit ihrem fantastischen Meerblick. Außerdem gibt es vier Zwei-Zimmer-Apartments, zwei Strandhäuser (mit zwei oder drei Zimmern und Platz für 10–12 Gästen) und ein kleines Restaurant. Doch das Allerschönste ist die Gelegenheit, an einem der einsamsten Strände von Costa Rica so richtig auszuspannen.

Bahía Potrero

Felsen trennen diesen Teil der Bucht von Playa Flamingo. Zwar ist der architektonische Alptraum Playa Flamingo auf der anderen Seite der Bucht zu sehen, hier sind aber immerhin noch heulende Brüllaffen im Wald zu hören. Die Hänge und die Küste werden auch hier erschlossen und Touristen in allradbetriebenen Wohnwagen wirbeln den Straßenstaub auf, aber die Bucht hat eine eindeutig maßvollere – und sagen wir mal elegantere – Szene.

Entlang der Bucht erstrecken sich einige unverbaute Strände. Schwarz ist der Sand in **Playa Prieta**, weiß in **Playa Penca**. In **Playa Potrero**, dem größten, liegt die Farbe irgendwo dazwischen (Achtung: Mit den Namen nehmen es die Leute hier nicht so genau.) Das felsige Inselchen 10 km westlich von Playa Pan de Azúcar ist die **Isla Santa Catalina**, ein beliebtes Tauchrevier (s. Kasten S. 277). In den Hotels an den Stränden kann Wassersportausrüstung gemietet werden.

Knapp hinter dem Nordende des Strandes liegt die kleine Gemeinde **Potrero**, dort endet auch die Buslinie. Mit einem Wochenendansturm wie in Brasilito ist an diesen Stränden allerdings nicht zu rechnen.

SCHLAFEN & ESSEN

Soll die Übernachtung nicht viel kosten, empfiehlt es sich, 7 km weiter südlich in Brasilito (S. 285) ein Zimmer zu suchen.

Mayra's (☎ 2654 4213, 2654 4472; Camping pro Pers. 6 US$, EZ/DZ 18/36 US$; **P**) Die freundliche, ruhige Anlage liegt direkt am südlichen Strand und bietet schattige Zeltplätze und Stranddüschen. Die fünf rustikalen Zimmer haben erfrischende kalte Duschen, Kühlschränke und Küchenzeilen. Mayra ist hilfsbereit und freundlich; ihr Ehemann Álvaro, ein pensionierter Journalist, kann tolle Geschichten aus seinem Leben erzählen.

Cabinas Isolina (☎ 2654 4333; www.isolinabeach.com; DZ/3BZ/4BZ inkl. Frühstück ab 64/76/87 US$, DZ/3BZ/4BZ Villa inkl. Frühstück 99/111/134 US$; **P** **✗** **▯** **♋**) Die attraktiven gelben Gebäude der Anlage liegen im Norden hinter dem Strand und sind von duftenden Hibiskusbüschen umgeben. Die Zimmer haben eine gekachelte heiße Dusche, Kabel-TV und Klimaanlage. Die größeren Villen sind mit zwei Schlafzimmern und einer voll eingerichteten Küche ausgestattet. Auch ein WLAN-Zugang ist vorhanden. Im angeschlossenen Restaurant werden costa-ricanisch-mediterrane Spezialitäten serviert.

Bahía Esmeralda (☎ 2654 4480; www.hotelbahiaesmeralda.com; EZ/DZ/3BZ inkl. Frühstück ab 70/81/108 US$, Apt./Villa 157/215 US$; **P** **✗** **▯** **♋**) Wenige Schritte vom Strand entfernt bietet diese von Italienern geführte Anlage ausgesprochen behagliche Zimmer zu einem Spottpreis. Die Standardzimmer sind zwar ein bisschen klein, aber die entspannte Atmosphäre, der Pool und das ausgezeichnete italienische Restaurant (Frühstück und Abendessen, Gerichte 3–12 US$) machen das wieder wett. In den Apartments für bis zu vier Personen gibt es ausklappbare Futons und eine Küche; in den großen Villen haben sechs Gäste Platz. Kreditkarten werden akzeptiert. Während der Recherchen zu diesem Buch stand das Anwesen gerade zum Verkauf.

Bahía del Sol (☎ 2654 4671, 2224 7290; www.potrerobay.com; DZ/Suite inkl. Frühstück ab 163/227 US$; **P** **✗** **▯** **♋**) Die luxuriöse Anlage mit einer erstklassigen Strandlage an der Playa Potrero (bei dem Schild mit der Babyschildkröte, das Quadfahrer ermahnt, vom Strand wegzubleiben) bietet viel Eleganz und eine entspannte Atmosphäre. Die großen, gefliesten Zimmer und die Suiten bieten alle Annehmlichkeiten, die man sich wünscht (die Suiten z. B. voll eingerichtete Küchen und private Terrassen), und gruppieren sich um einen wunderschönen Garten mit Spa-Bereich. Der Pool hat einen Wasserfall und eine Swim-up-Bar. Auf der zum Strand führenden Rasenfläche stehen für die Gäste mehrere *palapas* (Sonnenschutz mit einem Dach aus Palmblättern und offenen Seiten) bereit.

Las Brisas Bar & Grill (☎ 2654 4047; *casados* 3,75 US$) Wer günstig essen will, findet in Potrero eine Reihe von Sodas. Dieses Lieblingslokal der Einheimischen liegt am äußersten Ende der Bucht hinter dem Dorf. Hier versammelt sich die Dorfbevölkerung allabendlich, um Bocas, Bier und den Sonnenuntergang zu genießen. Der Pooltisch ist vermutlich das aufregendste Unterhaltungsangebot im ganzen Ort.

AN- & WEITERREISE

Viele Busse beginnen ihre Fahrt in Potrero an der Südostecke des Fußballplatzes. Informationen zum Fahrplan s. Playa Flamingo (S. 284). Nicht alle Busse fahren die ganze Strecke bis Potrero – deshalb vorab die Einheimischen fragen!

Playa Flamingo

Der halbmondförmige weiße Sandstrand von Playa Flamingo bildet ein schönes Postkartenmotiv, und das genügte wahrscheinlich, um ihn schon vor Jahrzehnten zum kultiviertesten Badeort von Costa Rica zu erklären. Heute geht es hier noch gehobener zu – obwohl die Umgebung alles anderes als hübsch ist. Die Hügel über der Bucht sind mit privaten Villen und teuren Wohnanlagen übersät. Der Ruf der Gegend leidet zudem unter Kokain, Edelprostitution und jeder Menge lüsterner alter Kerle. Pauschalreisende und Sportfischer kommen noch immer in die alten Hotels entlang der Bucht, aber es gibt eindeutig schönere Orte im Land. Nichtsdestoweniger hat der weiße Sandstrand eine blaue Flagge und ist ein schöner Platz, um hier ein paar Stunden zu verbringen.

Der ursprüngliche Name des Strandes war Playa Blanca; umbenannt wurde er in den 1950er-Jahren, als das erste große Hotel, das Flamingo Beach Resort, gebaut wurde. Ein etwas überraschender Name angesichts der Tatsache, dass es hier noch nie Flamingos gab! Sie lieben brackige Lagunen.

Gegenüber vom Flamingo Marina Resort liegt die **Banco de Costa Rica** (☎ 2654 4984). Hier können US-Dollar gewechselt und Reiseschecks eingelöst werden. Super Massai an der nord-südlich verlaufenden Hauptstraße verkauft Lebensmittel und Toilettenartikel.

AKTIVITÄTEN

Direkt am Eingang zur Playa Flamingo bietet die **Edge Adventure Company** (☎ 2654 4946; www.theedgeadventure.com) verschiedene Ausflüge an. Ein Tauchgang mit zwei Flaschen kostet 75 US$, es werden aber auch Schnorchelausrüstung, Fahrräder und Bodyboards verliehen. Und Angelausfahrten können ebenfalls gebucht werden.

Samonique III (☎ 2654 5280, 8388 7870; www.costa-rica-sailing.com) ist eine 15,5 m lange Ketsch, mit der Sonnenuntergangsfahrten für 60 US$ pro Person (mind. 4 Pers.) veranstaltet werden. Nach Absprache sind auch Fahrten mit Übernachtung an Bord möglich. Das Büro befindet sich im Mariner Inn.

Spanischkurse bietet das **Centro-Panamericano de Idiomas** (☎ 2265 6306; www.cpi-edu.com; Kurs mit/ohne Aufenthalt in einer Gastfamilie 415/285 US$), das auch Niederlassungen in Heredia (S. 155) und Monteverde (S. 192) unterhält. Die Schüler haben die Möglichkeit, im Laufe eines Kurses den Unterrichtsort zu wechseln.

SCHLAFEN & ESSEN

Preiswerte Unterkünfte gibt es in Playa Flamingo nicht. Wer den Strand sehen, aber seine Reisekasse schonen will, sollte im nahen Brasilito (S. 285) übernachten.

Mariner Inn (☎ 2654 4081; marinerinn@racsa.co.cr; EZ/DZ 34/45 US$; P ⓧ ⌨ ⬙) Das Mariner Inn neben dem Yachthafen hat eine schöne Terrassenbar, von der man bei einem Cocktail die wunderbare Aussicht auf die Bucht genießen kann. Die Zimmer unten sind etwas klein, aber mit Klimaanlage, heißem Wasser und Kabel-TV sehr bequem. Einige Zimmer haben einen Kühlschrank.

Guanacaste Lodge (☎ 2654 4494; www.guanacastelodge.com; EZ/DZ inkl. Frühstück 60/70 US$; P ⓧ ⬙) Die erschwingliche Übernachtungsmöglichkeit ist eine gute Wahl. Das Gebäude mit geräumigen, gut ausgestatteten Zimmer (mit Klimaanlage, Kabel-TV und eigener heißer Dusche) liegt auf einem schattigen Grundstück mit tropischen Pflanzen. Es gibt einen gepflegten Pool. Im angeschlossenen Restaurant werden gute Casados und Grillgerichte (Hauptgerichte 3–6 US$) serviert.

Flamingo Beach Resort (☎ 2654 4444; www.resortflamingobeach.com; Zi. 120–300 US$; P ⓧ ⌨ ⬙) Das Flamingo ist der Großvater unter den Ferienanlagen der Region. Der Komplex hat 91 Zimmer, Tennisplätze, einen Pool und eine große Restaurantterrasse mit Blick auf den schönen Strand. Die Anlage verströmt das Las-Vegas-Flair der 1950er-Jahre, es mangelt weder an Annehmlichkeiten noch an Glamour und prunkhafter Ästhetik.

Marie's (☎ 2654 4136; Gerichte 6–24 US$; ⏲ 6.30 bis 21.30 Uhr) Das alteingesessene, preiswerte Restaurant mit einer luftigen, runden Terrasse serviert zum gesund sättigenden Frühstück Joghurt, Müsli und frisches Obst sowie Avocados mit Garnelen und Spinat-Ricotta-Ravioli. Berühmt ist es für seine Pfannkuchen, Burger und Grillhähnchen.

AN- UND WEITERREISE
Bus
Die Busse fahren pünktlich an der Flamingo Marina ab und halten auch in Brasilito. Der Fahrplan ändert sich ständig, also am besten die Einheimischen nach den Fahrzeiten fragen. Sie wissen auch, an welcher Stelle der Straße man auf den Bus warten muss.

Liberia 1,50 US$, 2 Std., Abfahrt 5.30 und 14.30 Uhr.
San José (Tralapa) 6,50 US$, 5 Std., Abfahrt Mo–Sa 2.45, 9 und 14 Uhr, So 10.30 Uhr.
Santa Cruz 1,50 US$, 1 Std., 8 Fahrten zwischen 5.45 und 22 Uhr zur nächstgelegenen größeren Stadt.

Flugzeug
Der nächste Flughafen mit regelmäßigen Flügen ist Tamarindo (S. 298). Von dort sind es noch 8 km auf asphaltierter Straße.

Playa Brasilito
Brasilito ist es gelungen, dem Bauboom zu entgehen, unter dem ein Großteil des Nordens von Nicoya zu leiden hat. Das könnte daran liegen, dass der graue Sandstrand längst nicht so hübsch aussieht wie die umliegenden, von Palmen gesäumten weißen Sandstrände. Der Mangel an Ferienanlagen und großen Hotels gibt dem Ort eine angenehm lockere Atmosphäre. Playa Brasilito ist ein beliebtes Wochenendziel der Einheimischen, ansonsten kommen nur Urlauber, die sich auskennen, und die die entspannte Strandszene, die guten Bademöglichkeiten, die günstigen Unterkünfte und die spektakulären Sonnenuntergänge über dem Pazifik genießen wollen.

Brasilito Excursions (☎ 2654 4237; www.brasilito. com) im Hotel Brasilito kann Ausritte, Segeltörns bei Sonnenuntergang und Tauchgänge (mit zwei Flaschen) buchen.

Die Anlage Rancho Nany bietet einen Zugang zum Internet (Std. 2 US$).

SCHLAFEN
Der Ort Brasilito besteht aus ein paar kleinen Geschäften und Sodas sowie einigen hervorragenden Unterkünften allesamt in der mittleren Preisklasse.

Cabinas Gloria (☎ 2654 4878; Camping Erw./Kind unter 6 J. 3 US$/frei, 3BZ 50 US$; Ⓟ ⓧ 🖳) Die herausgeputzten Zimmer mit Klimaanlage, Kabel-TV und kostenlosem WLAN sind besonders günstig für Leute, die zu dritt unterwegs sind. Es wird von Santos, einem freundlichen Tico, geleitet. Obwohl es schon zur etwas gehobenen Klasse gehört, wirkt das bescheidene schwarze Schild an der Straße wie das einer Billigherberge. Zu finden sind die Cabinas Gloria 200 m südlich der Plaza.

Cabinas Ojos Azules (☎ 2654 4346; www.cabinaso josazules.com; B./DZ 5/50 US$; Ⓟ ⓧ) Die günstigste Unterkunft im Ort besteht aus einer ziemlich chaotischen Ansammlung von Zimmern mit großen, gemütlichen Betten, die am Kopfende sogar Spiegel haben. Oben befinden sich schicke Doppelzimmer, in den einfacheren Schlafsälen im Erdgeschoss haben bis zu acht Leute Platz. Alle Zimmer haben ein eigenes Bad mit heißem Wasser, dazu kommt eine kleine Gemeinschaftsküche. Das Haus liegt 200 m südlich der Plaza.

Hotel Brasilito (☎ 2654 4237; www.brasilito.com; Zi. mit/ohne Klimaanlage 47/40 US$; Ⓟ) Das empfehlenswerte Hotel an der Strandseite der Plaza ist der perfekte Ort, um ein paar Tage auszuspannen. Die Zimmer sind einfach und sauber, aber aber das Beste sind die heißen Duschen mit gutem Wasserdruck. Unbedingt versuchen, das Zimmer mit Meerblick vorne raus zu bekommen: Es hat sogar eine eigene Terrasse mit Hängematten, von denen aus sich herrlich der Sonnenuntergang genießen lässt. Danach geht's weiter in das beliebte Restaurant. Die freundlichen Besitzer sprechen Deutsch, Englisch, Spanisch und Französisch und helfen beim Arrangieren von Ausflügen. Zahlung ist mit Kreditkarte möglich.

Rancho Nany (☎ 2654 4320; DZ/4BZ 50/90 US$; Ⓟ ⓧ 🖳 🐾) Rancho Nany liegt zwischen den Stränden Brasilito und Conchal. Die eindrucksvolle, von Costa-Ricanern betriebene Anlage hat ein eigenes Internetcafé, ein Steakhaus, einen Supermarkt, einen Pool und Cabinas. Die großen Zimmer sind in fröhlichen Tropenfarben gehalten und mit Kabel-TV,

Klimaanlage und heißen Duschen ausgestattet. Geführt wird das Hotel von der Familie López, die schon seit vier Jahrzehnten in dieser Gegend lebt.

Conchal Hotel (☎ 2654 9125; www.conchalhotel.com; DZ inkl. Frühstück 90 US$; Ⓟ Ⓧ 🖳 🅂) Die Zimmer in diesem empfehlenswerten Hotel sind einfach umwerfend – weiß getünchte Wände, freiliegende Holzbalken, wunderschöne Fliesen und elegante Bäder harmonieren perfekt. Der Besitzer Simon und seine Mitarbeiter bemühen sich sehr, ihren Gästen einen unvergesslichen Aufenthalt zu ermöglichen.

ESSEN & AUSGEHEN

Indira Bar y Restaurant (☎ 2654 4028; Gerichte 3 bis 10 US$; ☯ Mittag- & Abendessen) Das große Lokal am Strand hat viel Atmosphäre, vor allem abends, wenn die Tische draußen mit Touristen und Einheimischen voll belegt sind. Die Ceviche hier ist einfach hervorragend und schmeckt noch einmal so gut, wenn es dazu ein paar Imperial gibt.

Roy's Place (Gerichte 3–6 US$; ☯ Do–Di Frühstück, Mittag- & Abendessen) Durch den freundlichen Inhaber des kleinen Soda schmecken die Casados, Ceviche und Salate noch besser, als sie es ohnehin schon tun. Ein idealer Platz für einen *batido* (Fruchtshake), bei dem sich herrlich das tägliche Treiben auf der kleinen Plaza beobachten lässt.

Il Forno Restaurant (☎ 2654 4125; Gerichte 5–12 US$; ☯ Mittag- & Abendessen) Das empfehlenswerte italienische Restaurant liegt in einem romantischen Garten. Auf der Karte stehen so verlockende Dinge wie Pizza mit extra dünner neapolitanischer Kruste, selbst gemachte Pasta und Risotto und genügend frische Auberginengerichte, damit auch Vegetarier glücklich und gesund blieben.

Outback Jack's Roadkill Café (☎ 2654 5463; Gerichte 4–12 US$; ☯ 6–23 Uhr) Die dem Hotel Brasilito angeschlossene Open-Air-Restaurant-Bar hat einen schönen Blick über den Strand. Auch wenn die australische Dekoration anderes erwarten lässt, servieren die Köche internationale Gerichte mit costa-ricanischem Einschlag.

AN- UND WEITERREISE

Busse von und nach Playa Flamingo fahren durch Brasilito; Einzelheiten s. dort.

Playa Conchal

Nur 2 km südlich von Brasilito liegt Playa Conchal, der für viele der schönste Strand von Costa Rica ist. Seinen Name verdankt er der Billion von *conchas* (Muschelschalen), die an den Strand gespült und nach und nach zu grobkörnigem Sand zermahlen werden. Der Ozean hat hier eine intensive türkisblaue Farbe, was an der Pazifikküste eher selten ist. Wer eine Schnorchelausrüstung hat, sollte sie hier unbedingt ausprobieren.

Im Norden ist der Strand durch eine ausgedehnte Ferienanlage gleichsam versperrt, die den Zugang frustrierend schwierig macht. Es ist aber kein Problem, im nahe gelegenen Brasilito zu übernachten (s. S. 306) und von dort die 2 km auf der Straße Richtung Süden zu laufen.

Warum haben die teuersten Anlagen eigentlich immer die albernsten Namen? Mit einer Fläche von 285 ha, einem grandios protzigen Pool und einem Meisterschaftsgolfplatz hat das **Paradisus Playa Conchal Beach & Resort** (☎ 2654 4123; www.paradisusplayaconchal.travel; DZ 350–630 US$; Ⓟ Ⓧ 🅂) bestimmt keinen extravaganten Namen nötig, um irgendwelche Mängel zu kompensieren. Hier gibt es von Marmorsäulen bis zu goldenen Zahnbürstenhaltern jeden erdenklichen Luxus. Dass all das nicht das echte Costa Rica ist, versteht sich von selbst.

AN- & WEITERREISE

Wer in Conchal wohnt, nimmt am besten den Bus ab Brasilito; Einzelheiten s. dort.

PLAYA GRANDE

Von Huacas führt die Straße Richtung Südwesten nach Playa Grande, das bei Naturschützern ebenso bekannt ist wie bei Surfern. Tagsüber sorgen die Winde vor der Küste für einen starken Wellengang – vor allem bei Flut und vor dem Hotel Las Tortugas. Bei Nacht wiederholt sich dann ein uralter Zyklus: Die Lederschildkröten kehren, von den Meeresströmungen getragen, an den Ort ihrer Geburt zurück, um ihre Eier abzulegen.

Seit 1991 gehört Playa Grande zum Parque Nacional Marino Las Baulas de Guanacaste (S. 288). Damit ist die Strandbebauung untersagt und sichergestellt, dass einer der weltweit wichtigsten Eiablageplätze der Lederschildkröte für nachfolgende Generationen erhalten bleibt. Das heißt jedoch nicht, dass Playa Grande unberührt ist. Die offizielle Grenze des Parks endet 50 m über der Flutlinie und Regierungsagenturen waren recht lax und genehmigten Bauvorhaben, die streng genommen innerhalb des Parks liegen. 2007 erneuerte der Oberste Gerichtshof von Costa Rica ein 2005 verfasstes Moratorium hinsichtlich der Bebauung innerhalb der Parkgrenzen. Gleichzeitig versuchen Umweltschutzverbände, die Bebauung des Zentralstrandes zu verhindern: Dort können die Schildkröten noch ihre Eier legen, ohne durch Licht und Bauprojekte gestört zu werden.

Gegenwärtig stehen in Playa Grande Dutzende geteilter Bauplätze zum Verkauf und verschiedene der hier vorgestellten Hotels liegen in einer 33 ha großen, öffentlich zugänglichen (aber bewachten) Anlage. Auch wenn Playa Grande noch weit davon entfernt ist, übererschlossen zu sein, und auch die Natur noch weitgehend intakt ist, so muss doch immer wieder um den Schutz der Umwelt gekämpft werden.

Dabei helfen besorgte Umweltaktivisten (wie Louis Wilson; s. Hotel Las Tortugas, S. 288) und gewissenhafte Bauträger, die an dem hohen Standard ökologischer Integrität festhalten, um den Strand zu erhalten. Ohne Übertreibung kann man wohl sagen, dass das Überleben der riesigen Lederschildkröte ganz wesentlich von diesen Menschen und ihrem Engagement abhängt.

Es gibt in Playa Grande zwar einige Unterkünfte in Strandnähe, aber nicht direkt an der Küste. Es wird auch sehr darauf geachtet, dass möglichst wenig störendes Licht auf den Strand fällt.

Aktivitäten

Die Hauptmotivation für eine Reise nach Playa Grand ist in der Regel das Surfen. Wer es lernen will, findet leicht jemanden, der es einem beibringt.

Frijoles Locos (☎ 2652 9235; www.frijoleslocos.com; ☼ 9–17 Uhr) Das freundliche Ehepaar Ian and Corynne Beam an der Straße in dem Ort vermietet und verkauft Surfbretter (Tag 15–20 US$), gibt Surfunterricht (1/2 Pers. 45/60 US$) und bietet Massage- und naturheilkundliche Behandlungen an.

Matos Films Surf Store (☎ 2652 9227; www.matos films.com; ☼ 8–19 Uhr) Der von Ticos geführte Surfshop vermietet Surfbretter (Tag 20 US$), Mountainbikes und Beach Cruisers (10 US$) und bietet Kunden einen kostenlosen Internetzugang an. Für 100 US$ können Surfbretter auch wochenweise gemietet werden und so oft ausgeliehen werden, wie man möchte.

Playa Grande Surf Camp (siehe oben) Gerry und seine Kumpels vermieten Kurz- oder Langbretter (Tag 20 US$) und zeigen auch, wie sie es reitet.

Schlafen & Essen

Die Hotels sind von der Hauptstraße nach Playa Grande gut ausgeschildert. Eine Taschenlampe mitzunehmen ist empfehlenswert, da die Straßen bei Nacht unbeleuchtet (und uneben) sind.

Playa Grande Surf Camp (☎ 2653 1074; www.playa grandesurfcamp.com; Zi. pro Pers. mit/ohne Klimaanlage 25/15 US$; P ☒ ☒) Die tolle Budgetunterkunft, die von den Surfbrüdern Gerry und Patrick geführt wird, steht neben dem El Manglar. Die drei Cabinas in Zeltform mit Dächern aus Palmwedeln und zwei Pfahl-Cabinas (für je 4 Pers.) mit eigener Terrasse und Hängematten haben jeweils eigene Bäder. Zum Strand sind es nur ganz wenige Schritte. Surfmädels aufgepasst: Einige der Mitarbeiter hier sind mehr als nur freundlich.

El Manglar (☎ 2653 0952; www.hotel-manglar.com; DZ Standard/Deluxe 45/70 US$; P ☐ ☒) Nahe dem Südende des Strandes steht dieses funkige Hotel mit leuchtend bunt bemaltem Stuck in den Zimmern und eine üppigen, tropischen Gartenanlage. Die Duschen in den Standardzimmern sind kalt, während die Deluxe-Zimmer etwas größer sind und außerdem heiße Duschen bieten.

Villa Baula (☎ 2653 0644, 2653 0493; www.hotelvilla baula.com; DZ/3BZ 66/77 US$, Bungalow mit/ohne Klimaanlage 138/132 US$; P ☒ ☒) Auf der anderen Seite der Flussmündung unweit vom südlichen Strandende steht dieses rustikale Strandhotel, das nachts praktisch kein Licht abstrahlt. Alle Zimmer haben ein eigenes Bad mit heißem Wasser. Die teureren Bungalows sind klimatisiert und auf Wunsch auch mit Küche zu haben. Es gibt einen schönen Pool und einen netten Strandbereich, der sehr viel ruhiger als andere ist, weil er abseits der besten Surfreviere liegt.

Rip Jack Inn (☎ 2653 0480; www.ripjackinn.com; DZ/Cabina 87/111 US$; P ☒ ☐ ☒) Direkt südlich von Las Tortugas an der Straße landeinwärts liegt die gemütliche, gastliche Unterkunft mit einer Handvoll sauberer, moderner Zimmer. Alle bieten ein eigenes Bad und Klimaanlage. Hier gibt es auch ein schönes Open-Air-Restaurant mit Bar und fantastischem Seeblick. Regelmäßig finden Yogakurse statt.

Playa Grande Inn (☎ 2653 0719; www.playagrande inn.com; Zi./Suite 58/87 US$; P ☒ ☒) Gleich um die Ecke vom Rip Jack Inn steht das Playa Grande Inn. Die klimatisierten Zimmer in dem entspannten Hotel sind mit poliertem, gebeiztem Holz verkleidet und haben Kabelfernsehen und heißes Wasser. Die Gäste treffen sich im gemütlichen Barbereich sowie am kleinen Pool.

Hotel Las Tortugas (☎ 2653 0423; www.lastortugas hotel.com; EZ/DZ/Suite 58/93/140 US$, Apt. 29–116 US$; P ⚒ 💻 🏊) Der Hotelbesitzer Louis Wilson ist im Ort ein Held, denn ihm ist es zu verdanken, dass Playa Grande zum Nationalpark erklärt wurde. Obwohl das Hotel in Strandnähe liegt, wurde es so gebaut, dass kein Licht auf den Legebereich fällt; außerdem schirmt es das Licht von den Gebäuden weiter im Norden ab. Meeresschildkröten kommen zur Eiablage nur in dunklen Nächten an den Strand. Die elf geräumigen Zimmer haben Klimaanlage, ein eigenes Bad mit heißem Wasser und dazu noch dicke Wände und kleine Fenster, damit die Gäste tagsüber schlafen können, nachdem sie nachts die Schildkröten beobachtet haben. Oben auf dem Hügel stehen zwei Apartments mit Küchen, die ebenfalls vermietet werden. Die Gäste können sich Surfbretter, Bodyboards, Seekajaks, Schnorchelausrüstung und Pferde ausleihen, außerdem lassen sich alle möglichen Ausflüge buchen. Pool, Whirlpool und ein beliebtes Restaurant runden das Angebot ab.

La Marejada Hotel (☎ 2653 0594; www.lamarejada. com; Zimmer 81 US$ inkl. Frühstück; ⚒ 🏊) Das neue, von Bambus umzäunte Hotel hat mehrere elegante, unauffällige Zimmer rund um einen kleinen Pool. Der schattige, mit Palmen bestandene Gemeinschaftsbereich mit Hängematten führt zur Mar Bar.

Hotel Bula Bula (☎ 2653 0975; www.hotelbulabula. com; EZ/DZ inkl. Frühstück 93/128 US$; P ⚒ 💻 🏊) Das empfehlenswerte Hotel steht ein paar hundert Meter landeinwärts unweit der Mündung des Tamarindo. Es gehört zwei Amerikanern, von denen einer ausgebildeter Koch ist. Die Zimmer sind umwerfend: perfekt ausgestattet und mit echten Kunstwerken geschmückt. Die parkähnliche Anlage und der unregelmäßig gestaltete Pool sind ideal, um nach einem harten Tag auf den Wellen richtig auszuspannen. Das Beste aber ist das hoteleigene Restaurant Great Waltini's (Gerichte 9–16 US$): Es ist für seine Fischgerichte (superfrische Fische und Meerestiere) und die exquisiten Grillgerichte bekannt.

Kike's Place (☎ 2653 0834; www.kikesplace.com; ⊙ Früstück, Mittag- & Abendessen) An der Straße in den Ort ist Kike's („*kie*-kays" ausgesprochen) eine freundliche Ceviche essen oder einfach nur ausspannen kann.

Wer nicht immer in den Hotels essen will, sollte **Los Malinches** (☎ 2653 0236; Gerichte 5–9 US$; ⊙ Mo–Sa 8–21 Uhr) ausprobieren: Hier wird unter einem riesigen Strohdach fangfrischer Fisch serviert. Der **Supermercado** (⊙ Mo–Sa 7.30–12 & 15–19 Uhr) verkauft Obst und Gemüse, Alkohol und Grundnahrungsmittel und vermietet darüber hinaus einige saubere **Cabinas** (EZ/DZ 20/25 US$) mit Klimaanlage.

An- und Weiterreise

Nach Playa Grande fährt kein Bus. Mit dem Auto geht es zunächst nach Huacas, dann auf einer Asphaltstraße nach Matapalo. Von dort sind es noch weitere 6 km auf der Schotterpiste nach Playa Grande. Wer nicht motorisiert ist, kann auch im Hotel anrufen und sich an der Matapalo-Abzweigung (der Bus aus San José setzt Fahrgäste auf Wunsch hier ab) abholen lassen.

Wer Zeit sparen will (um die Hälfte), fährt mit einem Boot über die Tamarindo-Mündung zum Südende von Playa Grande (ca. 1,25 US$/Pers.).

PARQUE NACIONAL MARINO LAS BAULAS DE GUANACASTE

Playa Grande gilt als der wichtigste Eiablageplatz der Welt für die *baula* (Lederschildkröte). 1991 wurden der gesamte Strand, das angrenzende Land (379 ha) und 22 000 ha Meer zum Meeresnationalpark Marino Las Baulas National Park erklärt. Bevor die Regierung das Dekret erließ, hatten sich Naturschützer und unterschiedliche Interessensgruppen – darunter Wilderer, Bauträger und Reiseveranstalter – 15 Jahre lang einen heftigen Kampf geliefert.

Das heißt aber nicht, dass der Regierung das Wohlergehen der Schildkröten besonders am Herzen gelegen hätte: Der entscheidende Anstoß für die Einrichtung des Nationalparks kam vom Besitzer des Hotels Las Tortugas (siehe oben). So wurde Playa Grande auch nur unter Naturschutz gestellt, weil sich der Staat Einnahmen aus dem Tourismus versprach. Glücklicherweise bezahlen die Besucher seit Jahren bereitwillig die Parkgebühren, um die Schildkröten zu sehen; einheimische Führer sorgen dafür, dass der Strand intakt (und ihr Lebensunterhalt gesichert) bleibt.

Der größte Teil des Parks besteht aus Mangrovensümpfen – hier sind alle sechs in Costa Rica heimischen Mangrovenarten zu finden. Der Lebensraum ist ideal für Kaimane

KAMERASCHEU

Zugegeben, ein Bild sagt mehr als tausend Worte, aber manchmal ist es besser, gar nichts zu sagen. Nehmen wir zum Beispiel das Wunder der Geburt – wer würde dieses mit irgendwelchen Schaulustigen und Paparazzi teilen wollen? Niemand macht sich hier über eine ernsthafte Situation lustig. Aber einer der Gründe, warum die Schildkröten nicht mehr an den Strand von Playa Tamarindo kommen, um dort ihre Eier abzulegen, ist der, dass sie sehr empfindlich auf Licht reagieren. So ist auch nachvollziehbar, dass eine Reihe von Strandbars eine Schildkröte davon abhält, an diesem Strand ihre Eier abzulegen.

Deshalb gilt ein generelles Fotografierverbot an allen Stränden, an denen die vom Aussterben bedrohten Schildkröten ihre Eier abzulegen pflegen.

Bei jeder Schildkrötenführung bitten die Parkhüter höflich darum, die Schildkröten weder zu fotografieren noch zu filmen. Es sei hier deshalb noch einmal betont, dass jeder durch den Verzicht auf Fotos seinen Anteil dazu beiträgt, dass ein Zyklus erhalten wird, der sich seit Jahrmillionen immer wieder erneuert.

und Alligatoren sowie diverse Vogelarten (u. a. Rosalöffler). Auch Brüllaffen, Waschbären, Nasenbären, Flussotter und verschiedene bunte Landkrabben können hier beobachtet werden. Wie nicht anders zu erwarten, sind die Schildkröten jedoch die Hauptattraktion. Die Lederschildkröten gelten als die größten Schildkröten der Welt und werden über 400 kg schwer. Sie legen ihre Eier von Oktober bis März ab, und es ist nichts Ungewöhnliches, dass in einer Nacht drei oder vier zur Eiablage an den Strand kommen.

Die Lederschildkröte ist vom Aussterben bedroht. Das liegt an der übermäßigen Befischung, dem Mangel an geschützten Eiablageplätzen und der extremen Bebauung der Küsten (die Beleuchtung am Strand nimmt den Schildkröten die Orientierung). Obwohl die Naturschützer alles tun, was in ihren Kräften steht, kommen jedes Jahr weniger Schildkröten nach Playa Grande. 2004 waren es nur noch 46 Tiere – kein Vergleich mit den 1000, die hier in den 1990ern ihre Eier ablegten. Natürlich ist es einfach, mit dem Finger auf diejenigen zu zeigen, die den Ausbau in Tamarindo vorangetrieben haben. Doch auch wenn der Bau von Hochhaus-Wohnblocks und Schnellrestaurants direkt am Strand den Tieren sicher nicht guttut, so machen die Wildhüter des Parks doch den kommerziellen Fischfang für den Rückgang der Schildkrötenbestände verantwortlich.

Um die schwindenden Bestände zu retten, sammeln die Parkhüter jeden Tag die Eier ein. Brutkästen sollen die Überlebensrate steigern. Aus dem Ei schlüpfen müssen die kleinen Schildkröten aber am Strand, und sie müssen allein ins Wasser finden, denn sonst findet

keine Gedächtnisprägung statt, und die Schildkröten kehren nicht zur Eiablage an den Ort ihrer Geburt zurück. Schätzungen zufolge erreichen nur 10 % der Schildkröten das Erwachsenenalter. Lederschildkröten, die mit dem Großen Golfstrom bis nach Norwegen wanderten, können über 50 Jahre alt werden, und die Weibchen können zur Legezeit mehrmals Eier ausbringen. Tagsüber ist der Strand frei zugänglich, was auch gut ist, denn die Wellen vor Grande sind schnell, hoch und regelmäßig. Bei Nacht aber darf der Strand nur im Rahmen einer Führung betreten werden; ebenfalls eine gute Sache, denn nur so ist sichergestellt, dass der Fortpflanzungszyklus der Lederschildkröten ungehindert und ohne Foto-Blitzlicht ablaufen kann.

Schildkröten beobachten

Das **Parkbüro** (☎ 2653 0470; Eintritt 13 US$) befindet sich am nördlichen Zugang zur Playa Grande. Reservierungen für eine Schildkrötenführung werden bis zu sieben Tage im Voraus angenommen, und eine Vorausbuchung ist notwendig, weil es pro Abend nur wenige Plätze gibt. Bei Anruf gibt es eine Zusage für einen der nächsten sieben Tage, aber normalerweise klappt es dann schon nach ein oder zwei Tagen. Natürlich besteht die Möglichkeit, abends einfach zum vereinbarten Treffpunkt zu kommen und zu hoffen, dass jemand seine Reservierung verfallen lässt, aber das geschieht zumindest an den Wochenenden und in der Ferienzeit im Winter eher selten.

Viele Hotels und Reisebüros in Tamarindo bieten für etwa 35 US$ Komplettpakete mit Hin- und Rückfahrt nach Playa Grande, Parkeintritt und Führung zu den Schildkröten an. Für Reisende ohne Auto ist das eine gute Lösung. Bei der Reservierung müssen die Nummer des Reisepasses und der volle Name angegeben werden, damit die großen Hotels in Tamarindo nicht in Versuchung kommen, pauschal gleich ganze Kartenblöcke für ihre eigenen Gäste zurückzuhalten.

Die Show beginnt irgendwann zwischen 21 und 2 Uhr, aber es gibt keine Garantie, dass tatsächlich eine Schildkröte auftaucht – man ist schließlich nicht im Zoo, sondern in der Natur. Es kann zehn Minuten dauern, bis die erste Schildkröte kommt, aber auch fünf Stunden. Ein kleiner Verkaufsstand bietet zwar Snacks und Getränke an, aber zum Zeitvertreib ein Buch oder ein Kartenspiel mitzubringen, ist keine schlechte Idee. Es könnte eine lange Nacht werden – aber das Warten lohnt sich meist. Um die Wartezeit zu überbrücken, empfiehlt sich ein Besuch im **El Mundo de la Tortuga** (☎ 2653 0471; Eintritt 5 US$; ☿ 16 Uhr–Sonnenaufgang), einer kleinen Ausstellung über die Lederschildkröten am Nordende des Parks.

Um die Schildkröten möglichst wenig zu stören, sind die Regeln für die Beobachtung sehr streng (s. Kasten S. 298). Die Besucher dürfen erst an den Strand, wenn die Tiere den trockenen Sand erreicht haben. Wachposten mit Funkgeräten stehen am Strand und informieren den Führer, wenn eine Schildkröte ihren Brutplatz erreicht hat. Dann wird die ganze Gruppe zu einem Aussichtspunkt geführt. Fotografieren, Filmen oder irgendeine Form von Licht sind *nicht* erlaubt. Im Laufe von ein bis zwei Stunden ist zu beobachten, wie die Schildkröte eine Mulde gräbt, rund 150 silbrig glänzende Eier hineinlegt und das Gelege mit Sand bedeckt (und dabei die ganze Zeit schnauft und grunzt).

Für alle, die sich nützlich machen wollen: Freiwillige Helfer, die die Gelege überwachen und katalogisieren, sind der Parkverwaltung fast immer willkommen.

PLAYA TAMARINDO

Playa Tamarindo wird nicht umsonst „Tamagringo" genannt. Dank seiner guten Erreichbarkeit von Liberia aus und seinem jahrzehntelangen Status als eines der Top-Surfreviere von Costa Rica wurde der Strand zum Ziel vieler Auswanderer aus Nordamerika und Europa. Dazu kommt die nächste Welle nicht surfender Gringos, die hier Land gekauft haben, als gäbe es kein Morgen – was gut sein kann, wenn die Baulanderschließung in dem

gegenwärtigen Tempo weitergeht. Glücklicherweise gibt es auch Bewohner in Tamarindo, denen das Wohlergehen der Gemeinde und des Ökosystems am Herzen liegen: Sie versuchen, die unsinnige, nicht nachhaltige Bebauung (s. Kasten S. 289) aufzuhalten. Trotz der unzähligen Boutiquen und Wohnanlagen entlang der Küste ist Tamarindo Teil des Parque Nacional Marino Las Baulas de Guanacaste (S. 288). Die Besucher sind lange Jahre nicht ohne Grund hierher gekommen, Strand und Brandung haben sich ihre Anziehungskraft erhalten. Aber das „echte" Costa Rica ist hier sicher nicht mehr zu finden – manch einer fühlt sich eher an San Diego erinnert. Wer aber ohne zu große Erwartungen kommt, findet gute Wellen und nette Strandbars und jede Menge Spaß – und darum geht es ja schließlich in Tamarindo.

Orientierung

Wenn in der Hauptverkehrszeit der Verkehr auf der zweispurigen Hauptstraße zum Stehen kommt, erinnert das einst verschlafene kleine Fischerdorf, das sich zu einem kleinen Surfort entwickelt hat, atmosphärisch an Südkalifornien an einem beliebigen Wochenende. Kurz bevor die Hauptstraße am Südostende des Strandes in einer Sackgasse endet, zweigt links eine Straße ab und führt an neuen Einkaufszentrum Plaza Conchal vorbei. Dort, wo die Straße ein Y bildet, zweigt links eine unbefestigte Straße ab, an der verschiedene Hotels stehen. Die Straße nach rechts führt nach Playa Langosta, wo die Küste mit Bungalows voller Eigentumswohnungen und Villen, einem Casino und einigen exquisiten Unterkunftsmöglichkeiten zugebaut ist.

Obwohl Tamarindo fest in der Hand von gefrorenem Joghurt, Yogastudios und klimatisierten Einkaufszentren ist, gibt es hier keine Tankstelle. Die nächste befindet sich im 15 km entfernten Huacas: Dafür von Tamarindo kommend an der Kreuzung in Villareal links abbiegen, nach Huacas fahren, dort rechts halten und auf den Hügel fahren. Die Tankstelle kommt endlich 4 km weiter auf der rechten Straßenseite.

Praktische Informationen

Touristische Informationen geben alle Reiseveranstalter in der Stadt und die Rezeptionen der Hotels. In den überall erhältlichen *Tamarindo News* finden sich die lokalen Tagesnachrichten (www.tamarindonews.com). Einen erfrischend ehrlichen Einblick über den Zustand des modernen Tamarindo bietet das örtliche Magazin *Flyswatter*.

BAC San José (☎ 2653 1617; ☺ 8.30–15.30 Uhr) Geldautomat und die Möglichkeit, US$ zu tauschen und Reiseschecks einzulösen.

Coastal Emergency Medical Service (☎ 2653 0611, 2653 1974; ☺ 24 Std.) Die Mitarbeiter machen Hausbesuche! Wer kann das von seinem Hausarzt behaupten?

Internet Café del Mar (☎ 2653 1740; www.cafedel marinternet.com; Std. 1,50 US$; ☺ 8–20 Uhr)

Jaime Peligro (☎ 8820 9004; ☺ Mo-Sa 9–20, So 12–17 Uhr) Neue und gebrauchte fremdsprachliche Bücher und die besten CDs und DVDs Mittelamerikas.

Gefahren & Ärgernisse

Die Touristeninvasion hat in Tamarindo zu einem wachsenden Drogen- und Prostitutionsproblem geführt. Die Händler bieten ihre Waren (und ihre Frauen) offen an der Hauptstraße an. Und in manchen Bars geht es bei Geschäftsschluss ziemlich rau zu, weil einige immer noch weitermachen wollen. Auch Diebstähle sind ein Problem. Da heißt es, Hotelzimmer immer abschließen, die Zimmersafes benutzen und keine Wertsachen an den Strand mitnehmen. Und niemals sollte man etwas im Wagen lassen.

Aktivitäten

GOLF

Am Ortsrand von Tamarindo steht unweit von San José de Pinilla eine neue Wohnanlage mit einem der schönsten Golfplätze Mittelamerikas. Zur **Hacienda Pinilla** (☎ 2680 3000; www.haciendapinilla.com) gehört ein 6860 m langer Par-72-Kurs, den der bekannte Architekt Mike Young gestaltet hat. Die Green Fees betragen 125/165 US$ pro Person in der Neben-/Hauptsaison.

RADFAHREN

Der Experte für Mountainbiken, Distanzfahrten mit dem Fahrrad und Reparaturen im Ort ist **Blue Trax** (☎ 2653 1705; www.bluetraxcr. com; ☺ Mo-Sa 8.30–18.30 Uhr).

Wem mehrtägige Mountainbiketouren nicht zusagen, kann auch einen Beachcruiser mieten (Tag 10 US$).

SEGELN

Sonnenuntergangs- oder Tagesausflüge mit dem Segelboot können telefonisch oder online bei einem der beiden folgenden Veranstalter gebucht werden:

Blue Dolphin Sailing (☎ 2653 0867, 8842 3204; www.sailbluedolphin.com) Zu den Favoriten der Leser zählen die die Sonnenuntergangsfahrt (60 US$) sowie die Kombifahrt (Schnorcheln und Sonnenuntergang; 75 US$) auf Kapitän Jeffs Katamaran.

Mandingo Sailing (☎ 2653 0623, 8831 8875; www. tamarindosailing.com) Für insgesamt 65 US$, die jede Person zahlem muss, steht ein Gaffelriggschoner für Sonnenuntergangsfahrten zur Verfügung. Bei Schnorchelausflügen kommt ein sehr schnittiges Schnellboot (50 US$) zum Einsatz.

PENÍNSULA DE NICOYA

RETTET TAMARINDO

Der Preis dafür, dass jahrzehntelang die negativen Einflüsse auf die Umwelt von Tamarindo missachtet wurden, ist nun fällig: Ende 2007 verlor Playa Tamarindo die Auszeichnung der Bandera Azul Ecológica (Blaue Umwelt-Flagge), die Tamarindo als Gemeinde mit guter Wasserqualität, Sicherheit und ökologischer Verantwortung auszeichnete. Offen gesagt, war es an der Zeit, dass die Flagge eingezogen wurde, denn es war ein offenes Geheimnis, dass sich die Wasserqualität verschlechtert hatte. Verantwortlich dafür waren zum Teil auch einige Hotels, die ihre ungeklärten Abwässer einfach in offene Straßengräben entsorgt hatten.

Über den Verlust der blauen Umwelt-Flagge und die alarmierende, verdichtete Bebauung im kleinen Tamarindo verbittert, hissten einheimische Geschäftsleute und Bewohner stattdessen die rote Flagge: Der Ort steht am Rande seiner Zukunftsfähigkeit.

Wenn die Erschließung so weitergeht, verliert Tamarindo nicht nur seine Anziehungskraft für die ausländischen Besucher, sondern verdrängt auch die Tier- und Pflanzenwelt, beschädigt die heimische Ökologie irreparabel und wird zu einer weiteren traurigen Geschichte, in der die Gier nach Geld wichtiger als das Wohlergehen einer Gemeinde ist. Aber inzwischen kapieren viele in Tamarindo, dass es an der Zeit ist, etwas zu unternehmen.

Während der Recherchen zu diesem Buch stellten die Organisatoren der **Save Tamarindo Campaign** (www.savetamarindo.com) einen neuen Erschließungsplan vor, der die verdichtete Bebauung einschränkt und striktere Vorschriften der Regierung einfordert.

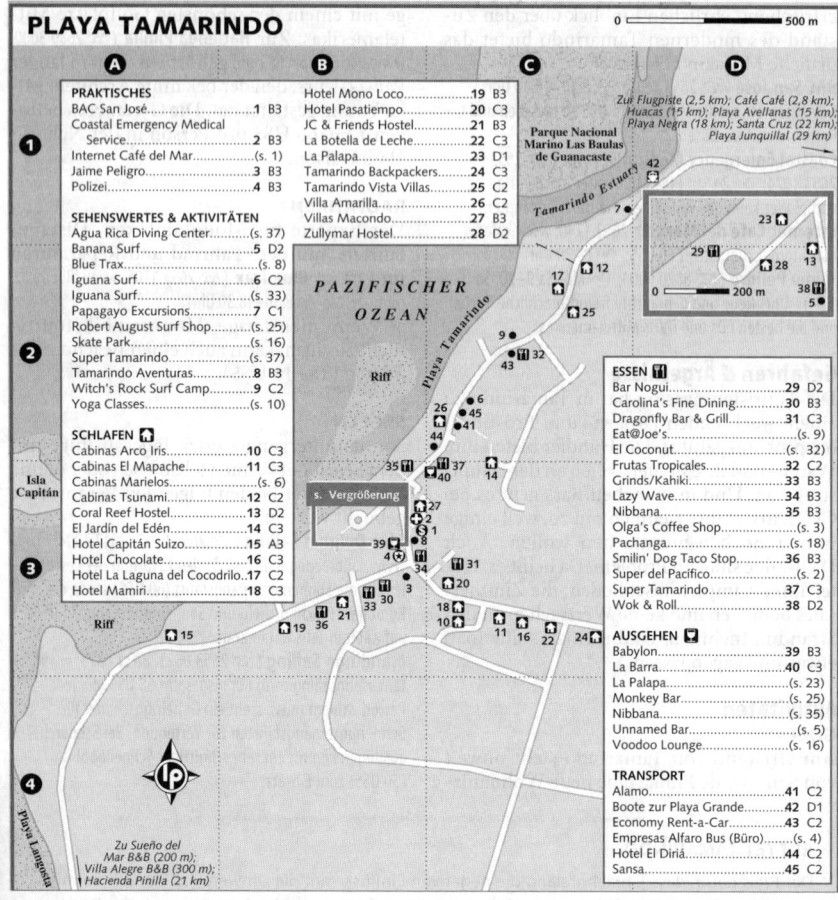

PLAYA TAMARINDO

0 |———————| 500 m

PRAKTISCHES
BAC San José..........................**1** B3
Coastal Emergency Medical
    Service.............................**2** B3
Internet Café del Mar............(s. 1)
Jaime Peligro.........................**3** B3
Polizei...................................**4** B3

SEHENSWERTES & AKTIVITÄTEN
Agua Rica Diving Center........(s. 37)
Banana Surf...........................**5** D2
Blue Trax...............................(s. 8)
Iguana Surf.............................**6** C2
Iguana Surf...........................(s. 33)
Papagayo Excursions...............**7** C1
Robert August Surf Shop........(s. 25)
Skate Park.............................(s. 16)
Super Tamarindo...................(s. 37)
Tamarindo Aventuras...............**8** B3
Witch's Rock Surf Camp...........**9** C2
Yoga Classes.........................(s. 10)

SCHLAFEN
Cabinas Arco Iris...................**10** C3
Cabinas El Mapache..............**11** C3
Cabinas Marielos...................(s. 6)
Cabinas Tsunami...................**12** C2
Coral Reef Hostel..................**13** D2
El Jardín del Edén.................**14** C3
Hotel Capitán Suizo..............**15** A3
Hotel Chocolate....................**16** C3
Hotel La Laguna del Cocodrilo.**17** C2
Hotel Mamiri.........................**18** C3

Hotel Mono Loco...................**19** B3
Hotel Pasatiempo..................**20** C3
JC & Friends Hostel...............**21** B3
La Botella de Leche................**22** C3
La Palapa..............................**23** D1
Tamarindo Backpackers..........**24** C3
Tamarindo Vista Villas............**25** C2
Villa Amarilla.........................**26** C2
Villas Macondo.....................**27** B3
Zullymar Hostel.....................**28** D2

Parque Nacional
Marino Las Baulas
de Guanacaste

Zur Flugpiste (2,5 km); Café Café (2,8 km);
Huacas (15 km); Playa Avellanas (15 km);
Playa Negra (18 km); Santa Cruz (22 km);
Playa Junquillal (29 km)

Tamarindo Estuary

0 |———————| 200 m

ESSEN
Bar Nogui............................**29** D2
Carolina's Fine Dining...........**30** B3
Dragonfly Bar & Grill.............**31** C3
Eat@Joe's...........................(s. 9)
El Coconut...........................(s. 32)
Frutas Tropicales.................**32** C2
Grinds/Kahiki.......................**33** B3
Lazy Wave...........................**34** B3
Nibbana...............................**35** B3
Olga's Coffee Shop...............(s. 3)
Pachanga............................(s. 18)
Smilin' Dog Taco Stop...........**36** B3
Super del Pacífico.................(s. 2)
Super Tamarindo..................**37** C3
Wok & Roll...........................**38** D2

AUSGEHEN
Babylon...............................**39** B3
La Barra...............................**40** C3
La Palapa.............................(s. 23)
Monkey Bar..........................(s. 25)
Nibbana...............................(s. 35)
Unnamed Bar.......................(s. 5)
Voodoo Lounge....................(s. 16)

TRANSPORT
Alamo.................................**41** C2
Boote zur Playa Grande........**42** D1
Economy Rent-a-Car............**43** C2
Empresas Alfaro Bus (Büro)....(s. 4)
Hotel El Diriá.......................**44** C2
Sansa.................................**45** C2

PAZIFISCHER
OZEAN

Playa Tamarindo

Riff

Isla
Capitán

s. Vergrößerung

Isla
Capitán

Riff

*Zu Sueño del
Mar B&B (200 m);
Villa Alegre B&B (300 m);
Hacienda Pinilla (21 km)*

SKATEBOARD

Für die, die ihr Skateboard dabei haben, gibt es hinter der Voodoo Lounge einen kleinen **Skate Park**.

SPORTFISCHEN

Keiner der folgenden Veranstalter hat ein Büro; Buchungen sind also nur telefonisch oder online möglich. Bei allen wird der *billfish* (Gesamtbezeichnung für Schwertfisch, Marlin, Segelfische etc.) nach dem Fang wieder freigelassen.

Capullo Sportfishing (☎ 2653 0048, 8829 8891; www.capullo.com) Im Angebot sind Küsten- und Hochseefahrten auf einem 10,8 m langen Custom Topaz und einem 6,6 m langen Boston Whaler. Chartern lassen sich die Boote für einen halben/ganzen Tag (400–700/525–1200 US$).

Lone Star Sportfishing (☎ 2653 0101; www.lonestar sportfishing.com) Den zweisprachigen Kapitänen Juan Mungia und Alonso Gonzalez gehört ein 9 m langes Palm-Beach-Boot, das halbe/ganze Tage gechartert werden kann (500/800 US$).

Tantrum Sportfishing (☎ 2653 1020, 8845 8562; www.tamarindofishingcharters.com) Das 7,8 m lange Hochseeboot Boca Grande Custom Sportfisherman von Kapitän Philip Leman kann einen halben/ganzen Tag (450/725 US$) gechartert werden

SURFEN

Die beliebteste Welle in Tamarindo ist eine mittelgroße rechte Welle, die direkt vor dem Hotel Diria bricht. Allerdings wimmelt es hier von Surfanfängern, die gerade lernen, auf der Welle zu reiten und nicht anders können, als

Wasser-Autoscooter zu spielen. Es gibt auch eine gute linksläufige Welle, die von der Flussmündung gespeist wird. Hier werden allerdings gelegentlich Krokodile gesichtet, vor allem bei auflaufendem Wasser (ausgerechnet das ist auch die beste Zeit zum Surfen). Die Einheimischen kennen noch andere gute Stellen – also am besten vor Ort versuchen, ob sie ihr Geheimnis preisgeben.

Erfahrene Surfer freuen sich über die größeren, schnelleren und weniger überlaufenen Wellen bei den Stränden **Playa Langosta** (jenseits der Landspitze), **Playa Avellanas** und **Playa Negra** (S. 300) und **Playa Junquillal** (S. 301) im Süden sowie **Playa Grande** (S. 286) im Norden. In der touristisch ruhigeren Regenzeit lässt es sich am besten surfen.

Die Hauptstraße von Tamarindo ist mit Surfschulen und Tourveranstaltern gesäumt. Der Unterricht kostet etwa 30 US$ (1,5 bis 2 Std.). Bei den meisten Anbietern dürfen Surfschüler das Brett danach noch einige Stunden behalten, um alleine zu üben.

Alle Veranstalter haben Tages- und Mehrtagesausflüge zu beliebten Surfrevieren im Programm, verleihen Ausrüstung und geben Unterricht.

Banana Surf (☎ 2653 1270; www.bananasurfclub.com; ☺ 8–18 Uhr) Der argentinische Ausrüster verkauft neue und gebrauchte Bretter besonders günstig. Der Shop erinnert daran, wie Surfshops hier früher einmal aussahen (also bevor sie sich in Einkaufszentren einmieteten).

Iguana Surf (☎ 2653 0148; www.iguanasurf.net; ☺ 8–18 Uhr) Taxiservice speziell für Surfer, die zu den benachbarten Stränden wollen (10 US$/Pers. nach Playa Grande, 25 US$/Pers. nach Playa Negra). Der Veranstalter hat zwei Standorte (an den beiden Ortsausgängen).

Robert August Surf Shop (☎ 2653 0114; rasurf shop@yahoo.com; ☺ 9–17 Uhr) Der illustre Robert August, der Tamarindo berühmt gemacht hat, bietet seine Markenbretter, Unterricht und Surfausflüge in seinem Shop im Tamarindo Vista Villas an.

Witch's Rock Surf Camp (☎ 2653 0239; www.witchs-rocksurfcamp.com; ☺ 8–20 Uhr) Vermietung, Surfcamps, Unterricht und regelmäßige Ausflüge zu Witch's Rock und Ollie's Point gehören hier zum festen Programm; allerdings ist alles ziemlich teuer. Für Surfer, die Mehrtagespauschalen buchen, stehen auch Unterkünfte am Strand zur Verfügung.

TAUCHEN

Agua Rica Diving Center (☎ 2653 0094; www.aguarica. net). Die Spezialisten für Gerätetauchen bieten Schnorcheln, verschiedene Tauchgänge und Tauchkurse an.

YOGA

In den Cabinas Arco Iris (S. 295) werden täglich Yogastunden angeboten.

Ausflüge

Die verschiedenen Agenturen im Ort bieten Boots-, ATV- und Schnorchelausflüge an und vermieten Scooter. Viele verleihen auch Ausrüstungen. Die Folgenden stehen in einem recht guten Ruf:

Brisa del Mar (☎ 8868 0947; pitbest11@gmail.com) Pit (ausgesprochen:piet) ist ein echter Seemann und bietet individuelle Ausflüge mit den Schwerpunkten Fischen, Surfen und Schnorcheln und Fahrten entlang der Küste an. Er spricht Englisch, Spanisch und Italienisch und ist in allen Sprachen ein geborener Entertainer – ein paar Tage vor Ankunft im Ort eine kurze E-Mail schreiben und wegen der Touren nachfragen.

Papagayo Excursions (☎ 2653 0254; www.papagayo excursions.com) Zum umfangreichen Angebot des ältesten Tourveranstalters im Ort gehören auch Ausflüge zu den Schildkrötenstränden.

Tamarindo Aventuras (☎ 2653 0108; www.tamarin doadventures.net; Scooters 4 Std. 25 US$, ATV 4 Std. 60 US$, Mountainbike 4 Std. 34 US$). Außerdem Vermietung von Wassersportausrüstung, darunter Kajaks, Schnorchelausrüstung und Surfbretter.

Schlafen

Die angegebenen Preise beziehen sich auf die Hauptsaison; in der Nebensaison können sie bis zu 25 % darunter liegen.

BUDGETUNTERKÜNFTE

Bei Lonely Planet laufen ständig Beschwerden über die Hotels in Tamarindo ein. Es empfiehlt sich also, die Unterkunft sorgsam auszuwählen. Alle hier aufgeführten Hotels bieten nur kaltes Wasser, was angesichts der Temperaturen kaum einen stören wird.

LP Tipp La Botella de Leche (☎ 2653 0189; labotel ladeleche@racsa.co.cr; B/EZ/DZ 10/12/24 US$; P ⚇ 🖳) Das von Argentiniern geführte Haus hat eine entspannte Atmosphäre und ist sehr empfehlenswert. Das liegt nicht nur daran, dass sich hier alles um Kühe dreht, sondern auch an dem freundlichen und aufmerksamen Inhaber, an den Zimmern mit Klimaanlage und der ruhigen Lage am Ostrand des Ortes. Zu den Annehmlichkeiten zählen eine Gemeinschaftsküche, Surfbretthalter, ein Fernsehzimmer mit Großbildschirm und kostenlose Leihfahrräder. Der nette Besitzer leiht Gästen, die in der Regenzeit kommen, vorübergehend sogar einen Regenschirm!

Tamarindo Backpackers (☎ 8385 3501; www.tama
rindobackpackers.com; B 12 US$) Das brandneue Hotel
wird von den gleichen Jungs geführt, die auch
das Hostel Pangea in San José (S. 102) betreiben. Der Pool, die zentral klimatisierten Zimmer, die voll eingerichtete Küche und eine
vielversprechende Atmosphäre sprechen alle
für einen angenehmen Aufenthalt.

JC & Friends Hostel (Zelten/B/Zi. pro Pers. 5/10/14 US$;
🖥 🐾) Das neuere Hostel in der Nähe von
Grinds/Kahiki hat einmalige Annehmlichkeiten wie ein Hallenbad, einen Zeltplatz und
einen kostenlosen Internetzugang. Die Reaktionen von Reisenden waren allerdings sehr
unterschiedlich: Manche empfanden die Räume als etwas zu dunkel und nicht besonders
sauber, aber die Mitarbeiter wiederum sehr
freundlich und hilfsbereit. Man kann nur hoffen, dass die Mängel bald behoben sind.

Cabinas Tsunami (☎ 2653 0280; EZ/DZ ab 18/22 US$;
🅿) Im Tsunami wohnen viele Surfer, die längere Zeit im Ort bleiben. Es liegt direkt gegenüber von dem 50 m langen Pfad zur Flussmündung. Die Zimmer nach vorne sind etwas
kleiner und bieten klassisches Betonblockam-
biente, die größeren Zimmer nach hinten
hinaus haben einen Kühlschrank und eine
Gemeinschaftsterrasse, die mit Bougainvillea
umrankt ist. Den Gästen steht eine Gemeinschaftsküche im Freien zur Verfügung.

Coral Reef Hostel (☎ 2653 0291; EZ/DZ 20/30 US$;
🅿 🖥) Die zehn Zimmer sind sauber, recht
einfach und haben Gemeinschaftsbäder. Das
Hostel (mit Grillbereich) liegt an einem relativ lauten Abschnitt der Straße, aber die Leute, die das Hostel führen, sind freundlich und
bieten verschiedene Dienstleistungen wie den
Verleih von Surfbrettern und einen Internetzugang, aber kein Korallenriff.

MITTELKLASSEHOTELS

Wenn nicht anders erwähnt, haben die Zimmer aller hier aufgeführten Hotels ein Bad mit
warmem Wasser.

Cabinas Marielos (☎ 2653 0141; www.cabinasmarie
loscr.com; SZ mit/ohne Klimaanlage 40/30 US$; 🅿 🐾) Die
Zimmer in diesem preisgünstigen Hotel ha-
ben Betten mit festen Matratzen, eigene Bäder
und eine Gemeinschaftsküche mit einem riesigen Kühlschrank. Einige der Zimmer liegen
zum Garten hin. Im Hotel fällt sofort der Sar-
chi-Stil (viel Holz) ins Auge.

Cabinas El Mapache (☎ 2653 0882; Zi. mit/ohne Klimaanlage 40/30 US$; 🅿 🐾 🖥) Die bunten, ein-
fachen Cabinas abseits der Hauptstraße grup-

pieren sich um einen Garten mit einer Gemeinschaftsküche. Auf der Gemeinschaftsve-
randa laden Hängematten zum Entspannen
ein; alle Zimmer haben WLAN-Anschluss.

Villa Amarilla (☎ 2653 0038; carpen@racsa.co.cr; DZ
mit/ohne Bad 45/30 US$, weitere Pers. 10 US$; 🐾) Die
malerische, von Franzosen geführte Unterkunft gehört zu den sichersten am Strand von
Tamarindo. Es gibt vier Zimmer mit Bad, Klimaanlage und Kabel-TV und drei günstigere
mit Gemeinschaftsdusche. Alle Zimmer sind
mit Safe und Kühlschrank ausgestattet; die
Open-Air-Küche steht allen Gästen zur Verfügung. Kreditkarten werden akzeptiert.

Hotel Mamiri (☎ 2653 0079; www.hotelmamiri.com;
EZ/DZ 36/41 US$, Apt. 59–75 US$; 🅿 🐾) Der italienische Besitzer des grandiosen Open-Air-Ho-
tels hat die Räume liebevoll mit Erinnerungsstücken von seinen Reisen durch Asien und
Mittelamerika geschmückt. Jedes Zimmer ist
individuell gestaltet; manche sind mit wun-
derschönem Vulkangestein gefliest oder gekachelt. Überall auf dem Gelände laden Hängematten zum Entspannen ein; Selbstversorger
finden eine gut ausgestattete Küche vor. Das
zum Hotel gehörende Restaurant Pachanga
ist eines der Besten im Ort.

Zullymar Hostel (☎ 8846 4500; laualbro@yahoo.com;
EZ/DZ 20/50 US$; 🅿 🖥) Das Hostel (nicht zu ver-
wechseln mit dem gleichnamigen Hotel!)
steht kurz vor dem Kreisverkehr an einem
Fußweg. Das Hostel bietet einen kleinen
Wellnessbereich und einen schönen Innenhof.
Die ordentlichen Zimmer sind einfach und
etwas in die Jahre gekommen und haben ein
eigenes Bad und einen Kühlschrank. Es gibt
WLAN-Zugang, eine Wäscherei, Schließfä-
cher und eine Gemeinschaftsküche.

Hotel Mono Loco (☎ 2653 0238; elmonoloco@racsa.
co.cr; DZ mit Ventilator/Klimaanlage 36/45 US$; 🐾 🐾) Das
ruhige Hotel liegt an der Straße nach Playa
Langosta und bietet den Gästen dadurch viel
Ruhe in der Nacht. Das mit gelbem Stuck
verzierte, strohgedeckte Hotel ist um eine
großartig gestaltete Pool-Landschaft gruppiert. Die hellen, luftigen Räume sind mit
Kabel-TV, einige auch mit Klimaanlage ausgestattet. Im angeschlossenen Restaurant wird
den ganzen Tag über costa-ricanische Küche
zu annehmbaren Preisen serviert.

LP Tipp **Villas Macondo** (☎ 2653 0812; www.villas
macondo.com; EZ/DZ/3BZ 41/47/58 US$, EZ/DZ/3BZ mit Klima-
anlage 64/76/87 US$, 2-/4-Pers.-Apt. 122/169 US$, weitere
Pers. 10 US$; 🅿 🐾 🖥 🐾) Obwohl diese von
Deutschen geführte Anlage nur 200 m vom

Strand entfernt liegt, ist sie eine Oase der Ruhe in dem ansonsten eher hektischen Ort – auch das Preis-Leistungs-Verhältnis stimmt. Wunderschöne, moderne Villen mit eigener heißer Dusche und Hängematten-Terrasse liegen um einen solarbeheizten Pool in einem tropischen Garten. In den größeren Apartments zählen Kabel-TV, eine Küche und Klimaanlage zur Ausstattung. Kreditkarten werden akzeptiert.

Cabinas Arco Iris (☎ 2653 0330; www.hotelarcoiris. com; E/DEZ/3BZ 45/50/60 US$, Deluxe DZ/3BZ/4BZ 60/70/ 80 US$; P ⊠ 🖳) Die wundervoll abgeschiedene Unterkunft in italienischem Besitz besteht aus vier Cabinas in einem Garten. Jede Hütte ist mit Bambus und Holz dekoriert, die Hügellage trägt zu einem Gefühl der Ruhe und Entspannung bei. An Werktagen werden im schattigen „Dojo-Studio" Yoga-Stunden (und gelegentlich auch Kampfsportkurse) angeboten. Den Gästen steht zudem eine Gemeinschaftsküche im Freien zur Verfügung. Auch ein WLAN-Zugang ist vorhanden.

La Palapa (☎ 2653 0362; www.lapalapa.info; EZ/DZ/ 3BZ/4BZ inkl. Frühstück 70/80/90/100 US$; P ⊠) Trotz des dazugehörigen Bar-Restaurants, das zu den beliebtesten Plätzen für einen Cocktail zum Sonnenuntergang gehört, ist es in dem kleinen, abgeschiedenen Strandhotel erstaunlich ruhig. Die sechs eleganten Zimmer mit Meerblick sind mit Loftbetten, Großbildfernseher und DVD-Spieler ausgestattet. Die mit Terrakottafliesen gekachelten Zimmer führen auf schattige Terrassen direkt am Strand. Obwohl das Gebäude nur 20 m vom Kreisverkehr entfernt liegt, vermittelt es eine gemütliche und entspannte Atmosphäre.

Hotel Chocolate (☎ 2653 1311; www.thechocolate hotel.com; Zi./Suite 87/105 US$; ⊠ 🖳 🖳) Das nette kleine Hotel hat mehrere gut ausgestattete Zimmer mit Terrakottaboden, sie sind in dunklem Holz gehalten und mit orthopädischen Matratzen ausgestattet. Die Zimmer im ersten Stock haben höhere Decken und sind etwas heller, aber alle sind elegant möbliert und auf den Gartenpool ausgerichtet. Eine Suite bietet eine voll eingerichtete Küche. Die nette junge Familie, die das Hotel führt, sorgt dafür, dass sich die Gäste wie zu Hause fühlen.

Hotel La Laguna del Cocodrilo (☎ 2653 0255; www. lalagunadelcocodrilo.com; Zi. 87–99 US$, Suite 151 US$; P ⊠) Die luxuriösen, gepflegten Zimmer des charmanten, von Franzosen geführten Hotels mit Strandlage blicken entweder auf den schattigen Garten, das Meer oder die Flussmündung. Das Grundstück grenzt an eine Lagune voller Krokodile (daher auch der Name), ein Privatweg führt zum Strand. Zum Hotel gehört auch ein gutes Fischrestaurant, die Leckermäuler zieht es eher in die angeschlossene französische Bäckerei. Kreditkarten werden akzeptiert.

SPITZENKLASSEHOTELS
Alle Hotels arrangieren Ausflüge in die Region und akzeptieren Kreditkarten.

Tamarindo Vista Villas (☎ 2653 0114; www.tamarin dovistavillas.com; DZ/Suite inkl. Frühstück ab 104/185 US$; P ⊠ 🖳 🖳) Das Hotel auf einem Hügel oberhalb des Ortseingangs von Tamarindo gehört zu den beliebtesten Hotels der wohlhabenden Touristen. Die 33 Zimmer und Suiten haben alle Annehmlichkeiten, die von der Best-Western-Kette zu erwarten sind. Zum Hotel gehören ein Pool mit Meerblick, die beliebte Monkey Bar, eine Tauchbasis, der Robert August Surfshop und außerdem ein Schalter für Ausflüge.

Hotel Pasatiempo (☎ 2653 0096; www.hotelpasa tiempo.com; DZ 115–127 US$, Suite 150 US$, weitere Pers. 15 US$; P ⊠ 🖳) Das Wahrzeichen von Tamarindo ist für seine Livemusik-Abende im Bar-Restaurant bekannt, aber es lässt sich hier auch gepflegt übernachten. Die Wände der Zimmer sind mit tropischen Szenen bemalt, die Betten sind bequem und die Bäder modern. Klimaanlage und Terrasse mit Hängematten sind ein weiterer Pluspunkt. Die Suiten mit Schlafcouch sind vor allem für Reisende mit Kindern praktisch. Das Frühstück ist im Preis nicht enthalten, aber morgens wird kostenloser Kaffee und Gebäck angeboten, was vielen als erste Mahlzeit genügt.

El Jardín del Edén (☎ 2653 0137; www.jardindeleden. com; DZ/Apt./Suite inkl. Frühstück ab 157/192/256 US$; P ⊠ 🖳 🖳) Das luxuriöse Hotel unter französischer Leitung liegt auf einem Hügel oberhalb von Tamarindo. Alle 36 exquisiten Zimmer bieten Sitzecken, eigene Terrassen oder Balkone (mit der besten Aussicht in ganz Tamarindo). Die großartigen Zimmer sind balinesisch, japanisch, afrikanisch oder tunesisch gestaltet. Außerdem gibt es zwei Apartments (für 5 Pers.) mit Kochnische und Whirlpool, einen Pool mit Swim-up-Bar und ein mediterran inspiriertes Bar-Restaurant.

Villa Alegre B&B (☎ 2653 0270; www.villaalegrecosta rica.com; Zi. 170–185 US$, Villa 230 US$, alle inkl. Frühstück; P ⊠ 🖳 🖳 🖳) Das B&B steht direkt am Strand an der nahe gelegenen Playa Langosta.

Die fünf unterschiedlich großen Zimmer sind mit Erinnerungsstücken von den Weltreisen des Besitzers geschmückt (die Gäste können wählen zwischen Karibik, USA, Kalifornien, Guatemala oder Mexiko). Oder sie entscheiden sich für die Japan- oder Russland-Villa, beide mit voll eingerichteter Küche. Dann gibt es noch eine Bar (die auf Vertrauensbasis funktioniert), einen gemütlichen Aufenthaltsraum und viele Spiele für Kinder. Das im Preis enthaltene reichhaltige Frühstück wird auf der Terrasse serviert. Die unglaublich netten Gastgeber Barry und Suzye sorgen für eine warmherzige und einladende Atmosphäre.

LP Tipp **Sueño del Mar B&B** (☎ 2653 0284; www. sueno-del-mar.com; DZ 195–295 US$, Casita 220–240 US$; P 🔀 🖳 🐾) Die entzückende spanische Posada (Landgasthof) an der nahe gelegenen Playa Langosta wird von den großartigen Wirten Ashton und Tui geführt. Auf die Gäste warten selbst gebaute Schaukelstühle, Hängematten und ein gemütlicher Aufenthaltsraum, der zum Entspannen und Plaudern einlädt. Die sechs Zimmer mit Himmelbetten sind mit Kunsthandwerk dekoriert und haben Freiluftduschen im Garten; die Suite für romantische Flitterwochen bietet Panoramafenster mit Meerblick. Hinter dem Pool und dem tropischen Garten gibt es einen Zugang zum hoteleigenen Privatstrand und dank der Abgeschiedenheit und Schönheit eine unbezahlbare Atmosphäre. Kinder unter 12 Jahren sind nicht erwünscht.

Hotel Capitán Suizo (☎ 2653 0075; www.hotelcapitansuizo.com; Zi. mit/ohne Klimaanlage 227/204 US$, Bungalow mit/ohne Klimaanlage 320/274 US$, weitere Pers. 47 US$, alle inkl. Frühstück; P 🔀 🖳 🐾) Am Südende des Strandes liegt das von Schweizern geleitete Hotel, das zu den „Small Distinctive Hotels of Costa Rica" gehört. Die 22 Zimmer und die 18 größeren strohgedeckten Bungalows haben Natursteinböden, poliertes Holz und sind in sanften Pastelltönen gehalten. Der gesamte Komplex gruppiert sich um einen schön geformten Pool, der im Schatten der ausgedehnten Gartenanlage liegt. Von allen Unterkünften sind es nur wenige Schritte zum ruhigen Strand. Für Gruppen geeignet sind die Strandapartments, die sechs Personen (500 US$) aufnehmen können.

Essen

Zu einem Ort, der anspruchsvolle, moderne Gäste anlocken möchte, gehören Gourmetrestaurants zum Pflichtprogramm – von daher

wundert es nicht, dass sich in Tamarindo einige der besten Restaurants von Costa Rica befinden. Aber das hat natürlich seinen Preis – billige Restaurants sind hier fast so selten zu finden wie Schildkröten am Strand.

Für Selbstversorger sind der Super Tamarindo und der Super del Pacífico gut mit international bekannten Lebensmitteln gefüllt.

Olga's Coffee Shop (☎ 8395 5838; www.olgascoffee shop.com; Snacks 1–3 US$; ⏰ 7–16 Uhr) Das von Russen geleitete Café mit seinen bodentiefen Fenstern serviert heimischen Bio-Kaffee und selbst gemachtes Gebäck – die Außenterrasse ist der perfekte Platz, um morgens das Koffein wirken zu lassen.

Café Café (☎ 2653 1864; Hauptgerichte 3–5 US$; ⏰ Mo–Sa 8–15 Uhr) Das freundliche Café liegt etwa 3 km außerhalb der Stadt und bietet sich für einen Zwischenstopp auf dem Weg nach oder aus Tamarindo an.

Frutas Tropicales (Gerichte 2–6 US$; ⏰ Frühstück, Mittag- & Abendessen) Eines der wenigen Lokale für ein gutes, preisgünstiges Casado. Das freundliche Lokal serviert leckeres einheimisches Essen … im einheimischen Tempo.

Smilin' Dog Taco Stop (Gerichte 2,50–7 US$; ⏰ Mittag- & Abendessen) Diejenigen, die nach mexikanischem Essen verlangen, werden die Qualität des beliebten Lokals zu schätzen wissen, während diejenigen, die auf jeden Cent schauen, in den großzügigen Portionen und niedrigen Preisen schwelgen.

Bar Nogui (☎ 2653 0029; Gerichte 3–11 US$; ⏰ Do bis Di 6–21.30 Uhr) Das Strandlokal serviert hochpreisige Casados mit gegrilltem Fisch, verschiedenem Fleisch und fantastischen Garnelen und Langusten. Das Lokal ist bei Einheimischen und Touristen gleichermaßen beliebt, also früh kommen oder sich auf Wartezeit einrichten. Dafür bietet sich die Bar an: Hier kann man das Warten bei ein paar Imperials und einem Plausch mit den Stammkunden überbrücken.

Eat@Joe's (☎ 2653 1262; Gerichte 4–9 US$; ⏰ 7 Uhr–spätnachts) Die besten Snacks, u. a. Nachos und Sushi, bietet das von Amerikanern geführte Surf Camp. Dazu gibt es kaltes Bier auf der bis spätnachts geöffneten Terrasse.

Wok & Roll (☎ 2653 0156; Gerichte 4–10 US$; ⏰ Mo bis Sa 12–21.30 Uhr) Die koreanisch-amerikanische Besitzerin Kandice versetzt die Fischer von Nicoya regelmäßig in Angst und Schrecken. Sie ist bekannt dafür, dass sie den täglichen Thunfisch- und Mahi-Mahi-Fang noch in den Behältern genau unter die Lupe nimmt und nur den frischesten Fisch einkauft. Das Ergebnis: das beste Sushi, das man je gegessen hat. Beliebt sind auch die Wokgerichte und die vietnamesischen Frühlingsrollen.

Grinds/Kahiki (☎ 2653 3816; www.kahikirestaurant. com; Gerichte 6–12 US$; ☾ Di–So 6 Uhr–spätnachts) Morgens werden zum Frühstück riesige Pfannkuchen und bodenlose Tassen Kaffee serviert. Abends dagegen gibt es hawaiianisch inspirierte Gerichte, die sich nach dem Tagesfang – besonders der Shrimps – richten. Wer nichts essen möchte, findet in der Bar eine lange und faszinierende Cocktailkarte.

El Coconut (☎ 2653 0086; Gerichte 7–20 US$; ☾ Di–So Abendessen) Ein weiteres empfehlenswertes Restaurant für Fisch-, Meeresfrüchte- und Pastagerichte. Die Atmosphäre ist entspannt, aber elegant. Angesichts der Dessertkarte empfiehlt es sich, noch etwas Platz zu lassen.

Nibbana (☎ 2653 0447; www.nibbana-tamarindo.com; 6–15 US$; ☾ Mittag- & Abendessen) Die Tische im Nibbana, einem der schönsten Strandrestaurants des Ortes, stehen verstreut unter den Palmen. Mittags wird eine gute Pizza serviert, abends dominiert kontinentale Küche (mit costa-ricanischem Einschlag): verschiedene Schalentiere, Zitronen- und Basilikum-Risotto oder gegrillter Thunfisch mit einem frischen Minz- und Tomatenkompott. Kostenloser WLAN-Zugang.

Carolina's Fine Dining (☎ 2653 0091; Gerichte 10 bis 25 US$; ☾ Do–Di 6–23 Uhr) Hier lohnt sich die Prasserei. Anspruchsvolle, kontinentale Küche mit gekonnt zubereiteten Saucen, zartem Fleisch, köstlichem und Fisch und einer eindrucksvollen Auswahl an importierten Weinen. Empfehlenswert ist das 5-Gänge-Probiermenü mit Weinprobe (70 US$).

Lazy Wave (☎ 2653 0737; Gerichte 10–25 US$; ☾ Sa bis Do 6–22 Uhr) Wer will, kann gerne am Tisch essen, aber der beste Platz ist der Pavillon, in dem man es sich auf kuscheligen Clubsesseln bequem machen kann. Wer den Flirt der letzten Nacht umwerben will, ist in diesem angesagten Nachtlokal, das rund um einen riesigen Baum gebaut ist, genau richtig. Neben einer guten Weinkarte und diversen Cocktails gibt es asiatisch und europäisch inspirierte Häppchen sowie ein komplettes Menü.

Dragonfly Bar & Grill (☎ 2653 1506; www.dragonfly barandgrill.com; Gerichte 10–25 US$; ☾ Mo–Sa Abendessen) Dragonfly ist wohl nicht nur wegen der raffinierten Speisekarte, sondern auch wegen der wunderbaren Atmosphäre des zeltartigen Speiseraums ein Favorit bei den Einheimi-

schen. Die Gerichte haben einen kalifornischen oder südostasiatischen Einschlag und zeichnen sich durch erfrischende Kompositionen wie Schweinekotelett mit Chipotle-Paprika-Apfel-Chutney und knusprige Fischfrikadellen auf thailändische Art mit Curry-Mais aus. Im Magen unbedingt Platz für den himmlischen Nachtisch lassen!

Pachanga (☎ 2653 0021, 8368 6983; Festpreis-Abendessen 23 US$; ☾ Mo–Sa 6–22 Uhr) Auf keinen Fall abreisen, ohne einmal hier gegessen zu haben: Es könnte der kulinarische Höhepunkt der gesamten Reise sein! Der israelische Küchenchef Shlomy zaubert einfallsreiche Gerichte mit mediterranem Akzent, die Zusammenstellung richtet sich nach den zur Verfügung stehenden einheimischen Produkten. Das Restaurant ist von unaufdringlicher Eleganz, sodass nichts von der Perfektion von Shlomys Küche ablenkt.

Ausgehen

In Tamarindo ist es einfach, der Szene zu folgen, wo immer sie an dem Abend auch sein mag. Am Wochenende fühlt man sich auf der Hauptstraße wie in den Semesterferien.

Die Monkey Bar im Hotel Tamarindo Vista Villas ist normalerweise eine gute Adresse für den Start in den Abend. Freitags ist dort Ladies' Night. Ebenfalls empfehlenswert sind die Livemusik-Session (Di) im Hotel Pasatiempo, die Latino-Tanzabende im La Barra (Mi) und die Reggaenacht im Babylon (Do). Aber auch an allen anderen Abenden hämmert aus jeder Bar Musik – selbst wenn keine Gäste da sind.

In der Voodoo Lounge, die eine große Bar im Freien hat, gibt es am Wochenende oft Livemusik auf der Bühne. Nibbana und La Palapa sind schöne Strandbars für einen ruhigen Kennenlern-Cocktail.

An- & Weitereise
AUTO & TAXI

Mit dem Auto führt die beste Strecke nach Tamarindo über Bélen nach Huacas und dann Richtung Süden. Es ist aber auch möglich, auf der Asphaltstraße von Santa Cruz nach 27 de Abril und dann auf einer Schotterstraße Richtung Nordwesten die 19 km nach Tamarindo zu fahren – die Strecke ist zwar holpriger, lässt sich aber trotzdem auch mit einem normalen Auto gut bewältigen.

Eine Taxifahrt von Santa Cruz aus kostet etwa 20 US$, von Liberia das Doppelte.

PENÍNSULA DE NICOYA

BUS
Die Busse aus San José (6 US$, 6 Std.) fahren vor dem Büro von Empresas Alfaro neben der Polizeiwache ab und zwar um 3.30, 5.45 und um 12.30 Uhr.

Die folgenden Busse fahren an der Straße gegenüber dem Zullmayer Hostel ab:
Liberia 1,50 US$, 2½ Std., Abfahrt 5.45, 7.30, 8.50, 11.20, 13 und 14.15 Uhr.
Santa Cruz 0,75 US$, 1½ Std., Abfahrt 6, 9, 12, 14.30 und 16.15 Uhr.

FLUGZEUG
Die Landebahn des hoteleigenen Flughafens liegt 3 km nördlich von Tamarindo. Normalerweise holt ein Hotelbus die ankommenden Gäste ab (oder sie nehmen ein Taxi). In der Hauptsaison fliegt Sansa täglich 7-mal von/nach San José (einfach/hin & zurück 89/178 US$), NatureAir 3-mal (96/192 US$).

Sansa (☎ 2653 0012) hat ein Büro an der Hauptstraße; über den Reiseschalter am Hotel El Diriá können Flüge mit NatureAir gebucht werden. Die Landebahn gehört dem Hotel, alle Passagiere müssen 3 US$ Abfluggebühr zahlen.

Unterwegs vor Ort
Am Nordende des Strandes können Boote für Tagesausflüge zum Strand von Playa Grande gemietet werden. Die Fahrt über die Flussmündung kostet etwa 1,25 US$, der genaue Preis hängt von der Zahl der Mitfahrer ab.

Viele Besucher kommen mit dem Mietwagen. Wer mit dem Flugzeug oder dem Bus anreist, kann im Ort Fahrräder und *dirt bikes* mieten (s. S. 291). Eine Tankstelle gibt es nicht, aber der Haushalts- und Eisenwarenladen am Ortseingang verkauft (teures) Benzin aus Fässern und Kanistern. Billiger ist es jedoch, in Santa Cruz oder an der Tankstelle in Huacas vollzutanken. Autos vermieten die Firmen **Alamo** (☎ 2653 0727) und **Economy Rent-a-Car** (☎ 2653 0752).

PLAYAS AVELLANAS & NEGRA
An diesen beliebten **Surfstränden** finden sich einige der besten und besonders gleichmäßigen Wellen der Region. Berühmt wurden sie durch den Surfklassiker *Endless Summer II* –eine der Wellen vor Avellanas ist als „Pequeño Hawaii" bekannt. Die Strände beginnen 15 km südlich von Tamarindo und sind nur über eine unangenehme Schotterstraße zu erreichen, die fast das ganze Jahr über nur

mit Allradantrieb zu befahren ist (in der Regenzeit müssen drei Flüsse durchfahren werden). Die mühsame Anfahrt hat den Vorteil, dass die Strände nicht überlaufen sind, aber auch hier hat schon der unvermeidliche Bauboom eingesetzt. Besorgte Anwohner haben bereits erste Schritte unternommen und die **Association of Playa Avellanas** (www.avellanas.org) gegründet. Ihr Ziel ist es, einen Plan für eine nachhaltige Bebauung zu entwickeln, bevor das Erschließen außer Kontrolle gerät.

Playa Avellanas ist ein recht langer, weißer Sandstrand, hinter dem sich Mangroven erstrecken. Der Sand in Playa Negra ein paar Kilometer weiter südlich hat eine dunkle Karamellfarbe und wird gelegentlich von Felsen unterbrochen. **Little Hawaii** heißt in Avellana die starke, nach rechts offene Welle bei mittlerem Tidenstand, **Beach Break** wird die Welle bei Ebbe genannt. Die Surfbedingungen sind hier aber im Prinzip zu jeder Tageszeit perfekt. Playa Negra hat einen „rock-reef right break" von Weltklasseformat, wenn vor der Küste ein mäßiger Wind bläst.

Dazwischen liegt die Gemeinde **Playa Lagartillo** – mit einigen Unterkünften, Cabinas und Sodas entlang der Straße.

Wer nicht von Tamarindo kommt, fährt Richtung Westen auf der asphaltierten Straße von Santa Cruz durch 27 de Abril nach Paraíso und folgt dann der Ausschilderung (oder fragt nach dem Weg). Es ist nicht einfach, sich in dieser Gegend zu orientieren, da die Straßenschilder manchmal nur eine Richtung ausschildern.

Während des Aufenthalts am Strand auf keinen Fall etwas im Auto lassen, denn hier gibt es professionelle Diebe, die sogar für einen kaputten Flip-Flop oder einen muffigen Sarong die Scheibe einschlagen.

Im **Café Playa Negra** (☎ 2652 9351; www.playane gracafe.com; ◷ 7–21 Uhr) kann man Wäsche waschen lassen (Maschine 6 US$). Außerdem gibt es einen Internetzugang (Std. 2 US$) und eine kleine Büchertauschbörse.

Schlafen & Essen
PLAYA AVELLANAS
Die folgenden Unterkünfte und Lokale liegen weit verstreut rund um die Playa Avellanas.

Casa Surf (☎ 2652 9075; Zi. pro Pers. 10 US$; **P**) Gegenüber von den Cabinas Las Olas sollte man Ausschau nach dem Schild der *panadería* (Bäckerei) halten und anhalten – wenn nicht für einen Espresso und ein leckeres Bananen-

RICHTIG REAGIEREN IN EINEM BRANDUNGSRÜCKSTROM

Brandungsrückströme – auch Rip-Strömungen genannt – fordern immer wieder Todesopfer. Zu wissen, wie sie funktionieren, kann lebensrettend sein. Sie entstehen, wenn überschüssiges Wasser, das von den Wellen Richtung Land gespült worden ist, über eine rasch veränderliche Rinne im Meeresboden wieder abfließt. Die Strömung besteht aus drei kraftvollen Teilen: dem Zufuhrstrom (Feeder), dem Hals und dem Kopf.

Der Zufuhrstrom besteht aus rasch und parallel zum Strand fließendem Wasser und ist vom Strand aus nicht immer zu sehen. Wenn das Wasser eine Rinne erreicht, ändert es die Richtung und strömt ins Meer hinaus. In diesem sogenannten Hals ist die Strömung am stärksten. Sie kann Schwimmer mit einer Geschwindigkeit von bis zu 10 km/h aufs Meer hinaustragen. Der Kopf der Rip-Strömung tritt hinter der Brandungszone auf, wo diese sich schnell auflöst.

Wer in einen Brandungsrückstrom gerät, sollte sofort nach Hilfe rufen, denn es bleiben ihm nur Sekunden, bevor er aufs Meer hinausgetragen wird. Ganz wichtig ist es, die Kräfte zu sparen und nicht gegen die Strömung anzukämpfen, denn dabei ertrinken die meisten Leute. Es ist nahezu unmöglich, direkt ans Ufer zurückzuschwimmen. Stattdessen sollten Betroffene entweder Wassertreten und sich hinter die Brecher hinaustragen lassen. Am Kopf der Rip-Strömung angekommen, können sie dann aus der Rinne herausschwimmen und sich von den Wellen zurücktragen lassen. Eine andere Methode besteht darin, parallel oder diagonal zum Strand schwimmen, um so aus der Rinne zu kommen.

Rip-Strömungen treten meistens an Stränden mit starker Brandung auf. Im Prinzip kann es solche vorübergehenden Strömungen aber überall geben, besonders bei Sturm über dem Meer oder bei Niedrigwasser. Doch glücklicherweise gibt es sichtbare Anzeichen, z. B. eine durch aufgewirbelten Sand bräunlich verfärbte Wasseroberfläche. Auch auf ein plötzliches Abflachen der Oberfläche ist zu achten; es tritt auf, wenn das Wasser in die Rinne einströmt und zurückfließt. Wer nicht weiß, ob das Baden an einem bestimmten Strand gefahrlos möglich ist, wendet sich am besten sicherheitshalber an einen Einheimischen.

Nicht vergessen: Nicht verkrampfen, nach Möglichkeit Ruhe bewahren und Kräfte sparen – so lassen sich Rip-Strömungen gut überleben.

---

brot, dann zumindest für eine saubere, ruhige Unterkunft. Das von einem netten costa-ricanisch-schweizerischen Surfpaar geführte Haus hat drei einfache Zimmer mit einem Gemeinschaftsbad und einer voll ausgestatteten Küche. Die Beiden vermieten auch Surfbretter und Fahrräder für 10 US$ am Tag.

Rancho Iguana Verde (☎ 2652 9045; Zi. pro Pers. 10 US$; P) Etwa 50 m vom Strand entfernt an der Straße nach Playa Negra liegen sechs etwas dunkle, aber halbwegs saubere Cabinas mit Gemeinschaftsbädern (kalte Duschen). Der Besitzer Josué betreibt auch eine Soda, in der ausgezeichnete, günstige Casados (warme Hauptgerichte) serviert werden.

Las Avellanas Villas (☎ 2652 9212; www.lasavellanasvillas.com; DZ/3BZ/4BZ 64/76/87 US$) Die umwerfend schönen vier *casitas* (Hütten) wurden vom costa-ricanischen Architekten Victor Cañas entworfen und sind bei Langzeitmietern begehrt. Cañas versucht bei seinen Häusern, einerseits die Natur (z. B. in Form von Fußböden mit Steinkieseln) ins Haus zu holen und andererseits Räume wie das Bad nach

außen zu verlagern. So führen über die mit Kieselsteinen bedeckten Gänge Holzbrücken, die Duschen bieten freien Blick in den tropischen Himmel. Große Fenster führen auf die vor und hinter den Hütten liegenden Terrassen. Die Casitas haben voll ausgestattete Küchen zum selber Kochen – wer will, kann aber auch ein Abendessen bestellen. Zum Strand sind es nur 300 m.

Mauna Loa Surf Resort (☎ 2652 9012; www.mauna loa.it; EZ/DZ US$76/81; P 🍽 🛏 ♿) Das nette Resort unter italienischer Leitung ist eine tolle Unterkunft für Familien und liegt unweit vom Strand. Pfade führen vom Pool durch die gepflegte Gartenanlage, die kleinen Bungalows haben orthopädisch korrekte Betten, auf den Terrassen baumeln Hängematten.

Cabinas Las Olas (☎ 2652 9315; www.cabinaslasolas. co.cr; EZ/DZ/3BZ 81/93/105 US$; P) Das hübsche Hotel auf einem weitläufigen Gelände liegt nur 200 m vom Strand entfernt an der Straße von San José de Pinilla nach Avellanas. Die zehn luftigen, individuell eingerichteten Bungalows begeistern mit glänzendem Holz, feinen Steinarbeiten, heißer Dusche und eigener Terrasse. Es gibt ein hoteleigenes Restaurant; ein eigens angelegter Holzpfad führt durch die Mangroven zum Strand (wo sich gut Tiere beobachten lassen). Kajaks und Surfausrüstung können gemietet werden.

Lola's on the Beach (☎ 2658 8097; Gerichte 5–10 US$; ✹ Di–So Frühstück Mittag- & Abendessen) Das empfehlenswerte Lokal steht zwischen Palmen am Strand von Avellanas. Hier kann man den Tag verbringen, wenn die Surfbedingungen ausnahmsweise mal nicht ideal sind. Unbedingt *poke* (hawaiianischer Salat mit rohem Fisch) oder den grüne Papayasalat mit einem Bier versuchen. Übrigens, Lola heißt das gigantische, glückliche Hausschwein des Besitzers. Und nein, es kann nicht surfen (diese Frage wird hier andauernd gestellt).

Soda El Mapache (☎ 2652 9114; Snacks 2–5 US$; ✹ 9–19 Uhr) Das kleine Soda serviert Fruchtshakes, Waffeln und das einzige echte Speiseeis der Gegend. Ideal, um nach dem Surfen die Batterien aufzuladen.

PLAYA NEGRA
In Playa Negra gibt es diverse Unterkünfte, vor allem für Surfer.

Kontiki (☎ 2652 9117; kontikiplayanegra@yahoo.com; B 10 US$) Direkt neben dem Aloha Amigos steht auf Stelzen die von Peruanern geführte abbruchreife Ansammlung von Baumhäusern, in deren Schlafräumen sowohl Surfer als auch Brüllaffen anzutreffen sind. In der Mitte der Anlage steht ein klappriger Pavillon mit Hängematten und Bänken. Das kleine Restaurant kocht traditionelle peruanische Gerichte.

Aloha Amigos (☎ 2652 9023; Zi. mit/ohne Bad ab 25/15 US$; ⓟ) Die freundlichen Hawaiianer Jerry und sein Sohn Joey führen diese einfachen, abgeschirmten *cabinas* mit Gemeinschaftsbädern (kaltes Wasser). Die teureren Doppelzimmer haben jeweils eigene Warmwasserduschen. Das Gelände ist grasbewachsen, die Atmosphäre ist locker-entspannt.

Cabinas Doña Paulina (☎ 2652 9158; Zi. pro Pers. 20 US$; ⓟ ✹ 💻) Hütten mit wunderbar luftigen Terrassen (mit Hängematten), Duschen mit heißem Wasser, WLAN-Verbindung … Und das alles nur einen kurzen Spaziergang von Playa Negra entfernt.

Piko Negro (☎ 2652 9369; EZ/DZ 35/50 US$; ⓟ ✹) An der Straße neben dem Schwesterunternehmen El Mapache gelegen, bietet Piko Negro einige bequeme Hütten und eine freundliche Restaurant-Bar an der Playa Lagartillo.

Mono Congo Surf Lodge (☎ 2652 9261; www.mono congolodge.com; Zi./Suite ab 64/87 US$; ⓟ ✹ 💻) Das große Freiluftbaumhaus im polynesischen Stil ist von Bäumen umgeben, in denen die Brüllaffen toben. Es steht für tropischen Luxus schlechthin in Playa Negra. Die Zimmer mit poliertem Holz und hohen Decken sind exquisit gestaltet, die dazugehörigen Bäder haben heißes Wasser und spanische Kacheln. Ein Patio mit Hängematten gehört ebenso zur Ausstattung wie eine Dachterrasse für Sternengucker mit einem Rundumblick über die Gegend. Das Gourmetrestaurant bietet eine Auswahl an internationalen Gerichten (Gerichte 7–18 US$). Kaffee und frisches Obst am Morgen sind im Preis enthalten.

Hotel Playa Negra (☎ 2652 9134; www.playanegra.com; E//DZ/3BZ/4BZ 81/93/105/116 US$; ⓟ 🐾) Die entzückende Unterkunft liegt direkt am Strand von Playa Negras gegenüber dem Riff und besteht aus zehn geräumigen, runden Bungalows mit Strohdächern. Besonders schön sind die leuchtenden tropischen Farben und die Wandteppiche und Bettwäsche im traditionellen landestypischen Stil. Jeder Bungalow ist mit einem Doppelbett, zwei Einzelbetten und einem Bad mit heißem Wasser und geräumigen Duschen ausgestattet.

LP Tipp Café Playa Negra (☎ 2652 9351; www.playanegracafe.com; Zi. pro Pers. 18 US$ inkl. Frühstück; ✹ 7–21 Uhr; ⓟ 💻) Das kleine Hotel hat eine Handvoll blitzsauberer Zimmer über dem Café an der Straße. Die stilvollen, minimalistischen Zimmer, in denen je nach Größe zwei oder mehr Personen unterkommen können, haben kühle, polierte Betonböden, erhöht gebaute Betten mit bunten Tagesdecken und offene Bäder. Die Gemeinschaftsterrasse zur Straße ist mit Sofas und großen Kissen möbliert. Zu den Annehmlichkeiten des Hauses gehören eine Wäscherei, ein Internetzugang und ein kostenloses kontinentales Frühstück mit selbst gemachten Baguettes – bei diesem Preis ein großartiges Angebot. Das Café serviert costa-ricanisch-peruanische Speisen (Gerichte 3–6 US$.

Restaurant Oasis (☎ 2652 9082; Pizza 4–8 US$; ✹ Di–So 6–21 Uhr) An der Hauptstraße in Playa Negra ist das Oasis der ideale Ort für ein Stück Pizza mit dünner Kruste oder mexikanische Klassiker wie Burritos. Im geräumigen Lokal mit hohen Decken laufen Surfvideos. Das Lokal stand beim letzten Besuch zum Verkauf.

La Ventana (☎ 2652 9197; Gerichte 3–7 US$; ✹ Frühstück & Mittagessen) La Ventana, eine unerwartet urbane Café-Galerie abseits der Hauptstraße, wird von einer netten Amerikanerin geführt. Sie ist bekannt für ihre tollen Erdnussbutterkekse, die international inspirierten Wraps und die Sandwiches (z. B. gefüllt mit mariniertem und über dem Holzfeuer gegrilltem Hähnchenfleisch, Tahini, Hummus oder Auberginen-Parmigiana). In dem hellen Galeriebereich hängen Werke von einheimischen Künstlern und von Auswanderern. Für die Gäste gibt es einen kostenlosen WLAN-Zugang. Vom Strand die nach links führende Straße nehmen und an dem kleinen Geschäftszentrum vorbeigehen.

An- & Weiterreise
Der tägliche Bus nach Playa Negra verlässt Santa Cruz um 8 Uhr; der Bus nach Santa Cruz fährt um 13.30 Uhr von dem V an der Hauptstraße ab (0,60 US$, 1½ Std.). Nach Avellanas gibt es keine öffentlichen Verkehrsmittel, aber Surfshops in Tamarindo (S. 293) organisieren Fahrten. Und fast jeder Einheimische ist bereit, Surfer und ihre Ausrüstung mitzunehmen – zum entsprechenden Preis. Hart verhandeln!

PLAYA JUNQUILLAL
Junquillal ist ein 2 km breiter, grausandiger traumhafter Naturstrand. Die hohen Brecher und die gefährliche Unterströmung (s. Kasten S. 299) sind wohl mit dafür verantwortlich, dass der Strand meist menschenleer ist. Auch wenn es an ruhigen Tagen saubere Lefts und Rights gibt, empfiehlt es sich, die Badesachen lieber zu Hause zu lassen: Von Juli bis November legen Grüne oder Bastardschildkröten hier ihre Eier ab. Die meisten Tiere kommen zwischen August und Oktober, allerdings sind es nicht ganz so viele wie in den Schutzgebieten. Junquillal ist auch ein wichtiger Nachzuchtplatz für Lederschildkröten. Obwohl Junquillal kein Schutzgebiet ist, haben sich Umweltschutzgruppen mit den einheimischen Gemeinden zusammengeschlossen, um die Eiablageplätze zu schützen und das Aufsammeln der Gelege zu unterbinden. Das nächste Dorf **Paraíso** liegt 4 km landeinwärts, dort finden sich auch ein paar Sodas und Bars. Die Unterkünfte liegen verstreut am Strand.

Schlafen & Essen
Camping Los Malinches (☎ 2658 8429; pro Pers. 5 US$) Südlich des Iguanazul liegt der hübsche Zelt-

platz mit Toiletten, Duschen, Strom (bis 21 Uhr) und Meerblick.

El Castillo Divertido (☎ 2658 8428; www.costarica adventureholidays.com; EZ/DZ 24/30 US$, EZ/DZ mit Meerblick 28/35 US$; (P)) 500 m weiter die Straße entlang steht auf einem Hügel ein etwas eigenartiges Hotel, das einem freundlichen deutsch-costaricanischen Paar mit Sohn gehört. Die Bar auf dem Hoteldach bietet ein luftiges Plätzchen zum Ausruhen in der Hängematte und eine fantastische Aussicht. Paulo spielt zum Sonnenuntergang für seine Gäste Gitarre. Die gefliesten Zimmer sind sauber und haben eine Warmwasserdusche. Es lohnt sich, etwas mehr zu investieren und ein Zimmer mit Meerblick zu mieten. Im Restaurant (Gerichte 3–10 US$) gibt es ein gutes Frühstück und Abendessen mit vielen deutschen Gerichten.

Hotel Hibiscus (☎ 2658 8437; EZ/DZ/3BZ inkl. Frühstück 40/50/60 US$; (P)(X)) Das reizende Hotel wird von einem Deutschen und einer Nicaraguanerin geführt. Zu den fünf makellos sauberen Zimmern mit eigenem Bad gehört eine Terrasse mit Hängematte und Blick in den Palmengarten. Im kleinen Restaurant gibt es eine gute Auswahl an internationalen Gerichten, das Frühstück ist riesig und lecker.

Villa Roberta (☎ 2658 8127; dietzcon@racsa.co.cr; DZ inkl. Frühstück 58 US$, Apt. 87 US$; (P)(♣)) Das gastfreundliche B&B mit zwei Zimmern ist gemütlich, malerisch und sehr persönlich gehalten. Die Zimmer sind recht einfach, doch das machen die wunderschönen Steinböden, die Gewölbedecken und die ruhige Lage zwischen den Bäumen wett.

Guacamaya Lodge (☎ 2658 8431; www.guacamaya lodge.com; EZ/DZ 58/64 US$, Apt. EZ/DZ/3BZ/4BZ 81/87/93/ 99 US$, Villa 140 US$; (P)(X)(▯)(♣)) Die ruhige, von Schweizern geführte Anlage liegt direkt neben El Castillo. Hier gibt es sechs malerische Bungalows, eine Zweizimmer-Villa mit Küche und ein Apartment mit Balkon und toller Aussicht. Dazu kommen ein Pool, Tennisplätze und ein Restaurant-Bar mit Meerblick und Schweizer Leckereien. Die Besitzer, ein Geschwisterpaar, sprechen – ohne Nachzählen kaum zu glauben – sieben Sprachen. Kreditkarten werden akzeptiert.

Hotel Tatanka (☎ 2658 8426; www.crica.com/tatanka; EZ/DZ 58/76 US$; (P)(▯)(♣)) Die zehn hübschen rosaroten Zimmer im Ranchstil haben ein eigenes Bad mit Warmwasser und sind mit rustikalen Möbeln aus Holz eingerichtet. Es gibt einen einladenden Pool und eine Freiluft-Pizzeria (Pizza 4–7 US$), in der abends Pizzen aus dem Holzofen serviert werden. Kreditkarten werden akzeptiert.

Hotel Iguanazul (☎ 2658 8124; www.iguanazul.com; EZ/DZ/3BZ 70/81/93 US$, EZ/DZ/3BZ mit Klimaanlage ab 93/100/116 US$, alle inkl. Frühstück; P ⌘ ▢ ⌘) Nicht von dem geschmacklosen Springbrunnen am Eingang abschrecken lassen! Die Ästhetik in diesem traditionsreichen Resorthotel ist attraktiver als der erste Eindruck erwarten lässt. Die 24 kühlen Zimmer sind in fröhlichen Farben gehalten und gekachelt; sie haben entweder Garten- oder Meerblick. Zu den Annehmlichkeiten gehören ein Pool, ein Billardtisch, ein Volleyballplatz und eine Restaurant-Bar mit fantastischer Aussicht.

Villa Serena (☎ 2658 8430; www.land-ho.com/villa/index2.html; DZ/3BZ 175/210 US$; P ⌘ ▢ ⌘) Das von einem freundlichen Paar geführte Hotel, das auch ein Restaurant in Cape Cod leitet, ist die luxuriöseste Unterkunft in Junquillal. Die großen, luftigen Zimmer sind offen gestaltet und bieten geräumige Bäder. Geht man an der Straße am Strand nach links weiter, kommt man zu einem schattigen Rasen, Tennisplätzen, einem schattigen Poolbereich und einem verglasten Fitnessraum. Das ausgezeichnete Restaurant (Gerichte 10–20 US$) serviert klassische amerikanische Gerichte wie Burger und gegrillten Fisch sowie abendliche Spezialitäten. Die Gäste haben kostenlosen Zugang zu Kajaks, Schnorchelausrüstung und Boogie Boards.

Außer in den Hotelrestaurants lässt sich im nahe gelegenen Paraíso preiswert speisen; allerdings sind auch am Strand ein paar kleine Lokale zu finden, drunter das beliebte **Bar y Restaurant Junquillal** (Gerichte 3–6 US$) und **Rudy's** (☎ 2658 8114; Gerichte 3–7 US$; ☽ Frühstück, Mittag- & Abendessen), ein freundliches, kleines Bar-Restaurant, in dem es überwiegend einheimische Gerichte gibt.

An- & Weiterreise

Die Haltestelle liegt gleich beim Hotel Playa Junquillal am Strand. Die Busse nach Santa Cruz (0,60 US$, 1½ Std.) fahren täglich um 5.45, 12 und 16 Uhr.

Mit dem Auto sind etwa 16 km auf asphaltierter Straße von Santa Cruz nach 27 de Abril und weitere 17 km auf Piste über Paraíso nach Junquillal zu fahren. Von Junquillal gibt es dann noch die Möglichkeit, 3 km östlich von Paraíso auf eine Straße abzubiegen, die mit „Reserva Ostional" ausgeschildert ist. Sie ist aber nur mit Allradantrieb zu bewälti-

gen und kann in der Regenzeit unpassierbar sein. An der Küstenstraße gibt es keine Tankstelle, und es herrscht auch wenig Verkehr, also vor der Abfahrt fragen, wie die Strecke aussieht. Von Nicoya aus sind die Strände südlich von Junquillal leichter zu erreichen.

Ein Taxi von Santa Cruz nach Junquillal kostet ungefähr 30 US$.

SANTA CRUZ

In Santa Cruz, einem der vielen sabanero-Orte im Landesinneren von Nicoya, ist noch etwas von dem landestypischen Flair zu spüren, das die von Ausländern bevölkerten Strandorten inzwischen lernen vermissen lassen. Leider gibt es hier kaum etwas Interessantes zu sehen, und so steigen die meisten Besucher in Santa Cruz nur von einem Bus in den nächsten um und kaufen sich vielleicht noch ein paar Mangos. Dass Santa Cruz – dicht gefolgt von Liberia – den zweifelhaften Ruf genießt, die heißeste Stadt in Costa Rica zu sein, verlockt auch nicht gerade zum Bleiben. Die Stadt ist jedoch ein wichtiges regionales Verwaltungszentrum und außerdem ein guter Ausgangspunkt für einen Besuch im Töpferdorf Guaitil (s. Kasten S. 303). Wer über Mittag in Santa Cruz ist, sollte bei CoopeTortilla ein Casado bestellen.

1993 sind drei Häuserblocks von Santa Cruz einem verheerenden Großbrand zum Opfer gefallen. So sticht in der Stadt ein leerer Platz ins Auge, die **Plaza de Los Mangos**, die einst mit Gras und drei Mangobäumen bewachsen war. Doch schon bald nach der Brandkatastrophe wurde 400 m weiter südlich der schöne schattige **Parque Bernabela Ramos** angelegt.

Praktische Informationen

Kion an der Südwestecke des Plaza ist ein Einkaufszentrum im Stil von Wal-Mart, in dem es u. a. englische Zeitungen gibt. Eine Tankstelle befindet sich an der Kreuzung der Hauptsraße mit der Carretera.

Banco de Costa Rica (☎ 2680 3253) In dieser Bank drei Blocks nördlich des Plaza de Los Mangos kann Geld gewechselt werden.

Ciberm@nia (☎ 2680 4520; Std. 2 US$; ☽ 9–21 Uhr) Hier, 100 m nördlich vom Parque Ramos, können E-Mails abgerufen werden.

Festivals & Events

In der zweiten Januarwoche und am **Día de Guanacaste** (s. S. 219), dem 25. Juli, finden ein Rodeo und eine Fiesta statt. Sehenswert sind

GUAITIL

Ein interessanter Ausflug von Santa Cruz führt 12 km über die Asphaltstraße in den kleinen Töpferort Guaitil. Hier werden aus heimischem Ton attraktive Keramiken im präkolumbischen Chorotega-Stil in erdigem Rot, Cremetönen und Schwarz gefertigt. Vor den Häusern der Töpfer in Guaitil und in San Vicente (von Guaitil aus 2 km über die Schotterstraße) wird dieses Kunsthandwerk verkauft. Wer fragt, darf beim Töpfern zusehen, und gegen einen kleinen Obolus gibt es auch ein paar Unterrichtsstunden.

Mit dem Auto geht es auf der Haupt-Carretera nach Nicoya; 1,5 km hinter Santa Cruz der Ausschilderung nach Guaitil auf der linken Seite folgen. Die Straße ist mit Trompetenbäumen gesäumt, die zur Blütezeit im April besonders hübsch anzusehen sind. Von Santa Cruz aus fahren auch Busse, allerdings nicht regelmäßig und nicht sehr zuverlässig. Hin- und Rückfahrt mit dem Taxi kosten nur 10 bis 15 US$, abhängig von der Länge des Aufenthalts.

Reicht die Zeit nicht für einen Besuch in Guaitil, gibt es noch das kleine *depósito* (Outlet) an der Carretera. Der Keramikladen liegt etwa 10 km nördlich von Nicoya an der Ostseite der Straße. Bucht man einen Ausflug nach Guaitil, kann es sein, dass ein bestimmter Laden auf Kommissionsbasis angefahren wird. Wer es möglich machen kann, sollte auch andere Geschäfte im Ort besuchen und so den Wohlstand auf alle verteilen.

---

die Sabaneros und die preisgekrönten Stiere. Das Bier fließt in Strömen und die Musik ist ohrenbetäubend laut.

Santa Cruz gilt als Folklorezentrum der Region, von hier stammt auch die seit langem bestehende Marimbaband Los de la Bajura. Die Gruppe spielt traditionelle *bombas*, eine von lustigen (und ziemlich schrägen) Versen begleitete Musik. Wer sich dafür interessiert, sollte auf Plakate achten, die einen Auftritt ankündigen oder im Hotel nachfragen.

Schlafen & Essen

Alle Richtungsangaben, in denen „Plaza" vorkommt, beziehen sich auf die Plaza de Los Mangos. In den Hotelduschen fließt nur kaltes Wasser, das gern noch ein bißchen kälter sein dürfte ...

Pensión Isabel (☎ 2680 0173; Zi. pro Pers. 8 US$) Die billigsten Betten der Stadt stehen in kahlen, weiß getünchten Zimmern. Die Matratzen sind einigermaßen fest und die Gemeinschaftsbäder annehmbar. Der Besitzer ist recht freundlich, sein Gästehaus ohne Superlative liegt südöstlich der Plaza.

Hotel Diriá (☎ 2680 0080, 2680 0402; hoteldiria@ hotmail.com; EZ/DZ 30/45 US$; P ✗ ✈) Das seit langem bestehende Hotel 500 m nördlich der Plaza hat schon bessere Tage gesehen. Zuletzt war das Restaurant geschlossen und die Pools nicht komplett mit Wasser gefüllt. Aber die Zimmer haben Klimaanlagen, ein eigenes Bad und Kabel-TV; die schönen Gemeinschaftsterrassen sind mit ihren wunderschönen Rattan-Schaukelstühlen sehr einladend.

Hotel La Pampa (☎ 2680 0586; DZ mit/ohne Klimaanlage 58/39 US$; P ✗) Ein weiteres Angebot in der mittleren Preisklasse 50 m westlich der Plaza. In diesem terrakottafarbenen Haus gibt es 33 einfache und saubere Zimmer, alle mit Bad und Kabel-TV.

La Calle de Alcalá (☎ 2680 0000, 2680 1515; hotel alcala@hotmail.com; EZ/DZ 54/73 US$; P ✗ ✈) Mit seinen Stuckbögen und dem angelegten Garten rund um einen Pool (mit Swim-up-Bar) bommt das Haus Extrapunkte für innenarchitektonische Details. Geschnitzte Holztüren öffnen sich zu kühlen, gefliesten Zimmern mit Annehmlichkeiten wie Fön, Korbmöbeln und Plätzen am Fenster. Eine ansprechende Restaurant-Bar im Freien rundet das Bild ab.

CoopeTortilla (Casados 3 US$; ✆ 5.30–17 Uhr) Vor Ort wird das gut besuchte Lokal auch „La Tortillera" genannt; es serviert leckere und preiswerte Casados und liegt 700 m südlich der Plaza. Die riesige Wellblechscheune hat große Fenstern, die von Pflanzen eingerahmt werden. Gegessen wird an langen Holztischen – was immer auf den Tisch kommt. Die Köche arbeiten direkt vor den Gästen auf einem riesigen, mit Holz befeuerten Lehmherd, alle Gerichte werden mit selbst gemachten Tortillas serviert. Dazu ein Glas Tamarindensaft – es ist das perfekte Getränk an einem staubtrockenen Nachmittag in Santa Cruz.

El Milenio (☎ 2680 3237; Gerichte 3–6 US$; ✆ 9 bis 21 Uhr) Dank seiner großen Zahl an chinesischstämmigen Einwohnern hat Santa Cruz auch mehrere entsprecende Restaurants – El Milenio übertrifft sie alle mit Riesenmengen an gebratenem Reis und guten Wok-Gerichten. Großbildfernseher und eine angenehm kühlende Klimaanlage sind vorhanden. Das Restaurant liegt 100 m westlich der Plaza.

Von den Supermärkten in der Stadt ist SuperCompro (östlich der Empresas Alfaro Station) der größte.

An- & Weiterreise

Santa Cruz liegt 57 km von Liberia entfernt und 25 km südlich von Filadelfia an der wichtigsten Straße der Halbinsel. Für viele Besucher der Halbinsel ist der Ort ein willkommener Zwischenstopp. Eine Asphaltstraße nach Westen führt in die 16 km entfernte Ortschaft 27 de Abril, von dort geht es über Schotterpisten weiter zur Playa Tamarindo, Playa Junquillal und zu weiteren Stränden.

Einige Busse fahren vom Busbahnhof an der Nordseite des Plaza de Los Mangos ab. Tickets für Busse von Empresas Alfaro werden im Büro der Gesellschaft 200 m südlich der Plaza verkauft. Man kann aber auch an der Hauptstraße nördlich der Stadt zusteigen.

Liberia (La Pampa) 1 US$, 1½ Std., Abfahrt alle 30 Min., 5.30–19.30 Uhr.

Nicoya (La Pampa) 0,50 US$, 1 Std., Abfahrt alle 30 Min., 5.30–21.20 Uhr.

San José 5,50 US$, 4½ Std., 7 Busse von 3.30–17 Uhr (Tralapa); 8 Busse von 3–16.30 Uhr (Empresas Alfaro).

Andere örtliche Busse fahren vom Busbahnhof 400 m östlich des Plaza ab. Die Fahrpläne ändern sich ständig – also am besten direkt vor Ort nachfragen.

Bahía Potrero 1,50 US$, 1¼ Std., Abfahrt alle 2–3 Std.

Playa Brasilito 1,50 US$, 1 Std., Abfahrt morgens und nachmittags.

Playa Flamingo 1,50 US$, 1 Std., Abfahrt nachmittags.

Playa Junquillal 2 US$, 1½ Std., Abfahrt nachmittags.

Playa Tamarindo 2 US$, 1½ Std., Abfahrt alle 2–3 Std.

DIE MITTE DER HALBINSEL

Lange Zeit war es das politische und kulturelle Herzstück der Region Guanacaste – das landeinwärts gelegene Gebiet der Halbinsel wirkt auch sichtlich und spürbar „costa-ricanischer" als die Badeorte an der Nordküste. Im Lauf von Generationen wurde der Trockenwald gerodet, um Platz für das Vieh der Sabaneros zu schaffen, doch blieben einzelne Waldinseln

zwischen Fincas und Küstendörfern erhalten. Hinter ihnen verbergen sich manchmal wilde, menschenleere Strandabschnitte.

Die Carretera 21 schlängelt sich durch das höher liegende Binnenland – von Santa Cruz nach Nicoya, wo die Carretera 151 südwärts nach Sámara abzweigt und in einer kurvenreichen Strecke durch den Wald führt.

Die Region ist deutlich weniger erschlossen als der Norden der Halbinsel, obwohl es im Umland von Sámara und Nosara ein langsames Wachstum gibt. Die meisten Ausländer, die es in die rauen Küstenlandschaften der mittleren Halbinsel zieht, engagieren sich aktiv für ihre Erhaltung.

Dieser Teil der Küste ist reich an einsamen Stränden, kleinen Dörfern, die sich ihren Charakter bewahrt haben, und bietet unendliche Möglichkeiten, spurlos von der Landkarte zu verschwinden.

NICOYA

23 km südlich von Santa Cruz liegt Nicoya, das nach einem einheimischen Chorotega-Häuptling benannt wurde. Er war derjenige, der 1523 den spanischen Konquistador Gil González Dávila begrüßte – eine Geste, die er später bereute (Kasten S. 351). In den nachfolgenden Jahrhunderten wurden die Chorotegas von den spanischen Siedlern ausgelöscht, in den charakteristischen Gesichtszügen der einheimischen Bevölkerung ist aber ihre indianische Herkunft bis heute unverkennbar erhalten geblieben.

Obgleich Nicoya tatsächlich eine Kolonialstadt ist, blieb von der ursprünglichen Architektur wenig erhalten – und das wenige befindet sich zumeist in einem verfallenen Zustand. Trotzdem gehört Nicoya zu den „schönsten" Städten der Region; die hellen Gebäude und die lebendigen Straßen tragen zur einladenden Atmosphäre bei.

Für viele Reisende ist Nicoya nur eine Verkehrsdrehscheibe auf ihrer Reise in der Region, die Stadt ist aber auch ein guter Standort zur Erkundung des Parque Nacional Barra Honda (S. 307). Auch wer nach **Puerto Humo** reisen will, kommt durch Nicoya. Puerto Humo ist eine Kleinstadt rund 27 km weiter nordöstlich an der Straße hinter Corallillo und bietet gute Möglichkeiten, Vögel zu beobachten.

Praktische Informationen

Area de Conservación Tempisque (ACT; ☎ 2685 5667; ⏱ Mo–Fr 8–16 Uhr) Das Büro des ACT ist bei Fra-

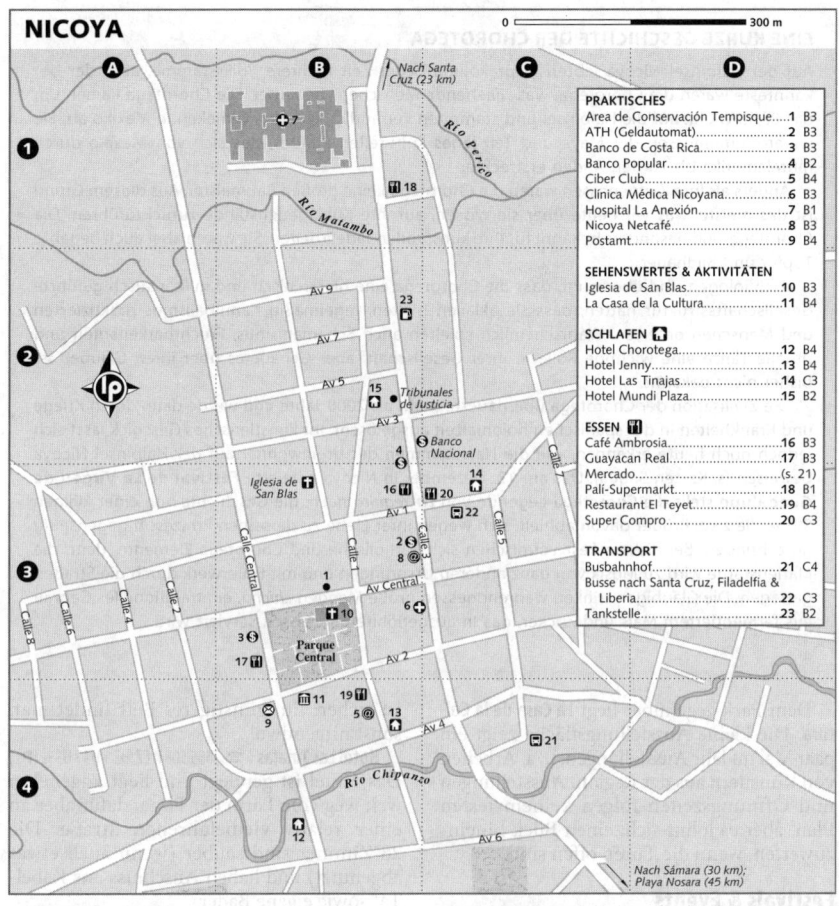

NICOYA   0   300 m

PRAKTISCHES	
Area de Conservación Tempisque....1	B3
ATH (Geldautomat)......................2	B3
Banco de Costa Rica.....................3	B3
Banco Popular...............................4	B2
Ciber Club....................................5	B4
Clínica Médica Nicoyana................6	B3
Hospital La Anexión......................7	B1
Nicoya Netcafé............................8	B3
Postamt......................................9	B4

SEHENSWERTES & AKTIVITÄTEN	
Iglesia de San Blas......................10	B3
La Casa de la Cultura...................11	B4

SCHLAFEN	
Hotel Chorotega..........................12	B4
Hotel Jenny.................................13	B4
Hotel Las Tinajas........................14	C3
Hotel Mundi Plaza........................15	B2

ESSEN	
Café Ambrosia.............................16	B3
Guayacan Real.............................17	B3
Mercado.................................(s. 21)	
Palí-Supermarkt..........................18	B1
Restaurant El Teyet.....................19	B4
Super Compro.............................20	C3

TRANSPORT	
Busbahnhof.................................21	C4
Busse nach Santa Cruz, Filadelfia &	
Liberia..................................22	C3
Tankstelle...................................23	B2

gen zu Unterkünften und Höhlenerkundungen im Parque Nacional Barra Honda behilflich.

ATH ATM 24-Std.-Geldautomat (Cirrus-System).

Banco de Costa Rica (Mo–Fr 8.30–15 Uhr) Tauscht US-Dollar.

Banco Popular (Mo–Fr 9–16.30 Uhr, Sa 8.15 bis 11.30 Uhr) Tauscht US-Dollar.

Ciber Club (2685 4182; Std. 1 US$; Mo–Sa 8–22, So 10–21 Uhr) Klimaanlage und ein Dutzend Terminals mit sehr guten Verbindungen.

Clínica Médica Nicoyana (2685 5138) Eine Anlaufstelle bei leichteren Beschwerden.

Hospital La Anexión (2685 5066) Das Hauptkrankenhaus der Halbinsel liegt im Norden der Stadt.

Nicoya Netcafé (2686 8090; Std. 1 US$; 8–20 Uhr) In diesem bequem gelegenen Café kann man internationale Internet-Telefonate führen.

Sehenswertes

Im Parque Central, einem Wahrzeichen der Stadt, steht die **Iglesia de San Blas.** Die anmutige weiße Kirche wurde Mitte des 17. Jhs. im Kolonialstil erbaut. Die hübsche friedliche Holzkirche wird schon seit langem restauriert. Auch wenn nach wie vor ihre Mosaikfliesen bröckeln, kann sie außerhalb der Messzeiten besichtigt werden. Sehenswert ist der hölzerne Christus mit ausgeprägten Gelenken und blutenden Wundmalen. Wer mag, kann eine **Messe** (Mo & Fr 18, Di 7, Do 7 & 19 Uhr) besuchen. Die Kirche besitzt eine kleine Sammlung an religiösen Kunstwerken aus der Kolonialzeit. Wer gerne das Treiben auf der Straße beobachtet, findet im Park um die Kirche ein paar schattige Steinbänke.

EINE KURZE GESCHICHTE DER CHOROTEGA

Auf der Halbinsel Nicoya lebten in präkolumbischer Zeit mehrere Volksstämme, aber der bekannteste waren die Chorotega, was „Fliehende Menschen" bedeutet. Die Chorotega kamen um das 8. Jh. v. Chr. auf die Halbinsel und stammten vermutlich von den Olmeken in Mexiko ab. Sie waren Zeitgenossen der Maya und Teil jenes kulturellen Bandes, das sich von Mexiko durch Mittelamerika bis zu den Anden erstreckte.

Anders als ihre Zeitgenossen waren die Chorotega keine großen Baumeister. Aus diesem Grund ist das meiste, was wir heute über sie wissen, auf ihre Kunstgegenstände zurückzuführen. Die Chorotega sind besonders bekannt für ihre kunstvollen Jadearbeiten. Sie waren aber auch begabte Töpfer und Bildhauer.

Archäologen sind überzeugt, dass die Chorotega eine hierarchisch und militaristisch geführte Gesellschaftsstruktur hatten, dass sie Sklaven hielten, regelmäßig Kannibalismus praktizierten und Menschen opferten. Wahrscheinlich spielten auch Schamanismus, Fruchtbarkeitsriten und rituelle Tänze eine wichtige Rolle in ihrer Gesellschaft, aber Genaueres über ihren Glauben ist bisher nicht bekannt.

Die Zivilisation der Chorotega überdauerte mehr als 2000 Jahre und wurde dann durch Kriege und Krankheiten in der spanischen Kolonialzeit ausgelöscht. Ihr künstlerisches Geschick lässt sich jedoch noch heute erkennen, wie die Nachkommen der Ureinwohner auf der Halbinsel Nicoya beweisen (s. Kasten S. 303). Das am 12. Dezember in Nicoya gefeierte **Festival de La Virgen de Guadalupe** stellt die Chorotega-Legende von *La Yequita* nach, die Geschichte von einer kleinen Stute, die zwei Brüder davon abhielt, sich wegen ihrer Liebe zu derselben Prinzessin gegenseitig umzubringen. Bei diesem Fest vermischen sich katholische und Chorotega-Elemente, denn die Marienstatue wird zu Musik von ganz anderen Ursprüngen und mit Feuerwerk durch die Straßen getragen. Die Gläubigen trinken währenddessen große Mengen *chicha*, ein traditionelles Gebräu aus fermentiertem Mais und Zucker, das in ausgehöhlten Kürbissen serviert wird.

Dem Park gegenüber liegt **La Casa de la Cultura**. Die kleine Ausstellungsfläche zeigt ein paar Mal im Jahr Ausstellungen, u. a. Arbeiten von Künstlern aus der Region. Ausstellungen und Öffnungszeiten folgen keinem festen Plan, aber es lohnt sich, einen Blick hineinzuwerfen, wenn die Türen offen sind.

Festivals & Events

Am 25. Juli, dem **Día de Guanacaste**, befindet sich die Stadt im Ausnahmezustand. Mit Essen, Musik und Bier wird auf der Plaza die Loslösung von Nicaragua gefeiert, und die Stimmung schlägt oft in den Wunsch nach Unabhängigkeit um. Das Festival de La Virgin de Guadalupe (s. Kasten S. 306) gehört zu den stimmungsvollsten Festivals im Land.

Schlafen & Essen

Wenn nicht anders angegeben, haben alle Duschen kaltes Wasser.

Hotel Chorotega (☎ 2685 5245; EZ/DZ mit Bad 17/ 22 US$, ohne Bad 6/12 US$; 🔀) Beim Río Chipanzo führt eine nette Familie dieses Hotel. Die kargen Zimmer sind sauber und gepflegt, könnten aber mal eine Renovierung gebrauchen. Eines

ist sicher: Ein günstigeres Bett findet man sonst nirgendwo!

Hotel Las Tinajas (☎ 2685 5081; EZ/DZ 11/17 US$; 🅿) Das Hotel ist gepflegt und liegt angenehm weit weg vom Lärm der Plaza, dafür aber an einer relativ vielbefahrenen Straße. Die 28 Zimmer sind sauber (wenn auch etwas abgenutzt) und haben Anschluss ans Kabel-TV sowie eigene Bäder.

Hotel Jenny (☎ 2685 5050; EZ/DZ/3BZ/4BZ 16/24/28/ 36 US$; 🔀) Eine der besten Optionen der Stadt: Alle 24 blitzsauberen Zimmer haben Klimaanlagen, Kabel-TV und eigene Bäder. Empfehlenswert sind die Zimmer an den (kühleren) dunkleren Korridoren; zur Straße hin wird es manchmal lauter.

Hotel Mundi Plaza (☎ 2685 3535; hotelmundiplaza@ yahoo.com; EZ/DZ 26/36 US$; 🅿 🔀) Im Mundi Plaza gibt es nüchterne, aber saubere und komfortable Zimmer mit Klimaanlage, Kabel-TV und zum Teil Balkonen. Das Personal unternimmt leider nichts gegen die fehlende Atmosphäre. Kreditkarten werden akzeptiert.

Restaurant El Teyet (Hauptgerichte 2–5 US$; 🕑 Mittag- & Abendessen) Chinarestaurants wie dieses gehören zu den besten und preiswertesten

Restaurants der Stadt. Draußen auf der Terrasse oder im klimatisierten Innenraum werden riesige Portionen Chow Mein und andere Nudelgerichte aufgetischt.

Guayacan Real (Hauptgerichte 2–4 US$; 🕐 Mittag- & Abendessen) Der beste Ort für einen Drink und köstliche Bocas ist das stets gedrängt volle Guayacan Real. Ceviche und *patacones* (Bananen-Chips mit Bohnendip) sind ganz hervorragend – wer nicht aufs Fernsehen verzichten kann, ist hier ebenfalls richtig.

Café Ambrosia (☎ 2685 4251; Hauptgerichte 5–8 US$; 🕐 Mo–Sa 8.30–19 Uhr) Ausgezeichnete Espressi, Pasta Carbonara, Gnocchi und frische Sandwiches und Salate sind die Spezialitäten des Hauses. Hier auch Speiseeis serviert, ein besonderer Genuss, wenn die Klimaanlage nicht mehr für ausreichend Kühlung sorgt. Kreditkarten werden akzeptiert.

Selbstversorger können sich in den Supermärkten Super Compro und Palí mit Lebensmitteln eindecken. Daneben gibt es auch noch billige Sodas auf dem Markt, die den schnellen Hunger kurzweilig verteiben, und natürlich die bekannten und beliebten Fast-Food-Ketten Costa Ricas.

An- & Weiterreise

Die meisten Busse fahren zum und vom Busbahnhof, der südöstlich vom Parque Central liegt.

Liberia 1,40 US$, 2½ Std., alle 30 Min., 3–20 Uhr.

Playa Naranjo, Anschluss an die Fähre 1,75 US$, 3 Std., Abfahrt 5, 9, 13 und 17 Uhr.

Playa Nosara 1,25 US$, 2½ Std., Abfahrt 5, 10 und 14 Uhr.

Puntarenas 2,75 US$, 2½ Std., Abfahrt 7.35 und 16.20 Uhr.

Sámara 1 US$, 2 Std., Abfahrt 6, 7.45, 10, 12, 13, 16.20 und 17 Uhr.

San José, via Liberia (Empresas Alfaro) 6 US$, 5 Std., 5-mal tgl.

San José, via Brücke Río Tempisque 6 US$, 4 Std., 3–17.20 Uhr, 7-mal tgl. (Empresas Alfaro); 3.20 bis 13.45 Uhr, 5-mal tgl. (Tralapa).

Santa Ana, nach Barra Honda 1 Std., 1,25 US$, Mo–Sa, Abfahrt 8, 11.30 und 16 Uhr .

Andere Busse nach Santa Cruz, Filadelfia und Liberia fahren alle 30 Minuten von 3.50 bis 20.30 Uhr vom nordöstlich des Parks gelegenen Busbahnhof ab.

Wer ein Taxi benötigt, kann bei **Cootagua** (☎ 2686 6490, 2686 6590) oder **Taxis Unidos de Nicoya** (☎ 2686 6857) anrufen.

PARQUE NACIONAL DIRIÁ

Seit 2004 schützt der **Parque Nacional Diriá** (☎ 2680 1820; Eintritt 6 US$; 🕐 8–16 Uhr) eine 5424 ha große Fläche, 1500 ha davon bestehen hauptsächlich aus Trockenwald und den Einzugsgebieten der Flüsse Diriá, Enmedio, Tigre und Verde. In den höheren Lagen gibt es auch Gebiete mit tropischem Nebelwald.

Neben dem Schutz dieser lebenswichtigen Wasserscheiden dient der Park auch als Schutzgebiet für Wildtiere, wie etwa Brüllaffen, Hirsche, Ameisenbären und rund 100 Vogelarten.

Zwei Wanderwege – El Venado und El Escabel – führen durch den Wald und zum reizvollen Brasil-Wasserfall.

Es ist möglich, im Park in schlichten Hütten mit Schlafkojen zu übernachten. Sie haben fließendes Wasser und Elektrizität, mit allem übrigen muss man sich selbst versorgen. Per Telefon kann man Einzelheiten mit dem Minae-Büro von Santa Cruz (unter der unten aufgeführten Nummer) klären.

Der Park liegt 14 km südwestlich von Santa Cruz; es gibt keine öffentlichen Verkehrsmittel, die in die nähere Umgebung fahren.

PARQUE NACIONAL BARRA HONDA

Auf halbem Wege zwischen Nicoya und der Mündung des Río Tempisque liegt der 2295 ha große Nationalpark, der ein gewaltiges System von über 40 unterirdischen Höhlen schützt. Ein Besuch in diesem ungewöhnlichen Gebiet bleibt unvergesslich. Die Höhlen aus weichem Kalkstein sind im Laufe von 70 Mio. Jahren durch Niederschläge und Erosion entstanden. Entdeckt wurden bis jetzt mehr als 40 Höhlen, von denen manche bis zu 200 m in die Tiefe reichen. Allerdings sind erst 19 vollständig erforscht. In den Höhlen wurden Überreste präkolumbischer Kulturen gefunden, die bis in die Frühzeit, 300 v. Chr. zurückdatieren.

Wie es sich gehört, verfügen die Höhlen über eine angemessene Ausstattung: Stalagmiten, Stalaktiten und eine Vielzahl wunderschöner Formationen mit verblüffenden Namen wie Spiegelei, Orgel, Strohhalme, Popcorn, Vorhang, Säulen, Perlen, Blumen und Haizähne. Aber anders als die Höhlen in den Heimatländern der meisten Besucher sind diejenigen in Barra Honda noch keine Touristenattraktion. Entsprechend erinnert das Ambiente nicht an einen Rummelplatz, sondern eher an eine Szene aus *Indiana Jones*.

Also schnell den gelben Schutzhelm aufsetzen, die Wanderstiefel anziehen und los geht's.

Praktische Informationen

Das Betreten der Höhlen ist nur in der Trockenzeit erlaubt; dagegen hat Wandern in der Region das ganze Jahr über Saison. In der Trockenzeit sollte man aber unbedingt mehrere Liter Wasser mitnehmen und die Ranger über das angestrebte Ziel informieren. 1993 starben in Barra Honda zwei deutsche Touristen auf einem kurzen Ausflug – sie hatten kein Wasser dabei, verirrten sich und verdursten. Für die Höhlengänge sind Turnschuhe oder besser Wanderstiefel erforderlich.

Die **Ranger-Station** (☎ 2659 1551; ⏰ 8–16 Uhr) am Südwestrand des Parks kassiert die Eintrittsgebühr von 7 US$ und hält Informationen bereit. Wer an einer Höhlentour (3–4 Std.) interessiert ist, sollte spätestens gegen Mittag dort eintreffen: Die Guides brechen später nicht mehr auf.

Sehenswertes

Die **Höhlen** dürfen nur in Begleitung eines Führers der Asociación de Guías Ecologistas de Barra Honda betreten werden. Buchungen sind in den Nationalparkbüros in **Nicoya** (☎ 2686 6760), **Santa Cruz** (☎ 2680 1920) oder **Bagaces** (☎ 2671 1455) möglich. Ein Führer verlangt rund 14 US$ von einer bis zu vier Personen großen Gruppe inklusive Ausrüstung (2 US$ für jede weitere Person). Beim Abstieg kommen Leitern und Seile zum Einsatz – man sollte also einigermaßen sportlich sein. Kinder müssen mindestens 12 Jahre alt sein.

Auch für Wanderungen im Park können Führer gebucht werden, ebenso für den Abstieg in die beliebtesten Höhlen. Die Führer sprechen Spanisch; nur wenige Ranger beherrschen auch etwas Englisch.

Die einzige Höhle, zu der Besucher regelmäßig Zugang haben, ist die 62 m tiefe **La Terciopelo** mit den meisten Tropfsteinen. Der bekannteste ist **El Órgano**, die Orgel, die bei leichter Berührung verschiedene Töne erzeugt. Wissenschaftler und andere Besucher brauchen die Erlaubnis der Parkverwaltung, um auch andere Höhlen zu betreten. Dazu gehören **Santa Ana** – mit 249 m die tiefste –, **Trampa** (Falle) – 110 m tief mit einem 52 m tiefen senkrechten Gefälle –, **Nicoya**, in der frühe menschliche Überreste gefunden wurden, und unser Liebling **Pozo Hediondo**, die Stink-Grube, die für die riesigen Ablagerungen vom Kot der Fledermäuse berühmt ist. Nach 13 Uhr dürfen die Höhlen nicht mehr betreten werden.

Aktivitäten

In den Höhlen lassen sich auch **Wildtiere beobachten**, darunter so niedliche Kreaturen wie Fledermäuse, Albino-Salamander, blinde Fische und diverse kleine Krabbeltiere. Draußen sind Brüllaffen und Weißschulterkapuziner, Gürteltiere, Nasenbären, Wickelbären und Weißwedelhirsche, aber auch Weißrüsselskunke und Ameisenbären unterwegs.

Zum **Wandern** gibt es in den Hügeln von Barra Honda ein paar Wege durch den tropischen Trockenwald, die zu Wasserfällen (in der Regenzeit) mit Kalksteinformationen führen. Es ist auch möglich, den Gipfel des Cerro Barra Honda zu erwandern. Von hier eröffnet sich ein toller Panoramablick, auch über den Río Tempisque und den Golfo de Nicoya. Da der Nationalpark touristisch eher unerschlossen ist, empfiehlt es sich, vor jeder Wanderung nach dem Zustand der Wege zu fragen oder gleich einen Führer anzuheuern.

Schlafen & Essen

Am Parkeingang gibt es einen **Campingplatz** (pro Pers. 2 US$) mit Waschräumen und Duschen sowie eine von der Parkverwaltung geführte Anlage mit drei einfachen **Hütten** (pro Pers. 12 US$) mit Dusche und jeweils sechs Betten. Die Mahlzeiten müssen vorbestellt werden (Frühstück 2,50 US$, Mittag- und Abendessen 5 US$). Unterkunft und Essen können telefonisch bei der Rangerstation oder im **ACT-Büro** (☎ 2685 5667) in Nicoya gebucht werden. Spanischkenntnisse sind erforderlich.

An- & Weiterreise

Am einfachsten ist der Park von Nicoya zu erreichen. Es gibt zwar keine direkte Busverbindung, aber die Busse nach Santa Ana (1 km entfernt), halten zumindest in der Nähe. Abfahrt in Nicoya ist um 8, 11.30 und 16 Uhr. Auf dem Rückweg fahren die Busse um 12 und 16.30 Uhr in Santa Ana ab. Noch besser ist es, in Nicoya ein Taxi zu nehmen (etwa 10 US$) und mit dem Fahrer eine Abholzeit für die Rückfahrt zu vereinbaren.

Mit dem Auto geht es von Nicoya auf der Hauptstraße nach Süden Richtung Mansión, dann an der Zufahrtsstraße nach Puente La Amistad links abbiegen. Nach 1,5 km wieder links fahren, und der Ausschilderung nach

Barra Honda folgen. Die Schotterstraße führt in den Ort Barra Honda und schlängelt sich dann noch 6 km weiter, bis sie am Eingang des Nationalparks endet. Auf dem Weg liegt die kleine Gemeinde Santa Ana. Die Strecke zum Park ist deutlich ausgeschildert und meistens in einem guten Zustand. Wie sie nach der nächsten Regenzeit aussieht, lässt sich allerdings nie vorhersagen – also vor der Abfahrt lieber nachfragen.

Von Puente La Amistad aus ist die Zufahrtsstraße nach Barra Honda etwa 16 km hinter der Brücke ausgeschildert. Von dort geht es weiter wie oben beschrieben.

PUENTE LA AMISTAD

Die Fahrt über den Río Tempisque, lange Zeit nur per Auto- und Personenfähre möglich, hat dank der nagelneuen 780 m langen Brücke, der längsten in Costa Rica, eine ganz andere Qualität gewonnen. Die Puente La Amistad (Brücke der Freundschaft) entstand mit finanzieller Unterstützung Taiwans und wurde im Juli 2003 eröffnet. Auf der Westseite des Flusses befindet sich ein kleiner Parkplatz mit einer Aussichtsplattform, von der aus die Brücke bewundert und fotografiert werden kann (was die Einheimischen und taiwanesische Gäste voller Stolz tun).

RUND UM NOSARA

Im Hinterland der reizvollen Strände in der Nähe der kleinen Tico-Ortschaft Nosara gedeiht eine üppige Vegetation, die vielen Vögeln und anderen Wildtieren Zuflucht bietet. Hier ist relativ wenig gerodet worden, teils wegen des nahe gelegenen Naturschutzgebiets, teils wegen der Erschließung von Grundstücken – auch wenn diese Kombination widersprüchlich erscheint.

Rund um Nosara leben ein paar hundert Ausländer (vor allem Amerikaner), den meisten liegt der Schutz der Regenwälder am Herzen. „Gehobenes Dschungelleben", wie einer der Zugezogenen sich ausdrückt. Tatsächlich ist es eine interessante Perspektive, den Ruhestand dem Umweltschutz zu widmen.

Den Ticos ist die Erschließung der Gegend ein Dorn im Auge, vor allem, weil die Grundstückspreise in weniger als zehn Jahren in den Himmel geschossen sind.

Die Gegend um Nosara ist wirklich etwas Besonderes, denn die Papageien, Tukane, Gürteltiere und Affen sind manchmal nur wenige Meter von den Stränden entfernt zu beobachten. Es gibt drei Strände: Nördlich des Flusses liegt die **Playa Nosara**, die schwierig zu erreichen ist und fast nur von Fischern genutzt wird. Weiter im Süden befindet sich die **Playa Pelada**, ein kleiner, halbmondförmiger Strand mit einem beeindruckenden Blasloch, aus dem bei Flut das Wasser herausschießt. Der südlichste Strand, **Playa Guiones**, ist 7 km lang und zählt zu den besten Surfrevieren in der Mitte der Halbinsel.

Orientierung

Die Unterkünfte von Nosara liegen an der Küste verstreut und ein Stück landeinwärts (ohne Auto schwer zu erreichen). Das Dorf Nosara, in dem man sich mit Lebensmitteln und Benzin versorgen kann, sowie der Flughafen liegen 5 km landeinwärts. Unterkünfte, Restaurants und Strände konzentrieren sich an der Playa Pelada im Norden und der Playa Guiones im Süden. Wer die Gegend nicht kennt, findet sich in dem Gewirr der unbeschilderten Nebenstraßen nur schwer zurecht – am besten nach Hotel- und Restaurantschildern Ausschau halten und Einheimische fragen. Auf der Website von Nosara Travel (www.nosaratravel.com/map.html) ist eine praktische Karte zu sehen.

Praktische Informationen

Ein öffentliches Telefon gibt es im Café de Paris; die Tankstelle liegt an der Straße zwischen Playa Pelada und dem Dorf Nosara, eine weitere im Dorf selbst.

Banco Popular (☎ 2682 0267, 2682 0011; ☉ Mo–Fr 9–15 Uhr) Tauscht US-Dollar und Reiseschecks und leistet Barauszahlungen auf Visa-Karten; die Geldautomaten akzeptieren ebenfalls nur Visa-Karten.

Café de Paris (☎ 2682 0087, 2682 1035; Internet Std. 6 US$) Ein klimatisiertes Internet-Café im Hotel: Also E-Mails abrufen oder den drahtlosen Internetzugang nutzen (dafür muss man sich ein Passwort geben lassen).

Nosaranet & Frog Pad (☎ 2682 4039; www.thefrog pad.com; Internet Std. 6 US$; ☉ 9–20 Uhr) Die aktuellen Kosten für die Internetnutzung sind in Nosara geradezu astronomisch hoch. Im Frog Pad, mit seinem gemixten Angebot, gibt es Secondhand-Bücher zu kaufen – DVDs, Fahrräder und Surfboards werden verliehen.

Nosara Travel (☎ 2682 0300; www.nosaratravel.com; ☉ Mo–Fr 9–15 Uhr) In diesem Büro in Playa Guiones kann man Flugtickets buchen, einem Leihwagen mieten und Zimmer oder Ferienwohnungen reservieren.

Polizei (☎ 2682 0317) Das Revier liegt in der Dorfmitte neben der Rote-Kreuz-Station und Post am südöstlichen Rand des Fußballplatzes.

PENÍNSULA DE NICOYA

Post (7.30–12 & 13–18 Uhr)
Super Nosara (Mo–Sa 8–19, So 8–15 Uhr) Im Super Nosara am südwestlichen Rand des Fußballplatzes kann man US-Dollar und Reiseschecks umtauschen. Auch eine gute Gelegenheit, Lebensmittelvorräte einzukaufen – der Supermarkt ist billiger als alle anderen Einkaufsmöglichkeiten an den Stränden.

Aktivitäten

BAUMKRONENTOUREN

Mit **Miss Sky** (2682 0969; www.missskycanopytour.com; Erw./Kind 60/30 US$; 7–17 Uhr) kamen die beliebten Baumkronentouren nach Nosara. Die Anlage ist – zumindest bis jetzt – mit einer Gesamtlänge von 11 000 m die längste der Welt. Die Seile führen über ein unberührtes und unzugängliches privates Schutzgebiet, dabei geht es nicht nur von einer Plattform zur nächsten, sondern auch von einem Berghang zum nächsten. Die Fahrgäste bekommen Schutzhelme aufgesetzt.

Zur zusätzlichen Sicherheit ist alles mit doppelten Seilen ausgestattet. Zuletzt war geplant, eine letzte Etappe zu einer Bar fertigzustellen. Die Touren starten zweimal täglich um 8 und 14 Uhr.

SCHILDKRÖTENBEOBACHTUNG

Die meisten Hotels der Gegend organisieren geführte Touren zum Refugio Nacional de Fauna Silvestre Ostional (S. 314), wo die Massenankunft der Bastardschildkröten zur Eiablage beobachtet werden kann.

SURFEN

An der **Playa Guiones** finden sich die besten Beach Breaks der mittleren Halbinsel, am schönsten sind die Brandungswellen bei ablandigem Wind. Am Strand, der in der Regel voller Surfer ist, gibt es zum Glück zahlreiche Stellen zum Ablegen.

An der Hauptkreuzung in Guiones bietet die Surfschule **Coconut Harry's** (2682 0574; www.coconutharrys.com; 7–17 Uhr) Einzelunterricht (Std. 35 US$), Verleih von Surfequipment (Tag 20 US$) sowie Reparatur und Lagerung von Boards (Jahresgebühr 90 US$).

Läuft man von dort links auf der Hauptstraße nach Guiones hinein und am Café de Paris vorbei, stößt man auf den **Nosara Surf Shop** (2682 0186; www.nosarasurfshop.com; 7 bis 18 Uhr). Hier werden Surfboards (Tag 15 bis 20 US$) und ATVs (35–50 US$) verliehen, Boards repariert und Surfunterricht (40 US$) und -ausflüge organisiert.

WANDERN

Durch die **Reserva Biológica Nosara** hinter der Lagarta Lodge (S. 312) führen einsame Wanderwege durch ein Mangrovengebiet zum Fluss (5 Min.) und zu einem Strand (10 Min.) hinunter. Hier gibt es hervorragende Gelegenheiten zur Vogelbeobachtung und gute Chancen, Reptilien zu sehen. Wenn man hier in die Bäume blickt, lässt sich gelegentlich sogar eine Boa Constrictor blicken ... Besucher, die nicht in der Lodge übernachten, zahlen 6 US$ Eintritt zum Schutzgebiet.

YOGA

In den Bergen unweit der Playa Guiones liegt das berühmte **Nosara Yoga Institute** (2682 0071, gebührenfrei 866-439 4704; www.nosarayoga.com). Das Institut bietet reguläre Kurse, die allgemein zugänglich sind, sowie Workshops, Retreats, Pranassage und Schulungskurse für Yogalehrer. Anfänger wie fortgeschrittene Yogis (und Yoginis gleichermaßen) sind von den luftigen Studios in der schönen Urwaldumgebung begeistert. Sehr angenehm ist die immer wehende frische Meeresbrise.

Schlafen & Essen

Playa Pelada liegt im Norden von Nosara, die Playa Guiones befindet sich südlich davon.

PLAYA GUIONES

Rancho Congo (2682 0078; rcongo@racsa.co.cr; Zi. inkl. Frühstück 20–50 US$; P) Das B&B direkt bei der Hauptstraße ist eine nette Unterkunft unter deutscher Leitung und bietet drei große Zimmer, Hängematten, eine ruhige Gartenlage und Parkmöglichkeiten.

LP Tipp **Kaya Sol** (2682 0080; www.kayasol.com; B 10 US$, DZ 41–93 US$, Hütten 47–58 US$;) Mittelpunkt der bei Surfern beliebten Unterkunft sind die schlafsaalartigen Unterkünfte im „flop house": Das hat makellos saubere Gemeinschaftsbäder, ein Pool mit Wasserfalldusche sorgt zusätzlich für Abkühlung. Daneben gibt es Zimmer und abgelegene Hütten mit Bad (Warmwasser) im hinteren Teil des Anwesens sowie ein Strandhaus (757 US$/ Woche). Im Restaurant werden amerikanische Gerichte serviert; die Bar ist *der* Ort fürs abendliche Ausgehen. Das Ganze liegt an der Straße zum Strand auf der rechten Seite, direkt vor dem Mini Super Delicias.

La Banana (2682 4082; DZ/3BZ 47/58 US$; P) Aus südlicher Richtung kommend stößt man auf der rechten Seite auf das neue La Banana un-

PENÍNSULA DE NICOYA

ter französischer Leitung – es liegt vor dem Nosara Yoga Institute. Die schlichten möblierten Zimmer mit eigenem Bad sind luftig, haben Holzfußböden, Jutevorhänge und sind in den gedämpften Farbtönen tropischer Früchte gestrichen. Das Podest der aufgeständerten Bar wird ein immer beliebterer abendlicher Treffpunkt.

Casa Romántica (☎ 2682 0272; www.casa-romantica. net; DZ inkl. Frühstück ab 71 US$; P ⊠ 🖳 🐾) Das empfehlenswerte Herrenhaus im spanischen Kolonialstil hat mehrere Zimmer (mit eigenem Bad) und liegt in direkter Nähe zur Playa Guiones. Alle Räume wurden kürzlich renoviert und schauen auf die penibel gepflegte Gartenanlage, die sich rund um den Pool erstreckt. Die Gäste haben Zugang zu einem Privatstrand, einem Restaurant mit internationaler Küche und können Wellness-Angebote (Yoga und Massagen) wahrnehmen. Auch Ausflüge können organisiert werden. Das Hotel nimmt Kreditkarten.

Giardino Tropicale (☎ 2682 0258; www.giardinotro picale.com; EZ/DZ ab 64/76 US$; P 🐾) An der Hauptstraße nördlich von Marlin Bill's liegt diese Ansammlung an weiß getünchten Hütten in verschiedener Größe und mit unterschiedlicher Aussicht. Von den angenehmen Quartieren mit solarbeheizten Duschen fällt der Blick auf einen Rasen im Schatten eines riesengroßen Baumes, für die schnelle Abkühlung sorgt der Pool. Die Deluxe-Zimmer haben Küchen (ohne Backofen). Wer nicht selber kochen will, kehrt im schlichten Restaurant (Gerichte 5–9 US$) ein, das für seine hauchdünnen Pizzen berühmt ist, aber auch Steaks und Fisch auf der Karte stehen hat.

Harbor Reef Lodge (☎ 2682 0059; www.harborreef. com; DZ 111–122 US$, Pelada/Guiones Suite 150/173 US$, Hütten pro Woche ab 1664 US$; P 🐾 🖳 🐾) Die kühlen, gefliesten Zimmer mit eigenem Bad, Klimaanlage, Warmwasser und Kühlschrank sind mit Holzschnitzereien und landestypischen Stoffen verschönert. Die Suiten liegen an den Playas Pelada und Guiones, sind viel geräumiger und haben vollständig eingerichtete Küchen. Es gibt auch Hütten mit Zwei- bzw. Drei-Bett-Zimmern und einzeln zu mietende Suiten in *casas*. Sie sind makellos sauber und für sich abgeschlossen; auf Wunsch können die Gäste die Hoteleinrichtungen nutzen. Kreditkarten werden akzeptiert. Der Anfahrtsweg: Beim Nosara Surf Shop weiterfahren, bis die Straße an der Küste zu nach links abbiegt.

Harmony Hotel (☎ 2682 4114; www.harmonynosara. com; DZ 186 US$, 2-Pers.-Bungalow 262 US$, 4-Pers.-Suite 402 US$; P 🐾 🖳 🐾) Mit seinem klaren Design und seiner ruhigen, heiteren Atmosphäre wird dieses elegante Hotel seinem Namen sowohl hinsichtlich seines Erscheinungsbildes als auch seiner Atmosphäre gerecht. Um noch in Harmonie mit der Umwelt zu arbeiten, beschäftigt das Hotel einen Vollzeit-Nachhaltigkeitskoordinator und engagiert sich für die Gemeinde und Umweltinitiativen. Die einfachen, aber luxuriösen Zimmer haben geräumige, private Terrassen mit Freiluftduschen und Hängematten; mehr Privatsphäre und Platz bieten die Bungalows. Im Restaurant und der Bar werden so viele frische Bioerzeugnisse wie möglich verarbeitet (Hauptgerichte 11–20 US$) – sie allein sind schon einen Besuch wert, wenn man kein Hotelgast ist. Eine Reservierung wird empfohlen.

Café de Paris (☎ 2682 0087, 2682 1035; www.cafede paris.net; DZ/3BZ 80/92 US$; P 🐾 🖳 🐾) Das angenehme Hotel liegt an der Ecke der Hauptstraße und der ersten Zufahrtsstraße, die zur Playa Guiones führt. Es bietet blendend helle, saubere Zimmer, die mit viel poliertem Holz, eigenen Bädern und Klimaanlagen ausgestattet sind. Die größeren Bungalows und Villen sind eine gute Wahl für Reisegruppen. Aus der Restaurantbäckerei kommen himmlisches französisches Brot und Gebäck, hier kann man wunderbar essen oder sich einfach nur ein köstliches Brioche mitnehmen.

LP Tipp **Robin's** (☎ 2682 0617; Hauptgerichte 5 bis 7 US$; ⊙ Mo–Fr 7.30–19 Uhr, Sa & So 7.30–17 Uhr) Perfekt eingestimmt auf gesundheitsbewusste Yogaübende und Surfer, die in Nosara leben oder zu Gast sind, bietet Robin ein Willkommensmenü mit Salaten, Wraps, Sandwiches und hausgemachter Vollkorn-Focaccia an. Verlockend sind auch die Crêpes und die hausgemachte Eis- und Sorbetsorten. Die Tische unter einem Laubdach auf der Terrasse sind ein schöner Platz fürs Mittagessen.

Marlin Bill's (☎ 2682 0548; Hauptgerichte 6–14 US$; ⊙ Mo–Sa 11–14.30 & ab 18 Uhr, keine Schließzeit) Gegenüber der Hauptstraße liegt dieses beliebte Bar-Restaurant mit fantastischem Meerblick. Es lohnt sich, hier zu Mittag zu essen, wenn die Preise reduziert werden. Doch ganz generell sind Gerichte wie z. B. herzhafte Thunfischfilet mit dunkler Kruste und der Key Lime Pie (eine Limetten-Tarte, ihr Geld wert.

Gilded Iguana Bar & Restaurant (☎ 2682 0259; www.gildediguana.com; DZ 52–87 US$; P 🐾 🐾) Am

Ende der zweiten Zufahrtstraße zur Playa Guiones liegt dieses etablierte Hotel für Angler und Surfer; es hat gut ausgestatte, gefliese Zimmer verschiedener Größe mit eigenen Bädern (Warmwasser) und Kühlschränken. Die Mitarbeiter kümmern sich um Angelberechtigungen; Kajak-, Schnorchel- und Naturausflüge werden ebenfalls angeboten. In der guten Restaurantküche kommt der Fang der Gäste in die Pfanne, in der angrenzenden Bar treffen sich Gringos gern auf einen Absacker. Kreditkarten werden akzeptiert.

Mini Super Delicias del Mundo (☎ 2682 0291; ◷ 8.45–13 & 14.30–18.15 Uhr) Der Supermarkt an der zweiten Zufahrtstraße zur Playa Guiones verkauft Lebensmittel.

An der Straße zwischen Playa Guiones und Playa Pelada gibt es zwei hoch gelegene Übernachtungsplätze, die ebenfalls lohnend sind:

Vista del Mar (☎ 2682 0633; www.lodgevistadelmar. com; EZ/DZ inkl. Frühstück 36–48/44–56 US$, Apt. ab 90 US$; Ⓟ ⊠ ⌕) Die Lodge steht unter der Leitung eines sehr freundlichen Gringos namens Gale. Ausdauernden Surffreaks und Schwimmern wird der 25-m-Pool gefallen.

Vista del Paraíso (☎ 2682 0637; www.paradiseview-villas.com; DZ 76–175 US$; Ⓟ ⊠ ⌕) Eine kleine, von einer Familie betriebene (und familienfreundliche) Lodge mit atemberaubend schönen Ausblicken vom Berggipfel.

PLAYA PELADA

Refugio del Sol (☎ 2682 0287; www.refugiodelsol.com; EZ/DZ/3BZ 35/47/52 US$, DZ mit Küche 55 US$; Ⓟ) Fünf gemütliche Zimmer liegen rund um einen Innenhof gegenüber vom Pancho's. Hier geht es entspannt zu, zur Playa Pelada ist es nur ein kurzer Spaziergang.

Nosara B&B (☎ 2682 0209; www.nosarabandb.net; EZ/DZ/3BZ inkl. Frühstück 39/49/64 US$) Weiter nördlich liegt an einer beschilderten Zufahrtstraße diese entzückende, saubere und sehr ruhige Unterkunft. Sie versteckt sich hinter Bäumen in der Nähe eines stillen Strandabschnitts. Die gemütlichen Zimmer haben jeweils ein eigenes Bad (mit Warmwasser) und sind zurückhaltend dekoriert.

Rancho Suizo Lodge (☎ 2682 0057; www.nosara.ch; EZ/DZ inkl. Frühstück 41/58 US$; Ⓟ ⌕) Bei Pancho's nach rechts gehen und der Straße weitere 200 m folgen: An ihrem Ende liegt die Rancho Suizo. Sie liegt nur wenige Minuten zu Fuß von der Playa Pelada entfernt und wird von den Schweizern René und Ruth geführt. Die schlichten, gefliesten Bungalows haben eigene Bäder mit Warmwasser; Pool und Whirlpool sorgen für Erfrischung. Es gibt ein gutes Res-

taurant mit Bar, der Transfer von und zum Flughafen ist kostenlos.

Villa Mango B&B (☎ 2682 0130; www.villamangocr. com; EZ/DZ 69/79 US$; Ⓟ ⌕) Man kann gar nicht anders, als sich in diesem winzigen B&B unter Bäumen und mit Blick aufs Meer zu entspannen. Geleitet wird die Villa Mango von Gastgebern, die gern mit ihren Gästen plaudern. Es gibt zwar einen Pool auf dem Gelände, aber ein kurzer Spaziergang führt direkt zu einem abgelegenen Strandabschnitt.

Pancho's Resort (☎ 2682 0591; www.panchosresort. com; Bungalow 76–145 US$; Ⓟ ⊠ ⌑ ⌕) An der Hauptstraße zwischen der Playa Pelada und dem Dorf Nosara liegt das große Gelände, das einfach alles hat: Supermarkt, Bar, Restaurant und Hütten. Die komfortablen Bungalows für vier bis sechs Personen haben eigene Bäder mit Warmwasser, schöne Fliesenfußböden, hohe Decken, Lofts und Kochnischen. Und das Beste: Pancho und seine zweisprachige Familie sind unglaublich nett.

Lagarta Lodge (☎ 2682 0035; www.lagarta.com; EZ/DZ/3BZ 72/79/86 US$; Ⓟ ⌑ ⌕) Weiter nördlich endet eine Sackgasse an diesem empfehlenswerten Hotel mit sechs Zimmern, das hoch auf einem steilen Gipfel über der abgelegenen, 50 ha großen Reserva Biológica Nosara thront. Die Chancen, Vögel und andere Wildtiere zu beobachten, sind hier groß – und das vom komfortablen Hotelbalkon aus (und noch viel mehr beim Wandern). Die großen Zimmer haben hohe Decken, heiße Duschen und kleine private Terrassen oder Balkone. Das Balkonrestaurant (Frühstück und Mittagessen 4–7 US$, Abendessen 9–15 US$; Di geschl.) ist allein schon wegen der sensationellen Ausblicke und den geradezu inszeniert wirkenden Sonnenuntergängen einen Besuch wert. Genau so verlockend ist aber auch die wechselnde Speisekarte mit internationalen und einheimischen Spezialitäten.

LP Tipp Hotel Playas de Nosara (☎ 2682 0121; EZ/DZ 70/85 US$; Ⓟ ⌕) Folgt man der links verlaufenden Straße nach Playa Pelada, ist eines der ungewöhnlichsten Hotels in ganz Costa Rica erreicht. Mit seinem schneeweißen Turm im Minarettstil und seiner einmalig, völlig zusammenhangslosen Architektur ist es eine Mischung aus *1001 Nacht* und einem Gemälde von Salvador Dalí und außerdem Nosaras Wahrzeichen. Zimmer mit Balkonen bieten schöne Strandausblicke, Fußwege führen von jeder Seite zu den Stränden. Es gibt ein gutes Restaurant und einen Pool; die Tochter des

---

TOP-SPOTS FÜR SPEKTAKULÄRE KÜSSE

Die Halbinsel Nicoya ist mit endlosen romantischen Stränden gesegnet, aber wer einen besonders dramatischen Hintergrund für einen filmreifen Kuss sucht, sollte es mal hier probieren.

■ Die Rundum-Aussicht von der überwölbten Aussichtsterrasse im **Hotel Playas de Nosara** (s. S. 312) ist für sich genommen schon ganz schön schwindelerregend.

■ Das hoch über dem Steilufer schwebende **Restaurant Mirador Barranquilla** (S. 321) mit dem Pazifik zu Füßen ist bei Sonnenuntergang atemberaubend schön.

■ Frühmorgens zum **Montezuma Waterfall** (S. 329) wandern, um die Wasserbecken ganz für sich alleine zu haben.

■ Sich im **Lazy Wave** (S. 297) bei schummriger Beleuchtung und niedrigen Möbeln mit einem Cocktail in die opulenten Kissen kuscheln.

■ Ein Picknick einpacken, morgens Seekajaks mieten und von **Sámara** (S. 316) zur unbewohnten Isla Chora paddeln, um dort Robinson zu spielen.

Eigentümers (und Architekten) führt das Haus zu neuer Größe.

Olga's Bar & Restaurant (Casados 3 US$; ☺ Frühstück, Mittag- & Abendessen) Wenige hundert Meter nördlich vom La Luna liegt in einer Seitenstraße das immer noch beliebte Strandlokal, inzwischen eine örtliche Institution. Das von Costa-Ricanern geführte Restaurant serviert preiswerte, appetitliche casados und ganz passable abendliche Fischgerichte (6 US$).

La Luna (☎ 2682 0122; Gerichte 9–12 US$; ☺ Mittag- & Abendessen) Am Strand (rechts neben dem Hotel Playas de Nosara) liegt ein eindrucksvoller Steinbau, der eine schicke Restaurant-Bar birgt. Die vielfältige Speisekarte bietet asiatische und mediterrane Gerichte, die Ausblicke sind so berauschend wie die Cocktails. Vorher anrufen und reservieren.

NOSARA

Rancho Tico (☎ 2682 0006; Gerichte 4–6 US$; ☺ Mittag- & Abendessen) Die besten Casados werden hier am westlichen Ortsrand serviert; empfehlenswert ist auch der frische Fisch, bei dem es sich meistens um Rotbarsch oder den gezüchteten Buntbarsch Tilapia handelt.

Es gibt einige kleine Lebensmittelläden in der Stadt sowie eine Anzahl kleiner Sodas.

Ausgehen

Von den oben aufgeführten Bars und Restaurants einmal abgesehen gibt es ein paar Adressen in Nosara.

Beim Fußballplatz findet man das Tropicana, wo man gut mit kunstvollen Salsa-Schritten angeben kann. Die Bar Bambú ist ein weiterer Hotspot für die Samstagnacht. In der Bar im Kaya Sol (S. 310) wird manchmal Livemusik gespielt, die Stimmung ist immer gut.

An- & Weiterreise

AUTO

Von Nicoya führt eine Asphaltstraße in Richtung Playa Sámara. Rund 5 km vor Sámara (ausgeschildert) geht die Straße in eine kurvige, holprige (und in der Trockenzeit staubige) Schotterstrecke über, die ins Dorf führt (Allradantrieb ist empfehlenswert). Möglich ist auch die Fahrt weiter Richtung Norden (in der Trockenzeit) nach Ostional, Paraíso und Junquillal, wobei einige Flüsse zu durchqueren sind. In der Regenzeit unbedingt vor der Abfahrt die Einheimischen nach dem Zustand der Strecke befragen, denn der Río Nosara könnte unpassierbar sein.

BUS

Die Busse fahren von der *pulpería* (kleiner Lebensmittelladen) am Fußballplatz ab. Die Traroc-Busse starten um 6, 12.15 und 15 Uhr nach Nicoya (1,25 US$, 2 Std.). Die Empresas-Alfaro-Busse nach San José (6 US$, 5–6 Std.) fahren um 12.30 Uhr vor der Apotheke am Fußballplatz ab.

Gegen ein Aufgeld von 0,25 US$ setzen alle Busse Fahrgäste am Strand ab. Um nach Sámara zu kommen, irgendeinen Bus nehmen, der nach Nosara hinausfährt, und den Fahrer bitten, bei *la bomba de Sámara* (Tankstelle von Sámara) zu halten. Von dort aus geht es dann mit einem der Busse weiter, die von Nicoya nach Sámara fahren, aber auch per Anhalter kommt man hier gut weiter (Tipps dazu s. S. 604).

PENÍNSULA DE NICOYA

SCHILDKRÖTEN AUFSPÜREN

Nicht wenige Reisende suchen nach Möglichkeiten, etwas zurückzugeben, bevor es wieder nach Hause geht. Seit 1998 arbeitet die Organisation Programa Restauracón de Tortugas Marinas (Pretoma; Programm zum Schutz der Meeresschildkröten) mit Einheimischen zusammen, die dabei helfen, die Eiablage der Meeresschildkröten zu überwachen und Brutstationen zu betreiben. Damit sollen die Meeresschildkröten effizienter geschützt und das Schlüpfen der Jungen sichergestellt werden. Dorfbewohner werden als Helfer vor Ort eingestellt – für die Kinder gibt es Schulungen zum Thema Umweltschutz. Das Projekt beinhaltet auch das Markieren, Vermessen und das Bewachen der Schildkröten bei der Eiablage, was zu einem drastischen Rückgang der Wilderei geführt hat.

Während der Recherchen zu diesem Buch betreute Pretoma Projekte in Playa Ostional, Playa San Miguel, Playa Costa de Oro (an der zentralen Pazifikküste) sowie Punta Banco an der Grenze zu Panama. Weitere detaillierte Informationen für freiwillige Helfer finden sich auf der Website www.tortugamarina.org.

FLUGZEUG

Sansa und NatureAir fliegen einmal täglich von und nach San José für rund 93 US$ pro Flug.

REFUGIO NACIONAL DE FAUNA SILVESTRE OSTIONAL

Das 248 ha große Naturschutzgebiet an der Küste erstreckt sich von der Punta India im Norden bis zur Playa Guiones im Süden und schließt die Strände Playa Nosara und Playa Ostional ein. Der Park wurde 1992 zum Schutz der *arribadas* eingerichtet, dem massenhaften Eintreffen der olivgrünen pazifischen Bastardschildkröten, die hier von Juli bis November, vor allem aber von August bis Oktober, in Heerscharen zur Eiablage an den Strand kommen. Neben der Playa Nancite im Parque Nacional Santa Rosa ist Ostional einer der beiden wichtigsten Eiablageplätze dieser Schildkrötenart in Costa Rica.

Die Oliv-Bastardschildkröte zählt zu den kleinsten Meeresschildkröten und wiegt etwa 45 kg. Die Art ist bedroht, aber es gibt ein paar Strände auf der Welt, an denen die Tiere zu Tausenden auftauchen. Wissenschaftler vermuten, dass dieses Verhalten dazu dient, die natürlichen Feinde abzuschrecken und so das Überleben der Art zu sichern: sie liegen am Pazifik oder im Indischen Ozean.

Vor der Einrichtung des Parks haben die Küstenbewohner die Eier in Massen eingesammelt (rohe Schildkröteneier auszutrinken, stärkt angeblich die Potenz). Ein intelligenter Naturschutzplan erlaubt den Einwohnern von Ostional weiterhin, Eier einzusammeln – aber nur von den ersten Gelegen, die ohnehin oft von den nachfolgenden Schildkröten beschä-

digt werden. So blieb dieser Geschäftszweig der Gemeinde erhalten, und die Dorfbewohner wachen jetzt außerdem über alle anderen Gelege, damit ihnen die unbefugten Sammler nicht das Geschäft verderben.

An der felsigen **Punta India** am nordwestlichen Ende des Schutzgebiets gibt es Tidenbecken voller Leben, darunter Seeanemonen, Seeigel und Seesterne. Am Strand huschen Tausende fast durchsichtiger Geisterkrabben und leuchtend roter Klippenkrabben herum. Die Vegetation hinter dem Strand ist eher dürftig und besteht überwiegend aus Laubbäumen. Hier leben Leguane, Krebse, Brüllaffen, Nasenbären und viele Vögel. Nahe dem Südostrand des Schutzgebiets liegt ein kleiner Mangrovensumpf, in dem viele Vogelarten zu beobachten sind.

Aktivitäten

Während der Regenzeit ist das massenhafte Auftreten der **Schildkröten zur Eiablage** alle drei bis vier Wochen zu beobachten (meist in den dunklen Nächten vor Neumond), kleine Gruppen sind während der Eiablagezeit fast jede Nacht zu sehen. Aber auch in der Trockenzeit tut sich etwas: Dann kommen kleinere Gruppen von Leder- und Suppenschildkröten, die diesen Strand ebenfalls zur Fortpflanzung nutzen und müssen sich mühsam durch den Sand schieben. Viele größere Hotels und Tourveranstalter bieten Ausflüge zu den Schildkröten von Ostional an, aber es ist auch möglich, sie auf eigene Faust zu besuchen.

Surfer können hier bei Niedrigwasser ein paar fantastische Wellen reiten. Der Strand ist allerdings berüchtigt für seine starken Strömungen und die gewaltigen Brecher – schwimmen ist hier nur jenen zu empfehlen, die einen Panzer tragen und Flossen haben.

Schlafen & Essen

Zelten (pro Pers. 3 US$) ist hinter der zentral gelegenen Soda La Plaza erlaubt, wo auch eine Dixi-Toilette steht. Das Soda ist den ganzen Tag geöffnet.

Cabinas Guacamaya (☎ 2682 0430; Zi. pro Pers. mit/ ohne Bad 8/6 US$; P) Im Dorf Ostional findet man Unterkunft in kleinen, dunklen Zimmern mit Gemeinschaftsduschen und kaltem Wasser. Wer hier noch während der Arribade unterkommt, kann froh sein, denn der Andrang ist dann groß. Dieselben Inhaber führen die angrenzende Pulpería, wo die nötigsten Lebensmittel verkauft werden.

Cabinas Ostional (☎ 2682 0428; EZ/DZ/4BZ 10/16/ 28 US$; P) Hier sind die Zimmer etwas besser, es gibt eigene Duschen mit Kaltwasser und einen gemütlichen Garten. Auch diese Zimmer sind schnell ausgebucht.

Rancho Brovilla (☎ 2280 4919, 8821 5910; www. brovill.com; Zi. 33–66 US$, Apt. 120–200 US$, Casas 250 bis 280 US$; P 🐾 🏊) In den Bergen (2 km nördlich der Stadt) befindet sich Rancho Brovilla, eine exklusive Lodge, die sich Welten von den bescheideneren Unterkünften in Ostional unterscheidet. Holz setzt nette Akzente in den Zimmern mit eigenen Bädern (Warmwasser). Es gibt eine Restaurant-Bar (Gerichte 6 bis 10 US$) mit internationaler Küche.

An- & Weiterreise

Das Dorf Ostional liegt rund 8 km nordwestlich von Nosara. In der Trockenzeit fahren täglich zwei Busse von Santa Cruz (Abfahrtzeiten wechseln, also besser nachfragen), doch zu allen Jahreszeiten kann die Straße nach hohen Niederschlägen aufgeweicht sein. Berichten zufolge ist es problemlos möglich, von Nosara aus per Anhalter zu fahren.

Wer selbst fährt, sollte einen Geländewagen mieten, denn es müssen einige Flüsse durchquert werden. Von der Hauptstraße, die den Strand mit dem Dorf Nosara verbindet, wendet man sich nordwärts und überquert die Brücke über den Río Nosara. Hinter der Brücke gelangt man nach 2 km zu einer Abzweigung; hier fährt man nach links (beschildert) und weiter auf der Hauptstraße in nördlicher Richtung ins rund 6 km entfernte Ostional. Auf dem Weg nach Ostional sind mehrere Flussdurchquerungen zu bewältigen,

es ist also ratsam, sich vorab nach dem Zustand der Fahrstrecke zu erkundigen.

Hinter Ostional führt die unbefestigte Straße weiter nach Marbella, bevor man Paraíso (nordöstlich von Junquillal) erreicht. Auch hier gilt: Unbedingt vor Fahrtantritt Erkundigungen einziehen und die Strecke nur mit Allradfahrzeugen fahren!.

PLAYA SÁMARA

Der halbmondförmige graue Sandstrand ist einer der beliebtesten von Costa Rica – er ist sicher, ruhig, ziemlich gut erschlossen und mit öffentlichen Verkehrsmitteln leicht zu erreichen. Kein Wunder, dass er bei Ticos auf Familienurlaub, Rucksackreisenden, wohlhabenden Touristen, Schnorchlern und Surfern gleichermaßen beliebt ist (sogar der gegenwärtige Staatspräsident Oscar Arias besitzt ein Ferienhaus in der Nähe).

In den letzten Jahren hat sich der Ort verändert: Sámara wird zunehmend schicker, denn Ticos und zugezogene Ausländer haben den heruntergekommenen Geschäften, Restaurants und Fassaden einen neuen Anstrich verpasst. Das Städtchen versucht zwar, seine entspannte Atmosphäre zu bewahren, aber inzwischen ist Sámara ohne Zweifel der hochpreisigste Ort im Zentrum der Halbinsel Nicoya.

Praktische Informationen

Auf www.samarabeach.com steht das Wichtigste über Sámara.

Banco Nacional (☎ 2656 0086; 🕘 Mo–Fr 9–17 Uhr) In der Bank neben der Kirche kann man Geld tauschen; es gibt auch Geldautomaten.

Sámara Beach Travel Center (☎ 2656 0920; www. samara-tours.com; 🕘 9–21 Uhr) An der Hauptstraße. Neben einem Internetcafé werden hier auch Flug- und Interbus-Tickets verkauft und Touren organisiert. Verleih von Fahrrädern (Tag 12 US$) und Motorrollern (Tag 35 US$).

Se@net Internet Café & Tours (☎ 2656 0302; Std. 2 US$; 🕘 Mo–Sa 9–18 Uhr) Zum E-Mail-Abrufen, 100 m östlich der Hauptstraße.

Aktivitäten

BAUMKRONENTOUR

Der örtliche Tourenveranstalter ist **Wing Nuts** (☎ 2656 0153; Erw./Kind 55/35 US$) am östlichen Stadtrand, abseits der Hauptasphaltstraße.

FLÜGE

Einige Kilometer westlich bietet **Flying Crocodile** (☎ 2656 8048; www.flying-crocodile.com) in Playa Buenavista Ultraleichtflüge in einflügeligen Motordrachen (20 Min. 75 US$) an.

RADFAHREN

Ciclo Sámara (☎ 2656 0438) verleiht Fahrräder für 2,50 US$/Std. oder 12 US$/Tag. Es liegt 100 m westlich der Cabinas Arenas.

SCHNORCHELN & TAUCHEN

Bei ruhiger See und guter Sicht können Schnorchler das Korallenriff im Zentrum der Bucht oder Strände bewaldeter Eilande erkunden. Taucher sollten sich an das **Pura Vida Dive Center** (☎ 2656 0643, 8843 2075) wenden, wo Ausflüge zu nahegelegenen Tauchgründen organisiert werden. Das Tauchzentrum liegt 200 m westlich der Banco Nacional.

SCHWIMMEN

Obwohl die Brandung unmittelbar vor Eintreten der Flut lebhaft werden kann, ist das Schwimmen bei Sámara sicher.

SURFEN

Erfahrene Surfer werden die unbeständigen Wellen von Sámara wahrscheinlich langweilig finden, doch Anfänger können hier eine tolle Zeit verbringen.

Der erfahrene und sympathische Jesse von **Jesse's Sámara Surf School** (☎ 2656 0055; www.samarasurfschool.com) bringt Möchtegern-Surfern seit Jahren das Wellenreiten bei, inzwischen unterstützt ihn seine Tochter Sunrise. Der freundliche, fachkundige Unterricht der beiden wird von Lesern wärmstens empfohlen (Einzelstunde 40 US$). Jesse organisiert außerdem individuelle Surf-Safaris zu Geheimtipps überall an der Küste.

Noch eine großartige Option ist **C&C Surf School & Adventure Center** (☎ 2656 0628; www.samarasurfcamp.com) am nördlichen Stadtrand, wo Einzelstunden für 40 US$ erteilt werden; in der Gebühr enthalten ist der Verleih eines Surfboards für eine weitere Stunde. Und man tut noch etwas Gutes: Die Schule spendet 3 US$ von jeder Unterrichtsstunde an eine örtliche Grundschule und ein Schildkrötenschutzprojekt. Sie verleiht außerdem Kajaks und Surfboards und organisiert verschiedene Touren und Ausflüge in ganz Costa Rica.

Kurse

Centro de Idiomas Intercultura (☎ 2656 0127, 2260 8480; www.interculturacostarica.com) hat einen Campus direkt am Strand. Die Preise für Sprach-

kurse beginnen bei 270 US$ pro Woche ohne Unterbringung.

Geführte Touren

Tío Tigre (☎ 2656 0098; www.samarabeach.com/tiotigre), findet man beim Super Sámara gleich um die Ecke, die Firma bietet Exkursionen aller Art an: Schnorcheln, Delfin- und Schildkrötenbeobachtungsfahrten, Kajakfahrten und sogar Ausritte in die nähere Umgebung.

Schlafen

BUDGETUNTERKÜNFTE

Wenn nicht anders angegeben, kommt aus allen Duschen kaltes Wasser. Die genannten Preise gelten in der Hauptsaison.

Camping Los Coco (☎ 2656 0496; Camping pro Pers. 5 US$) Auf der Ostseite des Strandes liegt dieser ansprechende Campingplatz mit gut gepflegten Einrichtungen; es ist manchmal allerdings brechend voll. Wenn im Los Coco kein Platz mehr für ein Zelt ist, finden sich weitere Campingplätze an dieser Straße.

Hotel Playa Sámara (☎ 2656 0190; www.hotelplaya samara.com; Zi. pro Pers. 12 US$; **P**) In der Nähe des Fußballplatzes liegt dieser Hotelfavorit der urlaubenden Costa-Ricaner (die offenbar gegen die Geräusche des benachbarten Nachtclubs vollkommen immun sind). Saubere, lindgrüne Zimmer mit eigenem Bad sind für wenig Geld zu haben, aber viel Schlaf wird man hier nicht finden.

Cabinas Kunterbunt (☎ 2656 0235; www.cabinas-villa-kunterbunt.com; EZ/DZ ohne Bad 20/25 US$, EZ/DZ/3BZ mit Bad 30/40/50 US$; **P** 🔌 ♿) Tommy und Antje, die deutschen Inhaber, haben ein Strandhaus und kunterbunte Cabinas direkt an einem friedlichen Strandabschnitt gebaut. Von der Gemeinschaftsküche unter freiem Himmel bis zur Rasenfläche, die an den Strand grenzt, macht alles einen spartanischen Eindruck und erinnert etwas an ein Ausgesetztsein auf einer einsamen Insel. Die Hütten liegen 3 km außerhalb der Stadt, eigene vier Räder sind also notwendig.

Bar Olas (☎ 2656 1100, 8830 24; Camping pro Pers. 5 US$, EZ/DZ-Hütten 20/30 US$; **P**) Die Strandunterkunft liegt 200 m westlich von der Soda Sheriff Rustic und bietet die ungewöhnlichste Unterkunft der ganzen Stadt: strohgedeckte Hütten mit eigenem Bad. Es gibt keine Insektengitter, jeder Gast muss für sich selbst sorgen. Nebenan ist obendrein noch eine Bar, bei der es nur zwei Möglichkeiten gibt: Sich bis zur Besinnungslosigkeit zu betrinken oder es mit Ohrstöpseln zu versuchen. Zelten ist ebenfalls möglich.

La Locanda (☎ 2656 0036; www.locandasamara.com; DZ mit/ohne Bad 35/30 US$, DZ mit Klimaanlage 70 US$, Apt. 110–150 US$; ℗ ✗) Die saubereren, hellen Zimmer liegen direkt am Strand, draußen gibt es eine Bar und ein Café. Die Zimmer sind mit Klimaanlage, Kühlschrank und Kabel-TV ausgestattet, die Apartments haben Balkone. Zum Hotel gehören bewachte Parkplätze.

Hotel Casa del Mar (☎ 2656 0264; www.casadelmar samara.com; DZ inkl. Frühstück mit/ohne Bad 79/30 US$; ℗ ✗ ☎) Östlich vom Super Sámara und unweit vom Strand liegt dieses angenehme Hotel unter amerikanischer Leitung, das eine gute Auswahl an Zimmern für Reisende aller Budgetklassen bietet. Wer auf ein eigenes Bad verzichten kann, für den sind die Zimmer hier ein Schnäppchen (der Whirlpool kann auch als Badewanne missbraucht werden). Die Zimmer mit Bad sind hell, luftig und ihren Preis unbedingt wert.

MITTELKLASSEHOTELS & SPITZENKLASSEHOTELS

Wenn nicht anders angegeben, haben alle Duschen kaltes Wasser.

Bungalows Casa Valeria (☎ 2656 0511; casavale ria_af@hotmail.com; DZ/3BZ/4BZ ab 35/52/81 US$; ℗ ✗) Das gemütliche kleine Gästehaus liegt direkt am Strand – rund 100 m östlich der Hauptstraße. Zimmer und Bungalows sind unterschiedlich groß und recht einfach gehalten. Doch die Hängematten unter Palmen und die stille Gartenkulisse verleihen der Unterkunft ihren besonderen Charme. Eine Gemeinschaftsküche ist vorhanden.

Posada Matilori (☎ 2656 0291, 8817 8042; posad amatilori@racsa.co.cr; DZ/3BZ 41/52 US$; ℗ ✗) Mit vier nagelneuen Zimmern in einem gemütlichen, geschützten Gasthaus bietet das extrem freundliche Inhaberpaar (Italiener/Tica) allen Komfort: orthopädische Betten, kostenlose Wäscherei, Kaffee und Tee gratis, kostenlose Nutzung von Boogieboards, eine vollausgestattete Küche (mit Waffeleisen!) und viele kuschelige Hängematten. Das Haus ist tipptopp in Ordnung und liegt an einer ruhigen Seitenstraße 100 m vom Strand entfernt.

LP Tipp **Entre Dos Aguas B&B** (☎ 2656 0998; www.hoteldosaguas.com; EZ/DZ/3BZ/4BZ inkl. Frühstück 45/50/55/65 US$; ℗ 🖥 ☎) Das fantastische kleine B&B (am Weg in die Stadt gelegen) ist genau das, was ein Leser treffend als „Mercedes Benz unter den Unterkünften zu einem Toyota-

Preis" beschrieben hat. Sieben farbenprächtige Zimmer sind mit Steinduschen und lebhaft gemusterten Leinenstoffen ausgestattet. Ein penibel gepflegter Garten umgibt einen Pool; in einem gemeinschaftlich genutzten Innenhof hängen einladende Hängematten und stehen schwere Tische. Draußen gibt es einen mit Holz beheizten Backofen für alle, die sich ihr Abendessen selbst zubereiten möchten.

Tico Adventure Lodge (☎ 2656 0628; www.ticoad venturelodge.com; EZ/DZ/Apt. 29/52/128 US$; ℗ ✗ ☎) Die amerikanischen Inhaber sind stolz darauf, diese Lodge gebaut zu haben, ohne einen einzigen Baum fällen zu müssen. Das können sie auch sein, denn die Lodge ist überwältigend schön! Neun Doppelzimmer mit eigenen Bädern und viel Holz liegen inmitten einer üppigen Vegetation und alten Bäumen; im Baumhaus (für vier Personen) kann man auf einer Veranda drei Stockwerke hoch in einer Hängematte schaukeln. Im Haus am Pool können fünf Personen (151 US$) übernachten, es hat eine voll ausgestattete Küche und ein Esszimmer. Bei Wochen- oder Monatsmiete werden die Preise günstiger.

Casa Paraiso (☎ 2656 0741; EZ/DZ inkl. Frühstück 29/58 US$; ℗) Das komfortable B&B in Strandnähe wird von einer netten Tico-Familie an der Straße zur Playa Carrillo betrieben. Die Zimmer mit eigenem Bad sind schlicht, doch die Inhaber füllen das Haus mit Wärme. Mit dem frisch zubereiteten Frühstück lässt es sich wunderbar in den Tag starten.

Hotel Belvedere (☎ 2656 0213; www.samara-costa rica.com; EZ/DZ/3BZ/4BZ 45/65/75/85 US$, Bungalow 75 US$, alle inkl. Frühstück; ℗ ✗ 🖥 ☎) Das Hotel Belvedere am nördlichen Stadtrand liegt in einem luftigen Garten mit schönen Ausblicken: Es hat zehn weiß getünchte Zimmer mit frei liegenden Holzbalken, solarbeheizten eigenen Duschen, Kabel-TV und eigenen kleinen Terrassen. Zwei größere Bungalows sind mit einer Kochnische ausgestattet – perfekt für Selbstversorger, die ein ruhiges Plätzchen in der Stadt suchen. Die deutschen Inhaber sprechen auch Englisch und Spanisch. Kreditkarten werden akzeptiert.

Sámara Tree House Inn (☎ 2656 0733; www.sama rabeach.com; Bungalow inkl. Frühstück ab 111 US$; ℗ ✗ 🖥 ☎) Die fünf Pfahlbaumhäuser für Erwachsene sind so hübsch, dass man nicht wieder weg möchte. In den voll ausgestatteten Küchen hängen Töpfe und Pfannen an Treibholzplanken, die Fernseher (Kabel) rotieren auf drehbaren Untersätzen, ins Netz kommt

PENÍNSULA DE NICOYA

man überall drahtlos. Selbst die Badezimmerfliesen sind wunderschön. Riesige Fenster lassen Licht und Luft herein, Hängematten sind unter den auf Pfählen gebauten Bungalows aufgehängt.

Hotel Rancharlo (☎ 2656 0573; www.rancharlo.com; EZ/DZ 41/47 US$, mit Bad 47/76 US$, alle inkl. Frühstück; P ⚹ ⬛) Neue, sehr saubere Zimmer mit moderner, mediterraner Note, wenn auch ein bisschen zu klein geraten. Die Atmosphäre ist zurückhaltend und freundlich, es gibt einen Pool im Tropengarten, eine Bar und ein italienisches Restaurant.

Villas Pepitas (☎ 2656 0747; www.villaspepitas.com; DZ/3BZ/4BZ Apt. 116/140/163 US$, DZ/3BZ/4BZ Villa 128/151/ 175 US$; P ⚹ ⬛ ⬛) Am westlichen Stadtrand (kurz vor der Flussquerung) liegen die fröhlichen gelben Villen und wirken wie ein sonniges Stück Italien vor tropischer Baumkulisse. Es ist ruhig an dieser Straße und trotzdem nur ein kurzer Spaziergang in die Stadt und an den Strand. Der Inhaber ist sehr nett und aufgeschlossen, respektiert aber trotzdem die Privatsphäre der Gäste.

Hotel Mirador de Sámara (☎ 2656 0044; www. miradordesamara.com; 3BZ inkl. Frühstück 105 US$, Apt. 122 US$; P ⬛) Auf einem Hügel am Nordrand des Ortes liegt dieses ungewöhnliche Hotel mit den hohen Türmen, von denen die Aussicht einfach grandios ist. In den „Sky Rooms" können bis zu drei Personen schlafen, die großen Apartments mit Küche bieten Platz für bis zu sechs Urlauber. Das kleine Restaurant, das nur für Hotelgäste zugänglich ist, bietet eine tolle Aussicht über das ganze Gebiet. Kreditkarten werden akzeptiert.

Essen

Weg mit dem Alten und her mit dem Neuen, so lautet die Losung in Sámara. Noch sind ein paar einfache Sodas in der Stadt vorhanden, aber die Restaurantszene scheint sich jedes Jahr neu zu erfinden, um auch dem verwöhnteren Gaumen gerecht zu werden. Selbstversorger bekommen ihre Vorräte und Alltagsbedarf im Super Sámara Market östlich der Hauptstraße.

Panadería Café Sámara (☎ 2656 0811; Gebäck 1,50–3 US$; ⊙ Mi–Mo 6–18 Uhr) Um die Ecke vom Super Sámara und der Casa del Mar (S. 317) stellt diese himmlische kleine Bäckerei ausgezeichnetes deutsches Gebäck, leckere Brote und Baguettes her. Die runden Tische im schlicht gehaltenen, überdachten Patio laden zu einem Kaffee oder Frühstück ein.

Soda Sheriff Rustic (Gerichte 2–5 US$; ⊙ Frühstück, Mittag- & Abendessen) Eine der wenigen klassischen Sodas der Stadt. Für den Besuch sprechen die Strandlage, die sättigenden Frühstücksvarianten, die riesigen casados und die unglaublich günstigen Preise.

Restaurante Jardín Marino (Hauptgerichte 4–8 US$; ⊙ Mittag- & Abendessen) Die große, luftige Soda ist immer brechend voll – wer sich hier niederlässt und etwas bestellt, versteht, warum. Die landestypischen Speisen sind frisch und von hoher Qualität – unter einem *xasado de pescado* versteht man hier gegrillten Fisch, nicht etwa ein Tiefkühlfilet! Das Restaurante Jardín Marino liegt an der Hauptstraße, die zum Strand führt.

Shake Joe's (☎ 2656 0252; Hauptgerichte 4–10 US$; ⊙ ab 11 Uhr, open end) Die Strandbar ist gerade hip. Coole, lässig herumflezende Reisende hören auf riesigen Holzcouchen liegend Electronica. Surfschüler können sich hier nach der Surfstunde mit einem Burger stärken. Am schönsten ist es aber an der Strandbar, wenn die Sonne im Meer versinkt und die Sundowner serviert werden.

El Dorado (☎ 2656 0145; Hauptgerichte 5–10 US$; ⊙ 17–22 Uhr, Do geschl.) Es fällt nicht schwer, mit der besten italienischen Küche in Sámara zu glänzen, wenn die Pasta stets hausgemacht ist, Fleisch und Käse direkt aus Italien importiert werden und man den Pazifischen Ozean vor der Haustür rauschen hört.

Restaurant Las Brasas (☎ 2656 0546; Gerichte 7 bis 12 US$; ⊙ ab 12 Uhr, open end) In diesem anspruchsvollen spanischen Restaurant an der Hauptstraße gibt es alles von Tortillas und Paellas bis hin zu Spanferkel. Der Weinkeller ist gut gefüllt, der Balkon im oberen Stock ist perfekt fürs Leutebeobachten.

Ausgehen

Die coolste Adresse der Stadt ist La Vela Latina am Strand, wo Gäste auf Holzsitzen oder in weichen Ledersitzen raffinierte Bocas und perfekt gemixte Cocktails und Sangría serviert bekommen. Wer es sich einen ganzen Abend mit den Einheimischen gemütlich machen will, ist in Pablito's Bar am westlichen Stadtrand genau richtig.

An der Hauptstraße liegt La Gondola, zu später Stunde eine nette Adresse für ein paar Drinks, eine Runde Poolbillard oder Dart. Sehenswert ist das Wandgemälde von Venedig. Im Shake Joe's (s. S. 318) laufen die Gäste abends bei gedämpfter Beleuchtung und modernen Sounds zu Hochtouren auf. In der Diskothek Tutti Frutti (am Strand) dröhnen die Bässe an den meisten Wochenenden bis spät in die Nacht, hier treffen sich die Einheimischen. Die familiengeführte Bar Olas (S. 316) ist ein guter Ort, um sich auf einer der Holzbänke sitzend mit einem Imperial auf die Nacht einzustimmen.

Shoppen

Zahlreiche Händler verkaufen Kunsthandwerk und handgefertigten Schmuck an den Ständen entlang der Hauptstraße.

Koss Art Gallery (☎ 2656 0284) Jaime stellt hier in seinem Open-Air-Studio am Strand in der Hauptsaison regelmäßig seine vielfarbigen Werke aus. Am besten vorher anmelden.

Galería Dragonfly (☎ 2656 0964; www.samaraarte. com) Beim Gang durch die Hauptstraße fallen Leonardo Palácios' Wandgemälde ins Auge; drinnen zeigt eine Galerie einzigartig gearbeitete Schmuckstücke aus verschiedensten Materialien wie Leder und Muscheln. Außerdem finden sich hier Plastiken, Gemälde und dekorative Stücke in organischen Formen. Henna-Tatoos werden ausgeführt.

Einen Besuch wert ist auch Mama Africa, wo schöne, mit Perlen verzierte Ledersandalen aus Kenia verkauft werden. Die italienischen Inhaber arbeiten direkt mit einem Produktionskollektiv der Massai zusammen, das die Sandalen herstellt – durch den Kauf wird seine Arbeit unterstützt.

An- & Weiterreise

Der Strand liegt rund 35 km südwestlich von Nicoya an einer gut befestigten Straße.

FLUGZEUG

Der Flughafen, der Playa Sámara bedient, liegt näher zur Playa Carrillo und wird daher oft Carrillo genannt. Sansa fliegt täglich von und nach San José (einfach/hin- & zurück 89/ 178 US$). Flüge kann man im Sámara Beach Travel Center (s. S. 315) buchen.

BUS

Busse von Empresas Alfaro fahren nach San José (6 US$, 5 Std.), Abfahrt ist an der Hauptstraße um 4.30, 8.30 und 15 Uhr. Sonntags fährt nur der 8.30-Uhr-Bus.

Traroc-Busse nach Nicoya (1,25 US$, 2 Std.) fahren 11 Mal täglich von der Pulpería, am Fußballplatz, dem Gemischtwarenladen ab; sonntags fahren die Busse seltener.

PLAYA CARRILLO

Die weniger erschlossene und deshalb ruhigere Playa Carrillo liegt rund 4 km südöstlich von Sámara. Der leicht gebogene Strand wird von einem mit Palmen bestandenen Boulevard gesäumt. Mit seinem sauberen Sand, den Felsen und der Dschungelkulisse sieht die Playa Carrillo so aus, wie man sich einen tropischen Bilderbuchstrand vorstellt. An Wochenenden und in den Ferien ist der Boulevard von Autos gesäumt, die Tico-Familien genießen den Strandtag mit Kühlboxen unter Palmen.

Die kleine dazugehörige Stadt liegt an einem Berghang über dem Strand und zieht kleine Gruppen von Surfern an, die sich an der Küste entlang von Welle zu Welle vorarbeiten. Dazu gesellen sich Horden von amerikanischen Sportfischern auf der Jagd nach Speerfischen.

Aktivitäten

BRANDUNGSANGELN

Man muss nicht viel Geld ausgeben, um große Fische zu fangen – man kann es auch den Ticos nachmachen und sein Geschick beim allgemein erlaubten Brandungsangeln erproben. Die meisten Hotels und Tourenveranstalter rüsten Interessierte für ein paar Dollar mit allem Notwendigen aus.

SPORTANGELN

Kingfisher Sportfishing (☎ 2656 0091; www. costaricabillfishing.com) ist ein sehr gut etablierter örtlicher Veranstalter, der ganztägige Fahrten für 950 US$ anbietet. **Kitty Cat Sportfishing** (☎ 2656 0170; www.sportfishcarrillo.com) ist ein ebenso renommierter Veranstalter mit konkurrenzfähigen Preisen; Ausflüge – meist auf Schwertfische – können telefonisch gebucht werden.

SURFEN

Hier geht das Surfen besser als an der benachbarten Playa Sámara, wenn es auch nichts Besonderes ist. Bei steigendem Wasser und bei Flut lassen sich aber ein paar ordentliche Wellen erwischen.

Geführte Touren

Popos (☎ 2656 0086; www.poposcostarica.com) bietet spannende, gut organisierte Kajaktouren zu akzeptablen Preisen an, inklusive spezieller Angebote für Familien. Die Preise der Discountabenteurer beginnen bei 55 US$.

Carrillo Tours (☎ 2656 0543; www.carrillotours.com; ⏰ 8–19 Uhr) an der Bergstraße organisiert Schnorcheltouren, Delfinbeobachtungen, Kajaktouren, Reitausflüge und Fahrten nach Palo Verde (S. 222).

Schlafen & Essen

Camping Mora (☎ 2656 0118; pro Pers. 5 US$; P) Der Campingplatz mit Duschen, Bädern, Strom und Trinkwasser liegt auf der westlichen Seite des Strandes.

Alle folgenden Hotels befinden sich an der östlichen Strandseite auf einer brandungsgeschützten Anhöhe. Der Strand ist von den meisten dieser Standorte in fünf bis zehn Minuten zu Fuß zu erreichen.

Casa Buenavista (☎ 2656 0385; www.samarabeach.com/casabuenavista; DZ inkl. Frühstück 45–55 US$; P) Ein nettes italienisches Paar betreibt dieses B&B mit zwei Zimmern. Die einfachen, aber gemütlichen Räume haben jeweils eigene Bäder mit Warmwasser, eigene Veranden und Eingänge, im Garten gibt es eine kleine beschattete Yoga-Terrasse.

Cabinas El Colibrí (☎ 2656 0656; www.samarabeach.com/elcolibri; EZ/DZ/3BZ inkl. Frühstück 50/60/70 US$; P) Die Cabinas unter argentinischer Leitung liegen hoch auf dem Hügel und sind voll ausgestattet mit eigenen Bädern (Warmwasser). Die Mini-Apartments mit Kochnischen (aber ohne Frühstück) kosten genau so viel. Hier geht es entspannt und gemütlich zu, im dazugehörigen Restaurant (17–24 Uhr, Gerichte 4–10 US$) wird gut gekocht, z. B. traditionelle argentinische *parrilladas* (Grillfleisch) und *empanadas* (Maistaschen mit Hackfleisch).

Carrillo Club (☎ 2656 0316; www.carrilloclub.com; EZ/DZ/3BZ/4BZ inkl. Frühstück 55/85/95/105 US$, Apt. 85 US$; P) Das hübsche gelbe Gasthaus am Berghang bietet komfortable Hütten mit eigenen Terrassen und Bädern mit Warmwasser. Die Apartments für zwei Personen sind mit Küchen ausgestattet. Es gibt einen Pool mit Meerblick, zum Strand ist es ein kurzer Spaziergang bergab. Ein Erlebnis für sich ist das Frühstück auf der großen Terrasse vor dem Haus mit einem schönen, weiten Blick auf die Playa Carrillo.

Hotel Arena Blanca (☎ 2656 2025; www.arenablancahotel.com; DZ inkl. Frühstück 111 US$; P) Das im Stil einer neuzeitlichen Hacienda gebaute Hotel besticht durch rustikale Details mit modernem Touch. Hinter Bäumen verborgen, grenzt das niedrig liegende Gebäude an eine Poollandschaft, zum Strand sind es nur 150 m. Das Personal organisiert Ausflüge.

Hotel Esperanza (☎ 2656 0564; www.hotelesperanza.com; EZ/DZ inkl. Frühstück 110/120 US$; P) Die Zimmer des neu umgebauten Hotel liegen zurückversetzt hinter einem Arkadengang und schauen auf die Poollandschaft. Die hübschen Zimmer sind etwas klein, aber vollgepackt mit Annehmlichkeiten wie Kabel-TV, DVD-Spielern, Haartrocknern und tropisch inspirierten Kunstwerken.

Es gibt eine Anzahl kleiner Sodas an der Straße und beim Fußballplatz.

An- & Weiterreise

Planmäßige Flüge von Sansa nach San José (Hinflug/Hin- & Rückflug 89/178 US$) nutzen die Start- und Landebahn nordwestlich des Strandes. Traroc-Busse von Nicoya nach Sámara fahren zum Teil auf der gut befestigten Straße weiter zur Playa Carrillo – vorher beim Fahrer erkundigen!

ISLITA AREA

Der Streifen südöstlich von Playa Carrillo zählt zu den einsamsten und schönsten Küstenabschnitten der Halbinsel. Das liegt vor allem daran, dass er so schwer zugänglich ist und dass es dort kaum Unterkünfte gibt. Wer sich von den schlechten Straßen nicht abschrecken lässt oder mit dem Kajak die Küste entlangpaddelt (oder auch zu Fuß kommt), wird mit menschenleeren Stränden belohnt, dahinter liegen unberührte Wälder und zerklüftete Hügel.

Nördlich von Punta Islita herrschen an der **Playa Camaronal** ideale Surfbedingungen, ebenso vor dem Hotel Punta Islita, wo die Wellen etwas kleiner sind. Playa Camaronal ist nebenbei auch ein geschützte Legeplatz für Meeresschildkröten: Leder-, Bastard-, Echte Karett- und Suppenschildkröten; offiziell unter dem Namen **Refugio Nacional de Vida Silvestre Camaronal** bekannt.

Playa Corzalito und **Playa Bejuco** südlich von Punta Islita sind von Mangrovensümpfen gesäumt. Hier kann man sehr gut Vögel und andere Tiere, etwa die ulkigen Schlammspringer, beobachten. Die kleinen Brackwasserfische mit dem Telekopaugen rutschen und watscheln zwischen Land und Meer durch den Schlick, bei Ebbe atmen sie Luft.

Einen Besuch lohnt auch der kleine Ort **Islita** mit dem Museo de Arte Contemporáneo al Aire Libre, einer Freiluftausstellung zeitgenössischer Kunst – Mosaiken, Wandgemälde, Schnitzereien und Gemälde, verteilt über Häuser, Baumstämme und vieles mehr. Ins Leben gerufen wurde das Projekt vom Hotel Punta Islita, das in seinen Shops einheimische Kunstwerke verkauft und den Erlös in die Gemeinde investiert.

Wer bei dem Projekt mitarbeiten möchte, erfährt im Hotel, wo ehrenamtliche freiwillige Helfer gebraucht werden.

Schlafen & Essen

Zelten ist an den Stränden (ohne Infrastruktur) für Selbstversorger mit eigenem Fahrzeug möglich.

Hotel Punta Islita (☎ 2661 4044; www.hotelpuntais lita.com; DZ/Suite inkl. Frühstück 349/489 US$, Casitas ab 559 US$; P ⊠ ▣ ▣) Die Luxusanlage ist ein Musterbeispiel für eine Hotelführung, die ethische Belange mit einbezieht. Neben dem Organisieren von dörflichen Kunstprojekten hat das Management den Bau verschiedener öffentlicher Gebäude, darunter einer neuen Kirche, gesponsort, und bemüht sich fortlaufend, die ländliche Gemeinde Islita in seine Entwicklung miteinzubeziehen. Das Hotel steht auf einer Hügelkuppe und hat 40 voll ausgestattete Zimmer mit atemberaubendem Meerblick (einige der Suiten haben Freiluft-Whirlpools). Pool und Grundstück sind einfach umwerfend schön; das Personal arrangiert jeden nur denkbaren Ausflug zu Wasser und zu Lande.

Restaurant Mirador Barranquilla (Hauptgerichte 3–5 US$; ☺ Mi–Mo 11–24 Uhr) Auf einer Bergkuppe rund 2 km südöstlich vom Hotel bietet das Mirador Barranquilla einen atemberaubenden Weitblick (180 Grad) über Punta Islita und die Strände Playa Bejuco und Playa San Miguel. Und es ist die Topadresse der Gegend für ein Bier bei Sonnenuntergang.

Cambute (Hauptgerichte 4–8 US$; ☺ Mittag- & Abendessen) Zurückhaltender geht es in dieser renovierten Soda zu, in der ausgezeichnete Ceviche und Casados in entspannter Atmosphäre am Flussufer serviert werden.

1492 Restaurant (☎ 2661 4044; Hauptgerichte 10 bis 25 US$; ☺ Frühstück, Mittag- & Abendessen) Der Film *1492 – Die Eroberung des Paradieses* wurde vor der Kulisse von Punta Islita gedreht – einige Requisiten schmücken das Restaurant. Die Küche ist hier eine Mischung aus costa-ricanischen und internationalen Einflüssen und von Spitzenqualität – Gleiches gilt für den Ausblick.

An- & Weiterreise

AUTO

Punta Islita liegt zwar mit dem Auto weniger als 10 km südöstlich der Playa Carrillo, doch der Fahrweg ist tückisch und mit mehreren Flussdurchquerungen verbunden, die in der Regenzeit unmöglich passierbar sind. Nähere Informationen s. Kasten S. 334. Die „einfachste" Route ist die Folgende: landeinwärts von der Playa Carrillo durch die Gemeinden San Pedro und Cangrejal (auch unter dem Namen Soledad bekannt) und dann nach Bejuco an die Küste fahren. Von dort gelangt man nach Islita (dafür in nordwestlicher Richtung halten).

BUS

Täglich fahren zwei Busse (Empresa Arza) von San José über San Francisco de Coyote zu den Playas San Miguel und Bejuco – näher an Islita ist mit öffentlichen Verkehrsmitteln nicht heranzukommen. Von Bejuco ist es noch ein langer Weg bergauf, und Trampen ist wegen des geringen Verkehrs fast aussichtslos.

FLUGZEUG

NatureAir und Sansa fliegen jeweils einmal täglich zwischen San José und Punta Islita (Hinflug/Hin- & Rückflug ca. 94/188US$).

PLAYAS SAN MIGUEL & COYOTE

Südlich der Playa Bejuco liegen die beiden vermutlich schönsten (und am seltensten besuchten) Strände von Costa Rica. Die naturbelassenen Strände Playa San Miguel im Norden und Playa Coyote im Süden mit feinem, silbergrauem Sand sind durch die Mündung des Río Jabillo voneinander getrennt. Hier gibt es tolle Surfbedingungen, Gelegenheit zum Kajak fahren und zu praktisch allen anderen Dingen, die man in einem sandigen Stück vom Paradies so tun kann.

Trotzdem sind die Strände fast immer menschenleer (was wahrscheinlich daran liegt, dass es keine öffentliche Verkehrsanbindung gibt). Und noch eine Verlockung: San Miguel und Coyote sind Nistplätze der Oliv-Bastardschildkröte, der etwas größeren, mehr grünlich gefärbten pazifischen Art.

Es gibt keine erwähnenswerten Dörfer in der Gegend, aber eine Anzahl Ausländer mit Durchblick hat sich hier niedergelassen und einige wundervolle Unterkünfte in Ufernähe gebaut. Der nächste Ort ist **San Francisco de Coyote**, 4 km landeinwärts. Hier gibt es im-

PENÍNSULA DE NICOYA

merhin ein paar Sodas (Gaststätten mit kleinem Laden) und auch Ferienhäuschen.

Aktivitäten

Surfer werden die Beach Breaks ohne jeden Andrang vor San Miguel genießen, vor allem bei auflaufender Flut. In Coyote liegt ein Riff vor der Küste, das bei Flut mit Surfbrettern befahren werden kann.

Schwimmer sollten vorsichtig sein, denn die Wellen sind hoch, die Surfer sehen nur Breaks, und im Zweifelsfall ist gerade niemand da, der bei einer Notlage helfen könnte.

Mit einem eigenen, seetüchtigen Kajak lassen sich an diesen Stränden (wie auch beim nahe gelegenen Islita) perfekte Küstenexkursionen unternehmen.

Schlafen & Essen

An beiden Stränden können Selbstversorger zelten, es gibt allerdings keinerlei Infrastruktur, sodass alles mitgebracht werden muss.

Soda Familiar y Cabinas Rey (☎ 2655 1055; EZ/DZ/3BZ 6/15/20 US$; P 🔒) Wer die direktere (und tückische) Route nach Malpaís nimmt, kann sich in dieser von Ticos geführten Soda in San Francisco de Coyote mit Vorräten und ein paar Tipps eindecken. Ist es für die Weiterfahrt zu spät, gibt es hier eine Übernachtungsmöglichkeit in einer der schlichten Hütten mit kalter Dusche. Kaum zu glauben: Hier befindet sich sogar ein Hotspot für drahtlosen Internetzugang.

Blue Pelican (☎ 2655 8046; www.thebluepelicaninn.com; EZ/DZ inkl. Frühstück ab 25/35US$; P 🔒) Das sonderbare, purpurfarbene Holzhaus liegt unweit der zentralen Playa San Miguel. Zimmer gibt es für jeden Bedarf – für Alleinreisende genauso wie für Gruppen. Nett ist die tolle Suite mit Meerblick und eigener Terrasse. Das Gästehaus liegt nur ein paar Schritte vom Strand entfernt und bietet eine Dusche im Freien und Ständer für Boards. Im Bar-Restaurant (Gerichte 4–12 US$) wird international gekocht, Schwerpunkt der Karte ist frischer Fisch. Und das Bier ist gut gekühlt!

Flying Scorpion (☎ 2655 8080; rossi@escorpionvolador.com; DZ inkl. Frühstück 45 US$, Apt. 75 US$; P) Beim Blue Pelican nach rechts und weiter ein paar Hundert Meter am Strand entlang auf der unbefestigten Straße fahren: Schon stößt man auf das fröhliche Gasthaus mit einer Handvoll sauberer, sehr behaglicher Zimmer mit neuen Teakholzbetten und einer Sammlung folkloristischer Kunstgegenstände. Es hat einen direkten Zugang zum Strand, wo man lange Tage mit Surfen verbringen kann. Wer dann Hunger hat, geht am besten ins Bar-Restaurant, das hausgemachtes Brot, Pasta und Eis anbietet. Das Haus wird von einem liebenswürdigen Paar und seinem Rudel Weimaraner Jagdhunde geleitet und ist ein großartiger Ort, um ein paar Tage oder Wochen auszuspannen.

Casitas Azul Plata (☎ 2655 8209; www.casitasazul plata.com; DZ/3BZ Apt. 70/80 US$; P 🔒) Das gemütliche Haus in ruhiger Hanglage wird von Deutschen geleitet. Es bietet zwei Apartments mit jeweils zwei Schlafzimmern, vollständig eingerichteten Küchen, Kabel-TV und Duschen mit Warmwasser. Die Anlage ist eine gute Wahl für Familien.

Hotel Arca de Noé (☎ 2655 8065; www.hotelarcade noe.com; B 10 US$; DZ inkl. Frühstück 70 US$, weitere Pers. 10 US$; P 🔒) Etwas landeinwärts liegt dieser hübsch gestaltete Komplex mit zehn schönen Doppelzimmern (mit Warmwasser-Dusche und Klimaanlage). Viele Früchte und Kräuter stammen aus eigener Ernte, eine ans Hotel angeschlossene Molkerei liefert Milch und Käse für das Restaurant, außerdem wurde ein kommunales Recycling-Programm für die Playa San Miguel initiiert.

Casa Caletas (☎ 2289 6060; www.casacaletas.com; DZ/Suite inkl. Frühstück 192/233 US$; P 🔒) Am Ende der Straße (vor der Abzweigung nach Mal País) thront dieses schöne, kleine Boutique-Hotel am Ufer des Río Coyote und wirkt wunderbar einsam. Es gibt ein luftiges *Palapa*-Restaurant, gemütliche Zimmer und einen Infinity-Pool mit Blick auf Fluss und Meer. Der Strand ist über den Fluss oder auf Pfaden zu erreichen, im Hotel werden Ausritte, Kajak- und Angeltouren organisiert. Die Straße von San Francisco de Coyote nach Mal País führt zum Hotel, unterwegs stehen auch etliche Hinweisschilder.

Bar.Co Nico (☎ 2655 1205; www.barco-nico.com; Bocas 3–10 US$; 🕐 ab 10 Uhr, open end; 🔒) Ein paar Kilometer hinter dem Dorf an der Abzweigung nach Costa de Oro liegt das von Deutschen geführte Strandlokal (es sieht aus wie ein riesiges Schiff), das eine alte Tico-Tradition neu belebt hat: Zu jedem Bier gibt es kostenlos eine Boca, das ist die costa-ricanische Bezeichnung für die Vorspeisehäppchen. Das Bier ist kalt und die Bocas sind einfach köstlich – also nichts wie hin! Ein drahtloser Zugang ins Netz ist ebenfalls gratis, und Nico vermietet jetzt auch ein paar einfache Cabinas.

An- & Weiterreise
AUTO
Auf S. 321 findet man wertvolle Informationen für die Fahrt entlang der Küste in nördlicher Richtung. Im Kasten auf S. 334 werden Einzelheiten über eine mögliche Weiterfahrt an der Küste in südlicher Richtung genannt.

BUS
Empresa Arza (☎ 2650 0179)unterhält täglich zwei Busverbindungen von San José, die den Golf von Nicoya auf der Fähre ab Puntarenas überqueren und dann über Jicaral nach San Francisco de Coyote und weiter zur Playa San Miguel und nach Bejuco führen. Abfahrt in San José ist um 6 und 15.30 Uhr, San Francisco de Coyote wird etwa um 11.30 bzw. 22 Uhr erreicht, Playa San Miguel um 12 bzw. 22.30 Uhr. Die Busse in Gegenrichtung verlassen Bejuco um 2.15 und 12.30, fahren gegen 3 bzw. 13.45 Uhr ab Playa San Miguel und um 3.30 bzw. 14.15 Uhr ab San Francisco de Coyote. In der Regenzeit ist auf diesen Fahrplan kein Verlass, denn bei schlechten Straßenverhältnissen dauern die Fahrten länger.

Busverbindungen nach Nicoya oder zu anderen Orten auf der Halbinsel wurden leider noch nicht eingerichtet.

Und es fährt auch kein Bus an der Küste zwischen Playa Coyote und Malpaís entlang (es gibt ja nicht einmal eine Straße, die diese Bezeichnung wirklich verdient).

DER SÜDOSTEN DER HALBINSEL

An der Südspitze der Halbinsel Nicoya liegt das erste und eines der unberührtesten Naturschutzgebiete Costa Ricas. Der Grund, warum es so unberührt geblieben ist: Die beschwerliche Fahrt auf der rauen, südöstlichen Küstenroute führt durch mehrere Flüsse und dichten Regenwald und erreicht schließlich bei Mal País – direkt im Norden des Schutzgebietes – wieder den Strand. Aus der anderen Richtung mussten Reisende früher stundenlange Busfahrten auf staubigen Straßen auf sich nehmen und langsame Fähren vom Festland ertragen, um dieses tropische Ende der Welt zu erreichen.

Inzwischen führen jedoch weitere Straßen durch die Region, die nach und nach auch befestigt werden. Regelmäßig fahrende Busse befördern Touristen direkt nach Mal País und Montezuma. Cabo Blanco ist inzwischen nur noch einen Tagesausflug von jedem der aufstrebenden Tourismusorte entfernt.

Es hat sich mittlerweile herumgesprochen, dass Surfer in Mal País kilometerlang tolle Wellen finden und dass in Montezuma (einer Hochburg der verbliebenen Hippies) eine entspannte Stimmung herrscht.

Busverbindungen sprießen wie Pilze aus dem Boden, um den Bedarf der Surfer und Weltenbummlern zu decken. Dem Wachstum werden allerdings durch die geografische Lage Montezumas Grenzen gesetzt; das Leben geht dort noch so gemächlich wie ehedem voran. Ganz anders entwickelt sich Mal País, wo vieles im Umbruch ist. Die Schönheit und Wildnis auf beiden Seiten der Halbinsel wirken fesselnd, also auf jeden Fall genügend Zeit einplanen.

Auf der restlichen Halbinsel führen die Ticos weiterhin ein überwiegend von der Land- und Viehwirtschaft geprägtes Leben. Doch auch hier hat der Zustrom von Reisenden für die Entstehung von Arbeitsplätzen im Tourismus gesorgt.

PLAYA NARANJO
Das winzige Dorf am Fähranleger besteht aus nichts als ein paar Sodas und kleinen Hotels für Reisende, die entweder auf ihre Fähre warten oder aus Puntarenas eintreffen. Es gibt allerdings auch keine nennenswerte Entschuldigung, sich hier länger als nötig aufzuhalten. Da die Fähren in der Regel einigermaßen pünktlich sind, läuft keiner Gefahr, hier ohne Strand zu stranden.

Sollte man doch bei Einbruch der Nacht am Hafen festsitzen, liegt nur 200 m vom Pier entfernt das **Hotel El Ancla** (☎ 2661 3887; DZ mit/ ohne Klimaanlage 64/52 US$ P ☒ ☒). Die Zimmer mit Bad und kaltem Wasser erscheinen etwas überteuert, aber es gibt immerhin einen Pool, eine Bar und ein Restaurant, um sich die Zeit zu vertreiben.

Beim Fährhafen gibt es eine kleine Soda, ein paar Händler verkaufen schneeiges Eis und andere Süßigkeiten.

An- & Weiterreise
Alle Verkehrsmittel sind auf die Ankunft- und Abfahrtzeiten der Fähre von Puntarenas abgestimmt, es besteht also kein Grund zur Sorge: Wenn eines von beiden Verspätung hat, wartet das andere.

AUTO & TAXI

Nach Paquera kommt man auch auf einer landschaftlich reizvollen, holprigen und steilen Staubstraße mit großartigen Ausblicken auf die Bahía Gigante. Dazu ist allerdings ein Allradfahrzeug zu empfehlen, besonders in der Regenzeit, wenn Flüsse durchquert werden müssen. Das einzige öffentliche Verkehrsmittel ist ein Taxi mit Allradantrieb – es kostet rund 25 US$, je nach Anzahl der Fahrgäste und der Straßenbeschaffenheit.

BUS

Busse erwarten die Ankunft der Fähre und bringen Reisende nach Nicoya (1,75 US$, 3 Std.). Abfahrt ist ungefähr um 7, 10.50, 14.50 und 19 Uhr.

Reguläre Busse fahren von Paquera nach Montezuma, es fahren jedoch keine Busse von hier in südöstlicher Richtung.

FÄHRE

Die **Coonatramar-Fähre** (☎ 2661 1069; Passagier 1,50 US$, Auto 10,50 US$) nach Puntarenas verkehrt täglich um 8, 12.30, 17.30 und 21 Uhr und kann Passagiere und Autos transportieren. Die einfache Fahrt dauert 1½ Stunden. Autofahrer steigen aus, kaufen ein Ticket am Schalter, steigen wieder ein und fahren dann auf die Fähre. An Bord werden keine Tickets verkauft! An Feiertagen und Wochenenden mit viel Betrieb sollte man mindestens eine Stunde vor Abfahrt eintreffen, da man in Wettstreit mit einer großen Zahl von Autofahrern treten muss, die alle zugleich auf die gleiche Fähre wollen.

DIE INSELN VOR BAHÍA GIGANTE

Die Gewässer in und um die einsame Bahía Gigante, 9 km südöstlich von Playa Naranjo, sind übersät mit felsigen Eilanden und menschenleeren Inseln, von denen zehn groß genug sind, um auf einer Karte im Maßstab 1:200 000 zu erscheinen.

Da es hier keine öffentlichen Verkehrsmittel gibt und fast das ganze Jahr über nur Allradantrieb zum Transport infrage kommt, ist die Gegend sehr still und friedvoll (besser gesagt völlig verlassen).

Die Vielzahl der Aktivitäten wie Hochseeangeln, Schnorcheln, Tauchen und Kajak fahren, die alle über Hotels und Agenturen in der Region gebucht werden können, lockt jedoch immer wieder Reisende in das abgelegene Gebiet. Hier wartet noch echter Abenteuerurlaub. Zur Wahl stehen z. B. mit dem Kajak zwischen den Inseln herumfahren, auf einer einsamen Insel übernachten oder die bröckelnden Ruinen eines Inselgefängnisses erkunden und schauen, ob noch wer da ist.

Isla San Lucas

Die größte Insel in der Bahía Gigante (etwas über 600 ha) liegt etwa 5 km vor der Küste der Playa Naranjo und wirkt von weitem wie ein wunderbares ödes Eiland.

Tatsächlich aber blickt die „Insel der unsagbaren Schrecken" auf eine 400-jährige Geschichte als eines der berüchtigtsten Gefängnisse Lateinamerikas zurück. Zuerst nutzten sie die spanischen Konquistadoren im 16. Jh. als sogenanntes Straflager für die einheimischen Völker.

1862 übernahm dann die Regierung von Costa Rica den Job als Gefängniswärter. Ihr diente die Insel bis 1992 als Haftanstalt für politische Gefangene.

Das Gefängnis gab auch den Anlass für die international beachtete Autobiografie *La isla de los hombres solos* (auf Englisch erhältlich unter dem Titel *God Was Looking the Other Way*) von José León Sánchez, der wegen des Diebstahls von *La Negrita*, einer Madonnenstatuete aus der Kathedrale in Cartago, auf der Insel inhaftiert war.

Besucher der Insel können die überwucherten Überreste des Gefängnisses besichtigen. Es leben zwar immer noch Wachleute auf der Insel, aber ihre Hauptaufgabe besteht darin, Wilderer und Plünderer von Schildkrötengelegen abzuschrecken. Normalerweise ist es Besuchern erlaubt, sich frei in der Anlage zu bewegen und sogar auf der Insel zu zelten.

Isla Gigante

In der Mitte der Bahía Gigante liegt die fast 10 ha große Isla Gigante, die auf den meisten Karten als Isla Muertos (Insel der Toten) verzeichnet ist, weil es hier eine Reihe von Begräbnisstätten der Chara gibt. (Die Einheimischen sind überzeugt, dass es deswegen auf der Insel spukt.)

Einst, d. h. bis Ende der 1990er-FJahre, diente die Insel als rustikaler Yachthafen, aber mittlerweile ist sie verlassen und komplett mit Kakteen bewachsen. Isla Gigante lohnt eine Entdeckungsreise, vor allem, da kaum ein Tico sie betreten mag (viel Spaß bei dem Versuch, jemanden, der abergläubisch ist, zur Übernachtung auf der Insel zu überreden).

Isla Guayabo, Islas Negritos & Los Pajaros

Die Inselgruppe wurde kürzlich als Biosphärenreservat ausgewiesen, um brütende Seevogelpopulationen zu schützen: Hier brütet nicht nur die größte Kolonie von Braunpelikanen in Costa Rica, sondern auch Fregattvögel, Tölpel, Reiher, und auf den Klippen Wanderfalken und Sturmvögel. Obwohl sie geografisch nicht nah beieinander liegen, werden die Inseln als Einheit verwaltet. Zum Schutz der Vögel wird Gästen vom Festland kein Zutritt gewährt, ausgenommen sind Forscher, die eine Genehmigung von der Parkverwaltung haben. Trotzdem lohnt sich ein Bootsausflug: Die Vogelpopulationen sind groß genug, um sie vom Meer aus beobachten zu können.

Isla Tortuga

Isla Tortuga, eine Inselgruppe aus zwei unbewohnten Inseln vor der Küste von Curú, gilt allgemein als schönste Insel Costa Ricas. Der weiße Sand der Strände fühlt sich wie Babypuder an, nur ist er nicht so staubig, gewaltige Kokosnusspalmen ragen in den Himmel, und das Korallenriff ist ein perfektes Schnorchelrevier. Leider herrscht hier durch Ausflugsfahrten ab Montezuma und Jacó viel Bootsverkehr, aber wochentags in der Nebensaison ist Tortuga ein magischer Ort.

Ausflüge

Die meisten Besucher buchen Ausflüge entweder über die unten aufgeführten Hotels oder bei Veranstaltern in Montezuma (S. 331) oder Jacó (S. 359).

Wer lieber unabhängig ist (und die spanische Sprache einigermaßen beherrscht), kann auch auf eigene Faust Abenteuer erleben – einfach herumfragen, wer von den Bootsbesitzern bereit ist, für einen annehmbaren Preis zu den Inseln hinauszufahren.

Den luxuriösesten Ausflug bietet **Calypso Tours** (☎ 2256 2727; www.calypsocruises.com). Der Veranstalter befördert seine Gäste mit einem 21 m langen, motorisierten Katamaran namens *Manta Raya* zur Isla Tortuga. Das Boot ist wirklich vom Feinsten: Es ist klimatisiert, hat einige Whirlpools auf dem Deck und einen Glasboden. Die Fahrt kostet 99 US$, was nicht schlecht ist, wenn man bedenkt, dass der Transport von Quepos oder Manuel Antonio ebenso im Preis enthalten ist wie Speisen und Getränke.

Schlafen

Hotels öffnen und schließen häufig in diesem Teil der Welt, es gibt jedoch zwei empfehlenswerte Häuser, die alle Turbulenzen überdauert haben. Beide liegen an der Straße zwischen Naranjo und Paquera.

Hotel Maquinay (☎ 2641 8011; EZ/DZ 30/35 US$; P ⊠) Das urige Hotel im Hacienda-Stil liegt in Playa Naranjo und ist sehr zu empfehlen. Die behaglichen Zimmer werden mit Deckenventilatoren gekühlt, es gibt eine Gemeinschaftsterrasse mit Blick auf einen tropischen Garten und den Swimmingpool.

Hotel Bahía Luminosa Resort (☎ 2641 0386; tropics@racsa.co.cr; DZ mit Ventilator/Klimaanlage 52/70 US$, 4BZ 105 US$; P ⊠ ⊠) In den Hügeln über der Bucht liegt diese Ferienanlage mit 15 gut ausgestatteten Zimmern, reizvollem Garten mit einladenden Hängematten und dem erfrischenden Pool. Auch hier können Ausflüge rund um die Bucht organisiert werden.

An- & Weiterreise

Es gibt keine öffentlichen Verkehrsmittel in dieser Gegend. Fast überall ist auf der unbefestigten Straße von Playa Naranjo nach Paquera ein Allradfahrzeug notwendig.

PAQUERA

Das kleine Dorf Paquera liegt auf der Straße 25 km von Playa Naranjo und 4 km vom Fähranleger entfernt. In Paquera ist etwas mehr los als in Playa Naranjo, aber es gibt keinen unmittelbaren Grund, hier länger als unbedingt nötig zu bleiben.

In der **Banco Popular** (☼ 8.15–16 Uhr) an der Seitenstraße werden US-Dollar und Reiseschecks gewechselt. An der Hauptstraße (gegenüber der Tankstelle) findet man das neue **Turismo Curú** (☎ 2641 0004; www.curutourism. com; ☼ 7–21 Uhr) unter der Leitung des sachkundigen Luis Schutt vom Curú-Reservats. Luis bietet eine Tour an, die einen Besuch des Curú mit einem Schnorcheltrip zur Isla Tortuga für 25 US$ pro Person kombiniert. Ein wirklich günstiger Preis!

Es gibt eine Anzahl Cabinas im Dorf, aber die beste Wahl unter den angebotenen Wohnhütten sind die **Cabinas & Restaurant Ginana** (☎ 2641 0119; EZ/DZ/3BZ/4BZ 33/37/44/51 US$ P ⊡ ⊠) mit 28 einfachen, sauberen Zimmern, eigenen Bädern und Klimaanlage (auf Wunsch). Zur Anlage gehört ein gutes Restaurant (Gerichte 3–5 US$) für alle, die sich stärken möchten, bevor sie auf die Fähre steigen.

AUFRUF AN ALLE RAUBKATZENFREUNDE COSTA RICAS

Seit 1992 betreut die Organisation Profelis – Programa para la Conservación de Felinos (Programm zum Schutz der Raubkatzen) – beschlagnahmte Raubkatzen, die vom Minae an das Zentrum vermittelt werden. Das Projekt konzentriert sich auf kleinere Raubkatzen wie Langschwanzkatzen (Margay), Ozelot und Jaguarundi. Ziel ist es, die Tiere wieder an ein artgerechtes Leben zu gewöhnen und, sofern möglich, wieder in die Freiheit zu entlassen. Ein weiterer wichtiger Bestandteil des Programms liegt darin, das Umweltbewusstsein der Öffentlichkeit zu stärken.

Profelis hat seinen Sitz auf der Hacienda Matambú, einem privaten Tierreservat etwa 5 km westlich von Paquera. Ehrenamtliche Mitarbeiter sind immer willkommen, insbesondere Leute mit Erfahrung in der Tierhaltung oder Tierheilkunde. Weitere Informationen über ehrenamtliche Mitarbeit finden sich auf der Website unter www.grafischer.com/profelis oder bei **Profelis** (☎ 2641 0644, 2641 0646; profelis@racsa.co.cr).

An- & Weiterreise

Alle Verkehrsmittel (Busse) sind auf die Ankunft- und Abfahrtzeiten der Fähre von Puntarenas abgestimmt.

Wenn eines von beiden Verspätung hat, wartet das jeweils andere, damit Reisende nicht den Anschluss verpassen.

BUS

Die Busse halten am Fähranleger und fahren nach Paquera, Tambor und Montezuma. Da sie oft sehr voll sind, lohnt es sich, die Fähre schnell zu verlassen, um einen Sitzplatz zu ergattern.

Die meisten Reisenden fahren direkt nach Montezuma (2,25 US$, 2 Std.). Viele Taxifahrer werden behaupten, dass der Bus nicht kommt, aber das stimmt nicht. In Richtung Norden fahren keine Busse.

FÄHRE

Ferry Naviera Tambor (☎ 2641 2084; Passagier 1,50 US$, Auto 9 US$) verkehrt täglich um 8, 9.30, 12.30, 14.30, 18 und 21 Uhr (in der Nebensaison entfällt die letzte Fährfahrt). Die Überfahrt dauert etwa eine Stunde. Nach dem Kauf des Tickets am Schalter steigt man wieder ins Auto und fährt dann auf die Fähre. An Bord werden keine Tickets verkauft! An Feiertagen und Wochenenden mit viel Betrieb empfiehlt es sich, mindestens eine Stunde vor Abfahrt am Schalter zu sein.

TAXI

Sich mit anderen Reisenden ein Taxi zu teilen, lohnt sich, denn die Fahrt dauert nur halb so lange wie mit dem Bus. Die Fahrt nach Montezuma kostet ungefähr das Dreifache, also etwa 7 US$ pro Person, die nach Malpaís ungefähr 10 US$ – vorausgesetzt, dass sich

genügend Mitfahrer finden. Die Fahrt mit dem Allradtaxi nach Playa Naranjo kostet in etwa 25 US$.

REFUGIO NACIONAL DE VIDA SILVESTRE CURÚ

Dieses mit 84 ha eher kleine **Reservat** (Tageskarte 8 US$; ☾ 7–15 Uhr), inzwischen Teil eines fast 1500 ha großen Schutzgebietes, ist auf der großflächig gerodeten Halbinsel ein wahrer Wildnistraum. Am Ostrand der Halbinsel und nur 6 km südlich von Paquera gelegen, verfügt das kleine Curú über eine Vielzahl von Landschaftsformen, darunter tropischer Trockenwald, halb-immergrüner Wald und fünf Vegetationsformen von Mangrovensümpfen. An der zerklüfteten Küste gibt es außerdem eine Reihe stiller Buchten und weißer Strände, ideal zum Schnorcheln und Schwimmen.

Das private Schutzgebiet gehört den Schutts, einer Ticofamilie, die schon mehr als 70 Jahre in dieser Gegend lebt. Sie engagiert sich seit langem für den Naturschutz und hat es geschafft, das Areal zum Schutzgebiet erklären zu lassen. Zurzeit arbeiten sie daran, Arten wie den Arakanga und den seltenen *mono tití* (Rotrücken-Totenkopfäffchen) oder den Klammeraffen wieder anzusiedeln.

Der Parkeingang ist an der Asphaltstraße zwischen Paquera und Tambor deutlich ausgeschildert (er liegt auf der rechten Seite). Tagesbesucher können während der Öffnungszeiten jederzeit kommen, Eintritt bezahlen und auf den Pfaden durch das Schutzgebiet wandern.

Außerdem werden verschiedene Aktivitäten angeboten, von Ausritten und Kajakfahrten im Mündungsgebiet bis zu Schnorcheltouren und geführten Wanderungen. Die Schutts arrangieren auf Wunsch die Anfahrt von Paquera, Reisebüros in Montezuma (S. 359) bieten geführte Tagestouren an.

Siebzehn gut markierte, leichte bis mittelschwere Wanderwege führen Besucher durch die verschiedenen Ökosysteme; Karten gibt es am Eingang. Leser empfehlen, einen Führer mitzunehmen, der die Tiere zeigt. In den Wäldern leben Hirsche, Affen, Goldrückenagutis und Pakas, und es sind auch drei Katzenarten beobachtet worden. Leguane, Krabben, Hummer, Käferschnecken, Muscheln, Meeresschildkröten und andere Meerestiere sind an den Stränden und in den Tidenbecken zu sehen. Vogelfreunde haben bisher 232 Vogelarten im Schutzgebiet entdeckt, aber sicher sind es noch viel mehr.

Zelten ist im Schutzgebiet nicht erlaubt, aber es gibt sechs rustikale **Cabinas** (Zi. pro Pers. inkl. 3 Mahlzeiten 35 US$) mit Kaltwasser-Duschen. Buchungen sind im Büro in Paquera, beim Veranstalter oder am Parkeingang möglich. Elektrischen Strom gibt es hier nicht, also besser eine Taschenlampe und ausreichend Batterien mitnehmen.

PLAYAS POCHOTE & TAMBOR

Die beiden von Mangroven gesäumten grauen Sandstrände liegen an der Bahía Ballena, der größten Bucht im Südosten der Halbinsel, und sind von wenigen kleinen Fischerdörfern umgeben. In den letzten 15 Jahren ist die Region allerdings zum Feriengebiet geworden, wobei der Umweltschutz leider ein wenig auf der Strecke geblieben ist (s. Kasten S. 327). Glücklicherweise stehen mehrere gute Unterkünfte zur Wahl, und aufs Ganze gesehen sind Pochote und Tambor touristisch wenig erschlossen und bieten schöne Möglichkeiten zum Wandern, Schwimmen und Kajak fahren – sogar Wale lassen sich hier sehen.

AUFRUHR IN TAMBOR

Playa Tambor ist ein perfektes Negativbeispiel für die gedankenlose Verschandelung der Umwelt. 1991 begann die spanische Hotelkette Grupo Barceló in dieser stillen Bucht mit dem Bau einer riesigen Ferienanlage, die über 2400 Zimmer, Golfplatz und Yachthafen verfügen sollte. Im folgenden Jahr warfen Umweltschutzgruppen Barceló und der zuständigen Bezirksregierung massive Umweltschädigungen vor – es ging z. B. darum, dass Mangrovensümpfe trockengelegt und aus einem nahen Flussbett Sand und Kies entnommen wurden, was zu Erosion führte. Die Hotelkette musste daraufhin ein lächerliches Bußgeld von 14 000 US$ zahlen. Das Projekt schritt voran – allerdings in deutlich kleinerem Rahmen –, und das Hotel Barceló Playa Tambor öffnete 1992 seine Türen für die ersten Gäste. Ironischerweise wird das Resort auf der Website des Hotels jetzt als idealer Ort für „Naturfreunde" angepriesen.

Das geringe Bußgeld empörte die Biologin Noemi Canet, die in der costaricanischen Naturschutzorganisation Ascona engagiert ist. Die Organisation war ganz vorn mit dabei, die Anklage gegen Barceló zu führen. Wirklich problematisch sind für die Biologin jedoch nicht die Verfehlungen der Hotelkette, sondern es ist die laxe Einstellung der eigenen Regierung, die gewissermaßen eine Einladung an alle weiteren Bauträger ausgesprochen hat, genau das Gleiche zu tun und geringe Geldstafen einzuplanen.

Vieles muss verbessert werden, sagt Canet. Zum einen sollte für alle Tourismusprojekte ein Gutachten zu den Auswirkungen auf die Umwelt vorgeschrieben sein, erstellt von einem Biologen, der die Region kennt. Außerdem, berichtet sie, sei der Weg der Genehmigungen durch die Ämter so verworren, dass kaum jemand weiß, wer wofür zuständig ist, geschweige denn, wessen Aufgabe es ist, Umweltschutzgesetze durchzusetzen. Leider werden Gruppen wie Ascona weiterkämpfen müssen – einen Kampf, bei dem der Einfluss des Kapitals mit den Interessen der Menschen kollidiert. „Das alles gehört den Menschen von Costa Rica", sagt Canet über die fantastischen Naturwunder ihres Landes. „Es ist unser nationaler Schatz – und wir sollten endlich anfangen, ihn auch als solchen zu behandeln."

Da die massive Bebauung im Rahmen des gleichfalls höchst umstrittenen Papagayo-Projekts (S. 280) im Norden der Halbinsel Nicoya rasant fortschreitet, darf wohl bezweifelt werden, dass dies noch rechtzeitig geschieht.

Weitere Informationen und Daten über das Programm für sogenannten nachhaltigen Tourismus der Fremdenverkehrsbehörde von Costa Rica sind auf der Website www.turismo-sostenible. co.cr/en/home.shtml nachzulesen.

Die Strände beginnen 14 km südlich von Paquera in der Gemeinde Pochote und erstrecken sich 8 km weit Richtung Südwesten bis nach Tambor. Dazwischen liegt die Mündung des Río Pánica, die so flach ist, dass sie duchwatet werden kann.

Aktivitäten

An beiden Stränden ist das **Schwimmen** sicher, gelegentlich werden in der Bucht **Wale** gesichtet. Das ruhige Gewässer lädt zum **Kajakfahren** ein. Die Mangroven sind nicht für Wanderungen geeignet, Curú (S. 325) liegt aber gleich am Ende der Straße.

Schlafen

In dieser Gegend gibt es eine Reihe sehr teurer Ferienanlagen mit All-Inclusive-Angeboten, die unter Umweltgesichtspunkten eher fragwürdig sind – wer sich dafür interessiert, sollte im Reisebüro nachfragen.

Hotel Dos Lagartos (☎ 2683 0236; aulwes@costarica. net; DZ mit/ohne Bad 30/20 US$; P) Am Südende der Bucht im Ort Tambor liegt das saubere, einfache Hotel, das von Amerikanern geleitet wird. Neben der Aussicht auf den Strand locken das nette Restaurant und der schöne Garten. 17 gepflegte Zimmer teilen sich saubere Gemeinschaftsbäder, die fünf teureren Zimmer haben eigenes Bad.

Cabinas El Bosque (☎ 2683 0039; EZ/DZ/3BZ/4BZ 17/23/27/29 US$; P) Einen kurzen Spaziergang vom Strand entfernt findet man diese gute, preiswerte Unterkunft. Die etwas kleinen Zimmer sind schön gefliest, ruhig und mit eigenen Bädern (Kaltwasser) ausgestattet.

Cabinas Cristina (☎ 2683 0028; EZ/DZ/3BZ 17/23/27 US$; P ❀) Die empfehlenswerten Cabinas werden von Eduardo und Cristina geführt, einem freundlichen aus Costa Rica stammenden Paar, das gern bereit ist, den Gästen die wahre Schönheit ihrer Heimat zu zeigen. Die Zimmer sind schlicht und in jeder Preisklasse zu haben. Es gibt auch ein kleines Restaurant, und Eduardo und Cristina haben gute Tipps für Ausflüge in die Umgebung.

Hotel Costa Coral (☎ 2683 0105; www.costacoral.com; DZ inkl. Frühstück mit/ohne Klimaanlage 70/58 US$, weitere Person 19 US$; P ❀ ☲) Etwas anspruchsvoller sind die zehn farbenfrohen Villen im spanischen Kolonialstil; sie bieten Platz für bis zu vier Personen, haben ein eigenes Bad (mit Warmwasser), Kabel-TV, Kochnische und Klimaanlage (auf Wunsch). Es gibt einen Swimmingpool, einen Whirlpool und ein

kleines Bar-Restaurant. Alle gängigen Kreditkarten werden akzeptiert.

An- & Weiterreise

Der Flughafen liegt direkt nördlich vom Eingang zum Hotel Barceló Playa Tambor. In den Hotels organisiert man gegen eine Extragebühr die Abholung der Gäste vom Flughafen. Sansa und NatureAir (Hinflug/Hin- & Rückflug 72/144 US$) fliegen insgesamt sechsmal täglich nach San José.

Die Busse von Paquera nach Montezuma halten hier.

CÓBANO

Cóbano besitzt eine Post, eine Tankstelle, ein Krankenhaus und eine Bank, die **Banco Nacional** (☎ 2642 0210; ☻ Mo–Fr 8.30–15.45, Sa 9–13 Uhr). Damit ist der Ort die einzig „echte Stadt" (na ja, Kleinstadt) auf der südöstlichen Halbinsel. Obwohl es hier ein paar Hotels und Restaurants gibt, besteht kein Grund, unnötig lange hierzubleiben, da Montezuma ohnehin nur 5 km entfernt liegt.

Die Busse von Paquera nach Montezuma halten hier, ein Allradtaxi nach Montezuma kostet um die 6 US$.

MONTEZUMA

Bis in die späten 1990er-Jahre verstand man unter einem Verkehrsstau in Montezuma, vom Rad zu steigen und Kühe von der Straße scheuchen zu müssen, ein Tourist war jemand, der nach einem Monat wieder weg war, abends auszugehen bedeutete, einen Joint am Strand anstatt in der Hängematte zu drehen, sich amüsieren hieß ... gut, es ist klar, was gemeint ist. Montezuma war eine der ersten „Geheimtipps" in Costa Rica, und seine Unberührtheit und Nähe zum ersten Naturschutzgebiet des Landes, Cabo Blanco (S. 340), lockte Hippies, Künstler und Träumer gleichermaßen an. Man musste arbeiten, um hierher zu kommen, und niemand hatte die Absicht, bald wieder zu gehen.

Montezuma ist noch immer ein reizendes Dorf, und ausländische Reisende werden wie ehedem angelockt von der gelassenen Atmosphäre, den billigen Hotels und den weiten Stränden. Und während nichts so bleibt, wie es ist, konnte Montezuma seinen stillen Reiz bewahren. Mit typischen touristischen Angeboten wie Baumkronentouren und ATV-Verleih werden hier lebhafte Geschäfte gemacht, man wird aber schnell feststellen, dass die

Stadt ihren nur teilweise überlebten Hippie-Traditionen tief verbunden geblieben ist: Es gibt immer noch Yogakurse, Freiwilligenarbeit, Kunstfestivals und vegane Speisen.

Praktische Informationen
Die nächste Bank zum Geldumtausch befindet sich in Cóbano; Tourenveranstalter in der Stadt nehmen US-Dollar, Euro oder Reisechecks, man muss jedoch damit rechnen, eine hohe Provision zu zahlen.

Ein Wäscherei-Service wird in den meisten Hotels für rund 3 US$/kg angeboten.

Gute Informationsquellen im Internet sind www.nicoyapeninsula.com und www.playamontezuma.net.

El Sano Banano (☎ 2642 0638; Std. 2 US$) Bietet einen Internetzugang.

Librería Topsy (☎ 2642 0576; Mo–Fr 8–16, Sa & So 8–12 Uhr) Hat amerikanische Zeitungen und Zeitschriften und eine große Leihbibliothek mit Büchern in mehreren Sprachen, dient auch als inoffizielles Postamt, Briefmarken werden verkauft und regelmäßig Briefe bei der Post in Cóbano eingeworfen.

Sehenswertes & Aktivitäten
BAUMKRONENTOUR
Nachdem man an neun Sicherheitsleinen von einer Plattform zur nächsten geflogen ist, endet die **Montezuma Waterfall Canopy Tour** (☎ 2642 0808; www.montezumatraveladventures.com; 45 US$) mit einer Wanderung bergab – nicht

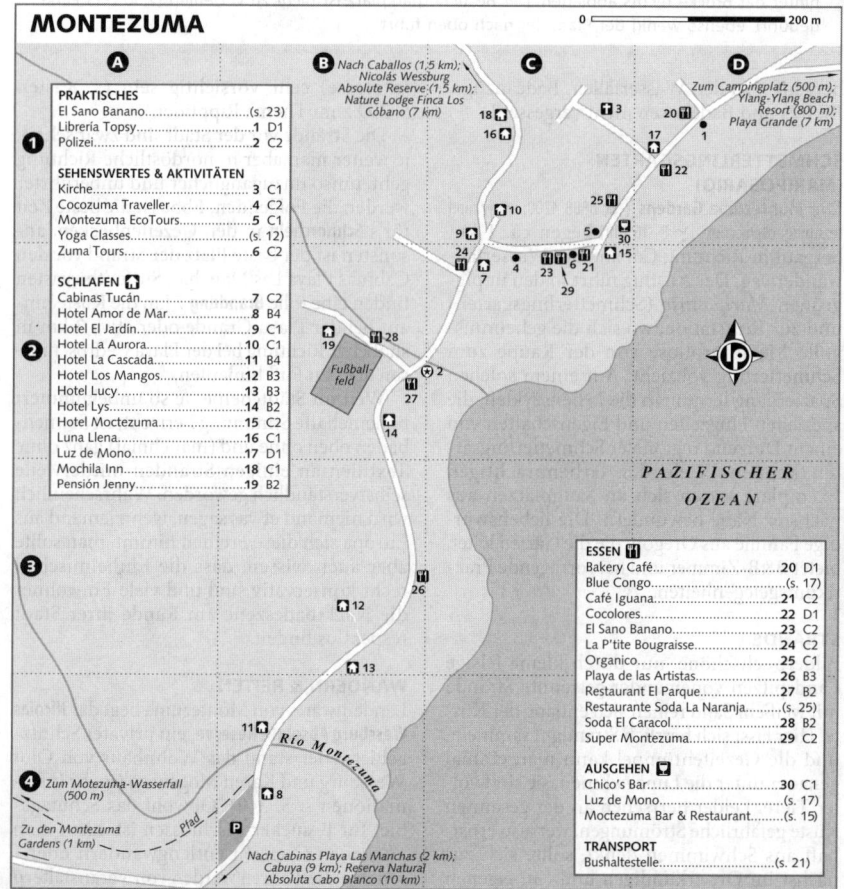

DER MONTEZUMA-WASSERFALL

20 Gehminuten südlich des Ortes liegen drei malerische Wasserfälle. Für viele ist es ein absolutes Muss, den zweiten Wasserfall zu erklimmen und hinunterzuspringen. Das tun täglich unzählige Menschen, aber obwohl es ein Warnschild gibt, hat rund ein halbes Dutzend den Sprungversuch bereits mit dem Leben bezahlt.

Unter dem ersten Wasserfall liegt ein gutes Schwimmbecken. Es ist allerdings flach und steinig und zum Springen nicht geeignet. Von hier aus führt ein markierter Pfad nach oben zum zweiten Wasserfall. Er ermöglicht mit seinen über 10 m einen sauberen Sprung hinab ins tiefe Wasser. Zur Absprungstelle führt der Pfad weiter nach oben. *Keinesfalls* darf man versuchen, in den Wasserfällen zu klettern. Die Felsen sind glitschig, und bei diesem Manöver kam es zu den meisten Todesfällen. Der Pfad geht weiter zum dritten und letzten Wasserfall, der sich ebenfalls nicht zum Springen eignet. Es gibt aber eine Seilschaukel, mit der man sich ins tiefe Wasser schwingen kann (aber vorsichtig, nur im richtigen Moment abspringen).

Viele Urlauber haben Spaß an diesem Nervenkitzel, selbstverständlich auf eigene Gefahr, wie generell bei solchen Unternehmungen. Vom Ort aus geht es zu den Wasserfällen über die Hauptstraße von Montezuma Richtung Süden aus der Stadt, dann nach dem Hotel La Cascada direkt hinter der Brücke rechts abbiegen. Der Besucherparkplatz ist nicht zu verfehlen (2,50 US$ Parkgebühr), ebenso wenig der Pfad, der nach oben führt.

bergauf – zu den Wasserfällen. Badeanzüge, Bikinis und Badehosen nicht vergessen!

SCHMETTERLINGSGARTEN (MARIPOSARIO)

Die **Montezuma Gardens** (☎ 8888 4200; www.mon tezumagardens.com; ☽ 8–16 Uhr) liegen ca. 1 km bergauf in Richtung Cóbano am Wasserfallwanderweg. Der Ausflug führt in den üppiggrünen *Mariposario* (Schmetterlingsgarten) und zur Brutstation, wo sich die geheimnisvolle Metamorphose von der Raupe zum Schmetterling vollzieht. Auf einem solchen Spaziergang lernt man die Lebenszyklen, die speziellen Flugzeiten und Eigenschaften von einem Dutzend regionaler Schmetterlingsarten kennen. Viele der farbenprächtigen Exemplare lassen sich an Saugplätzen aus nächster Nähe bewundern. Die liebenswürdige Familie aus Oregon, die die Gärten leitet, bietet B&B-Zimmer und hervorragende Praktikumsgelegenheiten.

STRÄNDE

Bilderbuchschöne, nur durch kleine felsige Landspitzen voneinander getrennte Strände mit weißem Sand reihen sich entlang der Küste. Hier lässt sich herrlich Strandgut sammeln, und die Gezeitentümpel kann man einmal genauer unter die Lupe nehmen, sie sind voller Tiere. Leider herrschen an der gesamten Küste gefährliche Strömungen, wer also ernsthaft ans Schwimmen denkt, sollte sich zunächst im Ort erkundigen und (im eigenen

Interesse) sehr vorsichtig sein (s. Kasten S. 299 zum Thema Ripptiden).

Die Strände vor der Stadt sind zwar schön, je weiter man aber in nordöstliche Richtung geht, umso unzugänglicher und unberührter werden die Folgenden. Ebbe ist die beste Zeit für's **Schnorcheln** in den Gezeitenbecken, ansonsten ist der beste Platz der Strand vor den Cabinas Playa Las Manchas. Surfenthusiasten finden eine tolle **Brandung** 7 km die Küste hinauf bei der Playa Grande oder etwa 3 km in südlicher Richtung bei der Playa Cedros, müssen aber zu Fuß hinlaufen.

Weil im Städtchen eine so unbekümmert bohèmehafte Stimmung herrscht, ist Sonnenbaden ohne und (manchmal) ganz ohne Textilien an einigen Stränden mittlerweile selbstverständlich geworden. Wahrscheinlich wird niemand etwas sagen, wenn jemand aus Europa sich diese Freiheit nimmt, man sollte aber auch wissen, dass die Einheimischen recht konservativ sind und viele Einwohner die Nacktbadeszene am Rande ihrer Stadt respektlos finden.

WANDERN & REITEN

Landeinwärts von Montezuma liegt das **Nicolás Wessburg Absolute Reserve**, ein privates Schutzgebiet. Hier stand das Wohnhaus von Olof Wessburg und Karen Mogensen (mehr Informationen s. S. 340). Obwohl das Schutzgebiet für Besucher geschlossen ist, kann man an seinen Grenzen entlangwandern oder -reiten – die Touren werden von Veranstaltern in der Stadt oder beim Nature Lodge Finca Los Caballos (S. 333) organisiert.

YOGA

Tägliche **Yogakurse** (☎ 8811 7582; www.montezuma yoga.com; pro Pers. 12 US$, Privatstunde 40 US$) werden im Open-Air-Studio beim Hotel Los Mangos angeboten.

Kurse finden auch im Ylang-Ylang Beach Resort statt und werden von **Devaya Yoga** (☎ 8833 5086) angeboten.

Ausflüge

Tourveranstalter im Ort vermieten alles von Schnorchelausrüstungen und Bodyboards bis hin zu Fahrrädern und Quads. Die Preise variieren je nach Saison sowie regionalen Ferienzeiten, und ein Vergleich lohnt sich. Angeboten werden auch Schnellbootfahrten nach Jacó und private Shuttle-Fahrten (diese sind auch bekannt als „Gringo-Busse").

Der mit Abstand beliebteste Ausflug ist eine Bootsfahrt zur Isla Tortuga, die pro Person etwa 40 US$ kostet, Mittagessen, Obst, Getränke und Schnorchelausrüstung sollten inklusiv sein. Die Insel ist wirklich schön, aber viele Reisende beschweren sich über den Touristenzirkus, vor allem in der Hochsaison, wenn die Insel von Ausflugsbooten förmlich belagert wird.

Eine beliebte Form der Exkursion ist auch eine geführte Wanderung mit Erklärungen (55 US$) oder ein halbtägiger Reitausflug (50 US$) zum nahen Cabo Blanco.

Die folgenden drei Tourveranstalter sind zu empfehlen:

Cocozuma Traveller (☎ 2642 0911; www.cocozumacr. com; ☼ 24 Std.)

Montezuma EcoTours (☎ 2642 0467; www.playa montezuma.net/ecotours/agency.htm; ☼ 8–21 Uhr)

Zuma Tours (☎ 2642 0024; www.zumatours.net; ☼ 24 Std.)

Festivals & Events

Es lohnt sich, nach Plakaten Ausschau zu halten, die spezielle Veranstaltungen ankündigen, irgendetwas findet immer statt.

Festival de Arte Chunches de Mar (www.chunches demar.com) Auf diesem Kunstfestival kommen Künstler und Musiker zusammen, sie zelten einen Monat lang am Strand und schaffen gemeinsam Kunstwerke aus Strandgut. Die Termine ändern sich jedes Jahr, fallen aber meist in die Hauptsaison.

Montezuma International Film Festival (www. montezumafilmfestival.com) Es findet in der Regel im November statt und ist ein schöner Vorwand, die Kunst in Montezuma zu feiern, bevor die Hauptsaison anbricht.

Schlafen

In der Hauptsaison wird es voll, doch bei so vielen Hotels, die in der kleinen Stadt verstreut liegen, gibt es eine genügend große Auswahl. Die angegebenen Preise gelten in der Hauptsaison.

BUDGETUNTERKÜNFTE

Wenn nicht anders angegeben, haben alle Duschen in den aufgeführten Hotels kaltes Wasser. Reisende klagen häufig über Diebstähle aus Hotelzimmern in Montezuma.

Zelten ist an den Stränden verboten, obwohl Reisende außerhalb der Stadtgrenzen bisher anscheinend nicht in Schwierigkeiten geraten sind. Auf der sicheren Seite ist man auf einem kleinen, schattigen **Campingplatz** (pro Pers. 3 US$) mit Badezimmern und Kaltwasserduschen: Er liegt nur zehn Gehminuten entfernt am nördlichen Stadtrand.

Mochila Inn (☎ 2642 0030; DZ 15 US$, DZ/3BZ Hütten ab 20/25 US$; **P**) Das abgelegene Gästehaus an einem ruhigen Berghang im Norden der Stadt wimmelt nur so vor freilebenden Tieren, nachts ist es (von den Geräuschen des Regenwaldes einmal abgesehen) hier ruhig. Unterschiedliche Zimmer sind zu entsprechend unterschiedlichen Preisen zu haben, Toiletten im Freien stehen allen Gästen zur Verfügung, die dann allerdings nur durch einen dünnen Vorhang von der Natur getrennt wohnen. (Wer im Fernglas mitnimmt, kann die Natur vom stillen Örtchen aus beobachten.)

Cabinas Playa Las Manchas (☎ 2642 0415; www. beach-hotel-manchas.com; DZ mit Kochnische 40 US$, ohne 17–30 US$, Casitas 140 US$; **P**) Das unauffällige Haus unter italienischer Leitung liegt rund 2 km südlich der Brücke und ist eine wunderbare Wahl. Die hölzernen Cabinas sind schlicht und komfortabel (trotzdem die Wände dünn sind); eine hat sogar eine eigene Kochnische. Ein Gemeinschaftsbereich (mit Billardtisch) öffnet sich nach vorn auf ein romantisches Terrassenrestaurant, wo original italienische Spezialitäten mit leicht asiatischen Einflüssen serviert werden. Das Beste: Die Hütten liegen direkt gegenüber dem kleinen Strand Playa Las Manchas – ein schöner Ort für's Schnorcheln bei Sonnenuntergang.

Cabinas Tucán (☎ 2642 0284; EZ/DZ 10/20 US$) Das gleich nördlich des Fußballfeldes gelegene Tucán wird von der verschrobenen Doña

Marta aufmerksam geleitet. Die Zimmer werden genauso makellos in Ordnung gehalten wie die Gemeinschaftsduschen.

Pensión Jenny (Zi. pro Pers. 10 US$) Das entzückende weißblaue Haus im ländlichen Stil nördlich des Fußballplatzes liegt ein wenig ab vom Schuss, aber das garantiert zumindest eine ungestörte Nachtruhe.

Hotel Lucy (☎ 2642 0273; EZ/DZ 10/24 US$; P) Die Strandpension ist nach wie vor beliebt bei Reisenden mit kleiner Reisekasse. Das Hotel Lucy war die erste günstige Übernachtungsmöglichkeit in der Stadt. Wer nicht viel ausgeben will, ist hier richtig und kann sich über Hängematten und eine Gemeinschaftsterrasse mit Tischen und Stühlen freuen. Zum Frühstück gibt es Kaffee und Obst gratis, für alles Weitere steht ein Gemeinschaftskühlschrank (leider aber keine Küche) bereit. Nach einem Zimmer im oberen Stockwerk fragen: Meerblicke und Veranden verleihen den Zimmern Großzügigkeit.

Luna Llena (☎ 2642 0390; www.playamontezuma. net/lunallena/index.swf; B/EZ/DZ/3BZ ab 10/18/28/35 US$; P) Am Fuß der Hügel liegt am nördlichen Stadtrand diese günstige Unterkunft unter deutscher Leitung. In dieser Preisklasse ist das Luna Llena unglaublich preiswert. Acht Zimmer am Waldrand teilen sich Küchen und vier Bäder (Warmwasser). Wer Glück hat, ergattert die Honeymoon-Suite, ein schöner frei stehender Pavillon mit Blick auf die Bucht. Ansonsten begeistert das gemeinschaftliche „Adlernest" durch blaue Fliesen und Holzfußboden und dem eigenem traumhaften Blick auf den Ozean.

Hotel Moctezuma (☎ 2642 0058; www.playamontezuma.net/ecotours.htm; EZ/DZ 15/30 US$) Das Hotel direkt im Stadtzentrum und hat 21 abgenutzte Zimmer mit eigenen Bädern (Warmwasser). Die laute (richtig L-A-U-T-E) Bar nebenan macht jeden Schönheitsschlaf unmöglich.

Hotel Lys (☎ 2642 0642; www.hotellysmontezuma.net; Camping 6 US$, Zi. pro Pers. 16 US$) Das empfehlenswerte Budgethotel am Strand wird von einer Gruppe ausgeflippter Italiener geführt, die vor Kreativität nur so sprühen. Nicht nur, dass sie für eine gelassene Stimmung sorgen, in der man richtig zur Ruhe kommen und über seine Reisen reflektieren kann, sie haben auch ein Projekt ins Leben gerufen, das als Libre Universidad de Montezuma oder LUDM bekanntwurde. Das Konzept, das sich schnell weiterentwickelt hat, basiert auf Kommunikation durch Kunst. Das Ziel besteht darin,

dass die Gäste den ortsansässigen Künstlern eine Idee geben und einen Teil ihrer Persönlichkeit erforschen, der bisher nicht zur Geltung gekommen ist. Die bisherigen „Absolventen" haben sich mit Musik, Bildhauerei, Malerei, Kochen, Fotografieren und Mode beschäftigt, aber die Gründer sind überzeugt, dass es noch unendliche weitere Möglichkeiten für jeden gibt, der unvoreingenommen in ihr Hotel kommt.

MITTELKLASSEHOTELS
Montezuma

Aus allen Duschen der aufgeführten Hotels fließt auf Wunsch, der an die Leitung der Herberge zu richten ist, auch heißes Wasser.

Hotel Los Mangos (☎ 2642 0076; www.hotellosmangos.com; DZ mit/ohne Bad 70/35 US$, 3BZ Bungalow 93 US$; P 🏊) Ein charmantes Hotel, das helle, saubere gelb-blaue Doppelzimmer mit Gemeinschaftsbädern im Hauptgebäude bietet. Die Bungalows mit eigenen Badezimmern liegen verstreut in der mit Mangobäumen bewachsenen Gartenanlage. Am Fuß der Hügel steht außerdem ein kleiner Holzpavillon, in dem täglich Yogakurse (S. 331) stattfinden.

Hotel La Cascada (☎ 2642 0057; www.playamontezuma.net/cascada.php; DZ 45 US$, weitere Person 15 US$; P) Wer am Fluss entlang zu den Wasserfällen läuft, kommt an diesem klassischen Montezuma-Hotel vorbei. Die 19 einfachen Holzzimmer bieten Blick auf den Pazifischen Ozean und ein Stockwerk höher eine Terrasse voller gemütlicher Hängematten – perfekt zum Schaukeln oder Dösen.

Hotel Amor de Mar (☎ 2642 0262; www.amordemar. com; DZ 58–111 US$, Häuser ab 210 US$; P) Das ruhige Hotel am Südrand des Ortes hat einen wundervoll gepflegten Garten (Golfplatzqualität) mit wahren Luxus-Hängematten. Dazu kommt eine tolle Strandlage mit einem Gezeitenbecken, das groß genug ist, um darin zu schwimmen. Der Preis der elf Zimmer richtet sich nach der jeweiligen Ausstattung.

Hotel La Aurora (☎ 2642 0051; www.playamontezuma.net/aurora.htm; EZ/DZ ab 47/58 US$, weitere Person 5 US$; P 🏊) La Aurora gibt es schon seit über 20 Jahren, in dem hübschen, von Wein umrankten gelben Haus findet man 15 komfortable Zimmer mit Deckenventilatoren, orthopädischen Betten und Moskitonetzen und je nach Preis kaltes oder heißes Wasser und Klimaanlage. Es gibt eine Gemeinschaftsküche und jede Menge Hängematten zum Entspannen. Kreditkarten werden akzeptiert.

Luz de Mono (☎ 2642 0090; www.luzdemono.com; DZ/Suite 81/93 US$, Casitas ab 140 US$, alle inkl. Frühstück; P 🅧 🅡) Zwischen Strand und bewaldeten Hügeln liegt dieses Hotel mit einer Vielfalt an Zimmern und Casitas, alle sind gut ausgestattet mit solarbeheizten Duschen und Keramikfliesen (es lohnt sich, mehr Geld für einen eigenen Whirlpool unter freiem Himmel zu verprassen). Im Bar-Restaurant Blue Congo (Gerichte 5– 12 US$) wird ein guter Mix aus internationalen und Tico-Gerichten serviert – der beste Grund, sich hier aufzuhalten, ist aber der Wein des Hauses. Wer hätte gedacht, dass Wein in den Tropen wächst?. Er wird unter eigenem Namen abgefüllt, und sein Name ist: „Affenlicht" (Luz de Mono). Kreditkarten werden akzeptiert.

Hotel El Jardín (☎ 2642 0074; www.hoteleljardin.com; DZ 85–95 US$, 4-Pers.-Villa 135 US$; P 🅧 🅡) Das Hotel am Berghang bietet 15 luxuriöse Holz-Cabinas in unterschiedlichen Größen und Annehmlichkeiten (einige mit Steinbädern und Meerblick). Das Gelände ist mit tropischen Blumen und üppigen Palmen gestaltet, es gibt außerdem einen Pool und einen Whirlpool, in dem alle Sorgen weggesprudelt werden.

Rund um Montezuma

Nature Lodge Finca Los Caballos (☎ 2642 0124; www. naturelodge.net; DZ inkl. Frühstück 100–160 US$, weitere Person 23 US$; P 🅡) Nördlich von Montezuma an der Straße nach Cóbano grenzt die 16 ha große Lodge an das Nicolás Wessburg Absolute Reserve. Die Lodge bietet verschiedene Zimmer auf dem Gelände, wahlweise mit Dschungel- oder Meerblick. Die kanadische Inhaberin ist stolz darauf, die am besten gehaltenen Pferde der ganzen Gegend zu besitzen, es gibt wunderbare Möglichkeiten, auf den Wanderwegen des Reservats auszureiten. Alternativ kann man die Zeit auf Leihfahrrädern, beim Wandern, im Restaurant oder im Infinity-Pool verbringen.

Ylang-Ylang Beach Resort (☎ 2642 0636; www. ylangylangresort.com; DZ Bungalow 186 US$, Zi./Suite zum Strand 204/244 US$, Strandbungalow 274–308 US$, alle inkl. Frühstück & Abend; 🅡) Zu Fuß sind es zu diesem Resort etwa 15 Minuten Richtung Norden am Strand entlang. Das Strandhotel hat sich auf ganzheitlich orientierte Urlauber eingestellt. Hier gibt es eine Reihe großartig ausgestatteter Zimmer, Suiten und mehreckiger Bungalows mit heißen Duschen (einige sind Freiluftduschen), einen von Palmen gesäumten Pool, ein Yoga-Zentrum, ein Gourmetrestau-

rant und ein Spa. Per Auto kann man zwar nicht anreisen, dafür werden die Gäste aber im umgebauten Beach-Cruiser abgeholt. Kreditkarten werden akzeptiert.

Essen

Selbstversorger finden frische Lebensmittel im Super Montezuma.

Bakery Café (☎ 2642 0458; sanforest@hotmail.com; Gerichte 1–3 US$; 🕒 6–16 Uhr) Im Innenhof des gemütlichen vegetarischen Restaurants lässt es sich bei hausgemachtem Bananenbrot und French Toast gut aushalten – die Alternative ist köstliches Vollkornbrot für das Picknick am Strand (oder auf der Fähre).

La P'tite Bougraisse (Crêpes 3–5 US$; 🕒 Mi–So 17 bis 22 Uhr) Ein liebenswürdiger Kanadier aus Montreal führt die wunderbare Crêperie. Die Crêpes werden nach Wunsch pikant oder süß zubereitet. Ein nettes Plätzchen, um die Welt vorbeiziehen zu lassen.

Restaurante Soda La Naranja (☎ 2642 1001; Hauptgerichte 3–5 US$; 🕒 Mo–Sa 19.30–22 Uhr) Landeskost zu guten Preisen serviert die Soda an der Hauptstraße. Sehr schön ist der schattige Innenhof in der Nachbarschaft vom Organico.

Restaurant El Parque (Gerichte 3–6 US$; 🕒 Frühstück, Mittag- & Abendessen) Strandatmosphäre und preiswerte Fischgerichte: Die kleine Soda ist eine gute Wahl.

Organico (www.organicomontezuma.com; Smoothys 4 US$; 🕒 8–18 Uhr) Sie nennen es „naturreine

---

MIT DEM GELÄNDEWAGEN ENTLANG DER WESTKÜSTE

Wer besonders abenteuerlustig ist, viel Zeit hat und einige Offroad-Erfahrung mitbringt, kann sich auf der Halbinsel Nicoya an die Erkundung der südlichen Pazifikküste wagen. Das geht jedoch nur mit einem Allradwagen mit viel Bodenfreiheit, ganz zu schweigen von der entsprechenden Versicherung. Die Fahrt sollte auf keinen Fall in der Regenzeit unternommen werden.

Mal País, Montezuma und Cabo Blanco werden meistens über die Straße angefahren, die dem östlichen Teil der Küste folgt und in Playa Naranjo Anschluss an die Fähre von Puntarenas ermöglicht. Abenteurer können aber auch mit dem Geländewagen von Playa Carrillo entlang der Südostküste nach Islita, Playa Coyote, südlich nach Mal País und darüber hinaus fahren. Für normale Fahrzeuge sind diese Strecken absolut unbefahrbar!

Von Playa Carrillo nach Mal País sind es etwa 70 km Luftlinie, für die Fahrt sollten mindestens fünf Stunden eingeplant werden (sofern nichts dazwischen kommt). Mehrere Flüsse müssen durchquert werden, darunter der Río Ora (etwa 5 km östlich von Carrillo), der mit einem Geländewagen während der Trockenzeit nur bei Ebbe passierbar ist – also unbedingt vorher die Gezeitentabelle studieren.

Hinter Playa Coyote müssen weitere Flüsse durchfahren werden, darunter der Río Bongo und der Río Arío, anschließend geht es vorbei an den Stränden Playa Caletas, Playa Arío und Playa Manzanillo (Selbstversorger können an diesen Stränden zelten). Entlang der Strecke sind mehrere schwierige Flussdurchquerungen zu bewältigen; daher ist es auf jeden Fall empfehlenswert, die Einheimischen vor der Abfahrt über den Straßenzustand zu befragen. In einigen Fällen führt die Strecke nicht direkt durch den Fluss, dann heißt es, entlang des Ufers nach einer Furt zu suchen. In diesen Fällen empfiehlt es sich, den Fluss zunächst zu Fuß zu durchqueren und die Furt zu prüfen, damit der Wagen nicht unverhofft hüfttief im Schlamm versinkt oder auf einem Felsen aufsitzt. Schon so mancher Mietwagen ging auf dieser Strecke verloren – Vorsicht lohnt sich also (s. Kasten S. 601).

Von Playa Manzanillo geht es landeinwärts nach Cóbano (S. 328), das durch akzeptable Schotterstraßen mit Montezuma, Mal País und Cabo Blanco verbunden ist.

Auf dem größten Teil der Fahrstrecke gibt es keinerlei Einrichtungen, nur wenige Dörfer und kaum Leute, die helfen können, wenn der Wagen doch festsitzt. Außerdem ist die Strecke nicht ausgeschildert – Verfahren ist also vorprogrammiert. Kompass und der Sonnenstand sind dann wichtige Navigationshilfen. Auf jeden Fall einen Kanister Benzin, Lebensmittel und viel Wasser mitnehmen und sich gedanklich darauf einstellen, im Falle einer Panne viel Zeit allein oder mit dem Reisegefährten zu verbringen, bis Helfer eintreffen.

Das Fremdenverkehrsamt von Costa Rica rät aus gutem Grund auch von dieser Fahrt ab.

Speisen, mit Liebe zubereitet" – und sie meinen es auch so: In diesem neuen Café werden hausgemachtes Eis ohne Milch, veganes Gebäck, *batidos* (fruchtige Smoothys) und andere gesunde Köstlichkeiten hergestellt.

Soda El Caracol (Gerichte 4–6 US$; ☺ 11–19 Uhr) Das Bauwerk sieht aus, als habe es schon bessere Tage gesehen, doch das Äußere täuscht: Die casados hier sind unübertrefflich gut.

Café Iguana (Gerichte 4–6 US$; ☺ 6–21 Uhr) Mitten in der Stadt befindet sich dieses vegetarierfreundliche Café, in dem man Sandwiches mit Kichererbsenpaste, vegetarische Lasagne, gesunde Salate und frische Batidos bekommt.

El Sano Banano (☎ 2642 0638; Gerichte 4–12 US$; ☺ Frühstück, Mittag- & Abendessen) Die einfachen Gerichte des Restaurants sind etwas überteuert – 9 US$ für ein Casado? Es lohnt sich dennoch herzukommen, denn im Restaurant werden allabendlich Filme – bei einem Mindestverzehr (6 US$) – gezeigt.

Cocolores (☎ 2642 0348; Gerichte 5–12 US$; ☺ 14 bis 21.30 Uhr) Eines der besten Restaurants in Montezuma ist das Cocolores mit einem angenehmen Innenhof für das Abendessen bei Kerzenlicht. Zur Auswahl stehen große Portionen französisch inspirierter Gerichte und einige Klassiker aus der Landesküche, auch *gallo pinto*, Bohnen mit Reis.

Playa de las Artistas (☎ 2642 0920; Hauptgerichte 8–12 US$; ☺ 10.30–22.30 Uhr) Das kunstvoll dekorierte Strandrestaurant ist das am meisten bewunderte in der Stadt. Die internationale Speisekarte mit ausgeprägt mediterranen Einflüssen wechselt täglich. Was angeboten wird, hängt von der Verfügbarkeit der Zutaten ab, aber frische Fischgerichte und kulinarische Perfektion sind jeden Tag zu haben.

Ausgehen
Es gibt ein paar Bars in der Stadt, im El Sano Banano erfährt man beim Bier das abendliche Kinoprogramm.

Chico's Bar ist ein weitläufiger Komplex mit Bars, Tischen, Strandstühlen und Tanzflächen mit laut aufgedrehter Musik – in den meisten Nächten liegt hier der Mittelpunkt der Partyszene. Wer einen Tisch im Freien ergattert, kann mit viel Glück so etwas wie Romantik erleben.

Luz de Mono hat eine Open-Air-Diskothek, wo donnerstags House und samstags Reggae gespielt wird.

Moctezuma Bar & Restaurant im Hotel Moctezuma kann mit einer schönen Strandlage und zwei coolen Terrassen aufwarten.

An- & Weiterreise
AUTO & TAXI
In der Regenzeit ist die Strecke zwischen Cóbano und Montezuma in der Regel nur mit Allradantrieb zu bewältigen. Im Ort selbst kann das Parken ein Problem sein, aber man kommt auch zu Fuß überall hin.

In ein Allradtaxi passen maximal fünf Personen, die Taxen fahren von Montezuma nach Cóbano (6 US$), Cabo Blanco (12 US$), Tambor (30 US$), Mal País (35 US$) und Paquera (30 US$).

Montezuma Expeditions (www.montezumaexpedi tions.com) betreibt in Kleinbussen privaten Pendelverkehr nach San José (35 US$), Mal País und Santa Teresa (35 US$

BUS
Busse fahren in Montezuma vor dem Café Iguana ab. Tickets kann man direkt beim Busfahrer kaufen.
Cabo Blanco 1 US$, 30 Min., Abfahrt 8.15, 10.15, 14.15 und 18.15 Uhr.
Paquera 2 US$, 1½ Std., Abfahrt 5.30, 8, 10, 12, 14, 16 und 18 Uhr.
San José 10 US$, 9–12 Std., Abfahrt 4.45 Uhr.
Santa Teresa 1,25 US$, 45 Min., Abfahrt 10.30 und 14.30 Uhr.

FÄHRE
Reisende entscheiden sich immer öfter für die Schnellboote, die zwischen Jacó und Montezuma pendeln. Täglich überqueren mehrere Boote den Golf von Nicoya, die Überfahrt

dauert nur eine Stunde. 30 US$ sind nicht billig, aber es erspart einen ganzen Reisetag. Angelegt wird am Strand, also auf passende Schuhe achten!

MAL PAÍS & SANTA TERESA
Der Name Mal País (schlechtes Land) bezieht sich auf die Südwestecke von Nicoya, die bei Surfern wegen ihrer beständigen Wellen berühmt ist. Das Gebiet erstreckt sich mehr oder weniger nordsüdlich an der Küste entlang, wobei Santa Teresa das größte Dorf der Gegend ist. Weiter südlich liegt das kleinere Dorf Playa Carmen, und noch weiter südlich liegt das Dorf Mal País. ¿Comprende? Keine Sorge, wenn das zunächst keinen Sinn ergibt; die Dörfer sind miteinander zu einer Surfkommune verschmolzen, die sich an der Küste entlangzieht, und werden zusammenfassend Mal País genannt.

Die legendären Wellen von Mal País ziehen Surfer seit den 1970er-Jahren an, kein Wunder also, dass viele von ihnen sich entschlossen haben, ganz hierzubleiben. In den letzten Jahren ist diese ehemals abgelegene Ecke der Halbinsel zu einer Art „Nosara der Backpacker" geworden: Surfstunde am Morgen, Yoga am Nachmittag und Kneipenbummel bei Nacht. Die Erschließungswelle rollt den Strand hinauf, und zum Zeitpunkt des Drucks wurde der Staub der Küstenstraße schon von den Maschinen aufgewirbelt, die die Asphaltierung vorbereiten.

Angesichts der Geschwindigkeit dieser Veränderungen und der Busladungen von Neu-Hippies und Surfern aus aller Welt, die jeden Tag aufs Neue eintreffen, wirkt das Ganze wie der nächste letzte Schrei – ein letzter Schrei wie in Jacó oder Tamarindo.

Mal País ist nicht jedermanns Geschmack. Wer als erfahrener Surfer auf der Suche nach einer „Szene" ist, sollte seinen Reiseplan aufgeben, denn er bleibt hier eh hängen. Sucht man nach einer authentischen costa-ricanischen Küstenstadt und ist nicht so versessen auf Surfkultur, braucht man in den Südwesten Nicoyas gar nicht erst anreisen.

Orientierung & Praktische Informationen
Auf der Westseite der Halbinsel trifft die Straße von Cóbano auf Höhe von Frank's Place (s. S. 337) auf die Straße zum Strand. Zur Linken (südlich) liegt Malpaís und rechts (nördlich) Santa Teresa.

Hinter der Kreuzung bei Frank's Place befindet sich das neue Centro Comercial Playa El Carmen mit einer Zweigstelle der **Banco Nacional** (☎ 640-0598; ❂ 13–19 Uhr). Dort werden US-Dollar getauscht, falls die Geldkarte nicht angenommen wird. Bei Super Santa Teresa (300 m nördlich von Frank's Place) an der Straße nach Santa Teresa werden ebenfalls US-Dollar und Reiseschecks gewechselt.

Internetzugang ist überall in Mal País möglich, fürs Weitere nützliche Anlaufstellen sind Frank's Place an der Hauptkreuzung und das **Beach Break Surf Hotel** (☎ 2640 0612; www.beachbreak-cr.net; ❂ 7–22 Uhr) in Santa Teresa.

Eine recht gute Website für Infos aus der Region ist www.malpais.net.

Aktivitäten

Auch wenn hier jeder ans Surfen denkt, bieten die schönen Strände, die sich nord- und südwärts viele Kilometer weit erstrecken, auch noch viele Alternativen. In zahlreichen Unterkünften werden z. B. Ausritte und Angelausflüge organisiert.

SURFEN

Die folgenden Strände werden von Norden nach Süden aufgeführt. Wer sich für eine Lodge entscheidet, die den Zusatz „Surfcamp" im Namen hat, kann sicher sein, dass eine gute Brandung nicht weit weg zu finden ist. Zumindest wird man dort zu den besten Stellen in der Nähe verwiesen.

Rund 8 km nördlich von der Kreuzung liegt die **Playa Manzanillo**, eine Mischung aus Sand und Felsen, wo das Surfen bei auflaufender Flut und ablandigem Wind am besten ist.

Die berühmteste Welle von Mal País findet man an der **Playa Santa Teresa** vor– sie ist schnell und kraftvoll. An diesem Strand ist Surfen praktisch zu jeder Tageszeit möglich, ganz ungefährlich ist es allerdings nicht, da im Wasser verstreut Felsen liegen.

Playa El Carmen liegt am Ende der Straße, die von der Hauptkreuzung hinunterführt. Dank der guten Brecher ist hier Surfen theoretisch zu jeder Zeit möglich.

Die Gegend von Mal País ist mit Surfshops gesättigt, der Wettbewerb hält die Preise niedrig – entsprechend viele gute Gelegenheiten gibt es, ein preiswertes Board zu erstehen.

Wer es dann anderswo wieder verkauft, wird wahrscheinlich sein Geld zu einem großen Teil zurückbekommen. Die meisten Shops bieten auch Verleih und Reparaturen an und verraten vielleicht auch ein paar gute Surfplätze. Die folgende Liste erhebt keineswegs Anspruch auf Vollständigkeit.

Alex Surf Shop (☎ 2640 0364) Verleiht und verkauft Boards und bietet Unterricht an; 250 m nördlich der Kreuzung.

Corduroy to the Horizon (☎ 2640 0173; ❂ 8 bis 18 Uhr) Die Board-Bauer Andy und Aaron stellen maßgefertigte Epoxy-Boards her und nehmen kleinere Reparaturen vor. Ihr Shop liegt nur 50 m westlich von Frank's Place entfernt.

Jobbie's Surf Camp (www.surfjobbie.com) Kein Surfshop per se, der ausgeflippte Canuck (Kanadier) Josh (alias „Jobbie") ist eine Marke für sich, er gibt auch selbst Surfunterricht.

Shit Hole (☎ 8887 9144) Genauso wie es heißt, ist es auch. Shit Hole liegt 200 m nördlich der Hauptkreuzung, die Mitarbeiter verleihen und verkaufen Boards und bieten Unterricht an – außerdem wird behauptet, dass es hier Crêpes gäbe.

Tuanis (☎ 2640 0370) Internetzugang, Mitbringsel und Verschiedenes; ist bei der Buchung von Taxidiensten behilflich. Es liegt 2 km nördlich von Frank's Place.

YOGA

Yoga ist eine natürliche Ergänzung zum Surfen – zumindest können Dehnübungen das perfekte Gegenmittel sein, wenn man eine Zeit lang nicht im Wasser gewesen ist und Muskelkater in den Armen hat.

Casa Zen (S. 337) Bietet 3- bis 7-tägige Yoga-Retreats; hier wird eine Vielfalt an Stilen (von Ashtanga bis Vinyasa) unterrichtet.

Horizon Yoga Hotel (☎ 2640 0524; www.horizon-yogahotel.com) Bietet tgl. 3 Kurse in ruhiger Umgebung mit Blick aufs Meer.

Milarepa (S. 338) Bietet Kurse in Hatha-Yoga, Swasthya-Yoga und Partner-Yoga auf allen Übungsstufen an.

Schlafen & Essen

Die folgenden Adressen beziehen sich auf die Hauptkreuzung in Playa Carmen, wo Frank's Place (S. 337) eine Ecke einnimmt. Der Einfachheit halber (obwohl die Zuordnung nicht ganz korrekt ist) erscheinen die Adressen nördlich der Kreuzung im Abschnitt Santa Teresa. Adressen südlich und rund um die Kreuzung sind unter Mal País aufgeführt.

SANTA TERESA

Alle folgenden Adressen findet man, wenn man in Richtung Norden nach Santa Teresa kommt – sie werden im Folgenden je nach ihrer Entfernung vom zentral gelegenen Frank's Place aufgeführt.

Frank's Place (☎ 2640 0096, 2640 0071; EZ mit Gemeinschaftsbad 25 US$, Bungalow 60 US$, DZ 70 US$; Ⓟ ☒ ▯ ▨) Kommt man von Cóbano in die Stadt, fällt der erste Blick auf dieses Wahrzeichen des Ortes und traditionellen Anlaufpunkt aller Surfer. Die zahlreichen Unterkünfte und das Internetcafé nehmen eine ganze Straßenecke ein. Die geräumigen, gefliesten Cabinas sind komfortabel, Gemeinschaftsbäder und -küche sind gut gepflegt. Das Haus ist immer voller Gleichgesinnter, und im eigenwillig geformten Pool, im Whirlpool und im Restaurant lässt sich's prima abhängen und den neuesten Surfberichten lauschen.

Las Piedras (☎ 2640 0453; Hauptgerichte 3–7 US$; ☯ Mittag- & Abendessen) Die Hähnchenbude unter argentinischer Leitung wirbt mit Hähnchen, die „einen Versuch wert" seien. Nach einem Bissen kann man nur zustimmen: Sie sind wirklich nur einen Versuch wert.

Tranquilo Backpackers (☎ 2640 0589; www.tranquilobackpackers.com; B 10 US$, DZ/3BZ mit Gemeinschaftsbad 30/45 US$, DZ mit eigenem Bad 35 US$, 4-/5-Pers.-Loft Apt. 60/75 US$, alle inkl. Frühstück; Ⓟ ▯) Eine der besten günstigen Unterkünfte. Alles wurde so gestaltet, dass es modern und hip ist und außerdem funktioniert – es gibt sogar eine Toilettenspülung! Die Besitzer wissen genau, wie man sich zufriedene Gäste schafft, die kostenlosen Pfannkuchen zum Frühstück tragen zweifellos dazu bei. Zu den Annehmlichkeiten gehören außerdem eine Gemeinschaftsküche, Gemeinschaftsbäder mit heißem Wasser, kostenloser Internetzugang und kostenlose Surfbretter. Fahrräder können für 3 US$ pro Tag entliehen werden, und falls alles ausgebucht (oder man fast abgebrannt) ist, dürfen Gäste in Hängematten (7 US$) nächtigen.

Hotel Buenos Aires (☎ 2640 0254; www.buenosairesmalpais.com; DZ mit/ohne Klimaanlage 65/45 US$; Ⓟ ☒ ▨) Die acht Zimmer des beeindruckenden Hotels am Berghang sind mit Hängematten oder kuscheligen Sesseln auf Gemeinschaftsterrassen, eigenen Warmwasserduschen und einem Pool ausgestattet. Das Beste von allem ist aber das Restaurant mit seiner Auswahl an internationalen Gerichten (Hauptgerichte 5–11 US$), die auf einer Terrasse mit ausgesucht schönem Blick serviert werden. Ein netter Ort für ein paar romantische abendliche Drinks.

Luz de Vida (☎ 2640 0568; www.luzdevida-resort.com; DZ/3BZ/4BZ 93/105/116 US$, Bungalow DZ/3BZ/4BZ 111/122/134US$; Ⓟ ☒ ▨) „Licht des Lebens" ist ein passender Name für dieses leuchtende

tropische Refugium. Alle Zimmer und Bungalows sind mit Klimaanlage und eigenem Bad, der öffentliche Bereich des Resorts mit einem Pool und einer gemütlichen *Palapa*-Bar ausgestattet.

Casa Zen (☎ 2640 0523; www.zencostarica.com; B 12 US$, DZ mit Gemeinschaftsbad 24–45 US$, Apt. ab 55 US$; Ⓟ) Die empfehlenswerte, asiatisch inspirierte Pension ist mit Zen-Kunst, sphärenhaften Wandgemälden und glücklich aussehenden Buddhafiguren in so großer Zahl herausgeputzt, dass die liebe Seele vollkommen ihre Ruhe hat. Der Besitzerin Kelly ist es eine Herzensangelegenheit, den Gästen zu „Entspannung und Erholung in der jeweils eigenen Zeit" zu verhelfen In ihrem Restaurant (Gerichte 3–7 US$) findet sich eine bunte Mischung mit vegetarischen Sandwiches, Burgern, frischen Sushis und Thai-Currys auf der Karte. Casa Zen bietet außerdem vielfältige Yoga-Retreats an; auf der Website sind aktuelle Angebote nachzulesen.

Trópico Latino Lodge (☎ 2640 0062; www.hoteltropicolatino.com; DZ/3BZ/4BZ 100/115/130 US$, Bungalow ab 140; US$ Ⓟ ☒ ▨) Die schön eingerichteten und geräumigen Holzhütten stehen im tropischen Garten und am Strand verteilt. Ihre Ausstattung kann sich sehenlassen: Klimalage, Betten in Übergröße, Innenhöfe mit Hängematten und eigene Bäder mit Warmwasser (ein Bungalow hat eine komplett ausgestattete Küche). Es gibt einen traumhaft schönen Pool zwischen Palmen und von Faltern umflogenen Helikonien und ein Restaurant am Wasser (Gerichte 4–8 US$), das auf italienische Küche spezialisiert ist.

Hostal Brunela (☎ 2640 0321; hostalbrunela.com; B 12 US$; Ⓟ) Das große Hostel macht einen gemütlichen Eindruck, vielleicht weil so viele Surffreaks hier zu Hause sind oder weil der Inhaber die freundliche, väterliche Ausstrahlung hat. Die Lounge wirkt noch dazu wie ein großes Wohnzimmer, wo sichtlich schläfrige Surfer hingestreckt vor dem Fernseher liegen. Die komfortablen, farbenfrohen Zimmer haben jeweils vier Betten, verschließbare Schränke und ein eigenes Bad. Die Küche ist riesig groß und voll ausgestattet (Kaffee ist gratis); das Ganze liegt in unmittelbarer Nähe einer großartigen Welle.

Don Jon's (☎ 2640 1938; grupodonjons@gmail.com; B/DZ/Apt. ab 12/35/50 US$; Ⓟ ☒) Das schlichte Haus wird von einem costa-ricanischen Brüderpaar geführt, das saubere Zimmer in verschiedenen Preisklassen anbietet, einige haben

PENÍNSULA DE NICOYA

Kühlschränke und Klimaanlagen. Das Apartment mit zwei Schlafzimmern hat eine vollständige Küche und ist geräumig genug für vier oder fünf Personen.

Funky Monkey Lodge (☎ 2640 0272; www.funky-monkey-lodge.com; B/Suite 12/99 US$, 4-Pers.-Bungalow 93 US$, 8-Pers.-Bungalow 163 US$; P X 🖴 🐒) Auf der Spitze eines natürlichen Felshügels oberhalb vom Tuanis (S. 336) liegt diese „abgefahrene" Lodge mit ihren rustikalen Bungalows aus Bambus. Zu jedem gehört eine „Gartendusche", die größeren haben auch eine voll eingerichtete Küche. Das beliebte Sushi-Restaurant (Sushi-Rollen 4–8 US$) begeistert ein großes Publikum mit guter internationaler Küche und wirkungsvoll inszenierten Sonnenuntergängen.

Point Break Hotel (☎ 2640 0190; www.surfing-malpais.com; Casita mit/ohne Bad ab 50/40 US$; P) Die hübschen Holzhütten stehen an einer stillen, unbefestigten Straße – sie sind eine gute Wahl und liegen nur rund 50 m von einer schönen Beach Break entfernt. Die größeren Casitas stehen auf Pfählen, haben vollständig eingerichtete Küchen und Lofts und sind damit perfekt für alle, die mit Freunden auf dem Surf-Trip sind.

LP Tipp **Cuesta Arriba** (☎ 2640 0607; www.santateresahostels.com; B 12 US$; P) An einem Berghang mit Blick auf eine der besten Surf Breaks von Santa Teresa liegt dieses Juwel von einem Hostel unter argentinischer Leitung. Alle hellen, farbenfrohen Zimmer haben Platz für bis zu vier Personen und jeweils eigene Bäder. Im oberen Stock gibt es einen großen, schönen Küchenbereich mit luftiger Holzterrasse, Fernseher mit Flachbildschirm und DVDs. Außerdem gibt es Surfboards zu leihen, einen Wäschereiservice, Kaffee und Toast am Morgen und bewachte Parkplätze. Im Garten schaukeln Hängematten, auch sonst findet man überall bequeme Plätzchen. Entsprechen gelöst und entspannt ist hier die Stimmung.

Milarepa (☎ 2640 0023; www.milarepahotel.com; Bungalow ab 198 US$; P 🐒) Das selbst ernannte „kleine Hotel von luxuriöser Einfachheit" besteht aus asiatisch inspirierten Bungalows aus Bambus und indonesischem Teakholz. Jeder ist mit Himmelbetten möbliert, die in voluminöse Moskitonetze gehüllt sind, Duschen unter freiem Himmel vervollständigen das Ganze. Das Restaurant (Hauptgerichte 6–9 US$) kocht international mit Schwerpunkt auf frischem Fisch aus der Region. Die

Inhaber organisieren Touren und Aktivitäten und bieten Yoga-Kurse unterschiedlicher Schulen an (Einzelheiten s. S. 336).

Florblanca (☎ 2640 0232; www.florblanca.com; Villa inkl. Frühstück 675–1050 US$; P X 🖴 🐒) Das luxuriöseste Hotel in Santa Teresa ist wahrlich eine Klasse für sich – es überrascht nicht, dass es die Auszeichnung Small Distinctive Hotel of Costa Rica trägt. Zehn romantische Villen stehen verstreut auf einem 3 ha großen Gelände, das an einen unberührten, weißsandigen Strand grenzt. Alle Villen strahlen in warmen Farbtönen und haben versenkte Open-Air-Badewannen und Wohnbereiche, bei denen der Übergang von innen nach außen fließend ist. Ergänzt werden Yoga- und Pilates-Kurse sowie die kostenlose Nutzung von Fahrrädern, Surfboards und Schnorchelausrüstung angeboten. Transfers von und zum Tambor-Flughafen sind in den Preisen inbegriffen. Das Restaurant Nectar mit asiatischem Stilmix (Gerichte 7–20 US$) steht auch Nicht-Hotelgästen offen, die innovative Küche und die unglaublich frischen Sushis sind sehr empfehlenswert. Kreditkarten werden akzeptiert; Kinder unter 13 Jahren sind nicht erwünscht.

Die Strandzeltplätze **Roca Mar** (☎ 2640 0250; pro Pers. 6 US$; P) und **Zeneida's** (☎ 2640 0118; Camping pro Pers. 6 US$; P) bieten mehrere bewachte Parkplätze und viel Platz zum Zelten, außerdem Toiletten und kalte Duschen. Sie haben jedoch keine Küche.

MAL PAÍS

Frank's Place ist der Orientierungspunkt – hier an der Hauptkreuzung halten die Shuttlebusse, um Fahrgäste abzusetzen und aufzunehmen.

Umi Sushi (☎ 2640 0968; Sushi 3–10 US$; ☯ 12 bis 22 Uhr) Im Innenhof des Centro Comercial Playa El Carmen findet man diese Sushi-Bar mit einem angenehmen Speiseraum und Tischen im Freien. Mit etwas Glück wird gerade ein Surf-Movie an die Außenwand projiziert, während man eine „Mal-País"-Rolle probiert. Eine Warnung an anspruchsvolle Biertrinker: Hier gibt es nur japanisches Bier zu exorbitant hohen Preisen.

Palma Real (☎ 2640 1913; Hauptgerichte 3–8 US$; ☯ 12–21 Uhr) An der Straße nach Cóbano kann man Frank's Place hinter sich lassen und bei diesem Familienbetrieb haltmachen und ein frisches Ceviche, Tacos mit Fisch und gebratene Yucca (Maniok) probieren. Es gibt auch landestypische Gerichte mit Hülsenfrüchten, aber das Lokal ist vor allem für seine Tacos bekannt. Es hat – *más o menos* – täglich zu den angegebenen Zeiten geöffnet.

Alle folgenden Adressen findet man, wenn man von der Kreuzung Richtung Süden nach Mal País kommt.

Ritmo Tropical (☎ 2640 0174; ritmotropical_mp@yahoo.com; EZ/DZ 58/64 US$; P 🐾) Mit tropischen Motiven geschmückte Häuschen mit luftigen Zimmern, heißen Duschen und schattigen Veranden stehen verstreut auf dem schlichten, friedlichen Grundstück. Auf dem Gelände gibt es ein Bar-Restaurant (Gerichte 3–7 US$), wo am Morgen Pfannkuchen und *gallo pinto* (Bohnen und Reis) serviert werden, mittags und abends kommen italienisch inspirierte Gerichte auf den Tisch.

The Place (☎ 2640 0101; www.theplacemalpais.com; DZ inkl. Frühstück 68–230 US$, weitere Person 12 US$; P 🐾) Die billigeren Zimmer in diesem von Schweizern geführten Haus haben Klimaanlage und heiße Dusche, doch die Mehrausgabe für einen der teureren Bungalows lohnt sich unbedingt: Alle sind nach unterschiedlichen Themen kreativ gestaltet (auf der Website sind Bilder zu sehen). Die Räume gruppieren sich in einem Kreis um den kleinen Pool im Landschaftsgarten. Die Inhaber arrangieren Surfunterricht und Touren; in einem kleinen Restaurant werden abends Fischgerichte nach Vorbild der Mittelmeerküche bei Kerzenlicht serviert.

Malpaís Surf Camp & Resort (☎ 2640 0061; www.malpaissurfcamp.com; Zelten pro Pers. 7 US$, Cabina 41 US$, Zi. 64 US$, Villa 111 US$; P 🐾) Vom luftigen Bunkhouse (Schlafhaus) bis zur Villa am Pool – diese „Surferlodge" bietet für jeden etwas. Unabhängig vom Zimmerpreis haben alle Gäste Zutritt zum gepflegten tropischen Garten, können im traumhaften Pool schwimmen oder sich in der Freiluft-Restaurant-Bar ein kaltes Bier holen.

Soda Piedra Mar (☎ 2640 0069; Hauptgerichte 3 bis 7 US$; 🕑 Frühstück, Mittag- & Abendessen) Dies ist eines der besten Restaurants in Mal País mit großzügigen Portionen frischem Fisch. Das Lokal liegt – wie der Name andeutet – auf einem Felsen im Meer.

Blue Jay Lodge (☎ 2640 0089; www.bluejaylodge costarica.com; EZ/DZ inkl. Frühstück 50/65 US$, weitere Person 20 US$; P) Die charmanten Pfahlhäuser liegen an einem bewaldeten Berghang. Alle haben eigene Bäder (Warmwasser) und riesengroße, blickgeschützte Veranden mit Hängematten.

Die Bungalows aus Bambus und Holz bieten drei Personen Platz – ihr Luxus besteht in ihrer Weiträumigkeit und dem fließenden Übergang zwischen den Räumen und dem tropischen Garten. Das Lodge liegt 200 m vom Strand entfernt.

Star Mountain Eco Resort (☎ 2640 0101 www.starmountaineco.com; EZ/DZ/3BZ inkl. Frühstück 65/95/110 US$; P 🐾 🖥) Beim Bau dieser gemütlichen und abgeschiedenen Lodge wurde kein einziger Baum gefällt, deshalb sind auf der Anlage so viele Tiere zu sehen. Auf den hauseigenen Pfaden können Vögel beobachtet werden, und von einem Aussichtspunkt eröffnet sich ein Blick über beide Seiten der Halbinsel. Die vier Zimmer am Hang sind in kühlen, tropischen Pastellfarben gehalten. Nur die Casita (130 US$) hat eine Klimaanlage und drahtlosen Internetzugang. Das Resort befindet sich abseits der unbefestigten Straße (nur für Allradantrieb) zwischen Mal País und Cabuya, es grenzt an das Reservat Cabo Blanco (beschildert) und liegt 5,5 km südlich von Frank's Place. Im September und Oktober bleibt das Resort geschlossen.

An- & Weiterreise

Von Malpaís fährt um 7 Uhr ein Bus nach Cóbano. Die Busse von Santa Teresa fahren um 6.45 und 11 Uhr ab. Die Taxifahrt von Cóbano kostet etwa 18 US$, abhängig von den Straßenverhältnissen.

CABUYA

Das winzige Dorf liegt an einer Schotterstraße rund 9 km südlich von Montezuma. Eigentlich ist es eher uninteressant, aber es lohnt sich, den **Dorffriedhof** zu besuchen, der auf der Isla Cabuya im Südosten liegt und nur bei Ebbe zu erreichen ist. Hier gibt es ein paar bescheidene, durch Kreuze markierte Gräber. Trotzdem sollte jeder den Wasserstand im Auge behalten!

Die meisten Reisenden kommen auf dem Weg nach Cabo Blanco durch Cabuya, oder sie nutzen den Ort als Ausgangspunkt für Ausflüge nach Cabo Blanco.

Aus Richtung Montezuma trifft man zuerst auf das **Hotel Celaje** (☎ 2642 0374; www.celaje.com; EZ/DZ inkl. Frühstück 70/82 US$; P 🐾 🖥) in belgischem Besitz. Es besteht aus einer Ansammlung von strohgedeckten Hütten für vier Personen, die um einen Pool und den Whirlpool angeordnet sind. Jeder der hübschen Bungalows hat einen Wohnbereich oben und eine offene, untere Ebene mit Hängematten. Echtes belgisches Bier wie Stella Artois ist jederzeit zu haben.

Das **Ancla de Oro** (☎ 2642 0369; www.caboblanco park.com/ancla; DZ 22 US$, DZ/3BZ Bungalow 35/42 US$; P) unter holländischer Leitung war eine der ersten Unterkünfte in der Region und wirkt etwas in die Jahre gekommen. Für Rucksackreisende gibt es einfache Zimmer, es lohnt sich aber, etwas mehr für einen der „Jungalows" auszugeben. Die Bungalows auf Pfählen sind die rustikalsten im Ort.

Folgt man der beschilderten Seitenstraße, stößt man auf das **Howler Monkey Hotel** (☎ 2642 0303; www.caboblancopark.com/howler; Bungalow 60 US$; P ⌘), das von einer Tica geführt wird. Es sind hübsche Bungalows in Dachform mit Kochnischen. In punkto Preis und Zustand sind sie die goldene Mitte zwischen dem Hotel Celaje und dem Ancla de Oro. Die Einrichtungen im „Brüllaffen" sind perfekt gepflegt und komfortabel, das Ganze liegt an einem sehr ruhigen, felsigen Stück Strand.

Alles Übrige findet man bei einem Zwischenstopp am **Café Coyote** (Gerichte 5–6 US$; ⌨). Die Inhaber servieren Pizza, Fisch- und vegetarische Gerichte und halten daneben auch Internetzugang bereit.

RESERVA NATURAL ABSOLUTA CABO BLANCO

Knapp 11 km südlich von Montezuma liegt das älteste Schutzgebiet von Costa Rica. Cabo Blanco umfasst 1272 ha Land und 1700 ha Meeresfläche und schließt die gesamte Südspitze der Halbinsel ein. In den übrigen Regionen herrschen tropische Trockenwälder vor, doch das feuchte Mikroklima auf der Spitze der Halbinsel begünstigt das Wachstum von immergrünen Wäldern, einzigartig in Nicoya. Zum Nationalpark gehören einige wirklich traumhafte weiße Sandstrände und Inseln vor der Küste, auf denen Seevogelkolonien liegen.

Eingerichtet wurde der Park von einem inzwischen verstorbenen dänisch-schwedischen Paar, Karen Mogensen und Olof Wessburg, die sich in den 1950er-Jahren in Montezuma niederließen und zu den ersten Umweltschützern von Costa Rica gehörten. 1960 musste das Paar entsetzt feststellen, dass Teile von Cabo Blanco gerodet worden waren. Zu jener Zeit war die Regierung in erster Linie daran interessiert, die landwirtschaftliche Entwicklung des Landes voranzutreiben (s.

Kasten S. 239) und von der heutigen Umweltschutzpolitik war noch keine Rede. Karen und Olof schafften es jedoch, die Regierung von der Notwendigkeit eines Nationalparksystems zu überzeugen, und so wurde Cabo Blanco 1963 zum Schutzgebiet erklärt.

Das Paar kämpfte weiter für den Schutz ökologisch wertvoller Regionen, doch tragischerweise wurde Olof 1975 während einer Kampagne auf der Halbinsel Osa ermordet. Karen setzte die vorangegangene gemeinsame Arbeit bis zu ihrem Tod 1994 fort.

Begraben sind beide im Nicolás Wessburg Absolute Reserve, wo ursprünglich auch ihr Haus stand.

Cabo Blanco ist ein sogenanntes absolutes Naturschutzgebiet, weil es bis zum Ende der 1980er-Jahre von keinem Besucher betreten werden durfte. Der Name ist zwar geblieben, aber mittlerweile ist eine begrenzte Anzahl von Pfaden für Besucher geöffnet. Um die Auswirkungen auf das Ökosystem möglichst gering zu halten, ist der Park montags und dienstags für Touristen geschlossen.

Praktische Informationen

Die **Rangerstation** (☎ 2642 0093; Eintritt 8 US$; ◷ Mi–So 8–16 Uhr) liegt 2 km südlich von Cabuya am Parkeingang, wo es auch Wanderkarten gibt. Im Park kann nicht übernachtet werden, aber es gibt genügend Unterkünfte im nahen Cabuya (S. 339) oder in Montezuma (S. 355). Wasser und etwas zu essen mitbringen, denn im Park gibt es nichts.

Die Jahresdurchschnitts-Temperatur liegt bei 27° C, und an der Spitze des Parks fallen durchschnittlich 2300 mm Regen. Daher überrascht es nicht, dass die Wege schlammig sein können – also, wer gerne ohne Gummistiefel geht, am besten in der Trockenzeit, die von Dezember bis April dauert, kommen.

Aktivitäten

WANDERN

Von der Rangerstation aus führen der **Schwedische Pfad** und der **Dänische Pfad** 4,5 km hinab zu einem echten Wildnisstrand an der Spitze der Halbinsel. Die Pfade kreuzen sich mehrfach, und es ist möglich, auf einem hinunter und auf dem anderen wieder hinaufzugehen. Die Pfade können allerdings sehr schlammig sein (vor allem in der Regenzeit), und sie sind an manchen Stellen sehr steil – in jeder Richtung etwa zwei Stunden einplanen. Vom Strand am Ende der Pfade besteht über einen weiteren Pfad Zugang zu einem zweiten Strand, aber das sollte vorher mit den Parkrangern abgesprochen werden, weil dieser Pfad bei Flut unpassierbar ist.

WILDTIERBEOBACHTUNG

Affen, Baumhörnchen, Faultiere, Hirsche, Agutis (hochbeinige, kurzohrige Nagetiere) und Waschbären sind öfters zu sehen, Gürteltiere, Nasenbären, Halsbandpekaris und Ameisenbären zeigen sich gelegentlich.

Das Küstengebiet gilt als wichtige Brutstätte der Brauntölpel, die hauptsächlich 1,6 km südlich vom Festland auf der **Isla Cabo Blanco** (Insel des weißen Kaps) leben. Den Namen „Cabo Blanco" prägten spanische Konquistadoren, als sie feststellten, dass die ganze Insel aus guanobedeckten Felsen bestand. Andere Seevögel in dieser Gegend sind Braunpelikane und die imposanten Fregattvögel.

An- & Weiterreise

Busse fahren vom Parkeingang nach Montezuma um 7, 9, 13 und 16 Uhr ab.

Ein Taxi mit Allradantrieb (für sechs Fahrgäste) kostet von Montezuma zum Park rund 12 US$. Man kann vorab vereinbaren, sich abholen zu lassen.

Zentrale Pazifikküste

Die Zentrale Pazifikküste erstreckt sich von der rauen Hafenstadt Puntarenas bis zur winzigen Ortschaft Uvita an den Ufern der Bahía Drake. Hier wechseln sich tropischer Trockenwald, Regenwald und in der Sonne flirrende Sandstrände ab. An der Küste bieten die Nationalparks gefährdeten Tierarten wie den Totenkopfäffchen und den Arakangas Schutz; im Meer vorbeiziehende Wale und Delfinschulen lassen sich vom Strand oder den umliegenden Hügeln aus leicht und oft beobachten.

Bei einer so großen biologischen Vielfalt auf so kleinem Raum ist es kein Wunder, dass die Zentrale Pazifikküste oft als „Costa Rica im Miniaturformat" bezeichnet wird. Da die Region in der Nähe von San José und dem Valle Central liegt und zudem über ein gutes Netz an befestigten Straßen verfügt, ist sie schon recht lange zum Wochenendparadies von costa-ricanischen Sonnenanbetern, Naturliebhabern und Anglern avanciert.

Leider gestaltet sich das Bild dann aber doch nicht so rosig, denn es tobt in dieser Gegend ein brutaler Kampf zwischen denjenigen, die diesen wunderschönen Teil des Landes immer weiter erschließen wollen, und denjenigen, die sich für die Bewahrung der Natur einsetzen. Entlang der ganzen Küste haben Investoren hoch aufragende Wohnblocks, bewachte Wohnsiedlungen und endlose Anlagen mit Eigentumswohnungen gebaut und den Küstenstreifen so zu einer riesigen Vorstadt ausgewanderter und betuchter Europäer und Nordamerikaner gemacht. Das traurige Ergebnis: Die Region, in der früher die Costa-Ricaner gern ihre Ferien verbrachten, erscheint nun immer mehr wie eine ausländische Enklave.

Auf viele wird es frustrierend wirken, mitansehen zu müssen, wie an der Küste völlig ungezügelt gebaut wird – und zwar ganz offensichtlich ohne ersichtliche Konzepte in Bezug auf ökologische, ökonomische und soziale Nachhaltigkeit. Doch sollte man auch nicht die einzigartige Natur, der die Zentrale Pazifikküste ja ihre Beliebtheit verdankt, aus den Augen verlieren. Sicher bereitet es manchmal gewisse Schwierigkeiten, einen Blick über die allgegenwärtigen Kräne hinaus zu werfen – aber wer dann eine Horde Affen erspäht, die sich von einer Baumkrone zur nächsten schwingt, findet rasch wieder zu seinem Glauben an die Naturschönheiten Costa Ricas zurück.

HIGHLIGHTS

- Im **Parque Nacional Manuel Antonio** (S. 383) Horden von Totenkopfäffchen über die Strände toben sehen
- Dem kreischenden Ruf der seltenen Arakangas lauschen, wenn sie im **Parque Nacional Carara** (S. 350) hoch am Himmel fliegen
- Auf den Brechern von **Dominical** (S. 390), **Playa Hermosa** (S. 367) und **Matapalo** (S. 388) surfen
- Im **Parque Nacional Marino Ballena** (S. 396) die Buckelwale beobachten
- Im **Hacienda Barú Refugio Nacional de Vida Silvestre** (S. #359) auf die Plattformen hoch oben in den Baumkronen steigen

Geschichte

Vor dem Touristenboom in Costa Rica war die Zentrale Pazifikküste – und zwar vor allem die Gegend um die Hafenstadt Quepos – eine der wichtigsten Bananenanbauregionen des Landes. Als Reaktion auf die Bananenfäule, eine Krankheit, die 1940 fast ganz Mittelamerika befiel, machte die United Fruit Company (auch unter dem Label Chiquita Banana bekannt) in dieser Gegend westafrikanische Palmen heimisch. Die Palmen werden vor allem wegen ihrer grauen und rötlichen Früchte kultiviert, die gepresst zu verschiedenen Kochölen verarbeitet werden.

Die Bananenfäule konnte in den 1960er-Jahren erfolgreich bekämpft werden, doch die Palmenplantagen waren inzwischen ein wichtiger Wirtschaftsfaktor geworden und begannen, Profit abzuwerfen. Da sich Palmöl problemlos in Tanklastern transportieren lässt, konnte Quepos schließlich in den 1970er-Jahren seinen Hafen schließen. Auf diese Weise wurden Gelder frei, die es der Stadt ermöglichten, verstärkt in die Palmölindustrie zu investieren. 1995 wurden die Plantagen dann an den Konzern Palma Tica verkauft, der seitdem als Betreiber fungiert. Sieht man einmal von der kommerziellen Fischerei und dem Tourismus ab, ist Palma Tica mit seinen Palmölplantagen in der Region Quepos auch heute noch der Hauptarbeitgeber.

In den letzten Jahren hat der Küstenabschnitt bei Backpackern aus Nordamerika immer mehr an Beliebtheit gewonnen: Sie kommen mal schnell für eine Woche Urlaub an den Strand und können am folgenden Montag wieder problemlos an ihrem Schreibtisch sitzen. Viele Leute aus der Generation des Babybooms, die nun allmählich das Rentneralter erreichen, haben den paradiesischen Verlockungen nicht widerstehen können und sich ein Grundstück am Meer gekauft.

Das Ergebnis ist freilich, dass Jacó, ein Ort, an dem früher ausschließlich Familien aus Costa Rica ihren Urlaub verbrachten, mittlerweile völlig von US-Amerikanern in Besitz genommen wurde: Es gibt Shopping Malls im amerikanischen Stil, von der Außenwelt abgeschirmte Wohnsiedlungen und Händler für Fahrzeuge mit Allradantrieb. Das Kapital aus dem Norden hat der Region gutgetan; dennoch fühlen sich Ticos hier manchmal wie Touristen im eigenen Land.

Die Dinge verändern sich in der Tat rasend schnell, und keiner vermag zu sagen, wohin diese Entwicklung am Ende führen wird. Ein neuer Hafen für Kreuzfahrtschiffe in Quepos wird sicherlich noch mehr wohlhabende Touristen ins Land bringen. Dass dieses hübsche Fischerdorf allerdings seinen Charakter und das Erscheinungsbild verlieren könnte, will sich noch niemand wirklich vorstellen.

Klima

Westlich der Cordillera Central fallen von April bis November hohe Niederschläge. In dieser Zeit sind die Berge und Hügel hier besonders grün, überall wuchern die Pflanzen. Im Sommer (Dez.–März) regnet es dagegen nur selten: Die Landschaft wirkt dann vertrocknet und karg.

Parks & Schutzgebiete

An der Zentralen Pazifikküste liegen mehrere Parks und Reservate, darunter der meistbesuchte Nationalpark von Costa Rica.

Hacienda Barú National Wildlife Refuge (S. 389) Das kleine Schutzgebiet mit verschiedenen tropischen Lebensräumen gehört zu einem bedeutenden biologischen Korridor, der eine Vielzahl von Arten schützt.

Parque Nacional Carara (S. 350) Hier leben sage und schreibe 400 verschiedene Vogelarten, darunter der seltene Arakanga, der in diesem Park erstaunlich oft zu sehen ist.

Parque Nacional Manuel Antonio (S. 383) Die unberührten Strände, die von Regenwäldern bestandenen Berge und die unglaubliche Artenvielfalt haben noch keinen der zahlreichen Touristen enttäuscht, die in den meistbesuchten Nationalpark Costa Ricas gefahren sind.

Parque Nacional Marino Ballena (S. 396) Dieser Meerespark ist von lebenswichtiger Bedeutung und die beste Adresse im ganzen Land, um Wale und Delfine sowie schwimmende Schildkröten zu beobachten.

Anreise & Unterwegs vor Ort

Am besten lässt sich die Zentrale Pazifikküste mit einem Auto erkunden. Mit Ausnahme der unbefestigten Straße von Quepos nach Dominical finden sich hier einige der besten Straßen im ganzen Land.

Die wichtigsten Städte und Ortschaften an der Küste (Puntarenas, Jacó, Quepos, Dominical und Uvita) werden regelmäßig von Bussen angefahren. Die öffentlichen Verkehrsmittel verkehren hier so häufig und sind auch so effizient, dass es kein großes Problem macht, auf einen Mietwagen zu verzichten.

Sowohl **NatureAir** (www.natureair.com) als auch **Sansa** (www.sansa.com) fliegen nach Quepos, das sich als Standort für den Besuch des Nationalparks Manuel Antonio anbietet. Die Tarife

ZENTRALE PAZIFIKKÜSTE

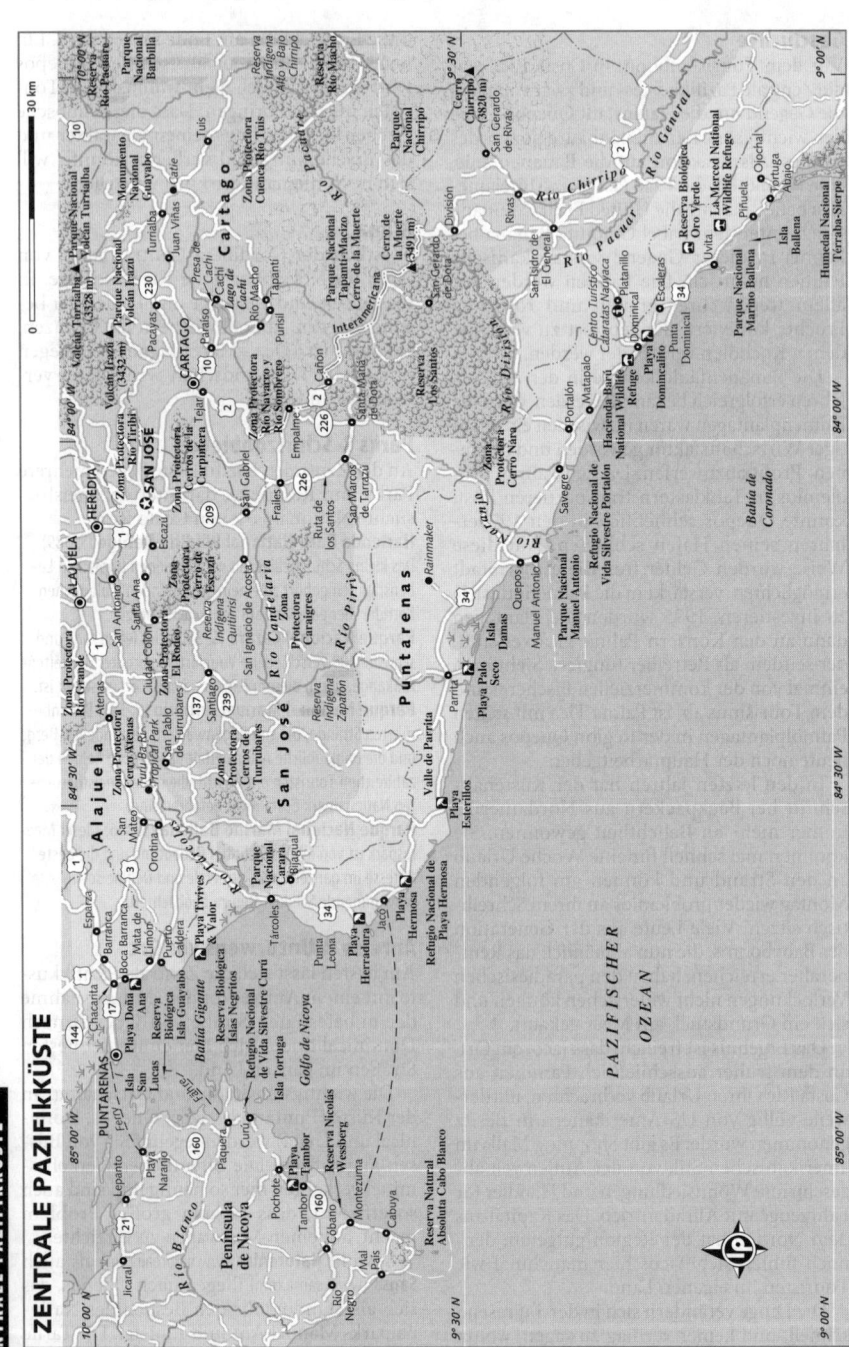

hängen von der Saison und von der Verfügbarkeit der Plätze ab; ein Flug von San José
oder Liberia kostet in der Regel nicht viel
mehr als 75 US$.

VON PUNTARENAS NACH QUEPOS

Der Küstenabschnitt wird immer beliebter
und erstreckt sich von der Hafenstadt Puntarenas bis zur Boomtown Quepos. Puntarenas
war früher der Dreh- und Angelpunkt der
nationalen Schifffahrt, hat aber inzwischen
an Bedeutung verloren. Quepos wiederum ist
das Einfallstor zum Parque Nacional Manuel
Antonio. Die Region mit dem Zentrum „Gringolandia" – gemeint ist die Kolonie der Nordamerikaner in Jacó – erlebt derzeit ein unge-
heures Wachstum. Grund dafür sind die nicht
abreißenden ausländischen Investments. Aber
auch wenn es Orte gibt, in denen die Ausländer gegenüber den Costa-Ricanern längst in
der Überzahl sind, finden sich hier doch auch
bewaldete Hügel, unberührte Strände und
eine unglaubliche Konzentration an Tieren
und Pflanzen.

PUNTARENAS

In aller Welt stehen Hafenstädte im Ruf, dass
das Wasser verschmutzt und die Landschaft
verdreckt ist und alles irgendwie bergab geht
– da macht Costa Ricas „Tor zum Pazifik"
keine Ausnahme. Puntarenas ist die Küstenstadt, die am nächsten zur Hauptstadt San
José liegt, und so strömten die Ticos aus dem
Landesinnern schon immer bevorzugt hierher.
Wer von San José und dem Umland hierher
an die Küste fährt, ist inzwischen nur noch ein
paar Stunden unterwegs. Aber auch wenn die
Stadtverwaltung sich unglaublich reingehängt,
die Strände gesäubert und die Uferpromena-
den verschönert hat, so wird man dennoch das
Gefühl nicht los, dass man sich irgendwie auf
einer Schiffswerft sonnt – oder badet.

    In den kommenden Jahren werden die Be-
sucherzahlen in Puntarenas vermutlich zurückgehen, da die neue Autobahn von San
José nach Orotina (S. 353) den Verkehr weiter
in Richtung Süden verlagert. In der Zwischenzeit bemüht sich Puntarenas allerdings, noch
die Früchte zu ernten, die der zunehmende
Tourismus abwirft. Aber leider klappt es aus
irgendwelchen Gründen nicht, das Interesse

> ### FÜNF GEGEN DAS MEER
>
> Im Januar 1988 stachen fünf Fischer von
> Puntarenas in See – sieben Tage sollte der
> Ausflug dauern. Doch nach fünf Tagen sah
> sich das kleine Schiff mit fast 10 m hohen
> Wellen konfrontiert, die der Nordwind El
> Norte aufgepeitscht hatte. 142 Tage trieb
> das Schiff auf dem Meer, die Fischer waren
> mit schlechtem Wetter, Haien, Hunger und
> schrecklichem Durst konfrontiert. Schließ-
> lich wurden sie von einem japanischen Fi-
> scherboot gerettet – 7200 km von ihrer
> Heimat entfernt. Das Buch *Stärker als das
> Meer* des amerikanischen Journalisten Ron
> Arias erzählt die spannende Geschichte der
> Fischer und ihrer Rettung.

ausländischer Investoren samt ihren Dollar
für die Stadt zu wecken. So kommen die meisten Urlauber nur hierher, um vom Fährhafen
günstig und schnell zu den unberührteren
Stränden weiter südwestlich auf der Halbinsel
Nicoya zu fahren.

Geschichte

Bis Mitte des 20. Jhs. war Puntarenas der
größte und bedeutendste Hafen des Landes.
Von hier stachen Frachter in See – beladen
mit kostbarem Kaffee für die kaffeesüchtigen
Europäer. Viel Kapital floss in die Stadt und
ließ Puntarenas zur „Perle des Pazifiks" werden. Erst mit dem Bau einer Eisenbahnlinie
vom Valle Central zum Atlantikhafen Puerto
Limón im Jahr 1890 verlor die Stadt an
Bedeutung: Die kürzere Schiffsverbindung
von Puerto Limón nach Europa machte die
bisherige Route überflüssig. Für die mittlere
Pazifikküste blieb Puntarenas allerdings
weiterhin ein wichtiger Hafen.

Orientierung

Puntarenas liegt am Ende einer sandigen 8 km
langen Halbinsel, die aber nur 100 bis maximal 600 m breit ist. Von der wichtigsten Hafenstadt am Pazifik sind es auf der Schnellstraße gerade einmal 110 km Richtung Osten
nach San José. Die Stadt hat 60 *calles* (Straßen), die von Norden nach Süden verlaufen,
aber nur fünf *avenidas*, die die Calles in west-
östlicher Richtung kreuzen. Wie überall in
Costa Rica sind Straßennamen weitgehend
unwichtig, als Orientierung dienen markante
Punkte in der Stadt (s. S. 586).

ZENTRALE PAZIFIKKÜSTE

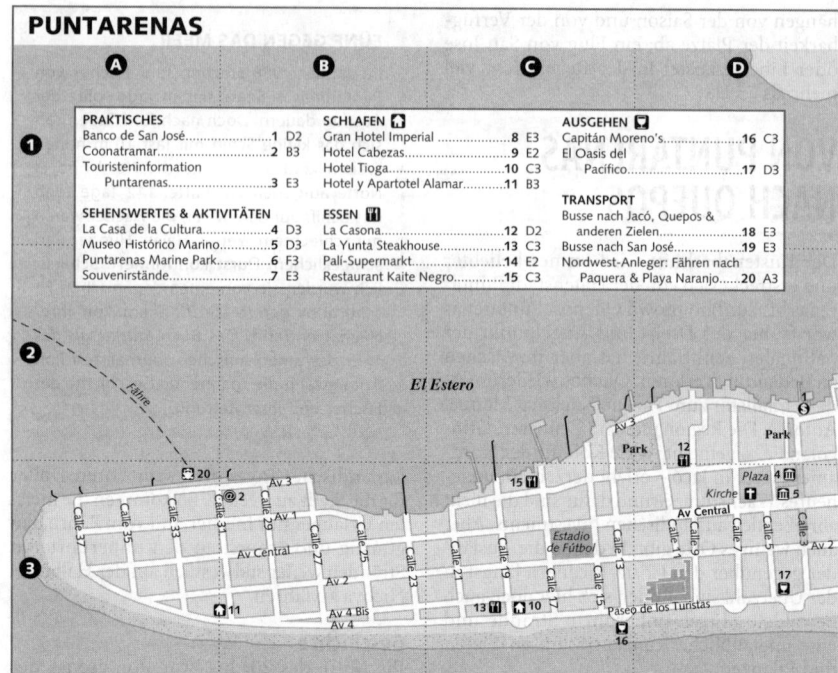

PUNTARENAS

Ⓐ   Ⓑ   Ⓒ   Ⓓ

❶

PRAKTISCHES		
Banco de San José	1	D2
Coonatramar	2	B3
Touristeninformation Puntarenas	3	E3

SEHENSWERTES & AKTIVITÄTEN		
La Casa de la Cultura	4	D3
Museo Histórico Marino	5	D3
Puntarenas Marine Park	6	F3
Souvenirstände	7	E3

SCHLAFEN 🏠		
Gran Hotel Imperial	8	E3
Hotel Cabezas	9	E2
Hotel Tioga	10	C3
Hotel y Apartotel Alamar	11	B3

ESSEN 🍴		
La Casona	12	D2
La Yunta Steakhouse	13	C3
Palí-Supermarket	14	E2
Restaurant Kaite Negro	15	C3

AUSGEHEN 🍸		
Capitán Moreno's	16	C3
El Oasis del Pacifico	17	D3

TRANSPORT		
Busse nach Jacó, Quepos & anderen Zielen	18	E3
Busse nach San José	19	E3
Nordwest-Anleger: Fähren nach Paquera & Playa Naranjo	20	A3

❷

El Estero

❸

Praktische Informationen

GELD

Die großen Banken an der Avenida 3 (westlich vom Markt) nehmen den Umtausch in die Landeswährung vor und sind mit Geldautomaten bestückt (24-Stunden-Service).

Die **Banco de San José** (Ecke Av. 3 & Calle 3) ist an das Cirrus-System angeschlossen.

INTERNETZUGANG

Coonatramar (☎ 2661 9011, 2661 1069; Ecke Calle 31 & Av. 3; Std. 1,50 US$; ⏰ 8–17 Uhr)

MEDIZINISCHE VERSORGUNG

Hospital Monseñor Sanabria (☎ 2663 0033; 8 km östl. der Stadt)

TOURISTENINFORMATION

Touristeninformation Puntarenas (Catup; ⏰ Mo bis Fr 8–17 Uhr) Gegenüber von der Hafenmole im 1. Stock über Báncredito; während der Mittagszeit geschlossen.

Sehenswertes & Aktivitäten

Zur **La Casa de la Cultura** (☎ 2661 1394; Av. Central zw. Calles 3 & 5; ⏰ Mo–Fr 10–16 Uhr) gehört eine Kunstgalerie, in der ab und zu Ausstellungen gezeigt werden, außerdem finden hier diverse Kulturveranstaltungen statt. Hinter der Casa befindet sich das **Museo Histórico Marino** (☎ 2661 5036, 2256 4139; Eintritt frei; ⏰ Di–So 8–13 & 14–17 Uhr). Das Museum erzählt mit Hilfe von audiovisuellen Präsentationen, alten Fotos und Artefakten die Stadtgeschichte von Puntarenas.

Highlight des **Puntarenas Marine Park** (Erw./Kind unter 12 J. 7/1,50 US$; ⏰ Di–So 9–17 Uhr) ist das Aquarium mit Mantarochen und anderen pazifischen Meerestieren. Der Park wurde an der Stelle gebaut, an der früher der alte Bahnhof gestanden hat, und bietet ein winziges Plantschbecken, einen Andenkenladen sowie eine Besucherinformation.

Spaziergänger können den Strand entlang laufen oder über den **Paseo de los Turistas** – welch ein passender Name! – bummeln. Der autofreie Boulevard zieht sich am südlichen Stadtrand entlang. Kreuzfahrtschiffe legen an Ostende des Paseo an, um alle möglichen Tagesausflügler auszuspucken. Unmengen **Souvenirstände** und Sodas hoffen dort auf konsumfreudige Passagiere.

Information zu Sehenswürdigkeiten in der Umgebung von Puntarenas, s. S. 349.

ZENTRALE PAZIFIKKÜSTE

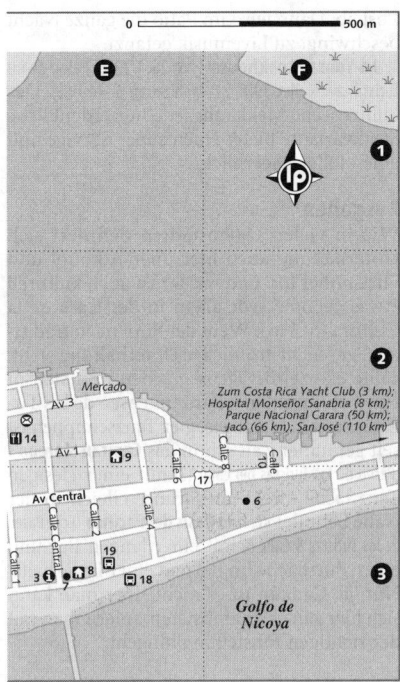

Geführte Touren

Coonatramar (☎ 2661 9011, 2661 1069; www.coonatra mar.com; Ecke Av. 3 & Calle 31) organisiert Ausflüge zu den Inseln in der Bahía Gigante und entlang der Bucht sowie Hochseeangelfahrten. Die Preise hängen von der Gruppengröße ab und von der Art des jeweiligen Ausflugs.

Feste & Events

Puntarenas zählt zu den Küstenorten, in denen die **Fiesta de La Virgen del Mar** (Fest der Jungfrau vom Meer, gemeint ist Maria) gefeiert wird. Das Fest findet an dem Samstag statt, der dem 16. Juli am nächsten liegt. Fischerboote und elegante Yachten, die mit Lichtern, Fahnen und anderem Beiwerk fantasievoll geschmückt sind, fahren um den Hafen und bitten um den Schutz der hl. Jungfrau zu Beginn des neuen Jahres auf See. Es gibt Bootsrennen und karnevalsartige Feiern, außerdem genügend zu essen und zu trinken und viel Musik zum Tanzen.

Schlafen

In Puntarenas besteht grundsätzlich kein Mangel an Quartieren. Wie in den meisten Hafenstädten ist es allerdings gar nicht so einfach, eine sichere Bleibe zu finden, die nicht pro Stunde zu bezahlen ist. Aufgelistet sind hier deshalb Übernachtungsmöglichkeiten, in denen sich selbst die eigene Mutter wohlfühlen würde. Man kann also beruhigt mit dem Wissen schlafen, dass nachts keine unerwünschten Gäste aufkreuzen ...

Hotel Cabezas (☎ 2661 1045; Av. 1 zw. Calles 2 & 4; EZ/DZ ab 12/22 US$; Ⓟ) In einer Stadt, in der die meisten Hotels im Stundentakt abrechnen, ist dieses schlichte Billigquartier eine hervorragende Wahl. Die Zimmer sind in Pastelltönen gestrichen, haben einen praktischen Ventilator sowie Fenster mit Fliegengitter, sodass man auch ohne Klimaanlage gut und ohne Moskitos schlafen kann. Das Hotel ist recht sicher, trotzdem gilt es auch hier, keine Wertsachen herumliegen zu lassen.

Gran Hotel Imperial (☎ 2661 0579; Paseo de los Turistas zw. Calles Central & 2; EZ/DZ ab 14/24 US$; Ⓟ) Das Hotel, ein baufälliges, wackeliges Holzgebäude, liegt praktisch unmittelbar bei den Busbahnhöfen und hat sich ein bisschen vom Charme der Alten Welt aus der Zeit großer Segelschiffe bewahren können. Die riesigen Zimmer (einige mit geräumigen Balkonen) sind kühl und sauber. Die Holzmöbel und alten Gemälde geben dem Ganzen einen kolonialen Touch. Neue Gäste werden mit einer Flasche der beliebtesten Biersorte des Landes – Imperial– im Bierkühler begrüßt.

Costa Rica Yacht Club (☎ 2661 0784; EZ/DZ ab 35/45 US$; Villa mit Klimaanlage 115 US$; Ⓟ 🏊 🖥 🐾) Der schon recht betagte Yachtclub für Mitglieder (aber auch einheimische und ausländische Skipper) liegt rund 3 km östlich der Innenstadt in Cocal an der schmalsten Stelle der Halbinsel. In Anbetracht der Tatsache, dass betuchte Yachtbesitzer in Sachen Unterkunft in der Regel recht anspruchsvoll sind, sind die Zimmer erstaunlich schlicht gehalten. Dennoch ist Cocal eine ganze andere Welt als Puntarenas, zumal das Areal ein attraktives Restaurant mit Bar und einen luxuriösen Pool bietet. Wer in der Gruppe reist, nimmt eine der modern ausgestatteten Villen, in denen locker fünf Segler unterkommen.

Hotel Tioga (☎ 2661 0271; Paseo de los Turistas zw. Calles 17 & 19; DZ/ Standard/Deluxe/Balkon inkl. Frühstück ab 65/85/100 US$; Ⓟ 🏊 🐾) Das 1959 eröffnete Hotel ist das etablierteste Hotel in Puntarenas und zweifelsohne die beste Unterkunft. Die Preise hängen vom Zimmer ab: Es lohnt sich, ein paar Dollar mehr für ein größeres Zimmer auszugeben, denn sie bieten einen schönen Blick auf das Meer. Falsch machen kann man aber generell nichts, denn alle Zimmer sind mit dem neuesten Standard für Bett und Bad versehen und geschmackvoll möbliert.

Hotel y Apartotel Alamar (☎ 2661 4343; Ecke Paseo de los Turistas & Calle 31; DZ/3BZ/4BZ Standard 75/95/115 US$, DZ/4BZ Apt. 125/150 US$; P ☒ ☒) Wer ein bisschen mehr Platz möchte, findet in diesem gehobenen Hotel (zumindest für Puntarenas) riesige Zimmer, die auch für Familien geeignet sind. Auch die Apartments sind erstaunlich erschwinglich. Die Zimmer sind blitzblank, haben hübsch gefliese Böden und verströmen ein bisschen Tropenzauber. Die Apartments haben eine voll ausgestattete Küche, in der sich ein wahres Gelage zubereiten lässt. Da das Motto im Alamar „Spaß für die ganze Familie" lautet, sind auch zwei Pools vorhanden (einer extra für die Kinder), an denen sich die Gäste versammeln.

Essen

Das billigste Essen gibt es an kleinen Ständen und in den Lokalen in der Nähe des Supermarktes Palí. Im Viertel verkehren auch Matrosen, Säufer und Prostituierte, entsprechend rau sind die Sitten. Gefährlich ist es aber nicht – zumindest tagsüber. Die Restaurants am Paseo de los Turistas kann es könnte es anders sein? – voll von *turistas* (Touristen).

Am Paseo de los Turistas (zwischen der Calle Central und der Calle 3) liegen am Strand einige preiswerte Sodas. Sie sind ein nettes Plätzchen, um Leute zu beobachten und bieten kleine Imbisse und nicht-alkoholische Getränke. Ziemlich viele chinesische Restaurants finden sich in der Avenida 1 östlich der Kirche.

La Casona (Ecke Av. 1 & Calle 9; Casados 3–6 US$) Das Schild an dem leuchtend gelben Haus ist klein und bescheiden, das Lokal bei den Einheimischen jedoch unglaublich beliebt: Sie drängen sich hier mittags auf der großen Terrasse und im Innenhof. Die Portionen sind riesig: Die Suppen werden in Schalen serviert, die schon fast so groß wie eine Badewanne sind – also viel Hunger mitbringen!

Restaurant Kaite Negro (☎ 2661 2093; Ecke Av. 1 & Calle 17; Gerichte 2–9 US$) Das weitläufige Restaurant im Norden der Stadt ist bei den Einheimischen beliebt. Auf den Tisch kommen gute Meeresfrüchtegerichte und eine große Auswahl an leckeren *bocas* (kleinen Vorspeisen). Am Wochenende geht hier richtig die Post ab: Dann wird im Patio die ganze Nacht beschwingt zu Livemusik getanzt.

La Yunta Steakhouse (☎ 2661 3216; Paseo de los Turistas zw. Calles 19 & 21; Mahlzeiten 6–10 US$) Das kulinarische Mekka für jede nur erdenkliche Steakvariante bietet einen super Service und einen tollen Meerblick.

Ausgehen

Wie in vielen Hafenstädten definiert sich Unterhaltung auch hier über Alkohol und Flirts. Aber hin und wieder ist auch kulturell etwas geboten, vor allem in der Casa de la Cultura (S. 346). Wem der Sinn nach traditioneller feucht-fröhlicher Unterhaltung steht, sollte es wie die Ticos machen und sich in eine der unzähligen Bars am Paseo de los Turistas setzen. Ein angesagter Tanzschuppen ist seit geraumer Zeit schon das **Capitán Moreno's** (Paseo de los Turistas bei Calle 13) mit einer riesigen Tanzfläche direkt am Strand. Gleich in der Nähe befindet sich **El Oasis del Pacífico** (Ecke Paseo de los Turistas & Calle 5) mit einer langen Bar und einer Tanzfläche im Format einer Lagerhalle. Nun ja, Cancún ist es nicht, aber man kann sich hier ganz klar amüsieren, sofern man mit der richtigen Einstellung hingeht.

An- & Weiterreise
BUS

Busse in die Hauptstadt San José fahren an dem großen marineblauen Gebäude an der Nordecke der Calle 2 und des Paseo de los Turistas ab. Es empfiehlt sich, die Fahrkarte an Wochenenden und Feiertagen im Voraus zu reservieren.

Die Busse zu den anderen Zielen fahren auf der anderen Straßenseite an der Strandseite des Paseo ab.

Jacó 1,50 US$, 1½ Std., 5, 11, 14.30 & 16.30 Uhr.
Liberia 2 US$, 2 Std., 4.40, 5.30, 7, 8.30, 9.30, 11, 14.30 & 15 Uhr.
Nicoya, Santa Cruz & Filadelfia 2,75 US$, 3–4 Std., 6 & 15.45 Uhr.
Quepos 3 US$, 3½ Std., 5, 11, 14.30 & 16.30 Uhr.
San José 2,50 US$, 2½ Std., 4–21 Uhr, stündl.
Santa Elena, Monteverde 2,50 US$, 3–4 Std., 13.15 & 14.15 Uhr.

SCHIFF/FÄHRE

Auto- und Passagierfähren nach Paquera und Playa Naranjo legen mehrmals am Tag am **Nordwest-Anleger** (Av. 3 zw. Calles 31 & 33) ab; die anderen Anleger sind für Privatschiffe reserviert. Wer mit dem Wagen unterwegs ist und die Autofähre nimmt, sollte sich früh in die Schlange einreihen, sonst hat man sich womöglich umsonst angestellt. Die Fährtickets müssen am Schalter vor der Fahrt auf die Fähre gekauft werden – ohne Ticket kommt keiner auf's Schiff.

Die Fahrpläne ändern sich ständig – nicht nur mit der Saison, sondern auch nach Lust und Laune – und sind dazu noch vom Wetter abhängig. Um sicherzugehen, sollte man sich im Fährbüro nach dem aktuellen Stand erkundigen. Auch in vielen Hotels der Stadt hängt der jeweils gültige Fahrplan aus.

Zur Playa Naranjo (für die Weiterfahrt nach Nicoya und Orte weiter im Westen) bietet **Coonatramar** (☎ 2661 1069; Nordwest-Anlegestelle) täglich mehrere Fahrten an (Pers./Auto 3/10 US$, 2 Std.).

Nach Paquera (für die Weiterfahrt nach Montezuma und Mal País) legen ebenfalls mehrmals täglich Fähren von **Ferry Peninsular** (☎ 2641 0118; Nordwest-Anlegestelle) ab (Pers./Auto 3/10 US$, 2 Std.).

Unterwegs vor Ort

Busse mit dem Schild „Ferry" fahren die Avenida Central hinauf zum Fährhafen, der 1,5 km außerhalb der Innenstadt liegt. Ein Taxi vom Busbahnhof in Puntarenas zum nordwestlichen Fährhafen berechnet für die Fahrt ungefähr 2 US$.

Busse zum Hafen Caldera (über Playa Doña Ana und Mata de Limón) starten etwa stündlich am Markt und verlassen die Stadt über die Avenida Central.

RUND UM PUNTARENAS

Die Straße von Puntarenas nach Süden schlängelt sich an der Küste entlang – schon wenige Kilometer hinter der Stadt sind in der Ferne die bewaldeten Gipfel der Cordillera de Tilaran zu erkennen. Wenn die Hafenstadt langsam aus dem Blickfeld verschwindet, wird das Wasser sauberer, die Luft frischer und die Vegetation üppiger. Genau dann sollte man tief durchatmen und einen Seufzer der Erleichterung ausstoßen. Je weiter es nach Süden geht, umso schöner wird die Pazifikküste.

Rund 8 km südlich von Puntarenas ist die **Playa San Isidro** erreicht, der erste „richtige" Strand am Pazifik. Auch wenn er bei Strandfans aus Puntarenas beliebt ist, fahren die Surfer doch lieber noch weitere 4 km gen Süden zur **Boca Barranca** mit der drittlängsten Linkswelle der Welt. Bei Ebbe lässt es sich am

besten surfen; die Bedingungen sind aber das ganze Jahr über gut. Es fehlt allerdings an Infrastruktur, dadurch ist der Strand in erster Linie etwas für erfahrene Surfer. Auf alle Fälle sollte man den Rat eines Einheimischen einholen, bevor man sich in die (unbekannten) Wellen stürzt.

Gleich hinter der Flussmündung kommen zwei weitere, relativ wenig entwickelte Strände: **Playa Doña Ana** und **El Segundo**. Surfer finden hier einige anständige Wellen, aber die Hauptgäste sind wie bei der Playa San Isidro die Einheimischen aus Puntarenas. Sie vertrödeln hier gerne einen Tag am Strand – bevorzugt an den Wochenenden in der Hochsaison. Die Strandgebühr beträgt pro Erw./Kind 1,50/0,75 US$, der Strand ist von 8–17 Uhr geöffnet. Es gibt Imbissstände, Picknickareale und Umkleiden sowie Strandabschnitte mit stationierten Rettungsschwimmern.

Die nächste Anlaufstelle bei der Fahrt am Meer ist **Mata de Limón**, ein malerisches Nest an einer mit Mangroven bestandenen Lagune. Die Lagune ist bekannt für ihre reiche Vogelwelt: Wer bei Ebbe ankommt, kann unzählige Vögel beim Fressen beobachten. Mata de Limón wird durch einen Fluss geteilt, wobei die Lagune und die meisten touristischen Einrichtungen im Süden liegen.

Der wichtigste Hafen an der Pazifikküste ist **Puerto Caldera** gleich hinter Mata de Limón. Von Interesse ist die Stadt allerdings nur für all diejenigen, die schon immer einmal ein Containerlager sehen wollten. Auch der Strand ist nicht weiter bemerkenswert, Surfer finden allerdings ein paar ganz gute Wellen. Achtung: Der Strand ist oft sehr felsig!

Busse zum Hafen von Caldera fahren stündlich am Markt von Puntarenas ab; der Fahrer hält auf Wunsch an den oben genannten Orten. Wer mit dem Auto unterwegs ist, findet den Wellenbrecher von Boca Barranca in der Nähe der Brücke an der Costanera Sur (südliche Küstenautobahn); der Zugang zur Playa Doña Ana und zur Playa El Segundo liegt ein Stück weiter südlich (auf das Schild „Paradero Turístico Doña Ana" achten). Der Abzweig nach Mata de Limón befindet sich rund 5,5 km südlich der Playa Doña Ana.

PARQUE TROPICAL TURU BA RI & UMGEBUNG

Der **Parque Tropical Turu Ba Ri** (☎ 2250 0705; www.turubari.com; Erw./Stud. 60/55 US$; ⏱ 9–17 Uhr) besteht aus mehreren botanischen Gärten, die jeweils eine topografische Zone Costa Ricas mit unterschiedlichen Vegetationsformen präsentieren. Auf gepflegten Wegen geht es an Palmenwäldern, Weideland, Kräutergärten, Kakteenfeldern, Bambushainen, Bromeliengärten, Orchideenbeeten und Baumriesen vorbei. In die Gärten fährt eine Schwebebahn; sie ist im Eintrittspreis inbegriffen.

Wer auf seinen Adrenalinschub nicht verzichten will, kann eine Baumkronentour (Erw./Stud. 60/55 US$) buchen und sich von einem Baum zum anderen schwingen lassen. Auch zum Ausreiten und zum Klettern gibt es Gelegenheit. Die Kinder sind hier stundenlang zufrieden, wenn sie in den beiden Irrgärten spielen oder dem Reptilienhaus einen Besuch abstatten dürfen.

Der Park selbst bietet keine Übernachtungsmöglichkeiten. Sehr hübsch ist aber **Ama Tierra** (☎ 2419 0110; www.amatierra.com; EZ/DZ mit Frühstück 127/149 US$; Ⓟ 🏊 💻 🍴), ein sehr persönliches B&B gleich in der Nähe in San Pablo de Turrubares. Hier nächtigen die Gäste in einer Handvoll gemütlicher *casetas*, Wohnhütten aus Holz, die an landschaftlich schön gestalteten Pfaden inmitten einer gepflegten Gartenanlage liegen. Die eigentlichen Attraktionen sind aber sicherlich das ganzheitlich ausgerichtete Zentrum, das Yoga-Studio sowie das Bio-Restaurant. Wer seinen Körper entschlacken, entgiften und seinen Geist läutern möchte, kann sich für eines der diversen mehrtägigen Pauschalangebote entscheiden. San Pablo de Turrubares liegt rund 10 km östlich von Orotina an der Straße nach Santiago de Puriscal; in der Ortschaft folgt man der Beschilderung zum B&B.

Zum Park fährt der Bus von Orotina (0,50 US$, 30 Min.), der um 5.30, 12 und 16.30 Uhr startet. Die Anreise per Bus ist problemlos möglich, viele Reisende organisieren die Anfahrt von Puntarenas oder San José aber lieber auf eigene Faust. Wer mit dem Auto unterwegs ist, sollte nach einer Straße in Richtung Osten Ausschau halten; sie ist südlich von Orotina mit „Coopebaro, Puriscal" ausgeschildert. Die Straße führt über eine Hängebrücke aus Holz, die Indiana Jones alle Ehre machen würde; nach der Brücke sind es noch weitere 9 km bis zum Park.

PARQUE NACIONAL CARARA

Der **Nationalpark** liegt in der Übergangszone vom Trockenwald im Nordwesten Costa Ricas zum immergrünen Regenwald des südlichen Tieflandes am Pazifik. Hier wachsen Pflanzen aus beiden Ökozonen: Akazien gedeihen hier neben Würgefeigen, Kakteen neben Kapokbäumen. Der heterogene Lebensraum bietet eine entsprechend vielfältige Tierwelt. Die Bedeutung dieses Nationalparks kann gar nicht genug betont werden – er ist von Landwirtschaftsflächen und Weideland umgeben und eines der wenigen Gebiete in dieser Übergangszone, in dem Tiere in freier Wildbahn ein geschütztes Rückzugsgebiet vorfinden.

Carara ist auch die Heimat der beliebtesten Vogelart des Landes, dem Arakanga (Hellroter Ara). Fast überall im Land lässt sich nur mit Mühe ein Blick auf dieses tropische Wunder werfen, während man den Vogel in Carara fast mit Sicherheit zu sehen bekommt. Und natürlich flattern noch über 400 weitere Vogelarten in den Baumkronen umher. In den Wasserläufen sind die größten Krokodile Costa Ricas heimisch – da vergeht wohl auch dem passioniertesten Schwimmer die Lust!

Orientierung

Der 5242 ha große Nationalpark Carara liegt an der Mündung des Río Tárcoles, nur 50 km südöstlich von Puntarenas. Von San José führt die Schnellstraße (90 km) über San Antonio und Orotina dorthin.

In der Trockenzeit von Dezember bis April lässt sich der Park am einfachsten besichtigen, doch die Tiere bleiben auch während der Regenzeit im Park. Die Monate März und April sind die trockensten Perioden. Die Niederschläge liegen mit fast 3000 mm pro Jahr unter den Werten der Regenwälder weiter südlich. Die Durchschnittstemperaturen liegen bei 25 °C bis 28 °C, doch im Regenwald empfindet man die Hitze nicht so drückend. Sowohl in der Regenzeit als auch in der Trockenzeit ist ein Regenschirm ganz nützlich, Gleiches gilt für ein Insektenschutzmittel! Den Parkwärtern zufolge ist der frühe Morgen (um 7 Uhr wird der Park geöffnet) die beste Zeit, um die Tiere zu sehen.

Gefahren & Ärgernisse

Die Zunahme des Tourismus an der Pazifikküste hat leider auch zu vermehrten Diebstählen geführt. Immer wieder werden Fahrzeuge aufgebrochen, die am Ausgangspunkt der Wanderwege geparkt sind. Selbst wenn ab und zu kontrolliert wird, ist es doch ratsam, das Auto auf dem Parkplatz der Rangerstation in Carara abzustellen und auf der Costa-

GARABITO

Auf dem Areal des Parque Nacional Carara (S. 350) lebte einst der legendäre *cacique* (Häuptling) Garabito. Ihm unterstand das gesamte weitläufige Gebiet vom Golfo de Nicoya bis zum Valle Central. Bekannt wurde er durch seinen unerbittlichen Kampf gegen die Spanier.

Eine beliebte Taktik der Spanier, den Widerstand der Indianer zu schwächen, war die Enthauptung des Stammesführers – und zwar im wahrsten Sinn des Wortes. 1560 sandte der guatemaltekische Oberbefehlshaber einen Trupp Soldaten los, um Garabito festzunehmen. Der gewitzte Indianerhäuptling floh in den Wald, doch gelang es den Spaniern, seine Frau Biriteka als Geisel zu nehmen. Garabito konterte, indem er einen seiner Gefolgsleute als Häuptling verkleidete, der sich absichtlich gefangen nehmen ließ. Während im Lager die Ergreifung des vermeintlichen Garabito gefeiert wurde, flüchtete der echte Garabito mit seiner Frau.

Garabitos List war allerdings eine Ausnahme. Häufiger wurde für die gefangenen Kaziken eine Art moralisches Lehrstück inszeniert. Im ersten Akt wurde der Häuptling in einem Gerichtsprozess verschiedener Vergehen gegen Gott und die Krone angeklagt. Der Häuptling antwortete auf die Anklagen und wurde anschließend zum Tode verurteilt. In Akt zwei fand die öffentliche Hinrichtung statt, dabei wurden dem Schuldigen Augen und Zunge herausgeschnitten, außerdem erschoss man ihn mit einer Armbrust, anschließend köpfte man das Opfer mit einer Axt. Der abgeschlagene Kopf wurde schließlich auf einer Lanze zur Schau gestellt, der Rest des Leichnams wurde zu Asche verbrannt. Ende der Geschichte. Ende der Vorstellung.

---

nera Sur die 2 km nach Norden oder 1 km gen Süden zu den Wanderwegen zu marschieren. Außerdem empfiehlt es sich, in der Gruppe zu wandern und keine unnötigen Wertsachen mitzunehmen, denn leider werden gelegentlich Raubüberfälle gemeldet. Eine weitere Möglichkeit zum Parken bietet der Parkplatz neben dem Restaurante Ecológico Los Cocodrilos (S. 352).

Sehenswertes

Zusammen mit einem ortskundigen Führer besteht die Möglichkeit, die archäologischen Relikte verschiedener indigener **Begräbnisstätten** im Park zu besichtigen; sie sind allerdings winzig und im Vergleich zu dem, was man in Mexiko und Guatemala zu sehen bekommt, nicht sonderlich aufregend. Als die Europäer nach Costa Rica kamen, lagen diese Stätten in einem Gebiet, das von den Indianerstamm der Huetar bevölkert war. Carara bedeutet in der Sprache der Huetar „Krokodil“. Leider ist von diesem Stamm nicht viel bekannt, denn es haben sich nur wenige Kulturzeugnisse erhalten. Heute leben die letzten verbliebenen Huetar in mehreren kleinen Dörfern im Valle Central. Mehr über die Geschichte der indigenen Bevölkerung in diesem Gebiet s. Kasten oben.

Wer von Puntarenas oder San José mit dem Auto kommt, sollte nach dem Überqueren der Río-Tárcoles-Brücke (auch **Krokodilbrücke**, genannt) links am Straßenrand anhalten: Auf den Sandbänken unter der Brücke liegen bis zu 30 Spitzkrokodile, die sich in der Sonne aalen. Sie lassen sich zwar das ganze Jahr über blicken, am besten sieht man sie jedoch bei Ebbe in der Trockenzeit (Fernglas nicht vergessen). Krokodile dieses Kalibers sind in Costa Rica eine Seltenheit, da wegen des Leders brutal Jagd auf sie gemacht wurde. Den Parkkrokodilen geht es gut, denn bei den diversen Führungen (ab Tárcoles) sind sie natürlich Vorzeigeobjekt Nummer eins. Die Tiere können damit leben, schließlich werden sie auf diese Weise praktisch jeden Tag gefüttert. Trotzdem die dringende Bitte: Keine Tiere im Park füttern!

Aktivitäten

TIERBEOBACHTUNG

Der aufregendste Vogel, der sich vor allem im Juni oder Juli häufiger zeigt, ist der bunt gefiederte Arakanga, eine eigentlich seltene Vogelart, die im Parque Nacional Carara jedoch sehr häufig vorkommt. Sein charakteristischer Ruf schallt durch die Baumkronen, und zwar in der Regel, bevor sich ein Paar dieser hoch aufsteigenden Vögel vor dem blauen Himmel zeigt. Wer keine sieht, kann in der Rangerstation nachfragen: Die Ranger wissen, wo genau Paare nisten.

Carara bietet mit seinen überwiegend offenen Sekundärwäldern, die stellenweise von dichten Waldinseln mit Primärwald und von Sumpfgebieten unterbrochen werden, hervorragende Möglichkeiten zur Vogelbeobachtung. Über 400 verschiedene Vogelarten leben in dem Schutzgebiet, wobei die Chancen, die selteneren Spezies auch wirklich zu Gesicht zu bekommen, mit Hilfe eines erfahrenden Führers enorm steigen.

Zu den Arten, die sich in der Regel sehen lassen, zählen die Goldschnabel-Ruderammer, fünf Trogonarten, der Veraguasittich, der Schwarzohrpapagei, der Buntkopfspecht, die Dickkopfbekarde, der Pinseltangare, die Langschwanzpipra und der Rotschwanz-Glanzvogel – um nur einige zu nennen.

Von den Vögeln abgesehen leben in Carara auch diverse Säugetierarten, darunter der Rote Spießhirsch, der Weißwedelhirsch, das Halsbandpekari sowie Affen, Faultiere und Meerschweinchen. Der Nationalpark ist auch die Heimat einer der größten Tayra-Populationen von Costa Rica: Die große Marderart flitzt auf dem Waldboden herum. Und wenn die meisten Besucher auch nicht gerade scharf darauf sind, über ein Spitzkrokodil zu stolpern, so lassen sich doch einige wahrhaftig monströse Zeitgenossen von der sicheren Krokodilbrücke aus angemessener Entfernung beobachten (S. 352).

WANDERN

Rund 600 m südlich der Krokodilbrücke liegt links ein abgeschlossenes Tor, der Zugang zum **Sendero Laguna Meándrica**. Der Wanderpfad führt tief in das Schutzgebiet und durch offene Sekundärwälder, dichten Urwald und Feuchtgebiete. Rund 4 km vom Eingang entfernt liegt die Laguna Meándrica, wo sich viele Reiher, Glattschnabelanis (*Crotophaga ani*), neuweltliche Kuckuke und Eisvögel aufhalten. Wer an der Laguna entlangwandert, hat gute Chancen, Säugetiere und auch einmal ein Krokodil zu sehen; es gibt allerdings keinen Rundwanderweg.

2 km weiter südlich vom Ausgangspunkt liegt die **Carara Ranger Station** (Eintritt 8 US$; 7 – 16 Uhr), der offizielle Zugang zum Park. Neben Informationen über den Nationalpark gibt es hier Toiletten, Picknicktische und einen kurzen Naturlehrpfad. Für 15 US$ pro Person (mind. 2 Pers.) lässt sich ein Führer anheuern, der seine Gäste zwei Stunden durch den Park führt. Rund 1 km weiter südlich wurden zwei Rundwege angelegt. Der **Sendero Las Araceas** ist 1,2 km lang und lässt sich mit dem zweiten, dem **Sendero Quebrada Bonita** (weitere 1,5 km) kombinieren. Beide Strecken

führen durch neu gewachsenen Primärwald, der weite Teile des Parks bedeckt.

Schlafen & Essen

Zelten ist im Park nicht gestattet, er bietet allerdings auch keine Übernachtungsalternativen. Aus diesem Grund besuchen die meisten Leute den Parque Nacional Carara im Rahmen eines Tagesausflugs von Nachbarorten wie Jacó aus (S. 355).

Restaurante Ecológico Los Cocodrilos (☎ 2428 9009; DZ ab 24 US$) Das Lokal befindet sich auf der Nordseite der Brücke über den Río Tárcoles und liegt am nächsten zum Park. Die Zimmer sind nichts Besonderes, aber billig, und haben den großen Vorteil, dass man auf diese Weise morgens vor den Ausflugsbussen im Park sein kann. Das dazugehörige Restaurant bietet Mahlzeiten (4–6 US$) und ist immer gut besucht: Fast jeder auf der Strecke legt einen Zwischenstopp ein, um sich die Krokodile anzuschauen. Geöffnet ist das Lokal von 6 bis 20 Uhr. Wer kein gutes Gefühl hat, sein Auto am Anfang des Wanderwegs stehen zu lassen, kann den Wagen auf dem bewachten Parkplatz des Restaurants abstellen.

An- & Weiterreise

Einen direkten Bus nach Carara gibt es nicht, aber jeder Bus von Puntarenas nach Jacó hält auf Wunsch am Parkeingang. Busse nach Norden und Süden halten auch am Restaurante Ecológico Los Cocodrilos. Am Wochenende wird es komplizierter, denn dann sind die Busse knallvoll. Wer also auf den Bus angewiesen ist, sollte seinen Ausflug wochentags planen. Der Eingang zum Naturpark Carara liegt direkt an der Costanera und ist deutlich ausgeschildert, sodass Autofahrer keine Probleme haben.

TÁRCOLES & UMGEBUNG

Die wenigen Häuser des kleinen, bescheidenen Ortes Tárcoles liegen an ein paar Staubstraßen, die parallel zum Meer verlaufen. Somit ist schon klar, dass der winzige Tico-Ort nicht gerade der Renner in Sachen Tourismus ist. Die Umgebung hat für Fans der Superlative aber dennoch einiges zu bieten, vor allem wenn jemand den höchsten Wasserfall des Landes mitsamt den größten Krokodilen sehen möchte. Hier können unerschrockene Wanderer weit in den Urwald vordringen und sich auf die Suche nach entlegenen Schwimmmöglichkeiten und interes-

SUPERAUTOBAHN ZUR KÜSTE

Ungeachtet, zu welcher Seite der Umweltschutzdebatte der Einzelne persönlich tendiert, über eines sind sich eigentlich beide Parteien einig: Dass die Geschichte vom verschlafenen kleinen Ort, der sich in eine boomende internationale Stadt verwandelt, hier in Costa Rica ein gern zitiertes Klischee ist. Sicher waren Ortschaften wie Jacó und Tamarindo vor zehn Jahren kaum mehr als Fischerdörfer am Meer, und sind heute international bekannte Urlaubsdestinationen, die Zug um Zug von ausländischen Investoren verändert wurden.

Die Frage, wo und wann wohl die nächste tolle Destination auf der Landkarte auftauchen wird, ist in Costa Rica recht populär, und mit der Vorhersage, dass es die relativ unbekannte Küstenstadt Orotina sein könnte, liegt man sicher nicht ganz falsch. Natürlich ist die Stadt prädestiniert, denn sie liegt nicht weit von geplanten Ende der Autobahn entfernt, die derzeit von San José zur Zentralen Pazifikküste gebaut wird.

Schon Anfang 2008 hatte die fürs Verkehrswesen zuständige Abeteilung der Regierung von Costa Rica ihre Pläne weit vorangetrieben, eine neue Superautobahn von San José zum Hafen Caldera zu bauen. Wenn die allseits erwartete Straße 2011 endlich fertig sein wird, dann sind es gerade einmal 45 Autominuten von der Hauptstadt nach Orotina. Momentan braucht man für die Strecke noch zwei Stunden (bei wenig Verkehr).

Die Stadt wird dann sicherlich auch zu einem wichtigen Sprungbrett für Ziele weiter im Süden an der Küste, z. B. Jacó, Dominical und Quepos. Schon heute ist Orotina an die Interamericana angebunden – eine Autobahn, die die Halbinsel Nicoya gut erreichbar macht. Somit ist die neue Superautobahn ans Meer der letzte große Meilenstein auf dem Weg von der Hauptstadt San José in die Provinz Guanacaste.

Und wer noch immer nicht überzeugt ist, dass eine Veränderung am Horizont aufzieht, der sollte einfach einmal einen Blick auf die Statistik werfen: Vor zehn Jahren kostete ein Quadratmeter Grund und Boden in Orotina 60 US$; der Durchschnittspreis lag Anfang 2008 schon bei gut 500 US$. Natürlich werden die Grundstücke im großen Stil verkauft, und viele reißen sie sich für erheblich weniger Geld unter den Nagel. Das Gerücht geht, dass große Baufirmen aus Korea, China und Israel planen, hier riesige Bürokomplexe und Einkaufszentren zu errichten.

Sogar die Steuerbeamten von Orotina trauen ihren Augen nicht. Der Zeitung *Tico Times* zu Folge haben die Grundstückssteuern schwindelerregende Höhen erreicht. Vor ein paar Jahren noch lagen die jährlichen Einnahmen durch die Grundstückssteuer in Orotina bei gerade einmal 30 000 US$, 2007 trieb der Fiskus satte 134 800 US$ ein. Natürlich ergab sich ein Teil des Betrags aus den 1,5 % Steuern, die fällig werden, wenn eine Immobilie gekauft bzw. verkauft wird.

All das wirft nun eine simple Frage auf, die in Costa Rica allerdings nicht sehr intensiv diskutiert wird: Ist Orotina überhaupt für eine Veränderung gerüstet? Je nachdem, wer nun gefragt wird – ambitionierte Makler und Geschäftsleuten oder Bauern und kleine Gewerbetreibende –, fällt die Antwort ganz unterschiedlich aus. Eines ist allerdings sicher: Die Infrastrukturmaßnahmen (Wasser, Strom und Kanalisation) hinken bereits Jahre hinter dem geplanten Bauboom her.

Zum Glück ist sich die Stadtverwaltung von Orotina dieser Problematik bewusst. Sie hat verschiedentlich erklärt, dass sie hart an der Erstellung einer Bodenordnung arbeite, in der alle genannten Bedenken mitberücksichtigt werden. Doch die Zahl der Skeptiker reißt nicht ab, die sich fragen, ob das Klischee von der verschlafenen Kleinstadt, aus der eine boomende internationale City wird, der Realität nicht doch etwas zu oft entspricht ...

---

santen Tieren und Pflanzen machen. Krokodiljäger haben Gelegenheit, aus nächster Nähe einen Blick auf die außerordentlichen Panzerechsen zu werfen; sonst kommen in Amerika meist Alligatoren und Kaimane vor. Wer Baden will, sollte sich vor dem Sprung ins kühle Nass unbedingt vor Ort bei einem Einheimischen erkundigen, ob sich im Wasser auch wirklich keine Krokodile tummeln.

Orientierung

Rund 2 km südlich der Rangerstation im Parque Nacional Carara befindet sich rechts (d. h. in Richtung Westen) der Abzweig nach Tárcoles und links der Abzweig zum Hotel Villa Lapas. Um nach Tárcoles zu gelangen, muss man rechts abbiegen und 1 km weiterfahren, dann geht's an der T-förmigen Kreuzung rechts zum Dorf.

Sehenswertes & Aktivitäten

Eine 5 km lange Staubstraße führt am Hotel Villa Lapas vorbei zum Haupteingang des Wasserfalls **Cataratara Manantial de Agua Viva** (☎ 8831 2980; Eintritt 10 US$; ⏰ 8–15 Uhr). Er soll mit einer Höhe von rund 200 m der höchste des Landes sein. Vom Eingang geht es steile 3 km ins Tal hinunter; Bänke und Aussichtspunkte laden unterwegs zum Halten ein. Wer Glück hat, sieht einen der schönen, aber tödlichen Pfeilgiftfrösche, auch Arakangas sind hier heimisch. Am dramatischsten präsentieren sich die Wasserfälle natürlich zur Regenzeit, doch der Regenwald ist das ganze Jahr über beeindruckend. Am Talboden führt der Fluss durch einige kleinere Seen, in denen man schwimmen kann. Ganz unten wurden ein Campingplatz und sanitäre Einrichtungen gebaut. Busse, die von Orotina nach Bijagual fahren, halten am Parkeingang.

Auch wenn der Mann oben am Wasserfall behauptet, sein Eingang zum Manatial de Agua Viva sei der einzige, gibt es doch eine Alternative: 2 km unten an der Straße kommt Bijaguan. Vom 70 ha großen **Jardín Pura Vida** (☎ 2637 0346; Eintritt 15 US$; ⏰ 8–17 Uhr) führen ebenfalls Wege zu den Fällen. Der Eintritt zu den Wasserfällen ist so zwar etwas teurer, dafür bekommt man außer dem Blick auf den tosenden Wasserfall auch noch einen privaten botanischen Garten zu sehen. Im Gelände liegt ein kleines Restaurant, es werden Ausritte und diverse Touren angeboten.

Vor der Weiterfahrt sollte man im Park noch beim Parkplatz halten und am kleinen Kiosk Lauri und Howard guten Tag sagen. Das amerikanisch-südafrikanische Paar röstet unter dem Markennamen **Costa Rica Coffee Roasting Company** in kleinen Mengen Tarrazu-Kaffee. Sie erklären gerne den Prozess des Kaffeeröstens und bieten auch gleich eine Tasse Kaffee an. Lauri und Howard wohnen in Jacó und haben dort ein nettes Gästehaus, das Sonidos del Mar (S. 363).

Geführte Touren

Wer ein bisschen Nervenkitzel braucht, meldet sich zu einer Krokodiltour im verschlammten Abschnitt des Río Tárcoles an. Die zweisprachigen Bootsführer (englisch und spanisch) schippern ihre Kunden zu den Krokos und führen teilweise haarsträubende Kunststücke vor. Einer der Burschen stürzt sich sogar zu den Tieren ins Wasser.

Sowohl **Crocodile Man** (☎ 2637 0426; crocodile-man@hotmail.com) als auch **Jungle Crocodile Safari** (☎ 2637 0338; www.junglecrocodilesafari.com) haben ihre Büros in Tárcoles. Die Touren starten am

---

LUXUS PUR: HOTEL VILLA CALETAS

Auf der winzigen Landzunge Punta Leona etwa auf halber Strecke zwischen Tárcoles und Jacó liegt das **Hotel Villa Caletas** (☎ 2637 0505; www.hotelvillacaletas.com; Zi. 165–425 US$; P X R) an der Costanera. Es ist eines von insgesamt acht Hotels in Costa Rica, die zur „Small Distinctive Hotels of Costa Rica Group" gehören. Warum die Hotelkette so heißt, ist klar, sobald man seinen Fuß auf das Gelände gesetzt hat.

Das Hotel thront in spektakulärer Lage hoch oben auf einem Hügel. Eine 1 km lange, von Kakteen und viktorianischen Laternen gesäumte Straße windet sich in vielen Serpentinen zum Hotel hinauf. Die Fahrt lohnt sich, denn schon bei der Einfahrt ins Hotelgelände werden die Gäste mit einem herrlichen Panoramablick über die Pazifikküste belohnt. Was aber das Hotel wirklich so einzigartig macht, ist die Mischung verschiedener Architekturstile, u. a. viktorianische und antike Elemente mit französischem Kolonialstil. Wie die meisten Luxushotels, so verfügt auch die Villa Caletas über wenige, in diesem Fall 35 Wohneinheiten. Sie liegen alle im Schutz eines üppig wuchernden tropischen Gartens, wodurch der Eindruck völliger Einsamkeit entsteht. Die einzelnen Zimmer sind mit Kunstwerken und Antiquitäten individuell gestaltet, doch nichts reicht an die herrliche Aussicht heran, die sich den Gästen von dort bietet. Zur Anlage gehören außerdem ein französisch angehauchtes Restaurant, ein Landschaftspool sowie ein 1 km langer Wanderweg, der zum Strand hinunterführt.

Auch wenn man nicht vorhat (oder es sich nicht leisten kann), in diesem Hotel zu wohnen, lohnt sich dennoch ein Zwischenstopp, um zumindest im Amphitheater etwas zu trinken: Es ist antiken Bauwerken nachempfunden und direkt in den Berg hineingebaut – mit einem sagenhaften Blick übers Meer. Für ein paar Dollar kommt man hier in den Genuss des wohl schönsten Sonnenuntergangs am Pazifik.

Ort; man kann aber auch darum bitten, im Hotel abgeholt zu werden.

Die Touren sind ein Riesenspektakel, aber es ist frustrierend zuzusehen, wie die Führer die Krokodile mit Fleischabfällen füttern. Einige Leser sind der Meinung, dass sich die Fahrt nicht lohnt, wenn man schon in Tortuguero (S. 499) war.

Die Touren kosten jedenfalls 25 US$ pro Person und dauern zwei Stunden.

Schlafen & Essen

Die Übernachtungsmöglichkeiten in Tárcoles und Umgebung beschränken sich auf das teure Hotel Villa Lapas. Wem das nötige Kleingeld fehlt (oder die Lust), in dem All-inclusive-Resort zu logieren, findet eine gute Auswahl an Hotels und Hostels nicht weit entfernt in Jacó (S. 359).

Hotel Villa Lapas (☎ 2221 5191; www.villalapas.com; All-inclusive ab 200 US$; P X R) Das Hotel liegt in einem Privatreservat mit sekundärem Regenwald und weitläufigen tropischen Gärten. Die All-inclusive-Anlage ist das klassische Ambiente für Leute, die ihren Ökospaß mit einem Fruchtcocktail samt Schirmchen zur Zierde serviert haben möchten. Die wenigen Zimmer befinden sich alle in einer hübschen Lodge im spanischen Kolonialstil. Die Gäste können sich relativ komfortabel bei geführten Wanderungen, Ausflügen mit Vogelbeobachtung und dem obligatorischen Abtauchen im riesigen Pool erholen. Wem diese Art Luxus gerade recht kommt, sollte einen Blick auf die Website werfen, denn bei Vorausbuchung sind preisgünstige Pauschalangebote für Villa Lapas erhältlich.

An- & Weiterreise

Direkt nach Tárcoles fahren keine Busse, aber alle Busse, die zwischen Puntarenas und Jacó verkehren, halten am Ortseingang. Wer mit dem eigenen Wagen unterwegs ist, wird den Ort leicht finden, da der Ortseingang an der Costanera liegt und gut ausgeschildert ist. Gäste des Hotels Villa Lapas können sich bei Vorausbuchung entweder in San José oder in Jacó abholen lassen.

PLAYA HERRADURA

Bis Mitte der 1990er-Jahre war die vor allem bei Campern beliebte Playa Herradura ein ländlicher, grau-schwarzer Sandstrand im Schatten von Palmen. Ende der 1990er-Jahre kam der Strand dann ins Rampenlicht, als

dort der Film *1492 – Die Eroberung des Paradieses* gedreht wurde. Wie bei jeder Neuentdeckung begann auch hier ein enormer Bauboom und so verfügte Playa Herradura bald über einen Yachthafen, mehrere Apartmenthäuser und eines der teuersten Hotels des ganzen Landes: Los Sueños Marriott Beach & Golf Resort. Heute sieht der Strand wie eine gigantische Baustelle aus, und nur wenige Gäste – von Einheimischen und reichen Investoren aus den USA einmal abgesehen – haben Lust, sich hier länger aufzuhalten.

Das Los Sueños Marriott Beach & Golf Resort (☎ 2630 9000; www.lossuenosresort.com; Zi. ab 250 US$; P X R R) ist ein 40 Mio. US$ teures Hotel mit Yachthafen und Apartments. Die Anlage hat die einst so verschwiegene Bucht in die exklusivste Destination der Reichen und Mächtigen in ganz Costa Rica verwandelt. Das Kernstück der Anlage bildet ein Yachthafen für 250 Schiffe der Luxusklasse, an den sich ein üppig-grüner Golfplatz, ein Einkaufszentrum, das Resort-Hotel sowie eine Wohnanlage (die zig Millionen Dollar verschlungen haben muss) anschließen.

Der gesamte Komplex im spanischen Kolonialstil ist ein Ausbund an zügellosem Luxus und Hedonismus. Viele beunruhigte Umweltschützer zeichnen am Beispiel von Los Sueños ein Schreckensbild für die Zukunft des Landes, bei der wirtschaftliche Interessen wichtiger als alle hehren ökologische Zielsetzungen sind. Das sagt schon alles über die Anlage … Jedenfalls hat ein Aufenthalt in dem Resort die Qualität einer Nacht im Hotelsegel von Dubai – und mit dem authentischen Costa Rica rein gar nichts zu tun.

Die Abzweigung nach Herradura liegt an der südlichen Küstenstraße, der Costanera Sur, 3,5 km nördlich von der Abzweigung nach Jacó. Von hier führt eine befestigte Straße 3 km westlich nach Playa Herradura. Es verkehren viele Busse (0,75 US$, 20 Min.) von der Playa Herradura nach Jacó.

JACÓ

Wenige Orte in Costa Rica lassen derart unterschiedliche Meinungen und Emotionen hochkochen wie die Küstenstadt Jacó. In einem Lager finden sich die loyale Surfergemeinde, hier wohnhafte US-Amerikaner und internationale Investoren, die Jacó als die ultimative Destination an der Zentralen Pazifikküste und eine der Boomtowns von Costa Rica preisen. Um der Wahrheit genüge zu tun: Die Bedingungen sind für Surfer hervorragend, die Restaurants und Bars sind kosmopolitisch, entsprechend wachsen die Apartmenthochhäuser und Luxushotels gerade im Eiltempo in die Höhe.

Auf der anderen Seite ist das Lager der unzufriedenen Touristen, der beunruhigten Umweltschützer und der an den Rand gedrängten Ticos, die jedem raten, um Jacó einen großen Bogen zu machen – und dies auch entsprechen verbreiten. Unbestreitbar gibt es Probleme in Sachen Drogen und Prostitution, auch stellt sich die berechtigte Frage nach der Nachhaltigkeit. Und unter den Einheimischen geht die Angst um, dass sie ihre eigenen vier Wände bald nicht mehr bezahlen können.

Wie in allen Fällen, bei denen es um das labile Gleichgewicht zwischen dem Bewahren des Alten und der Bereitschaft zum Fortschritt geht, muss sich Jacó mit einem guten Quantum an Streitereien herumschlagen. Es ist also wahrscheinlich am besten, Lobeshymnen wie auch Klischees zu vergessen und sich über den Ort seine eigene Meinung zu bilden. Auch wenn die amerikanisch anmutende Stadtlandschaft mit Einkaufszentren und bewachten Wohnanlagen so manchen abstößt, lässt sich nicht leugnen, dass der Strand wirklich herrlich ist und die Hügel in der Umgebung nicht minder reizvolle Ausflugsziele sind. Außerdem ist die Brandung, die den Strand hier überhaupt erst bekannt gemacht hat, so gut zum Surfen wie eh und je.

Geschichte

Jacó (gesprochen: *chakó*) hat im Herzen der Einheimischen einen besonderen Platz, denn wer im Valle Central wohnt, für den ist Jacó der nächstgelegene Küstenort. Viele Joséfinos erinnern sich noch an die gute alte Zeit, als Shuttlebusse die Strandwütigen in der Innenstadt von San José aufsammelten, um sie an der unberührten Pazifikküste bei Jacó wieder auszuladen. Damals waren viele verblüfft, dass ein derart zauberhafter Ort mit warmem Meer, traumhafter Brandung, hervorragenden Angelmöglichkeiten und einem entspannten Strandleben sich so einfach per Bus von der Kapitale San José aus erreichen ließ!

Der Geheimtipp war Anfang der 1990er-Jahre keiner mehr: Kanadische Pauschalreisende überfluteten Jacó (wobei der Tourismus damals noch recht bescheiden war). Als Ende der 1990er-Jahre immer mehr Nordamerikaner und Europäer zum Surfen und Angeln

nach Costa Rica kamen, ging es mit dem Tourismus aufwärts. Doch immer noch war Jacó fest in der Hand der Einheimischen aus dem Valle Central. Dann aber setzte eine völlig überraschende Entwicklung ein – die amerikanische Nachkriegsgeneration kam in die Jahre, und auf der Suche nach einem angenehmen Alterssitz wurden viele gerade in diesem Ort fündig.

In kürzester Frist avancierte Jacó zum Ort mit dem größten Bauboom des Landes: Grund und Boden wurden parzelliert, Ufer plattgemacht, Hügel eingeebnet. Fast über Nacht avancierte Jacó zu einer exklusiven Enklave für betuchte Ausländer. Die Ticos freuten sich zunächst, dass mit dem Bauboom westliche Errungenschaften wie befestigte Straßen und Fastfood-Lokale hier Einzug hielten, aber als Geld und Glanz dann allmählich spärlicher flossen bzw. verblichen, fragte sich doch so mancher, ob er bei der ganzen Sache nicht automatisch den Boden unter seinen eigenen Füßen verkauft hatte.

Wie sich die Zukunft von Jacó gestalten wird, ist schwer zu sagen. Optimisten betonen, dass die Stadt schlichtweg unter Wachstumsschmerzen leidet und behaupten, dass Drogen und Prostitution zurückgehen werden, sobald sich die Infrastruktur stabilisiert hat und die Bewohner all diesen Lastern den Kampf ansagen.

Pessimisten haben dann schnell die Antwort parat, dass Reichtum Opportunismus nach sich ziehe, und zwar vor allem in Sachen Laster, und dass die Probleme in Jacó eigentlich erst richtig anfangen werden. Aber welchem Lager sich der Einzelne nun auch zuschlägt, eines ist jedenfalls sicher: Ganz Costa Rica hat ein wachsames Auge auf Jacó und wird die Stadt als Paradebeispiel entweder für einen aus dem Ruder gelaufenen Boom oder als Erfolgsgeschichte in Sachen neuer Reichtum zitieren.

Orientierung

Playa Jacó liegt etwa 2 km abseits der Costanera, rund 3,5 km hinter der Abzweigung nach Herradura. Der Strand ist rund 3 km lang, Hotels und Restaurants stehen auf der dem Wasser abgewandten Seite der Straße. Am nördlichen und südlichen Ende ist es am ruhigsten und am schönsten und die Strände noch am saubersten.

Damit sich die Gäste aus dem Ausland wie zu Hause fühlen, hat die Stadtverwaltung

Schilder mit Straßennamen angebracht. Diese Namen sind im Stadtplan verzeichnet, wobei die Einheimischen sich aber weiter an ihr System markanter Landmarken halten (s. Kasten S. 586).

Praktische Informationen

Jacó ist relativ teuer und in der Hochsaison brechend voll mit Touristen, es empfiehlt sich also zu reservieren, und zwar vor allem von Dezember bis Februar.

Eine unabhängige, neutrale Touristeninformation gibt es in der Stadt nicht, dafür aber einige Agenturen, die auch allgemeine Auskünfte erteilen. Ganz nützlich ist der kostenlose, monatlich erscheinende *Jaco's Guide* mit Gezeitentabellen und aktuellen Karten, aber auch die Website www.jacoguide.com. Die kostenlose, einmal im Monat erscheinende Zeitschrift *Central Pacific Way* informiert über alle touristisch interessanten Sehenswürdigkeiten an der Küste.

Banco de San José (Karte S. 360; Av. Pastor Díaz, nördl. der Calle Cocal; ☺ Mo–Fr 8–17, Sa 8–12 Uhr) Die Bank im 1. Stock des Einkaufszentrums II Galeone hat einen Geldautomaten (Cirrus-System), der zu den Geschäftszeiten zur Verfügung steht.

Banco Popular (Karte S. 360; Av. Pastor Díaz bei Calle La Central) Wechselt Reiseschecks und US$.

Books & Stuff (Karte S. 360; Av. Pastor Díaz zw. Calles Las Olas & Bohío) Verkauft Bücher in mehreren Sprachen und amerikanische Zeitungen.

Mexican Joe's (Karte S. 360; Av. Pastor Díaz zw. Calles Las Olas & Bohío; pro Std. 0,75 US$; ☺ Mo–Sa 9–21, So 10–20 Uhr) Die beste Anlaufstelle, um seine E-Mails zu lesen; die Computer sind flott, und eine Klimaanlage gibt es auch noch.

Rotes Kreuz/Red Cross (Karte S. 360; ☎ 2643 3090; Av. Pastor Díaz zw. Calles Hicaco & Las Brisas) Krankenhaus.

Gefahren & Ärgernisse

Von gelegentlichen geringfügigen Delikten wie Taschendiebstahl und Autoeinbrüchen einmal abgesehen, ist Jacó sicher kein übermäßig gefährliches Pflaster. Die hohe Konzentration an betuchten, erlebnishungrigen Ausländern und vergleichsweise armen Ticos hat jedoch zu einer blühenden Sex- und Drogenindustrie geführt. Mit ziemlicher Sicherheit ist bei einem Aufenthalt in Jacó damit zu rechnen, dass man irgendwann von einem Dealer oder Zuhälter angesprochen wird – ob man will oder nicht.

Natürlich muss jeder selbst wissen, wie er seinen Aufenthalt in Costa Rica gestalten will.

Wenn also das käufliche Mädchen über 18 Jahre alt ist (was nicht immer der Fall ist), dann ist Prostitution in Costa Rica legal. Bevor man aber in die Vollen geht, lohnt ein Blick auf den Textkasten S. 359. Auch in Sachen Drogen sollte sich jeder vorab mit der Gesetzgebung vertraut machen – und mit den Strafen, die bei einem Gesetzesverstoß verhängt werden (s. Kasten S. 362).

Wer dann noch nicht genug abgeschreckt ist, soll halt seinen scheinbar so unschuldigen Joint rauchen.

Aktivitäten

BAUMKRONENTOUREN

In Jacó machen sich gleich zwei Firmen Konkurrenz, die beide vergleichbare Produkte anbieten: **Canopy Adventure Jacó** (☎ 2643 3271; www.adventure canopy.com; Touren 55 US$) und **Waterfalls Canopy Tour** (☎ 2632 3322; www.waterfallscanopy. com; Touren 55 US$).

BRANDUNGSANGELN

Mehrere Geschäfte vermieten für ein paar Dollar Angelausrüstungen und Köder. Am Strand gibt es jede Menge Stellen, wo man bei einem Bier sein Glück versuchen kann. Brandungsangeln ist bei den Einheimischen überaus beliebt – also ein paar Brocken Spanisch ausgraben und mit den Ticos fachsimpeln – und ohne Lizenz möglich! Direkt in der Brandung fängt man natürlich keinen Fisch.

KAJAKFAHREN

Wer Lust hat, an einem organisierten Kajak- oder Kanutrip auf dem Meer teilzunehmen – inklusive Schnorcheln und Ausflügen zu tropischen Inseln –, sollte sich an **Kayak Jacó Costa Rica Outriggers** (☎ 2643 1233; www.kayakjaco. com) wenden. Das Unternehmen bietet ein breites Angebot an Ein- oder Mehrtagesausflügen mit sportlichem Vergnügen an, die nach den individuellen Wünschen der Kunden zusammengestellt werden.

REITEN

Es sind in Jacó Fälle von Tierquälerei bekannt geworden, und zwar vor allem bei Veranstaltern, die schlecht ernährte oder misshandelte Pferde anbieten. Ein empfehlenswertes Unternehmen ist jedoch **Discovery Horseback Tours** (☎ 8838 7550; www.horseridecostarica.com; ab 60 US$) unter der Leitung eines Ehepaares aus Großbritannien. Sie bieten einen sehr guten und professionellen Service.

RUND UM JACÓ   0 ▭▭▭▭▭ 1 km

Zur Playa Herradura (10 km); Punta Leona (17 km); Puntarenas (66 km); Parque Nacional Carara (90 km); San José (102 km)

Einkaufszentrum Plaza Jacó

Riff

PAZIFISCHER OZEAN

SEHENSWERTES & AKTIVITÄTEN	
Gray Line Tours	(s. 4)
School of the World	1 C1
Vista Guapa Surf Camp	2 B1

SCHLAFEN	
AparHotel Vista Pacifico	3 B1
Best Western Jacó Beach Resort	4 B1
Cabinas Antonio	5 B1
Clarita's Beach Hotel and Sports Bar & Grill	6 B1
Docelunas	7 D2
Hotel Kangaroo	8 D3
Sonidos del Mar	9 C3

TRANSPORT	
Budget Car Rental	10 B1
Busse nach San José	11 B1
Economy Car Rental	12 B1

s. Karte Jacó-Zentrum (S. 360)

Calle Hidalgo

Zur Playa Hermosa (5 km); Quepos (62 km); Manuel Antonio (69 km)

Calle Madrigal

SCHWIMMEN

In Jacó kann man gefahrlos schwimmen. In der Nähe der Flussmündungen ist das Wasser allerdings stärker verschmutzt. In den Wellen tummeln sich unzählige Surfanfänger, die ihr Surfbrett teilweise nicht unter Kontrolle haben. Manchmal treten Rückströmungen auf (s. Kasten S. 299), und zwar vor allem bei hoher Brandung. Unbedingt über die jeweiligen Surfbedingungen informieren und vor allem auf die roten Fahnen achten! Sie markieren den Verlauf der Ripptiden, wo sich auf- und ablaufende Gezeitenströme teilen.

SURFEN

Die Regenzeit bietet am Pazifik eigentlich die besten Bedingungen zum Surfen, Jacó ist zum Glück ganzjährig mit guten Wellen gesegnet. Fortgeschrittene Surfer zieht es meist an die Playa Hermosa weiter südlich, aber die Wellen sind auch in Jacó stark, gleichmäßig und ein Superspaß. Surfbretter lassen sich problemlos kaufen und wiederverkaufen. Wer nur für einen Tag ein Brett mieten will, sollte sich umschauen: Die besseren Läden vermieten das Brett schon für 15 bis 20 US$ pro Tag, während andere gleich mehrere Dollar für nur eine Stunde verlangen.

Alvaro Solano, dem sechsfachen, sehr bekannten Surfchampion von Costa Rica, gehört das mittlerweile renommierte **Vista Guapa Surf Camp** (Karte S. 358; ☎ 2643 2830; www.vistaguapa.com), das zugleich auch Surfschule ist. Eine Woche mit Vollpension kostet hier mindestens 800 US$.

WANDERN

Beliebt ist der Wanderweg auf den Gipfel des Miros. Der Weg schlängelt sich durch primären und sekundären Regenwald und bietet tolle Aussichten auf Jacó und Playa Hermosa. Der Wanderweg führt bis zum Valle Central, aber es reichen schon ein paar Kilometer, bis der erste Aussichtspunkt erreicht ist. Der Weg ist allerdings nicht ausgeschildert, also am besten Einheimische fragen.

WELLNESS

Eine Zweigstelle des sehr professionellen **Serenity Spa** (Karte S. 360; ☎ 2643 1624; Av. Pastor Díaz, östl. der Calle Bohio) bietet die ganze Palette an Kurbehandlungen an.

ZENTRALE PAZIFIKKÜSTE

Kurse

City-Playa Language Institute (Karte S. 360; ☎ 2643
2123; www.spanishschool-costarica.com; Av. Pastor Díaz zw.
Calle Las Palmeras & Calle Las Olas) in Strandnähe
gelegen, bietet preiswerte Spanischkurse für
gerade einmal 80 US$ pro Woche an.

School of the World (Karte S. 358; ☎ 2643 1064; www.
schooloftheworld.org; 1–4 Wochen Pauschalangebot 645–2045
US$; P ❷) ist eine beliebte Schule mit angeschlossenem Kulturzentrum. Es gibt Spanisch-, Surf-, Kunst- und Fotokurse sowie
Yoga. Im hübschen neuen Gebäude befinden
sich auch ein Café und eine Kunstgalerie. Im
Preis inbegriffen sind Kajak- und Wanderausflüge sowie die Unterbringung im Schulgelände. Am beliebtesten sind die Spanisch-
und Surfprogramme.

Geführte Touren

Zu den angebotenen Touren zählen der Besuch des Parque Nacional Carara (ab 45 US$)
sowie Fahrten zu weiter entfernt liegenden
Zielen im ganzen Land. Beliebt ist die Isla
Damas – die Ausflüge beginnen in Jacó oder
in Quepos weiter südlich. Die Isla Damas ist
eigentlich keine richtige Insel, sondern eine
Landspitze mit Mangroven, die südlich von
Parrita in eine kleine Bucht hineinragt. Bei
Flut steht alles unter Wasser, sodass eine Insel
entsteht – ein Paradies für alle, die gern Vögel
und Wildtiere beobachten. Bootsausflüge lassen sich von Jacó für rund 65 US$ pro Person
arrangieren. Abenteuerlustige können alternativ an einer Kajaktour auf dem Meer mit

Amigo Tico Complete Adventure Tours in
Quepos teilnehmen.

Praktisch jedes Geschäft, jedes Hotel und
auch jedes Restaurant in der Stadt bucht Touren, denn in Jacó wird auf – lukrativer – Kommissionsbasis gearbeitet. Somit weiß man
natürlich nie, wer wen schmiert und wer eigentlich der Veranstalter ist, aber in der Regel
klappt alles – insofern man mit gesundem
Menschenverstand bei einem vertrauenswürdigen Unternehmen bucht.

Es erübrigt sich eigentlich zu erwähnen,
dass um die Schlepper auf der Straße tunlichst
ein Bogen zu machen ist – auch wenn deren
Angebot noch so attraktiv klingt.

Ein alteingesessenes Unternehmen, das von
Lonely-Planet-Lesern empfohlen wird, ist **Gray
Line Tours** (Karte S. 358; ☎ 2220 2126; www.grayline
costarica.com; Best Western, Av. Pastor Díaz). Sie buchen
Touren im ganzen Land und helfen bei Privatfahrten zu anderen Orten.

Schlafen

In der Innenstadt mit ihren vielen Kneipen
und Diskos spielt der Lärm eine wesentliche
Entscheidung bei der Wahl des Quartiers. Am
nördlichen und südlichen Stadtrand sind die
Unterkünfte ruhiger und gemütlicher. An den
Wochenenden in der Trockenzeit empfiehlt
es sich, zu reservieren, kritisch wird es auch
an Ostern (Semana Santa) und zwischen
Weihnachten und Neujahr.

Die angegebenen Preise beziehen sich auf
die Hochsaison, in der Nachsaison liegen sie

AUSGEFLIPPTE MÄDELS

In Jacó kursieren jede Menge Geschichten über Mädchen, die so richtig über die Stränge schlagen, aber keine ist so skandalträchtig wie die Anekdote, die man sich von den *Dormilonas* – den
Schlafmützen – erzählt: Die Ruhmestaten der drei Prostituierten machten Anfang 2008 in der
Regenbogenpresse die Runde.

Wie vonseiten der Justizbeamten, die mit dem Fall betraut waren, zu hören war, nahmen die
drei Frauen pro „Sitzung" normalerweise 200 US$, kamen dann aber auf den Dreh, gleich drei
Männer auf einmal zum „ermäßigten Preis" von nur 500 US$ zu beglücken.

Aber anstatt den drei Caballeros den bestmöglichen Sexservice zukommen zu lassen, versetzten
sie die Jungs mit einer Riesenmenge Benzodiazepine (allgemein bekannt als Valium) in den
Tiefschlaf. Anschließend raubten sie die selig schlummernden Herren total aus. Auf diese Weise
kassierten die drei Frauen an die 80 000 US$ von nur 15 Opfern – meist Gringos –, bevor ihnen
schließlich das Handwerk gelegt werden konnte.

Wohl kaum einer wird von so viel Effizienz und Geschäftssinn unbeeindruckt bleiben. Aber so
lustig ist die Festnahme der drei Mädels dann doch wieder nicht, denn sie wirft ein Licht auf das
Imageproblem von Jacó und natürlich auch auf die Blauäugigkeit der hier ansässigen Gringos
und generell der Sextouristen. Pikant ist auch die Tatsache, dass ein oder zwei der Frauen verlobt
waren. Vielleicht haben sie ja für ihren „großen Tag" zusätzliches Geld angeschafft?

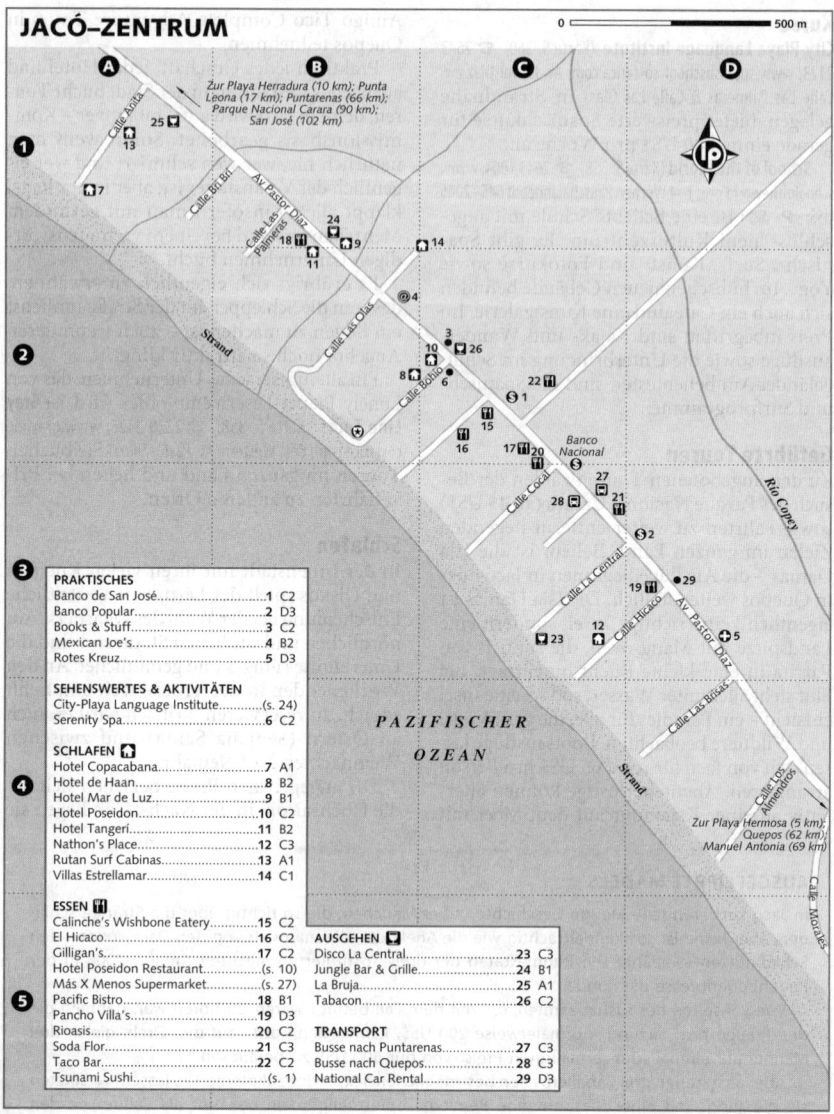

JACÓ–ZENTRUM

0 — 500 m

Zur Playa Herradura (10 km); Punta
Leona (17 km); Puntarenas (66 km);
Parque Nacional Carara (90 km);
San José (102 km)

Banco
Nacional

Zur Playa Hermosa (5 km);
Quepos (62 km);
Manuel Antonia (69 km)

PAZIFISCHER

OZEAN

Río Copey

Strand

Strand

PRAKTISCHES
Banco de San José.....................1 C2
Banco Popular...........................2 D3
Books & Stuff............................3 C2
Mexican Joe's............................4 B2
Rotes Kreuz...............................5 D3

SEHENSWERTES & AKTIVITÄTEN
City-Playa Language Institute...........(s. 24)
Serenity Spa..............................6 C2

SCHLAFEN
Hotel Copacabana.......................7 A1
Hotel de Haan............................8 B2
Hotel Mar de Luz........................9 B1
Hotel Poseidon..........................10 C2
Hotel Tangeri............................11 B2
Nathon's Place..........................12 C3
Rutan Surf Cabinas.....................13 A1
Villas Estrellamar......................14 C1

ESSEN
Calinche's Wishbone Eatery...........15 C2
El Hicaco..................................16 C2
Gilligan's..................................17 C2
Hotel Poseidon Restaurant............(s. 10)
Más X Menos Supermarket..............(s. 27)
Pacific Bistro.............................18 B1
Pancho Villa's............................19 D3
Rioasis.....................................20 C2
Soda Flor..................................21 C3
Taco Bar...................................22 C2
Tsunami Sushi............................(s. 1)

AUSGEHEN
Disco La Central.........................23 C3
Jungle Bar & Grille......................24 B1
La Bruja....................................25 A1
Tabacon....................................26 C2

TRANSPORT
Busse nach Puntarenas.................27 C3
Busse nach Quepos......................28 C3
National Car Rental......................29 D3

Calle Anita
Calle Bri Bri
Av Pastor Díaz
Calle Las Pampelas
Calle Las Olas
Calle Bohío
Calle Cocal
Calle La Central
Calle Hicaco
Av Pastor Díaz
Calle Las Brisas
Calle Los Almendros
Calle Morales

30 bis 40 % niedriger. Wer länger bleiben will (mehr als fünf Nächte), sollte nach Sondertarifen fragen. Die Hotels sind von Norden nach Süden aufgelistet.

BUDGETUNTERKÜNFTE
Es besteht kein Mangel an Billighotels in und um Jacó, allerdings werden immer wieder Diebstähle in den diversen Unterkünften oder Absteigen in Costa Rica gemeldet.

Somit macht es Sinn, ein paar Dollar mehr für die Sicherheit auszugeben. Unter diesem Aspekt wurden die folgenden Quartiere ausgewählt, aber gilt auch hier, seine Wertsachen stets wegzuschließen (sogar in Luxusherbergen) und nie jemandem Anlass zu

Spekulationen zu geben, was sich im Zimmer Tolles befinden könnte.

Rutan Surf Cabinas (Karte S. 360; ☎ 2643 3328; www.cabinasrutan.com; Calle Anita; B & Zi. pro Pers. 11 bis 15 US$; P ☒ ☐) Das Quartier hieß früher Chuck's Cabinas und ist stolz, seit Jahren die internationale Surfergemeinde zu beherbergen. Die Cabinas gehören jetzt einem Kalifornier und haben einen neuen Namen wie auch ein neues Aussehen und Feeling – und sind mit Sicherheit die beste Unterkunft in der Stadt. Von den Dumpingpreisen sollte man sich nicht irritieren lassen: Die Schlafsäle und Zimmer unterschiedlicher Größe bieten geflieste Böden, anständige Matratzen und jede Menge hübscher Dekoration. Es ist also noch alles vorhanden, was die Cabinas einst so bekannt gemacht hat.

Cabinas Antonio (Karte S. 358; ☎ 2643 3043; Ecke Av. Pastor Díaz & Boulevard; Zi. ab 15 US$; P ☒) Die kleinen Häuschen am nördlichen Stadtrand sind bei Pfennigfuchsern und Einheimischen schon fast eine Institution und sicher eines der besten Übernachtungsangebote vor Ort. Die Zimmer sind eher uninteressant, aber sie sind sauber und gemütlich und haben eine kalte Dusche und Kabel-TV. Und da es bloß ein paar Schritte bis zur Welle sind, sollte man wegen der Einrichtung und Umgebung nicht allzu kritisch sein.

Nathon's Place (Karte S. 360; ☎ 8355 4359; www.nathonshostel.com; Calle Hicaco; B/DZ/3BZ 10/25/30 US$; P ☒ ☐) Nathon's Place ist das billigste Hostel der Stadt und die Surferübernachtung schlechthin. Auch an positiven Schwingungen fehlt es nicht – dank des charismatischen Eigentümers und Managers, der selbst ernannten „Gitarrenlegende aus Texas, Nathon Dees". Damit auch wirklich alle hier angenehme Tage erleben, erteilt Nathon jede Menge Ratschläge in Sachen Surfen und – für jene, die gern länger im Haus bleiben – Musik. Das Gebäude ist recht einfach, aber es ist kaum möglich, hier keine schöne Zeit zu verbringen, denn schließlich ist man mit gleichgesinnten Reisenden zusammen.

MITTELKLASSEHOTELS

Jacó ist voll von Hotels des mittleren Preissegments – die nachfolgende kurze Liste ist deshalb keinesfalls vollständig. Es wurden Quartiere mit einem gewissen Etwas für etwas anspruchsvollere Backpacker ausgewählt, wobei auf Sicherheit und angenehme Außenbereiche der Unterkunft geachtet wurde.

Clarita's Beach Hotel and Sports Bar & Grill (Karte S. 358; ☎ 2643 3327; www.claritashotel.com; westl. Ende des Boulevard; Zi. 25–65 US$; P ☒ ☒) Das Hotel lockt ganz unterschiedliche Gäste mit ebenso unterschiedlich dicker Brieftasche an. Aber es sind sich alle einig, dass die Lage am Strand kaum zu überbieten ist. Die einfachen Zimmer mit nettem Schnickschnack sind angesichts von 25 US$ das reinste Schnäppchen, vor allem für Leute, die mit einem Ventilator selig schlummern können. Die teureren Zimmer bieten „Luxus" wie Heißwasserduschen, Klimaanlage und Kabel-TV. Die zugehörige Sportbar samt Grill ist eine nette Kneipe im Freien, in der – wie üblich – Bier und Nachos auf den Tisch kommen.

Hotel Kangaroo (Karte S. 358; ☎ 2643 3351; www.hotel-kangaroo.com; B 12 US$; DZ mit/ohne Klimaanlage 45/35 US$; P ☒ ☐ ☒) Das allseits beliebte Hostel liegt nur 100 m von einem der beschaulichsten und schönsten Sandstrände entfernt und ist wirklich Erholung pur dank der beiden Franzosen, die als begeisterte Surfer den Laden schmeißen. Die Zimmer sind mit Gebetsfahnen aus Nepal und riesigen Traumfängern geschmückt und bieten entweder einen Ventilator oder eine Klimaanlage zur Abkühlung. Weitere Annehmlichkeiten sind das kostenlose Frühstück, der Gratis-Internetzugang rund um die Uhr, eine Gemeinschaftsküche sowie ein erfrischender Pool (mit tollen Wandmalereien). Bei Gästen, die mit dem Bus anreisen, übernimmt der Eigentümer die Kosten für das Taxi ab der Innenstadt.

Hotel de Haan (Karte S. 360; ☎ 2643 1795; www.hoteldehaan.com; Calle Bohío; B/DZ/3BZ 12/35/45 US$; P ☐ ☒) Das Hotel unter holländisch-costaricanischer Leitung ist eine der besten und preiswertesten Adressen der Stadt und ein Favorit bei Backpackern aus der ganzen Welt. Die neu gefliesten Zimmer samt Duschen mit kochend-heißem Wasser sind sauber und sicher. Für die Gäste gibt es außerdem eine Gemeinschaftsküche mit Kühlschrank, einen Pool und einen kostenlosen Internetzugang rund um die Uhr. Die Hauptattraktion ist jedoch der Balkon im Obergeschoss, auf dem sich die Gäste treffen und bei ein paar Dosen Imperial bis zum Morgengrauen ihre Reiseerlebnisse austauschen können.

AparHotel Vista Pacifico (Karte S. 358; ☎ 2643 3261; www.vistapacifico.com; oben am Berg beim Boulevard; DZ inkl. Frühstück ab 55 US$, zusätzliche Person 10 US$; P ☒ ☒) Das Hotel unter kanadischer Leitung liegt auf einem Bergkamm gleich vor den

---

STICHWORT: DROGEN

In Costa Rica gibt es jede Menge Drogen, und die meisten Touristen denken nicht groß nach, wenn sie sich am Strand einen Joint anstecken oder in einer Diskothek Koks nehmen (was in letzter Zeit sehr zugenommen hat). Drogen sind in Costa Rica jedoch zu 100 % illegal – wer mit Drogen erwischt wird, muss sich auf eine Geldstrafe oder – je nach Schwere des Falles – auch auf eine Haftstrafe gefasst machen. Derzeit sind einige Ausländer in Haft, und immer wieder machen Leute Schlagzeilen, die wegen Drogen hinter Schloss und Riegel kommen. Botschaft oder Konsulat können wenig für die Betroffenen tun. Ein kleiner Trost mag sein, dass es in Lateinamerika schlimmere Strafgesetze und Gefängnisse gibt als in Costa Rica.

Tatsache ist, dass die meisten Polizisten lieber ein Bestechungsgeld einstreichen oder einen Joint konfiszieren, um ihn dann selbst zu rauchen, als ein paar Backpacker in den Knast zu schicken. Im Gegensatz zu anderen Hippiezielen pflegt Costa Rica sein sauberes, nettes Ökoimage, und das Letzte, was die Tourismusbehörde gebrauchen kann, ist ein Foto von einem jungen Touristen mit Handschellen auf dem Titelblatt des Stern. Doch die Zeiten ändern sich: Da immer mehr Touristen nach Costa Rica fahren, ist davon auszugehen, dass in Sachen Drogen der steigenden Nachfrage auch Rechnung getragen wird.

Das Hauptproblem des Drogenmarktes von Costa Rica ist, dass immer mehr harte Drogen erhältlich sind. An Stränden mit internationalem Publikum wie Jacó und Tamarindo wird an jeder Ecke jede beliebige Droge in jeder Sprache verkauft. In den Bars und Kneipen ist Kokain groß im Kommen, und obwohl keiner mit Sicherheit weiß, ob er wirklich Ecstasy kriegt, werfen die Backpacker die Pillen ein wie Tic-Tacs.

Die Ticos erzählen ständig, dass die bösen Kolumbianer, Jamaikaner, Panamesen und so ziemlich jede andere Nation Schuld am Drogenimport ins Land haben, doch ehrlich gesagt hat sich das Land die Misere schon größtenteils selbst zuzuschreiben. 3,5 g Kokain bringen eben viel mehr Geld ein als eine Holzschnitzerei oder 35 kg Bohnen; viele Backpacker blättern mit Freuden ihre Dollars für irgendeinen dubiosen Stoff hin.

Die Moral von der Geschichte ist, dass so ziemlich jeder, der in Costa Rica unterwegs ist, einmal Drogen angeboten bekommt. Und wer das jetzt gelesen hat, der sagt vielleicht auch Ja. Doch vor dem Ja den Verstand einschalten und an die Konsequenzen denken!

Toren der Stadt und ist ein Juwel! Die Sicht über die Küste ist sagenhaft, und zwar vor allem bei Sonnenuntergang, wenn sich der Horizont feuerrot färbt. Durch die Lage auf dem Berg ist es hier auch ein paar angenehme Grad kühler (und erheblich ruhiger) als im benachbarten Jacó. Die gemütlichen Zimmer sind unterschiedlich groß – es ist also für jeden Geldbeutel etwas dabei. Und abgerundet wird das alles noch durch die wirklich herzlichen Gastgeber. Sogar ein Grillplatz ist vorhanden, wenn sich jemand Fleisch oder Würstchen brutzeln will.

Hotel Poseidon (Karte S. 360; ☎ 2643 1642; www. hotel-poseidon.com; Calle Bohío; DZ ab 65 US$; P ✕ ⌨) Die riesigen griechischen Holzschnitzereien, die die Fassade des kleinen Hotels unter europäischer Leitung schmücken, lassen sich kaum übersehen. Innen setzen elegante Möbel Akzente in den blitzblanken Zimmern mit Mosaikböden. Die Hauptattraktion des Hotels ist jedoch das elegante Restaurant im Freien, das sich auf frischen Fisch spezialisiert hat – es

ist eines der besten der Stadt! Es gibt einen Pool mit einer praktischen Bar zum Hinschwimmen, außerdem einen kleinen Jacuzzi, in dem man sich mit seinen Nachbarn bekannt machen kann.

Hotel Copacabana (Karte S. 360; ☎ 2643 1005; www. copacabanahotel.com; Calle Anita; Zi. ab 70 US$; P ✕ ⌨) Das zweigeschossige Resort-Hotel bekommt für seine vielfältigen Zimmer und Suiten gute Noten – hier findet jeder eine Bleibe, die seinen Wünschen und Bedürfnissen entspricht. Wer alleine unterwegs ist oder mit der besseren Hälfte reist, nimmt eines der recht modernen Standardzimmer. Die Preise sind fair angesichts der schönen Lage des Hotels direkt am Strand und der vielen Annehmlichkeiten wie dem tollen Pool und dem Dampfbad. Bei den größeren Suiten kassiert das Hotel allerdings ziemlich ab: Sie bieten eine voll ausgestattete Küchenzeile und einen geräumigen Balkon – und einen ganz privaten Traumblick auf den Sonnenuntergang am Pazifik, der fas immer kommt.

Villas Estrellamar (Karte S. 360; ☎ 2643 3102; www.
estrellamar.com; östl. Ende der Calle Las Olas; Zi. 65 US$, Villa
mit 1/2 Schlafzimmern 71/111 US$; P ☒ ☒) Die ge-
räumigen Zimmer im Estrellamar bieten mit
ihren großen Bädern und Balkonen schon
sehr viel fürs Geld, aber es lohnt sich dennoch,
ein paar Scheine mehr für eine eigene Villa
lockerzumachen. Die Villen haben ein oder
zwei Schlafzimmer, eine voll ausgestattete
Küche und jede Menge Platz, um es sich nach
einem Tag am Strand oder einer Nacht in der
Stadt gemütlich zu machen. Aber egal, für
welches Quartier sich der Einzelne auch entscheidet, auf jeden Fall sollte man die Seele
im Hängemattenpavillon baumeln lassen und
ein Auge auf die riesigen Echsen werfen, die
auf dem Grundstück leben und sich von den
Früchten des Mangobaums ernähren.

Hotel Mar de Luz (Karte S. 360; ☎ 2643 3259; www.
mardeluz.com; Av. Pastor Díaz zw. Calles Las Palmeras & Los
Olas; DZ/3BZ/4BZ inkl. Frühstück 75/80/95 US$; P ☒ ☒)
Das reizende kleine Hotel mit Wandmale-
reien, die von holländischen Windmühlen
und Tulpen inspiriert sind, bietet ordentliche
und hübsche Zimmer mit Klimaanlage. Da
die quengeligen Kleinen oft nur schwer Ruhe
geben, hat der Eigentümer gleich zwei Pools
gebaut, außerdem gibt es mehrere Grillplätze.
Die niederländischen Besitzer sprechen Spanisch, Deutsch, Englisch und Italienisch und
wissen, wie sich die Gegend am schönsten
genießen lässt. Sie machen sich für den Kampf
gegen Drogen und Prostitution in Jacó stark
und führen eine bewundernswerte Kampagne
für eine saubere Stadt.

SPITZENKLASSEHOTELS
Jacó befindet sich mitten im Veränderungs-
prozess und wird langsam zu einem richtig
teuren Pflaster, trotzdem wird es sicher noch
ein paar Jahre dauern, bis einige der Top-
Resorts und Hotels des obersten Preissegments ihre Tore für die Massen öffnen. Derzeit gibt es einige Hotelanlagen im Stil von
All-inclusive-Resorts sowie ein paar Bou-
tique-Hotels und Gästehäuser, in denen sich
jeder für ausreichend Dollar ein hübsches
Stück Luxus kaufen kann.

Hotel Tangerí (Karte S. 360; ☎ 2643 3001; www.
hoteltangeri.com; Av. Pastor Díaz zw. Calles Las Palmeras & Las
Olas; Zi. ab 120 US$, Villa ab 180 US$; P ☒ ☒) Die eher
bescheidene Hotelanlage liegt mitten im
Geschehen, schafft es aber überraschenderweise, sich ihre Beschaulichkeit zu bewahren,
obwohl außen herum der Irrsinn tobt. Das

tropisch angehauchte Hotelgelände ist extrem
gut gepflegt und bietet sage und schreibe drei
Pools, in denen die Gäste den Tag ausklingen
und die letzten Sonnenstrahlen auffangen
können. Die Zimmer sind eher Standard, haben aber Meerblick und bekommen durch die
bunte Bettwäsche freundliche Farbtupfer. Wer
etwas mehr Geld ausgeben will, sollte eine
der größeren Villen mit voll ausgestatteter
Küche nehmen – sie sind den Aufpreis wert
und helfen, den Übergang zum Leben innerhalb des Resorts zu meistern.

Best Western Jacó Beach Resort (Karte S. 358;
☎ 2643 1000; www.bestwestern.com; Av. Pastor Díaz zw.
Boulevard & Calle Ancha; Zi. ab 125 US$; P ☒ ☒) Das
Best Western in Jacó ist eine Hotelanlage am
Strand mit klassischem Rundumservice. Die
dunklen, abgewohnten Zimmer können ihr
Alter nicht leugnen, aber das Resort selbst ist
unschlagbar: Es hat einen praktischen Zugang
zum Strand und bietet eine ellenlange Liste
an möglichen Aktivitäten! Heutzutage betten
die Gringos ihr müdes Haupt natürlich lieber
in einem der neueren Nobel-Resorts, aber das
Best Western hat durchaus seine loyale
Klientel, nämlich: Tico-Familien. Wer vorhat,
hier zu übernachten, sollte im Internet nach-
schauen, ob es zur entsprechenden Zeit Ermäßigungen gibt.

Docelunas (Karte S. 358; ☎ 2643 2277; Costanera Sur;
DZ/Junior Suite inkl. Frühstück 130/150 US$;
P ☒ ☒ ☒ ☒) Das Berghotel „Zwölf
Monde" hat nur 20 Zimmer und liegt in den
Ausläufern der Berge im weitgehend unberührten tropischen Regenwald. Original-
kunstwerke, die man kaufen und mit nach
Hause nehmen kann, schmücken die Zimmer
mit viel Teakholz. Die Badezimmer mit zwei
Waschbecken und Wanne sind Luxus pur. Es
findet täglich Yoga-Unterricht statt, in der
Kurabteilung kommen die Schönheitspro-
dukte des Hotels zur Anwendung. Der unregelmäßig geformte Pool wird von einem
Wasserfall gespeist. Das Restaurant im Freien
bringt von Merlin-*ceviche* bis hin zu vegetarischen Köstlichkeiten so ziemlich alles auf
den Tisch. Man erreicht das Hotel, indem man
an der Costanera zwischen den beiden Ausfahrten zur Playa Jacó links abbiegt.

Sonidos del Mar (Karte S. 358; ☎ 2643 3924, 2643
3912; www.sonidosdelmar.com; Calle Hidalgo; Haus 250 US$;
P ☒ ☒) Howard und Lauri begrüßen ihre
Gäste, als würden sie zur Familie gehören.
Und wer erst einmal das Haus gesehen hat,
der wünscht sich, wirklich ein Verwandter zu

sein. Das Hotel liegt in einem üppigen Garten in der Schleife eines Flusses, und so ist das Hotel „Klänge des Meeres" sicher eine der schönsten Übernachtungsmöglichkeiten in ganz Costa Rica. Lauri ist selbst Künstlerin und sammelt auch Kunstwerke; alle Zimmer sind dementsprechend mit echten Gemälden, Skulpturen und authentischem Kunsthandwerk bestückt. Das Haus selbst ist perfekt eingerichtet und verbindet unterschiedliche Stilelemente wie Gewölbedecken aus nicaraguanischem Hartholz mit Duschen aus schwarzem Vulkangestein. Die Gäste können kostenlos die Kajaks und Surfbretter benutzen, der Strand liegt nur 50 m entfernt. Dazu kommen noch alle erdenklichen Wellnesseinrichtungen. Im Haus können bis zu sechs Personen wohnen, preiswertere Wochen- und Monatstarife gibt es auch.

Essen

Jede Menge Restaurants sind eifrigst um den knurrenden Magen der Massen bemüht. Jedes Jahr machen neue Lokale auf – und wieder zu. Es gibt keine regelmäßigen Öffnungszeiten, vor allem nicht in der Regenzeit, wenn wenig Gäste da sind.

Am besten geht man also relativ früh zum Essen. Generell ist die Qualität der Gerichte in Jacó erstaunlich gut, was aber so besonders auch wieder nicht ist, denn den Gringos eilt der Ruf voraus, recht heikel zu sein. Einige Lokale haben den stürmischen Zeiten der Veränderung getrotzt, Jacó ist auf jeden Fall der Ort mit der größten Auswahl unter den internationalen Restaurants an der gesamten Zentralen Pazifikküste.

Soda Flor (Karte S. 360; Av. Pastor Díaz, nördl. der Calle La Central; Casados 3–5 US$) Das Lokal ist eine Institution in Jacó und seit ewigen Zeiten der Hit bei Einheimischen und Backpackern mit wenig Geld. Erstaunlicherweise hat sich die Speisekarte seit Jahren nicht verändert, und das, obwohl fast alle anderen Restaurants in der Stadt jetzt die volle Palette an Gerichten anbieten – von Sushi bis zum Sirloin-Steak. Das Essen ist frisch, lecker, billig und hundertprozentig authentisch und die Portionen sind gigantisch groß.

Pancho Villa's (Karte S. 360; Ecke Av. Pastor Díaz & Calle Hicaco; Gerichte 4–8 US$) Das fettige Essen ist sicher nichts für Gourmets, aber so ziemlich jeder landet irgendwann einmal hier, denn die Küche hat ewig lang offen. Das Lokal befindet sich im Untergeschoss eines ziemlich rauen Clubs, man bekommt also auf alle Fälle recht interessantes Volk zu Gesicht.

Taco Bar (Karte S. 360; Hauptgerichte 5–10 US$) Wie das Schild so schön anpreist: Hier ist derjenige richtig, dem der Sinn nach „Fisch, Shakes & Salaten" steht. Die Smoothies kommen in Einlitergläsern auf den Tisch, die Salatbar bietet über 20 verschiedene Kombinationen aus Blattsalaten und exotischen Varianten. Und natürlich ist auch das obligatorische Fisch-Taco zu haben, wohl eine der tollsten Essenskombinationen auf Erden.

Rioasis (Karte S. 360; Ecke Calle Cocal & Av. Pastor Díaz; Pizza 6–10 US$) Wenn Pizza angesagt ist, dann sicher hier! Die beliebte Pizzeria hat sage und schreibe 30 verschiedene auf der Speisekarte stehen, und natürlich kommen sie alle aus einem echten Holzkohleofen.

Calinche's Wishbone Eatery (Karte S. 360; Av. Pastor Díaz, südl. der Calle Bohío; Mahlzeiten 6–12 US$) Das berühmteste Restaurant der Stadt unter der Leitung des charmanten Calinche ist schon seit ewigen Zeiten ein Favorit bei Einheimischen und Gästen. Auf der ausgesuchten Speisekarte stehen Pizza, Pita mit Beilagen, gefüllte Kartoffeln, Seebarsch aus der Pfanne und Thunfisch-Sashimi-Salate. Doch der berechtigt gute Ruf des Restaurants beruht auf der Tatsache, dass hier einfach alles sehr frisch und köstlich ist und zudem das Preis-Leistungs-Verhältnis stimmt.

Gilligan's (Karte S. 360; Av. Pastor Díaz, nördl. der Calle Cocal; Frühstück 3–5 US$, Hauptgerichte 8–12 US$) Die beste Adresse in der Stadt für Leute, die Heimweh nach einem Braten wie bei Muttern haben. Aber es macht auch Spaß, hier zu frühstücken oder sich vor einen Stapel Pfannkuchen oder französisches Toast zu setzen. Und es ist keine Schande, einfach einmal eine Weile die Umgebung zu vergessen und sich genussvoll heimischen Gerichten zu widmen.

Tsunami Sushi (Karte S. 360; Av. Pastor Díaz, nördl. der Calle Cocal; Sushi 8–15 US$) Wer einen Heißhunger auf rohen Fisch verspürt, sollte das Tsunami nicht verpassen, ein modernes, lebhaftes Restaurant, in dem eine edle Mischung aus Sushi, Sashimi und Sandwiches auf den Tisch kommen. Asien ist zwar recht weit weg, aber im Pazifik sind jede Menge leckere Fische wie Goldmakrelen, Thunfisch und Wahoo (Königsmakrele) zu Hause.

Pacific Bistro (Karte S. 360; Av. Pastor Díaz, südl. der Calle Las Palmeras; Hauptgerichte 8–15 US$) Das mit Recht beliebte Lokal leitet ein Gourmet-Küchenchef aus Kalifornien, der sich auf pan-

BAUCH WEG – UND AUCH NOCH GELD GESPART

Der Gesundheitstourismus ist in Costa Rica nichts Neues, vor allem weil sich die Amerikaner seit geraumer Zeit wegen der unglaublich teuren medizinischen Versorgung in den USA gern im Ausland behandeln lassen. Die Geschäftsidee kommt jedenfalls sehr gut an. Und der Kunde schlägt praktisch zwei Fliegen mit einer Klappe: Er kann Geld für teure Behandlungen sparen und gleichzeitig einen schönen Urlaub im Ausland verbringen.

Gesundheitstouristen, die nach Costa Rica kommen, sind in der Regel an kosmetischer Chirurgie interessiert: Bauchreduktion und Absaugen von Fett, Brustvergrößerung, Gesichtslifting und andere Maßnahmen, die im Allgemeinen nicht von den Versicherungen zu Hause übernommen werden. Zudem kosten diese Eingriffe im Durchschnitt 40 % bis 70 % weniger als in Westeuropa oder den USA, denn die costa-ricanischen Ärzte sind nicht verpflichtet, teure Versicherungen für den Fall eines Kunstfehlers abzuschließen.

Historisch gesehen hat der costa-ricanische Gesundheitstourismus seinen Anfang in Jacó, Tamarindo und San José genommen. Die lukrative Industrie ist mittlerweile jedoch überall im Land anzutreffen. Es gibt zig Nobelhotels im ganzen Land, die neben dem üblichen Ökotourismus auch mit Pauschalangeboten für All-inclusive-Gesundheitstourismus werben.

Die neue Industrie boomt also gewaltig. Erstaunlich ist allerdings, dass immer mehr Gesundheitstouristen nach Costa Rica strömen, die aus der ursprünglichen Zielgruppe – alternde Amerikaner – herausfallen.

Der Gesundheitstourismus hat inzwischen auch imagebewusste Europäer ins Visier genommen, denn die Krankenversicherungen schließen in Ländern wie Deutschland, Österreich oder der Schweiz immer mehr Leistungen aus. Dazu gesellen sich betuchte junge Leute, die ein paar Scheine zu viel haben.

Es erübrigt sich zu sagen, dass sich der expandierende Gesundheitstourismus in Costa Rica ebenso kompliziert gestaltet wie alles andere in diesem Land. Auf der einen Seite operieren die Krankenhäuser in Costa Rica ganz klar erheblich kostengünstiger als vergleichbare Einrichtungen in Westeuropa oder den USA, auch der Standard der medizinischen Versorgung wird im ganzen Land eindeutig immer besser. Dennoch sind Schönheitsoperationen im Vergleich zu vergleichbaren Eingriffen in Industrienationen hinsichtlich Qualität und Sicherheit mit Vorsicht zu genießen.

Befürworter eines expandierenden Gesundheitstourismus in Costa Rica betonen, dass die medizinische Versorgung in den USA beispielsweise durch die hohen Kosten für das medizinische Personal und die medizinischen Mittel, aber auch durch die gesteigerte Nachfrage sehr eingeschränkt ist. Auch die allgegenwärtige Angst wegen Nachlässigkeit und Pfusch verklagt zu werden, spielt eine Rolle. Ferner betonen sie, dass Ärzte und Pflegepersonal in Costa Rica zu den am besten ausgebildeten in ganz Lateinamerika gehören und dass die gestiegene Nachfrage vermehrte Investitionen im medizinischen Bereich ermöglicht hat.

Aber egal, wie viel Geld man sparen kann: Es lässt sich unmöglich behaupten, dass sich die medizinischen Standards und die Ausbildung in Costa Rica dem Niveau der Industrienationen entsprechen. Außerdem bestehen für den Fall eines Kunstfehlers keine Regressansprüche. Überflüssig zu betonen, dass schlecht ausgeführte Schönheitsoperationen, z. B. mit hässlichen Narben, schlichtweg eine Katastrophe und oft irreparabel sind!

Wie bei allem, das mit Gefahr für Leib und Leben verbunden ist, sollte man seinen gesunden Menschenverstand walten lassen. Egal, was man so hört oder liest: Die medizinischen Dienste sollte man wirklich nur dann in Anspruch nehmen, wenn man 100 % Vertrauen in die Einrichtung hat. Der erste Schritt sollte immer eine umfassende Information sein, auch die Bitte um Referenzen ist wichtig. Und auf keinen Fall etwas überstürzen: Schließlich hat man nur einen Körper. Und es bieten sich in Costa Rica viele Möglichkeiten, ihn zu pflegen und zu genießen, ohne sich unter das Messer eines Chirurgen zu legen!

asiatische Fusionküche spezialisiert hat. Freunde von Glasnudeln auf indonesische Art, feurigen Thai-Currys oder auch raffinierten japanischen Soba-Buchweizennudeln und Fischfilets mit exotischen China-Saucen können sich sicher sein: Das Restaurant ist der absolute Renner, wenn die Lust auf asiatische Genüsse groß ist.

ZENTRALE PAZIFIKKÜSTE

Hotel Poseidon Restaurant (Karte S. 360 US$; ☎ 2643 1642; Calle Bohío; Gerichte 10–20 US$) Das Poseidon ist eines der edelsten Restaurants der Stadt. Spezialität sind frische Meeresfrüchte, die mit einem asiatischen Touch serviert werden. Die Saucen sind einfallsreich, das Personal ist professionell und die Atmosphäre gehoben, aber dennoch leger. Eine gute Wahl für Leute, die hochwertiges Essen und ein anspruchsvolles Ambiente wie in Europa schätzen. Jedenfalls bekommt das Restaurant von Lonely-Planet-Lesern immer recht gute Bewertungen.

LP Tipp El Hicaco (Karte S. 360; ☎ 2643 3226; Gerichte 15–30 US$) Das Restaurant gilt generell als die Top-Adresse in Jacó, und man kann gar nicht umhin, sich von den innovativen Angeboten in diesem legeren, aber dennoch eleganten Restaurant am Meer beeindruckt zu zeigen. Die Speisekarte richtet sich nach dem Angebot der Saison – und zwar zu Land wie auch zu Wasser. Spezialität des Hauses sind Meeresfrüchte und Fisch, die jeweils mit abwechslungsreichen Saucen zubereitet werden (wobei die tropischen Produkte des Landes wie Kokusnüsse, Mangos und Avocados die entsprechenden Akzente setzen).

Wer auf's Geld schauen muss und sich selbst versorgen möchte, dreht im **Más X Menos** (Karte S. 360; Av. Pastor Díaz) schier durch. Das Geschäft heißt „mas por menos", was so viel bedeutet wie „mehr für weniger". Die Auswahl an frischen Produkten sowie an lokalen und internationalen Köstlichkeiten ist beeindruckend, erstaunlich gut ist auch die Abteilung mit Outdoor-Artikeln.

Ausgehen

In Sachen Kulturangebot ist Jacó eher öde, aber wer einmal so richtig über die Stränge schlagen und etwas tun will, das ihm am nächsten Morgen mit dickem Schädel vielleicht schon leid tut, ist hier richtig.

Es gibt mehrere Tanzclubs, doch da sich die Szene ständig ändert, sollte man sich unbedingt nach dem neuesten Szenetreff erkundigen. Aber Achtung: Ein Großteil des Nachtlebens in Jacó steht irgendwie mit Prostitution in Verbindung. Also aufgepasst, wenn einen plötzlich in einer Kneipe die Mädels umgarnen.

Alle nachfolgend aufgeführten Lokale befinden sich – insofern nicht anders angegeben – in der Avenida Pastor Díaz; die Infos können nur einen groben Eindruck vermitteln.

Tabacon (Karte S. 360; bei Calle Bohío) Sicher eines der respektableren Nachtlokale der Stadt. Die Aussichten, dass am Wochenende hier Livemusik gespielt wird, stehen gut.

Jungle Bar & Grille (Karte S. 360; südl. der Calle Las Palmeras) Die Terrasse im ersten Stock bietet einen hervorragenden Aussichtspunkt, um seine Beute ins Visier zu nehmen – sehr praktisch, denn das Lokal gleicht oft eher einer Art Fleischbeschau.

La Bruja (Karte S. 360; südl. der Calle Anita) Der alte Dauerbrenner mit fröhlicher Atmosphäre eignet sich bestens, um ein paar Bierchen zu kippen. Wie wäre es mit einem Maudite? Das beste Bier auf Erden!

Disco La Central (Karte S. 360; Calle La Central) Diese Disko setzt auf volle Dröhnung, ganz egal, ob jemand auf der Tanzfläche ist oder nicht. Wer vorher schon gut gebechert hat, kann sich hier prima amüsieren.

An- & Weiterreise

BUS

Busse nach San José (2,50 US$, 3 Std.) halten am Einkaufszentrum an der Plaza Jacó (Karte S. 358) nördlich vom Zentrum. Die Busse der verschiedenen Unternehmen fahren um 5, 7.30, 11, 15 und 17 Uhr ab.

Die Bushaltestelle für alle anderen Ziele liegt gegenüber vom Supermarkt Más X Menos (Karte S. 360; in Richtung Norden vor dem Supermarkt warten, in Richtung Süden auf die andere Straßenseite stellen).

Busse nach Puntarenas (1,50 US$, 1½ Std.) fahren um 6, 9, 12 und 16.30 Uhr ab. Busse nach Quepos (2 US$, 1½ Std.) starten um 6, 12, 16.30 und 18 Uhr.

Die Zeiten sind nur grobe Angaben, da die Busse in Puntarenas oder Quepos losfahren. Also früh zur Haltestelle gehen!

SCHIFF

Immer mehr Reisende nutzen das Tragflügelboot, das von Jacó nach Montezuma fährt. Mehrere Schiffe am Tag überqueren den Golfo de Nicoya, die Fahrt dauert nur etwa eine Stunde. Sie kostet 30 US$ und ist damit nicht gerade billig, man spart sich dadurch aber fast einen ganzen Anfahrttag und gewinnt praktisch einen Urlaubstag.

Die meisten Agenturen in der Stadt nehmen Reservierungen entgegen. Das Schiff landet am Strand an, deshalb an geeignete Schuhe denken, die auch griffig genug für den Sprung von Deck sind!

OBEN OHNE?

Auch wenn sich Frauen in Europa im Frühjahr gerne das Oberteil vom Leib reißen, wird in Costa Rica ein blanker Busen nicht gern gesehen. Das ist eigentlich kein Wunder, denn über 75 % der Ticos sind praktizierende Katholiken. Am Strand sind außerdem nicht nur heiße Typen, sondern auch viele Familien mit Kindern unterwegs. Wer auf ein zusätzliches Stück Sonne am Körper nicht verzichten will, sollte sich deshalb einen abgeschiedenen Strand suchen. Und auf jeden Fall die Sonnencreme mitnehmen!

Nur der Vollständigkeit halber: Einen Strand an der Zentralen Pazifikküste gibt es aber doch, wo ein Sonnenbad „oben ohne" toleriert wird: La Playita in Manuel Antonio. Hier treffen sich aber vor allem schwule Urlauber. Weitere Informationen s. S. 377.

Unterwegs vor Ort

AUTO
In der Stadt gibt es mehrere Mietwagenfirmen. Wer sich ein bisschen umsieht, findet das preisgünstigste Angebot.

Budget (Karte S. 358; ☎ 2643 2665; Plaza Jacó Mall; ☻ Mo–Sa 8–18, So 8–16 Uhr)

Economy (Karte S. 358; ☎ 2643 1719; Av. Pastor Díaz, südl. der Calle Ancha; ☻ 8–18 Uhr)

National (Karte S. 360; ☎ 2643 1752; Av. Pastor Díaz bei der Calle Hicaco; ☻ 7.30–18 Uhr)

FAHRRAD & MOTORROLLER
Zig Geschäfte in der Stadt vermieten Fahrräder, Motorroller und Mopeds. Ein Rad kostet in der Regel um die 3 US$ pro Stunde oder 8 US$ pro Tag, wobei die Preise saisonabhängig sind.

Motorräder und kleine Motorroller sind für 35–50 US$ am Tag erhältlich. Viele Firmen verlangen Barzahlung, oder eine Kreditkarte mit einer Kaution von 200 US$.

TAXI
Ein Taxi zur Playa Hermosa kostet vom Zentrum von Jacó aus rund 3–5 US$. Wer abgeholt werden will, ruft bei **Taxi 30-30** (☎ 2643 3030) an oder verhandelt mit einem der Taxifahrer an der Avenida Pastor Díaz.

PLAYA HERMOSA
Während sich Neulinge in Sachen Surfen mühsam auf den Brettern halten, sausen nur ein paar Kilometer weiter südlich die „alten Hasen" über die Monsterwellen an der Playa Hermosa. Die Wellen hier gelten als die zuverlässigsten des ganzen Landes, und somit bietet die Playa Hermosa das wahre Surferlebnis. Doch wer sich hier in die Fluten stürzt, sollte den Dreh schon gut raushaben, denn die riesigen Wellen und die starken Ripptiden kennen keine Gnade.

Alle, die sich nicht ernsthaft mit den Profis messen können, sollten lieber auf diesen Strand verzichten. Aber es macht Spaß, hier im August einen Zwischenstopp einzulegen und den alljährlichen **Surf-Wettkampf** der Teilnehmer aus dem In- und Ausland zu verfolgen. Der genaue Termin schwankt etwas, aber für das Event wird im ganzen Land viel Werbung gemacht, vor allem natürlich gleich im benachbarten Jacó.

Die nachfolgenden Lokale und Übernachtungsmöglichkeiten sind von Norden nach Süden aufgeführt.

Das berühmteste Hotel der Playa Hermosa ist das **Terraza del Pacífico** (☎ 2643 3222; www.terrazadelpacifico.com; Zi./Suite ab 100/160 US$; ℗ 🐾 🛏). Es liegt direkt am Strand mit Blick auf die Killerwellen. Mit seinen Anklängen an den spanischen Kolonialstil, den geräumigen Zimmern mit gefliesten Böden sowie einer langen Liste an beeindruckenden Extras ist dieses Hotel nur etwas für Surfer, die bereit sind, tiefer in die Tasche zu greifen.

Wer weniger ausgeben will, logiert ein Stück weiter südlich im **Brisa del Mar** (☎ 2643 2076; DZ 35–50 US$; ℗ 🐾): Das Hotel unter der Leitung eines Amerikaners schont den Geldbeutel. Er bietet einige wenige Zimmer in unterschiedlicher Größe mit Klimaanlage, Bad samt heißer Dusche, Kabel-TV sowie eine Gemeinschaftsküche, in der jeder selbst den Kochlöffel schwingen und somit ein bisschen Geld sparen kann.

Wem der Sinn nach etwas europäischem Flair steht, fährt weiter nach Süden zum **Costanera B&B** (☎ 2643 1942; DZ inkl. Frühstück 35–55 US$; ℗), einem B&B unter italienischer Leitung mit etwas schickerem Ambiente. Die fünf unterschiedlich großen Zimmer haben eine Holzdecke und eine Terrasse zum Strand hinaus. Die eigentliche Attraktion ist jedoch die original italienische Pasta, die jeden Abend im hauseigenen Restaurant verschieden zubereitet auf den Tisch kommt.

Noch ein Stück weiter südlich befindet sich das **Las Olas Hotel** (☎ 2643 3687; www.lasolashotel.com; Zi. 35–60 US$; P ⊠), ein typisches zweigeschossiges Gebäude mit Spitzdach und einem tollen Panoramazimmer ganz oben. Wer es mit der Höhe nicht so hat, kann auch einen der Bungalows am Strand mieten. Sie sind mit einer Küchenzeile ausgestattet und bieten mehreren Leuten Platz.

Das **Jungle Surf Café** (Gerichte 3–5 US$; ⊗ Do–Di 7–15 & 18–22 Uhr) ist eine lokale Institution und bietet alles – von Burritos bis hin zu Kebabs. Die Einheimischen schwören allerdings auf die köstlichen Fisch-Tacos.

Die Playa Hermosa befindet sich nur 5 km südlich von Jacó und lässt sich mit jedem Bus, der von Jacó in Richtung Süden fährt, erreichen. Deshalb suchen sich die meisten Backpacker auch lieber in Jacó ein Quartier, denn dort ist die Auswahl größer. Und Taxis (mit Gepäckträger fürs Surfbrett) gibt's in Hülle und Fülle (s. S. 367).

PLAYA ESTERILLOS

Nur 22 km südlich von Jacó erstreckt sich ein Strandabschnitt mit herrlich grauem Sand. Der Zugang erfolgt über die kurzen Seitenstraßen, die von der Costanera abgehen. Obwohl der Strand kaum erschlossen und insgesamt wenig besucht ist, finden sich hier einige tolle Stellen zum Surfen, was ziemlich offensichtlich ist, sobald man die kleinen Gruppen von Surfern unter den Bäumen am Nordrand des Strandes entdeckt.

Wer nicht so scharf darauf ist, sich den Elementen auszusetzen, kann ins alteingesessene **Pélican Hotel** (☎ 2778 8105; www.pelicanhotelcr.com; Zi. ab 65 US$; P ⊠ ⊠) gehen, ein gemütliches Hotel direkt am Strand mit einer Handvoll rustikaler Zimmer. Von hier sind es nur ein paar Schritte bis zur Brandung. Und natürlich finden sich hier jede Menge Hängematten zum Ab- und Durchhängen, außerdem kostenlose Surfbretter, Bodyboards und sogar Räder für die Gäste.

Wer es sich leisten kann, mal etwas tiefer in die Tasche zu greifen, sollte sich die Gelegenheit nicht entgehen lassen und im nagelneuen **Xandari by the Pacific** (☎ 2778 7070; www.pelicanhotelcr.com; Villa 235–370 US$; P ⊠ ⊡ ⊠) übernachten. Das Resort beeindruckt schon von außen und hat sich zum Ziel gesetzt, die Playa Esterillos bekannter zu machen. Eigent-

lich besteht ja kein Mangel an attraktiven Hotelanlagen an diesem Teilstück der Pazifikküste, aber das Xandari ist wirklich etwas Besonderes. Die sagenhafte Architektur wird schon beim Betreten des Grundstücks augenfällig. Jede der individuell gestalteten Villen begeistert mit zauberhaften Details wie Kassettendecken aus Holz, Glaswänden, die den Privatgarten abtrennen, aus Beton gegossenen Möbeln, die mit Lederarbeiten versehen sind, oder kunstvollen Mosaikfliesen. Und als ob das alles noch nicht genug wäre, um seine weiteren Reisepläne erst einmal auf Eis zu legen, befindet sich im Hotelareal auch noch ein Gourmet-Restaurant, das mit Bioprodukten kocht, dazu ein blitzsauberer, von Palmen gesäumter riesiger Pool mit Blick auf die sich brechenden Wellen. Willkommen also im Paradies! Das Einchecken ist rund um die Uhr möglich, den meisten fällt allerdings das Abreisen ziemlich schwer …

Die Anfahrt zur Playa Esterillos verwirrt manch einen, denn es haben gleich drei Orte Zugang zum Strand: Esterillos Oeste, Esterillos Centro und Esterillos Este. Diese Ortschaften liegen alle an der Costanera, nämlich jeweils rund 22 km, 25 km und 30 km südöstlich von Jacó.

Alle sind mit jedem Bus zu erreichen, der von Jacó in Richtung Süden fährt.

PARRITA

Parrita ist eine lebhafte Stadt am gleichnamigen Fluss und Standort einer riesigen Fabrik, die Palmöl produziert. Wenn der Wind aus der entsprechenden Richtung weht, riecht man die Fabrik schon aus mehreren Kilometern Entfernung, aber der Geruch kann für Freunde von Frittiertem durchaus etwas Angenehmes haben. Palmöl wird zwar nicht so geschätzt wie Olivenöl, doch das Produkt findet mittlerweile Einzug bei allerlei Essbarem – von Müsliriegeln über Pommes bis hin zu Backwaren und allen möglichen Snacks.

Wer mit dem Auto durch die Gegend gondelt, sollte einen Blick auf die Arbeiter in den Feldern neben der Straße werfen, die **Palmölindustrie** ist nämlich durchaus interessant. Tagtäglich sind die Arbeiter darum bemüht, die Palmen frei von Insekten zu halten, dazu kommen das Jäten von Unkraut und die Behandlung der Baumstämme mit Gift. Außerdem müssen die Palmwedel regelmäßig gekappt werden, um das Wachstum der Früchte zu fördern und um einfacher an die Schoten heranzukommen. Aufgabe der Arbeiter ist es auch, die reifen Schoten zu sammeln und sie dann zu den Fabriken zu transportieren, wo die Früchte getrennt und gepresst werden. Der letzte Schritt ist der Sichtbarste: Unzählige Lastwagen brettern voll beladen mit rötlichen Früchten auf dem relativ schlechten Teilstück der Costanera zur Fabrik – wer in der Gegend unterwegs ist, sollte also aufpassen!

Der Hauptgrund für einen Besuch von Parrita ist – von den Erkenntnissen in Sachen Palmöl einmal abgesehen – die **Playa Palo Seco**, ein ruhiger, beschaulicher grauer Sandstrand. In der Nähe liegen Mangrovensümpfe, wo sich gut Vögel beobachten lassen. Eine 6 km lange Staubstraße führt vom östlichen Stadtrand zum Strand. Als Ausflug beliebt ist auch ein Besuch der **Isla Damas**; es handelt sich dabei eigentlich um den äußersten Zipfel einer mit Mangroven bestandenen Halbinsel, die sich bei Flut in eine Insel verwandelt. Die meisten Leute kommen von Jacó oder Quepos im Rahmen eines organisierten Ausflugs hierher, aber man kann sich auch für rund 5 US$ ein Boot mieten und selbst hinschippern.

Wer gern an der Playa Palo Seco übernachten möchte, findet im **Beso del Viento B&B** (☎ 2779 9674; DZ/4BZ 70/150 US$; P ⚮) vier bescheidene, aber gemütliche Apartments mit eigenem gefliesten Bad und voll ausgestatteter Küche. Seinen Namen verdankt das B&B der meistens wehenden frischen Brise. Kajaks, Fahrräder und Pferde werden an alle verliehen, die Lust haben, diese eher untouristische Gegend zu erkunden. Die Eigentümer kommen aus Frankreich, sind überaus herzlich und nett und tun wirklich viel, damit sich die Gäste wie bei einem Familienbesuch fühlen.

Parrita liegt rund 40 km südlich von Jacó und ist mit jedem Bus erreichbar, der von Jacó in Richtung Süden fährt. Hinter Parrita führt die Küstenstraße ins Landesinnere; auf dem Weg nach Quepos geht es durch weitere afrikanische Palmölplantagen. Nun noch eine Warnung für alle, die mit dem eigenen Wagen unterwegs sind: Die Straße hat ziemlich viele Schlaglöcher und streckenweise keinen Straßenbelag, es sind auch diverse baufällige Brücken (Einbahnstraße) zu passieren.

RAINMAKER-BAUMKRONENTOUR

Rainmaker war der erste Anbieter von **Baumkronentouren** durch die Wälder Mittelamerikas, die Anlage gilt als eine der besten in dieser Region. Von den diversen Plattformen hoch oben in den Bäumen bieten sich sagenhafte Panoramablicke auf den primären und sekundären Regenwald, außerdem gelegentlich auch Ausblicke auf den Pazifik. Hier findet man die ganze Palette an tropischer Flora und Fauna, und das bedeutet, dass sich viele Gelegenheiten bieten, Vögel zu beobachten und sogar einmal einen Affen zu sehen.

Touren mit naturkundlich bewanderten Führern beginnen täglich (außer So) in den Hotels von Manuel Antonio und Quepos. Wer teilnehmen will, bucht in einem Hotel oder ruft im **Rainmaker-Büro** (☎ in Quepos 2777 3565; www.rainmakercostarica.org) an. Standardtouren kosten 65 US$; im Preis sind ein leichtes Frühstück und das Mittagessen enthalten. Es werden aber auch Touren zur Vogelbeobachtung (90 US$) und Nachtwanderungen (60 US$) angeboten. Wer die Tiere genauer in Augenschein nehmen möchte, braucht unbedingt ein Fernglas, außerdem Wasser und einen guten Sonnenschutz.

Rainmaker bietet Volontären die Möglichkeit, zwei bis vier Wochen in einer der vier Abteilungen mitzuarbeiten, die sich um die Organisation und den Fortbestand des Projekts kümmern. Andere können mit lokalen Schulen zusammenzuarbeiten oder sich an einem der diversen Gemeindeprogramme beteiligen. Die Gebühren liegen bei 1250 US$ (2 Wochen) und 2400 US$ für einen Monat. Vom Parkplatz mit Infos zur Orientierung geht es bergauf durch eine herrliche Regenwaldschlucht mit einem noch sehr ursprünglichen Bach. Ein Holzsteg und verschiedene Brücken über die Schlucht führen zum Ausgangspunk der Baumkronentour. Von hier gilt es, ein paar Hundert Stufen zu einer Baumplattform hinaufzusteigen, von der sich die erste von sechs Hängebrücken zu einer Baumkrone mit einer weiteren Plattform spannt. Die längste Brücke misst an die 90 m, der ganze Weg ist 250 m lang. Am höchsten Punkt befindet man sich rund 20 Stockwerke über dem Dschungelboden.

Lehrpfade ermöglichen es den Besuchern, selbst einheimische Pflanzen zu bestimmen, dazu kommen noch einige lange, anspruchsvolle Wanderwege ins 200 ha große Reservat hinein. Besonders interessant sind die Pfeilgiftfrösche, die man entlang des Weges durchaus zu sehen bekommt.

Ein großes buntes Schild weist an der Costanera den Weg zur Rainmaker-Baumkronentour, es steht am nördlichen Ortsausgang von

Pocares (10 km östlich von Parrita oder 15 km westlich von Quepos).

Von der Abzweigung bis zum Parkplatz sind es noch etwa 7 km.

QUEPOS & MANUEL ANTONIO

Die verschlafene Provinzstadt Quepos hatte eigentlich nie Ambitionen, groß etwas aus sich zu machen. Sie war eine Gemeinde von Fischern, Kaufleuten und Plantagenarbeitern. Doch als der nahe gelegene Parque Nacional Manuel Antonio ins internationale Rampenlicht geriet, hatte Quepos plötzlich die Mög-

lichkeit, mehr Geld zu verdienen, als dies mit Fischen und Palmöl möglich war: mit dem Tourismus! Mit seinen von Regenwald bestandenen Bergen, die sich bis zum Meer hinunterziehen, ist der Park Manuel Antonio ein beeindruckendes Reiseziel, das dem Medienrummel auch wirklich alle Ehre macht.

Das erheblich entspanntere Quepos hat sich in Würde seine alten Wurzeln bewahrt – und zwar allen ausländischen Investitionen und Spekulationen zum Trotz.

Dass Kapitel gliedert sich in die Beschreibung der Stadt Quepos, der Straße von Quepos nach Manuel Antonio, des Dorfes Manuel Antonio und des eigentlichen Nationalparks Parque Nacional Manuel Antonio.

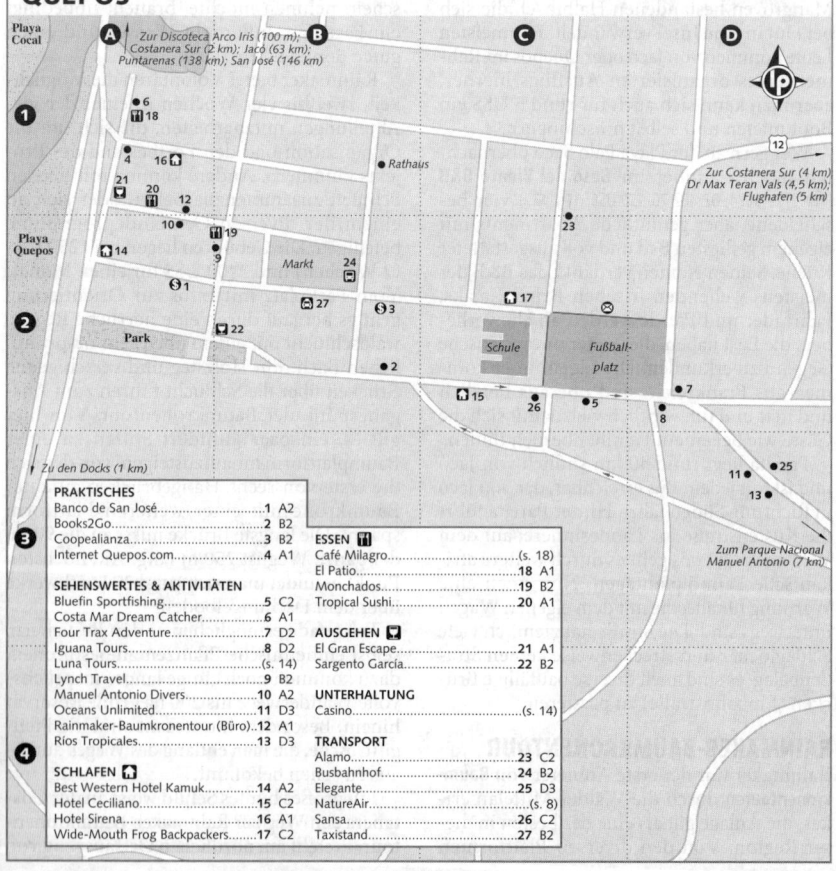

QUEPOS

0 —————————— 200 m

PRAKTISCHES		
Banco de San José	.1	A2
Books2Go	.2	B2
Coopealianza	.3	B2
Internet Quepos.com	.4	A1

SEHENSWERTES & AKTIVITÄTEN		
Bluefin Sportfishing	.5	C2
Costa Mar Dream Catcher	.6	A1
Four Trax Adventure	.7	D2
Iguana Tours	.8	D2
Luna Tours	(s. 14)	
Lynch Travel	.9	B2
Manuel Antonio Divers	.10	A2
Oceans Unlimited	.11	D3
Rainmaker-Baumkronentour (Büro)	.12	A1
Rios Tropicales	.13	D3

SCHLAFEN		
Best Western Hotel Kamuk	.14	A2
Hotel Ceciliano	.15	C2
Hotel Sirena	.16	A1
Wide-Mouth Frog Backpackers	.17	C2

ESSEN		
Café Milagro	(s. 18)	
El Patio	.18	A1
Monchados	.19	B2
Tropical Sushi	.20	A1

AUSGEHEN		
El Gran Escape	.21	A1
Sargento García	.22	B2

UNTERHALTUNG		
Casino	(s. 14)	

TRANSPORT		
Alamo	.23	C2
Busbahnhof	.24	B2
Elegante	.25	D3
NatureAir	(s. 8)	
Sansa	.26	C2
Taxistand	.27	B2

Playa Cocal

Zur Discoteca Arco Iris (100 m); Costanera Sur (2 km); Jacó (63 km); Puntarenas (138 km); San José (146 km)

Rathaus

Zur Costanera Sur (4 km); Dr Max Teran Vals (4,5 km); Flughafen (5 km)

Playa Quepos

Markt

Park

Schule

Fußball-platz

Zu den Docks (1 km)

Zum Parque Nacional Manuel Antonio (7 km)

ZENTRALE PAZIFIKKÜSTE

QUEPOS

Die kleine Stadt Quepos liegt nur 7 km vom Ort Manuel Antonio entfernt und bietet sich als Tor zum Nationalpark an, aber auch als Standquartier für Backpacker, die etwas kaufen müssen oder Dienstleistungen benötigen. Viele der Besucher des Nationalparks Manuel Antonio ziehen es vor, außerhalb von Quepos zu übernachten.

Die Unterkünfte sind in der Stadt im Allgemeinen aber billiger, man muss dann allerdings seinen Transfer zum Nationalpark und zu den Stränden organisieren.

Ein Aufenthalt in Quepos kann sehr angenehm sein, denn die hübsche Kleinstadt verströmt einen ganz besonderen Charme, wie es ihn sonst an der Zentralen Pazifikküste gar nicht mehr gibt. Auch wenn der Touristenboom Manuel Antonio und seine Umgebung rasant verändert, ist und bleibt Quepos doch eine recht authentische costa-ricanische Stadt, die eine angenehm bescheidenere Alternative zu dem mit Touristen überfüllten „Gringo Trail" ein Stück weiter darstellt.

Der Name der Stadt leitet sich von den indigenen Quepoa ab, einer Untergruppe der Borucas, die das Gebiet zur Zeit der spanischen Eroberung besiedelten. Wie viele indianische Völker nahm auch die Zahl der Quepoa wegen der aus Europa eingeschleppten Krankheiten und der Sklaverei ab. Ende des 19. Jhs. lebte kein einziger reinrassiger Quepoa mehr, Bauern aus dem Hochland begannen allmählich die leer gewordene Gegend zu besiedeln.

Quepos war Anfang des 20. Jhs. eine wichtige Hafenstadt für den Bananenexport. In den folgenden Dekaden sank der Ertrag allerdings immer stärker, Gründe waren Krankheiten und Probleme mit den unterbezahlten Arbeitern: Sie besaßen nämlich die Frechheit, eine Lohnerhöhung zu fordern. Die aus Westafrika stammenden Ölpalmen, die sich heute bis zum Horizont erstrecken, lösten die Bananen schließlich ab, was allerdings leider weitere Arbeitslosigkeit unter den Einheimischen zur Folge hatte.

Heute sieht die Zukunft rosiger aus: Ganze Bootsladungen von Touristen kommen nach Manuel Antonio, und sobald in ein paar Jahren der neue Hafen fertig ist, müssen die Kreuzfahrtschiffe auch nicht mehr Puntarenas anlaufen. Mehr Touristen bedeuten auch mehr Jobs im schnell expandierenden Fremdenverkehr. Allerdings stellt sich natürlich

auch die Frage der Nachhaltigkeit und eines verantwortungsvollen Wachstums. Die Pez Vela Marina sollte jedenfalls bei Erscheinen dieses Buches in Betrieb gegangen sein; welche Auswirkungen das auf die kleine Stadt Quepos hat, bleibt abzuwarten.

Praktische Informationen

BUCHLÄDEN
Books2Go (☎ 2777 1754, 8371 3476; tours2go@racsa. co.cr; Internet Std. 2 US$; ☺ 10–18 Uhr) Susan betreibt diesen malerischen kleinen Buchladen, der auch als Treff von Backpackern fungiert. Hier kann man Nachrichten hinterlassen, sein Gepäck aufbewahren, Fotos auf CDs brennen, die hoffentlich eingetroffene Mail im Internet checken oder einfach herumhängen und ein gutes Buch lesen. Susan bucht auch Touren in die Umgebung – zum garantiert niedrigsten Preis weit und breit.

GELD
Banco de San José und Coopealianza haben beide 24-Stunden-Geldautomaten (Cirrus- und Plus-System). Die anderen Banken wechseln Reiseschecks und Bargeld.

INTERNETZUGANG
Internet Quepos.com (Std. 2 US$; ☺ Mo–Sa 8 bis 20 Uhr) Mehrere Computer mit flotter Verbindung.

MEDIZINISCHE VERSORGUNG
Dr Max Teran Vals (☎ 2777 0200) Das Krankenhaus bietet für das Gebiet Quepos und Manuel Antonio einen medizinischen Notdienst. Es befindet sich an der Costanera Sur auf dem Weg zum Flughafen. Da keine Unfallabteilung vorhanden ist, müssen Patienten mit ernsten Verletzungen nach San José überführt werden.

TOURISTENINFORMATION
Quepolandia (www.quepolandia.com) Die kostenlose Monatszeitschrift mit einer Veranstaltungsübersicht liegt in vielen Geschäften aus.

Gefahren & Ärgernisse

Viele Urlauber ziehen unweigerlich auch viele Kleinkriminelle an. Die Behörden haben deshalb die Polizeipräsenz erhöht. Trotzdem gilt auch hier: immer das Hotelzimmer absperren und das Auto nur auf bewachten Parkplätzen abstellen. Gefährlich ist die Gegend eigentlich nicht, doch sollte die Beschaulichkeit kein falsches Gefühl von Sicherheit vermitteln.

Für Frauen gilt: Die Kneipen der Stadt sind am Wochenende voll mit derben Plantagenarbeitern. Wer hier also aufreizend (in Badeklamotten) herumläuft, muss mit ungewollter

Aufmerksamkeit seitens der Männer rechnen, die so etwas nicht gewohnt sind.

Die Strände von Quepos sind verschmutzt und zum Schwimmen ungeeignet, besser sind die Strände auf der anderen Seite des Bergs in Manuel Antonio.

Aktivitäten
SPORTFISCHEN
Sportfischen ist in Quepos und Umgebung eines der größten Freizeitvergnügen überhaupt. Zum Hochseefischen bieten sich die Monate Dezember bis April an, denn dann beißen die Seglerfische am besten. Nachfolgend sind einige der wichtigsten Charterer aufgeführt, nicht alle von ihnen haben aber ein Büro in Quepos. Am besten also vorher anrufen. Wer keine Reservierung hat, lässt sich einfach im Hotel bei der Kontaktaufnahme mit der Charterfirma helfen. Die Tagesgebühr für ein Schiff beginnt bei 1000 US$.

Bluefin Sportfishing (☎ 2777 1676, 2777 2222; www.bluefinsportfishing.com) Liegt gegenüber vom Fußballplatz.

Costa Mar Dream Catcher (☎ 2777 0725; www.costamarsportfishing.com) Neben dem Café Milagro.

Luna Tours (☎ 2777 0725; www.lunatours.net) Im Best Western Hotel Kamuk.

TAUCHEN
Tauchreviere sind in Quepos und in der Gegend rund um Manuel Antonio erst im Entstehen. Die folgenden Veranstalter wurden jedoch von Lonely-Planet-Lesern empfohlen. Die Tauchreviere befinden sich abseits von verschmutzten Stränden, sodass die sonst verbreitete Wassereintrübung beim Tauchen kein Problem darstellt.

Manuel Antonio Divers (☎ 2777 3483; www.manuelantoniodivers.com)

Oceans Unlimited (☎ 2777 3171; ww.oceansunlimitedcr.com)

Geführte Touren
In Quepos und Umgebung finden sich zahlreiche renommierte Veranstalter, die gute Touren anbieten.

Amigo Tico Complete Adventure Tours (☎ 2777 2812; www.puertoquepos.com) Das Angebot an Touren ist breitgefächert, darunter Rafting, Wanderungen in den Nationalparks, Mountainbiken und Angeln. Ein Ganztagesausflug zum Raften auf dem Savegre kostet 95 US$; zu diesem Preis sind auch Boots- und Kajakausflüge zur Isla Damas erhältlich. Da Amigo Tico kein Büro in Quepos unterhält, wird telefonisch übers Hotel gebucht.

Four Trax Adventure (☎ 2777 1825; www.fourtraxadventure.com) Vierstündige Abenteuertouren gibt's pro Pers. für 95 US$.

Iguana Tours (☎ 2777 1262; www.iguanatours.com) Ein Abenteuerreiseladen, in dem Rafting, Kajakfahren auf dem Meer, Ausritte, Mangroventouren und Ausfahrten zur Delfinbeobachtung angeboten werden.

Lynch Travel (☎ 2777 1170; www.lynchtravel.com) Das Reisebüro reserviert vieles: Flugtickets, Pauschaltouren zum Fischen bis hin zu Exkursionen in den Regenwald.

Ríos Tropicales (☎ 2777 4092; www.riostropicales.com) Die alteingesessene Raftingfirma, ein einheimisches Unternehmen, hat ein Büro in Quepos.

Schlafen
Zimmer in Quepos sind die preiswerte Alternative zu den sehr hohen Preisen einiger Lodges an der Straße nach Manuel Antonio. Außerdem ist es praktischer in der Stadt, da sich hier alle Banken, Supermärkte und Bushaltestellen befinden.

In der Hochsaison muss man am Wochenende reservieren; Ostern und zwischen Weihnachten und Neujahr geht ohne vorherige Buchung generell nichts.

Weitere Übernachtungsmöglichkeiten, s. S. 376 und S. 382.

LP Tipp **Wide-Mouth Frog Backpackers** (☎ 2777 2798; www.widemouthfrog.org; B 9 US$; DZ mit/ohne Bad 34/24 US$; P 🍴 🖥 🛋) Das bei Backpackern beliebte Quartier wird von einem herzlichen Paar aus England und Neuseeland geführt. Sie sind wild entschlossen, es zur besten Unterkunft in Costa Rica zu machen und sind auf dem richtigen Weg. Die hell gefliesten Zimmer gruppieren sich um einen einladenden Pool mit vielen Liegen. Dort können sich die Backpacker zum Erfahrungsaustausch treffen. Allen Gästen stehen eine Gemeinschaftsküche mit einem riesigen Essbereich, eine TV-Lounge mit DVD-Verleih und kostenloser Internetanschluss zur Verfügung. Aber am schönsten ist die gute Stimmung – vor allem am Abend, wenn es bei ein paar Drinks locker und gesellig zugeht.

Hotel Ceciliano (☎ 2777 0192; DZ ab 25 US$; P) Es besteht kein Mangel an Billighotels in Quepos, die vor allem das Wohl der einheimischen Touristen im Auge haben, doch diese familienfreundliche Unterkunft bekommt gute Noten wegen der gemütlichen Zimmer und der herzlichen Eigentümer. Auch wenn das Ceciliano nicht gerade das neueste Hotel ist, so ist doch alles blitzblank, und das herzliche Personal bemüht sich, dass die sprich-

SCHATZLEGENDEN

Die Einheimischen waren lange der Überzeugung, dass bis heute ein Milliarden Dollar schwerer Schatz irgendwo zwischen Quepos und Manuel Antonio auf seine Entdeckung wartet. Der englische Pirat John Clipperton, der mit den Quepoa-Indianer an der Küste freundlichen Umgang pflegte, als er im Südpazifik sein Unwesen trieb, ist Schuld an dieser Vermutung. Clipperton glaubte einem Gerücht, dass von ein paar mit Schätzen beladenen spanischen Schiffen berichtete. Sie konnten 1670 gerade noch Panama-City verlassen, bevor die Stadt von Freibeuter Henry Morgan bis auf die Grundmauern niedergebrannt wurde.

Da die Schiffe vermutlich schnell abgeladen wurden, um einen Überfall auf See zu verhindern, galt die Mission San Bernadino de Quepo als nahe liegendes Ziel für diese Aktion (die Mission war der spanischen Krone gegenüber sehr loyal).

John Clipperton starb 1722, ohne je den legendären Schatz entdeckt zu haben. Die Mission schloss 1746 für immer ihre Pforten, nachdem die meisten Quepoa an den aus Europa eingeschleppten Krankheiten gestorben waren. Die Ruinen der Mission wurden 1974 gefunden – völlig zerstört und längst geplündert. Aber wenn der Schatz wirklich so riesig war, wie die hiesigen Gerüchte behaupten, dann ist es natürlich durchaus möglich, dass noch ein paar Golddublonen herumliegen und nur darauf warten, dass einer sie ausbuddelt.

wörtliche Gastfreundlichkeit der Ticos allen Gästen unvergessen bleibt.

Hotel Sirena (☎ 2777 0572; www.lasirenahotel.com; EZ/DZ/3BZ 55/65/75 US$; P ☘) Das persönliche Boutique-Hotel ist eine willkommene, angenehme Ergänzung in der Hotelszene von Quepos und sicher die beste Alternative im mittleren Preissektor. Die weiß getünchten Wände mit Verzierungen in Pastellfarben werden subtil von blauen Tiffany-Lampen beleuchtet, was dem Ambiente eine beruhigende, mediterrane Wirkung verleiht, die meilenweit von der ruppigen Straßenszenerie von Quepos entfernt ist. Im Hotel setzen Topfpflanzen und Originalkunstwerke gekonnt Akzente, dazu kommt die attraktive, malerische Bar, die auf den beschaulichen Pool hinausgeht.

Best Western Hotel Kamuk (☎ 2777 0379; www.kamuk.co.cr; Zi. ab 85 US$; P ☒ ☘) Der Dauerbrenner im gehobenen Preissegment von Quepos hat das Label Best Western als Namensbestandteil, aber in Wirklichkeit ist das Hotel Kamuk ein überraschend erfrischendes historisches Gebäude mit einem enorm guten Preis-Leistungs-Verhältnis. Best Western garantiert professionellen Service vom Check-in bis zum Check-out; sobald man jedoch die Rezeption passiert hat, hat das Hotel nichts mehr amerikanisches. Das Herzstück des Hotels bildet eine Wendeltreppe aus Holz, die zu luftigen Korridoren führt, die mit kolonialzeitlichen Accessoires geschmückt sind. Die Zimmer sind eher klein, aber mit allen modernen Annehmlichkeiten ausgestattet, und

wer ein bisschen mehr Luft zum Atmen braucht, kann zu jeder Zeit dem attraktiven Pool oder dem Restaurant im Westernstil einen Besuch abstatten. Gäste, die hier übernachten möchten, sollten einen Blick ins Internet werfen, denn es gibt manchmal ermäßigte Angebote.

Essen

Für eine kleine Tico-Stadt – die allerdings am Rand einer der Hauptattraktionen des Landes liegt – kann Quepos mit erstaunlich vielen internationalen Speiselokalen aufwarten.

Weitere Alternativen stehen auf den Seiten 381 und 382.

Café Milagro (Gerichte 2–5 US$; ☺ Mo–Fr 6–22 Uhr) Da es in diesem Café einen der besten Cappuccinos und Espressos im ganzen Land gibt, ist es die ideale Adresse für einen gemütlichen Vormittagsbesuch. Bestellt wird ein *perezoso* („faul"): ein doppelter Espresso, der in eine große Tasse Filterkaffee geschüttet wird. Wer sich einfach entspannen und die (englischen) Zeitungen lesen möchte, kann sich dazu ein frisch zubereitetes Deli-Sandwich oder frische Backwaren gönnen.

Monchados (Gerichte 7–12 US$; ☺ 17–24 Uhr) Das mexikanisch-karibische Lokal gibt es schon seit ewigen Zeiten, und es ist immer voll mit Leuten, die Schlange stehen, um zum Abendessen die traditionellen Limonese-Gerichte und Klassiker aus Mexiko zu probieren. Das Essen hier ist ausgesucht, innovativ und nie langweilig – ein Stil, der sich auch bei der fröhlichen Dekoration und den Darbietungen

ZENTRALE PAZIFIKKÜSTE

der ziemlich regelmäßig veranstalteten Live-musik bemerkbar macht.

Tropical Sushi (Teil 1–3 US$; 🕙 5–22 Uhr) Quepos ist mittlerweile recht kosmopolitisch geworden. Wer Lust auf original-japanisches Essen hat – der Koch ist wirklich Japaner! –, sollte dieses Restaurant mit farbenfroher Einrichtung ausprobieren. Es gibt hier ein „All-you-can-eat"-Angebot für nur 15 US$. Puristen halten sich an die Thunfisch-Sashimi, aber auch die Sushi-Teile mit costa-ricanischem Einschlag sind interessant.

El Patio (Hauptgerichte 8–15 US$; 🕙 6–22 Uhr) Diese neue Latino-Location kommt bei den Einheimische ebenso gut an wie bei den Touristen. Das liegt sicher auch an der sich täglich ändernden Speisekarte, die stets für eine leckere Überraschung gut ist. Die unausgesprochene Losung lautet hier: frisch und einheimisch – und das bedeutet, dass Fleisch, Meeresfrüchte und alle anderen Produkte immer von bester Qualität sind und außerdem so zubereitet werden, dass ihr Eigengeschmack zur Entfaltung kommt. Tapas-Fans sollten hier ein paar von den Vorspeisehäppchen probieren – in Costa Rica heißen sie übrigens Bocas – und das eine oder andere Glas importierten Portwein dazu trinken.

Ausgehen

Die Nachteulen in Quepos sind eine gute Mischung aus Einheimischen und Reisenden, das Nachtleben ist hier erheblich billiger als in der Gegend um Manuel Antonio. Wem der Sinn nach einem etwas edleren Lokal steht, steigt einfach ins nächstbeste Taxi.

Das fischerfreundliche **El Gran Escape** (☎ 2777 0395; 🕙 6–23 Uhr) ist gut für ein Bier und einen Plausch, ebenso das amerikanisch angehauchte **Sargento García** (☎ 2777 2960; 🕙 9–23 Uhr). Wer sein Geld loswerden will, besucht das Spielcasino im Best Western Hotel Kamuk oder die gigantisch große **Discoteca Arco Iris** (🕙 22 Uhr–spät) im Norden der Stadt; dort tummeln sich die Einheimischen bei stampfenden Rhythmen.

An- & Weiterreise

BUS

Alle Busse kommen am Busbahnhof in der Innenstadt an und fahren dort auch ab. Es empfiehlt sich, die Fahrkarte nach San José weit im Voraus zu kaufen, um wirklich mitzukommen, und zwar bei **Transportes Morales** (☎ 2777 0263; 🕙 Mo–Sa 7–11 & 13–17, So 7–13 Uhr) im Busbahnhof. Von Quepos verkehren Busse zu den folgenden Fahrtzielen:

Jacó 1,50 US$, 1½ Std., 4.30, 7.30, 10.30 & 15 Uhr.
Puntarenas 3 US$, 3½ Std., 8, 10.30 & 15.30 Uhr.
San Isidro über Dominical 3 US$, 3 Std., 5 & 13.30 Uhr.
San José (Transportes Morales) 4 US$, 4 Std., 5, 8, 10, 12, 14, 16 & 19.30 Uhr.
Uvita über Dominical 4 US$, 4½ Std., 10 & 19 Uhr.

FLUGZEUG

Sowohl **NatureAir** (www.natureair.com) wie auch **Sansa** (www.sansa.com) fliegen nach Quepos. Die Preise hängen von der Saison und dem Platzangebot ab, für einen Flug von San José oder Liberia sollten etwa 75 US$ kalkuliert werden. Die Flüge sind in der Hochsaison alle ausgebucht, deshalb frühzeitig reservieren und auch bezahlen und den Flug besser gleich mehrmals rückbestätigen lassen.

Lynch Travel (☎ 2777 1170; www.lynchtravel.com) bucht Charterflüge von und nach Quepos.

Der Flughafen liegt 5 km außerhalb der Stadt. Ein Taxi dorthin kostet je nach Verkehrslage 3–5 US$.

Unterwegs vor Ort

AUTO

Die folgenden Mietwagenfirmen unterhalten ein Büro in Quepos. Es empfiehlt sich, im Voraus zu reservieren und die Buchung rückzubestätigen, damit das Auto auch wirklich zur Verfügung steht.

Alamo (☎ 2777 3344; 🕙 7.30–12 & 13.30–17.30 Uhr)
Elegante (☎ 2777 0115; 🕙 Mo–Fr 7.30–17 Uhr)

BUS

Busse von Quepos nach Manuel Antonio (0,25 US$) fahren etwa alle 30 Minuten vom Busbahnhof ab, und zwar von 6–19.30 Uhr, nach 19.30 Uhr dann seltener. Der letzte Bus startet am Park um 22.25 Uhr. In der Trockenzeit verkehren generell mehr Busse.

TAXI

Colectivo-Taxis verkehren auf der Strecke Quepos–Manuel Antonio und nehmen weitere Fahrgäste für rund 0,50 US$ mit. Ein Privattaxi kostet etwa 5 US$. Taxis können bei **Quepos Taxi** (☎ 2777 0425/734) telefonisch bestellt werden, oder man steigt einfach am Taxistand südlich vom Markt ein.

VON QUEPOS NACH MANUEL ANTONIO

Ab dem Hafen von Quepos vollzieht die Straße einen 7 km langen Bogen landeinwärts,

WORAN ERKENNT MAN EIN WIRKLICH ÖKOLOGISCH ARBEITENDES UNTERNEHMEN?

Der Ökotourismus ist in Costa Rica ein gutes Geschäft, und manchmal gewinnt man den Eindruck, dass jede Firma – vom Hotel, Restaurant, Andenkenladen, Busunternehmen, Surfshop bis hin zur ATV-Agentur – sich in den Dienst von Mutter Erde gestellt hat. Aber schließlich es ist ja auch keine Kunst, dem Durchschnittspauschalurlauber eine auf recyceltem Papier gedruckte Visitenkarte in die Hand zu drücken und im Reisebüro ein paar Baumfroschsticker an die Wand zu pinnen. Jedenfalls ist es in Costa Rica selbst für den kritischen Reisenden manchmal schwer zu entscheiden, ob ein Unternehmen nun wirklich „öko" ist. Klar, für die Baumkronentour wird sicher kein Baum abgeholzt, aber wie lässt sich erklären, dass in der Nähe eine schmutzige Brühe den Hang hinunter in einen Bach läuft?

Grundprinzip des Ökotourismus ist es, eine Balance zwischen den positiven und den negativen Einflüssen des Tourismus zu gewährleisten. Es gilt, Sensibilität für die Bedingungen vor Ort an den Tag zu legen und die negativen Einflüsse auf die Umwelt so gering wie nur möglich zu halten. Es werben allerdings leider immer mehr Destinationen mit dem Label „Öko" – und Richtlinien, die festlegen, wie genau dieses „Öko" sich definiert, fehlen derzeit noch. Einige Faustregeln, wie ein umweltfreundlicher Betrieb wirtschaftlich, soziokulturell und ökologisch strukturiert sein muss, gibt es aber doch, und die sollte jeder Backpacker kennen.

Da sich die meisten ökologisch ausgerichteten Firmen in Gegenden mit relativ unberührter Umwelt befinden, müssen sich die Unternehmer an strenge Vorschriften in Sachen Umweltschutz halten. Als absolutes Minimum gilt: Ein Ökounternehmen muss an einem Recyclingprogramm teilnehmen, Abwasser und Schadstoffe umweltschonend behandeln und entsorgen, alternative Energiequellen für Licht und Heizung nutzen und auf schadstofffreiem Boden ausschließlich einheimische Pflanzen anbauen. So eine Firma sollte sich möglichst auch an Umweltschutzprogrammen beteiligen und sich aktiv in den entsprechenden Organisationen engagieren, die mit der Lösung von Umweltproblemen befasst sind.

Eine ökologisch orientierte Destination widmet sich vorrangig der sinnvollen Verteilung der Finanzmittel auf Tourismus, Baugewerbe und Gemeinde, denn eine Fehlverteilung kann für die nachhaltige, zukunftsfähige Entwicklung einer Region fatale Konsequenzen haben. Das ist besonders wichtig, da die Touristen ein immer größeres Interesse an den Tag legen, möglichst ursprüngliche Gegenden mit unberührter Natur zu besuchen. Die Bevölkerung ist jedoch von der Gesamtwirtschaft relativ abgeschnitten, was neue Probleme nach sich ziehen kann. Ein ökologisch ausgerichtetes Unternehmen trägt dieser Realität Rechnung, indem es z. B. einen Großteil der Angestellten aus der hiesigen Bevölkerung rekrutiert und/oder sich mit anderen Unternehmen in der Hand eines Einheimischen zusammentut.

Gemeinsam können sie ökologisch arbeitende Kooperativen z. B. Räumlichkeiten schaffen, in denen Kunsthandwerk aus heimischer Herstellung ausgestellt und verkauft wird, oder dafür sorgen, dass nur Nahrungsmittel vom hiesigen Markt für ihre Mahlzeiten verwendet werden (im Falle eines Hotel- oder Restaurantbetriebes). Generell sollten nur Materialien und Produkte zum Einsatz kommen, die von der heimischen Wirtschaft produziert wurden.

Der soziokulturelle Aspekt des Ökotourismus bezieht sich auf die Fähigkeit einer Gemeinde, trotz des erhöhten Touristenansturms weiterhin ohne soziale Unstimmigkeiten zu funktionieren. Auch wenn der Tourismus dem Verlust der kulturellen Integrität Vorschub leistet, kann er doch auch Armut lindern und einen Beitrag dazu leisten, dass Ressourcen, die sonst einfach ausgebeutet würden, nun gepflegt werden. Ein ökologisch orientiertes Unternehmen kann diese Ziele erreichen, indem es indigene Sitten und Bräuche fördert, historisch, archäologisch oder spirituell bedeutende Stätten unter Schutz stellt, die Besucher über lokale Bräuche und Riten aufklärt, den Touristenstrom zu jenen Stätten limitiert und nach Möglichkeit auch einen Teil der Einnahmen den dortigen Gemeinden zur Verfügung stellt.

Tourismus hat immer negative Folgen aber es gibt Wege, Schadensbegrenzung zu betreiben und die betroffenen Gemeinden von den Vorteilen profitieren zu lassen. Wer sein Zielland ernst nimmt, sollte grün denken, aber kritisch nachfragen, wenn ihm das nächste Mal das Wort „Öko" ins Auge springt. Es leitet sich von griechisch *oikos* „Haus" ab.

ZENTRALE PAZIFIKKÜSTE

bevor sie die Strände des Dorfes Manuel Antonio und den Eingang des Nationalparks erreicht. In Serpentinen windet sich die Straße über einige Hügel mit malerischen Ausblicken auf die bewaldeten Hänge, die sich bis zu der von Palmen gesäumten Küste hinunterziehen. Der schmale Straßenabschnitt ist nicht gerade unberührt und idyllisch: Hier stehen die meisten der Touristenhotels, Restaurants, Geschäfte und die fliegenden Händler der Region Quepos und Manuel Antonio. Gerade weil der Wettbewerb und die Konkurrenz um die Touristendollar hart ist, ist der Service hier im Allgemeinen sehr gut. Damit ist klar, dass diese Gegend nicht gerade billig ist, aber wer sich ein bisschen umschaut und die offensichtlichen Touristenfallen meidet, kommt mit seinem Geld eigentlich recht weit. Und außerdem gibt es hier ein paar richtige Weltklassehotels und auch entsprechend noble Restaurants.

Orientierung

Achtung: Die Straße nach Manuel Antonio ist steil, kurvenreich und ziemlich schmal. Noch schlimmer ist, dass die einheimischen Busfahrer mit hoher Geschwindigkeit daherbrettern und es kaum Möglichkeiten gibt, notfalls rechts an den Rand zu fahren. Es empfiehlt sich also, doppelt gut aufzupassen und vorsichtig zu fahren, aber auch als Fußgänger vor allem nachts aufmerksam und vielleicht mit einem Leuchtsignal unterwegs zu sein.

Praktische Informationen

GELD
Banco Promerica (☺ Mo–Fr 9–17, Sa 9–13 Uhr) Geldautomat (Cirrus-System) rund um die Uhr, Tausch und Wechsel von US$.

INTERNETZUGANG
Cantina Internet Café (Std. 2 US$)
El Chante Internet (Std. 2 US$)

TOURISTENINFORMATIONEN
La Buena Nota (☎ 2777 1002; buennota@racsa.co.cr; Manuel Antonio) Gute Infoquelle für die Region.
Rafiki Safari Lodge (☎ 2777 2250; www.rafikisafari. com) Das Buchungs- und Informationsbüro für die Lodge (S. 387) bietet Raftingtouren, Ausritte, Wanderungen und Ausflüge mit Vogelbeobachtung.

Sehenswertes & Aktivitäten

Nach einem erlebnisreichen Tag lädt das **Serenity Spa** (☎ 2777 0777, Nebenst. 220; Si Como No Hotel)

zum Entspannen ein. Es werden Massagen angeboten, der Sonnenbrand wird behandelt und der Körper mit eisenhaltigen Kokosprodukten aufgemöbelt – und leckeren Kaffee gibt's auch noch dazu.

Zum Si Como No Hotel gehören gleich gegenüber auf der anderen Straßenseite die **Fincas Naturales** (www.butterflygardens.co.cr; Eintritt 15 US$), ein privates Regenwaldreservat mit Schmetterlingsgarten. Rund drei Dutzend Schmetterlingsarten, auch Nachtfalter, werden hier gezüchtet. Ganz sehenswert ist die nächtliche Ton-Licht-Schau (40 US$ pro Pers.) im Schmetterlingsgarten, um den Naturpfade angelegt wurden.

Amigos del Rio (☎ 2777 1084; www.adventuremanuelantonio.com) bietet Raftingtouren für alle Leistungsniveaus auf den Flüssen Savegre und Naranjo an. Die Preise definieren sich durch die Gruppengröße, Schwierigkeit und Anspruch des jeweiligen Ausflugs.

Kurse

Escuela de Idiomas D'Amore (☎ 2777 1143, www. escueladamore.com) bietet Spanischintensivunterricht für alle Leistungsstufen; die Unterbringung bei einer Gastfamilie wird organisiert. Ein zweiwöchiger Kurs kostet mit/ohne Aufenthalt bei einer Gastfamilie ab 845/995 US$; wer länger einen Kurs besucht, bekommt eine beträchtliche Ermäßigung. Die Sprachschule mit Außenstellen wird von vielen Lonely-Planet-Lesern wegen seines guten Service und seiner Professionalität empfohlen.

Schlafen

An der kurvenreichen Straße mit viel Wald links und rechts stehen vor allem Hotels der Spitzenklasse, aber auch ein paar mittelteure und preiswerte Alternativen. Die nachstehend genannten Preise gelten für die Hochsaison; in dieser Zeit ist eine Reservierung am Wochenende notwendig.

In der Nebensaison zur ferienfreien Zeit lassen sich in manchen Hotels bis zu 40 % sparen. Die hier aufgeführten Hotels erscheinen in der Reihenfolge, wie sie entlang der Strecke von Quepos nach Manuel Antonio ins Sichtfeld des Fahrers geraten.

Weitere Übernachtungsmöglichkeiten s. S. 372 und 382.

Hotel Plinio (☎ 2777 0055; www.hotelplinio.com; DZ mit/ohne Klimaanlage 75/65 US$, 1-/2-geschossige Suite 85/110 US$, Dschungelhaus 100 US$; ℗ ⊠ ☎) Das gemütliche Hotel befindet sich am Rand des

MANUEL ANTONIO FÜR SCHWULE

Für schwule Jetsetter aus der ganzen Welt gilt der Ort und die Gegend rund um Manuel Antonio als die Traumdestination schlechthin.

Homosexualität wird in Costa Rica seit den 1970er-Jahren nicht mehr strafrechtlich verfolgt, was im konservativen, vom Machismo geprägten Mittelamerika eine Seltenheit ist. Das Ergebnis ist, dass Costa Rica bei Schwulen und Lesben seit Jahrzehnten auf der Hitliste der zu bereisenden Länder steht, wobei die blühende Schwulenszene von Manuel Antonio unter den Einzelzielen allerdings wirklich ihresgleichen sucht.

Weshalb Manuel Antonio so viele Schwule anlockt, wird schnell verständlich: Die Gegend ist wunderschön und schon seit Langem bei liberalen, toleranten Individualreisenden beliebt. Außerdem gibt es hier eine Künstlerkolonie, eine wirklich schicke Restaurantszene und einen der ganz wenigen FKK-Strände des Landes.

Doch genug der einleitenden Worte. Hier nun also ein umfassender Führer für Manuel Antonio aus spezieller Sicht:

Sehenswertes & Aktivitäten

Untertags ist das Epizentrum die berühmte **La Playita** (Karte S. 378), einer der wenigen Strände in Costa Rica, an denen man seinen Luxuskörper nackt der Sonne aussetzen und auch ohne Klamotten ins kühle Nass abtauchen darf. Es sind auch ein paar Frauen da, die sich hier recht unbehelligt und sicher „oben ohne" sonnen, aber eigentlich fungiert La Playita als lockere Pick-up-Szene für Schwule auf der Pirsch.

Schlafen

Die schwulenfreundlichste Unterkunft in Manuel Antonio ist **La Plantación** (Karte S. 378; ☎ 2777 1332, 2777 1115; www.bigrubys.com; Zi. ab 149 US$; P X̲ ▯ ▯), die zur internationalen Hotelkette „Big Ruby's" gehört. Für schwule Männer lautet hier die Losung: Willkommen im Paradies! Die tollen, makellosen Zimmer sind cool, hell und geräumig, haben prächtige Bäder, sagenhafte Panoramablicke und eindrucksvolle Moskitonetze, die romantisch über die Kingsize-Betten drapiert sind. Und dann wären da auch noch der Pool und die Sonnenterrasse zu erwähnen, auf der man – ganz nach Lust und Laune – die Hüllen fallen lassen und tolle Typen aus aller Welt anquatschen kann, und das alles bei einem meisterlich gemixten Cocktail.

Ausgehen

Im Hotel Casitas Eclipse gleich in der Nähe befindet sich das **LP Tipp** **Restaurant Gato Negro** (Karte S. 378; ☎ 2777 0408, 2777 1738; Gerichte 12–35 US$), eines der nobelsten Lokale in Manuel Antonio. Auch wenn das Abendessen hier ein arges Loch in den Geldbeutel reißt: Das Gato Negro zählt zu den hippsten Locations im Ort. Und es darf auch nicht unerwähnt bleiben, dass das europäisch angehauchte Essen in jeder Hinsicht perfekt ist – von der Art, wie das Fleisch auf dem Teller präsentiert wird, bis hin zur Konsistenz der Sauce. Die Bar im Obergeschoss ist immer brechend voll mit schick gekleideten Schwulen. Es empfiehlt sich also, die besten Klamotten anzuziehen, um richtig Eindruck zu schinden.

Regenwalds und ist genau das Richtige, um sich vom Stress zu erholen. Die Zimmer haben hohe Decken, die viel zu der ruhigen, entspannten Atmosphäre beitragen. Die größeren Suiten erstrecken sich über zwei oder drei Stockwerke und haben schöne Holzterrassen zum Entspannen. Das Dschungelhaus bietet bis zu fünf Personen Platz. Zum Hotelgelände gehören 10 km lange Wanderwege in den Wald, dort steht ein 17 m hoher, öffentlich zugänglicher Aussichtsturm.

Mimo's Hotel (☎ 2777 2217; www.mimoshotel.com; DZ 65 US$, Junior Suite 85 US$; P X̲ ▯) Das weiß getünchte Hotel mit viel Fachwerk leitet ein reizendes Paar aus Italien. Es hat geräumige, saubere Zimmer mit Terracottaböden und helle, farbenfrohe Wandmalereien. Zu den Attraktionen zählen der von Palmen gesäumte Pool, ein erleuchteter Jacuzzi aus Fiberglas sowie ein Restaurant mit Bar, in dem italienisch inspirierte Gerichte gekocht werden. Die Eigentümer sprechen ein halbes Dutzend

MANUEL ANTONIO & UMGEBUNG

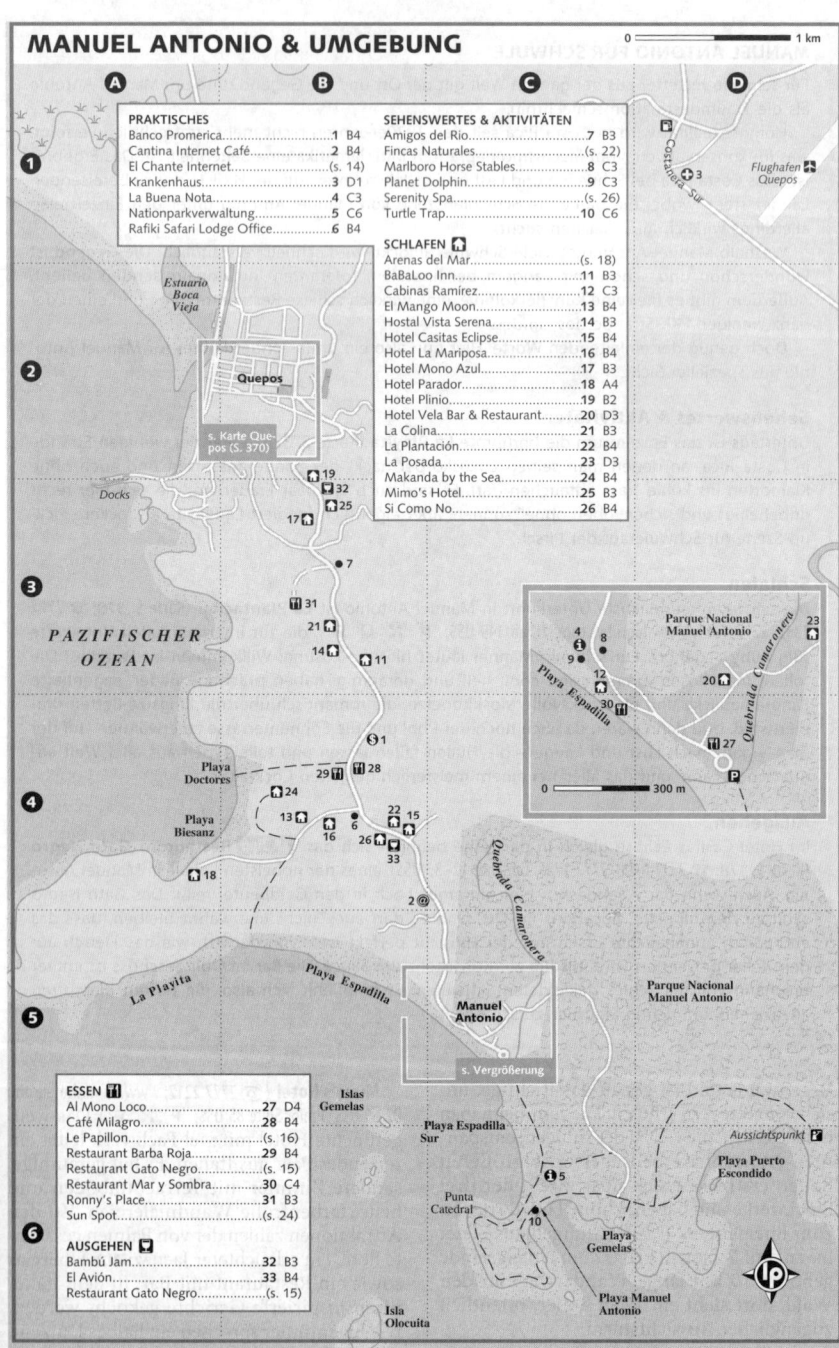

PRAKTISCHES
Banco Promerica................................**1**	B4
Cantina Internet Café......................**2**	B4
El Chante Internet........................(s. 14)	
Krankenhaus.....................................**3**	D1
La Buena Nota.................................**4**	C3
Nationalparkverwaltung.................**5**	C6
Rafiki Safari Lodge Office..............**6**	B4

SEHENSWERTES & AKTIVITÄTEN
Amigos del Rio..................................**7**	B3
Fincas Naturales..........................(s. 22)	
Marlboro Horse Stables...................**8**	C3
Planet Dolphin.................................**9**	C3
Serenity Spa...................................(s. 26)	
Turtle Trap......................................**10**	C6

SCHLAFEN
Arenas del Mar..............................(s. 18)	
BaBaLoo Inn....................................**11**	B3
Cabinas Ramírez.............................**12**	C3
El Mango Moon...............................**13**	B4
Hostal Vista Serena........................**14**	B3
Hotel Casitas Eclipse.....................**15**	B4
Hotel La Mariposa..........................**16**	B4
Hotel Mono Azul............................**17**	B3
Hotel Parador.................................**18**	A4
Hotel Plinio....................................**19**	B2
Hotel Vela Bar & Restaurant.........**20**	D3
La Colina..**21**	B3
La Plantación.................................**22**	B3
La Posada......................................**23**	D3
Makanda by the Sea.....................**24**	B4
Mimo's Hotel..................................**25**	B3
Si Como No....................................**26**	B4

ESSEN
Al Mono Loco.................................**27**	D4
Café Milagro...................................**28**	B4
Le Papillon...................................(s. 16)	
Restaurant Barba Roja..................**29**	B4
Restaurant Gato Negro................(s. 15)	
Restaurant Mar y Sombra.............**30**	C4
Ronny's Place.................................**31**	B3
Sun Spot.......................................(s. 24)	

AUSGEHEN
Bambú Jam....................................**32**	B3
El Avión..**33**	B4
Restaurant Gato Negro................(s. 15)	

Estuario Boca Vieja

Quepos

s. Karte Quepos (S. 370)

Docks

PAZIFISCHER OZEAN

Playa Doctores

Playa Biesanz

Parque Nacional Manuel Antonio

Playa Espadilla

Quebrada Camaronera

Islas Gemelas

Playa Espadilla Sur

Manuel Antonio

s. Vergrößerung

Parque Nacional Manuel Antonio

Aussichtspunkt

Playa Puerto Escondido

La Playita

Playa Espadilla

Punta Catedral

Playa Gemelas

Playa Manuel Antonio

Isla Olocuita

Flughafen Quepos

Costanera Sur

Sprachen und können jede Menge Wissenswertes über Costa Rica erzählen.

Hotel Mono Azul (☎ 2777 2572; www.monoazul.com; EZ/DZ/3BZ ab 55/60/65 US$, Kind unter 12 J. frei; P ☒ ☐ ☒) Das Hotel ist besonders für Familien empfehlenswert: Die Wände schmücken Tiermotive, und es gibt jede Menge Schnickschnack aus dem Regenwald, ganz zu schweigen von den drei Pools und dem Spielzimmer. Außerdem schläft es sich nachts umso besser, wenn man weiß, dass das ausgegebene Geld einem guten Zweck zugutekommt. Das Mono Azul ist Sitz der Initiative „Kids Saving the Rainforest" (KSTR). Sie geht auf zwei Schulkinder zurück, die sich Sorgen um den Fortbestand der gefährdeten *mono tití* (Totenkopfäffchen) gemacht haben – zehn Prozent der Hoteleinnahmen gehen als Spende an diese Organisation.

La Colina (☎ 2777 0231; www.lacolina.com; Zi. mit Frühstück 59–95 US$; P ☒ ☒) Das hübsche B&B versteckt sich in einem beschaulichen Wald, der fast so toll ist wie der Meerblick, den sich vom Zimmer aus genießen lässt.

LP Tipp **Hostal Vista Serena** (☎ 2777 5162; www.vistaserena.com; B/DZ 12/50 US$; P ☐ ☐) In einer hoffnungslos überteuerten Gegend ist es ein Lichtblick, ein so tolles und dazu noch günstiges Hotel zu finden. Es liegt malerisch auf einem ruhigen Hügel und bietet die Möglichkeit, gemütlich von der Terrasse aus in der Hängematte liegend den Sonnenuntergang über dem Meer zu genießen. Kein Wunder also, dass die meisten Backpacker hier viel länger bleiben als zunächst geplant. Wer nicht nur faulenzen will, kann vom Hostal zu einer Farm und dann noch weiter hinunter zu einem entlegenen unberührten Strand wandern. Das Vista Serena bietet picobello saubere, weiß gefliese Schlafsäle, Gemeinschaftsbad, eine Gemeinschaftsküche und sogar ein TV-Zimmer. Aber es gibt auch erschwingliche Doppelzimmer für Paare, die für sich sein wollen. Sonia und ihr Sohn Conrad stammen beide aus Costa Rica, sind superhilfsbereit und sprechen fließend Englisch.

BaBaLoo Inn (☎ 2777 3461; www.babalooinn.com; DZ Standard/King 89/145 US$; P ☒ ☒) Das Gästehaus unter amerikanischer Leitung bietet Standardzimmer mit Balkonen, die auf den wild wuchernden Tropengarten hinausgehen. Die größeren „King"-Zimmer sind eine Klasse für sich mit dramatischem Meerblick, gemütlicher Sitzgruppe, riesigen Betten, Dusche und einer kleinen Küchenzeile und ausreichend

Platz für eine vierköpfige Familie. Alle Zimmer haben kleine Extras wie eine voll bestückte Minibar und einen DVD-Player. Und das bedeutet, dass man sich auch an einem Regentag bestens die Zeit vertreiben kann.

Hotel Casitas Eclipse (☎ 2777 0408, 2777 1738; www.casitaseclipse.com; Standard/Suite/Casita ab 125/170/300 US$; P ☒ ☒) Die geschwungenen Linien des architektonisch sachlichen, absolut weißen Komplexes lassen schon erahnen, wie schön es innen aussieht. Das Hotel besteht aus neun attraktiven Häusern im Splitlevelstil, die sich um drei Pools gruppieren. Im Erdgeschoss eines jeden Hauses befindet sich eine riesengroße Junior-Suite, im Obergeschoss ein Standardzimmer mit Terrasse. Beide haben einen separaten Eingang, sind aber durch das Treppenhaus miteinander verbunden (mit abschließbarer Tür) und – siehe da, so entsteht bei Bedarf die geräumige *casita*, in der fünf Personen Platz haben.

El Mango Moon (☎ 2777 5323; www.mangomoon.net; Zi. 150–350 US$; P ☒ ☒) Das persönliche Boutique-Hotel leitet ein amerikanisches Paar, doch unübersehbar hat hier eine weibliche Hand allem einen Stempel aufgedrückt: In jeder Ecke finden sich frische Blumen, die Bettwäsche ist Luxus pur, und in den himmlischen Bädern dampft das heiße Wasser. Die Zimmer gehen auf die kristallblaue Bucht hinaus, zu der man über einen Privatweg gelangt. Wie bei Boutique-Hotels üblich, ist der Service überaus persönlich und unglaublich entgegenkommend.

Hotel Parador (☎ 2777 1411; www.hotelparador.com; Zi. 185–950 US$; P ☒ ☒) Das Hotel ist etwas für Gäste, die Freude an exzessivem Luxus haben. Der Komplex besteht aus 68 Zimmern und zehn Suiten, zudem gibt's hier einen privaten Hubschrauberlandeplatz, Jacuzzis im Haus sowie im Freien, gigantische Pool-Landschaften mit Swim-up-Bars, ein Spa oder Kurbad im europäischen Stil und ein Wellnesscenter, Tennisplätze, Minigolf etc. – nur, damit ja jeder auch eine Vorstellung machen kann, was ihn hier erwartet. Die prächtigen Zimmer sind riesig, teilweise fast schon richtige Turnhallen. Es erübrigt sich eigentlich zu erwähnen, dass sie auch von unglaublicher Eleganz und mit allen nur erdenklichen Annehmlichkeiten vollgestopft sind.

Si Como No (☎ 2777 0777; www.sicomono.com; Zi. 190–310 US$, Kind unter 6 J. kostenlos; P ☒ ☐ ☒) Das perfekt konzipierte Hotel ist ein Paradebeispiel, wie sich ein Resort mit möglichst wenig

DAS BESTE IN SACHEN ESSEN & TRINKEN

In der Gegend um Quepos und Manuel Antonio befinden sich einige der spektakulärsten Restaurants und Bars des ganzen Landes. Somit ist es gar nicht so einfach, die absoluten Renner auszusuchen. Die unten aufgeführten Topadressen wurden allesamt schlicht aufgrund ihres einzigartigen Ambientes ausgewählt.

LP Tipp **El Avión** (☎ 2777 3378; Gerichte 5–7 US$) Diese Flugzeug-Bar vergisst so schnell keiner: Sie wurde aus dem Rumpf einer Fairchild C-123 von 1954 zusammengebastelt. Hier die Geschichte dazu: Das Flugzeug wurde ursprünglich in den 1980er-Jahren von der US-Regierung zur Unterstützung der Contras in Nicaragua angeschafft, hat aber nie den Weg aus dem Hangar in San José geschafft; schuld war der Iran-Contra-Skandal, in den Oliver North und seine Konsorten in der US-Regierung verwickelt waren. Das Flugzeug wurde liebevoll „Ollie's Folly" genannt – Ollies Spinnerei. 2000 erwarb der Besitzer des heutigen El Avión das Flugzeug für 3000 US$, um es in zig Einzelteile zerlegt nach Manuel Antonio zu schaffen. Jetzt steht es an der Hauptstraße und erweckt den Eindruck, als hätte es am Berghang eine Bruchlandung hingelegt. Auf alle Fälle macht es Spaß, sich hier bei Sonnenuntergang ein Bier, und Machos Guacamole zu genehmigen. In der Trockenzeit treten abends Livebands auf.

Ronny's Place (☎ 2777 5120; Hauptgerichte 5–12 US$; ◷ 7.30–22 Uhr) Rund 800 m westlich der Haupteinkaufsstraße nimmt man die gut ausgeschilderte Staubstraße gegenüber von Manuel Antonio. Besitzer Ronny, ein Tico, der perfekt Spanisch und Englisch spricht, hat sich enorm ins Zeug gelegt, um seine Kneipe zum Renner bei den Einheimischen wie auch bei den Gästen aus dem Ausland zu machen. Die großen Burger und die frischen Meeresfrüchte sind ein Gedicht. Die Völlerei spült man dann mit der besten Sangría von ganz Costa Rica hinunter – mit Blick auf zwei unberührte Buchten und ursprünglichen Regenwald. Natürlich bieten viele Lokale auf diesem Abschnitt der Straße eine ähnlich schöne Aussicht, aber nirgendwo sonst kann man das Panorama so locker und lässig auf sich wirken lassen.

Sun Spot (☎ 2777 0442; Makanda by the Sea; Gerichte 10–25 US$) Nun gut, das Budget lässt es also nicht zu, im Makanda by the Sea zu logieren, aber das macht nichts. Das exklusive kleine Restaurant am Pool entschädigt allemal. Der Blick auf den Regenwald und das Meer ist einfach sagenhaft! Der Küchenchef zaubert köstliche Meeresfrüchte, Sandwiches und Salate auf den Tisch, doch der eigentliche Grund für den Zwischenstopp ist, wenigstens für ein paar Stunden die Atmosphäre dieses Hotels zu erleben, das zu den schönsten an der Pazifikküste zählt.

LP Tipp **Le Papillon** (☎ 2777 0355/456; Hotel La Mariposa; Mittagessen 10–20 US$, Abendessen 20–40 US$) Das Restaurant in dem bekannten Luxushotel, ein Wahrzeichen von Manuel Antonio, ist perfekt gelegen, um dort den Sonnenuntergang auf sich wirken zu lassen. In diesem Hotel von Weltrang bezahlt man natürlich auch für das Panorama, aber sobald die Sonne im Meer versinkt und den Himmel in loderndes Licht taucht, sind die Preise hier vergessen. Zu essen gibt es vor allem kontinentale Küche, die auf die frischen Zutaten aus Costa Rica – Meerestiere und tropische Früchte – zurückgreift. Wer beim Schlemmen aufs Geld schauen muss, für den ist das Mittagsmenü eine gute Wahl.

negativem Einfluss auf die Umwelt bauen lässt. Die Zimmer sind unschlagbar hinsichtlich Komfort und energiesparenden Klimaanlagen. Das Wasser wird mit Hilfe von Solarpaneelen erhitzt und später dann recycelt und in die Landschaft geleitet. Die Zimmer haben Panoramafenster und Balkone und vermitteln den Gästen so das Gefühl von unmittelbarer Nähe zum Regenwald.

Hotel La Mariposa (☎ 2777 0355/456; www.lamariposa.com; Zi. ab 205–440 US$; P ⛄ 🐾) Das international renommierte Hotel war die erste Nobelherberge in dieser Gegend, und so hat es natürlich auch den schönsten Blick auf die Küste. Die 57 makellosen Zimmer unterschiedlicher Größe sind elegant und mit handgeschnitztem Mobiliar ausgestattet. Wer das nötige Kleingeld hat, sollte die Penthouse-Suite in Erwägung ziehen: Sie hat einen Jacuzzi auf der Terrasse mit Blick aufs Meer. Das Hotel wurde unlängst in das Buch *1000 Places to See Before you Die* aufgenommen, und zwar vor allem wegen der supergepflegten Gärten und der wirklich unglaublich schönen Aussicht, die sich von jeder Ecke des Tropenparadieses dieser Anlage bietet.

Arenas del Mar (☎ 2777 2777; www.arenasdelmar. com; Zi. ab 220–580 US$; P ☼ ♨) Das optisch überzeugende Hotel- und Resort-Komplex ist die neueste Luxusherberge in der Region Manuel Antonio – es ist eines von insgesamt acht Hotels, die zu den prestigeträchtigen „Small Distinctive Hotels of Costa Rica" gehören – ein Privileg! Obwohl die Anlage wahrhaftig weitläufig ist, gibt es hier gerade einmal 40 Zimmer, was einen Service garantiert, der an Aufmerksamkeit seinesgleichen sucht. Das Arenas del Mar hat seit seiner Inbetriebnahme diverse Ökologie-Preise gewonnen. Es wurde so konzipiert, dass die Schönheit der Landschaft mit in die Anlage einbezogen wurde. Kurz gesagt: Der Gesamteindruck ist schlichtweg atemberaubend, vor allem wenn man vom privaten Open-air-Privat-Jacuzzi in luftigen Höhen seinen Blick über die Küste schweifen lässt.

LP Tipp Makanda by the Sea (☎ 2777 0442; www. makanda.com; Studio/Villa inkl. Frühstück 265/400 US$; P ☼ ♨) Selbst für eine Destination, die so nobel wie Manuel Antonio ist, stellt das Makanda eine Klasse für sich dar. Das gesamte Hotel besteht nur aus sechs Villen und fünf Studios, wodurch der Eindruck absoluter Intimität und Abgeschiedenheit entsteht. Bei der Villa 1 (sie ist die größte) verschlägt es einem schier die Sprache: Eine ganze Wand öffnet sich zum Regenwald und zum Meer. Die anderen Villen und Studios haben eine Klimaanlage und sind abgeschlossene Einheiten. Auch hier paust sich das von fernöstlichem Minimalismus beeinflusstes Designkonzept durch. Im Hotelgelände liegen ein riesiger Landschafts-Pool und ein Jacuzzi; von beiden bieten sich herrliche Blicke aufs Meer sowie auf mehrere perfekte angelegte japanische Gärten. Und wer noch immer nicht beeindruckt ist, lustwandelt seitlich am Berg die 552 Stufen hinunter zum Privatstrand – die reinste Traumlandschaft!

Ausgehen

Viele der erwähnten Hotels haben ein eigenes gutes Restaurant, das auch Nicht-Hotelgästen offensteht. In der Hochsaison empfiehlt es sich, einen Tisch zu reservieren.

Weitere Lokale werden auf den Seiten 373 und 382 genannt.

Café Milagro (Frühstück 3–4 US$; Sandwiches 4–6 US$) Das Café ist eine Zweigstelle des gleichnamigen Cafés in Quepos. Der Zwischenstopp auf dem Weg zum Park ist fast schon ein Muss, denn der Kaffee ist ein köstliches Gebräu. Der Preis für das – sättigende – Frühstück und die Sandwiches ist so weit ganz in Ordnung und sorgt für einen besonders beschwingten Schritt, den man auch wahrlich gebrauchen kann, wenn man morgens den ersten Wanderweg in Angriff nimmt.

Restaurant Barba Roja (☎ 2777 0331; Gerichte 8 bis 15 US$; ☼ Mo 16–22, Di–So 10–22 Uhr) Das Lokal ist in Manuel Antonio schon seit ewigen Zeiten eine Institution und hat in den letzten Jahren einige Veränderungen erlebt. Momentan werden die Gäste mit einer hervorragenden Mischung aus mexikanisch angehauchten Standardgerichten beglückt. Nach einem langen Trekkingtag durch den Nationalpark kommt man bei einer Schale voller Nachos und einer milden, aber guten Margarita schnell wieder zu Kräften.

Bambú Jam (Hotel Mirador del Pacífico) Im Allgemeinen gestaltet sich das Nachtleben in Manuel Antonio in Form von Mongolen bei einem Cocktail oder Bier in der ruhigen Hotelbar, in diese Kneipe zieht es all diejenigen, die einmal Musik hören und sich ein paar Drinks genehmigen wollen. Empfehlenswert ist vor allem der Freitagabend, wenn die vielen Gäste zur Livemusik tanzen.

Unterwegs vor Ort

Viele Besucher dieser Gegend kommen mit dem eigenen Auto oder einem Mietwagen. Da die Straßen schmal, steil und kurvenreich sind, ist es ratsam, vorsichtig zu fahren und auch ein Auge auf die Fußgänger zu haben. Es sind hier keine Seitenstreifen vorhanden, alle müssen somit auf der Straße gehen.

Auf der Strecke von Manuel Antonio nach Quepos verkehren auf der Hauptstraße Busse (0,25 US$) in beiden Richtungen im 30-Minuten-Takt (6–19.30 Uhr, danach weniger häufig). Der letzte Bus fährt in Manuel Antonio um 22.25 Uhr ab.

Colectivo-Taxis von Quepos nach Manuel Antonio nehmen für rund 0,50 US$ weitere Fahrgäste mit. Ein Privattaxi kostet an die 5 US$ – einfach bei der Zentralstelle **Quepos Taxi** (☎ 2777 0425/734) anrufen.

DAS DORF MANUEL ANTONIO

Los geht's mit einem Spießrutenlauf an den Ständen am Straßenrand vorbei, wo ausgestopfte Affen (Made in China) und frosch-

ZENTRALE PAZIFIKKÜSTE

grüne Sarongs (Hecho en Guatemala) als Andenken an die Exkursion in den Regenwald verhökert werden. Es hat sich in Manuel Antonio wahrhaftig vieles geändert. Wer also in der Hoffnung herkommt, hier einsame Strände mit Hunderten von Affen vorzufinden, muss sich auf eine unangenehme Überraschung gefasst machen.

Natürlich strömen die Touristen aus gutem Grund in dieses winzige Dorf: Hier befindet sich nämlich der Eingang zum Parque Nacional Manuel Antonio, einer der beeindruckendsten und schönsten Nationalparks des Landes, wenn er auch klein und überlaufen ist. Dort einen ruhigen Moment allein für sich zu genießen, wird allerdings schwierig. Doch wem es gelingt, den umliegenden Leuten irgendwie mitzuteilen, dass sie nicht herumschreien sollen, wird das eine oder andere Tier in freier Wildbahn erleben.

Praktische Informationen

La Buena Nota (☎ 2777 1002; buennota@racsa.co.cr) am nördlichen Ortsrand von Manuel Antonio fungiert als inoffizielles Infocenter. Hier bekommen die Besucher Landkarten, Führer, Bücher in verschiedenen Sprachen, englische Zeitungen, Strandutensilien und Andenken; auch Bodyboards werden vermietet.

Die Mitarbeiter wissen auch, welche Gästehäuser gerade für Langzeitaufenthalte zur Verfügung stehen. Hilfreich ist die kostenlose Broschüre *Quepolandia* (auf Englisch) mit detaillierten Informationen über alle Aktivitäten in dieser Region, einer Wettervorhersage und Tabellen mit Mondphasen sowie Gezeiten.

Sehenswertes & Aktivitäten

Ein schöner Strand befindet sich in der Nähe vom Parkeingang: die **Playa Espadilla.** Wegen der starken Strömung (weitere Informationen s. Kasten S. 299) sind an diesem Strand Rettungsschwimmer im Einsatz, was sonst in dieser Gegend nicht der Fall ist. Am äußersten westlichen Ende der Playa Espadilla liegt hinter einer felsigen Landzunge (Sandalen anziehen!) ein weiterer Strand, **La Playita.** Er wird vor allem von jungen Schwulen besucht, die hier nackt ein Sonnenbad nehmen. Der Strand ist eine Stunde vor und eine Stunde nach der Flut nicht erreichbar! Wer also nicht irgendwann festsitzen will, sollte vorher entsprechend gut planen.

Und übrigens: Die Benutzung dieser Strände ist kostenlos, denn sie liegen außerhalb des Parks – auch wenn zwielichtige Typen etwas anderes behaupten!

Schnorchelausrüstung, Bodyboards und Kajaks lassen sich überall an der Playa Espadilla ausleihen. Wer gerne einmal surfen möchte, kann bei den sanften Wellen einen ersten Versuch wagen. Die **Manuel Antonio Surf School** (☎ 2777 4842) und **Monkey Surf** (☎ 2777 5240) sind beide in der Nähe vom Strand mit einem Stand vertreten.

Steve Wofford von **Planet Dolphin** (☎ 2777 2137; www.planetdolphin.com; Cabinas Piscis) bietet Touren an, auf denen man Delfine und Wale beobachten kann, nett sind auch die Segeltörns bei Mondschein. Die vierstündigen Exkursionen kosten ab 65 US$, einschließlich Mittagessen und Schnorcheln.

In den **Marlboro Horse Stables** (☎ 2777 1108) unter der Leitung eines Einheimischen kann man sich ein Pferd leihen, außerdem werden Touren in den Regenwald organisiert.

Sowohl Wildwasserrafting als auch Kajakfahrten auf dem Meer sind in dieser Region sehr beliebt. Auf S. 372 sind die entsprechenden Veranstalter solcher und anderer Touren genannt.

Schlafen & Essen

Das Dorf Manuel Antonio bietet sich als nächstgelegenes Standquartier für die Erkundung des Nationalparks an. In der Hauptsaison – vor allem am Wochenende – geht ohne Reservierung allerdings gar nichts, und auch in der Osterwoche ist eine langfristige Vorbuchung unumgänglich.

Weitere Unterkünfte und Übernachtungsmöglichkeiten s. S. 372 und S. 376.

Weitere Lokale sowie Restaurants finden sich auf S. 373 und auf S. 380.

Cabinas Ramirez (☎ 2777 5044; Zi. pro Pers. 10 US$, Zelten pro Pers. 3 US$; P) In Sachen Immobilien gibt es drei simple Faustregeln: Lage, Lage und noch einmal Lage. Das haben sich die Cabinas Ramirez offensichtlich zu Herzen genommen und bieten nun eine Budgetunterkunft, die bloß einen Schritt vom Strand und in Laufweite zum Nationalpark liegt. Natürlich erinnert die ganze Anlage etwas an einen Caravanparkplatz, und die Disko gleich in der Nähe fördert auch nicht gerade die gesunden Schlaf, aber was lässt sich für 10 US$ auch schon groß erwarten?

Hotel Vela Bar & Restaurant (☎ 2777 0413; www.velabar.com; EZ/DZ 40/50 US$; P 🍴) Das Hotel Vela ist in der Gegend vor allem für seine Bar und sein Restaurant berühmt, und das mit Recht. Hier kommen mit die frischesten Meeresfrüchte von ganz Manuel Antonio und Umgebung auf den Tisch. Eine Mahlzeit kostet 7–15 US$. Aber auch die Zimmer sind gut: einfach, aber angesichts des Preises kaum zu schlagen: Wer hier morgens aufwacht, kann gemütlich seinen Morgenkaffee trinken und dann ohne Hast und drängelnde Begleiter zum Eingang des Nationalparks hinüberschlendern.

La Posada (☎ 2777 1446; www.laposadajungle.com; Bungalows 115–225 US$; (P) (❆)) In den privaten Dschungelbungalows finden gleich mehrere Leute Platz, außerdem stellen sich oft noch Besucher mit Fell oder Gefieder ein – schließlich liegt die Posada gleich am Rand des Nationalparks. Die einzelnen Häuser sind mit allem modernen Schnickschnack und einer voll ausgestatteten Küche ausgerüstet. Von den Zimmern lassen sich die Tiere hervorragend beobachten.

Al Mono Loco (Casados 6 US$) Gleich nördlich der Rotunde liegt das Al Mono Loco in einem strohgedeckten rancho (kleineres Gebäude). Es bringt regionale und internationale Spezialitäten auf den Tisch. Wer morgens in aller Frühe auf ist und vor der Wanderung noch ein gutes Frühstück braucht, muss nicht lang suchen: *gallo pinto* (das Stammessen: schwarze Bohnen mit Reis) ist hier schon zu nachtschlafender Zeit zu haben.

Restaurant Mar y Sombra (Casados 3–5 US$, Fischgerichte 6–10 US$) Die legere Strandbar ist nicht gerade etwas für Feinschmecker, aber dafür ist das Gefühl, gleich am Meer zu essen, kaum zu überbieten. Am Wochenende verwandelt sich das Lokal in eine Disko. Im Vergleich zu allen anderen Ausgehmöglichkeiten der Stadt ist hier am meisten los.

An- & Weiterreise

Die Busse nach San José (4 US$, 4 Std.) fahren in Manuel Antonio um 6, 9.30, 12 und 17 Uhr los. Sie halten auf Handzeichen an der Straße vor den Hotels oder im Busbahnhof von Quepos; danach gibt es keine weiteren Haltestellen mehr.

Die Fahrkarten sollten im Busbahnhof von Quepos im Voraus gekauft werden: Der Bus ist meist sehr voll, und der Fahrer verkauft auch mit passendem Betrag keinen Fahrschein, er ist dazu nicht angewiesen. Busse zu allen anderen Zielen fahren am Hauptbahnhof von Quepos los (s. S. 374).

PARQUE NACIONAL MANUEL ANTONIO

Der Parque Nacional Manuel Antonio wurde 1972 zum Nationalpark erklärt und konnte so in letzter Minute vor den Planierraupen gerettet werden, die Platz für ein umstrittenes Bauprojekt schaffen sollten: Geplant war eine All-inclusive-Ferienanlage einschließlich Eigentumswohnungen am Strand. 2000 wurde Manuel Antonio auf seine derzeitige Größe von 1625 ha erweitert, ist aber dennoch der zweitkleinste Nationalpark des Landes. Da der Park zu den Topattraktionen Mittelamerikas zählt, ist hier allerdings keiner alleine: Horden von Urlaubern drücken nonstop auf den Auslöser ihrer Kameras.

Allerdings sollte man nicht verschweigen, dass Manuel Antonio wirklich toll ist. An sonnigen Tagen erinnert er an ein Paradies mit Kokospalmen, es ist schon fast irreal schön hier. Die gut markierten Wanderwege im Park schlängeln sich durch den Regenwald, der direkt am tropischen Strand und felsigen Landzungen beginnt. Die Ausblicke auf das ursprüngliche Hinterland sind unvergesslich. Und als ob das nicht schon genug wäre, lassen sich hier auch noch Leguane, Brüllaffen, Kapuzineraffen, Faultiere und die wirklich süßen Totenkopfäffchen sehen.

Orientierung & Praktische Informationen

Besucher müssen ihr Auto am Parkplatz beim Eingang abstellen; die Parkgebühr beträgt 3 US$. Da die Straße hier sehr schmal und dementsprechend verstopft ist, macht es Sinn, den Wagen gleich im Hotel zu lassen und mit dem Bus früh am Morgen nach Manuel Antonio zu fahren. Der Eingang zum Park (Eintritt 7 US$; (❆) Di–So 7–16 Uhr) liegt ein paar Meter südlich der Rotunde. Es empfiehlt sich, das Wechselgeld sofort nachzuzählen, da es dabei wohl zu kleinen Betrügereien kommt.

Naturführer stehen für Wanderungen im Park bereit; s. S.384.

Zunächst müssen die Besucher durch die Mündung des Camaronera waten; das Wasser kann knöchel- oder wadentief stehen – je nach Jahreszeit und Gezeiten. Einige Bootsführer setzen Besucher trockenen Fußes über, sie nehmen für die 100 m 1 US$.

Die Rangerstation des Parks und das **Informationszentrum des Nationalparks** (Karte S. 378; ☎ 2777 0644) liegen kurz vor der Playa Manuel Antonio. Trinkwasser ist vorhanden, außerdem gibt es hier Toiletten, Duschen am

---

RETTET DIE TOTENKOPFÄFFCHEN!

Der *mono tití* (Mittelamerikanisches Totenkopfäffchen) zählt mit seinen ausdrucksvollen Augen und seinem glänzenden Fell zur schönsten der vier Affenarten, die in Costa Rica heimisch sind (die anderen sind der Brüll-, Kapuziner- und Klammeraffe); leider ist die Art sehr gefährdet. Rund 1500 dieser niedlichen Tiere leben noch in Manuel Antonio und Umgebung – viel mehr Lebensraum ist ihnen nicht geblieben. Doch auch hier ist ihr Lebensraum durch den Bauboom in ständiger Gefahr. Zur Lösung des Problems haben die Leute von **Ascomoti** (Asociación para la Conservación del Mono Tití, Vereinigung für den Erhalt der Titiaffen; ☎ 2224 5703; www.ascomoti.com) einige Maßnahmen eingeleitet, die den derzeitigen Bestand zumindest stabil halten soll.

Die Organisation hat einen biologischen Korridor zwischen dem bergigen Naturschutzgebiet Cerro-Nara im Nordosten und dem Parque Nacional Manuel Antonio an der Pazifikküste geschaffen. Zu diesem Zweck wird der Río Naranjo aufgeforstet, der die beiden Schutzgebiete verbindet. Es wurden bereits über 10 000 Bäume am 8 km langen Naranjo gepflanzt, was nicht nur den Lebensraum der Affen erweitert, sondern auch anderen Wildtieren einen Schutzraum bietet. Wissenschaftler von der Universidad Nacional de Costa Rica haben bestimmte Areale zur Wiederaufforstung ausgewiesen, das ganze Projekt wird von regionalen Unternehmern finanziell unterstützt. (Auf der Website von Ascomoti sind sämtliche Firmen verzeichnet.)

Wer als ehrenamtlicher Helfer mitarbeiten möchte, kann sich bei Asmoti melden (Monate vorher Kontakt aufnehmen!). Gesucht werden Leute, die Bäume pflanzen und Affenhorden aufspüren. Die Helfer müssen mindestens einen Monat im Projekt arbeiten. Unterbringung und Verpflegung kosten pro Person 350 US$ im Monat.

Strand, Tische zum Picknicken und Kioske mit Erfrischungen. Campen ist allerdings verboten, das Personal kontrolliert allabendlich, ob auch wirklich alle Besucher den Park verlassen haben.

Die Strände werden oft nicht mit ihrem Namen benannt, sondern durchgezählt – die meisten sagen z. B. zur Playa Espadilla (außerhalb des Parks) „erster Strand". Die Playa Espadilla Sur ist dann der zweite Strand, die Playa Manuel Antonio der dritte, die Playa Escondido der vierte und die Playa Playita der fünfte Strand. Manche beginnen mit dem Zählen aber an der Espadilla Sur (dem ersten Strand im Park) – es kann also ein bisschen schwierig sein, sich darüber zu verständigen, über welchen Strand man gerade spricht. Aber egal, ursprünglich sind sie alle und bieten durch die Bank jede Menge Möglichkeiten zum Schnorcheln oder Sonnenbaden. Am dritten Strand, Playa Manuel Antonio, steht ein Stand mit Erfrischungen.

Geführte Touren

Wer sich einen Führer nehmen will, muss für eine zweistündige Tour 20 US$ pro Person zahlen. Die einzigen im Park zugelassenen Führer gehören zur Vereinigung Aguila, die unter der Regie der Parkverwaltung arbeitet. Die Mitarbeiter sind an ihrem Ausweis zu erkennen und als Führer von Tourenveranstaltern und Hotels anerkannt. Diese Maßnahme soll die Besucher vor unseriösen, überteuerten Angeboten schützen und gleichzeitig eine gute Qualität bei den Führungen gewährleisten. Aguila-Führer sind gut ausgebildet und mehrsprachig (auf Anfrage gibt es auch Führungen auf Deutsch, Englisch oder Französisch). Viele Besucher berichten, dass die Chance, auch wirklich freilebende Tiere zu sehen, in Begleitung der Aguila-Führer bei fast 100 % liegt.

Sehenswertes & Aktivitäten
RAFTEN & KAJAKFAHREN

Noch ist Manuel Antonio nicht ganz so beliebt wie Turrialba (S. 171), entwickelt sich aber langsam zum Zentrum für Rafting und Kajakfahrten. Mit Weltklassestrecken höherer Schwierigkeitsgerade, wie sie in anderen Landesteilen zu finden sind, sollte man hier nicht rechnen, aber für den einen oder anderen Adrenalinstoß ist mit Sicherheit gesorgt. Weitere Informationen, s. S. 371.

TIERBEOBACHTUNG

Der zunehmende Tourismus fordert natürlich auch bei den Tieren, die im Park leben, seinen Tribut: Sie werden oft vertrieben oder – was noch schlimmer ist – gewöhnen sich daran, von den Touristen gefüttert zu werden. Inzwischen hat die Parkverwaltung reagiert und

ZENTRALE PAZIFIKKÜSTE

schließt den Park montags, als weitere Schutzmaßnahme wurde die Anzahl der Besucher auf 600 an Wochentagen und 800 am Wochenende und in den Ferien begrenzt.

Auch wenn die Besucher über die Hauptzugangsstraße geschleust werden, besteht in der Regel kein Problem, die Tiere in diesem Bereich zu sehen – die Ersten schon, wenn man noch am Tor Schlange steht. Weißschulterkapuziner sind an Menschen gewöhnt: In der Regel fressen und tollen die Affenhorden nur ein kleines Stück von den Besuchern entfernt herum. Sie finden sich überall entlang der Hauptzugangsstraße und auch rund um die Playa Manuel Antonio.

Bald nach Sonnenaufgang lassen sich aller Wahrscheinlichkeit nach die Brüllaffen hören, die sich – wie die Kapuzineräffchen – praktisch überall im Park und auch an der Straße nach Quepos bewegen. Es macht großen Spaß, sie zu beobachten, wenn sie über die von den hiesigen Umweltgruppen errichteten Affenbrücken klettern oder sich gemeinsam einstimmen.

Agutis (an kleine Antilopen erinnernde Nagetiere) und Coatis (Nasenbären) flitzen über die verschiedenen Pfade, auch Zweifinger- und Dreifinger-Faultiere sind im Park häufig zu sehen. Die Führer sind gern behilflich beim Ausmachen von Faultieren, denn sie bewegen sich ja nun nicht gerade viel.

Wohin es den Stars des Nationalparks gerade so treibt, lässt sich hingegen nur schwer vorhersagen. Die Rede ist von den netten Mittelamerikanischen Totenkopfäffchen, den seltensten Primaten Mittelamerikas. Sie lassen sich generell etwas weniger oft sehen als die Kapuzineräffchen, können aber gelegentlich früh am Morgen am Parkeingang beobachtet werden. Wenn der Park öffnet, haben sie sich schon längst in den Wald davongemacht. Mit etwas Glück bekommt man jedoch beim Morgenspaziergang eine Horde zu sehen, und oft tauchen sie am frühen Abend noch einmal in den Bäumen am Strand oder am Dorfrand von Manuel Antonio auf.

Im Meer sollte man nach Schlankdelfinen (Stenella attenuata) und den Indopazifischen Großen Tümmlern Ausschau halten, aber auch Buckelwale kommen auf ihren gewohnten Migrationsrouten hier vorbei. Orcawale (Killerwale), Kleine Schwertwale und Rauzahndelfine lassen sich manchmal ebenfalls blicken.

Große Echsen gehören im Nationalpark Manuel Antonio mit zum Bild – die grauen Schwarzleguane, die an Dinosaurier erinnern, lassen sich kaum übersehen, Grüne Leguane aalen sich in der Sonne an der Playa Manuel Antonio und im Gebüsch hinter der Playa Espadilla Sur. Wer einen gut getarnten Helmbasilisken in Augenschein nehmen möchte, sollte die Ohren spitzen: Wenn es am Rand der Pfade im Laub raschelt, vor allem in der Nähe einer Lagune, ist vielleicht einer im Anmarsch.

Für Vogelkundler und Vogelliebhaber ist der Nationalpark Manuel Antonio nicht

BITTE NICHT FÜTTERN!

Jeder weiß, dass sich das Team von Lonely Planet dem Naturschutz verschrieben hat. Umso wütender reagieren alle, wenn sie hören, dass Urlauber (aber auch viele Einheimische) die Affen mit ihren Essensresten füttern. Klar, die Tiere sind süß, und man könnte meinen, dass man ihnen damit etwas Gutes tut, aber das ist leider gar nicht der Fall – und zwar aus folgenden Gründen:

- Affen übernehmen leicht von Menschenhand übertragene Bakterien.

- Unregelmäßiges Füttern führt zu aggressivem Verhalten (forderndem Betteln) und schafft gefährliche Abhängigkeit.

- Bananen sind NICHT das bevorzugte Futter der Affen; sie können schlimme Verdauungsprobleme verursachen.

- Der überzogene Kontakt mit Menschen erleichtert Wilderern die – illegale – Jagd auf die Tiere.

Die Liste ließe sich endlos fortsetzen. Deshalb also die eindringliche Bitte, die Affen auf keinen Fall zu füttern. Und wer sieht, dass jemand anderes ihnen etwas zu fressen gibt, sollte Verantwortung zeigen und einschreiten. Das Problem hat in Manuel Antonio mittlerweile solche Ausmaße angenommen, dass eine Initiative angefangen hat, die Namen der Übeltäter in der Lokalpresse zu veröffentlichen – teilweise sogar mit Foto. Melden kann man diese Leute unter ☎ 2777 2592.

ANDRES POVEDA ÜBER DEN STOLZ DER COSTA-RICANER

Andres Poveda, der Begründer des Hostel-Netzwerks von Costa Rica, hat die letzten Jahre damit verbracht, sich im ganzen Land für Backpacker-Treffpunkte starkzumachen. Bei einem eisgekühlten Imperial Bier und einer Schale Nachos hat Andres Einblick in seine Gedanken gegeben, nämlich was es für ihn bedeutet, ein Costa-Ricaner zu sein.

Wie ist es dazu gekommen, dass Du nun der Besitzer mehrerer Hostels für Backpacker bist? Das ist eine witzige Geschichte, vor allem weil ich, ehrlich gesagt, immer davon geträumt habe, Rechtsanwalt zu werden. Als junger Bursche hatte ich jede Menge Ärger, also dachte ich, dass ich lernen sollte, mich angemessen zu verteidigen! Nachdem ich mein Jurastudium beendet und einen hoch dotierten Job bei der Regierung ergattert hatte, wurde mir klar, dass ich mein Leben nicht damit verbringen wollte, einen Anzug zu tragen und irgendwelchen Papierkram zu erledigen. Mit meinem Zwillingsbruder Adrian beschloss ich also, einen Ort zu schaffen, wo Reisende das richtige Costa Rica kennenlernen können. Heute sind wir stolz auf die Tatsache, dass wir zu den wenigen Unternehmen in einheimischer Hand gehören, die sich ausschließlich um Backpacker aus aller Welt kümmern.

Was bedeutet es, Costa-Ricaner zu sein? Wer verstehen will, was es bedeutet, Costa-Ricaner zu sein, muss nur eine Weile mit uns Costa-Ricanern oder Ticos, wie wir uns gern selbst nennen, herumhängen. Ich glaube, eines der ansteckendsten Merkmale der Ticos ist, dass wir nicht so viel über die Zukunft nachdenken, sondern lieber den Augenblick genießen und es uns gutgehen lassen. Ticos sind extrem familienorientiert, und das heißt, dass wir schnell bereit sind, unsere Freunde wie Familienmitglieder zu behandeln. Wenn die Reisenden in Costa Rica ankommen, werden sie gleich mit den Worten „pura vida" begrüßt, eine typische Tico-Redensart. Wörtlich übersetzt bedeutet die Redewendung „pures Leben", aber *pura vida* ist eigentlich eher eine Lebensphilosophie, die wir alle gern pflegen, im Sinn von ein „tolles Leben".

Was macht Costa Rica so einzigartig? Costa Rica ist ein winziges Land mit nur ein paar Millionen Einwohnern, man könnte also annehmen, dass es schwierig ist, eine starke Identität auszuprägen. Doch ganz im Gegenteil: Es gibt so viel Einzigartiges in Costa Rica, dass wir Ticos sehr stolz auf unser Land sind und es wirklich sehr lieben. Zum Beispiel weiß jeder, dass es in unserem Land noch echten Regenwald gibt – einer der ursprünglichsten auf der ganzen Welt. Und wir haben seit Jahrzehnten auch keine Armee. Für mich selbst ist das Land etwas so Besonderes, weil wir ehrliche Leute sind, die hart gearbeitet haben, um all das zu erreichen. Realität ist, dass wir nie zu den größten Wirtschaftsnationen der Welt zählen werden, aber die Leute sind mit ihrem Leben sehr zufrieden, und deshalb amüsieren wir uns ja mit einer solchen Begeisterung!

Wie können Reisende Costa Rica am besten kennenlernen? Das Tolle an diesem Land ist seine jugendliche Grundstimmung, man muss also nicht 18 oder 21 sein, um hier eine schöne Zeit zu verbringen. In Costa Rica hat das Bier eine enorme soziale Funktion; am besten schnappt man sich also eine Flasche und mischt sich einfach unters Volk.

Worin bestehen die Vorteile, wenn man in der Hostel-Branche tätig ist? Die Antwort ist einfach: Man lernt auf diese Weise Rucksackreisende aus aller Welt kennen. Und dann wird einem schnell klar, dass wir alle einfach nur Menschen sind. Wenn man in einem so internationalen Umfeld wie einem Hostel arbeitet, dann bestätigt sich jeden Tag aufs Neue, dass wir alle die gleichen Wünsche, Hoffnungen und Bedürfnisse haben.

Welcher Aspekt im Hostel-Geschäft stellt die größte Herausforderung dar? Dass die Hostels authentisch bleiben, eben landestypisch sind. So war unser Unternehmen immer konzipiert, und so soll es auch bleiben. Andere sind ja vielleicht eher profitorientiert, aber für mich ist es das Wichtigste, jedem einzelnen Reisenden, der bei mir über die Türschwelle tritt, zu vermitteln, dass ich stolz bin, Costa-Ricaner zu sein.

Unterkünfte, die dem Hostel-Netzwerk von Costa Rica angeschlossen sind: Hostel Pangea (S. 102), Hostel Toruma (S. 123), Arenal Backpackers Resort (S. 253), Monteverde Backpackers (S. 201) und Tamarindo Backpackers (S. 294).

gerade die beste Adresse in Costa Rica, nichtsdestotrotz gibt es eine Fülle an Vogelarten. Sehen lassen sich in der Regel Bischofs- und Palmentangare, Dohlengrackeln, Zuckervögel, Baukopfpitpits und mindestens 15 Kolibriarten. An endemischen Arten hat die Region beispielsweise den Feuerschnabelarassari zu bieten, dazu Kapuzenameisenwürger, Bairdtrogone, Herbstpfeifgänse, Krabbenreiher, Braune Pelikane, wunderschöne Fregattvögel, Brauntölpel, Drosseluferläufer, Grünreiher und Rotbrustfischer.

WANDERN

Hinter dem Parkeingang ist nach 30 Minuten die **Playa Espadilla Sur** mit der Rangerstation und dem Informationszentrum erreicht. Unterwegs lassen sich Vögel und Affen beobachten. Im Westen der Rangerstation führt ein Pfad durch den Wald zu einer Landenge, die die Playa Espadilla Sur von der Playa Manuel Antonio trennt. Dieser Isthmus heißt *tombolo* und entstand aus dem angehäuften Sedimentmaterial zwischen dem Festland und der Halbinsel, die früher einmal eine Insel war. Wer an der Playa Espadilla Sur entlangwandert, stößt auf ein kleines Mangrovengebiet. Die Landenge verbreitert sich dann zu einer felsigen, in der Mitte bewaldeten Halbinsel. Ein Pfad führt um die Halbinsel herum nach **Punta Catedral**: Hier bietet sich ein schöner Blick auf den Pazifik und verschiedene felsige Inselchen. Sie gehören zu einem Vogelschutzgebiet und sind Teil des Nationalparks. Brauntölpel und Pelikane nisten hier neben anderen Seevogelarten.

Der Weg um die Halbinsel führt zur **Playa Manuel Antonio,** die Alternative ist, die Halbinsel komplett auszulassen und über den Isthmus zum Strand zu marschieren. Am westlichen Ende des Strandes wird bei Ebbe ein Halbkreis aus Steinen freigelegt. Archäologen halten ihn für eine präkolumbische **Schildkrötenfalle.** (Schildkröten schwammen hier bei Flut herum, saßen aber bei einsetzender Ebbe innerhalb der Mauer in einer Falle fest.) Der weiße Sandstrand ist sehr schön und bei Schwimmern beliebt. Er ist geschützt und somit sicherer als die Strände von Espadilla.

Hinter der Playa Manuel Antonio gabelt sich der Pfad. Der untere Weg ist steil und in der Regenzeit glitschig und führt zur ruhigen Playa Puerto Escondido. Dieser Strand steht bei Flut komplett unter Wasser, also mit den Gezeiten aufpassen. Der obere Pfad führt

bergauf zu einem **Aussichtspunkt** mit Blick auf Puerto Escondido und Punta Serrucho. Die Parkwächter lassen jeweils nur 45 Wanderer auf diesem Weg laufen.

Die Wanderpfade sind alle gut ausgeschildert und werden viel begangen. Am Ende der Wege wird es meist ruhiger. Es ist nicht erlaubt, ohne vorherige Genehmigung der Parkverwaltung abseits der Wege auf eigenen Bahnen umherzustreifen.

Unterwegs sollte man ein Auge auf den Manzanillo-Baum *(Hippomane mancinella)* haben – seine Früchte sind giftig und sehen ein bisschen wie kleine Holzäpfel aus. Der Saft, der aus der Borke austritt, ist ebenfalls giftig und führt zu brennenden und juckenden Hautreizungen. Die Warnschilder neben einigen Exemplaren dieses Baumes am Parkeingang sind nicht zu übersehen.

An- & Weiterreise

Der Eingang zum Parque Nacional Manuel Antonio befindet sich im Dorf gleichen Namens: Manuel Antonio – weitere Informationen stehen auf S. 383.

VON QUEPOS NACH UVITA

Südlich von Quepos ist dann allmählich Schluss mit den ausgetretenen Gringopfaden an der Zentralen Pazifikküste, was aber niemanden abhalten sollte, sich weiter gen Süden zu den etwas abgelegeneren Orten aufzumachen. Der folgende Küstenabschnitt vermittelt sogar ein recht gutes Gefühl, wie Costa Rica vor zehn Jahren ausgesehen hat. Und Abenteuerlustige finden hier jede Menge einsame Strände und tolle Stellen zum Surfen. Dass in dieser Region auch die Palmölindustrie von Costa Rica zu Hause ist, zeigen die endlosen Plantagen, die sich über mehrere Dutzend Kilometer an der Costanera, der Küstenstraße, entlangziehen.

RAFIKI SAFARI LODGE

Die **Rafiki Safari Lodge** (☎ 2777 2250, 2777 5327; www. rafikisafari.com; EZ/DZ/Suite inkl. 3 Mahlzeiten 168/287/ 402 US$, Kind unter 5 J. kostenlos; P ⚡) befindet sich verborgen im Regenwald in traumhafter Lage am Río Savegre und ist eine geglückte Kombination aus einem komfortablen Hotel und dem Thrill einer Dschungelsafari – und zwar

ALSO, WAS IST JETZT MIT DER STRASSE?

Etwa 4 km südlich von Quepos ist die Costanera Sur plötzlich nicht länger befestigt: kein Asphalt mehr, nur gewalzte Piste. Die meisten Backpacker denken nie groß darüber nach, wundern sich höchstens, wenn sie nach Dominical kommen und feststellen, dass die Straße dort wieder befestigt ist. Neugierig geworden?

Der Grund dafür ist, dass dieser Straßenabschnitt der Kommunalregierung von Quepos untersteht. Das Wichtigste, was die hohen Herren wollen, ist, dass die Touristen ihre Zeit ausschließlich in Manuel Antonio verbringen und nicht womöglich auf die Idee kommen, weiter nach Süden zu fahren. Selbstverständlich scheren sich Backpacker wenig um ein paar Schlaglöcher, aber die meisten Ausflugsbusse gehen das Risiko nicht ein: Sie fahren wirklich nicht weiter. Na, wenn diese Art Feudalismus nicht effizient ist?

Die eigentlichen Verlierer bei diesem traurigen Spiel sind natürlich die Einheimischen; sie bitten die Regierung in regelmäßigen Abständen, doch endlich die Straße auszubauen, denn angeschlagene Felgen sind schwierig zurechtzuklopfen. Der gar nicht so üble Nebeneffekt ist allerdings, dass südlich von Quepos Schluss ist mit dem Bauboom am Meer.

mit einem Tick afrikanischem Flair. Die Eigentümer kommen nämlich aus Südafrika und haben neun Luxuszeltbauten auf Pfählen errichtet. Alle bieten ein Bad, heißes Wasser, eine Veranda und Strom. Sämtliche Wohneinheiten sind mit Fliegengittern versehen, sodass die Gäste den Regenwald sehen und hören können, ohne von irgendwelchen Insekten im Bett belästigt zu werden. Es gibt einen von einer Quelle gespeisten Pool mit Rutsche. Das Freizeitangebot ist groß: Zur Auswahl stehen Ausritte, Vogelbeobachtungstouren (über 350 Arten wurden gesichtet), Wanderungen und Raftingausflüge. Und natürlich sind die beiden Südafrikaner die wahren Meister des *braai* (Grillen). Damit ist auch klar, dass in dem Restaurant im Rancho-Stil gutes Essen auf den Tisch kommt.

Die Zufahrt zur Lodge liegt rund 15 km südlich von Quepos in der Ortschaft Savegre. Von hier führt parallel zum Río Savegre eine Staubstraße für Geländewagen 7 km landeinwärts; es geht an den Orten Silencio und Santo Domingo vorbei zur Lodge. Wer kein eigenes Auto zur Verfügung hat, geht ins Büro der Lodge an der Straße Quepos nach Manuel Antonio (s. Karte S. 378): Von dort aus wird der Transport organisiert.

MATAPALO

Das Geheimnis, das Matapolo zu den Besten, aber trotzdem am wenigsten bekannten Surferzielen an der gesamten Zentralen Pazifikküste zählt, ist seit geraumer Zeit gelüftet. Und es stimmt. Es gibt zwei tolle Breaks an den beiden Flussmündungen, einen Schwung recht erschwinglicher Quartiere und einige

Wellen, die es wahrlich in sich haben. Warum Matapalo nicht zu einem Senkrechtstarter geworden ist, ist und bleibt somit ein Rätsel.

Natürlich darf nicht unerwähnt bleiben, dass Matapolo nichts für unerfahrene Surfer ist – dem Strand eilt der Ruf voraus, eine der gefährlichsten Ripptiden von ganz Costa Rica zu haben (weitere Informationen zum Thema Ripptiden, s. Kasten S. 299).

Ein kurzes Stück südlich von Matapalo locken die **Terciopelo-Wasserfälle**; sie sind für ihre Naturschwimmbecken berühmt. Die Wasserfälle liegen ein paar Kilometer südlich des Río Hatillo Viejo. Am besten erkundigt man sich, wo genau der Weg anfängt, denn er ist ein bisschen schwer zu finden.

Das erste Hotel, das nach dem Abbiegen von der Costanera ins Blickfeld rückt, ist das **El Coquito del Pacífico** (☎ 2787 5028, 8384 7220; www.elcoquito.com; EZ/DZ/3BZ/4BZ 70/80/90/100 US$; P ⊠ ⓦ). Es besteht aus einem Schwung kleinerer Bungalows mit strahlend weiß getünchten Wänden und rustikalen Möbeln. Die gesamte Anlage liegt in einem schönen Landschaftsgarten mit schattigen, von Mandel- und Mangobäumen bestandenen Gärten, die sich um eine Open-air-Bar und ein Restaurant gruppieren, in dem traditionelle deutsche Spezialitäten auf den Tisch kommen.

Ein Stück die Straße am Strand hinunter kommt das **Dos Palmas B&B** (☎ 2787 5037; DZ 60 US$; Zusatzbett 5 US$; P) in Sicht: ein winziger, leuchtend gelber Gasthof mit sagenhaftem Blick auf die tosende Brandung. Er gehört einem Ehepaar aus Kanada. Da es hier nur zwei Zimmer gibt, fühlt man sich vom ersten Augenblick an herzlich willkommen. Die Wirtsleute sind

ZENTRALE PAZIFIKKÜSTE

zudem eine hervorragende Informationsquelle und helfen gern bei der Planung des nächsten Zwischenstopps an der Küste. Das **Jungle House** (☎ 2787 5005, 2777 2748; www.junglehouse.com; DZ ab 65 US$; P 🅧) gehört einem Amerikaner, der für ein Höchstmaß an Entspannung bürgt. Die fünf Zimmer mit viel Holz weisen jede Menge rustikalen Schnickschnack auf. Wer mit seiner besseren Hälfte unterwegs ist, nimmt die Bambushütte „Flitterwochen" hinter dem Haus, eine große, offene Wohneinheit mit sagenhaftem Blick auf die Hügel in der Ferne. Charlie, der nette Besitzer, macht aktiv bei einer Initiative in Sachen Erziehung und Müllbeseitigung am Strand mit.

Die teuerste Bleibe am Strand ist das **Dreamy Contentment** (☎ 2787 5223; www.dreamycontentment.com; Bungalow/Haus 125/200 US$; P 🅧), eine tolle Anlage im spanischen Kolonialstil mit beeindruckenden Schnitzarbeiten und hoch aufragenden Bäumen. Die Bungalows sind mit einer funktionalen Küchenzeile ausgestattet, aber die eigentliche Attraktion ist zweifellos das Haupthaus – mit einer Traumküche, einer Veranda am Strand sowie einem königlichen Bad mit Wanne.

Wer nun hungrig ist, geht ins **Tico Gringo** (☎ 2787 5023; Gerichte 3–10 US$), das einem Amerikaner und seiner costa-ricanischen Frau gehört. Beide leben schon seit Jahrzehnten in Matapalo. Meeresfrüchte, Burger und Chicken Wings zählen zu den Standardgerichten. Der Clou ist aber die Ausstellung mit Schwarz-Weiß-Fotos aus Costa Rica.

Busse, die auf der Strecke Quepos–Dominical verkehren, lassen die Fahrgäste an der Abzweigung zum Dorf aussteigen; von hier sind es noch ein paar Kilometer bis zum Strand.

HACIENDA BARÚ REFUGIO NACIONAL DE VIDA SILVESTRE

Das **Schutzgebiet** (☎ 2787 0003; www.haciendabaru.com; Eintritt 6 US$, jeder weitere Tag 2 US$) liegt 3 km nordöstlich von Dominical an der Straße nach Quepos und hat eine wichtige ökologische Funktion in einem biologischen Korridor, dem sogenannten „Tapirpfad". Hier treffen mehrere Ökosysteme aufeinander.

Das Reservat besteht aus über 330 ha Land in Privat- und Staatsbesitz, in dem seit 1976 die Jagd verboten ist. Der Wald gehört zur Hacienda. Der Lebensraum der Tiere setzt sich aus ursprünglichen Stränden, Flussufern, Mangroven, Feuchtgebieten, selektiv abgeholztem Wald, Sekundärwald, Primärwald,

Baumschonungen und Weideland zusammen. Die unterschiedlichen Lebensräume sowie deren der exponierte Lage am biologischen Korridor sind der Grund für die enorme Artenvielfalt des Refugios. Hier wurden insgesamt 351 Vogelarten, 69 verschiedene Säugetiere, 94 Reptilien- und Amphibienarten, unter den zahllosen Insekten 87 Schmetterlingsarten und 158 Baumarten gezählt, einige der Baumriesen hatten einen Umfang von über 8,5 m. Das Reservat finanziert sich ausschließlich durch den Ökotourismus. Die Besucher können sich hier also sicher sein, dass ihr Geld der Rettung des tropischen Regenwalds zugutekommt.

Die Anzahl an geführten Touren (20 bis 60 US$) ist beeindruckend. Besucher können sich den Baumkronen des Regenwalds auf dreierlei Weisen nähern – über eine Plattform in 36 m Höhe über dem Waldboden, durch das Klettern auf Bäumen und mit der Schwebebahn „Flug des Tukan". Neben den Baumkronentouren bietet Hacienda Barú auch Exkursionen zum Vogelbeobachten, Wanderungen sowie zwei Exkursionen mit Zeltübernachtung im Regenwald bzw. am Strand an. Die Naturführer kommen aus der Umgebung und haben ihr ganzes Leben in Nähe des Regenwalds verbracht.

Wer das Naturreservat und seine Einrichtungen lieber auf eigene Faust erkunden will, findet 7 km gut markierte, gepflegte Wanderwege vor, einen Turm zum Vogelbeobachten, 3 km ursprünglichen Strand, einen Orchideen- und einen Schmetterlingsgarten.

Die **Hacienda Barú Lodge** (DZ 60 US$, weitere Pers. 10 US$, Kinder unter 10 Jahren frei) besteht aus sechs sauberen Cabinas mit zwei Schlafzimmern, die 350 m vom Strand entfernt stehen. Im Restaurant (Mahlzeiten 6–10 US$) kommen leckere Gerichte aus Costa Rica auf den Tisch. Die Busse der Linie Quepos–Dominical–San Isidro halten am Eingang der Hacienda. Der Bus San Isidro–Dominical–Uvita hält an der Brücke über den Río Barú an, 2 km vom Büro der Hacienda entfernt. Ein Taxi von Dominical kostet rund 5 US$.

Wer mit dem Auto unterwegs ist, sollte an der Tankstelle El Ceibo, 50 m nördlich von der Hacienda Barú Lodge, tanken – sie ist so ziemlich die einzige weit und breit. Neben Benzin werden hier Lebensmittel, Angelzeug, Gezeitentabellen und anderer nützlicher Krimskrams verkauft, außerdem sind die Toiletten sauber.

ZENTRALE PAZIFIKKÜSTE

KAMPF DEN BLUTSAUGERN

Ob nun Mücken, Bremsen oder Moskitos, es ist ziemlich egal, wie man die kleinen Biester nennt. Aber keiner wird bestreiten, dass diese Plagegeister zu den ärgerlichsten Aspekten einer Reise in die Tropen gehören. Die Wissenschaft hat in Sachen Mückenschutz auch nur wenig Profundes für die Praxis zu bieten, daher nun einige Strategien, wie man den Blutsaugern erfolgreich den Kampf ansagen kann:

- Socken, lange Hose und ein Oberteil mit langen Ärmeln anziehen, und zwar vor allem in der Abenddämmerung, wenn die Moskitos auf Nahrungssuche sind.

- Jede Menge Knoblauch essen – was sich allerdings nicht empfiehlt, wenn man mit seiner besseren Hälfte unterwegs ist.

- Das Zimmer mit Moskitospiralen ausräuchern; sie sind in Costa Rica überall erhältlich.

- In ein gutes Moskitonetz investieren, das möglichst auch noch chemisch behandelt ist.

- Nie den Effekt unterschätzen, den es hat, wenn man sich mit Unmengen DEET einsprüht.

DOMINICAL

Wegen seiner Monsterwellen, der entspannten Atmosphäre und seinem Ruf als Drogen-Eldorado ist Dominical genau der Ort, wo Backpacker viel länger bleiben, als sie eigentlich vorhatten, solange nur die Wellen hoch sind und der Joint qualmt.

Obwohl Dominical ganz eindeutig in der Hand von Gringos ist, halten die Einheimischen, aber auch beunruhigte Anwohner und Neuzuwanderer, die Bautätigkeit in Grenzen: Sie alle, die schon ihr Häuschen im Grünen haben, sind wild entschlossen, Dominical nicht zum nächsten Jacó werden zu lassen. Aus diesem Grund ist die Stadt nun eine der gemütlichsten Ortschaften am Pazifik, und zwar für Surfer, Backpacker und Faulenzer gleichermaßen.

Dominical ruft das legendäre „alte Costa Rica" in Erinnerung – eine Zeit, als Kohorten von Touristen aus der ganzen Welt noch auf der Ökotourismuswelle mitschwimmen wollten. Jedenfalls tut man in Dominical gut daran, einfach einen Gang langsamer zu schalten, die Dinge so zu nehmen, wie sie eben kommen – und zu versuchen, irgendwie den schwierigen Balanceakt hinzukriegen zwischen Austoben auf der Welle und sich mit Haschisch zuzukiffen.

Orientierung & Praktische Informationen

Weil sich der Zugang zum Strand schwierig gestaltet, ist Dominical das Schicksal anderer Orte an der zentralen Pazifikküste erspart geblieben. Die Bautätigkeit hält sich in Grenzen, die paar Straßen in der Umgebung des Dorfes sind noch nicht befestigt und voller Schlaglöcher, und ein Großteil des Strandes wird noch von Wäldern und nicht von Fast-Food-Buden gesäumt.

Die Costanera, die wichtigste Verkehrsader, führt an Dominical vorbei; die Zufahrt zum Dorf befindet sich unmittelbar hinter der Brücke über den Río Barú. Durch das Dorf zieht sich eine Hauptstraße, an der sich viele der erwähnten Dienstleistungsunternehmen etabliert haben, eine weitere Straße verläuft parallel am Strand.

Eine Bank ist nicht vorhanden, aber im San Clemente Bar & Grill werden US-Dollar und Reiseschecks gewechselt. Im Obergeschoss befindet sich ein Postschalter.

Dominical Internet (Std. 2 US$; ☽ Mo–Sa 9.30–19 Uhr) Hier über die San Clemente Bar & Grill kann man seine E-Mails checken.

Polizei (☎ 2787 0011)

Gefahren & Ärgernisse

Wellen, Strömungen und Ripptiden sind in Dominical sehr stark; es sind hier schon viele ertrunken. (Deshalb gilt hier grundsätzlich: Nicht rauchen und zugedröhnt schwimmen gehen!) Darüber sollte man folgende Sicherheitsmaßnahmen beachten: Auf die roten Fahnen (Ripptiden) achten, die Anweisungen auf den Schildern befolgen und nur an Stränden mit anwesenden Rettungsschwimmern baden.

Da Dominical jede Menge Jungvolk anlockt, das es so richtig krachen lassen will, besteht ein massives Drogenproblem; in einigen der Bars kann es nachts recht ruppig zugehen. Ein bisschen Kiffen hat noch keinem geschadet, leider sind hier aber auch erheblich härtere Drogen in Umlauf.

Sehenswertes

Ein Stück nördlich der Abzweigung nach Dominical kommt die Kreuzung, an der es nach San Isidro geht – wer links abbiegt und rund 10 km Richtung San Isidro fährt, sieht eine Einfahrt, die zum **Centro Turístico Cataratas Nauyaca** (☎ 2787 0198, 2771 3187; www.ecotourism.co.cr/nauyacawaterfalls/index.html) führt. Das Centro Turístico gehört einer einheimischen Familie, auf dem Gelände liegen einige sagenhafte Wasserfälle, die in einem Schutzgebiet mit Primär- und Sekundärwald in die Tiefe stürzen.

Mit dem Auto lässt sich das Centro Turístico nicht erreichen, aber es besteht die Möglichkeit, sich ein Pferd zu leihen und mit einem Führer zu den beiden Wasserfällen zu reiten, die sich in ein tiefes Naturschwimmbecken ergießen. Wer frühzeitig bucht, kann an einer Tour teilnehmen, die den Ausritt, ein Bad und ein deftiges Essen mit der einheimischen Familie einschließt. Die Ausflüge starten um 8 Uhr, dauern 6–7 Stunden und kosten 40 US$ pro Person. Ein Campingplatz mit Umkleiden und Toiletten ist vorhanden. Veranstalter in Dominical organisieren ebenfalls Touren zu den Wasserfällen.

Einen weiteren Umweg lohnt der **Parque Reptilandia** (☎ 2787 8007; www.crreptiles.com; Eintritt Erw./Kind 10/1 US$; ☺ 9–16.30 Uhr). Er befindet sich ebenfalls 10 km außerhalb von Dominical in der Ortschaft Platanillo. Wer mit Kindern reist, die ein Faible für schaurig-schöne Reptilien haben und gar nicht genug von diesen prähistorischen Kreaturen bekommen können (oder wer selbst ein Fan von diesen Ungetümen ist), sollte sich die Gelegenheit nicht entgehen lassen, den berühmtesten Reptilien Costa Ricas direkt ins die Augen zu blicken. Hier sind alle möglichen Kriechtiere zu Hause – von Alligatoren und Krokodilen bis hin zu Schildkröten und Pfeilgiftfröschen. Eine besondere Attraktion ist die Abteilung mit den Schlangen; darunter so berüchtigten Kreaturen wie die tödliche Fer-de-lance (Terciopelo-Lanzenotter), ihr französischer Name bedeutet „Speerspitze". Besonders spannend ist die Fütterung am Freitag.

Aktivitäten

Dominical verdankt seinen Ruf der traumhaften Lage an der Landspitze und den Wellenbrechern am Strand, die Surfer aus aller Welt anlocken. Die Bedingungen sind unterschiedlich, im Allgemeinen macht es sich aber bezahlt, einige Erfahrung auf dem Brett mitzubringen. Wer nicht wirklich sicher ist, kann ziemlich schnell in Bredouille kommen. So viel dazu. Alle, die nun wankelmütig sind, sollten lieber zum nahe gelegenen und etwas zahmeren Strand Domincalito fahren.

Eine Möglichkeit, ein bisschen mehr Erfahrungen zu sammeln, bietet das von Lonely-Planet-Lesern empfohlene **Green Iguana Surf Camp** (☎ 8815 3733; www.greeniguanasurfcamp.com). Es befindet sich in einer Seitenstraße, die zum Strand hinunterführt, und wird von zwei erfahrenen Surfern geleitet: Jason und Karla Butler. Angeboten werden diverse Surfstunden und Touren, aber auch sieben- bis zehntägige Surfcamps.

Dominical hat sich mittlerweile zum Standquartier für Tagesausflüge zum Parque Nacional Corcovado (S. 460) und zum Parque Nacional Marino Ballena entwickelt. Nähere Informationen erteilt **Southern Expeditions** (☎ 2787 0100; www.dominical.biz/expeditions) am Ortseingang. Das Personal organisiert auch Ausflüge zum Guaymí-Indianerreservat in der Nähe von Boruca; die Touren werden je nach Interesse individuell zusammengestellt.

Kurse

Adventure Spanish School (☎ 2787 0023; www.adventurespanishschool.com) bietet einwöchige Spanischkurse ab 315 US$ (ohne Aufenthalt bei einer Gastfamilie) an. Auch Privatstunden sind

---

DSCHUNGELKINO

Jeden Freitagabend lädt der Amerikaner Tobi in der nahe gelegenen Stadt Escaleras Einheimische und Auswärtige ein, sich mit ihm seine Lieblingsfilme anzuschauen. Das **Cinema Escaleras** liegt ganz oben auf einem Berg mit tollem Panoramablick über die Küste und den Dschungel. Die Technik ist vom Feinsten, sogar eine Surround-Soundanlage ist vorhanden! Tobi liebt seine Filme wirklich: Sie flimmern jeden Freitag um 18 Uhr über die Leinwand; die Gäste geben lediglich eine kleine Spende für die Projektionslampen. Und so kommt man zum Kino: An der ersten Zufahrt nach Escaleras geht es ein paar hundert Meter bergauf. Dort nach einem weißen Haus auf der linken Seite Ausschau halten.

möglich. Wer einen längeren Kurs bucht, bekommt eine Ermäßigung.

Schlafen

Dominical bietet die meisten Budgetunterkünfte in dieser Gegend; eine Handvoll Mittel- und Spitzenklassehotels liegen am Ortsrand. Im Folgenden sind die Tarife für die Hochsaison angegeben; in der Nebensaison zahlt man rund 30–40 % weniger.

Weitere Quartiere finden sich im Bergdorf Escaleras (S. 393).

IM ORT

Antorchas Camping (☎ 2787 0307; Stellplatz pro Pers. 5 US$, Zi. ab 10 US$; P) Der Campingplatz liegt nur ein paar Meter vom Strand entfernt und gilt als Nummer eins in Sachen Sicherheit. Seine Wertsachen sollte man dennoch unbedingt in die dafür vorgesehenen Schränke wegsperren. Die Einrichtung ist einfach (nur kalte Duschen), dafür aber eine Gemeinschaftsküche. Heiklere Zeitgenossen legen ein paar Dollar drauf und übernachten in den spartanischen Schlafsälen.

Cabinas San Celemete (☎ 2787 0158; Bett 10–30 US$; P) Backpacker fühlen sich zu diesem Klassiker in Dominical hingezogen, schließlich bieten sich hier gleich mehrere verschiedene Übernachtungsmöglichkeiten. Zu den Highlights gehören sicher die Privathäuser am Strand, die nur ein paar Schritte von der Brandung entfernt liegen. Wer nicht so viel zahlen will, kann entweder eine Holzhütte oder ein Bett in einem der einfachen Mehrbettzimmer neben dem Dominical Backpackers Hostel mieten.

Tortilla Flats (☎ 2787 0033; EZ/DZ 20/30 US$, mit Klimaanlage 30/40 US$; P) Eine weitere Alternative stellt dieses Budgethotel dar: Es bietet an die 20 Zimmer unterschiedlicher Größe, die jedoch alle heiße Duschen und Patios und Terrassen mit einer Hängematte haben – für den Preis echt super! Im Restaurant geht's nachts manchmal recht laut zu, dafür bekommt man morgens eines der besten Frühstücke des ganzen Dorfes.

Hotel Domilocos (☎ 2787 0244; EZ/DZ 30/50 US$; P) Der letzte Neuzugang in der Hotelszene von Dominical ist das Domilocos unter italienischer Leitung. Die Zimmer sind bei den bescheidenen Preisen erstaunlich gut. Die orthopädischen Matratzen sind solide und bequem, es kommt heißes, dampfendes Wasser aus der Leitung, und die Klimaanlage

lässt vergessen, dass man sich in den Tropen aufhält. Und wem das alles für einen angenehmen Aufenthalt noch nicht ausreicht, bekommt auch noch ein Tauchbecken, ein europäisch angehauchtes Restaurant und eine lässige Cocktail-Bar dazu.

Hotel DiuWak (☎ 2787 0087; www.diuwak.com; Zi. 85–110 US$, Suite 135–175 US$; P) Der ganz ansehnliche Resort-Komplex ist die nobelste Übernachtungsalternative im Ort. Der Luxus hält sich bewusst im Rahmen und ufert nicht aus. Hier kann man herrlich einen Tag lang entspannen und einfach nur faulenzen, zum Beispiel an dem von Palmen gesäumten Pool, der wiederum von einem künstlichen Wasserfall gespeist wird. In der Anlage gibt es so angenehme Einrichtungen wie diverse Bars, Restaurants, ein Fitnesscenter und ein Kurbad oder Spa. Es lohnt sich, nach der Größe des Zimmers zu fragen, denn manche fallen so groß aus, dass locker auch ein paar Freunde vorübergehend unterkommen.

RUND UM DOMINICAL

Albergue Alma de Hatillo B&B (☎ 8850 9034; www.cabinasalma.com; Zi. 60 US$; P) Das B&B zählt zu den beliebtesten an der ganzen Pazifikküste. Das Schmuckstück wird von Sabina geleitet, einer netten Polin mit Fans auf der ganzen Welt. Wer auf der Suche nach einem ruhigen Standquartier ist, um von dort aus Dominica und seine Umgebung zu erkunden, findet hier blitzblanke Cabinas, die zwischen mehreren Hektar Land mit Obstbäumen verstreut liegen. Die Gäste schwärmen von den Bioprodukten, die im Restaurant von Sabina auf den Tisch kommen, aber auch von den Yogastunden in ihrem von Zen inspirierten Freiluft-Studio. Das Alma de Hatillo befindet sich 6 km nördlich der Stadt, und wirbt damit, dass *alma* auf Spanisch „Seele" bedeutet..

Hotel y Restaurante Roca Verde (☎ 2787 0036; www.rocaverde.net; Zi. 85 US$; P) Das schicke, stilvolle Hotel mit Blick auf den Strand gehört einem Amerikaner und liegt rund 1 km südlich der Stadt. Harthölzer, Mosaikfliesen, fröhliche Wandmalereien und Steinintarsien tragen zum schmucken Ambiente bei. Die zwölf herrlich komfortablen Zimmer stehen unter dem Motto Tropen und bieten sich zum Entspannen an. Doch die eigentliche Attraktion sind die noblen Gemeinschaftsbereiche mit einer Open-air-Bar und einem Landschaftspool. An bestimmten Abenden verwandelt sich das Hotel in ein Theater: Dann

ES MUSS AM GELD LIEGEN

Auch wenn man in Costa Rica für wenig Geld manchmal noch eine sättigende Mahlzeit bekommt, lässt es sich nicht leugnen, dass die Preise ständig steigen. Wer das nicht so recht glauben will, kann sich ja in der Zentralbank von Costa Rica erkundigen.

Ab 2010 kommen in Costa Rica Geldscheine von hohem Wert auf den Markt: im Wert von 20 000 und 50 000 Colones. Da momentan 70 % des Bargelds in Form von 10 000-Colones-Scheinen in Umlauf ist, hofft die Zentralbank, dass die hohen Scheine eine ausgewogenere Verteilung des Geldes mit sich bringen.

Und wenn jemand schon neue Scheine herausgibt, warum sollte er dann nicht auch noch für ein bisschen Abwechslung sorgen? Von 2010 an sind die Banknoten unterschiedlich groß, es bestehen sogar Überlegungen, von Baumwollfaser auf Plastik umzustellen. Schließlich gibt es nichts Schlimmeres, als nach einem tollen Surf-Abenteuer seinen Geldbeutel – samt Inhalt – erst einmal trocknen lassen zu müssen.

Bei Drucklegung dieses Reiseführers war in Costa Rica gerade ein landesweiter Wettbewerb zur Gestaltung der Vorderseite des neuen Geldscheins in Gang. Wie der Schatzmeister der Zentralbank verlauten ließ, soll das Kunstwerk den „natürlichen Reichtum" Costa Ricas versinnbildlichen. 100 Costa-Rica-Colónes entsprechen übrigens gut 10 Cent.

treten hiesige Theatertruppen und Tänzer in der Lobby auf.

Essen & Ausgehen

Soda Nanyoa (Gerichte 2–5 US$) Das billigste Esslokal der Stadt ist immer brechend voll mit hungrigen Surfern, die sich für wenig Geld mit leckereren einheimischen Gerichten satt essen. Schließlich kriegt man beim Surfen ziemlichen Appetit, und das ist ja auch gut so, denn der *gallo pinto* (schwarze Bohnen mit Reis) ist eine echte Kalorienbombe.

Thrusters Bar (Cabinas Thrusters) Das hiesige Partyvolk trifft sich auf ein Bier und fährt um die Billardtische mit dem Skateboard. Nebenan befindet sich eine kleine Sushi-Bar, die man unbedingt kennenlernen sollte, denn der rohe Fisch und das frisch gezapfte Bier sind eine wirklich tolle Kombination.

San Clemente Bar & Grill (Gerichte 3–8 US$) Die klassische Kneipe in Dominical mit kaputten Surfbrettern an der Wand bietet ein gigantisches Frühstück und Tex-Mex-Gerichte. Somit ist klar, dass die Kneipe vor allem bei Backpackern aus aller Welt beliebt ist.

Maracutú (Gerichte 5–10 US$) Die „Strandbar mit Weltmusik und italienischer Küche", wie sich das Lokal selbst so schön bezeichnet, bringt einige ausgewählte kulinarische Köstlichkeiten auf den Tisch. Leckere vegetarische und vegane Gerichte runden das Angebot ab. Jede Woche steht eine andere Musikrichtung im Mittelpunkt, oft treten Musiker auf.

Restaurant Wachaca (Gerichte 6–12 US$) In dem von Limonese inspirierten Lokal kommt man sich wie in der Karibik vor. Es gilt als das beste Restaurant von Dominical und serviert innovative Küche. Der Schwerpunkt liegt dabei auf fangfrischem Fisch und tropischen Früchten. Die Speisen werden in einem offenen Patio unter einem riesigen alten Ceiba-Baum serviert.

An- & Weiterreise

BUS
Busse nehmen die Fahrgäste an der Hauptstraße in Dominical mit und lassen sie dort auch aussteigen.
Palmar 2,50 US$, 2½ Std., 4.30 & 12.30 Uhr.
Quepos 3 US$, 3 Std., 7. 30, 8, 10.30, 13.45, 16 & 17 Uhr.
Uvita 1 US$, 1 Std., 4.30, 10.30, 12 & 18.15 Uhr.

TAXI
Ein Taxi nach Uvita kostet rund 15 US$, eine Fahrt nach San Isidro 25 US$, nach Quepos sind 55 US$ zu berappen. In den Autos haben bis zu fünf Personen Platz. Die Taxis stehen in der Hauptstraße von Dominical.

ESCALERAS

Escaleras bezeichnet ein paar Häuser und Hotels an einer steilen, schmalen Staubstraße, die von der Costanera abgeht. Der Ort ist für seine tollen Ausblicke auf die Küste und die tosende Brandung berühmt. Wer Escaleras einen Besuch abstatten möchte, braucht allerdings einen Wagen mit Vierradantrieb, denn die Straße ist für ihren schlechten Zustand berühmt-berüchtigt. Es erübrigt sich also eigentlich zu erwähnen, dass die Einhei-

ZENTRALE PAZIFIKKÜSTE

mischen keine Witze machten, als sie den Ort *escaleras* (Treppenhaus) nannten. Von den malerischen Ausblicken einmal abgesehen, wagen sich eigentlich nur diejenigen auf diese Straße, die in den Bergen entspannen möchten. Und natürlich alle, die das Dschungelkino (s. Kasten S. 391) besuchen wollen.

Die erste Zufahrt nach Escaleras befindet sich 4 km südlich von der Abzweigung San Isidro vor Dominical, die zweite 4,5 km hinter der Ersten. Beide liegen auf der linken Straßenseite und sind schlecht ausgeschildert.

Eines der ersten Quartiere, an denen man auf der Hauptstraße vorbeikommt, ist die **Bellavista Lodge & Ranch** (☎ 3888 0155; www.bellavistalodge.com; Zi./Hütte 55/75 US$; **P**), eine abgelegene Farm. Sie gehört Woody Dyer, der schon seit ewigen Zeiten hier lebt. Die Lodge selbst ist ein renovierter Bauernhof mit umlaufendem Balkon, der einen tollen Blick aufs Meer bietet. Die Zimmer mit viel poliertem Holz haben ein eigenes Bad und Solarenergie beheizte Duschen. Auf dem Grundstück befindet sich außerdem eine einstöckige Cabaña mit voll ausgestatteter Küche und Wohnzimmer: Sie bietet so viel Platz, dass hier sechs Personen bequem wohnen können. Das Frühstück oder wahlweise ein Snack am Abend mit Bier und Pommes ist im Preis inbegriffen, aber es gibt auch leckere hausgemachte Mahlzeiten (und Pasteten!). Wer kein geländegängiges Fahrzeug hat, kann sich gegen eine kleine Gebühr von Woody in Dominical abholen lassen.

Etwa 1 km weiter die Straße nach Escaleras hinauf präsentiert sich die **Villa Escaleras** (☎ 8823 0509; www.villa-escaleras.com; Villa für 4/6/8 Pers. 240/280/320 US$; **P** 🐕 🛏) als geräumiges Haus mit vier Schlafzimmern und hohen Decken, gefliesten Böden, Möbeln im Kolonialstil und einem fürstlichen Pool. Außerdem kommt zweimal wöchentlich ein Zimmermädchen. Der umlaufende Balkon gewährt einen tollen Panoramablick. Eine runde Sache also. Wer hier länger logieren möchte, sollte nach ermäßigten Tarifen fragen, die ab einem Aufenthalt von einer Woche oder einem Monat gelten.

An einer weiteren Zufahrtstraße (1,2 km südlich der ersten Zufahrt) liegt das **Pacific Edge** (☎ 2531 8000; www.pacificedge.com; Hütte/Bungalow 50/75 US$; **P** 🖥 🛏). Die Eigentümer, ein anglo-amerikanisches Paar, freuen sich immer, den Gästen ihr Stück vom Paradies zu zeigen. Die vier Hütten stehen oben auf einem schmalen Bergkamm rund 200 m über dem Meeresspiegel. In den größeren familienfreundlichen

Bungalows mit voll eingerichteter Küche kommen locker sechs Personen unter. Und wer keine Lust hat, den Kochlöffel zu schwingen, geht eben ins Restaurant, das sich auf dem Gelände befindet und sich auf internationale Küche spezialisiert hat.

Nach Escaleras kommt man am besten mit dem eigenen Wagen. Die oben angeführten Quartiere organisieren nach Vereinbarung aber alle einen Abholservice. Wer nur wegen des Dschungelkinos im Cinema Escaleras kommt, muss für ein Taxi von Dominical rund 10 US$ hinblättern.

UVITA

Uvita ist der südlichste Ort an der Zentralen Pazifikküste und die letzte größere Ansiedlung, bevor es zur abgelegenen Halbinsel Osa geht. Das kleine Nest 17 km südlich von Dominical besteht aus kaum mehr als ein paar zusammengewürfelten Farmen, Häusern und Sodas; sie vermitteln aber einen ganz guten Eindruck, wie Küstenorte in Costa Rica vor dem Touristenboom einmal ausgesehen haben. Uvita ist ein möglicher Standort für den Besuch des Parque Nacional Marino Ballena: Der unberührte Meerespark ist für seine vielen Buckelwale und für die verlassenen, urtümlichen Strände berühmt.

Leider ist dieser Geheimtipp in Sachen Brunca-Küste schon längst keiner mehr, und seit vor kurzem die Costanera Sur befestigt wurde, haben sich statt Seelöwen und See-Elefanten zunehmend Baulöwen und Spekulanten eingestellt. Die Immobilienbüros schießen im ganzen Ort nur so aus dem Boden, und es gibt das Gerücht, dass eine Stadt im Stil von Dominical, Quepos und Jacó entstehen soll. Bis jetzt geht das alles gemächlich vonstatten – ein hoffnungsvolles Zeichen, dass der Charme von Uvita doch noch ein paar Jahre in diesem Stil erhalten bleibt.

Orientierung & Praktische Informationen

Das Gebiet an der Hauptschnellstraße wird im Allgemeinen als Uvita bezeichnet, während der Strand und die Umgebung Playa Uvita bzw. Playa Bahía Uvita (am Südende des Strandes) heißen.

Der Strandbereich lässt sich über zwei parallele Staubstraßen erreichen, die rund 500 m voneinander entfernt verlaufen. Die erste Zufahrt befindet sich gleich südlich der Brücke über den Río Uvita, der zweite Zugang liegt im Ortszentrum. Bei Ebbe besteht die Möglichkeit, zur Punta Uvita zu spazieren, man sollte sich jedoch vorher bei den Einheimischen über die Gezeiten erkundigen, denn bei Flut ist der Rückweg abgeschnitten.

Sehenswertes & Aktivitäten

Uvita eignet sich ideal als Standort, um den Parque Nacional Marina Ballena (S. 396) zu erkunden. Es gibt dort einige wirklich spektakuläre Strände, die nicht annähernd so viele Touristen anlocken, wie es diese tolle Kulisse eigentlich verdient hätte. Aber in diesem Fall ist das vielleicht ja gar nicht so schlecht, denn so hat man hier jede Menge Platz, um sich auszustrecken und Sonne zu tanken, ohne Angst haben zu müssen, dass einem der Liegestuhl geklaut wird.

Surfer fahren meistens durch, sie zieht es zu extremeren Zielen weiter im Süden. Doch auch hier gibt es gelegentlich ganz ordentliche Wellen an der **Playa Hermosa** im Norden sowie an der **Playa Colonia** im Süden. Wer gerade von Dominical kommt oder vorhat, nach Pavones (S. 478) weiterzufahren, ist aber oft ein bisschen enttäuscht über die unspektakulären Surfbedingungen.

Der **Jardín de Mariposas** (Eintritt 4 US$; ☺ 8 bis 16 Uhr) an der Playa Uvita (der Beschilderung folgen) ist eine Einrichtung, in der Einheimische Schmetterlinge züchten, und zwar für den Export für Sammler und zu pädagogischen Zwecken. Jedenfalls bietet sich hier eine gute Gelegenheit, sich Arten wie den Morpho einmal aus nächster Nähe anzusehen. Es empfiehlt sich, gleich morgens in aller Frühe zu kommen, dann sind die Schmetterlinge am aktivsten. Im Eintrittspreis ist eine Führung inbegriffen.

Ein paar Kilometer vor Uvita ist links eine Abzweigung in eine Staubstraße ausgeschildert (nur mit Vierradantrieb befahrbar), die 3,5 km auf einen Berg hinauf zur **Reserva Biológica Oro Verde** (☎ 2743 8072, 8843 8833) führt. Man sollte unterwegs ab und zu einen Blick über die Schulter werfen: Die Sicht vom Restaurant „grünes Gold" auf den Parque Nacional Marino Ballena ist spektakulär!) Das private Schutzgebiet liegt auf dem Farmgelände der Familie Duarte, die schon seit über 30 Jahren in dieser Gegend lebt. Zwei Drittel des 150 ha großen Areals bestehen aus Regenwald. Es werden geführte Wanderungen, Ausritte und Spaziergänge mit Vogelbeobachtung (5 und 14 Uhr) angeboten.

Gegenüber von der Abzweigung nach Oro Verde liegt das **La Merced National Wildlife Refuge**, ein 506 ha großer Wildpark (eine ehemalige Viehfarm) mit Primär- und Sekundärwald sowie Mangroven, die den Río Morete säumen. Man kann hier an einer geführten Naturwanderung teilnehmen, Ausritte zur Punta Uvita unternehmen oder einfach nur spazieren gehen und anschauen, was man sehen möchte. Wem es hier so gut gefällt, dass er länger bleiben will, kann in La Merced, einer **Farm** (Zi. pro Pers. inkl. 3 Mahlzeiten 60 US$) aus den 1940er-Jahren, übernachten: Die Farm bietet Platz für bis zu zehn Personen in Doppelzimmern in unterschiedlicher Größe.

Schlafen & Essen

Der Hauptzugang nach Uvita führt östlich der Schnellstraße landeinwärts. Dort befinden sich die unten aufgeführten Quartiere. Weitere Unterkünfte werden auf S. 397 vorgestellt.

Tucan Hotel & Hostel (☎ 2743 8140; www.tucanhotel. com; Zelt 5 US$, Hängematte 6 US$, B 10 US$, Baumhaus 12 US$, DZ 25–30 US$; Ⓟ ⊠ 🖳) Rund 100 m landeinwärts liegt an der Hauptschnellstraße das beliebteste Hostel von Uvita – und das aus gutem Grund. Das Tucan wird von einer ganz reizenden Familie geführt, die hier in den letzten Jahren einige wichtige Veränderungen vorgenommen hat. Sie bietet diverse Unterkunftsmöglichkeiten für jeden Geldbeutel: einfache Zelte, Hängematten, Schlafsäle, Privatzimmer sowie ein Baumhaus in luftiger Höhe. Obwohl der Strand bloß ein Stück die Straße hinunter liegt, entkommen die meisten Gäste nicht den Klauen des Hängematten kinos – ein toller Einfall.

Cabinas Los Laureles (☎ 2743 8235; EZ/DZ 18/22 US$; Ⓟ) Rund 200 m die Straße hinauf befindet sich diese hübsche Anlage unter der Leitung eines Einheimischen. Die acht Holzhäuschen verstecken sich in einem wunderschönen Lorbeerhain. Wer ein bisschen Lokalkolorit und echte Gastfreundschaft kennenlernen will, ist hier genau richtig. Die freundliche, hilfsbereite Familie organisiert Ausritte und andere interessante Aktivitäten.

Cascada Verde (☎ 2743 8191; www.cascadaverde.org; B 10 US$, Gemeinschaftsloft pro Pers. 8 US$, Zi. 14–16 US$; Ⓟ) An die 2 km von Uvita landeinwärts (den Berg hinauf) liegt diese Permakulturfarm, ein ganzheitlich ausgerichtetes Refugium, das jede Menge Fans des alternativen Lebensstils anlockt. Sie verbringen hier in der Regel mehrere Wochen, um geistige Ruhe und körperliches Wohlbefinden zu erlangen. Die Unterkunft ist extrem einfach und ziemlich den Elementen ausgesetzt. Aber es ist im Freien viel Platz für gemeinsames Yoga und stille Meditation, außerdem schlafen hier alle tief und fest, nachdem sie auf der Farm mitgearbeitet haben. Zum Cascada Verde gehört ein Restaurant mit vegetarischer Küche und sogar Rohkost – alles aus eigenem Anbau. Ein Taxi von der Schnellstraße hinüber zur Farm kostet rund 3 US$.

Balcón de Uvita (☎ 2743 8034; www.exploringcostarica.com/balcon/uvita.html; Bungalow 62 US$; (P)(S)) Die abgelegene Anlage unter der Leitung eines holländisch-indonesischen Paares liegt etwa 1 km landeinwärts und ist über eine Zufahrtstraße (nur mit Vierradantrieb!) zu erreichen – sie beginnt gegenüber von der Tankstelle. Die hübschen, rustikalen Steinbungalows haben riesige Duschen, die mit Solarenergie betrieben werden. Das Restaurant ist wegen seiner Spezialitäten aus Thailand und Indonesien sehr empfehlenswert – kein Wunder, denn von dort stammen ja die Wirtsleute. Ein paar gewohnte Standardgerichte aus Europa sind aber auch dabei.

Mehrere kleine Sodas befinden sich an der Costanera in Uvita, die für wenig Geld eine gute Mahlzeit zubereiten. Die meisten Backpacker, die Uvita und Umgebung einen Besuch abstatten, essen mit Begeisterung im **Soda Salem** (Casados 3–5 US$): Die kleine Cantina liegt gegenüber vom Hotel Tucan. Hier setzt sich jeder einfach an den Tresen und fragt, was gerade im Kochtopf ist.

An- & Weiterreise
Die meisten Busse fahren an den beiden überdachten Bushaltestellen an der Costanera im Hauptort ab.
Palmar 2 US$, 1½ Std., 4.45 & 22.30 Uhr.
San Isidro de El General 2 US$, 1½ Std., 6 & 14 Uhr.
San José 6 US$, 6 Std., 5, 6 & 14 Uhr.

Zum Parque Nacional Marino Ballena gelangt man, wenn man den Standort Uvita gewählt hat, entweder mit einem Privatwagen oder mit dem Taxi. Am besten bittet man jemanden in der Unterkunft, ein Taxi zu rufen.

PARQUE NACIONAL MARINO BALLENA
Der **Meerespark** ist umwerfend schön. Rund um die Isla Ballena stehen die Korallen- und Felsriffe unter Naturschutz. Auch wenn der Park eher klein ist, kann seine Bedeutung gar

nicht genug hervorgehoben werden. Hier werden Buckelwale, Delfinschulen und sich fortpflanzende Meeresschildkröten geschützt, ganz zu schweigen von Seevögelkolonien und mehreren Landreptilien.

Für die meisten Backpacker, die an der Pazifikküste unterwegs sind, liegt der Meerespark zu abgelegen. Dennoch lohnt sich der Besuch für alle, die Freude an Stränden und an der Tierbeobachtung haben. Hier schieben sich die Touristen nicht in Massen durch, stattdessen kann man einen ruhigen Tag am Strand verbringen – was in Costa Rica wahrlich nicht immer der Fall ist. Und mit etwas Glück und Geduld lässt sich sogar ein Blick auf einen auftauchenden Buckelwal werfen oder auf ein paar Delfine, die durch die Brandung gleiten.

Orientierung & Praktische Informationen
Von Punta Uvita zieht sich der Park Richtung Süden, er umfasst einen 13 km langen Strand (Sand oder Kiesel), Mangrovensümpfe, Flussmündungen und felsige Landzungen. Alle sechs in Costa Rica heimischen Mangrovenarten wachsen hier. Unweit der Küste liegen Korallenriffe, die allerdings beim Bau der Costanera durch sedimentreiche Abwässer in Mitleidenschaft gezogen wurden.

Die **Rangerstation** (☎ 2743 8236; Eintritt 3 US$) liegt an der Playa Bahía, am Ende von Uvita. Sie untersteht Asoparque (Association for the Development of the Ballena Marine National Park), einem Gemeinschaftsprojekt von lokalen Geschäftsleuten und dem Umweltministerium. Es war ein hartes Stück Arbeit, die notwendige Infrastruktur für die Station zu schaffen – also auf keinen Fall Müll herumliegen lassen, nicht mit Treibholz Feuer machen und beim Waschen biologisch abbaubare Seife verwenden!

Sehenswertes & Aktivitäten
Die Strände von Marino Ballena sind eine faszinierende Kombination aus goldenem Sand und glänzenden Felsen; sie sind praktisch menschenleer und eine Idylle, in der man ungestört schwimmen und sich sonnen kann. Dank der wenigen Besucher lassen sich die Vögel in Ruhe beobachten.

Von der Rangerstation kann man bis Punta Uvita laufen, um dort zu schnorcheln – am besten bei Ebbe. An der Playa Bahía werden für 30 US$ pro Person Boote vermietet, sie setzen zur Isla Ballena über, wo die Passagiere zwei Stunden schnorcheln können. Auf der Insel selbst darf keiner übernachten.

Wer unter Wasser will, kann im **Mystic Dive Center** (☎ 2788 8636; www.mysticdivecenter.com; Playa Ventanas) einen Tauchgang (PADI) im Nationalpark buchen. Ein weitere guter Platz zum Surfen liegt in der Nähe der Flussmündung am südlichen Ende der **Playa Colonia**.

TIERBEOBACHTUNG

Übermäßig viele zweibeinige Besucher kommen zwar nicht in den Park, dafür werden die Strände aber von allen möglichen Tieren besucht, darunter nistenden Seevögeln, Großen Tümmlern (Flaschennasendelfine) und verschiedenen Echsen. Und von Mai bis November (vor allem aber im September und Oktober) vergraben Bastardschildkröten und Echte Karettschildkröten hier nachts bei Neumond ihre Eier im Sand.

Die eigentliche Attraktion sind jedoch die Buckelwalschulen, die von August bis Oktober bzw. von Dezember bis April durch die Gewässer des Nationalparks ziehen.

Wissenschaftler sind sich nicht sicher, weshalb die Buckelwale hierher kommen. Möglicherweise zählen die Gewässer von Costa Rica zu den wenigen Orten auf Erden, wo sich die Meeresgiganten paaren. Es gibt zwei Gruppen Buckelwale, die ihren Weg durch den Meerespark nehmen: Die Wale, die im Herbst gesichtet werden, kommen aus Kalifornien, die im Frühling durchziehenden aus der Antarktis.

Schlafen & Essen

Im Park befindet sich rund 300 m vom Eingang entfernt ein kostenloser Campingplatz mit Toiletten und Duschen, allerdings ohne Strom. Der Campingplatz ist nicht bewacht, deshalb keine Wertgegenstände im Zelt liegen lassen.

Neben den unten aufgeführten Unterkünften gibt es noch diverse Alternativen in der Nähe von Uvita (S. 394).

Finca Bavaria (☎ 8355 4465; www.finca-bavaria.de; Standard/Superior 75/85 US$; P 🐾) An der Straßenseite zum Binnenland ist eine Staubstraße ausgeschildert, die zu diesem malerischen Gasthof unter deutscher Leitung führt. Er bietet eine Handvoll hübscher Zimmer mit Rattanmöbeln und romantisch über dem Bett drapierten Moskitonetzen. Auf dem Grundstück, das an den Waldrand grenzt, wuchern

die Pflanzen. Vom Pool oben auf dem Hügel bietet sich ein herrlicher Blick über den weiten Ozean. Und natürlich kommt jede Menge deutsches Bier in Maßkrügen auf den Tisch, aber auch große Batidas!

La Cusinga (☎ 2770 2549; www.lacusingalodge.com; Finca Tres Hermanas; B inkl. 3 Mahlzeiten 73 US$, EZ/DZ mit Frühstück 107/134 US$; P) Rund 5 km südlich von Uvita liegt diese Öko-Lodge direkt am Strand. Im Hotelgelände plätschert ein Bach, der für Strom sorgt, die Farm baut Bioobst und -gemüse an. Man übernachtet einfach, aber funktional in Zimmern aus Holz oder in Schlafsälen. Aber die Gäste verbringen eh die meiste Zeit mit Bootsausflügen, Wanderungen und Vogelbeobachtungen (auf dem Gelände) oder gehen zum Schnorcheln und Schwimmen in den Nationalpark. Wer bei all diesen Aktivitäten Hunger bekommt, marschiert ins Farmhaus und lässt sich dort die deftige costa-ricanische Hausmannskost mit Hühnchen vom Hof, frischen Meeresfrüchten und organischen Produkten schmecken.

Whales & Dolphins Ecolodge (☎ 2770 3557; www.whalesanddolphins.net; DZ Standard/Suite 105/125 US$; P 🐾 🖥 🛁) Die oben auf dem Berg mit Blick auf die Playa Hermosa gelegene, unprätentiöse Öko-Lodge zählt zu den wenigen Nobelherbergen in dieser Gegend. Der gediegene Luxus wird hier nicht protzig zur Schau gestellt (was sehr angenehm ist). Die Zimmer sind ansprechend ausgestattet und mit tropischen Motiven dekoriert. Die eigentliche Attraktion ist aber die wunderbare Lage, die immer wieder Gelegenheit zur Walbeobachtung bietet.

LP Tipp **Restaurante Exótica** (☎ 2786 5050; Mahlzeiten 10–25 US$) Das sagenhafte Gourmet-Restaurant liegt in der nahe gelegenen Ortschaft Ojochal und ist ein Geheimtipp. Von außen wirkt das Exótica recht bescheiden, doch die Speisekarte beeindruckt mit einer unglaublichen Vielfalt an internationalen Gerichten. Jedes ist eine kunstvolle Komposition mit den unterschiedlichsten Zutaten. Das Restaurant lässt sich nur schwer klassifizieren, die Gerichte noch am besten mit „exotisch-experimentierfreudig" umschreiben.

An- & Weiterreise

Von Uvita ist der Parque Nacional Marino Ballena mit dem Privatwagen oder mit dem Taxi schnell zu erreichen. Am besten erkundigt man sich in seiner Unterkunft, die auch gern ein Taxi bestellt.

DER SÜDEN

Der Süden

Im Süden Costa Ricas fallen die Berge der Cordillera de Talamanca jäh ab und gehen in das landwirtschaftlich geprägte Tiefland über, das aus einem Teppich von Kaffee-, Bananen- und Ölpalmenplantagen besteht. *Campesinos* (Bauern) bestellen ihre Scholle und setzen die seit Generationen bestehende Ackerbautradition fort. Während sich der Rest Costa Ricas, der Anteil an Küste mit Stränden besitzt, auf den zunehmenden Pauschaltourismus und die in die Höhe schießenden ausländischen Investitionen eingestellt hat, nimmt das Leben im Süden seinen seit Jahrhunderten gewohnten Gang.

In Costa Rica ist nur wenig aus der Zeit vor der spanischen Eroberung erhalten geblieben. Im Süden finden sich noch die meisten Spuren. Die Region ist die Heimat großer Gruppen der Bribrí, Cabécar und Boruca, die größtenteils in Reservaten leben. Mit Erfolg bewahren sie ihre Traditionen, während der Rest des Landes sich in der Globalisierung verliert.

Costa Ricas ausgetretene Touristenpfade scheinen den Süden umgangen zu haben, was nicht heißen soll, dass die Gegend touristisch uninteressant wäre. Ganz im Gegenteil, sie bietet das flächenmäßig größte zusammenhängende Schutzgebiet, den Parque Internacional La Amistad. Dieser praktisch noch unerforschte Nationalpark erstreckt sich über die Grenze hinaus bis nach Panama und gehört zu Zentralamerikas letzten unberührten Gegenden.

Auch wenn Monteverde unbestritten der berühmteste Nebelwald des Landes sein mag, bietet der Süden dennoch zahlreiche ähnlich beeindruckende Möglichkeiten, diesen mystischen Lebensraum zu erkunden. Und alle, die den berühmtesten Vogel Mittelamerikas, den Quetzal, zu Gesicht bekommen wollen, können ihr Glück im Nebelwald des Parque Nacional Los Quetzales versuchen. Wer es hingegen vorzieht, von den Höhen der Cordillera Central in die Täler zu blicken, sollte den Cerro Chirripó (3820 m) erklimmen, Costa Ricas höchsten Gipfel. Er liegt 80 km südwestlich von San José und ist bis zu den Anden der höchste Berg.

HIGHLIGHTS

- Allein auf weiter Flur: Wandern im großartigen, aber wenig besuchten **Parque Internacional La Amistad** (S. 430)

- Einen Blick auf den Paradiesvogel der Maya im **Parque Nacional Los Quetzales** (S. 403) erhaschen

- Costa Ricas höchsten Gipfel, den **Cerro Chirripó** (S. 410), bezwingen

- Fiesta de los Diablitos: Geschichtsunterricht in der **Reserva Indígena Boruca** (S. 414)

- In den Fußstapfen eines der größten Ornithologen Costa Ricas: **Los Cusingos Bird Sanctuary** (S. 408)

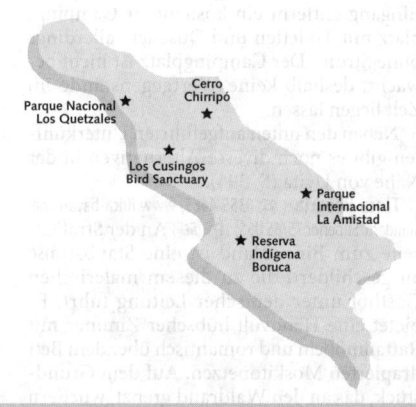

Parque Nacional Los Quetzales ★
Cerro Chirripó ★
Los Cusingos Bird Sanctuary ★
Parque Internacional La Amistad ★
Reserva Indígena Boruca ★

Geschichte

Nach ihrer Ankunft in Costa Rica begannen die spanischen *conquistadores* umgehend damit, die Kultur der indigenen Völker zu zerstören, ihre bescheidenen Reichtümer zu rauben und die Überlebenden zu versklaven. Die wenigen Außenposten, die diese Behandlung überstanden, wurden später von katholischen Missionaren heimgesucht, die bei ihrem Versuch, der Region die „Zivilisation" zu bringen, die traditionelle Kultur meist endgültig ausradierten.

Noch im 20. Jh. blieben die indigenen Völker an den Rand der spanisch dominierten Gesellschaft gedrängt. Sie erhielten erst 1949 die Bürgerrechte, und erst 1977 wurden die ersten Reservate eingerichtet.

In den letzten drei Jahrzehnten wurde den indigenen Volksstämmen zugestanden, wieder ihre Sprache und ihr Brauchtum zu pflegen. Allerdings gelingt es immer weniger jungen Ureinwohnern, auf dem Land ihrer Väter zu überleben. Viele entscheiden sich deshalb, die herkömmliche Lebensweise aufzugeben und nach einer Anstellung im Agrarsektor zu suchen.

Klima

Aufgrund der geografischen Vielfalt im Süden des Landes variiert das Klima erheblich. Im Tiefland ist es das ganze Jahr hindurch sehr heiß und die Luftfeuchtigkeit extrem hoch. Von Mitte April bis Mitte Dezember fallen starke Niederschläge. Im Hochland ist es deutlich kühler. Zeitweise sinkt das Thermometer sogar bis auf 4°C.

Nationalparks & Reservate

Die Nationalparks und Reservate im Süden Costa Ricas sind großartige Orte, um zu wandern und Wildtiere zu beobachten.

Cloudbridge Nature Preserve (S. 409) Ein winziges privates Reservat an den Hängen des Cerro Chirripó. Die beiden New Yorker, die das Reservat leiten, führen auch Wiederaufforstungsmaßnahmen durch.

Parque Internacional La Amistad (S. 430) Dieser weitläufige Nationalpark reicht bis nach Panama hinein. Er schützt einen biologischen Korridor von großer ökologischer Bedeutung.

Parque Nacional Chirripó (S. 410) In diesem Park befindet sich Costa Ricas höchster und berühmtester Berg, von dem aus an klaren Tagen sowohl Pazifik als auch Karibik zu sehen sind.

Parque Nacional Los Quetzales (S. 402) Costa Ricas jüngster Nationalpark weist eine ungeheure Vielfalt an Vogelarten auf. Mit etwas Glück lässt sich auch der seltene Quetzal in all seiner Pracht und Herrlichkeit bewundern.

Reserva Biológica Dúrika (S. 414) Dieses private Schutzgebiet innerhalb des Parque Internacional La Amistad ist die Heimat einer unabhängigen und autarken Gemeinde, die sich dem Naturschutz verschrieben hat.

Anreise & Unterwegs vor Ort

Wer die Region wirklich kennenlernen möchte, sollte sich einen Leihwagen nehmen. Die Nationalparks La Amistad oder Chirripó erfordern aufgrund ihrer Unberührtheit jedoch zusätzlich viel Fußarbeit. Dieses Kapitel bedient sich bei seinen Ortsangaben zur Orientierung der nummerierten Pfosten an der Interamericana, die jeweils die Entfernung von San José angeben.

Die größeren Städte des Südens sind mit Bussen erreichbar. Der öffentliche Verkehr wird außerhalb dieser Zentren allerdings sporadisch und unzuverlässig.

Sowohl **NatureAir** (www.natureair.com) als auch **Sansa** (www.sansa.com) fliegen nach Palmar, ein guter Ausgangspunkt zu Erkundung der Península de Osa. Die Preise variieren je nach Saison und Verfügbarkeit. Ein Flug von San José oder Liberia kostet aber gewöhnlich etwas weniger als 75 US$.

DIE STRASSE ZUM CHIRRIPÓ

Den Höhepunkt jeder Reise in den Süden Costa Ricas bildet die Besteigung des erhabenen Gipfels des Chirripó. Bereits die Straße zum Fuße des Berges führt durch eine atemberaubende Landschaft aus duftenden Kaffeeplantagen und kühlen Nebelwäldern. Die erste interessante Gegend, die die Straße erreicht, ist die Zona Santa („Region der Heiligen"), eine Ansammlung von Hochlanddörfern, die den Namen von Heiligen tragen: San Pablo de León Cortés, Santa María de Dota, San Marcos de Tarrazú, San Cristóbal Sur und San Gerardo de Dota. Weiter südlich liegen Fincas wie Farbtupfer im fruchtbaren Valle de El General. Der lebhafteste Ort der Gegend ist San Isidro de El General, die größte Stadt im Süden Costa Ricas und sein wichtigster Verkehrsknotenpunkt.

SANTA MARÍA & VALLE DE DOTA

Santa María de Dota ist um einen Rasenfußballplatz angeordnet und von üppigen Plantagen umgeben. Die schöne Stadt lohnt zumindest einen kurzen Stopp. Die Kaffeeproduktion ist der wirtschaftliche Motor von Santa Maria, ein großer Teil der Stadtbevölkerung arbeitet für die Rösterei Coopedota. **Coopedota** (☎ 2541 2828; www.coopedota.com) zeigt dem interessierten Besucher, wie das Koffein vom Feld in die Tasse kommt. Auf der halbtägigen Führung „Coffee Experience" (12 US$) besuchen die Teilnehmer eine Bio-Kaffeeplantage und die Produktionsstätten und können vor allem unterschiedliche Kaffeesorten kosten. Die Mitbegründerin und Betreiberin des Cafés belegte erst kürzlich den dritten Platz in einem nationalen Wettbewerb für *barista*, („Barbesitzer") und ist in ihrer Gegend für ihre originellen Kaffeegetränke berühmt.

Wer gerne in Baumwipfeln herumturnt, sollte **Actividades Arboreales** (☎ 8352 0597; Providencia de Dota; 6-stündige Führung für 2 Pers. 60 US$) besuchen. Auf der Farm La Cabana wurden Plattformen in die Bäume montiert, die durch Hängebrücken und Seile miteinander verbunden sind und so ein „Himmelsnetz" bilden. Puristen können selbstverständlich auch ganz herkömmlich auf Bäume klettern. Aufregend sind auch die Klettertouren in einer 30 m hohen Würgefeige. Im Preis ist der Transfer von Copey nach Copey oder Ojo del Agua inbegriffen. Wer seinen eigenen fahrbaren Untersatz hat, fährt von Santa María aus 12 km nach Osten, vorbei an der El Toucanet Lodge. Reisende, die von Süden kommen, biegen am besten bei Ojo del Agua von der Interamericana ab und fahren anschließend etwa 10 km weiter nach Südwesten.

Die **El Toucanet Lodge** (☎ 2541 3131; www.eltoucanet.com; Copey de Dota; EZ/DZ inkl. Frühstück 50/65 US$; **P**) ist ein großartiger Ort für eine Übernachtung. Dieses wunderschöne Landhotel liegt auf 1850 m Höhe und verfügt über sieben rustikale Holzhütten mit wunderbarem Blick auf das Valle de Dota. Das Tal und der Nebelwald, der es umgibt, sind für ihre artenreiche Vogelwelt bekannt. Miteigentümer Gary bietet jeden Tag Führungen an, bei denen die Teilnehmer häufig den prachtvollen Quetzal und den namensgebenden Arassari, einen kleinen Tukan zu sehen bekommen. Das Heißwasserbecken, das an die Familie Feuerstein erinnert, ist ein herrlicher Ort, um sich von den Abenteuern des Tages zu erholen. Wer hier übernachten möchte, fährt von Santa María aus in Richtung Osten oder biegt bei km 58 von der Interamericana ab.

Unmittelbar im Zentrum von Santa María serviert das **Artesanías Café Amanecer** (☎ 2541 1616; ☼ sporadisch) hausgemachte Eiscreme und Kaffeespezialitäten. Darüber hinaus verkauft es Kunsthandwerk, das von der örtlichen Frauengenossenschaft angefertigt wird. Wer das Café offen vorfindet, sollte unbedingt einmal reinschauen.

Weiter in Richtung Süden auf der Interamericana ist das **Los Santos Café** (Interamericana km 52; ☼ 10:30–17:30 Uhr) ein idealer Stopp, um bei einer Pause die Früchte der Region sowie fantasievolle Espressogetränke zu kosten. Die Tankstelle an dieser Kreuzung ist die letzte vor San Isidro de El General.

An- & Weiterreise

Die meisten Reisenden nehmen die Interamericana in Richtung Süden nach Empalme, das fast 30 km von Cartago entfernt ist. Unmittelbar südlich der Tankstelle führt eine ausgeschilderte, befestigte Straße in Richtung Westen nach Santa María de Dota (10 km), San Marcos de Tarrazú (7 km weiter) und San Pablo (noch einmal 4 km weiter). Diese Ortschaften werden durch einen sechsmal täglich verkehrenden Bus (2 US$, 2½ Std.) mit San José verbunden.

SAN GERARDO DE DOTA

Vogelliebhaber pilgern geradezu in diese kleine Stadt – die Umgebung von San Gerardo de Dota ist bekannt dafür, dass man hier zahlreiche Gebirgsvögel sichten kann. Der scheue Quetzal ist in dieser Gegend eine solche Berühmtheit, dass kürzlich sogar ein Nationalpark nach ihm benannt wurde, der Parque Nacional Los Quetzales. Dieser jüngste Nationalpark Costa Ricas (s. S. 402) ist in der Tat am besten von San Gerardo aus zu erreichen.

Geschichte

Die Ufer des Río Savegre wurden lange nicht besiedelt, weil die Abhänge der Cordillera de Talamanca eine schützende Barriere bildeten. Erst 1952 kamen Efrain Chacón und seine Brüder hierher – eine Dürreperiode hatte sie aus Copey de Dota vertrieben. Sie gründeten eine Farm am den Westhängen des Cerro de la Muerte, die zur Keimzelle der Ortschaft San Gerardo wurde.

Zunächst pflanzten sie schwarze Bohnen, eine für die Region typische und anspruchslose Pflanze und folgte damit den traditionellen Gewohnheiten der hiesigen Bauern. Sie verzichteten dann aber auf das Anlegen von Kaffeeplantagen (weil Kaffee in dieser Höhenlage nicht mehr vernünftig gewachsen wäre) und auf die Rinderzucht im Freiland, weil die Tiere den umliegenden Nebelwald zerstört hätten. Stattdessen züchtete die Familie Chacón Milchkühe in Ställen.

Später setzten sie Forellen in ihren Flüsse aus und pflanzten Apfel- und andere Obstbäume. Auf diese Weise zogen sie Angler aus San José an, während die Obstbäume (und die zahlreichen wild wachsenden Avocadobäume) den scheuen Quetzal anlockten und in seinem Gefolge die begeisterten Vogelkundler.

Mit dem aufblühenden Tourismus im Land florierte auch San Gerardo. Heute ist das kleine Bauerndorf vor allem für seine unzähligen Gebirgsvögel berühmt. Das ganze Jahr über, besonders aber im April und Mai (während der Brutzeit), besteht eine gute Möglichkeit, Quetzale zu Gesicht zu bekommen.

Aktivitäten

SPORTFISCHEN

Der Río Savegre ist ein ideales Revier für das Forellenangeln. Mai und Juni sind optimal für die Wurfangel mit künstlichen Fliegen, die Zeit von Dezember bis März zum Angeln mit anderen Ködern (s. Kasten S. 404). Die hier schon seit Generationen ansässige Familie Chacón betreibt auf ihrem Farmgelände das traditionsreiche Savegre Hotel de Montaña. In der Umgebung des Dorfes sind aber noch weitere Unterkünfte entstanden.

VOGELBEOBACHTUNG & WANDERN

Der Parque Nacional Los Quetzales ist eindeutig der beste Ort in der Region, um Vögel zu beobachten und zu wandern. Leider gibt es im Park keine Informationseinrichtungen für Touristen. Es ist deshalb ratsam, sich vor dem Aufbruch in den Hotels in San Gerardo Auskünfte einzuholen. Informationen zum Park s. S. 403.

Schlafen & Essen

Alle hier genannten Adressen ermöglichen den Besuch des Parque Nacional Los Quetzales und liegen an der von der Interamericana abzweigenden Zufahrtsstraße.

Ranchos La Isla & Restaurant Los Lagos (☎ 2740 1038; Stellplatz pro Pers. 4 US$; P) Reisende, die den Chirripó besteigen möchten, sind vermutlich auch bereit zu campen. Diese schöne Farm besitzt jedenfalls eine Handvoll schöner Campingparzellen an einem kleinen Fluss. Die freundliche Familie Chinchilla gibt sich alle Mühe, ihre Gäste zu unterhalten und veranstaltet Führungen zu den nahe gelegenen Wasserfällen, wo man mit etwas Glück Quetzale zu sehen bekommt. Wer mal wieder eine warme Mahlzeit braucht, erhält in dem bescheidenen Restaurant gesunde, ländliche *casados* oder einen Mittagstisch (3–5 US$).

LP Tipp Dantica Cloud Forest Lodge (☎ 8352 2761; www.dantica.com; EZ/DZ inkl. Frühstück 132/146 US$; P) Eindeutig die schickste Unterkunft in San Gerardo, wenn nicht überhaupt im Süden. Die kostspielige Anlage hat schöne Hütten aus unbehandeltem Holz und Stein, die mit Kunst aus Kolumbien, dem Heimatland des Besitzers, dekoriert sind. Der Knaller sind jedoch die Panoramafenster, die atemberaubende Ausblicke auf den Nebelwald ermöglichen. Auf der Privatterrasse der Hütten wird allmorgendlich ein romantisches Frühstück serviert, an dem vermutlich auch zahllose Spezies tropischer Vögel partizipieren.

LP Tipp Savegre Hotel de Montaña (☎ 2740 1028; www.savegre.co.cr; DZ/Suite inkl. VP 161/217 US$; P) Das berühmte Hotel liegt in einer 160 ha großen Obstplantage und einem Reservat. Es befindet sich seit 1957 im Besitz der Familie Chacón und ist heute geradezu eine Institution in Costa Rica, vor allem für Vogelliebhaber, die versessen darauf sind, den Quetzal zu sehen. Hier kann dieser Wunsch durchaus in Erfüllung gehen, denn das Gelände wird von Avocadobäumen gesäumt, dem bevorzugten Aufenthaltsort des smaragdgrünen, unterseits grell roten Paradiesvogels. Wer genug Geld hat, sollte sich eine der fantastischen Suiten gönnen: Gusseiserne Kronleuchter hängen hier von hohen Holzdecken, und prachtvolle Holzmöbel stehen rund um den Kamin.

La Comida Tipica Miriam (Gerichte 3–6 US$; P) Eines der ersten Häuser, das man nach der Ortseinfahrt in San Gerardo passiert (etwa 6 km von der Interamericana entfernt) ist dieses gemütliche Lokal, das seine *comida tipica* (typischen Mahlzeiten) anpreist. Hier zu essen, fühlt sich fast so an, als habe man eine Einladung nach Hause erhalten: Die Gerichte sind köstlich und reichlich und werden nur noch von der Gastfreundschaft der Besitzerin übertroffen. Miriam vermietet außerdem ein paar Hütten (30 US$) im Wald hinter dem Restaurant, eine bescheidene, aber bequeme Unterkunft für ein oder zwei Nächte.

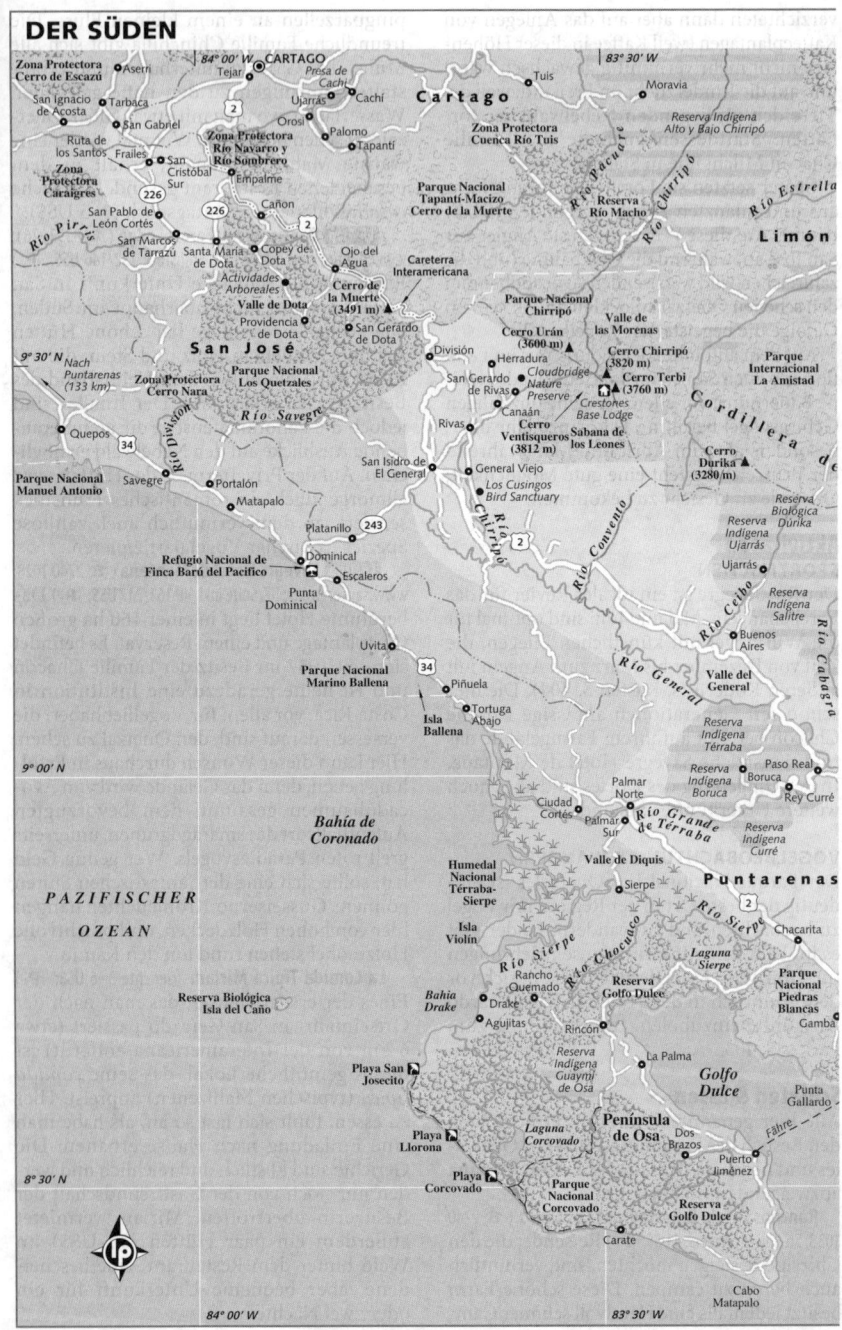

DER SÜDEN

DER SÜDEN

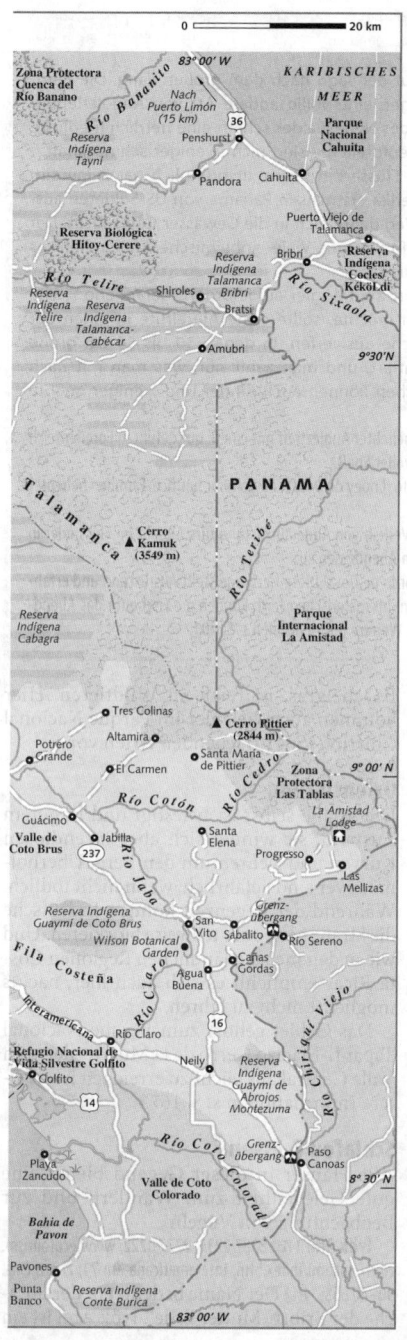

An- & Weiterreise

Die Abzweigung nach San Gerardo de Dota liegt bei Km 80 auf der Interamericana. Von hier aus führt die unbefestigte Straße 8 km hinunter ins Dorf. Die Straße ist sehr steil; mit einem normalen Auto ist Vorsicht geboten. Busse zwischen San José und San Isidro de El General setzen Fahrgäste bei Bedarf an der Abzweigung ab.

PARQUE NACIONAL LOS QUETZALES

Der Nationalpark war früher unter dem Namen Reserva Los Santos bekannt. Im Jahr 2005 wurde er zum Nationalpark erklärt und zu Ehren des Quetzals umbenannt. Denn der Paradiesvogel der Maja trug nicht unwesentlich zur touristischen Attraktivität der Gegend bei. Der Park erstreckt sich zu beiden Seiten des Río Savegre und liegt auf 2000 bis 3000 m Höhe. Er nimmt eine Fläche von 5000 ha Regen- und Nebelwald ein, die die Hänge der Cordillera de Talamanca bedecken.

Der Río Savegre entspringt hoch oben am Cerro de la Muerte und speist mehrere andere Flüsse und Gletscherseen, bevor er in der Nähe der Küstenstadt Savegre in den Ozean mündet. Der Park ist zwar recht klein, weist jedoch eine bemerkenswerte biologische Vielfalt auf – entlang der Savegre-Wasserscheide leben etwa 20 % aller in Costa Rica von Ornithologen nachgewiesenen Vogelarten.

Der Parkname ist bereits Hinweis auf das einzigartige Vogelparadies – der Quetzal ist nur eine der zahlreichen Arten, die hier beheimatet sind. Auch andere Trogone, Kolibris, Großtinamus und Rußdrosseln lassen sich sichten. Neben dem Quetzal sind im Park noch weitere bedrohte Tierarten zu Hause, etwa der Jaguar, der Baird-Tapir, der Mohrenguan und das Totenkopfäffchen.

Wer in höheren Regionen wandert, wird feststellen, dass sich die Bergflora deutlich von der in den tiefer gelegenen Wäldern unterscheidet. Der Bergwald und der subalpine Wald, der am zweitstärksten bedrohte Lebensraum Costa Ricas, sind mit riesigen Eichen einer amerikanischen Art bestanden und weisen alpine Pflanzen auf.

Der Park hat keinerlei touristische Infrastruktur. Allerdings bieten alle Unterkünfte in der Gegend von San Gerardo de Dota Wanderungen und vogelkundliche Exkursionen an. Wer den Park auf eigene Faust erkunden will, folgt der Straße nach San Gerardo bis an ihr Ende. Von hier aus führt ein Pfad durch

DER SÜDEN

DER GROSSE FANG

Die meisten Sportfischer zieht es an die Küste auf der Jagd nach dem großen Fang. Die Bergflüsse der Cordillera de Talamanca bieten hingegen eine völlig andere Art von Angelerlebnis: Hier ist das Wasser kristallklar, und die kühle Luft des Nebelwaldes schafft eine herrlich friedliche Stimmung. Und die Fische – vor allem Regenbogenforellen – sind nicht weniger schmackhaft.

Interessanterweise sind die Forellen, die diese Flüsse bevölkern, ursprünglich gar keine einheimische Art. Angeblich wurden sie in Mittelamerika erstmals in Panama von US-Soldaten ausgesetzt. Von dort fand der robuste Fisch seinen Weg dann auch in die Gewässer Costa Ricas. Der beliebteste Fluss für das Forellenangeln ist der Río Savegre. Viele einheimische Angler zieht es aber auch zum nahe gelegenen Río Blanca und Río Dota.

Um lebensfähige Fischpopulationen zu erhalten, sind Angler aufgefordert, gefangene Fische wieder auszusetzen. Wer seinen Fang verspeisen möchte, sollte seine Angelrute in einen der lokalen, von Quellwasser gespeisten Forellenteiche auswerfen, in denen 30 bis 50 cm große Forellen gezüchtet werden. Der Erfolg ist garantiert, und man zahlt nur, was man mit nach Hause nimmt (etwa 4 US$ pro Kilo). An den Teichen können auch Kinder und weniger geübte Angler ihr Glück versuchen.

Finca Madre Selva (☎ 2224 6388; Copey de Dota) Ein beliebter Anglertreff mit einem gut gefüllten Forellenteich und zahlreichen Wanderwegen – gut für einen ganzen Tag voller Spaß.

Pesca Deportiva Río Blanca (☎ 2541 1818, 2541 1816; Copey de Dota) Ein weiterer bei Tico-Familien beliebter Angelpunkt in der Nähe von Santa María de Dota.

Ranchos La Isla (☎ 2740 1038; San Gerardo de Dota) Verleih von Angelausrüstung fürs Angeln im Fluss oder in den Teichen. Im Restaurant bereiten die Köche den Fang zum Abendessen zu.

Savegre Hotel de Montaña (☎ 2740 1028; San Gerardo de Dota) Diese Herberge stellt Ausrüstung und erfahrene Führer, die den Fliegenfischer zum Río Savegre begleiten. Im malerischen Teich können die Fische für das Abendessen geangelt werden, der Fang wird pro Kilo abgerechnet. Weitere Informationen s. S. 401.

üppigen Wald zu einem wild tosenden Wasserfall. Wanderer sollte sich vorab genau über die Begehbarkeit möglicher Wanderwege erkundigen, da das Gelände in dieser Gegend stellenweise schwierig ist.

CERRO DE LA MUERTE

Die Interamericana passiert zwischen Empalme und San Isidro de El General den höchsten Punkt entlang der Schnellstraße, den berühmt-berüchtigten **Cerro de la Muerte** (3491 m). Der „Todesberg" erhielt zwar seinen Namen bereits vor dem Bau der Straße – und trotzdem: Dieser steile, nebelverhangene Abschnitt der Fernstraße, der scheinbar in die Wolken führt, gilt noch immer als einer der gefährlichsten in ganz Costa Rica. Wenn sich der Nebel lichtet, werden die Reisenden durch den großartigen Panoramablick auf die Cordillera de Talamanca entschädigt – allerdings nur für einen Moment, da der Nebel sich fast sofort wieder herabsenkt.

Der Cerro de la Muerte markiert die nördlichste Verbreitungsgrenze des *páramo*, einer tropischen Höhenlage, typisch für südliche Zonen. Dieser Lebensraum, bestanden mit struppigen Sträuchern und Bäumen sowie Büschelgras, ist reich an Wildtieren. Hier kommen auch viele der im Parque Nacional Chirripó (S. 410) lebenden Arten vor.

Orientierung

Die Straße selbst ist befestigt und in gutem Zustand, sie windet sich aber in endlosen Kurven und Kehren um den Berg. Überholmanöver sind gefährlich, wenn nicht tödlich. Während der Regenzeit können Erdrutsche die Straße ganz oder teilweise blockieren. Und wie in den meisten ländlichen Regionen Costa Ricas empfiehlt es sich auch hier, nachts möglichst nicht zu fahren.

Das Gebiet gehört zum Parque Nacional Tapantí-Macizo Cerro de la Muerte, der vom Valle Central aus leicht zu erreichen ist. Weitere Informationen s. S. 167.

Schlafen & Essen

Alle Häuser in dieser Gegend bieten eine gute Gelegenheit zum Wandern und zur Beobachtung von Vögeln.

Iyök Ami (☎ 8387 2238, 2772 0222; www.ecotourism. co.cr/iyokami/index.htm; Interamericana Km 71; Zi pro Pers. 30–40 US$; (P)) Der Name bedeutet in der Sprache der Bribrí „Mutter Erde". Iyök Ami ist ein entlegenes Nebelwaldreservat (Eintritt 5 US$) mit rustikaler Unterkunft und einem gemütlichem Café. Dies alles wird von nur einer einzigen Tica betrieben, deren Engagement auf jeden Fall Unterstützung verdient. Den Gästen steht ein 6 km langes Netz aus Wanderwegen zur Verfügung, das zu einem malerischen See führt. Außerdem serviert die Dame köstliche einheimische Gerichte (10 US$ für Vollpension).

Mirador Vista del Valle (☎ 8384 4685, 8836 6193; www.ecotourism.co.cr/vistadelvalle; Interamericana Km 119; EZ/DZ 41/47 US$, Zusatzpers. 12 US$; P) Der Name des Restaurants (Gerichte 3–6 US$) ist sehr passend, denn der Blick über das Tal ist fantastisch. Fenster zu drei Seiten hin garantieren einen tollen Fernblick bei lokalen Spezialitäten wie gebackenen Forellenfilets und frisch aufgebrühtem Kaffee. Zur Übernachtung bieten sich die unterhalb des Restaurants gelegenen, aus Plantagenholz gebauten Hütten an, die mit farbigem, einheimischem Wandschmuck ausgestattet sind. Die Gäste können ein 11 km langes Wegenetz nutzen und sich an der Vogelvielfalt erfreuen.

Bosque del Tolomuco (☎ 8847 7207; www.bosquedeltolomuco.com; Interamericana Km 118; DZ inkl. Frühstück 70 US$; P 🐾) Dieses relativ neue Hotel ist nach der hier vorkommenden Baumotter benannt und wird von einem sehr gesprächigen kanadischen Paar betrieben. Die „Kolibri-Hütte" ist die reizvollste der vier, schön hellen Hütten. Das 5 km lange Wanderwegenetz bietet reichlich Gelegenheit zur Vogelbeobachtung und einige großartige Blicke auf Los Cruces. Nach Vorbestellung ist auch ein Gourmet-Abendessen möglich.

Mirador de Quetzales (☎ 2771 8456; www.exploringcostarica.com/mirador/quetzales.html; Interamericana Km 70; Hütte pro Pers. inkl. HP 45 US$; P) Diese auch als Eddie Serranos Farm bekannte preiswerte Unterkunft liegt etwa 1 km westlich der Interamericana. Bemalte Holzwände und farbenfrohe Vorhänge sorgen in den acht gemütlichen Hütten für eine nette Atmosphäre (und elektrische Heizöfen für Wärme). Im Preis ist ein frühmorgendlicher „Quetzal-Spaziergang" inbegriffen – die gefiederten Schönheiten residieren während des gesamten Jahres in den bewaldeten Hügeln, aber von November bis April können die Gäste sie garantiert sehen.

An- & Weiterreise

Zwischen San José und San Isidro de El General verkehren regelmäßig Busse, die Fahrgäste bei Bedarf an einer der auf S. 404 gelisteten Unterkünfte absetzen.

SAN ISIDRO DE EL GENERAL

Da die meisten Siedlungen im Süden Costa Ricas kleine Bergdörfer sind, braucht man in dieser Gegend nicht viel, um als „Großstadt" zu gelten. Mit einer Bevölkerungszahl von 45 000 Einwohnern ist San Isidro de El General aber kaum mehr als eine Kleinstadt. Es rühmt sich jedoch eines Supermarkts, einer McDonald's-Filiale und überraschend vieler Tankstellen. Für Besucher gibt es hier nicht viel zu sehen, für die Einheimischen hingegen ist die „Großstadt" der Anziehungspunkt im Süden des Landes.

El General ist außerdem Verkehrsknotenpunkt der Region. Wer in der Gegend unterwegs ist, wird also über kurz oder lang durch die Stadt kommen. Wenn der Aufenthalt länger dauert als geplant, ist dies kein Grund, sich zu ärgern. Die Umgebung hat einige Attraktionen zu bieten (s. Kasten S. 408). Und falls das ein Trost ist – die Frauen von San Isidro de El General gelten gemeinhin als die schönsten Costa Ricas. Muss an der Bergluft und dem frischen Kaffee liegen!

Orientierung

Das Netz aus engen Straßen, um den kürzlich renovierten Parque Central angelegt, bildet das Herz von San Isidro. Eine für das Land ungewöhnliche, aber beeindruckende Kathedrale thront über dem Ostende des Platzes.

Einheimische sprechen von San Isidro zuweilen als Pérez – der Distrikt heißt Pérez Zeledón. Auf Stadtplänen zwar detailliert aufgeführt, sind die Straßen nur ziemlich schlecht beschildert. Auch hier orientieren sich die Einwohner vor allem an markanten Punkten oder Gebäuden (s. Kasten „Wie lautet die Adresse?", S. 586).

Praktische Informationen

Banco Coopealianza Avenida 2 (zw. Calle Central & 1); Avenida 4 (zw. Calle 2 & 4) Beide Filialen haben 24 Std.-Geldautomaten des Cirrus-Systems.

Brunc@Net Café (☎ 2771 3235; Av. Central zw. Calle Central & 1; Std. 1 US$; ⏰ Mo–Sa 8–20, So 9–17 Uhr)

BTC Internet (☎ 2771 3993; Av. 2 zw. Calle Central & 1; Std. 1 US$; ⏰ Mo–Fr 8.30–21, Sa 8.30–20, So 10–16 Uhr)

Ciprotur (☎ 2770 9393; www.ecotourism.co.cr; Calle 4 zw. Av. 1 & 3; ⏰ Mo–Fr 7.30–17, Sa 8–12 Uhr) Touristeninformation mit Infos über die südliche Pazifikregion.

Clínica El Labrador (☎ 2771 7115, 2771 5354; Calle 1 zw. Av. 8 & 10) Privatärzte unterschiedlicher Fachrichtungen arbeiten für diesen medizinischen Service.

Minae-Parkbüro (Sinac; ☎ 2771 3155; aclap@sinac. go.cr; Calle 2 zw. Av. 2 & 4; 🕒 Mo–Fr 8–16 Uhr) Liefert recht dürre Informationen über den Parque Nacional Chirripó. Hier sind allerdings Reservierungen für die Berghütte auf dem Gipfel des Cerro Chirripó möglich – weitere Details s. S. 413.

Postamt (Calle 1 zw. Av. 6 & 8)

Selva Mar (☎ 2771 4582, 2771 4579; www.exploring costarica.com; Calle 1 zw. Av. 2 & 4; 🕒 8–12 & 13.30 bis 18 Uhr) Nützlich, um Hotels in der Region zu buchen und Flugtickets zu kaufen. Hier hat auch Costa Rica Trekking Adventures sein Büro.

Geführte Touren

Pieter Westra betreibt **Aratinga Tours** (☎ 2770 6324; www.aratinga-tours.com) und hat sich auf Vogelbeobachtungstouren in seiner Muttersprache Niederländisch spezialisiert. Er beherrscht allerdings auch Englisch, Spanisch und zahlreiche Vogelstimmen fließend. Seine Website präsentiert eine ausgezeichnete Einführung in die Vogelwelt Costa Ricas. Das Unternehmen hat seinen Sitz in der Talari Mountain Lodge.

Schlafen

IN DER STADT

Hotel Chirripó (☎ 2771 0529; Av. 2 zw. Calle Central & 1; EZ/DZ/3BZ/4BZ 15/20/25/30 US$; P) Dieses Hotel ist unter Reisenden, die aufs Geld achten müssen, ein heißer Tipp. Es bietet karge, weiß gestrichene, aber sehr saubere Zimmer. Ein paar Topfblumen und ein feierliches Wandgemälde im Foyer sorgen für eine gewisse Aufmunterung in diesem sehr nüchternen Ambiente. Dafür erlaubt das gesparte Geld es aber, noch ein bisschen länger zu reisen.

Hotel Los Crestones (☎ 2770 1200, 2770 1500; Calle Central an der Av. 14; EZ/DZ 30/40, US$, mit Klimaanlage 40/45 US$, Zusatzpers. 10 US$; P 🐾) Dieses gute Motel fällt durch seine üppig blühenden Blumenkästen und Kletterpflanzen an der Fassade gleich ins Auge, eine willkommene Abwechslung für den der Straße müden Fahrer. Die funktionalen Zimmer verfügen über moderne Ausstattung. Das aufmerksame Personal sorgt dafür, dass alles läuft.

Hotel Diamante Real (☎ 2770 6230; Ecke Av./Calle 4; DZ/4BZ/4BZ/Suite 35/55/60/75 US$; P 🐾 🖳 ♿) „Luxuriöse Eleganz" ist das anspruchsvolle Motto dieses Hotels für Geschäftsleute, das für eine Stadt wie San Isidro – nicht gerade als Wirtschaftszentrum bekannt – überraschend

schick ist. Und tatsächlich gibt es hier viel Extras wie Telefon mit Voicemail und WLAN, sodass Geschäftsreisende selbst in dieser entlegenen Ecke gut aufgehoben sind. Die eleganten Zimmer sind hellgelb gestrichen und mit glänzenden schwarzen Lackmöbeln ausgestattet.

RUND UM SAN ISIDRO

Hotel La Princesa (☎ 2772 0324; www.laprincesahotel. com; San Rafael; DZ/4BZ 35/45 US$; P) Wer schon immer in einem Heißwasserbecken sitzen und den Sonnenuntergang über den Talamanca-Bergen beobachten wollte, sollte in La Princesa einchecken. Das Hotel bietet erschwinglichen Luxus und eine ruhigere Umgebung als die Hotels in San Isidro. Die acht schönen Zimmer sind mit Holzmöbeln und farbigen Stoffen ausgestattet, während der hübsche Garten mit Blumen und Vögeln lockt. Man gelangt zu der Anlage, indem man 5 km nördlich von San Isidro im *barrio* (Distrikt) San Rafael von der Interamericana abbiegt.

Talari Mountain Lodge (☎ 2771 0341; www.talari. co.cr; Rivas; EZ/DZ/3BZ inkl. Frühstück 39/59/79 US$; P 🐾) Dieses abgeschiedene Berghotel ist ebenso charmant wie sein Betreiberpaar, ein Niederländer und eine Tica. Sie erfüllen den Gästen fast jeden Wunsch und bieten auch Touren zum Chirripó und zur Vogelbeobachtung an – Pieter Westra von Aratinga Tours in San Isidro (s. links) ist ihr Sohn. Die Gäste logieren in einfachen Holzhütten am Waldrand. Die eigentliche Attraktion sind die vielen auf dem Gelände nistenden Vogelarten sowie die 2 km Wanderwege. Von San Isidro de el General geht es auf der Straße nach San Gerardo de Rivas 7 km nach Süden.

Essen & Trinken

Taquería México Lindo (☎ 2771 8222; Av 2 zw. Calle Central & 1; Gerichte 3–5 US$; 🕒 10–20.30 Uhr) Diese *taquería* sorgt mit Tacos, Burritos, Nachos und Fajitas, köstlichem hausgemachtem Guacamole und verschiedenen Sorten Salsa für eine willkommene kulinarische Abwechslung. Fotos von Mexiko und festlichen *piñatas* versetzen die Gäste kurzfristig dorthin.

Restaurant/Bar La Cascada (☎ 2771 6479; Ecke Calle 2 & Av. 2; Gerichte 4–8 US$; 🕒 23 Uhr–spätnachts) Tagsüber ein nettes Restaurant, nachts eine trendige Kneipe. Die gut sortierte Bar, riesige Bildschirme mit Musikvideos und ein großes Angebot an Snacks ziehen viele einheimische Jugendliche an, die hier bei Bier und Burgern Kontakte knüpfen.

LP Tipp **Kafe de la Casa** (Av 3 zw. Calle 2 & 4; Gerichte 4–10 US$; 7–20 Uhr) Dieses unkonventionelle Café in einem alten Haus begeistert durch farbenfroh gestrichene und mit Kunstwerken dekorierte Räume, eine offene Küche und schattige Plätze im Garten. Die Speisekarte bietet gute Frühstücke, leichte Mittagessen, Gourmet-Abendessen und alle möglichen Kaffeegetränke. Das witzig aufgemachte Café hat viele Stammgäste.

Reisende, die aufs Geld schauen müssen, sollten nach den günstigen Sodas (Imbisslokalen) im **Mercado Central** (Av. 4 zw. Calle Central & 2) Ausschau halten. Selbstversorger können einen Block weiter südlich im **Supermercado Central** (Av. 6 zw. Calle Central & 2; Mo–Sa 7–21, So 8–14 Uhr) einkaufen können.

An- & Weiterreise
BUS
Der Busbahnhof von San Isidro liegt an der Avenida 6. Von hier aus steuern die Busse die nahe gelegenen Dörfer an. Fernbusse starten an unterschiedlichen Punkten entlang der Carretera Interamericana. Da sie oft überfüllt sind, empfiehlt es sich, die Fahrkarten frühzeitig im Voraus zu kaufen.

Tracopa-Busbahnhof
Der **Tracopa-Busbahnhof** (2771 0468) liegt an der Interamericana unmittelbar südwestlich der Avenida Central.

Neily 5 US$, 6 Std., Abfahrt 4.45, 7.30, 12.30 & 15 Uhr.

Palmar Norte 2,75 US$, 3 Std., Abfahrt 4.45, 7.30, 12.30 & 15 Uhr.

Paso Canoas 4,50 US$, 5 Std., Abfahrt 8.30, 10.30, 14.30, 16, 19.30 & 21 Uhr.

San José 2,75 US$, 3 Std., Abfahrt 7.30, 8, 9.30, 10.30, 11, 13.30, 16, 17.45 & 19.30 Uhr.

San Vito 2,75 US$, 3 Std., Abfahrt 5.30 & 14 Uhr.

Busbahnhof Quepos
Der **Busbahnhof Quepos** (2771 2550) liegt an einer Seitenstraße etwa 500 m südlich des Tracopa-Busbahnhofs.

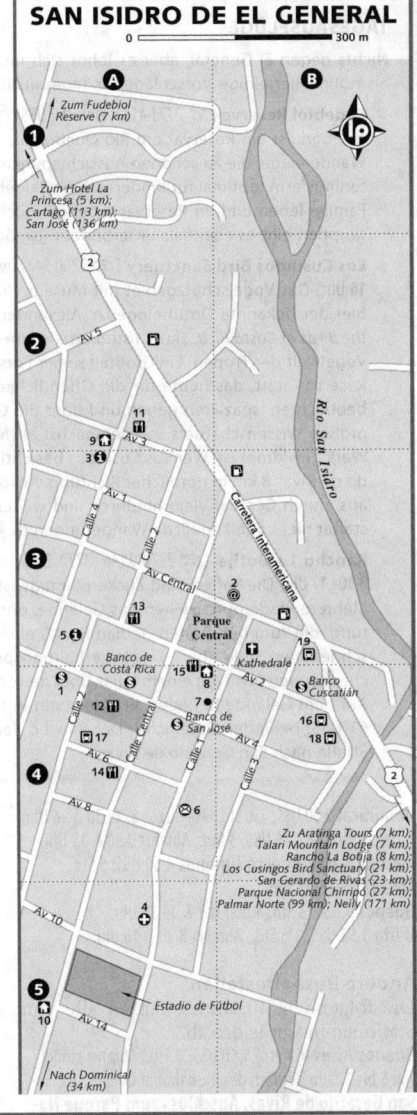

SAN ISIDRO DE EL GENERAL
0 _____ 300 m

Zum Fudebiol Reserve (7 km)
Zum Hotel La Princesa (5 km); Cartago (113 km); San José (136 km)
Río San Isidro
Carretera Interamericana
Parque Central
Banco de Costa Rica
Kathedrale
Banco Cuscatián
Banco de San José
Zu Aratinga Tours (7 km); Talari Mountain Lodge (7 km); Rancho La Botija (8 km); Los Cusingos Bird Sanctuary (21 km); San Gerardo de Rivas (23 km); Parque Nacional Chirripó (27 km); Palmar Norte (99 km); Neily (171 km)
Estadio de Fútbol
Nach Dominical (34 km)

PRAKTISCHES		
Banco Coopealianza	....	1 A4
Banco Coopealianza	....	(siehe 8)
Brunc@ Net Café	....	2 B3
BTC Internet	....	(siehe 15)
Ciprotur	....	3 A3
Clínica El Labrador	....	4 A5
Minae Park-Verwaltungsbüro	.....	5 A3
Postamt	....	6 A4
Selva Mar	....	7 A4

SCHLAFEN		
Hotel Chirripó	....	8 A4
Hotel Diamante Real	....	9 A2
Hotel Los Crestones	....	10 A5

ESSEN		
Kafe de la Casa	....	11 A2
Mercado Central	....	12 A4
Restaurant/Bar La Cascada	....	13 A3

Supermercado Central	....	14 A4
Taquería México Lindo	....	15 A4

TRANSPORT		
Busse nach Buenos Aires	....	16 B4
Busbahnhof für Lokalbusse	....	17 A4
Busbahnhof Quepos	....	18 B4
Busbahnhof Tracopa	....	19 B3

DER SÜDEN

TAGESAUSFLÜGE

Nichts gegen El General, aber es lohnt sich nicht, sich länger in diesem Städtchen aufzuhalten als nötig. Hier einige Vorschläge für Tagesausflüge in die Umgebung.

■ **Fudebiol Reserve** (☎ 2771 4131; Eintritt 2 US$; ☯ Di–So 8–16 Uhr) Fudebiol, nördlich von El General gelegen, ist ein Reservat am Río Quebradas. Seine 750 ha große Fläche umfasst ausgedehnte Wanderwege, die zu schönen Aussichtspunkten, einem Teich zum Abkühlen und einer Schmetterlingsfarm (optimal für Kinder) führen. Fudebiol bietet Reisenden, die bei einer einheimischen Familie leben und im Reservat arbeiten möchten, auch Freiwilligenprogramme. Für Besuchergruppen gibt es ebenfalls Unterbringungsmöglichkeiten. Informationen bei Ciprotur (S. 405).

■ **Los Cusingos Bird Sanctuary** (☎ 2200 5472; www.cct.or.cr; Quizarrá; Erw./Kind 10/5 US$; ☯ Di–So 7 bis 16 Uhr) Das Vogelschutzgebiet mit Museum liegt auf dem Gelände einer Farm. Früher wohnte hier der bekannte Ornithologe Dr. Alexander Skutch, Autor der Vogelkundlerbibel *A Guide to the Birds of Costa Rica*. Skutch studierte in einer langen und erfolgreichen Karriere ausgiebig die Vogelwelt der Tropen. Ein Großteil seiner Forschungsarbeit fand dabei in diesem 78 ha großen Reservat statt, das heute für die Öffentlichkeit zugänglich ist. Besucher können die Tierwelt beobachten, spazieren gehen und über die Geheimnisse der Natur meditieren. Das Haus des großen Wissenschaftlers soll demnächst als Museum eröffnet werden, das seinem Leben und Werk gewidmet ist. Wer Los Cusingos besichtigen möchte, fährt auf der Straße nach San Gerardo de Rivas 8 km in nördlicher Richtung. Anschließend geht es in Rivas rechts ab, 5 km geradeaus, durch General Viejo hindurch und weiter nach Osten bis Quizarrá. Aratinga Tours veranstaltet hier vogelkundliche Wanderungen (S. 406).

■ **Rancho La Botija** (☎ 2770 2146, 2770 2147; www.rancholabotija.com; Rivas; Eintritt 5 US$; ☯ Di–So 8.30–17 Uhr) Die Kaffee- und Zuckerplantage ist besonders für Familien mit Kindern ein Erlebnis. Mehrere Pfade durchziehen das Gelände, und täglich um 9 Uhr startet eine geführte Wanderung, die zum berühmten „Indian Rock", einem alten, mit präkolumbischen Petroglyphen beschriebenen Stein, führt. Das Unterhaltungsprogramm richtet sich an alle Altersklassen. Besucher können etwa mit einem Kajak über den See oder mit einem Floß auf dem Badeteich fahren. Auf dem Gelände befinden sich auch ein Restaurant und ein paar Hütten (DZ inkl. Frühstück 61 US$; behindertengerecht). Der Rancho liegt 7 km von der Interamericana entfernt an der Straße nach San Gerardo de Rivas.

Dominical 2,50 US$, 2½ Std., Abfahrt 7, 8, 13.30 & 16 Uhr.
Palmar Norte 2,75 US$, 3 Std., Abfahrt 6.30 & 15 Uhr.
Palmar Norte/Puerto Jiménez 4,50 US$, 5 Std., Abfahrt 6.30 & 15 Uhr.
Quepos 3 US$, 3 Std., Abfahrt 7 & 13.30 Uhr.
Uvita 1,50 US$, 1½ Std., Abfahrt 8.30 & 16 Uhr.

Andere Bushaltestellen
Die folgenden Buslinien fahren alle von Stationen in San Isidro ab.
Buenos Aires (Gafeso) 1,50 US$, 1 Std., Abfahrt stündl. von 5 bis 17 Uhr nördlich des Busbahnhof Quepos.
San Gerardo de Rivas, Anschluss zum Parque Nacional Chirripó 2,50 US$, 2½ Std., Abfahrt vom Parque Central um 5 Uhr und vom Busbahnhof an der Avenida 6 um 14 Uhr.

TAXI
Ein Allradtaxi nach San Gerardo de Rivas kostet 20 bis 25 US$, der exakte Preis ist vom genauen Ziel abhängig.

SAN GERARDO DE RIVAS
Wer den Gipfel des Chirripó besteigen möchte, ist hier richtig – das kleine, ruhige Städtchen San Gerardo de Rivas markiert den Eingang in den gleichnamigen Nationalpark. Hier können die Wanderer Unterkünfte innerhalb des Parks reservieren, noch die letzten Ausstattungsgegenstände und Proviant kaufen und sich (vielleicht am wichtigsten) vor der Expedition noch eine gute Mütze Schlaf und/oder eine heiße Mahlzeit gönnen.

San Gerardo ist ein attraktiver Ort, dessen Reize die Wanderer oft übersehen. Der Río, die Alpenlandschaft mit der reichen Fauna und der felsige Gipfel des Chirripó bilden den hübschen Hintergrund dieses netten kleinen Dorfs. Und es ist auch nicht nötig, den Berg zu erklimmen, um mit dem Kopf in den Wolken spazieren zu können – das Cloudbridge Nature Preserve ist eine perfekte Alternative für all jene, die nicht die Zeit (oder

DER SÜDEN

Energie) haben, um bis auf den Gipfel zu steigen, dort gibt es genauso viel zu sehen.

Orientierung & Praktische Informationen

Die Straße nach San Gerardo de Rivas windet sich 22 km lang das Tal des Río Chirripó hinauf. Die ersten 10 km sind befestigt, nach der Ortschaft Rivas beginnt eine schmale und steile Schotterpiste mit Schlaglöchern. Das „Zentrum" von San Gerardo besteht, wie üblich, aus dem Fußballplatz und der gegenüberliegenden *pulpería* (ein kleiner Lebensmittelladen). Ansonsten hat dieses Dorf nicht viel zu bieten – nur die üblichen Farmen und Hütten entlang der Straße.

Die **Chirripó Rangerstation** (Sinac; ☎ 2200 5348; ☒ 6.30–12 & 13–16.30 Uhr) liegt etwa 1 km unterhalb des Fußballplatzes an der Straße nach San Isidro. Hier sollten Reisende sich so früh wie möglich nach freien Zimmern in der Berghütte Los Crestones auf dem Berggipfel (S. 413) erkundigen und diese vor dem Aufbruch bezahlen.

Sehenswertes & Aktivitäten

Etwa 2 km hinter dem Startpunkt des Wanderweges zum Cerro Chirripó befindet sich der Eingang zum mystischen und magischen **Cloudbridge Nature Preserve** (☎ kein Telefon vor Ort, in New York 212-362 9391; www.cloudbridge.org; Eintritt Spende; ☒ Sonnenaufgang–Sonnenuntergang). Dieses private Reservat umfasst 182 ha Fläche am Berghang des Cerro Chirripó und betreibt ein Aufforstungs- und Naturschutzprogramm, das von den New Yorkern Ian und Genevieve Giddy geleitet wird. Ein Netz von Wanderwegen durchzieht einen Teil des Geländes. Seine Erkundung (auf eigene Faust) ist mit Hilfe der vor Ort erhältlichen Karten kein Problem. Lohnende Ziele sind die beiden Wasserfälle, darunter die prachtvolle **Catarata Pacifica** in der Nähe des Eingangs. Wanderer werden wunderbare Vögel zu Gesicht bekommen, etwa den leuchtend smaragdgrünen Tukan, den vom Aussterben bedrohten Mohrenguan und viele andere für den Nebelwald typische Vertreter. Freiwillige, die an dem Aufforstungsprogramm teilnehmen möchten, sind herzlich willkommen. Die Anfahrt mit dem Auto ist nur mit Allradantrieb möglich; zu Fuß ist es eine steile, aber lohnende Wanderung.

Wer genug vom Wandern hat, kann sich in den **Thermalquellen** (☎ 8391 8107; Herradura;

Eintritt 3 US$; ☒ 7–18 Uhr) etwa 2 km nördlich von San Gerardo entspannen. Unmittelbar oberhalb der Rangerstation gabelt sich die Straße: Den linken Weg nehmen. Dieser führt zunächst etwa 1 km über eine befestigte Straße, anschließend geht es rechts über eine wackelige Hängebrücke. Der Weg erreicht nach einem weiteren Kilometer ein Haus mit einem Soda, dem Eingang zu den Quellen.

Schlafen & Essen

LP Tipp **Hotel y Restaurant Roca Dura Café** (☎ 2262 7218; Stellplatz pro Pers. 5 US$, Zi. 25–40 US$; **P**) Diese legere Unterkunft liegt direkt im „Stadtzentrum", unmittelbar gegenüber vom Fußballplatz, und wurde in die rechte Seite eines riesigen Felsens gebaut. Familie Feuerstein würde sich in diesem Ambiente durchaus heimisch fühlen. Wandgemälde schmücken die kleinen Steinzimmer. Die teureren Zimmer gewähren einen herrlichen Blick über die bewaldeten Berghänge. Die Möbel sind aus Baumstämmen gefertigt. Das Restaurant im Obergeschoss ist ein beliebter Treffpunkt der Einheimischen.

Albergue Urán (☎ 8388 2333, 2771 1669; B/DZ ab 10/ 25 US$; **P**) Nur 50 m unterhalb der Stelle, wo der Weg zum Chirripó beginnt, liegt diese einfache Jugendherberge, unter Wanderern auf dem Weg zum oder vom Berg geradezu eine Institution. Die günstigen Zimmer unterschiedlicher Größe sind perfekt für eine erholsame Nacht, während das Restaurant, der Lebensmittelladen und der Waschsalon alle Bedürfnisse des Rucksacktouristen erfüllen. Der sehr nette Besitzer gibt gute Tipps für Wanderungen zum Chirripó.

Hotel El Pelicano (☎ 8382 3000; DZ/3BZ mit Bad 30/ 60 US$, Zi. pro Pers. ohne Bad 10 US$; **P** ☒) Etwa 300 m unterhalb der Rangerstation vermietet dieses einfache, aber funktionale Budget-Hotel spartanische, jedoch saubere Zimmer mit Blick auf das Flusstal. Das Highlight ist die Galerie des Besitzers, eines spätberufenen Künstlers, der eigenwillige Werke aus Holz fertigt. Wer eine einfache Mahlzeit möchte, bekommt im Hotelrestaurant für 4 bis 8 US$ recht leckere *casados* (warme Gerichte).

Talamanca Reserve (☎ 2772 1715; DZ ab 85 US$; **P** ☒) Dieses ausgedehnte, 1600 ha große Privatreservat wendet sich an Gäste, die keinen Komfort missen möchten, selbst nicht auf einer Höhe von 2500 m. Ein wenig unheimliche Talamanca-Skulpturen schmücken die geräumigen Steinhütten. Die Unterkünfte

DER SÜDEN

sind mit lackierten Holzmöbeln, Bädern im amerikanischen Stil und großen Fenstern ausgestattet. Die Anlage zieht mit ihrem modernen Gourmet-Restaurant auch Nicht-Hotelgäste an, die auch das weitläufige Wegenetz nutzen können. Der Eingang befindet sich etwa 1 km südlich vom Beginn des Wanderweges zum Chirripó.

An- & Weiterreise

Busse nach San Isidro fahren um 7 und 16 Uhr am Fußballplatz ab (1 US$, 2 Std.). Jedes Hotel ruft auf Wunsch ein Taxi.

Von San Isidro fährt man über die Interamericana nach Süden und überquert den Río San Isidro am südlichen Stadtrand. 500 m danach wird der unausgeschilderte Río Jilguero überquert. 300 m danach geht es die erste steile – und nicht ausgeschilderte – Abzweigung links hinauf.

Die Rangerstation folgt nach 18 km. Bis Rivas ist die Straße geteert, dann wird sie steil und ist unbefestigt. Während der Trockensaison können normale Autos die Strecke befahren, ein Allradfahrzeug ist aber sicherlich besser geeignet. Ab der Ortschaft San Gerardo de Rivas sind die Albergue Urán und das Cloudbridge Nature Preserve ausschließlich mit Allradfahrzeugen erreichbar.

PARQUE NACIONAL CHIRRIPÓ

Wie ein Rückgrat durchziehen vier *cordilleras* (Bergketten) Costa Rica auf seiner gesamten Länge. Die Cordillera de Talamanca ist die höchste, längste und entlegenste, das Talamanca-Hochland ist zu großen Teilen nur schwer zu erreichen. Hier erhebt sich Costa Ricas höchster Gipfel, der 3820 m hohe Cerro Chirripó, er bildet den Mittelpunkt des beliebten gleichnamigen **Nationalparks**. Allerdings ist der Chirripó zwar der höchste und bekannteste Berg Costa Ricas, aber keineswegs einzigartig: Zwei weitere Gipfel im Park sind ebenfalls höher als 3800 m, und der Großteil des 502 km² großen Parkgeländes liegt oberhalb von 2000 m Höhe.

Der Nationalpark Chirripó ist eine völlig unerwartete Zuflucht vor der Hitze und Luftfeuchtigkeit des Regenwaldes. In den höchsten Lagen über 3400 m dominiert *páramo*, eine Landschaft, die aus Krüppelwald und weiten

Grasflächen besteht und eine einzigartige Tierwelt beherbergt. Felsformationen wie die markante Silhouette der Los Crestones setzen in der kargen Berglandschaft Akzente. Der Park verdankt seinen Namen den Gletscherseen: Chirripó bedeutet aus einer Indianersprache übersetzt „ewiges Wasser".

Der karge Páramo steht im augenfälligen Kontrast zum üppigen Nebelwald, der die Höhenlagen zwischen 2500 und 3400 m dominiert. Eichen (manche mehr als 50 m hoch) ragen aus dem Blätterdach des Waldes heraus, der aus immergrünen Bäumen, Lorbeerbäumen und Unterholz besteht. Würgefeigen – jene sehnigen Pflanzen, die an den Stämmen größerer Bäume emporwachsen – gedeihen in diesem Klima. In der Umgebung von San Gerardo de Rivas greifen Felder und Kaffeeplantagen in den weiter unten wachsenden Nebelwald über.

Der Chirripó ist ausschließlich zu Fuß zu erreichen. Obwohl der Aufstieg lang und anstrengend ist, gehört es unbestreitbar zu den Höhepunkten eines Aufenthalts in Costa Rica, vom Gipfel aus einen Sonnenaufgang über der Karibik zu erleben, während die Pazifikseite noch dämmrig ist. Der Weg nach oben ist kalt und oft nass, aber das atemberaubende Panorama entschädigt für alles.

ORIENTIERUNG

Die Trockenzeit (Ende Dez.–April) ist die beste Reisezeit, um den Nationalpark Chirripó zu besuchen. Februar und März sind die trockensten Monate, aber auch dann kann es regnen. An Wochenenden und vor allem während der Ferien ist der Park mit einheimischen Wandergruppen überlaufen und die Berghütte häufig belegt. Der Park ist im Mai geschlossen, doch zu Beginn der Regenzeit kann man noch gut wandern, da es vormittags nur selten regnet. Das ganze Jahr über können die Temperaturen nachts unter den Gefrierpunkt fallen. Wer also im Bergland wandern will, sollte warme Kleidung (inkl. Mütze und Handschuhe) sowie Regenkleidung und einen wintertauglichen Schlafsack mitbringen. An ungeschützten Stellen kann es durch starke Winde sogar noch fühlbar kälter werden. In der Rangerstation in San Gerardo de Rivas sollten Wanderer vor einer Besteigung den Ranger nach der Wetterprognose für die nächsten Tage fragen.

Die in der Rangerstation erhältlichen Karten sind für die Hauptwege sehr nützlich.

Detailliertere topografische Karten im Maßstab 1:50 000 sind am Instituto Geográfico Nacional in San José (S.583) erhältlich. Der Chirripó liegt leider genau auf dem Schnittpunkt vier unterschiedlicher Karten, sodass die Karten 3444 II *San Isidro* und 3544 III *Dúrika* erforderlich sind, um das Gebiet von der Rangerstation bis zum Gipfel abzudecken, und die Karten 3544 IV *Fila Norte* und 3444 I *Cuerici* für andere Gipfel des Massivs.

PRAKTISCHE INFORMATIONEN

Wanderer müssen einen Tag vor dem geplanten Aufstieg an der **Rangerstation Chirripó** (Sinac; ☎ 2200 5348; ☻ 6.30–12, 13–16.30 Uhr) vorbeischauen und klären, ob in der Berghütte Platz ist. Hier müssen auch die Parkgebühren bezahlt werden (2 Tage 15 US$, jeder weitere Tag 10 US$). Die Hütte hat nur begrenzte Übernachtungskapazitäten! Je früher man also morgens nach einem Platz für den nächsten Tag fragt, umso größer ist die Chance auf Erfolg. Auch bei einer Vorabreservierung müssen Wanderer einen Tag vorher die Reservierung bestätigen (unbedingt die Reservierung und die Zahlungsbestätigung mitbringen!). Vor Ort können Träger angeheuert (etwa 25 US$ für 14 kg) bzw. nicht benötigtes Gepäck während der Wanderung gelagert werden. Besser ist es, wenig mitzubringen.

TIERBEOBACHTUNG

Die großen Höhenunterschiede sorgen für eine überraschend artenreiche Tierwelt im Parque Nacional Chirripó. Der Park ist besonders für seine Vogelvielfalt berühmt. Er ist Nistplatz für mehrere bedrohte Vogelarten, darunter die Harpyie und der scheue Quetzal, der vor allem zwischen März und Mai häufig zu sehen ist. Aber auch ohne diese spektakulären Vögel ist die gefiederte Welt phänomenal. Zahlreiche Gebirgsvögel wie Hämmerling, Mohrenguan und Großtinamu umschwirren die Besucher. Die an die Anden erinnernde Páramo–Landschaft ist außerdem Lebensraum für Streifenjunkos, Rußdrosseln, Schieferämmerlinge, Großfuß-Buschammern und den Weinkehl-Kolibri, der nur in Costa Ricas Hochland vorkommt.

Neben den zahlreichen Vogelarten sind einige ungewöhnliche Hochlandreptilien wie Fransenfingerechsen und Hochlandkrokodilechsen im Park heimisch. Zu den Säugetierarten, die im Park vorkommen, zählen Pumas, Baird-Tapire, Klammeraffen und – in höheren Regionen – Dice-Baumwollschwanzkaninchen sowie ihre Jäger, die Kojoten, die als Allerweltskerle überall zu finden sind.

Obwohl niemals die Garantie besteht, die selteneren Tiere auch tatsächlich zu sehen, kann man seine Chancen immerhin ein wenig steigern: Pumas bevorzugen Steppenregionen und queren bei Sonnenauf- und -untergang die Wege; Baird-Tapire halten sich gerne in der Nähe von Hochlandlagunen auf, vor allem zur Regenzeit. Wer frische Spuren entdeckt, sollte sich bei Sonnenauf- oder -untergang auf die Lauer legen. Kojoten auf Nahrungssuche schleichen nachts häufig zu den Mülltonnen bei der Crestones Base Lodge. Morgens lugen sie noch hinter Felsen hervor.

WANDERN
Besteigung des Chirripó

Der Parkeingang liegt bei San Gerardo de Rivas auf 1350 m Höhe. Von hier sind es weitere 2500 Höhenmeter bis zum Gipfel! Ein gut ausgebauter Weg führt 16 km bergan, für den Aufstieg sind keine technischen Hilfsmittel wie Seile und Haken erforderlich.

Für die ersten 10 km bis zur Hütte sollte man je nach Ausdauer und Freude am Schauen 7–14 Stunden rechnen. Als Aufbruchszeit wird 5 bis 6 Uhr früh empfohlen. Der Beginn des Weges liegt 50 m hinter der Albergue Urán in San Gerardo de Rivas (rund 4 km von der Rangerstation entfernt). Das Haupteingangstor wird von 4 bis 10 Uhr für Wanderer zum Gipfel geöffnet, danach wird kein Wanderer mehr durchgelassen. Im Park selbst ist der Aufstiegsweg nach jeweils einem Kilometer deutlich gekennzeichnet.

Die offene Schutzhütte auf halber Strecke beim **Llano Bonito** ist ein guter Platz für die Mittagspause. Hier lässt sich auch Wasser nachfüllen. Generell gilt: Die Hütte ist für Notfälle gedacht und nicht als Übernachtungsort gebaut worden!

Nach rund 6 km ist der **Monte Sin Fe**, ein erster Kamm auf 3200 m Höhe, ereicht. Sein Name bedeutet übersetzt „Berg ohne Glauben". Es folgen zwei relativ flache Kilometer zum Verschnaufen, bevor der letzte Anstieg zur 2 km entfernt liegenden Crestones Base Lodge (3400 m) ansteht.

Der Aufstieg zur Hütte ist der härteste Teil der ersten Etappe. Danach geht es weitere 6 km über relativ flaches Terrain zum Gipfel. Nur die letzten 100 Höhenmeter sind nochmals sehr steil. Für diese Strecke benötigt man

---

CHECKLISTE FÜR DIE BESTEIGUNG DES CHIRRIPÓ

Costa Rica liegt zwar in den Tropen, auf dem Chirripó kann es jedoch empfindlich kühl werden. Wer hier wandern will, sollte sich entsprechend ausrüsten. Die folgende Checkliste hilft dabei:

- Wasserflasche (es gibt zwischen dem Beginn des Wegs und dem Basiscamp nur eine Möglichkeit, sich mit frischem Wasser zu versorgen)
- Proviant (inklusive Snacks für die Wanderung)
- Warme Jacke, Handschuhe und Mütze (die Temperaturen können unter den Gefrierpunkt fallen)
- Guter Schlafsack (kann an der Lodge ausgeliehen werden)
- Regenausrüstung (selbst wenn es nicht regnet, ist es am Gipfel auf jeden Fall neblig und feucht)
- Plastiktüten (um Kleidung und Wertgegenstände vor Nässe zu schützen)
- Sonnenschutz (es mag kalt sein, aber die Sonne ist dennoch sehr stark, und ein Großteil der Tour führt durch baumloses Gelände)
- Taschenlampe (in der Hütte am Gipfel gibt es abends nur für kurze Zeit Strom)
- Kompass und Karte (vor allem, wenn es über weniger stark frequentierte Routen gehen soll)
- Kamera (Beweisfoto, dass man den Gipfel erklommen hat!).

---

bei guter Fitness mindestens zwei Stunden. Ins Gepäck gehören eine warme Jacke, Regenkleidung, Proviant und eine Taschenlampe für den Notfall. An klaren Tagen reicht der Blick vom Gipfel bis zu beiden Ozeanen. Die dunkelblauen Seen und die üppig bewaldeten Berge des Valle de las Morenas liegen im Vordergrund. Leser empfehlen, das Basislager um 3 Uhr morgens zu verlassen, um den Sonnenaufgang auf dem Gipfel erleben zu können.

Für den Auf- und Abstieg von der Rangerstation in San Gerardo müssen zwei Tage geplant werden (ohne Zeit zum Erholen oder für Umwege). Auf der Spitze des Berges ist es aber so grandios, dass man mindestens einen weiteren Tag für die eigentliche Gipfelregion einplanen sollte – dort sind außerdem mehrere Wanderwege angelegt.

Weitere Wanderwege

Die meisten Wanderer entscheiden sich für den Hauptweg zum Chirripó und steigen auch über den gleichen Weg wieder ab. Von der Berghütte führen jedoch weitere Wanderwege zu anderen attraktiven Zielen. Eine längere Alternativroute zum Gipfel beginnt an der Hütte (Base Lodge) und führt über den **Cerro Terbi** (3760 m) und **Los Crestones**. Die mondähnlichen Gesteinsformationen sind auf vielen Postkarten abgebildet. Wer sich für einen längeren Aufenthalt oben in der Hütte entscheidet, sollte auch die faszinierende grasbe-

wachsene **Sabana de los Leones** besuchen, die einen eindrucksvollen Kontrast zur ansonsten alpinen Landschaft bildet. Gipfelstürmer können außerdem auf einer Tagestour von Crestones aus den 3812 m hohen **Cerro Ventisqueros** besteigen. Die Wege dorthin sind ziemlich gut in Schuss, doch sollte man sich vor dem Losgehen über den aktuellen Zustand der Bergwege erkundigen.

Für hartgesottene Wanderer wird eine geführte drei- oder viertägige Rundwanderung angeboten. Sie beginnt in Herradura und führt zunächst einmal einen oder zwei Tage durch den Nebelwald und den Páramo unterhalb der Fila Urán. Vor dem letzten Anstieg zum Chirripó geht es auf den **Cerro Urán** (3600 m). Danach folgt der Abstieg nach San Gerardo. Auf dieser Wegetappe wird gezeltet, die Wanderung wird nur in Begleitung eines ortskundigen Führers genehmigt. Organisiert werden die Touren von der Firma Costa Rica Trekking Adventures (s. unten). Als Alternative bietet sich die **Guides's Association** (☎ 2771 1199) in Herradura an; man erreicht sie über die örtliche *pulpería*.

GEFÜHRTE TOUREN

Die meisten Reisenden durchstreifen den Park auf eigene Faust oder nehmen sich vor Ort einen Führer. **Costa Rica Trekking Adventures** (☎ 2771 4582; www.chirripo.com) sind eine sehr empfehlenswerte Alternative für all jene, die organisierte Abenteuer bevorzugen. Dieses renommierte Unternehmen bietet unterschiedliche Exkursionen am Chirripó an, u. a. eine eintägige Wanderung zum Llano Bonito und eine viertägige Tour rund um den Urán. Die Preise sind verhandelbar und hängen von Gruppengröße und Jahreszeit ab.

SCHLAFEN & ESSEN

Die einzige Unterkunft im Parque Nacional Chirripó ist die **Crestones Base Lodge** (B 10 US$), die bis zu 60 Personen in Schlafsälen mit Etagenbetten unterbringen kann. Das einfache Steingebäude hat eine Solaranlage, die zwischen 6 und 20 Uhr Strom für Licht und sporadisch warmes Wasser für die Duschen liefert. In der Hütte können für ein paar Dollar pro Tag Schlafsäcke, Decken, Kochgeschirr und Gaskanister ausgeliehen werden.

Eine Reservierung ist in der Crestones Base Lodge absolut unerlässlich. Bei geführten Wanderungen übernimmt dies der Veranstalter. Wer seine Tour selbst organisiert, kann vor der Ankunft in Costa Rica praktisch keine Reservierung vornehmen. Deshalb sofort nach der Ankunft im Land Kontakt mit dem **Minae-Büro** (☎ 2771 3155; Fax 2771 3297; aclap@sinac. go.cr) in San Isidro aufnehmen. Wenn noch Platz ist, wird man von Minae aufgefordert, die Zahlung per Kreditkarte vorzunehmen, um die Reservierung zu bestätigen. Am Tag vor der Wanderung müssen dann an der Rangerstation in San Gerardo de Rivas Reservierung und Zahlungsbeleg vorgelegt werden. Das Ganze hört sich bürokratisch an.

Glücklicherweise hält die Lodge zehn Betten pro Nacht für Wanderer zurück, die direkt nach San Gerardo kommen und am nächsten Tag aufbrechen wollen. Diese Alternative ist für die meisten Bergsteiger die praktikabelste Lösung – auch wenn es keine Garantie gibt, dass man an den gewünschten Tagen ein Bett ergattert. Besonders eng wird es zu den Hauptreisezeiten und an den Wochenenden in der Trockenzeit. Die Rangerstation öffnet um 6.30 Uhr – je früher man dort also auftaucht, desto wahrscheinlicher kann es am folgenden Tag gleich losgehen.

Auf der Crestones Base Lodge gibt es zwar Trinkwasser, aber nichts zu essen. Wanderer müssen deshalb die Rationen vorbereiten und ihren gesamten Proviant selbst hinauftragen. Zelten ist nur in einem ausgewiesenen Bereich am Cerro Urán erlaubt, aber nicht bei Crestones oder sonst wo im Park.

AN- & WEITERREISE

Informationen zur Anreise sind im Abschnitt San Gerardo de Rivas (S. 408) nachzulesen. Gegenüber der Rangerstation, vor den Cabinas El Bosque, startet um 5 Uhr ein kostenloser Shuttleservice zum Ausgangspunkt des Wanderweges. Einige Hotels übernehmen den Transport ihrer Gäste.

DIE STRASSE NACH LA AMISTAD

Von San Isidro aus windet sich die Interamericana in Richtung Südwesten durch eine herrliche Landschaft aus sanften Hügeln und Kaffeeplantagen. Im Hintergrund ragt eine imposante Bergkulisse auf, die bis zu 3500 m Höhe erreicht. Entlang der Strecke zweigt eine Reihe enger und steiler Schotterpisten zu einigen der entlegensten Gegenden Costa Ricas ab – manche sind durch die Barriere der Cordillera de Talamanca nahezu unerreichbar. Die Fahrt über diese Straßen ist ein lohnenswertes Abenteuer. Sie führen zum Parque International La Amistad, einer unverfälschten Wildnis von geradezu epischen Ausmaßen.

BUENOS AIRES

Ein kurzer Blick auf die Del Monte-Fabrik genügt, um zu erkennen, dass die Ananas die Wirtschaft von Buenos Aires beherrscht. Wer aber nicht gerade eine günstige LKW-Ladung gesüßter Ananasscheiben kaufen möchte, braucht dieser Stadt nicht mehr als einen Blick im Vorüberfahren zu gönnen – auch wenn Buenos Aires das Verwaltungszentrum der indigenen Volksgruppen der Ujarrás, Salitre und Cabagra ist.

Die **Asociacíon Regional Aborigen del Dikes** (Aradikes; ☎ 2730 0289; www.aradikes.org), eine lokale Organisation mit der Zielsetzung, die Lage der indigenen Volksgruppen in der Region zu verbessern, ist ein guter Startpunkt für einen Besuch der Reservate. Die Maßnahmen dieser Organisation reichen von Aufforstungsprojekten über Kulturtourismus bis hin zu Protestaktionen gegen das Wasserkraftwerk Boruca (S. 415). Ein weiterer guter Anlaufpunkt ist das **Fundación Dúrika Office** (☎ 2730 0657; www.durika.org), das Reisenden bei Reservierungen für einen Aufenthalt in der Reserva Biológica Dúrika (s. S.414) hilft.

Wer in der Nacht hier strandet, kann im **Aradikes** (☎ 2730 0289; Zi. ab 15 US$; P 🏊) absteigen, das oft auch für Konferenzen und Geschäftstreffen genutzt wird. Die weiß gestrichenen Hütten gruppieren sich um einen reetgedeckten *rancho* (Landgasthof). Gäste bekommen auf Wunsch preisgünstige und deftige Mahlzeiten sowie ein kühles Bier gegen die Tropenhitze serviert.

Die zwischen Palmar Norte, San Vito, San Isidro und San José verkehrenden Busse passieren Buenos Aires, ohne anzuhalten. Man kann sie aber durch Handzeichen an der Interamericana stoppen. Da es aber keine Bushaltestellen gibt, muss man sich beim Fahrer wirklich deutlich bemerkbar machen.

Wer über ein eigenes Auto verfügt, biegt unmittelbar südlich hinter der Del Monte-Fabrik ab – eine befestigte Straße führt dann 3 km in nördlicher Richtung nach Buenos Aires. Diese gabelt sich etwa 1 km südlich der Stadt. Die linke Straße führt an der Fundación Dúrika vorbei ins „Stadtzentrum" in die Nähe des Parque Central; die rechte Straße umgeht das Zentrum und führt zum Aradikes.

RESERVA BIOLÓGICA DÚRIKA

Das 7500 ha große Schutzgebiet ist ein perfektes Beispiel für praktizierten nachhaltigen Tourismus. Es ist Heimat einer kleinen, aber blühenden Gemeinde, die sich aus Ticos und hier lebenden Ausländern zusammensetzt, die sich dem Naturschutz, der Heilkunde mit natürlichen Mitteln und der Erhaltung der indigenen Kultur widmen. Seit 1992 können Reisende, die sich für dieses interessante gesellschaftliche Experiment interessieren, Dúrika einen Besuch abstatten.

Führungen über die Farm demonstrieren die Prinzipien und Verfahrensweisen der biologischen Landwirtschaft – Dünger wird hier beispielsweise aus Chilischoten hergestellt. Die Gäste können kurze Spaziergänge, aber auch Tagesausflüge zum Dorf **Ujarrás**, das von den Cabécar bewohnt wird, und/oder mehrtägige Wanderungen unternehmen. Reisende, die sich besonders für die indigene Kultur oder Heilpflanzen interessieren, sollten nach der **Shaman Tour** fragen, einer einwöchigen Tour durch mehrere Gemeinden mit Schwerpunkt auf traditionellen Heilmethoden.

Besucher sind hier eingeladen, am Alltag der Farm teilzunehmen, sich die örtlichen Wasserfälle (die die Gemeinde mit Strom versorgen) anzusehen und das gesamte Gelände zu erkunden. Hütten unterschiedlicher Größe bieten Unterkunft für bis zu acht Personen (ab 35 US$ pro Pers.). Im Preis inbegriffen sind vegetarische Nahrungspflanzen und Kräutern aus vor Ort angebauten Nahrungspflanzen und Kräutern. Für größere Gruppen und Studenten sind Sonderpreise möglich. Darüber hinaus gibt es Freiwilligenprogramme.

Das Büro der **Fundación Dúrika** (☎ 2730 0657; www.durika.org) in Buenos Aires hält Informationen bereit und kümmert sich um Reservierungen in der Reserva Biológica. Da die Unterkünfte in der Hauptsaison rasch ausgebucht sind, empfiehlt sich eine möglichst frühzeitige Reservierung. Dúrika ist nur mit Allradfahrzeugen zu erreichen; das Büro arrangiert auch den Transport in das Reservat (30 US$ für bis zu fünf Passagiere) und hat während des Aufenthaltes ein Auge auf das Auto der Besucher.

RESERVA INDÍGENA BORUCA

Das malerische Tal des Río Grande de Térraba ist die Heimat der Brunka (oder Boruca). Historikern zufolge haben sich die heutigen Brunka aus verschiedenen indigenen Völkern entwickelt, darunter den Coto, Quepos, Turrucaca, Burucac und Abubaes, deren Stammesgebiete sich vor der spanischen Eroberung bis zur Península de Osa erstreckten.

Heute leben die Brunka vor allem in den kleinen Ortschaften Rey Curré, das von der Carretera Interamericana durchschnitten wird, und Boruca, 8 km nördlich. Das Reservat, das am besten von Buenos Aires aus zu erreichen ist, gilt als besonders besucherfreundlich.

Auf den ersten Blick unterscheiden sich diese Städtchen kaum von den typischen Tico-Dörfern. Wer genauer hinschaut, wird bemerken, dass die Orte, abgesehen von ein paar Kunsthandwerkern, die ihre Produkte feilbieten, nicht auf Touristen ausgerichtet sind – ein Hauptgrund, warum das traditionelle Leben der Boruca ohne große Störungen weitergeht. Besucher sollten in jedem Fall besondere Rücksicht nehmen, sich passend anziehen und niemals Menschen fotografieren, ohne sie vorher um Erlaubnis zu bitten. Diese Orte sind kulturhistorisch ungeheuer interessant, es handelt sich aber nicht um Menschenzoos, sondern um lebendige Gemeinwesen, die sich unter schwierigen Bedingungen um die Erhaltung ihrer Kultur und ihres Wir–Gefühls bemühen.

DER BORUCA-STAUDAMM

Rey Curré ist als Standort eines gigantischen Wasserkraftprojekts mit einem 220 m langen Damm über den Río Grande de Térraba vorgesehen. Sollte es zum Bau kommen, entstünde hier der größte Staudamm in ganz Mittelamerika. Die Planungen haben natürlich zu kontroversen Diskussionen geführt, da für das Vorhaben 25 000 ha Land geflutet und Tausende Menschen, die meisten von ihnen Brunka, umgesiedelt werden müssten.

Die Brunka haben eine sehr starke Bindung an ihr Land, nicht nur, weil sie sich von Landwirtschaft ernähren und die Pflanzen als Heilmittel nutzen, sondern auch, weil hier ihre Ahnen begraben sind. Außerdem würde die Umsiedlung eine Zerstreuung ihrer Gemeinschaft bedeuten, etwas, das sie – in geringerem Umfang – anlässlich des Baus der Interamericana schon einmal erlebten.

Theoretisch kann das Staudammprojekt ohne die Zustimmung der Bewohner nicht realisiert werden. Viele Brunka fühlen sich jedoch angesichts des staatlichen Energieriesen ICE, hinter dem mächtige Interessen und viel Kapital stehen, ziemlich macht- und hoffnungslos. Dennoch haben Organisationen wie die **Asociacíon Regional Aborigen del Dikes** (Aradikes; s. S. 413) eine Kampagne gegen das Projekt gestartet.

Noch gibt es keine Aussagen darüber, welche Seite sich durchsetzen wird. Nach den Verlautbarungen des offiziellen Sprechers von ICE macht das Projekt gute Fortschritte, sodass der Staudamm 2015 in Betrieb gehen soll. Auf der anderen Seite gibt es keinerlei Anzeichen, dass der Baubeginn tatsächlich vor der Tür steht, und ICE hat eingeräumt, nicht ohne ein konkretes Angebot an die Brunka fortfahren zu können.

Wie bei allen Projekten, bei denen ökonomische Interessen den Belangen des Umweltschutzes gegenüberstehen, gibt es auch hier keinen einfachen Kompromiss. Es steht zu hoffen, dass diese politisch und emotional höchst sensible Frage mit Kompetenz und Würde gelöst wird.

Orientierung & Praktische Informationen

Rey Curré ist normalerweise nur als „Curré" auf den Karten eingetragen und liegt 30 km südlich von Buenos Aires direkt an der Carretera Interamericana.

Eine kleine **Kooperative** (⊗ Mo–Fr 9–17, Sa 14–17 Uhr) verkauft Kunsthandwerk. In Boruca haben örtliche Kunsthandwerker Schilder an ihren Häusern angebracht, um für ihre selbstgefertigten Balsa-Masken und gewebten Taschen zu werben.

Das **Museo** in einem reetgedeckten Rancho westlich der Pulpería demonstriert alte Handwerkstechniken und zeigt gelegentlich Ausstellungen.

Asociacíon Regional Aborigen del Dikes (Aradikes; ☎ 2730 0289; www.aradikes.org; Buenos Aires) Vermittelt Unterkünfte und einheimische Führer.

Galería Namu (☎ 2256 3412; www.galerianamu.com; Av. 7 zw. Calle 5 & 7, San José; pro Pers. pro Tag 45 US$) Diese Galerie in San José, die sich auf indigene Kunst spezialisiert hat, organisiert Touren nach Boruca. Dazu gehören sogar Übernachtungen bei Gastfamilien. Das Programm umfasst Wanderungen zu den Wasserfällen, Vorführungen der Kunsthandwerkstradition und das Erzählen von Geschichten. Die Fahrt nach Boruca ist allerdings nicht dabei. Weitere Informationen s. S. 115.

Festivals & Events

Die **Fiesta de los Diablitos** ist ein dreitägiges Brunka-Fest, das an den Kampf der Spanier mit den indigenen Völkern erinnert. Der Höhepunkt des Festivals ist die sogenannte Danza de los Diablitos oder der „Tanz der kleinen Teufel" – eine nachgestellte Schlacht zwischen den beiden historischen Gegnern. Die Brunka tragen hölzerne Teufelsmasken und Kostüme aus Sackleinen und spielen die Rolle der Einheimischen. Die Spanier werden von einem Mann in einem Bullenkostüm dargestellt und verlieren in diesem Fall die Schlacht. Das Festival findet in Boruca vom 31. Dezember bis 2. Januar und in Curré vom 5. bis 8. Februar statt.

Viele auswärtige Gäste kommen für die Festivals nach Boruca und Curré. Die Brunka sind sehr gastfreundlich, erwarten aber, dass ihre Tradition respektiert wird. Besucher müssen im Regelfall eine Gebühr bezahlen, um Foto- oder Videoaufnahmen zu machen. Blitzlicht oder künstliche Beleuchtung sind verboten, außerdem darf der Programmablauf nicht gestört werden.

Die weniger bekannte **Fiesta de los Negritos** wird in der zweiten Dezemberwoche zu Ehren der Unbefleckten Jungfrau gefeiert. Die Kos-

DER SÜDEN

tümtänze werden von traditioneller indigener Musik – vor allem Trommeln und Bambusflöten – begleitet.

Schlafen & Essen

Das **Bar Restaurante Boruca** (☎ 2730 2454; DZ ab 10 US$) ist die einzige reguläre Unterkunft in Boruca. Sie befindet sich im Besitz eines Tico und verfügt über fünf einfache Zimmer mit eigenen Bädern, allerdings nur mit kaltem Wasser. Wer tiefer in die Kultur der Brunka eindringen möchte, für den empfiehlt sich ohnehin eine Privatunterkunft, um die sich **Pedro Rojas Morales** (☎ 506-362-2545; saribu@yahoo.com; Preise Verhandlungssache) kümmert. Señor Morales, ein Brunka-Künstler und ganz zweifellos ein Experte, kann außerdem ein ganzes Spektrum an Aktivitäten im Reservat arrangieren.

Shoppen

Die Brunka sind berühmt für ihr Kunsthandwerk – ihre traditionelle Kunst spielt für das Überleben ihrer Kultur eine außerordentlich wichtige Rolle. Während sich die meisten Bewohner der Region von der Landwirtschaft ernähren, haben sich einige indigene Gemeinden der Produktion hochwertigen Kunsthandwerks zugewandt, das sie an Touristen verkaufen. Besonders bekannt sind ihre kunstvollen Masken aus Balsa- oder Zedernholz, die zuweilen mit natürlichen Farbstoffen oder durchscheinende Acrylfarben bemalt sind. Die Frauen arbeiten noch heute an den traditionellen Handwebstühlen, deren Bauweise noch aus der Zeit vor der spanischen Eroberung stammt, und fertigen damit farbenfrohe Taschen aus Naturbaumwolle, Patzsets und andere Textilien an.

An- & Weiterreise

Busse nach Boruca (1,75 US$, 1½ Std.) fahren vom zentralen Markt in Buenos Aires täglich um 12 und 15.30 Uhr los. Die Schotterpiste ist in einem sehr schlechten Zustand. Die Busse kehren erst am folgenden Morgen zurück, sodass Boruca für Tagesausflügler (die auf den Bus angewiesen sind) uninteressant ist. Ein Taxi von Buenos Aires nach Boruca kostet rund 20 US$.

Autofahrer können die besser ausgebaute Straße nehmen, die 3 km südlich von Curré von der Interamericana abzweigt und gut ausgeschildert ist. Die Strecke nach Boruca, auf der man allerdings nicht besonders schnell vorankommt, ist insgesamt 8 km lang, sollte

aber möglichst mit geländegängigem Allradfahrzeug befahren werden.

PALMAR

Am Kreuzungpunkt der beiden wichtigsten Fernstraßen Costa Ricas liegt die ansonsten unauffällige Ortschaft Palmar. Als Verkehrsknotenpunkt bildet es zugleich das Tor zur Halbinsel Osa und dem Golfo Dulce (weitere Informationen s. S. 435). Das Städtchen ist überdies ein wichtiges Zentrum des Bananenanbaus . Doch gibt es für den normalen Reisenden keinen anderen Grund, sich hier aufzuhalten, als aus dem Flugzeug zu steigen oder den Bus zu wechseln.

Palmar besteht aus zwei Teilen. Wer von Palmar Norte nach Palmar Sur gelangen möchte, muss auf der Interamericana südwärts die Brücke über den Río Grande de Térraba queren und hinter der Brücke die erste Straße rechts nehmen. Die meisten Einrichtungen befinden sich in Palmar Norte, rund um die Kreuzung der Carretera Interamericana und der Costanera Sur, während das Flugfeld in Palmar Sur zu finden ist. Wer Bargeld benötigt, kann in Palmar Norte die **Banco Coopelianza** (☉ Mo–Fr 8–17, Sa 8–12 Uhr) oder die **Banco Popular** (☎ 2786 7033), beide an der Interamericana, aufsuchen.

Abgesehen vom fehlenden Charme ist Palmar zweifellos einer der besten Orte Costa Ricas, um sich die **Granitsphären** (*esferas de piedra*) anzusehen, eine Hinterlassenschaft aus präkolumbischer Zeit. Die Steinkugeln liegen scheinbar zusammenhanglos im Raum. Einige von ihnen haben einen Durchmesser von mehr als 2 m. Sie sind überall in der Stadt anzutreffen, auch am Flugfeld. Einige der größten und eindrucksvollsten befinden sich vor dem pfirsichfarbenen *colegio* (einer Schule) an der Interamericana.

Palmar lohnt eigentlich keinen längeren Aufenthalt. Sollte einmal eine Verbindung nicht funktionieren, ist die **Brunka Lodge** (☎ 2786 7944; brunkalodge@costarricense.cr; EZ/DZ/3BZ 25/30/35 US$; 🏊 🅿) eine recht gute Wahl. Die Gäste wohnen in sonnigen und sauberen Bungalows, die um einen Pool und ein nettes Freiluftrestaurant gruppiert sind. Die **Panadería Palenquito** (Transportes Térraba-Bushaltestelle) ist ein guter Ort zum Frühstücken, wenn am frühen Morgen noch etwas Zeit ist, bis der Bus abfährt.

(Fortsetzung auf S. 425)

Grünes
Costa Rica

Kaffeebohnen aus biologischem Anbau helfen der heimischen Wirtschaft und dem Regenwald
JORDI CAMÍ/ALAMY

Als Vorzeigeland des Ökotourismus überwältigt Costa Rica die Reisenden mit seiner Vielfalt umweltfreundlicher Aktivitäten.

Tierfreunde können frisch geschlüpften Meeresschildkröten auf ihrem Weg zum Meer behilflich sein, Baumliebhaber möchten vielleicht neue Setzlinge am Waldboden ausbringen. Freizeitgärtner üben sich im biologischen Anbau, und Naturforscher machen sich zu den weltweit ursprünglichsten Landschaften auf. Nur wenige Reiseziele verbinden Abenteuer, ehrenamtliche Arbeit und Umweltschutz in einem einzigen, erdenfreundlichen Paket.

Der wichtigste Beitrag in Costa Rica besteht aber darin, die Natur für künftige Generationen zu erhalten. Seitdem dieses „Geheimnis" gelüftet wurde, blüht die Tourismusbranche, und die Spuren der Reisenden sind deutlicher denn je. Deshalb sind alle, die ins Land kommen, auch dafür verantwortlich, die (ökologischen) Folgen ihres Aufenthalts auf ein Minimum zu reduzieren. Glücklicherweise ist es nicht schwierig, in Costa Rica grün zu denken.

Top five
WEGE ZUM REGENWALDSCHUTZ

Bäume pflanzen In der Selva Bananito Lodge (S. 512) an der Karibikküste können Besucher dabei helfen, eine ehemalige Bananenplantage aufzuforsten. Nebenbei wird die Umweltschutzphilosophie der pflichtbewussten Lodgebesitzer, der Familie Stein, vermittelt.

Im Schatten biologisch angebauter Kaffee Der biologische Anbau lässt sich auch auf Kaffee anwenden, chemische Pflanzenschutz- und Düngemittel verlieren dann ihren Einfluss auf die Flora und Fauna. Unter natürlichen Wuchsbedingungen gedeiht das Rötegewächs Kaffee unter hochstämmigen Bäumen. Diese spenden nicht nur Schatten, sondern erzeugen auch Stickstoff und verbessern sowohl den Boden als auch die Kaffeeernte.

Umwelterziehung Unter Obhut der Fundación Corcovado (S. 462) lässt sich an der öffentlichen Meinungsbildung mitarbeiten. Diese „Graswurzelbewegung" widmet sich in erster Linie Costa Ricas letzter großer Wildnis, dem Parque Nacional Corcovado.

Nein zum Exportrindfleisch Mit den Rodungen in Zentralamerika soll vor allem Platz für Viehweiden geschaffen werden – meist, um letztlich den Exportmarkt für Rindfleisch abzufüttern. Wer an einem Burger nicht vorübergehen kann, sollte sich doch vergewissern, woher das Fleisch dafür kam. Es sollte in jedem Fall von einem Rind stammen, das mit Gras gefüttert wurde – das ist nicht nur besser für die eigene Gesundheit, sondern auch für die Umwelt.

Spenden Geldzuwendungen sprechen für sich selbst, vor allem wenn sie zu Händen der **Monteverde Conservation League** (www.monteverdeinfo.com/monteverde_conservation_league.htm) gehen. Diese gemeinnützige Organisation setzt sich für den Schutz des Bosque Eterno de los Niños („Ewiger Wald der Kinder"; s. S. 189) ein.

WIE MAN DIE UMWELT SCHÜTZT

Folgende Tipps verraten, wie die Umwelt nicht nur in Costa Rica, sondern grundlegend geschützt werden kann:

- **Vom Überlauf trinken** Auf Wanderungen sollten die Wasserflaschen an einem Sammelsystem für Regenwasser aufgefüllt und natürliche Wasserquellen sauber gehalten werden.

- **Recyceln** Gleich nach der Ankunft in einer neuen Stadt ist es sinnvoll, sich nach den Recyclingmöglichkeiten zu erkundigen. Wenn ein Recyclingsystem vorhanden ist, sollten auch Mitreisende darauf aufmerksam gemacht werden.

- **Müll aufsammeln** Wer am Strand oder entlang eines Weges wandert, sollte jeglichen Müll, den er entdeckt, aufsammeln – andere beobachten vielleicht dieses Verhalten und ahmen es nach.

- **Respekt vor dem Land** Jeder Wanderer sollte strikt auf den vorgegebenen Wegen bleiben, um die Erosion, die durch menschliches „Durchtrampeln" verursacht wird, zu vermindern.

- **Respekt vor dem Meer** Natürlich sollten auch beim Schnorcheln und Tauchen die Grundregeln befolgt, Müll nicht ins Wasser geworfen und gefährdete Meerestiere bzw. Fische von zu geringer Größe weder gekauft noch gegessen werden.

- **Tiere nicht füttern** Das Füttern von Tieren zerstört deren natürliche Fressgewohnheiten.

- **Hirn einschalten** In Zweifelsfällen helfen der gesunde Menschenverstand und die Vernunft – wo immer auf der Welt man sich auch gerade aufhalten mag.

WAS IST SANFTER TOURISMUS?

Als Rucksackreisende in den 1960er- und 1970er-Jahren auf Hippiepfaden entlang der alten Seidenstraße ihrer Wege zogen, verstand sich Nachhaltigkeit irgendwie von selbst. Alles geschah bedächtig, auf dem Landweg und in Abhängigkeit vom Angebot des Ortes.

Seitdem hat sich jedoch so manches gewaltig verändert. Heute ist das Reisen ein wichtiger Wirtschaftsfaktor, und Experten sagen ein globales Anwachsen dieses Segments um 6 % jährlich voraus. Mit dem Aufkommen von Billigfliegern, verbesserter touristischer Infrastruktur und weiter gesteckten, exotischeren und ferneren Zielen ist Reisen heute zum Alltagsbedürfnis geworden.

Das stete Anwachsen der Tourismusbranche hat manchen Ländern unerwarteten Reichtum gebracht – auch Costa Rica gehörte dazu. Das hatte einerseits gute Auswirkungen, andererseits werden die Lebensräume und traditionellen Gemeinwesen dadurch enorm belastet – und so droht das, was Touristen eigentlich suchen, zerstört zu werden.

In jüngster Zeit tauchte der Begriff des sanften Tourismus oder Ökotourismus als Schlagwort bei den Reiseunternehmen auf. Allerdings haben nur wenige eine klare Vorstellung, wovon sie reden. In Reinform bezeichnet der sanfte Tourismus einfach das ausgewogene Verhältnis von Reisendem und Reiseland.

Wanderer sollten auf dem Weg bleiben, um die Randvegetation zu schonen

YADID LEVY/ALAMY

Costa Rica beheimatet Regenwälder, die eine der weltweit größten Artenvielfalten aufweisen

CHRISTER FREDRIKSSON

SCHUTZ EINZELNER LEBENSRÄUME

Während einer Reise durch Costa Rica kann niemand bestreiten, wie schön die Natur ist – und wie zerbrechlich. Von immergrünen Regenwäldern und aus dem Dschungel empor-ragenden Gipfeln bis hin zu weißsandigen Stränden und klarem, blauem Tropenmeer: Überall zeigt die Natur ihre volle Pracht. Zum Glück sind die meisten Naturräume Costa Ricas geschützt, doch das Schutzsystem hat seine Schwächen – Reisende können dazu beitragen, diesen reichen natürlichen Lebensraum zu erhalten.

Eine der einfachsten Vorbereitungen auf Costa Rica besteht darin, sich über Schutzbe-stimmungen und Umweltfragen zu informieren (s. „Natur & Umwelt", S. 64). Im Lande selbst sollte sich niemand scheuen, Fragen zu stellen – die beste Quelle für eine Auskunft liegt meist direkt vor Ort. Auch wenn der Herdentrieb stark ist, sollte jeder Reisende jene Schutzgebiete meiden, die mit Touristen überfüllt sind.

Eine Liste empfehlenswerter ökologisch orientierter Anbieter in Costa Rica findet sich im GreenDex (S. 640).

TOP FIVE ÖKOLODGES

Wer in einem Hotel sein Haupt zur Ruhe bettet, schläft besser, wenn er weiß, dass der persönliche Aufenthalt im Land keine negativen Auswirkungen auf die Umwelt hat. Es herrscht in Costa Rica zwar kein Mangel an Ökounterkünften, doch die folgende Liste nennt unsere Favoriten:

- **Esquinas Rainforest Lodge** (S. 473) Ein privates Schutzgebiet, das von der Organisation „Re-genwald der Österreicher" geleitet wird. Diese Organisation hat auch geholfen, den National-park Piedras Blancas zu gründen.
- **Punta Mona** (S. 541) Dieses versteckte Schutzgebiet am Rande der Karibikküste ist ein Ver-suchsbetrieb für biologischen Landbau nach dem Prinzip der Permakultur.
- **Rancho Margot** (S. 262) Eine umweltgerecht produzierende Selbstversorgungs-Touristenranch, die sich zugleich als „Hochschule der Lebenskunst" versteht.
- **Si Como No** (S. 379) Der Ökotourismus-Pionier bezeugt, dass Luxus und Nachhaltigkeit einan-der nicht ausschließen.
- **Tiskita Jungle Lodge** (S. 478) Inmitten von 100 ha Obstgärten gelegen, baut diese Dschungel-lodge mehr als 100 Sorten von Tropenfrüchten aus aller Welt an.

NACHHALTIG EINKAUFEN

Ein unmittelbarer Wandel, der durch die Zunahme des Tourismus in Costa Rica vor sich geht, ist das Entstehen eines funktionierenden Konsumentenmarktes für indigenes Kunstgewerbe. Beim Kauf direkt vom Produzenten kommen die finanziellen Mittel unmittelbar am Ort an, was die Gemeinwesen veranlasst, an der traditionellen Herstellung festzuhalten. Als Reisender sollte man sein Geld dort ausgeben, wo es unmittelbaren Nutzen bringt, und so die Zukunft einer Kultur sichern.

In Costa Rica gibt es auch einige Kooperativen, die indigenes Kunsthandwerk aus den Dörfern landesweit aufkaufen, als Erstverkäufer fungieren und den Gewinn an die Kunsthandwerker bzw. Künstler weitergeben. Ein ausgezeichnetes Beispiel für dieses lobenswerte Vorgehen ist die Galería Namu (S. 115) in San José, die als beste indigene Kunstboutique im Land gilt.

Unnötig zu sagen, dass niemand Produkte aus den Körperteilen bedrohter Tiere oder aus seltenen Harthölzern kaufen sollte. Hier hat der Artenschutz Vorrang gegenüber den Verkaufsinteressen der traditionellen Gemeinwesen. Solcher Handel fördert nur die Zerstörung des Lebensraumes und die weitere Ausrottung. Man darf den Händlern nicht glauben, auch wenn sie versichern, dass alles aus umweltgerecht bewirtschafteten Farmen oder Anpflanzungen stammt.

Einnahmen an der Basis schaffen: Ein indigener Handwerker flicht einen Korb zum Verkauf
ROBERT FRIED/ALAMY

SCHUTZ TRADITIONELLER GEMEINWESEN

Eines der Hauptanliegen des sanften Tourismus ist die Wahrung und Achtung heimischer Kulturen. Der Bruch mit den Traditionen in einem Reiseland ist nicht rückgängig zu machen, daher unterscheidet der bedachtsame Umgang mit dem traditionellen Gemeinwesen den neuen Reisenden vom herkömmlichen Touristen.

Während eines Aufenthalts in Costa Rica kann der Reisende mit den Einheimischen sprechen, nach ihren Bräuchen und Traditionen fragen. Wissbegierde seitens des Reisenden zeigt jenen Menschen, dass ihre Eigenheiten von anderen geschätzt werden, auch wenn sich rundherum alles verändert. Vielleicht sitzt der beste Informant über das Lokalkolorit ja bereits neben einem im Bus, auf dem Barhocker zur Rechten oder auf der Parkbank zur Linken. Niemand weiß, wohin ein Gespräch führt, es kann der Beginn eines neuen Abenteuers oder einer neuen Freundschaft sein.

Wachsendes Interesse an Costa Ricas indigenen Kulturen – meist vonseiten ausländischer Touristen – zieht wenigstens etwas mehr Aufmerksamkeit auf diese Gruppen, die lange Zeit nicht beachtet wurden. Sie stehen der Entwicklung unterschiedlich aufgeschlossen gegenüber, aber viele erkennen die wirtschaftlichen Vorteile des anwachsenden Tourismus.

Die Dörfer der Ethnien sind in ganz Costa Rica zugänglich für Besucher, die einen kurzen Blick auf die angestammte Lebensweise werfen oder etwas über die Heilpflanzen des Tropenwaldes lernen möchten. Im Verlauf der Geschichte Costa Ricas wurden die sogenannten Eingeborenen oft verächtlich behandelt oder einfach vernachlässigt, schon allein aus diesem

DER LEBENSWICHTIGE REGENWALD

Warum sollen Menschen eigentlich den Erhalt der Regenwälder ernst nehmen? Nun, auch wenn der Regenwald für die meisten kein Bestandteil ihres Alltags ist, so beeinflusst er dennoch unser Dasein mehr, als wir glauben. Das Überleben der Regenwälder ist aus mehreren Gründen wichtig:

Mildernder Effekt

Zu den häufigsten Schlagwörtern der Medienwelt gehören „Klimawandel" und „Erderwärmung", vor allem hinsichtlich menschlicher Einflüsse, die das stabile System des Planeten beeinflussen. Da sich mittlerweile auch frühere Entwicklungsländer modernisieren, steigt die Kohlendioxidemission, und der Treibhauseffekt ist weltweit zu spüren.

Eine der besten Schutzeinrichtungen gegen steigende Kohlendioxidwerte ist der tropische Regenwald. Er mildert den Treibhauseffekt, weil die Pflanzen das CO_2, das sie aufnehmen, für ihre Assimilation (Stoff- und Energiewechsel) benötigen und so die CO_2-Menge in der Atmosphäre reduzieren – sie fungieren als „Kohlendioxid-Senkgrube". Leider wird unser bestes Mittel gegen den Klimawandel rasch zerstört. Ein erschreckendes Beispiel für die interkontinentalen Auswirkungen ist der Zusammenhang zwischen der Entwaldung in Lateinamerika und der Sahelzone in Afrika: Die Ausweitung des Wüstengürtels geht mit dem Schwund der Regenwälder einher.

Zu allem Unglück malt sich das Gesamtbild noch düsterer. Im Jahr 2004 verkündeten Wissenschaftler nach einer 20-jährigen Studie im Amazonasgebiet, dass die Fähigkeit der Regenwälder, CO_2 aufzunehmen, möglicherweise nachlässt. In einigen Waldgebieten entdeckten die Forscher größere, schneller wachsende Pflanzenarten, die auf Kosten der kleineren Pflanzen gediehen, die ursprünglich unter dem Laubdach gewachsen waren. Da Pflanzenwuchs von CO_2 abhängt, stellte das Wissenschaftsteam die Hypothese auf, dass die größeren Pflanzen im tropischen Regenwald eine Extradosis durch die global steigenden Emissionen bekommen.

Als Ergebnis des Wandels in der Regenwalddynamik, insbesondere des Schwundes des Unterwuchses, steht die Funktion einer Senkgrube für Kohlendioxid auf dem Spiel. Die Tatsache des CO_2-Anstiegs ist erschreckend und beeinflusst uns alle.

Bioprospecting

Im Oktober 2003 veröffentlichte das Wissenschaftsjournal *Ecological Society of America* einen Artikel über eines der faszinierendsten Forschungsprojekte, die jemals in den Tropen unternommen wurden: Bei Erfolg könnte dieses Projekt weltweit von großer Bedeutung für die künftige Erhaltung des Regenwaldes sein.

Mehrere US-Forscher entwickelten in Panama die Methode des *bioprospecting*, des Durchforstens der Pflanzenarten eines Gebiets nach neuen Inhaltsstoffen, die zu bislang unbekannten Heilmitteln werden könnten. Sie errichteten sechs Laboratorien und beauftragten Zellforscher aus Panama, entsprechende Experimente zu entwickeln und durchzuführen. Die Biochemiker erhielten zwar weit weniger Geldmittel als in den USA oder Europa üblich ist, doch konnten sie bereits bemerkenswerte Ergebnisse vorweisen und veröffentlichten ihre Entdeckungen in einigen Fachblättern.

Durch den Erfolg des Bioprospecting wird die Biodiversität (Artenvielfalt) des Regenwaldes noch interessanter, vor allem da die weitere Erforschung – und der dazu notwendige Schutz des vorhandenen Lebensraumes Regenwald – potenziell zur Eindämmung weit verbreiteter Krankheiten führen kann. Bioprospecting hat allmählich die großen Pharmakonzerne wachgerufen. Das könnte zu einer Investitionswelle führen, die helfen würde, dem Regenwald seine Geheimnisse zu entlocken und ihn infolgedessen zur internationalen Schutzzone werden zu lassen. Es ist ein Unding, dass noch immer kurzfristiger Gewinn über dauerhaften Reichtum gestellt wird.

Der Wert an sich

Klimawandel und Bioprospecting mal beiseitegelassen: Ein einfacher Grund, den Regenwald zu schützen, ist der ihm innewohnende Wert im Sinne eines ererbten Guts. Costa Ricas natürliche Vegetation bestand ursprünglich, entsprechend der Klimazone, fast gänzlich aus Regenwald. Die letzten Generationen begannen zu roden, um Weiden und Agrarland zu schaffen. Die Zerstörung des Regenwaldes hat zahllose Pflanzen- und Tierarten ausgelöscht, die noch nicht einmal bekannt geworden sind. Aber auch als Trittstein auf dem Herbst- und Frühjahrszug oder als Überwinterungsgebiet sind die Tropenwälder wichtig, für Fledermäuse und Schmetterlinge wie für Vögel.

Entwaldung und Lebensraumzerstörung haben auch die traditionellen Kulturen der indigenen Bevölkerung Costa Ricas bedroht, die seit der Frühgeschichte im Regenwald gelebt haben. Die Welt beklagt die Zerstörung eines Ökosystems, doch die Ureinwohner haben das meiste schon verloren.

Grund wird das Interesse an der Kultur der Ureinwohner gern gesehen. Weitere Informationen zur indianischen Bevölkerung in Costa Rica s. Kasten S. 51.

Wer ein traditionelles Gemeinwesen besuchen möchte, sollte einige Dinge bedenken. Zusätzliche Einnahmen durch den Tourismus können eine wichtige Rolle in der Entwicklung der jeweiligen Region spielen, vor allem beim Kauf heimischer Erzeugnisse oder wenn ein Führer durch den Regenwald angeheuert wird. Ein einfühlsamer Umgang mit indigenen Gruppen bedeutet auch, sich über standesgemäße Umgangsformen und die Vorschriften, die beim Betreten der Reservate einzuhalten sind, zu informieren. Dezente Kleidung ist angebracht, der sparsame Einsatz der Kamera und die Bereitschaft, etwas zu kaufen.

LOKALE WIRTSCHAFTSPFLEGE

Einer der unmittelbarsten Nutzen des Tourismus liegt darin, dass er die örtliche Wirtschaft ankurbelt. Mit diesem Wissen im Hinterkopf sitzt das Geld angesichts eines einheimischen Handwerkers oder Kaufladens lockerer.

Ob es die fremdartigen Düfte in einer Ortsgaststätte sind, ob es ein Kind ist, das aus seinem Schultertuch eine *empanada* (Maispfannkuchen mit Hackfleisch) hervorholt, oder der oft beeindruckende Ideenreichtum eines Indiokünstlers – wer ein Auge auf etwas geworfen hat, sollte seine Vorbehalte (wie die Sorge um die Hygiene) einmal beiseitelassen, es einfach genießen und kaufen, statt sich mit der „Komme-später"-Ausrede zu verdrücken. Denn in all diesen Fällen gilt: Bargeld lacht.

Ein Bauer schlägt Kokosnüsse auf: Direktkauf auf dem Markt hilft der regionalen Wirtschaft
NIK WHEELER/ALAMY

Freiwillige graben die leeren Schildkrötengelege nach dem Schlupf im Schutzgehege aus

JAN CSERNOCH/ALAMY

FREIWILLIGENARBEIT IN COSTA RICA

Der sicherste Weg, Costa Rica auf einzigartige Weise zu erleben, führt über eine ehrenamtliche Arbeit.

Freiwilligenarbeit fördert nicht nur nachhaltig die regionale Wirtschaft, sondern öffnet die Tür zu einer Erfahrung, die vielleicht das ganze Leben verändert, und sie gewährt unverstellte Einblicke.

Costa Rica ist geradezu berühmt für seinen „Freiwilligentourismus", vor allem da das Spektrum nützlicher Tätigkeiten so breit gefächert ist.

Je nach persönlichem Bedarf und Interesse werden Programme in einer Vielzahl von Bereichen angeboten, vom Umweltschutz bis zu sozialer Arbeit.

Zu einer vollständigen Angebotsliste für Freiwilligenarbeit in Costa Rica s. S. 580.

ERFAHRUNGSBERICHTE

Englischlehrer Obwohl jeder in seiner Muttersprache lebt, öffnet die englische Sprache weltweit die Türen. Um Erfahrung in der Lehrtätigkeit zu erlangen, die schließlich einigen Einfluss auf jemandes Leben haben kann, sollte man das Konzept von **World Language Study** (www.worldlanguagestudy.com) lesen.

Schildkrötenschutz Frisch geschlüpfte Meeresschildkröten sind niedlich. Doch jedes Jahr krabbeln einige Tiere weniger über den Sand der Eiablageplätze. Man kann ihnen auf dem Weg zum Meer, wenn sie am verwundbarsten sind, Starthilfe geben. Diese Freiwilligenarbeit organisiert **Pretoma** (www.tortugamarina.org).

Kinderhilfe Kaum etwas erscheint wichtiger als das Lächeln eines Kindes, vor allem wenn ihm geholfen wurde. Wer sich mit Jugendarbeit beschäftigen möchte, findet in **Amerispan** (www.amerispan.com) einen guten Ansprechpartner.

Waldpflege Ehe sich jemand mit der Holzproduktion im Wirtschaftswald auseinandersetzt, sollte er sich lieber mit Schutz und Pflege des Regenwaldes beschäftigen. Eine solche Arbeit bietet **Bosque Eterno de los Niños** („Ewiger Wald der Kinder"; www.acmcr.org). Hier lernt man auch, wie Waldpfade instand gehalten werden, inwieweit Überwachung notwendig ist sowie etwas über Verwaltung und Hege des Regenwaldes.

Biologischer Landbau Ökologisch ausgerichtete Landwirtschaft ist der Trend der Zukunft, und die Frage, wie sich bessere Tomaten züchten lassen, bleibt brandaktuell. Eine der besten Farmen, die in diesem Bereich Freiwilligenarbeit ermöglicht, ist die **Finca la Flor de Paraíso** (www.la-flor-de-paraiso.org). Sie bietet Schulungen in den verschiedenen landwirtschaftlichen Bereichen.

(Fortsetzung von S. 416)

An- & Weiterreise

BUS

Busse nach San José und San Isidro halten an der Ostseite der Interamericana. Busse mit anderen Fahrzielen stoppen vor der Panadería Palenquito oder dem Supermercado Térraba (einen Block weiter an der Hauptstraße). Der Schalter für die Buskarten befindet sich im Palenquito.

Neily (Transportes Térraba) 1,25 US$, 1½ Std., Abfahrt 5, 6, 7, 9.30, 12, 13, 14.20 & 16.50 Uhr.

San Isidro (Tracopa) 2,75 US$, 3 Std., Abfahrt 8.30, 11.30, 14.30 & 16.30 Uhr.

San José (Tracopa) 5 US$, 5 Std., Abfahrt 5.25, 6.15, 7.45, 10, 13, 15 & 16.45 Uhr.

Sierpe 1 US$, 1 Std., Abfahrt 4.30, 7, 9.30, 11.30, 14.30 & 17.30 Uhr.

FLUGZEUG

NatureAir (www.natureair.com) und **Sansa** (www.sansa.com) fliegen von San José aus mehrmals täglich Palmar an. Die Preise hängen von der Saison und Verfügbarkeit ab, liegen aber grundsätz-lich bei etwa 100 US$. Taxis berechnen etwa 3 US$ für die Fahrt vom Flughafen nach Palmar Norte und 15 US$ nach Sierpe. Ansonsten hält der unregelmäßig verkehrende Bus von Palmar Norte nach Sierpe auch in Palmar Sur. Wenn noch Platz im Bus ist, kann man zusteigen.

NEILY

Auch wenn Neily die zweitgrößte „Stadt" im Süden des Landes ist, herrscht hier immer noch die freundliche Atmosphäre einer ländlichen Kleinstadt. Ähnlich wie Palmar ist Neily ein wichtiger Verkehrsknotenpunkt, der nur wenige touristische Sehenswürdigkeiten bietet.

Neily liegt am Westufer des Río Corredor und an der Nordseite der Interamericana. Von hier aus sind es auf der Interamericana noch 17 km bis Panama, während die Straße Nr. 16 in Richtung Norden schnurstracks zum hübschen Bergdorf San Vito führt.

Etwa 15 km nördlich von Neily stößt man an der Straße nach San Vito auf die **Las Cavernas de Corredores**, ein Netz wenig frequentierter Höhlen, die sich auf dem Gelände einer Ba-

PALMAR NORTE

0   200 m

Nach Dominical (45 km)

Rotes Kreuz

Interamericana

Nach San Isidro (95 km); San José (231 km)

Schule

Kirche

Estadio de Fútbol

Postamt

Interamericana

Zum Flugplatz (1 km); Palmar Sur (1 km); Sierpe (10 km); Panama (95 km)

Río Grande de Térraba

PROGRAMM	
Banco Coopelianza	1 B1
Banco Popular	(siehe 1)

SEHENSWERTES & AKTIVITÄTES	
El Colegio (Granite Spheres)	2 C1

SCHLAFEN	
Brunka Lodge	3 C1

ESSEN	
Panadería Palenquito	(siehe 6)

TRANSPORT	
Busse nach Sierpe	4 B2
Tracopa-Busse nach San José & San Isidro de El General	5 A2
Transportes Térraba-Busse nach Neily & Ciudad Cortés	6 B2

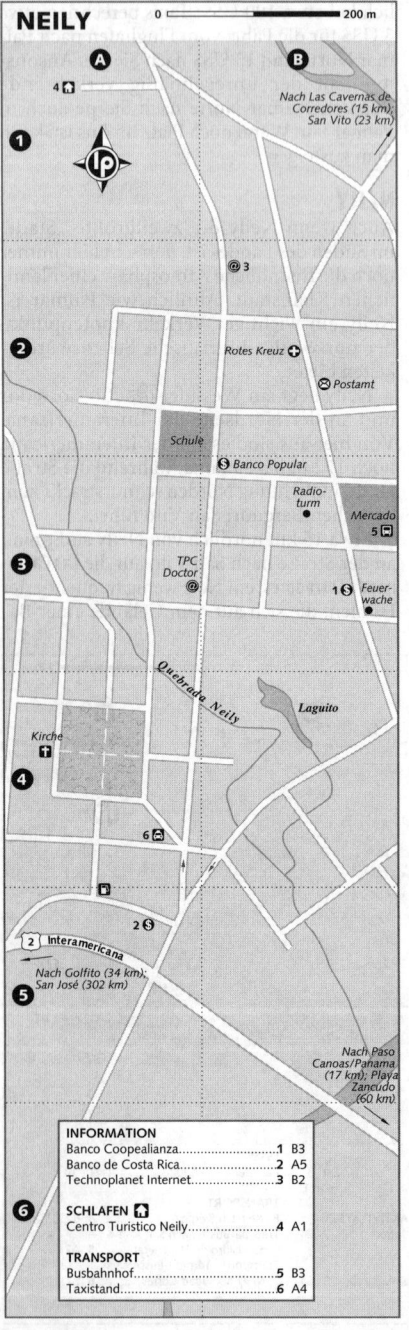

NEILY

0 ——— 200 m

Nach Las Cavernas de
Corredores (15 km);
San Vito (23 km)

Rotes Kreuz

Postamt

Schule

Banco Popular

Radio-
turm

Mercado
5

TPC
Doctor

1 Feuer-
wache

Quebrada Neily

Kirche

Laguito

6

2 Interamericana

Nach Golfito (34 km);
San José (302 km)

Nach Paso
Canoas/Panama
(17 km); Playa
Zancudo
(60 km)

INFORMATION
Banco Coopealianza............................1 B3
Banco de Costa Rica............................2 A5
Technoplanet Internet........................3 B2

SCHLAFEN
Centro Turistico Neily.........................4 A1

TRANSPORT
Busbahnhof..5 B3
Taxistand..6 A4

nanenplantage befinden. In den Höhlen mit riesigen, eindrucksvollen Stalaktiten leben verschiedene Arten von Fledermäusen. Auch wenn die Cavernas touristisch nur wenig erschlossen sind, ist ein Besuch dennoch möglich. Durch die Cavernas fließt ein Bach, in dem Fische leben, die ihre Augen völlig zurückgebildet haben. Daran kann man feststellen, wie lange die Evolution schon „wirkt".

William Hidalgo ist der **einheimische Führer** (☎ 2770 8225), der den Gästen die Höhlen zeigt. Wer ein Auto mit Vierradantrieb hat, biegt etwa 15 km nördlich von Neily unmittelbar vor der Schule ab. Die Pulpería (man muss nach dem Schild „telefono publico" Ausschau halten) gibt weitere Informationen. Alternativ kann man in Neily ein Taxi mit Vierradantrieb nehmen und sich für etwa 10 US$ zu den Höhlen fahren lassen.

In Neily gibt es südwestlich vom meracdo eine **Banco Coopealianza** mit einem rund um die Uhr zugänglichen Geldautomaten mit Cirrus-Zeichen. Alternativ löst die **Banco de Costa Rica** (☼ Mo–Fr 8–15 Uhr) Reiseschecks ein.

Wer seine E-Mails checken möchte, kann dies bei **Technoplanet Internet** (☎ 2783 4744; Std. 1 US$; ☼ 9–17 Uhr) tun.

Nur wenige Reisende halten sich länger in Neily auf. Wer sich dazu entschließt, kann im **Centro Turistico Neily** (☎ 2783 3031; Zi. ab 30 US$; Ⓟ ☒ ☒), einer einfachen Anlage in einem ruhigen Wohnviertel, ein sauberes Zimmer und eine warme Mahlzeit bekommen. Die Einrichtung im Kolonialstil sorgt beim Aufenthalt für ein angenehmes Ambiente, das ruhige Freiluft-Restaurant gewährt einen Blick aufs Gelände.

An- & Weiterreise
BUS
Die folgenden Busse starten am zentralen Busbahnhof an der Ostseite der Stadt:
Airport 0,50 US$, 30 Min., Abfahrt 7.30, 9.15, 11.30, 13.15, 15.15, 17.30 und 18 Uhr.
Golfito 0,50 US$, 1½ Std., jede Stunde, Abfahrt 6–19.30 Uhr.
Palmar 1,25 US$, 1½ Std., Abfahrt 4.45, 9.15, 12, 12.30, 14.30, 16.30 & 17.45 Uhr.
Paso Canoas 0,50 US$, 30 Min., alle 30 Min., Abfahrt 6–18 Uhr.
Puerto Jiménez 3,50 US$, 3 Std., Abfahrt 7 & 14 Uhr.
San Isidro (Tracopa) 5 US$, 6 Std., Abfahrt 7, 10, 13 & 15 Uhr.
San José (Tracopa) 9 US$, 8 Std., Abfahrt 4.30, 5, 8.30, 11.30 & 15.30 Uhr.

DER SÜDEN

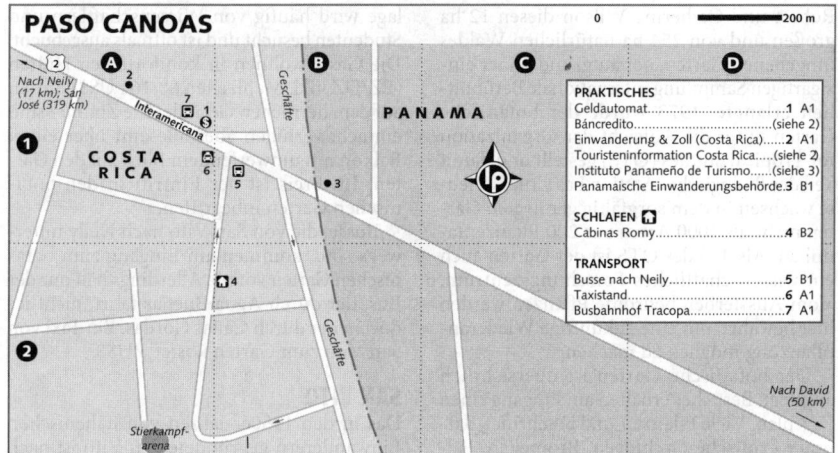

San Vito 0,50 US$, 30 Min., Abfahrt 6, 7.30, 9, 12, 13, 16 & 17.30 Uhr.
Zancudo 1,50 US$, 3 Std., Abfahrt 9.30 & 14.15 Uhr.

FLUGZEUG

Die private **NatureAir** (www.natureair.com) und Costa Ricas Hauptfluglinie **Sansa** (www.sansa.com) fliegen Neily von San José aus täglich an. Die Preise hängen von der Saison und der Verfügbarkeit ab, sie liegen bei rund 100 US$.

TAXI

Taxis mit Vierradantrieb warten am Taxistand südöstlich vom Park. Der Fahrpreis von Neily nach Paso Canoas beträgt etwa 6 US$.

PASO CANOAS

Die Kleinstadt, der wichtigste Grenzübergang zwischen Costa Rica und Panama, ist nicht anders als alle Grenzorte auf der Welt: hektisch, ein wenig schmierig und ohne jeden Reiz. Die meisten Reisenden werfen in Paso Canoas deshalb maximal einen kurzen Blick auf den Stempel in ihrem Pass und sehen ansonsten zu, dass sie weiterkommen.

Báncredito (8–16.30 Uhr) liegt in der Nähe der **costa-ricanischen Grenzstation** (6–23 Uhr) und löst Reiseschecks ein. Unweit der Grenze gibt es außerdem einen Geldautomaten des Visa Plus-Systems. Der Wechselkurs für übrig gebliebene Colones in Dollar ist nicht gut, aber es gibt kaum eine Alternative. An der Grenze lässt es sich noch mit Colones zahlen, aber weiter im panamesischen Binnenland wird man sie kaum noch los.

Das **Instituto Panameño de Turismo** (2727 6524; 6–23 Uhr) im panamesischen Grenzposten bietet Reiseinformationen zu Panama. Wer aus Panama nach Costa Rica einreist, erhält nur äußerst spärliche Informationen in einem kleinen Büro im Gebäude der costaricanischen Grenzstation.

Die Hotels in Paso Canoas sind nicht besonders einladend. Die **Cabinas Romy** (2732 2873; Zi. ab 10 US$; P) erfüllen ihren Zweck. Die um einen Innenhof liegenden makellosen Zimmer sind mit pastellfarbenen Wänden, Holztüren und Überdecken mit floralen Mustern ausgestattet – eine überraschend warme Note in einem ansonsten öden Ort.

Tracopa-Busse fahren um 4, 7.30, 9 und 15 Uhr nach San José (9 US$, 6 Std.). Der **Tracopa-Busbahnhof** (2732 2201) – in Wirklichkeit nicht mehr als ein Schalter – liegt nördlich vom Grenzposten an der Ostseite der Hauptstraße. Sonntagnachmittags sind die Busse voll mit Wochenend-Einkaufsausflüglern, also rechtzeitig ein Ticket sichern! Die Busse nach Neily (0,50 US$, 30 Min.) fahren zwischen 6 und 18 Uhr mindestens einmal pro Stunde vor dem Postamt ab. Taxis nach Neily kosten etwa 6 US$, zum Flughafen etwa 8 US$.

Weitere Informationen zum Grenzübertritt s. Kasten S. 431.

WILSON BOTANICAL GARDEN

Etwa 6 km südlich von San Vito befindet sich dieser herausragende **botanische Garten** (2773 4004; www.esintro.co.cr; Las Cruces Biological Station; Eintritt 6 US$, Führungen 15 US$; 8–16 Uhr). 1963 gründeten

DER SÜDEN

Robert und Catherine Wilson diesen 12 ha großen und von 254 ha natürlichen Waldes umgebenen Garten, der aufgrund seiner einzigartigen Sammlung internationale Berühmtheit erlangte. 1973 wurde der botanische Garten unter die Aufsicht der Organization for Tropical Studies (OTS) gestellt und damit Teil der Biologischen Station Las Cruces. Heute wachsen in dem sorgfältig gepflegten Garten mehr als 1000 Arten aus 200 Pflanzenfamilien. Als Teil der OTS ist der Garten auch ein wissenschaftliches Forschungszentrum. Vom Aussterben bedrohte Pflanzen werden hier bewahrt, um eine zukünftige Wiederanpflanzung möglich zu machen.

Der botanische Garten ist übersichtlich angelegt, Besucher erhalten am Eingang einen Lageplan. Viele Pflanzen sind beschriftet, darunter exotische Orchideen, Bromelien, Palmen und Heilpflanzen. Auf Führungen erfährt man, dass die vielen Zierpflanzen nicht nur wunderschön, sondern auch nützlich sind. Die zarten Palmfarne werden z. B. von den Cabécar und Bribrí als Mittel gegen Schlangenbisse verwendet. Die Gartenanlage wird auch von Vogelkundlern besucht, denn der Garten zieht u. a. Rotschenkelpitpits *(Dacnis venusta)*, Silberkehltangare *(Tangara icterocephala)*, Veilchentrogone *(Trogon violaceus)*, Schwarzohrpapageien *(Pionus menstruus)*, Purpurdegenflügel *(Campylopterus hemileucurus)* und Türkis- oder Halsbandkotingas *(Cotinga cayana)* an.

Wer im botanischen Garten übernachten möchte, sollte frühzeitig reservieren. Die An-

lage wird häufig von Wissenschaftlern und Studenten besucht und ist oftmals ausgebucht. Die Gäste wohnen in komfortablen Hütten (EZ/DZ inkl. Mahlzeiten 88/164 US$) mitten auf dem herrlichen Gelände. Die Zimmer sind einfach, verfügen aber allesamt über einen Balkon mit umwerfendem Blick auf den Garten. Im Preis ist der Eintritt in den botanischen Garten inbegriffen.

Busse, die von San Vito nach Neily unterwegs sind, kommen am Eingang zum botanischen Garten vorbei. Allerdings hält nur der Bus, der durch Agua Buenas fährt, nicht jedoch jener durch Cañas Gordas. Ein Taxi von San Vito zum Garten kostet 3 US$.

SAN VITO

Das in den 1950er-Jahren von italienischen Einwanderern gegründete San Vito ist nach wie vor die Heimat einer großen italienischen Gemeinde, die sich ihre Sprache und Kultur erhalten hat. Dies mag nicht verwundern – liegt das Bergstädtchen doch sehr entlegen am Rande des Parque Internacional La Amistad, einer der letzten unberührten Regionen Zentralamerikas. Neben den Abkömmlingen seiner italienischen Gründer ist San Vito auch zur Heimat einer großen Gemeinschaft von Guaymí geworden. Durch die Nähe zur Reserva Indígena Guaymí de Coto Brus sind hier viele Guaymí unterwegs (sie dürfen ohne Grenzformalitäten zwischen Costa Rica und Panama hin- und herwechseln). Immer wieder trifft man im Bus oder auf der Straße auf Guaymí-Frauen in ihrer traditionellen Stam-

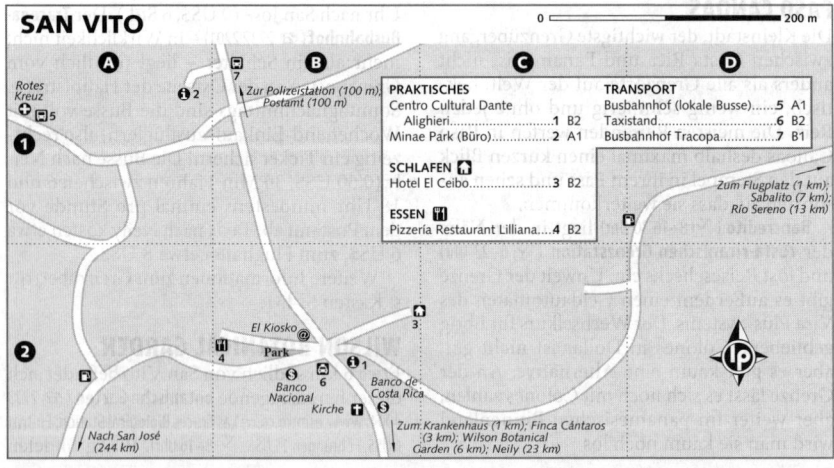

SAN VITO

0 —————————— 200 m

PRAKTISCHES
Centro Cultural Dante Alighieri...............1 B2
Minae Park (Büro)..............2 A1

SCHLAFEN
Hotel El Ceibo....................3 B2

ESSEN
Pizzería Restaurant Lilliana....4 B2

TRANSPORT
Busbahnhof (lokale Busse)......5 A1
Taxistand...............6 B2
Busbahnhof Tracopa..............7 B1

Rotes Kreuz

Zur Polizeistation (100 m); Postamt (100 m)

Zum Flugplatz (1 km); Sabalito (7 km); Río Sereno (13 km)

El Kiosko
Park
Banco Nacional
Banco de Costa Rica
Kirche

Nach San José (244 km)

Zum Krankenhaus (1 km); Finca Cántaros (3 km); Wilson Botanical Garden (6 km); Neily (23 km)

HEILKRÄFTE DER NATUR

Die indigenen Völker nutzen tropische Blüten, Kräuter und Pflanzen, um verschiedene Krankheiten damit zu behandeln – das Spektrum reicht von Diabetes bis zu Bandscheibenschäden. Hier einige Tipps, die mit Hilfe von Paradise Tropical Garden (S. 421) zusammengestellt wurden:

- Die meisten Ärzte behandeln Magengeschwüre mit Antibiotika und anderen Medikamenten sowie einer Diät, aber in der Naturheilkunde werden die Samenkerne der roten Schoten des Orleansbaums empfohlen. Die Samenkerne werden aus der Schote entfernt, die rote Paste dann ausgewaschen. Die Samen können direkt aus der Schote gegessen werden. Alternativ werden sie getrocknet und zerrieben dem Essen beigegeben.

- Die Blätter der Avocadobäume sollen gegen hohen Blutdruck helfen. Sie werden drei Minuten gekocht und bleiben weitere drei Minuten im Wasser. Das trübe Gebräu wird anschließend durchgesiebt und in den Kühlschrank gestellt. Empfohlen werden drei Tassen Aufguss pro Tag, doch Achtung: Das Gebräu wirkt harntreibend.

- Wer an einem Bandscheibenvorfall leidet, kann ein natürliches Heilmittel ausprobieren, das von den Tragblättern des wunderschönen Purpurroten Ingwer *(Alpinia purpurata)* gewonnen wird. Die Pflanze gedeiht hervorragend im Regenwald. Die Tragblätter (die kleinen Blätter am Stamm der Blüte) werden vom Ingwerstamm abgetrennt und so dicht wie möglich in eine kleine Flasche gefüllt. Diese Flasche wird dann mit Wundbenzin aufgefüllt und drei Tage stehen gelassen. Danach wird die Tinktur auf den schmerzenden Rücken geschmiert. Dieses Heilmittel sollte den Schmerz in wenigen Tagen lindern.

Wer mehr über die Heilkräfte der Natur erfahren möchte, sollte **Paradise Tropical Garden** (☎ 2789 8746; http://paradise-garden.tripod.com; Río Claro; Eintritt Spende; ⏲ 6–18 Uhr) aufsuchen. Robert und Ella Beatham bieten ihren Besuchern in einer interaktiven Ausstellung ein „Tropical Fruit See, Smell, Taste & Touch Experience", ein sinnlich-anschauliches Erlebnis, bei dem sich alles um tropische Früchte und Regenwald-Medizin dreht. Wer möchte, kann sich außerdem über die Herstellung afrikanischen Palmöls informieren, das nach dem Zusammenbruch der Bananenindustrie zum Haupterzeugnis der Region avancierte. Robert und Ella sind wundervolle Gastgeber, Interessierte sollten sich am besten einen Tag im Voraus ankündigen, um die volle Aufmerksamkeit zu genießen. Der Garten liegt unmittelbar westlich des Städtchens Río Claro – von hier aus führt der Weg 1 km über die Interamericana, überquert den Río Largarto und biegt am Ende der Brücke nach rechts. Nach 200 m ist der Garten erreicht.

---

meskleidung – lange, farbige *pollera*-Kleider in kontrastreichen Farben.

In San Vito befindet sich für diejenigen, die den Nationalpark La Amistad besuchen wollen, ein **Minae-Parkbüro** (☎ 2773 3955; ⏲ 9–16 Uhr), das bei der Orientierung hilft. Ebenfalls von Interesse ist das **Centro Cultural Dante Alighieri** (☎ 2773 4934; ⏲ Mo–Fr 13–19 Uhr), das die Geschichte der italienischen Einwanderer erzählt und Italienischstunden arrangiert.

Etwa 3 km südlich des Städtchens liegt das Erholungsgebiet und Wiederaufforstungsprojekt **Finca Cántaros** (☎ 2773 3760; Eintritt 1 US$; ⏲ Di–So 9:30–17 Uhr). Diese zehn Hektar Grund – ehemalige Kaffeeplantagen und Weideland – sind heute ein hübscher Park mit Spazierwegen und Picknickbereichen, der überdies einen spektakulären Blick über die Stadt bietet. Die Rezeption befindet sich in einer schö-

nen, gut erhaltenen Hütte, die eine kleine, aber sorgfältig zusammengestellte Auswahl an Kunsthandwerk präsentiert.

Die beste Unterkunft in der Stadt ist das **Hotel El Ceibo** (☎ 2773 3025; EZ/DZ/3BZ 25/35/45 US$; Ⓟ) etwa 100 m westlich der Hauptkreuzung. Die Gäste schlafen in einfachen, aber funktionellen Zimmern (einige mit Blick auf den Wald) und können authentische italienische Pasta und Weine genießen.

Ebenfalls großartige italienische Gerichte serviert das **Pizzería Restaurant Lilliana** (Pizza 3 bis 5 US$; ⏲ 10.30–22 Uhr). Die Karte listet 15 verschiedene Pizzasorten auf, die allesamt und täglich ganz frisch zubereitet werden. Der hübsche Blick auf die Berge und der freundliche, familiäre Service machen das Restaurant zu einem schönen Platz, um einen Nachmittag zu vertrödeln.

An- & Weiterreise

AUTO

Die Fahrt von Neily nach San Vito führt durch eine malerische Landschaft. Je höher sich die Straße windet, desto imposanter wird der Ausblick über die Tiefebene. Die befestigte Straße ist steil, eng und voller Haarnadelkurven. Eine Alternative ist die Strecke von San Isidro durch das Valle de Coto Brus. Die unglaublich schöne und weniger befahrene Strecke wird im Norden von der Cordillera de Talamanca und im Süden von der niedrigeren Fila Costeña flankiert.

BUS

Der zentrale **Tracopa-Busbahnhof** (☎ 2773 3410) liegt am Nordende der Hauptstraße.

San Isidro 2,75 US$, 3 Std., Abfahrt 6.45 & 13.30 Uhr.

San José 7,50 US$, 7 Std., Abfahrt 5, 7.30, 10 & 15 Uhr.

Vom lokalen Busbahnhof am Nordwestende der Stadt San Vito fahren Busse Neily und weitere Ziele an.

Neily 1,25 US$; 2 Std., Abfahrt 5.30, 7, 7.30, 9,11, 12, 14 & 17 Uhr.

Río Sereno 1 US$; 1½ Std., Abfahrt 7, 10, 13 & 16 Uhr.

FLUGZEUG

Alfo Romeo Aero Taxi bietet Charterflüge von Puerto Jiménez und Golfito nach San Vito an – die Preise variieren je nach Zahl der Passagiere und Saison. Das Flugfeld liegt 1 km östlich der Stadt. Die nächsten Flugplätze mit Linienflügen befinden sich südlich in Neily und südwestlich in Golfito.

PARQUE INTERNACIONAL LA AMISTAD

Der 407 000 ha große Park wurde 1988 von Panama und Costa Rica gemeinsam eingerichtet – dem trägt auch der Name La Amistad (Freundschaft) Rechnung. Er ist mit Abstand das größte Landschaftsschutzgebiet Costa Ricas und zeugt eindrucksvoll von den Möglichkeiten der internationalen Zusammenarbeit im Sinne des Umweltschutzes. 1990 erklärte die Unesco den Park zum Weltnaturerbe, und er wurde offiziell Bestandteil des Biologischen Korridors Mesoamerikas, der eine ganze Reihe bedrohter Lebensräume schützt sowie eine Verbindung der Fauna/Flora Nord- und Südamerikas darstellt.

Das landschaftliche Rückgrat des Parks bildet die Cordillera de Talamanca. Neben den Gipfeln des Chirripó-Massivs ragen weitere zahlreiche Bergriesen von mehr als 3000 m Höhe auf. In dieser Höhe ist die Landschaft durch die struppige, niedrige Vegetation des *páramo* gekennzeichnet. In tieferen Lagen gedeihen eindrucksvolle Eichen und die dichte Vegetation des Nebelwaldes. Das Tiefland des Talamanca-Tals ist mit fruchtbarem Regenwald bewachsen: Zedern, Zypressen und Eichen bilden ein undurchdringliches Dach, das dichte Unterholz besteht aus Palmen, Farnen und Epiphyten. Die verschiedenen Höhenlagen, die ganz unterschiedliche Lebensräume schaffen, bringen eine unglaubliche biologische Vielfalt hervor, die das Interesse von Ökologen und Naturschützern aus aller Welt auf sich zieht.

Obwohl der größte Teil des Parks hoch oben in den Talamanca-Bergen liegt und praktisch unzugänglich ist, gibt es für Besucher unzählige Möglichkeiten, Wanderungen zu unternehmen und ihr Zelt aufzuschlagen. Allerdings existiert im Park praktisch keine touristische Infrastruktur. Wanderer dürfen sich auch nur in bestimmten Regionen aufhalten, es sei denn, sie nehmen die Dienste eines Führers in Anspruch.

Während Scharen von Reisenden in der Hoffnung auf ein „Öko-Abenteuer" Costa Ricas bekanntere Parks ansteuern, ist La Amistad eine der letzten noch unberührten Regionen des Landes; der größere Teil liegt in Panama. Die Erkundung dieser großartigen, aber nicht ungefährlichen Gegend ist eine echte Herausforderung. La Amistad bietet die selten gewordene Gelegenheit für ursprüngliche Erfahrungen – ideal für all jene, die dem urbanen Dschungel entfliehen wollen.

ORIENTIERUNG & PRAKTISCHE INFORMATIONEN

Die örtlichen **Minae-Büros** (Buenos Aires ☎ 2730 0846; San Isidro ☎ 2771 3155, 2771 4836, 2771 5116; Calle 2 zw. Av. 4 & 6; San Vito ☎ 2773 4090) leisten als behördliche Einrichtung leider nur eine minimale Hilfestellung und stellen nur äußerst spärliche Informationen zur Verfügung.

Wer im Schutzgebiet zelten oder in einer der Schutzhütten übernachten möchte, sollte besser direkt bei der zentralen Parkverwaltung in **Altamira** (☎ 2200 5355; Parkgebühr pro Pers./Tag 5 US$) anrufen. Der dortige Teil des Parks hat die beste Infrastruktur. Er verfügt über einen

ABSTECHER NACH PANAMA

Nach David

Paso Canoas ist der wichtigste Grenzübergang nach Panama, er liegt an der Carretera Interamericana.Obwohl rund um die Uhr geöffnet, ist der Grenzübergang häufig überfüllt und hektisch, vor allem zu Ferienzeiten. Dann kommen Massen von Ticos, um in Panama einkaufen zu gehen. Zu Fuß ist man sehr leicht auf der anderen Seite der Grenze, ohne es bemerkt zu haben. Das ist nicht weiter schlimm, doch sollte man sich die erforderlichen Stempel im Pass besorgen.

Die costa-ricanische *Migración* liegt auf der Ostseite der Autobahn, nördlich vom Tracopa-Busbahnhof. Deutsche, Österreicher und Schweizer benötigen für die Einreise nach Panama einen gültigen Reisepass, aber kein Visum. Die panamaische Einwanderungsbehörde hat ihre Büros 300 m östlich des Busbahnhofs in dem großen, neuen gelben Betongebäude. Touristen werden hin und wieder nach einem Ticket für die Weiterreise oder einem Beleg für ihre Zahlungsfähigkeit (hier reicht das Vorzeigen einer Kreditkarte) gefragt. Von der Grenze fahren Dutzende von Kleinbussen nach David (2 US$, 1½ Std.).

Wer mit einem eigenen Fahrzeug einreist, muss seinen Wagen ausräuchern lassen (4 US$). Der Beleg für diese Maßnahme muss aufbewahrt werden, weil dies an Checkpoints häufiger kontrolliert wird. Die Grenzüberquerung mit einem Mietwagen ist allerdings grundsätzlich verboten.

Nach Río Sereno

Östlich von San Vito führt eine wenig befahrene Straße zum Grenzübergang bei Río Sereno. Von dort geht es weiter zur Ortschaft Volcán, die sich in der Nähe des Parque Nacional Volcán Barú in Panama befindet. Río Sereno ist ein beschaulicher, netter Ort – sehr untypisch für eine Grenzstadt. Der Grenzübertritt ist hier unkompliziert.

Die **Migración** (🕒 8–18 Uhr) befindet sich neben dem Polizeirevier. Die panamesischen Grenzposten verlangen auch hier gelegentlich die Vorlage eines Tickets für die Weiterreise sowie den Nachweis ausreichender Geldmittel (500 US$ in bar oder eine Bank- bzw. Kreditkarte). Auf Letzteres wird bei Reisenden aus Erste-Welt-Ländern normalerweise verzichtet, sofern sie einigermaßen wohlhabend wirken.

Auf der costa-ricanischen Seite gibt es keinerlei touristische Infrastruktur. Der panamaische Grenzort Río Serena verfügt aber über ein anständiges Hotel, eine gute Pizzeria und Internetzugang. Die Banken an der Grenze tauschen kein Geld. Es empfiehlt sich deshalb, US-Dollars dabei zu haben, die in Panama neben der Landeswährung (*balboas*) akzeptiert werden. Auf der panamesischen Seite der Grenze fahren stündlich Busse von Río Sereno über Volcán nach David.

Campingbereich, Duschen, Trinkwasser und elektrisches Licht sowie einen Aussichtsturm. Eine Gruppe von Forschern, die Insekten dieser Region studiert, hat außerdem eine kleine Ausstellung von Tag- und Nachtfaltern zusammengetragen.

Die dicht bewaldeten nordkaribischen und südpazifischen Hänge der Talamancas sind ebenfalls Bestandteil des Schutzgebietes. Allerdings finden sich nur auf der Pazifikseite Rangerstationen.

Neben der Parkverwaltung in Altamira gibt es weitere, weniger frequentierte Rangerstationen in **Potrero Grande** (☎ 2742 8090) nördlich von Paso Real, und in Santa María de Pittier am Hang des Cerro Pittier (2844 m). In Santa María existiert auch eine einfache Unterkunft mit Toiletten und frischem Wasser, doch sind diese beiden Stationen nicht wirklich auf die Unterbringung von Touristen eingestellt, sondern mehr eine Basis für Wanderungen ist.

AKTIVITÄTEN
Tierbeobachtung

Der größte Teil des Parque Internacional Amistad besteht aus unzugänglichem Terrain hoch oben in den Talamanca-Bergen. Hier finden mehr als 90 Säugetierarten einen Lebensraum. Im Park ist die landesweit größte Population von Baird-Tapiren (s. Kasten S. 465) heimisch, und auch Riesenameisenbären, alle sechs subtropischen Katzenarten – Jaguare, Pumas (Berglöwen), Langschwanzkatzen (Margays), Ozelots, Tigerkatzen (*oncillas*) und Jaguarundis – sowie viele andere Säugetiere sind hier beheimatet. Mehr als 500 Vogelarten wurden gesichtet (49 davon

DER SÜDEN

kommen nur hier vor) – das entspricht der Hälfte aller in Costa Rica registrierten Vogelarten –, darunter die majestätische, aber sehr seltene Harpyie (s. S. 425), die mit ihren furchtbaren Klauen, Affen erbeutet und Faultiere aus dem Geäst holt. Darüber hinaus beherbergt und schützt der Park 115 Fischarten, 215 verschiedene Reptilien und Amphibien sowie unzählige Insektenarten.

Besuch indigener Volksstämme

Innerhalb der Parkgrenzen befinden sich fünf Reservate der Cabécar und Bribrí. Diese indigenen Volksgruppen lebten ursprünglich an der Karibikküste (und viele immer noch). Im vergangenen Jahrhundert wanderten sie allmählich westwärts in die Berge und sogar bis zur Pazifikküste.

Die Cabécar können in der Reserva Biológica Dúrika (S. 414) und die Bribrí in Puerto Viejo de Talamanca besucht werden. ATEC (S. 526) vermittelt den Besuch.

Die Reservate in den Talamanca-Bergen werden jedoch nur selten von ausländischen Gästen aufgesucht – sie liegen nicht auf der üblichen Touristenroute –, was sich vermutlich in absehbarer Zeit auch nicht grundlegend ändern wird. Wenn sich dann doch einmal Touristen hierher verirren, werden sie von den Cabécar und Bribrí Touristen mit Respekt, aber auch mit Scheu empfangen. Stets sind die Besucher jedoch über die herzliche Gastfreundschaft erstaunt. Obwohl sich diese zähen Menschen ihren Platz in einer unwirtlichen Umgebung hart erkämpfen müssen, haben die Cabécar und Bribrí ein Lächeln, das Gold zum Schmelzen bringt.

Besucher sollten sich ihrerseits bemühen, die Gefühle ihrer Gastgeber zu respektieren. Auch wenn einige Männer ebenso wie einige Frauen immer noch mit bloßem Oberkörper gehen, sind sie doch sehr konservativ. Besucher sollten sich deshalb als Zeichen des Respekts zurückhaltend kleiden. Und die meisten Dorfbewohner werden gerne für ein Foto posieren, wenn man sie vorher fragt. Meist wird für ein Foto keine Bezahlung verlangt – am besten den Führer fragen, was erwartet wird.

Der Tourismus in dieser Region steckt noch in den Kinderschuhen. Gerade deshalb ist ein Besuch der Cabécar oder Bribrí ein besonderes Erlebnis. Wer sich dafür interessiert, sollte sich aber in jedem Falle vor Ort noch einmal bezüglich des korrekten Verhaltens informieren.

Wandern

Hinter der Station Altamira beginnt der 3 km lange Rundwanderweg **Los Gigantes del Bosque**, der nach den 40 m hohen Bäumen als „die Giganten des Waldes" benannt wurde. Sie stehen am Wegrand. Hinweisschilder auf Spanisch liefern knappe Erklärungen zur Flora, sind aber eher für Kinder gedacht. Trotzdem bietet der Rundweg eine gute Möglichkeit, sich den natürlichen Regenwald aus der Nähe anzuschauen. Ein Aussichtspunkt liegt am Rande des Primärwaldes, ein zweiter bietet einen Blick auf die Landschaft außerhalb der Parkgrenzen.

Der Rundweg ist zwar markiert, aber nicht gut gepflegt, sprich Wanderer müssen über heruntergefallene Äste klettern und sich durch hohes Gras kämpfen. Auf jeden Fall sollte man reichlich Trinkwasser und Proviant mitnehmen. In der Regel ist man zwei Stunden unterwegs (genau auf die Markierungen achten!), manch einer war aber auch schon länger auf Tour, weil er den Weg verloren hatte.

Der längste Wanderweg (rund 20 km) ist unter dem Namen **Valle del Silencio** bekannt. Er beginnt an der Rangerstation Altamira und führt durch den unberührten und hügeligen Primärwald, bevor er an einem Zeltplatz und einer Schutzhütte am Fuße des **Cerro Kamuk** (3549 m) endet. Für die Wanderung benötigt man bei guter Kondition zwischen acht und zwölf Stunden. Der Weg soll spektakulär sein, da er eine der abgelegensten Regionen Costa Ricas durchquert.

Für die Wanderung braucht man unbedingt einen ortskundigen Führer. Weitere Auskünfte erteilt die Wanderführer-Vereinigung **Asoprola** (☎ 2743 1184) in Altamira. Asoprola verkauft auch Essen und organisiert Unterkünfte im Ort Altamira, der direkt unterhalb der Parkverwaltung liegt.

Hartgesottene können von den Ortschaften Potrero Grande und Tres Colinas den Gipfel Cerro Kamuk (3549 m) besteigen. Für die Besteigung allein braucht man schon drei Tage, für den Abstieg zwei weitere. Auch hier ist ein Führer mit Ortskenntnis notwendig. Nachts wird gezeltet, die Wanderer müssen ihre gesamten Vorräte selbst mitbringen und tragen. Weitere Infos erteilt die **Tres Colinas guide's association** (☎ 8814 0889).

SCHLAFEN & ESSEN

Neben den hier genannten Möglichkeiten bietet auch die Reserva Biológica Dúrika

DIE DÄMONIN UNTER DEN GREIFVÖGELN

Die Harpyie, Mittelamerikas eindrucksvollste Luftjäger, gilt vielen als der mächtigste Greifvogel der Welt. Leider bieten sich nur wenig Gelegenheiten, diesen Vogel in freier Wildbahn zu erleben. Die Tiere sind in ihrem natürlichen Lebensraum äußerst selten und zudem im Blattwerk nur sehr schwer zu sichten. Zum Glück gibt es in La Amistad eine gesunde Zuchtpopulation. Die Chancen, eine Harpyie zu Gesicht zu bekommen, sind immer noch gering, aber doch um vieles besser als sonst in Costa Rica.

Harpyien sind gewaltige Vögel. Sie haben eine Flügelspannweite von 2 m bei einer Größe von 1,5 m. Erwachsene Tiere zeichnen sich durch einen weißen Bauch mit einem breiten schwarzen Brustgürtel sowie weiß und grau befiederte Beine und ein graues Federoberkleid aus. Ihre stechend gelben Augen sind selbst vom Waldboden aus zu sehen. Weitere typische Merkmale sind ihre kräftigen gelben Klauen und der gebogene Schnabel.

Wer das seltene Glück hat, eine Harpyie bei der Jagd zu beobachten, wird ehrfurchtsvoll davon berichten. Sehr eindrucksvoll ist es etwa, wenn eine Harpyie einen ausgewachsenen männlichen Brüllaffen fest im Griff hält und mit einem deutlich vernehmbaren „Plopp" dem Opfer mit ihren Klauen das Genick bricht, um ihn ungehindert zum Nest transportieren zu können. Mit ihren riesigen Klauen, so groß wie die eines Grizzlybären, und den Beinen, so dick wie das Handgelenk eines Menschen, ist die Harpyie zweifellos eine perfekte Tötungsmaschine.

Eine weibliche Harpyie kann bis zu 9 kg wiegen. Ein so großer Greifvogel hat natürlich einen hohen Energiebedarf. Zur Beute der Harpyien gehören im Prinzip alle Tiere, verschont werden nur große Säugetiere des Waldes sowie andere große Vögel, eine Reihe von Schlangen und Reptilien. Als Raubtier an der Spitze der Nahrungskette (wie der Jaguar) trat die Harpyie vermutlich noch nie in besonders großer Zahl auf, die Abholzung des Waldes hat zudem ihren Lebensraum und den ihrer Beutetiere stark eingeschränkt. Darüber hinaus macht sie ihre Gewohnheit, lange Zeit unbewegt in Bäumen zu sitzen – und auch nicht wegzufliegen, wenn Menschen kommen –, anfällig für Wilderer.

Harpyien fliegen meist dicht über den Baumwipfeln. Gewöhnlich jagen sie, indem sie plötzlich auf ihre Beute herabstoßen, Affen aus dem Blattwerk reißen, unaufmerksame Vögel von Ästen klauben und Schlangen vom Waldboden aufsammeln. Der Großteil der Beute besteht jedoch aus Faultieren. Wenn diese sich morgens sonnen, sind sie leicht zu fangen. Die Harpyien lassen sich in der Nähe nieder, verharren dort – zuweilen mehrere Tage –, bis sie hungrig sind und holen sich dann ganz gemütlich ein Faultier.

(S. 414), die innerhalb der Parkgrenzen liegt, Übernachtungsmöglichkeiten.

Alle Rangerstationen wie etwa Altamira verfügen über **Zeltplätze** (pro Pers. 5 US$). Darüber hinaus gibt es in Santa María de Pittier und am Fuß des Cerro Kamuk einfache Herbergen (pro Pers. 6 US$). Diese Unterkünfte bieten Trinkwasser und Toiletten und – im Falle von Altamira – sogar Strom. Proviant muss allerdings mitgebracht werden.

Asoprola (☎ 2743 1184) kann in Altamira die Unterbringung in Gastfamilien vermitteln. Es gibt keinen besseren Weg, das Leben am Rande des Regenwaldes kennenzulernen.

Westlich von Santa María de Pittier befindet sich das Dorf El Carmen. Hier bietet **Soda La Amistad** (El Carmen; Zi. pro Pers. 6 US$) bescheidene Hütten mit Kaltwasserduschen. Hier kann man eine letzte einigermaßen komfortable Nacht verbringen, bevor es in den Park geht.

Über eine 3 km lange schlechte Schotterpiste geht es zur Ortschaft Las Mellizas (nicht bei Altamira) und zur **La Amistad Lodge** (☎ 2200 5037, in San José 2289 7667; www.laamistad.com; EZ/DZ/3BZ 96/170/240 US$; P). Sie liegt in einem 100 km² großen Wildnisareal (mit Biofarm) – es ist das drittgrößte Reservat des Landes. Seit 1940 betreibt die sympathische Familie Montero hier eine Bio-Kaffeefarm und arbeitet seit langem daran, die notwendigen Zugeständnisse an den Fortschritt mit dem Schutz der Umwelt in Einklang zu bringen. Die Hütten wurden aus tropischem Hartholz gefertigt, haben Warmwasser und Strom, das über ein Wasserkraftwerk gewonnen wird, das in die Landschaft integriert wurde.

In unterschiedlichen Höhenlagen und Vegetationszonen wurden zusätzlich vier Dschungelcamps angelegt. So können Besucher eine mehrtägige Wanderung durch das

Reservat unternehmen, ohne auf den Komfort eines soliden Bettes und einer guten Küche zu verzichten. Die Mitarbeiter transportieren das Gepäck von einem Camp zum nächsten. In den Camps stehen Großzelte, es gibt Toiletten und sogar fließendes Wasser.

Das ausgedehnte Wegenetz (40 km) eignet sich hervorragend zur Vogelbeobachtung und für Reitausflüge. Die Gäste können auch an der Ernte der Kaffeebeeren teilnehmen sowie bei der Weiterverarbeitung der „Bohnen" helfen und natürlich den hauseigenen Kaffee, selbst in Pfannen geröstet, probieren.

Im Übernachtungspreis sind Vollpension, viel frischer Kaffee sowie der Eintritt in den Park eingeschlossen. Die Busse nach Las Mellizas fahren in der Nähe der Lodge vorbei, die Besitzer holen ihre Gäste aber auch nach Voranmeldung ab.

AN- & WEITERREISE

Altamira ist mit allen Bussen zu erreichen, die zwischen San Isidro und San Vito verkehren.

In dem Städtchen Guácimo (häufig auch Las Tablas genannt) muss man umsteigen. Von hier aus fahren täglich Busse um 12 und 17 Uhr in das 16 km entfernte Dorf El Carmen. Wenn der Zustand der Straßen es zulässt, fahren sie auch noch 4 km weiter Richtung Parkeingang bis nach Altamira.

In Altamira müssen Besucher den Minae-Schildern (in der Nähe der Kirche) folgen, die den Weg zum steilen 2 km langen Pfad zur Rangerstation weisen. Die Busse zurück nach Guácimo fahren in Altamira täglich um 5 und 14.30 Uhr ab.

Fahrzeuge mit Vierradantrieb können ohne Umschweife direkt bis zur Altamira-Rangerstation fahren. Theoretisch ist es auch möglich, bereits in San Vito oder Buenos Aires ein Allradtaxi zu nehmen. Die Straßen sind allerdings in einem fürchterlichen Zustand und die Fahrt dadurch für alle Fahrgäste eine Tortur. Es empfiehlt sich daher, sich vor der Abfahrt genau über den Zustand der Straßen zu informieren.

Península de Osa & Golfo Dulce

Einheimische und Touristen halten diese abgeschiedene Enklave im äußersten Südwesten des Landes für den malerischsten, unberührtesten und vollkommensten Landstrich Costa Ricas. Mit dem Parque Nacional Corcovado im Mittelpunkt und dem Golfo Dulce bildet die Península de Osa einen riesigen biologischen Korridor, der einen der letzten Tieflandregenwälder des Kontinents beherbergt. Kein Wunder, dass *National Geographic* die Halbinsel Osa als „die Region mit dem größten biologischen Reichtum" auszeichnete.

Der größte Teil des costa-ricanischen Regenwaldes ist durch das Nationalparksystem geschützt. Dennoch kann keine andere Region des Landes solch eine vielfältige und reiche Tierwelt aufweisen wie die Halbinsel Osa. Im Nationalpark Corcovado schwingen sich alle vier heimischen Affenarten gleichzeitig durch die Baumkronen und lassen sich dabei beobachten. Auch so seltene Arten wie der in den Bergen lebende Baird-Tapir sind in manchen Gegenden zu sehen. Die Península de Osa bildet den besten und eindrucksvollsten Beweis, wie schützenswert die Welt des Regenwaldes ist.

Zu Osas touristischen Anziehungspunkten zählt nicht nur der Nationalpark Corcovado. Vielmehr gehören dazu auch weitläufige, unberührte Strände, Surfspots von Weltklasse und unendlich viele Möglichkeiten, eine faszinierende Wildnis zu erkunden. In einem Land, in dem Abenteuer allzu oft auf mundgerechtes Touristenformat gestutzt wird, ist Osa das Wahre für Menschen mit jugendlichem Herzen, kühnem Geist und der Sehnsucht nach unberührter Natur. Wer in einem Asphaltdschungel lebt, sollte sich einmal eine Auszeit in diesem echten, grünen Dschungel gönnen. Im Gepäck sollten sich auf jeden Fall ein Paar gute Stiefel, ein stabiles Zelt und große Mengen an Insektenschutzmittel befinden.

HIGHLIGHTS

- Als Survivaltraining durch den **Parque Nacional Corcovado** (S. 460), Costa Ricas wildeste Landschaft, wandern
- Den dichten Dschungel, der die kristallklaren Wasser der **Bahía Drake** (S. 440) säumt, erkunden
- In dem unentdeckten Surferparadies **Pavones** (S. 478) auf dem weltweit längsten Left-Hand-Break reiten
- Den Sonnenaufgang über dem Golfo Dulce und den Sonnenuntergang über dem Pazifik an den verlassenen Stränden am **Cabo Matapalo** (S. 457) betrachten
- Vor der Küste der abgelegenen **Isla del Coco** (S. 480), dem Drehort von *Jurassic Park*, tauchen

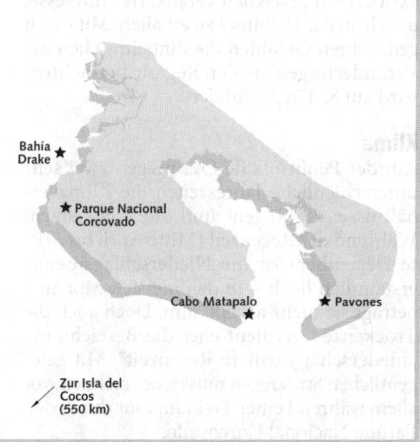

Geschichte

Die Guaymí, die im Westen Oanamas leben, waren die frühesten Bewohner der Península de Osa (weitere Informationen s. S. 450). Nur wenige Ticos haben sich hier angesiedelt. Aufgrund der Abgeschiedenheit der Region wurde sie bis in die frühen 1960er-Jahre nicht vom kommerziellen Holzeinschlag bedroht.

In diesem turbulenten Jahrzehnt fiel ein großer Teil von Costa Ricas noch erhaltenen Primärwäldern der Säge zum Opfer, Osa aber blieb weitgehend verschont. 1975 jedoch streckten die internationalen Konzerne ihre raffgierige Hand nach den natürlichen Schätzen der Halbinsel aus. Objekt ihrer Begierde waren vor allem die stattlichen Ressourcen an Nutzholz und Gold. Zum Glück ließen sich diese schlecht durchdachten Ambitionen stoppen, als Präsident Daniel Oduber (Regierungszeit 1874–1978) dem Gesuch von Wissenschaftlern, einen Nationalpark zu gründen, zustimmte. So entstand der Parque Nacional Corcovado. Für seine viel gelobte Aktion erhielt Präsident Daniel Oduber die Albert-Schweitzer-Medaille des Animal Welfare Institute (Washington D.C., USA).

In den letzten Jahren zieht die Halbinsel immer mehr Ausländer an, die ihre Alltagswelt gegen ein Stück Paradies eintauschen wollen. Die Jagd nach Immobilien und Liegenschaften ist eröffnet und beschert Osa wahrscheinlich die gleichen Veränderungen, wie sie im restlichen Costa Rica zu beobachten sind. Jedenfalls besteht die Hoffnung, dass die Erschließung dieses Landesteils umweltverträglicher vonstattengehen wird. Immerhin existiert ein gesetzlich verankertes Interesse, das Grün der Halbinsel zu erhalten. Mit welch gemischten Gefühlen die Einheimischen die Veränderungen in der Region betrachten, wird auf S. 476 geschildert.

Klima

Auf der Península de Osa prägen zwei sehr unterschiedliche Jahreszeiten die Klimaverhältnisse: die Regen- und die Trockenzeit. Während der Regenzeit (Mitte April bis Mitte Dezember) ist die Niederschlagsmenge erstaunlich hoch – in den meisten Monaten beträgt sie mehr als 500 mm. Doch auch die Trockenzeit verdient eher die Bezeichnung „niederschlagsärmere Regenzeit". Mit gelegentlichen Sturzregen muss jeder rechnen, vor allem während einer Trekkingtour durch den Parque Nacional Corcovado.

Parks & Schutzgebiete

Als Costa Ricas führende Ökotourismusregion beherbergt die Península de Osa eine Fülle von Nationalparks sowie unterschiedlicher Natur- und Tierschutzgebiete.

Humedal Nacional Térraba-Sierpe (S. 439) Dieses 33 000 ha große Feuchtgebiet schützt Mangrovensümpfe und bietet zahllosen Watvögeln, etwa dem Schneesichler oder *ibis blanca*, einen sicheren Lebensraum.

Parque Nacional Corcovado (S. 460) Dieser Nationalpark nimmt einen Großteil der Halbinsel ein. Er ist Costa Ricas Kronjuwel und sein letztes Areal mit „echter Wildnis".

Parque Nacional Isla del Coco (S. 480) So schwierig der Zugang zu dieser Insel (Schauplatz des Films *Jurassic Park)* ist, so viel atemberaubende Schönheit und vollendete Unberührtheit bietet sie.

Parque Nacional Piedras Blancas (S. 473) Der früher unter der Bezeichnung Parque Nacional Esquinas bekannte Park beherbergt eines der letzten Gebiete des Tieflandregenwaldes des Landes.

Refugio Nacional de Fauna Silvestre Golfito (S. 470) Das kleine, 2810 ha einnehmende Schutzgebiet säumt die Stadt und schützt seltene Palmfarne, die auch als „lebende Fossilien" bezeichnet werden.

Reserva Biológica Isla del Caño (S. 449) Das Schutzgebiet, zu dem die winzige Insel und ein Stück Meeresfläche gehört, ist ein beliebtes Reiseziel von Schnorchlern, Tauchern und Biologen.

Reserva Forestal Golfo Dulce (S. 450) Das an der Nordküste des Golfo Dulce gelegene Schutzgebiet ist ein wichtiger biologischer Korridor für Tiere, die Wanderzüge unternehmen.

Reserve Indígena Guaymí (S. 451) In diesem Reservat lebt der größte Teil von Osas indigener Bevölkerung (Nachkommen der Ureinwohner). Für Touristen sind nur sehr kleine Bereiche des Reservats zugänglich.

Gefahren

Die größte Gefahr geht von Osas unwegsamer Umwelt aus, vor allem im Parque Nacional Corcovado. Die Wege sind zwar gut markiert, aber manchmal schwierig zu gehen, insbesondere für Wanderer, die nicht an die Gesetzmäßigkeiten der „Dschungelnavigation" gewöhnt sind. Auch die großen Flüsse im Park bringen ihre eigenen Gefahren mit sich, vor allem wenn sie während der Regenzeit zu reißenden Gewässern anschwellen. Weit entfernt von jeder Hilfe – allen voran medizinischer – ist hier jeder auf sich gestellt. Wer sich hier verirrt, steht vor einem höchst ernsthaften Problem.

Um diese Risiken zu mindern, sollte sich jeder, der den Park erkunden möchte, einer organisierten Tour anschließen oder einen ortsansässigen Führer anheuern. Ein sach- und

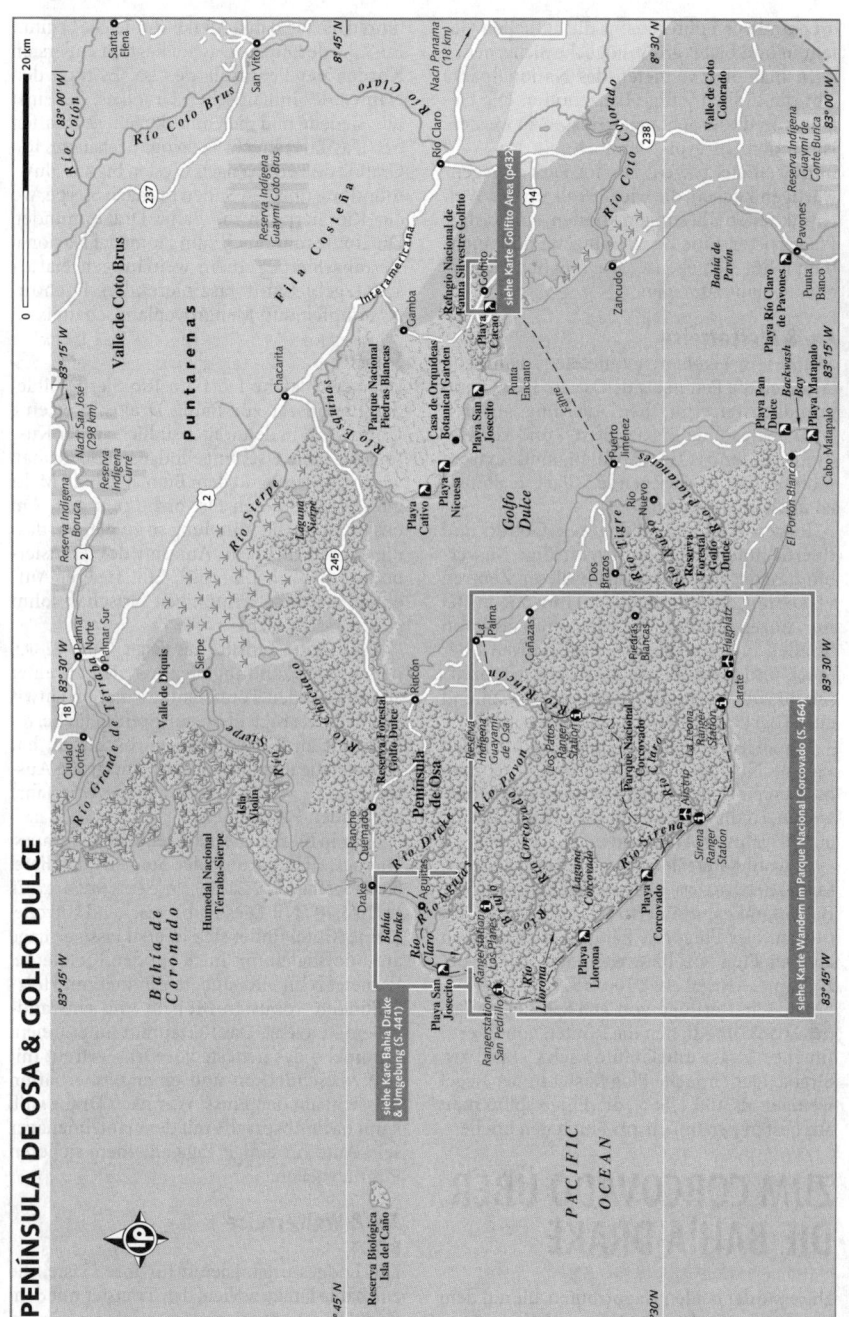

PENÍNSULA DE OSA & GOLFO DULCE

ortskundiger Führer kennt die aktuellen Gefahren und bietet größtmögliche Sicherheit.

In manchen Gebieten des Nationalparks lebt die tödlich giftige Lanzenotter. Die Gefahr, von dieser Schlange gebissen zu werden, ist zwar nicht groß, dennoch gilt: Im Wald immer Stiefel tragen! Die im Park allgegenwärtigen Zecken, die wie überall auf der Welt Krankheiten übertragen können, sind lästige Plagegeister. Eine Zeckenpinzette mitzunehmen lohnt sich ebenso, wie möglichst wenig nackte Haut zu zeigen.

An- & Weiterreise

Mit einem eigenen (gemieteten) Fahrzeug lässt sich die Península de Osa am besten und gründlichsten erforschen. Allerdings gehören dazu auch solide Ersatzreifen – und viel Geduld –, denn Osas Straßen sind extrem schlecht (der überwiegende Teil der Halbinsel ist noch nicht erschlossen).

In den größeren Städten wie Golfito und Puerto Jiménez gibt es regelmäßige Busverbindungen. Doch außerhalb dieser Zentren verkehren die öffentlichen Transportmittel nur unregelmäßig. Auf den unbefestigten Straßen holpern die Busse meilenweit über Stock und Stein. Bei solchen „Rütteltouren" schont eine weiche Decke das Gesäß, während ein MP3-Player Geist und Seele beruhigt.

Für all jene, die eine Wanderung durch den Parque Nacional Corcovado unternehmen oder zu einer der Lodges in der Bahía Drake wollen, ist die Anreise mit dem Flugzeug eine ausgezeichnete Alternative.

Sowohl **NatureAir** (www.natureair.com) als auch **Sansa** (www.sansa.com) bieten Flüge zwischen der Bahía Drake und Puerto Jiménez sowie Golfito an. Der Flugpreis hängt von der Saison ab. Der Flug von bzw. nach San José kostet z. B. in der Regel etwa 100 US$.

Die Charterflüge von **Alfa Romeo Aero Taxi** (☎ 2735 5353) bedienen die Routen von Puerto Jiménez, Drake und Golfito nach Carate bzw. Sirena. Der einfache Flug kostet in der Regel weniger als 100 US$ – die Flüge sollte man am besten persönlich am Flughafen buchen.

ZUM CORCOVADO ÜBER DIE BAHÍA DRAKE

Die erste der beiden Hauptrouten, die auf dem Landweg zum Parque Nacional Corcovado

führen, ist die Bahía-Drake-Route: Sie beginnt im Valle de Diquís. Das Tal liegt im äußersten Norden der Península de Osa. Es trägt den Namen des indianischen Urvolkes, das einst hier siedelte und die Granitkugeln geschaffen hat. Das Tal erstreckt sich vom Becken des Río Grande de Térraba nach Westen bis zur Flussmündung und gen Süden bis nach Sierpe, wo der Río Sierpe in die Bahía Drake mündet. Die Route führt auch zum Humedal Nacional Térraba-Sierpe, einem weitläufigen Naturschutzgebiet mit faszinierenden Dschungelsümpfen und Mangrovenlandschaften.

SIERPE

Das verschlafene Dorf am Río Sierpe bildet das Einfallstor zur Bahía Drake. Wer eine Unterkunft in den weiter südlich an der Küste gelegenen Dschungellodges gebucht hat, wird von Sierpe mit dem Boot abgeholt. Mehr gibt es über diesen Ort nicht zu sagen. Am besten ist es, die Abholung so zu planen, dass die Wartezeit bis zu Ankunft des Transferbootes möglichst kurz ist. Ein längerer Aufenthalt in dieser eintönigen Ortschaft lohnt sich wirklich nicht.

Das **Centro Turistico Las Vegas** (⏰ 6–22 Uhr) neben dem Landungssteg hat sich zu einer allumfassenden Touristeninformation entwickelt. Es verfügt über ein breit gefächertes Angebot an Karten sowie Broschüren, hat Internetzugang und verkauft eine große Auswahl an Esswaren an die auf die Überfahrt wartenden Passagiere.

Wer in Sierpe übernachten will oder muss: Die beste Unterkunft der Stadt ist das **Hotel Oleaje Sereno** (☎ 2786 7580; oleajesereno@racsa.co.cr; Zi. ab 40 US$; P 🛉). Dieses überraschend stilvolle, kleine Motel findet sich in erstklassiger Lage am Bootshafen mit Blick auf den Río Sierpe. Es bietet zehn blitzsaubere Zimmer mit Holzfußböden, robusten Möbeln und einwandfreiem Bettzeug. Das Restaurant unter freiem Himmel – das netteste vor Ort – erfreut mit Leinentischdecken und einer zauberhaften Aussicht auf den Fluss. Wer nach Drake will, kann nach Absprache mit dem Hotelmanager sein Auto für einige Tage an einem sicheren Platz abstellen.

An- & Weiterreise
BOOT
Die Lodges organisieren für ihre Gäste, die zur Bahía Drake wollen, den Transfer mit dem Boot. Wenn dabei aus irgendeinem Grund

etwas schiefläuft, gibt es als Ausweichmöglichkeit genügend Wassertaxis. Wenn der Fahrpreis günstig sein soll, muss er allerdings beharrlich ausgehandelt werden.

BUS & TAXI
Die Busse nach Palmar Norte (0,50 US$, 30 Min.) starten vor der Pulpería Fenix um 5.30, 8.30, 10.30, 12.30, 15.30 und 18 Uhr. Das Taxi nach Palmar kostet etwa 15 US$.

FLUGZEUG
Am Flughafen Palmar Sur (s. S. 416), 14 km nördlich von Sierpe, landen sowohl Linien- als auch Charterflüge.

HUMEDAL NACIONAL TÉRRABA-SIERPE

Der Río Grande de Térraba und der Río Sierpe entspringen an den südlichen Hängen des Talamanca-Gebirges und münden beide in den Pazifik. In Küstennähe verzweigen sich die Flüsse zu einem Netzwerk aus Wasserläufen und Kanälen, das den größten Mangrovensumpf des Landes bildet. Dieses **Flussdelta** ist Teil des Humedal Nacional Térraba-Sierpe, eines etwa 33 000 ha großen, geschützten Feuchtgebietes. Hier wachsen Rote und

Schwarze Mangroven, aber auch die höchst seltene Tee-Mangrove. Darüber hinaus beherbergt das Schutzgebiet eine Fülle an Vogelarten, vor allem Wat- und Wasservögel wie Reiher, Sichler und Kormorane.

Praktische Informationen
Das Feuchtgebiet Térraba-Sierpe hat keine eigenen touristischen Einrichtungen. Doch die nachfolgend beschriebenen Lodges organisieren Touren ihren Gästen ermöglichen, dieses Schutzgebiet zu erkunden.

Schlafen & Essen
Eco Manglares Sierpe Lodge (☎ 2786 7414; ecosiepa@racsa.co.cr; 2 km nördlich von Sierpe, an der Straße nach Palmar; EZ/DZ ab 50/60 US$; [P] [⚡]) Besitzer und Manager dieser abgelegenen Lodge, die sich direkt vor dem Wald erhebt, ist eine seit Langem vor Ort ansässige italienische Familie (was die ausgezeichneten Pizzen und Pastagerichte erklärt). Die Zufahrt zur Lodge verläuft über eine schmale, eiserne Hängebrücke, die zwar nicht sehr vertrauenerweckend aussieht, aber tatsächlich ein Auto trägt. Die zehn geräumigen, strohgedeckten Hütten der Lodge sind hübsch eingerichtet, wobei Bambus und Mangrovenholz für kunstvolle Dekors sorgen.

PENÍNSULA DE OSA & GOLFO DULCE

WALD IM WASSER

In Costa Rica wachsen nicht weniger als sieben unterschiedliche Arten der Mangrove, auf spanisch *el manglar*. Mangrovenwälder prägen einen großen Teil der tropischen Küste und spielen eine zentrale Rolle bei der Verhinderung von Erosion. Zugleich dienen sie zahllosen Tierarten, vor allem Fischen, Krebsen, Krabben und Mollusken, als Heimat sowie brütenden Vögeln, die Schutz vor Bodenraubtieren suchen, als Zuflucht.

Die Mangrove ist eine einzigartige Formation: Sie hat sehr effiziente Methoden entwickelt, Sauerstoff aufzunehmen und das mit dem Wasser aufgenommene Salz auszuscheiden. Rote Mangroven, die in Costa Rica am weitesten verbreitete Spezies, versorgen sich mithilfe ihrer Stelzwurzeln, die oberhalb der Wasserlinie liegen, mit Sauerstoff. Andere Arten, wie die Schwarze Mangrove, besitzen vertikale Wurzeln, die aus dem Sumpf ragen, während eine Mangrovenart mit dem lateinischen Namen *Conocarpus erectus* wiederum ausgefeilte Stützwurzeln hat.

Die erstaunlichste Eigenschaft der Mangrove ist jedoch ihre Fähigkeit, in Brack- und Salzwasser zu gedeihen. Einige Arten, wie die an der Pazifikküste vorkommende Schwarze Mangrove, absorbieren das salzhaltige Wasser und scheiden das Salz durch ihre Blätter und Wurzeln aus, wobei sie sichtbare Salzkristalle hinterlassen. Andere Arten filtern das Wasser, während sie es absorbieren. Das Wurzelsystem der Mangrove ist ein derart wirksamer Filter, dass das Wasser aus einer abgeschnittenen Wurzel sogar getrunken werden kann.

Trotz seiner ökologischen Bedeutung wird das Ökosystem Mangrovenwald auf der ganzen Welt durch die zunehmende menschliche Besiedlung bedroht. Zudem ist das Mangrovenholz eine leicht auszubeutende Quelle für Brennstoff und das z. B. in der Lederproduktion benötigte Tannin. Diese Tatsache hat die Zerstörung zusätzlich beschleunigt. Glücklicherweise erhält dieses zerbrechliche und zugleich lebenswichtige Ökosystem im Humedal Nacional Térraba-Sierpe heute den Respekt und Schutz, den es verdient.

Estero Azul Lodge (☎ 2786 7422; esteroazul@hotmail.
com; 2 km nördlich von Sierpe, an der Straße nach Palmar; Zi.
pro Pers. inkl. Mahlzeiten ab 80 US$; P 🔀) Die Lodge
trägt den Namen des friedlich vorüberfließen-
den Flusses Río Azul bzw. seines Mündungs-
gebiets. Sie liegt in einem mehrere Hektar
großen Primärwald an der Straße nach Palmar. Die im Safari-Look eingerichteten Zimmer haben Hartholzfußböden, abgeschirmte
Veranden und gefliese Bäder. Fangfrische
Flussfische und regionale Meeresfrüchte be-
reichern die köstlichen Mahlzeiten.

Río Sierpe Lodge (☎ 2253 5203, 8384 5595; www.rio
sierpelodge.com; 4-Tage-Arrangement inkl. Mahlzeiten &
Touren pro Pers. ab 385 US$) Die nach dem Fluss be-
nannte Lodge Río Sierpe schmiegt sich in
einen entlegenen Winkel, kurz bevor das
Fließgewässer ins Meer mündet. Der Blick
von den luftigen Zimmern mit Hartholzfußböden reicht weit über die Wasserläufe, die
sich durch das Sierpe-Delta winden. Wanderwege führen von der Lodge strahlenförmig in
den umliegenden Primärwald. Die Lodge ist
nur mit dem Boot zu erreichen; der Bootstransfer von Sierpe ist im Preis inbegriffen.

Sábalo Lodge (☎ 2770 1457; www.sabalolodge.com;
EZ/DZ 65/110 US$, 4-Tage-Arrangement inkl. Mahlzeiten &
Touren 475 US$) Nicht mehr als zwölf Gäste gleich-
zeitig nimmt diese Dschungellodge auf. Die
Betreiber haben die Lodge 2006 übernommen
und wollen jedem Einzelnen Fauna und
Flora der Umgebung sowie ein kleines Abenteuer so individuell wie möglich nahebringen.
Ehemalige Gäste berichten begeistert über
diese intensive persönliche Betreuung. Ihren
Gästen bietet die Lodge vielfältigste Abwechslung, von geführten Wanderungen über Ausritte bis hin zu Kajakfahrten auf dem Meer.
Die Lodge ist nur mit dem Boot zu erreichen;
der Bootstransfer von Sierpe ist im Arrange-
mentpreis inbegriffen.

An- & Weiterreise

Die Eco Manglares Sierpe Lodge und die Estero Azul Lodge liegen 2 km nördlich von Sierpe, an der Straße nach Palmar. Beide Gästehäuser im Naturreservat sind mit dem
Auto leicht zu erreichen. Wer nicht mit einem
eigenen Fahrzeug unterwegs ist, kann bei der
gebuchten Lodge anrufen, um sich in Sierpe
abholen zu lassen.

Sowohl die Río Sierpe Lodge als auch die
Sábalo Lodge sind nur mit dem Boot zu erreichen. Der Termin für die Abholung von Sierpe sollte im Voraus vereinbart werden.

BAHÍA DRAKE

Die Bahía Drake, eine Bucht mit kristall-
klarem Wasser, von Dschungel gesäumt, spiegelt die Península de Osa von ihrer schönsten
Seite wider (vom Parque Nacional Corcovado
einmal abgesehen). Sie gehört zu den entlegensten Reisezielen der Halbinsel (und des
ganzen Landes). Mit ihren tropischen Landschaften und ihrer reichen Tierwelt ist die
Küste der Bucht eine wahrhaft vergessene
Welt. Im Regenwald begrüßen Brüllaffen die
aufgehende Sonne mit ihrem durchdringenden Geheul. Aras schwingen sich von den
Baumwipfeln in die Luft und erfüllen sie mit
kakofonischem Gekrächze. Durch das türkisfarbene Wasser der Bucht ziehen die zu sogenannten Schulen zusammengeschlossenen
Delfine auf ihren Wanderzügen.

Dass das Gebiet der Bahía Drake vom Rest
des Landes weitgehend abgeschnitten ist, zählt
natürlich zu den ausschlaggebenden Gründen
für den Reichtum ihrer Tierwelt. Bis auf einige unbefestigte Straßen und die eine oder
andere Landepiste kann von Infrastruktur
in der Umgebung der Bucht kaum die Rede
sein. Der größte Teil der Region liegt fernab
der Zivilisation. Allerdings gibt es hier eine
ganze Reihe fantastischer Lodges. Sie alle bilden einen hervorragenden Ausgangspunkt,
um dieses Gebiet – wahrlich ein ökologisches
Kleinod – zu erkunden.

Von hier aus ist auch der Parque Nacional
Corcovado (S. 460) zu erreichen. Wer zur
Rangerstation Sirena will, wandert Richtung
Süden an der Küste entlang und betritt den
Park an der Rangerstation San Pedrillo.

Geschichte

Ihren Namen verdankt die Bucht Sir Fran-
cis Drake, der im März 1579 während seiner
Weltumseglung mit der *Golden Hind* in die
Gegend der Bucht kam. Der Chronik zufolge
hat Drake auf der nahe gelegenen Isla del Ca-
ño einen Halt eingelegt. Die Einheimischen
mutmaßen jedoch, sein Schiff habe auch am
Festland angelegt. Auf jeden Fall steht ein
Drake-Denkmal auf der Landspitze Punta
Agujitas (auf dem Gelände vor dem Drake
Bay Wilderness Resort, S. 446).

Orientierung

Die Küste der Bahía Drake beherbergt zwei
Siedlungen: Agujitas, eine winzige Ortschaft
mit 300 Einwohnern, erstreckt sich an der
Südküste der Bucht. Wenige Kilometer weiter

nördlich liegt Drake; es besteht lediglich aus ein paar Häusern, die die Landepiste des Airport Drake Bay flankieren.

Agujitas ist ein Straßendorf, das an einer miserablen Straße liegt, die von Rincón herüberkommt. Sie zieht sich an der Landpiste von Drake entlang und verzweigt sich anschließend in ein „T". Dessen rechter Arm endet am Wasser, wo die *pulpería* (Lebensmittelladen), das Krankenhaus und die Schule das Herz von Agujitas bilden. Die linke Abzweigung führt aus dem Ort heraus und verläuft südostwärts Richtung Los Planes. Am östlichen Ende von Agujitas beginnt (ebenfalls stadtauswärts) ein parallel zur Küste verlaufender Fußweg.

Der *sendero* führt zu einer schwankenden Fußgängerbrücke, die sich über den Río Agujitas bis zur Punta Agujitas spannt. Auf der anderen Seite der Brücke verläuft der Pfad entlang der Küste weiter nach Süden bis zum Parque Nacional Corcovado.

Wer sich vor Ort umschauen möchte, ist auf Boote oder seine eigenen Füße angewiesen. Glücklicherweise haben beide Fortbewegungsarten denselben entspannenden Reiz: die (fast hundertprozentige) Garantie, Aras, Tangare, Affen, Schmetterlinge und viele andere Tiere zu sehen.

Praktische Informationen

Für Rucksacktouristen kann sich der Besuch der Bahía Drake schwierig gestalten, denn für schmale Geldbeutel bietet das teure Pflaster Agujitas nur begrenzte Möglichkeiten. So gut wie alles, was ein Mensch so braucht, inklusive der Nahrungsmittel, muss auf dem Wasserweg herbeigeschafft werden. Diese aufwendige Logistik schlägt sich natürlich in den Preisen nieder. Die Bahía Drake gehört allerdings zu jenen Reisezielen, bei denen ein etwas tieferer Griff in die Tasche die Erlebnisqualität erheblich steigert.

Aktivitäten
WANDERN

Alle Lodges bieten Touren zum Parque Nacional Corcovado an – meist als Tagestrip zur Rangerstation San Pedrillo (pro Pers. 75–100 US$). Im Preis sind der Transport mit dem Boot, Mittagessen und geführte Wanderungen inbegriffen. Wer den weiten Weg zur Penín-

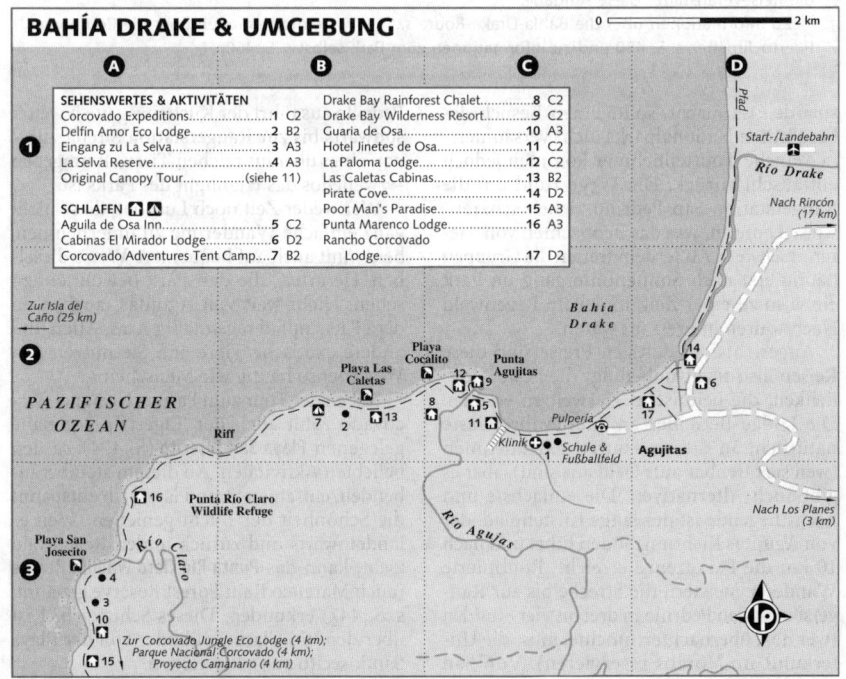

BAHÍA DRAKE & UMGEBUNG

0 — 2 km

SEHENSWERTES & AKTIVITÄTEN
Corcovado Expeditions..................1 C2	
Delfín Amor Eco Lodge..................2 B2	
Eingang zu La Selva.......................3 A3	
La Selva Reserve...........................4 A3	
Original Canopy Tour..............(siehe 11)	

SCHLAFEN
Aguila de Osa Inn..........................5 C2	
Cabinas El Mirador Lodge...............6 D2	
Corcovado Adventures Tent Camp...7 B2	

Drake Bay Rainforest Chalet............8 C2	
Drake Bay Wilderness Resort............9 C2	
Guaria de Osa...............................10 A3	
Hotel Jinetes de Osa......................11 C2	
La Paloma Lodge...........................12 C2	
Las Caletas Cabinas.......................13 B2	
Pirate Cove..................................14 D2	
Poor Man's Paradise......................15 A3	
Punta Marenco Lodge....................16 A3	
Rancho Corcovado	
Lodge.....................................17 D2	

Zur Isla del Caño (25 km)

PAZIFISCHER OZEAN

Riff

Bahía Drake

Playa Cocalito
Playa Las Caletas
Punta Agujitas

Pulpería

Klinik
Schule & Fußballfeld
Agujitas

Start-/Landebahn
Río Drake
Nach Rincón (17 km)

Punta Río Claro Wildlife Refuge

Playa San Josecito

Río Claro

Río Agujas

Nach Los Planes (3 km)

Zur Corcovado Jungle Eco Lodge (4 km); Parque Nacional Corcovado (4 km); Proyecto Camanario (4 km)

PENÍNSULA DE OSA &
GOLFO DULCE

DURCH DEN PARQUE NACIONAL CORCOVADO

Niemand muss sich Sorgen um den richtigen Zugang zum Parque Nacional Corcovado machen. Mit ein wenig Planung und einer klaren Vorstellung von der Art Trip, die es werden soll, ist es eigentlich kein Problem, durch den Regenwald zu wandern, Flüsse zu überqueren und (hoffentlich!) Tapire zu Gesicht zu bekommen.

Zunächst einmal ist es sehr hilfreich zu wissen, dass für Touristen vor allem zwei Zentren wichtig sind, von denen aus der Trip gut organisiert werden kann: Bahía Drake (S. 440) und Puerto Jiménez (S. 452). An beiden Orten gibt es Hotels, Herbergen und Tourveranstalter, die bei der Planung helfen. Unabhängigere Geister können hier auch einfach nur einen Führer engagieren und sich mit Vorräten eindecken.

Beide Orte haben ihr ganz eigenes Flair und ihren speziellen Reiz. Die meisten Reisenden entscheiden sich für Puerto Jiménez, weil es näher an der berühmten Rangerstation Sirena liegt, wo die meisten Wildtiere zu sehen sind. Auf der anderen Seite gehört ein Aufenthalt in einer der entlegenen Unterkünfte im Dschungel an der Bahía Drake zweifellos zu den Highlights Osas.

Wer die Tour an der Bahía Drake beginnt, nutzt in aller Regel den Parkzugang an der Rangerstation San Pedrillo. Von hier aus führen recht leichte Wanderungen entweder nach Sirena oder zu dem einsameren Rangerstützpunkt von Los Planes. Reisende, die in Puerto Jiménez starten, nehmen meist die Zugänge an den Rangerstationen La Leona oder Los Patos: beides gute Ausgangspunkte, um nach Sirena zu gelangen.

Eine dritte Möglichkeit besteht darin, direkt zu den Flugfeldern in Carate oder Sirena zu fliegen; weitere Informationen zu Flügen von Puerto Jiménez oder der Bahía Drake nach Carate oder Sirena s. S. 468. Diese Alternative ist teurer, kann bei einem engen Reiseplan mit langer Wunschzielliste aber natürlich viel Zeit sparen.

Wer in Corcovado übernachten möchte, muss dies unbedingt entweder persönlich oder telefonisch im Hauptquartier des Parks in Puerto Jiménez anmelden. Häufig übernehmen aber auch die Reiseveranstalter diese Aufgabe.

Zu Informationen über die Bahía-Drake-Route s. S. 447, zu Informationen über die Route von Puerto Jiménez s. S. 450 und zu Informationen zum Park selbst s. S. 460.

sula de Osa macht, sollte einen Besuch des berühmten Nationalparks nicht versäumen.

Manche Tourteilnehmer kommen jedoch enttäuscht zurück. Die Wege rund um die Rangerstation San Pedrillo ziehen scharenweise Leute an, was das Beobachten von Tieren erschwert. Außerdem treffen die Gruppen häufig erst nach Sonnenuntergang im Park ein, also zu einer Zeit, in der im Regenwald Nachttouren interessant wären.

Angesichts der deftigen Preise sind diese Reisen also nicht unbedingt die beste Möglichkeit, die heimische Tierwelt zu erleben. Die Lodge-Betreiber animieren ihre Gäste natürlich, an diesen Touren teilzunehmen (weil sie offenbar aufs Geld aus sind), aber es gibt auch Alternativen. Die einfachste und nächstliegende ist der lange Küstenpfad, der von Agujitas Richtung Süden führt und nach 10 km die Parkgrenze erreicht. Routinierte Wanderer meistern die Strecke bis zur Rangerstation San Pedrillo in drei bis vier Stunden (wer dort übernachten möchte, muss die Unterkunft im Voraus reservieren). Von San Pedrillo aus führt der Küstenweg noch weiter südwärts bis zur Rangerstation Sirena, die – von einer überaus reichen Tierwelt umgeben – zweifellos das Highlight des Parks ist.

Wer weder Zeit noch Lust hat, diese nicht ganz einfache Wanderung zu unternehmen, bekommt auch auf bequemere Weise dieselben Tierarten, die den Park bewohnen, zu sehen: Nicht weit von Agujitas tauchen an dem Küstenpfad regelmäßig Aras, Affen und andere exotische Tiere auf. Sie nutzen den Weg ebenso häufig wie Menschen.

Neben der Tour zum Parque Nacional Corcovado zählt auch der Tagestrip zur nahe gelegenen **Playa San Josecito** (S. 474) zu den beliebten Aktivitäten. An diesem atemberaubenden, einsamen Strand lässt sich entspannt die Schönheit der Bucht genießen. Wen es landeinwärts und zurück in den Regenwald zieht, kann das **Punta Río Claro Wildlife Refuge** (auch Marenco Rain Forest Reserve genannt, s. S. 447) erkunden. Dieses Schutzgebiet ist über den Río Claro Trail oder von der Playa San Josecito aus zu erreichen.

Wer ohne ortskundigen Führer losmarschiert, sollte sicherheitshalber jemanden über das Ziel der Wanderung und die geplante Rückkehrzeit informieren. Wer sich verirrt, sollte nach einem Fluss oder Bach Ausschau halten und dem Gewässer in Fließrichtung bis zum Meer folgen. Dort fällt dann die Orientierung nicht mehr schwer.

SCHWIMMEN & SCHNORCHELN

Der beste Ort zum Schnorcheln in dieser Region ist die **Isla del Caño** (S. 449). Lodges und Tourveranstalter organisieren Tagestouren zu der Insel (pro Pers. 75–100 US$). Im Preis sind in der Regel die Zutrittsgebühr, die Schnorchelausrüstung, das Mittagessen und eine geführte Inselwanderung am Nachmittag enthalten. Ob das Wasser klar ist und welche Fische sich blicken lassen, hängt – wie überall – von den Witterungsbedingungen ab. Daher ist es auf jeden Fall sinnvoll, sich über die aktuellen Verhältnisse zu erkundigen, ehe man die Tour bucht.

Schnorchelplätze gibt es auch an der Küste zwischen Agujitas und Corcovado. In dem Korallenriff und den Felsformationen vor der **Playa San Josecito** leben zahllose farbenprächtige Meeresbewohner. Ein weiterer empfehlenswerter Schnorchelplatz befindet sich vor der **Playa Las Caletas**, die sich direkt vor dem Corcovado Adventures Tent Camp erstreckt. In der Nähe von Agujitas liegt die **Playa Cocalito**, ein schmaler, schöner Strand, der sich ausgezeichnet zum Sonnenbaden und Schwimmen eignet.

TAUCHEN

Die gut 20 km westlich von Agujitas liegende **Isla del Caño** zählt zu den besten Tauchgründen des Landes. Die zerklüfteten Felsformationen und Korallenriffe sind eine farbenfrohe Unterwasserwelt mit schönen tropischen Fischen und ganz unterschiedlichen Korallenformationen. Taucher haben berichtet, dass die Fischschwärme manchmal so dicht und in so großer Zahl nahe der Wasseroberfläche schwimmen, dass sie das einfallende Sonnenlicht nicht mehr durchlassen.

Ein Highlight ist zweifellos **Bajo del Diablo** (Teufelsspitze) – eine erstaunliche Unterwasser-Felslandschaft. Hier schwimmen Barrakudas, Haie, Muränen, Papageienfische, Schnapper und Riffbarsche.

Ein *Two Tank Dive* (zwei Tauchgänge mit Pause an der Oberfläche) kostet normalerweise 100 bis 150 US$, ein *Open Water Course* (Tauchkurs) 325 bis 400 US$. Die meisten örtlichen Lodges der oberen Preisklasse verfügen entweder über eine eigene Tauchbasis oder vermitteln Tauchgänge bzw. -kurse für benachbarte Unterkünfte im Naturreservat.

KAJAK- & KANUFAHREN

Ob Kajak oder Kanu: Paddeln ist eine tolle Möglichkeit, die facettenreiche Flora und Fauna der Region zu erkunden. Während der Paddeltour auf dem idyllischen **Río Agujitas** faszinieren eine farbenprächtige Vogelwelt und zahlreiche Reptilien. Der träge Fluss mündet in die Bahía Drake, die von Sandstränden und kleinen, versteckten Buchten gesäumt wird – mit einem Seekajak lässt sich die Bucht ausgezeichnet befahren. Am meisten Spaß machen die Kajaktouren während der Flut, weil dann mehr Gebiete mit dem Boot zu erreichen sind.

Die meisten Lodges vor Ort verleihen Kajaks und Kanus. Corcovado Expeditions (S. 444) organisiert geführte Kajaktouren.

REITEN

Der **Küstenpfad** zwischen Agujitas und Corcovado eignet sich perfekt zum Reiten. Wer mag, kann an einsamen Sandstränden im wilden Galopp durch die Brandung preschen. **Los Planes** ist ebenfalls ein beliebtes Reiterziel, unterwegs ergeben sich dort viele Gelegenheiten, Tiere zu beobachten. Die meisten regionalen Lodges der höheren Preisklasse organisieren geführte Ausritte (ab 65 US$) auf dem eigenen Gelände oder dem benachbarter Lodges.

SPORTANGELN

In der Bahía Drake leben mehr als 40 angelbare Speisefischarten, darunter Fächerfisch, Schwarzer, Blauer und Gestreifter Marlin, Gelbflossenthunfisch, Wahoo, Cuberaschnapper, Dorade (Goldbrasse) und Makrelen. Sportangler kommen rund ums Jahr zum Zug, wobei sich der Fang – abhängig von der Saison – stark unterscheidet. Die Hauptsaison für Thunfisch und Marlin reicht von August bis Dezember, die für Dorade und Wahoo von Mai bis August. Fächerfische gibt es ganzjährig, wobei im Mai und Juni die Fangchancen geringer sind. Auf jeden Fall gehen Sportangler angesichts dieser Fülle an Fischarten zu keiner Jahreszeit leer aus. Viele Lodges arrangieren Angeltouren, die allerdings sehr teuer

PENÍNSULA DE OSA & GOLFO DULCE

sind – ein halber Tag kostet etwa 550 US$, ein ganzer rund 800 US$.

DELFIN- & WALBEOBACHTUNG
Mit Delfinen und Walen zu schwimmen ist in Costa Rica seit 2006 verboten. Diese Maßnahme war die Folge der anwachsenden Schar von Touristen, die diese Tiere hautnah erleben wollten. Hinzu kamen die häufig unerfahrenen Begleiter, die keinerlei Rücksicht auf diese wundervollen Tiere nahmen. Dennoch lassen sich die Wale und Delfine noch immer aus nächster Nähe beobachten – allerdings ausschließlich aus sicherer, tierfreundlicher Entfernung von einem Boot aus.

Eine faszinierende Fülle an Meerestieren bevölkert die Bahía Drake. Allein 25 Delfin- und Walarten steuern auf ihren Wanderungen rund ums Jahr die Bucht an. Sie ist ein einzigartiger Platz für Walbeobachtungen: Sowohl aus der nördlichen wie der südlichen Hemisphäre kommen die Buckelwale in die Bucht, um ihre Jungen zur Welt zu bringen. Infolgedessen herrscht hier die längste Walbeobachtungssaison der Welt. Das ganze Jahr über – den Mai ausgenommen – sind Buckelwale in der Bahía Drake anzutreffen. Die beste Zeit, diese Meeressäuger zu beobachten, ist von Ende Juni bis Anfang November.

Einige Lodges beteiligen sich an den Schutzprojekten zur Erhaltung der Meeresfauna in der Bahía Drake. Sie geben Touristen aber auch die Möglichkeit, die Unterwasserwelt in der Bucht näher kennenzulernen. Diese Informationstouren kosten generell etwa 100 US$ pro Person.

Einen ausgesprochen guten Ruf genießt das Programm des Drake Bay Wilderness Resort (s. S. 446). Voller ansteckender Begeisterung setzt sich der Meeresbiologe Shawn Larkin für die Meerestiere ein. Unermüdlich erforscht und filmt er Delfine sowie Wale für sein Schulungszentrum, das **Costa Cetacea Research Institute** (www.costacetacea.com).

Delfín Amor Eco Lodge (☎ 8847 3131; www.divine dolphin.com) ist auf Touren, die über die Meeresfauna informieren, spezialisiert. Ihre ausgezeichnete (englischsprachige) Website (www.delfinamor.com) gibt z. B. Auskunft über das Leben und die Wanderungen der Delfine und Wale. Unter der Schirmherrschaft der gemeinnützigen **Fundación Vida Marina** (www.vida marina.org) sammelt das ganze Lodge-Team Daten – mit dem Ziel, ein Meeresschutzgebiet in der Region zu schaffen. Um die Delfine, Wale und den Fischfang laufend zu beobachten, kommt ein faszinierendes Gefährt zum Einsatz: ein „fliegendes Schlauchboot" (ein aufblasbares Boot mit Gleitschirm).

Geführte Touren
Corcovado Expeditions (☎ 8818 9962, 8833 2384; www.corcovadoexpeditions.net) Bietet zu einem konkurrenzfähigen Preis Touren in den Parque Nacional Corcovado und zur Isla del Caño an, außerdem Wanderungen, deren Schwerpunkt auf der Beobachtung von Vögeln und Pfeilgiftfröschen liegt (jeweils pro Pers. 25 US$). Der Veranstalter verleiht auch Mountainbikes (Std./Tag 10/35 US$) und organisiert Radtouren (halber/ganzer Tag 35/50 US$).
Night Tour (☎ 8382 1619; www.thenighttour.com; Tour 35 US$; ☒ 19.45–22 Uhr) Tracie und ihr Partner Victor haben sich mit ihren faszinierenden geführten Dschun-

---

DSCHUNGELNÄCHTE

Wenn die Nacht anbricht, verändert sich die Szene im Regenwald. Die Vogellaute, die tagsüber die Luft erfüllt haben, verstummen und machen einer ganz anderen Geräuschkulisse Platz. Die nachtaktive tropische Insektenwelt erwacht! Grillen und Zikaden zirpen – es brummt, summt und schwirrt von allen Seiten, während Fledermäuse Peilrufe ausstoßen und auf Beuteflug über den Köpfen der Besucher umherflattern.

Umgeben von der geheimnisumwitterten Dunkelheit des Regenwalds schärfen sich die Sinne der Menschen. Daher können Wanderer einzelne Geräusche aus dem nächtlichen Stimmengewirr unterscheiden, z. B. das klagende Gurren, mit dem der Pauraque (*Nyctidromus albicollis*), ein Verwandter der Nachtschwalben, nach seiner Partnerin ruft, oder die Kampflaute der Wickelbären, die in den Bäumen ihr Revier verteidigen.

An der Bahía Drake sieht man bei den Nachtwanderungen vor allem Krabben, Frösche, Spinnentiere und Insekten aller Art, doch auch Säugetiere sind nachts unterwegs. Auf den Nachtwanderungen der Rangerstation Sirena in Corcovado (S. 460) besteht eine große Chance, Tapire, Wickelbären oder Spitzkrokodile zu sehen. Und falls sich eine der Großkatzen überhaupt blicken lässt, dann sicher in der Nacht.

gel-Nachtwanderungen einen herausragenden Ruf erworben. Tracie wird auch *Bug Lady* („Kerbtier- oder Käferlady") genannt, weil sie ein wandelndes Lexikon ist. Den Teilnehmern werden Nachtsichtferngläser zur Verfügung gestellt. Reservierung ist erforderlich.

Original Canopy Tour (☎ 8371 1598; Tour 55 US$; 🕙 8–16 Uhr)Der Veranstalter hat sein Büro im Hotel Jinetes de Osa. Als Einziger im Bereich der Bahía Drake bietet er einen Ausflug in die Baumkronen des Regenwaldes an. Neun Plattformen, sechs Seilwinden und ein 20 m langes Aussichtsdeck ermöglichen, den Regenwald aus einer ganz neuen Perspektive zu betrachten. Reservierung ist ratsam.

Schlafen & Essen

In dieser entlegenen Region sind viele Errungenschaften der modernen Zivilisation Mangelware, dazu gehören Strom (Taschenlampen mitnehmen!) und fließendes heißes Wasser. Wer die Gegend in der Trockenzeit (Mitte November bis Ende April) besucht, sollte seine Unterkunft unbedingt im Voraus reservieren. Wenn nicht anders angegeben, gelten die nachfolgend genannten Preise allsamt während der Hochsaison pro Person und inklusive drei Mahlzeiten.

Bei den Mittel- und Spitzenklassenunterkünften sind drei Mahlzeiten pro Tag immer im Preis inbegriffen, da es in diesem Teil der Halbinsel praktisch keine eigenständigen Speiselokale oder Ähnliches gibt. Bei den Budgetunterkünften erfolgt eine preisgünstige Verpflegung ebenfalls vor Ort im Restaurant oder in der Kantine. Die meisten Hotels und Lodges verfügen über kleine Läden, die Snacks und Getränke verkaufen. Wer Wanderungen unternimmt, muss sich ausreichend mit Wasser und Proviant eindecken, da es unterwegs so gut wie keine Nachschubmöglichkeiten gibt.

Alle nachfolgend aufgelisteten Mittel- und Spitzenklassenunterkünfte erfordern einen Transfer ab Agujitas oder der Landepiste von Drake nach vorheriger Absprache (manchmal im Preis inbegriffen).

Weitere Unterkünfte an oder in der Nähe der Bucht s. Abschnitt „Von der Bahía Drake zum Corcovado" (S. 448).

BUDGET- & MITTELKLASSEHOTELS

Rancho Corcovado Lodge (☎ 2786 7903; Camping ohne Mahlzeiten 10 US$, Hütte 45 US$; (P)) Angesichts ihrer Lage mitten im Dorf liegt diese zwanglose, familiengeführte Lodge erstaunlich ruhig und abgeschieden. Obstbäume und Kokospalmen beschatten das Grundstück, vor dem sich ein langer Sandstrand erstreckt. Alle Hütten (an zwei Standorten) haben Aussicht auf das Meer und die Berge.

Cabinas El Mirador Lodge (☎ 8836 9415; www.miradordrakebay.com; Zi. 42 US$; (P))Hoch auf einem Hügel am Nordende von Agujitas gelegen, macht El Mirador („der Aussichtspunkt") seinem Namen alle Ehre. Jede der urgemütlichen Hütten bietet eine spektakuläre Aussicht auf die Bucht. Viel Spaß macht es, von der Veranda aus den Sonnenuntergang zu beobachten oder zum Aussichtspunkt hinaufzuklettern. Ihren Gästen bereitet die freundliche Familie Vargas einen herzlichen Empfang und versorgt sie dreimal am Tag bestens mit herzhaften, hausgemachten costaricanischen Gerichten.

Hotel Jinetes de Osa (☎ 8371 1598, 2236 5637; www.costaricadiving.com; Zi. Standard/Superior ab 60/80 US$) Diese Hotelanlage zu erschwinglichen Preisen hat einige Unterkünfte, von denen das Meer tatsächlich nur wenige Schritte entfernt liegt. Morgens wird der Kaffee aufs Zimmer gebracht – so kann man die Tasse genüsslich neben sich stellen, während der Blick über die gesamte Bucht wandert. Jinetes de Osa ist der einzige Veranstalter in der Bahía Drake, der einen Ausflug in die Baumkronen des Regenwaldes anbietet. Außerdem zählt das Anwesen zu den besten PADI-Tauchplätzen der Bucht. Für Aktivitäten der weltweit organisierten Diving Society ist also gut gesorgt.

SPITZENKLASSEHOTELS

Pirate Cove (☎ 2234 6154; www.piratecovecostarica.com; Zi. ab 80 US$) Mit seinen luftigen, zeltähnlichen Bungalows und geräumigen Hütten aus Hartholz bietet das Resort eine Art zwanglosen Luxus. Der Name *Pirate Cove* („Piratenbucht") passt gut hierher (Sir Francis Drake war nicht nur ein honoriger Kapitän). Die Unterkünfte verfügen über eine eigene Terrasse samt Hängematten. Den meisten Gäste scheint es zu genügen, den ganzen Tag über in ihrer Hängematte zu schaukeln. Dabei erstreckt sich vor dem Anwesen ein 2 km langer, einsamer Sandstrand, an dem es einiges zu erkunden gibt.

Corcovado Jungle Eco Lodge (☎ 2770 8209; www.corcovadojungleecolodge; Arrangement mit 3/5 Übernachtungen pro Pers. ab 325/630 US$) Diese meilenweit von Regenwald umgebene Dschungellodge liegt im Hinterland der Bahía Drake, am Nordrand des Parque Nacional Corcovado. Die Standardunterkünfte sind saubere, komfortable

Hütten (darunter ein Baumhaus). Die *ranchos*, die Ranchgebäude nachahmen und mehr kosten, sind nur über eine Reihe von Holzstegen und erhöhten Aussichtsplattformen zu erreichen. Ein weit verzweigtes Netz von Wanderwegen durchzieht dieses 100 ha große, private Schutzgebiet und bietet eine Fülle an Möglichkeiten, Tiere zu beobachten und Wanderungen zu unternehmen.

LP Tipp **Drake Bay Wilderness Resort** (☎ 2770 8012; www.drakebay.com; 4-Tage-Arrangement ab 695 US$; 🏊) Dieses zwanglose Resort mit seiner wunderschönen Lage am Punta Agujitas breitet sich auf dem besten Anwesen der gesamten Bahía Drake aus. Die Herzen der Naturfreunde gewinnt es mit seinem zauberhaft gestalteten Gelände, dessen Attraktionen von blühenden Bäumen bis hin zum Meerwasserpool reichen. Geschichtsfans werden das Denkmal, das zur Erinnerung an Drakes Landung errichtet wurde, zu würdigen wissen. Die Unterkünfte befinden sich in komfortablen Hütten mit Wandmalereien, eigenen Terrassen und Meerblick. Die Zutaten für die familiären Mahlzeiten stammen von der Biofarm des Resortbetreibers.

Aguila de Osa Inn (☎ 2296 2190; www.aguiladeosa. com; Arrangement mit 2/3/4/5 Übernachtungen ab 514/769/948/1128 US$) Die am Ostufer des Río Agujitas gelegene, elegante Lodge bietet geräumige Unterkünfte mit polierten Holzfußböden, Gewölbedecken und eigenen Terrassen mit Meerblick. Die Hauptattraktion der Lodge ist die geschmackvolle *rancho* (eine Art offener Pavillon). Dort gibt es den ganzen Tag über bis in den Abend hinein die angesagtesten Cocktails und die pfiffigsten *bocas* (Vorspeisenhäppchen) der Bahía Drake.

La Paloma Lodge (☎ 2239 7502; www.lapalomalodge. com; 3-/4-/5-Tage-Arrangement ab 1100/1245/1390 US$; 🏊) An einem bewaldeten Berghang gelegen, bietet diese exquisite Lodge ihren Gästen einen unglaublichen Panoramablick auf Wald und Meer. Jede Unterkunft ist vom Allerfeinsten. Die Zimmer haben polierte Holzfußböden und riesige Gesundheitsbetten mit Moskitonetzen. Die in allen Bädern nur schulterhohen Wände geben den Blick auf den Regenwald frei. Natürlich fehlt auch die eigene Terrasse nicht (selbstverständlich mit Hängematten), zu der die kühle Meeresbrise herüberweht.

LP Tipp **Drake Bay Rainforest Chalet** (☎ 8382 1619; www.drakebayholiday.com; 3-/4-/5-/6-/7-Tage-Arrangement ab 1150/1275/1400/1525/1650 US$) Diese Lodge liegt auf einem 18 ha großen Gelände inmitten

des unberührten Regenwaldes und ist ein wahrhaft romantisches Abenteuer. Riesige Sprossenfenster geben in fast allen Zimmern den Blick auf den Dschungel frei. In den Schlafzimmern stehen große Betten mit riesigen Moskitonetzen. Im unmittelbar anschließenden luxuriösen, gefliesten Bad gibt es eine tief liegende Dusche und einen geradezu dekadenten Whirlpool für zwei Personen. In der hochmodernen, im marokkanischen Stil gestalteten Küche können die Gäste ihre Mahlzeiten selbst zubereiten. Doch es steht auch ein Koch zur Verfügung, um für das leibliche Wohl zu sorgen.

An- & Weiterreise

BOOT

Alle Hotels bieten nach vorheriger Absprache den Transfer mit dem Boot zwischen Sierpe und der Bahía Drake an. Die Fahrt nach Drake ist landschaftlich wunderschön und manchmal ziemlich aufregend. Das Boot schippert auf dem Fluss durch den Regenwald bis zur Mündung im Mangrovengebiet. Dort steuert der Bootsführer sein Schiff durch die gezeitenbedingten Strömungen in den Ozean. Da bei den meisten Hotels die Boote einfach am Strand landen, lohnt es sich, geeignetes Schuhwerk zu tragen.

Wer bei der Buchung seiner Unterkunft keine Abholung vereinbart hat, kann in Sierpe ein privates Wassertaxi nehmen (der Preis ist verhandelbar).

BUS & AUTO

Eine holprige, staubige Straße verbindet Agujitas mit Rincón. Von dort führt eine Straße südwärts nach Puerto Jiménez und in nördlicher Richtung zur Interamericana. Für die Tour nach Agujitas ist – vor allem von Juni bis November – ein Geländewagen unbedingt erforderlich, weil einige Flüsse zu durchqueren sind. Am gefährlichsten ist die Fahrt durch den Río Drake. Einheimische fischen immer wieder liegengebliebene Touristenautos aus dem Fluss. Wer seinen Mietwagen nicht ruinieren will, beherzigt die Tipps auf S. 598.

In Agujitas lässt sich gut auf ein Auto verzichten, denn von hier aus sind die meisten Orte nur mit dem Boot oder zu Fuß zu erreichen. Da Autodiebstahl und Vandalismus zur costa-ricanischen Realität gehören, sollte der Wagen an einem sicheren Platz abgestellt werden, wo ihn jemand gegen Bezahlung im Auge behält. Es gibt einige kleine *pulperías* vor Ort, deren Besitzer oder Personal für ein gutes Trinkgeld gern ein paar Tage auf einen Geländewagen aufpassen.

Wer im Parque Nacional Corcovado wandert, sich aber den mühsamen San-Pedrillo-Pfad ersparen möchte, fährt mit einem gemieteten Geländewagen nach La Palma (50 US$) und beginnt hier die Wandertour. Nach La Palma geht auch ein Bus, der um vier Uhr morgens in Drake startet (5 US$) – allerdings nur während der Trockenzeit. Auf den Fahrplan ist jedoch kein Verlass. Ob der Bus tatsächlich fährt oder auch nicht, wissen die Einheimischen.

FLUGZEUG
Von San José fliegen die Maschinen von **NatureAir** (www.natureair.com) und **Sansa** (www.sansa.com) täglich zur Landepiste in Drake, die 2 km nördlich von Agujitas liegt. Der einfache Flug kostet in der Regel rund 100 US$, allerdings hängen die Preise von der Saison und der Nachfrage von Reisegruppen ab.

Alfa Romeo Aero Taxi (☎ 2735 5353) bietet Charterflüge von Drake nach Puerto Jiménez, Golfito, Carate und Sirena. Am besten ist es, die Flüge persönlich am Flughafen zu buchen. Der einfache Flug kostet im Allgemeinen weniger als 100 US$.

Die meisten Lodges holen ihre Gäste mit dem Jeep bzw. Boot ab und bringen sie auch wieder zurück. Eine rechtzeitige Reservierung ist jedoch erforderlich.

WANDERN
Der Weg, der von der Bahía Drake entlang der Küste verläuft, führt zur Rangerstation San Pedrillo am Nordrand des Parque Nacional Corcovado. Die Wanderung dauert vier bis sechs Stunden.

Wer anschließend durch den Nationalpark wandern will, muss rechtzeitig eine Unterkunft in einer Rangerstation reservieren (weitere Informationen s. S. 460).

VON DER BAHÍA DRAKE ZUM CORCOVADO

Von der Bahía Drake bis zum Parque Nacional Corcovado erstreckt sich eine 10 km lange, felsige Küste. Ihre kleinen Sandbuchten verschwinden bei Flut unter Wasser, sodass nur die Klippen und der üppige Regenwald sichtbar bleiben. Abgesehen von den Inhabern der Lodges, besiedelt keine Menschenseele diesen unerschlossenen Küstenstrich – Wild-

nis und überwältigende landschaftliche Schönheit sind garantiert. Wer ein oder zwei Tage an der Bahía Drake verbringen möchte, ehe er in die Tiefen des Parks vordringt, findet in dieser Gegend die abgelegensten Unterkünfte des Landes.

Orientierung & Praktische Informationen
Ein öffentlicher Weg führt über eine längere, spektakuläre Strecke entlang der Küste. Ihm zu folgen ist einfach und wird mit Naturerlebnissen pur belohnt.

Auf jedem Meter gibt es etwas Neues zu beobachten: Da sind Arakangas oder Hellrote Aras, die häufig paarweise ihre Kreise ziehen, oder keckernde Tukane. Weißschulterkapuzineraffen und Brüllaffen turnen durch die Baumkronen. Wanderer mit Argusaugen entdecken vielleicht auch ein Faultier oder einen Wickelbären, der den Tag verschläft.

In der Gegend ist die Fortbewegung nur zu Fuß oder mit dem Boot möglich. Das bedeutet, dass Reisende mehr oder weniger an ihre gebuchte Lodge gebunden sind.

Sehenswertes & Aktivitäten
Auf der ganzen Strecke wird die Küstenlinie immer wieder von wildromantischen, kleinen Buchten mit Sandstränden unterbrochen. Westlich der Punta Agujitas führt eine kleine Abzweigung vom Hauptweg zur idyllischen **Playa Cocalito**. Der abgelegene Strand eignet sich ideal zum Sonnen, Schwimmen und Bodysurfen und ist mangels Lodges in der Nähe meist auch menschenleer.

Vor dem Corcovado Adventures Tent Camp liegt die **Playa Las Caletas**, ein ausgezeichnetes Schnorchelrevier.

Weiter südlich mündet der Río Claro in den Ozean. Gezeitenbedingt schwanken hier der Wasserspiegel und die Strömung – beim Durchwaten des Flusses muss man extrem vorsichtig sein. Hier beginnt auch der Río-Claro-Wanderweg, der ins Hinterland zum 400 ha großen **Punta Río Claro Wildlife Refuge** (es hieß früher Marenco Rain Forest Reserve) führt. Unterwegs kommt man an einem malerischen Wasserfall vorbei. Ein wichtiger Hinweis: Es gibt zwei Flüsse mit dem Namen Río Claro (was ja einfach „karer Fluss" heißt, der eine fließt in die Bahía Drake, während der andere im Nationalpark Corcovado an der Rangerstation Sirena vorbeikommt und südlich von Sirena ins Meer mündet.

Südlich des Río Claro (an der Bahía Drake) liegt die **Playa San Josecito**, der längste weiße Sandstrand auf dieser Seite der Península de Osa. Hier ist immer viel los, da der Strand bei Schnorchlern, Sonnenhungrigen und Schwimmern sehr beliebt ist.

Der Strand bietet Zugang zu einem weiteren privaten Naturschutzgebiet: **La Selva**. Ein kurzer steiler Anstieg leitet vom Strand zu einem Aussichtspunkt, der einen spektakulären Blick über die Baumwipfel zum Pazifik bietet. Ein Netz an Wegen zieht sich ins Hinterland und verbindet im Landesinneren La Selva mit dem Río Claro Reserve. Wer von dem Aussichtspunkt aus weitergehen möchte, um La Selva kennenzulernen, sollte Folgendes wissen: Im ganzen Gebiet gibt keinen einzigen beschilderten Weg, keine Unterkunft, kein Trinkwasser und keine Menschenseele – noch nicht einmal eine Karte existiert von dem Gebiet. Wer sich also hier auf den Weg macht, muss ausreichend Nahrung, Wasser und einen Kompass mitnehmen.

Etwa 5 km südlich des Aussichtspunktes liegt die Nordgrenze des Parque Nacional Corcovado. Von Agujitas ist man bis dorthin rund drei bis vier Stunden unterwegs. Je näher der Nationalpark rückt, desto stärker überwuchern Pflanzen den Küstenweg, er wird aber viel begangen.

Schlafen & Essen

Während der Trockenzeit (Mitte November bis Ende April) ist die Reservierung der Unterkünfte sehr zu empfehlen. Die nachfolgend genannten Preise beziehen sich auf die Hauptsaison. Wenn nicht anders angegeben, gelten sie pro Person und schließen drei Mahlzeiten pro Tag ein. Eigenständige Speiselokale oder Ähnliches gibt es in diesem Teil der Halbinsel nicht. Viele Lodges verfügen nicht einmal über Strom (Taschenlampe mitnehmen), und es gibt auch kein heißes Wasser.

Bei allen hier aufgelisteten Unterkünften kann die Abholung von Agujitas oder von der Landepiste in Drake vorher vereinbart werden. Nicht immer ist der Transfer im Preis inbegriffen, und ist auszuhandeln.

Las Caletas Cabinas (☎ 8381 4052, 8326 1460; www. caletas.co.cr; Zi. ab 65 US$; 🖳) Diese hübsche kleine Hotelanlage liegt an dem gleichnamigen, malerischen Strand. Sie bietet fünf gemütliche Hütten mit einem weit reichenden Ausblick. Der aus der Schweiz stammende Besitzer umsorgt nicht nur ausgesprochen liebenswürdig seine Gäste, sondern engagiert sich auch leidenschaftlich für die Umwelt. So nutzt er alternative Energien, nämlich Sonnen- und Wasserkraft, um sein Anwesen rund um die Uhr mit Strom zu versorgen.

Corcovado Adventures Tent Camp (☎ 8384 1679; www.corcovado.com; Zi. 70 US$, 4-Tage-Arrangement 355 US$) Von Drake aus ist dieses urige, familiengeführte Camp in weniger als einer Stunde zu Fuß zu erreichen. Es ähnelt einem Campingplatz, ist aber komfortabler. Auf überdachten Plattformen stehen geräumige, begehbare Zelte, die mit soliden Holzmöbeln eingerichtet sind. Rund 20 ha Regenwald bieten zahlreiche Gelegenheiten für Erkundungstouren, während an den dazugehörigen Strand Wassersportler auf ihre Kosten kommen.

Poor Man's Paradise (☎ 2771 4582; www.mypoormansparadise.com; 5-Tage-Arrangement Zelt/Ranch/Hütte 426/449/495 US$) Sportangeln ist ein teures Hobby, doch der einheimische Fischer Pincho Amaya möchte es erschwinglicher machen. Gäste der Lodge mit dem bezeichnenden Namen „Paradies des armen Mannes" kommen in den Genuss der preisgünstigsten Angeltouren der Bahía Drake. Als Unterkünfte bietet die Lodge Zelte aus dicker Leinwand, die auf erhöhten Plattformen stehen, um Bodennässe und -kälte fernzuhalten. Die Zimmer in dem rustikalen Ranchhaus und die Hütten verfügen über ein eigenes Bad.

Proyecto Campanario (☎ 2258 5778; www.campanario.org; 4-Tage-Arrangement 427 US$) Das von einem ehemaligen Mitglied des *Peace Corps* (US-Friedenskorps) geleitete Naturschutzprojekt ist vorwiegend ein Bildungszentrum und keine Touristenunterkunft im üblichen Sinn. Schlafsaal, Bibliothek und Forschungsstation weisen auf die Lehrfunktion hin, die im Vordergrund steht. Die fünf geräumigen Zelthütten, hinter dem Haupthaus auf Plattformen errichtet, bieten neben Gartenduschen auch mehr Privatsphäre und Komfort. Das ganze Jahr über finden Kurse statt, die sich mit der regionalen Ökologie und deren Schutz befassen. Auch Einzelreisende können an diesen Veranstaltungen teilnehmen. Das Anwesen, das insgesamt 150 ha tropischen Regenwald umfasst, ermöglicht zahlreiche Erkundungs- und Tierbeobachtungstouren.

Punta Marenco Lodge (☎ 2234 1308, 2234 1227; www.puntamarenco.com; 3-Tage-Arrangement 339 US$) Von dieser behaglichen, familiengeführten Lodge aus haben die Gäste Zugang zum Punta Río Claro Wildlife Refuge. Dort können sie auf eigene Faust ausgezeichnet wandern und Tiere beobachten. Die strohgedeckten Hütten der Lodge mit eigener Terrasse und Blick aufs Meer ähneln den traditionellen Behausungen der Boruca-Indios. Durch die ringsherum eingebauten, raumhohen Fenster weht die frische Meeresluft ins Haus.

Guaria de Osa (☎ 2235 4313; www.guariadeosa.com; 3-Tage-Arrangement 395 US$) Dieses Resort setzt auf die asiatische Kultur. Unabhängig von den üblichen Regenwaldaktivitäten, stehen in einem Behandlungszentrum Yoga, Tai-Chi und allerhand Massagen auf dem Programm. Auf dem zauberhaften Gelände liegt auch ein botanischer Garten, in dem einheimische Pflanzen wachsen, die medizinischen und verschiedenen anderen Zwecken dienen. Die Architektur des Anwesens ist einzigartig: Den Mittelpunkt bildet die *Lapa Lapa Lounge*, eine geräumige, luftige, mehrstöckige Pagode aus kultiviertem Hartholz.

LP Tipp **Casa Corcovado Jungle Lodge** (☎ 2256 3181; www.casacorcovado.com, 5-Tage-Arrangement ab 1244 US$; 🏊) Die wilde Bootsfahrt zu dieser Lodge, die sich inmitten eines 175 ha großen Regenwaldareals am Rand des Nationalparks Corcovado befindet, strapaziert etwas die Wirbelsäule. Jeden Bungalow umgibt ein eigener tropischer Garten mit einer Hängematte. Auch die künstlerischen Details des Interieurs – wie mexikanische Fliesen und Buntglasfenster – tragen dazu bei, dass die Casa Corcovado zu den besten Unterkünften der Region zählt. Ihrem Namen alle Ehre macht die Margarita Sunset Bar mit ihren 25 verschiedenen Margaritas über den Salzrand am Glas bietet sich ein Ausblick auf den atemberaubenden Sonnenuntergang über dem Pazifik.

An- & Weiterreise
BOOT
Alle Hotels bieten einen Transfer mit dem Boot zwischen Sierpe und der Bahía Drake an. Eine Voranmeldung ist allerdings erforderlich. Wer keine Transfervereinbarung im Voraus getroffen hat, kann in Sierpe ein Wassertaxi nehmen (Preis verhandelbar).

WANDERN
Von der Bahía Drake führt ein Küstenweg zur Rangerstation San Pedrillo am Nordrand des Parque Nacional Corcovado und ist derjenige, der ihm am nächsten liegt. Die Wandertour dauert vier bis sechs Stunden. Wer auch durch den Nationalpark wandern

möchte, muss rechtzeitig eine Unterkunft in einer Rangerstation reservieren (weitere Informationen s. S. 460).

RESERVA BIOLÓGICA ISLA DEL CAÑO
Das Zentrum dieses Naturschutzgebietes bildet eine 326 ha große Insel. Sie ist ein Hochplateau der zahlreichen Felsformationen, die sich unter Wasser erstrecken. Entlang der felsigen Küste ragen Felsspitzen mehr als 70 m in die Höhe. So ergibt sich ein grandioses Landschaftsbild, das gewiss jeden, der abgeschiedene Natur und die Geomorphologie liebt, begeistert.

Taucher sind begeistert von der felsigen Unterwasserlandschaft. Schnorchler finden ihr Paradies an einem Abschnitt am Strand vor der Rangerstation, hier lassen sich ein paar interessante Korallen- und Felsformationen besichtigen. Das Wasser rund um die Insel ist wesentlich klarer als an der Küste, wird aber bei rauem Seegang schon mal trüb. Rund um die Insel sind 15 verschiedene Arten von Hartkorallen heimisch, außerdem bedrohte Arten wie einige Langusten und die Große Riesenmuschel (*Tridacna gigas*). Unter den Wirbeltieren tummeln sich hier Hammerhaie, Mantarochen und Meeresschildkröten. Delfine sowie Wale lassen sich recht häufig sehen und gut beobachten.

Von der Rangerstation führt ein steiler, aber gut ausgebauter Weg ins Landesinnere. Oben auf dem flachen Plateau schlängelt sich der Weg durch einen immergrünen Wald bis zu einem Aussichtspunkt, der 110 m hoch über dem Meeresspiegel liegt.

Bei den meisten der Bäume handelt es sich um sogenannte Milchbäume (*Brosimum utile*; auch Kuhbäume, *palo de vaca* oder *mastate* genannt), die weißen, trinkbaren Latexsaft absondern. Die eigentümliche Pflanzenmilch rinnt aus Anbruchstellen von Blättern sowie aus Rindenspalten. Angeblich sind die Bäume die Relikte eines Nutzgartens präkolumbischer Bewohner der Insel, da sie in solch großen Ansammlungen nur in Menschennähe, also angepflanzt vorkommen.

Camping ist verboten. Übernachtungsmöglichkeiten bietet nur eine Rangerstation am Strand, wo die Boote landen. Die meisten Besucher landen auf der Insel als Teilnehmer einer der Touren, die von nahe gelegenen Lodges organisiert werden. Die Zutrittsgebühr von 8 US$ pro Person ist in der Regel schon im Preis für die Tour inbegriffen.

DIE GUAYMÍ

Die frühesten Ureinwohner in Costa Ricas äußerstem Süden waren die Guaymí oder Ngöbe. Über Generationen hinweg wanderten sie aus dem benachbarten Panama ein. Die Guaymí leben heute in Reservaten im Valle de Coto Brus, auf der Halbinsel Osa und im Süden des Golfo Dulce, obwohl sie sich durchaus eine halb-nomadische Lebensweise erhalten haben und ungehindert die panamaische Grenze überqueren dürfen. Während der Kaffeeernte geschieht dies besonders häufig, weil viele Guaymí zu dieser Zeit auf den Kaffeeplantagen arbeiten.

Die Guaymí konnten – bis zu einem gewissen Grad – ihre Bräuche und ihre Kultur erhalten, und so ist es durchaus nichts Ungewöhnliches, Frauen in ihrer traditionellen Stammeskleidung zu sehen. Diese farbenfrohen, bodenlangen *pollera*-Kleider sind häufig mit kontrastierenden Farben und Mustern besetzt und haben kurze Glockenärmel sowie Rüschen. Darüber hinaus sprechen die Guaymí im Unterschied zu anderen indigenen Gruppen noch ihre ursprüngliche Sprache und lehren sie sogar in den örtlichen Schulen.

Die Guaymí leben traditionellerweise in Holzhütten mit Lehmböden und Dächern aus Palmwedeln. Einige Familien leisten sich aber mittlerweile bereits Holzhäuser auf Pfählen. Doch auch sie leben noch von der Landwirtschaft und bauen Mais, Reis und Knollengemüse an, während Früchte und Palmherzen in der Wildnis wachsen.

Einer der Gründe, weshalb sich die Kultur der Guaymí erhalten konnte, besteht vermutlich darin, dass ihre Reservate nur sehr schwer zugänglich sind. Nun aber erschließt der Tourismus auch die entlegensten Regionen Costa Ricas: Dieser Prozess geht mit einem wachsenden Interesse an den Traditionen und dem Handwerk der Ureinwohner einher. Auf der einen Seite könnte diese Entwicklung durchaus zur Erhaltung ihrer Kultur beitragen. Auf der anderen Seite befinden sich die Reservate aber auch in einer gewissen Gefahr, denn ohne vernünftige Steuerung und die Mitbestimmung der Ureinwohner selbst kann der zunehmende Strom an Touristen (und Dollars) auch zu einer Verwässerung der Kultur führen.

Den besten Zugang zum Reservat ermöglicht die **Tamandu Lodge** (☎ 8821 4525; www.tamandu-lodge.com; Zi. pro Pers. 45 US$), die von den Carreras, einer Guaymí-Familie, betrieben wird. Diese einzigartige Herberge eröffnet die seltene Gelegenheit, sich direkt mit einer Ureinwohnerfamilie auszutauschen und den Lebensstil der Guaymí aus erster Hand kennenzulernen. Die Gäste können hier mit Angelruten aus Palmholz Krabben und Fische fangen, nach Palmherzen suchen oder Yuccas ernten und lernen, diese Spezialitäten über dem offenen Feuer zuzubereiten. Die Quartiere liegen in rustikalen, auf Pfählen errichteten Holzhäusern mit strohgedeckten Dächern. Im Preis sind die vor Ort zubereiteten Mahlzeiten inbegriffen. Ein Mitglied der Familie Carrera holt die Gäste in La Palma ab. Anschließend führt ein zweistündiger Ritt zu der Herberge – die Anreise ist also bereits Teil des Abenteuers!

NACH CORCOVADO ÜBER PUERTO JIMÉNEZ

Die zweite der beiden Überlandrouten zum Parque Nacional Corcovado beginnt in Puerto Jiménez an der Ostseite der Halbinsel. Sie ist besser „entwickelt" als die andere Route. Der Begriff „entwickelt" bedeutet bei Osa allerdings, dass eine einzige Straße existiert, und verstreut liegende Dörfer an der Küste des Golfo Dulce. Viehweiden und Reisfelder prägen die Küstenlandschaft. Daran schließt sich die Reserva Forestal Golfo Dulce an, die den größten Teil des Binnenlandes dieser Region einnimmt. Der größte von Menschen besiedelte Ort in dieser Gegend ist die Stadt Puerto Jiménez. Die einst boomende Goldgräberstadt hat sich inzwischen zu einem Zentrum des Ökotourismus entfaltet.

RESERVA FORESTAL GOLFO DULCE

Dieses weitläufige Waldschutzgebiet erstreckt sich an der Nordküste des Golfo Dulce. Es bildet das Verbindungsglied zwischen dem Parque Nacional Corcovado und dem Parque Nacional Piedras Blancas. Für die Artenvielfalt auf der Halbinsel Osa spielt dieser Korridor eine bedeutende Rolle. So ermöglicht er z. B. vielen Tieren, in das Binnenland Costa Ricas zu wandern. Der größte Teil des Schutzgebietes ist nur schwer zugänglich. Es gibt jedoch einige Lodges, die einen wichtigen Beitrag zur Erhaltung der Natur leisten, indem sie ihre schützende Hand über ein eigenes Stück dieses Tierparadieses halten.

Sehenswertes & Aktivitäten

Etwa 9 km südöstlich von Rincón liegt **La Palma**. Hier beginnt auch die alte, holprige Straße, die in den Weg zur Rangerstation Los Patos mündet. Die Stadt eignet sich bestens als Ausgangs- oder Endpunkt für Trekkingtouren durch den Parque Nacional Corcovado. Ehe es auf Schusters Rappen losgeht, lohnt es sich, an der **Playa Blanca** am Ostrand der Stadt noch ein wenig Sonne zu tanken. Dieser Sandstrand mit seinen Korallenriffen ist wunderschön.

Das **Reserva Indígena Guaymí** liegt südwestlich von La Palma und grenzt an den Parque Nacional Corcovado.

Auf der 8 km südlich von La Palma gelegenen – von einer Tico-Familie betriebenen – **Köbö Farm** (☎ 8351 8576; www.kobofarm.com; 3-stündige Führung auf Spanisch/Englisch 20/30 US$) werden die Träume von Schokoladenliebhabern wahr (*köbö* ist ein Guaymí-Wort und bedeutet tatsächlich „Traum"). Auf den Feldern der 50 ha großen Finca wird Obst und Gemüse biologisch angebaut – und natürlich Kakao produziert. Die Führungen geben einen anschaulichen Einblick in den Lebenszyklus und den Anbau der Kakaopflanzen. Auch über die Schokoladenproduktion erfahren die Besucher eine Menge (Verkostung inklusive!). Wer das Leben auf einem costa-ricanischen Biobauernhof etwas länger genießen möchte, kann sich dort in einfachen, aber gemütlichen **Teakholzhütten** (Zi. pro Pers. 11–15 US$, Mahlzeiten 6–8 US$) einquartieren.

Kurz vor Puerto Jiménez zweigt eine Straße ab, die zu dem 16 km entfernten Dörfchen **Río Nuevo** führt, das ebenfalls von einem Waldschutzgebiet umgeben ist. Ein gutes Netz von Wanderwegen führt zu spektakulären Aussichtspunkten, die zum Teil einen atemberaubenden Blick auf den Golf bieten. In dieser Region der Halbinsel findet sich eine vielfältige Vogelwelt, die sich mit der im Parque Nacional Corcovado durchaus messen kann. Die meisten der nachfolgend beschriebenen Lodges bieten Tagesexkursionen für Vogelfreunde an.

Schlafen

Danta Corcovado Lodge (☎ 8378 9188, 8819 1860; www.dantacorcovado.net; EZ/DZ/3BZ 25/35/40 US$, Camping pro Pers. 6 US$) Die Lodge liegt sehr günstig auf halbem Weg zwischen Los Patos und La Palma,

auf der Finca der sympathischen Familie Sanchez. Die rustikalen, in warmen Farben gestrichenen Holzhütten sind mit handgearbeitetem Mobiliar ausgestattet. Das Highlight jedoch ist der traditionelle Herd der Familie, der mit Holz beheizt wird und auf dem köstliche, hausgemachte Gerichte zubereitet werden.

Suital Lodge (☎ 8826 0342; www.suital.com; 15 km östlich von Rincón; EZ/DZ/3BZ 45/62/70 US$; Ⓟ) Die kleinen Hütten der Lodge wurden mit viel Liebe errichtet. Die Lodge liegt auf einem 30 ha großen, hügeligen Waldgelände an der Nordküste des Golfo Dulce (kein einziger Baum musste gefällt werden). Ein weitverzweigtes Netz von Wanderwegen überzieht das Anwesen bis hinunter zum Strand.

Río Nuevo Lodge (☎ 2735 5411, 8365 8982; www.rionuevolodge.com; EZ/DZ 65/100 US$) Wer wusste, dass ehemalige Goldsucher so nett sind? Zu diesen sympathischen Leuten zählt die Familie Aguirre, die 2 km westlich des Río Nuevo eine beliebte Zeltlodge an einem bewaldeten Berghang betreibt. Hier macht Camping wirklich Spaß. Die Gäste schlafen in komfortabel eingerichteten Zelten, die auf einer überdachten Plattform stehen. Aus den Gemeinschaftsduschen fließt allerdings nur kaltes Wasser. Familiär geht es in der strohgedeckten *rancho* zu, in der köstliche Mahlzeiten (im Preis inbegriffen) aufgetischt werden.

Bosque del Río Tigre (☎ in Puerto Jiménez 2735 5062, 8824 1372; www.osaadventures.com; Dos Brazos; EZ/DZ 149/258 US$, 4-Tage-Arrangement pro Pers. ab 500 US$; Ⓟ) Am Rand der Reserva Forestal Golfo Dulce, inmitten eines 13 ha großen privaten Naturschutzgebiets, liegt diese außergewöhnliche Ökolodge. Sie ist ein wahres Vogelparadies. Die vier gut eingerichteten Gästezimmer und die Gartenhütte haben große Fenster, die jederzeit einen freien Blick auf die gefiederten Besucher gewähren. Wer seine Kenntnisse in Naturkunde auffrischen möchte, findet in der gut bestückten, lodgeigenen Bibliothek die entsprechende Lektüre.

Villa Corcovado (☎ 8817 6969; www.villacorcovado.com; 500 m Este Parada, Rincón; EZ/DZ inkl. Mahlzeiten 289/376 US$; Ⓟ Ⓢ) Rincón scheint nicht gerade der richtige Ort für solch ein Resort der Spitzenklasse zu sein. Doch wer das Anwesen mit seinen 30 ha atemberaubendem, unberührtem Regenwald und einer traumhaften, freien Aussicht auf den Golfo Dulce kennenlernt, weiß es besser. Jedes der acht lichtdurchfluteten, luxuriösen Häuser hat eine eigene Veranda, Holzdecken und Hartholzfußboden, ganz zu schweigen vom exklusiven, modernen Dekor. Die Gourmetmahlzeiten mit Biogrundprodukten direkt aus dem Garten verpackt das Personal auch für ein Picknick am nahe gelegenen Sandstrand.

An- & Weiterreise

Die Ostküste der Halbinsel lässt sich am besten mit dem Auto bereisen. Eine Alternative sind die Busse, die auf der Küstenstraße zwischen La Palma und Puerto Jiménez regelmäßig verkehren (0,50 US$, 30 Min.). La Palma ist von Neily (3 US$, 3 Std.), San Isidro (5 US$, 4 Std.) und San José (8 US$, 9 Std.) aus zu erreichen.

PUERTO JIMÉNEZ

Puerto Jiménez ist ein Naturwunder für sich. Die Stadt wird von der sumpfigen, überwucherten Quebrada Cacao in zwei Hälften geteilt und an einer Seite vom smaragdgrünen Wasser des Golfo Dulce flankiert. Diese ungezähmte Natur teilen sich die Menschen der Stadt mit der ursprünglichen Tierwelt. Wer durch die staubigen Straßen läuft, sieht häufig Arakangas (Hellrote Aras) auf dem Fußballplatz dösen oder Kapuzineraffen durch die Bäume an der Hauptstraße turnen.

Es ist nicht allzu schwierig zu verstehen, dass so viele Tiere Puerto Jiménez bevölkern: Immerhin liegt die Stadt am Rand des Parque Nacional Corcovado (S. 460) und bietet einige Futterquellen. Als bevorzugter Ausgangspunkt für die Wanderung zur berühmten Rangerstation Sirena ist die Stadt ideal für die Tourplanung, das Auffüllen des Proviants oder eine gemütliche Übernachtung, die Kraft spendet, ehe es auf Wanderschaft geht.

Geschichte

Als Puerto Jiménez 1914 erstmals auf den Landkarten auftauchte, bestand der Ort nur aus einigen wenigen Gebäuden in einer Mangrovenlandschaft. Mit der Ankunft der Holzfäller in den 1960er-Jahren und der anschließenden Entdeckung des Goldes in den regionalen Flüssen boomte das Städtchen. Die Holzindustrie agiert noch heute in manchen Gebieten der Halbinsel, doch der Goldrausch ist verflogen – dafür gibt es jetzt einen Dollaransturm durch die Touristen.

Ein Hauch von Glücksrittertum weht noch immer durch die Stadt. Nur sind es statt der Goldsucher heute eben Touristenführer und Anglervolk, die sich am Wochenende in den Kneipen den hochprozentigen *guaro*-Schnaps hinter die Binde gießen und über ihre angeblich höchst gefährlichen Begegnungen mit Schlangen, Krokodilen, Muränen und Haien schwadronieren.

Die Durchsetzung unüberlegt wirkender Gesetze hinsichtlich maritimer Schutzzonen bedroht seit einiger Zeit Teile von Puerto Jiménez. Als die Stadtverwaltung ankündigte, etwa 200 Häuser in einer ausgewiesenen Zone abreißen zu lassen, gingen die Stadtbewohner (wie schon andere Küstenbewohner zuvor) auf die Barrikaden.

Praktische Informationen

Banco Nacional de Costa Rica (◷ Mo–Fr 8.30 bis 15.45 Uhr)

Cafenet El Sol (☎ 2735 5719; www.soldeosa.com; pro Std. 3 US$; ◷ 7–22 Uhr) Der Internetzugang ist extrem langsam und funktioniert häufig nicht.

Colectivo Transportation (☎ 2735 5539; Soda Deya, 200 m südlich der Bushaltestelle) Wechselt US-Dollar und Euro, wenn die Bank geschlossen hat.

Oficina de Área de Conservación Osa (☎ 2735 5036, 2735 5580; ◷ Mo–Fr 8–12 & 13–16 Uhr) Bietet Informationen über Corcovado, die Isla del Caño, den Parque Nacional Marino Ballena sowie über die Parks und Schutzgebiete bei Golfito und nimmt außerdem Buchungen fürs Campen im Parque Nacional Corcovado vor.

Osa Tropical (☎ 2735 5062, 2735 5722; www.osaviva.com) Doña Isabel ist die Repräsentantin der NatureAir und die beste, zuverlässigste Quelle für regionale Reiseinformationen. Sie arbeitet mit allen Hotels zusammen und arrangiert alle Arten von Transfers. Außerdem steht sie über Funk mit allen Lodges der Halbinseln und der Golfo-Dulce-Region in Verbindung.

Red Cross (☎ 2735 5109) Medizinische Notfallversorgung (Rotes Kreuz).

Sehenswertes & Aktivitäten

Etwa 5 km östlich der Stadt erstreckt sich die abgeschiedene, häufig menschenleere **Playa Platanares** – ein herrlicher Platz, um zu schwimmen, sich zu sonnen und von anstrengenden Unternehmungen zu erholen. Der nahe gelegene, mangrovengesäumte Río Platanares ist ein Paradies für Kajakfahrer und Hobbyornithologen.

Östlich der Landepiste des Flughafens erstreckt sich das 100 ha große Schutzgebiet **Herrera Gardens & Conservation Project** (☎ 2735 5267; Eintritt 4 US$, Führungen 15–30 US$; ◷ 6–17 Uhr) mit wunderschönen botanischen Gärten. Dieses innovative, langfristig angelegte Wiederaufforstungsprojekt bietet eine zukunftsträchtige ökologische und ökonomische Alternative zu den Rinderweiden, die sich hier ursprünglich ausdehnten. Auf die Besucher warten 5 km Gartenwege und 15 km gut markierte Waldwege. Der Schwerpunkt der Führungen liegt auf der Vogelbeobachtung und Botanik, wobei auch das Erklimmen von Bäumen auf dem Programm steht (Buchung und Karten bei Jagua Arts & Crafts, s. S. 456).

Wer sich durch die höheren Etagen des Regenwaldes schwingen möchte, wendet sich an **Aventuras Bosquemar Canopy** (☎ 2735 5102; Miramar; Eintritt 75 US$). Der Veranstalter bietet die einzige Baumkronentour auf dieser Seite der Halbinsel an. Fünf Drahtseile verbinden fünf Plattformen und durchqueren rund 600 m Primärwald. Das Abenteuer findet, etwa 8 km von Jiménez entfernt, in der Nähe des Dörfchens Miramar statt; der Preis schließt den Transfer von und nach Puerto Jiménez ein.

Bootstouren durch den Golfo Dulce werden immer beliebter. Die Ganztagstouren umfassen in der Regel einen Abstecher ins Mangrovengebiet mit Blick auf Flora und Fauna sowie Schnorcheln und Delfinbeobachtung im Golf. Mit den Delfinen zu schwimmen ist streng verboten, auch wenn manche Tourführer ein Auge zudrücken würden!

Geführte Touren

Aventuras Tropicales (☎ 2735 5195; www.aventuras tropicales.com) Das von einem Tico geleitete Unternehmen bietet alle Arten von „tropischen Abenteuern" an.

Cacique Tours (☎ 8815 8919; www.lasosas.org) Der freundliche Oscar Cortés organisiert verschiedene Naturerlebnistouren. Seine Spezialität sind „Vogelwanderungen" am frühen Morgen (30 US$; 6–9 Uhr).

Escondido Trex (☎ 2735 5210; www.escondidotrex. com) Der Tourveranstalter ist auf Kajaktouren durch die Mangroven, auch bei Nacht und bei Sonnenuntergang, spezialisiert, außerdem auf Kajakfahrten, die mit Schnorcheln verbunden sind.

Osa Sportfishing (☎ 2735 5675; www.costa-rica-sportfishing.com; Restaurant Carolina) Das von Sportanglern aus Florida geführte Unternehmen bietet Urlaubsfahrten auf dem etwa 15 m langen Doppeldeckerboot *Delfin Blanco* an; Hauptbeschäftigung: Sportangeln sowie Wale und Delfine beobachten.

Schlafen

BUDGETUNTERKÜNFTE

Puerto Jiménez gehört zu den wenigen Orten auf der Península de Osa, die eine gute Auswahl an Budgetunterkünften bieten. Wenn nicht anders angegeben, verfügen die Zimmer

in den nachfolgend genannten Unterkünften über ein eigenes Bad mit kaltem Wasser und Ventilatoren.

Cabinas Iguana Iguana (☎ 2735 5158; Zi. pro Pers. 15 US$; P 🐾) Die Holzhütten stehen auf einem ruhigen, schattigen Gelände am Nordrand der Stadt. Die Zimmer sind etwas feucht, und der Swimmingpool besitzt viel Ähnlichkeit mit einem Froschtümpel. Insgesamt gesehen, herrscht hier aber eine angenehme Atmosphäre. Die hauseigene Bar gehört am Wochenende zu den angesagtesten Treffpunkten der Stadt. Leute mit einem leichten Schlaf sollten sich vielleicht anderswo eine Bleibe suchen.

Cabinas Oro Verde (☎ 2735 5241; Zi. pro Pers. US$15) Das Hotel erfüllt zwei wichtige Anforderungen an eine Budgetunterkunft: einfach und zentral gelegen. Die Zimmer sind sauber, wenn auch ein wenig muffig. Die Gitter vor den Fenstern sehen nicht gerade schön aus, bieten aber Sicherheit. Alles in allem eignet sich das Oro Verde gut, um spät in der Nacht ins Bett zu taumeln. Allerdings sollte sich niemand wundern, wenn ihn Frühaufsteher morgens aus dem Schlaf reißen.

Cabinas Jiménez (☎ 2735 5090; Zi. 30–60 US$; P 🐾) Die Anstrengungen des neuen ameri-

---

TAGESAUSFLÜGE

Hier einige Tipps für all jene, die einen freien Tag in Port Jim haben und nicht in der Stadt herumhängen möchten:

- Eine perfekte Welle erwischen und auf Wolke sieben reiten: auf dem Point Break an der Playa Pan Dulce in **Cabo Matapalo** (S. 457)

- Den süßen Zahn verwöhnen: auf der **Köbö Farm** (S. 451) sehen und schmecken, woher Schokolade kommt

- Es ruhig angehen lassen und bei einem Picknick an dem einsamen wilden Strand der **Playa Blanca** (S. 451) die Sonne genießen

- Die Welt von der Spitze eines 60 m hohen Ficusbaums aus der Vogelperspektive betrachten: **Everyday Adventures** (S. 458) bietet Klettertouren durch Bäume an

- Das tropische Paradies in der **Casa de Orquídeas** (S. 474) inmitten von Orchideen, Bromelien und Helikonien erleben

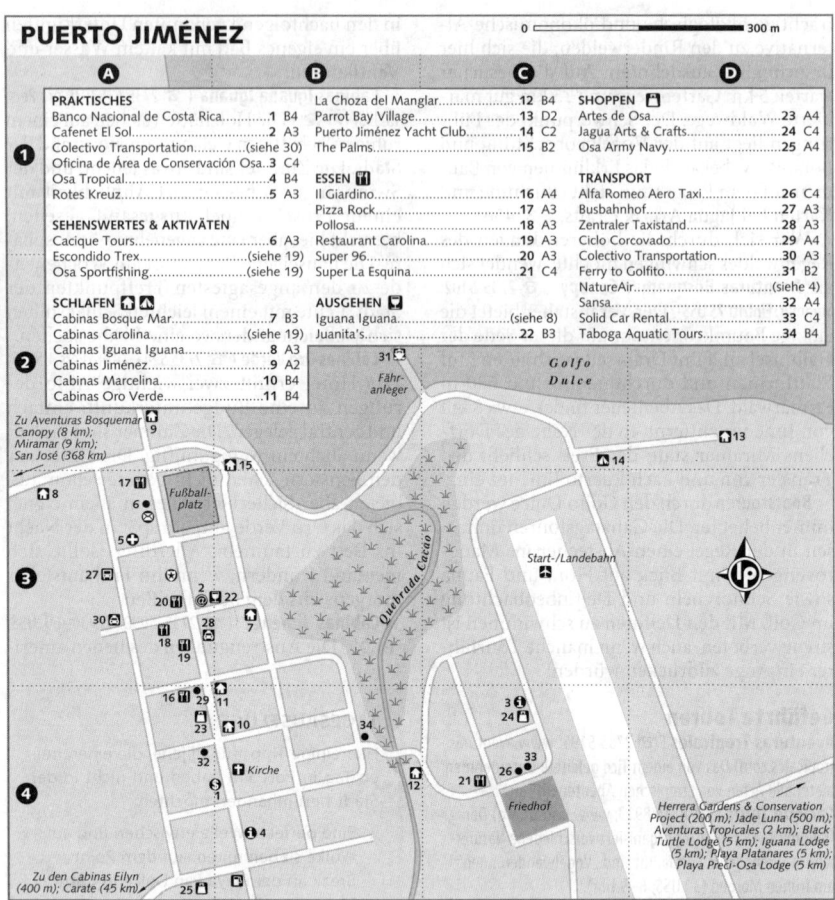

PUERTO JIMÉNEZ

0 ——————————— 300 m

PRAKTISCHES
Banco Nacional de Costa Rica............1 B4
Cafenet El Sol.................................2 A3
Colectivo Transportation.............(siehe 30)
Oficina de Área de Conservación Osa..3 C4
Osa Tropical..................................4 B4
Rotes Kreuz...................................5 A3

SEHENSWERTES & AKTIVÄTEN
Cacique Tours................................6 A3
Escondido Trex.........................(siehe 19)
Osa Sportfishing......................(siehe 19)

SCHLAFEN
Cabinas Bosque Mar.......................7 B3
Cabinas Carolina......................(siehe 19)
Cabinas Iguana Iguana....................8 A3
Cabinas Jiménez.............................9 A2
Cabinas Marcelina.........................10 B4
Cabinas Oro Verde........................11 B4

La Choza del Manglar....................12 B4
Parrot Bay Village.........................13 D2
Puerto Jiménez Yacht Club..............14 C2
The Palms...................................15 B2

ESSEN
Il Giardino..................................16 A4
Pizza Rock..................................17 A3
Pollosa......................................18 A3
Restaurant Carolina......................19 A3
Super 96.....................................20 A3
Super La Esquina..........................21 C4

AUSGEHEN
Iguana Iguana.........................(siehe 8)
Juanita's....................................22 B3

SHOPPEN
Artes de Osa...............................23 A4
Jagua Arts & Crafts......................24 C4
Osa Army Navy...........................25 A4

TRANSPORT
Alfa Romeo Aero Taxi....................26 C4
Busbahnhof................................27 A3
Zentraler Taxistand.......................28 A3
Ciclo Corcovado..........................29 A4
Colectivo Transportation................30 A3
Ferry to Golfito...........................31 B2
NatureAir.............................(siehe 4)
Sansa..32 A4
Solid Car Rental...........................33 C4
Taboga Aquatic Tours....................34 B4

kanischen Besitzers sind bei diesen schon seit langem bestehenden Hütten nicht zu übersehen. In allen Zimmern schmücken Dschungelszenen die Wände. Motive aus der Unterwasserwelt zieren die Fliesen in den Bädern, in denen heißes Wasser fließt. An praktischen Dingen erfreuen Kühlschrank und Safe, während die geschnitzten Holzmöbel, gewebte Decken und Batikvorhänge für künstlerisches Flair sorgen. Die teureren Zimmer eröffnen eine fantastische Aussicht auf die Lagune.

Cabinas Marcelina (☎ 2755 5286; DZ mit/ohne Klimaanlage 40/30 US$; P ❄) Das Hotel ist seit vielen Jahren bei Rucksacktouristen, die ein ruhiges Nachtquartier schätzen, ausgesprochen beliebt. Der von blühenden Bäumen umgebene, lachsfarben gestrichene Betonbau besitzt eine

anheimelnde Atmosphäre, die schöne Träume verspricht. Die Zimmer sind mit modernem Mobiliar und gefliesten Bädern ausgestattet. Alles in allem ist es eine sehr angenehme Budgetunterkunft.

The Palms (☎ 2735 5012; Zi. 30–60 US$; P ❄ 🖵) Das The Palms hieß vor seiner gründlichen Renovierung durch den neuen amerikanischen Besitzer noch Cabinas Brisas del Mar. Nun ist dieses Haus wohl die beste günstige Unterkunft in Port Jim. Die Zimmer in unterschiedlicher Größe und Form haben allesamt einen künstlerischen Touch: Das reicht von handbemalten Waschbecken über Wandgemälde bis hin zu gedämpfter Beleuchtung und Bettzeug aus feinem Leinen – die Badezimmer mit heißem Wasser nicht zu vergessen. Allerdings gab es den dicksten Pluspunkt, der diese Location auszeichnet, schon immer: die kühle Brise, die vom Meer herüberweht.

Camper finden im **Herrera Gardens & Conservation Project** (☎ 2735 5267; Camping pro Pers. 6–8 US$) oder im **Puerto Jiménez Yacht Club** (☎ 2735 5051; Camping pro Pers. 3 US$) einen Platz. Aus europäischer Sicht ist die Bezeichnung „Yachtclub" allerdings recht albern.

MITTELKLASSEHOTELS
Die nachfolgend aufgelisteten Hotels bieten jedes für sich Zimmer mit eigenem Bad und heißem Wasser.

Cabinas Carolina (☎ 2735 5696; DZ mit Klimaanlage 35 US$; 🔅) Die fensterlosen Zimmer in diesem Billigbunker wirken eher wie Gefängniszellen mit tristen Betonwänden. Vorteilhaft sind immerhin die gute Klimaanlage und die zentrale Lage. Das angeschlossene Soda, das Restaurant Carolina, ist in Jiménez eine Institution. Auch wer in einer besseren Unterkunft wohnt, sollte zum Mittagessen herkommen, um die himmlischen *casados* (gut bürgerliche Mahlzeiten) zu genießen.

Cabinas Bosque Mar (☎ 2735 5681; DZ mit Klimaanlage 40 US$; 🅿 🔅) In der Riege der preisgünstigen Unterkünfte gehört dieser motelähnliche, grell pinkfarbene Komplex zu den besten von Jiménez. Zu dieser Bewertung tragen vor allem seine großen, luftigen Zimmer bei. Über seine Atmosphäre wird dagegen wohl niemand seinen Lieben zu Hause lang und breit berichten wollen. Immerhin beherbergt das Haus auch ein recht gutes Restaurant, das bequemen Menschen den Gang in die Stadt erspart, sowie eine hilfreiche Vermittlung von Touren in die Umgebung.

Cabinas Eilyn (☎ 2735 5465; Zi. 40 US$; 🅿 🔅) Gastfreundlichkeit hat sich dieser ruhige Familienbetrieb am Stadtrand auf die Fahne geschrieben. An das Wohnhaus des Tico-Besitzers schließen sich vier behagliche Hütten an, in denen hohe Decken, Fliesenfußböden und urgemütliche Veranden den Komfort abrunden. Im Preis ist hausgemachtes Frühstück mit herzhaftem *gallo pinto* (Reis mit Bohnen) und frischem Obst inbegriffen.

La Choza del Manglar (☎ 2735 5002; www.manglares. com; Zi. 40–90 US$; 🅿 🔅 💻) Die am Rand eines Mangrovensumpfes gelegene Lodge hält in der Tat, was ihr Slogan verspricht: Es ist *a very natural place*. Naturerlebnis vom Allerfeinsten, inmitten einer unglaublich schönen Flora und umgeben von einer faszinierenden

Tierwelt: von Krokodilen über Wickelbären und Affen bis zu Papageien. In den hellen, luftigen Zimmern mit handgeschnitzten Möbeln sind die Wände hübsch bemalt, und die Fenster geben den Blick auf die üppig grüne Umgebung frei.

Playa Preci-Osa Lodge (☎ 8818 2959; www.playapreciosa-lodge.de; Zi. 68–100 US$; 🅿) Die Unterkünfte dieser am Strand gelegenen, romantischen Lodge sind ausgezeichnet. Die vier strohgedeckten Bungalows verfügen über eine Schlafgalerie und einen großzügigen Wohnraum (ideal für Familien). Die acht Zelthütten stehen auf Plattformen in einem zauberhaften Garten. Die mit Früchten oder Blüten übersäten Bäume auf dem Gelände locken Vögel, Schmetterlinge, Affen und Echsen an. Nur wenige Meter von den Unterkünften entfernt breitet sich der Ozean aus.

SPITZENKLASSEHOTELS
Black Turtle Lodge (☎ 2735 5005; www.blackturtlelodge. com; Playa Platanares; Cabinetta EZ 85–110 US$, DZ 140 bis 170 US$; 🅿) Diese friedliche Ökolodge an der Playa Platanares bietet einstöckige *cabinas*, deren Ausblick über die Baumwipfel hinweg bis zum Golfo Dulce reicht, sowie *cabinettas* (kleine Hütten) im tiefer gelegenen Garten. Jede Unterkunft ist mit Bambusmöbeln und Hartholzfußboden ausgestattet. Für die Bewohner der Cabinettas gibt es ein Gemeinschaftsbad mit heißem Wasser. Von den Gourmetmahlzeiten (im Preis inbegriffen) schwärmen alle, die sie gekostet haben.

Parrot Bay Village (☎ 2735 5180, 2735 5748; Zi. 125 US$; 🅿 🔅) Flankiert vom Strand und einem Mangrovensumpf, verbindet sich auf dem Gelände von Parrot Bay Village Natur pur mit entspannter Strandatmosphäre. Acht geräumige, abgeschirmte Hütten verteilen sich rund um das Freiluft-Restaurant. Fliesenfußböden, einzigartig geschnitzte Türen und viele Details aus poliertem Hartholz schmücken die Unterkünfte.

Iguana Lodge (☎ 2735 5205; www.iguanalodge.com; Playa Platanares; Casitas/Villa 155/450 US$; 🅿) Diese luxuriöse Lodge an der Playa Platanares bietet die architektonisch raffiniertesten Unterkünfte der gesamten Umgebung: vier einstöckige Bungalows mit riesigen, luftigen Terrassendecks, Bambusmöbeln, in Moskitonetze gehüllte Gesundheitsbetten und ein hübsches Duschbad aus Natursteinen im Garten. Die drei täglichen, im Preis inbegriffenen Mahlzeiten sind köstlich – die kreative Küche ist ein echtes Highlight. Wer in einer großen Gruppe reist, sollte versuchen, die Villa Kula zu mieten: ein bezauberndes Herrschaftshaus im kolonialen mit drei Zimmern und voll eingerichteter Küche.

Essen & Ausgehen

Proviant, Insektenschutzmittel und andere Dinge des täglichen Bedarfs gibt es im Super La Esquina oder in dem kleineren Super 96.

Restaurant Carolina (Gerichte 3–8 US$) Das Carolina ist der kulinarische Dreh- und Angelpunkt von Puerto Jiménez. Hier treffen sich alle, ob Tourführer, Touristen, Einheimische oder Zugereiste, ob zum Essen, Trinken – oder zu Zechgelagen. Auf den Tisch kommt erstklassige regionale Kost mit Zutaten aus dem Umland. Vor allem an heißen Tagen rinnen die frischen Fruchtdrinks und das kühle Bier wie Wasser die Kehle hinunter.

Pollosa (☎ 2735 5667; Mahlzeiten 4–8 US$; ◷ So–Fr 12–21 Uhr) Die Einheimischen loben vor allem die saftigen, köstlichen Grillhähnchen in den höchsten Tönen. Doch das Pollosa bietet auch eine gute Auswahl an Salaten und Sandwiches sowie Spaghetti mit verschiedenen Saucen. Ein geplantes Picknick ist ebenfalls gesichert, denn alle Gerichte werden auch zum Mitnehmen zubereitet.

Pizza Rock (Pizzen 5–8 US$; ◷ 6–22 Uhr) In dieser zwanglosen Pizzeria kommen die Pizzen direkt aus dem Holzofen auf den Teller. Noch brutzelnd, werden sie unter freiem Himmel serviert. Auf dem Weg vom oder zum Nationalpark Corcovado sind diese knusprigen „Käsefladen" genau die richtige Stärkung.

Il Giardino (☎ 2735 5129; Mahlzeiten 10–12 US$; ◷ 10–14 & 17–22 Uhr) Spezialitäten des Hauses sind hausgemachte Pasta sowie fangfrische Fische und Meeresfrüchte. Faszinierend ist, wie viel echtes italienisches Flair dieses Lokal im hintersten Winkel Costa Ricas, am Rand der Wildnis, seinen Gästen präsentiert.

LP Tipp Jade Luna (☎ 2735 5735; Mahlzeiten 15–25 US$; ◷ Mo–Sa 6–21 Uhr) Dieses Restaurant ergötzt mit einem Rundumgenuss. Das fängt bei Leinenservietten und Kerzenlicht an und reicht bis zur hausgemachten Eiscreme mit tropischem Aroma – ganz zu schweigen von dem, was zwischendurch serviert wird. Die Gerichte wechseln, sind aber immer frisch zubereitet. Einfach köstlich ist z. B. der Fisch nach Cajun-Art mit Brotwürfeln gegart oder die mit Knoblauch gewürzten Riesengarnelen direkt aus dem Golf. Auf der Speisekarte stehen auch zahlreiche Vorspeisen und Salate, die durchweg mit erntefrischen Bioprodukten zubereitet werden.

Ausgehen

Im **Juanita's** (☎ 735 5056; ◷ 17–2 Uhr) gibt es fettige mexikanische Gerichte. Daher ist es besser, sich ans Bier und die passablen Margaritas zu halten (Happy Hour ist zwischen 16 und 18 Uhr). Das **Iguana Iguana** (◷ 16–24 Uhr) auf dem Gelände der gleichnamigen Lodge ist ein beliebter Treffpunkt für Schluckspechte, vor allem am Wochenende, wenn die Einheimischen in Aktion treten.

Shoppen

Artes de Osa (☎ 2735 5429) In diesem kitschigen Souvenirladen gibt es neben all dem Krimskrams für Touristen einige schöne handgearbeitete Möbel und von einheimischen Künstlern bemalte Töpferwaren.

Jagua Arts & Crafts (☎ 2735 5267; ◷ 6.30–17 Uhr) Das stattliche Sortiment umfasst kunstgewerbliche Arbeiten und Schmuck, die von costa-ricanischen sowie eingewanderten Künstlern gefertigt werden. Besonders schön sind die handbemalten Masken.

Osa Army Navy (◷ Mo–Sa 8–19, So 9–16 Uhr) Dieser Laden bietet so ziemlich alles an, was der Mensch für sportliche Aktivitäten im Freien benötigt, sei es Sportbekleidung, Boogie-Boards, Anglerausrüstung, Messer, Rucksäcke oder Moskitonetze.

An- & Weiterreise

BOOT

Zwei Passagierfähren fahren täglich von Porto Jiménez nach Golfito (2 US$, 1½ Std.); die Abfahrt erfolgt um sechs bzw. zehn Uhr. Ob die Fähren dann auch wirklich zu den angekündigten Zeiten ablegen, kann niemand garantieren. In diesem Teil des Landes fallen die Fahrpläne der Schifffahrtslinien häufig den Launen des Kapitäns zum Opfer. Zuverlässiger und pünktlicher als die Fähren bringen die privaten Wassertaxis ihre Gäste über die Bucht. Der Preis ist Verhandlungssache und die geforderte Höhe – angesichts der Unabhängigkeit von der Fähre – meist auch angemessen. Zum Glück herrscht in dem geschützten Golfo Dulce meist ein ruhiger Wellengang, doch ein wenig Vertrauen in die Seetüchtigkeit des Kapitäns und seines Bootes gehört bei dieser Tour auch dazu. Also auf zu neuen Ufern! Die Wassertaxis von **Taboga**

Aquatic Tours (☎ 2735 5265) fahren für 35 US$ nach Zancudo.

BUS

Die meisten Busse kommen in dem neuen, pfirsichfarbenen Busbahnhof im Westen der Stadt an. Jeder Bus hält auch im 23 km entfernten La Palma, wo sich der östliche Eingang des Nationalparks Corcovado befindet. Wichtig: Die Tickets nach San José immer im Voraus buchen!

Neily 3,50 US$, 3 Std., Abfahrt 5.30 und 14 Uhr.

San Isidro 4,50 US$, 4 Std., Abfahrt 13 Uhr.

San José über San Isidro (Autotransportes Blanco Lobo) 6,50 US$, 8 Std., Abfahrt 5 und 11 Uhr.

FAHRRAD

Ciclo Corcovado (☎ 2735 5429; pro Std. 1 US$; ☻ 8 bis 17 Uhr) verleiht Fahrräder.

FLUGZEUG

NatureAir (www.natureair.com) und **Sansa** (www.sansa.com) fliegen täglich in die Hauptstadt San José und wieder zurück; der einfache Flug kostet etwa 100 US$.

Alfa Romeo Aero Taxi (☎ 2775 5353) bietet Charterflüge an. Die drei- und fünfsitzigen Flugzeuge fliegen nach Golfito, Carate, Drake, Sirena, Palmar Sur, Quepos und Limón. Da der Flugpreis von der Anzahl der Passagiere abhängt, lohnt es sich, eine größere Gruppe an Mitfliegern zu organisieren.

MIETWAGEN & TAXI

Colectivo Transportation (☎ 8837 3120, 8832 8680; Soda Deya) bringt Reisende mit dem Jeep-Sammeltaxi nach Matapalo (3 US$) und Carate (6 US$) an der Südspitze des Nationalparks. Die Abfahrt erfolgt vor der Behelfshaltestelle Soda Deya um 6 und 13.30 Uhr, zurück geht es um 8.30 und 16 Uhr.

Ein Allradtaxi kann telefonisch bei **Taxi 348** (☎ 8849 5228; taxicorcovado@racsa.co.cr) oder **Central Taxi Center** (☎ 2735 5481) bestellt werden. Die Taxifahrt nach Carate kostet in der Regel 60 US$, nach Matapalo 25 US$. Für die Überlandtour nach Drake verlangen die Taxiunternehmen 100 US$.

Solid Car Rental (☎ 2735 5777; pro Tag 75 US$) vermietet Geländewagen.

CABO MATAPALO

Die Spitze der Halbinsel, der Cabo Matapalo, und die Einfahrt zum Golfo Dulce liegen 17 km südlich von Puerto Jiménez. Ein Netz von Wanderwegen durchzieht die menschenleeren Gebirgsausläufer, die von der Tierwelt der Reserva Forestal Golfo Dulce als Korridor genutzt werden. Kilometerlange, einsame, völlig unberührte Strände dehnen sich hier aus, die bis auf eine Handvoll Surfer kaum jemand kennt.

Auch wenn das Angebot an Unterkünften – insgesamt betrachtet – in diesem entlegenen Winkel extrem gering ist, gibt es doch einige luxuriöse Lodges, die Reisenden eine Oase der Ruhe und Einsamkeit bieten. Allerdings ist die Einsamkeit angesichts der Fülle an Tieren relativ: Hellrote Aras (Arakangas), Braune Pelikane und zahlreiche Reiherarten tauchen regelmäßig an den Stränden auf; vier Affenarten, Agutis, Faultiere, Nasen- und Ameisenbären tummeln sich in den Wäldern.

Sehenswertes & Aktivitäten

Der Cabo Matapalo ist ein attraktives Ziel für Abenteuerlustige, die Alleingänge schätzen. An allen Lodges beginnen endlose **Wanderwege**, die auch ohne Führer gut zu bewältigen sind. Doch bereits ein Spaziergang über die staubige, von Bäumen gesäumte Straße des Kaps vermittelt einen Eindruck von der Fülle der Flora und Fauna dieser Region. Ein fantastisches Wanderziel ist der **King Louis**, ein imposanter, 28 m hoher Wasserfall. Er ist über einen Weg von der **Playa Matapalo** aus leicht zu erreichen. Für Abenteuer auf dem Meer bieten die meisten Lodges **Kajaks** an.

Und zum Relaxen am Wasser liegen die wundervollen Naturstrände, die das Kap umschließen, nur einen Katzensprung von der Unterkunft entfernt.

Diese unberührten Strände rund um den Cabo Matapalo bieten drei Surfspots, die das Kap auf die Surf-Karten gebracht haben. Die **Playa Pan Dulce** hat einen Double Point Break. Der moderate Inner Break in Ufernähe eignet sich bestens für Anfänger, während erfahrene Surfer den weiter draußen liegenden Outside Break nehmen und die gesamte Strecke bis ans Ufer abreiten.

Die **Backwash Bay** bietet bei Niedrigwasser einen guten Beach Break. Der steil abfallende Strand eignet sich außerdem ausgezeichnet für Longboards. Und die **Playa Matapalo** ist durch erstklassige Rights (von links nach rechts brechende Wellen) höchst attraktiv – es sind die größten und besten Wellen der Region. Aufgrund der Westdünung sind die Bedingungen meistens recht gut. Die Surfsaison fällt mit der Regenzeit (April bis Oktober) zusammen.

Geführte Touren

Everyday Adventures (☎ 353 8619; www.everydaycosta rica.com), geleitet von Andy Pruter, bietet Abenteuer jeglicher Art am Cabo Matapalo an. Zu Andys typischen Angeboten gehört eine Klettertour auf einen 60 m hohen Ficus, der bezeichnenderweise *Cathedral* genannt wird (pro Pers. 55 US$). Beliebt ist auch das Abseilen in einem Wasserfall (ultimativer Adrenalinkick garantiert), dessen Kaskadenstufen zwischen 15 und 30 m hoch sind (75 US$).

Schlafen

Der Cabo Matapalo liegt so abgeschieden, dass vielerorts Strom und heißes Wasser nicht rund um die Uhr zur Verfügung stehen. In der Trockenzeit (Mitte November bis Ende April) ist eine frühzeitige Reservierung der Unterkünfte dennoch sehr zu empfehlen. Wenn nicht anders angegeben, gelten die nachfolgend genannten Preise für die Hochsaison und pro Tag für eine Person inklusive drei Mahlzeiten.

Ojo del Mar (☎ 2735 5531; www.ojodelmar.com; EZ/DZ mit Frühstück 55/90 US$; **P**) Das Anwesen, zwischen windgepeitschtem Strand und üppig grünendem Dschungel eingebettet, bildet ein kleines Tropenparadies. Die offene Bauweise der vier zauberhaften, von Hand gefertigten Bambusbungalows lässt die Geräusche und Düfte der Natur ungehindert eindringen. Strohdach und Moskitonetze schützen vor der Witterung und ungebetenen Gästen. Solarenergie versorgt die *casa grande* (das Haupthaus) mit Strom. Hängematten schwingen zwischen Palmen, auf denen Brüllaffen umherturnen. Im Preis ist das Frühstück inbegriffen, doch Niko, Mitbesitzer und Koch, serviert auch ein exzellentes Abendessen (15 US$), das mit Bioprodukten zubereitet. Dieses Naturparadies liegt an der Straße nach Carate, kurz vor der Buena Esperanza Bar.

Ranchos Almendros (Kapu's Place; ☎ 2735 5531; http://home.earthlink.net/~kapu/; Cabo Matapalo; 2-/3-/4-Pers.-Hütten 90/160/225 US$; **P**) Hier endet die Kapstraße und geht in einen sandigen Strandweg über. Auf dem Anwesen stehen drei behagliche, gut ausgestattete *cabañas* (Hütten) mit Solarstrom, großen Fenstern mit Rollos, voll eingerichteter Küche und Dusche im Garten. Die Ranch – *Almendros* bedeutet „Mandelbäume" – ist Teil eines langfristigen Projekts, das sich der Wiederaufforstung des Indischen Mandelbaums widmet, um einen Lebensraum für den gefährdeten Hellroten Ara zu sichern.

El Remanso Rain Forest Beach Lodge (☎ 2735 5569; www.elremanso.com; Straße nach Carate, 18 km; Hütten pro Pers. 95–155 US$; **P** 🛉) Die Lodge liegt auf einem 56 ha großen Regenwaldgelände – ein weiteres Tropenparadies. Die abgeschieden liegenden Hütten wurden aus dem Bruchholz tropischer Hartholzbäume erbaut. Sie sind geräumig und mit polierten Holzfußböden und wunderschön gearbeiteten Einbauten luxuriös eingerichtet. Einige Hütten haben fast wandbreite Falttüren, die geöffnet den freien Blick in die Baumwipfel und auf das Meer gewähren.

Casa Bambú (www.casabambu.addr.com; Cabo Matapalo; 2-/3-/4-Pers.-Häuser ohne Mahlzeiten 195/205/215 US$; **P**) Auf diesem Anwesen an der unberührten Playa Pan Dulce stehen drei aufwendig ausgestattete *casas* aus Hartholz und Bambus – alle mit Solarstrom. Nicht Fensterscheiben, sondern lediglich halbhohe Wände (und allenfalls ein Moskitonetz) trennen die Gäste von der frischen Brise des Ozeans. Eine voll eingerichtete Küche und ein Reinigungsservice (zweimal in der Woche) bilden hervorragende Voraussetzungen für all jene, die für längere Zeit „zurück zur Natur" wollen (es werden auch Wochenarrangements angeboten). Die Mahlzeiten sind nicht im Preis inbegriffen; Kajaks, Boogie-Boards und andere Sportutensilien stehen allerdings kostenlos zur Verfügung.

Bosque del Cabo (☎ 8381 4847, in Puerto Jiménez 2735 5206; www.bosquedelcabo.com; Straße nach Carate, 18 km; EZ 195–205 US$, DZ 300–330 US$; **P** 🛉) Neun malerische Hütten thronen auf einem Steilufer, von dem sich der Blick in die endlose Weite des Ozeans verliert. Moderne Badezimmer, Gartenduschen und persönlich zugeordnete Hängematten in einer üppigen Vegetation gehören zum Standard. Die Deluxehütten bieten zusätzlichen Komfort, z. B. riesige Betten, Ankleidezimmer und rundum laufende Veranden. Rund 200 ha des umliegenden Regenwaldes können auf Baumwipfelniveau (per Seilzug oder auf einer Hängebrücke) oder zu Fuß auf kilometerweiten, markierten Wanderwegen erkundet werden.

Lapa Ríos (☎ 2735 5130; www.laparios.com; Straße nach Carate, 17 km; EZ/DZ 425/590 US$; **P** 🛉) Einige hundert Meter jenseits des El Portón Blanco findet sich dieses Dschungelresort der Spitzenklasse. In einem ausgewogenen Maß verbindet sich hier Luxus mit rustikalem tropischem Ambiente. Auf dem Gelände verteilen sich 16 geräumige, strohgedeckte Bungalows mit riesigen Betten, Bambusmöbeln, eigener Veranda (mit bestechendem Panoramablick) und Dusche im Garten. Über ein weitläufiges Wegenetz kann das 400 ha große Schutzgebiet erkundet werden, während das Meer direkt vor der Haustür zum Schwimmen, Schnorcheln und Surfen einlädt.

Essen & Ausgehen

Etwa 1 km vor dem El Portón Blanco liegt an der Ostseite der Straße die trendige **Buena Esperanza Bar** (☎ 735 5531; Straße nach Carate, Carbonera; Menüs 5–10 US$; ✆ 9–24 Uhr). Das fröhliche, tropische Lokal unter freiem Himmel hat eine begrenzte Speisekarte, auf der vor allem viele Sandwiches und vegetarische Gerichte stehen. Seine gut sortierte Bar lässt dagegen kaum einen Getränkewunsch offen. Da es das einzige Restaurant seiner Art am Cabo Matapalo ist, strömen Einheimische und Ausländer, die sich in der Region niedergelassen haben, sowie Touristen in Scharen dorthin.

Die meisten Hotels und Lodges verfügen über kleine Läden, in denen Snacks und Getränke verkauft werden. Wer in dieser Gegend eine Wanderung unternimmt, muss sich ausreichend mit Wasser und dem bevorzugten Proviant eindecken. Nachschubmöglichkeiten sind sowohl in den Wäldern als auch am Strand nur rar gesät.

An- & Weiterreise

Von der Straße von Puerto Jiménez nach Carate führt linker Hand eine Abfahrt durch ein weißes Betontor (El Portón Blanco genannt) zum Cabo Matapalo. Jedem, der hier selbst fährt, ist ein Geländewagen dringend zu empfehlen, sogar in der Trockenzeit, da meistens frühere Niederschläge die Straße ausgewaschen haben. Eine Alternative ist die Fahrt mit einem *colectivo* (Sammeltaxi). Auf der Fahrt nach Carate setzen die Colectivos ihre Fahrgäste etwa um 6.30 oder 14 Uhr am El Portón Blanco ab. Für die Rückfahrt nach Jiménez halten sie dort um 10 oder 17.30 Uhr. Ein Einzeltaxi kostet rund 30 US$.

CARATE

Die staubige Straße, die entlang der Küste der Halbinsel verläuft, endet unvermittelt als Sackgasse in Carate. Dieses Dörfchen, 45 km südlich von Puerto Jiménez gelegen, hat tatsächlich nicht sehr viel mehr als eine Flugpiste und eine *pulpería* (einen Lebensmittelladen) zu bieten. Auf der Bestsellerliste der touristischen Attraktionen Osas steht es ganz bestimmt nicht sehr weit oben. Doch es dient als südwestlicher Ausgangspunkt für die Wandertour zur Rangerstation Sirena im Parque Nacional Corcovado (S. 460).

In Carates Umgebung liegt eine Handvoll empfehlenswerter Dschungellodges, in denen Wanderer auf ihrem Weg vom oder zum Parque Nacional Corcovado ein gutes Nachtquartier finden. Die Fahrt von Puerto Jiménez nach Carate ist ein Abenteuer für sich. Die schmale, holprige, staubige Straße windet sich durch dichten Regenwald, durchquert reißende Flüsse und passiert windgepeitschte Strände. Auf der Strecke lassen sich unzählige Vögel und andere Tiere bewundern. Also gut festhalten und Augen auf!

Schlafen & Essen

In den Unterkünften im Umkreis von Carate gibt es nicht überall rund um die Uhr Strom oder heißes Wasser. Die Kommunikation läuft häufig über Puerto Jiménez, daher treffen nicht jeden Tag Nachrichten, Briefe usw. ein. Umso wichtiger ist es, vor allem in der Trockenzeit die Unterkünfte rechtzeitig zu reservieren. Wenn nicht anders angegeben, gelten die nachfolgend genannten Preise für die Hochsaison und pro Tag für eine Person inklusive drei Mahlzeiten.

Westlich von Carate erstreckt sich der Parque Nacional Corcovado. Wer dort wandern möchte, muss sich selbst mit allem Notwendigen eindecken. Die Pulpería in Carate ist die letzte Möglichkeit, sich mit Nahrungsmitteln und Wasser zu versorgen.

Corcovado Lodge Tent Camp (☎ in San José 2227 0766, 2222 0333; www.corcovadolodge.com; Zelt mit/ohne Mahlzeiten 70/20 US$) Besitzer und Betreiber dieser alteingesessenen Lodge ist das Touristikunternehmen Costa Rica Expeditions. Das Anwesen liegt am Strand südlich des Parque Nacional Corcovado, etwa 1,7 km westlich der Pulpería. In den 20 Zelthütten (auf Plattformen) stehen jeweils zwei Einzelbetten mit piekssauberem Bettzeug. Es gibt Gemeinschaftsduschen, aber keinen Strom. Das Camp selbst wirkt vergleichsweise „nackt", doch ein steiler Pfad führt in das 160 ha große Naturschutzgebiet, das zur Lodge gehört – und es lohnt sich, dieses Areal auszukundschaften.

Sein Highlight ist die überdachte Plattform in einem 45 m hohen Jatobabaum. Dort können Gäste tagsüber mit dem Fernglas Vögel und andere Tiere beobachten (70 US$) oder auch eine Nacht unter dem Sternenhimmel verbringen (125 US$).

Lookout Inn (☎ 2735 5431; www.lookout-inn.com; Zi. ab 125 US$; P ☂ 🖳) Eine weitere Oase, die abgeschieden in der Wildnis liegt, ist diese Lodge mit ihren verschiedenen Unterkünften. Sie alle bieten – wie der Name *Lookout* nahelegt – einen atemberaubenden Ausblick auf den Corcovado-Nationalpark. In den Zimmern gibt es Wandmalereien, Hartholzfußböden und geschnitzte Türen. Die Unterkünfte in den Tiki-Hütten (offene Baumhäuser mit Satteldach) sind nur über Holzstege zu erreichen, die sich durch gigantische Jatobabäume winden. Im Geäst dieser Baumriesen tummelt sich eine reiche Vogelwelt. Hinter der Lodge führt die *Stairway to Heaven* („Himmelsleiter") mit 227 Stufen steil den Berg hinauf zu vier Aussichtsplattformen und einem Pfad, der an einem Wasserfall endet. Das Lookout Inn besitzt einen Swimmigpool

La Leona Ecolodge & Tent Camp (☎ 2735 5704; www.laleonalodge.com; 1-/2-Pers.-Zelt mit Gemeinschaftsbad 80/140 US$, mit eigenem Bad 160/180 US$; ☂) Am Rand des Parque Nacional Corcovado, 2 km westlich der Pulpería, bietet diese freundliche, familiengeführte Lodge reine Campinglust ohne jeden Frust. Zwischen Palmen stehen auf Holzdecks, die allesamt zum Strand hin ausgerichtet sind, 16 gemütliche, dunkelgrüne Zelthütten *(tienda-cabinas)*. Die Unterkünfte sind gut abgeschirmt und komfortabel eingerichtet. Solarenergie sorgt für den Strom im Restaurant. Zu dem Anwesen gehört ein 30 ha großes Regenwaldgebiet, in dem Wanderungen zu Wasserfällen, Ausritte und Tierbeobachtungstouren möglich sind.

Laguna Vista (☎ 2735 5062; www.lagunavistavillas. com; EZ/DZ 100/170 US$; P ☂) Die Lodge liegt an einem Berghang, 2,5 km östlich der Flugpiste von Carate. Wie der Name bereits vermuten lässt, bietet sie einen weit reichenden Ausblick über die malerische Laguna Pejeperrito. Auf dem Anwesen stehen drei einzigartige Villen im mediterranen Stil, mit Gipsputzwänden, roten Ziegeldächern und vielen europäisch anmutenden Details. Dank der geschickten Bauweise lässt sich in allen Zimmer von den großen, komfortablen Doppelbetten aus sowohl der Sonnenuntergang als auch der Sonnenaufgang beobachten.

Luna Lodge (☎ 8380 5036; www.lunalodge.com; 1-/2-Pers.-Zelt 105/170 US$, EZ/DZ Haciendas 155/250 US$, Bungalows 235/330 US$; P) Eine steile Straße führt durch den Río Carate talaufwärts zu diesem Ruhepol in den Bergen, der etwa 2 km nördlich der Pulpería liegt. Ein wahrer Genuss ist der Ausblick von dem ringsherum offenen, mit einem hohen Dach versehenen Restaurant auf die Gartenanlagen und Obstgärten des Anwesens. Ein großer Garten umgibt jeden der sieben strohgedeckten Bungalows, die alle über eine Gartendusche und eine eigene Terrasse verfügen. Das Meditationszentrum mit Yoga-Übungen unter freiem Himmel bildet eine Oase der Inspiration.

An- & Weiterreise
Die Sammeltaxis von Colectivo Transportation (6 US$, 2½ Std.) starten um 6 und 13.30 Uhr von Puerto Jiménez nach Carate, von dort fahren sie um 8.30 und 16 Uhr wieder zurück. Vor allem in der Trockenzeit sind diese Fahrzeuge immer rappelvoll. Wer nicht stranden will, sollte mindestens eine halbe Stunde vor der Abfahrt parat stehen.

Die Alternative ist ein Einzeltaxi von Puerto Jiménez nach Carate (60 US$). Wer selbst fahren möchte, braucht einen Geländewagen, denn auch in der Trockenzeit sind auf dieser Route einige Flüsse an Furten zu durchqueren. Der Wagen kann in Carate an der Pulpería abgestellt werden (Parken pro Nacht 5 US$), es sollte sich dann allerdings nichts Wertvolles in dem Gefährt befinden. Von dort aus kann die Wanderung zur Rangerstation La Leona (1½ Std.) oder den oben genannten Zeltcamps losgehen.

PARQUE NACIONAL CORCOVADO

Dieser **Nationalpark** ist der letzte große zusammenhängende tropische Regenwald im mittelamerikanischen Pazifikraum. Als wichtige Bastion der biologischen Vielfalt ist er die Heimat von Costa Ricas größter Population des Hellroten Aras sowie zahlreicher anderer bedrohter Tierarten, darunter der Baird-Tapirs, der Große Ameisenbär und die Harpyie, der größte Greifvogel der Welt. Diese erstaunliche Artenvielfalt zieht schon seit langem Tropenökologen und einen steten Besucherstrom an, die von der Bahía Drake und aus

Puerto Jiménez kommen, um diese entlegene Gegend zu erforschen und das seltene und wundervolle Tierleben zu beobachten.

GESCHICHTE

Corcovado blieb aufgrund seiner abgeschiedenen Lage ungestört, bis in den 1960er-Jahren Holzfäller kamen. Ihrem Zerstörungswerk wurde 1975 ein Ende gesetzt, indem die Region zu einem Schutzgebiet unter Verwaltung der Regierung erklärt wurde. Die ersten Jahre waren sehr schwierig, weil die Parkbehörden mit wenig Personal und begrenzten Ressourcen illegale Rodungen, Wilderer und Goldgräber bekämpfen mussten. Die Goldgräber verursachten vor allem in den Flüssen und Bächen des Parks eine überaus schwerwiegende Erosion. Ihre Zahl überschritt 1986 sogar die 1000er-Marke, woraufhin die Behörden sie mitsamt ihren Familien gänzlich aus dem Park verbannten.

Leider ist die Wilderei auch heute noch ein ernstes Problem in Corcovado. Ihre Hauptopfer sind der stark bedrohte mittelamerikanische Jaguar und seine Hauptnahrungsquelle, das Weißbartpekari.

Schwer bewaffnete Jäger schießen die Pekaris massenhaft nieder und verkaufen ihr Fleisch, das ähnlich wie Wildschwein schmeckt. Die Pekari-Population ist aus diesem Grund in den letzten fünf Jahren drastisch zurückgegangen. Die nun unter Nahrungsmangel leidenden Jaguare reißen deshalb immer mehr Haustiere in der Gegend und geraten dadurch buchstäblich unter den Beschuss der Einheimischen (ganz zu schweigen davon, dass für Jaguarfelle und -knochen hohe Preise erzielt werden). Obwohl das Umweltministerium (Minae) die Patrouillen verstärkt hat, konnten die Behörden die Wilderei bislang nicht in den Griff bekommen.

Dafür konnte die illegale Holzfällerei – begehrt war das harte dunkel gemaserte Jatobaholz – fast vollständig unterbunden werden, ironischerweise vor allem deshalb, weil der zunehmende Tourismus dafür sorgt, dass sich mehr Menschen im Park aufhalten. Es gibt darüber hinaus auch hinsichtlich der Wilderei einen Hoffnungsschimmer, denn Organisationen wie Conservation International, The Nature Conservancy und der World Wildlife Fund sowie mehrere unabhängige Initiativen haben sich zusammengeschlossen, um die Wildhüter des Parks organisatorisch und finanziell zu unterstützen.

ORIENTIERUNG & PRAKTISCHE INFORMATIONEN

Der 42 469 ha große Park liegt in der südwestlichen Ecke der Península de Osa. Er schützt mindestens acht verschiedene Ökosysteme: von Mangrovensümpfen über primären und sekundären Regenwald bis hin zum Tieflandnebelwald. Die 46 km lange, sandige Küstenlinie bildet den am leichtesten zugänglichen und sichtbaren Lebensraum.

Informationen und Karten sind in der **Oficina de Área de Conservación Osa** (☎ 2735 5036, 2735 5580; Parkeintritt pro Pers. und Tag 10 US$; ⏲ 8–16 Uhr) in Puerto Jiménez erhältlich. Dieses Büro kümmert sich um Reservierungen für Übernachtungen und Mahlzeiten in allen Rangerstationen und kassiert auch den Eintritt für den Park. Da die Plätze im Park begrenzt und vor allem in der Trockenzeit auch schon einmal ausgebucht sind, ist die Buchung einige Tage im Voraus empfehlenswert.

Sitz der Parkverwaltung ist die **Rangerstation Sirena** an der Küste. Weitere Rangerstationen finden sich an den Parkgrenzen: **San Pedrillo** in der nordwestlichen Ecke an der Küste (unweit des gleichnamigen Dorfes), die neue Rangerstation **Los Planes** an der Nordgrenze, **La Leona** in der südöstlichen Ecke (ebenfalls an der Küste unweit der Ortschaft Carate) und **Los Patos** in der nordöstlichen Ecke (bei der Ortschaft La Palma). Die Ranger geben Auskunft über den Zustand der Wege und mögliche Sperrungen (was häufiger in der Regenzeit von Juni bis November vorkommt).

AKTIVITÄTEN
Tierbeobachtung

Sirena ist der beste Ort, um Tiere zu beobachten, denn Küstenpfade besitzen gleich mehrere Vorteile: Die weniger dichte Vegetation versperrt nicht so stark die Sicht und die Brandung übertönt geräuschvolle Wanderer. Kapuzineräffchen, Rothörnchen, Halsbandpekaris, Weißrüssel-Nasenbären und der Nördliche Tamandua (Kleiner Nasenbär) sind hier regelmäßig anzutreffen. Auf dem ruhigen San-Pedrillo-Wanderweg laufen die Wanderer zur Playa Llorona, wo Meeresschildkröten ihre Eier ablegen, darunter die Lederschildkröten, die Bastardschildkröten und die Suppenschildkröten. Der Eiablagestrand zieht zwar auch Ozelots, Jaguare und andere Beutegreifer an, doch die bekommt man als Besucher nur sehr selten zu Gesicht. Besonders Pekaris graben die Eier aus.

GRÜNE GRASWURZELBEWEGUNG

Die beeindruckende **Fundación Corcovado** (☎ 2297 3013; www.corcovadofoundation.org) ist ein Netzwerk einheimischer Geschäftsleute – zumeist Hoteliers –, die sich zusammengeschlossen haben, um sowohl Geld als auch Verbündete für den Schutz ihrer wertvollsten Ressource aufzutreiben: der biologischen Vielfalt des Nationalparks. Die Stiftung hat bereits zusätzliche Wildhüter angestellt, um die Wilderei zu bekämpfen, verschiedene Bildungsprogramme konzipiert und die Arbeit an einem Kodex für einen sanften Tourismus in dieser Region finanziert.

Die Fundación Corcovado hat sich darüber hinaus an die Spitze einer groß angelegten Kampagne gestellt, deren Ziel darin besteht, den Parque Nacional Corcovado zum Unesco-Weltnaturerbe erklären zu lassen. Aufgrund der nicht enden wollenden Berichte über unkontrollierte Wilderei schreitet diese Kampagne bislang jedoch frustrierend langsam voran.

Die Fundación Corcovado heißt Freiwillige, die in der Gemeinde oder im Park arbeiten wollen, herzlich willkommen. Die Freiwilligen übernehmen in örtlichen Schulen z. B. Informationsveranstaltungen über die Abfallwirtschaft und den Naturschutz, sie halten die Wege und Brücken im Park in Schuss, patrouillieren an den Stränden, sammeln während der Schildkrötensaison Daten und helfen Touristen. Die tägliche Gebühr für die Teilnahme an Freiwilligenprogrammen beträgt rund 25 US$ und schließt den Transport von San José sowie Kost und Logis bei einer einheimischen Familie mit ein. Die Mindestteilnahmedauer beträgt zwei Wochen.

Beide Küstenpfade sind auch ideal für alle Vogelfreunde: Hellrote Aras schlagen sich garantiert in den Indischen Mandelbäumen (*Terminalia catappa*), die entlang der Küste wachsen, den Bauch mit ihren Lieblingsfrüchten voll. Am Strand sind Krabbenbussarde und Aberdutzende anderer Watt- und Wasservögel unterwegs. Eine kleine Felseninsel gegenüber von Salsipuedes dient Hunderten von Vögeln, darunter Fregattvögel und Brauntölpel, als Schlafplatz.

Entlang des Los-Patos-Wanderweges tummeln sich viele Regenwaldvögel, darunter auch Tuberkelhokkos, Swainsontukane, Feuerschnabel-Arassaris, Hämmerlinge, Rostpihas sowie verschiedene Trogonarten, Kolibris und Spechte. Viele der Vögel treten in Schwärmen auf. Unter den Säugetieren finden sich hier ähnliche Arten wie an der Küste, doch Affen und Halsbandpekari lassen sich hier besonders gut beobachten.

Alle, die Angst haben, dass sich die Regenwaldbewohner nicht an den Wegen blicken lassen, sollten in der Rangerstation Sirena übernachten. Der Mittelamerikanische Tapir zeigt sich hier garantiert, vor allem an der Landepiste nach Einbruch der Dämmerung. (So etwas kann man eigentlich von den wenigsten Orten auf der Welt behaupten; aber hier lässt sich der entfernte Verwandte des Nashorns tatsächlich blicken.) Auch andere faszinierende Pflanzenfresser wie die Großmazamas (*Mazama americana*, Großer Roter Spießhirsch), die Halsband- und Weißbart-

pekaris, die Mittelamerikanischen Agutis oder Tayras, die zu den stärksten Mardern gehören, können hier beobachtet werden.

Bei so vielen Pflanzenfressern dürften die Beutegreifer nicht weit sein. Doch welcher Jäger spaziert gut sichtbar durch die Gegend? Jaguare tauchen gelegentlich zwischen Mitternacht und 4 Uhr in der Nähe der Landepiste auf. In der Dunkelheit unterwegs sind auch der Wickelbär oder – vor allem an der Mündung des Río Sirena – der Krabben fressende Skunk. Von den Großkatzen lässt sich am ehesten noch der Ozelot beobachten, aber wie gesagt, bei manchen Tieren ist es in der Tat sehr schwierig.

Corcovado beherbergt als einziger Nationalpark in Costa Rica alle vier im Land vorkommenden Affenarten. Weißgesichtkapuzineraffe, Geoffroy-Klammeraffe und Mantelbrüllaffe sind häufig zu sehen. Eine relativ gute Möglichkeit, das Mittelamerikanische Totenkopfäffchen – die vierte und stark bedrohte Art – zu sehen, besteht entlang des Sirena-Wanderweges. Extrem schwer auffinden lässt sich der Zwergameisenbär, der sein nachtaktives Leben in den Küstenwäldern zwischen dem Río Claro und der Rangerstation Sirena führt.

Im Mündungsgebiet des Río Sirena leben verschiedene Reiherarten und Watvögel wie Steinwälzer oder Bergstrandläufer. Das Dreifinger-Faultier baumelt hier in den Zweigen, während Spitzkrokodile am Flussufer lauern und der Bullenhai (*Carcharhinus leucas*) im flachen Wasser seine Beute schnappt (um die beiden Letztgenannten sollten Menschen tunlichst einen weiten Bogen machen).

Und hier ein guter Tipp: Die zahlreichen Bananenbäume entlang der Küstenwege sind eigentlich keine einheimischen Pflanzen (die Banane kommt aus Asien), fungieren aber als riesige Magneten für Tiere. Neben den daher zu erwartenden Besuchern, vor allem Affen, sind hier häufig auch andere interessante Tierarten zu beobachten. So sind die von den Bäumen gefallenen Früchte bei Einsiedlerkrebsen sehr beliebt, während Braunschwanzamalien (eine Kolibriart) ihre Nester unter Bananenblättern bauen. Und Fruchtvampire (eine Art der Fledermäuse) schnippeln gerne an den Blattadern, um ihre an Markisen erinnernden Zelte zu bauen.

WANDERN

Beim Wandern geht es auf unbequemen Wegen über Stock und Stein, feuchte Hitze treibt den Schweiß, Insekten heften sich nicht nur an die Fersen. Und doch kann man sich kaum etwas Spannenderes als einen Streifzug durch die Wildnis des Parque Nacional Corcovado vorstellen! Das Anheuern eines ortskundigen Führers (Ranger helfen dabei) wird dringend empfohlen: Die Führer kennen alle Wege genau und sorgen dafür, dass sich niemand verläuft oder ernsthaften Schaden nimmt.

Außerdem zeigen und erklären sie vieles, was man mit ungeschultem Blick übersieht oder mit Großstädterohren überhört.

Bei guter Vorbereitung und mit geeigneter Ausrüstung kann sich auch eine kleine Gruppe allein auf den Weg machen. Auf keinen Fall darf ein Kompass fehlen, denn unter dem dichten Blätterdach des Regenwaldes helfen weder die Sonne noch die Sterne bei der Orientierung. Ausreichend Trinkwasser, Proviant und Insektenschutzmittel gehören ebenfalls in den Rucksack. Die gesamte Gruppe sollte die gewünschte Route mit einem Ranger ausführlich besprechen (und sich dann auch strikt daran halten).

Die beliebteste Wanderroute verläuft quer durch den Nationalpark von Los Patos über Sirena nach La Leona (oder umgekehrt). Als Ausgangspunkt für diese Tour eignet sich Puerto Jiménez. Die Tour zwischen Sirena und San Pedrillo ist körperlich anstrengender und logistisch schwieriger. Wie lange die Wanderungen dauern, lässt sich schwer sagen, weil dabei Kondition, Gewicht des Gepäcks oder die Anzahl der Unterbrechungen fürs Fotografieren oder für Tierbeobachtungen eine entscheidende Rolle spielen.

Die beste Wanderzeit ist die Trockenzeit von Dezember bis April: Dann regnet es ganz „normal" und die Wege verwandeln sich nicht mehr wie in der Regenzeit in reißende Bäche.

PENÍNSULA DE OSA & GOLFO DULCE

GIFTPFEILE & HARMLOSE RAKETEN

Der von vielen Wasserläufen durchzogene Nationalpark Corcovado ist ein idealer Lebensraum für außergewöhnlich schöne Pfeilgiftfrösche (auch Baumsteigerfrösche genannt). Zwei der hier lebenden Arten, der Granulierte Pfeilgiftfrosch *(Dendrobates granuliferus)* und der Golfo-Dulce-Pfeilgiftfrosch *(Phyllobates vittatus)*, kommen nur in Costa Rica vor, der Letztgenannte sogar ausschließlich in der Region Corcovado. Schon in der Laubstreu nahe der Rangerstation Sirena kann man diese beiden Spezies ebenso wie den weiter verbreiteten Goldbaumsteiger *(Dendrobates auratus)* relativ leicht finden.

In Corcovado leben noch weitere Mitglieder dieser Tierfamilie, die sich allerdings in einem (lebens-)wichtigen Punkt von den genannten Arten unterscheiden: Sie sind für den Menschen absolut ungiftig! Sie werden auch Raketenfrösche genannt, weil sie sich bei Gefahr mit einem raketenartigen Sprung in die Flüsse retten. Es handelt sich hier im Grunde um normale Pfeilgiftfrösche – nur eben ohne die giftige Gefahr.

Woher kommt dieser Unterschied? Er hängt vermutlich mit der Ernährung zusammen. Giftige Pfeilgiftfrösche ernähren sich überwiegend von Ameisen, die in großen Mengen Alkaloide enthalten. Diese Alkaloide bilden vermutlich den Grundstoff der Furcht einflößenden Verteidigungswaffe. Raketenfrösche fressen ebenfalls Ameisen, aber in deutlich geringeren Mengen. Außerdem verlassen sie sich zum Schutz vor Fressfeinden vor allem auf ihre überaus erstaunliche Sprungkraft. Bezeichnenderweise fehlen ihnen auch die kräftigen Warnfarben ihrer toxischen Cousins. Es ist aber in jedem Falle sicherer (und auch freundlicher den Fröschen gegenüber), die Tiere nur zu beobachten und nicht zu berühren.

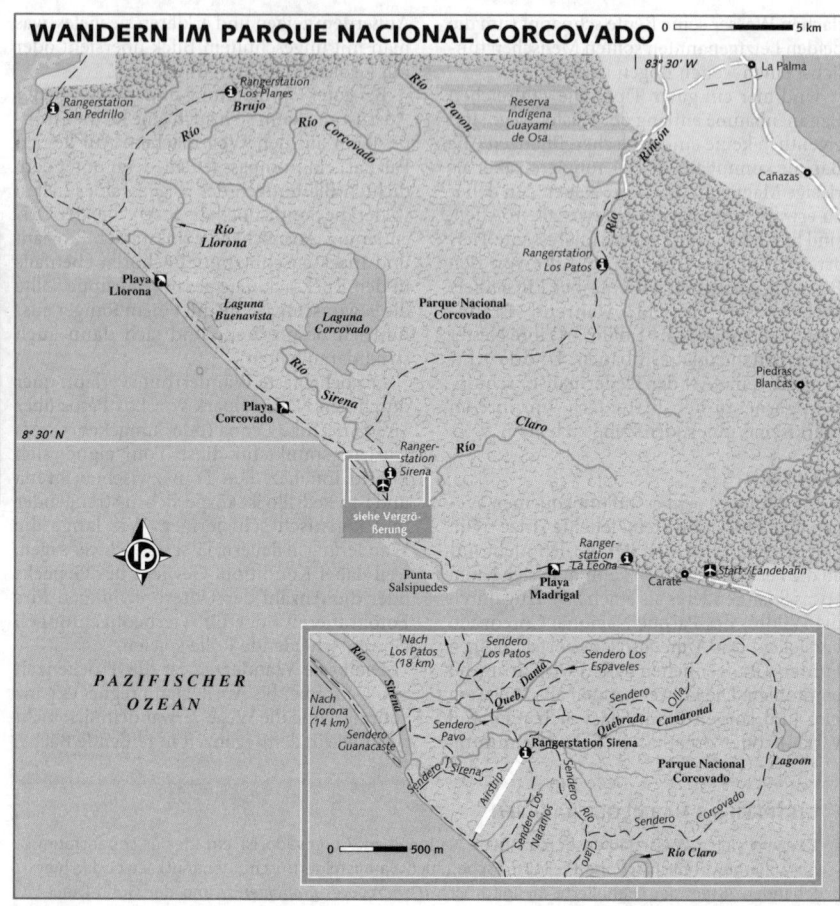

WANDERN IM PARQUE NACIONAL CORCOVADO

Trotzdem versinkt man immer mal wieder im Schlamm, aber es geht trotzdem weiter.

VON SIRENA NACH SAN PEDRILLO

Der Wanderweg zwischen Sirena und San Pedrillo ist mit 23 km der längste im Nationalpark Corcovado, für die Strecke sollten 10 bis 15 Stunden kalkuliert werden. Auf den ersten 18 km, über drei Viertel des Weges, geht es am Strand entlang: Loser, ermüdender Sand bis zum Horizont und fehlender Schatten lassen die Tour mit schwerem Gepäck schnell zur Tortour werden. Ortskundige Führer empfehlen, während der Nacht zu laufen, um die brüllende Hitze zu meiden.

Eine andere Hürde auf dieser Strecke bilden die drei Flussüberquerungen, die schwie-

rig und bei Flut unmöglich sind. Daher richtet sich der Aufbruch von der Rangerstation Sirena immer nach den Gezeiten, die Ranger empfehlen, etwa zwei Stunden vor Beginn der Ebbe loszumarschieren. Das zurückfließende Wasser macht die Furten seichter.

Bereits 1 km nördlich von Sirena kommt der erste und größte Fluss in Sicht, der Río Sirena. Hier tummeln sich Haie und Krokodile – Wanderer müssen entsprechend vorsichtig beim Durchwaten sein. Das Ende der Strandpassage markiert der letzte Fluss, der wilde Río Llorona.

Die Wanderung ist nur zwischen Dezember und April möglich, da sich der Río Sirena während der Regenzeit häufig gar nicht durchwaten lässt. Da die Stecke sehr kompliziert ist, sollte man auf jeden Fall einen ortskundigen Führer mitnehmen!

VON SIRENA NACH LA LEONA

Die 16 km lange Wanderung führt unweit des Meeres durch Küstenwald und über einen schattenlosen Strand. Die einzige große Flussüberquerung kommt gleich südlich von Sirena, dabei muss der Río Claro durchwatet werde. Insgesamt dauert die Wanderung etwa sechs bis sieben Stunden.

Unterkunft bietet die Rangerstation La Leona, eine Stunde später ist alternativ das 3,5 km entfernt liegende Carate erreicht. Neben einigen Lodges bietet die Ortschaft auch die Möglichkeit, mit einem Sammeltaxi nach Puerto Jiménez zurückzukehren.

VON SIRENA NACH LOS PATOS

Die Route nach Los Patos führt 18 km durch das Herz des Nationalparks und bietet den Wanderern die Gelegenheit, durch Primär und Sekundärregenwald zu laufen. Auf den ersten 12 km marschieren die Wanderer über relativ flaches Gelände durch aufgeforsteten Sekundärwald und durchwaten zwei Nebenflüsse, bevor sie die Laguna Corcovado erreichen. Die nächsten 6 km führen steil bergauf. Manche Führer empfehlen, die Wanderung in umgekehrter Richtung zu unternehmen, um das schweißtreibende Bergaufklettern am Ende des Weges zu vermeiden. In der Nähe von Los Patos bietet jedenfalls ein herrlicher Wasserfall zum Schluss die dringend herbeigesehnte Abkühlung.

Auf dieser Strecke wurden die wahrscheinlich größten Pekarirudel der gesamten Region gesehen. Führer weisen darauf hin, dass die Tiere die Angst der Menschen spüren, sich aber meist durch aggressives Verhalten verscheuchen lassen. Wer unliebsame hautnahe Begegnungen oder einen rasanten Sprint vermeiden will, sollte sich notfalls auf einen Posten 2 m über dem Erdboden verziehen. Pekaris riechen übrigens sehr streng nach Zwiebeln; man kann sie also manchmal schon wahrnehmen, bevor man sie kommen sieht.

Wanderer, die nicht in Los Patos im Zelt übernachten wollen, müssen 14 km weiter nach La Palma laufen, dort gibt es ebenfalls Unterkünfte. Die vierstündige Wanderung führt über schattige und schlammige Pfade hinunter zu den Ufern des Río Rincón. In umgekehrter Richtung – von La Palma nach Los Patos – heißt es dagegen in dieser Passage steil bergauf klettern.

Wer nicht den gesamten Park durchqueren will, kann auch eine Tageswanderung von der Rangerstation Los Patos zur Laguna Corcovado unternehmen. Das bedeutet aber, dass man auf dem Rückweg nochmals in Los Patos übernachten muss.

GEFÜHRTE TOUREN

Die Hauptrouten durch den Parque Nacional Corcovado sind gut markiert und recht belebt, sodass man auf ihnen gut allein zurechtkommt. Doch auch hier kann ein Führer eine intensivere Erfahrung ermöglichen – und das nicht nur, weil man sich dann keine Sorgen

PENÍNSULA DE OSA & GOLFO DULCE

TAPIR-PROJEKT

Seit 1994 beobachten Mitarbeiter des Artenschutzprogramms „Baird's Tapir Project" die Populationen des Mittelamerikanischen Tapirs (auch Berg- oder Baird-Tapir) in der Umgebung der Rangerstation Sirena. Die Wissenschaftler arbeiten dabei mit der Methode Radiotelemetrie, um Daten über das Leben der Tapire (angefangen von ihren Wanderbewegungen bis hin zu ihrem Fortpflanzungsverhalten) zu sammeln. Inzwischen sind 28 Tapire mit „Funkhalsbändern" ausgestattet und können damit geortet werden.

Die Rangerstation Sirena bietet die besten Voraussetzungen für derartige Studien, weil weder Abholzung noch Jagd die Tiere bedrohen. So können die Forscher gesunde Tapirpopulationen beobachten. Wegen der Langlebigkeit und der geringen Fortpflanzungsrate der Tapire sind jahrelange Studien nötig, um schlüssige Ergebnisse zu erzielen.

Die nachtaktiven Tiere, die äußerlich an Wildschweine erinnern (aber zur Ordnung der Nashörner gehören), verbringen ihre Nächte mit dem Verzehr von Blättern, Zweigen und Früchten. Dabei bevorzugen die Pflanzenfresser jedoch nicht den dichten Regenwald, sondern offenes Gelände wie etwa den Rand der Landepiste in Sirena. Tagsüber ruhen sie in den kühlen, schattigen Sümpfen. Tapire sind Einzelgänger, wobei sich verpaarte Männchen und Weibchen aber häufig über Jahre ein Revier teilen. Wissenschaftler vermuten, dass die Tiere monogam sind.

machen muss, sich zu verirren. Die einheimischen Führer sind geradezu Experten für die hiesige Flora und Fauna und wissen z. B., wo die beste Chance besteht, die unterschiedlichen Tierarten zu Gesicht zu bekommen. Viele Führer haben zudem Ferngläser dabei, mit denen Wanderer die Tiere besonders gut studieren können.

Die Führer können am besten mithilfe des Parkbüros in Puerto Jiménez, in jeder Rangerstation oder in der Nähe der Flugfelder in Carate oder Sirena engagiert werden. Aber auch Reiseveranstalter und Hotels in Puerto Jiménez und an der Bahía Drake können behilflich sein. Wie nicht anders zu erwarten, variieren die Preise je nach Saison, Verfügbarkeit, Gruppengröße und der gewünschten Route. Der Preis sollte aber auf jeden Fall den Eintritt in den Park, Mahlzeiten und den Transfer zum Park enthalten.

Es ist schwierig, eine konkrete Agentur oder einen bestimmten Führer zu empfehlen, da sich die Dinge in diesem Teil Costa Ricas rasch ändern. Auch Berichte von Reisenden über ihr Leben ändernde oder auch lebensgefährliche Erfahrungen zeigen, dass es in dieser Region am besten ist, diesen Reiseführer ausnahmsweise aus der Hand zu legen und sich selbst zu orientieren.

Auch wenn es keine feste Regel gibt, anhand derer sich die Qualität der Person eines Führers beurteilen lässt, sind drei Eigenschaften wesentlich: a) kommunikative Fähigkeiten, b) Professionalität und c) Ortskenntnis. Am wichtigsten ist wohl, wie gut ein Führer die englische Sprache beherrscht, wenn die Wanderer des Spanischen nicht ausreichend mächtig sind. Eine Wanderung durch den Regenwald kann durchaus Gefahren in sich bergen. Das muss aber nicht sein, wenn die Kommunikation mit dem Führer reibungslos funktioniert.

Die Professionalität lässt sich mit dem gesunden Menschenverstand beurteilen. Letztlich muss der Reisende sich vor allem die Frage stellen, ob er der jeweiligen Person sein Leben anvertrauen möchte. Professionelle Führer sind zuletzt an ihrer modernen und gut gepflegten Ausrüstung zu erkennen und zeigen sich motiviert.

Das abschließende Auswahlkriterium sollte die genaue Kenntnis des Parks sein. Wie viele Reiseführer man auch gelesen und wie viele Karten man studiert haben mag – Corcovado kann ein schwer zu beurteilendes Terrain sein. Vor der endgültigen Auswahl des Führers sollten Reisende sich deshalb mit den Kandidaten über die beabsichtigte Route unterhalten und sich vergewissern, dass die Führer diese kennen.

Und schließlich: kein Stress. Corcovado ist ein Wandergebiet der Weltklasse, und solange der Reisende sich mit seinem Führer wohlfühlt, ist eine großartige Erfahrung garantiert. Sie lässt sich wiederholen.

SCHLAFEN & ESSEN

Der Zeltplatz kostet auf jeder der Rangerstationen 5 US$ pro Person, inklusive Trinkwasser und Latrinenbenutzung. Bei der Rangerstation Sirena stehen überdachte Plattformen für die Zelte – diesen Luxus hat keine der anderen Rangerstationen. Taschen- oder Zeltlampe bzw. Stirnlicht nicht vergessen, denn auf den Zeltplätzen herrscht nach Sonnenuntergang absolute Dunkelheit. Außerhalb der Rangerstationen ist das Zelten verboten!

Ein Bett in einem Schlafsaal (10 US$) und Mahlzeiten (Frühstück 8 US$, Mittag- oder Abendessen 11 US$) bietet nur die Rangerstation Sirena. Nahrungsmittel, Getränke und Brennstoff zum Kochen werden je nach Bedarf ins Camp geschafft, daher müssen Reisende, die an den Mahlzeiten teilnehmen wollen, dies 15 bis 30 Tage vorher beim **Oficina de Área de Conservación Osa** (☎ 2735 5036) in Puerto Jiménez anmelden.

In Sirena haben die Forscher Vorrang vor der Unterbringung und Versorgung der Urlauber, aber mit einer Reservierung ist man auf jeden Fall auf der sicheren Seite.

Camper können ihren eigenen Proviant mitbringen. Auf jeden Fall muss jeder seine Abfälle wieder aus dem Park tragen, denn die Müllbeseitigung ist für die Rangerstationen ein großes Problem.

AN- & WEITERREISE
Von der Bahía Drake

Von der Bahía Drake aus führt der Küstenweg zum Rangerstützpunkt in San Pedrillo (etwa vier Stunden von Agujitas aus). Zugleich bieten praktisch alle Unterkünfte regelmäßige Touren nach Corcovado an oder können ihre Gäste hier absetzen. Eine weitere Möglichkeit ist ein Charterboot nach San Pedrillo (80 US$) oder Sirena (120 US$). Wer ein Auto hat, braucht sich auch keine Sorgen zu machen: Die meisten Hotels an der Bahía Drake haben für ein paar Dollar pro Tag ein Auge darauf.

WILDTIERE IN CORCOVADO

Der Parque Nacional Corcovado wimmelt geradezu von Wildtieren. Als kleine Vorbereitung auf die Expedition hier eine Liste der besten (und übelsten) Vertreter der Fauna Corcovados:

Wunschliste

- **Jaguar** Diese schwer fassbaren Katzen stehen bei allen Besuchern des Regenwaldes ganz oben auf der Wunschliste. Einen Jaguar in der Wildnis zu erspähen, ist allerdings leider ein wirklich seltener Glücksfall.

- **Ozelot** Von allen Raubkatzen Corcovados ist dieser mittelgroße Vertreter sicherlich am häufigsten zu sehen. Ozelots leben überwiegend auf dem Boden.

- **Tapir** Es bedarf keines besonderen Glücks, an der Rangerstation Sirena einen dieser tapsigen Giganten zu sehen – auch wenn ihre Verbreitung in Corcovado die tatsächliche Größe der Tapirpopulation nicht widerspiegelt.

„Bitte-nicht"-Liste

- **Lanzenotter** In Costa Rica als *terciopelo* bekannt, lässt die wahre Herrscherin über den Dschungel von Corcovado nicht mit sich spaßen.

- **Tropische Riesenameise** Neben dem Spinnentöter (einer Wegwespe) ist diese Riesenameise eines der Insekten, deren Stich den stärksten Schmerz bereitet. Besucher sollten um diese riesigen Ameisen einen großen Bogen machen.

- **Zecke** Zecken werden in Corcovado riesengroß, und kaum ein Besucher kommt ohne Zeckenbisse davon. Mit ein wenig Glück beschränken sie sich aber auf die sichtbaren Körperteile.

„Na-ja"-Liste

- **Krokodile** Das Krokodil ist eines der ältesten und effizientesten Raubtiere der Welt und zugleich ein großartiger Anblick – solange das Tier im Wasser ist und der Betrachter sich an Land befindet.

- **Pekari** Eine Art tropisches, recht mürrisches Wildschwein, dessen Possen Besucher besser von einem hohen Baum oder aus sicherer Entfernung studieren sollten.

- **Treiberameisen** Man kann hören, wie sich die berüchtigte „Insektenarmee" ihren Weg knirschend und zermalmend durch den Wald bahnt. Es ist klug, ihr Vorfahrt zu gewähren.

Von La Palma

Vom Norden kommend, ist La Palma am Golfo Dulce ein guter Ausgangspunkt für die Besichtigung des Nationalparks. Von hier fahren Busse oder Taxen in südlicher Richtung zum Hafen Puerto Jiménez oder in nördlicher in die Hauptstadt San José.

Für den Weg nach Los Patos findet sich vielleicht ein Taxi. Die Straße dorthin ist (aber auch nicht immer) nur mit einem Allradfahrzeug befahrbar – Reisende sollten damit rechnen, die 14 km zum Camp zu Fuß zurücklegen zu müssen. Dazu kommen auf den letzten 6 km ungefähr 20 Flussüberquerungen. Die Gefahr, sich kurz vor der Rangerstation zu verirren, ist recht groß.

Reisende mit Auto sollten dieses am besten bei ihrer Unterkunft in La Palma lassen, statt die Route nach Los Patos zu fahren – es sei denn, sie sind wirklich abenteuerlustig. Außerdem gibt es in Los Patos keine sichere Abstellmöglichkeit für den Wagen.

Von Carate

Im Südosten bietet Carate den nächstgelegenen Zugang zum Nationalpark. Von hier aus gelangt man durch eine einstündige, 3,5 km lange Wanderung entlang dem Strand in westlicher Richtung zur Rangerstation und Unterkunft La Leona.

Carate ist von Puerto Jiménez aus über eine 45 km lange, unbefestigte Straße zu erreichen. Diese Reise ist aufgrund des schlechten Straßenzustands ein Abenteuer für sich. Mit ein wenig Glück kann man allerdings bereits während der Fahrt einige etliche Tiere

VORSICHT DSCHUNGEL!

Die Vögel sind brillant, die Tiere sind bezaubernd, der Wald ist fantastisch. Und dennoch ist der Parque Nacional Corcovado eine echte Wildnis, deren Gefahren nicht unterschätzt werden dürfen. Jedes Jahr werden Reisende verletzt, erkranken oder lassen gar ihr Leben. Deshalb hier einige notwendige Sicherheitsvorkehrungen:

■ Die größten Gefahren stellen Erschöpfung durch die Hitze sowie Dehydrierung dar. Dies ist der Regenwald: Es ist heiß, die Luftfeuchtigkeit ist hoch, und Wanderer schwitzen mehr, als sie bemerken. Ausreichend Wasser im Rucksack ist deshalb unerlässlich – eine 1- oder 1,5-Liter-Flasche (die bei der Rangerstation wieder aufgefüllt werden kann) ist das absolute Minimum.

■ Auf keinen Fall darf Wasser aus einem der Bäche oder Flüsse getrunken werden. Auf diese Weise handelt der Wanderer sich mit Sicherheit eine fiese Giardiasis (eine Durchfallerkrankung) ein. Vor der Abreise nach Costa Rica sollten Reisende deshalb durchaus in eine Ausrüstung zur Wasseraufbereitung investieren, etwa ein Filter-Pumpen-System, einen desinfizierenden UV-Stab oder auch eine Flasche der guten alten Jodtabletten.

■ Sonnenschutz sowie Insektenschutzmittel sind ein Muss. Schwerer Sonnenbrand und ein Sonnenstich sind für Wanderer die zweitgrößte Gefahr, vor allem auf den ungeschützten Küstenwegen. Malaria und Dengue-Fieber sind in Costa Rica zwar weniger verbreitet, aber Moskitos sind in Corcovado eine echte Plage.

■ Das Gepäck sollte auf das Notwendigste beschränkt sein. Die Freude an der Wanderung steht, wie es so schön heißt, in einem umgekehrt proportionalen Verhältnis zum Gewicht des Gepäcks. Es mag verführerisch sein, Ausrüstung für jede Eventualität dabei zu haben, aber ein zu schwerer Rucksack erhöht nur die oben genannten Gefahren.

■ Vor dem Aufbruch müssen Wanderer sich unbedingt bei den Rangerstationen über den Zustand der Wege und die Gezeiten erkundigen. So erhält nicht nur der Wanderer diese wichtigen Informationen – die Parkaufseher erfahren zudem seine Route und die Zeit seines Aufbruchs. Es ist klug, die Hinweise der Ranger zu befolgen, da z. B. Flussüberquerungen sehr gefährlich sein können.

■ Wer ohne einen Führer wandert, sollte unbedingt einen Kompass im Marschgepäck haben – und wissen, wie man damit umgeht! Ebenfalls wichtig sind eine topografische Karte oder auch ein modernes Navigationssystem (GPS). Abenteurer, die noch keine große Erfahrung in der Wildnis gesammelt haben, sollten jedoch auf jeden Fall einen Führer engagieren. Die Seelenruhe ist den Preis doppelt und dreifach wert.

sehen. Eine Art Sammeltaxi, ein Jeep mit Allradantrieb, fährt diese Strecke zweimal täglich. Der Preis hängt von der Anzahl der Fahrgäste, der Saison (in den Regenmonaten steigen die Preise) und dem Verhandlungsgeschick des Kunden ab.

Wer mit dem eigenen Auto gekommen ist, findet an der Pulpería in Carate für einige Tage einen sicheren Parkplatz. Ein Trinkgeld an potenzielle Bewacher erhöht die Sicherheit und Seelenruhe zusätzlich.

Flugzeug
Alfa Romeo Aero Taxi (☎ 2735 5353) bietet Charterflüge von Puerto Jiménez, der Bahía Drake und Golfito nach Carate und Sirena. Es ist am besten, persönlich am Flughafen zu buchen. Der Preis für einen einfachen Flug beträgt

normalerweise weniger als 100 US$. Langzeitparkplätze stehen nicht zur Verfügung, deshalb empfiehlt es sich, im Voraus eine Parkmöglichkeit zu organisieren.

GOLFO DULCE

Während der Golfo Dulce zweifellos weniger berühmt als die Península de Osa ist, nehmen immer mehr Besucher diese beschwerliche Reise auf sich, um zum weltweit längsten – und bei Surfern legendären – Left-Hand-Break (d. h. die Wellen kommen hier von links parallel zur Küste) in Pavones zu kommen. Die Region umfasst auch den Parque Nacional Piedras Blancas, einen beeindruckenden Regenwald, der früher zu Corcovado

gehörte und bis heute eine vergleichbare biologische Artenvielfalt schützt. Diese entlegene
Ecke ist schließlich auch die Heimat einer
bedeutenden Ureinwohnergemeinde, die in
der Nähe von Pavones in der Reserva Indígena Guaymí de Conte Burica lebt.

GOLFITO

Golfito ist ein mehr und mehr an Bedeutung
verlierender Bananenhafen. Die heruntergekommene Stadt scheint deshalb verzweifelt
auf der Suche nach einer neuen Existenzbe-
rechtigung zu sein. Auch wenn Golfito sein
Ableben durch die Einrichtung von Duty-
free-Läden für einheimische Touristen noch
einmal hinausgezögert hat, holt sich der
Dschungel die Stadt allmählich zurück – doch
das scheint ihre Einwohner nicht sonderlich
zu interessieren.

Diese etwas surrealistische Atmosphäre
hat Warner Brothers davon überzeugt, dass
Golfito der ideale Drehort für den Film
Flammen des Widerstands *sei*, eine wahre
Geschichte über die Anstrengungen des bra-
silianischen Kautschukzapfers Chico Mendes,
den Regenwald zu erhalten.

Als größte Stadt am Golfo Dulce fungiert
Golfito als wichtiger Verkehrsknotenpunkt:
sowohl für Wanderer, die zum Parque Naci-
onal Corcovado wollen, als auch für nach
Pavones strebende Surfer und für nach einer
Unterkunft suchende Sportfischer.

Obwohl kaum jemand länger in Golfito
bleiben möchte als notwendig, besitzt der Ort
einen gewissen Charme, der manchen Reisenden durchaus anspricht. Darüber hinaus
liegen die fruchtbaren Hänge des Refugio
Nacional de Fauna Silvestre Golfito in unmittelbarer Nähe und bilden eine malerische
Kulisse für die verfallenden Gebäude.

Geschichte

Golfito war von 1938 bis 1985 das quirlige
Hauptquartier der Aktivitäten der United
Fruit Company im Süden Costa Ricas. In den
1980er-Jahren veranlassten Absatzschwierig-
keiten, steigende Steuern, Arbeiterunruhen
und Krankheiten der Bananenbäume das
Unternehmen jedoch zum Rückzug. Zwar
produzieren einige der Plantagen heute afri-
kanisches Palmöl, doch der vollständige
Zusammenbruch der Bananenindustrie hat
die wirtschaftliche Not, die durch den Rückzug von United Fruit verursacht wurde, noch
weiter verschärft.

Um die wirtschaftliche Lage der Region
anzukurbeln, hat die Regierung im Norden
von Golfito eine Freihandelszone *(déposito
libre)* eingerichtet. Das surreal anmutende
Einkaufszentrum zieht Einheimische aus dem
ganzen Land an und bewahrt die dahinsie-
chende Stadt vor dem Untergang. Für Ausländer ist die Freihandelszone uninteressant,
da die steuerfreien Waren nur von Einheimischen gekauft werden dürfen. Viele Duty-
Free-Shopper übernachten in Golfito, sodass
vor allem an einkaufswütigen Wochenenden
und in der Ferienzeit die Unterkünfte stets
knapp werden.

Orientierung

Namensgeber der Stadt und Bucht ist der
kleine Golf (Golfito), den ein Meeresarm an
der Ostküste des weitaus größeren Golfo Dulce bildet. Die Stadt zu Füßen einiger steiler,
dicht bewaldeter Hügel zieht sich an einer
staubigen Küstenstraße entlang.

Im Süden der Stadt liegen die meisten
Kneipen, Geschäfte, Büros und ein recht
schäbiges Rotlichtviertel. Der wichtigste
Passagierhafen ist der Muellecito (kleiner
Kai), von wo aus jeden Tag die Fähren nach
Puerto Jiménez ablegen.

Im Norden der Stadt, einem Gebiet in dem
früher die United Fruit Company ihren Sitz
hatte, herrscht dank der stattlichen Wohn-
häuser mit ihren gemütlichen überdachten
Veranden eine tropisch-träge Atmosphäre.
Heute nennt sich dieser Stadtteil *Zona
Americana*, hier liegen auch der Flughafen
und in dessen Nähe die Freihandelszone.

Praktische Informationen

Banco Coopealianza (☾ Mo–Fr 8–17, Sa 8–12 Uhr)
Eine Bankfiliale mit einem 24-Stunden-Geldautomaten
(Cirrus-System) und einem Büro von Western Union.
Golfito On-line (☎ 2775 2424; Hotel Golfito; pro Std.
1,20 US$; ☾ Mo–Sa 8–21, So 12–18 Uhr) Schnelle Inter-
netverbindung und eine Klimaanlage.
Hospital de Golfito (☎ 2775 0011) Medizinische Not-
fallversorgung.
Land Sea Tours (☎ 2775 1614; www.realestate-costa
rica.com; Km 2) Flugbuchungen, Hotelreservierungen und
Organisation von Touren.
Migración (☎ 2775 0423; ☾ 8–16 Uhr) Liegt etwas
abseits der Mole, in einem Büro im ersten Stock über dem
Soda Pavas.
Port captain (Hafenmeister) (☎ 2775 0487; gegenüber dem großen Kai Muelle de Golfito; ☾ Mo–Fr
7.30–11 & 12.30–16 Uhr)

PENÍNSULA DE OSA &
GOLFO DULCE

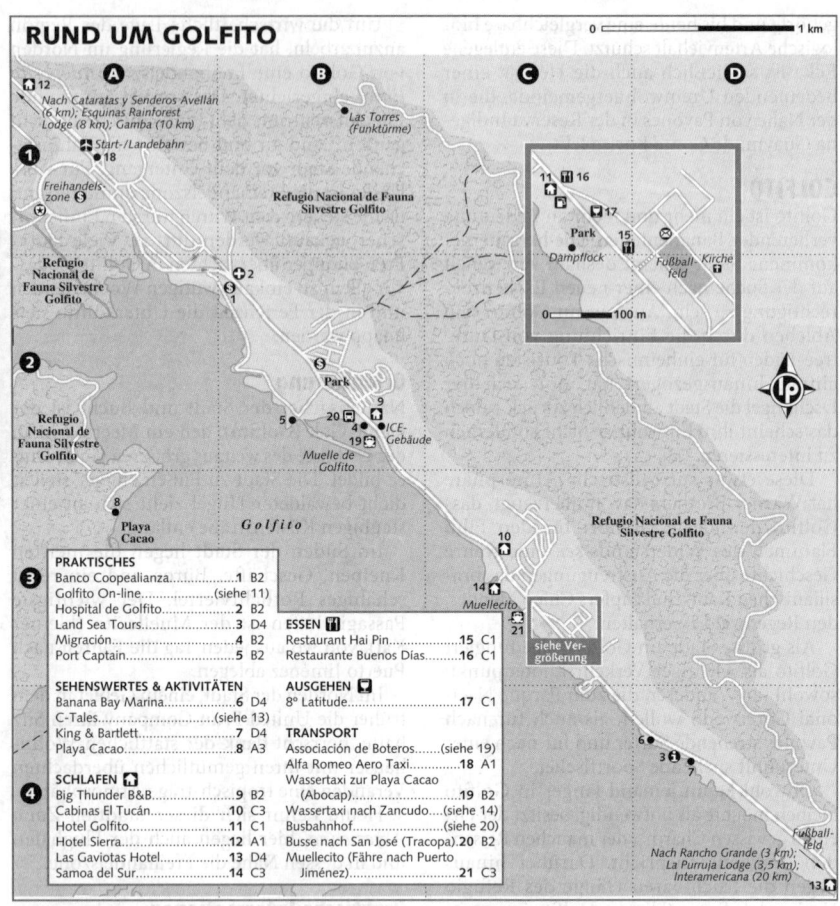

RUND UM GOLFITO

0   1 km

PRAKTISCHES
Banco Coopealianza...................1 B2
Golfito On-line....................(siehe 11)
Hospital de Golfito....................2 B2
Land Sea Tours.........................3 D4
Migración................................4 B2
Port Captain.............................5 B2

SEHENSWERTES & AKTIVITÄTEN
Banana Bay Marina..................6 D4
C-Tales.............................(siehe 13)
King & Bartlett.........................7 D4
Playa Cacao.............................8 A3

SCHLAFEN
Big Thunder B&B.......................9 B2
Cabinas El Tucán.....................10 C3
Hotel Golfito..........................11 C1
Hotel Sierra...........................12 A1
Las Gaviotas Hotel..................13 D4
Samoa del Sur........................14 C3

ESSEN
Restaurant Hai Pin....................15 C1
Restaurante Buenos Días..........16 C1

AUSGEHEN
8° Latitude............................17 C1

TRANSPORT
Asociación de Boteros....(siehe 19)
Alfa Romeo Aero Taxi.............18 A1
Wassertaxi zur Playa Cacao
  (Abocap)............................19 B2
Wassertaxi nach Zancudo....(siehe 14)
Busbahnhof.......................(siehe 20)
Busse nach San José (Tracopa).20 B2
Muellecito (Fähre nach Puerto
  Jiménez)..............................21 C3

Sehenswertes
REFUGIO NACIONAL DE FAUNA SILVESTRE GOLFITO

Dieses nur 2810 ha große Schutzgebiet umfasst den größten Teil der steilen Berge, die Golfito umgeben. Es wurde ursprünglich eingerichtet, um das Wassereinzugsgebiet der Stadt zu schützen, hat aber in einem schönen Nebeneffekt auch zur Erhaltung einer Reihe seltener und interessanter Pflanzenarten beigetragen. So ist das Schutzgebiet beispielsweise die Heimat verschiedener Palmfarne, „lebende Fossilien", die zu den urtümlichsten aller Pflanzen gehören und Anteil an den tertiären Wäldern hatte. Das Schutzgebiet zieht außerdem zahlreiche tropische Vögel, vier Affenarten und viele kleinere Säugetiere an.

Es gibt im Nationalpark – mit der Ausnahme eines Zugangs über eine Schotterstraße und einiger schlecht unterhaltener Pfade – keine Einrichtungen für Touristen. Etwa 2 km südlich des Zentrums von Golfito führt eine Schotterstraße an einem Fußballplatz entlang ins Binnenland und windet sich 7 km lang zu Radiotürmen (Las Torres) auf einer Höhe von 486 m über dem Meeresspiegel hinauf. Diese Straße ist ideal für Wanderer, da hier nur sehr wenig Verkehr herrscht. Auf jeden Fall dürften sie von dieser Straße aus mehr sehen als von den überwachsenen Pfaden, die durch den Bergwald führen.

Von Golfito – schräg gegenüber dem Hotel Samoa del Sur – aus führt ein sehr steiler, anstrengender Wanderweg in etwa zwei Stunden auf die Straße zu den Radiotürmern. Dieser Pfad ist unten in Golfito deutlich leichter zu finden als oben von der Fahrstraße aus.

Eine weitere Möglichkeit besteht in einer Wanderung auf der recht schlechten, unbefestigten Straße nach Gamba. Sie beginnt einige Kilometer nordwestlich der Freihandelszone und durchquert einen Teil des Schutzgebiets. Der örtliche Bus aus Golfito hält am Anfang dieser Straße. Von hier aus sind es etwa 10 km bis Gamba.

Schließlich verlaufen noch mehrere Pfade abseits der Straße zur Playa Cacao. Wer diese Routen benutzt, wird durch Wasserfälle und Panoramablicke auf den Golf entschädigt. Allerdings sind diese Pfade häufig verborgen, weshalb es sich empfiehlt, vor Beginn der Expedition vor Ort nach Karten und dem Zustand der Wege zu fragen.

Wer sich ohne Führer auf den Weg macht, sollte, für den Fall einer Nachsuche, unbedingt dafür sorgen, dass jemand weiß, wann und mit welchem Ziel er aufgebrochen ist.

PLAYA CACAO

Nur einen Katzensprung vom Refugio de Fauna Silvestre entfernt, liegt dieser kleine Strand auf der anderen Seite der Bucht und bietet einen großartigen Blick auf Golfito, das sich vor der Kulisse des Regenwaldes entlang der Küste erstreckt. Bei einem etwas längeren Aufenthalt in Golfito ist die Playa Cacao mit ihrem tiefen, ruhigen Wasser wohl das schönste Fleckchen der Umgebung. Ein Wassertaxi fährt für 2 US$ vom Hafen in Golfito zu diesem Strand. Wer möchte, kann aber auch die 6 km lange, unbefestigte Straße vom Flugfeld aus in westlicher und dann in südlicher Richtung nehmen – wer dies nicht zu Fuß tun will, sollte jedoch ein Fahrzeug mit Allradantrieb haben.

Aktivitäten

CATARATAS Y SENDEROS AVELLÁN

Dieses von einer costa-ricanischen Familie betriebene **Reservat und Abenteuercamp** (☎ 8378 7895; Eintritt 2,50 US$; ☺ 10–16 Uhr) ist eine hervorragende Wahl für Abenteurer, die ein wenig Führung bevorzugen. Geführte Wanderungen (18 US$) und Ausritte (8 US$ pro Std.) sind ideal, um dieses große Regenwaldterrain, in dem sich u. a. drei Wasserfälle befinden, zu erkunden. Camping (5 US$) ist ebenfalls möglich, auch Mahlzeiten (2–4 US$) können selbst zubereitet werden.

SPORTANGELN & BOOTSFAHRTEN

Golfito ist der Standort mehrerer Marinas mit umfassendem Service, in denen viele vor den Küsten kreuzende Yachten anlegen. Wer nicht mit dem eigenen Boot gekommen ist, kann an allen Molen Bootstouren buchen. Die Fische beißen hier das ganze Jahr über recht gut, die beste Zeit für den begehrten, überaus schnellen Indopazifischen Fächerfisch reicht jedoch von November bis Mai.

Banana Bay Marina (☎ 2775 0838; www.bananabay marina.com) Charterboote (6 oder 17 m) für einen ganztägigen Angelausflug (all inclusive) ab 750 US$.

C-Tales (☎ 1-772-692-2289; www.c-tales.com) Diese im Hotel Las Gaviotas operierende Firma bietet dreitägige Pauschalreisen ab 1200 US$ pro Person an.

King & Bartlett (☎ 2775 1624; www.kingandbartlett sportfishing.com) Diese recht clevere und neue Firma organisiert dreitägige Angelfahrten (all inclusive) zu Preisen ab 1800 US$.

Schlafen

Die Gegend rund um Golfitos Fußballplatz ist der Rotlichtbezirk der Stadt. Daher zahlt es sich aus, ein paar Dollar zuzulegen und anderswo ein Quartier zu finden.

Cabinas El Tucán (☎ 2775 0553; Zi. pro Pers. mit/ohne Klimaanlage 15/10 US$; Ⓟ ❖) Dieser freundliche Familienbetrieb ist wirklich einladend schön. Kinder spielen im Innenhof, während ihre Mütter in der Küche arbeiten. Die sauberen, geräumigen Zimmer unterschiedlicher Form und Größe gruppieren sich um den schattigen Innenhof mit Kachelboden.

Hotel Golfito (☎ 2775 0047; Zi. pro Pers. ab 15 US$; Ⓟ ❖ ▱) Dieses hellgelbe Gebäude mit Blick auf den Golf liegt günstig zum Muellecito und ist eines der besten Schnäppchen im Ort. Die modernen Zimmer blicken allerdings leider nicht aufs Wasser. Dafür können Gäste auf dem Gemeinschaftsbalkon den Sonnenuntergang genießen.

La Purruja Lodge (☎ 2775 1054; www.purruja.com; 4,5 km südlich von Golfito; EZ/DZ/3BZ inkl. Frühstück 30/40/50 US$; Ⓟ ▱ ♨) Ein nettes Paar – er ist Schweizer, sie ist Tica – betreibt diese abgelegene Unterkunft, die über fünf einfache, aber makellos saubere Hütten mit jeglicher erforderlichen Ausstattung verfügt. Das ruhige, baumbestandene Gelände ist für die Totenkopfäffchen seinen Vogelreichtum bekannt. Die Besitzer organisieren gern einzigartige Touren durch die Gegend.

Las Gaviotas Hotel (☎ 2775 0062; www.resortlasga viotas.com; EZ/DZ/3BZ/4BZ 50/60/70/80 US$; Ⓟ ❖ ▱ ♨)

Das erste Haus am Ort, eine Minianlage samt Stuckhütten inmitten eines hübschen Tropengartens. Gäste können sich die Zeit vertreiben, indem sie auf ihrer eigenen Veranda an ihrem Rum nippen oder einige Bahnen in dem einladenden Pool ziehen.

Samoa del Sur (☎ 2775 0233, 2775 0264; www.samo adelsur.com; Zi. ab 60 US$, Wohnwagen 10 US$; P ⚒ ◻ ⚐) Diese Anlage in französischem Besitz bietet 14 hübsche, geräumige Zimmer mit Fliesenböden und stilvollem Holzmobiliar. Die Bar ist abends sehr beliebt, wenn die Gäste hier Poolbillard oder Dart spielen. Die Kinder vergnügen sich währenddessen im Pool, im Spielbereich oder (bei Regen) im Muschelmuseum der Anlage.

Hotel Sierra (☎ 2775 0666, 2775 0336; www.hotel sierra.com; EZ/DZ 60/70 US$; P ⚒ ◻ ⚐) Dieses Hotel in der *Zona Americana* hat passenderweise die Atmosphäre eines amerikanischen Motels. Die Effizienz und Sterilität sollten aber niemanden abschrecken. Das Hotel Sierra ist von der Schäbigkeit des unwichtig gewordenen Hafens von Golfito weit entfernt, und die Gäste können hier in relativer Ruhe wohnen und das gute Restaurant und das kleine Casino des Hotels genießen.

Big Thunder B&B (☎ 2775 9191; www.bigthunderbed andbreakfast.com; gegenüber der Muelle de Golfito; DZ ab 75 US$; P ⚒ ◻ ⚐) Farbige Abbildungen von Speerfischen wie Marlinen und Fächerfisch schmücken die Wände dieser guten Herberge, einer angenehmen Alternative zu den anonymeren Anlagen der Stadt. Das Gebäude vor den Bergen des Schutzgebietes gehörte früher dem Manager einer Bananenplantage. Die sechs sehr geräumigen Zimmer sind alle mit Doppelbett, Kühlschrank, Kaffeemaschine und einem großen Bad mit heißem Wasser ausgestattet.

Essen & Ausgehen

Die meisten Hotels des mittleren Preisspektrums haben eigene Restaurants und Bars.

Restaurant Hai Pin (Gerichte 3–7 US$) Wer allmählich genug von Gallo Pinto (schwarze Bohnen mit Reis) hat, bekommt hier zur Abwechslung chinesisches Essen. Dieses beliebte Restaurant unter freiem Himmel blickt auf die Hauptstraße, weshalb man hier – angesichts des Charakters von Golfito – interessante Leute zu Gesicht bekommt.

Restaurante Buenos Días (gegenüber dem Muellecito; Mahlzeiten 5–7 US$; ⏱ 6–22 Uhr) Nur wenige Menschen kommen durch Golfito, ohne dieses fröhliche Lokal gegenüber dem Muellecito zu besuchen. Farbige Nischen, zweisprachige Speisekarten und die supergünstige Lage sorgen für einen konstanten Strom an Gästen – für ein Frühstück, ein typisches Casado oder einen schön altmodischen Burger.

Rancho Grande (Gerichte 5–12 US$) Etwa 3 km südlich von Golfito gelegen, serviert dieses rustikale, strohgedeckte Restaurant ländliche costa-ricanische Gerichte, die auf einem Holzherd zubereitet werden. Die Besitzerin Margarita ist berühmt für ihre *patacones* (frittierte Kochbananen-Chips). Die Öffnungszeiten sind ein wenig unberechenbar, daher ist es am besten nachzufragen und sich tagsüber fürs Abendessen anzumelden.

8° Latitude (Gerichte 9–15 US$) Diese Bar befindet sich nordwestlich vom Fußballplatz und zieht insbesondere amerikanische Angelfans an. Dank seiner entspannten und sehr freundlichen Atmosphäre ist diese Kneipe der ideale Ort, bei einem Drink dem Anglergarn zu lauschen.

An- & Weiterreise

BOOT

Es gibt zwei Passagierhäfen: Der Haupthafen Muellecito liegt im Süden der Stadt, während sich der kleinere Fähren nördlich der Muelle Bananero (gegenüber vom ICE-Gebäude) befindet. Dort erreicht man auch die **Asociación de Boteros** (Abocap; ☎ 2775 0357), ein Wassertaxi-Unternehmen, das im gesamten Golfo Dulce unterwegs ist.

Vom Muellecito starten zweimal täglich zwei Passagierfähren (um 11.30 und 13.20 Uhr) nach Puerto Jiménez (2 US$, 1½ Std.).

Das Wassertaxi ins südlich gelegene Zancudo (4 US$, 45 Min.) fährt montags bis samstags um 12 Uhr am Yachthafen Samoa del Sur ab. Die Rückfahrt erfolgt am nächsten Tag (außer So) um 7.30 Uhr.

Die Wassertaxis zur Playa Cacao starten am Abocap-Kai (Abholung vom Muellecito, dem kleinen Kai, ist möglich). Der Fahrpreis liegt bei 2 US$ pro Person.

Die oben angegebenen Zeiten sind durchaus Änderungen unterworfen.

Es ist definitiv schöner, für die Fahrt durch die Bucht ein Wassertaxi zu nehmen, als mit einer Fähre nach Puerto Jiménez zu tuckern. Man muss feilschen, doch letztlich kommt meist ein akzeptabler Preis dabei heraus. Das Wasser im Golfo Dulce ist normalerweise ruhig, Kapitän und Boot sollten jedoch auf jeden Fall einen Vertrauen erweckenden Eindruck machen.

Wer in einer der Küstenunterkünfte nördlich von Golfito logiert und dies vorher vereinbart hat, wird auch mit einem vom Hotel geschickten Boot an der Mole abgeholt. Sollte dieses Boot einmal nicht kommen, ist es am einfachsten, einem der Kapitäne der Wassertaxis einfach das Hotel zu nennen und sich so zur Unterkunft bringen zu lassen.

BUS
Die meisten Busse halten am Busdepot vor dem Muellecito.

Paso Canoas, an der Grenze zu Panama 1,50 US$, 2½ Std., Abfahrt stündlich.

Neily 1,25 US$, 1½ Std., Abfahrt von 6 bis 19 Uhr stündlich.

Pavones 2 US$, 3 Std., Abfahrt 10 & 15 Uhr. Diese Linie kann vor allem in der Regenzeit durch den Straßenzustand und das Wetter beeinträchtigt werden.

San José, über San Isidro (Tracopa) 8,50 US$, 7 Std., Abfahrt von der Endstation in der Nähe der Muelle Bananero um 5 & 13.30 Uhr.

Zancudo 2 US$, 3 Std., Abfahrt 13.30 Uhr.

FLUGZEUG
Der Flugplatz liegt 4 km nördlich es Stadtzentrums, in der Nähe der Freihandelszone. **NatureAir** (www.natureair.com) und **Sansa** (www.sansa.com) fliegen täglich von und nach San José (der einfache Flug kostet etwa 100 US$).

Alfa Romeo Aero Taxi (☎ 2775 1515) besitzt leichte Flugzeuge (für drei oder fünf Passagiere) für Charterflüge nach Puerto Jiménez, Carate, zur Bahía Drake, nach Sirena, Palmar Sur, Quepos und Limón. Die Preise hängen von der Anzahl der Passagiere ab, daher ist es günstiger, eine größere Gruppe zusammenzustellen, wenn man dieses Lufttaxi-Angebot nutzen möchte.

Unterwegs vor Ort
Stadtbusse und Sammeltaxis verkehren regelmäßig auf der Hauptstraße Golfitos. Obwohl das Preissystem für alle – die Einheimischen ausgenommen – ein Geheimnis bleibt, kostet die Fahrt niemals mehr als ein paar Münzen, also: die Colones bereithalten.

PARQUE NACIONAL PIEDRAS BLANCAS
Dieser ehemals als Parque Nacional Esquinas bekannte Nationalpark wurde 1992 als Erweiterung Corcovados eingerichtet. Gegenwärtig nimmt Piedras Blancas („Weiße Felsen") eine Fläche von 12 000 ha unberührten primären tropischen Regenwaldes sowie 2000 ha sekundären Waldes (Aufforstungsgebiete), Weide- und Küstenlandes ein.

Als eine der letzten verbliebenen Regenwaldflächen im pazifischen Tiefland ist Piedras Blancas die Heimat einer sehr abwechslungsreichen Flora und Fauna. Einer Studie zufolge, die von der biologischen Station in Gamba durchgeführt wurde, ist die biologische Vielfalt der Baumarten in Piedras Blancas die größte in ganz Costa Rica und übertrifft sogar noch die Vielfalt Corcovados.

Orientierung & Praktische Informationen
Der Parque Nacional Piedras Blancas grenzt im Osten an das Refugio Nacional Fauna Silvestre Golfito. Im Westen verbindet die Reserva Forestal de Golfo Dulce das Schutzgebiet Piedras Blancas mit Corcovado. Auf diese Weise ist ein biologischer Korridor für einheimische Tierarten entstanden, vor allem für große Säugetiere und für Raubtiere, die große Jagdreviere benötigen. Leider suchen jedoch illegale Holzfäller die Wälder in der Umgebung von Rincón heim, sodass der gesamte Korridor gefährdet ist.

Der Parque Nacional Piedras Blancas verfügt gegenwärtig noch nicht über eine touristische Infrastruktur. Es ist allerdings möglich, von der Esquinas Rainforest Lodge in Gamba sowie von allen Hotels an der Küste nördlich von Golfito (s. S.474) in den abgelegenen Park zu gelangen.

Tierbeobachtung
Da Piedras Blancas so weit ab vom Schuss liegt und so wenig besucht wird, finden hier mehrere Wiederansiedlungsprojekte statt. So wird u. a. versucht, Hellrote Aras wieder heimisch zu machen und Wildkatzen wie Ozelote und Margays, die in Privathäusern konfisziert wurden, auszusetzen. Besucher können hier all die Tierarten erspähen, die auch in Corcovado vorkommen: die fünf Großkatzen- und vier Affenarten, Herden von Halsband- und Weißbartpekaris, Krokodile, mehrere Pfeilgiftfroscharten (darunter der nur hier vorkommende Golfo-Dulce-Pfeilgiftfrosch) und mehr als 330 Vogelarten.

Schlafen
Die **Esquinas Rainforest Lodge** (☎ 2775 0140, 2775 0901; www.esquinaslodge.com; Gamba; EZ/DZ/3BZ inkl. Mahlzeiten 135/210/255 US$; P ⊠) wurde von der ge-

meinnützigen Organisation „Regenwald der Österreicher" gegründet, die auch bei der Einrichtung des Nationalparks Piedras Blancas eine wichtige Rolle gespielt hat. Heute ist diese von primärem und sekundärem Regenwald umgebene Unterkunft ein integraler Bestandteil der Gemeinde Gamba. Sie stellt einheimische Arbeitskräfte an und investiert ihre Gewinne in Gemeindeprojekte. Die Gäste wohnen in der Esquinas Lodge in geräumigen Hütten mit Ventilatoren unter den hohen Decken und mit eigener Veranda. Das große Gelände der Lodge weist ein Netz gut ausgeschilderter Pfade sowie einen von einem Bach gespeisten Pool auf. Gamba liegt 8 km nördlich von Golfito und 6 km südlich der Interamericana.

An- & Weiterreise

Piedras Blancas ist am besten von der Esquinas Rainforest Lodge aus zugänglich, die ein umfangreiches Wegenetz unterhält und geführte Wanderungen tiefer in den Park hinein arrangieren kann. Wer nicht über ein eigenes Fahrzeug verfügt, kann sich von jedem Bus, der von Golfito aus in Richtung Norden fährt, an der Esquinas Rainforest Lodge absetzen lassen.

Gäste, die in den Unterkünften an der Küste nördlich von Golfito wohnen, sollten sich in ihrem Hotel nach dem Transport zum Park sowie nach geführten Wanderungen in den Park erkundigen.

PLAYA SAN JOSECITO, PLAYA NICUESA & PLAYA CATIVO

Die nordöstliche Küste des Golfo Dulce zeichnet sich durch idyllische, einsame Strände vor der Kulisse des großartigen Regenwaldes des Parque Nacional Piedras Blancas aus. Der Reiz der Region wird durch ihre Unzugänglichkeit zusätzlich erhöht: Ein Teil ihres Charmes besteht gerade darin, dass nur sehr wenige Menschen in diese unberührte Ecke Costa Ricas vordringen. Wer nach einer romantischen, entlegenen Zuflucht sucht, ist hier genau richtig: Alle Unterkünfte an diesem Küstenabschnitt sind völlig isoliert – perfekte Orte stillen Naturgenusses.

Sehenswertes

CASA DE ORQUÍDEAS

Der an drei Seiten von Primärwald umgebene private **botanische Garten** (Playa San Josecito; Eintritt & Führung 5 US$; ☼ Führung Sa–Do 8.30 Uhr) erscheint

wie der wahre Garten Eden. Ron und Trudy MacAllister, die seit den 1970er-Jahren in dieser abgeschiedenen Region leben, haben mit Leidenschaft eine faszinierende Sammlung an Pflanzen zusammengetragen, u. a. tropische Obstbäume, Bromelien, Palmfarne, Palmen, Helikonien und unendlich viele blühende Pflanzensorten. Über 100 Orchideenarten wachsen auf dem Gelände und gaben dem Anwesen auch den Namen.

Die zweistündige Führung spricht alle Sinne an: Die Teilnehmer kauen einen „magischen" Samen, der Zitronen süß schmecken lässt; riechen an Bohnen, die nach Vanille duften; blicken in wassergefüllte Bromelientrichter mit toten Insekten (aus denen die Pflanze Nährstoffe zieht) und berühren Ingwerblüten. Die Casa de Orquídeas liegt am westlichen Ende der Playa San Josecito und ist zu Fuß nur von den Lodges aus über diesen Strand zu erreichen.

Die zweite Zugangsmöglichkeit ist die direkte Anfahrt mit dem Boot. **Land-Sea Tours** (☎ 2775 1614; www.realestate-costarica.info) in Golfito bietet eine entsprechende Tour an.

Aktivitäten

Die Strände in diesem Küstenbereich sind ideal zum Schwimmen, Schnorcheln und Sonnenbaden. Die Unterkünfte stellen außerdem Kajaks für Ausfahrten aufs Meer zur Verfügung. Die Möglichkeiten zum Wandern und zur Beobachtung von Tieren sind nahezu grenzenlos, da die Hotels direkten Zugang zur Wildnis von Piedras Blancas bieten. Kilometerweite Pfade führen zu abgelegenen Stränden, Wasserfällen und anderen landschaftlichen Attraktionen, die nur auf ihre Entdeckung warten.

Schlafen

Wer in einer der hier aufgelisteten Unterkünfte wohnen möchte, sollte unbedingt über das Internet reservieren, vor allem da sich die Kontaktaufnahme über Telefon als schwierig erweisen kann.

All diese Hotels sind sehr abgelegen und nur mit dem Boot zu erreichen. Die Boote werden am Strand landen, geeignete Schuhe sind daher sehr wichtig. Die Preise enthalten drei Mahlzeiten pro Tag sowie den Transfer von und nach Golfito oder Puerto Jiménez.

Die genannten Unterkünfte sind autark und ökologisch ausgerichtet. Die Gäste können sich hier also schlafen legen, ohne sich um das Schicksal der Erde sorgen zu müssen und nach Lösungen zu grübeln.

Dolphin Quest (☎ 2775 8630, 2775 0373; www.dol phinquestcostarica.com; Playa San Josecito; EZ/DZ Camping 30/55 US$, Hütten 60/100 US$, Haus 70/120 US$) Diese Herberge im Dschungel bietet so viel Privatsphäre, wie es bei einem kilometerlangen Strand und 280 ha umgebenden Bergregenwald nur möglich ist. Drei runde, strohgedeckte Hütten und ein großes Haus liegen hier in einem zwei Hektar großen Landschaftsgarten verteilt. Die Mahlzeiten – mit vielen biologisch angebauten Zutaten aus dem Garten – werden gemeinsam in einem Pavillon in der Nähe des Strandes eingenommen. Nach einer Einführungstour mit Hinweisen auf die Schönheiten (und Gefahren) des Waldes stehen den Gästen kilometerlange Wanderwege zur eigenen Erkundung offen.

Golfo Dulce Lodge (☎ 8821 5398; www.golfodulce lodge.com; Playa San Josecito; Standard-/Luxus-Pauschalpaket für 4 Tage pro Pers. ab 285/315 US$; 🐾) Dieses Hotel in schweizerischem Besitz liegt ein wenig von dem felsigen Strand zurückversetzt, am Rand eines 275 ha großen Grundstücks, das zum größten Teil aus primärem Regenwald besteht. Die Besitzer kennen sich in der örtlichen Flora und Fauna ausgezeichnet aus und widmen sich mit großem Engagement einem Wiederansiedlungsprojekt für einheimische Wildkatzen, das in der Nähe durchgeführt wird. Die fünf Luxuseinheiten sind frei stehende Holzhütten mit eigener Veranda samt Schaukelstuhl und Hängematte. Die drei nebeneinander liegenden Standardzimmer haben kleinere Veranden und liegen an dem von einer Quelle gespeisten Pool.

Playa Nicuesa Rain Forest Lodge (☎ 2258 8250, 2222 0704; www.nicuesalodge.com; Playa Nicuesa; Gästehäuser/Hütten pro Pers. 170/190 US$) Dieses Hotel schmiegt sich in ein 65 ha großes, privates Regenwaldschutzgebiet nördlich der Casa de Orquídeas. Es ist vom Wasser aus kaum zu sehen, wird aber durch seinen Anleger verraten. Die rustikalen, natürlichen Unterkünfte sind mit Himmelbetten und einheimischen Bettüberzügen wunderbar dekoriert. Die Badezimmer mit heißem Wasser verfügen außerdem über Gartenduschen. Die Mahlzeiten werden in einem strohgedeckten Bauernhaus serviert, das sich durch eine glänzende, polierte Holztheke auszeichnet. Das Hotel versorgt sich selbst durch Solarenergie, setzt aber häufig auch Kerzenlicht ein, um Energie zu sparen und die romantische Atmosphäre zu erhöhen.

Rainbow Adventures Lodge (☎ 775 0222, 1-800-565-0722; www.rainbowcostarica.com; Playa Cativo; EZ/DZ ab 235/355 US$; 🐾) Das rustikale Erscheinungsbild der breiten Holzbalkone dieses Hotels täuscht auf den ersten Blick über die Eleganz im Inneren hinweg: Handgefertigte Möbel, Seidenteppiche, Antiquitäten vom Beginn des 20. Jhs. und frische Blumen machen diese Lodge zu einem ganz besonderen Ort. In der Bibliothek im Erdgeschoss können die Gäste entspannen und einige der buchstäblich Tausende von naturkundlichen Büchern durchblättern. Die oberen Zimmer sind teilweise den Elementen ausgesetzt (aber durch Moskitonetze geschützt), um einen unverstellten Blick auf Regenwald, Strand, Bucht und Meer zu ermöglichen.

An- & Weiterreise

Alle genannten Unterkünfte holen ihre Gäste nach Absprache mit dem Boot von Puerto Jiménez und/oder Golfito ab. Sollte dies nicht klappen, fahren aber wenigstens auch jederzeit Wassertaxis zu den Hotels.

ZANCUDO

Das winzige Städtchen Zancudo liegt auf einer schmalen, in den Golfo Dulce ragenden Landzunge und dürfte der ruhigste Badeort in ganz Costa Rica sein. An der Westseite des Dorfes plätschern sanfte, warme Pazifikwellen an den schwarzen Sandstrand. Wer hier einen anderen Menschen sieht, hat einen lebhaften Tag erwischt. Auf der Ostseite locken Mangrovensümpfe Vögel, Krokodile und zahlreiche Fische an, die wiederum hoffnungsvolle Angler anziehen. Anders als das nahe gelegene Pavones, das sich allmählich zu einem beliebten Ziel für Surfer entwickelt, gibt sich Zancudo damit zufrieden, ein entlegenes Dorf in einem entlegenen Winkel Costa Ricas zu sein.

Orientierung & Praktische Informationen

Zancudo besteht im Grunde nur aus einer einzigen unbefestigten Straße, die vom Bootsanleger nach Norden, an den Hotels entlang der Küste vorüberführt und sich dann außerhalb der Stadt in südlicher Richtung nach Pavones windet.

Das größte Geschäft im Dorf ist der **Super Bellavista** (gegenüber den Cabinas Tío Froylan), an dem es auch ein öffentliches Telefon gibt. **Oceano** (☎ 2776 0921; www.oceanacabinas.com) ermöglicht den Internetzugang. Es gibt im Dorf keine

MARSHALL & ANGELA MCCARTHY ZUR ZUKUNFT DES GOLFO DULCE

Marshall und Angela McCarthy, die Besitzer der Cabinas La Ponderosa in Pavones (s. S. 479), leben bereits seit 19 bzw. 11 Jahren am Golfo Dulce. Bei einem deftigen Frühstück aus Eiern und Kartoffeln sprachen sie über die Vergangenheit, Gegenwart und Zukunft ihrer Wahlheimat:

Was hat Sie an diesem entlegenen Winkel des Landes so gereizt, dass Sie beide hier leben wollten?

Marshall: Ich bin in Städten in ganz Nord- und Südamerika aufgewachsen und habe mich hier sofort in die Natur verliebt. Es gibt hier so viel Raum und kein Durcheinander und keine Überfüllung, es gibt leere Strände und dichten Dschungel. Als ich das erste Mal kam, war Costa Rica noch ein weißer Fleck auf der Karte des internationalen Tourismus, ich hätte mich leicht in jedem Teil des Landes niederlassen können. Ich habe mich aber für den Golfo Dulce entschieden, weil dies die jungfräulichste Ecke des Landes war und noch ist.

Angela: Ich bin in ganz Mittelamerika gereist, habe dann aber Costa Rica gewählt, weil hier alles leicht zugänglich ist. Sogar in einer so einsamen Gegend wie dem Golfo Dulce hat man den Strand, die Berge und den Regenwald buchstäblich vor der Haustür. Außerdem liebe ich den Geruch hier! Nach dem Regen ist die Luft geschwängert von dem Duft des Dschungels. Der Geruch ist schwer zu beschreiben, aber wenn man erst einmal hier war, ist er unvergesslich.

Was sind Ihrer Meinung nach die Gründe dafür, dass der Golfo Dulce von einer übereilten Erschließung verschont geblieben ist?

Angela: Der Golfo Dulce hat die Menschen schon immer durch seine Natur angezogen, und zum Glück sind die örtlichen Behörden sich dessen auch bewusst. Und die Tourismusmanager vermarkten gerade die ursprüngliche Schönheit der Region und ziehen so die geeigneten ausländischen Investitionen an. Am Golfo Dulce ist die Umwelt das Produkt, sodass die Investoren sich bemühen, alles grün zu lassen.

Bank, und nur wenige Geschäfte oder Lokale akzeptieren Kreditkarten.

Zancudo ist ein bei Ticos beliebtestes Ziel, vor allem während des alljährlichen **Fishing & Blues Festival** Anfang Februar.

Aktivitäten

Die populärsten Aktivitäten in Zancudo bestehen zweifellos darin, in der Hängematte zu schaukeln, am **Strand** zu spazieren und in dem tiefblauen Wasser des Golfo Dulce zu schwimmen. Die Brandung ist hier sehr sanft, und manchmal glitzert nachts das Wasser geheimnisvoll. Es handelt sich dabei um fluoreszierendes Plankton, das den Eindruck erweckt, als würden Glühwürmchen unter Wasser schwimmen.

Die **Mangrovensümpfe** bieten viele Möglichkeiten, Tiere zu beobachten: Die Vogelwelt ist sehr vielfältig, und auch andere Tiere wie Krokodile, Kaimane, Affen und Faultiere sind häufig zu sehen. Bereits die Bootsfahrt von Golfito aus vermittelt einen Eindruck von diesen Gewässern, und wer mag, mietet bei einem der unten aufgeführten Hotels ein Kajak und paddelt ein wenig selbst.

Zancudo ist eine gute Basis für das Fischen vor der Küste oder auf dem offenen Meer, das Flussangeln (Graue Schnapper, Robalos und Adlerfische) und das Fliegenfischen. Für das **Sportangeln** von Fächerfischen ist die Zeit von Dezember bis Mai geeignet, Robalos angelt man von Mai bis Dezember. Beide Fische beißen aber auch in der übrigen Zeit recht gut. Die Organisation der Angelausflüge überlässt man am besten den Ausrüstern in Golfito (s. S. 471) oder Roy's Zancudo Lodge (S. 477).

Schlafen & Essen

Cabinas Tío Froylan (☎ 2776 0128; Zi. pro Pers. ab 9 US$; Ⓟ) Einfache und billige, weiß gestrichene Zimmer mit Ventilatoren und eigenen Kaltwasserduschen ziehen ein treues costa-ricanisches Stammpublikum an, vor allem da es sich um die preiswerteste Unterkunft der Stadt handelt. Die Caninas bieten eine schattige Veranda, Zugang zum Strand, ein Restaurant und eine Disko mit Billardtisch. Wer hier absteigt, sollte allerdings keine ganz ruhigen Nächte erwarten.

Cabinas Sol y Mar (☎ 2776 0014; www.zancudo.com; Hütten 20–50 US$; Ⓟ) Diese beliebte Herberge

Marshall: Die örtlichen Behörden haben einen strikt regulierten Entwicklungsplan, der dafür sorgt, dass diese Gemeinde deutlich langsamer wächst als andere. Aus diesem Grund werden die Pläne reicher Ausländer, die kommen und einen riesigen Apartmentblock oder eine großflächige Ferienanlage bauen wollen, sehr genau geprüft, und die meisten entscheiden sich schließlich, anderswo zu investieren.

Glauben Sie, dass der Golfo Dulce einen bestimmten Menschenschlag anzieht?
Marshall: Der Golfo Dulce ist das alte Costa Rica. Die Schönheit dieser Region besteht gerade darin, dass sie dicht bewachsen und nur dünn besiedelt ist, was wiederum einer gebildete Menschen anzieht, die sich der Umweltproblematik bewusst sind. Im Großen und Ganzen machen sich sowohl die Touristen als auch die Einheimischen wie wir selbst große Gedanken um die Rettung des Waldes und den Erhalt der natürlichen Schönheit des Golfs.
Angela: Es sind die Wildtiere und die riesigen Bäume, die die Menschen in diese Gegend locken. Ein großer Teil Costa Ricas ist zwar mittlerweile auf den Tourismus ausgerichtet, aber der Regenwald des Golfo Dulce ist so echt, wie er nur sein kann. Wer hierherkommt, möchte in den Dschungel. So haben fast alle Menschen in dieser Region ein sehr kritisches Auge auf die weitere Erschließung. Das Letzte, was wir wollen, ist eine ähnliche Entwicklung wie in Cancún.

Blicken Sie zuversichtlich in die Zukunft des Golfo Dulce?
Angela: Eine gewisse weitere Entwicklung ist unvermeidlich, aber ich bin optimistisch, weil der Markt nach Nachhaltigkeit verlangt. Die Menschen kommen in diese Region, weil sie Grün sehen wollen, und ich glaube, dass Investoren diese Nachfrage letzten Endes immer berücksichtigen müssen.
Marshall: Diese Region ist die Heimat eines der letzten Regenwälder der Erde, und wir müssen ihn beschützen. Es ist ein besonderer Ort, der zu wertvoll ist, als dass er zerstört werden dürfte. Zum Glück erkennen auch die Menschen endlich seinen Wert.

PENÍNSULA DE OSA & GOLFO DULCE

bietet Alternativen für jeden Geldbeutel: kleine Budgethütten, die weiter vom Wasser entfernt liegen, größere Standardhütten samt einer Gemeinschaftsterrasse mit Blick auf den Strand und private Luxuseinheiten mit schicken gefliesten Duschen und unverstelltem Meerblick. Auch wer nicht hier wohnt, sollte das beliebte Restaurant unter freiem Himmel und die nicht minder populäre, strohgedeckte Bar besuchen.

Cabinas Los Cocos (☎ 2776 0012; www.loscocos.com; Hütten ab 50 US$; P) Diese einzigartige Unterkunft direkt am Strand umfasst u. a. zwei historische Hütten, die ursprünglich auf einer Bananenplantage in Palmar standen, später aber nach Zancudo transportiert, wieder aufgebaut und komplett neu ausgestattet wurden. Die beiden anderen Kabinen sind geräumiger und ebenfalls reizvoll, vor allem die höher gelegenen Schlafbereiche unter Dächern aus Palmwedeln.

Oceano (☎ 2776 0921; www.oceanocabinas.com; EZ/DZ 60/70 US$; P) Dieses freundliche kleine Gasthaus unter kanadischer Leitung liegt mit seiner Rückseite zum Strand und umfasst nur zwei geräumige, luftige Zimmer mit Holzbal-

kendecken, gefliesten Bädern und anheimelnden Details wie hübsche Kissen und Volkskunst. Das Restaurant unter freiem Himmel lockt zum Abendessen oder zu Drinks, vor allem wenn die lokalen Fischer einen guten Fang hatten.

Roy's Zancudo Lodge (☎ 2776 0008; www.royszancu dolodge.com; 4- bis 7-Tage-Pakete pro Pers. ab 2395 US$; P ✂ ☐ ☎) Nördlich des Anlegers findet sich die traditionsreichste Herberge Zancudos. Sie richtet sich vor allem an ein Stammpublikum begeisterter Angler. Das Highlight sind hier ohne Zweifel die ausgezeichneten Fischgründe im Golfo Dulce. Der große Pool mit Blick auf den Ozean und das luxuriöse Heißwasserbecken in seiner Nähe sind aber auch nicht zu verachten.

An- & Weiterreise
AUTO
Wer mit dem Auto nach Golfito fahren will, bleibt zunächst rund 10 km auf der Straße, die in Río Claro nach Süden abzweigt und biegt bei der Rodeo Bar dann links ab. Von der Bar sind es weitere 10 km bis zur Fähre am Río Coto Colorado. Die Fähre geht täglich (Auto

1,25 US$) außer bei Ebbe. Nach der Überquerung des Flusses führt eine 30 km lange Piste nach Golfito. Wer von dort nach Pavones will, nimmt an der ersten Kreuzung die Abzweigung nach rechts. In der Regenzeit läuft nichts ohne einen Allradwagen.

BOOT
Der Bootsanleger befindet sich nahe dem nördlichen Ende des Strands, an der vom Meer abgewandten Seite. Ein Wassertaxi nach Golfito (4 US$) fährt von Montag bis Samstag von diesem Anleger um sieben Uhr ab und kehrt um zwölf Uhr zurück.

Es empfiehlt sich, vor Ort noch einmal nachzufragen, da sich die Fahrzeiten hin und wieder willkürlich ändern. Ist ein solcher Fall eingetreten findet man immer einen Kapitän, der die Fahrt für einen akzeptablen Preis übernimmt.

BUS
Der Bus nach Neily startet beim Anleger vor der Pulpería um 5.30 Uhr (2 US$, 3 Std.). Der Bus braucht für die Fahrt nach Golfito (2 US$; Überquerung des Río Coto Colorado mit der Fähre) rund drei Stunden und fährt um 5 Uhr ab. Während der Regenzeit sind die Straßenverhältnisse chaotisch, weil sich Fahrbahnen in Wasserstraßen verwandeln, sodass Reisende sich genau erkundigen müssen, ob der Busverkehr überhaupt funktioniert.

PAVONES
Pavones ist bei Surfern legendär, weil hier angeblich der längste Left-Hand-Break der Welt zu finden ist. Obwohl das Städtchen nach wie vor etwas abseits der Touristenpfade liegt, krempeln ausländische und costa-ricanische Touristen das alte Pavones allmählich von einem rückständigen Nest in einen angesagten Geheimtipp um.

Zum Glück gestaltet sich der Fortschritt jedoch langsam und zurückhaltend, sodass die zu beiden Seiten palmengesäumten Straßen bis heute nicht gepflastert sind, der Rhythmus des Lebens weiterhin eher gemächlich und die Atmosphäre insgesamt noch ruhig und zudem entspannt ist.

Da dies Costa Ricas südlichster Zipfel ist, ist es nicht ganz einfach, hierherzukommen. Die Reise ist bereits ein Abenteuer für sich, vor allem da die besten Monate zum Surfen in die Regenzeit fallen (man denke nur an die Überquerung von Flüssen!).

Orientierung & Praktische Informationen
Der Name Pavones bezieht sich sowohl auf die Playa Río Claro de Pavones als auch auf Punta Banco, das 6 km weiter südlich liegt.

Die Straße nach Pavones hinein führt nach Süden und endet am Río Claro, wo sich ein kleines Fußballstadion findet. Etwa 200 m weiter östlich überquert eine parallel verlaufende Straße den Río Claro und führt dann 6 km weiter bis nach Punta Banco.

Pavones besitzt weder eine Bank noch eine Tankstelle, Besucher sollten deshalb ausreichende Geld in einheimischer Währung und Benzinvorräte dabeihaben.

Sehenswertes
Auf einem fruchtbaren Berghang zwischen Pavones und Punta Banco liegt die **Tiskita Jungle Lodge** (☎ in San José 2296 8125; www.tiskita-lodge.co.cr; geführte Wanderung 15 US$). Zur Lodge gehört ein 100 ha großes Gelände aus Urwald und eine riesige Obstplantage, in der mehr als 100 tropische Obstsorten und Früchte aus aller Welt angebaut werden.

Vierzehn Wanderwege führen durch den umliegenden Regenwald, u. a. zu Wasserfällen und zu Süßwasserteichen, die sich zum Schwimmen eignen.

Die Kombination aus Regenwald, Obstplantage und Küste lockt eine große Zahl verschiedener Vogelarten an. Etwa 300 Spezies konnten hier bereits identifiziert werden. Die Obstplantage ist für Fruchtfresser wie Papageien und Tukane ganz besonders reizvoll. Im Wald leben scheuere Arten wie der Gelbschnabelschmuckvogel, der Feuerschnabelarassari, der Kappenaschvogel (ein Blütenbesucher, auch Kappensai genannt) und der Sperberschwanztrogon. Die Besitzer – die freundlichen Naturschützer Peter und Elizabeth Aspinall – oder ihr Sohn übernehmen meist persönlich die Führungen. Reservierung ist hierfür empfehlenswert.

Aktivitäten
SURFEN
Pavones zählt zu Costa Ricas umtriebigsten und berühmtesten **Surfspots**. Der winzige Strandort lockt Horden von Surfern aus aller Welt und die einheimische Surferszene ans Südende des Landes. Die besten Bedingungen herrschen bei südlicher Dünung, in der Regel zwischen April und Oktober. Da Pavones im Golfo Dulce liegt, ist es vor großer Dünung

geschützt – manchmal rollt wochenlang keine gescheite Welle heran.

Die schöne lange Left hat Pavones unter Surfern geradezu legendär gemacht. An guten Tagen kann der Wellenritt zwei oder sogar drei Minuten dauern! Angeblich soll die Welle so nahe an die Esquina del Mar Cantina vorbeiführen, dass die Surfer ein zugeworfenes Bier auffangen können. Vorsicht: Wenn die Welle sehr groß ist, wirft sie den Surfer möglicherweise auf die scharfen Felsen am äußeren Ende der Bucht!

Die einheimischen Surfer wissen, dass sie nach **Punta Banco** ausweichen können, wenn in Pavones surftechnisch nichts geht oder sich zu viele Surfer am Strand drängen. In Punta Banco gibt es schöne Reef Breaks und traumhafte lange Wellen. Ideale Bedingungen herrschen hier bei mittlerer oder hoher Flut, vor allem mit einer Süd- oder Westdünung.

YOGA

Yoga Farm (www.yogafarmcostarica.org; B pro Nacht 35 US$, pro Woche 175 US$) Dieses Yogazentrum, zugleich auch ein Naturschutzprojekt und ein bewirtschafteter Bauernhof, ist eine einzigartige und willkommene neue Einrichtung in Pavones. Die genannten Preise beinhalten die Unterbringung in einfachen, sauberen Zimmern mit hölzernen Etagenbetten, pro Tag drei vegetarische Mahlzeiten, die überwiegend aus biologisch angebauten Zutaten des eigenen Gartens zubereitet werden, sowie Yogakurse. Diese Kurse werden täglich in einem fabelhaften Studio unter freiem Himmel und mit Blick auf den Ozean abgehalten.

Die Anlage befindet sich einen Fußmarsch von etwa 15 Minuten von der Rancho Burica in Punta Banco entfernt. Von hier aus führt links eine Straße den Berg hinauf, dann geht es durch das erste Tor auf der linken Seite und wieder weiter den Berg hinauf. Es gibt die Möglichkeit, an ausgewählten Freiwilligenprogrammen teilzunehmen.

Schlafen

PLAYA RÍO CLARO DE PAVONES

Cabinas Casa Olas (☎ 8826 3693; Zi. pro Pers. ab 10 US$; P 🞜) Etwa 100 m östlich des Fußballplatzes stehen fünf Hütten unterschiedlicher Größe mit Holzböden, hell gestrichenen Wänden und einer etwas unfertigen Atmosphäre, die für entspannte Surfer attraktiv sein dürfte. Jedes Zimmer hat Zugang zu einer Gemeinschaftsküche im Freien und einem über-

dachten Hängematten-Salon – großartig, um vom Freizeitstress zu relaxen.

Cabinas Mira Olas (☎ 8393 7742; www.miraolas.com; EZ/DZ ab 25/45 US$; P) Diese 4,5 ha große Farm ist die Heimat vieler Tiere und Obstbäume und bietet Hütten für jeden Geschmack. Ironischerweise besaß die „rustikale" Hütte die erste Toilette mit Wasserspülung in ganz Pavones. Sie unterscheidet sich aber tatsächlich von der „Dschungel-Luxus"-Hütte, einer schönen Behausung im Freien mit einem großen Balkon und einer eleganten Giebeldecke. Wer das Mira Olas finden will, muss mit etwas Ortsgespür an den Fischerbooten abbiegen und den Schildern den steilen Berg hinauf folgen. Es lohnt sich!

Casa Siempre Domingo (☎ 8820 4709; DZ/3BZ 80/ 120 US$; www.casa-domingo.com; P) Eine luxuriöse Herberge hoch in den Bergen oberhalb von Pavones. Sie eröffnet einen unglaublichen Blick auf den Golf. Die Zimmer im „Immer-Sonntag-Haus" sind elegant und einfach. Besonders schön sind die Giebeldecken und das wunderbare Gefühl der Offenheit. Ohne Auto ist diese Unterkunft allerdings nicht zu erreichen; die Zufahrt erfolgt über die linke Straße an der Río-Claro-Kreuzung.

Riviera (☎ 8823 5874; www.pavonesriviera.com; DZ 80 US$, zusätzliche Pers. 15 US$; P 🞜) Diese Ansammlung exklusiver Villen mit voll ausgestatteten Küchen, schönen Fliesenböden und hübschen Hartholzdecken ist das schickste Hotel im eigentlichen Ort Pavones. Große, schattige Veranden geben den Blick auf den Landschaftsgarten frei. Gäste finden hier eine intime, persönliche Unterkunft, wie es nur wenige in diesem Ort gibt.

PUNTA BANCO

Rancho Burica (www.ranchoburica.com; Zi. pro Pers. 8 bis 22 US$; P) Rucksacktouristen können diesen freundlichen, jugendlichen Außenposten unter niederländischer Leitung, der buchstäblich am Ende der Straße in Punta Banco liegt, nicht genug loben. Alle Zimmer haben ein Bad und Ventilatoren. Die teureren bieten darüber hinaus von Moskitonetzen geschützte Betten und schöne Holzmöbel. Hängematten, die überall in der Anlage zu finden sind, laden zum Entspannen ein. Eine Reservierung ist hier nicht möglich, die Gäste kommen halt einfach vorbei.

Cabinas La Ponderosa (☎ 8824 4145; www.cabinas laponderosa.com; Zi. pro Pers. mit/ohne Klimaanlage 55/ 50 US$; P 🞜) Diese gemütlichen Hütten in einem 6 ha großen, hübschen Landschaftsgarten werden liebevoll von Marshall und Angela McCarthy, die schon seit Jahrzehnten in Pavones (s. S. 477) leben, in Schuss gehalten. Der Gemeinschaftsraum bietet Unterhaltungsmöglichkeiten wie Tischtennis oder eine große Videosammlung. Die eigentliche Attraktion aber ist die Warmherzigkeit und Gastfreundschaft der McCarthy, die auch ihre Zuneigung für den Ort weitergeben.

Sotavento (☎ 8391 3468; www.sotaventoplantanal.com; Häuser 60–80 US$; **P**) Zwei Häuser aus tropischem Hartholz in einer malerischen Pfeffer- und Kakaoplantage oberhalb von Punta Banco. Die Casa Poinsetta und die größere Casa Vista Grande zeichnen sich durch eine rustikale, offene Architektur aus, die sich die stete Brise und den Blick zunutze macht. Die Häuser sind für sechs bis acht Personen geeignet, also sehr preiswert für eine große Reisegruppe. Ein freundlicher amerikanischer Surfer namens Harry leitet die Herberge und stellt selbst Boards her.

LP Tipp **Tiskita Jungle Lodge** (☎ in San José 2296 8125; www.tiskita-lodge.co.cr; 2-/5-/7-Tage-Pauschalangebote pro Pers. 735/1020/1120 US$; **P** 🐕 🕊 🖥) Diese Unterkunft inmitten einer großen Anlage mit Obstgarten ist wohl die schönste und intimste am gesamten Golfo Dulce. Die Gäste werden in herrlichen Holzhütten untergebracht und können steinerne Duschen im Garten nutzen und sich so erfrischen, während sie gleichzeitig Vögel beobachten (oder von den Vögeln beobachtet werden!). In den Preisen sind frisch zubereitete Mahlzeiten und geführte Wanderungen inbegriffen. Da die Hütten rasch ausgebucht sind, ist eine Reservierung im Voraus unerlässlich. Auch wer nicht hier wohnen möchte, sollte versuchen an einer der geführten Wanderungen durch das Gelände teilzunehmen (s. S.478).

Essen & Trinken

Esquina del Mar Cantina (Gerichte 3–6 US$) Geradezu eine Institution in Pavones mit großartigem Blick auf das Surferrevier. Perfekt für einen Drink nach dem letzten Surfgang.

Café de la Suerte (Gerichte 4–8 US$) Tierfreunde und gesundheitsbewusste Menschen werden dieses vegetarische Restaurant unter freiem Himmel lieben, das tropische Fruchtpürees und gesunde Kost auftischt.

La Manta (Gerichte 4–15 US$) Das beste Essen in Pavones gibt es in diesem luftigen Bauernhof. Die Brise aus der Bucht sorgt für Kühlung,

die Küche für eine große Auswahl mediterraner Gerichte.

Restaurante La Piña (Gerichte 5–10 US$) Dieses authentische italienische Restaurant in Punta Banco serviert leckere, authentische Pasta und Pizza von der Halbinsel (der italienischen, nicht Osa!).

An- & Weiterreise

Zweimal am Tag fahren Busse nach Golfito (2 US$, 3 Std.). Der erste fährt um 5.30 Uhr vom Ende der Straße am Rancho Burica ab, Fahrgäste können aber auch an der Bushaltestelle gegenüber dem Riviera einsteigen. Der zweite Bus fährt um 12.30 Uhr von der Esquina del Mar Cantina. In Golfito fahren die Busse von der Haltestelle am Muellecito um zehn Uhr (nach Pavones) und um 15 Uhr (nach Punta Banco über Pavones) ab.

Ein Taxi mit Allradantrieb kostet von Golfito aus etwa 50 US$; für ein Wassertaxi ist etwa ebenso viel zu zahlen. Wer selbst fährt, sollte zunächst den Schildern nach Zancudo folgen und dann nach Schildern Richtung Pavones Ausschau halten.

PARQUE NACIONAL ISLA DEL COCO

In den ersten Minuten des Films *Jurassic Park* fliegt ein kleiner Helikopter über eine dicht bewaldete kleine Insel mit spektakulären Tropengipfeln, die geradewegs ins tiefblaue Meer abfallen. Diese Szene wurde über der Isla del Coco gedreht und rückte Costa Ricas abgelegensten Nationalpark in das Bewusstsein der Welt.

Die Isla del Coco liegt im Ostpazifik, mehr als 500 km südwestlich des Festlandes, und wird häufig auch das „costa-ricanische Galápagos" genannt. Aufgrund ihrer abgeschiedenen Lage hat sich ein einzigartiges Ökosystem herausgebildet – deshalb wurde die Insel zum Nationalpark erklärt. Mehr als 70 Tier- (zumeist Insekten) und 70 Pflanzenarten kommen nur hier vor, und ständig werden weitere entdeckt. Vogelfreunde strömen zur Insel, um die Kolonien der Meeresvögel zu bestaunen. Viele dieser Vögel nisten nur auf der Isla del Coco; ein endemischer Landvogel ist der Mangrovenkuckuck.

Das Leben in den Gewässern rund um die Insel ist ebenfalls sehr vielfältig. Sie sind die Heimat von Meeresschildkröten, von mehr als 18 Korallen-, 57 Schalentier- und drei Delfinarten sowie unzähliger Tropenfische. Die Tauchgründe sind deshalb absolut fabelhaft

EINE KANDIDATIN FÜR DIE SIEBEN NEUEN WELTWUNDER: DIE ISLA DEL COCO

Die Kampagne **New 7 Wonders** (www.new7wonders.com) zur Benennung sieben neuer Weltwunder hat im Jahr 2007 Schlagzeilen gemacht. Die Initiative hatte es sich zum Ziel gesetzt, die alte Liste der vergangenen sieben Weltwunder zu modernisieren und stattdessen z. B. die gigantische Christusstatue in Rio de Janeiro oder das Tadsch Mahal in Agra zu berücksichtigen – die Pyramiden von Giseh waren dabei natürlich unantastbar.

Nach dem außergewöhnlichen Erfolg dieses Projekts hat die Schweizer Stiftung, die für diese Kampagne verantwortlich zeichnete, kürzlich auch 300 Naturwunder nominiert, von denen – durch eine öffentliche Abstimmung im Jahr 2009 – wiederum sieben als Weltwunder der Natur ausgewählt werden sollen. Zur Zeit der Drucklegung dieses Buches stand die Kokosinsel, Costa Ricas Isla del Coco, in der vorläufigen Tabelle auf einem großartigen siebten Platz, nur zwei Plätze hinter dem Mount Everest!

Die costa-ricanische Tourismusbranche ist hoch erfreut darüber, dass dieses relativ unbekannte ökologische Wunder nun internationale Bekanntheit erlangt. Obwohl die Insel schon seit 1997 auf der Liste des Unesco-Weltnaturerbes steht, wissen nur wenige Menschen etwas über die Isla del Cocos – mit Ausnahme der Tatsache, dass hier *Jurassic Park* gedreht wurde.

Danny Gonzalez, der Sprecher von MarViva – der Organisation, die sich um den Schutz der Insel kümmert –, sagte in einem Interview: „Die Insel beherbergt große Natur- und Kulturreichtümer. Sie ist die Heimat vieler Spezies, die nur hier vorkommen, und gemeinsam mit den Inseln Coiba, Malpelo und den Galápagos-Inseln ein Teil des Ostpazifischen Tropischen Meereskorridors, der die Wanderung vieler Meerestiere von Nord- und Südamerika ermöglicht."

Er fährt fort: „Diese Nominierung wird auch dazu beitragen, dass die Menschen von den ernsten Problemen erfahren, die die maritimen Ökosysteme der Isla del Coco gefährden, z. B. illegaler Fischfang, die Jagd nach Haien nur wegen ihrer Flossen und andere menschliche Aktivitäten, die die natürlichen Ressourcen bedrohen.

Der Schutz dieser Ressourcen stellt eine große Herausforderung dar. Aus diesem Grund werden wir uns in diesem Jahr ganz besonders bemühen, die Menschen über die Probleme zu informieren – und wie wichtig es ist, dieses Erbe zu schützen."

und die Hauptattraktion der Insel. Die Isla del Coco bietet mehr als ein Dutzend Tauchreviere und ist vor allem für die riesigen Schulen des Bogenstirn-Hammerhais berühmt, die Hunderte von Tieren umfassen.

Da dies die einsamste Ecke Costa Ricas ist, ist es natürlich nicht ganz einfach, hierherzukommen. Doch da nur wenige Ziele im Land so exotisch und visuell atemberaubend wie die Isla del Coco sind, zahlt sich der Aufwand aus. Die Insel ist sicherlich der ursprünglichste Nationalpark Costa Ricas.

Geschichte

Der spanische Seefahrer Joan Cabezas entdeckte 1526 die Isla del Coco. Sie wurde aber erst nach ihrer zweiten Entdeckung 1541 von dem französischen Kartografen Nicolas Desliens auch auf Karten vermerkt. In den folgenden Jahrhunderten nutzten vor allem Seefahrer, Piraten und Walfänger die Insel mit ihren starken Niederschlägen, um Wasser aufzunehmen und sich mit Kokosnüssen und frischem Fisch zu versorgen.

Zwischen dem Ende des 17. und dem Beginn des 19. Jhs. diente die Isla del Coco Piraten als Stützpunkt, und angeblich sollen sie auf der Insel unzählige Schätze versteckt haben. Der berühmteste war der sagenumwobene Schatz von Lima, der aus Gold- und Silberbarren, aus Gold, das aus Kirchen geraubt worden war, sowie einer massiven, lebensgroßen Goldstatue der Jungfrau Maria bestehen soll. Die Isla del Cocos ist so berüchtigt für ihre verborgenen Schätze, dass manche Autoren sie für das Vorbild von Robert Louis Stevensons Schatzinsel halten. Mehr als 500 Schatzsuchergruppen sind allerdings mit leeren Händen zurückgekehrt.

Die costa-ricanische Regierung veranstaltete 1869 sogar ihre eigene offizielle Schatzsuche. Die Expedition konnte weder Gold noch Juwelen finden. Dafür wurde bei dieser Gelegenheit aber die Flagge Costa Ricas aufgepflanzt und die Insel, eine Kostbarkeit für sich, in Besitz genommen.

Seit dem Ende des 19. bis zum Beginn des 20. Jhs. trafen Siedler auf der Insel ein. Sie blieben meist nicht lange, hinterließen aber hier ursprünglich nicht heimische Tiere – Schweine, Ziegen, Katzen und Ratten –, die sich seitdem zu großen, verwilderten Populationen entwickelt haben.

Heute stellen die Schweine die größte Bedrohung der einzigartigen Flora und Fauna der Insel dar: Sie wühlen den Boden auf und reißen Pflanzen aus, verursachen dadurch Bodenerosion und tragen so zur Sedimentbildung an den Küsten der Insel bei, die wiederum die Korallenriffe schädigt.

Unkontrollierter Fischfang stellt eine weitere, noch verhängnisvollere Gefahr dar, vor allem für Haie, Thunfische und Schwertfische, die in den langen Netzen enden. Der Servicio de Parques Nacionales (Sinac) ist sich dieses Problems bewusst, verfügt aber nicht über ausreichende Mittel, um die illegalen Aktivitäten wirksam zu unterbinden.

Praktische Informationen

Im Interesse der Erhaltung dieses einzigartigen Ökosystems müssen alle Besucher eine Genehmigung bei der **Área de Conservación de la Isla del Coco** (☎ 2258 7350) in San José einholen. Wer nicht mit dem eigenen Schiff zur Insel fährt, kann diese Formalitäten in aller Regel dem Reiseveranstalter überlassen.

Der Eintritt für den Nationalpark beträgt 35 US$ pro Person und Tag. Auf der Insel gibt es eine Rangerstation sowie bemannte Überwachungsstationen an der Wafer Bay und der Chatham Bay.

Trinkwasser ist verfügbar, Camping ist jedoch verboten, sodass Besucher die Nacht auf ihrem Boot verbringen müssen.

Sehenswertes & Aktivitäten

Die Isla del Coco ist zerklüftet und dicht bewaldet. Der **Cerro Iglesias** (634 m) ist ihr höchster Punkt. Ein Netz aus Pfaden führt darüber hinaus zu der großartigen Aussicht von diesem Gipfel. Die Insel besitzt zwei große Buchten mit sicheren Ankerplätzen und

Sandstränden: Die **Chatham Bay** liegt an der Nordostseite, die **Wafer Bay** an der Nordwestseite. Unmittelbar neben der Isla del Cocos liegen ein paar kleinere Basaltfelsen und Inselchen, die einige der besten Tauchgründe zu bieten haben. Die Gewässer der **Isla Manuelita** beherbergen eine große Vielfalt an Fischen, Rochen und Aalen. Auch Haie bevölkern das Wasser, darunter große Schulen von Weißspitzenriffhaien und Bogenstirn-Hammerhaien, die nachts am besten zu sehen sind. Der **Dirty Rock** ist eine weitere Attraktion – eine spektakuläre Felsformation und Lebensraum für Meerestiere aller Art.

Geführte Wanderungen

Sogar Reisende, die normalerweise größten Wert auf ihre Unabhängigkeit legen, sollten einsehen, dass die Isla del Coco ein Ziel ist, bei dem sie sich besser einer organisierten Tour anschließen sollten. Auch wenn die Versuchung groß sein mag, die Insel mit dem eigenen Boot zu besuchen, ist es deutlich einfacher, die Genehmigung der Behörden zu erhalten, wenn man einen Reiseveranstalter in Anspruch nimmt.

Zwei Boote fahren die Insel an, beide legen von der Los Sueños Marina nahe dem Marriott Beach & Golf Resort in Playa Herradura ab. Bei beiden Touren ist es erlaubt, die Insel zu erkunden und Tiere zu beobachten, die Übernachtung ist allerdings nur auf dem Boot gestattet. Die Touren richten sich in erster Linie an Taucher, da die Insel als eines der besten Tauchreviere der Welt gilt. Im Preis sind das Tauchen und die Mahlzeiten inbegriffen, nicht jedoch der tägliche Eintrittspreis für den Nationalpark.

Okeanos Aggressor (☎ in San José 257 0191, 257 8686; www.okeanoscocosisland.com) Bietet acht- und zehntägige Expeditionen mit Platz für jeweils 21 Personen, Preis 2695 US$ pro Person.

Undersea Hunter (☎ 2228 6613; www.underseahunter.com) Organisiert zehn- und zwölftägige Touren mit Booten für 14 oder 18 Passagiere ab 3640 US$.

Karibikküste

Die von wucherndem Dschungel gesäumte Küste an der wilden, zerklüfteten Karibikseite Costa Ricas gehorcht, historisch gesehen, ihren eigenen Gesetzen. Da diese Region den spanischen Eroberern wild und unpassierbar erschien, konnte sie sich ungestört in ihrem eigenen – gemächlichen – Tempo entwickeln.

Jedenfalls hat diese Gegend nicht viel mit dem Klischee zu tun, das so mancher vor Augen hat, wenn er an die Karibik denkt. Anstelle weißer Strände, die irgendwie an Salz erinnern, und eines sanften, türkisblauen Meeres finden sich hier eine ungestüme See und schwarze Vulkanküsten, die ein derart ursprünglicher, dichter Dschungel säumt, dass sich niemand wundern würde, wenn plötzlich T. Rex mit lautem Gebrüll auf den Strand spränge.

So eine Art *Jurassic Park* ist die Karibikküste allerdings nicht – wobei der Gag gar nicht so weit hergeholt ist, denn es geht das Gerücht, dass hier Naturparks im westlichen Stil entstehen sollen. Jedenfalls sind in dieser Region (bislang) nicht ausgestorbene Tiere in Hülle und Fülle zu Hause, wie Jaguare, Faultiere, Schildkröten und Krokodile, die mit ihrem weit aufgerissenen Maul dafür sorgen, dass die Touristen Bäche und Flüsse in ungeahnt flottem Tempo überqueren.

Außerdem finden sich in diesem Teil der Welt noch einige intakte Indianerstämme. Die Kéköldi, Bribrí und Cabécar setzen in dem kulturell interessanten Gebiet, das sich hier entwickelt hat, starke Akzente. Die offensichtlichste ethnische Gruppierung sind jedoch die Afrokaribier. Sie haben die spannende, bunte Rasta-Kultur hier heimisch gemacht, die auf der ganzen Welt bekannt ist: Reggae, *Jerk Chicken* (pikant mariniertes Hühnchen) und ganz allgemein gutes – *irie* – Leben tun sich an allen Ecken und Enden auf.

Chinesen, Italiener und Nordamerikaner sind erst in jüngster Vergangenheit in Scharen zugezogen. Das Geheimnis, dass dieses Sammelsurium von Menschen gemütlich, glücklich und zufrieden in dieser wunderbar ursprünglichen Ecke der Welt friedlich zusammenlebt, hat sich mittlerweile herumgesprochen. Es empfiehlt sich also, der Karibikküste recht bald einen Besuch abzustatten, ehe sich hier alles in einen einzigen gigantischen Themenpark verwandelt.

KARIBIKKÜSTE

HIGHLIGHTS

- In den Kanälen des **Parque Nacional Tortuguero** (S. 499) Schnappschüsse von den Krokodilen machen, die ihr Maul weit aufreißen, als wollten sie zuschnappen

- In **Puerto Viejo de Talamanca** (S. 521) tagsüber das Strandleben genießen und nachts Partys feiern

- Auf der malerischen Strecke von Puerto Viejo nach Manzanillo mit dem Rad durch das **Refugio Nacional de Vida Silvestre Gandoca-Manzanillo** (S. 538) kutschieren

- Von den Faultieren inspiriert, in **Cahuita** (S. 511) den Tag in einer Hängematte vertrödeln

- Die Ärmel hochkrempeln und die Strände von **Parismina** (S. 497) absuchen, um dort die Schildkröten zu bewundern und zu bewachen

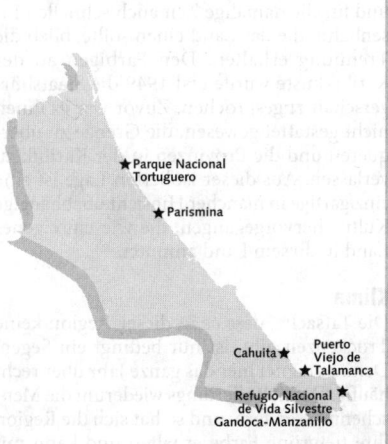

★ Parque Nacional Tortuguero

★ Parismina

Cahuita ★   Puerto Viejo de Talamanca ★

Refugio Nacional ★ de Vida Silvestre Gandoca-Manzanillo

Geschichte

Auch wenn Kolumbus vor dem heutigen Limón erstmals vor Anker ging und behauptete, hier ungeahnte Reichtümer entdeckt zu haben, galt der grüne Dschungel an der Karibikküste doch als undurchdringlich und wild. Deshalb wurde Costa Rica dann auch von der Pazifikseite aus kolonialisiert. Die Karibikküste hat ihre eigene Geschichte; sie ist größtenteils das Ergebnis ihrer isolierten Lage – die Region war praktisch vom Rest des Landes abgeschnitten. Sobald den spanischen Invasoren klar wurde, dass es an dieser vermeintlich so „reichen Küste" – was *Costa Rica* übersetzt bedeutet – nicht viel zu holen war, verließen sie die stickige, von Dschungel und Mangroven gesäumte Küste – und überließen die Indianer sich selbst. Die präkolumbischen Stämme der Cabécar, KéköLdi und Bribrí konnten somit, jahrhundertelang größtenteils unbehelligt, ein reiches Dasein führen, nachdem die *conquistadores* („Eroberer") sich wieder davongemacht hatten.

Im Jahr 1867 wurde just an der Stelle, an der einst ein mächtiger alter Zitronenbaum wuchs, ein Hafen gegründet: daher der Name Limón. Die Karibikküste hatte somit ihren Zugang zur Welt. Von einer kleinen Gruppe Kakaofarmer in Matina einmal abgesehen, sollte erst in den 1870er-Jahren die erste Zuwanderungswelle von Bewohnern mit indianischer Abstammung hier eintreffen. Arbeiter, die für Minor Keith die Eisenbahn bauten, brachten die starke Kultur der Karibik in diese Region, die nun als ihr herausragendes Merkmal gilt. Doch trotz der neuen und für die damalige Zeit auch schnellen Eisenbahn, die das Land einte sollte, blieb die Trennung erhalten. Den Farbigen an der Karibikküste wurde erst 1949 die Staatsbürgerschaft zugesprochen. Zuvor war es ihnen nicht gestattet gewesen, die Grenze zu überqueren und die Provinzen in der Karibik zu verlassen. Aus dieser isolierten Lage ist eine einzigartige in mancher Hinsicht unabhängige Kultur hervorgegangen, die wie ein eigenes Land in diesem Land anmutet.

Klima

Die Tatsache, dass es in dieser Region keine Trockenzeit gibt, ist nur bedingt ein Segen: Denn es regnet hier das ganze Jahr über recht häufig. Das hält allerdings wiederum die Menschenmassen fern, und so hat sich die Region ihre tiefgrüne Farbe erhalten und kann mit einer Fülle von Flora und Fauna aufwarten. Die Temperatur bleibt ganzjährig zwischen 27 °C bis 8 °C; die trockensten Monate sind Februar, März, September und Oktober. Eine weitere Information für Surfer: Die besten Wellen treten in der Südkaribik von Dezember bis März auf.

Parks & Schutzgebiete

Die Karibikküste wird von Naturschutzgebieten und Parks gesäumt.

Parque Nacional Cahuita (S. 519) In diesem Park leben in den Mangroven und an den Flussufern viele skurrile Vierbeiner wie Gürteltiere und Faultiere, zugleich gehört das unter Naturschutz stehende Riff zu den malerischsten an der Küste.

Parque Nacional Tortuguero (S. 499) Hier stehen Kajaksafaris in den von Krokodilen bevölkerten stehenden Gewässern auf dem Programm. Brüll-, Klammer- und Kapuzineraffen kreischen und toben hoch oben in den Baumkronen. Die Hauptattraktion sind jedoch die Suppenschildkröten, die von Juni bis Oktober hierherkommen, um ihre Eier abzulegen.

Refugio Nacional de Vida Silvestre Barra del Colorado (S. 507) Aus der ganzen Welt kommen begeisterte Angler hierher, um einen Robalo, Tarpun oder Alligatorhecht an den Haken zu bekommen. Die Gäste wohnen in luxuriösen Angel-Lodges und verbringen den ganzen Tag damit, ihre Leinen auszuwerfen. Beliebt sind auch Ausflüge in den Regenwald und zum Hochseefischen.

Refugio Nacional de Vida Silvestre Gandoca-Manzanillo (S. 538) Der reiche Regenwald samt Sumpfgebiet liegt versteckt im äußersten Südosten des Landes. Hier sind die einzigen Mangrovenaustern von Costa Rica zu Hause. Die Flüsse werden von Seekühen, Kaimanen und Krokodilen dicht bevölkert.

Gefahren & Ärgernisse

Die Karibikküste und ihre Umgebung stehen im Ruf, dass es hier gefährlicher als in anderen Regionen Costa Ricas zugeht. Tatsächlich werden jedoch nicht mehr Delikte gegen Touristen verübt als in anderen Gegenden auch. Das Gerücht wurde vor allem von Menschen in Umlauf gebracht, die sich in einem von Farbigen geprägten Ambiente bedroht fühlen. Doch wie überall, so ist natürlich auch hier gesunder Menschenverstand angesagt. Ein überaus reales Problem stellt entlang der ganzen Küste das Meer dar. Die Ripptiden können hier wirklich enorm stark ausfallen. Es empfiehlt sich also, nur in sicheren Gebieten zu schwimmen. Die Einheimischen wissen, ob es in Ordnung ist, an einer bestimmten Stelle ins Wasser zu gehen. Wer Zweifel hegt, planscht eben nur in Ufernähe oder lässt es lieber gleich ganz sein.

An- & Weiterreise

Wer nach Puerto Limón und an die südliche Karibikküste reisen möchte, nimmt einfach den nächstbesten Bus aus San José. Die Busse verkehren auch zwischen den meisten Küstenorten: von Sixaola an der Grenze zu Panama bis Puerto Limón. Da die Straßen recht gut sind, besteht relativ problemlos die Möglichkeit, selbst mit dem Auto fahren. Im Norden gestaltet sich dagegen alles ein wenig schwieriger. Dort ist ein Großteil der Region nur über Wasserstraßen zugänglich. Boote sind das einzige Verkehrsmittel, daher stellt das eigene Auto keine Alternative dar. Sowohl Tortuguero als auch Barra del Colorado verfügen über Landepisten, die täglich von San José aus angeflogen werden.

DAS KARIBISCHE TIEFLAND

Die Idee war einfach: einen Hafen an der Karibikküste bauen, eine Eisenbahnlinie ins zentrale Hochland errichten und damit die notwendige Schiffsverbindung für die aufblühende Kaffeeproduktion zu schaffen. Als Standort wurde 1867 das heutige Puerto Limón gewählt – vermutlich ohne groß darüber nachzudenken, dass die 150 km lange Bahnstrecke im atlantischen Tiefland durch dichten Regenwald, Malariasümpfe und dann über steile, schlammige Berghänge führen und sich das Verlegen der Gleistrasse keineswegs problemlos bewerkstelligen lassen würde.

Obwohl das Unternehmen keineswegs nach Plan verlief, bekamen die Costa-Ricaner schließlich ihren Hafen und die Eisenbahn. Später folgte die florierende Bananenindustrie, die die Region 100 Jahre lang dominierte.

Die Eisenbahn, einst Lebensader der Region, gibt es heute nicht mehr. Stattdessen verbindet eine oft in Nebel getauchte Schnellstraße das Valle Central mit der Karibikküste. Sie beginnt in den Ausläufern der Cordillera Central, führt durch einen Landstrich voller Bananen- und Ananasplantagen und endet in der sumpfigen Tiefebene von Limón.

GUÁPILES & UMGEBUNG

Die hübsche, wohlhabende Stadt in den nördlichen Ausläufern der Cordillera Central ist das Verkehrszentrum der Bananenindustrie in der Region Río Frío. Guápiles liegt 60 km nördlich von San José und ist ein geschäftiger Ort mit zahlreichen Einkaufszentren und Dienstleistern entlang der Hauptstraßen. Jeden Samstag wird hier ein lebhafter Wochenmarkt mit Obst- und Gemüse aus dem Anbau der Einheimischen abgehalten.

Guápiles liegt 1 km nördlich der Carretera 32. Die beiden Hauptstraßen sind Einbahnstraßen und verlaufen parallel zueinander. Die meisten Dienstleister haben ihre Läden und Büros an dem Bogen, den die beiden Straßen durch die belebte Innenstadt ziehen.

Das angenehme **Café Internet Caribe** (☎ 2771 0631; Std. 1 US$; ☺ 8–22.30 Uhr) liegt gegenüber vom Busbahnhof.

Jardín Botánico Las Cusingas

Im **botanischen Garten Las Cusingas** (☎ 2710 2652; Führung 5 US$; ☺ nach Vereinbarung), einem Familienbetrieb, liegt der Hauptakzent auf der Präsentation von Heilpflanzen, dem Landleben sowie dem Schutz und der ethischen Nutzung von Pflanzen. 80 verschiedene Heilpflanzen, 80 Orchideenarten, 30 verschiedene Bromeliengewächse und über 100 Vogelarten wurden in dem Areal, das vor Blumen nur so strotzt, gezählt. Es gibt hier mehrere einfache Wanderwege, außerdem Kurse, Forschungsprojekte und eine Bibliothek.

Mitten in den Gärten finden in einer rustikalen **Holzhütte** mit zwei Zimmern (Zi. pro Pers. 5 US$; Ⓟ) bis zu vier Leute Platz. Der Wohnbereich ist gemütlich und mit einem Holzofen ausgestattet; Mahlzeiten werden ebenfalls angeboten. Um dorthin zu gelangen, biegt man an der Servicentro Santa Clara in Richtung Süden (also in die entgegengesetzte Richtung von Cariari) ab, anschließend geht es 4 km weit über eine schlechte, aber befestigte Straße bis zur ausgeschilderten Zufahrt.

Ecofinca Andar

Die **Ökologische Farm Andar** (☎ 2272 1024; www.andarcr.org; Santa Rosa; Tageseintritt 14 US$, Aufenthalt bei einer Gastfamilie 17 US$; Ⓟ) ist eine beeindruckende Bildungseinrichtung, die Ökolandwirtschaft und Umweltschutz mit gesellschaftlichen Aktivitäten kombiniert. Im Mittelpunkt der Führungen stehen Pflanzen, die zu Heilzwecken angebaut werden, erneuerbare Energie sowie die Artenvielfalt des Regenwalds in der Umgebung. Wer länger als einen Tag bleibt, darf sich sogar die Hände schmutzig

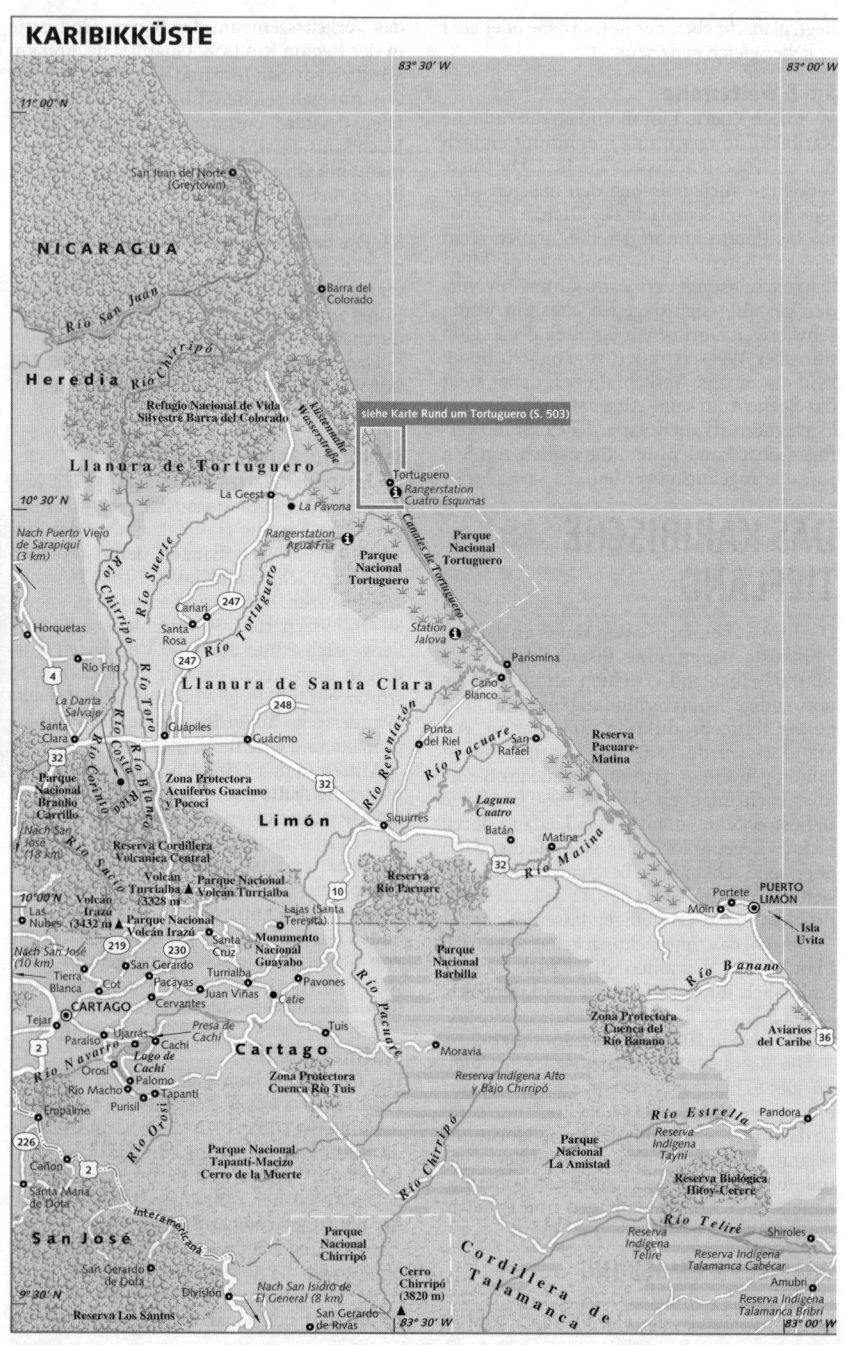

KARIBIKKÜSTE

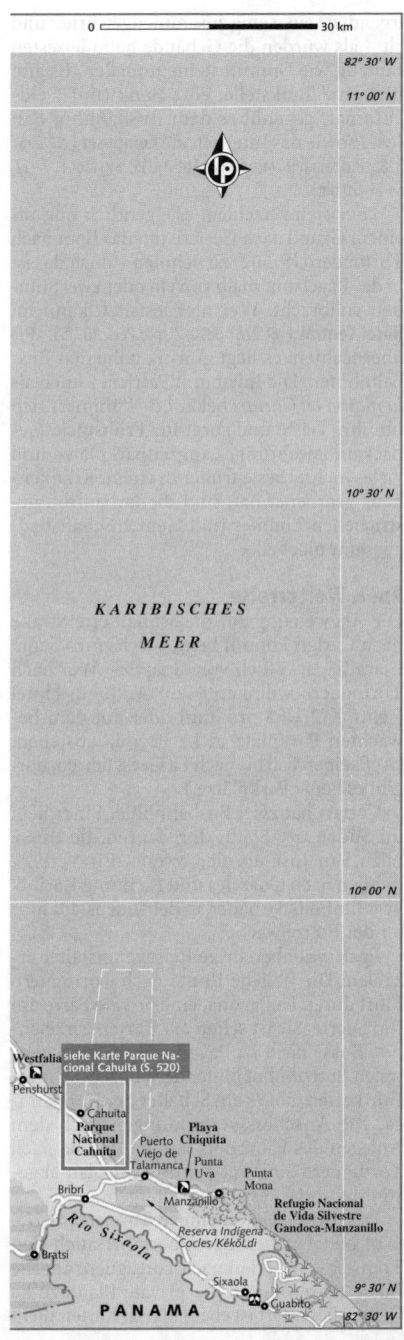

machen und in den Gärten etwas anpflanzen oder auch ernten, angeln oder die Wege instand halten. Die Farm liegt 3 km nordöstlich des Dorfes Santa Rosa.

La Danta Salvaje

Wer **La Danta Salvaje** (☎ 2750 0012; www.greencoast. com/ladanta/ladantasalvaje.htm; Pauschalangebot mit 3 Übernachtungen pro Pers. 210 US$) einen Besuch abstatten möchte, sollte im Voraus buchen. Das private Regenwaldschutzgebiet liegt 800 m über dem Meeresspiegel und zieht sich den Abhang bis zur Karibik hinunter; es ist Teil einer kritischen Pufferzone zum Schutz des Parque Nacional Braulio Carrillo (S. 157). In der rustikalen Lodge können kleinere Gruppen wohnen und drei Tage lang durch den Dschungel wandern, unter den Wasserfällen schwimmen und Tiere in freier Wildbahn beobachten, z. B. Klammeraffen und Tapire. Der Preis schließt drei Mahlzeiten am Tag ein, außerdem die Anreise (45 Minuten im Geländewagen, dann etwa 3 Stunden zu Fuß bis zur Lodge).

Schlafen

Hotel Cabinas Lomas del Toro (☎ 2710 2934; DZ 10 bis 15 US$; P X X) Ein Durchreisender, der keine Lust auf den Ort Guápiles selbst hat, nimmt dieses Motel an der Carretera 32 (etwa 3 km vor Guápiles). Es erfüllt den Zweck und ist einfach zu finden. Neben blitzblanken Gästezimmern verfügt es über ein gutes Restaurant und einen Aufenthaltsraum mit Tischtennisplatten und Billardtischen.

Hotel y Cabinas Wilson (☎ 2710 2217; DZ/3BZ 16/24 US$; P X) Das saubere, gemütliche Hotel liegt auf der linken Straßenseite, wenn man über die Schnellstraße aus nördlicher Richtung nach Guápiles fährt. Eine farbenfrohe Wandmalerei lockert die ansonsten eher unscheinbare Lobby unter freiem Himmel auf, die auf eine belebte Straße hinausgeht.

Cabinas Quinta (☎ 2710 7016; DZ mit Ventilator/Klimaanlage 40/46 US$; P X) Die großen, blitzblanken Zimmer haben Kabel-TV, heiße Duschen und einen vernünftig kalten Kühlschrank. Generell sind diese *cabinas* viel hübscher als der Durchschnitt; sie liegen auf einem 19 ha großen Privatgrund mit Wanderwegen, zwei Flüssen, Pferden und einer Motocrossbahn. Das Quintas befindet an der Straße nach Cariari, unmittelbar hinter dem Ortsausgang der Bananenstadt Guápiles.

Country Club Suerre (☎ 2710 7551; www.suerre.com; EZ/DZ/Suite 75/90/140 US$; P X X X) Wer in

KARIBIKKÜSTE

diesem schicken Club, 1 km nördlich des Servicentro Santa Clara gelegen, wohnt, verbringt seinen Urlaub zusammen mit den Direktoren der Bananenplantagen und anderen VIPs. Die Zimmer sind mit jedem erdenklichen Schnickschnack ausgestattet. Die Bahnen des Schwimmbeckens haben Olympiaformat, es gibt Tennisplätze, und durch den Kinderspielplatz eignet sich die Anlage auch für Familien. Und natürlich aalen sich alle Gäste im luxuriösen Wellnesscenter mit Sauna.

Essen

Es gibt einen Schwung Sodas (preiswerte Esslokale meist mit Ladenverkauf), Bäckereien und Fastfoodlokale in der Stadt.

Happy's Pizza (☎ 2710 2434; Hauptgerichte 1–5 US$; ⏱ 9–22 Uhr) Neben Pizza ist hier jede Art von Fastfood erhältlich – der Hunger treibt's rein. Das Happy's liegt 100 m von der katholischen Kirche ent-fernt.

Restaurant El Unico (☎ 2710 6250; Mahlzeiten 3 bis 5 US$; ⏱ 10–23 Uhr) Gleich um die Ecke vom Busbahnhof hat sich das beliebte Restaurant auf Chopsuey, Hähnchen à la General Chau (mit Brokkoli) und andere chinesische Gerichte spezialisiert.

Restaurant La Ponderosa (☎ 2710 2075; Hauptgerichte 3–10 US$; ⏱ 11–24 Uhr) Die Kneipe liegt 5 km westlich von Guápiles an der Straße und ist beliebt bei Leuten, die sich gern ein Steak schmecken lassen oder auch nur einige *bocas* (leckere Imbisshäppchen von der Bar) und dazu ein Bier wollen.

Ein riesiger **Supermarkt Más X Menos** (⏱ 9 bis 21 Uhr) liegt nur 200 m vom Busbahnhof entfernt. Das Angebot erinnert an daheim.

An- & Weiterreise

Der Busbahnhof von Guápileños liegt direkt im Süden der Innenstadt.

Cariari 0,50 US$, 20 Min., alle 20 Min., Abfahrt 6–22 Uhr.

Puerto Limón via Guácimo & Siquirres 2 US$, 2 Std., stündl., Abfahrt 6–19 Uhr.

Puerto Viejo de Sarapiquí 1 US$, 45 Min., Abfahrt 5.30, 8, 10.30, 12, 14.30 & 17 Uhr.

San José 1,75 US$, 1¼ Std., alle 30 Min., Abfahrt 6.30–17 Uhr.

CARIARI

Nördlich von Guápiles liegt Cariari, eine recht ruppige Stadt. Viele Anwohner sind in der Bananenindustrie beschäftigt. Entlang der Hauptdurchgangsstraße ziehen sich Geschäfte mit Dächern aus Wellpappe, und alles wirkt

irgendwie ein wenig zusammengewürfelt und alt – als würden die Gebäude beim leisesten Luftzug wie Dominosteine umfallen. Es gibt hier eine Tankstelle, eine Bank (mit Geldautomat, gegenüber dem Busbahnhof San José) sowie das Internetcafé **Compuser** (☎ 2767 8286; Busbahnhof Tracopa; pro Std. 1 US$; ⏱ Mo–Fr 7–22, So 11–20 Uhr).

Touristen verschlägt es eigentlich nur aus einem Grund nach Cariari: um das Boot nach Tortuguero (S. 502) zu nehmen – doch das ist in der Regel innerhalb von ein oder zwei Stunden vollbracht. Wer hier festsitzt, kann im **Hotel Central** (☎ 2767 6890; Zi. pro Pers. 10 US$; Ⓟ) übernachten; es liegt günstig nahe den Busbahnhöfen. Die Inhaberin Patricia – auch als *la mama en Cariari* bekannt – kümmert sich um ihre Gäste und sorgt für Frühstück, Gepäckaufbewahrung, Langzeitparkplätze und vieles mehr. Da sie früher in einem Krankenhaus gearbeitet hat, sind die farbenfroh gestrichenen Zimmer (mit Gemeinschaftsbad) allesamt picobello.

An- & Weiterreise

Die Abzweigung auf die asphaltierte Straße nach Cariari kommt beim Servicentro Santa Clara, 1 km östlich von Guápiles. Wer nach Tortuguero will, kann sein Auto am Hotel Central (2 US$ pro Tag) oder auf dem bewachten Parkplatz in La Pavona abstellen. (Auf keinen Fall bis nach La Geest fahren, dort gibt es keine Parkplätze.)

Cariari hat zwei Busbahnhöfe. Einer liegt im Süden der Stadt, dort fahren die Busse nach San José ab, der zweite mit Verbindungen nach Guápiles und Richtung Karibik liegt fünf Blöcke näher an der Innenstadt hinter der Polizeiwache.

Egal, was übereifrige Reiseveranstalter erzählen: Die übliche Route nach Tortuguero führt durch La Pavona, eine private Farm am Río Suerte. Sie ist selten auf Karten verzeichnet. Busse nach La Pavona fahren vom zentralen Busbahnhof hinter der Polizeiwache ab; Fahrkarten gibt es am Schalter der Coopetraca. Die Anschlussverbindungen nach dem Anlegen des Fährboots von La Pavona nach Tortuguero sind auf den Busfahrplan abgestimmt, sodass es zügig weitergeht.

Das private Unternehmen **Bananero** (☎ 2709 8005) bietet neben der Überfahrt auch den Transfer von Cariari nach Tortuguero an. Die Busse fahren durch die private Plantage La Geest (dieser Ort ist ebenfalls auf Karten nicht eingezeichnet) und starten am Busbahnhof von San José.

Guápiles 0,50 US$, 20 Min., alle 20 Min., Abfahrt 6.30–22 Uhr.

Puerto Limón 2,25 US$, 2½ Std., Abfahrt 4.30, 8.30, 12 & 15 Uhr.

Puerto Lindo (nach Barra del Colorado) 6 US$, Abfahrt 12 & 14 Uhr (nur während der Trockenzeit).

San José 2 US$, 3 Std., Abfahrt 5.30, 6.30, 7.30, 8.30, 11.30, 13, 15 & 17.30 Uhr.

Tortuguero über La Geest 10 US$, 3 Std., Abfahrt 13.30 & 15.30 Uhr.

Tortuguero über La Pavona 10 US$, 3 Std., Abfahrt 6, 12 & 15 Uhr.

GUÁCIMO

Die kleine Stadt 12 km östlich von Guápiles hat nicht besonders viel zu bieten – bis auf den weitläufigen Campus der **Escuela de Agricultura de la Región Tropical Húmeda** (Earth; ☎ 2713 0000; www.earth.ac.cr; Führung 10 US$). Studenten aus aller Welt besuchen diese private, gemeinnützige Universität, um nachhaltige landwirtschaftliche Methoden für die Tropen zu erforschen und zu studieren. Der unkonventionelle Lehrplan setzt die Landwirtschaft in Beziehung zu verschiedenen akademischen Disziplinen und verfolgt eine Philosophie des praktischen, aktiven Lernens. Auf den ersten Blick erscheint das 3300 ha große Gelände wie ein ganz normaler Campus, doch gehören auch Versuchsanbauflächen, Plantagen und Stücke kleiner Regenwaldreservate zum Universitätsgelände.

Ein beliebtes Ziel, das bei Landgängen von den Kreuzfahrtpassagieren aus Limón angesteuert wird, ist **Costa Flores** (☎ 2717 6457; geführte Tour 15 US$; ⌚ Reservierung erforderlich), eine riesige Farm mit tropischen Blumen, Palmen und einem unglaublichen Helikoniengarten. Auf dem 48 ha großen Gelände liegen Landschaftsgärten und von Quellen gespeiste Teiche, vieles Sehenswerte ist auch für Rollstuhlfahrer erreichbar. Die Farm exportiert 120 verschiedene, haltbare Blumenarten nach Europa und in die USA.

Hotel Restaurant Río Palmas (☎ 2760 0330; DZ mit/ohne Klimaanlage 40/25 US$; ⓟ ⊠ ⚇ ⚑) Das Hotel, etwas mehr als 600 m östlich von Earth gelegen, lockt mit üppigen Gärten und eigenen Wanderwegen. Die sehr komfortablen Zimmer haben Kabel-TV, heiße Duschen und weitere Annehmlichkeiten. Hinzu kommt ein empfehlenswertes Restaurant. Ein wirklich gutes Angebot am Ende der Welt!

SIQUIRRES

Siquirres war lange ein Verkehrsknotenpunkt an der Kreuzung der Carretera 32 (die Hauptstraße vom zentralen Hochtal nach Puerto Limón) und der Carretera 10. Früher war die C10 der Verbindungsweg von der Hauptstadt San José zum wichtigsten Hafen, Puerto Limón, über Turrialba.

Schon bevor die Straßen gebaut wurden, lag hier die zentrale Station der Eisenbahnstrecke San José–Limón. Anfang des 20. Jhs. markierte die Stadt die Grenze zum Binnenland von Costa Rica, die einer gesellschaftlichen Trennlinie gleich kam: Ab hier durften Schwarze nur noch mit einer speziellen Erlaubnis in Richtung Westen reisen. Bis 1949, als die Rassendiskriminierung per Verfassungsdekret verboten wurde, tauschte man hier schwarze Schaffner und Zugführer durch spanischstämmiges Personal aus, und sie mussten zurück nach Limón fahren.

Auch heute noch scheint Siquirres der Ort zu sein, an dem Costa Ricas karibische Seite beginnt – und das nicht nur aufgrund der Geografie. Die mangelnde Infrastruktur östlich von Siquirres ist nicht auf den ersten Blick ersichtlich. Sie wird aber spätestens dann deutlich, wenn sich die Preise für den nervtötend langsamen Internetzugang verdoppeln und ein halber Tag für die Suche nach einem Geldautomaten draufgeht.

Es lohnt sich kaum, in Siquirres Station zu machen, es sei denn, man ist unterwegs in Richtung Norden nach Parismina (in dem Fall unbedingt noch einmal Geld abheben!).

Übernachtungsmöglichkeiten gibt es 800 m nördlich vom Parque Central in der **Chito's Lodge** (☎ 2768 9293; pro Pers. 20 US$; ⚑) mit quirliger Bar und Restaurant. In den wunderschönen Außenanlagen tummeln sich jede Menge Tiere. Chito selbst ist eine Art lokale Berühmtheit, weil er einmal im Fernsehen als Krokodilkämpfer aufgetreten ist.

Castellana (Parque Central; Gerichte 1–3 US$), ein freundliches Soda mit Bäckerei, bringt leckere, typische Ticokost auf den Tisch.

An- & Weiterreise

Wer nach Parismina will, nimmt am besten den **Caño-Aguilar-Bus** (☎ 2768 8172) nach Caño Blanco (1,50 US$, 2 Std.). Er fährt Montag bis Freitag um 4.15 und 12.30 Uhr, Samstag und Sonntag um 7.15 und 15.15 Uhr los. Boote nach Parismina (2 US$, 10 Min.) warten in Caño Blanco auf die Busse und legen Montag

DER WAHRE PREIS FÜR BANANEN *Beth Penland*

Der Bananenanbau, Costa Ricas zweitgrößte Industrie (nach dem Tourismus), begann 1878, als der amerikanische Unternehmer Minor Keith, der mit dem Bau der Atlantischen Eisenbahn (s. S. 42) beauftragt war, die ersten Setzlinge aus Panama pflanzen ließ. Er wollte so primär bloß seine Arbeiter mit einem billigen Nahrungsmittel versorgen. Die süße Frucht wurde dann zum Überraschungserfolg in den USA. Als die Eisenbahnstrecke 1890 fertiggestellt war, entwickelte sich ein Bananenboom im Land.

In erster Linie waren es ausländische Investoren, die das Land kauften und urbar machten, dass später „Bananenküste" genannt werden sollte. 1909 fasste Keith seine Firmen in dem Bananen-Imperium United Fruit Company zusammen, das die nächsten 50 Jahre das Wesen Mittelamerikas beeinflussen sollte.

Durch die Bananenindustrie entstand eine höchst einträgliche Monokultur, die aber anfällig für viele Parasiten und andere Krankheiten war. Anfang des 20. Jhs. fielen in der nördlichen Tiefebene und an der Karibikküste eine ganze Reihe von Ernten der Braunfäule zum Opfer. Im Kampf gegen Seuchen und Parasiten, die den Ertrag gefährden könnten, wird seither schwerstes Geschütz aufgefahren. Umweltschutz spielt da keine Rolle – Hauptsache der Profit stimmt.

Nur ein Beispiel: Noch wenn sie an den Bäumen hängen, werden die Bananen in blaue, mit Chemikalien imprägnierte Plastiktüten gehüllt, die sie vor Krankheiten schützen und zugleich für einen schnelleren Reifungsprozess sorgen sollen. Oft landen diese Tüten anschließend in den Flüssen und Kanälen der Umgebung. Tiere können daran sterben – direkt durch Ersticken oder indirekt durch die austretenden Chemikalien, die Erde und Pflanzen vergiften. Hinzu kommt die Gefahr, die von den Abwässern der Plantagen ausgeht: Unkraut und Gestrüpp, die eine Abtragung der Erde verhindern könnten, werden gejätet, gleichzeitig wird der Boden mit Düngemitteln angereichert. Die Folge: Manche Pflanzen vermehren sich über die Maßen und nehmen anderen Organismen, die den Dünger nicht verwerten können, Licht und Lebensraum.

Der synthetischen Produkte können auch dem Menschen schaden. Mindestens 280 Pestizide dürfen offiziell im Bananenanbau eingesetzt werden, darunter fünf, die die World Health Organization (WHO) als „extrem gesundheitsschädlich" einstuft.

bis Freitag um 6 und 15 Uhr, Samstag und Sonntag um 9 und 17 Uhr ab.

Alle Busse auf der Strecke San José–Limón halten in Siquirres, in der Hauptverkehrszeit zwischen 6 und 19 Uhr gibt es also stündliche Verbindungen in beide Richtungen.

PUERTO LIMÓN

Die Hafenstadt ist die wichtigste Stadt des Landes an der Karibikküste, Geburtsort des Weltkonzerns United Fruit (s. Kasten oben) und Hauptstadt der Provinz Limón. Dem Einflussbereich von San José entzieht sie sich bis heute in mancherlei Hinsicht. Das Geschäftsleben dreht sich um Lastwagen voller Bananen und nicht um Busladungen voller Urlauber. Zwischen Oktober und Mai legen Kreuzfahrtschiffe an. Viele sind nur auf der Durchreise zu attraktiven Zielen – die Hafenstadt, in der die Menschen hart arbeiten, ist nicht jedermanns Sache. Trotz lauer karibischer Winde ist der Küstenstrich bestenfalls mangelhaft für touristische Unternehmungen in Wert gesetzt.

Dass es sich hier um eine Küstenstadt handelt, bekommen höchsten die Gäste des Park Hotels und die Arbeiter am Pier der Kreuzfahrtschiffe mit.

Weiter landeinwärts säumen schäbige Häuser und zugewachsene Parks die in gitterförmigem Raster angelegten Straßen. Auf den Bürgersteigen drängen sich Straßenhändler und Kundschaft.

Wer sich dennoch auf eine kleine urbane Entdeckungsreise macht, wird belohnt: Limón ist eine interessante Stadt. Hier schlägt das Herz der afro-karibischen Kultur Costa Ricas, die sich in einer lockeren Gastfreundschaft, einer wachsenden Musikszene und dem besten afrikanischen Kulturfestival des Landes (s. S. 538) spiegelt. Inzwischen fließen auch einige staatliche Investitionen in diesen Teil des Landes, und so macht der abgerissene Charme der Stadt allmählich Platz für modernes Wachstum.

Einige städtische Erneuerungsprogramme sind bereits in Angriff genommen worden, dazu gehören die Fußgängerzone vom Markt-

In Lateinamerika haben bereits mehr als 24 000 Arbeiter Gerichtsprozesse gegen Plantagen-besitzer und Chemieunternehmen wegen der schädlichen Nebenwirkungen von Dibromchlor-propan (DBCP) angestrengt. Das Insektizid soll körperliche Missbildungen bei Neugeborenen, Gewebeschäden und Unfruchtbarkeit bei männlichen Arbeitern verursacht haben.

Die Erklärung der Menschenrechte in Costa Rica garantiert das Recht auf zumutbare Arbeits-bedingungen, aber das beinhaltet nicht den Schutz vor lebensgefährlichen Giften. Deshalb muss-ten die Arbeiter vor US-Gerichte ziehen, um Entschädigungen von den Herstellern und Vertreibern von DBCP zu erstreiten. Obwohl 2002 Gerichte in Nicaragua die US-Unternehmen zu 490 Mio. US$ Entschädigung für 583 von DBCP betroffene Arbeiter verurteilten, warten die meisten der 9000 costa-ricanischen Arbeiter, die an Sterilität leiden, immer noch auf ihre Abfindung. Ein Vertreter von Dow Chemical nannte das Urteil „nicht vollstreckbar".

Die Arbeitsbedingungen in der costa-ricanischen Bananenindustrie sind für viele immer noch schlecht. Vor allem die kaum organisierten indianischen Arbeiter an der Karibikküste werden schlecht bezahlt. Versuche, die Arbeiterschaft zu organisieren, haben angeblich nur dazu geführt, dass Gewerkschaftsvertreter auf die schwarze Liste gesetzt wurden. Das Herbizid Paraquat, das möglicherweise zu Sehstörungen, Gewebeschädigungen und sogar zum Tod führen könnte, kommt hier immer noch zum Einsatz – in einer Menge von 65 kg pro Jahr und Arbeiter.

In den späten 1990er-Jahren bildete sich ein loser Verband von Organisationen, die Bananen unter dem Etikett „Fair Trade" auf den Markt brachten. Das sehr viel teurere Obst wird haupt-sächlich auf kleinen Plantagen angebaut; die Hersteller müssen nachweisen, dass sie angemessene Löhne zahlen und ihren Arbeitern einen Mindestschutz vor Agrochemikalien bieten. Seit das Thema soziale Verantwortung stärker in den Mittelpunkt rückt, fangen endlich auch US-Konzerne an, auf Arbeitsbedingungen, Menschenrechte und Lebensmittelsicherheit zu achten. Einige dieser Organisationen haben allerdings in jüngster Zeit Anlass zur Skepsis gegeben. Nicht alle achten offenbar auf strenge Standards, und angeblich haben manche US-Firmen das „Fair Trade"-Etikett erworben, ohne alle erforderlichen Auflagen zu erfüllen.

Trotz aller Bemühungen wird sich der langfristige ökologische Schaden, den das Bananenge-schäft dem Land zugefügt hat, noch jahrelang bemerkbar machen.

platz zum Meer und der neue Busbahnhof. Limón – Hafen wie Provinz – blicken auf eine lange, schwierige Geschichte mit der Haupt-stadt zurück. Daher rechnen die Einheimi-schen auch nicht in naher Zukunft mit einem kompletten Facelifting aus öffentlichen Mit-teln. (Das kann ja auch von Vorteil sein – die wirtschaftliche Entwicklung hat ja nicht nur ihre positiven Seiten.)

Geschichte
Christoph Kolumbus warf 1502 bei der Isla Uvita zum ersten Mal Anker vor Costa Rica, die Insel liegt direkt vor Puerto Limón. Doch die atlantische Küste wurde bis zum 19. Jh. nur von wenigen spanischen Siedlern er-forscht und besiedelt.
1867 begannen die Bauarbeiten für das ehr-geizige Eisenbahnprojekt, das das Hochland mit der Küstenregion verbinden und so den Kaffeeexport aus dem zentralen Hochland zum Atlantik erleichtern sollte. Als idealen Standort für den großen Atlantikhafen wurde Limón gewählt.

Die Eisenbahn veränderte Costa Rica dra-matisch: Freigelassene Sklaven aus Jamaika wurden als billige Arbeitskräfte für den Gleis-bau angeworben und ließen sich an der Küs-te nieder. Die bis dahin homogene Bevölke-rung wurde plötzlich mit der englischen Sprache und der karibischen Kultur konfron-tiert. Die Bananen, die ursprünglich nur als billige Nahrungsquelle für die Arbeiter ent-lang der Gleise angebaut wurden, entwickel-ten sich bald zum wichtigsten Exportschlager des Landes. Der amerikanische Lebensmittel-konzern United Fruit kontrollierte das expan-dierende Geschäft mit der tropischen Frucht und machte Costa Rica zu einem Teil seines Bananenimperiums (s. S. 42).
1913 wurden die Bananen von Trockenfäu-le befallen – viele karibische Plantagen mussten schließen. Ein Großteil der Bananenproduk-tion wurde deshalb an die Pazifikküste verlegt. Doch die strengen Visabestimmungen hielten die afro-karibischen Arbeiter in der Provinz Limón fest, sie konnten nicht zu den neuen Arbeitsplätzen im Westen weiterziehen.

KARIBIKKÜSTE

Sie lebten mittellos im wirtschaftlich unterentwickeltsten Teil des Landes; viele verlegten sich auf die Landwirtschaft, um überhaupt überleben zu können, wurden Fischer oder arbeiteten auf auf damals weniger lukrativen Kakaoplantagen. Andere organisierten blutige Streiks gegen United Fruit.

1948, während des 40-tägigen Bürgerkriegs, erhielt José Figueres entscheidende Unterstützung aus Limón (s. S. 42). 1949 setzte der neue Präsident ein Grundgesetz in Kraft, das der schwarzen Bevölkerung endlich das Recht gab, in ganz Costa Rica frei arbeiten und reisen zu dürfen.

Orientierung

Limóns Straßen sind schlecht beschildert – und das ist noch freundlich ausgedrückt. Meist können die Einheimischen besser mit Orientierungspunkten wie Marktplatz, Radio Casino oder Parque Vegas als Wegweiser weiterhelfen. Avenida 2 ist zunächst eine Fußgängerzone und führt von der Kaimauer am Parque Vargas entlang zum Marktplatz, wo sie dann zu einer der Hauptstraßen der Stadt wird. Im nahen Umkreis liegen mehrere Banken, Bars, Restaurants und Hotels sowie der wichtigste Busbahnhof.

Praktische Informationen

In anderen Regionen an der Karibikküste sind Banken eine Seltenheit. Für jeden, der in Richtung Norden oder Süden unterwegs ist, ist es daher sinnvoll, sich hier mit der entsprechenden Menge Colones einzudecken.

Banco de Costa Rica (☎ 2758 3166; Ecke Av. 2 & Calle 1) Wechselt US-Dollar und verfügt auch über einen Geldautomaten.

Centro Médico Monterrey (☎ 2798 1723; Notruf 2297 1010) Liegt gegenüber der Kathedrale.

Hospital Tony Facio (☎ 2758 2222) Krankenhaus an der Küste am nördlichen Stadtrand; ist für die gesamte Provinz zuständig.

Internet Café (☎ 2798 0128; pro Std. 1 US$; ☺ Mo bis Fr 8–19, Sa 12–19 Uhr) Zehn recht flotte Computer; günstig im Obergeschoss des Terminal Caribeño gelegen.

La Casona de Parque (pro Std. 1 US$; ☺ 7–18 Uhr) Eine Alternative für Leute, die ins Internet wollen; wird von Passagieren der Kreuzfahrtschiffe viel genutzt.

Post (Calle 4 zw. Av. 1 & Av. 2; ☺ 9–16 Uhr)

Scotiabank (☎ 2798 0009; Ecke Av. 3 & Calle 2; ☺ Mo–Fr 8.30–16.30, Sa 8.30–15.30 Uhr) Tauscht Bargeld um und löst Reiseschecks ein. 24-Stunden-Geldautomat (Plus- und Cirrus-System) mit Ausgabe von US-Dollar.

Gefahren & Ärgernisse

Limón ist ein hartes Pflaster für Betuchte, Taschendiebe treiben vor allem auf dem Markt ihr Unwesen. In schlecht beleuchteten Straßen kommt es häufig zu Überfällen, deshalb generell nur auf hell erleuchteten Hauptstraßen bleiben und die Gegenden am Kai und um den Parque Vargas meiden.

Autos sollten nur auf bewachten Parkplätzen abgestellt werden und ganz ausgeräumt sein: Fahrzeugaufbrüche sind an der Tagesordnung, manche drücken einfach ein Fenster herunter.

Sehenswertes & Aktivitäten

Hauptattraktion der Stadt ist der **Parque Vargas** direkt am Wasser. Durch einen verwunschenen kleinen Dschungel mit hohen Palmen und tropischen Blüten ziehen sich Spazierwege mit Sitzbänken. Im Herzen der Wildnis liegt ein entzückender, wenn auch baufälliger Musikpavillon, von dem aus die Klänge und Rythmen des Regenwaldes zu hören sind.

Vom Park führt die Avenida 2 landeinwärts – die **Fußgängerzone** wird vor allem von den Kreuzfahrtpassagieren besucht. Ein Blick auf die Verkaufsstände mit kopierten CDs örtlicher Bands lohnt sich – Limón macht sich einen Namen als Trendsetter in der Hip-Hop- und Latin-Reggae-Fusion-Szene. Die autofreie Zone endet am bunten **Mercado Central**. Zwei Blocks weiter liegt das **Museo Etnohistórico de Limón** (Calle 4 zw. Avs. 1 & 2; Eintritt frei) im 1. Stock des Postamtes. Zuletzt war es wegen Renovierungsarbeiten geschlossen, ein Dauerzustand seit Jahren. Die Ausstellungen über historische afro-karibische Kunstgegenstände müssen, wie berichtet wird, interessant gewesen sein – es lohnt sich also herauszufinden, ob das Museum inzwischen wieder geöffnet hat.

Ein schöner Spaziergang führt vom Park in Richtung Norden an der **Kaimauer** entlang. Der Blick auf die felsige Landspitze wird vom stetigen Aufprall der Wellen auf die Betonwand untermalt. Nach Einbruch der Dunkelheit treiben sich hier Straßenräuber und Liebespaare herum.

In Limón selbst gibt es zwar keine Strände zum Baden oder Surfen, aber **Playa Bonita** (S. 496) liegt nur 4 km nordwestlich und hat einen schönen Sandstrand. 1 km vor der Küste liegt die **Isla Uvita** (S. 496), ein Paradies für Surfer mit einer der gewaltigsten linksbrechenden Wellen im ganzen Land.

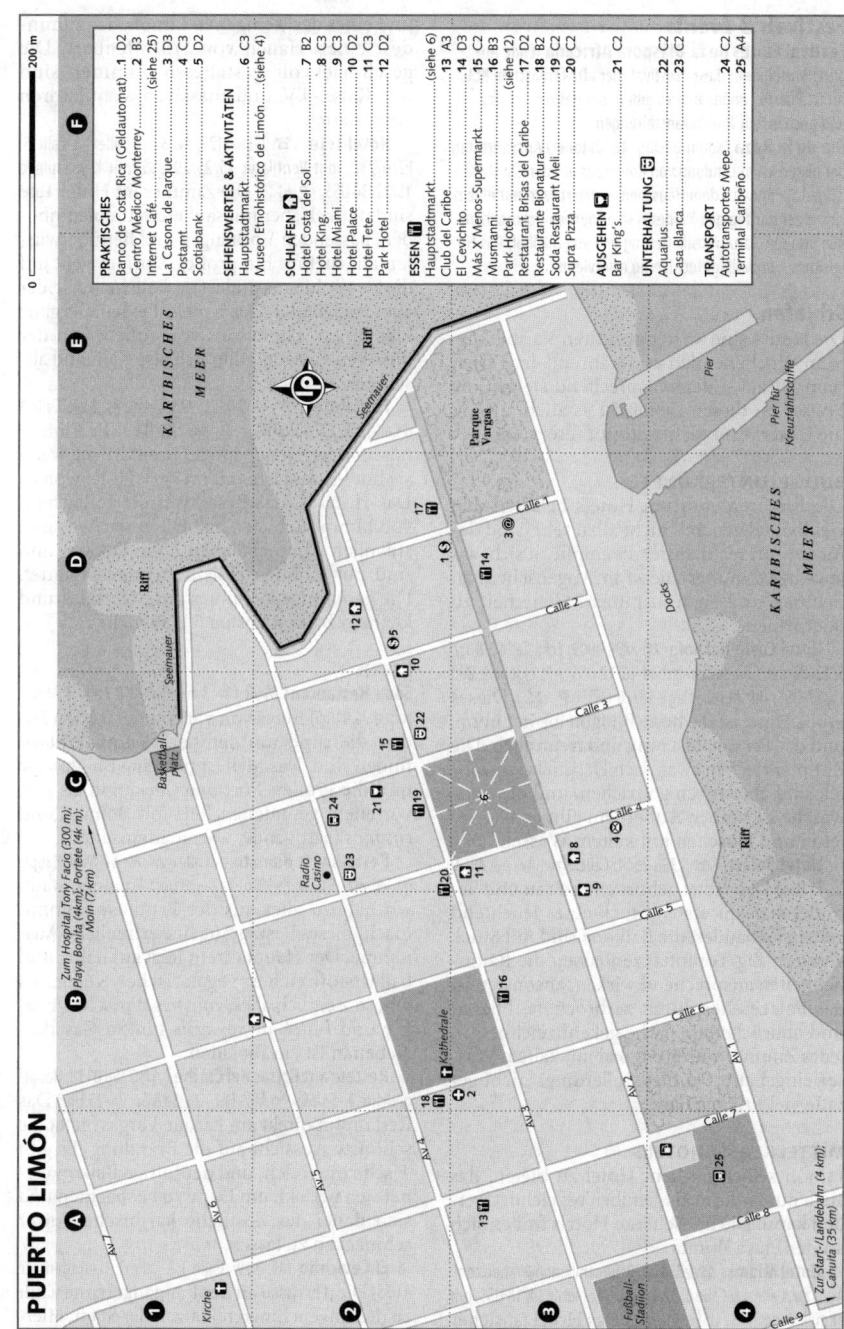

PUERTO LIMÓN

0 — 200 m

KARIBIKKÜSTE

PRAKTISCHES
Banco de Costa Rica (Geldautomat).....1 D2
Centro Médico Monterrey.....................2 B3
Internet Café..................................(siehe 25)
La Casona de Parque............................3 D3
Postamt..4 C3
Scotiabank..5 D2

SEHENSWERTES & AKTIVITÄTEN
Hauptstadtmarkt.....................................6 C3
Museo Etnohistórico de Limón.....(siehe 4)

SCHLAFEN 🏠
Hotel Costa del Sol................................7 B2
Hotel King...8 C3
Hotel Miami..9 C3
Hotel Palace..10 D2
Hotel Tete...11 C3
Park Hotel...12 D2

ESSEN 🍴
Hauptstadtmarkt................................(siehe 6)
Club del Caribe.....................................13 A3
El Cevichito..14 D3
Más X Menos-Supermarkt.....................15 C2
Musmanni...16 B3
Park Hotel...(siehe 12)
Restaurant Brisas del Carbe..................17 D2
Restaurante Bionatura.........................18 B2
Soda Restaurant Meli...........................19 C2
Supra Pizza..20 C2

AUSGEHEN 🍷
Bar King's...21 C2

UNTERHALTUNG 🎬
Aquarius..22 C2
Casa Blanca..23 C2

TRANSPORT
Autotransportes Mepe...........................24 C2
Terminal Caribeño.................................25 A4

Festivals & Events

Festival Flores de la Diáspora Africana (Ende August) Mittelpunkt dieses Festivals der afrokaribischen Kultur ist Puerto Limón, aber es gibt in der ganzen Provinz und auch in San José Veranstaltungen.

Día de la Raza (Kolumbustag; 12. Oktober) Am Jahrestag der historischen Landung von Kolumbus auf der Isla Uvita ist ganz Limón aus dem Häuschen. Gefeiert wird mit einem vier- oder fünftägigen Karneval samt bunten Umzügen in den Straßen, Tanz, Musik, Gesang und viel Alkohol. Das Hotelzimmer unbedingt rechtzeitig reservieren!

Schlafen

Die Hotels sind an der gesamten Karibikküste an Wochenenden und während der Ferien sehr gefragt – dementsprechend steigen die Preise. Zu diesen Zeiten ist es auch ratsam, die Unterkunft rechtzeitig zu reservieren.

BUDGETUNTERKÜNFTE

Die hier aufgeführten Hotels belasten den Geldbeutel generell nicht allzu sehr, sind dafür aber oft recht düster. Es empfiehlt sich, das jeweilige Zimmer zuerst in Augenschein zu nehmen und auch in puncto Sicherheit zu überprüfen.

Hotel Costa del Sol (☎ 2798 0909; Ecke Calle 5 & Av. 5; EZ/DZ mit Gemeinschaftsbad 10/12 US$, mit eigenem Bad 15/17 US$, mit Klimaanlage 18/20 US$; P ✷) Dieses große Hotel ist die beste Billigbleibe in Limón, und das Personal ist jung und freundlich. Die Zimmer riechen zwar nach Desinfektionsmittel, sind aber frisch gestrichen, und die Bettwäsche ist sauber. Außerdem gibt es TV, Telefon und Duschen mit kaltem Wasser.

Hotel Palace (☎ 2798 2604; Calle 2 zw. Av. 2 & Av. 3; DZ 12 US$) Das Hotel gehört einer Frau und befindet sich im ersten Stock eines leuchtend gelben Gebäudes; die Balkone sind mit Stuck verziert. Zig Topfpflanzen lassen die Räumlichkeiten ansprechend wirken, ansonsten ist das Palace eher durch zerbrochene Fliesen und abbröckelnde Farbe gekennzeichnet. In jedes Zimmer wurde ein Bad mit kaltem Wasser eingebaut – es bietet allerdings nicht gerade viel Privatsphäre.

MITTELKLASSEHOTELS

Limón selbst hat kein Hotel zu bieten, das auch nur entfernt als gehoben bezeichnet werden kann. Die hübscheren Hotels finden sich an der Playa Bonita.

Hotel Miami (☎ 2758 0490; hmiamilimon@yahoo.com; Av. 2 zw. Calle 4 & Calle 5; EZ/DZ mit Ventilator 14/18 US$, mit Klimaanlage 24/32 US$; P ✷) Das Hotel ist sicher und eines der wenigen in Limón, das zumindest einen Hauch von Stil offenbart. Die geschmackvoll gestalteten Zimmer sind mit Kabel-TV und massiven Ventilatoren ausgestattet.

Hotel Tete (☎ 2758 1122; Av. 3 zw. Calle 4 & Calle 5; EZ/DZ/3BZ mit Ventilator 15/25/29 US$, mit Klimaanlage 15/22/30 US$; P ✷) Die Zimmer im Hotel Tete sind dunkel, aber mit sauberem Linoleumboden, passenden Vorhängen und Bettüberwürfen angenehm. Ein großes Zimmer geht auf die Straße hinaus und ist deshalb heller, leider aber auch lauter. Das Hotel ist jedenfalls ganz klar innen schöner als von außen; von der düsteren Fassade sollte sich also niemand abschrecken lassen.

Park Hotel (☎ 2798 0555, 2758 3476; Av. 3 zw. Calle 1 & Calle 2; EZ/DZ 50/60 US$; P ✷ ✷ 🖳) Die Einheimischen zeigen sich immer beeindruckt, wenn sie hören, dass jemand im Park Hotel wohnt. Das Hotel ist das Beste, was die Innenstadt von Limón zu bieten hat. Die einfachen, aber stilvollen Zimmer haben hohe Decken und sind mit schönen Holzmöbeln ausgestattet. Die geräumigen Zimmer mit Meerblick und kleinem Balkon kosten 5 US$ mehr.

Essen

Soda Restaurant Meli (Av. 3 zw. Calle 3 & Calle 4; Mahlzeiten 2–4 US$) Eines von vielen preiswerten Sodas, die rund um den zentralen Markt zu finden sind. Das Meli ist für seine Billigpreise und die großen Portionen bekannt. Es gibt vor allem gebratenen Reis mit Bohnen und *casados* (sättigende, warme Mahlzeiten).

Restaurante Bionatura (Calle 6 zw. Av. 3 & Av. 4; Hauptgerichte 2–5 US$; ☽ Mo–Sa 8–20 Uhr) In einer Stadt, wo nahezu alles aus der Fritteuse kommt, macht dieses Restaurant eine erfreuliche Ausnahme. Der Hauptakzent liegt auf nähr- und ballaststoffreicher, vegetarischer Küche. Es gibt so ziemlich alles, vom vegetarischen Burger und *bistek de soya* bis hin zu Casados. Nebenan ist ein Bioladen.

Restaurant Brisas del Caribe (☎ 2758 0138; Hauptgerichte 3–5 US$; ☽ Mo–Fr 7–23, Sa & So 10–23 Uhr) Das Restaurant direkt am Parque Vargas bietet die schönste Aussicht auf die Brandung. Es gibt Tische im Freien, und der luftige Balkon eignet sich perfekt, um Leute zu beobachten und sich dabei das köstliche karibische Futter schmecken zu lassen.

El Cevichito (Av. 2 zw. Calle 1 & Calle 2; Hauptgerichte 4 US$) Die Terrasse an der Fußgängerzone zählt zu den angenehmeren Plätzen der Stadt. Hierher kommen die Einheimischen, um ein Bier zu trinken, über Fußball zu quatschen und sich einen leckeren Fisch mit Knoblauch munden zu lassen.

Club del Caribe (Calle 7 zw. Av. 3 & Av. 4; Hauptgerichte 3–6 US$) Dieses anheimelnde Lokal neben einem Billardsalon bietet die reinste Orgie an kreolischen Düften. Wie wäre es zur Einstimmung mit einer Schale Kuhfußsuppe samt einem kalten Bier für 3 US$?

Supra Pizza (☎ 2758 3371; Av. 3 zw. Calle 4 & Calle 5; Hauptgerichte 3–6 US$, große Pizza 10 US$; ☻ 10–23 Uhr) Das Lokal im Obergeschoss an der Plaza Caribe lockt vor allem Studenten und Rucksacktouristen an, die ein Auge auf ihren Geldbeutel haben müssen, denn die Portionen Pizza und Pasta sind groß und gut.

Park Hotel (☎ 2798 0555; Av. 3 zw. Calle 1 & Calle 2; Mahlzeiten 6–10 US$; ☻ 6–22 Uhr) Höheren Ansprüchen genügt dieses relativ schicke Restaurant, das dem besten Hotel von Limón angehört. Die weißen Tischdecken und großen Fenster, die die frische Brise der Karibik hereinlassen, vermitteln ein leichtes tropisches Kolonialflair. Auf der Speisekarte stehen Meeresfrüchte und viele geheimnisvolle – aber leckere! – Spezialitäten des Hauses.

Wer weniger Geld ausgeben will, geht zum **Mercado central** (☻ Mo–Sa 6–20 Uhr). Dort finden sich mehrere Sodas und zahlreiche Lebensmittelläden. Der große Supermarkt **Más X Menos** (☻ 8–21 Uhr) auf der anderen Straßenseite leistet Selbstversorgern gute Dienste.

Wem der Sinn nach einem Frühstück steht, kommt im **Musmanni** (☻ 6–18 Uhr) bestimmt auf seine Kosten; das Lokal ist nicht weit von der Kathedrale entfernt.

Ausgehen

Verdursten muss in Limón bestimmt niemand, denn die Auswahl an Bars ist groß. Die Kneipen am Parque Vargas und einige Blocks weiter westlich sind bei diversen Originalen beliebt: Matrosen, leichten Mädchen, Abenteurern, Trinkern, Verlierern – und natürlich bei den üblichen Neugierigen. Allein reisende Frauen seien hier gleich doppelt gewarnt! Und auch wer sich in dieser Stadt betrinkt, hat keine guten Karten – deshalb also alle sieben Sinne beisammen halten.

Bar King's (Calle 3 zw. Av. 3 & Av. 4) Die Kneipe ist eher ein Latinoschuppen und nicht sonderlich karibisch. Frauen fühlen sich hier meist wohler, denn es lassen sich in der Regel auch einige einheimische Señoritas blicken.

Casa Blanca (Ecke Calle 4 & Av. 4) Das Lokal ist am Wochenende die angesagte Location, um die Musikszene kennenzulernen. Ab etwa 17 Uhr geht es hier jeden Tag hoch her, die Kundschaft besteht überwiegend aus männlichen Wesen. Das Lokal ist leicht zu finden: Den Weg weisen die dröhnenden Reggaerhythmen aus der Musikbox.

Aquarius (☎ 2758 1010; Av. 3 zw. Calle 2 & Calle 3; ☻ 20–2 Uhr) Diese Disko im Hotel Acon ist die heißeste Adresse der Stadt. An den verschiedenen Abenden wird Salsa, Reggae oder auch Popmusik aufgelegt.

An- & Weiterreise

Puerto Limón ist die Verkehrsdrehscheibe der Karibikküste.

AUTO

An der Küste südlich von Limón gibt es nur eine Tankstelle, sie liegt an der Kreuzung nördlich von Cahuita.

BUS

Die Busse von und nach San José, Moín, Guápiles und Siquirres enden am **Terminal Caribeño** (Av. 2 zw. Calles 7 & 8) im Westen der City. Der Busbahnhof ist von allen Hotels zu Fuß erreichbar. Haltestelle für die Busse in Richtung Süden ist **Autotransportes Mepe** (Mepe; Av. 4 zw. Calles 3 & 4).

Bribrí & Sixaola (Mepe) 3 US$, 3 Std., Abfahrt 5, 7, 8, 10, 12, 13, 16 & 18 Uhr.

Cahuita (Mepe) 1 US$, 1½ Std., Abfahrt 5, 6, 8, 10, 13, 14.30, 16 & 18 Uhr.

Guápiles via Siquirres & Guácimo (Empresarios Guápileños; Terminal Caribeño) 2 US$, 2 Std., stündl., Abfahrt 6–18 Uhr.

Manzanillo (Mepe) 2 US$, 2½ Std., Abfahrt 6, 10.30, 15 & 18 Uhr.

Moín, zu den Booten nach Tortuguero (Tracasa; Terminal Caribeño) 0,25 US$, 20 Min., stündl., Abfahrt 5.30–18.30 Uhr.

Puerto Viejo de Talamanca (Mepe) 1,75 US$, 2½ Std., Abfahrt 5, 8, 10, 13, 16 & 18 Uhr.

San José (Autotransportes Caribeños; Terminal Caribeño) 3,50 US$, 3 Std., stündl., Abfahrt 5–20 Uhr.

FLUGZEUG

Der Flugplatz liegt 4 km von der Stadt entfernt im Süden. Reguläre Flüge gibt es nicht, dafür aber die Möglichkeit, bei Alfa Romeo ein Aero Taxi (s. S. 511), Maschinen nach Puerto Jiménez (1450 US$) oder Golfito (1320 US$) zu chartern.

KARIBIKKÜSTE

SCHIFF

Gelegentlich legen in Puerto Limón auch große Kreuzfahrtschiffe an, aber die meisten Passagierschiffe ankern überwiegend im wesentlich größeren Hafen in Moín. Er liegt etwa 7 km westlich von Limón.

Informationen über den Bootstransfer nach Tortuguero: s. S. 547.

RUND UM PUERTO LIMÓN
Isla Uvita

Die grüne Felsen liegt nur 1 km vor Limón entfernt und wurde berühmt als der Ort, an dem Kolumbus nach seiner letzten Atlantiküberquerung mittelamerikanisches Land betrat. Aber auch Surfer lieben diesen Ort wegen seiner atemberaubenden Left, die sich an einem Riff bricht – für die meisten Herausforderung und Strafe zugleich.

Diejenigen, die viel Erfahrung haben, behaupten, sie sei die stärkste Left in ganz Costa Rica – mit Wellen, die an guten Tagen bis zu 3 m hoch sind. Isla Uvita liegt 20 Minuten mit dem Boot von Limón entfernt – wer dort hin will, sollte einfach die Fischer am Pier nach einem Boot fragen. Ein Picknickkorb gehört auf jeden Fall ins Gepäck, denn auf der Insel gibt es nichts zu kaufen.

Playa Bonita

Zugegeben: **Playa Bonita** ist nicht der schönste Strand in Costa Rica, aber es gibt einige sandige Abschnitte und so die Möglichkeit, in der Nähe von Limón schwimmen zu gehen. Ein beliebtes Ziel bei Surfern ist Bonita wegen seiner Point- und Reef Breaks, die für eine gewaltige (aber manchmal auch gefährliche) Left sorgen.

Etwas weiter nördlich liegt **Portete**, eine kleine Bucht mit einer tückischen Right, die an der südlichen Spitze entsteht. Alle Busse Richtung Limón–Moín halten an beiden Stränden.

SCHLAFEN & ESSEN

An der Straße von Limón nach Moín finden sich einige recht anständige Quartiere. Sie sind nachfolgend, von Limón ausgehend, von Osten nach Westen aufgelistet.

Oasys del Caribe (☎ 2795 0024; EZ/DZ/3BZ 28/32/38 US$; P ⊠) Die gemütlichen, rosafarbenen Bungalows liegen etwa 3 km nordwestlich von Puerto Limón und sind mit Spitzenvorhängen, Rattanmöbeln, verschlissener Bettwäsche und sauberen Handtüchern ausgestattet. Sie gruppieren sich um einen kleinen Pool, der die Gäste erfreut, denn es gibt keinen Zugang zum Strand.

Hotel Maribú Caribe (☎ 2795 2543/2553; maribu@racsa.co.cr; EZ/DZ/3BZ 55/65/75 US$; P ⊠ ⊠) Direkt westlich des Oasys del Caribe stehen auf einem kleinen Hügel inmitten von Tropengärten mehrere geräumige Bungalows, ausgestattet mit weißem Stuck. Überall weht ein leises Lüftchen vom Meer, und die Sicht ist toll – was ebenso für das afrokaribische Restaurant gilt.

Cabinas Cocori (☎ 2795 1670; EZ/DZ/3BZ 35/50/60 US$; P ⊠ ⊠ ⊠) Man lasse sich das kostenlose kontinentale Frühstück munden, während man zusieht, wie die Wellen unten gegen die Felsen donnern. Das zitronengelbe Motel ist die beste Wahl am Strand. Die Zimmer sind nett und sauber, und das Restaurant ist angenehm luftig. Das Cocori liegt rund 4 km von Limón entfernt (2,5 km bis zur Anlegestelle in Moín).

Rund 5 km außerhalb von Limón bieten zwei Strandlokale direkt nebeneinander exzellente Küche mit Meerblick. Das **Reina's** (☎ 2798 0879; Hauptgerichte 6–8 US$; ☽ 8 Uhr bis open end) ist mit lauter Musik und relaxter Stimmung ein beliebter Treff der Nachtschwärmer. Gleich nebenan ist das ähnliche **Quimbamba** (☎ 2795 4805; Hauptgerichte 5–7 US$; ☽ 8 Uhr bis open end) eine Location im Schatten, wo man gut ein Fußballspiel am Strand mitverfolgen kann. Auf der Speisekarte stehen *mariscos* (Meeresfrüchte) und *cerveza* (Bier).

Moín

Die meisten Rucksacktouristen sind hier, weil sie mit dem Boot durch die Kanäle nach Parismina, Tortuguero oder vielleicht nach Barra del Colorado schippern wollen. Zwischen Limón und Barra del Colorado gab es schon immer natürliche Wasserstraßen, früher waren sie jedoch nur in der Regenzeit mit kleinen Einbäumen befahrbar. 1974 wurden Kanäle fertiggestellt, die die Wasserwege miteinander verbinden, sodass die Boote, die von Moín gen Norden wollen, nun nicht mehr die Route übers Meer nehmen müssen.

AN- & WEITERREISE

Die Bootsfahrt nach Tortuguero dauert zwischen 1½ und 5 Stunden, je nachdem wie oft das Boot anhält, um den Reisenden Zeit zu lassen, die üppige Flora und Fauna am Wegesrand zu erkunden. Oft ist auch eine Mittagspause unterwegs eingeplant. Wer sich Zeit lässt, wird belohnt: An den überwucherten Kanälen lassen sich Brüllaffen, Krokodile, Zwei- und Dreifingerfaultiere und viele unterschiedliche Wasservögel, etwa Blatthühnchen, beobachten.

Die Route wird von vielen Ausflugsbooten genutzt, ist aber nicht unbedingt die reguläre Strecke nach Tortuguero oder Parismina (nur wenige Boote fahren noch weiter nördlich nach Barra del Colorado). Manchmal sind die Kanäle nördlich von Moín durch Wasserhyazinthen oder Baumstämme blockiert. Dann wird die Strecke komplett gesperrt. Fahrpläne gibt es nur theoretisch, und sie ändern sich je nach Schiffsladung.

Wer lieber auf sein Glück vertraut und Zeit hat, wartet morgens in Moín einfach auf den nächsten freien Platz in einem der vielen Ausflugsboote. Besser ist es allerdings, vorher zu reservieren.

Associación de Boteros de los Canales de Tortuguero (Abacat; ☎ 8360 7325) Theoretisch fährt Abacat einmal am Tag mit einem *colectivo* (Kleinbus; 30 US$) um 10 Uhr nach Tortuguero – allerdings nur, wenn ausreichend Fahrgäste zusammenkommen.

Caribbean Tropical Tours (William Guerrero; ☎ 8371 2323; wguerrerotuca@hotmail.com) Eine überaus empfehlenswerte Tour, bei der man mit Sicherheit auch Faultiere zu sehen bekommt, denn der Führer kennt sich aus.

Wassertaxi Moín–Parismina–Tortuguero (☎ 2709 8005) Das Wassertaxi fährt in Moín um elf Uhr ab, in Tortuguero um 13.30 Uhr. Unbedingt reservieren, vor allem wenn man in Parismina aussteigen möchte.

Viajes al Tortuguero (Benjamin Gomez; ☎ 2795 0937; localbenjamin@hotmail.com) Die einfache Fahrt kostet 30 US$, hin & zurück 50 US$, los geht es von 9.30 bis 10 Uhr. Das Unternehmen gehört dem Verband Boteros Independente de Moín an. Auch hier kommt es zu Fahrplanänderungen, wenn nicht genügend Fahrgäste da sind.

Tracasa-Busse von Moín nach Puerto Limón (0,25 US$, 20 Min.) fahren von 5.30 bis 18.30 Uhr stündlich vom Terminal Caribeño ab. Vor der Brücke aus dem Bus aussteigen. Wer mit dem Auto unterwegs ist, sollte es zur Sicherheit auf einem bewachten Parkplatz in Limón abstellen.

NÖRDLICHE KARIBIKKÜSTE

Ein gewaltiges Netz aus Flüssen und Kanälen durchzieht die abgeschiedene Gegend – sie ist die feuchteste in ganz Costa Rica. Üppige Wälder, in denen Wasservögel lärmen und Faultiere träge an den Bäumen hängen, säumen die Ufer der Wasserstraßen. An den langen, einsamen Stränden legen drei Arten von Meeresschildkröten ihre Eier ab. Nirgendwo sonst auf der Erde schlüpfen mehr Suppenschildkröten als hier. Die Strände sind nur schwer und ausschließlich per Boot zugänglich – aber die Amazonasatmosphäre ist die Mühe wert.

PARISMINA

Das freundliche Dorf im Süden des Parque Nacional Tortuguero liegt an der Mündung des Río Parismina. Hierher zieht es zwei Arten von Besuchern: Schildkrötenfans und Sportangler. Die Strände von Parismina sind zwar nicht so berühmt wie die von Tortuguero, doch sie sind der bevorzugte Eiablageplatz von in Hundertschaften aus dem Meer ankommenden Leder-, Karett- und Suppenschildkröten; in den Küstengewässern schwimmen rekordverdächtig große Atlantische Tarpune.

Barra de Parismina wird von allen Seiten von Wasser eingeschlossen (Regenwaldflüsse und Karibisches Meer) und ist daher nur mit dem Boot erreichbar. So konnte sich der Ort seine abgeschiedene „Insel"-Atmosphäre in schönster Isolation bewahren. Der Legende nach hat eine schwangere Frau namens Mina, die an der Karibikküste unterwegs war, das Dorf gegründet. Als die Wehen einsetzten, sagte ihr Wegbegleiter: *Aqui pares, Mina* („Hier kommst du nieder, Mina"). So bekam das Dorf seinen Namen.

Größte Anziehungspunkt von Parismina sind die hervorragenden Bedingungen für Sportangler. Tarpune, bis 150 kg schwere Heringsfische, haben von Januar bis Mitte Mai Saison, der Robalo wird von September bis November im Río Parismina geangelt.

Mit wachsendem Interesse am Ökotourismus kommen in jüngerer Zeit auch immer mehr Besucher, die die bedrohten Schildkröten beobachten (und schützen) wollen. Lederschildkröten legen ihre Eier ab Ende Februar bis Anfang Oktober am Strand von Parismina ab, ihre Hauptsaison sind die Monate April und Mai. Die Suppenschildkröte legt ihre Eier ab Juni, Hauptsaison sind die Monate August und September. Karettschildkröten sind seltener, aber hin und wieder zwischen Februar und September zu sehen.

Praktische Informationen

In Parismina gibt es keine Banken oder Post-ämter. Kreditkarten und Reiseschecks werden nicht angenommen. Also unbedingt Vorsorge tragen und darauf achten, dass das mitgebrachte Bargeld auch ausreicht.

Asociación Salvemos Las Tortugas de Parismina Information Center (ASTOP; „Rettet die Schildkröten von Parismina"; ☎ 2710 7703; www.costaricaturtles.org; ✪ März–Okt. tgl. 9–20 Uhr, Nov. –Feb. Mo–Sa 14 bis 18 Uhr) Das Unternehmen organisiert Aufenthalte bei Gastfamilien (15 US$), bietet Internetzugang (pro Std. 1,50 US$) und Informationen zu einheimischen Führern (20 US$) sowie allen erdenklichen Aktivitäten und Events.

Sehenswertes & Aktivitäten

ASTOP hat einen **bewachten Eiablageplatz** für die Schildkröten eingerichtet, um die steigende Zahl von Wilderern und Nesträubern abzuschrecken. Reisende können sich als ehrenamtliche „Schildkrötenwächter" melden und einheimische Tierschützer auf ihren Strandpatrouillen begleiten. Die Gebühr von 20 und 25 US$ pro Tag schließt drei Mahlzeiten, Unterkunft bei einer Familie im Dorf und eine Schulung über Schildkröten ein (mindestens 3 Tage).

Auf diese Weise lernen Besucher auch die Dorfgemeinschaft kennen; manche Einheimische geben außerdem Kurse in Spanisch und lateinamerikanischen Tänzen und bieten Angelausflüge und Boottrips in den Nationalpark Tortuguero an.

Früher lebte das Dorf ausschließlich vom Anbau und der Fischerei. Doch mittlerweile hat sich das Schildkrötenprojekt zu einem wichtigen Wirtschaftszweig entwickelt. Viele Familien hängen von dem Einkommen ab, das sie durch die Bewirtung der Gäste und die Veranstaltungen bekommen. Wie heißt es im Informationsmaterial der ASTOP so schön: „Wer unser Projekt unterstützt, hilft nicht nur den Schildkröten, sondern dem ganzen Ort."

Der Strand bei Parismina ist sehr schroff, mit Geröll übersät und für Schwimmer gefährlich. Wer schwimmen will, sollte in die ganz in der Nähe liegende **Barrita-Lagune** fahren, dort lässt es sich herrlich baden und picknicken. Nach Barrita führen ein Strandweg (Richtung Süden) und die Straße, die von der Flugpiste abgeht.

In Caño Blanco, auf der anderen Seite des Flusses, bewirtschaften Don Victor und seine Frau Isaura den **Jardin Tropical** (☎ 2200 5567; Eintritt frei; ✪ 8–17 Uhr), eine außergewöhnliche

Zuchtfarm für Helikonien. ASTOP arrangiert Tagesausflüge nach Caño Blanco, einschließlich des Besuchs einer traditionellen Ticofarm und eines Ausritts zum Jardin Tropical (20 US$ inkl. Transfer ab Parismina).

Schlafen & Essen

Neben den Möglichkeiten, die hier aufgeführt werden, kommen auch im Soda Parismina an der Mole einfache Mahlzeiten auf den Tisch.

Don Alex (☎ 2710 1892; Camping pro Pers. mit/ohne Küchennutzung 3/2 US$, Cabinas pro Pers. 5 US$) Alex von der Eisenwarenhandlung vermietet gegen eine geringe Gebühr geschützte Zeltplätze mit Duschgelegenheit, Toiletten und Küchennutzung. Einfache *cabinas* (Wohnhütten) sind auch vorhanden.

Carefree Ranch (☎ 2710 3149; Zi. pro Pers. 10 US$) Gegenüber der katholischen Kirche bietet das schlichte Schindelhaus, ganz in leuchtendem Gelb mit grünen Verzierungen gehalten, viel Charme für wenig Geld. Die Badezimmer sind relativ neu und haben heißes Wasser, während der Mahlzeiten (gegen Aufpreis) geht es recht familiär zu.

Iguana Verde (☎ 2710 1528; DZ mit/ohne Klimaanlage 25/10 US$; ✪) Der verrückte Rick – oder *Loco Rico*, wie er hier so schön heißt – und seine Frau Yenri führen dieses nette Hotel. Die drei sauberen Zimmer verfügen über ein eigenes Bad, in dem auch noch heißes Wasser aus der Leitung kommt. Rick ist zudem als Führer beliebt; seine Wanderungen und Bootstrips sind überaus abwechslungsreich. Rick und Yenri engagieren sich für den Schutz der Schildkröten – nur: Wer kümmert sich um den armen blauen Ara im Käfig vor dem Haus und hört seinem Gekrächze zu?

Asociación Salvemos Las Tortugas de Parismina (☎ 2710 7703; www.costaricaturtles.com; Zi. pro Pers. 15 US$) Freiwillige Helfer werden in puncto Unterkunft bevorzugt behandelt, aber die Organisation arrangiert auch Aufenthalte bei hiesigen Gastfamilien (inkl. drei Mahlzeiten am Tag). Die Unterkunft erfolgt immer in Privatzimmern mit abschließbarer Tür und Gemeinschaftsbad.

Río Parismina Lodge (☎ 2229 7597; www.riop.com; EZ/DZ/3BZ 3 Tage 2050/3700 US$, 7 Tage 3350/6200 US$; ✪ ▣) Die luxuriöse Angler-Lodge fungiert als Arbeitgeber für viele Anwohner aus Parismina und bietet betuchten Touristen All-inclusive-Ferien. Die Pauschalangebote beinhalten Angeln, die Unterkunft in gemütlichen Cabinas sowie den Transfer von San José,

---

AUF NACH TORTUGUERO

Von San José soll es nach Tortuguero gehen, und zwar nicht im Rahmen einer Pauschalreise (mit organisiertem Transport, Unterkunft und Ausflügen), sondern auf eigene Faust – „Freiheit" lautet das Motto. Reisebüros und Schlepper wollen natürlich jedermann weismachen, dass die selbst organisierte Anreise überaus schwierig sei. Dazu ein Tipp: einfach nicht hinhören! Wer sich an die folgenden Schritte hält, ist im Handumdrehen im Land der Schildkröten.

- Im Busbahnhof von San José, der die Karibik bedient, um 6.30, 9 oder 10.30 Uhr den Bus nach Cariari nehmen (zwei Stunden).

- In Cariari vom San-José-Busbahnhof aus zum anderen Busbahnhof laufen. Dazu geht es die Straße vor dem Busbahnhof rechts hinunter – nach wenigen hundert Metern ist der Busbahnhof für die Karibik auch schon erreicht. Wer viel Gepäck hat, nimmt ein Taxi oder lässt sich für ein paar hundert Colones von einem vorbeikommenden Auto mitnehmen.

- Nun in jeden beliebigen Bus, der nach La Pavona fährt, einsteigen; die Busse fahren stündlich von diesem Busbahnhof ab.

- Die Busfahrt nach La Pavona dauert von Cariari aus etwa eine Stunde. Die Haltestelle ist an der Desinfektionsstation. Dort müssen sich die Besucher desinfizieren lassen, ehe sie in den Park eingelassen werden.

- Auf die Busfahrgäste wartet ein Boot, das sie ins Dorf Tortuguero bringt. Die 40-minütige Bootsfahrt ist sehr eindrucksvoll – also gleich die Kamera zücken, um ein paar Schnappschüsse von den Krokodilen zu machen.

---

außerdem drei Mahlzeiten am Tag – mit viel frisch aufgebrühtem Kaffee und fabelhaften Meeresfrüchten.

An- & Weiterreise

Nach Parismina führt nur ein Wasserweg. Der einzige Linienbus fährt von Siquirres über Caño Blanco.

Der **Caño-Aguilar-Bus** (☎ 2768 8172) von Siquirres nach Caño Blanco (1,50 US$, 2 Std.) fährt Montag bis Freitag um 4.15 und 12.30 Uhr, Samstag und Sonntag um 7.15 und 15.15 Uhr. Ein Taxi kostet etwa 40 US$. Die Boote nach Parismina (2 US$, 10 Min.) warten in Caño Blanco auf die Busse und legen Montag bis Freitag um 6 und 15 Uhr, Samstag und Sonntag um 9 und 17 Uhr ab.

Die Boote von Parismina nach Caño Blanco fahren Montag bis Freitag um 5.30 und 14.30 Uhr, Samstag und Sonntag um 8.30 und 16.30 Uhr ab. Wie auf dem Hinweg warten die Busse auf die Wassertaxis.

Die Abfahrt nach Siquirres erfolgt Montag bis Freitag um 6 und 15 Uhr, Samstag und Sonntag um 10 und 17 Uhr.

Normalerweise verkehrt auch täglich ein **Wassertaxi** (☎ 2709 8005) zwischen Moín und Tortuguero (einfache Strecke 20 US$). Für Passagiere, die vorher reserviert haben, hält es auch in Parismina. Theoretisch legt das Taxi um 11 Uhr in Moín ab und hält auf dem Weg nach Tortuguero um 12 Uhr in Parismina. Rückfahrt ist um 13.30 Uhr, um 14.30 Uhr hält das Taxi erneut in Parismina und fährt anschließend weiter Richtung Süden nach Moín. Der Bootsführer hält aber nur in Parismina, wenn er benachrichtigt wurde und weiß, dass Passagiere dort warten.

Eine weitere Möglichkeit, nach Tortuguero oder Moín zu gelangen: am Anleger von Caño Blanco auf einen freien Platz auf den vorbeifahrenden Ausflugsboote hoffen ...

PARQUE NACIONAL TORTUGUERO

Der Nationalpark Tortuguero ist von Norden über das Dorf Tortuguero und von Süden über Parismina zugänglich.

„Feucht" ist noch das trockenste Wort, um Tortuguero wahrheitsgetreu zu beschreiben.

Im nördlichen Teil des Parks fallen jährlich bis zu 6000 mm Regen. Das Gebiet gehört zu den feuchtesten Regionen des Landes und ist ein Paradies für Frösche. Eine Trockenzeit gibt es hier nicht, auch wenn es im Februar, März und Oktober etwas seltener regnet.

Die berühmten **Canales de Tortuguero** sind der perfekte Einstieg in die bedeutenden Nationalpark. Sie wurden 1969 angelegt, um Lagunen und mäandrierende Flüsse zu verbinden und ein durchgehendes Wasserstraßensystem zu schaffen. Die Kanäle sind ein Wunderwerk der Ingenieurskunst und machten endlich den Binnenverkehr zwischen Limón und den Küstendörfern auf etwas solideren Fahrzeugen als den Einbaumkanus möglich (obwohl es die immer noch in großer Zahl gibt). Natürlich existieren auch Flugverbindungen, aber die gemächliche Bootstour durch Bananenplantagen und Regenwald ist Transport und Erholung zugleich.

Der Park am Rand des Atlantiks umfasst eine Fläche von 31 187 ha (plus 52 000 ha Wasserfläche) und ist der wichtigste Eiablageplatz der Suppenschildkröte *(Chelonia mydas)* in der gesamten Karibik. Acht verschiedene Meeresschildkrötenarten leben auf der Erde, sechs davon legen ihre Eier am Strand von Costa Rica ab, vier Arten genau hier in Tortuguero.

Diese Eiablageplätze auf schwarzem Sand waren Auslöser für die Entstehung einer Bewegung, die sich den Schutz der Seeschildkröten auf die Fahnen geschrieben hat. Die Caribbean Conservation Corporation (S. 502), die weltweit erste Initiative ihrer Art, beobachtet die Schildkrötenpopulation seit 1955. Die Zahl der Suppenschildkröten wächst an diesem Küstenabschnitt mittlerweile, aber die Zahl der Leder- und Karettschildkröten nimmt immer noch ab (s. Kasten S. 68).

Doch Tortuguero bietet mehr als nur Schildkröten. Von Faultieren und Brüllaffen in den Baumwipfeln bis zu winzigen bunten Fröschen und Grünen Leguanen, die zwischen den Wurzeln herumkriechen, wimmelt es hier von Lebewesen, nicht zu vergessen die Wasserbewohner – die mächtigen Tarpune und die gefährdeten Seekühe.

Orientierung & Praktische Informationen

Die Parkzentrale hat ihre Räume in der Forststation **Cuatro Esquinas** (☎ 2709 8086; Eintritt 1/ 3 Tage 7/10 US$; ☼ 5.30–18 Uhr mit Frühstücks- & Mittagspause) im Norden des Dorfes Tortuguero. Hier gibt es Informationen und Karten. Die Station ist Ausgangspunkt eines 2 km langen Rundwegs. Unbedingt Stiefel anziehen, denn selbst während der Trockenzeit sind die Wege hier schlammig.

Die **Station Jalova** (☼ 6–18 Uhr) ist von Parismina aus mit dem Boot zu erreichen und liegt am Kanal am Südeingang des Nationalparks. Ausflugsboote aus Moín legen hier oft eine Picknickpause ein; es gibt einen kurzen Naturpfad, Toiletten, Trinkwasser und einen Campingplatz.

Aktivitäten
BOOTSFAHRTEN
Durch den Parque Nacional Tortuguero winden sich vier Wasserstraßen, auf denen Kanuten, Kajakfahrer und andere Bootsausflügler die Wildnis erkunden können. Der **Río Tortuguero** führt in das Netz von Wasserwegen hinein. Der breite, wunderschöne Fluss ist oft mit Seerosen bedeckt; Wasservögel wie Reiher (insbesondere der Amerikanische Graureiher und der Nachtreiher), Eisvögel und Schlangenhalsvögel sind hier heimisch. Der **Caño Chiquero** ist von Pflanzen zugewuchert, vor allem wachsen hier rote Guácimobäume und Epiphyten. Außerdem tummeln sich hier an den Mündungen Suppenschildkröten und Grüne Leguane. Vom Caño Chiquero zweigen zwei weitere Wasserwege ab. Der **Caño Mora** ist 3 km lang, aber nur 10 m breit – hier kommt echtes Dschungel-Feeling auf. **Caño Harold** ist in Wirklichkeit ein künstlicher Kanal, aber das hält die Tiere – z. B. Helmbasilisken und Kaimane – nicht ab, sich an dem ruhigen Gewässer niederzulassen. Im Dorf Tortuguero (S. 502) werden Kanus verliehen, hier starten auch Bootsausflüge.

SCHILDKRÖTENBEOBACHTUNG
Meeresschildkröten legen normalerweise alle zwei bis drei Jahre ihre Eier ab. Je nach Art und Unterart tun das die Weibchen bis zu zehnmal während einer Saison. Zwei Wochen nach der Paarung kriecht das Weibchen zur Eiablage an den Strand.

Fast alle Meeresschildkröten legen ihre Eier instinktiv an dem Strand ab, an dem sie selbst geschlüpft sind. Ob die Reproduktion gelingt oder nicht, hängt daher oft vom ökologischen Zustand des Geburtsortes ab. Nur die Lederschildkröte orientiert sich lediglich grob an ihrem Geburtsort und kommt nicht an einen speziellen Strand zurück. Sie wandert mit dem Golfstrom auch bis Norwegen.

Mit seinen Flossen gräbt das Schildkrötenweibchen eine Höhle in den Sand und legt dort 80 bis 120 Eier ab. Sorgfältig deckt es die Grube mit Sand ab, um das Gelege zu schützen. Manchmal baut es sogar ein zweites, falsches Nest an einer anderen Stelle, um Nesträuber zu täuschen. Danach kriecht die Schildkröte zurück ins Meer zurück und überlässt die Eier sich selbst.

MIT DEM KAJAK DURCH TORTUGUERO

Nur wenige wissen, dass sich der Parque Nacional Tortuguero auch von Parismina aus erkunden lässt, allerdings nur auf dem Wasserweg. Die Flora und Fauna ist hier ebenso reich wie im Norden des Parks, aber die Aussichten, in diesen Wäldern auf Ausflugsboote zu treffen, sind gleich null. Einheimische Führer schippern die Gäste in Einbäumen (bei ASTOP nachfragen, S. 498) für rund 25 US$ durch die Gegend. Abenteuerlustige (mit Erfahrung) können sich im Iguana Verde (S. 498) auch ein Kajak mieten und auf eigene Faust losziehen – dann jedoch unbedingt eine gute Landkarte und einen Kompass mitnehmen! Und nicht vergessen, in der Station Jalova (S. 500) einen Zwischenstopp einzulegen, um die Eintrittsgebühr zu bezahlen.

Die Entwicklung dauert zwischen 45 und 70 Tage. Dann brechen die Jungen die Eischale mit einem Eizahn auf, der später verschwindet. Manchmal brauchen die kleinen Schildkröten mehrere Tage, um sich aus der Höhle heraus zu graben. Sie sind so winzig, dass sie in eine Hand passen. In kleinen Gruppen kriechen sie so schnell wie möglich zum Meer, um sich vor Austrocknung und Räubern zu schützen. Sobald sie die Brandung erreicht haben, müssen sie mindestens 24 Stunden schwimmen, um tieferes Wasser zu erreichen und den Räubern zu entkommen.

Nachts dürfen Besucher von März bis Oktober (Hauptsaison ist von Ende Juli bis Ende August) an die Nistplätze, um zu beobachten, wie die Eier abgelegt werden oder die Jungen schlüpfen. Natürlich gibt es keine Garantie für das Erlebnis. Ein ausgebildeter Führer muss aber immer dabei sein. Hotelbesitzer bieten diese Ausflüge für 10 bis 30 US$ pro Person an. Führer aus dem Dorf nehmen etwa 10 US$. Taschenlampen, Fotoapparate und Videokameras und anderes künstliches Licht sind am Strand verboten (s. Kasten S. 289). Dunkle Kleidung ist Vorschrift.

Wer nicht während der Haupteiablagezeit der Suppenschildkröte kommen kann, sollte sich den April vormerken. Dann landet nämlich eine kleine Anzahl von Lederschildkröten. Nur sporadisch legt zwischen Mai und Oktober die Echte Karrettschildkröte ihre Eier ab, manchmal lassen sich auch Unechte

Karrettschildkröten sehen. Informationen über ehrenamtliche Unterstützung der Schildkrötenwächter s. Kasten S. 502.

SONSTIGE TIERBEOBACHTUNGEN

Für Tier- und Pflanzenliebhaber gehört der Nationalpark Tortuguero zu Costa Ricas wichtigsten Reisezielen. Wer Tortuguero richtig auskosten will, sollte schon früh morgens auf dem Wasser unterwegs oder geht nach einem Regenguss hinaus. Sobald der Himmel aufklart, tauchen Säugetiere, Vögel und Reptilien auf, um sich in der Sonne zu trocknen, Schmetterlinge kriechen unter Blattschirmen hervor. Am Rand des Regenwaldes beobachtet man sie am besten an den Hauptkanälen.

Tortuguero verzeichnet mehr als 300 einheimische Vogelarten und Zugvögel. Wegen des feuchten Klimas leben im Park besonders viele Reiher (14 verschiedene Arten), Eisvögel und Watvögel. Riesige Schwärme von Zugvögeln wie Königstyrannen (*Tyrannus tyrannus*), Rauchschwalben und Purpurschwalben lassen sich am besten im September und Oktober beobachten. Die Caribbean Conservation Corporation (s. S. 502) macht alle zwei Jahre eine Bestandsaufnahme, zu der sich Freiwillige melden können. Ein Highlight ist der grüne Soldatenara (*Ara ambigua*), der sich am besten von Dezember bis April beobachten lässt, wenn der Almendrobaum (*Dipteryx panamensis*) Früchte trägt.

Säugetierarten wie der Mantelbrüllaffe, der Geoffroy-Klammeraffe, der Weißschulter-Kapuzineraffe sowie das Zwei- und Dreifingerfaultier kommen in Tortuguero besonders häufig vor und sind recht zutraulich. Selbst die sonst sehr scheuen Südamerikanischen Fischotter (Langschwanzotter) haben sich an die Ausflugsboote gewöhnt.

Zum Lieblingsmahl der Jaguare gehören Schildkröten und deren Eier. Deshalb begegnen Naturfreunde diesen großen Katzen hin und wieder, wenn sie die Laguna del Tortuguero durchschwimmen, um den Strand nach Eier legenden Schildkröten abzusuchen.

In Tortuguero stehen die Chancen besser als im übrigen Costa Rica, eine Rundschwanz-Seekuh (Manati) zu sehen.

WANDERN

Hinter der Forststation Cuatro Esquinas beginnt der **Wanderweg El Gavilan**. Es ist der einzige öffentliche Wanderweg durch den Park, der auf festem Grund verläuft. Der 2 km lan-

ENGAGEMENT FÜR DIE SCHILDKRÖTEN

Es gibt zahlreiche Möglichkeiten, sich als freiwilliger Helfer für den Fortbestand der Schildkröten und anderer Tiere einzusetzen.

Asociación Nacional de Asuntos Indígenas (ANAI; ☎ 2224 3570, in San José 2277 7549; www.anaicr. org; Gandoca; Anmeldegebühr 35 US$, Camping 8 US$, Aufenthalt bei einer Gastfamilie 15 US$, Cabina 30 US$) Im Süden der Karibikküste im Refugio Nacional de Vida Silvestre Gandoca-Manzanillo (s. S. 540).

Canadian Organization for Tropical Education and Rainforest Conservation (Coterc; ☎ 2709 8052; www.coterc.org; pro Tag 65 US$) Die Freiwilligen helfen bei der Instandhaltung der Station und bei den laufenden Forschungsprojekten: Schutz der Meeresschildkröten, Vogelberingung und Bestandsaufnahme verschiedener Tier- und Pflanzenarten. Der Tagessatz deckt die Unterkunft und die Verpflegung ab. Die Schlafsäle sind in einem nagelneuen Gebäude eingerichtet. Die Freiwilligen haben uneingeschränkten Zugang zu allen Einrichtungen und zur Forschungsstation. Die Anfahrt vom Dorf Tortuguero sollte im Voraus organisiert werden.

Caribbean Conservation Corporation (CCC; ☎ 2709 8091; www.cccturtle.org) Von März bis Oktober können nen Freiwillige hier den Wissenschaftlern beim Markieren der Schildkröten behilflich sein und einen Beitrag zur Erforschung der Suppen- und Lederschildkröten leisten. Wenn die Zugvögel unterwegs sind (März bis Mai und August bis Oktober), werden die Volontäre geschult, um mithilfe feiner Netze Vögel zur Registrierung beim Durchzug zu fangen, Revierkartierungen vorzunehmen und Punkt-Stopp-Zählungen durchzuführen. Die Programme dauern von einer Woche (1400–1600 US$) bis zu drei Wochen (2100–2500 US$); die Unterkunft im Schlafsaal, Verpflegung und der Transfer von San José sind im Preis inbegriffen.

Asociación Salvemos Las Tortugas de Parismina (ASTOP; „Rettet die Schildkröten von Parismina"; ☎ 2710 5183; www.costaricaturtles.org; Anmeldegebühr 25 US$, pro Tag 30 US$) Hier können Leute Gutes tun, die eher knapp bei Kasse sind. Die Freiwilligen helfen bei den Schildkrötenkontrollgängen und nehmen an Projekten der Gemeinde Parismina teil; s. S. 498.

ge matschige Rundweg führt durch tropischfeuchten Wald und ein Stück am Strand entlang. Grüne Aras und verschiedene Affenarten lassen sich hier häufig beobachten. Der kurze Pfad ist gut beschildert, ein Führer ist deshalb zur Orientierung nicht nötig.

Schlafen

Die Forststation Cuatro Esquinas ist bis auf weiteres für Camper gesperrt. Doch an der **Station Jalova** (pro Pers. 2 US$) am Südrand des Parks ist das Zelten erlaubt. Vorsicht bei der Wahl des Stellplatzes (und der Jahreszeit): Nach schweren Regengüssen sind Teile des Campingplatzes überschwemmt, Mulden und Vertiefungen sind also gewiss potenzielle Wasserlachen.

TORTUGUERO

Der magische Ort, umgeben von Wald und Meer, steht unter Naturschutz und ist nur per Flugzeug oder über den Wasserweg zu erreichen. Hauptattraktion sind wuselnde Ansammlungen von frisch geschlüpften Schildkröten, die sich über den dunklen Sand eilig krabbelnd den Weg zum Meeresufer bahnen. Kurz bevor sie in die Brandung tauchen, versuchen Möwen sie zu fangen. Tortuguero heißt „Schildkrötenplatz". In der „Schildkrö-

tensaison", die Ende Juli bis Ende August ihren Höhepunkt erlebt, ist es ratsam, rechtzeitig zu reservieren.

Haben die Schildkröten einmal die sichere offene See erreicht, scheinen Dorf und Park in den Dornröschenschlaf zu fallen. Kein Wunder, zählt die Dschungellandschaft doch zu den feuchtesten aller Regenwälder. Unzählige Kanäle und Flüsse schlängeln sich durch das Gebiet und bieten die einzige Möglichkeit, in diese Wildnis vorzustoßen. Nicht ganz einfach, aber es lohnt sich.

In Tortuguero geht es gemächlicher zu als in den meisten anderen Küstenorten der Karibik. Von Kletterpflanzen umrankte Pfade schlängeln sich über die üppig bewachsene schmale Halbinsel, auf der unzählige Wildtiere leben. Hier in der amphibischen Landschaft verwischt sich die Grenze zwischen Land und Meer. Das ist vielleicht auch der Grund, warum so viele Meeresschildkröten, die durch einen Trick der Evolution zu beiden Welten gehören, hier geboren werden.

Die besondere Lage ist auf jeden Fall der Grund, warum sich hier so viele Fischer niedergelassen haben. Ihre Beute aus den Flüssen und Teichen des Regenwaldes und ihre Fänge aus dem Meer bilden die Nahrungsgrundlage der Dorfbewohner, was Protein betrifft.

Praktische Informationen

In Tortuguero herrscht ein scharfer Wettbewerb zwischen kleinen Hotels, Ausflugsveranstaltern und den Anbietern verschiedenster Transportmöglichkeiten. Das bedeutet leider auch, dass Informationen nicht immer richtig sind. Hinter dem Schild „Kostenlose Touristeninformation" verbergen sich oft Nepptouren; und freundliche „Auskünfte" zu Unterkunft oder Transport sind manchmal schlichtweg erlogen.

Im Ort gibt es weder eine Bank noch einen Geldautomaten. Nur wenige Unternehmen akzeptieren Kreditkarten, deshalb sollte man genügend Bargeld mitbringen.

La Casona (☎ 2709 8092; Std. 2 US$; ☾ 8.30–21 Uhr) Hinter dem Restaurant La Casona gibt es ein kleines Internetcafé mit zwei Computern (S. 504).

Paraíso Tropical Store (☎ 2710 0323) Der Souvenirladen löst Reiseschecks ein und verkauft Tickets der Fluggesellschaft NatureAir.

Tortuguero Info Center (☎ 2709 8055; tortuguero_ info@racsa.co.cr; Std. 3 US$; ☾ 8–19 Uhr) Im privaten Informationszentrum gegenüber der katholischen Kirche gibt es Tickets der Fluglinie Sansa und einen Internetzugang.

Sehenswertes

Die **Caribbean Conservation Corporation** (CCC; ☎ 2709 8091, www.cccturtle.org; Eintritt 1 US$; ☾ Mo–Sa 10–12, 14–17, So 12–17 Uhr) unterhält 200 m nördlich vom Dorf Tortuguero eine Forschungsstation mit kleinem Besucherzentrum und Museum. Alle Exponate haben mit Schildkröten zu tun, u. a. wird ein Video über die Geschichte der hiesigen Schildkrötenschutzbewegung gezeigt. Für Informationen über Freiwilligenprogramme s. Kasten S. 502.

Die **Canadian Organization for Tropical Education and Rainforest Conservation** (Coterc; ☎ 2709 8052, www.coterc.org; Eintritt frei) ist eine gemeinnützige Organisation, die die Estación Biológica Caño Palma (7 km nördlich von Tortuguero) unterhält. In dem *rancho* gibt es eine Sammlung biologischer Ausstellungsstücke zu bewundern – hauptsächlich eindrucksvolle und zugleich gruselige Schädel aus der Umgebung. Dazu kommen einige gefährliche Insekten sowie eine stetig wachsende, akkurat beschriftete Sammlung an Samen und Früchten. Wer sich lieber lebende Tiere anschaut, kann die hier beginnenden Pfade in den Regenwald nehmen. Die Station ist auf drei Seiten von Wasser eingeschlossen und nur mit dem Boot erreichbar. Coterc bietet auch Programme für Ehrenamtliche (s. Kasten S. 502).

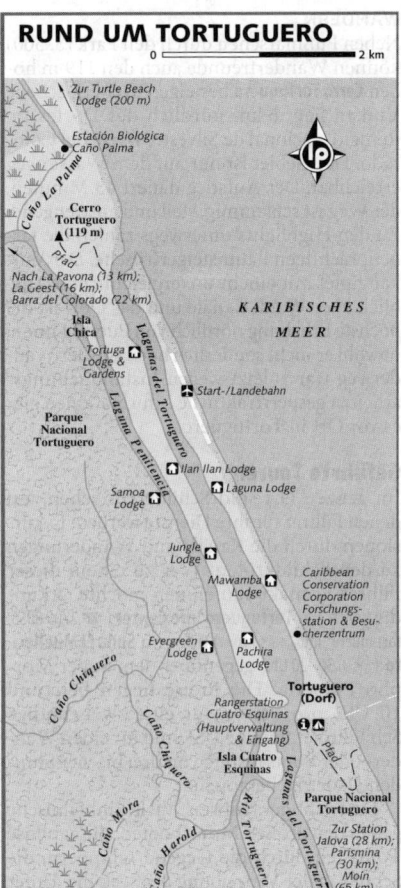

RUND UM TORTUGUERO
0 ⊢━━━━━━━━⊣ 2 km

Zur Turtle Beach Lodge (200 m)

Estación Biológica
● Caño Palma

Caño La Palma

Cerro Tortuguero
▲ (119 m)

Pfad

Nach La Pavona (13 km);
La Geest (16 km);
Barra del Colorado (22 km)

KARIBISCHES MEER

Isla Chica

Tortuga Lodge & Gardens

Lagunas del Tortuguero

Start-/Landebahn

Parque Nacional Tortuguero

Laguna Penitencia

Ilan Ilan Lodge

Samoa Lodge

Laguna Lodge

Jungle Lodge

Mawamba Lodge

Caribbean Conservation Corporation Forschungsstation & Besucherzentrum

Evergreen Lodge

Pachira Lodge

Caño Chiquero

Tortuguero (Dorf)

Rangerstation Cuatro Esquinas (Hauptverwaltung & Eingang)

Caño Chiquero

Isla Cuatro Esquinas

Caño Mora

Caño Harold

Río Tortuguero

Lagunas del Tortuguero

Pfad

Parque Nacional Tortuguero

Zur Station Jalova (28 km); Parismina (30 km); Moín (65 km)

KARIBIKKÜSTE

Aktivitäten

KANU FAHREN

Überall in Tortuguero werben Schilder für Bootsausflüge und -verleih. Über die Wasserwege lassen sich der Nationalpark und seine Umgebung am besten und bequemsten erforschen (s. S. 506).

Wer sich für Bootstouren interessiert, findet Informationen auf S. 504. Wer lieber selbst paddelt, kann Einbaumkanus für 2 US$ pro Stunde und Person mieten, sollte aber eine Karte mitnehmen und bedenken, dass sie schwer steuerbar sind. Kanus gibt es überall im Ort, z. B. in den Hotels Miss Junie und La Casona. Auf eigene Faust loszuziehen, ist der beste Weg, alle Ecken und Winkel des Parks zu erkunden, ohne die Tiere zu stören.

WANDERN

Neben Fußmärschen durch den Park (S. 500) können Wanderfreunde auch den 119 m hohen **Cerro Tortuguero** besteigen. Der erloschene Vulkan liegt 6 km nördlich des Dorfes im Refugio Nacional de Silvestre Barra del Colorado. Das Gebiet ist nur auf dem Wasserweg erreichbar. Der Aufstieg dauert 45 Minuten, der Weg ist schlammig, steil und anstrengend. Zu den Highlights unterwegs zählen die farbenprächtigen Baumsteigerfrösche. Der Vulkangipfel mit einem unvergleichlichen Ausblick über Wald, Kanäle und das Dorf ist die höchste Erhebung nördlich von Puerto Limón, obwohl er nicht sonderlich hoch ist. Der Wanderweg war zuletzt wegen Instandhaltungsarbeiten gesperrt; aktuelle Informationen gibt es vor Ort in Tortuguero.

Geführte Touren

Im ganzen Ort sind Schilder zu sehen, auf denen Führer für ihre Dienste werben: Exkursionen durch die Kanäle und Wanderungen zu den Schildkröten. Wer zu einem dieser Führer Kontakt aufnehmen möchte, erkundigt sich im **Tortuguero Info Center** (☎ 2709 8055; tortuguero_info@racsa.co.cr) oder im **Soda El Muellecito** (☙ 6.30–20 Uhr) gegenüber dem Super Morpho Pulpería. Die Preise liegen bei rund 10 US$ pro Person für eine zweistündige Schildkrötentour; 15 US$ sind für einen Wander- oder Bootsausflug von drei bis vier Stunden Dauer zu berappen.

Ein wichtiger Hinweis: Viele Einheimische geben den großen Motorbooten, die zahllose Touristen durch die Gegend schippern, die Schuld an der Vertreibung der Seekühe. Unter ethischen Aspekten ist es also sicher sinnvoller, an einer Kajaktour teilzunehmen.

Folgende Führer sind zu empfehlen:
Barbara Hartung (☎ 2709 8004) Bietet Wander-, Kanu- und Schildkrötentouren auf Deutsch, Englisch, Französisch oder Spanisch sowie eine einzigartige Exkursion zu Geschichte, Kultur und Heilpflanzen Tortugueros an.
Castor Hunter Thomas (☎ 2709 8050; im Soda Doña María nachfragen, S. 505)
Chico (☎ 2709 8033; in den Cabinas Miss Miriam nachfragen, s. unten) Die Wander- und Kanutouren von Chico bekommen von Lonely Planet Lesern begeisterte Kritiken.
Daryl Loth (☎ 8833 0827, 2709 8011; safari@racsa. co.cr) Der bekannte kanadische Naturkundler (früher bei Coterc) bietet hervorragende Bootsausflüge mit umweltfreundlichen, superleisen Elektrobooten, außerdem Schildkrötentouren (in der Saison) und geführte Wanderungen zum Cerro Tortuguero.

Schlafen

Der Konkurrenzkampf ums Geschäft ist scharf. Aus diesem Grund gibt es leider auch viele Schlepper, die versuchen, Touristen in bestimmte Unterkünfte zu lotsen, um dann entsprechende Prozente einstreichen zu können. Es empfiehlt sich daher, selbst herauszufinden, welche Möglichkeiten sich generell bieten, und erst dann eine Entscheidung zu treffen. Außerdem sollte man sich die Zimmer immer erst zeigen lassen.

DAS DORF TORTUGUERO

Hier gibt es ein breitgefächertes Angebot an Budgetunterkünften und Mittelklassehotels. Die nachfolgenden Quartiere sind von Süden (in der Nähe des Parkeingangs) nach Norden aufgeführt.

Tropical Lodge (☎ 8826 6246; Zi. pro Pers. 10 US$) Die farbenfrohe, klassisch karibische Lodge hinter dem Lebensmittelgeschäft Tienda Bambú wartet mit hübschen, gelben *cabinas* direkt am Fluss auf. Von außen wirkt alles hell und freundlich, innen nervt die nasskalte Beton.

LP Tipp **Cabinas Princesa Resort** (☎ 2709 8107; EZ/DZ 15/30 US$) Das beste der drei Princesa-Hotels (die beiden anderen befinden sich südlich des Fußballplatzes bzw. am Fluss) ist sicher die schönste Bleibe vor Ort, wenn der Geldbeutel schmal ist. Das hübsche Kolonialhaus mit Schindeln geht auf einen schmucken Garten mit zahlreichen Hängematten hinaus: Bis zum tosenden Meer sind es nur ganz wenige Schritte zu laufen.

La Casona (☎ 2709 8092; lacasonadetortuguero@yahoo. com; EZ/DZ 15/25 US$; 🖵) Der freundliche Familienbetrieb gegenüber der Bootsanlegestelle ist schon seit ewigen Zeiten als Esslokal beliebt und bietet sich nun auch als hervorragendes Quartier an. Die hübschen, neuen Zimmer haben gefliese Böden, und in den Bädern mit heißem Wasser blitzt alles. Jenny und ihre Söhne verleihen auch Kanus, außerdem bieten sie eine interessante Exkursion zu einer Ökofinca in Guápiles an. Das Casona ist eines der wenigen Quartiere, in denen mit Kreditkarte bezahlt werden kann.

Cabinas Miss Miriam (☎ 2709 8002, 8821 2037; EZ/DZ 15/30 US$) Die Cabinas am Fußballplatz sind eine Wucht. Die Zimmer von Miss Miriam – also eigentlich führt ja ihre Tochter den Laden – haben gefliese Böden und solide Betten; von denen im Obergeschoss ist der Blick aufs Meer imposant. Das Restaurant von Miss Miriam zählt zu den besten Adressen

Tortugueros, um Spezialitäten der karibischen Küche zu genießen.

Casa Marbella (☎ 8833 0827; http://casamarbella. tripod.com; EZ/DZ 35/40 US$) Das B&B mit seinen fünf Zimmern füllt eine Lücke, die zwischen Budgethotels und Luxuslodges klafft. Das Casa Marbella befindet sich gegenüber der katholischen Kirche von Tortuguero und kann mit lichtdurchfluteten Zimmern aufwarten; an den hohen Decken sind Ventilatoren angebracht, und ein eigenes Bad mit heißer Dusche gehört auch noch dazu. Im Preis ist ein herzhaftes Frühstück enthalten, das oft im schattigen Patio am Fluss serviert wird. Der Inhaber Daryl Loth organisiert auch tolle Touren in die Umgebung.

Hotel Miss Junie (☎ 2709 8029, in San José 2709 7102; EZ/DZ 25/40 US$) Das Hotel am nördlichen Ortsrand liegt inmitten eines weitläufigen Grundstücks mit Rasenflächen im Schatten von Palmen, an denen Hängematten aufgespannt sind. Die eine Seite geht zum Fluss hin, die andere zum Meer, es kann also gar nichts schiefgehen. Die sauberen, gemütlichen Zimmer riechen nach Desinfektionsmittel, umso mehr weiß man die großen Fenster mit Fliegengitter zu schätzen, durch die eine laue Brise hereinweht. Im Preis ist ein komplettes Frühstück inbegriffen, das der renommierteste Koch Tortugueros zaubert (siehe Miss Junie's, S. 506).

NÖRDLICH DES DORFES TORTUGUERO

Die Lodges im Norden des Dorfes bedienen vor allem Reisegruppen, die ein Pauschalangebot gebucht haben; in der Regel ist die Fahrt von San José inbegriffen, außerdem alle Mahlzeiten und eine geführte Exkursion durch den Park. Aufpassen: Die Lodges an der Westseite der Lagune haben keinen Zugang zum Strand – und somit auch nicht zu den Schildkröten. Sofern sie nicht voll belegt sind, nehmen all diese Unterkünfte gern auch Gäste auf, die spontan vorbeikommen. Nur die Mawamba Lodge lässt sich zu Fuß erreichen, ansonsten werden die Gäste abgeholt. Die nachfolgenden Unterkünfte sind von Norden nach Süden aufgeführt; alle Preise gelten pro Person im Doppelzimmer mit Vollpension.

Pachira Lodge (☎ 2256 7080; www.pachiralodge.com; Pauschalangebot 2 Übernachtungen pro Erw./Kind 269/100 US$;) Felsige Wege wie bei der Familie Feuerstein führen durch das angelegte Dschungelgelände vom wunderschönen Restaurant mit Büfett bis zum pastellfarbenen Zimmer

im Regenwald. Die Lodge liegt direkt an der Laguna Tortuguero, gegenüber dem CCC-Besucherzentrum am nördlichen Dorfrand. Die Inhaber betreiben auch die Evergreen Lodge jenseits der Laguna Penitencia; dort ist es ruhiger, aber die Zimmer sind kleiner. Hier wird auch die einzige Baumkronentour (25 US$) der Umgebung angeboten.

Mawamba Lodge (☎ in San José 2293 8181; www.grupomawamba.com; Pauschalangebot 2 Übernachtungen pro Erw./Kind 280/144 US$;) Die rustikalen Zimmer mit Ventilator und heißen Duschen sind luftig und groß und haben alle eine Veranda samt Hängematte und Schaukelstuhl. Mehrere Pfade führen in den Regenwald und zum Strand. Im großzügig ausgestatteten Aufenthaltsraum kommen Kinder jeden Alters voll auf ihre Kosten. Ein Riesenvorteil ist, dass man vom Mawamba aus trockenen Fußes in den Ort gehen kann – das ist bei den anderen Lodges nicht möglich.

Samoa Lodge (☎ 2258 6244; www.samoalodge.com; Pauschalangebot 2 Übernachtungen 240 US$;) Auf der anderen Seite der Laguna Penitencia verstecken sich bunte Bungalows mit Spitzdach in einem tropischen Garten. Die Zimmer sind einfach, aber zitronengelb gestrichen und mit Möbeln aus Rattan und Hartholz ausgestattet. Das Restaurant ist wegen seiner kreativen Fusionsküche empfehlenswert.

Ilan Ilan Lodge (☎ 2296 7378, 2296 7502; www.mitour.com; Zi. 40 US$, Pauschalangebot 2 Übernachtungen 215 US$;) Die Lodge ist nach dem herrlich duftenden Baum mit gelben Blüten benannt, der das Grundstück schmückt. Die eher kleinen Zimmer mit Ventilator gruppieren sich um einen recht überwucherten Hof, den die Vögel schätzen. Das Hotel liegt auf einem 8 ha großen Gelände zwischen der Laguna Tortuguero und der Laguna Penitencia, die durch ein Netz von Wanderwegen miteinander verbunden sind. Hier lassen sich Pfeilgiftfrösche und anderes Getier gut beobachten.

LP Tipp Tortuga Lodge & Gardens (☎ 2257 0766, 2222 0333; www.costaricaexpeditions.com; EZ/DZ 116/140 US$, Pauschalangebot 2 Übernachtungen pro Pers. 379 US$;) Diese gemütliche Lodge untersteht Costa Rica Expeditions. Die Superiorzimmer sind geräumig und mit Fliegengittern ausgestattet. Überdachte Wege mit Schaukelstühlen und Hängematten laden im Freien zum Relaxen ein. Hinter dem Restaurant plätschert ein zauberhafter, unregelmäßig geformter Pool, der die trägen Bewegungen der Kanäle widerspiegelt. Die Lodge befindet sich in einem 20 ha großen Landschaftsgarten mit Privatwegen und einem beschaulichen Teich.

Turtle Beach Lodge (☎ 2248 0707, nach Geschäftsschluss 8837 6969; www.turtlebeachlodge.com; Pauschalangebot 2 Übernachtungen pro Erw./Kind 275/110 US$; 🅿) Auf der einen Seite vom Strand, auf der anderen vom Fluss gesäumt, wird diese Lodge von 70 ha Tropengärten und Regenwäldern umgeben. Die geräumigen, eleganten Zimmer sind mit Hartholzmöbeln eingerichtet, und die Fenster haben Fliegengitter, sodass eine sanfte Brise hereinweht. Das gesamte Areal lässt sich auf zig Pfaden durch den Dschungel erkunden, doch so mancher zieht es sicher vor, einfach faul am Pool in der Form einer Schildkröte oder in der strohgedeckten Hängemattenhütte herumzuhängen.

Essen

Eines der Loblieder, die auf Tortuguero gesungen werden, hier bislang allerdings noch nicht erwähnt wurden, schwärmt von der Küche: Die gemütlichen Restaurants locken die Touristen aus dem Regen in die Gaststuben mit dampfenden karibischen Fischspezialitäten. Die nachfolgenden Restaurants sind von Süden nach Norden aufgeführt.

Soda Doña María (☎ 2709 8050; 🕑 7–10 Uhr) Nach einer Wanderung im Park bietet sich dieses Soda am Fluss zur Erholung an. Auf den Tisch kommen frische *jugos* (Säfte) und andere kalte Getränke. Das Doña María befindet sich ein Stück nördlich des Parkeingangs.

Miss Miriam's (☎ 2709 8002; Hauptgerichte 5–8 US$; Hummer 12 US$) Die superleckere Küche von Miriams netter Tochter – von köstlichem *gallo pinto* (Reis mit schwarzen Bohnen) bis hin zum kompletten Hummer – ist es wert, in ein Boot zu steigen und das Hotelessen einfach ausfallen zu lassen. Das Lokal liegt direkt am Fußballplatz.

Buddha Cafe (☎ 2709 8084; Mahlzeiten 4–8 US$; 🕑 9–21 Uhr) Wen die New-Age-Musik nicht in dieses Café lockt, der wird bestimmt vom Duft der ofenfrischen Pizza angezogen. Es lohnt sich, vor dem Bestellen die Speisekarte genau zu studieren, denn Köstlichkeiten gibt es zuhauf: pikante Crêpes, gefüllt mit Krabben vom Grill oder Hähnchen und Käse, oder auch der „Buddhasalat" mit Avocado, Mais und *palmitos* (Palmherzen). Das Café ist in einem kurzen Fußmarsch vom Bootsanleger aus zu erreichen.

La Caribeña (Mahlzeiten 3–5 US$; 🕑 8–22 Uhr) Das Lokal ist recht einfach. Auf den Tisch kom-

men pikante Gerichte der Karibik, die sich Einheimische und Touristen gleichermaßen munden lassen. Auf jeden Fall sollte man seinen Kopf durch die Tür strecken, um zu erkunden, ob an dem Tag *rondón* auf dem Speisezettel steht, ein außergewöhnlicher Eintopf mit Meeresfrüchten, den man sich nicht entgehen lassen sollte.

Dorling Bakery (☎ 8845 6389; Gebäck 1–3 US$; 🕑 6–20 Uhr) Das hervorragende, täglich frisch gebackene Brot und Gebäck schmeckt mit einem guten Kaffee oder Espresso noch besser. Und gemütlich ist es hier auch.

LP Tipp **Miss Junie's** (☎ 2709 8029; Abendessen 9 bis 15 US$; 🕑 6–21 Uhr) Eines ist wirklich toll an karibischen Essen: Je länger die Meeresfrüchte und Gemüse in der Kokosmilch vor sich hin köcheln, desto besser schmecken sie. Das Miss Junie's ist die beste Adresse in Tortuguero, um diesen Sachverhalt zu testen. Deshalb empfiehlt es sich, das Abendessen rechtzeitig vorzubestellen. Es lohnt sich wirklich!

Lebensmittel gibt es im **Super Morpho Pulpería** (☎ 2709 8110; 🕑 Mo–Sa 6.30–21, So 8–20 Uhr).

Ausgehen

La Taberna (☎ 2710 6716; 🕑 ab 11.30 Uhr) Die Taverne neben dem Tropical Lodge bietet einen schönen Blick auf die Lagune und ist die beliebteste und angenehmste Adresse in Tortuguero, um sich einen Drink zu genehmigen. Besonders nett ist es am Nachmittag, wenn ein kühles Lüftchen vom Kanal herüberweht und man ein eiskaltes *cerveza* (Bier) trinkt, während die Sonne hinter den Bäumen versinkt. Später ist Karaoke angesagt – dann geht es hier weniger beschaulich zu.

La Culebra (🕑 ab 20 Uhr) Der einzige Nachtclub am Ort ist ein eher langweiliger Betonschuppen mit hämmernden Rhythmen, dennoch drängelt sich immer genug Volk auf der Tanzfläche. Ruhiger geht es bei Bier und *bocas* (costa-ricanische Tapas) an der Bar am Wasser zu. Während der Schildkrötensaison wird es allerdings knallvoll. Das Lokal befindet sich direkt beim Bootsanleger.

An- & Weiterreise

Eines gleich vorab: Es ist nun wirklich nicht so unglaublich schwierig, auf eigene Faust hierherzukommen. Wer nicht so gern allein unterwegs ist, findet schon nach der Landung in der Hauptstadt San José überall zahlreiche Pauschalangebote. Meistens sind die Mahlzeiten, die Unterkunft, der Transfer und mindestens ein Bootsausflug durch die Kanäle darin enthalten. Die Preise fallen sehr unterschiedlich aus und richten sich nach der Qualität der Unterbringung, dem Transfer und den jeweiligen Sonderleistungen.

Jungle Tom Safaris (☎ 2280 0243; www.jungletom safaris.com) Pauschalangebot mit zwei Übernachtungen von 119 US$ bis 240 US$. Es werden auch Tagestouren ab San José (79 US$) angeboten oder nur der Transfer hin und zurück (59 US$) – sehr nützlich für Leute, die auf eigene Faust unterwegs sind und vor Ort ihr individuelles Programm zusammenstellen, sich aber den Stress selber anzureisen ersparen wollen.

Learning Trips (☎ 2258 2293, 8396 1979; www.costa rica.us) Pauschalangebote mit ein/zwei Übernachtungen 155/195 US$. Die Pauschalangebote gelten inklusive Unterkunft, Mahlzeiten, Bootsausflüge und bereits geplanter Anreise von San José.

Riverboat Francesca Nature Tours (☎ 2226 0986; www.tortuguerocanals.com) Pauschalangebote mit zwei Übernachtungen von 175 US$ bis 190 US$. Überaus empfehlenswert sind die Touren mit dem Flussschiff *Francesca*. Im Preis sind Essen, Unterkunft, Kanaltouren und – während der Saison – eine nächtliche Exkursion zu den Schildkröten inbegriffen.

FLUGZEUG

Der kleine Flugplatz liegt 4 km nördlich des Dorfes Tortuguero. **NatureAir** (☎ 2220 3054) und **Sansa** (☎ 2709 8055) fliegen täglich nach San José und zurück – einfacher Flug/Hin- und Rückflug 68/136 US$ mit NatureAir, 63/126 US$ mit Sansa. Viele der teureren Lodges bieten bei Pauschalangeboten auch Charterflüge an.

SCHIFF

Tortuguero ist mit dem Boot von Cariari oder Moín aus zu erreichen. Wer weiter in den Süden nach Parismina möchte, nimmt am besten eines der Boote nach Moín und steigt unterwegs aus.

Von und nach Cariari

Die meistbefahrene und preiswerteste Route von und nach Tortuguero führt durch Cariari; von dort aus verkehren Busse nach San José oder Puerto Limón (über Guápiles). Drei Busunternehmen bedienen die Strecke; der Fahrpreis liegt bei 10 US$ pro Person:

Clic Clic (☎ 8844 0463) Via La Pavona, 6 und 11.30 Uhr.

Coopetraca (☎ 2767 7137) Via La Pavona, 6, 11.30 und 15 Uhr.

Viajes Bananeros (☎ 2709 8005) Via La Geest, 7 und 11 Uhr; auch privates Busunternehmen, siehe rechts.

Fahrkarten sind auf dem Boot und in allen Informationszentren in Tortuguero und Umgebung erhältlich. Bei der Ankunft in La Pavona oder La Geest wartet ein Bus, der die Gäste nach Cariari bringt. Wer nach San José reist, nimmt am besten das Boot um sechs Uhr, weil die Busverbindungen in der Frühe besser klappen.

Auf Reisende, die über Cariari nach Tortuguero kommen, warten bereits Schlepper, die die Leute in ihre Boote und Busse zu lotsen versuchen. Doch was sie auch immer behaupten mögen: Die gängige Route nach Tortuguero führt über La Pavona. Dorthin Busse fahren des Unternehmens Coopatreca vom zentralen Busbahnhof in Siquirres aus; er befindet sich hinter der Polizeiwache. Los geht es um 6, 12 und 15 Uhr. Das private Bootsunternehmen Bananero bietet ebenfalls Busse von Cariari nach Tortuguero über Geest. Die Bananero-Busse fahren am Busbahnhof von San José um 13.30 Uhr und 15.30 Uhr ab. Siehe auch S. 488.

Die Fahrpläne und -preise nach Tortuguero ändern sich häufig. Über den aktuellen Stand informiert www.geocities.com/tortuguero info/main.html.

Von und nach Moín

Die Strecke Moín–Tortuguero ist vor allem eine Touristenroute. Auf den Kanälen verkehren viele Ausflugsboote, einen zuverlässigen Fahrplan gibt es nicht.

Theoretisch bietet **Viajes Bananeros** (☎ 2709 8005; www.tortuguero-costarica.com) während der Hochsaison täglich um zehn Uhr einen Transfer nach Moín (30 US$).

Andernfalls empfiehlt es sich, im **Tortuguero Info Center** (☎ 2709 8015; tortuguero_info@racsa.co. cr) anzufragen, um wie viel Uhr genau die Boote nach Moín fahren, die noch Platz für Individualreisende haben. Auf jeden Fall ist eine telefonische Rückbestätigung ratsam, denn die Fahrpläne ändern sich, und manche Boote fallen gleich ganz aus, wenn nicht genügend Fahrgäste da sind.

BARRA DEL COLORADO

Das **Refugio Nacional de Vida Silvestre Barra del Colorado**, kurz „Barra" genannt, ist das größte nationale Tierschutzgebiet in Costa Rica. Das Grenzgebiet von Nicaragua eingerechnet, umfasst es eine Fläche von 90 400 ha.

Barra bildet zusammen mit dem angrenzenden Nationalpark Tortuguero ein zusammenhängendes Naturschutzgebiet. Auch landschaftlich ähneln sich die Schutzgebiete.

Zum Refugio gehören ein 50 km langer Küstenstreifen und unzählige Quadratkilometer Kanäle, Lagunen, Flüsse sowie ausgedehnte Sumpf- und Feuchtgebiete.

Außerdem gibt es hier ein bis zu 230 m hohes, hügeliges Gelände, das aus uralten Vulkankegeln besteht (darunter auch dem Cerro Tortuguero). Das ganze Jahr über fällt hier reichlich Niederschlag.

Durch das Schutzgebiet mäandrieren die Flüsse Río San Juan, Río Colorado und Río Chirripó, die alle ins Karibische Meer münden. Das flache Schwemmland an der Küste ist deshalb oft überflutet.

Das Gelände ist sehr morastig, winzige Inseln tauchen auf und verschwinden bald wieder. Das einzig praktikable Transportmittel ist daher das Boot.

Barra ist abgelegener, teurer und schwieriger zu erreichen als Tortuguero. Aber wer das Abenteuer wagt, findet hier ein Paradies, in dem die gefährdeten Rundschwanz-Seekühe, Kaimane, Krokodile und Fische wie der Tarpun zu Hause sind.

Zu den Säugetieren, die das Schutzgebiet bevölkern, gehören vier Großkatzen- und zwei Affenarten, außerdem der Baird-Tapir und die Dreifinger-Faultiere. Und auch die Vogelwelt hat einiges zu bieten: den farbenprächtigen Fischertukan und den grünen Soldatenara, Greifvögel wie den Fischadler und den Schneebussard sowie zahllose interessante Wasservögel.

Der Río San Juan, Grenzfluss zu Nicaragua (viele Ortsansässige stammen aus Nicaragua), trennt das Schutzgebiet nach Norden ab. In den 1980er-Jahren war die Gegend politisch unsicher, was zur Isolierung des ohnehin schwer zugänglichen Reservats beitrug.

Seit die Feindseligkeiten zwischen Sandinisten und Contras 1990 abgeflaut sind, ist es unkomplizierter geworden, nach Norden entlang dem Río Sarapiquí zu reisen und Richtung Osten dem Lauf des San Juan zu folgen (wobei man nach Nicaragua einreist; s. Kasten S. 509). Die Costa-Ricaner haben zwar das Nutzungsrecht, doch der Río San Juan gehört faktisch zu Nicaragua. Gelegentliche territoriale Auseinandersetzungen zeigen, dass zwischen den beiden Ländern immer noch Spannungen herrschen. Wer zum Fischen auf dem Fluss unterwegs ist, sollte seinen Pass immer dabei haben.

Orientierung & Praktische Informationen

Das Dorf Barra del Colorado liegt an der Mündung des Río Colorado, der durch den Ort fließt und ihn in Barra del Norte und Barra del Sur teilt. Straßen gibt es hier nicht. Der Flugplatz liegt am Südufer, aber die meisten Einwohner leben auf der Nordseite. Das Gelände außerhalb des Dorfes ist sumpfig, von Wasserläufen durchzogen und praktisch nur mit dem Boot zu bereisen. Nur rund um die Lodges herum gibt es einige Fußwege.

Der Servicio de Parques Nacionales (SPN) unterhält eine kleine **Rangerstation** (Eintritt ins Schutzgebiet 6 US$) am Südufer des Río Colorado in der Nähe des Dorfes. Dienstleistungen gibt es hier keine. **Diana's Souvenirs** (☎ 710 6592) in der Nähe des Flughafens hat aber einen Internetzugang, ein öffentliches Telefon und liefert Wetterberichte und Touristeninformation.

Aktivitäten
KANU- & KAJAKFAHREN

Am besten lassen sich die Flüsse und Lagunen des Naturschutzgebiets mit dem Boot erkunden. Wer nicht angelt, kann auf den Wasserstraßen mit dem Kanu oder Kajak umherpaddeln, die in einigen Lodges zur Verfügung gestellt werden. Die Silver King Lodge verleiht 5 m lange Aluminiumkumkanus, die sich zum Angeln, aber auch zur Erkundung der abgelegeneren Lagunen eignen.

SPORTANGELN

Trotz der grandiosen Möglichkeiten der Tierbeobachtung leben die meisten Hotels von den Sportanglern. Von Januar bis Juni machen die Angler Jagd auf Tarpune, von September bis Dezember auf den Robalo. Der Fischfang hat aber das ganze Jahr über Saison. An der Küste lassen sich Barrakudas, Makrelen und Crevalle Jack (eine Stachelmakrelenart) aus dem Wasser holen, im Fluss schwimmen Blaue Sonnenbarsche, Buntbarsche (*guapote*) und Machaca. Auch Hochseeangeln (Marlin, Segelfisch und Thunfisch) ist möglich, aber dafür ist die Pazifikseite eigentlich besser geeignet. An einem guten Tag gehen Dutzende Fische an den Haken, deshalb halten sich die Lodges an die umweltfreundliche Devise „fangen und freilassen".

Schlafen & Essen

Vom Flughafen aus sind nur die Tarponland Cabinas und die Río Colorado Lodge zu Fuß

AUSFLUG NACH SAN JUAN DEL NICARAGUA

Tagestrips am Río San Juan entlang und Angelausflüge auf dem Fluss führen ins Grenzgebiet von Nicaragua. Für den Fall, dass eine Grenzpatrouille kommt, sollte man deshalb seinen Reisepass dabei haben.

Wer tiefer in das Nachbarland vordringen möchte, kann über das Hotel Ausflüge zur Grenzstadt San Juan del Norte – wegen der Grenzstreitigkeiten neuerdings San Juan del Nicaragua genannt – arrangieren (oder für rund 300 US$ selbst ein Boot mieten). Deutsche, Österreicher und Schweizer können mit einem noch sechs Monate gültigen Reisepass einreisen.

San Juan del Nicaragua liegt an der Mündung des Río San Juan. Das ruhige Dorf hat nicht viel zu bieten – bis auf seine fesselnde Geschichte. Gegründet wurde die Stadt 1549. Als englische Siedler den Ort 1847 übernahmen, nannten sie ihn „Greytown". Während des Goldrausches war der Río San Juan ein wichtiger Transportweg zwischen Atlantik und Pazifik: Ladung, Menschen und Geld flossen durch die Stadt. Heute ist das einstige Greytown eher eine Geisterstadt, nur die Ruinen erinnern an seine Blütezeit.

Das „lebendige" – aber überaus feuchte – Dorf San Juan del Nicaragua liegt auf der anderen Seite der Bucht. Die **Río Indio Lodge** (☎ 8381 1549, 2296 0095; www.rioindiolodge.com; EZ/DZ 200/ 225 US$; ☐ ☎) bietet 34 geräumige Zimmer, ein Gourmetrestaurant und eine gut bestückte Bar. Die eigentliche Spezialität der Lodge ist das Sportangeln, doch es macht auch Spaß, an den Gleisen der Eisenbahn, die noch aus alten Greytown-Zeiten stammen, entlangzumarschieren oder auf der Laguna Silico mit dem Kajak umherzufahren.

Zwischen Juan del Norte und dem übrigen Nicaragua verkehren unregelmäßig Passagierschiffe, die den Río San Juan nach San Carlos am Lago de Nicaragua hinauffahren.

zu erreichen. Zu allen anderen Unterkünften gelangt man mit dem Boot (wer reserviert hat, wird abgeholt). Die Pauschalangebote beinhalten den Transfer von San José, die Angelausflüge, Unterkunft, Vollpension und Getränke. Es können Touren unterschiedlicher Länge arrangiert werden.

Tarponland Cabinas (☎ 2710 2141; Zi. pro Pers. 25 US$, DZ mit Sportangeln 295 US$; ☎) Das ist ganz gewiss die billigste Bleibe in Barra. Die *cabinas* lassen sind vom Flughafen aus zu Fuß zu erreichen. Die einfachen Zimmer mit Hartholz sind recht verwohnt, aber das zugehörige Restaurant ist gut.

Río Colorado Lodge (☎ 2232 4063; www.riocolorado lodge.com; Zi. pro Pers. mit/ohne Angeln 450/120 US$; ☒ ☖) Die Lodge wurde 1971 erbaut und ist somit die älteste an der Karibikküste. Die weitläufigen Gebäude im Tropenstil befinden sich in der Nähe der Mündung des Río Colorado. Die Häuser stehen auf Pfählen, die Wege sind überdacht – alles sehr sinnvoll im Regenwald. Die Zimmer sind luftig und ansprechend. Wer sich nach einem Angeltag entspannen möchte, kann die Happy Hour nutzen und kostenlose Drinks mit Rum genießen; außerdem gibt es hier einen Billardtisch, eine Terrasse mit frischer Brise und Satelliten-TV. Diese Lodge ist die einzige, die vom Flughafen aus zu Fuß zu erreichen ist;

die vielen Einheimischen haben ihr zu dem Ruf einer „Partylodge" verholfen. Im Preis sind alle Mahlzeiten inbegriffen.

Silver King Lodge (☎ 2711 0708; www.silverkinglodge. net; Zi. pro Pers. 135 US$, Pauschalangebot mit 3 Übernachtungen pro Pers. 1875 US$, Zusatztag 325 US$; ☒ ☐ ☎) Diese hervorragende Lodge ist nicht nur bei Sportanglern der Renner, sondern auch bei Paaren und Familien. Die 3,5 m hohen, riesigen, wirklich wunderschönen Zimmer mit viel Hartholz haben Bambusdecken, es hängen bunte Webteppiche an den Wänden, und zahlreiche Annehmlichkeiten sind ebenfalls vorhanden. Überdachte Wege führen zum Pool, den ein Wasserfall speist, zum Restaurant mit internationalem Büfett und zur Bar unter freiem Himmel, in der es tropische Cocktails gibt – wie den „Funky Monkey", die Spezialität des Hauses. Im Juli und Dezember ist die Lodge geschlossen.

Casa Mar Lodge (☎ 1-800-493-8426; www.casamar lodge.com; Pauschalangebot mit 5 Übernachtungen pro Pers. 2495–3100 US$) Wenn die Direktoren einfach mal kurz das Schild „Bin beim Angeln" an die Tür hängen, dann ist eigentlich klar, was hier läuft. Die luxuriösen Cabinas mit schön gefliesten Duschbädern (heißes Wasser!) liegen in einem 2,8 ha großen Garten, in dem sich zahllose Vögel ein Stelldichein geben; zu den Mahlzeiten gibt es Hausmannskost. Der eigentliche

Hit sind allerdings die starken Motorboote und die beeindruckenden 75 kg schweren Tarpune, die sonst nur auf den Titelseiten von Angelsport-Magazinen zu bewundern sind. So mancher hat vielleicht auch schon den Besitzer Bill Barnes in solch einem Magazin gesehen, denn er hält momentan den Weltrekord im Fliegenfischen: Ein 12 kg schwerer Robalo ist ihm an den Haken gegangen.

An- & Weiterreise

Am einfachsten ist Barra über den Luftweg erreichbar – sowohl Sansa (einfach/hin und zurück 63/126 US$) als auch NatureAir (68/136 US$) landen hier auf ihrem täglichen Flug nach Tortuguero.

Regelmäßige Bootsverbindungen nach Barra gibt es nicht. Es ist aber möglich, Überfahrten ab Tortuguero (50 US$ pro Boot), ab Puerto Viejo de Sarapiquí (S. 568; 60 US$ pro Boot) oder Moín (S. 541) zu organisieren. Während der Trockenzeit fahren Busse von Cariari (S. 488) nach Puerto Lindo. Von da aus sollte man versuchen, eines der Hotelboote oder Wassertaxis zu erwischen, die nach Barra weiterfahren.

SÜDLICHE KARIBIKKÜSTE

Hier liegen Herz und Seele der afro-karibischen Bevölkerung – hierher brachte United Fruit die Einwanderer aus Jamaika. Sie legten nicht nur den Grundstein der realen Bananenrepublik, sondern machten den Süden auch zu ihrer neuen Heimat. Über ein halbes Jahrhundert lebten die Menschen an der südlichen Karibikküste weitgehend unabhängig vom Rest des Landes. Als die Bananenplantagen und später auch der Kakaoanbau der Braunfäule zum Opfer fielen, verlegten sie sich auf Landwirtschaft und Fischerei.

Die afro-karibischen Gemeinschaften pflegten gute Nachbarschaft mit den indigenen Ureinwohnern, die heute in den nahe gelegenen Reservaten Cocles/KéköLdi, Talamanca Cabécar und Bribrí leben. Beide Gruppen tauschten – abgeschnitten vom Geschehen im restlichen Costa Rica – ihr uraltes Wissen über Heilpflanzen, Landwirtschaft und das Überleben im Dschungel aus.

1949 fielen zwar die Rassengrenzen, aber Elektrizität, Straßen und Telefonleitungen

drangen erst spät bis an den entlegenen, daher idyllischen Küstenstreifen vor. Nur so konnte sich hier bis heute eine eigenständige, unabhängige Kultur halten.

Dennoch ist es kaum vermeidbar, dass die verbesserte Infrastruktur und die wachsende Tourismusindustrie gerade die kulturellen Eigenarten verdrängen, deretwegen so viele Besucher kommen. Vor allem Puerto Viejo bekam den Einfluss der Besucher aus Nordamerika und Europa zu spüren: Pioniere waren die Surfer, gefolgt von Reisenden auf der Suche nach einem Tapetenwechsel. (Wer will es ihnen in dieser Bilderbuchlandschaft mit ihrer angenehmen Atmosphäre verübeln?)

Aber keine Angst – wenigstens noch nicht: Überall erklingt die Musik der Inseln, Reggae- und Calypsorhythmen schallen aus Häusern und Geschäften bis auf die Straßen. Die Küche ist außergewöhnlich, selbst das einfachste Reisgericht mit Bohnen beschwört die Düfte Jamaikas. Und obwohl die meisten Bewohner Spanisch sprechen, hält sich der Mischmasch aus Patois und Englisch – für ungeübte Ohren nicht immer leicht zu verstehen.

Gefahren & Ärgernisse

Der südlichen Karibikküste werden viele Gefahren nachgesagt. Gerade die Bewohner warnen gern vor Wetterlagen, die sich zum Hurrikan auswachsen können, unsagbar schlechten Straßen und immer mehr Diebstählen und höherem Drogenkonsum. Das meiste ist übertrieben, aber wie in ganz Costa Rica sind auch hier die üblichen Vorsichtsmaßnahmen angebracht: Hotelzimmer abschließen, nichts im Auto liegen lassen, Ausrüstung am Strand nie unbewacht lassen, bei Dunkelheit nicht allein am Strand laufen. An manchen Orten werden zwar Drogen konsumiert, aber die Mehrzahl der Einwohner billigen das nicht. Wer Drogen kauft, macht sich strafbar und begibt sich in Gefahr.

RESERVA BIOLÓGICA HITOY-CERERE

Das besonders schroffe und nur selten besuchte Reservat **Hitoy-Cerere** (☎ 2795 1446; Eintritt 6 US$; ◷ 8–16 Uhr) liegt nur 60 km südlich von Limón. Charakteristisch für das 9950 ha große Schutzgebiet am Rand der Cordillera de Talamanca sind die unterschiedlichen Höhenlagen, die immergrünen Wälder und die rauschenden Flüsse. Wen wundert das angesichts eine Niederschlagssäule von 4000 bis 6000 mm Regen pro Jahr?

Unzählige Tiere haben in diesem feuchten Klima ihr Refugium. Am häufigsten lassen sich Wollbeutelratte, Vieraugenbeutelratte, Tayra (eine Marderart), Brüllaffe und Weißschulter-Kapuzineraffe blicken. Nicht zu übersehen ist der Montezuma-Stirnvogel, dessen Nester wie Pendel von den Bäumen herabhängen. Weitere ornithologische Highlights sind der Fischertukan, der Brillenkauz und der Grünfischer.

Rund um das Schutzgebiet liegen einige abgeschiedene Indianerreservate, zu denen seit einiger Zeit Ausflugstouren angeboten werden (s. Kasten S. 540).

Außer der Forststation am Eingang des Reservats gibt es hier in der Nähe keine weiteren Einrichtungen. Ein 9 km langer Wanderweg führt in Richtung Süden, aber er ist steil, glitschig und die meiste Zeit in schlechtem Zustand.

An- & Weiterreise

Mit dem Auto (Allradantrieb ist empfehlenswert) geht es nach Westen auf der ausgeschilderten Straße nach Valle de la Estrella und Penshurst (gleich südlich der Brücke über den Río Estrella). Ein kleines Schild an der Bushaltestelle weist den Weg zu einer unbefestigten, aber guten Straße, von dort sind es noch etwa 15 km zum Reservat.

Von Limón fährt ein Bus bis Valle de la Estrella. An der Endstation (Fortuna/Finca 6) nimmt man am besten ein Taxi und lässt sich nach Absprache wieder abholen (25 US$).

Ab Cahuita gibt es Taxis und geführte Wanderungen inklusive Transfer. **Cahuita Tours** (☎ 2755 0000/0232) bietet für 100 US$ pro Person eine geführte Tageswanderung an. Sie startet um 6 Uhr morgens, denn dann sind die Chancen am besten, auch viele Wildtiere zu beobachten.

CAHUITA

Während der Nachbarort Puerto Viejo in bestimmten Kreisen immer mehr zur angesagten Destination wird, hat Cahuita ein eher entspanntes Verhältnis zu all den Besuchern der südlichen Karibikküste. Viele Geschäfte sind in einheimischer Hand und die Atmosphäre noch immer sehr locker.

Der Ort selbst ist einfach atemberaubend schön: Der schwarze Sand verleiht der Playa Negra eine ungewöhnliche, fast schon ätherische Stimmung, sie eignet sich ausgezeichnet zum Schwimmen.

Ursprünglich lebten die Indianerstämme der Bribrí und Cabécar (s. Kasten S. 540) in dieser Region. Doch sollen sich in Cahuita auch die ersten afro-karibischen Siedler niedergelassen haben. Der erste war angeblich der Schildkrötenfischer William Smith, der 1828 mit seiner Familie nach Punta Cahuita zog. Seine Nachkommen – und die vieler Immigranten – kochen noch heute mit Kokosnuss, hören im Radio Reggae und tragen ganz wesentlich zum eindeutig afro-karibischen Flair des Ortes bei.

Neben ausgezeichnetem Essen und Faulenzen am paradiesischen Strand steht auf jeden Fall ein Ausflug in den benachbarten Nationalpark Cahuita auf dem Programm. Schließlich liegt der Park zu Fuß nur fünf Minuten von der „City" entfernt. Dort sind die Strände noch idyllischer als anderswo, Wege führen durch den geschützten Regenwald und vor der Küste liegt eines der beiden noch intakten Korallenriffe des Landes.

Im Norden erstreckt sich die Playa Negra, im Süden liegt der Parque Nacional Cahuita und dazwischen drängt sich das winzige Zentrum von Cahuita auf einer kleinen Landzunge. Der Ort selbst besteht nur aus zwei Schotterstraßen, die wenig befahren sind. Das hindert die Bewohner aber keinesfalls, die Nachmittage am schattigen Wegesrand zu verbringen und den Verkehr zu beobachten.

Praktische Informationen

Banco de Costa Rica (◷ Mo–Fr 9–16 Uhr) Der Geldautomat funktioniert mit den Systemen Plus und Visa.
Centro Turístico Brigitte (☎ 2755 0053; www.brigittecahuita.com; Playa Negra; pro Std. 2 US$; ◷ 7 bis 18 Uhr) Internetzugang.
Internet Palmer (pro Std. 2 US$; ◷ 9–20 Uhr)
Mercado Safari (◷ 6–16 Uhr) Wechselt US- und kanadische Dollar, Euro, Schweizer Franken, britische Pfund und Reiseschecks zu leider sehr hohen Gebühren.
Spencer Seaside Lodging (☎ 2755 0210/027; pro Std. 2 US$; ◷ 8–20 Uhr) Internetzugang.
Willie's Tours (☎ 8843 4700; pro Std. 2 US$; ◷ Mo bis Sa 8–20, So 16–20 Uhr) Internetzugang.

Gefahren & Ärgernisse

Frauen wissen vielleicht, dass Cahuita einen gewissen Ruf hinsichtlich freier Liebe hat. Offensichtlich gibt es immer wieder männliche Reisende, die auf eine schnelle Nummer aus sind. Doch selbst freie Liebe ist nicht umsonst, die Herren wollen bewirtet werden, und auch Kondome sind Sache der Frauen.

Sehenswertes & Aktivitäten

SCHWIMMEN & SURFEN

Am nordwestlichen Ortsrand von Cahuita präsentiert sich die **Playa Negra** als langer, schwarzer Sandstrand. Hier flattert die *bandera azul ecológica*: Diese Fahne zeigt an, dass der Strand auch höchsten ökologischen Standards entspricht.

Der Strand ist zweifelsohne der beste Badeplatz in Cahuita. Noch wichtiger ist, dass der Strand weit genug von der Ortschaft entfernt ist, sodass es hier bei all den Fußmüden nie zu voll wird.

Nur wenige Surfer wissen, dass die Playa Negra einen tollen Beach Break hat. Da der Strand abseits der üblichen Surferroute Costa Ricas liegt, gibt es hier für den Einzelnen mehr Wellen. Am besten sind die Bedingungen am frühen Morgen, vor allem wenn die Brandung von Süden oder Osten her anrollt. Das Beach House (S. 519) verleiht Surfbretter, außerdem wird hier Unterricht (25 US$) angeboten.

Nicht weit vom Strand entfernt, kann man auch im Centro Turístico Brigitte oft Stunden nehmen.

Die relativ abgeschiedene Playa Negra steht in krassem Gegensatz zur **Playa Blanca** am Eingang zum Nationalpark (s. S. 520).

Geführte Touren

Schnorcheln, Angeln, Sportangeln und Ausritte zählen zu den gängigen Angeboten:

Cahuita Tours (☎ 2755 0000/0232) Eine der ältesten und etabliertesten Agenturen vor Ort. Im Angebot sind geführte Wanderungen zum Hitoy-Cerere und Ganztagesausflüge in die Reserva Indígena Talamanca Bribrí (55 US$).

Centro Turístico Brigitte (☎ 2755 0053; www. bri gittecahuita.com) Brigitte hat sich auf Exkursionen hoch zu Ross spezialisiert (3/5 Std. pro Pers. 35/45 US$); es geht am Strand entlang bis zu den Wasserfällen im Dschungel. Hier kann man auch prima ein Fahrrad ausleihen (pro Tag 8 US$).

Roberto's Tours (☎ 2755 0117) Organisiert Ausflüge zum Schnorcheln und Exkursionen zu den Delfinen im Nationalpark, doch der wahre Grund für Robertos Bekanntheit ist das Sportangeln (Küsten-/Hochseeangeln pro Person 60/300 US$). Und noch ein Plus: Nach getaner Arbeit lässt Roberto den Fang zum Abendessen in seinem renommierten Restaurant zubereiten.

Willie's Tours (☎ 8843 4700; www.willies-costarica-tours.com) Auf einem Ausflug von Willie lernen die Gäste eine Bribrí-Familie sowie eine KéköLdi-Leguanfarm (35 US$) kennen.

Schlafen

In Cahuita gibt es zwei Möglichkeiten, eine Bleibe zu finden: im Ort selbst und an der weiter nördlich gelegenen Playa Negra.

ZENTRUM

Im Ort sind die Hotels in der Regel preiswerter und lauter, dennoch sind durchaus auch einige edlere Quartiere zu finden. Von Vorteil ist, dass viele Restaurants und auch der Nationalpark gleich in der Nähe sind. Wer ein Hotel des gehobeneren Preissegments bevorzugt, findet an der Playa Negra eine größere Auswahl.

Budgetunterkünfte

Die meisten Quartiere in Cahuita sind preiswert, einfach und sauber – etwas für Leute, die mit einer kalten Dusche und einem Moskitonetz zufrieden sind.

SELVA BANANITO LODGE

Die **Farm und Ökolodge** (☎ 2253 8118; www.selvabananito.com; 3-Tages-Paket 475 US$; Ⓟ) ist ein Familienbetrieb. Die Farm liegt am Fuß des Cerro Muchito und am Rand des Parque Internacional La Amistad und ist insgesamt 1200 ha groß. Zum Gelände gehören Weiden, Plantagen und Wiederaufforstungsareale. Der Umweltgedanke erfasst bei Familie Stein alle Lebensräume: Sie nutzt Solarenergie und biologisch abbaubare Produkte und recycelt Hartholz zu Bauholz. Und die Steins engagieren sich aktiv in einem Projekt zum Schutz der Wasserqualität von Limón. Die Lodge hat zwar keinen Zugang zum Strand, bietet aber eine Vielzahl anderer Aktivitäten, die abenteuerlustige Gäste auf Trab halten: Bäume erklettern, Bäume pflanzen, Wandertouren zu Wasserfällen und Reitausflüge. Die Preise gelten pro Person im Doppelzimmer plus drei Mahlzeiten am Tag, Transfer ab San José und alle oben beschriebenen Aktivitäten.

Wer mit dem Auto unterwegs ist, nimmt die Abzweigung an der Kreuzung südlich vom Río Vizcaya (19 km südlich von Limón). Die Lodge liegt rund 8 km landeinwärts. Eine genaue Wegbeschreibung steht auf der Website.

CAHUITA

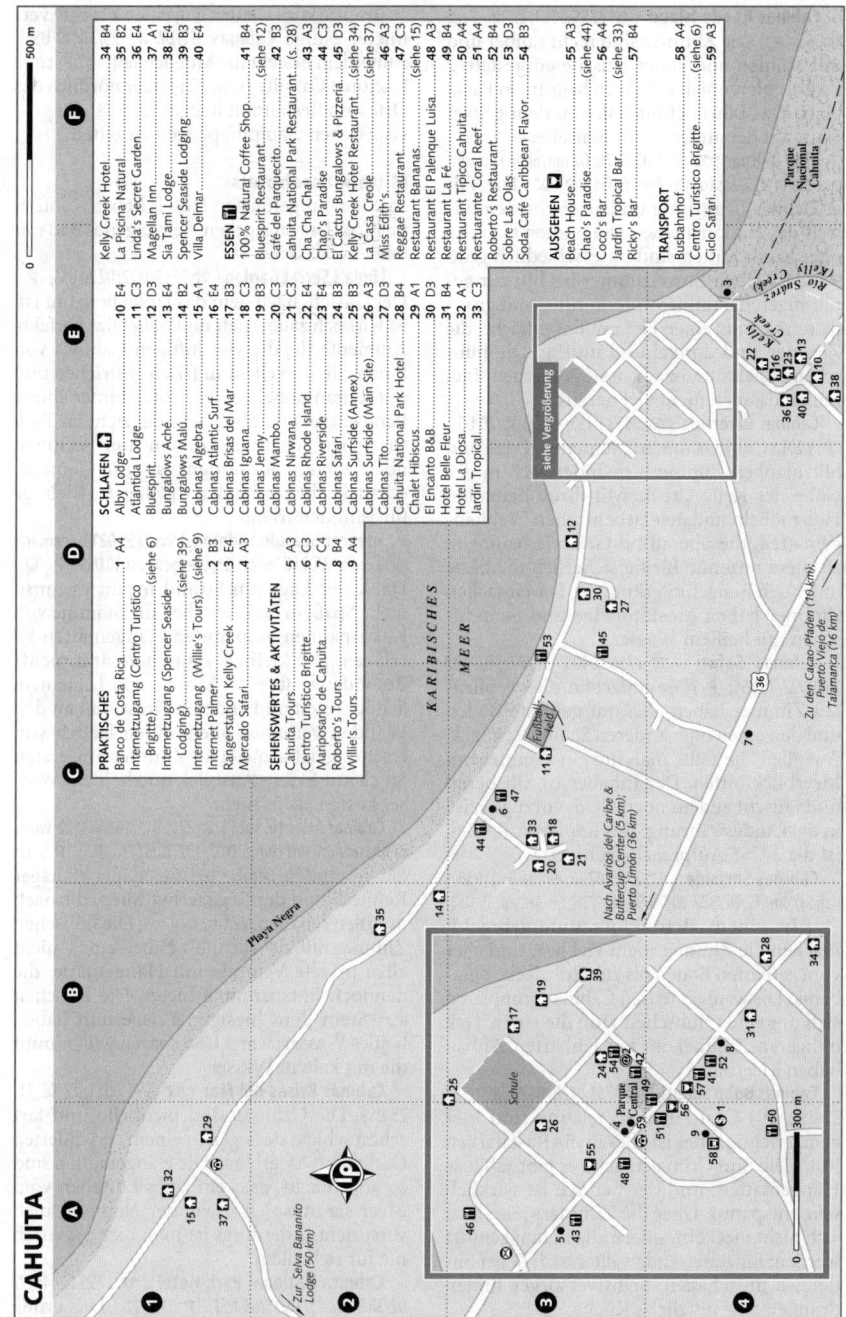

PRAKTISCHES
Banco de Costa Rica..................1 A4
Internetzugang (Centro Turístico
  Brigitte).....................................(siehe 6)
Internetzugang (Spencer Seaside
  Lodging)....................................(siehe 39)
Internetzugang (Willie's Tours)..(siehe 9)
Internet Palmer.............................2 B3
Rangerstation Kelly Creek............3 E4
Mercado Safari...............................4 A3

SEHENSWERTES & AKTIVITÄTEN
Cahuita Tours..................................5 A3
Centro Turístico Brigitte..................6 C3
Mariposario de Cahuita..................7 C4
Roberto's Tours..............................8 B4
Willie's Tours..................................9 A4

SCHLAFEN
Alby Lodge....................................10 E4
Atlantida Lodge.............................11 C3
Bluespirit.......................................12 D3
Bungalows Aché............................13 E4
Bungalows Malú............................14 B2
Cabinas Algebra............................15 A1
Cabinas Atlantic Surf.....................16 E4
Cabinas Brisas del Mar..................17 B3
Cabinas Iguana.............................18 C3
Cabinas Jenny...............................19 B3
Cabinas Mambo............................20 C3
Cabinas Nirwana...........................21 C3
Cabinas Rhode Island....................22 E4
Cabinas Riverside..........................23 E4
Cabinas Safari...............................24 B3
Cabinas Surfside (Annex)...............25 B3
Cabinas Surfside (Main Site)..........26 A3
Cabinas Tito..................................27 D3
Cahuita National Park Hotel..........28 B4
Chalet Hibiscus.............................29 A1
El Encanto B&B.............................30 D3
Hotel Belle Fleur...........................31 B4
Hotel La Diosa..............................32 A1
Jardín Tropical...............................33 C3

ESSEN
Kelly Creek Hotel...........................34 B4
La Piscina Natural..........................35 B2
Linda's Secret Garden....................36 E4
Magellan Inn.................................37 A1
Sia Tami Lodge..............................38 E4
Spencer Seaside Lodging...............39 B3
Villa Delmar..................................40 E4

100% Natural Coffee Shop............41 B4
Bluespirit Restaurant................(siehe 12)
Café del Parquecito.......................42 B3
Cahuita National Park Restaurant...(s. 28)
Cha Cha Chal................................43 A3
Chao's Paradise.............................44 C3
El Cactus Bungalows & Pizzería.....45 D3
Kelly Creek Hotel Restaurant....(siehe 34)
La Casa Creole.........................(siehe 37)
Miss Edith's...................................46 A3
Reggae Restaurant........................47 C3
Restaurant Bananas.................(siehe 15)
Restaurant El Palenque Luisa.........48 A3
Restaurant La Fé...........................49 B4
Restaurant Típico Cahuita.............50 A4
Restaurante Coral Reef..................51 A4
Roberto's Restaurant.....................52 B4
Sobre Las Olas..............................53 D3
Soda Café Caribbean Flavor...........54 B3

AUSGEHEN
Beach House..................................55 A3
Chao's Paradise.......................(siehe 44)
Coco's Bar....................................56 A4
Jardín Tropical Bar....................(siehe 33)
Ricky's Bar....................................57 B4

TRANSPORT
Busbahnhof...................................58 A4
Centro Turístico Brigitte.............(siehe 6)
Ciclo Safari...................................59 A3

KARIBIKKÜSTE

Cabinas Rhode Island (☎ 2755 0264; Zi. pro Pers. 14 US$; Ⓟ) Die Zimmer sind recht sauber und mit Stühlen und kalter Dusche ausgestattet; sie gruppieren sich um einen begrünten Parkplatz. Das Büro befindet sich in dem gelben Haus auf der anderen Straßenseite.

Villa Delmar (☎ 2755 0392/75; DZ mit/ohne Klimaanlage 30/14 US$, zusätzliche Pers. 6 US$; Ⓟ 😣) Die Villa Delmar liegt ruhig und abgeschieden unweit des Nationalparks. Die bunten Cabinas oder Wohnhütten sind unterschiedlich groß – vom kleinen Einzelzimmer bis hin zur geräumigeren Familienunterkunft – und gruppieren sich um einen Hof mit Rasenfläche; die Zimmer sind dunkel und muffig. Die hübschen Pastelltöne, in denen sie gestrichen sind, reißen da auch nicht viel heraus.

Cabinas Riverside (☎ 2553 0153; EZ/DZ 15/20 US$; Ⓟ) Die Cabinas mit effizientem Service und blitzblanken Zimmern befinden sich in der Nähe des Kelly Creek. Mit ihren bemalten Holzmöbeln und den farbenfrohen Webhängematten, die überall im Gelände baumeln, ist diese reizende Bleibe sicherlich die beste unter den Budgetunterkünften. Die einfachen Zimmer haben Moskitonetze und Steinduschen mit heißem Wasser.

Cabinas Safari (☎ 2755 0405; EZ/DZ/3BZ/4BZ 15/18/22/25 US$; Ⓟ) Die einfachen, aber gepflegten Zimmer haben allesamt geflieste Böden und den einen oder anderen Schnickschnack. Auf alle Fälle sollte man um ein Zimmer mit Meerblick bitten. Der Inhaber ist hilfsbereit und tauscht zudem noch Geld, vorzugsweise in die Landeswährung. Das üppige Frühstück ist die 2 US$ Aufpreis locker wert.

Cabinas Surfside (☎ 2755 0246; evadarling1930@yahoo.com; EZ/DZ/3BZ 20/25/35 US$; DZ im Anbau 35 US$; Ⓟ) In einem Betonklotz untergebracht, machen die Zimmer nicht viel her, sind aber vom gefliesten Boden bis zur Holzdecke blitzblank. Die weniger teuren Cabinas gruppieren sich um einen hübschen Hof; die einen Tick billigeren Zimmer im benachbarten Anbau haben Meerblick.

Cabinas Bobo Shanti (☎ 2755 0128, 8829 6890; 3BZ 30 US$; Ⓟ) Gäste in Reggaelaune sind hier genau richtig. Hier ist alles in die Rastafarben Rot, Gelb und Grün getaucht, es gibt zahllose Hängematten, und der Service ist wirklich *sehr* entspannt. Über die Zimmerpreise lässt sich nicht meckern, sofern alle Betten genutzt werden; Einzelreisende sollten sich lieber anderswo umschauen. Selbstversorger finden draußen eine nützliche Küche.

Brigitte vom Centro Turístico Brigitte vermietet einige **Cabinas** (EZ/DZ/4BZ 25/30/40 US$). Außerdem besteht die Möglichkeit, im Parque Nacional Cahuita (s. S. 521) oder nördlich des Ortes am Restaurant Reggae (S. 518) auf provisorischen Campingplätzen zu zelten.

Mittelklassehotels
Alle hier aufgeführten Hotels haben – sofern nicht anders angegeben – ein eigenes Bad mit heißem Wasser.

Linda's Secret Garden (☎ 2755 0327; DZ 20 US$; Ⓟ) Der Garten, nach dem das Hotel benannt ist, ist wirklich zauberhaft und bildet das perfekte Ambiente für die vier luftigen Cabinas von Linda. Sie sind allesamt frisch gestrichen und mit Rattanmöbeln eingerichtet; hinter einem Paravent aus Bambus befindet sich das Bad. Im neuen Schlafsaal können fünf Personen übernachten. Außerdem ist eine Gemeinschaftsküche vorhanden – genau das Richtige für Familienurlaub.

Spencer Seaside Lodging (☎ 2755 0210; spencer@racsa.co.cr; EZ/DZ EG 16/25 US$, Obergeschoss 30 US$; Ⓟ 💻) Dank der Lage am Strand macht es umso mehr Spaß, in den zwischen die Stämme von Kokospalmen gespannten Hängematten zu relaxen. Die kleinen Häuschen sind nichts Besonderes, aber die Motive von Leguanen, Schildkröten und anderen Kreaturen an den Wänden verleihen allem einen Hauch von Dschungelcharme. Die Zimmer im ersten Stock mit freiem Ausblick und heißem Wasser kosten etwas mehr.

Cabinas Atlantic Surf (☎ 2755 0116, 8846 4622; www.cabinasatlanticsurf.com; EZ/DZ/3BZ 20/25/30 US$; Ⓟ) In der reizenden Bleibe geht es dank Manager Kenneth und der Reggaerhythmen, die nach draußen schallen, echt cool zu. Die hübschen Zimmer mit viel Hartholz haben eine – nicht allzu private Veranda mit Hängematte, die dennoch Entspannung bietet. Die Duschen aus Stein vom hiesigen Felsgestein haben heißes Wasser; wer 5 US$ sparen will, nimmt die mit kaltem Wasser.

Cabinas Brisas del Mar (☎ 2755 0011; EZ/DZ 21/25 US$) Die Cabinas sind picobello und fast schon schick; sie liegen in einem verwilderten Garten mit Meerblick. Die Hängematten sind so angebracht, dass ein laues Lüftchen vom Meer sie umspielt – wie der Name ja auch verspricht. Allerdings ist man hier praktisch nie für sich allein.

Cahuita National Park Hotel (☎ 2755 0244; EZ/DZ/3BZ/5BZ 25/30/35/65 US$; Ⓟ 😣) Das große

Gebäude mit Blick auf den Strand am Parkeingang wirkt wie ein anständiges Hotel. Die holzgetäfelten Zimmer haben alle einen Balkon, die Familienzimmer verfügen über mehrere Schlafräume und eine voll ausgestattete Küche. Von den Obergeschossen bietet sich bei gutem Wetter eine herrliche Sicht, und wer nur wenige Schritte die Treppe hinuntergeht, steht direkt in einem der beliebtesten Restaurants von Cahuita (*casados*-Hauptgerichte 3–5 US$, Meeresfrüchte und Fisch 8–15 US$; 11–22 Uhr).

Cabinas Jenny (☎ 2755 0256; DZ 25–35 US$, zusätzliche Pers. 7 US$; P) Das Haus ohne jeglichen Firlefanz liegt nur einen Steinwurf von den heranrollenden Wellen entfernt; der Blick von den Veranden ist einfach sagenhaft. Die Zimmer haben Linoleumboden, sind frisch gestrichen, und Moskitonetze sind auch vorhanden

– insgesamt alles sehr funktional mit viel Stauraum. Die individuelleren Zimmer im Obergeschoss kosten ein paar Dollar mehr. Unbedingt vorher anrufen, damit bei der Ankunft auch jemand da ist.

Hotel Belle Fleur (☎ 2755 0283; hotelbellefleur@hotmail.com; DZ Standard/Deluxe/Kingsize 25/35/55 US$; P ⌨ ☎) Das Belle Fleur steht zwar wirklich absolut mitten im Zentrum in der Stadt, aber das Hotelgelände ist eingezäunt und somit abgeschottet und beschaulich. Eine Ausnahme machen die Standardzimmer: Sie befinden sich über dem Supermarkt Vaz an der Haupteinkaufsstraße. Die teureren Zimmer drängen sich um die hübschen, hinter dem Haus liegenden Gärten. Mit seinen Hängematten und dem erfrischenden Pool ist das komfortable Hotel angenehm erholsam. Ein weiterer Pluspunkt ist seine zentrale Lage.

RAUS AUS DER HÄNGEMATTE!

In einer Hängematte faulenzen oder sich in einem Tropenparadies in die Wellen stürzen – dabei vergeht die Zeit wie im Flug. Hier nun einige Anregungen für Leute, die ihr Entspannungsprogramm einmal unterbrechen wollen:

■ **Avarios del Caribe & Buttercup Center** (☎ 2750 0725; www.ogphoto.com/aviaros; ◷ 6–17 Uhr) Rund 10 km nördlich von Cahuita liegt das kleine Naturschutzgebiet auf einem 88 ha großen Inselchen im Delta des Río Estrella. Das mittlerweile berühmte Faultier, ein Waisenkind, das auf den Namen *Buttercup* getauft wurde, ist der Boss des Areals, seit die Besitzer Luis und Judy das Tier im Alter von fünf Wochen adoptiert haben. Ihre Begeisterung für diese witzigen Kerlchen hat etwas Ansteckendes. Auf informativen Führungen (20–30 US$) lernen die Besucher einige der hier lebenden Faultiere kennen. Das Zentrum bietet auch vielfältige Exkursionen durch die Kanäle und Lagunen des Estrella-Deltas, wo sage und schreibe 312 Vogelarten registriert wurden. Neben dem vielen Federvieh sind in dem Regenwald im Flachland aber auch Affen, Kaimane, Flussotter und natürlich Faultiere zu Hause. Am besten lässt sich die wild wuchernde Tropenlandschaft mit dem Kanu (30 US$, 3 Std.) erkunden, es werden aber auch Wanderungen angeboten. Zu dem Schutzgebiet mit Forschungszentrum gehört ein recht beschauliches B&B (DZ 87–110 US$).

■ **Cacao Trails** (☎ 8812 7460; www.cacaotrails.com; Hone Creek; Führung 25 US$; ◷ 8–17 Uhr) Dieser neue, hervorragende botanische Garten mit Freilichtmuseum ist wirklich einen Besuch wert. Hier werden pädagogische Führungen angeboten. Sie erklären, wie die verschiedenen Heilpflanzen des Regenwaldes genutzt werden können und wie eine Kakaoplantage arbeitet; das Endprodukt können die Besucher schließlich in Augenschein nehmen und sogar kosten. Unterwegs bieten sich viele Gelegenheiten, wilde Tiere zu erspähen. Eine zusätzliche Expedition mit dem Kajak vertieft die Eindrücke. Der botanische Garten liegt auf halber Strecke zwischen Cahuita und Puerto Viejo. Jeder Bus, der hier entlangfährt, hält am Eingang. Der Ausflug macht auch den Kids einen Riesenspaß.

■ **Mariposario de Cahuita** (☎ 2755 0361; Eintritt 8 US$; ◷ 9–16 Uhr) Fast alle Exkursionen in dieser Gegend schließen auch den Besuch dieses herrlichen Gartens ein, in dem in Hülle und Fülle die schönsten Schmetterlinge gaukeln. Es macht Spaß, einfach durch das Areal mit seinen vielen schönen Brunnen zu spazieren und dabei die „Anwohner" zu bewundern – auch die vielen netten Raupen. Die Erklärungen sind in mehreren gängigen Sprachen verfasst, außerdem werden auch Führungen angeboten.

Spitzenklassehotels

Bungalows Aché (☎ 2755 0119; www.bungalowsache. com; EZ/DZ/3BZ 40/45/50 US$; P &) In Nigeria bedeutet Aché „Amen", und genau das seufzen die meisten Gäste, wenn sie in diesem kleinen Paradies ankommen. Die Anlage grenzt an den Nationalpark, ist von ursprünglicher Flora und Fauna umgeben, und den geräumigen, achteckigen Bungalows fehlt es wirklich an kaum etwas. In den großzügig geschnittenen Räumlichkeiten mit viel Holz und hohen Decken setzen bunt gemusterte Vorhänge und Bettwäsche hübsche Akzente.

Alby Lodge (☎ 2755 0031; www.albylodge.com; DZ/ 3BZ/4BZ 40/45/50 US$; P) Die schöne Lodge unter deutscher Leitung liegt am Rand des Parks, auf einem weitläufigen, herrlich angelegten Grundstück. Die vielen Bäume locken Horden von Brüllaffen an. Die vier strohgedeckten Bungalows liegen so weit voneinander entfernt, dass viel Privatsphäre garantiert ist. Die hohen Decken, die Moskitonetze und Objekte aus Treibholz vermitteln ein angenehmes Dschungelflair. Die Gemeinschaftsküche in der Rancho ist hervorragend.

Kelly Creek Hotel (☎ 2755 0007; www.hotelkellycreek. com; DZ 58 US$, zusätzliche Pers. 10 US$; P 🍽 🎣) Das superschicke Hotel liegt an einem belebten Strandabschnitt neben dem Parkeingang. So mit ist für ein willkommen laues Lüftchen vom Meer gesorgt, das direkt in die Zimmer weht. Das Hotel ist auch nicht übel, wenn jemand Tiere in freier Wildbahn beobachten möchte, denn manchmal stiehlt sich das eine oder andere Tier aus dem Park hierher. Die vier Zimmer mit viel Hartholz haben hohe Decken, Doppelbetten mit Moskitonetz und zwei große Fenster, die viel Licht hereinlassen. Im zugehörigen spanischen Restaurant (Gerichte 8–10 US$; Do–Di ab 18.30 Uhr) kommt eine Paella auf den Tisch, die schier das Wasser im Mund zusammenlaufen lässt.

Sia Tami Lodge (☎ 2755 0374; www.siatamilodge.com; DZ/4BZ 67/74 US$, zusätzliche Pers. 14 US$; P) Eine Schotterstraße führt von der Ortschaft an anderen Lodges vorbei zur beschaulichen Sia Tami Lodge am Rand des Parks. Sie eignet sich ideal für Familien, denn die zehn casas (Häuser) sind voll ausgestattet und haben zwei Schlafzimmer, einen Wohnbereich und eine Küche. Zu jedem Haus gehört eine Terrasse mit Blick auf einen großen Privatgarten. Und rundum wuchert der Regenwald – gleich nach dem Aufenthalt im Park selbst rangiert diese Lodge auf Platz zwei der Unterkunftsmöglichkeiten.

PLAYA NEGRA

Im Nordwesten von Cahuita befinden sich an der Playa Negra diverse teurere Hotels und einige nette Cabinas. Hier ist man ungestörter, und es ist ruhiger, allerdings ist die Auswahl an Restaurants und Dienstleistungsunternehmen nicht so groß.

Alle genannten Quartiere haben ein eigenes Bad mit heißem Wasser.

Budgetunterkünfte

Cabinas Algebra (☎ 2755 0057; B 18 US$, DZ/3BZ mit Küche 25/39 US$; P) Der freundliche Familienbetrieb liegt 2 km außerhalb des Ortes. Wer vorher anruft, wird vom Besitzer – kostenlos! – abgeholt. Die Zimmer sind ebenso fröhlich und einladend eingerichtet wie das zugehörige Restaurant Bananas (Mahlzeiten 7–12 US$) mit kreolischer Küche vom Feinsten.

Cabinas Nirwana (☎ 2755 0110; nirwana99@racsa. co.cr; DZ 35–40 US$; 🎣) Die gute Bleibe für Leute mit schmalem Geldbeutel hat gleich mehrere Unterkunftsmöglichkeiten zur Auswahl – von kleinen Doppelzimmern bis hin zu größeren Vierbettzimmern mit Kitchenette. Die von einem Italiener errichteten Holzcabinas sind bequem und kühl dank der vielen Fenster, die für einen angenehmen Luftzug sorgen. Eine großzügige Veranda geht zu den Anlagen hinaus, die beinah schon zu gut gepflegt sind.

Mittelklassehotels

Cabinas Tito (☎ 2755 0286; EZ/DZ inkl. Frühstück 20/ 25 US$; P) Die stimmungsvolle Anlage liegt inmitten weitläufiger Tropengärten und Bananenbäume und bietet viel fürs Geld. Die hellen Zimmer sind mit Korbmöbeln eingerichtet; Moskitonetze und Dekorationsgegenstände vermitteln etwas Dschungelflair. Langzeitgästen, denen es hier gefällt, bietet sich ein voll möbliertes Haus an.

Cabinas Iguana (☎ 2755 0005; www.cabinas-iguana. com; DZ mit Gemeinschaftsbad 20 US$, Cabinas 35–40 US$; P 🎣) Ein Stück vom Strand zurückversetzt, liegen diese Cabinas mitten im Dschungel: Hier lassen sich schon mal flinke Agutis und Faultiere blicken. Drei gemütliche kleine Zimmer teilen sich das Duschbad mit warmem Wasser sowie eine kleine Terrasse. Die geräumigeren Cabinas warten mit hübscher Holzausstattung, großen Betten, Moskitonetzen und einer Hängematte auf der Veranda auf. Außerdem gibt es ein großes, voll möbliertes Haus mit Küche, in dem bis zu sechs Personen wohnen können (65 US$).

La Piscina Natural (☎ 2755 0146; DZ 35 US$; **P**) Das Schmuckstück liegt etwa 2 km außerhalb der Ortschaft und ist den Fußmarsch bzw. die Anfahrt mit dem Taxi hundertprozentig wert. Die gemütlichen Zimmer wurden kürzlich renoviert, aber der Clou dieses Ortes sind der prachtvolle Garten, der auf den malerischen Strand hinausgeht, und der Naturteich, nach dem die Anlage benannt ist. An der Bar mit frischer Brise gibt es alle möglichen Drinks, und so besteht eigentlich kein Bedarf, nach der Tageswanderung, überhaupt noch einmal in den Ort zu marschieren.

Jardín Tropical (☎ 8811 2754; jardintropical@racsa. co.cr; Cabinas 35–40 US$, Haus 50–60 US$) Inmitten wild wuchernder Tropengärten stehen sich zwei gemütliche Cabinas mit hoher Decke und einer Hängematte auf der Veranda. Einen ruhigeren Ort als diesen gibt es nicht – es sei denn, die Gäste suchen kein Sanatorium und lassen es an der beliebten Bar so richtig krachen. Den netten Besitzern gehören auch die gegenüberliegenden Cabinas Mambo (DZ/ 3BZ 30/40 US$). Im Jardín Tropical einfach nach den geräumigen Zimmern fragen, die auf eine schattige Veranda hinausgehen.

Bluspirit (☎ 2755 0122; bluspirit_@hotmail.com; DZ 50 US$) Auf dem hübschen Grundstück am Strand befinden sich drei reizende, blaue Cabinas mit Spitzdach. Alle haben eine strohgedeckte Veranda – selbstverständlich mit Hängematte –, sodass immer eine frische Brise weht. Das zugehörige Restaurant am Meer (Pasta 5–7 US$, Meeresfrüchte 9–15 US$) gilt als das romantischste Lokal von Cahuita.

Spitzenklassehotels

Atlantida Lodge (☎ 2755 0115; DZ 64–93 US$; **P** 🍴 🛆) Die 34 robusten Holzcabinas liegen über das Gelände der Lodge, die wie eine Clubanlage anmutet, verstreut und bieten mehr Komfort, als man im ruppigen Cahuita erwarten würde. Die beiden Hauptattraktionen sind der große Pool und der dschungelartige Garten. Es werden auch Yoga, Reiki und Massagen angeboten, auf dass die Chakren frei sind und das Qi fließt.

Chalet Hibiscus (☎ 2755 0021; www.hotels.co.cr/ hibiscus.html; DZ/4BZ 45/55 US$, Chalets 100–120 US$; **P** 🛆) Die Zimmer im „Hauptchalet" sind sehr komfortabel und verfügen über alle erforderlichen Annehmlichkeiten, plus große Balkone und einen künstlerischen Touch. Die Privatchalets über zwei Etagen sind einfach sagenhaft. Die Balkone mit Hängematten ge-

hen auf einen eigenen Garten hinaus; Pluspunkte in Sachen Funktionalität gibt es für die voll eingerichtete Küche und die separaten Schlafzimmer. In den Chalets können jeweils bis zu zehn Personen übernachten.

Bungalows Malú (☎ 2755 0114; www.bungalows malu.com; EZ/DZ/3BZ/4BZ 46/58/64/70 US$; **P** 🍴 🛆) Die neue Lodge an der Playa Negra besteht aus fünf Steinbungalows, die sich im Schatten von Palmen über das Grundstück verteilen. In der Mitte befinden sich eine Open-Air-Rancho und ein in den Boden eingelassener Pool. Die Bungalows verfügen über kühle Bäder, die ein wenig an die Steinzeit erinnern; die Zimmer sind mit Möbeln aus Hartholz eingerichtet und zudem individuell mit ausdrucksstarken Bildern der einheimischen Künstlerin Alessandra Bucci geschmückt.

El Encanto B&B (☎ 2755 0113; www.elencantobedand breakfast.com; EZ/DZ 49/59 US$; **P**) Das B&B unter der Leitung des frankokanadischen Künstlerpaares Pierre und Patricia liegt inmitten eines wunderschönen Landschaftsgartens mit Statuen und verschwiegenen Ecken, die die kreative Ader der Besitzer widerspiegeln. Im asiatisch angehauchten Pavillon gibt es Hängematten und Liegestühle – außerdem finden hier Yoga, Massagen und Meditation statt. Die attraktiven Holzbungalows haben Deckenventilatoren und einen privaten Patio.

Hotel La Diosa (☎ 2755 0055; www.hotelladiosa.net; EZ/DZ 58/63 US$, mit Klimaanlage 76/87 US$, mit Klimaanlage & Whirlpool 88/99 US$; **P** 🍴 🛆) Die Cabinas tragen so klangvolle Namen wie „Aphrodite" oder „Isis" und beschwören die weibliche Energie von Diana herauf – der „Göttin", wie das Hotel ja auch heißt. Das Diosa ist so konzipiert, dass es alle Sinne anspricht – von den geräumigen, kühlen Cabinas mit gefliestem Boden und Kingsizebetten über den Pool, der sich mitten in einem Tropengarten befindet, bis hin zu dem neuen Meditations- und Yogaraum aus Tropenholz. Das Frühstück samt viel frisch gebrühtem Kaffee wird im Pavillon der Open-Air-Rancho serviert und ist im Preis inbegriffen.

Magellan Inn (☎ 2755 0035; www.magellaninn.com; DZ mit Ventilator/Klimaanlage 93/115 US$, zusätzliche Pers. 17 US$; **P** 🍴 🛆) Das elegante, teure Hotel am nördlichen Rand der Playa Negra ist vom Ort aus nicht mehr mit einem lockeren Spaziergang zu erreichen, doch der zusätzliche Aufwand lohnt sich. Die komfortablen, stilvollen Zimmer haben Kingsizebetten und sind mit wunderschönen Holzmöbeln eingerichtet. Die

Privatterrasse geht auf den Tropengarten mit Orchideen und Bromelien hinaus. Das Frühstück ist im Preis inbegriffen.

Essen

ZENTRUM

Einige der hervorragenden Restaurants in der Ortsmitte gehören günstigerweise zu Hotels, z. B. zum Kelly Creek Hotel oder zum Cahuita National Park Hotel.

100% Natural Coffee Shop (☎ 2755 0317; ☻ 6–20 Uhr) In ganz Cahuita gibt es kein besseres Café, um den Morgen bei einer Tasse Kaffee zu begrüßen oder bei einem erfrischenden *jugo* (Saft) zu entspannen. Es stehen auch einige Tapas auf der Speisekarte. Kaum jemandem gelingt es, an dem Lokal in der Haupteinkaufsstraße vorbeizugehen, ohne sich von der einladenden Bar verführen zu lassen.

Café del Parquecito (☎ 2775 0279; Frühstück 3–5 US$; ☻ 6.30–12 Uhr) Frühaufsteher kommen zum Kaffeetrinken hierher, und Leute, die ein Faible für ein opulentes Gabelfrühstück haben, können sich über die Speisekarte wirklich freuen. Spezialität sind die riesigen Crêpes, die mit frischem Obst und anderen Leckereien gefüllt sind.

Roberto's Restaurant (☎ 2755 0117; Gerichte mit Meeresfrüchten 3–8 US$; ☻ 7–22 Uhr) Dass die Meeresfrüchte frisch sind, ist Ehrensache, denn das Restaurant gehört einem der besten Angelführer der Region. Im Restaurant werden nach Möglichkeit nur Zutaten aus biologischem Anbau und frische Produkte verarbeitet.

Restaurant El Palenque Luisa (☎ 2755 0400; Gerichte 5–8 US$) Balken aus Baumstämmen, das Bambusdach und zahllose Pflanzen sorgen für ein Echo vom Dschungelflair in diesem einladenden Open-Air-Restaurant. Es eignet sich ideal, um in vegetarischen Gerichten zu schwelgen, doch auch der Fisch und die Fleischgerichte, auf karibisch-kreolische Art zubereitet, sind eine Wucht.

Restaurant La Fé (Mahlzeiten 5–10 US$; ☻ 7–23 Uhr) Das einladende Lokal in der Hauptgeschäftsstraße lässt sich gar nicht verfehlen – es ist mit Nestern des Krähenstirnvogels übersät. Vor allem am Abend, wenn die Terrasse im Kerzenschein erstrahlt, ist es hier sehr stimmungsvoll. Spezialität des Hauses sind Gerichte mit Kokosmilch – von Tintenfisch bis zu Marlin und köstlichen Krabben –, und zu allem gibt es Kochbananen als Beilage.

Cha Cha Cha! (☎ 8394 4153; Hauptgerichte 6–9 US$; ☻ Di–So 12–22 Uhr) Das hübsche Speiselokal in

einem alten, blauen Schindelhaus serviert auf seiner Eckveranda überaus empfehlenswerte *cuisine del mundo*. Die Palette der lecker zubereiteten Gerichte reicht von jamaikanischem Hühnchen bis hin zu Texmex-Speisen. Außerdem gibt es jede Menge Vegetarisches, darunter „Zen-Salat" (Mandarinen mit Basilikum, mit Cashewkernen und Macadamianüssen bestreut). Und zur Untermalung des leiblichen Genusses läuft Weltmusik und Jazz im Hintergrund.

Miss Edith's (☎ 2755 0248; Hauptgerichte 7–12 US$; ☻ 11–22 Uhr) Wenn ein Einheimischer in seiner Gemeinde angesehen ist, wird er gern mit *Mister* – oder natürlich *Miss* – vor den Vornamen angesprochen: daher also *Miss Edith*. Das Miss Edith's ist zu Recht das berühmteste Restaurant in Cahuita, denn die karibische Küche, die auf Bestellung superfrisch zubereitet wird, lässt schier das Wasser im Mund zusammenlaufen. Im Voraus reservieren, damit das Abendessen auch lange genug vor sich hin köcheln kann.

LP Tipp Restaurante Coral Reef (☎ 2755 0133; ☻ 11.30–22 Uhr) Wer gern Meeresfrüchte isst, bekommt hier den besten Eintopf im ganzen Ort. Das Restaurant ist neu und hat sich in Cahuita gleich an die Spitze katapultiert; oft ist es gar nicht so einfach, überhaupt einen Tisch zu bekommen. Es empfiehlt sich also, zu reservieren oder recht früh zu essen – es lohnt sich! Außerdem befindet sich das Restaurant direkt neben der bekanntesten Bar des Ortes; ein Drink nach dem Essen ist somit gleich in Reichweite.

Wer in einem der beiden Sodas zu Mittag isst, wird bestimmt nicht enttäuscht:
Soda Café Caribbean Flavor (Hauptgerichte 2–5 US$; ☻ 6–21 Uhr) Standardgerichte aus Costa Rica, auf karibische Art zubereitet, vor allem frische Säfte und *gallo pinto*, schwarze Bohnen mit Reis.
Restaurant Típico Cahuita (Hauptgerichte 4–8 US$; Meeresfrüchte 5–15 US$; ☻ 8 Uhr bis open end) Ein geräumiges Lokal unter einer *palapa* (seitlich offener Kiosk unter einem Dach aus Palmwedeln) mit einer umfangreichen Speisekarte.

PLAYA NEGRA

Wenn der Magen knurrt, bieten sich in der Nähe der Playa Negra auch das El Cactus Bungalows y Pizzeria, das Restaurant im Bluspirit (S. 517) und das Restaurant Bananas im Cabinas Algebra (S. 516) an.

Reggae Restaurant (☎ 2755 0515; Hauptgerichte 4–9 US$; ☻ 7–11 & 12–21 Uhr) In diesem Soda kommen karibische Standardgerichte auf den Tisch, von preiswerten *casados* bis zur Spezialität des Hauses: Krabben in Kokosmilch. Zum Restaurant gehört ein Campingplatz (pro Pers. 3 US$), außerdem sind einige gemütliche Cabinas (20–30 US$) vorhanden.

Chao's Paradise (☎ 2755 0421; Hauptgerichte mit Meeresfrüchten 6–10 US$; ◷ 11 Uhr bis open end) Der Abstecher zum Strand ein Stück außerhalb der Ortschaft lohnt sich, denn der fangfrische Fisch in pikanter Chaosauce ist ein Gedicht. In der Restaurant-Bar unter freiem Himmel gibt es auch einen Billardtisch, und an manchen Abenden treten Bands auf, die Reggae und Calypso spielen.

Sobre Las Olas (☎ 2755 0109; Mahlzeiten 8–10 US$; ◷ Mi–Mo 12–22 Uhr) Das Restaurant ist die Topadresse in Cahuita, wenn jemand direkt am Meer essen möchte. Der Besitzer, ein Italiener, serviert garantiert die beste hausgemachte Pasta, und der Weinkeller kann sich ebenso sehen lassen. Außerdem kommen die Zutaten fangfrisch direkt aus dem Meer. Auch Vegetarier können ihren Appetit bei einer großen Auswahl von Gerichten stillen.

La Casa Creole (☎ 2755 0035; Hauptgerichte 7–20 US$; ◷ Mo–Sa 18–21 Uhr) Das Restaurant befindet sich in den tropischen Gärten des Magellan Inn; bei Kerzenschein werden hier einige der feinsten Speisen Cahuitas serviert. Bei der französisch inspirierten Fusionküche liegt der Hauptakzent auf Meeresfrüchten und karibischen Geschmacksrichtungen. Spezialität des Hauses sind Krabben Martinique (mit einer Ingwer-Knoblauch-Sauce, bei der einem das Wasser im Mund zusammenläuft). Eine Reservierung ist empfehlenswert.

Ausgehen
In Cahuita ist allgemein nicht übermäßig viel los, aber es finden sich durchaus einige nette Lokale, um etwas zu trinken oder karibische Livemusik zu hören.

Beach House (☎ 8369 4254; cariberen@yahoo.com) „Essen, trinken und surfen" lautet das Motto von Rennie Leone, dem Besitzer dieser Kneipe. Hier treffen sich zahlreiche Amerikaner, die sich hier niedergelassen haben. Tagsüber werden hier Surfbretter vermietet; abends gibt es Sandwiches (5 US$), Quesadillas (6 US$) und kaltes Bier in der gemütlichen Bar auf der luftigen Terrasse. Von Donnerstag bis Samstag spielen Bands Calypsoklänge.

Coco's Bar (◷ 12–24 Uhr) Das Coco's an der Hauptgeschäftsstraße lässt sich gar nicht ver-

fehlen – es ist in den Rastafarben Rot, Gelb und Grün gestrichen und präsentiert sich als Inbegriff karibischen Flairs in Cahuita. Kein Wunder also, dass das Lokal für seine fruchtigen Rumcocktails berühmt ist. Um am Freitag ist Reggaenacht.

Ricky's Bar (☎ 2755 0228; ◷ 16–24 Uhr) Gegenüber der Coco's Bar befindet sich das Ricky's mit viel Dschungelflair, Tischen im Freien und einer netten Tanzfläche. Vor allem am Mittwoch- und Samstagabend geht hier stets die Post ab, wenn auf der Bühne Livebands spielen.

An der Playa Negra lohnt ein Stopp in Chao's Paradise Restaurant-Bar oder auch in der Bar des Jardín Tropical.

An- & Weiterreise
Grayline (☎ 2262 3681; www.graylinecostarica.com) fährt täglich um elf Uhr nach San José (27 US$), anschließend weiter nach Arenal (38 US$). Alle öffentlichen Busse kommen am Busbahnhof, einen halben Block südwestlich des Parque Central gelegen, an und fahren dort auch ab.
Puerto Limón/San José (Autotransportes Mepe) 1/7 US$, 1½/4 Std.; Abfahrt um 7.30, 8.30, 9.30, 11.30 und 16.30 Uhr; Zusatzbus am Wochenende um 14 Uhr.
Puerto Viejo de Talamanca/Bribrí/Sixaola 1/2/3 US$, 30 Min./1 Std./1½ Std.; Abfahrt von 7 bis 21 Uhr stündlich.

Unterwegs vor Ort
Der beste fahrbare Untersatz in Cahuita und Umgebung ist das Fahrrad, vor allem wenn jemand an der Playa Negra wohnt. In der Stadt vermietet **Ciclo Safari** (☎ 2755 0020; pro Std./Tag 1,50/8 US$; ◷ 7–18 Uhr) Fahrräder. In der Nähe der Playa Negra sind im Centro Turístico Brigitte (s. S. 511) Räder zu ähnlichen Preisen erhältlich. Auch viele Lodges stellen ihren Gästen ein Fahrrad zur Verfügung.

PARQUE NACIONAL CAHUITA
Der kleine Park ist nur 1067 ha groß, zählt aber zu den am häufigsten besuchten Nationalparks des Landes. Die Erklärung ist einfach: Das nahe gelegene Cahuita bietet attraktive Unterkünfte und einen bequemen Zugang zum Park; davon abgesehen leben an den weißen Sandstränden, am Korallenriff und im Küstenregenwald unzählige Tiere.

Cahuita wurde 1978 zum Nationalpark erklärt und zeigt die typische Landschaft dieses Küstenstrichs: Das feuchte Klima sorgt für eine dichte tropische Vegetation – haupt-

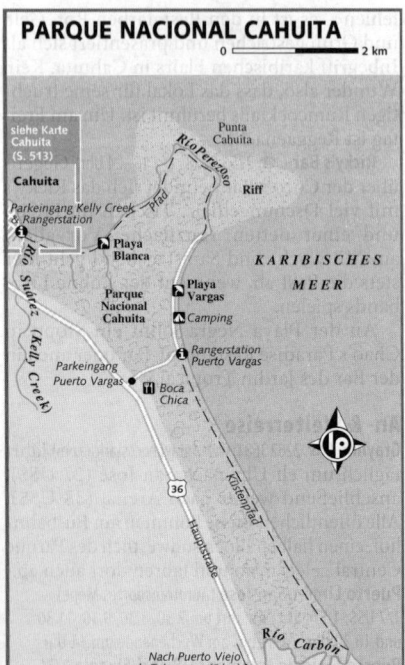

PARQUE NACIONAL CAHUITA

0 ━━━━━ 2 km

siehe Karte
Cahuita
(S. 513)

Punta
Cahuita

Río Perezoso

Cahuita

Riff

Pfad

Parkeingang Kelly Creek
& Rangerstation

Río Suárez (Kelly Creek)

Playa
Blanca

**KARIBISCHES
MEER**

Parque
Nacional
Cahuita

Playa
Vargas

Camping

Parkeingang
Puerto Vargas

Rangerstation
Puerto Vargas

Boca
Chica

Küstenpfad

36

Hauptstraße

Río Carbón

Nach Puerto Viejo
de Talamanca (6 km)

---

sächlich Kokospalmen und Meertrauben gedeihen hier. Das Schutzgebiet umfasst außerdem die morastige **Punta Cahuita**, die zwischen
zwei Sandstränden ins Meer ragt. Auf der oft
überfluteten Landzunge gedeihen üppige
Mango- und Cativobäume.

Grünibis *(Mesembrinibis cayennensis)*,
Krabbenreiher *(Nycticorax violaceus)*, Kahnschnabel *(Cochlearius cochlearius)* und der
seltene Zweifarbenfischer *(Chloroceryle inda)*
sind am Ufer zu sehen.

Der dunkle Río Perezoso, der „Faultier-
fluss", teilt die Punta Cahuita in zwei Hälften
(und verhindert manchmal Wanderungen
zwischen den Forststationen). Er entwässert
auch die sumpfige Landspitze.

An den Stränden leben Rote Land- und
Winkerkrabben, die ein besonderer Lecker-
bissen für Krabbenwaschbär und Weißrüssel-
Nasenbär sind.

Außerdem gibt es hier Weißschulter-Ka-
puzineräffchen, Südopossums und Dreifinger-Faultiere. Am häufigsten lässt sich der
Mantelbrüllaffe blicken (und hören). Nicht
zu vergessen das Korallenriff – ein Ökosystem, das vor Leben nur so strotzt.

Praktische Informationen

Die **Rangerstation Kelly Creek** (☎ 2755 0461; Spende
als Eintritt; ⏰ 6–17 Uhr) ist von Cahuita schnell
erreicht. Zur gut ausgeschilderten **Rangerstation
Puerto Vargas** (☎ 2755 0302; Eintritt 6 US$; ⏰ 8–16 Uhr)
geht es 1 km auf der Carretera 32 entlang.

Im Prinzip ist keiner verpflichtet, die 6 US$
Eintritt an der Rangerstation Kelly Creek zu
zahlen. Das setzten in den 1990er-Jahren Einheimische mit einer Protestaktion durch – aus
Angst, dass hohe Eintrittspreise die Gäste von
einem Besuch abhalten würden. Aber die Gebühren sind eine wichtige Einnahmequelle
für den Park, durch die Touristendollars wird
die Aufklärungsarbeit mit Infomaterial über
den Park und dessen Unterhalt finanziert.
Deshalb die Bitte, trotzdem den Eintritt zu
zahlen oder etwas zu spenden.

Aktivitäten
SCHNORCHELN

Der Nationalpark Cahuita schützt eines der
letzten lebenden Korallenriffe von Costa Rica.
Das Riff ist zwar auch vom Strand aus zugänglich, aber am besten lassen sich die Meereslebewesen bei einer geführten Bootstour ab
Cahuita beobachten. Wer trotzdem lieber zu
Fuß geht, nimmt den Pfad am Strand entlang.
Nach 6 km kommt ein sandiger Abschnitt,
der durch die Punta Cahuita von der Küste
getrennt wird. Davor liegt Cahuitas schönstes
Schnorchelgebiet, das Korallenriff.

Um das Riff vor Schaden zu bewahren, ist
Schnorcheln nur unter Aufsicht eines zugelassenen Führers erlaubt. Vor Ort haben z. B.
Mister Big J, Roberto und Willie (s. S. 512)
eine Lizenz. Die Kosten belaufen sich auf
15 bis 25 US$ pro Person; die Preise variieren
je nach Größe der Gruppe und der Laune des
Tauchguides. Cahuita Tours (S. 512) bietet
einen Tagesausflug im Glasbodenboot mit
Gelegenheit zum Schnorcheln und Wandern
(35 US$ pro Pers.) an.

Die Schnorchelbedingungen sind je nach
Wetterlage und sonstigen Verhältnissen sehr
unterschiedlich. Am besten eignen sich die
trockenen Monate (Feb.–April), da dann der
Zufluss aus dem Hochland geringer ist und
weniger Schwebstoffe ins Meer gelangen. Aber
auch in den anderen Jahreszeiten ist das Wasser tendenziell eher trüb.

SCHWIMMEN

Gleich hinter dem Parkeingang erstreckt sich
die 2 km lange **Playa Blanca** entlang einer sanft

geschwungenen Bucht nach Osten. Die ersten 500 m sind kein sicheres Schwimmrevier, aber dahinter werden die Wellen sanfter. Die Bedingungen können sich aber ändern, deshalb zur Sicherheit an der Rangerstation erkundigen und erst dann in die Fluten springen. Die felsige Spitze der Punta Cahuita trennt diesen Strand vom nächsten, der **Playa Vargas**.

Vorsicht: Kleider oder Gepäck beim Schwimmen nicht unbeaufsichtigt lassen und so wenig wie möglich mitnehmen.

WANDERN

Ein leicht zu bewältigender 7 km langer **Küstenpfad** durch den Dschungel führt von Kelly Creek nach Puerto Vargas: zum Teil direkt am Strand entlang, zum Teil bis zu 100 m vom Sand entfernt. Am Ende des ersten Strandes, der Playa Blanca, müssen Wanderer den Río Perezoso durchwaten. Am besten vorher erkundigen, wie die aktuellen Bedingungen sind: Normalerweise reicht das Wasser bei Flut bis zu den Oberschenkeln. Während der Regenzeit ist die Durchquerung des Flusses aber oft zu gefährlich.

Der Pfad umrundet dann die Punta Cahuita und führt zur langgestreckten Playa Vargas. An der Südspitze des Riffs mündet der Weg in die Straße, die zur Forststation Puerto Vargas führt. Von da aus sind es noch weitere 2 km auf einer Schotterstraße bis zum Parkausgang. Entweder geht es von hier aus zu Fuß an der Küstenstraße zurück nach Cahuita, oder, wenn sich die Gelegenheit ergibt, per Mitfahrgelegenheit in die eine oder die andere Richtung.

Schlafen & Essen

Im Park selbst ist **Zelten** (pro Pers. 3 US$; P) an der Playa Vargas erlaubt, der Platz liegt knapp 1 km von der Rangerstation Puerto Vargas entfernt.

Der Komfort ist nicht groß, aber immerhin gibt es kalte Außenduschen, Trinkwasser und Latrinen.

Nach einer langen Wanderung durch den heißen Dschungel erscheint das italienische Restaurant am Ende der Straße wie eine Fata Morgana. Aber **Boca Chica** (☎ 2755 0415; Gerichte 6–8 US$) ist keine Illusion, sondern ein ausgezeichnet platziertes Lokal mit kalten *jugos* (Säften), hausgemachter Pasta und frischen *mariscos* (Meeresfrüchten) für müde, hungrige Wanderer. Mittagsgästen wird das Busgeld zurück nach Cahuita spendiert.

PUERTO VIEJO DE TALAMANCA

Lang ist's her, seit die einzigen Störungen in dieser verschlafenen Rastastadt die absolut unerschrockenen Surfer waren, die in Badelatschen gemächlich über die staubigen Straßen gingen, das Surfbrett unter dem Arm, unterwegs zur berüchtigten Salsa Brava Break. Diese Zeiten sind nun definitiv vorbei. Dennoch ist das Nest noch längst nicht zu einer Art Disneyland geworden, wie es bei anderen Orten an der Pazifikküste Costa Ricas bereits geschehen ist.

Zweifellos besteht der einzige Zweck von Puerto Viejo im Tourismus; die Ortschaft mit gerade einmal einer Straße vollzieht momentan eine Gratwanderung zwischen Lokalkolorit und touristischer Infrastruktur. Puerto Viejo hat noch immer viel karibisches Flair: In den Straubstraßen geht es zum Sound von Soca, Dancehall und Reggae beschwingt zu, und fast alle Gebäude erstrahlen in den typischen Rastafarben Grün, Gelb und Rot. Allerdings besteht kein Zweifel, dass sich diese Kultur zunehmend auflöst, seit sich hier unzählige Amis niedergelassen haben.

Doch nachts ist nach wie vor eine gute Portion Karibikzauber zu erleben. Puerto Viejo ist eine der besten Partystädte im ganzen Land, und mit *guaro*, dem hiesigen Schnaps, und *ganja* (Gras oder Marihuana) geht hier richtig die Post ab. Wem diese Szene nicht zusagt, der flüchtet sich an den Ortsrand und der beiden tollen Strände: die Playa Negra oder die Playa Cocles.

Wofür sich der Einzelne auch entscheiden mag, Puerto Viejo eignet sich hervorragend als Standort, um die Gegend zu erkunden. Man kann hier durch den Regenwald trekken, mit dem Kajak flussaufwärts fahren, auf den besten Wellen der ganzen Karibik surfen – und sich zum Sonnenuntergang in einem der großartigen Lokale des Ortes ein feudales Essen schmecken lassen.

Um den sanften touristischen Aspekt Puerto Viejos kommt niemand herum – das gilt allerdings auch für seinen schläfrigen Charme, der an ein träges Faultier erinnert. Dennoch drängt sich das Gefühl auf, dass Puerto Viejo nur einen winzigen Sprung davon entfernt ist, bis auch hier Soja-Moccacinos und McDonald's die Herrschaft übernehmen. Allerdings ist es – zum Glück! – nahezu unvorstellbar, dass hier überhaupt jemand die Energie für solch einen Sprung aufbringt ... zumindest momentan nicht.

KARIBIKKÜSTE

DER YACHTHAFEN VON PUERTO VIEJO – DER ANFANG VOM ENDE?

Nichts hat die Gemüter im verschlafenen Puerto Viejo so erhitzt wie die kürzlich vorgestellten Pläne, an der Playa Negra einen Yachthafen zu bauen. Firmen aus den USA und Costa Rica wollen 40 Millionen US-Dollar in einen Yachthafen mit 389 Liegeplätzen investieren – plus Areale zur Wartung und Reparatur der Schiffe, Büros, Lagerhallen, ein Einkaufszentrum, Kunst- und Kunsthandwerkläden sowie zwei Wellenbrecher. Sollten die Pläne realisiert werden, wird das natürlich drastische Auswirkungen auf den Charakter des Städtchens haben.

Jim Richards, ein einheimischer Surfer, betrachtet das Ganze folgendermaßen aus seiner Sicht: „Wir wollen und brauchen hier keinen Yachthafen. Dieser Ort ist etwas Besonderes und hat auch ein ganz besonderes Flair. Wenn wir das Bauprojekt zulassen, geht all das verloren. Das bringt niemandem in der Stadt etwas. Da verdient niemand Geld, von den reichen Investoren, die den Yachthafen bauen, einmal abgesehen."

Doch nicht jeder teilt diese Meinung. Der Geschäftsmann Jorge Ramos erklärt dazu: „Was macht das denn für einen Unterschied, ob die Touristen mit dem Auto oder mit dem Boot kommen? Die Auffassung, dass die Einheimischen hier kein Geld verdienen werden, ist einfach nicht zutreffend. Es werden auf diese Weise Tausende von Jobs geschaffen, und die Immobilienpreise werden in die Höhe schnellen. Derzeit wird in Puerto Viejo ein Geschäft nach dem anderen von Neuzuwanderern übernommen, die sich hier niederlassen. Die Einheimischen sind längst aus den lukrativeren Bereichen des Tourismus vertrieben worden und benötigen diese Jobs. In Puerto Viejo gibt es viele soziale Probleme, die sich mithilfe dieses Projekts in den Griff bekommen ließen – korrektes Management vorausgesetzt."

Wie dem auch sei – bei Drucklegung dieses Reiseführers hatte es jedenfalls den Anschein, als wäre das Bauprojekt eher wieder ein wenig in die Ferne gerückt. Zurzeit gibt es im ganzen Land nur einen offiziellen Yachthafen in Jacó, doch die Regierung spielt mit dem Gedanken, 21 weitere in verschiedenen Landesteilen zu erbauen. Es bleibt also spannend …

Gefahren & Ärgernisse

Keine Frage: So wie der Tourismus wächst, so vermehren sich auch Drogendealer, Schlepper und Nepper. Besonders nachts ist auf den Straßen Vorsicht geboten. Jeder sollte sorgfältig seine Unterkunft aussuchen und den Hotelsafe benutzen.

Praktische Informationen

GELD

Banco de Costa Rica (☽ Mo–Fr 9–16 Uhr) Der Geldautomat funktioniert mit den Systemen Plus und Visa; nach dem Wochenende ist ihm allerdings oft das Bargeld ausgegangen.

Cabinas Almendras (☎ 2750 0235; ☽ 7.30 bis 19.30 Uhr) Die Rezeption des Cabinas Almendras wechselt Euro, amerikanische und kanadische Dollar und britische Pfund zu 1 % Kommission, Reisechecks zu 2,5 %.

Pulpería Manuel León (☽ 8–20 Uhr) „El Chino" wechselt Euro und US-Dollar; bei Bargeld sind 1,5 % Kommission fällig, bei Reisechecks mehr.

INTERNETZUGANG

Der Zugang zum Internet ist teuer und in einem Fall entnervend langsam.

Asociación Talamanqueña de Ecoturismo y Conservación (ATEC; ☎ 2750 0191, 2750 0398; pro Std.

2,40 US$; ☽ 8–21 Uhr) Die reinste Geduldsprobe – für von daheim verwöhnte echt qualvoll.

books librería y bazar (☎ 2750 2005; pro Std. 2,40 US$; ☽ 9–21 Uhr) Zehn Computer mit anständig flotter Geschwindigkeit im Internet.

Jungle Internet (☎ 2750 2003; pro Std. 3,40 US$; ☽ 8–23 Uhr) Schnelle Computer plus WLAN-Zugang.

Sehenswertes

Im Westen der Stadt liegt der **Botanische Garten Finca La Isla** (☎ 2750 0046; www.greencoast.com/garden. htm; Tour/Geführte Tour 2/5 US$; ☽ Fr–Mo 10–16 Uhr). Auf der Tropenfarm bauen die Besitzer seit mehr als einem Jahrzehnt heimische Gewürze, tropische Früchte und Zierpflanzen an. Auch ein Botanischer Garten wurde angelegt, in dem sich Vögel und Wildtiere tummeln (nach Faultieren und Baumsteigerfröschen Ausschau halten!). Zur geführten Tour (auf Englisch) gehören Eintritt, Obstproben und ein Glas selbst gemachter Saft. Wer sich auf eigene Faust umschauen möchte, dem hilft die Infobroschüre (Schutzgebühr) weiter.

Jungles of Talamanca, ebenfalls im Westen von Puerto Viejo, ist eine kleine tropische Baumschule und Kakaofarm. Sie gehört einer Bribrí-Familie, die Besucher dabei zusehen

PUERTO VIEJO DE TALAMANCA

0   500 m

PRAKTISCHES
Asociación Talamanqueña de
Ecoturismo y Conservación
(ATEC)...(siehe 6)
Banco de Costa Rica..........................1 A3
Books librería y bazaar......................2 A3
Cabinas Almendras............................3 A2
Jungle Internet.................................4 B3
Pulpería Manuel León........................5 A2

SEHENSWERTES & AKTIVITÄTEN
Asociación Talamanqueña de
Ecoturismo y Conservación
(ATEC)...6 B2
Aventuras Bravas..............................7 E3
Cut Bak...8 F3
Exploradores Outdoors.......................9 B3
Botanischer Garten Finca La Isla.10 B4
Reef Runner Divers...........................11 A2
Salsa Brava Surf School......................12 B2
Terra Venturas.................................13 A3

SCHLAFEN 🛏️🔵
Agapi...14 F3
Bungalows Calalú.............................15 F3
Cabinas Exotica...............................16 F3
Cabinas Guaraná..............................17 B3
Cabinas Jacaranda............................18 B3
Cabinas Tropical...............................19 C3
Camping Mis Helena..........................20 E4
Casa Verde......................................21 B2
Cashew Hill Jungle
Lodge..22 E4
Chimuri Jungle Lodge........................23 A4
Coconut Grove.................................24 F3
El Pizote Lodge.................................25 C4
Escape Caribeño...............................26 C4
Hotel Puerto Viejo............................27 B3
Hotel Pura Vida................................28 B4
Kaya's Place.....................................29 D4
Lizard King Resort.............................30 F3
Lotus Garden...................................31 F3
Monte Sol.......................................32 F3
Rocking J's......................................33 F3

ESSEN 🍴
@ E's...(siehe 33)
Bread & Chocolate...........................34 B3
Café El Rico......................................35 B2
Café Pizzeria Coral............................36 B3
Café Viejo..37 B3
Chile Rojo..38 B2
Clapboard House
(hausgemachtes Eis).....................39 B2
Cut Bak......................................(siehe 8)
El Loco Natural.................................40 F3
EZ-Times..41 B2
Heidi's Cafe.................................(siehe 24)
Lecheria Las Lapas............................42 A3
Lotus Garden..............................(siehe 31)
Miss Lidia's Place..............................43 C3
Organic Market................................44 A3
Pan Pay..45 A2
Patagonia Steak House.......................46 F3
Restaurant Salsa Brava.......................47 E3
Soda Mis Helena...........................(siehe 20)
Soda Miss Sam.................................48 C3
Soda Tamara...................................49 B2
Super el Buen Precio.........................50 A3
Trattoria da Cesare............................51 D4
Veronica's Place...............................52 E3

AUSGEHEN 🍷
Baba Yaga..53 B2
Café Viejo...................................(siehe 37)
Coco Cielo.......................................54 A3
Soda Tamara................................(siehe 49)
Stanford's...55 E3

UNTERHALTUNG 🎭
Café Hot Rocks.................................56 B2
Johnny's Place..................................57 A2
Maritza's Bar....................................58 A2

TRANSPORT
Busbahnhof.....................................59 A3
Dragon Scooter................................60 A2
Peter's Bikes on the Beach..................61 B2
Tienda Marcos..................................62 A3

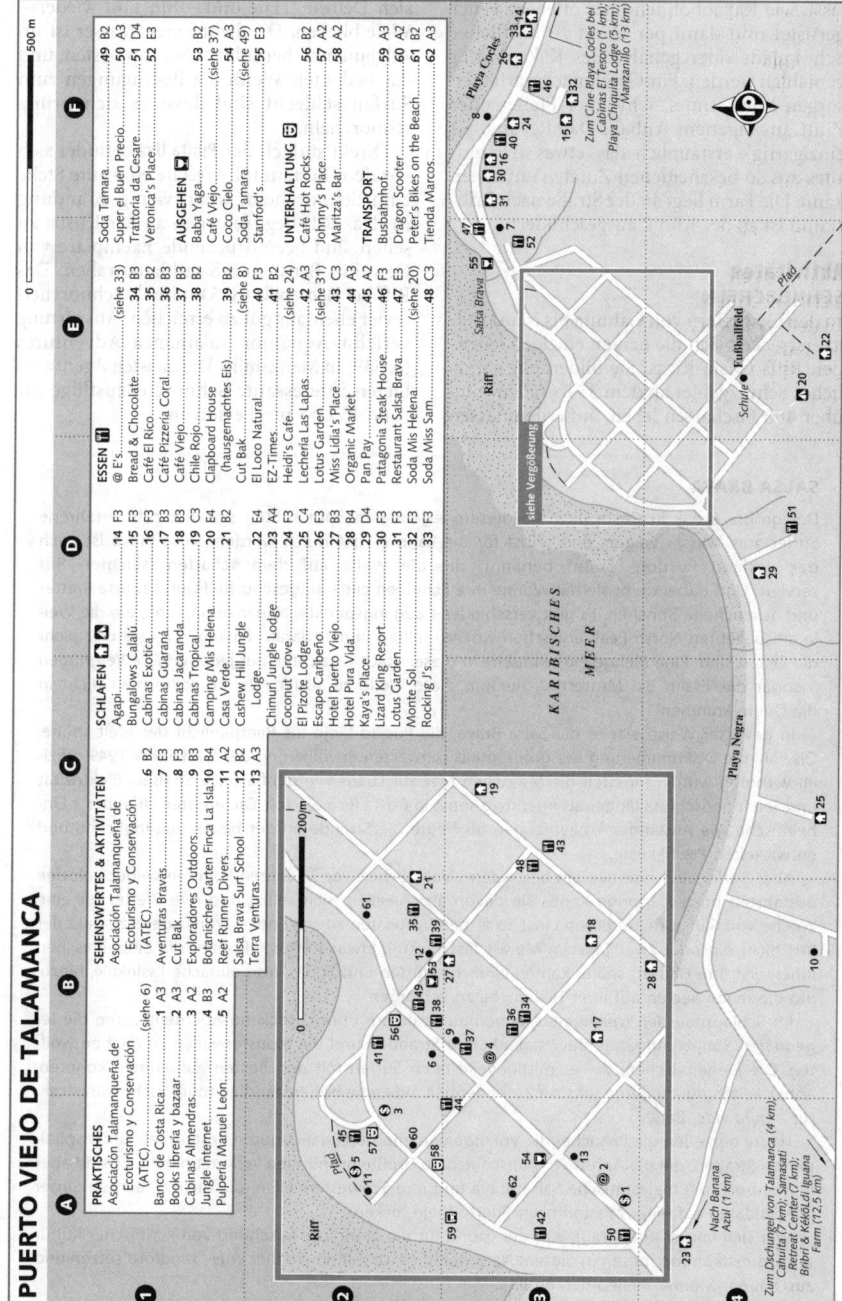

KARIBIKKÜSTE

KARIBISCHES
MEER

Playa Cocles

Zum Cine Playa Cocles bei
Cabinas El Tesoro (1 km);
Playa Chiquita Lodge (5 km);
Manzanillo (13 km)

Salsa Brava

Riff

siehe Vergößerung

Schule ● Fußballfeld

Pfad

Playa Negra

Nach Banana
Azul (1 km)

Zum Dschungel von Talamanca (4 km);
Cahuita (2 km); Samasati
Retreat Center (2 km);
Bribri & KéköLdi Iguana
Farm (12,5 km)

Riff

200 m

Pfad

lässt, wie Kakaobohnen über offenem Feuer geröstet und dann per Hand zu köstlicher Schokolade oder gehaltvoller Kakaobutter gemahlen werden. Für Geschmacksvarianten sorgen Muskatnuss, schwarzer Pfeffer oder Zimt aus eigenem Anbau. Das Resultat ist einzigartig – erstaunlich, dass etwas so Exquisites aus so bescheidenen Zutaten entstehen kann. Die Farm liegt an der Straße nach Bribrí und ist ab der Klinik ausgeschildert.

Aktivitäten
SCHNORCHELN
In den Gewässern von Cahuita bis Manzanillo erstrecken sich die beiden einzigen lebenden Riffs Costa Ricas. Sie bilden ein natürliches Schutzgebiet, in dem 35 Korallen- und über 400 Fischarten leben, außerdem lassen sich Delfine, Haie und – hin und wieder – Wale blicken. Die Sicht unter Wasser ist im Allgemeinen bei ruhiger See am besten, und das bedeutet: Wenn die Bedingungen zum Surfen schlecht sind, lässt es sich prima schnorcheln.

Direkt südlich der **Punta Uva** befindet sich vor dem Restaurant Arrecife eine gute Stelle zum Schnorcheln, wenn wenig Brandung ist. Das Riff liegt sehr nah an der Küste; zu sehen sind beeindruckende Exemplare von Geweih-, Blatt- und Salatblattkorallen. Das Riff bei **Manzanillo** (S. 539) ist als Schnorchelrevier ebenfalls gut zu erreichen. Ausrüstung verleiht Aquamor Talamanca Adventures (S. 539) in Manzanillo. Die meisten Agenturen bieten interessante Schnorchelausflüge für rund 45 US$ pro Person an.

SALSA BRAVA
Der größte Break in Costa Rica: An diesem legendären Spot sollten sich nur sehr erfahrene Surfer aufs Wasser wagen, und selbst für die kann es gefährlich werden. Salsa Brava ist nach der riesigen Portion „Soße" benannt, die die Welle auf dem scharfen, seichten Riff serviert. Und dabei treibt sie mit Wonne ihre Schulden ein – aufgeschürfte Haut, kaputte Bretter und gebrochene Knochen. Es gibt verschiedene Zugangspunkte: Neuankömmlinge, die die Welle am beliebten North Peak erwischen wollen, sollten immer daran denken, dass sie hier nicht die Ersten sind. Eine Menge Einheimische in dieser Stadt verzichten auf jedes andere Vergnügen – sogar das Essen bei Muttern –, nur um diese Welle zu surfen. Denen sollte man nicht in die Quere kommen!

In gewisser Weise war es die Salsa Brava, die Puerto Viejo ins Rampenlicht der Welt spülte. Obwohl die Diskriminierung der größtenteils schwarzen Bevölkerung der Südkaribik 1949 offiziell verboten wurde, mussten die Menschen hier auf Luxus wie gepflasterte Straßen, Elektrizität und Telefonanschluss länger als irgendwo sonst in Costa Rica warten. Die meisten Urlauber – Einheimische wie Ausländer – bevorzugen bis heute die Strände an der besser zugänglichen und entwickelten Pazifikküste.

Aber Surfer sind nun mal ein besonderes Volk. Schon vor 30 Jahren konnten weder holprige Busfahrten noch klapprige Kanus sie davon abschrecken, sich selbst und ihre Bretter für eine Woche von San José an diesen einst so fernen Vorposten zu schleppen (vorausgesetzt, dass der Bus nicht ein oder zwei Tage im Morast feststeckte). Etwas irritiert öffneten die Einheimischen ihnen erst ihre Häuser, später kamen einfache Hütten und Sodas, also einfache Esslokale, hinzu, um die rauen Seelen auf ihrer Heilssuche zu versorgen.

Im Schlepptau der Wellenreiter kamen auch andere unerschrockene Abenteurer, um die legendären Sonnenaufgänge über sagenhaften Stränden und die Monsterwellen zu erleben wollten. Die Einheimischen, die es mittlerweile beim Surfen mit den Besten aufnehmen konnten, entwickelten nur zu gerne und zur Zufriedenheit aller eine bodenständige touristische Infrastruktur – *pura vida*, Baby.

Heute genießen die Besucher die Vorzüge von Internetzugang, guten Restaurants und asphaltierten Straßen, die die Anreise um unschätzbare Größenordnungen verkürzt haben. Es sind aber immer noch die majestätische Salsa Brava und ihre Schwesterwellen, die die gebräunten Surfer wie Soldaten auf einer Mission nach Puerto Viejo locken.

Wer sich immer noch fragt, was der Grund für die grandiose Mischung von karibischer Kultur und Touristennepp mitten in diesem Naturparadies ist: mit einem Bier vors Standford setzen und zuschauen, wie die Wellen heranrollen.

SCHWIMMEN

Die ganze südliche Karibikküste – von Cahuita bis nach Punta Mona ganz im Süden – ist ein einziger atemberaubend schöner Strand. Der sicherste Abschnitt zum Schwimmen und außerdem ein toller Ort für Body-Boarder ist die **Playa Negra** im Nordwesten der Stadt.

Doch die echten Juwelen liegen im Südosten: Hier reicht der Dschungel bis ans Meer; die Wellen liebkosen den glatten Sandstrand (der bei Flut recht schmal ist) und sind perfekt zum Schwimmen und Bodysurfen. Die Kulisse für diese Idylle bilden die Kokospalmen, die sich im Wind wiegen. Tukane, Affen und Faultiere tollen in den Wipfeln herum und sorgen für noch mehr Exotik. Doch jeder hat die Qual der Wahl: **Playa Cocles** (2 km östlich der Stadt), **Playa Chiquita** (4 km östlich), **Punta Uva** (6 km östlich) und **Manzanillo** (s. S. 539) sind allesamt Bilderbuchstrände.

Im Wasser kann es hier allerdings mitunter gefährlich werden, die Strömungen sind manchmal tückisch. Am sichersten ist es, im Hotel oder bei Naturführern vor Ort nach den aktuellen Bedingungen zu fragen.

SURFEN

Vor dem Stanford's Restaurant Caribe liegt ein Riff, an dem sich die berühmte **Salsa Brava**, die beste Welle des Landes, bricht (siehe Kasten „Salsa Brava", S. 524). Das Riff ist hier relativ seicht. Wer den Dreh nicht raus hat, knallt samt Surfbrett dagegen – für Anfänger ist die Location also alles andere als geeignet. Die Salsa Brava bietet sowohl Rights als auch Lefts, wobei die Rights in der Regel schneller sind. Die besten Surfbedingungen herrschen bei östlicher Dünung.

Die Wellen an der **Playa Cocles** sind weniger gefährlich, doch fast ebenso imposant wie die Salsa Brava. Cocles befindet sich rund 2 km östlich der Ortschaft (bekannt als „Beach Break", eine überaus treffende Beschreibung). Die Lefts und Rights brechen sich nah am steil abfallenden Strand. Am Morgen, ehe der Wind zunimmt, sind die Surfbedingungen in der Regel am besten.

Die höchsten Wellen rollen meist von Dezember bis März heran; gleichsam eine Minisaison zum Surfen sind Juni und Juli. Von Ende März bis Mai sowie im September und Oktober ist das Meer am ruhigsten.

Im Ort gibt es mehrere Surfschulen. Diese mehr oder weniger unabhängigen Unternehmen verlangen 30 bis 35 US$ für zwei

WILDWASSERRAFTING

Viele Rafter fahren auf schnellstem Weg nach Turrialba (s. Kasten S. 171), doch auch in der Karibik bieten sich einige tolle Gelegenheiten, dem Nervenkitzel zu frönen. **Exploradores Outdoors** (☎ 2750 2020; www.exploradoresoutdoors.com; Ausflüge inkl. Mittagessen & Transfer 95 US$) zählt zu den besten Unternehmen der Region. Auf dem Programm stehen Ein- und Zweitagesausflüge mit Rafting auf den Flüssen Pacuare, Reventazón und Sarapiquí. Es ist möglich, sich in Cahuita, Puerto Viejo, Tortuguero, San José oder Arenal abholen zu lassen, die Rückfahrt ist inbegriffen, Ausgangs- und Endpunkt sind variabel – alles ganz nach Wunsch. Das ist überaus praktisch, wenn die Zeit knapp ist und man nicht tagelang durch das Land gondeln möchte.

Stunden Unterricht. Achtung: Für blutige Anfänger ist Puerto Viejo nicht geeignet. Entlang der Pazifikküste finden sich Orte mit kleineren, leichter zu beherrschenden Wellen. Doch auch erfahrene Surfer sollten auf den Rat der Einheimischen hören, ehe sie sich in die Riesenwellen stürzen.

Surfbretter werden schon für 10 bis 15 US$ pro Tag vermietet – kein schlechter Preis. Surfschulen vor Ort:

Caribbean Surf School & Tours (☎ 8357 7703; www.caribbeansurfschoolandtours.com) Den Laden führt der nonstop lächelnde Hershel, der als beste Surflehrer von Puerto Viejo gilt. Da die Schule kein Büro unterhält, einfach bei ihm anrufen und etwas vereinbaren.

Cut Bak (☎ 8366 9222, 8885 9688) Hier schlagen Surfer gern ihr Zelt auf (pro Pers. 3 US$, Mietzelt 4 US$) und schlafen am Strand.

Salsa Brava Surf School (☎ 2750 0689; salsabrava-surfshop@hotmail.com) Die Surfschule liegt gegenüber dem Hotel Puerto Viejo.

TAUCHEN

Taucher finden an der Karibikküste bis zu 20 Tauchreviere – von Korallengärten in seichtem Wasser bis hin zu beeindruckenden Steilwänden in der Tiefsee. Sage und schreibe Hunderte von Fischarten schwimmen hier umher, darunter Kaiserfische und Papageifische im Riff , Hornfische, Haie und diverse Makrelen sowie weiter draußen Schnapper.

Die einzigen Tauchausflüge bietet in Puerto Viejo **Reef Runner Divers** (☎ 2750 0480; www.reefrun

nerdivers.net; 1/2 Tauchgänge 65/80 US$; ۞ 7–20 Uhr) an. Wer keinen Tauchschein hat, kann für 65 US$ eine Kurzzeitlizenz oder für 325 US$ das komplette PADI-Diplom erwerben. Aquamor Talamanca Adventures (S. 538) in Manzanillo arrangiert ebenfalls Tauchausflüge.

WANDERN

Die unmittelbare Umgebung von Puerto Viejo ist kein Wanderparadies: Die meisten Wanderer machen sich eher in den nahen Nationalpark Cahuita (S. 520) oder in das Refugio Nacional de Vida Silvestre Gandoca-Manzanillo (S. 538) auf, um nach Tukanen und Faultieren Ausschau zu halten. Bis in die Indianerreservate ist es allerdings ein ziemlicher Marsch, dorthin sollte man eigentlich auch nur in Begleitung eines Führers (siehe unten: Geführte Touren), der auch Kontakte herstellt, aufbrechen.

Aber am Rand der Stadt beginnt der Dschungel. Wer sich lieber auf eigene Faust auf Entdeckungsreise macht, packt den Picknickkorb und sucht sich sein Ausflugsziel selbst. Die Straße in Richtung Süden führt am Fußballplatz und an der Cashew Hill Jungle Lodge vorbei. Hinter dem Dorf verengt sie sich zu einem Pfad und führt in die Hügel.

Festivals & Events

Die Wochenenden im März und April stehen ganz im Zeichen des **South Caribbean Music & Arts Festival** (☎ 2750 0062; www.playachiquitalodge.com) mit viel karibischem Flair. Das Konzertangebot reicht von Calypso bis Jazz, von Reggae bis zur keltischen und klassischen Musik, Tanzensembles vermitteln auf der Bühne einen Hauch von Jamaika oder Afrika, und es werden Filme gezeigt, die in Costa Rica produziert wurden. Bei diesem Event hat die ganze Familie ihren Spaß, da auch für die Kids viele Programme geboten werden. Die exakten Termine des Festivals variieren; in der Regel wird es an den Wochenenden im März und April veranstaltet (etwa fünf Wochen vor Ostern). Die meisten Aufführungen im Rahmen des Musikfests werden in der Playa Chiquita Lodge (s. S. 535) veranstaltet.

Geführte Touren

Die meisten Veranstalter führen ihre Exkursionen ab einer Mindestgruppenzahl von zwei Teilnehmern durch. Die unten angegebenen Preise gelten pro Person; größeren Gruppen wird manchmal Rabatt gewährt.

Asociación Talamanqueña de Ecoturismo y Conservación (ATEC; ☎ 2750 0191, 2750 0398; www.green coast.com/atec.htm; Halbtagesausflug 20–25 US$, Tagesausflug 35–55 US$, mit Übernachtung 55–70 US$; ۞ 8–21 Uhr) Die gemeinnützige Organisation macht sich für umweltfreundlichen Tourismus stark, arbeitet mit einheimischen Führern und unterstützt die Gemeinden. Auf Wanderungen werden Vögel beobachtet. Es gibt Ausritte und Kanutouren, außerdem werden Indianerreservate und beispielhafte Farmen besucht.

Aventuras Bravas (☎ 2750 2000, 8849 0626) Die Agentur verfügt mittlerweile über ein Büro in Puerto Viejo und im Rocking J's (s. S. 526) und vermittelt nahezu jede erdenkliche Exkursion, die sich in dieser Region unternehmen lässt. Beliebt sind Aktivitäten wie Surfunterricht (45 US$) oder auch Kajakfahren (20 US$), Rafting (95 US$) und Baumkronentouren (50 US$).

Terra Venturas (☎ 2750 0750/489; www.terraventu ras.com; ۞ 8–19 Uhr) Im Angebot finden sich Ausflüge mit Übernachtung in Tortuguero (120 US$), Wanderungen (38 US$) und Schnorcheln (55 US$) in Cahuita, Wildwasserrafting (95 US$) sowie die eigene, 2,1 km lange Baumkronentour (50 US$) mit 18 Plattformen samt Tarzanschaukel.

Schlafen

BUDGETUNTERKÜNFTE

In den Billigunterkünften ist kaltes Wasser angesagt – doch warme Duschen braucht hier sowieso niemand.

Camping Mis Helena (☎ 2750 0580; Camping 10 US$, Mietzelt 4 US$) Camper, die keine Lust auf die Partyszene der Surfer haben, sind auf dem familienfreundlichen Zeltplatz gleich bei der Hauptstraße richtig. Für den – wahrscheinlichen! – Fall, dass es regnet, sind die Plätze überdacht. Im Soda Mis Helena (Hauptgerichte 2–4 US$; Di–So 7–18 Uhr) kommen preiswerte costa-ricanische und karibische Standardgerichte auf den Tisch; auf dem Holzofen wird jeden Tag eine andere Suppe gekocht. Und zum Abschluss des Essens unbedingt ein Glas von dem hausgemachten Gingerale probieren.

LP Tipp Rocking J's (☎ 2750 0657; www.rockingjs. com; eigenes Zelt/Mietzelt 4/6 US$, eigene Hängematte/Miethängematte 4/5 US$, B/DZ/3BZ/4BZ 7/20/30/50 US$; ℗) Diese Bleibe ist wirklich etwas für Rucksacktouristen, die auf eigene Faust unterwegs sind – die lebenslustige Art des Besitzers J ist überall zu spüren. Tagsüber fühlt man sich hier wie in einem Hippie-Künstleratelier, wenn die Gäste aus Fliesen Mosaikbilder zusammensetzen und Farbe auf die Leinwand spritzen. Bei Sonnenuntergang geht im Rocking J's dann wirklich die Post ab: Lagerfeuer am

Strand, Trinkspiele am runden Tisch – und freizügig geflirtet wird auch. Es sind Unterkünfte für jeden Geldbeutel im Angebot, vom „Hängemattenhotel" bis zum Luxusapartment mit Schiebedach samt Sternenblick vom Klo aus, Kingsizebetten und einer eigenen Küche. J's verleiht auch Surfbretter (pro Tag 15 US$), Fahrräder (pro Tag 5 US$) und andere Gerätschaften, die der Unterhaltung der Gäste dienen. Ein warnendes Wort allerdings: Wer zu seinem Glück nicht unbedingt Haschisch braucht, wird sich hier vermutlich etwas fehl am Platze fühlen.

Hotel Puerto Viejo (☎ 2750 0620; Zi. pro Pers. mit/ ohne Bad 14/10 US$; P 🖳) „Keine Schuhe und kein Shirt – kein Problem", so in etwa lautet auch das Motto in den sauberen, funktionalen Zimmern mit heißer Dusche und Gemeinschaftsküche. Das Surfbrett kann bei der Rezeption aufgehängt werden, wo sich alle Gespräche um Surfen und hohe Wellen drehen – der Besitzer Kurt Van Dyke gilt als hiesiger Experte. Das Leitungswasser stammt in diesem Hotel aus riesigen Behältern, in denen das viele Regenwasser, das in Puerto Viejo fällt, aufbereitet wird.

Chimuri Jungle Lodge (☎ 2750 0119; www.green coast.com/chimurilodge.htm; B/DZ/4BZ 10/30/46 US$; P) Ruhiger und beschaulicher als am Rand des KéköLdi-Reservats geht es in Puerto Viejo nirgends zu. Die vier im indianischen Stil erbauten Bungalows haben ein Strohdach, Moskitonetze und eigene Balkone; im Schlafsaal finden acht Personen Platz. Alle Gäste können die Gemeinschaftsküche benutzen. Ein 2 km langer Pfad lädt zur Erkundung des Hotelareals ein: ein Dschungel, der unglaublich viele Vögel und andere Tiere anlockt.

Monte Sol (☎ 2750 0098; www.montesol.net, auch auf Deutsch; DZ 20–30 US$; P 🖳) Fernab des Lärms der Hauptstraße, überzeugt diese Anlage unter deutscher Leitung mit ihrer lockeren, netten Atmosphäre. Die einfachen, aber schicken Cabinas haben Wände mit Stuckelementen und gefliese Bäder sowie eine einladende Terrasse samt Hängematten. Das Dschungelhaus, in dem bis zu acht Personen übernachten können, ist wirklich sagenhaft; es wird wöchentlich oder monatlich vermietet.

Hotel Pura Vida (☎ 2750 0002; www.hotel-puravida. com, auch auf Deutsch; EZ/DZ/3DZ/4DZ mit Gemeinschaftsbad 20/25/33 US$, mit eigenem Bad 20/25/30 US$) Die neuen Inhaber aus Deutschland lassen das Hotel gerade komplett überholen. Die schöne Terrasse, auf der immer eine angenehme Brise weht, liegt inmitten von Gärten und wurde bereits mit poliertem Holzboden und neuen Möbeln ausgestattet. Die komfortablen, luftigen Zimmer haben hohe Decken und große Fenster; vier dieser Zimmer warten jetzt mit einem nagelneuen Bad mit Steinboden, kunstvollen Fliesen und Duschen auf, die mit Solarenergie beheizt werden.

Coconut Grove (☎ 2750 0093; EZ/DZ mit Gemeinschaftsbad 20/25 US$, mit eigenem Bad 25/35 US$; P) Die aufmerksame, tüchtige Heidi betreut dieses Hotel mit einem Obergeschoss, das sich unmittelbar östlich der Ortschaft befindet. Die Zimmer mit Holzbalken sind in den Farben der Tropen gestrichen und haben allesamt ein Moskitonetz, Ventilator und eine Hängematte mit Blick zur Straße. Als erster morgendlicher Zwischenstopp zum persönlichen Tagesbeginn bietet sich unten Heidi's Café (7 bis 12 Uhr) im unteren Stock an: Dort warten Pfannkuchen, Eier und köstliche Smoothies.

Cabinas Jacaranda (☎ 2750 0069; www.cabinasjaca randa.net; EZ/DZ/3BZ/4BZ 30/45/50/60 US$; P) Inmitten eines blühenden Gartens, den Mosaikwege durchziehen, liegt diese farbenfrohe Bleibe. Die persönliche Note und die Liebe zum Detail vermitteln wahren Luxus. Jedes der individuell ausgestatteten Zimmer ist auf seine eigene Weise zauberhaft: fantasievolle Schablonenzeichnungen an den Wänden, Tropenholzmöbel, Bäder mit Mosaikfliesen und selbstverständlich mit heißem Wasser. In jedem Zimmer befindet sich ein Safe – der auch unbedingt benutzt werden sollte!

Mehrere Hotels bieten auch die Möglichkeit, ein Zelt im Garten oder Vorgelände aufzuschlagen, so z. B. das Rocking J's. In der Ortschaft Manzanillo (s. S. 537) kann man ebenfalls campen.

MITTELKLASSEHOTELS

Wenn nicht anders angegeben, bieten die hier aufgeführten Hotels zum Zimmer ein eigenes Bad mit heißem Wasser.

Kaya's Place (☎ 2750 0690; www.kayasplace.com; EZ/DZ/3BZ/4BZ mit Gemeinschaftsbad 19/27/35/43 US$, mit eigenem Bad ab 25/35/45/55 US$) Diese rustikale Lodge an der Playa Negra wurde komplett renoviert und kann jetzt mit einer einladenden Lounge über zwei Etagen aufwarten, die Hängematten, Sofas und Meerblick bieten. Die Zimmer mit Meerblick sind etwas duster; schöner und abgeschiedener (und natürlich teurer) zeigen sich die lichtdurchfluteten, luftigen Zimmer zum Garten hinaus.

Cabinas Guaraná (☎ 2750 0244; www.hotelguarana. com; EZ/DZ/3BZ 25/35/45 US$; P ⛴) Die wirklich hübschen Cabinas wurden mit viel Liebe zum Detail erbaut und liegen inmitten tropischer Gärten. In den Zimmern stehen bemalte Holzmöbel; bunte *molas* (indianische Wandteppiche aus mehreren bunten Stoffschichten, deren Muster die hiesige Flora und Fauna darstellen) und anderes Kunsthandwerk sorgen für Lokalkolorit; auf der Privatterrasse ist eine Webhängematte angebracht. Praktischerweise können alle Zimmer die Gemeinschaftsküche nutzen. Spaß macht es, sich einen Drink zu schnappen und dann vom Baumhaus aus den fantastischen Sonnenuntergang zu beobachten.

Lizard King Resort (☎ 2750 0614; lizardkingresort@ net.com; EZ/DZ/3BZ/4BZ 25/35/45/60 US$; ⛴) Die superschicke Hotelanlage bietet 15 geräumige Cabinas aus Hartholz mit Blick auf einen netten Pool. Im Preis ist ein herzhaftes Frühstück inbegriffen. Wer sich die kuscheligen Zimmer nicht leisten kann, sollte sich zumindest in der lässigen Lounge im Obergeschoss das mexikanische Essen munden lassen, den Filmabend genießen oder – ein dickes Plus! – während der Happy Hour zuschlagen.

Cashew Hill Jungle Lodge (☎ 2750 0256; www. cashewhilllodge.co.cr; EZ/DZ/3BZ/4BZ mit Gemeinschaftsbad 30/40/52 US$, mit eigenem Bad 29/40/52 US$, mit Privatterrasse 46/58/70 US$; P) Die Lodge liegt auf einem 1 ha großen Grundstück am äußersten südöstlichen Ortsrand, inmitten dschungelartiger Gärten. Die bunten Bungalows weisen viel Hartholz und witzige Deko auf. Über die einfachen, soliden Betten sind Moskitonetze drapiert. Zwei Zimmer teilen sich eine Küche – günstig für Familien. Wer sich für eines der teureren Zimmer entscheidet, sieht in der Ferne das Meer. Im Yogastudio findet jeden Tag Unterricht statt.

Bungalows Calalú (☎ 2750 0042; www.bungalows calalu.com; EZ/DZ/3BZ/4BZ 26/34/42/50 US$, mit Küche 40/40/50/60 US$; P ⛴) In Puerto Viejo ist oft vom „Tropenparadies" zu hören –das Calalú hat tatsächlich eines geschaffen. Dieses Juwel liegt inmitten von Gärten, in denen so exotische Blumen wie Helikoninen und Bromelien blühen. Der mit bizarren Felsen geschmückte Pool wird von einem Wasserfall gespeist. Das Frühstück wird auf dem „Schmetterlingsbalkon" serviert, den Hunderte herrlicher Exemplare von Tagfaltern umgaukeln. Die Bungalows sind attraktiv, aber schlicht und mit gefliestem Boden, Holz-

balkendecke sowie einer eigenen Veranda mit Blick auf die Gärten ausgestattet.

Cabinas Tropical (☎ 2750 0283; www.cabinastropical. com; EZ/DZ 30/35 US$, 3BZ mit Küche 45 US$; P ✕ ⛴) Die zehn geräumigen, gemütlichen Zimmer – mit poliertem Holz und glänzenden Fliesen – gruppieren sich um einen Landschaftsgarten am Stadtrand. Wirklich interessant aber sind die Dschungelwanderungen, die der Eigentümer und Biologe allen Gästen anbietet, die gern Vögel beobachten (vom Morgengrauen bis zur Abenddämmerung, pro Pers. 40 US$, ab drei Teilnehmern, inkl. Frühstück).

Cabinas Exotica (☎ 2750 0542; cabinas_david@yahoo. com; EZ/DZ inkl. Frühstück 30/35 US$; P) Seit Kurzem ist Gabriel der neue Eigentümer der ehemaligen Cabinas David. Die acht Cabinas liegen im Osten des Ortes und wurden bei Drucklegung dieses Reiseführers gerade nach und nach komplett renoviert – das war allerdings auch bitter notwendig. Angeblich sollen weitere Zimmer und auch ein Pool entstehen. Die zuvor schäbigen Cabinas wurden entrümpelt; mit den neuen Fliesen machen sie einen freundlichen, luftigen und blitzblanken Eindruck – das Preis-Leistungs-Verhältnis gestaltet sich sehr gut. Das Frühstück ist im Preis enthalten und wird auf der angenehm schattigen Terrasse serviert.

Casa Verde (☎ 2750 0015; www.cabinascasaverde.com; EZ/DZ Standard 32/36 US$, EZ/DZ/3BZ/4BZ Deluxe 60/76/96/110 US$; P ⛴) Durch die Gärten schlängeln sich gepflasterte Wege und präsentieren den Gästen die einheimische Flora. Die 14 blitzblanken Zimmer mit gebeizten Holzmöbeln sind geräumig und mit costa-ricanischem Kunsthandwerk geschmückt; jedes Zimmer hat eine eigene Terrasse mit Hängematten. Der neue Pool und der Whirlpool wirken wie aus *Fantasy Island*. Fahrräder werden für 6 US$ pro Tag verliehen. Von Dienstag bis Sonntag wird auch Frühstück angeboten.

Agapi (☎ 2750 0446; www.agapisite.com; Zi./Suite ab 35/65 US$, 6-Pers.-Apt. ab 100 US$ P) Das nette Hotel unter der Leitung eines griechisch-costa-ricanischen Paars findet sich im Osten des Ortes, in idealer Lage direkt am Meer. Die Unterkünfte sind individuell gestaltet – von den einfachen, bunten Einzelzimmern bis hin zu geräumigen Suiten mit mehreren Zimmern samt Kitchenette. Die teureren Zimmer haben einen eigenen Balkon mit Meerblick, doch alle Gäste können den schönen Strand mit Pavillons und hoch in den Himmel ragenden Palmen nutzen. Die neuen, holzgetäfelten

Apartments bieten viel fürs Geld, sofern sie voll belegt werden.

LP Tipp Banana Azul (☎ 2750 2035; www.bananaa zul.com; DZ inkl. Frühstück 48–105 US$; **P**) Am äußersten Ende der Playa Negra liegt dieses schöne Hotel einsam im Dschungel. Es befindet sich direkt an der Schwelle vom spektakulären schwarzen Sandstrand zum Regenwald – Heimat zahlreicher Faultiere. Jedes der holzvertäfelten Zimmer hat einen Balkon mit Hängematte und Meerblick; bis zum Wasser sind es nur wenige Meter. Aufgrund der abgeschiedenen Lage wird nachts den Gästen von Brüllaffen, morgens von Aras und natürlich immerzu von der tosenden Brandung ein Ständchen gesungen.

Escape Caribeño (☎ 2750 0103; www.escapecaribeno. com; EZ/DZ/3BZ 55/65/75 US$, Klimaanlage 10 US$ extra; **P** 🍴) Die Gäste haben die Qual der Wahl: einen Bungalow am Strand oder lieber inmitten der üppigen Tropengärten? Die Anlage befindet sich rund 500 m östlich des Ortes. Die 14 Bungalows sind unterschiedlich groß, doch jeder einzelne verfügt über Kühlschrank und Ventilator und – was noch wichtiger ist – bietet tagsüber eine Hängematte zum Faulenzen auf der Veranda.

El Pizote Lodge (☎ 2750 0227; DZ/4BZ Standard 66/ 82 US$, Bungalows 82/115 US$; **P** 🍴 🏊) Die komfortable Lodge in einer ruhigen Nebenstraße, nur 1 km westlich der Ortschaft, ist in zehn Minuten bequem zu Fuß zu erreichen, und zu den Wellen an der Playa Negra sind es auch nur wenige Schritte. Die geräumigen, aber einfachen Standardzimmer haben Gemeinschaftsbad; in den hübscheren Holzbungalows sind die Gäste ungestörter.

SPITZENKLASSEHOTELS

Lotus Garden (☎ 2750 0232; www.lotusgarden.net; 60–90 US$; **P** 🍴 🏊) Die Luxussuiten haben Himmelbetten in Kingsizeformat, mit Lack versiegelte Parkettböden und einen Whirlpool. Die Anlage inmitten eines tropischen Gartens verströmt asiatische Eleganz. Und um alles abzurunden, bietet das zugehörige Lotus Garden Restaurant (19–23 Uhr) eine beeindruckende Speisekarte mit panasiatischer Küche, darunter auch das All-you-can-eat-Sushi, ein Special zu 14 US$. Das Lotus Garden hieß früher Jordan's.

Samasati Retreat Center (☎ 2750 0315; www.sama sati.com; EZ/DZ mit Gemeinschaftsbad 94/150 US$, EZ/DZ/3BZ/ 4BZ mit eigenem Bad 162/230/282 US$) Der gut konzipierte, ansehnliche Komplex liegt 8 km nörd-

lich von Puerto Viejo auf einem Hügel und bietet einen tollen Blick auf die Küste und das Dorf. Die neun kühlen Privatbungalows sind rundum mit Fliegengittern versehen, während im Gästehaus die einfachen Zimmer mit Holzmöbeln und Einzelbetten ausgestattet sind. Die leckeren vegetarischen Gerichte (inbegriffen) werden auf einer Holzterrasse mit Meerblick als Büfett angeboten. Täglich findet Yogaunterricht statt (12 US$), an dem alle Gäste teilnehmen können.

Essen

Die Restaurantszene Puerto Viejos ist wirklich die eindrucksvollste der gesamten Karibikküste und die wahre Rettung nach all den Casados. Neben den aufgelisteten Lokalen sind auch das Hotelrestaurant im Lotus Garden und Heidi's Café im Coconut Grove (S. 527) zu empfehlen.

GÜNSTIG

Wer von der karibischen Küche nicht genug bekommen kann, geht ins **Soda Miss Sam** (☎ 2750 0108; Hauptgerichte 2–6 US$) oder ins **Miss Lidia's Place** (☎ 2750 0598; Hauptgerichte 2–6 US$), die für ihr *gallo pinto* und die scharfe Kokossoße bekannt sind. Beide Frauen sind schon eine Institution am Ort, sie verwöhnen den Gaumen und erfreuen den Magen der Einheimischen ebenso wie der Touristen.

Café Pizzería Coral (☎ 2750 0051; Frühstück 2–3 US$; Pizzen 4–6 US$; 🕐 Di–So 7–12 & 17.30–21.30 Uhr) Dank des gesunden Frühstücks und selbst gebackenen Vollkornbrots ist dieses Traditionslokal schon seit ewigen Zeiten der Hit. Doch es gibt auch hervorragende Pizza, und die Auswahl an Salaten und vegetarischen Speisen kann sich ebenfalls sehenlassen.

Pan Pay (☎ 2750 0081; kleinere Mahlzeit 2–4 US$; 🕐 7–19 Uhr) Dieses Lokal am Meer ist der perfekte Ort für all jene, denen der Sinn nach einem hervorragenden starken Kaffee und frischen Backwaren steht – ganz zu schweigen von den köstlichen Sandwiches: das perfekte Picknick für eine lange Wanderung oder einen Tag am Strand. In dem Lokal treffen sich gern Ticos und Auswärtige, man kann am schwarzen Brett einen Aushang machen und auch Bücher austauschen.

Bread & Chocolate (☎ 8830 3223; Frühstück 2–4 US$, Mittagessen 4–8 US$; 🕐 Mi–So 6.30–14.30 Uhr) Das stilvolle Café lädt Frühaufsteher ein, auf der weitläufigen, überdachten Veranda Platz zu nehmen, einen frisch gebrühten Kaffee zu trinken und dabei die *Tico Times* zu studieren. Zu den Frühstücksspezialitäten zählen Haferbrei wie bei Muttern, große, lockere Omelettes und das klassische Müsli mit Joghurt.

Soda Tamara (☎ 2750 0148; Frühstück 2–4 US$, Abendessen mit Meeresfrüchten 6–10 US$; ☺ 7–22 Uhr) Das markant rot, grün und gelb gestrichene Soda ist beliebt, um beim Frühstück zu beobachten, wie auf den Dorfstraßen allmählich das Leben beginnt. Tagsüber sind Meeresfrüchte die Spezialität des Hauses, doch auch das Kokosbrot ist unbedingt empfehlenswert.

Café El Rico (☺ 8–16 Uhr) Schwarzen, starken Kaffee – sogar eisgekühlt – gibt es zum leichten Frühstück und auch zum Mittagessen. Ein Pluspunkt: Wer im zugehörigen Waschsalon seine Kleidung in Ordnung bringt (4 kg 5 US$), bekommt einen Cappuccino gratis. Fahrräder werden auch verliehen.

Veronica's Place (☎ 2750 0132; Mahlzeiten 3–5 US$; ☺ So–Do 7–21, Fr 7–16.30 Uhr) Das vegetarische Café hinter dem Supermercado El Pueblo ist eine tolle Entdeckung – nicht nur für Leute, die lieber fleischlos essen. Veronica bringt eine gesunde Variante der karibischen Küche auf den Tisch; der Schwerpunkt liegt auf frischem Obst und Gemüse. Das Lokal ist das einzige im Ort, in dem es Sojaburger und Sojamilch gibt – die Hits eines jeden Vegetariers, der gentechnisch indifferent isst.

EZ-Times (☎ 2750 0663; Hauptgerichte 5–9 US$; ☺ 10–2.30 Uhr) Reggaerhythmen und die coole Atmosphäre locken hungrige Sonnenanbeter vom Strand an, um sich hier Pizza, Pasta und Salate reinzuschaufeln. Auf der Terrasse sind viele bunte Kissen verteilt – so richtig gemütlich, um entspannt das Essen zu genießen und sich am Freitagabend auch noch über die Livemusik zu freuen.

Für den Nachtisch gibt es zwei Möglichkeiten: selbst gemachtes Eis oder selbst gemachtes Eis. Gegenüber dem Hotel Puerto Viejo verkauft eine nette alte Frau in ihrem Schindelhaus cremige Mixgetränke (0,30 US$). Ein Leser hat sie einmal als „eiskalte Wonne" beschrieben. Jedenfalls handelt es sich um eine Art Milchshake im Beutel – der Renner. Ein traditionelleres *helado gibt es in der* **Lechería Las Lapas** (☺ 11–23 Uhr), ein kleiner Stand am Strand, nahe der Bushaltestelle. Die cremige, kalte Masse wird in zig tropischen Geschmacksrichtungen angeboten; sehr empfehlenswert ist Macadamiaeis. Außerdem gibt es hier *arroz con leche* (Milchreis).

Der beste Lebensmittelladen ist der **Super el Buen Precio** (☺ 6.30–20.30 Uhr). Nicht verpassen sollte man den wöchentlichen **Biomarkt** (☺ Sa 6–18 Uhr). Dort bieten Bauern und Händler die typischen Snacks der Region feil.

MITTELTEUER & TEUER

@E's (☎ 2750 0657; Mahlzeiten 3–7 US$; ☺ 10–23 Uhr) Im Restaurant und in der Bar des Rocking J's hängen nicht nur Rucksacktouristen gern herum. Eric, der Küchenchef mit Ausbildung in Frankreich, zaubert Gerichte, die von der thailändischen, mexikanischen und amerikanischen Küche inspiriert sind: Fusion vom Feinsten eben. Alle Gerichte sind einfach köstlich – ob nun Burger oder das in der Pfanne gebratene Haifischsteak. Französische Cuisine zu Rucksacktouristen-Preisen: Hört sich doch ziemlich gut an, oder?

Chile Rojo (☎ 2750 0025; Hauptgerichte 7–12 US$; ☺ 12–22 Uhr) Wenn die Geschmacksknospen nach etwas Scharfem rufen, dann ist das Chile Rojo genau richtig, denn es ist für seine hervorragende Thai- und Orientküche bekannt. Das Lokal ist winzig, doch ein Bissen Curry – oder was eben als Spezialität des Tages gerade auf der Speisekarte steht – genügt, um zu erkennen: Das Essen lohnt hier auch die längste Wartezeit. Das amerikanische Frühstück ist ebenfalls ausgezeichnet.

LP Tipp **El Loco Natural** (☎ 2750 0263; Mahlzeiten 8–14 US$; ☺ 6–23 Uhr) Das Musikcafé unter freiem Himmel bietet kreative Fusionküche: eine interessante Kombination von Elementen der italienischen, asiatischen und karibischen Küche. Zu den Köstlichkeiten zählen die tropische Gazpacho und karibische Fisch-Tacos. Außerdem macht es Spaß, beim Essen die Leute auf der Straße zu beobachten. Am Donnerstag und Samstag wird hier Livemusik gespielt, und jeden Abend stellen einheimische Künstler ihre Werke aus.

Café Viejo (☎ 2750 0817; Hauptgerichte 6–15 US$; ☺ 11 Uhr bis open end) Das edle italienische Restaurant ist ja vielleicht etwas teuer, doch für seine frische Pasta mit Supersaucen und die einfallsreichen Cocktails erhält es immer Bestnoten. Wer bei einem Date Eindruck schinden möchte, wählt dieses noble, romantische Ambiente. Außerdem eignet sich das Lokal bestens für Alleinreisende, um mit uninteressierter Mine Leute zu beobachten.

Patagonia Steak House (☎ 8390 5677; Mahlzeiten 10–15 US$; ☺ 17–23 Uhr) Das nette, authentische

Steakhaus ist ein Familienbetrieb und gehört tatsächlich einem Argentinier. Die Einrichtung ist nichts Besonderes – einfache Holztische und Stühle eben. Aber die offene Küche bietet freie Sicht auf die brutzelnden Steaks auf dem Grill (bei entsprechendem Duft). Ein unvergessliches Essen, das sich mit einem köstlichen Malbec aus Mendoza bestens hinunterspülen lässt.

Restaurant Salsa Brava (☎ 2750 0241; Mahlzeiten 10–15 US$; ☽ 11–23 Uhr) Dieses Szenerestaurant mit seiner persönlichen Atmosphäre ist überaus empfehlenswert; seine Spezialität sind Meeresfrüchte und Gerichte vom offenen Grill. Die zugehörige „Saftbude" ist eine Oase für durstige Surfer und Strandvolk.

Trattoria da Cesare (☎ 2750 0161; Mahlzeiten 10 bis 15 US$; ☽ Do–Di 17.30–22 Uhr) Die reizende Trattoria im Westen der Stadt serviert köstliche, selbst gemachte Pasta mit zig Sorten frischem Käse und Saucen, deren Zutaten aus heimischem Anbau stammen.

Ausgehen

Die Restaurants verwandeln sich oft in ausgelassene Bars, sobald die Tische abgeräumt sind. Einen Versuch lohnt jedenfalls das Soda Tamara, um bei einem Bier Leute zu beobachten, oder auch das Café Viejo, um sich mit seinem Kreativcocktail sehenzulassen. Wer gern eine kühle Brise mit einem eisgekühlten Getränk verbinden möchte, schaut während der Happy Hour in der Bar im Stanford's vorbei.

Baba Yaga (☎ 8388 4359) Spaß macht hier am Mittwoch die *Ladies Night* (*baba yaga* heißt die russische Hexe) oder am Sonntag die Reggaenacht, aber Happy Hour ist jeden Tag.

Coco Cielo (☎ 2750 0263) Das Coco Cielo ist tagsüber ein Restaurant und abends eine Bar – der supercoole Neuzugang ist die angesagteste Kneipe überhaupt, um eine Margarita oder einen Mojito zu schlürfen.

Unterhaltung

Wie bei einer derart hippen Stadt zu erwarten, ist hier nach Sonnenuntergang jede Menge los. Also endlich mal weg mit dem Surfbrett und die Rastalocken aufgemöbelt – Puerto Viejo ist nach Einbruch der Dunkelheit ein ganz anderes Paradies.

KINO

Café Hot Rocks (☎ 2750 0525; Mahlzeiten 3–8 US$; ☽ 11–2.30 Uhr) In einem großen, roten Zelt in

der Ortsmitte flimmern an vielen Abenden kostenlos Filme über die Leinwand, außerdem treten – oft neue – Calypso-, Reggae- und Rockbands auf. Prima, um sich zu amüsieren, auch wenn das Essen nicht berauschend ist.

Cine Playa Cocles (☎ 2750 0128, 2750 0507; Playa Cocles; Eintritt frei, Mindestverzehr 4,50 US$; ☽ Vorführungen Mo–Fr 19, Sa & So 17.30 Uhr) In den Cabinas El Tesoro laufen zahlreiche Kult-, Klassik- und coole Camp-Movies, außerdem Hollywoodblockbuster. Am Wochenende gibt es ein Extraprogramm für die Kids.

LIVEMUSIK & TANZ

Maritza's Bar (☎ 2750 0003) In dieser Bar mit Livemusik trifft sich dienstags alle Welt. Eigentlich können hier alle Gäste ihr Können unter Beweis stellen, aber letzten Ende spielen doch immer wieder dieselben Einheimischen mit Lust und Laune Reggae.

Johnny's Place ist eine Institution in Puerto Viejo. Die DJs legen Reggae, Hip-Hop und Salsa auf, und am Strand sorgt der Wirt für ein knisterndes Lagerfeuer.

An- & Weiterreise

Grayline (☎ 2262 3681; www.graylinecostarica.com) fährt täglich um elf Uhr nach San José (27 US$) und von dort weiter nach Arenal (38 US$). Wer

---

DIE BESTEN REGGAEBARS

Lust auf die Rhythmen der Karibik? Dann nichts wie hinein in diese Reggaekneipen:

- **Casa Blanca** (S. 495) Die authentische Reggaebar liegt abseits der Touristenpfade und ist die heißeste Location der Stadt, wenn jemand seine Rastalocken mal so richtig durchschütteln möchte.

- **Johnny's Place** (siehe oben) Der neumodische Reggaetónsound, der die DJs zwischendurch immer wieder auflegen, ist ja vielleicht nichts für Puristen, aber die Bar ist trotzdem der Renner an der Küste.

- **Maritza's Bar** (siehe oben) Besonders toll, wenn dienstags auch das Publikum mitmachen kann.

- **Coco's Bar** (S. 519) Die Bar bildet den Mittelpunkt des coolen Nachtlebens von Cahuita – mit brüllend lautem Kingstonsound die ganze Woche über.

telefonisch reserviert, kann sich im Hotel abholen lassen. Alle öffentlichen Busse fahren am Busbahnhof, der einen halben Block südwestlich von Maritza's Bar liegt, ab und kommen auch dort an.

Bribrí/Sixaola ½ US$, 30 Min./1½ Std., Abfahrt von 19.30 bis 20.30 Uhr stündlich.

Cahuita/Puerto Limón ½ US$, 30 Min./1½ Std., Abfahrt von 5.30 bis 19.30 Uhr stündlich.

Manzanillo 1,50 US$, 30 Min., Abfahrt um 7.30, 11.45, 16.30 und 19.30 Uhr.

San José 7,50 US$, 5 Std., Abfahrt um 7, 9, 11 und 16 Uhr.

Unterwegs vor Ort

Mit dem Fahrrad kommt man am besten herum, und eine Radtour nach Manzanillo oder zu den Stränden im Osten von Puerto Viejo zählt in dieser Ecke Costa Ricas, wo echte Bergstrecken fehlen, zu den Highlights. Fahrräder werden überall im Dorf vermietet, auch in vielen Lodges.

Dragon Scooter (☎ 2750 0728; für 4 Std. ab 15 US$; ⏰ 8 Uhr bis open end) Für Leute, die doch lieber aufs Gaspedal treten.

Los Ticos (☎ 2750 0611; ⏰ 7–18 Uhr) Liegt direkt neben dem Rocking J's.

Tienda Marcos (☎ 2750 0303; pro Tag 3 US$; ⏰ 7–18 Uhr)

VON PUERTO VIEJO NACH MANZANILLO

Die 13 km lange Straße, die von Puerto Viejo gen Osten führt, wurde 2003 asphaltiert. Seitdem hat sich die Fahrzeit entlang den treibholzübersäten Sandstränden und Felsformationen enorm reduziert.

Die Strecke führt durch die kleinen Nester Punta Uva und Manzanillo, außerdem durch Teile der Reserva Indígena Cocles/KéköLdi und das Refugio Nacional de Vida Silvestre Gandoca-Manzanillo.

Die Straße gilt noch immer als Eigentum von Menschen ohne Ottomotor – im Klartext: Autofahrer müssen vor allem nachts auf Fußgänger und Radfahrer achten, die zwischen den verschiedenen Bars, Restaurants und Lodges unterwegs sind.

An dem Streckenabschnitt wird viel getrampt – das bedeutet allerdings nicht, dass es ungefährlich ist.

Die Straße führt mehr oder weniger an der Küste entlang, ab der Playa Cocles ist der Strand von der Straße aus allerdings meist mehr nicht zu sehen. Die Vegetation ist überaus dicht – Kokospalmen und Knöterichgewächse schützen die Küste, während tropischer Regenwald landeinwärts die Hügel des Tieflandes überwuchert.

Wer gern an einem schönen Strand verweilen möchte und zugleich Wert auf Restaurants und eine anständige Unterkunft legt, der findet in Cocles eine gute Mischung aus Abgeschiedenheit und touristischer entwickelter Infrastruktur.

Die Palette an Übernachtungsmöglichkeiten und Esslokalen ist breitgefächert; die meisten liegen an der Hauptstraße, die mitten durch den Ort führt, einige auch bei Punta Uva – dem schönsten Strand in dieser Gegend.

Wer etwas erledigen muss, kann ohne Aufwand nach Puerto fahren, aber auch die **Playa Chiquita Services** (☎ 2750 0575; Playa Chiquita; ⏰ 9 bis 20 Uhr) gegenüber der Miraflores Lodge können mit einem öffentlichen Telefon, Internetzugang (30 Min. 2 US$) und, zusätzlich, einem kleinen Café dienen. Busse, die von Puerto Viejo nach Manzanillo fahren, lassen die Fahrgäste unterwegs überall aussteigen.

Sehenswertes

MARIPOSARIO PUNTA UVA

Die **Schmetterlingsfarm** (☎ 2750 0086; Punta Uva; Erw./Kind 5 US$/frei; ⏰ 8–16 Uhr) ist weniger eine Touristenattraktion als eine Zuchtstation für den Handel mit Präparaten. Rund 70 Schmetterlingsarten werden hier jährlich gezüchtet, darunter vier Spezies, die nach Angaben des Personals nirgendwo sonst auf der Welt in Gefangenschaft existieren: Prepona, Filaetinia, Mintorio und Inmanius. Welche Arten zu sehen sind, hängt von der Jahreszeit ab.

Lydia, die für dieses Projekt verantwortliche Biologin, veranstaltet auf Anfrage interessante Führungen auf Spanisch.

CRAZY MONKEY CANOPY TOUR

Das Unternehmen gehört zur Punta Uva's Almonds & Corals Lodge (s. S. 536) und verfügt über die einzige **Baumkronentour** (☎ 2759 9057/56, in San José 2272 2024; www.almondsandcorals.com; Tour 40 US$; ⏰ 8–14 Uhr) an der Karibikküste. Die Tour durch das Blätterdach des Refugio Nacional de Vida Silvestre Gandoca-Manzanillo beginnt im Regenwald und endet am Strand. Dabei bieten sich viele Gelegenheiten, Tiere in freier Wildbahn zu sehen, und für den einen oder anderen Adrenalinstoß ist im aufgescheuchten Organismus auch noch gesorgt.

Aktivitäten

Die meisten Gäste kommen in diesen Teil des Landes, um zu surfen, die heimische Tierwelt zu beobachten und um sich zwischen zwei Regenschauern am Strand zu bräunen. Playa Cocles ist ein berühmter **Surfspot** und wird wegen der oft gefährlichen Gegenströmungen von Rettungsschwimmern bewacht. Der beste und sicherste Strand zum **Schwimmen** liegt bei Punta Uva. Am Nordende des Strandes führt ein Fußweg an interessanten Felsformationen entlang zur Landspitze. Der Ausblick von hier ist grandios.

Schlafen & Essen

PLAYA COCLES

Dieser Strandabschnitt beginnt rund 1,5 km östlich von Puerto Viejo. Die nachfolgenden Unterkünfte und Restaurants sind von Westen nach Osten aufgeführt; in allen Quartieren ist, sofern nicht anders vermerkt, heißes Wasser vorhanden.

Echo Books (Desserts 1–3 US$; ⊙ Fr–Di 11–18 Uhr; ⊠) Zugegeben, einen Buchladen erwarten hier die wenigsten, aber Neueinwanderer und Touristen schauen in dem Buchladen mit karibisch gestyltem Café dann doch gleichermaßen begeistert vorbei. Hier gibt es im angenehm klimatisierten Ambiente Kaffee und köstliche Desserts, außerdem Tausende (ernsthaft nachgezählt: Tausende) neuer und gebrauchter Bücher. Allein schon die selbst gemachte Schokolade ist die Reise nach Costa Rica wert.

Cabinas El Tesoro (☎ 2750 0128; www.puertoviejo. net; B/EZ/DZ/3BZ 9/21/28/41 US$; ℗ ⊠ 🖳) Hier findet sich für jeden Geldbeutel die richtige Bleibe, vom einfachen Beach-Break-Hostel mit Gemeinschaftsbad und Stockbetten bis hin zu edlen Executivesuiten (68 US$) mit Klimaanlage und TV. El Tesoro kann mit einer ellenlangen Liste an Extras aufwarten, darunter kostenloser Kaffee und gratis Internetzugang sowie eine Gemeinschaftsküche. Die Abendunterhaltung ist im Preis inbegriffen: Jeden Abend wird ein Film gezeigt, und samstags kommt eine witzige mobile Disko.

La Isla Inn (☎ 2750 0109; islainn@racsa.co.cr; DZ mit/ohne Klimaanlage 104/75 US$; ℗ ⊠) Das reizende Mosaik, das die Gäste im La Isla willkommen heißt, ist gar nicht Teil des Angebotes. Das elegante Hotel an der Playa Cocles gehört der gehobenen Preiskategorie an, zu seinen Vorzügen gehören blitzblanke Bäder und freier Meerblick. Die Zimmer sind mit exotischen, handgefertigten Holzmöbeln eingerichtet, die aus leicht gebogenen Borken gearbeitet wurden – ein Abfallprodukt der Holzindustrie. Das Frühstück ist im Preis inbegriffen, aber teuer ist es hier trotzdem.

Totem (☎ 2750 0758; www.totemsite.com; DZ 82 US$, zusätzliche Pers. 15 US$, Klimaanlage 10 US$ extra; ℗ ⊠) Das Hotel befindet sich am lebhaftesten Strandabschnitt gegenüber der Wasserwacht. Die einmaligen, modernen Suiten sind in Edelsteintönen, mit Terrakottaböden und Rattanmöbeln eingerichtet: Karibik mit zeitgemäßer Note. Tagsüber bemüht sich die Totem Beach Bar mit Drinks und Snacks um das Wohl der Gäste; abends werden im italienischen Restaurant Osteria (Hauptgerichte 7–10 US$) frisch gebackenes Brot, selbst gemachte Pasta und frische Meeresfrüchte serviert, die der talentierte Küchenchef aus Europa zubereitet.

Cariblue (☎ 2750 0518; www.cariblue.com; DZ 99 US$, Bungalows 128 US$, zusätzliche Pers. 16 US$; ℗ 🏊) Der Komplex liegt inmitten eines hübschen Gartens; Pflanzen und Bäume sind mit Schildchen beschriftet – für botanisch Interessierte. Es gibt hier neun Standardcabinas mit Ventilator und hohen Decken, die luftig, ruhig und kühl sind. Ein Mosaik schmückt die vier geräumigen Bungalows aus Hartholz; sie haben ein Strohdach, und auf der Veranda lädt eine Hängematte zum Faulenzen ein. Das Frühstück ist im Preis inbegriffen.

Cabinas Garibaldi (☎ 2750 0101; Zi. 20 US$; ℗) Hier steigen viele Surfer ab, denn die Unterkunft zählt zu den preiswertesten der Umgebung. Die halbwegs sauberen Cabinas aus Beton haben eine Gemeinschaftsküche und eine Veranda mit Meerblick. Die Wellen warten gleich auf der anderen Straßenseite.

Azania Bungalows (☎ 2750 0540; www.azania-costarica.com; EZ/DZ mit Frühstück 76/87 US$; ℗ 🏊) Die geräumigen, aber dunklen Bungalows mit Strohdach, gut versteckt auf dem dschungelartigen Hotelgelände gelegen, zeigen viele hübsche Details wie gewebte Bettüberwürfe, elegante Bäder und breite Hartholzdielen. Im Loft können vier Personen übernachten. Das Frühstück ist im Preis enthalten. Der neue Landschaftspool wird von viel Grün umrahmt und weist einen Whirlpool auf – alles in allem wunderbar exotisch.

La Costa de Papito (☎ 2750 0704; www.lacostade papito.com; DZ 48–69 US$, zusätzliche Pers. 10 US$; ℗) Reine Entspannung in einem von Rastaluxus geprägten Ambiente bietet dieses dschungelartige, skulpturengeschmückte Hotelareal. Die Bungalows aus Hartholz sind unterschiedlich groß; alle haben kunstvoll gefliese Duschbäder, handgeschnitzte Möbel und eine eigene Veranda. Wer 6 US$ drauflegt, dem wird das Frühstück auf der Veranda serviert – echt nett. Mitten auf dem wirklich tollen Hotelgelände befindet sich der herrlich dekadente **Pure Jungle Spa** (☎ 2750 0536; www.pure junglespa.com); eine einstündige kosmetische Gesichtsbehandlung bzw. Ganzkörpermassage kostet 50 bzw. 60 US$. Ebenso sehr verwöhnt eine Schoko-Gesichtsbehandlung oder die Regenwald-Totalmassage; dabei werden von Hand angerührte Naturprodukte aus dem Regenwald verwendet.

El Tucán Jungle Lodge (☎ 2750 0026; www.eltucan-junglelodge.com; EZ/DZ/3BZ 25/30/35 US$) So mancher wird sich fragen, ob er womöglich die Abzweigung verpasst hat, wenn er, den Schildern folgend, tief in den Dschungel hineinfährt: auf der Suche nach dieser kleinen Lodge am Ufer des Caño Negro. Sie liegt eigentlich nur 1 km von der Straße entfernt, und doch fühlt man sich hier wie am Ende der Welt. Die vier nagelneuen Holzcabinas mit Balkon sind ideal, um die Vögel in den Baumwipfeln zu beobachten. Und garantiert lässt sich auch ein Brüllaffe blicken: das verwaiste Äffchen Rubio, das von den Inhabern der Lodge liebevoll aufgezogen wird.

Hotel Yaré (☎ 2750 0106; www.hotelyare.com; EZ/DZ/3BZ 30/41/58 US$, Bungalows 70 US$; P) Irgendwo zwischen der Playa Cocles, der Playa Chiquita und Wonderland liegt das Hotel Yaré. Von Kletterpflanzen überwucherte Pfade führen durch das sumpfige Gelände und verbinden die fantasievoll gestalteten, zitronengelben *cabañas* miteinander. Die dunklen Zimmer sind letztlich nicht so schick wie in anderen Hotels, dafür aber voll ausgestattet, und einige haben sogar eine Küche. Abends ist die Luft vom Quaken und Quarren der Frösche erfüllt, das über den Komplex bis zum hübschen Restaurant hinüberschallt.

La Pecora Nera (☎ 2750 0490; Hauptgerichte 10 bis 15 US$; ⏱ 11 Uhr bis open end, in der Nebensaison Mo geschl.) Da gibt es eigentlich nichts zu verhandeln: Das Restaurant ist eindeutig das beste weit und breit und dabei angenehm unprätentiös. Delikatessen wie das Sternfrucht-Krabben-Carpaccio, frische Pasta, Steak und Meeresfrüchte – all das wird vom netten Küchenchef Ilario, einem Italiener, virtuos zubereitet. Eine Speisekarte gibt es hier nicht. Der Chef

oder ein Ober erkundigen sich, welche Gaumenfreuden dem Gast vorschweben, und empfiehlt dann den passenden italienischen Rotwein dazu.

Café Rio Negro (Gerichte 3–7 US$; ⏱ 9–23 Uhr; 🖳) Das hübsche kleine Café liegt am äußersten Ende von Cocles. Auf den Tisch kommen den ganzen Tag über leckere Snacks und Säfte; donnerstags steht Livemusik auf dem Programm. Die Holländerin Marleen führt den Laden, und ihre echt holländischen Pfannkuchen sind der Hit bei den Neuzuwanderern.

PLAYA CHIQUITA

So recht weiß niemand, wo die Playa Cocles endet und die Playa Chiquita anfängt. Generell werden jene Strände so genannt, die sich 4 bis 6 km östlich von Puerto Viejo erstrecken. Die folgenden Unterkünfte und Restaurants sind von Westen nach Osten gelistet.

Villas del Caribe (☎ 2750 0202, in San José 2233 2200; www.villascaribe.net; Standard mit/ohne Klimaanlage 92/80 US$, Suite 104/92 US$, Villa 115 US$; P 🐾 🖳) Funktionalität ist wichtiger als Ästhetik: Gemäß diesem Programm bieten die 20 Villen im Motelstil bequeme, angenehme Quartiere. Die teureren Zimmer verfügen über eine Küche sowie eine eigene Terrasse mit Blick auf das Meer, aber sogar die Standardzimmer haben tolle Kingsizebetten.

Aguas Claras (☎ 2750 0131; www.aguasclaras-cr.com; Cottage mit 1/2/3 Zimmern 70/130/220 US$; P 🖳) Die fünf gemütlichen Cottages sind in den verschiedenen Regenbogenfarben gestrichen – je bunter, desto besser. Ihre Küchen sind voll ausgestattet, und der Zugang zum Strand ist problemlos. Im reizenden, meerblauen Pavillon mit gelbem Zierrat befindet sich das Miss Holly's Kitchen (8–16 Uhr). Dort werden auf der luftigen Veranda das köstliche Frühstück, Mittagessen und Snacks serviert.

Cabinas Slothclub (☎ 2750 0358; DZ 20 US$, mit Küche 30 US$, Bungalows 60 US$; P) Fünf saubere Holz-*cabañas* mit tollem Blick, Zugang zum Strand und ein Riff, das zum Schnorcheln einlädt: Das alles wird in der besten – und einzigen – Billigunterkunft an der Playa Chiquita („Mädchenstrand") geboten. Die kleinen Zimmer werden gern von Langzeitgästen gemietet, deshalb vorher anrufen.

Jungle Love Garden Café (☎ 2750 0356; Hauptgerichte 6–8 US$; ⏱ Di–Sa 13–21.30, So 15–21.30 Uhr) Diesem kosmopolitischen, karibischen Bohemiencafé kann kaum jemand widerstehen. Auf der einfallsreichen Speisekarte stehen Meisterwerke der Fusionküche wie Mangohühnchen mit Koriander (7 US$) und Tokio-Thunfisch in Tamarinden-Ingwer-Sauce (8 US$). Der Garten präsentiert sich natürlich immer als einladendes Ambiente, doch besonders romantisch wird es hier erst nach Sonnenuntergang.

Kashá (☎ 2750 0205; www.costarica-hotelkasha.com; EZ/DZ/4BZ 97/105/163 US$; P 🐾) Die verputzten Bungalows sind für ihr Geld recht einfach, aber die halbwegs privaten Veranden und die schönen, speziell angefertigten Möbel sind ein schöner Pluspunkt, der einiges wettmacht. Die meisten Gäste haben eine All-inclusive-Pauschalreise gebucht. Das Frühstück ist in den oben genannten Zimmerpreisen stets enthalten. Dem Restaurant Magic Ginger (Hauptgerichte 5–10 US$; Di–So 18–22 Uhr) statten viele Gäste gern einen zweiten Besuch ab; es ist das einzige französische Speiselokal an der Karibikküste – und der Küchenchef kommt direkt aus *la belle France!*

Miraflores Lodge (☎ 2750 0038; www.miraflores lodge.com; DZ 30–60 US$) Die zehn hübsch eingerichteten Zimmer mit Kühlschrank, heißem Wasser und Hängematten liegen versteckt auf einem herrlichen Grundstück. Jedes ist anders, entsprechend variieren auch die Preise. Die Besitzerin Pamela Carpenter ist Expertin für Botanik und Heilpflanzen. Das Frühstück (inbegriffen) besteht zu einem guten Teil aus Früchten der Saison, die auf dem Grundstück angebaut werden.

Bar y Restaurante Elena (☎ 2750 0265; Hauptgerichte 4–7 US$; 🕒 8–23 Uhr) Der Küchenchef ist ein wahrer Künstler am Herd und bekommt für seine herzhaften Speisen wie einen im Ganzen zubereiteten Red Snapper, die Krabbengerichte und das umfangreiche Frühstück immer beste Kritiken. Beim *gallo pinto* geraten alle ins Schwärmen. In der fröhlichen Bar steht ein großer Fernseher, und manchmal wird sogar Livemusik gespielt.

Playa Chiquita Lodge (☎ 2750 0408; www.playachi quitalodge.com; EZ/DZ 58/70 US$; P) Wer einen Nachmittag an der gleichnamigen Playa Chiquita verbracht hat, trollt sich auf verschlungenen Pfaden wieder zu seinem gemütlichen Bungalow. Unterwegs legt er vielleicht noch eine kleine Pause ein, um sich unter der extravaganten Dusche zwischen den Wurzeln eines gigantischen Sangrillobaumes abzubrausen. Die Zimmer sind einfach, aber elegant mit weißen Steinwänden, Deckenventilatoren, großen Bädern und einer Hängematte auf der

dazugehörigen Terrasse. Das Frühstück ist im Preis inbegriffen.

Shawandha Lodge (☎ 2750 0018; www.shawandha lodge.com; DZ inkl. Frühstück 116 US$; P 🐾) Die Lodge gehört dem gehobenen Preissegment an und bietet zehn große, luftige Bungalows. Die wirklich sagenhaften Mosaiken in den Bädern beweisen, dass es an dieser Küste künstlerische Begabungen gibt. Im eleganten französisch-karibischen Restaurant (Hauptgerichte 5–14 US$; 7–21.30 Uhr) ergänzen *panaché flambé* und Kräuter der Provence die Klassiker der karibischen Küche.

PUNTA UVA

Punta Uva ist bekannt für seine Strände, an denen Schwimmer voll auf ihre Kosten kommen – und eine Playa ist schöner als die andere. Die Abzweigung findet sich rund 7 km östlich von Puerto Viejo – nicht verpassen! Die folgenden Unterkünfte und Restaurants sind von Westen nach Osten aufgelistet.

Itaitá Villas (☎ 2750 0414; labvaco@racsa.co.cr; DZ inkl. Frühstück 75 US$; P) Die riesigen, eher sachlichen Zimmer sind mit fröhlichen Möbeln und einer Kitchenette ausgestattet, ganz zu schweigen von der eigenen Veranda, auf der eine angenehme Brise vom Meer herüberweht. Eine tolle Kombination von nahem Dschungel und Strand.

Selvin's Bar (Hauptgerichte 4–12 US$; 🕒 Mi–So 8 bis 20 Uhr) Selvin gehört zur Großfamilie Brown, die für ihren Charme und ihre ungewöhnlichen Augen bekannt ist; jedenfalls haben sie Interesse erregt – bei Romantikern wie bei Wissenschaftlern. Sein Lokal gilt als eines der besten der Region. Spezialität des Hauses sind Krabben, Hummer und Hühnchen *caribeño*.

Albergue Walaba (☎ 2750 0147; Zi. pro Pers. ab 12 US$) Das sehr einfache Haus bietet bunte Zimmer – einzelne Schlafsäle sowie einige Zimmer mit eigenem Bad –, und alle zeigen ein himmlisches Hippieflair. Die Albergue liegt im privaten Dschungel versteckt. Die Kochgelegenheit, das freundlich-flippige Management und die tolle Stimmung machen das Haus zu einer beliebten Adresse bei Gästen, die auch im Urlaub ihre Finanzen im Auge behalten müssen.

Casa Viva (☎ 2750 0089; www.puntauva.net; DZ pro Nacht/Woche 130/800 US$; P 🐾) Jedes der gigantischen, eleganten und voll möblierten Häuser aus Hartholz verfügt über ein gefliestes Duschbad, eine Küche, zwei Schlafzimmer und eine umlaufende Veranda. Die Häuser stehen auf einem Grundstück, das direkt an den Strand grenzt. Von der Hängematte aus lassen sich Faultiere, Brüllaffen, Kolibris und Tukane bewundern, die den tropischen Gärten häufig einen Besuch abstatten.

Chawax (☎ 2750 0219) Das freundliche Lokal kann mit guter Musik, authentischem Essen und einer coolen Atmosphäre aufwarten. Geöffnet ist zum Frühstück und Mittagessen und – noch wichtiger – zur Happy Hour.

Ranchito Beach Restaurant (☎ 2759 9048; Hauptgerichte 3–8 US$; ⌚ 10–18 Uhr) Das Restaurant liegt direkt am hübschen, palmengesäumten Strand – ein beschaulicher Außenposten. Zur strohgedeckten Bar unter freiem Himmel gehören einige verstreute, romantische Tischchen mit eigenen *palapas*. An den Fruchtcocktails, Pizzen und Meeresfrüchten laben sich Leute in Badeklamotten und mit sandigen Füßen – doch das stört hier niemanden.

Cabinas Angela (☎ 2759 9092; Zi. pro Pers. 10 US$) Wer seine Colones zählen muss und dennoch direkt am Strand wohnen möchte, ist bei Angela genau richtig. Den Cabinas würde – vorsichtig ausgedrückt – eine Generalüberholung zwar nicht schaden, aber Angela hält alles schön sauber, und Kochgelegenheiten sind ebenfalls vorhanden. Die Abzweigung nach Punta Uva nehmen.

KARIBIKKÜSTE

Almonds & Corals Lodge (☎ 2759 9057/56, in San José 2272 2024; www.almondsandcorals.com; EZ/DZ/3BZ 160/200/280 US$; P) Diese Campingplätze präsentieren sich als riesige, voll möblierte Segeltuchzelte mit Hartholzboden, großen Betten samt Moskitonetz und nahe gelegenem Bad mit Warmwasser. Die Anlage liegt mitten in einem Naturschutzgebiet und bietet alle Abenteuer, die mit dem Zelten eben so einhergehen, einschließlich Abendständchen von Insekten und Fröschen sowie dem Weckruf der Brüllaffen, die hier leben – alles sehr nett und unproblematisch. Im Preis sind das Frühstück und das Abendessen enthalten; beide Mahlzeiten werden in familiärer Atmosphäre in der Hauptlodge serviert.

LP Tipp **Tree House** (☎ 2750 0706; www.costaricatreehouse.com; Baum- oder Strandhaus/Strandsuite 225/350 US$, zusätzliche Pers. 40 US$; P) Das Baumhaus ist nur eine der drei ökologisch stimmigen, architektonisch imponierenden Alternativen auf diesem Gelände – und für viele ganz gewiss der Hit. Die schöne Konstruktion über zwei Ebenen wurde um einen lebenden Sangrillobaum herum errichtet, dessen Äste und Wurzeln das wirklich tolle Dekor aus Hartholz zusätzlich akzentuieren. Wer etwas mehr Bodenhaftung bevorzugt – oder näher am Meer wohnen möchte –, ist im wunderschönen Strandhaus richtig. Auch dieses Gebäude ist überaus reizvoll: Es besteht aus Hartholz (diesmal aber ohne noch weiter sprießende Blätter) und verfügt über eine großzügige Veranda samt tollem Meerblick. Jedes Haus ist dank der Lage im Dschungel völlig abgeschieden, und der unberührte Strand ist problemlos zu erreichen.

MANZANILLO

Das idyllische Dorf Manzanillo lag lange Zeit abseits vom Touristenrummel. Bis 2003 war die 13 km lange Straße von Puerto Viejo de Talamanca ein ausgefahrener Holperweg, und es dauerte schon mal 45 Minuten mit dem Auto oder Bus. Seit die Straße asphaltiert wurde, hat sich die Fahrzeit auf 15 Minuten reduziert. Noch mehr Spaß macht es, mit dem Rad auf der glatten Straße an perfekten, von Palmen gesäumten Stränden entlangzuradeln.

Auch hier gilt einmal mehr die Befürchtung, dass die nun erleichterte Anreise zu viele Urlauber von Puerto Viejo hierher locken könnte. Aber bis jetzt gehört die Region zu den unberührtesten an der gesamten Küste – nicht zuletzt dank der ökologischen Einstellung der Einheimischen und der Gründung des Refugio Nacional de Vida Silvestre Gandoca-Manzanillo (1985). Das Naturschutzgebiet zieht sich um das Dorf. Strenge Auflagen für groß angelegte Bauprojekte in dieser Gegend verhindern eine ungezügelte Erschließung.

Das Herzstück des Dorfes ist der unberührte weiße Sandstrand, der von einer felsigen Landzunge abgeschirmt wird. Hier treffen sich die Sportlichen zum Schnorcheln und Surfen (s. S. 539) und die Faulenzer zum Sonnenbaden. Ab und zu sind am Rand der staubigen Straßen, die parallel zum Strand verlaufen, einige einfache Cabinas und Sodas zu sehen. Der Rest sind Bäume und Affen.

Wild lebende Tiere statt wilder Nächte lautet die Devise an diesem Ende der Straße. Hier stehen die Leute im Morgengrauen auf, um die in Nebel gehüllte Schönheit der Landschaft zu bewundern, während in Puerto Viejo noch das Nachtleben tobt. (Obwohl Manzanillo dank Maxi's auch etwas zu bieten hat). Die Bilderbuchstrände sind ein Traum, aber wer schwimmen geht, sollte sich vorher im Ort nach den aktuellen Bedingungen erkundigen. Im Strandabschnitt zwischen Almonds & Coral Lodge und Punta Mona kann es gefährliche Gegenströmungen geben! Das **Casa de Guías** (☎ 2759 9064) bietet Internetzugang (Std. 3 US$), Zeltmöglichkeiten (pro Pers. 8 US$) und geführte Touren.

Schlafen & Essen

Die meisten Unterkünfte und Lokale liegen im Dorf Manzanillo. Außerdem gibt es einige weitere am Rand der Straße nach Punta Uva. Wenn nicht anders angegeben, haben folgende Hotels (von Osten nach Westen aufgeführt), Warmwasserduschen.

Maxi's Cabinas (☎ 2759 9042; Deluxe/einfach 4BZ 35/15 US$; (P)) Der Familienbetrieb in der Nähe vom Parkeingang besteht aus zwei Reihen Hütten: Die älteren haben rustikale, recht marode (aber saubere und gemütliche) Zimmer mit Kaltwasser; die neueren sind sehr viel hübscher, haben TV, Warmwasser und Kühlschrank und liegen etwas zurückversetzt.

Cabinas Something Different (☎ 2759 9014/97; DZ/3BZ/4BZ 35/40/50 US$; (P)) Die altmodischen Hütten auf einem ruhigen Grundstück einen Block vom Strand entfernt tragen Namen aus der heimischen Tierwelt. Von der Veranda am „Faultier" müsste man also theoretisch Faultiere beobachten können. Leider gehen die Terrassen aber zum Parkplatz hinaus, deshalb ist der Anblick eines Exemplars dieser Gattung unwahrscheinlich. Trotzdem ist es eine ganz angenehme Unterkunft.

Pangea B&B (☎ 2759 9204; Zi. pro Pers. inkl. Frühstück 35 US$; (P)) Die abgeschiedene Unterkunft mit lediglich zwei Zimmern in Holzhütten liegt versteckt in einer Ecke des Schutzgebietes. Üppige Gärten umgeben die Hütten, die mit Moskitonetzen und Deckenventilatoren ausgestattet sind. Das Frühstück, das im Preis inbegriffen ist, besteht aus Biokost (aus überwiegend eigenem Anbau).

Cabinas Las Veraneras (☎ 2759 9050; EZ/DZ mit Ventilator 16/26 US$; (P)) Die 13 einfachen Cabinas, die nach frischer Farbe und Desinfektionsmittel riechen, liegen rund 100 m von der Hauptstraße entfernt. Alle haben TV und Warmwasser. Im freundlichen Soda (Frühstück 2 US$, Gerichte 4–8 US$, 7–21 Uhr) gibt es costa-ricanische und karibische Standardgerichte.

Cabinas Manzanillo (☎ 2759 9033, 8839 8386; DZ 20 US$) Die beiden hilfsbereiten Besitzer Sandra Castrillo und Pablo Bustamante haben im Westen des Dorfes acht beinahe brandneue

Cabinas eröffnet. Die Zimmer sind in frischen Pastellfarben gestrichen, haben leistungsstarke Deckenventilatoren und große Bäder. Außerdem kann man hier Fahrräder leihen, Wäsche waschen, und im hoteleigenen Restaurant guten Fisch essen (Fischgerichte 4 bis 8 US$, ab 11 Uhr).

Congo Bongo (☎ 2759 9016; mvleevwenzegueld@wxs. nl; DZ/4BZ 75/120 US$, pro Woche 450/720 US$; (P)) Vier wunderschöne, völlig abgeschiedene Häuser an der Straße zwischen Manzanillo und Punta Uva, die inmitten einer einstigen Kakaoplantage (heute dichter Dschungel) liegen. Zu den Annehmlichkeiten gehören voll ausgestattete Küchen und ein großer Wohnbereich, Terrassen unter freiem Himmel und Hängematten, die geschickt platziert sind, um einen Blick auf die Tierwelt zu erhaschen. Die Holzhäuser passen sich nahtlos der Umgebung an, vor allem das strohgedeckte Bribrí-*rancho*. Durch das 6 ha große Gelände schlängeln sich Pfade bis zum wundervollen Strand.

El Colibrí Lodge (☎ 2759 9036; www.elcolibrilodge. com; DZ/3BZ 75/85 US$; (P)) Wer immer die sechs hellen und gemütlichen Räume gestaltet hat: da war Romantik im Spiel. Alle Zimmer haben Zugang zu einer Terrasse, die in einem Garten voll interessanter Insekten und bunter Vögel liegt. Die Kolibris sind übrigens ganz wild auf die Farbe Zinnoberrot und fliegen dann neugierig herbei. Das Frühstück ist im Preis inbegriffen und wird entweder im Zimmer oder auf der Terrasse serviert. Zum Strand geht es über einen 300 m langen Pfad durch den Regenwald.

LP Tipp **Maxi's Restaurant** (Hauptgerichte 2–3 US$, Meeresfrüchte und Fisch 4–10 US$; ⏰ 6 Uhr bis open end) Das Restaurant gehört zum Maxi's Cabinas. Es heißt, dass hier das beste Essen der gesamten Küste auf den Tisch kommt. Auf der Karte stehen Gerichte wie der preiswerte Red Snapper, *casados* und extravaganter frischer Hummer, der nach Gewicht berechnet wird. Perfekt abgerundet wird das Angebot durch die leckeren Mixgetränke, das Lokalkolorit und die Livemusik, die manchmal gespielt wird. Außerdem können hier die brandaktuellen Infos zu Führern und dem Zustand der Trekkingpfade erfragt werden.

Soda Miskito (Casados 3 US$; ⏰ 7–21 Uhr) Holzmöbel, indianische Lampen, viel Grün und Bambus schmücken die Terrasse dieses netten Soda. Einfach ein hausgemachtes Casado bestellen und dann entspannen: Denn hier ticken die Uhren nach karibischer Zeit.

An- & Weiterreise

Die schönste Art und Weise, nach Manzanillo zu gelangen – und natürlich auch wieder zu verlassen – ist eine Fahrradtour entlang der 13 km langen Strecke. Die Straße ist nicht viel befahren und auch asphaltiert – durchgeschüttelt wird man dennoch gehörig. Die Cabinas Manzanillo in Manzanillo verleihen Fahrräder (pro Tag 6 US$).

Busse nach Manzanillo fahren in Puerto Viejo (1,50 US$, 30 Min.) um 7.30, 11.45, 16.30 und 19.30 Uhr ab. Zurück nach Puerto Viejo geht es an Manzanillos Haltestelle Sodita La Playa um 5, 8.15, 12.45 und 17.15 Uhr.

REFUGIO NACIONAL DE VIDA SILVESTRE GANDOCA-MANZANILLO

Das Reservat (kurz Regama genannt) schützt fast 70 % der südlichen Karibikküste. Es erstreckt sich von Manzanillo in Richtung Südosten bis zur Grenze nach Panama und umfasst 5013 ha Land plus 4436 ha Meer.

Bei Gründung des Parks wurden für die Menschen, die hier lebten, spezielle Vorkehrungen getroffen: Auf trockenem (wohl eher: etwas trockenerem) Gelände liegen Siedlungen und Felder. Die ehemaligen Kakaoplantagen wurden von Braunfäule zerstört. An die Stelle der Monokultur traten Ackerbau und Viehzucht, den Rest holte sich der Dschungel wieder.

Eine der Hauptattraktionen des Parks ist der friedliche, unberührte, weiße Sandstrand. Er ist das Herzstück des Dorflebens von Manzanillo und erstreckt sich kilometerlang in beide Richtungen – von Punta Uva im Westen bis Punta Mona im Osten.

Direkt vor der Küste liegt ein 5 km² großes farbenprächtiges Korallenriff, in dem u. a. Hummer, Langusten, Seefächer und Diadem-Seeigel leben.

Neben der Landwirtschaftsfläche und dem Küstengebiet nimmt der Regenwald den größten Teil des Naturschutzgebietes ein. Drachenbäume bilden das Dach, im Unterholz wachsen Helikonien. Das riesige, 400 ha große Sumpfgebiet **Pantano Punta Mona** ist ein Paradies für Wasservögel: Hier wächst die größte Anzahl an Holillo-Palmen und Sumachgewächsen im Land. Abgeschirmt von Punta Mona liegt eine natürliche Austernbank und dahinter das einzige Mangrovengebiet der Karibikküste mit Roten Mangroven.

In der nahe gelegenen Flussmündung des Río Gandoca laichen Atlantische Tarpune,

und auch Kaimane und Seekühe lassen sich hier manchmal blicken.

Die üppige Vegetation und die abgeschiedene Lage des Reservats ziehen auch viele tropische Vögel an; selbst die seltene Harpyie wurde hier schon gesichtet. Bemerkenswert unter den Hunderten von Vogelarten sind außerdem die Rotstirnamazone, die Nördliche Gelbhosenpipra (*Pipra mentalis*) und der Swainson-Tukan. Atemberaubend sind auch die Wanderzüge der Greifvögel, die aus Nordamerika kommen: Im Herbst überfliegen mehr als 1 Mio. Vögel das Gebiet.

Viele halten die südöstliche Ecke von Costa Rica für die landschaftlich reizvollste des Landes. Das ändert sich hoffentlich nicht infolge des schwelenden Streits um die Zuständigkeiten im Naturschutzgebiet. Das Ministerio del Ambiente Energía (Minae) und die örtlichen Behörden diskutieren darüber, wer das Reservat verwalten soll – das langwierige Gerichtsverfahren dauert noch an.

In der Zwischenzeit nimmt keine der beiden Parteien ihre Rechte und Pflichten ernst: Die Beschilderung im Park ist dürftig, es gibt weder einen offiziellen Parkeingang noch eine Eintrittsgebühr.

Praktische Informationen

Aquamor Talamanca Adventures (☎ 2759 0612; www.greencoast.com/aquamor.htm) Hervorragende Informationsquelle für das Schutzgebiet (vor allem wenn die Spanischkenntnisse nicht so berauschend sind) mit einer interessanten Ausstellung von Artikeln sowie Tipps, wie sich der Park und das Riff am besten erkunden lassen. Außerdem gibt es Infos zu den verschiedenen Naturschutzprogrammen an der Küste.

Casa de Guías (☎ 2759 9064) Das Unternehmen in markanter Lage gegenüber dem Minae-Büro bietet Internetzugang (pro Std. 3 US$) sowie Campingmöglichkeiten (pro Pers. 8 US$) und auch Exkursionen an.

Minae (☎ 2759 9100; ◷ 8–12 & 13–16 Uhr) Das Unternehmen befindet sich in dem grünen Holzhaus unmittelbar hinter dem Ortseingang. Hier sind Karten und Informationen des Schutzgebietes und der Pfade erhältlich. Ein hervorragender Bildband, der Bevölkerung, Flora und Fauna der Region präsentiert und zudem Erklärungen auf Spanisch und Englisch enthält, ist *Refugio Nacional de Vida Silvestre Gandoca-Manzanillo* von Juan José Pucci. Das Buch ist hier erhältlich, kann aber auch im Internet bestellt werden.

Aktivitäten

DELFINBEOBACHTUNG

Im Jahr 1997 entdeckten einheimische Führer in Manzanillo Tucuxi-Delphine – eine wenig bekannte Art, die zuvor in Costa Rica nicht aufgetreten war. Die Führer begannen, deren Verhaltensweisen im Kontakt mit Großen Tümmlern zu studieren. Mittlerweile ist sogar eine dritte Spezies häufig in dieser Region anzutreffen: der Atlantische Flecken- oder Zügeldelfin. Nun beobachten auch Meeresbiologen und Umweltschützer mit großem Interesse die Aktivitäten dieser Tiere.

Die **Talamanca Dolphin Foundation** (☎ 2759 0715/612; www.dolphinlink.org) befindet sich im Aquamore Talamanca Adventures und widmet sich mit engagierten Programmen dem Studium und Schutz der heimischen Delfine. Täglich werden Exkursionen zur Delfinbeobachtung angeboten, außerdem viertägige All-inclusive-Touren (pro Pers. 380 US$) mit Unterkunft und Verpflegung.

KAJAKFAHREN
Wer lieber trocken bleibt, erkundet das Schutzgebiet im Kajak, die Boote können bei Aquamor Talamanca Adventures (Std. 8 US$) ausgeliehen werden. Mögliche Ziele: Mit dem Boot zum Riff paddeln, im Westen des Dorfes den **Quebrada Home Wark** hinauffahren oder den schmalen, bachähnlichen **Simeon Creek** im Osten des Ortes ansteuern.

SCHILDKRÖTENBEOBACHTUNG
Meeresschildkröten – vor allem Lederschildkröten, aber auch Suppenschildkröten sowie Unechte und Echte Karettschildkröten – legen ihre Eier an den Stränden zwischen der Punta Mona und dem Río Sixaola ab; sie alle gehören zu den gefährdeten Arten. Die Lederschildkröten legen von März bis Juli ihre Eier ab, wobei im April und Mai Hochsaison ist. Umweltschutzgruppen vor Ort bemühen sich, die Eiablageplätze unter Schutz zu stellen – infolge des Bevölkerungswachstums in dieser Gegend werden auch vermehrt Eier aus dem gelegen geplündert, sodass die Schildkrötenpopulation rückläufig ist.

Während der Schildkrötensaison dürfen am Strand keine Fotos mit Blitzlicht gemacht werden, auch Lagerfeuer und Campen sind verboten. Touristen dürfen ausschließlich in Begleitung eines einheimischen Führers an den Strand. Auf diese Weise sollen Störungen während der nächtlichen Eiablage zumindest reduziert werden.

Die **Asociación Nacional de Asuntos Indígenas** (ANAI, ☎ 2759 9100, in San José 2277 7549; www.anaicr.org; Gandoca; Registrierung 30 US$, Campen 7–15 US$, Aufenthalt

bei einer Gastfamilie 15 US$, Cabinas 30 US$) ist eine Basisorganisation, die zum Schutz der Meeresschildkröten mit Einheimischen zusammenarbeitet. Freiwillige Helfer unterstützen die Bemühungen, indem sie Daten zu Anzahl und Größe der Gelege sammeln, die Strände überwachen und Eier entfernen, die durch die Flut oder Nesträuber gefährdet sind. Die Preise beinhalten eine Schulung, die Unterkunft und alle Mahlzeiten; ein Einsatz von sieben Tagen ist das Minimum.

SCHNORCHELN & TAUCHEN
Im Unterwassergebiet des Parks liegt eines der beiden noch intakten Korallenriffe des Landes mit fünf verschiedenen Korallenarten. Das Riff beginnt in 1 m Wassertiefe und endet 5 km weiter als Barriereriff. Die heimischen Fischer hatten hier lange sichere Fanggründe, die Forschung hat das Riff erst seit kurzem für sich entdeckt. In der farbenprächtigen Unterwasserwelt leben 400 verschiedene Fisch- und Krustentierarten. **Punta Mona** ist ein beliebtes Ziel zum Schnorcheln, der Fußmarsch dorthin ist allerdings recht lang. Viele Reisende mieten deshalb lieber ein Boot (siehe unten). Ein schönes Schnorchelrevier liegt auch vor **Manzanillo** am Ostende des Strandes (Achtung vor der Gegenströmung – wenn möglich Ortskundige nach den aktuellen Bedingungen fragen!).

Wie in Punta Uva und in Cahuita sind die Sichtbedingungen auch hier sehr unterschiedlich. Wetterumschwünge können das Wasser stark eintrüben. Am besten im kompetenten **Korallenriff-Informationszentrum** der Aquamor Talamanca Adventures (s. 538) nachfragen, die außerdem Schnorchelausrüstungen (Tag 8 US$) verleihen und Tauchausflüge organisieren.

SPORTANGELN
Manzanillo bietet nicht so hochgestochene Einrichtungen, wie so mancher Angler sie vielleicht erwartet, aber hier tummeln sich im Meer so viele Fische wie in Barra del Colorado, Parismina oder auch Cahuita. Wem es nichts ausmacht, dass die Unterkünfte rustikaler sind, kann sich in den Küstengewässern von Manzanillo über Schwärme von Tarpunen, Fächerfischen, Thunfischen, Robalos, Wahoos, Zackenbarschen, Makrelen, Barrakudas und sogar Blauen Marlinen freuen, die alle nur auf Haken, Angelschnur und Senkblei warten. **Los Cielos Charters** (☎ 2750 0408; Charteraus-

KARIBIKKÜSTE

DIE UREINWOHNER COSTA RICAS

Diese vergessene Ecke Costa Ricas gehört zu den wenigen Landstrichen Mittelamerikas, wo es noch blühende indianische Kulturen gibt. Mittlerweile können Touristen diesen Gemeinden einen Besuch abstatten, doch einige Vorabinformationen sind eigentlich immer recht nützlich:

Bribrí & Cabécar

Bereits in präkolumbischen Zeiten besiedelten mindestens zwei indianische Gruppen die karibische Seite des Landes. Die Bribrí bewohnten die Tiefebene, während die Cabécar sich oben in der Cordillera de Talamanca niederließen. Auch in heutigen Zeiten sind die Bribrí der westlichen Kultur gegenüber offener eingestellt, während die Cabécar isolierter geblieben sind.

Im Laufe des letzten Jahrhunderts sind viele der indianischen Ureinwohner über das Gebirge auf die Pazifikseite abgewandert. Andere blieben an der Küste, vermischten sich mit den Einwanderern aus Jamaika und arbeiteten sogar in den Bananenplantagen. Die größten Gemeinschaften von Bribrí- und Cabécar-Ureinwohnern leben aber bis heute in der Region Talamanca in Reservaten.

Bribrí und Cabécar haben unterschiedliche Sprachen, die bis zu einem gewissen Grad noch heute gesprochen werden. Ihre Architektur, Waffen und ihre Kanus ähneln sich im Stil.

Gemeinsam ist allen indianischen Ureinwohnern ihr fest verinnerlichter Glaube, dass unser Planet – und alle Tiere und Pflanzen, die darauf leben – ein kostbares Geschenk von Sibö, also Gott, ist, das geschützt und geachtet werden muss. Eine bemerkenswerte Sammlung mündlicher Überlieferungen der Bribrí-Geschichte haben Juanita Sanchez, Gloria Mayorga und Paula Palmer zusammengestellt: *Taking Care of Sibö's Gifts* liefert wertvolle Einblicke in diese Kultur.

Zu Besuch bei den Ureinwohnern

An den zur Karibik hin abfallenden Hängen der Cordillera de Talamanca liegen mehrere Reservate, darunter das Reservat Talamanca Cabécar, das am abgelegensten und schwierig zu erreichen ist, sowie das Bribrí-Reservat, dessen Bewohner sich der westlichen Kultur schon mehr angepasst haben und Besuchern gegenüber toleranter sind.

Das interessanteste Ziel ist **Yorkín** in der Reserva Indígena Yorkín. Die Fahrt dorthin dauert lang, deshalb ist eine Übernachtung sinnvoll. Vor Ort besteht die Möglichkeit, eine Gruppe von

---

flüge halber/ganzer Tag ab 300/500 US$) organisiert ebenso wie der Manager des Pangea B&B (s. S. 537) in Manzanillo Exkursionen zum Hochseefischen.

WANDERN

Die Wege im Reservat sind nicht ausgeschildert, aber viel genutzt. Auch wer auf eigene Faust auf Entdeckungstour geht, findet sich leicht zurecht. Im Hinterland soll es aber zu Raubüberfällen gekommen sein, es empfiehlt sich also, einen Führer zu engagieren oder zumindest nicht alleine zu wandern.

Ein 5,5 km langer Küstenpfad führt von Manzanillo nach **Punta Mona**. Er beginnt am Ostrand von Manzanillo als Schotterweg und verengt sich dann zu einem schmalen Pfad, der immer am Wasser entlangführt. Unterwegs hat man atemberaubende Ausblicke. Der Ausflug endet an einem perfekten (und sicheren) Strand, der ideal zum Schwimmen und Schnorcheln ist.

Eine weitere, etwas schwierigere 9 km lange Strecke beginnt im Westen von Manzanillo, streift den Südrand vom Pantano Punta Mona und führt in den kleinen Ort **Gandoca**. Auch dieser Weg ist nicht schwer zu finden. Wer seine Kenntnisse der örtlichen Flora und Fauna aufbessern will, sollte einen Führer mitnehmen. Oder sich wenigstens die Broschüre des Instituto Geografico Nacional vom Naturschutzgebiet (gibt es im Büro des Minae) besorgen.

Geführte Touren

Natürlich kann jeder das Schutzgebiet auf eigene Faust erkunden; wer es bis Manzanillo geschafft hat, ist ja schon mitten drin. Doch wer ohne Führer loszieht, verpasst leicht die unglaubliche Vielfalt der Heilpflanzen, die exotischen Vögel und was da sonst noch kreucht und fleucht. Die meisten Führer nehmen für eine vier- bis fünfstündige Trekkingtour eine Gebühr von 20 bis 30 US$ pro Person – je nach Gruppengröße. Infos gibt es im Maxi's (S. 537) oder in der Casa de Guías.

Empfehlenswerte Führer sind beispielsweise **Florentino Grenald** (☎ 2759 9043, 8841 2732), der

Künstlerinnen kennenzulernen, die **Mujeres Artesanas Stibrawpa** (☎ 8375 3372). Sie zeigen, wie sie Körbe flechten (viele schöne Exemplare stehen auch zum Verkauf), ein Dach mit Stroh decken und wie sie kochen – und natürlich haben sie zahllose Geschichten zu erzählen.

Yorkín ist ein wirklich lohnendes Ausflugsziel, dafür allerdings nicht so leicht zu erreichen. Vom Dorf Bambú (auf halber Höhe zwischen Puerto Viejo und Cahuita) aus fahren Einbäume dorthin. Die spannende Exkursion organisieren Stibrawpa sowie **ATEC** (☎ 2750 0191, 2750 0398; www.greencoast.com/atec.htm; ☷ 8–21 Uhr).

Eine andere Möglichkeit ist das etwas größere Dorf **Shiroles**, 20 km westlich von Bribrí. Es ist eine der größten indigenen Gemeinschaften des Landes und gehört zu denen, die leichter zu erreichen sind. Der Ort ist relativ modern und bietet einen interessanten Einblick in die Art und Weise, wie die indianische Bevölkerung sich an die Einflüsse von außen angepasst und zugleich die traditionellen Bräuche bewahrt hat.

Umfassende Informationen über Führungen in die Reservate gibt es bei ATEC. Es wird ausdrücklich davon abgeraten, die Reservate auf eigene Faust zu besuchen, und zwar aus zwei Gründen: Alle Orte sind sehr abgelegen und schwer zu erreichen; außerdem sind die Dörfer nicht auf Ausländer eingestellt. Einheimische Führer organisieren Besuche bei indianischen Familien, bei denen die Gäste am täglichen Leben teilnehmen und sich authentisch über Traditionen und Bräuche informieren können.

Der Problematik, die mit dieser Form des Tourismus einhergeht, sollte sich natürlich jeder bewusst sein. Die meisten Stämme sind überaus freundlich und heißen Leute von außerhalb willkommen, um ihnen mit Stolz ihre Lebensweise zu zeigen. Ihre Hoffnung dabei ist, auf diese Weise internationale Unterstützung zu bekommen, um auch in Zukunft so leben zu können. Doch je mehr Touristen herkommen und mit ihrem Bargeld um sich werfen, desto größer ist die Gefahr, dass der traditionelle Lebensstil allmählich zu einer Touristenattraktion verkommt. Wie anderswo auch, kann ein verstärkter Kontakt zur wohlhabenden westlichen Welt bewirken, dass die Ureinwohner ihre Lebensgewohnheiten aufgeben – das hat natürlich wiederum dramatische Auswirkungen auf ihre Kultur. Ehe sich jemand also für einen dieser Ausflüge anmeldet, ist es sinnvoll, sich über die möglichen Folgen des Besuchs einige Gedanken zu machen.

früher in der Parkverwaltung tätig war, **Ricky Alric** (☎ 2759 9020), ein Fachmann für Vogelkunde und Heilpflanzen, sowie **Abel Bustamonte** (☎ 2759 9043). Kapitän Willie Burton nimmt in Manzanillo Gäste auf Bootstouren und zum Schnorcheln mit.

Aquamor Talamanca Adventures (☎ 2759 9012; www.greencoast.com/aquamor.htm; 1/2 Tauchgänge 45/60 US$, PADI-Diplom 300 US$) Dieser Veranstalter ist wirklich etwas Besonderes: Er legt auf Naturschutz ebenso viel Wert wie auf Freizeitgestaltung. Neben Tauchexkursionen werden auch Kajak- und Schnorcheltouren angeboten (pro Pers. 40 US$), außerdem können Individualreisende hier alle erdenklichen Ausrüstungsgegenstände für den Meeresbesuch mieten.

Asociación Talamanqueña de Ecoturismo y Conservación (ATEC; ☎ 2750 0191, 2750 0398; www.green coast.com/atec.htm) Die kommunale Organisation mit Sitz in Puerto Viejo de Talamanca bietet vielfältige Touren ins Schutzgebiet an, darunter Tagesausflüge oder Arrangements mit Übernachtung: zu Fuß, hoch zu Ross oder mit dem Boot.

Casa de Guias (☎ 2759 9064) Die Initiative ist dringend erforderlich, aber leider schlecht organisiert. Sie hat das Ziel, Touristen und einheimische Führer in Kontakt zu bringen. Auf dem Programm stehen geführte Wanderungen (4 Std. 25 US$), Schnorcheln (25 US$), Schildkrötenbeobachtung (100 US$) und Sportangeln (150 US$).

Schlafen & Essen

Viele Unterkünfte und Restaurants finden sich im Dorf Manzanillo. Es liegt im Refugio Nacional de Vida Silvestre Gandoca-Manzanillo und bietet somit auch den besten Zugang zum Schutzgebiet.

Punta Mona (www.puntamona.org; B 30 US$, Transfer 10 US$; ▯) Rund 5 km südlich von Manzanillo gelegen, stellt diese 40 ha große Biofarm mit Erholungszentrum zugleich das Experiment dar, Permakultur und umweltgerechten Lebensstil umzusetzen. Über 200 verschiedene essbare Obst- und Gemüsesorten werden hier angebaut, die rund 85 % der – riesigen! – vegetarischen Mahlzeiten ausmachen; sie sind im Preis enthalten. Punta Mona kann im Rahmen eines organisierten Tagesausflugs (35 US$ inkl. Transport) besichtigt werden. Freiwillige Helfer (pro Tag/Woche/Monat

KARIBIKKÜSTE

AUSFLUG NACH GUABITO & BOCAS DEL TORO (PANAMA)

Sixaola hat den Ruf, der unbürokratischste Grenzübergang von Costa Rica zu sein. Deshalb ist der Ort besonders beliebt bei den Leuten, die sich bei ihrem dreitägigen „Visa-Urlaub" auf die Inseln von Bocas del Toro begeben. Die malerische Gruppe von panamaischen Dschungelinseln mit mehr als einem Dutzend Stränden hat viel zu bieten: von gefährdeten Erdbeerfröschen und Lederschildkröten bis hin zu einem baufälligen Set der amerikanischen Version vom *Inselduell*, außerdem eine ganze Reihe von Unterkünften, die alle bequem mit Wassertaxis zu erreichen sind. Ein Paradies für Touristen mit Hang zum Besonderen.

In Sixaola sollte man möglichst früh ankommen. Der Grenzposten ist von 7 bis 17 Uhr geöffnet (wegen der Zeitverschiebung öffnet Guabito ihn erst um 8 Uhr (bis 18 Uhr); auf beiden Seiten kann die Grenze zur Mittagspause gegen 13 Uhr gesperrt sein.

Die Grenzüberquerung beginnt mit der Überquerung der hohen Metallbrücke über den Río Sixaola mit Zwischenstopp für die Formalitäten an der costa-ricanischen **Migración** (☎ 2754 2044). Die Grenze darf auch mit dem Auto überquert werden, aber die Wartezeiten sind lang (Mietwagen dürfen generell Costa Rica nicht verlassen!).

Hinter der Brücke befindet sich auf der linken Seite das kleine Büro der *Migración* von Panama. EU-Bürger, die weniger als 90 Tage bleiben, zahlen keine Einreisegebühr und brauchen auch kein Visum. Eine Wechselstube beim *Mercado* auf der gegenüberliegenden Straßenseite tauscht Colones um. Auch in Guabito fehlt es an Banken und Hotels, dafür warten dort jede Menge Taxis darauf, die Besucher weiter ins Landesinnere von Panama zu fahren.

Nach Bocas del Toro gibt es zwei Anfahrtswege. Am einfachsten und billigsten geht es mit dem Taxi bis zur Finca 63 bei Changuinola (5 US$) und dann weiter mit einem der regelmäßig verkehrenden Wassertaxis nach Bocas (5 US$, 45 Min.). Allerdings fährt das letzte Wassertaxi um 17.30 Uhr nach panamaischer Zeit ab (wer die Grenze um 17 Uhr costa-ricanischer Zeit überquert, ist schon zu spät dran). Alternativ fahren Taxis bis Almirante (20 US$, 1 Std.), dort steigt man in ein anderes Wassertaxi (3 US$, 45 Min.) um, das stündlich zwischen 6.30 und 18.30 Uhr fährt.

15/125/300 US$) halten die Pfade instand, arbeiten in den Gärten und helfen auch in der Gemeinschaftsküche mit (Aufenthalt von mindestens einer Woche). Vorherige Anmeldung ist erwünscht.

Finca Lomas (☎ 2759 9100, in San José 2277 7549; www.anaicr.org; pro Monat 90 US$) Neben dem Schutzprogramm für Schildkröten betreibt ANAI ein Projekt, das sich auf der nahe gelegenen Finca Lomas mit neuen Methoden der Forstwirtschaft und Getreideernte beschäftigt. Die freiwilligen Helfer werden eingesetzt, um die Pfade instand zu halten, Daten zu erfassen und Pflanzenarten des tropischen Tieflandes – darunter Obst, Nüsse und Gewürzbäume – zu kultivieren. Die Arbeit stellt gewisse Anforderungen an die körperliche Kondition, und die Bedingungen sind spartanisch: Es gibt weder Strom noch fließendes Wasser. Die Mindestaufenthaltsdauer beträgt sechs Wochen; in der Anmeldegebühr von 160 US$ ist eine Schulung inbegriffen.

BRIBRÍ

Die nette kleine Stadt liegt am Ende der asphaltierten Küstenstraße (voller Schlaglöcher) von Cahuita nach Sixaola an der Grenze nach Panama. Von Bribrí bis zur Grenze sind es noch weitere 34 km auf einer Schotterstraße. Bribrí ist eine lebendige Stadt, aber außer ein paar Restaurants und Unterkünften bietet sie nur wenig.

Bribrí ist das Zentrum der indigenen Gemeinden der Cordillera de Talamanca. Die Ureinwohner stellen sich erst allmählich auf Fremde ein und nutzen das wachsende Interesse an ihrer Kultur (s. Kasten S. 540).

Schlafen & Essen

Neben einigen überaus einfachen Quartieren finden sich hier auch ein recht großer Supermarkt, einige Restaurants sowie eine hervorragende Bäckerei: das Musmanni. An den Markttagen (Montag und Dienstag) sind die Unterkünfte schnell ausgebucht.

Cabinas El Piculino (☎ 2751 0130; DZ 12–25 US$; P ⌘) Die 15 ansprechenden, sauberen Zimmer haben ein eigenes Duschbad mit heißem Wasser, TV und Klimaanlage. Dieselbe Familie betreibt auch ein empfehlenswertes Soda (Hauptgerichte 2–3 US$; Mo–Sa 7–22 Uhr). Auf den Tisch kommt eine hervorragende *sopa consomé de pollo* (Hühnersuppe), und auch die Reisgerichte sind lecker.

Complejo Turístico Mango (☎ 2751 0115; EZ/DZ/3BZ/ 4BZ 7/10/12/14 US$; P) Die unterschiedlich ausgestatteten, einfachen Zimmer haben zum Teil heißes Wasser; sie liegen neben einem großen Restaurant am Stadtrand.

Delicias de Mi Tierra (Hauptgerichte 2–5 US$; ☺ Mo bis Sa 6–21 Uhr) Das einladende, beliebte Lokal nahe dem Busbahnhof ist nicht zu übersehen. An einer beheizten Theke werden die erstklassigen regionalen Gerichte warm gehalten.

Restaurante Bribrí (Hauptgerichte 2–5 US$; ☺ Mo–Sa 5–17 Uhr) Dieses Restaurant ist einen Tick gehobener und serviert leckere casados, *gallos* (Tortillasandwiches) und sehr empfehlenswerte gebratene Kochbananen. Außerdem sind hier ausgezeichnete Infos zu Touren zu den indianischen Dörfern zu erfahren.

An- & Weiterreise

Busse von und nach Sixaola halten vor dem Restaurante Bribrí. Die Busse in Richtung Norden fahren weiter nach Puerto Viejo de Talamanca (30 Min.) und Cahuita (1 Std.). Abfahrt: 6.30, 8.30, 10.30 und 15.30 Uhr.

SIXAOLA

Hier endet die Straße, zumindest so weit es die costa-ricanische Karibik betrifft. Sixaola ist der eher selten frequentierte Grenzübergang nach Panama. Die meisten Reisenden nehmen die Interamericana und überqueren die Grenze bei Paso Canoas. Sixaola ist eine Grenzstadt und daher – per se – kein besonders schöner Ort.

Aber die Grenzformalitäten sind hier lockerer als in Paso Canoas. Eingewanderte ohne Dauervisum nehmen besonders gern diesen Übergang und nutzen die geforderten 72 Stunden Zwangsaufenthalt in Panama für einen kleinen Urlaub auf den netten Inseln Bocas del Toro.

Im Zentrum von Sixaola liegt der Mercado Internacional de Sixaola, ein Kiesplatz mit Taxistand, ein paar Sodas und kleinen Läden, die hauptsächlich Gummistiefel für die sumpfige Gegend verkaufen. Der *mercado* liegt zwei Blocks vom Grenzübergang entfernt.

Eine Wechselstube und Toiletten gibt es im Restaurante La Prada, das sich direkt an der Hauptstraße nördlich der Brücke befindet. Einzelheiten über die Grenzformalitäten s. Kasten S. 542.

Schlafen & Essen

Wie bei einem Zwischenstopp in Tokio wird sich hier wohl niemand fühlen, es gibt wirklich üblere Orte, falls es mit der Weiterreise gerade leider nicht klappen will. Die Unterkünfte und Restaurants sind ziemlich einfach, für jeden gewitzten Rucksacktouristen jedoch absolut passabel.

Cabinas Sanchez (☎ 2754 2196; DZ 10 US$) Das orangefarbene Gebäude kann mit sechs sauberen Zimmern aufwarten. Die Fliesen im Bad sind zum Teil defekt, und die Bettwäsche ist ein Sammelsurium aus Einzelteilen, die nicht zusammenpassen. Doch für eine Nacht sind diese sauberen Cabinas, die etwa einen Block westlich der Hauptgeschäftsstraße liegen, völlig in Ordnung.

Hotel Imperio (☎ 2754 2289; DZ 16 US$) Das beste Argument für dieses ruhigere, einfache Motel ist seine tolle Lage: Es findet sich nur 1 km von der Grenze entfernt, direkt gegenüber dem Kontrollpunkt der Polizei.

Soda Navi (Hauptgerichte 2–4 US$; ☺ 6–21 Uhr) Das hübsche, mit viel Häkelspitze eingerichtete Lokal liegt direkt am Mercado Internacional. Spezialität des Hauses ist Gallo pinto, und auch die Casados mit Bratfisch sind lecker.

Restaurante Las Cabinas (Hauptgerichte 2–5 US$; ☺ 7–21.30 Uhr) Etwas Edleres lässt sich in Sixaola nicht auftreiben. In dem Lokal mit hübschen Karotischdecken gibt es Brathuhn und Essen zum Mitnehmen.

An- & Weiterreise

Der Busbahnhof liegt einen Block nördlich des Grenzübergangs auf der Ostseite der Hauptstraße. Alle Busse, die nach San José und Puerto Limón fahren, halten in Bribrí und Cahuita, aber nur einige fahren durch Puerto Viejo.

Puerto Limón 3 US$, 3 Std., Abfahrt 5, 7, 8, 10, 12, 13, 16 & 18 Uhr.

San José 9,50 US$, 5 Std., Abfahrt 6, 8, 10 & 15 Uhr.

Nördliches Tiefland

Selbst in Costa Rica wird es immer schwieriger, Ruhe zu finden – kein Wunder, denn ein Land mit so viel landschaftlicher Schönheit ist natürlich ein beliebtes Reiseziel. So mancher überlaufene Strand dehnt sich schon auf den nächsten Geheimtipp-Sandstrand aus, Drahtseile überspannen so gut wie jeden Baumwipfel von Monteverde bis Manzanillo. Aber wer sich zu den ungezähmten Flüssen und in die tropischen Wälder des nördlichen Tieflandes wagt, wird mit Ruhe belohnt – und findet dort den idealen Platz zum Abschalten.

Dennoch: Der Tourismus hinterlässt mittlerweile auch im Tiefland seine Spuren und schafft neue Einnahmequellen für die Einheimischen, die traditionell von der Landwirtschaft leben. Bananen-, Zuckerrohr- und Ananasplantagen erstrecken sich in den schwül-feuchten Ebenen von der Cordillera Central bis zur Grenze Nicaraguas: Sie liegen inmitten tropischer Wälder. Ökotourismus ist hier das große Stichwort: Naturschützer arbeiten eng mit Landbesitzern und den Regionalregierungen zusammen, um den Ökotourismus für alle Beteiligten zu einem Erfolg werden zu lassen – ob nun für die Familienfarmen, die Umweltschützer oder die vom Aussterben bedrohten grünen Soldatenaras *(Ara ambiguus)*.

Vogelliebhaber strömen in die entlegenen Lodges inmitten der üppig-grünen Regenwälder des Corredor Biológico San Juan–La Selva, um den seltene Ara zu sehen, während erfahrene Kanuten sich in die Stromschnellen des Río Sarapiquí stürzen. Wer Wildtiere beobachten möchte oder gerne angelt, fährt dagegen zu den Lagunen des Caño Negro, und fast alle Besucher setzen bei einer entspannten Bootsfahrt auf dem Río Frío durch dichte Vegetation nach Nicaragua über. Das Nördliche Tiefland ist das unverfälschte Costa Rica, wo das Gleichgewicht zwischen kommerzieller Landwirtschaft und Naturschutz so weit stimmt, dass gemeinsam an einer ökologisch orientierten Zukunft der Region gearbeitet werden kann.

NÖRDLICHES TIEFLAND

HIGHLIGHTS

■ Eine rutschige Wanderung durch den sumpfigen Dschungel der **Laguna del Lagarto Lodge** (S. 548) auf der Suche nach dem Pfeilgiftfrosch und dem seltenen, überwiegend grün gefärbten Soldatenara

■ Wildwasserfahrt auf dem tierreichen **Río Sarapiquí** (S. 561) bei La Virgen

■ Eine gemütliche Flussfahrt auf dem **Río San Juan** (S. 564) an der Grenze zu Nicaragua, auf der sich unterwegs Krokodile und Faultiere beobachten lassen

■ Fahrt mit dem Traktor quer durch den üppig-grünen Regenwald zur einsamen Lodge **Rara Avis** (S. 570)

■ Entdeckungsreise durch die Lagunen des **Refugio Nacional de Vida Silvestre Caño Negro** (S. 554), wo sich mit etwas Glück Löffler oder Tarpune beobachten lassen

■ Die wackelige Überquerung der Hängebrücken in der **Reserva Biológica Tirimbina** (S. 563)

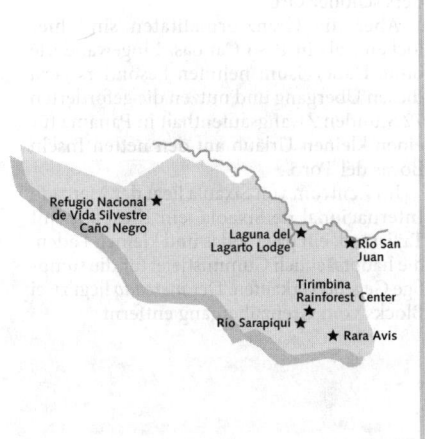

Refugio Nacional ★
de Vida Silvestre
Caño Negro

Laguna del ★
Lagarto Lodge
★ Río San Juan

Tirimbina
Rainforest Center
★

Río Sarapiquí ★

★ Rara Avis

Geschichte

Das Leben im nördlichen Tiefland richtete sich schon immer nach dem Rhythmus der Regenzeiten – mit den Niederschlägen schwollen die Flüsse an, die Ebenen wurden überschwemmt und die Landschaft verwandelte sich in einen riesigen Sumpf, an dem die Menschen vom Fischfang, der Geflügelzucht und ihren Kleintieren lebten. Doch mit dem Bevölkerungswachstum und der Ausbeutung der Naturressourcen wurde die Landschaft mit der Spitzhacke regelrecht aufgerissen und in Ackerland verwandelt.

Im frühen 20. Jh. pflanzte die United Fruit Company überall in Costa Rica Bananen und baute eine Eisenbahnlinie von der Karibikküste zu ihren Plantagen, um kostengünstig die Ernte zum Atlantik transportieren zu können. Viele Orte im nördlichen Tiefland verdanken ihre Gründung deshalb dem Bananenhandel – noch heute leben diese Siedlungen von der Landwirtschaft.

Klima

Wie fast alle Teile von Costa Rica, ist auch diese Region Klimaschwankungen unterworfen. Von der heißen, trockenen Llanura de Guatusos an der Grenze zu Nicaragua geht das nördliche Tiefland im Süden in eine sumpfige Flachebene und tropische Hartholzwälder über. Im nördlichen Tiefland dauert die Trockenzeit von April bis November. Allerdings regnet es im üppigen Regenwald entlang der Flüsse (etwa am Río Frío und am Río Sarapiquí) fast das ganze Jahr über.

Nationalparks & Schutzgebiete

Das nördliche Tiefland bietet einige sehenswerte Naturschutzgebiete und Nationalparks, die hervorragende Möglichkeiten für entspannte (und niemals überfüllte) Bootstouren und gute Wildtierbeobachtungen bieten.

Parque Nacional Braulio Carrillo (S. 569) Ökolodges in der Region Sarapiquí können Ausflüge in den Regenwald organisieren und bieten am nördlichen Ende des Braulio Carrillo auch Unterkünfte an.

Refugio Nacional de Vida Silvestre Caño Negro (S. 553) Die Lagunen des Caño Negro sind das ganze Jahr über Treffpunkt für verschiedenste Vogelarten; die beste Zeit zur Vogelbeobachtung sind die Monate Januar bis Juli.

Refugio Nacional de Vida Silvestre Mixto Maquenque (S. 549) Zwar bietet dieses neu eingerichtete Schutzgebiet kaum Infrastruktur, aber die örtlichen Unterkünfte am Rand der Naturreservate organisieren Exkursionen in den abgelegenen Regenwald.

An- & Weiterreise

Die wichtigsten Verkehrsknotenpunkte im nördlichen Tiefland sind Puerto Viejo de Sarapiquí und San Miguel im Südosten, sowie Upala und Los Chiles im Nordwesten; alle werden täglich von Bussen aus San José angefahren. Wer etwas Zeit hat, kann problemlos mit öffentlichen Bussen durch die Gegend fahren, mit dem eigenen Auto ist es allerdings einfacher, die verlockenden, aber entlegenen Zipfel dieser ansonsten recht touristenfreien Region zu erkunden. Im äußersten Norden dient der Grenzort Los Chiles als Ausgangspunkt für wunderschöne Flussfahrten über die Grenze nach San Carlos in Nicaragua (s. Kasten S. 558).

CARRETERA 126 NACH SAN MIGUEL

Auf der kurvigen Carretera 126 entlang der Hänge der Cordillera Central lässt man den städtischen Trubel von Heredia und Alajuela hinter sich und fährt bis zum Fuß des Volcán Poás, bevor die Straße auf der Fahrt durch eine Landschaft voller Bougainvilleen, Fincas und Ackerland wieder ansteigt.

Dies ist das Land der *campesinos* (Bauern), wo noch der Hufschlag der Rinderherden das Leben bestimmt. Kaum sichtbare „Waschbrettrillen" erinnern übermütige Fahrer daran, dass sie die eine oder andere Kurve mit zu viel Tempo genommen haben.

Die Carretera durchquert eine Reihe kleiner Städte, bevor sie San Miguel, den Verkehrsknotenpunkt der südöstlichen Ecke des nördlichen Tieflandes, erreicht. Von San Miguel kann man in nordwestlicher Richtung weiter nach Los Chiles oder Richtung Nordosten nach Puerto Viejo de Sarapiquí fahren. Busse von San José nach Puerto Viejo de Sarapiquí folgen dieser Route.

VARA BLANCA & UMGEBUNG

Auf mehr als 2000 m Höhe klettert die Carretera 126, bevor das winzige Dorf Vara Blanca auftaucht. Mit etwas Glück reicht der Blick an einem klaren Tag bis zum Volcán Poás im Westen und dem Volcán Barva im Osten. An der Tankstelle des Ortes geht es geradeaus weiter zum Poás oder rechts nach San Miguel. Einige Kilometer nach der Abzweigung führt die Straße steil nach unten. Auf dieser

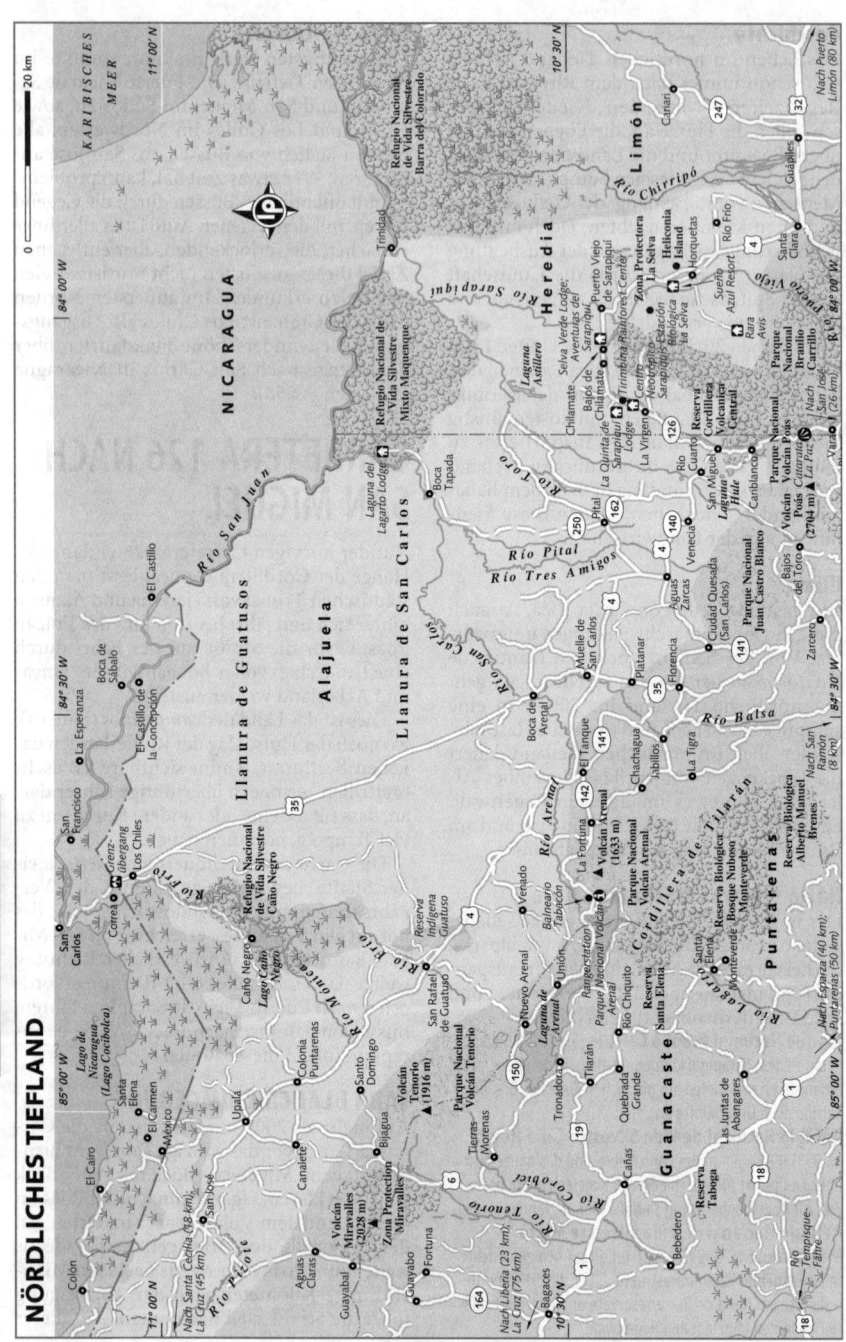

Strecke gibt es viele Haltepunkte, um die grandiose Aussicht zu fotografieren oder die reiche Vogelwelt zu bewundern.

Etwa 8 km nördlich von Vara Blanca überquert eine Straßenbrücke in einer Haarnadelkurve den Río La Paz und eröffnet einen absolut fantastischen Blick auf die herabstürzenden Catarata La Paz.

Noch weitere Wasserfälle kommen in Sicht, vor allem auf der rechten Seite (bei einer Fahrt nach Norden) im Tal des La Paz, das bald ins Sarapiquí-Tal übergeht.

VON SAN MIGUEL NACH LOS CHILES

Die Straße von San Miguel nach Muelle de San Carlos wird begleitet von Papaya-Plantagen und Regenwaldabschnitten und führt in vielen Haarnadelkurven durch die Berge. Wenn die Abfolge von Fincas und Wildblumen endgültig der Eintönigkeit der Zuckerrohrfelder weicht, öffnet sich die Straße zu einer langen, geraden, meist kochend heißen Straße (Nr. 35) durch das Tiefland bis nach Caño Negro und dem trockenen, ebenso heißen Los Chiles. Diese Strecke ist die Hauptroute für Fahrten in den Nachbarstaat Nicaragua, den man mit dem Boot ab Los Chiles auf einer Flussfahrt erreicht.

Wer dagegen nach Norden fährt, kommt durch den kleinen Ort Pital – eine holperige Fahrt über einsame Landstraßen in einer der am wenigsten touristisch erschlossenen Gegenden Costa Ricas. Diese nördliche Region ist ein Teil des Corredor Biológico San Juan–La Selva, eines fortlaufenden Kooperationsprojekts verschiedener ehrenamtlicher Organisationen und Dörfer der Region. Ihr Ziel ist die Schaffung eines übergreifenden Tierschutzgebietes, dessen Kern das Refugio Nacional de Vida Silvestre Mixto Maquenque (S. 549) sein soll.

VENECIA & UMGEBUNG

Die westwärts führende Straße schmiegt sich an den Nordrand der Cordillera Central. Üppig blühende Kletterpflanzen winden sich die Berghänge herab und drohen die Straße zu überwuchern. Aus der Entfernung erscheint das nördliche Tiefland wie ein Mosaik aus Zuckerrohr- und Reisfeldern. Die Straße verläuft zeitweilig etwas gerader, während

sie das Landstädtchen Venecia (14 km westlich von San Miguel) durchquert, danach geht es mit neuerlichen, schwindelerregenden Kurven weiter nach Muelle de San Carlos.

Wer seine Fahrt unterbrechen möchte, findet keinen besseren Platz zum Übernachten als Venecias berühmte „mittelalterliche Burg", **Torre Fuerte Cabinas** (☎ 2472 2424; EZ/DZ 21/29 US$; P 🛇), die 2,5 km westlich von der Stadt liegt. Zwar wirkt das Ganze wie ein kitschiges Hotel, das direkt vom Las Vegas Strip hierherverpflanzt wurde, aber die Zimmer sind sauber und haben ein eigenes Bad mit Warmwasser. Außerdem kann man seinen Freunden und der Familie erzählen, dass man in einer costa-ricanischen „Burg" übernachtet hätte.

Ein fantastischer Ort, um zu relaxen und sich nach einer langen Fahrt zu regenerieren, ist das **Recreo Verde** (☎ 2472 1020; www.recreoverde. com; Zelten 15 US$, EZ/DZ inkl. Frühstück 35/55 US$; P), das eine Reihe rustikaler *cabinas* (Hütten) mit eigenem Bad anbietet. Die Gäste haben Zugang zu vier Mineralbädern mit verschiedenfarbigem Schlamm und drei Kaltwasserbecken, die von einer Bergquelle gespeist werden. Es gibt auch einen Fußballplatz für ein Spiel zwischendurch und etliche Pfade durch den Regenwald, die zu einer Erkundungstour einladen. Die Cueva de la Muerte (Höhle des Todes) lockt heimliche Höhlenforscher, die einzige „Todesgefahr" beim Besuch besteht allerdings darin, sich eine Erkältung einzufangen.

Auf halbem Weg zwischen San Miguel und Venecia liegt das Dörfchen Río Cuarto, von dem eine Schotterpiste in südlicher Richtung zum wunderschönen **Wasserfall** bei Bajos del Toro führt. Von dort verläuft die unbefestigte Straße weiter durch den Parque Nacional Juan Castro Blanco bis nach Zarcero.

BOCA TAPADA & UMGEBUNG

Wer es schnell mag und mit dem Zeitgefühl der Ticos nicht so recht klarkommt, sollte auf diese Fahrt verzichten, denn die steinige Straßen und die fehlende Ausschilderung (noch spärlicher als sonst) garantieren den einen oder anderen Umweg. Die Straße führt durch Ananasfelder und an Verpackungsfirmen vorbei; man reist gemeinsam mit *caballeros* (Cowboys), die zur Arbeit pendeln, und *campesinos*, die ihren Tagesgeschäften nachgehen. Am Ende der Straße wird man aber mit einem schönen Regenwald belohnt, in dem das Quaken der Frösche widerhallt und seltene Vögel leben: Hier ahnt man, wie eine erfolgreiche Symbio-

---

EINE GRÜNE WIN-WIN-SITUATION

Das wunderschöne, grüne Federkleid, die knallig-blauen Flügelspitzen und die rote Stirn des Großen Soldatenaras *(Ara ambiguus)* haben Liebhaber exotischer Vögel seit jeher begeistert. Der (illegale!) Verkauf nur eines Soldatenaras kann einige Tausend Dollar einbringen – auch wenn die Vögel in Gefangenschaft aufgrund ihrer Sensibilität nicht gut leben können. Der internationale Handel hat die Zahl der Vögel reduziert, obwohl die Art eigentlich durch die Konvention zum Internationalen Handel mit gefährdeten Tierarten (Convention on International Trade in Endangered Species; CITES) geschützt sein sollte.

Neben der Wilderei sind die Vögel auch durch die Waldrodungen bedroht: In den vergangenen Jahren litt vor allem das nördliche Tiefland unter dem beängstigend großen Holzeinschlag, der die wachsende Gier nach Acker- und Weideland befriedigen sollte. Hinzu kommt, dass der Almendrobaum *(Dipteryx panamensis)* ein begehrtes Edeltropenholz ist. Seine Nüsse machen 90 % der Nahrung der Vögel aus, seine gewaltigen Stämme sind der wichtigste Nistplatz für die (wenigen) brütenden Soldatenara-Paare. Das Fällen dieser Baumart hat daher potenzielle Nistplätze für die Vögel vernichtet und dem Großen Soldatenara einen Platz auf der Liste der gefährdeten Tierarten eingebracht. Schätzungen zufolge leben in Costa Rica nur noch insgesamt 200 dieser Vögel mit nur 30 brütenden Paaren.

Doch die Hoffnung stirbt bekanntlich zuletzt: Eine Initiative von Nicht-Regierungsorganisationen und staatlichen Behörden gründete ein Komitee zur Schaffung des **Corredor Biológico San Juan–La Selva** (www.lapaverde.or.cr), der die existierende Soldatenara-Population und andere Spezies der Region schützen soll. Der vorgeschlagene Korridor würde die Lücke zwischen der Cordillera Volcánica Central, dem Refugio Nacional de Vida Silvestre Barra del Colorado, dem Parque Nacional Tortuguero und den Schutzgebieten Indio-Maíz, Punta Gorda und Cerro Silva in Nicaragua schließen. Man hofft, dass diese Schutzgebiete eines Tages Teil des Corredor Biológico Mesoamericano (CBM) werden, der sich von Mexiko bis nach Mittelamerika erstrecken soll.

---

se zwischen Mensch und Natur aussehen könnte – wenn sich dieser nur etwas mehr anstrengen würde. Ökolodges vor Ort bieten Regenwaldausflüge durch das Refugio Nacional de Vida Silvestre Mixto Maquenque an; es wird auch Maquerque-Schutzgebiet genannt (weitere Informationen s. Kasten S. 548).

Schlafen & Essen

Laguna del Lagarto Lodge (☎ 2289 8163; www.lagarto-lodge-costa-rica.com; EZ/DZ/3BZ 52/69/79; **P**) Die umweltfreundliche, von einem Deutschen betriebene Lodge liegt inmitten eines 1300 ha umfassenden, unberührten Regenwaldareals und hat bei Vogelkundlern einen fast schon legendären Ruf. Die einfachen, aber gut abgeschirmten Zimmer bieten jeweils ein eigenes Bad, Ventilator und eine gemeinsame, große Veranda – einschließlich Hängematten. Im Pauschalpreis inbegriffen sind die Abholung in San José sowie alle Mahlzeiten und geführten Touren. Wer einfach so hineinschneit, kann ebenfalls an den Mahlzeiten teilnehmen, das Frühstück kostet 6 US$, das Mittagessen 7,50 US$ und Abendessen 14 US$. Im Zimmerpreis enthalten ist auch eine geführte Nachmittagswanderung durch den Regenwald und eine Nachtwanderung mit Fütterung der Kaimane.

Das 500 ha große Gelände der Lodge ist überwiegend Regenwald mit einem kleinen Sumpfanteil. So kann ein Teil des insgesamt 10 km langen Wegenetzes recht matschig sein. Per Kanu können Gäste die umliegenden Lagunen anfahren, dort leben Kaimane und Helmbasilisken. Die auch Jesus-Christus-Echsen genannten Reptilien können über die Wasseroberfläche laufen, daher auch ihr Name. Reit- und Bootsausflüge zur nicaraguanischen Grenze werden ebenfalls auf Anfrage organisiert. Die Lodge liegt 9 km von Boca Tapada entfernt, die Mitarbeiter organisieren auch die An- und Abreise ab San José für 120 US$ pro Person (Minimum: 2 Pers.).

Von Einheimischen betriebene Lodges bei Boca Tapada sind u. a. **Mi Pedacito de Cielo** (☎ 8308 9595; www.pedacitodecielo.net; EZ/DZ/3BZ 60/70/80 US$; **P**), deren hübscher Name sich mit „mein kleines Stück vom Himmel" übersetzen lässt. Die Lodge bietet mehrere einfache Holzbungalows in einem halb naturbelassenen Wald, also ein irdisches Urwaldparadies. Auch die **Maquenque Eco-Lodge** (☎ 479-8200; www.costaricanbirdroute.com/sites/maquenque.htm; **P**), die

2005 wurde das **Refugio Nacional de Vida Silvestre Mixto Maquenque** vom damaligen Präsidenten Abel Pacheco offiziell gegründet. Dank dieses Erfolges ist das Gebiet heute Schutzraum für rund 6000 Pflanzen-, 139 Säugetier-, 515 Vogel-, 135 Reptilien und 80 Amphibienarten. Als erstes Naturschutzgebiet Costas Ricas mit Mischnutzung dürfen hier auch innerhalb der Parkgrenzen Menschen leben und arbeiten. Für die etwa 50 000 ha – übrigens im Privatbesitz – gelten heute allerdings sehr strenge Schutzbestimmungen, etwa die drastische Begrenzung des Holzeinschlags. Was bedeutet das allerdings für die Bewohner, die ja traditionell von der Forst- und Landwirtschaft leben? Fühlen sie sich vom eigenen Land ausgeschlossen?

Hier kommt die **Costa Rican Bird Route** ins Spiel, ein von der gemeinnützigen Rainforest Biodiversity Group gemeinsam mit verschiedenen anderen, ähnlichen Gruppen ins Leben gerufenes Projekt. Die Costa Rican Bird Route hat mit den Schutzgebietsgemeinden zusammengearbeitet und Gemeindemitglieder geschult, mit dem Ziel, einen existenzfähigen und nachhaltigen Ökotourismus aufzubauen – als wirtschaftliche Alternative zu einer Forst- und Landwirtschaft, die das Ökysystem zerstört. Zum einen wurden hier bereits bestehende, von Einheimischen geführte Lodges der Region unterstützt, zum anderen richtete man in den Dörfern neue Ökolodges zwischen dem Río San Juan und dem Parque Nacional Braulio Carrillo ein. Die Hoffnung ist nun, dass der Ökotourismus für diese armen Gemeinden wirtschaftlich nicht nur einträglicher als beispielsweise der Holzeinschlag ist, sondern auch die Rettung für den Soldatenara bringt.

Die gute Nachricht für Besucher: Die aufblühende Vogelroute bietet die seltene Chance, in einer der abgelegensten Regionen Costa Ricas in unberührter Natur Vögel zu beobachten. Dabei trifft man nicht nur mit den Einheimischen zusammen und unterstützt ihre Gemeinden, sondern kann auf den Touren durchaus auch mal einem Soldatenara begegnen.

Einige Lodges, die an der Costa Rican Bird Route in den Regionen Boca Tapada (S. 547) und Puerto Viejo de Sarapiquí (S. 560) liegen, werden hier vorgestellt. Mehr über einzelne Lodges und aktuelle, ehrenamtliche Jobs findet man auf der Homepage (www.costaricanbirdroute.com).

---

bei Redaktionsschluss noch im Bau war, bietet sich an. Beide Lodges organisieren Vogel-, Boots- und Reitausflüge durch das Tierschutzgebiet Maquenque, das als einziges Brutgebiet des Großen Soldatenaras in Costa Rica bekannt ist.

An- & Weiterreise

Für Autofahrer beginnt das Abenteuer mit der Anfahrt nach Boca Tapada. Der nächste nennenswerte Ort ist Pital nördlich von Aguas Zarcas. Hat man Pital hinter sich gelassen, geht es rechts herum hinter der Kirche und links an einem Fußballplatz vorbei und weiter bis zum Dorf Veracruz. An der Ananasverpackungsfirma Del Huerto links auf der geteerten Straße halten. Nach 10 km endet die Asphaltierung, dort fährt man an der Kreuzung rechts. An der dann folgenden Tankstelle wieder rechts an der Kreuzung und dann immer den Schildern „Mi Pedacito del Cielo" bis nach Boca Tapada folgen.

Busse von San José (4,30 US$, 6 Std.) fahren täglich um 5.30 und 12.30 Uhr am Bahnhof Atlántico Norte nach Boca Tapada ab. Dort holen die meisten Lodges ihre Gäste nach vorheriger Anmeldung ab.

MUELLE DE SAN CARLOS

Dieses kleine Dorf an einer Kreuzung heißt Muelle, was Mole bedeutet – der Name Cañas (Rohr) war in dieser Gegend des Zuckerrohranbaus vermutlich schon vergeben. Wermutstropfen in der ansonsten herrlichen Landschaft sind die großen Fabrikanlagen zur Verarbeitung des Zuckerrohrs und langsame Zuckerrohr-Transporter auf der Straße, die kaum zu überholen sind. Einst war Muelle ein bedeutender Binnenhafen (die entsprechende Infrastruktur ist noch vorhanden), da ab hier der Río San Carlos bis zum Lago Nicaragua schiffbar ist.

Die meisten Touristen halten in Muelle nur, um einen Blick auf die Karte zu werfen. Hier kreuzen sich Highway 4 (der Ciudad Quesada und Upala verbindet) und Highway 35 (von San José nach Los Chiles), und es gibt eine rund um die Uhr geöffnete Tankstelle. Vom Highway 4 gelangen Reisende leicht auf den Highway 32, die Hauptverkehrsader an der karibischen Küste.

Wer sich nicht entscheiden kann, wohin er fahren soll, kann eine Nacht darüber schlafen. Muelle bietet eine Reihe von durchaus angenehmen Unterkünften.

NÖRDLICHES TIEFLAND

ROHRZUCKER

Die Anfänge der Zuckerindustrie gehen auf die Kolonisierung Amerikas, vor allem aber der karibischen Inseln, zurück. Die Europäer konnten zwar Zucker aus ihren Kolonien in Asien importieren, doch das Aufkommen der Sklaverei in der Neuen Welt führte dazu, dass der Anbau von Zuckerrohr dort mit wesentlich geringeren Kosten verbunden war. In der Folge mussten die europäischen Verbraucher weniger für ihren Zucker zahlen, womit das Schicksal der auf den Feldern arbeitenden Sklaven besiegelt war.

Die zunehmende Beliebtheit des Zuckers im 18. Jh. wandelte die Ernährungsgewohnheiten der Europäer von Grund auf. Kaffee, Tee und Kakao fanden ihren festen Platz auf dem Speiseplan, Süßigkeiten und Marmeladen genossen weite Verbreitung. Die wachsende Nachfrage nach Zucker gab dem Sklavenhandel Auftrieb, obwohl bald Maschinen die eigentliche Zuckerherstellung übernahmen. In Deutschland wird fast nur Rübenzucker verwendet.

In den Industrieländern zählt Zucker zu den am höchsten subventionierten Agrarprodukten. Die Zuckerpreise in den USA, der EU und Japan sind etwa dreimal so hoch wie am internationalen Markt; die jeweiligen Regierungen schützen die heimische (Rübenzucker-)Produktion durch Subventionen und verlangen auf Importe hohe Zölle. Das schließt die zuckerexportierenden Länder von diesen Märkten aus, sie könnten bei einem freien Markt wesentlich bessere Preise erzielen. Brasilien, das mehr als ein Viertel der Weltmenge an raffiniertem Zucker exportiert und an der Spitze des Zusammenschlusses der zuckerexportierenden Länder steht, versuchte wiederholt Einfluss auf die Welthandelsorganisation WTO zu nehmen, damit diese den Markt reformiert.

Für Länder wie Costa Rica bleibt die Zuckerproduktion deshalb vor allem auf den Heimatmarkt beschränkt, weil der Zuckerexport in Länder mit hohen Einfuhrzöllen nicht rentabel ist – und das trotz eines Abkommens wie Cafta (US-Central American Free Trade Agreement) oder TLC (Tratado de Libre Comercio): Die USA wollen ihren Markt einfach nicht für preiswerteren (ausländischen) Zucker öffnen, die eigene Zuckerindustrie ist schließlich ein wichtiger Arbeitgeber. Die Zuckerrohrernte per Hand ist eine anstrengende Arbeit, denn die Stämme können bis zu 4 m hoch wachsen; sie sind dick, faserreich und lassen sich nur schwer schneiden; ein schräger Schnitt muss so angesetzt werden, dass die Halmstümpfe wieder austreiben. In Costa Rica wird Zuckerrohr zunehmend mit Erntemaschinen geerntet – wodurch die Landarbeiter ihre Jobs verlieren.

Wer durch eine Landschaft mit Zuckerrohrplantagen fährt, sollte nach den Schildern *jugo de caña* Ausschau halten: Ein Glas frischer Zuckerrohrsaft schmeckt unvergleichlich gut!

Schlafen & Essen

Cabinas Beitzy (☎ 2469 9100; Zelten 4 US$; B 10 US$; P ☀) Die billigste Unterkunft der Stadt an der Straße nach Los Chiles reicht zum Übernachten vollkommen; der Pool ist erstaunlich gut in Schuss. Die Zimmer sind sehr einfach gehalten, es gibt nur kalte Gemeinschaftsduschen. Wer jeden Cent umdrehen muss, kann auch ein Zelt aufstellen und ein paar Dollar zusätzlich sparen.

La Quinta Lodge (☎ 2475 5260; Fax 2475 5921; EZ/DZ 30/35 US$, Hütten pro Pers. 10 US$; P ☀) Das freundliche, von Ticos betriebene Gasthaus liegt 5 km südlich von Muelle im winzigen Dorf Platanar. Es bietet seinen Gästen einen Pool mit kleiner Rutsche und eine Sauna. Vögel haben sich auf dem Gelände niedergelassen, hinter dem Gasthaus fließt ein kleiner Fluss, in dem Fische und Kaimane leben. Auch Tico-Familien übernachten hier gerne, weil sie die freundliche, herzliche Atmosphäre schätzen.

Hotel La Garza (☎ 2475 5222; www.hotellagarza.com; DZ/3BZ mit Frühstück 75/90 US$, zusätzlicher Gast 15 US$; P ☀) Ebenfalls bei der Ortschaft Platanar liegt diese attraktive, teurere Lodge auf einer 700 ha großen Farm mit Milchwirtschaft und einer Zitrusfruchtplantage. Der Blick reicht zum Río Platanar und zum Volcán Arenal weit in der Ferne. Besucher betreten die schön angelegte Rezeption und das Restaurant über eine filigrane Hängebrücke; die zwölf Holzbungalows bieten jeweils eine große Veranda, Deckenventilator, Telefon und ein geräumiges Bad. Tennis-, Basket- und Volleyballplätze sowie 4 km eigene Wege, ein Pool und ein Whirlpool laden zum Entspannen ein. Das Hotel organisiert auch Touren wie Ausritte durch den primären und sekundären Regenwald (25/40 US$ für 2/4 Std.).

Tilajari Resort Hotel (☎ 2469 9091; www.tilajari.com; EZ/DZ mit Frühstück ab 86/96 US$, zusätzlicher Gast 15 US$; P ☀ ☀ ☀) Der ehemalige Country Club fungiert heute als Luxushotel mit schön gestalteter Gartenlandschaft und Blick auf den Río San Carlos. Es bietet eine eindrucksvolle Zahl an Touren und Aktivitäten, die Zimmer sind nett (u. a. mit Holz) eingerichtet und bieten eine warme Dusche, Kabel-TV, Kühlschrank und eine eigene Terrasse. Einige wenige Zimmer und die hoteleigenen Wege sind rollstuhlgerecht ohne Stufen, Schwellen und Barrieren eingerichtet. Andere Annehmlichkeiten sind ein einladender Poolbereich, Racquetball- und Tennisplätze, ein Restaurant, eine Sauna und ein Spa sowie ein Schmetterlingsgarten (Eintritt 3 US$). Interessierte können das benachbarte, rund 400 ha große private Regenwaldschutzgebiet mit mehreren Wanderpfaden besuchen. Die Hotelanlage liegt 800 m westlich der Kreuzung bei Muelle an der Straße nach Ciudad Quesada.

Es gibt einige Sodas und einen kleinen Supermarkt an der Straße Los Chiles – sie reichen vollkommen aus, wenn der Hunger nach einem Casado zu groß wird. Empfehlenswert ist das **Restaurant mit Bar La Subasta** (☎ 2467 8087; Hauptgerichte 3–7 US$; ☉ 11–23 Uhr) mit Blick auf einen Baseballplatz: Hier drängen sich die hungrigen Campesinos. Die umfangreiche Speisekarte bietet regionale Gerichte und kühles Bier. Wer Spanisch spricht, sollte versuchen, mit den Einheimischen ins Gespräch zu kommen – es sind immer ein paar interessante Typen darunter.

SAN RAFAEL DE GUATUSO & UMGEBUNG

Die Kleinstadt Guatuso (auf manchen Karten ist sie als San Rafael eingezeichnet) liegt 19 km nordöstlich von Nuevo Arenal und 40 km östlich von Fortuna (nicht zu verwechseln mit der Stadt La Fortuna). Sie ist das städtische Zentrum dieser landwirtschaftlichen Gegend, besitzt aber keine Sehenswürdigkeiten. Als Standort für Fahrten zu den fantastischen Höhlen von Venado und zum Parque Nacional Volcán Tenorio (S. 219) eignet sie sich aber gut. In der Gegend wohnen einige der wenigen überlebenden Maleku, einem der letzten indigenen Völker Costa Ricas: Von Guatuso aus lassen sich auch ihre in der Nähe liegenden *palenques* (traditionelle Siedlungen) besuchen – s. Kasten S. 552.

Cuevas de Venado

4 km auf einer guten Schotterpiste südlich von Venado (Spanisch "Wild") liegen die **Cuevas de Venado** (☎ 2478 8071; Eintritt 10 US$; ☉ 7–16 Uhr), eine beliebte Sehenswürdigkeit an Regentagen. Der Besuch kann auch von La Fortuna, San José und vielen anderen Städten für 45–65 US$/Pers. (inkl. Fahrt und Mittagessen) organisiert werden. Billiger kommt es, die Besichtigung auf eigene Faust zu unternehmen, auch wenn die Fahrt mit öffentlichen Busse unbequemer ist.

Die Höhlen wurden 1945 durch Zufall von einem Bauern entdeckt – er fiel durch ein Loch im Boden und fand sich in einem unterirdischen Raum voller Stalaktiten (die *fest* an der Decke hängen) und Stalagmiten (solche, die die Decke *vielleicht* einmal erreichen werden …) wieder. Bei den folgenden Erkundungen wurde ein Höhlensystem mit acht Kalksteinkammern entdeckt, das sich labyrinthähnlich über fast 3 km erstreckt. Die Höhlen bestehen aus weichem Kalkstein und entstanden im Laufe der Jahrtausende durch die Erosionstätigkeit unterirdischer Flüsse.

Die Höhlen begeistern ihre Besucher – zumindest all diejenigen, die keine Angst vor Riesenspinnen, Fledermausschwärmen und augenlosen Fischen haben. Ein Führer begleitet die Besucher durch die Höhlen – streckenweise wird es ziemlich eng –, weist auf verschiedenen Gesteinsformationen hin und philosophiert darüber, was sie so darstellen könnten…

Wer einen Besuch der Höhlen plant, sollte sich vorher anmelden. Selbstverständlich kann man auch ohne Voranmeldung kommen, doch muss man sich dann auf Wartezeiten einstellen. Im Preis inbegriffen sind ein Führer (manche sprechen Englisch), Taschenlampe, Helm und hinterher eine Dusche. Es empfiehlt sich unbedingt, Kleider zum Wechseln mitzubringen. Vor Ort gibt es ein kleines Soda und in Venado einige recht nette Lokale für einen Snack, aber keine Unterkünfte.

Um 13 Uhr startet ein Bus in Ciudad Quesada, der die Fahrgäste um etwa 14 Uhr 4 km vom Höhleneingang entfernt absetzt. Für 16 Uhr ist die Rückfahrt angesetzt – viel Zeit für den Höhlenbesuch bleibt da nicht. Ein Taxi kostet ab Guatuso 15–20 US$ Die Höhlen sind dank guter Ausschilderung auch für Selbstfahrer leicht zu finden.

Schlafen & Essen

Es gibt mehrere einfache, aber saubere Cabinas in San Rafael de Guatuso (die manchmal langfristig an Farmarbeiter vermietet sind)

EINE KURZE GESCHICHTE DER MALEKU

Die Maleku (umgangssprachlich auch Guatuso genannt) gehören zu einer der wenigen Gruppen von Ureinwohnern, die es in Costa Rica noch gibt. Im Gegensatz zu anderen präkolumbischen Völkern ähneln die Maleku in der Statur mehr den Europäern, der Farbton ihrer Haut ist gegenüber anderen Ureinwohnern Mittelamerikas vergleichsweise hell. Die Maleku bestanden früher ursprünglich aus verteilten sich auf zwölf Gemeinden, die weithin über die Berge von Tilarán–Guanacaste und die Ebene von San Carlos verstreut waren.

Ihre Zahl ging zwar nach der Ankunft der spanischen Siedler zurück, doch blieb sie dann bis ins frühe 20. Jh. relativ konstant. Nach der Erfindung des Automobils suchte die US-amerikanische Gummi-Industrie nach neuen Quellen für ihren durch die Reifenproduktion erheblich gestiegenen Rohstoffbedarf. Mit Hilfe von nicaraguanischen Söldnern durchkämmten Industrievertreter Mittelamerika nach sicheren Quellen. Sie wurden in dem Gebiet fündig, in dem die Maleku lebten. Der sogenannte Gummikrieg, der daraufhin entbrannte, löschte die Maleku praktisch aus und ließ den Überlebenden nur wenige Dörfer. Heute gibt es etwa 400 Maleku, und sie leben in den drei Siedlungen Sol, Margarita und Tonjibe.

Wie die meisten Ureinwohner in Costa Rica gehören auch die Maleku zu den Ärmsten im Land und überleben nur, indem sie Obst und Gemüse selbst anbauen. Ihre Ernährung besteht in der Hauptsache aus Mais und der *tipuisqui*-Wurzel, die in der Region wild wächst. Da die Maleku eine lange handwerkliche Tradition besitzen, können sie sich wenigstens durch den Verkauf traditioneller Handarbeiten an Touristen ein Zubrot verdienen. Heutzutage handelt es sich dabei vorwiegend um Keramik, Schmuck und Musikinstrumente, die bei den Touristen sehr beliebt sind. In früheren Zeiten wurden ihre kunstfertigen Jadearbeiten und Pfeile gerühmt.

Die Maleku sind auch für ihre ungewöhnliche Kleidung, *tana*, bekannt. Moderne Maleku tragen zwar meist westliche Kleidung, doch für die Touristen gibt es jede Menge *tana*-Artikel. *Tana* besteht aus Baumrinde, deren äußere Schicht entfernt wird. Was übrig bleibt, wird im Wasser eingeweicht und auf Holzblöcken dünn geklopft. Nach dem Trocknen und dem Bleichen in der Sonne lässt sich das Material wie Leder zusammennähen und fühlt sich auch wie Wildleder an.

Trotz ihrer geringen Zahl halten die Maleku wohl mehr als irgendeine andere Ureinwohnergruppe in Costa Rica an ihren Traditionen fest. Das zeigt sich vor allem an ihrer Sprache, einer der ältesten in ganz Amerika, die sich von den Sprachen am Amazonas und der Maya unterscheidet. Diese benutzen sie noch heute, wenn sie miteinander sprechen. Außerdem sendet eine örtliche Rundfunkstation, Radio Sistema Cultural Maleku, täglich Programme in Maleku-Sprache. Die Maleku halten auch an ihren traditionellen Zeremonien fest, etwa die vierteljährliche Bitte um Verzeihung, die sie an Mutter Natur richten und die ritueller Gesang und Tanz begleiten.

Wie in allen Reservaten Costa Ricas sind auch bei den Maleku Besucher herzlich willkommen, weil sie durch den Kauf von Maleku-Arbeiten das Überleben sichern. Die Zufahrt zum Reservat (*palenque*) erfolgt über die Rte 143, doch empfiehlt es sich, vor Ort nachzufragen, weil die Straßen schlecht ausgeschildert sind. Gäste sollten sich im Reservat rücksichtsvoll benehmen und dort auch einige Kleinigkeiten kaufen. Kleine praktische Geschenke wie Stifte und Papier werden von den Maleku gern angenommen. Touristen sollten dagegen kein Geld und keine Süßigkeiten verteilen, da das den Grundstein zur Bettelei legt.

sowie eine recht gute Auswahl an Sodas und Einkaufsläden.

Cabinas Milagro (☎ 2464 0037; EZ/DZ 6/10 US$; P) Der ruhige Familienbetrieb bietet sich für all jene an, die genau auf ihre Reisekasse achten müssen. Der Weg führt vom Ortszentrum an der Kirche vorbei Richtung Brücke über den Río Frío (was „kalter Fluss" bedeutet) und direkt rechts am Fußballplatz vorbei. Die Zimmer bieten – wie der Fluss – eine kalte Dusche und einen Ventilator.

Cabinas El Bosque (☎ 2464 0335; EZ/DZ mit Ventilator 7/11 US$, mit Klimaanlage 10/15 US$; P ⊠) Das etwas unpersönliche Hotel mit zehn Zimmern liegt ein Stückchen nördlich der Stadt an der Straße nach Upala. Es bietet saubere, schlichte Zimmer mit eigener, kalter Dusche und optional mit Klimaanlage.

Cabinas Tío Henry (☎ 2464 0344; Zi. pro Pers. 9 US$; P ⊠) Die großen, sauberen und relativ elegant ausgestatteten Zimmer der Hütten besitzen eine Klimaanlage, Kabel-TV und eine

Dusche mit heißem Wasser. Die Cabinas liegen zentral, die Rezeption befindet sich im benachbarten Zoogeschäft.

Soda La Macha (☎ 2464 0393; Hauptgerichte 3 US$; ☻ Frühstück, Mittag- & Abendessen) In dieser hübschen Soda gegenüber der Bushaltestelle an der Hauptstraße gibt es keine Speisekarte. Alle Gerichte werden im Holzofen gegart. Die Gäste können ihr Lieblings-Casado oder ein *gallo* (Tortilla-Sandwich) bestellen und bekommen sie frisch zubereitet.

An- & Weiterreise

Guatuso liegt am Highway 4; nach Upala im Nordwesten und Muelle de San Carlos im Südosten sind es etwa 40 km. Von Guatuso starten alle zwei Stunden Busse nach Tilarán oder Ciudad Quesada, von denen einige bis San José weiterfahren. Am häufigsten wird Ciudad Quesada angefahren.

UPALA

Nur 9 km südlich der nicaraguanischen Grenze liegt im Nordwestzipfel des nördlichen Tieflandes die kleine, aber blühende Stadt Upala, in deren Einzugsbereich rund 15 000 Menschen leben. Sie ist Hauptstadt eines *cantones* in Alajuela. Das Zentrum der regionalen Viehwirtschaft und der Reis verarbeitenden Industrie hat es ganz offensichtlich zu einigem Wohlstand gebracht. Die meisten Besucher unter der Woche sind costa-ricanische Geschäftsleute, die hierher kommen, um einige Dutzend Kälber oder eine Lkw-Ladung Weizen zu kaufen. Wer auf dem Weg zwischen Caño Negro und der Nordwestküste einen kurzen Zwischenaufenthalt einlegen möchte, ist hier dennoch genau richtig.

Schlafen

Die Zimmer sind trotz der großen Auswahl in der Stadt relativ schnell ausgebucht.

Hotel Buena Vista (☎ 2470 0186; Zi. 9 US$; ℗ ☻) Das hübsche gelbe Hotel ist dank der sauberen, aber einfachen Zimmer mit einem eigenen Bad (Warmwasser) und TV ein echter Geheimtipp. Der Familienbetrieb bietet einen schattigen Innenhof und außerdem einen sicheren Parkplatz. Alles liegt etwa 150 m südlich der Stahlbrücke.

Hotel Upala (☎ 2470 0169; EZ/DZ 12/18 US$; ℗ ☻) Das etablierteste Hotel der Stadt ist eine gute Wahl: Von den blitzsauberen, hellen Zimmern mit Veranda lässt sich bequem das Geschehen auf dem Fußballplatz beobachten. Aus den

Duschen kommt nur kaltes Wasser, ein Fernseher steht in jedem Zimmer.

Cabinas Maleku (☎ 2470 0142; EZ/DZ mit Ventilator 12/20 US$, mit Klimaanlage 18/24 US$; ℗ ☻) Die beste Unterkunft der Stadt kostet auch entsprechend ein paar Dollar mehr. In den großen, hohen Räumen mit farbenfrohen Bildern an den Wänden stehen Möbel mit einem folkloristischen Touch. Alle Zimmer haben ein eigenes Bad und Kabel-TV.

Essen

Der lebhafte Markt direkt hinter dem Busbahnhof öffnet früh; es gibt dort einige nette Sodas, die gute Gallos, Empanadas (Maistaschen, gefüllt mit Fleisch, Käse oder Obst) und viele andere regionale Gerichte servieren. Wer nach Alternativen sucht, kann eines der chinesischen Restaurants versuchen oder sich bei den Lebensmittelhändlern selbst versorgen.

Soda Norma (☎ 8819 7048; Hauptgerichte 4–6 US$; ☻ 6.30–11 Uhr) Die Tische im Freien mit Blick auf den Park gehören zu einer prächtigen, eleganten Soda. Hier werden einige der besten Casados gekocht.

Restaurant Buena Vista (☎ 2470 0063; Hauptgerichte 4–6 US$; ☻ 11–21 Uhr) Das luftige Lokal serviert eine gute Auswahl an typisch chinesischen Gerichten. Der Name passt perfekt – der Blick auf den Fluss ist einfach nur schön!

Rancho Don Horacio (☎ 2470 0905; Hauptgerichte 6–9 US$; ☻ 11–22 Uhr) Gleich neben der Plaza liegt dieses romantische Restaurant mit roten Tischtüchern, gedämpftem Licht und einer einladenden Bar. Die Spezialität des Hauses ist Steak, das wahrscheinlich überwiegend von Rindern stammt, die in Upala geboren, aufgewachsen und geschlachtet wurden.

An- & Weiterreise

Der Highway 6, eine ausgezeichnete Asphaltstraße, verbindet Upala mit der Interamericana; der Highway 4, mit etwas mehr Schlaglöchern, führt nach La Fortuna und Laguna de Arenal. Eine holperige Piste, die meist für alle Fahrzeuge befahrbar ist, streift den Refugio Nacional de Vida Silvestre Caño Negro auf dem Weg nach Los Chiles, dem offiziellen Übergang nach Nicaragua.

Andere Schotterpisten führen über die 9 km entfernte Grenze nach Nicaragua, es gibt hier aber keine offiziellen Grenzübergänge zwischen den beiden Ländern.

Der Busbahnhof liegt wenige Schritte vom Park entfernt, ein **Fahrkartenschalter** (☻ Mo–Sa

4.30–5.15, 7.30–13 & 18.45–20 Uhr) gibt Informationen und bewahrt für 1 US$ Taschen auf. Taxis findet man vor dem Busbahnhof am Park. Folgende Busse fahren in Upala ab:

Caño Negro 1 US$, 1 Std.; 11 Uhr.

Los Chiles 2.50 US$, 2 Std.; 5, 11 & 16 Uhr.

San José, via Cañas 6 US$, 5 Std.; 10.15, 15 & 17.15 Uhr.

San José, via Ciudad Quesada/San Carlos 6 US$, 5 Std.; 15.45 Uhr.

REFUGIO NACIONAL DE VIDA SILVESTRE CAÑO NEGRO

Wegen der abgeschiedenen Lage (obwohl sich das in den letzten Jahren dank des Ausbaus der Straßen geändert hat) waren lange Zeit vor allem zwei Arten von Besuchern in diesem 102 km² großen Schutzgebiet anzutreffen: Angler und Ornithologen. Erstere kommen auf der Suche nach dem kaum erreichbaren 18-kg-Snook, allerdings nicht von April bis Juli, weil dann im Park das Angeln verboten ist (eine gute Zeit, um preisgünstig eine Unterkunft zu bekommen). Die Vogelkundler sammeln sich jedes Jahr von Januar bis März, um Unmengen an Wasservögeln zu beobachten. Während der Trockenperiode sinkt der Wasserspiegel, und die Vögel kommen – ideal zum Fotografieren – an einigen wenigen Plätzen zusammen. Wenn von Januar bis März die Zugvögel in großer Zahl landen, ist die Vogeldichte enorm.

Der Río Frío bestimmt die Landschaft und bildet ein flaches, ausgedehntes Sumpfland, das im Aussehen anderen berühmten Feuchtgebieten wie den Everglades in Florida oder dem Mekong-Delta ähnelt. In der feuchten Jahreszeit tritt der Fluss über die Ufer und bildet einen 800 ha großen See, während der trockenen Monate, von Januar bis April, zieht er sich wieder zurück – das Wasser sinkt so weit, dass der Fluss kaum mehr schiffbar ist. Im April ist er fast ganz verschwunden, bis es im Mai wieder zu regnen beginnt. Dieser Zyklus wiederholt sich seit Jahrtausenden, und die kleinen Fischerdörfer am Rand des Schutzgebietes haben sich den saisonalen Schwankungen ihrer Umwelt angepasst.

Dank der verbesserten Straßenverhältnisse bieten inzwischen Dutzende von Veranstaltern im ganzen Land verhältnismäßig preisgünstige Touren in den Caño Negro an. Es lohnt sich jedoch, eine Tour bei einem renommierten Veranstalter zu buchen. Denn häufig sparen sich zweifelhafte Veranstalter den Eintritt in den Park und schippern die Teilnehmer durch irgendwelches sumpfiges Privatgelände; das macht zwar auch Spaß, ist aber keinesfalls der Caño Negro. Wer sich keiner organisierten Tour anschließen möchte, sollte direkt vor Ort einen Führer engagieren. So gelangt das Geld in die Hände der Einheimischen, die es im Idealfall wieder in den Naturschutz investieren.

Orientierung & Praktische Informationen

Das Schutzgebiet Caño Negro gehört zur Area de Conservación Arenal–Huetar Norte und ist in erster Linie per Schiff zugänglich. In der Nähe des Parkeingangs (der Anlegestelle) liegt der kleine Ort Caño Negro, in dem es weder Lebensmittelläden noch Banken oder Tankstellen gibt, aber ein staatliches **Minae-Büro** (☎ 2471 1309; 🕐 8–16 Uhr), wo auch der Eintritt bezahlt wird (6 US$).

Alle weiteren Informationen und die Möglichkeit, sich einer geführten Tour anzuschließen, gibt es bei der **Rangerstation** (☎ 2471 1309; 🕐 8–17 Uhr) etwa 400 m von der Anlegestelle entfernt. Den Rangern obliegt nicht nur die Verwaltung des Schutzgebietes, sondern sie sind auch Anlaufstelle für die einheimischen Führer und einige Initiativen, etwa einen Schmetterlingsgarten, den eine örtliche Frauenorganisation (Asomucan) eingerichtet hat. Es besteht die Möglichkeit, am Fluss zu campen (2 US$ pro Pers.) oder im Rangerhaus für 6 US$ zu übernachten (vorherige Reservierung). Es gibt kalte Duschen, Mahlzeiten können zubereitet werden.

Auch die meisten Hotels und Restaurants in der Stadt vermitteln einheimische Führer für Angel- und naturkundliche Touren. Meist lässt sich kurzfristig ein Führer (1 Std. 10 bis 20 US$) finden, doch zum Höhepunkt der Angel- oder Vogelbeobachtungssaison kann es Schwierigkeiten geben.

Naturbeobachtung

Der Caño Negro gilt unter Vogelbeobachtern als eines der wichtigsten Ziele Mittelamerikas. Während der Trockenzeit überrascht allein die große Anzahl an Vögeln im Park, doch noch fantastischer ist die Vielfalt der verschiedenen Arten. In den Wintermonaten ist unter den Zugvögeln die Zahl der Enten besonders groß, ebenfalls gut vertreten sind Eisvögel, Reiher, Ibisarten, Rallen, Schlangenhalsvögel, Rosalöffler und Störche. Nur hier im Schutz-

DER WALD TRÄGT TRAUER

Die massive Abholzung rund um den Caño Negro begann in den 1970er-Jahren – eine Folge der steigenden Bevölkerungszahlen und des damit einhergehenden höheren Bedarfs an Ackerland. Fast 20 Jahre lang war hier Holzeinschlag erlaubt, erst 1991 reagierte die Regierung endlich und schuf das Refugio Nacional de Vida Silvestre Caño Negro. Seit seiner Gründung ist Caño Negro ein sicheres Schutzgebiet für Wasser- und sonstige Vogelarten der Region und außerdem eine sichere Zufluchtsstätte für zahlreiche Zugvögel.

Doch illegale Rodungen und Wilddieberei finden bis heute am Parkrand ungehindert statt – und die Tiere leiden entsprechend darunter. In den vergangenen zwei Jahrzehnten sind einige langjährige Bewohner des Parks, etwa die Ozelots, Manatis (Seekühe), Haie und Aras verschwunden. Auch die Zahl der Tarpune und Kaimane geht zurück, jedes Jahr kommen weniger Zugvögel aus Nordamerika. Angler berichten über früher nie erreichte Minusrekorde sowohl hinsichtlich der Anzahl als auch der Größe ihrer Fänge.

Satellitenbilder zeigen, dass auch der See Jahr um Jahr kleiner wird und der Pegel des Río Frío immer schneller sinkt. Es lässt sich nicht mit absoluter Sicherheit sagen, was diese Veränderungen hervorruft. Sehr wahrscheinlich sind es die Äcker in der Umgebung des Caño Negro, die intensiv bewässert werden müssen, und besonders die Felder mit Zuckerrohr, das zehnmal so viel Wasser verbraucht wie Weizen.

Die Einheimischen sind über den Zustand des Parks stark beunruhigt, da ganze Dörfer vom Fischfang und dem Tourismus leben. Als Antwort auf die Notwendigkeit stärkerer Kontrollen haben Einheimische verschiedene Organisationen gegründet, um die Entwicklung des nördlichen Tieflandes besser in den Griff zu bekommen. Wer die Region am Caño Negro unterstützen möchte, sollte seinen Ausflug vor Ort und nicht in weit entfernt liegenden Städten buchen: Nur so kommen die Einnahmen den Einheimischen zugute.

gebiet und nirgendwo sonst in Costa Rica gibt es mit Sicherheit *Phalacrocorax brasilianus*, die Biguascharbe, eine Kormoranart, Dohlengrackel (*Quiscalus mexicanus*) aus der Familie der Stärlinge, und Kleine Gelbkopfgeier *(Cathartes burrovianus)* zu sehen.

Reptilien lassen sich im Park ebenfalls entdecken, vor allem Brillenkaimane, Grüne Leguane und Streifenbasiliske. Zu den häufig im Caño Negro gesichteten Säugetieren zählen Brüllaffen, Weißschulterkapuziner und Zweifingerfaultiere.

Trotz zunehmender Übergriffe von Wilderern und Fallenstellern sollen auch Pumas, Jaguare und Mittelamerikanische oder Baird-Tapire in großer Zahl vorkommen.

Im Caño Negro gibt es auch eine Vielzahl von Wasserschildkröten, die früher ein wichtiger Bestandteil der Ernährung der Maleku waren (s. Kasten S. 552). Vor der Jagd besänftigten die Maleku den Schildkrötengott Javara durch Fasten und Enthaltsamkeit. War die Jagd erfolgreich abgeschlossen, feierten die Maleku mit geräuchertem Schildkrötenfleisch und reichlich *chicha*, einem alkoholischen Getränk aus Mais.

Die Moskitos im Caño Negro sind riesig und zahlreich. Ein flüssiges Insektenschutz-mittel zum Einreiben ist unbedingt notwendig, sonst wird es richtig unangenehm.

Geführte Touren

Wer kein eigenes Auto hat oder nicht gerne öffentliche Verkehrsmittel benutzt, kann ab La Fortuna, San José oder von jedem Hotel im Umkreis von 150 km an einer Tagestour zum Caño Negro teilnehmen. Schwerpunkt der Ausflugsfahrten sind Naturbeobachtungen, allerdings haben schon einige Leser berichtet, dass die Boote voller lautstarker Touristen die Tiere verscheucht haben. Wer angeln möchte, sollte sich seinen Ausflug von einer der Lodges im Park organisieren lassen. Diese oder der Parkranger können eine zwei Monate gültige Angellizenz besorgen (30 US$), dazu benötigt man eine Fotokopie des Reisepasses sowie ein kleines Passfoto.

Caño Negro ist inzwischen leicht erreichbar, sodass man problemlos auf eigene Faust direkt in das Naturschutzgebiet fahren kann – was auf jeden Fall viel besser als jede organisierte Touren ist. Ein einheimischer Führer lässt sich problemlos und kurzfristig vor Ort anheuern und bietet viele Vorteile: Man unterstützt so die örtliche Wirtschaft, bleibt auf dem Wasser ungestörter und ist darüber hin-

NÖRDLICHES TIEFLAND

DIE BESTEN FLÜSSE FÜR TIERBEOBACHTUNGEN

Auf einigen der folgenden Flüsse lassen sich die Tiere hautnah erleben.

▪ Ob man sich nun zwischen den Stromschnellen ausruht oder bis nach Trinidad weiterfährt – auf dem **Río Sarapiquí** (S. 561) sollte man nach im Geäst dösenden Faultieren oder im Schlamm versteckten Kaimanen Ausschau halten.

▪ Wer den friedlichen Anblick der Vögel beim morgendlichen Frühstück in den Lagunen des **Caño Negro** (S. 554) genießen will, sollte früh aufstehen.

▪ Der **Río Frío** (S. 558) ist nicht nur ein ruhiger, freundlicher Grenzübergang nach Nicaragua – auf der Fahrt über die Grenze lassen sich auch zahlreiche Brüllaffen in den Bäumen und Kaimane am Flussufer sehen.

▪ Lodges in der Region Boca Tapada bringen Gäste zum träge dahinfließenden **Río San Carlos** (S. 548) – hier lassen sich sehr gut Vögel beobachten.

▪ Eine Fahrt auf dem **Río Medio Queso** (S. 559) lohnt sich, denn hier sind nicht so viele Boote wie anderswo unterwegs, entsprechend mehr Tiere zeigen sich am Ufer.

---

aus unabhängig unterwegs. Einheimische Guides sind nicht schwer zu finden: Sie hängen unter Tag an den Anlegestellen herum.

In jedem Fall sollte man so früh wie möglich am Morgen in Caño Negro ankommen, denn dann sind die Tiere noch aktiv: Es lohnt sich daher, in eine zusätzliche Übernachtung zu investieren, damit man schon um 7 Uhr morgens auf dem Wasser ist.

Wer in der Stadt übernachtet, hat das Naturschutzgebiet bei Tagesanbruch praktisch für sich alleine – bevor die Boote aus Puerto Viejo de Sarapiquí und Los Chiles gegen 9 Uhr ankommen.

Schlafen & Essen

Es gibt einige preisgünstige Übernachtungsmöglichkeiten in der Stadt, dazu eine Handvoll recht hübscher Unterkünfte entlang der Straße. Letztere sind in ihrem Angebot meist auf Angler eingestellt.

Albergue Caño Negro (☎ 2471 2029; Zi. pro Pers. 12 US$; P) Die preisgünstigste Unterkunft der Gegend ist ein Familienbetrieb mit kleinen Hütte, die zur Lagune hin liegen. Die einfachen Zimmer haben eine kalte Dusche. Die Besitzer, Manuel und Isabel, sind sehr freundlich und entspannt. Die auf Stelzen gebauten Cabinas findet man an der Straßenkurve hinter der Caño Negro Natural Lodge.

Cabinas Martín Pescador (☎ 2471 1116, 2471 1369; EZ/DZ ab 20/45 US$; P) Die rustikalen Hütten liegen etwa 100 m vom Ortszentrum entfernt und bieten eine Vielzahl an Zimmern verschiedener Preisklassen. Sie gehörten den Brüdern Seuqera, die empfohlene Guides und

Bootsführer im Schutzgebiet sind. Zwei Stunden Angel- oder Naturausflüge für bis zu fünf Personen kosten 50 US$; auch Ausritte sind möglich. Nach dem rosafarbenen Haus mit dem Hinweisschild zu den Hütten Ausschau halten!

Caño Negro Natural Lodge (☎ 2471 1000, 2471 1426; www.canonegrolodge.com; EZ/DZ mit Frühstück 65/75 US$; P) Die Lodge liegt auf einem Stück Land, das sich während der alljährlichen Hochwassersaison buchstäblich in eine Insel im Río Frío verwandelt. Trotz der abgeschiedenen Lage bietet sie einen erstaunlich hohen Standard. Die gut ausgestatteten Zimmer verfügen über Warmwasserduschen, Klimaanlage und Satelliten-TV. Das freundliche Personal organisiert Touren, während die Gäste sich am schönen Pool, im Whirlpool oder dem Aufenthaltsraum erholen. Das hoteleigene Restaurant Jabirú ist auch für Nicht-Hotelgäste geöffnet und lädt zu einem tollen Frühstück ein – wenn man genug hat vom üblichen *gallo pinto* (Reis und Bohnen).

Hotel de Campo Caño Negro (☎ 2471 1012; www.hoteldecampo.com; EZ/DZ mit Frühstück 75/85 US$; P) Das Hotel inmitten eines Obstgartens mit Mango- und Zitrusbäumen an einer Lagune des Caño Negro ist ein Anglerparadies. Hier kann man im hauseigenen Shop Kajaks, Führer und Anglerausrüstung mieten. Und nach einem Tag voller Kämpfe mit riesigen Tarpunen bieten die sauberen, hohen Zimmer mit Klimaanlage und warmer Dusche die ersehnte Entspannung (die Alternative ist der höhlenähnliche Whirlpool). Das Hotelrestaurant (Hauptgerichte 7–12 US$, 7.30 bis

21.30 Uhr) hat sich natürlich, wie sollte es hier anders sein, auf Fisch spezialisiert.

Soda La Palmera (☎ 8816 3382; Hauptgerichte 3–10 US$; ☻ 6–21 Uhr) Direkt am Eingang zum Schutzgebiet serviert dieses nette Soda klassische costa-ricanische Gerichte und frischen Fisch, auf Wunsch auch den eigenen Tagesfang. Das Personal organisiert Führer für Angel- und Naturausflüge (2 Std. 40 US$, max. 3 Pers.). In der Hochsaison empfiehlt es sich, im Voraus zu reservieren.

El Caiman Bar & Restaurante (☎ 8399 4164; 4–10 US$; ☻ Di–So 10–22 Uhr) An der Brücke über den Río Frío gleich außerhalb des Dorfes liegt das einladende Lokal direkt am Flussufer. Das El Caiman wird von Canoa Aventura betrieben, einem Tourveranstalter aus La Fortuna. Die Gäste sitzen unter schattigen Bambushainen und schlemmen frischen Barsch oder Tilapia, während Kaimane träge im Wasser vorbeigleiten. Wer sie sich aus größerer Nähe ansehen will, mietet sich ein Kanu.

An- & Weiterreise

Das Dorf Caño Negro und der Parkeingang liegen an einer holprigen Straße, die Upala und Los Chiles verbindet, die Straße kann in der Trockenzeit von allen Fahrzeugen befahrren werden. In der Regenzeit steht sie allerdings oft knietief unter Wasser, dann haben nur noch Geländewagen eine Chance, hier durchzukommen. Busse verkehren zweimal täglich zwischen dem Parkeingang und Upala bzw. Los Chiles.

In der Regenzeit und während eines Großteils der Trockenzeit fährt auch ein Boot von Los Chiles hierher. Das Angebot wird immer beliebter, da zunehmend mehr Besucher über den Río Frío nach Nicaragua ein- bzw. ausreisen (s. Kasten S. 558).

LOS CHILES

70 km nördlich von Muelle (die asphaltierte und leicht befahrbare Straße führt durch endlose Zuckerrohrplantagen) und nur drei staubig-rote und holperige Kilometer südlich der nicaraguanischen Grenze liegt das in der Hitze glühende Städtchen Los Chiles, das von Bauern und Fischern bewohnt wird. Das Städtchen fällt durch seine baufällige Eleganz auf und erstreckt sich rund um einen Fußballplatz und entlang des naturbelassenen Ufers des träge dahin fließenden Río Frío. Verglichen mit anderen Grenzorten rund um den Globus wirkt es fast schon wieder hübsch.

Ursprünglich siedelten hier Kaufleute und Fischer, die am nahe gelegenen Río San Juan ihr Auskommen fanden. Der Fluss bildet auf weiten Stecken die Grenze zwischen Nicaragua und Costa Rica. In jüngster Vergangenheit diente Los Chiles als ein wichtiger Nachschubposten für die Contras in Nicaragua. In den 1980er-Jahren war der Ort vorübergehend durch eine starke amerikanische Militärpräsenz geprägt.

Immer mehr Gringos finden den Weg nach Los Chiles – das ist kein Wunder, denn der Ort eignet sich perfekt als Ausgangspunkt für die wirklich spektakuläre Bootsfahrt zum Caño Negro – ein Trip mit dem kleinen Motorboot am frühen Morgen ist ein Abenteuer für sich.

Die zweite Touristenattraktion ist die landschaftlich reizvolle Überfahrt nach Nicaragua: Die einstündige Bootsfahrt wird bei den ausländischen Besuchern immer öfter gebucht. Eine Grenzüberquerung auf einem Fluss ist natürlich auch sehr entspannend und manchmal sogar eine neue Erfahrung!

Die Straße hinter Los Chiles führt zwar weiter nach Nicaragua, der Grenzübergang ist aber kein solcher, sondern für alle – Einheimische wie Ausländer – gesperrt. Die Polizeipatrouillen an der Grenze sind schwer bewaffnet und extrem gelangweilt – daher sollte man hier sein Glück besser nicht versuchen und woanders ein- oder ausreisen.

Praktische Informationen & Orientierung

Auf dem letzten Stück des asphaltierten Carretera 35 finden sich einige Restaurants, das Postamt und eine Tankstelle. Wer über Los Chiles hinaus auf der holperigen und staubigen Piste weiter nördlich fährt, befindet sich bald im Niemandsland auf dem Weg zu einem Grenzübergang, den er hochwahrscheinlich nicht benutzen darf.

Autofahrer müssen sich daher nach links (d. h. Richtung Westen) wenden und die Hauptstraße verlassen, wenn sie in den kleinen Ort und zur Anlegestelle am Río Frío fahren wollen.

Die **Banco Nacional** (☎ 2212 2000) am zentralen Park und dem Fußballplatz wechselt Bargeld sowie Reiseschecks und hat auch einen Geldautomaten. Etwas weiter die Straße hinunter findet man gleich um die Ecke hinter der pinkfarbenen Boutique ein **Internetcafé** (☎ 2471 1636; Std. 1,20 US$; ☻ Mo–Fr 8.30–12 & 14–20 Uhr). Eine

AUSFLUG NACH SAN CARLOS (NICARAGUA)

Zwar gibt es eine 14 km lange Schotterpiste zwischen Los Chiles und San Carlos in Nicaragua, dafür wird allerdings eine Sondergenehmigung benötigt, die meist nur Staatsbeamte erhalten. Die meisten Leute nehmen daher die Fähre über den Río Frío, die man einfach in Los Chiles bucht. Für die Fahrt ist zunächst ein Ausreisestempel im Reisepass notwendig, ihn bekommt man in der **Migración** (☎ 2471 1223; ⏰ 8–12 & 13.30–16 Uhr), etwa 100 m östlich des Parkeingangs gegenüber vom Anlegesteg. Hier muss auch jeder vorbeischauen, der von Nicaragua kommend in Costa Rica einreist.

Regulär legen die Boote (10 US$, 45 Min.) in Los Chiles täglich um 12.30 und 15.30 Uhr ab; zusätzlich fahren bei entsprechender Nachfrage Boote um 11 und 14.30 Uhr. Die Boote legen in San Carlos um 10.30 und 16 Uhr Richtung Los Chiles ab; weitere Boote verkehren jeweils bei Bedarf. Natürlich ist Zuverlässigkeit nicht eine der Haupttugenden an der Grenze Nicaragua–Costa Rica, es empfiehlt sich deshalb, vor dem Start noch einmal nach den genauen Abfahrtszeiten zu fragen. Nicaragua erhebt eine Einreisegebühr von 7 US$ und eine Ausreisegebühr von 2 US$, die man sowohl in nicaraguanischen Córdobas als auch in US-Dollar begleichen kann. Costa Rica gibt sich etwas großzügiger – solange man kein Nicaraguaner ist – und erhebt keine Gebühren. Das Boot stoppt etwa auf halber Strecke am eigentlichen Grenzübergang – die „Tarn"-Bemalung des Grenzpostens, an dem die freundlichen, gleichwohl Gewehr schwenkenden, nicaraguanischen Grenzsoldaten stationiert sind, ist sehenswert.

Erreicht man den Zusammenfluss mit dem Río San Juan, sollte man Finger und Zehenspitzen tunlichst nicht ins Wasser halten, da es im Fluss tatsächlich Haie gibt (ernsthaft, kein Scherz): Bullenhaie sind eine der wenigen Fischarten, die in Süß- und Salzwasser leben können. Jedes Jahr werden die von Wissenschaftlern in der Karibik markierten Tiere im Lago de Nicaragua wiedergefunden. Zwar sind die Flussschnellen des Río San Juan für die meisten Fische kaum zu überwinden, aber Haie können den Fluss offenbar problemlos durchschwimmen und suchen das Süßwasser geradezu – wahrscheinlich wegen der besseren Beute.

Von San Carlos, das eine ähnliche Infrastruktur wie Los Chiles bietet, kann man per Bus, Boot oder Flugzeug nach Managua, Granada oder anderen Zielen in Nicaragua weiterreisen. Wer auch die nicaraguanische Seite der Medaille kennenlernen möchte, findet hier eine Liste der Highlights des Landes:

■ Besichtigung von **El Castillo**, eine der historischen Festungen Nicaraguas. Sie ist nur per Boot erreichbar und sicher einer der ungewöhnlichsten Orte im Land.

■ Ausflug zu den Doppelvulkanen auf der **Isla Ometepe** – sie ist eine Anwärterin auf den Titel der schönsten Insel der Welt.

■ Besuch bei den einheimischen Künstlern der **Solentiname-Inseln**, wo die Kunst das Leben in den Dörfern bestimmt.

Siehe Kasten S. 240 mit weiteren Informationen über den Südwesten Nicaraguas.

Station des **Cruz Roja** (Rotes Kreuz; ☎ 2471 1037, 2471 2025) bietet an der Westseite des Platzes einfache medizinische Versorgung an und verkauft Medikamente.

Wer mit dem Boot weiter nach Nicaragua reisen möchte, muss vorher bei der Einwanderungsbehörde **Migración** (☎ 2471 1223; ⏰ 8 bis 12 & 13.30–16 Uhr) einen Zwischenstopp einlegen. Sie ist ziemlich leicht zu finden, denn sie liegt etwa 100 m östlich vom Park gegenüber der Anlegestelle. Im Kasten auf S. 558 finden sich weitere Informationen zur Einreise nach Nicaragua.

Geführte Touren

Los Chiles eignet sich gut als Ausgangspunkt für Touren zum Caño Negro. Wer von hier aus startet, hat gegenüber Tourteilnehmern, die von la Fortuna oder San José aus aufbrechen, den Vorteil, dass die Flussfahrt sehr früh am Morgen beginnt und man so wesentlich mehr Tiere sehen kann.

Der Hafen ist auch ein sehr gutes Sprungbrett für eine Erkundung des Lago de Nicaragua mit seinen Inseln. Wer morgens sein frühes Boot verpasst, kann auch auf örtliche Anbieter zurückgreifen, die manchmal individuelle Fahrten nach San Carlos in Nicaragua organisieren.

Touren werden von Oscar Rojas von **Heliconia Tours & Restaurant** (☎ 2471 2096, 8307 8585) organisiert; es liegt an der Straße zwischen der *migración* und der Anlegestelle. Ein weiterer Anbieter ist **Rancho Tulipán** (☎ 2471 1414; www.ranchotulipan.com). **Viajes y Excurciones Cabo Rey** (☎ 2471 1251, 8839 7458) bietet Bootstouren (ab 45 US$) in das Naturschutzgebiet sowie nach El Castillo und zur Inselgruppe Solentiname in Nicaragua an. Den Besitzer Cabo findet man meist an der Anlegestelle.

Am Schiffsanleger bieten verschiedene Bootsführer ihre Dienste an, um Besucher während der Trockenzeit auf dem Río Frío flussaufwärts und während der Regenzeit bis zum Lago Caño Negro (oder nach San Carlos in Nicaragua; s. Kasten S. 558) zu schippern. Drei- bis vierstündige Touren kosten – je nach Größe und Art des Bootes – 45–80 US$ für eine kleine Gruppe.

Festivals & Events

Die verschlafene Kleinstadt erwacht am 4. Oktober beim **Fest des hl. Francisco** zum Leben. Im Rahmen des unregelmäßig stattfindenden **grenzüberschreitenden Festivals zu Ehren der Großen Soldatenaras**, finden manchmal auch Feiern in Los Chiles statt – am besten nach entsprechenden Informationen vor Ort Ausschau halten.

Schlafen & Essen

Erstaunlicherweise gibt es hier nur eine begrenzte Zahl an Unterkünften, aber die meisten Besucher wollen sowieso nicht lange bleiben und hier übernachten.

No Frills Hotel, Bar & Restaurant (☎ 2471 1200, 2471 1410; Zi. 20 US$; P ⊠) Das Hotel liegt etwa 1 km südlich von Los Chiles gleich hinter der Tankstelle und ist im Grunde nicht „frill-free", also frei von Schnickschnack. Die Zimmer sind einfach, aber sauber und ruhig (einmal abgesehen von den wegen der Gänse hupenden Autos), dazu kommen noch eine Klimaanlage und ein Fernseher. Einige bieten sogar einen richtigen Kühlschrank. Im Restaurant mit Bar werden Mittag- und Abendessen serviert, die Eigentümer organisieren auch Angel- und Bootsausflüge.

Cabinas Jabirú (☎ 2471 1496, 8898 6357; Zi. mit/ohne Klimaanlage 30/25 US$; P ⊠) Die nach dem seltenen, großen Jabirú *(Jabiru mycteria)* benannte und recht beliebte Lodge liegt in der Nähe der Bushaltestelle und bietet schlichte Räume mit Bad (Warmwasser). Der Jabirú, eine Storchenart, ist manchmal in Caño Negro zu sehen.

Rancho Tulipán (☎ 2471 1414; www.ranchotulipan.com; EZ/DZ 25/40 US$; P ⊠ ⊡) Die Rancho Tulipán ist die beste, aber auch teuerste Unterkunft der Stadt mit einer stets sehr beliebten – d. h. aber auch lauten – Bar. Alle Zimmer haben Klimaanlage, ein Bad mit heißem Wasser und Kabel-TV. Vorteil einer Übernachtung im Tulipán ist die Nähe zu den Anlegestellen direkt gegenüber der Migración. Das hoteleigene Restaurant (Hauptgerichte 3 bis 7 US$, 7–22 Uhr) erleichtert den Tagesbeginn mit einem guten Frühstück – den gebratenen Barsch (hoffentlich ein Snook) sollte man sich hier nicht entgehen lassen.

Soda Juanita (☎ 2471 1607; Hauptgerichte 2–5 US$; ⊠ 6–18 Uhr) Direkt an der Anlegestelle serviert die fröhliche, leuchtend grüne Soda leckere Casados, die üblichen, frittierten Fast-Food-Gerichte, aber auch *batidos* (Fruchtshakes) und Kaffee. Einfach an einen der Tresen oder an die Tische unter den palmbedeckten Dächern setzen und beim Warten auf das Boot nach Nicaragua diesen kleinen Teil der Welt an sich vorbeiziehen lassen.

Restaurant El Parque (☎ 2471 1373, 2471 1090; Hauptgerichte 3–5 US$; ⊠ 6–21 Uhr) Das beliebte Lokal bietet einige der besten Speisen im Ort an und ist früh geöffnet – ideal für den ersten Kaffee vor der Überfahrt auf dem Fluss.

Zwei Straßenblöcke nördlich der Bushaltestelle findet man einen Laden der Supermarktkette **Palí;** die örtliche **Almacen de Los Chiles,** eine Art Kaufhaus an der Westseite des Fußballplatzes, bietet alle notwendigen Lebensmittel und Backwaren.

An- & Weiterreise

Autofahrer reisen meist über die Carretera 35 an, von Muelle aus eine etwa 70 km lange, asphaltierte Strecke, auf der man höchstwahrscheinlich von großen Lkws überholt wird. Viele der LKW-Fahrer scheinen einen Bleifuß zu haben … Die Eintönigkeit der Fahrt entlang der endlosen Zuckerrohrplantagen wird hier nur durch Bremsspuren und überfahrene Iguanas unterbrochen. Abwechslungsreicher, aber auch schlechter für das Fahrgestell, ist die recht ordentliche Schotterpiste ab Upala, die rund 50 km durch den Caño Negro führt und während der Trockenzeit auch für normale Autos kein Problem darstellt.

Der reguläre Boottransport beschränkt sich auf die flotten Shuttleboote über die Grenze nach Nicaragua (10 US$) sowie verschiedene Tagesauflüge in die Region.

Alle Busse fahren an der Haltestelle auf der Hauptstraße gegenüber vom Park ab und kommen dort auch an. Die Fahrpläne geben nur ungefähre Zeiten an, deshalb sollte man zur Sicherheit vor Ort nachfragen.

Ciudad Quesada 3 US$, 2 Std., 5–19.15 Uhr, 12-mal tgl.

San José 5 US$, 5 Std., 5.30 & 15.30 Uhr

Upala via Caño Negro 2,50 US$, 2½ Std., 5 & 14 Uhr.

VON SAN MIGUEL NACH PUERTO VIEJO DE SARAPIQUÍ

Dieses flache heiße Stück des Tieflands gehörte einst der United Fruit Company, dem weltweit größten Bananenproduzenten. Die Ernte wurde von den Plantagen nach Puerto Viejo de Sarapiquí gebracht und dort nach dem Verpacken verschifft, war sie doch für den lukrativen nordamerikanischen Markt bestimmt. Mit dem Bau der Eisenbahn 1880, die den größten Teil des Landes mit dem neuen Hafen in Puerto Limón verband, verlor Puerto Viejo de Sarapiquí jedoch seine ursprüngliche Bedeutung.

Fast das ganze 20. Jh. hindurch wurden in der Region Bananen angebaut, heutzutage haben sich jedoch die meisten Bauern auf den lukrativeren Anbau von Zuckerrohr verlegt. Auch wenn es Puerto Viejo de Sarapiquí nie gelang, an seine einstige Bedeutung anzuknüpfen, gehört die Gegend rund um die Stadt zu den wichtigsten Zielen für Kajakfahrer und Rafter in ganz Costa Rica. Es gibt in der Region eine Reihe ausgezeichneter Ökolodges, deren Angebote auch Nicht-Gästen offenstehen, etwa Wanderungen durch den Regenwald und über Hängebrücken oder Touren zu präkolumbischen Ruinen.

Die Straße, die von San Miguel nach Norden führt, fällt auf einer Strecke von 12 km stetig ab, bis sie das Dorf La Virgen erreicht, und verläuft dann 13 km eben durch Ackerland bis nach Bajos de Chilamate. Bis zur alten Hafenstadt Puerto Viejo de Sarapiquí sind es noch weitere 6 km auf dieser Straße. Busse, die entweder San José oder Ciudad Quesada mit Puerto Viejo de Sarapiquí verbinden, sind

das wichtigste öffentliche Verkehrsmittel auf dieser Strecke.

LA VIRGEN

La Virgen, das sich an die dicht bewaldeten Ufer des malerischen Río Sarapiquí schmiegt, gehört zu den Kleinstädten, die während des Blütezeit des Bananenhandels wuchsen und gediehen. Auch wenn United Fruit die Gegend schon lange verlassen hat, und unter neuem Namen firmiert, profitiert das Städtchen immer noch von seiner Lage am Fluss: Viele Bewohner sind entweder als Fischhändler oder als Fremdenführer tätig, um Touristen zu den Stromschnellen zu bringen.

La Virgen hat sich zu einem der bedeutendsten Kajak- und Rafting-Ziele in Costa Rica gemausert. Erstaunlicherweise haben die meisten Reisenden noch nie von La Virgen gehört, und selbst diejenigen, denen der Namen schon einmal untergekommen ist, hätten Schwierigkeiten, es auf der Karte zu finden. Doch für den harten Kern der leidenschaftlichen Rafter und Kajakfahrer, die ganze Tage auf dem Río Sarapiquí verbringen, ist La Virgen ein wahres Paradies abseits ausgetretener Touristenpfade. Hinzu kommt, dass die drei luxuriösen Lodges östlich der Stadt mit einer Reihe interessanter Angebote locken, darunter Ausstellungen, private Trails und eine Maleku-Ausgrabungsstätte – so lässt sich selbst an einem Ruhetag viel unternehmen.

Praktische Informationen

In La Virgen konzentriert sich das öffentlich Leben auf die Hauptstraße, an der man eine Tankstelle, eine **Banco Nacional** (☎ 2212 2000) mit Geldautomat, einige kleinere Supermärkte und viele Bars findet. Das **Internetcafe** (☎ 2761 1107; Std. 1,25 US$; Mo–Sa 8–21, So 14–21 Uhr) bietet eine relativ schnelle Internetverbindung.

Sehenswertes & Aktivitäten

KAJAK FAHREN

Für Kajakfahrer gibt es einige Unterkünfte in der Stadt direkt am Fluss, sodass einer kurzen Fahrt noch vor Frühstück nichts im Wege steht. **Rancho Leona** (☎ 2761 1019; www.rancholeona. com) hat sich zu einer Art Treffpunkt für Kajaksportler entwickelt – kein Wunder bei dieser tollen Lage direkt am Flussufer, die leichtes Einsteigen und das kostenlose Lagern der Kajaks ermöglicht. Weitere Informationen s. Kasten S. 562. Hier und im **Sarapiquí Outdoor Center** (☎ 2761 1123; sarapiquioutdoor@hotmail.com) hilft das Personal mit Tipps, wo die Boote am besten zu Wasser gelassen werden können.

RAFTING
Die Wasser des Río Sarapiquí sind nicht so wild wie am Río Pacuare bei Turrialba, doch für einen Adrenalinausstoß reicht es allemal. Der dichte Dschungel an den Ufern zeichnet sich durch Üppigkeit und Urwüchsigkeit aus. Der Sarapiquí lässt sich ganzjährig befahren, doch am besten eignen sich die Monate von Juli bis Dezember.

Rafting-Touren können zwar auch kurzfristig organisiert werden, doch empfiehlt es sich, zwei Tage im Voraus anzufragen. Verschiedene Unternehmen in La Fortuna und San José veranstalten Touren. Im Anschluss an die Schwierigkeitsklassen finden sich die Telefonnummern einiger Veranstalter.

Es gibt drei Haupttouren unterschiedlicher Schwierigkeitsklassen, die von den verschiedenen Veranstaltern angeboten werden; für alle gilt ein Mindestalter von neun oder zehn Jahren; die angegebenen Preise und Zeiten können variieren. Eine relativ sanfte Fahrt (Klasse I–II) beginnt in Chilamate (45 US$ pro Pers., 3 Std.), die sich auch für jüngere Kinder und zur Naturbeobachtung eignet. Der Streckenabschnitt Unterer Sarapiquí (Klasse III–IV) startet bei La Virgen, ist landschaftlich sehr reizvoll und eine Herausforderung für gesunde Menschen ohne Wildwassererfahrung (3 Std. 45–65 US$). Das Teilstück Oberer Sarapiquí (Klassen IV–V) bietet auf etwas über 10 km heftige Wildwasser und ist perfekt geeignet für Abenteuerlustige (80 US$, 5 Std.).

Etwa 75 km nördlich der Kirche findet man das **Sarapiquí Outdoor Center** (☎ 2761 1123; sarapaqui outdoor@hotmail.com), ein gut etablierten und fähigen Tourveranstalter in Familienbesitz. Er bietet sehr gute Raftingtouren, Zeltplätze und daneben auch recht ordentliche, preiswerte Unterkünfte an. Wer ein erfahrener Paddler ist, sollte hier zuerst haltmachen.

Neben Raftingtouren ab La Virgen, San José und La Fortuna organisiert **Aguas Bravas** (☎ 2292 2072; www.aguas-bravas.co.cr) auch Ausritte und Fahrradtouren. Die Firma, die von Einheimischen geführt wird, hat einen sehr hohen Sicherheitsanspruch.

Aventuras del Sarapiquí (☎ 2766 6768; www.sara piqui.com) bei Chilamate und **Hacienda Pozo Azul Adventures** (☎ 2761 1360; www.pozoazul.com) sind zwei weitere lokale Profis für Raftingtouren und haben beide einen guten Ruf.

WANDERN
Eine schöne Wanderung, die man ohne Führer unternehmen kann, führt von La Virgen zur südlichsten Rangerstation des Parque Nacional Braulio Carrillo. Mehr Informationen über Wandern im Parque Nacional Braulio Carrillo s. S. 157.

WEITERE AKTIVITÄTEN
Hacienda Pozo Azul Adventures (☎ 2761 1360; www. pozoazul.com) ist auf Outdoor-Aktivitäten spezialisiert, dazu gehören Ausritte, die bei zwei Stunden (35 US$) beginnen, aber auch mehrtägig sein können. Im Angebot sind auch eine Baumkronentour (45 US$) quer durch den Dschungel und über den Fluss sowie spannende Abseiltouren (28 US$), Ausflüge mit dem Mountainbike (Tag 60 US$) und geführte Wanderungen (15 US$).

SERPENTARIO
Ein weiterer Anziehungspunkt von La Virgen ist der berühmte **Schlangengarten** (☎ 2761 1059; Erw./Stud. 5/3 US$; ☼ 9–18.30), wo sich die Besucher Auge in Auge mit 60 verschiedenen Reptilien- und Amphibienarten befinden, darunter Pfeilgiftfrösche, Anakondas und – die Hauptattraktion – eine 80 kg schwere Tigerpython. Die Besitzerin des Serpentario, Lydia, veranstaltet Führungen und holt manche Schlange aus ihrem Käfig, für Umarmungen und tolle Fotos. Schlangen fühlen sich übrigens gut an, denn sie sind samtig, trocken und weich.

CENTRO BIOLÓGICO SANTUARIO DE MARIPOSAS AGUAS SILVESTRES
Wer den **Schmetterlingspark** (☎ 2761 1095) in den Bergen besuchen will, braucht einen eigenen Wagen oder lässt sich die Fahrt von den Mitarbeitern der Rancho Leona (S. 562) organisieren. Der Park wird mit viel Engagement von Edgar Corrales geleitet. Geführte Wanderungen (in Spanisch, 10 US$) führen durch den Regenwald auf einem Wasserfallweg und schließen auch eine Führung durch den Schmetterlingsgarten ein.

Betten bietet eine einfache **Schlafbaracke** (35 US$/Pers.), im Preis inbegriffen sind ein Frühstück, eine Halbtagestour im Regenwald vor der Tür, ein Bad in einer Lagune und – nach der Rückkehr – ein Mittagessen. Einziger Wehmutstropfen sind die unzähligen lästigen Insekten, die es hier genau so schön wie die Schmetterlinge finden – also an entsprechende Mittel denken!

LEBEN AM RÍO SARAPIQUÍ

Inmitten des Flussparadieses arbeitet der 21-jährige Miguel Angel Castillo Espinoza tagsüber auf der Rancho Leona (S. 562), abends studiert er.

Wie ist das eigentlich, am Río Sarapiquí zu arbeiten und zu leben? Der Sarapiquí ist einer der schönsten Flüsse Costa Ricas, mit Stromschnellen der Klassen I bis V. Das Wasser ist sehr sauber, in den Bäumen kann man alle möglichen Tiere und Vögel entdecken. Es ist hier sehr friedlich, ebenso wie die Menschen hier.

Ich wurde in Sarapiquí geboren und habe nie woanders gelebt. Ich habe nur noch meine Mutter, mein Vater starb am 2. August 2007. Das war ein ziemlicher Schlag, den ich immer noch nicht verkraftet habe, denn bevor ich zur Rancho Leona gekommen war, lebte ich nur die drei Jahre, in denen er schon krank war, bei ihm. Ich habe fünf Brüder, die alle auf einer Ananasplantage arbeiten, und drei verheiratete Schwestern. Meine Mutter lebt mit vier meiner Brüder zusammen. Sie ist eine wunderschöne Frau, der ich viel verdanke – und dafür liebe ich sie sehr.

Wie würdest Du Dich selbst beschreiben? Ich bin ein ziemlich entspannter Typ, ich mag natürliche, einfache Leute und beobachte gerne meine Umgebung. Ich rede auch nicht so viel, aber ich fühle, wenn es anderen schlecht geht.

Ich mag keine Menschen, die glauben, sie seien etwas Besseres. Ich hasse es auch zu sehen, wie sich Leute über Dinge streiten, die es eigentlich nicht wert sind. Am liebsten höre ich Musik, spiele Fußball und fahre Kajak, manchmal singe ich auch. Ich würde gerne Sport studieren, Tourismus, aber am liebsten Lehrer werden, denn ich mag Kinder. Ich würde auch gerne in die USA reisen und mehr über die Welt und andere Kulturen lernen.

Wie kamst Du an den Job auf der Rancho Leona? Ich habe die Ranch oft besucht, weil mich Frey [der frühere Manager] immer einlud. Wir waren Schulfreunde und verbrachten viel Zeit zusammen beim Sparring und Boxen – oft hat es mich ganz schön erwischt, ihn aber auch. Das hat ziemlich viel Spaß gemacht.

Leona [Freys Mutter] war meine Englischlehrerin an der Schule und bot mir bald an, ganz hier zu bleiben. Frey brachte mir das Kajakfahren bei. Danach arbeitete ich auch als Führer – und das ist eine tolle Erfahrung, die ich für nichts in der Welt eintauschen möchte. Ich arbeite jetzt seit anderthalb Jahren als Kajak-Guide und finde es einfach nur klasse!

NÖRDLICHES TIEFLAND

Wer selbst zum Garten fahren möchte, muss auf die Pozo-Azul-Straße fahren und dann den braunen Holzschildern bis zum Schutzgebiet folgen: Es liegt etwa 10 km weiter den Berg hinauf, ganz in der Nähe des Dorfes San Ramon.

Schlafen & Essen

LP Tipp **Rancho Leona** (☎ 2761 1019; www.rancholeo na.com; Zi. pro Pers. 12 US$; P 🖳) Der schattige Platz am Flussufer ist ein wahres Juwel: Kajakfahrer treffen sich hier, um sich über ihre Wildwasserabenteuer auszutauschen, Vogelliebhaber sitzen beim riesigen Frühstück (6 US$) zusammen und können gleichzeitig die farbenfrohe Vogelwelt beobachten. Kunstsinnige Gäste bewundern die unglaublichen Buntglaskunstwerke mit vielen Naturmotiven, die die Besitzer persönlich gefertigt haben. Die Handvoll blitzsauberer Zimmer in der Hütte mit Holzdielen haben Gemeinschaftsbäder mit Warmwasser; ein kleiner Pool lädt zu einem erfrischenden Sprung ins kalte Wasser ein. Sogar ein paar Spa-Behandlungen sind möglich. Das superfreundliche Personal bereitet familiäre Abendessen zu und nimmt Gäste zu Ausflügen in aufblasbaren Schlauchboote oder Kajaktrips mit; außerdem organisieren sie Raftingtouren.

Bar & Cabinas El Río (☎ 2761 0138; Zi. mit Ventilator/ Klimaanlage 10/15 US$; P ✖) Rund 1 km von Pozo Azul entfernt liegen am südlichen Stadtrand sieben bezaubernde Bungalows zwischen Hecken und Blumen. Sie haben Fliesenböden, saubere Bäder mit Warmwasser und TV. Etwa 100 m weiter die steilen Hügel bergab liegt unter freiem Himmel die einladende Bar El Río, sie thront auf roh beschlagenen Pfosten hoch über dem Fluss. Die große Baumhaus-Bar bietet ein sehr romantisches Ambiente, wenn nicht gerade ein vergnüglicher Karaoke-Abend veranstaltet wird. Etwas gewöhnungsbedürftig sind die Toiletten – sie sind derzeit nicht viel mehr als ein Abfluss in einer Ecke des gefliesten Bodens.

Sarapiquí Outdoor Center (☎ 2761 1123; sarapiqui outdoor@hotmail.com; Zelten/Zi. 5/25 US$; **P**) Es gibt schöne Stellplätze für die Boote und für deren Besitzer mit Blick auf den Fluss sowie Zugang zu Duschen und Bädern. Die schlichten Zimmer haben ebenfalls Blick auf den Fluss, sind aber etwas überteuert. Gäste können die Gemeinschaftsküche und die überdachte Terrasse nutzen, falls es regnet. Außer Rafting- und Kajaktouren organisieren die Besitzer auch Ausritte und geführte Wanderungen zu einem nahe gelegenen Wasserfall.

Hacienda Pozo Azul Adventure (☎ 2438 2616; www.pozoazul.com; EZ/DZ/3B-Luxuszelt 58/93/154 US$; **P** 🖥️ 🐎) Neben der Brücke über den Río Sarapiquí liegt eine Lodge, die in der ganzen Gegend die meiste Werbung macht (falls man darauf geachtet hat). Geschlafen wird in luxuriösen Zelten, die sich in den Baumwipfeln verstecken, sie stehen auf Plattformen, die auf Pfosten gesetzt wurden. Alle Schlafstätten sind mit polierten Holzböden, Luftmatratzen und Moskitonetzen ausgestattet. Wer die Wildnis liebt, kann auch die Magsasay Jungle Lodge (EZ/DZ/3B-Luxuszelte 70/112/132 US$) buchen, sie versteckt sich tief im Dschungel am Rande des Parque Nacional Braulio Carrillo. Alle Duschen an beiden Standorten haben Warmwasser. Neben Zelten und Exkursionen bietet Pozo Azul das beste Restaurant an Platze (Hauptgerichte 5–9 US$), die Gerichte werden auf einer einladenden Veranda am Flussufer serviert.

Restaurante y Cabinas Tía Rosita (☎ 2761 1032, 2761 1125; Gerichte 3–6 US$; 🍽️ Frühstück, Mittag- & Abendessen; **P**) Tía Rosita ist das empfehlenswerteste Soda in La Virgen – dank der ausgezeichneten Casados, den costa-ricanischen *chiles rellenos* (gefüllte und gebratene Paprikaschoten) sowie den leckeren *horchatas* (süßer Reisshake). Die Familie vermietet auch einige saubere, hübsche cabinas (EZ/DZ/3B 10/15/20 US$) mit eigenem Bad und Warmwasser-Dusche, TV, Ventilator und viel Platz.

Restaurant La Costa (☎ 2761 1117; Hauptgerichte 3–7 US$; 🕐 11–21 Uhr) Das Restaurant liegt am östlichen Stadtrand und wird von drei jungen chinesischen Geschwistern betrieben, deren Spezialität – kein Wunder – chinesische Fischgerichte sind. Die Portionen sind sehr

ordentlich, also genau der richtige Ort, um seinen Heißhunger auf Nudeln zu stillen.

Restaurant Mar y Tierra (☎ 2761 1603; Hauptgerichte 4–9 US$) Das beliebteste, gehobene (dennoch recht lässige) Restaurant von La Virgen serviert einfache Fisch und Steakgerichte, die bei Einheimischen und Besuchern sehr beliebt sind. Die Spezialität sind Shrimps – und die sind einmalig gut!

An- & Weiterreise

La Virgen liegt an der Carretera 126, etwa 8 km von San Miguel im Süden und 17 km von Puerto Viejo de Sarapiquí im Nordosten entfernt. Busse, die fahrplanmäßig in La Virgen halten, fahren entweder in San José, San Miguel oder Puerto Viejo de Sarapiquí ab. Wer selber hierher fährt, muss eine kurvenreiche, aber asphaltierte Straße zwischen San José und Puerto Viejo de Sarapiquí meistern: Wegen der vielen unvorhersehbaren Straßenarbeiten eine ziemlich holperige Fahrt.

VON LA VIRGEN NACH PUERTO VIEJO DE SARAPIQUÍ

An diesem landschaftlich reizvollen Stück des Highway 4 liegen einige hübsche Ökolodges, die bei gut betuchten Touristen sehr beliebt sind. Doch auch Reisende, die jeden Morgen ihre paar Colones umdrehen und zusammenkratzen müssen, um sich ein Frühstück im Supermarkt von Palí zu kaufen, brauchen nicht auf die angebotenen Attraktionen verzichten. Gegen eine kleine Gebühr stehen diese auch Nicht-Gästen offen.

Jeder Bus zwischen La Virgen und Puerto Viejo de Sarapiquí setzt Passagiere an den diversen Eingängen zu den Lodges ab; ein Taxi ab La Virgen (oder Puerto Viejo) kostet zwischen 4 US$ und 6 US$.

Centro Neotrópico Sarapiquís & Reserva Biológica Tirimbina

Etwa 2 km nördlich von La Virgen befindet sich das **Centro Neotrópico Sarapiquís** (☎ 2761 1004; www.sarapiquis.org; DZ/3B 99/124 US$; **P** 🍽️ 🖥️ ❌), eine einzigartige Ökolodge, die sich das Konzept des sanften Tourismus auf die Fahnen geschrieben hat. Ihr Ziel ist es, die Gäste über Umweltschutz aufzuklären sie mit der präkolumbischen Geschichte und Kultur des Landes vertraut zu machen. Der gesamte Komplex besteht aus strohgedeckten Häusern im *Palenque*-Stil, die einem präkolumbischen Dorf des 15. Jhs. nachgebildet sind. Den Gäs-

AUF DEM FLUSS NACH NICARAGUA   Rob Rachowiecki

Die Fahrt vom Río Sarapiquí zum Río San Juan ist etwas, das im Gedächtnis haften bleibt. Bei niedrigem Wasser säumen Dutzende von Krokodilen die Ufer. Bei Hochwasser klettern Schildkröten auf Baumstämme, um ein paar Sonnenstrahlen zu erhaschen. Es gibt unzählige Vögel. Nördlich von Puerto Viejo erstrecken sich ausgedehnte Viehweiden mit nur wenigen Bäumen, doch je näher die nicaraguanische Grenze kommt, desto häufiger sind kleine Waldstücke. Auf den Bäumen sitzen Affen und Leguane, manchmal hängt auch eine Schlange von einem Ast.

Bei meiner Fahrt stellte der Bootsführer plötzlich den Motor ab, sodass ich mich umdrehte, um zu sehen, was los war. Er grinste und rief etwas – aber erst als er die Nase des Einbaums sanft ins Ufer gebohrt hatte, erkannte ich, dass im Baum über mir ein Faultier langsam seinen Kopf hob. Wie der Bootsführer das grünlich-braune Etwas auf dem Ast bemerkte (die grüne Farbe kommt von den Algen, die wegen der Langsamkeit des Tieres in seinem Fell wachsen) und als Faultier erkannte, bleibt eines der vielen Geheimnisse, denen man sich auf einer Fahrt mit einem *campesino* immer wieder konfrontiert sieht.

Wir fuhren weiter bis zum Zusammenfluss von Sarapiquí und San Juan, wo wir anhielten um einen alten Indio zu besuchen, einen Fischer namens Leandro. Er behauptete 80 Jahre alt zu sein, doch er besaß die Vitalität eines halb so alten Mannes. Aus der prall gefüllten, aus Gras geflochtenen Tasche auf dem Boden seines zerbrechlichen Einbaums verkaufte uns Leandro Flussgarnelen als delikate Beilage zum Abendessen.

Offizielle Grenze zwischen Nicaragua und Costa Rica ist das Südufer des San Juan, nicht die Mitte des Flusses, sodass man bei einer Fahrt auf dem San Juan praktisch in Nicaragua reist. Die Flussverbindung ist seit jeher ein wichtiger Weg von der Karibik ins Herz Mittelamerikas. Heute liegt sie abseits der Haupttouristenpfade und zeigt dem Reisenden eine Kombination aus Regenwald und Ranches, Natur und alten Kriegsschauplätzen, abgeholzten Bereichen und Schutzgebieten.

ten stehen einige luxuriöse, mit Holzfußböden ausgestattete Gästezimmer zur Verfügung, die jeweils ein großes, solarbeheiztes Bad und eine eigene Terrasse haben.

Dass sich die Gäste so sehr für diese Ökolodge begeistern, liegt allerdings an den gut gemachten Ausstellungen und den zahlreichen Attraktionen auf dem Gelände.

Auch wer nicht in der Lodge übernachtet, sollte dort einen Stopp einlegen, um die Hauptattraktionen zu besuchen: Dazu gehören der **Archäologischer Park Alma Ata**, das **Rainforest Museum of Indigenous Cultures** und der **Botanische Garten Sarapiquís** (Erw./Kind unter 8 J., 19 US$/frei; ◷ 9–17 Uhr). Der Eintrittspreis gilt für alle drei Einrichtungen, man kann aber auch jeweils Einzeltickets kaufen. Die Funde der archäologischen Stätte sollen etwa 600 Jahre alt sein und werden den Maleku zugeschrieben (s. Kasten S. 552). Zuletzt gruben die costa-ricanischen Archäologen rund 70 kleine Steinskulpturen aus, die zu einem Gräberfeld gehören, außerdem einige Petroglyphen (Felszeichnungen) und Keramikstücke. Auch wenn sich die Ausgrabungsstätte an Größe und Umfang nicht mit anderen archäologischen Fundorten Mittelamerikas messen kann, so ist sie doch einer der wenigen Orte in Costa Rica, wo Besucher eine gute Vorstellung von längst erloschener präkolumbischer Kultur bekommen.

Das Museum dokumentiert die Geschichte des Regenwalds (und des menschlichen Eingreifens in die Natur) in einer Mischung aus Ausstellungsstücken und Videos; es zeigt außerdem Hunderte von indianischen Artefakten aus Costa Rica, darunter einige hervorragend gefertigte Musikinstrumente. Und dann wäre da noch der Botanische Garten Sarapiquís, der die größte wissenschaftliche Heilpflanzensammlung des ganzen Landes birgt.

Ein **Restaurant** (Hauptgerichte 7–20 US$; ◷ Frühstück, Mittag- & Abendessen) auf dem Gelände serviert Gerichte, für deren Zubereitung Früchte, Gemüse, Gewürze und als Krönung essbare Blüten aus der Indioküche verwendet werden. Ein Großteil der Zutaten wächst auf dem Gelände.

Als ob das alles noch nicht spektakulär genug wäre, können die Besucher außerdem die **Reserva Biológica Tirimbina** (☎ 2761 1579; www.tirimbina.org; Zi. mit Frühstück 55 US$) – ein 300 ha großes, privates Schutzgebiet – besuchen. Den Zugang ermöglichen zwei Hängebrücken (267 bzw. 111 m lang) über den Río Sarapiquí. Auf halbem Wege führt eine Wendeltreppe zu einer Insel im Fluss. Das Schutzgebiete erschließen insgesamt 6 km lange Wege, einige davon sind gepflastert oder mit Holzbohlen beplankt. Wer möchte, kann an einer geführten Tour (14–20 US$) teilnehmen, auf der Vögel und Fledermäuse beobachtet werden. Beliebt ist auch die (empfehlenswerte) „Schokoladentour", bei der die Arbeit einer Kakaoplantage, also das Ernten, Fermentieren und Trocknen der Früchte gezeigt werden. Nach Studentenermäßigungen fragen. Tirimbina ist auch direkt über die Straße erreichbar, es liegt etwa 7 km nördlich von La Virgen.

La Quinta de Sarapiquí Lodge

Etwa 5 km nördlich von La Virgen liegt diese hübsche **Lodge** (☎ 2761 1052; www.laquintasa rapiqui.com; Zi. mit Ventilator/Klimaanlage 87/93 US$; ✖ Ⓟ 🐾 ♿), ein Familienbetrieb an den Ufern des Río Sardinal, der weiter nördlich in den Sarapiquí mündet und bis dahin westlich von ihm verläuft. Überdachte Wandelgänge führen von der Lodge durch den Wald zu den strohgedeckten Gästebungalows mit Hängematten, eigener Terrasse, Deckenventilator und warmen Duschen. Die Besitzerin Beatriz Gámez engagiert sich in örtlichen Umweltschutzprojekten und hilft bei der Verwaltung der Cámara de Turismo de Sarapiquí (Cantusa), die Umweltschutz und Tourismus in der Region in Einklang bringen will. Aktivurlauber können im schönen Pool oder im Fluss (in der Nähe der Lodge findet man eine gute Einstiegsstelle) schwimmen, außerdem reiten, angeln, an einer Bootsfahrt teilnehmen, Mountainbiken oder Vögel beobachten.

Ein sehr schöner Zeitvertreib ist ein Besuch des großen **Schmetterlingsgartens** oder eine Wanderung über den „Froschland-Pfad", wo sich häufig Pfeilgiftfrösche sehen lassen. Angeln und Reiten sind für Gäste der Lodge kostenlos. Das hübsche Restaurant unter freiem Himmel bietet gutes Essen (Hauptgerichte 8–13 US$).

La Galleria (Eintritt 8,50 US$, für Lodgegäste frei), eine kleine Ausstellung auf dem Hotelgelände, zeigt eine umfassende Sammlung einheimischer Insekten, darunter Arten wie die *la machaca*, ein bizarr aussehendes, etwa 7,5 cm langes Insekt, das auch als Laternenträger-Zikade bekannt ist.

Noch interessanter sind die Ausstellungsstücke zur costa-ricanischen Geschichte, darunter einige sehenswerte Kopien bedeutender archäologischer Funde der Region. Die Expo-

nate, die die spanische Kolonialzeit dokumentieren, sind fast noch beeindruckender, darunter befinden sich nicht nur von den Besitzern gesammelte Antiquitäten, sondern auch Familienerbstücke – die Großmutter von Gámez führte einen Briefwechsel mit dem berühmten nicaraguanischen Dichter Rubén Darío. Die Eintrittskarte gilt gleichzeitig auch für den Zugang zu den privaten Wegen und dem durchaus sehenswerten Schmetterlingsgarten der Lodge.

Selva Verde Lodge

In Chilamate, etwa 7 km westlich von Puerto Viejo, entstand aus einer früheren Finca diese **Lodge** (☎ 2766 6800; www.selvaverde.com; EZ/DZ inkl. Mahlzeiten 81/98 US$; ✖ Ⓟ 🐾), die über 200 ha Regenwald schützt. Die Gäste haben die Wahl zwischen der Lodge am Fluss, die auf einer hölzernen Plattform über dem Regenwald thront, und den Bungalows, die verstreut im Regenwald liegen. Die rustikalen Zimmer mit Holzfußboden bieten eine Warmwasserdusche, eine tolle Aussicht durch ein Fenster mit Insektengitter und natürlich für jeden eine eigene Hängematte.

Die Lodge arbeitet eng mit einem US-Veranstalter für Seniorenreisen zusammen: **Elderhostel** (www.elderhostel.org). Sie organisiert Vorträge, geführte Touren und andere interessante Freizeitaktivitäten. An vielen können auch Nicht-Gäste teilnehmen.

Auf dem Gelände wurden mehrere Kilometer Pfade angelegt, sie erschließen den tropischen Regenwald am Fuß der Berge. Die Lodge bietet denjenigen, die auf eigene Faust losziehen wollen, eine Karte mit dem lodgeeigenen Wegenetz an; alternativ kann man einen zweisprachigen Führer in der Lodge buchen (15 US$/Pers., 3 Std.). Interessant sind auch der Heilpflanzengarten und der **Schmetterlingsgarten** (Eintritt 5 US$, für Lodgegäste frei). Auf Rafting-Touren und geführten Kanutouren lässt sich der Río Sarapiquí erkunden; auch Ausritte mit lokalen Guides (2–3 Std., 25 US$) können arrangiert werden.

Die Familie Holbrook, der die Lodge gehört, finanziert auch das nicht-kommerzielle **Sarapiquí Conservation Learning Center** (www. learningcentercostarica.org). Bei einem Besuch kann man an interkulturellen Aktivitäten teilnehmen, sei es an einer *charla* (Plauderstündchen bei einem Kaffee), dem Besuch bei Einheimischen zu Hause oder einem Salsa-Unterricht. Das Zentrum arbeitet auch mit

Schülergruppen zusammen und fungiert so als Informationszentrum für die Bereiche Umweltschutz und Umweltbildung.

PUERTO VIEJO DE SARAPIQUÍ & UMGEBUNG

Am Zusammenfluss von Río Puerto Viejo und Río Sarapiquí gelegen, war Puerto Viejo de Sarapiquí einst der wichtigste Hafen Costa Ricas. Schiffe, voll beladen mit Bananen, Kaffee und anderen Exportgütern, befuhren den Rio Sarapiquí bis zur nicaraguanischen Grenze, wendeten sich dann nach Osten, um auf dem Río San Juan zum Meer zu gelangen. Heute ist Puerto Viejo (der volle Name unterscheidet es von Puerto Viejo de Talamanca an der Karibikküste) nur noch eine Stadt am Rande des Dschungels – und ein bisschen heruntergekommen. Die Umgebung bietet jedoch allerhand Möglichkeiten: vom Vögel beobachten über Boot fahren und Rafting bis hin zur Erkundung des Regenwaldes.

Die *migración* liegt neben dem kleinen hölzernen Anleger und wird von so manchen nicaraguanischen Besuchern gemieden, die sich den Fluss mit den einheimischen Fischern und den Hobbyornithologen teilen. Abenteuerlustige können den Sarapiquí in motorisierten Einbäumen befahren.

In der Region gibt es keine ausgesprochene Trockenzeit, nur von Januar bis Anfang Mai ist es etwas weniger nass. Vorteil: Bei Regen fliegen weniger Moskitos.

Die **Banco Popular** (☎ 2766 6815) bietet einen Geldautomaten und wechselt auch Geld. Am westlichen Stadtrand liegt das **Internet Sarapiquí** (☎ 2766 6223; Std. 2 US$; ☀ 8–22 Uhr) und an der Hauptstraße **Souvenir Río Sarapiquí** (☎ 2766 6727), in dem man Informationen zu verschiedenen Ausflügen und Betätigungen (Vogelbeobachtung, Kajakfahrten, Wildwasserrafting und Baumkronentouren) erhält.

Aktivitäten

Viele Aktivitäten der Besucher dieser Region drehen sich um Natur und Naturschutz. Der einheimische Führer Alex Martínez, Besitzer der Posada Andrea Cristina B&B, unterhält ein **Ökotourismus-Zentrum** (☎ 2766 6265; ☀ 8 bis 15 Uhr), dessen Schwerpunkte der Umweltschutz und Naturexkursionen (vor allem **Vogelbeobachtungen**) sind. Er arrangiert auch Weiterfahrten und hilft bei der Unterkunftssuche, außerdem informiert er über lohnenswerte Freiwilligenarbeit in der Region.

Wer eine Rafting- oder Kajaktour unternehmen möchte, findet gegenüber der Bank eine Filiale von **Aguas Bravas** (☎ 2292 2072; www.aguas-bravas.co.cr). Interessenten können sich auch an **Costa Rica Fun Adventures** (☎ 2290 6015; www.crfunadventures.com), wenden, das 2 km nördlich der Stadt liegt. Hier gibt es ein gutes Angebot an Touren zu Fuß und zu Pferd.

Die Fahrt von Puerto Viejo zur Trinidad Lodge (S. 566) am Zusammenfluss des Río Sarapiquí mit dem Río San Juan bietet gute Chancen, Krokodile, Faultiere, Vögel, Affen und Leguane zu beobachten, die sich am schlammigen Flussufer sonnen oder durch die Baumwipfel toben. Das Flusssystem war früher ein wichtiges Tor zur Karibik im Herzen Mittelamerikas und wird immer noch wenig besucht: Somit bietet es auch heute noch einen relativ authentischen Eindruck vom Regenwald, vom Alltag der Farmen, der Tierwelt und alten Kriegsschauplätzen. Hier stößt man auf faszinierende Naturschutzgebiete, aber auch auf gerodete Waldgebiete, die heute als Weideland genutzt werden.

Schlafen

Dieser Teil des Regenwalds bietet eine große Vielfalt an Unterkünften – das Angebot reicht von eher billigen Etagenbetten in der Stadt (die vor allem einheimische Plantagenarbeiter mieten) bis hin zu verschiedenen, ausgefallenen Lodges am Ortsrand, die exklusivsten liegen an der Straße nach La Virgen. Weitere Lodges finden sich im Gebiet nördlich von Puerto Viejo, darunter eine in der Flussstadt Trinidad an der Grenze zu Nicaragua.

BUDGETUNTERKÜNFTE

Trinidad Lodge (☎ 2213 0661, 8381 0621; Zi. pro Pers. 10 US$) Die preiswerte Lodge am Río San Juan in der Gemeinde Trinidad liegt direkt gegenüber dem Grenzübergang nach Nicaragua und ist so ziemlich die einzige Unterkunft im Ort. Zwar sind die Bungalows mit ihren Bambuswänden eher schlicht, dafür aber wirklich hübsch gestaltet und sehr sauber. Jeder hat ein eigenes Bad mit Kaltwasser. Wenn der Generator nachts abgeschaltet wird, sorgen Kerzen für Licht und Stimmung. Im Rancho werden Gerichte für 4–8 US$ serviert, auch ein Billardtisch ist vorhanden. Die Lodge ist nur per Boot erreichbar (10 US$), das einmal täglich um 14 Uhr vom Hauptanleger in Puerto Viejo de Sarapiquí (35 km entfernt) ablegt. in Trinidad fährt das Motorboot täglich in der

NÖRDLICHES TIEFLAND

Morgendämmerung um 5 Uhr (gähn!) ab. Angesichts dieses Bootsfahrplans sollte man am besten zwei volle Nächte einplanen, um auch das ganze Angebot wie Wandern, Ausritte oder Bootsausflüge durch diese üppiggrüne abgelegene Dschungelwildnis wirklich genießen zu können.

Mi Lindo Sarapiquí (☎ 2766 6281; EZ/DZ 18/30 US$; ✖ 🖥 🅿) Das beste Budgethotel der Stadt liegt an der Südseite des Fußballplatzes. Die Zimmer sind einfach, aber groß und sauber und bieten Warmwasserduschen und einen Ventilator. Das hoteleigene Restaurant (Hauptgerichte 3–10 US$, 10–22 Uhr) ist zwar etwa teuer, serviert aber einige der frischesten Fischgerichte und Meeresfrüchte der Stadt.

MITTELKLASSEHOTELS

Los Cuajipales (☎ 2283 9797, 2766 6608; Zelten pro Pers. 10 US$, Zi. pro Pers. 20–30 US$; 🅿 🛏) Eine recht ordentliche Schotterstraße führt zu dem 3 km nördlich der Stadt liegenden rustikalen Hotel, in dem vor allem costa-ricanische Touristen übernachten. Die bequemen, strohgedeckten Cabinas bieten Platz für bis zu fünf Gästen. Sie wurden nach den Bautechniken der Huetar-Indianer errichtet und bleiben deshalb auf natürliche Art kühl. Weniger authentisch sind der Kabelfernsehan und die hütteneigenen Kaltwasserduschen. Alle Zimmerpreise beinhalten Mahlzeiten im elegant-lässigen Restaurant und den Zugang zum ausgefallenen Pool, zu Tischtennisplatten und Billardtischen. Das Hotel besitzt 4 km eigene Waldpfade und reine Tilapia-Teich.

Posada Andrea Cristina B&B (☎ 2766 6265; www.andreacristina.com; EZ/DZ/3B/4B mit Frühstück 25/45/55/65 US$; 🅿) Etwa 1 km westlich vom Ortszentrum liegt dieses empfehlenswerte B&B mit acht ruhigen, perfekten Hütten, die jeweils mit Ventilator, eigenem Bad mit Warmwasser, Hängematte und Tischen und Stühlen im Freien ausgestattet sind. Die Unterkunft liegt am Rand des Regenwaldes, sodass man schon beim Frühstück (20 US$ extra) draußen sitzen und die Vögel beobachten kann. Der Eigentümer, Alex Martínez, glänzt als kompetenter, charmanter Führer ebenso wie als leidenschaftlicher Umweltschützer. Er kam vor 30 Jahren als enthusiastischer, junger Jäger in die Gegend, erforschte den damals unberührten Wald, wurde aber schließlich Zeuge, wie rasch der Mensch den Regenwald zerstörte. Aus dem begeisterten Jäger wurde ein ehrenamtlichen Wildhüter, dem jedes Fußballspiel am

Wochenende egal ist, wenn es gilt, Wilderer auf dem Fluss zu verfolgen. Er ist Mitbegründer der Asociacíon para el Bienestar Ambiental de Sarapiquí (ABAS), einer lokalen Umweltschutzorganisation, die sich auch um Umweltbildung bemüht. Alex, der ausgezeichnet Englisch spricht, unterhält außerdem ein Ökotourismus-Zentrum (S. 566) und hält jede Menge Infos zu Umweltthemen bereit. Zu seinen jüngsten Projekten gehören die Registrierung von Nistplätzen der Großen Soldatenaras sowie der Kauf von alten Almendros (Baum des Lebens; er kann bis zu 300 Jahre alt werden, 50 m hoch wachsen und 15 m Stammumfang haben), in denen die Aras gerne nisten. Die Besitzer der riesigen Lebensbäume verpflichten sich im Gegenzug, die Bäume niemals zu fällen.

Hotel Ara Ambigua (☎ 2766 7101; www.hotelaraambigua.com; EZ/DZ/3B mit Frühstück ab 45/55/75 US$; ✖ 🖥 🅿 🛏) Etwa 1 km westlich von Puerto Viejo bei La Guaíra bietet dieses ländliche Anwesen gemütliche und gut ausgestattete Zimmer mit Warmwasserduschen und Kabel-TV. Es lohnt sich aber, 10 US$ zusätzlich für einen der Bungalows zu investieren – sie sind mit Holzmöbeln und gefliese Steinfußböden ausgestattet. Die Hauptattraktion sind jedoch die Natur und ihre Bewohner – vom Pfeilgiftfrosch in *ranario* (Froschteich) über den Kaiman in einem kleinen See bis hin zu den gelegentlich auftauchenden Großen Soldatenaras, die zum Fressen in der Nähe des Restaurante La Casona (Frühstück, Mittag- und Abendessen) vorbeischauen.

Hotel El Bambú (☎ 2766 6005; www.elbambu.com; Standard-/Deluxe-Zi. mit Frühstück 58/76 US$; 🅿 ✖ 🛏) Das Hinweisschild auf die schönste Unterkunft von Puerto Viejo lässt sich wirklich nicht übersehen. Hier übernachten zumeist Pauschaltouristen, die einen sauberen, bequemen Stützpunkt wünschen, wenn sie von ihrer „Abenteuer-Tour" zurückkehren. Alle Zimmer verfügen über Klimaanlage und Warmwasser, es gibt einen großen Pool und ein beliebtes, zur Hauptstraße hin offen liegendes Restaurant. Wer es sich leisten kann, sollte eines der ruhigeren Deluxe-Zimmer buchen, die über Stelzenwege durch die Bäume zugänglich sind.

El Gavilán (☎ 2766 6743; www.gavilanlodge.com; DZ mit/ohne Frühstück 58/64 US$; 🅿) Die ehemalige Rinderfarm liegt inmitten eines 100 ha großen Schutzgebietes 4 km nordöstlich von Puerto Viejo und ist ein gemütliches und malerisches Paradies für Vogelliebhaber. Alle geräumigen Hütten haben Warmwasserduschen, Ventilator und eine Veranda, auf der man das farbenprächtige Leben in den herrlichen Gärten beobachten kann. Einige Hütten liegen mit Blick auf den Fluss. Über das Gelände führen 5 km Privatwege, es gibt ein gutes Restaurant und einen Outdoor-Whirlpool zum Entspannen nach einer langen Wanderung. Zwar halten die Unterkünfte nicht so ganz, was sie dem Preis nach bieten sollten, aber die Vogelbeobachtungstouren und die Bootsausfahrten sind wirklich empfehlenswert. Das Angebot reicht von kurzen Abstechern auf dem Río Sarapiquí bis zu längeren Touren mit Übernachtung in Tortuguero.

El Gavilán bietet Pauschalangebote, die Mahlzeiten, Ausflüge und die Anreise von San José einschließen. Ein Taxi oder Boot ab Puerto Viejo kostet 5 US$; 23 km vor der Stadt befindet sich an der Abzweigung von der Carretera 4 ein Wegweiser.

Essen

Die meisten Lodges in und rund um Puerto Viejo bieten ein eigenes Restaurant oder Mahlzeiten.

Natürlich gibt es in Puerto Viejo de Sarapiquí verschiedene Sodas, darunter die ausgezeichnete **Soda Judith** (Hauptgerichte 2–4 US$; ☺ 6–19 Uhr), die einen Straßenblock von der Hauptstraße entfernt liegt. Hier können Frühaufsteher eine Tasse frisch gebrühten Kaffee und ein riesiges Frühstück oder eine *empanada* genießen und starten dann gestärkt in den Tag. Das **Restaurante La Casona** (Gerichte 4–10 US$; ☺ Frühstück, Mittag- & Abendessen) im Hotel Ara Ambigua ist vor allem wegen seiner frisch hausgemachten, landestypischen Küche bekannt, die in einem Rancho unter freiem Himmel serviert wird.

Der **Palí-Supermarkt** (☺ 8–21 Uhr) am westlichen Stadtrand und der lokale Super Sarapiquí auf dem Weg zum Hafen bieten weitere Einkaufsmöglichkeiten.

An- & Weiterreise

Puerto Viejo de Sarapiquí war schon ein wichtiger Verkehrsknotenpunkt, als Costa Rica als Staat noch gar nicht existierte. Der Ort ist dank der asphaltierten Hauptstraßen leicht von San José, der Karibikküste und anderen beliebten Urlaubszentren erreichbar. Gegenüber vom Busbahnhof liegt ein Taxistand; die Taxifahrer bringen ihre Fahrgäste für 4 bis

7 US$ zu den nahe gelegenen Lodges und zur Estación Biológica La Selva.

BUS

Direkt gegenüber vom Park werden im **Busbahnhof** (☎ 2233 4242; ☺ 5–19 Uhr) nicht nur Busfahrkarten verkauft, sonder auch Gepäckstücke aufbewahrt (Stück 1,50 US$).

Ciudad Quesada/San Carlos via La Virgen (Empresarios Guapileños) 1,75 US$, 3 Std., tgl., Abfahrten: 5.30, 8.30, 10.30, 12.15, 14.30, 16, 18 & 19.10 Uhr.

Guápiles (Empresarios Guapileños) 1,40 US$, 1 Std., Abfahrten: 5.30, 6.45, 7.10, 9.40, 10.30, 12.10, 14.30, 15.45, 16.45 & 19 Uhr.

San José (Autotransportes Sarapiquí) 2,90 US$, 2 Std., Abfahrten: 6.30, 7.30, 10, 11.30, 13.30, 14.30, 15.30, 16.30 & 18 Uhr.

SCHIFF

Am kleinen Hafen startet regelmäßig ein Boot zur Trinidad Lodge in Trinidad. Wer andere Ziele am Fluss ansteuern möchte, kann sich an die privaten Bootsführer wenden, die gerne eine Tour arrangieren (wenn die jahreszeitlichen Bedingungen es zulassen). Kurze Touren kosten für eine Viergruppe etwa 10 US$ pro Stunde und Person oder 20 US$ pro Stunde bei einem einzelnen Reisenden. Für längere Ausflüge, etwa nach Tortuguero oder Barra del Colorado und zurück, zahlen Passagiere etwa 350 US$ für ein Boot mit fünf Personen.

SÜDLICH VON PUERTO VIEJO DE SARAPIQUÍ

Südlich von Puerto Viejo de Sarapiquí säumen Fincas und Bananenplantagen die Carretera 4 und erstrecken sich bis zu den Marschen und Mangroven an der Karibikküste. Im Westen markieren die zerklüfteten Hügel der Cordillera Central die nordöstliche Grenze des Parque Nacional Braulio Carrillo.

Die meisten Reisenden auf dieser landschaftlich reizvollen Straße fahren entweder weiter zur Karibikküste oder in das beliebte Valle Central mit San José. Dennoch lohnen sich Ihr Abstecher, wie etwa zum Forschungszentrum Estación Biológica La Selva, dem hervorragenden botanischen Garten Heliconia Island oder zur Lodge Rara Avis. Sie ist sicher eine der am einsamsten gelegenen Unterkünfte in ganz Costa Rica.

Die recht bequeme Fahrt über die 12 km lange, asphaltierte Straße von Puerto Viejo de Sarapiquí führt in das Dorf Horquetas, von hier aus erreicht man über Nebenstrecken auch Heliconia Island und Rara Avis. Von Horquetas sind es weitere 15 km bis zur Carretera 32, die San José mit der Karibikküste verbindet und dabei auf dem Weg nach San José quer durch den Parque Nacional Braulio Carrillo verläuft.

ESTACIÓN BIOLÓGICA LA SELVA

Nicht zu verwechseln mit der Selva Verde Lodge in Chilamate, ist die **Estación Biológica La Selva** (☎ 2524 0629, 2766 6565; www.ots.ac.cr; EZ/DZ US$88/164; Ⓟ) eine biologische Forschungsstation, die mit Labors, Versuchsanbauflächen, einem Herbarium und einer umfangreichen Bibliothek ausgestattet ist. An den meisten Tagen wimmelt die Station von Wissenschaftlern und Studenten, die im nahe gelegenen, privaten Schutzgebiet forschen und in der Station übernachten. Generell ist die Station für Wissenschaftler gedacht, doch La Selva empfängt auch zahlende Besucher: Am besten vorher anrufen und eine Unterkunft reservieren. Die Zimmer sind einfach und preiswert, der Übernachtungspreis schließt die Mahlzeiten und geführten Wanderungen mit ein.

La Selva wird von der **Organization for Tropical Studies** (OTS; ☎ 2524 0607; www.ots.ac.cr), betrieben, einem Konsortium, das 1963 mit dem Ziel gegründet wurde, das Wissen und die Forschung über und den sinnvollen Umgang mit den natürlichen Ressourcen voranzutreiben. Viele bekannte Tropenwissenschaftler absolvierten ihre Ausbildung hier.

Zweimal im Jahr bietet OTS einen anstrengenden Acht-Wochen-Kurs an, der sich vor allem an Doktoranden ökologischer Fächer richtet. Daneben werden aber auch Kurse und Exkursionen angeboten, für die sich jeder Interessierte bewerben kann.

Das von La Selva geschützte Gebiet umfasst 1614 ha feuchten Regenwald, der sich am Fuße der Berge entlang zieht. Ein großer Teil davon ist noch weitgehend unberührt. Im Süden grenzt der 476 km² große **Parque Nacional Braulio Carrillo** (S. 156) an La Selva; dadurch entsteht ein zusammenhängendes Schutzgebiet von enormer Größe, das eine unglaublich artenreiche und vielfältige Tier- und Pflanzenwelt schützt. Über 445 Vogelarten wurden in La Selva registriert: 120 Säugetier- und 1850 Pflanzenarten (vor allem aus den Familien der Orchideen, Aronstab- und Kaffeegewächse sowie Leguminosen) und Tausende Insektenarten.

Wandern

Für die geführten Wanderungen (Tag Erw./Kind 36/26 US$; halber Tag Erw./Kind 28/20 US$; tgl. 8 und 13.30 Uhr) mit zweisprachigen Naturführern ist eine Reservierung erforderlich. Man muss dabei eine Hängebrücke überqueren und geht auf gut ausgebauten Dschungelpfaden (insgesamt sind sie 57 km lang). Einige von ihnen sind sogar rollstuhlgerecht ausgebaut wurden. Wanderungen auf eigene Faust sind verboten, allerdings kann man die Gegend nach einer offiziellen Wanderung noch ein wenig alleine erkunden. Für die beliebten Vogelbeobachtungen (5.45 und 19 Uhr) empfiehlt sich je nach Nachfrage eine Reservierung. Die Einnahmen aus den Wanderungen kommen der Finanzierung der Forschungsstation zugute.

Egal, wann man nach La Selva kommt – es regnet mit ziemlicher Wahrscheinlichkeit. Regenkleidung und schlamm- bzw. wasserfeste Schuhe sollten deshalb nicht im Gepäck fehlen. Auch an ein Insektenschutzmittel und eine Wasserflasche oder Thermoskanne sollte jeder Besucher denken.

Ganz zähe Wanderer können von La Selva zur südlichsten Rangerstation im Parque Nacional Braulio Carrillo wandern. Weitere Informationen über Wandern in Nationalpark Braulio Carrillo s. S. 157.

An- & Weiterreise

Öffentliche Busse, die zwischen Puerto Viejo und Río Frío/Horquetas verkehren, setzen Fahrgäste 1 km entfernt vom Eingang nach La Selva ab. Von Puerto Viejo sind es 4 km zur Forschungsstation, die Fahrt mit dem Taxi kostet 4–6 US$.

OTS unterhält Busverbindungen (10 US$) ab San José (nur Mo). Sobald man seinen Besuch in der Forschungsstation angemeldet hat, sollte auch das Busticket reserviert werden. Studenten und Wissenschaftler haben generell ein Vorrecht auf die Busplätze.

SUEÑO AZUL RESORT

Vor allem Yogagruppen mieten sich im **Sueño Azul** (☎ 2764 1000; www.suenoazulresort.com; EZ/DZ/3B 94/114/135 US$; Ⓟ ⓧ ⓡ) ein. Das recht gediegene Hotelresort liegt auf einem Hügel in einem privaten Stück Regenwald. Einzelreisende, die ihre Yogakenntnisse vertiefen wollen, werden den Reiz dieses friedlichen Hotels zu schätzen wissen. Besonders schön sind die stillen Bambus-Plattformen, auf denen jeder Yoga praktizieren kann, wenn sie nicht gerade von einer Gruppe belegt sind. Die geräumigen, hellen Zimmer haben Warmwasserduschen und sind mit Bambusmöbeln eingerichtet. Wander- und Reitwege führen durch den Wald zu Wasserfällen.

HELICONIA ISLAND

Die selbst ernannte „Insel der Gelassenheit" ist ganz sicher der schönste Landschaftsgarten Costa Ricas. **Heliconia Island** (☎ 2764 5220; www. heliconiaisland.com; EZ/DZ mit Frühstück 55/70 US$, DZ mit Klimaanlage 80 US$; P ⋈) ist ein Meisterwerk der Landschaftsarchitektur: Die Anlage wurde 1992 vom New Yorker Tim Ryan, einem ehemaligen Kunst- und Designprofessor, ins Leben gerufen. Heute gehört das 2 ha große Gelände dem holländischen Ehepaar Henk und Carolien; es bietet über 80 Helikonienarten sowie zahlreichen anderen tropischen Pflanzen Schutz; außerdem leben 228 Vogelarten (nur Kolibris bestäuben die Helikonien) auf dem Gelände. Vier Brüllaffen, drei Flussotter und einige Hunde, die die Gäste freundlich begrüßen, gehören ebenfalls zum Inventar von Heliconia Island.

Henk und Carolien führen ihre Gäste persönlich durch das Gelände und zeigen dabei auch eine Reihe sehenswerter Pflanzen, wie etwa die *Ravenala madagascariensis*, der sogenannte „Baum der Reisenden", seltene Mischformen der Helikonien, die nur hier wachsen, sowie den *Phenakospermum guyannense*, einen einzigartigen Blütenbaum, der in Guyana beheimatet ist. Der Eintritt (selbst geführte/geführte Touren 10/15 US$) wird Gästen, die hier übernachten, erlassen: Man kann in blitzsauberen Stelzenhütten übernachten, die Steinfußböden, Warmwasserduschen und luftige Balkone bieten.

Heliconia Island liegt rund 5 km nördlich von Horquetas, Schilder an der Straße weisen den Weg zum Eingang. Dort wird das Auto geparkt, dann geht es über eine Metallbrücke auf die Insel und nach links zu den Gärten.

RARA AVIS

Noch abgeschiedener geht es nicht: Zu diesem **privaten Schutzgebiet** (☎ 2764 3131; www.rara-avis. com; P), das 1335 ha tropischen Regenwald umfasst, kommen nur Gäste, die bereit sind,

eine dreistündige Traktorfahrt über einen steilen Berg auf sich zu nehmen.

Amos Bien, ein Amerikaner, der 1977 als Biologiestudent nach Costa Rica kam, gründete Rara Avis. Amos hat sich dem Umweltschutz verschrieben.

Das privat geführte Naturschutzgebiet grenzt direkt an den Ostrand des Parque Nacional Braulio Carrillo und eignet sich wunderbar zur **Vogelbeobachtung**, bisher wurden 350 Arten gesichtet; an Säugetieren zeigen sich oft Affen, Nasenbären, Ameisenbären und Pakas. Besucher können das Wegenetz allein oder auch auf geführten Touren begehen, die im Preis der Lodge inbegriffen sind. Sehr beliebt ist die kurze Strecke von der Lodge zu **La Catarata**, einem 55 m hohen Wasserfall, der sich sehr eindrucksvoll seinen Weg durch den Wald bahnt.

Die Unterkünfte sind hübsch, aber rustikal – die meisten haben nicht einmal Strom, allerdings bleiben die Kerosinlampen und der Sternenhimmel unvergesslich. Die Zimmerpreise, die sowohl alle Mahlzeiten, als auch den Transport und die geführten Wanderungen umfassen, scheinen hoch, angesichts der Abgelegenheit jedoch angemessen – die Gäste, die Lebensmittel und die Führer müssen alle erst von Horquetas den Berg hinauftransportiert werden.

Es gibt sehr schlichte **Cabinas** (Zi. pro Pers. 50 US$) mit Gemeinschaftsbad, die im Wald liegen und für vier Personen geeignet sind. Die Zimmer in der **Waterfall Lodge** (EZ/DZ/3BZ 85/150/ 195 US$) sind hübscher, sie haben ein eigenes Bad mit Warmwasser und einen Balkon mit Blick zum Regenwald. Selbst wenn es in Strömen gießt, was meistens der Fall ist, lassen sich vom privaten Balkon aus die Vögel wunderbar betrachten. Die **River-Edge Cabin** (EZ/DZ/ 3BZ 95/170/225 US$) ist die schönste Unterkunft, sie verfügt über von Sonnenenergie gespeisten Strom, heißes Wasser und mehrere Räume. Sie liegt zehn Minuten Fußweg von den übrigen Gebäuden der Lodge entfernt.

Da die Anreise zeitaufwendig und schwierig ist, empfiehlt es sich, zwei Nächte hier zu verbringen. Der Bus nach Puerto Viejo de Sarapiquí fährt in San José (2 US$, 1½ Std.) am Busbahnhof Guápiles-Limón um 6.30 ab. Mit ihm geht es bis Horquetas, von dort startet die berühmt-berüchtigte Traktorfahrt. Die Gäste können sich auch per Jeep oder mit dem Pferd abholen lassen, allerdings bedeutet das einen Fußmarsch auf den letzten 3 km.

Allgemeine Informationen

AKTIVITÄTEN
Angeln

Sportangeln ist in Costa Rica ungemein beliebt, obwohl das Mantra vom „Fangen und Freilassen" stark gefördert wird.

Im Landesinneren ist das Angeln in Flüssen und Seen weit verbreitet. Der Río Savegre in der Nähe von San Gerardo de Dota wird fürs Forellenfischen (S. 403) und der Caño Negro fürs Robalofischen (S. 554) empfohlen. Wer Interesse hat, sollte sich vorab bei den einheimischen Veranstaltern nach den Schonzeiten erkundigen.

Im Ozean kann immer geangelt werden. In der Regel ist die Pazifikküste im Juni und Juli am besten, auch wenn Angler in diesem Zeitraum an der Südküste einen besseren Fang machen, während die Karibik von September bis November zu empfehlen ist. Für weitere Informationen s. S. 82.

Eine gute Angelquelle ist **Costa Rica Outdoors** (☎ 2282 6743, in den USA 800-308 3394; www.costaricaoutdoors.com), eine Zeitschrift, die online oder in Papierform erhältlich ist, und Informationen zu Abenteuerreisen mit dem Schwerpunkt Angeln enthält.

Die folgenden Unternehmen bieten Angeltouren in Costa Rica an:

Discover Costa Rica (☎ 2257 5780, in den USA 888-484 8227; www.discover-costa-rica.com) Bietet sechstägige Angelpakete und hat seinen Sitz in Quepos.

JD's Watersports (☎ in den USA 970-356 1028, 800-477 8971; www.jdwatersports.com)

Rod & Reel Adventures (☎ in den USA 800-356 6982; www.rodreeladventures.com)

Baumkronen-Touren

Das Leben im Regenwald findet auf Höhe der Baumkronen statt. Bei Baumriesen, die 30 bis 60 m hoch sind, hat es der Durchschnittsmensch jedoch schwer, einen Blick auf das zu werfen, was da oben los ist. Also auf zur sogenannten „Canopy Tour".

Manche Unternehmen haben Hochwanderwege durch die Bäume gebaut, die es Wanderern ermöglichen, durch die Baumkronen zu laufen. SkyTrek (S. 192) in der Nähe von Monteverde und Rainmaker (S. 369) in der Nähe von Quepos sind zwei der bekanntesten Unternehmen im Land. Ein etwas neueres aber gleichermaßen beliebtes Unternehmen ist Actividades Arboreales (S. 400) in der Nähe von Santa María de Dota.

Es ist auch möglich, eine Fahrt in einer Art Skilift durch die Baumwipfel zu machen, z. B. mit der Regenwald-Wipfelbahn (S. 159) in der Nähe von Braulio Carrillo oder mit der kleineren Aerial Adventures & Natural Wonders Tram (S. 192) in Monteverde.

Bungee-Jumping

Kein Urlaub scheint vollkommen zu sein, solange man sich nicht schreiend mit dem Kopf zuerst von einer Brücke stürzt. **Tropical Bungee** (☎ 2248 2212, 8383 9724; www.bungee.co.cr; 1./2.

Sprung 65/30 US$) in San José organisiert seit 1992 Sprünge von der Río Colorado-Brücke.

Mountainbiken & Motorradfahren

Ausstatter in Costa Rica und den USA können mehrtägige Mountainbike-Touren in Costa Rica organisieren, die sowohl Hochland- als auch Strandabschnitte umfassen. Bei Trips, die von einheimischen Unternehmen organisiert werden, wird die Ausrüstung gestellt, bei US-Ausstattern muss jeder sein eigenes Material mitbringen.

Die meisten internationalen Fluglinien befördern Fahrräder als eingechecktes Gepäckstück, wenn es in einem Karton verpackt ist (dabei daran denken, ihn auszupolstern, denn der Karton wird nicht gerade sanft behandelt). Manche Fluglinien erheben eine zusätzliche Transportgebühr.

In fast jedem Touristenort besteht die Möglichkeit, Mountainbikes auszuleihen, aber der Zustand der Ausrüstung ist unterschiedlich. Als Alternative dazu kann man sich ein ordentliches Fahrrad kaufen und es am Ende der Reise zu einem niedrigeren Preis wieder verkaufen. Es ist ratsam, den eigenen Helm und eine Wasserflasche mitzubringen, da die Auswahl an solch speziellen Gegenständen im Heimatland sicher größer ist. Für eine monatliche Gebühr von 10 US$ versorgt **Trail Source** (www.trailsource.com) Interessierte mit Informationen zu Strecken in Costa Rica und auf der ganzen Welt.

Die folgenden Unternehmen organisieren Fahrradtouren in Costa Rica:

Backroads (☎ in den USA 510-527 1555, 800-462 2848; www.backroads.com) Bietet eine sechstägige Radtour um Arenal und die Pazifikküste.

Coast to Coast Adventures (☎ 2280 8054; www.ctocadventures.com) Alles von kurzen Radausflügen bis zu 14-tägigen Multisport-Trips von Küste zu Küste.

Costa Rica Expeditions (☎ 2257 0766, 2222 0333; www.costaricaexpeditions.com) Die Multisport-Programme beinhalten Radfahren, Wandern, Rafting und zahlreiche andere Abenteuer.

Harley Davidson Rentals (☎ 2289 5552; www.maria alexandra.com) Motorradtouren; s. S. 126.

Lava Tours (☎ 2281 2458; www.lava-tours.com) Von Lesern empfohlene Touren sind u. a. eine Fahrradfahrt (größtenteils bergab) vom Cerro de la Muerte nach Manuel Antonio. Es werden Tagestouren, mehrtägige Angebote und Fahrradtraining angeboten.

MotoDiscovery (☎ in den USA 800-233 6564, 830-438 7744; www.motodiscovery.com) Organisiert Motorradtouren durch Mittelamerika. Ein jährlicher Trip führt auf ei-

genen Motorrädern vom Rio Grande (vor Ort als Río Bravo del Norte bekannt) in Mexiko zum Panamakanal.

Serendipity Adventures (☎ 2558 1000, in den USA 734-995 0111, 800-635 2325; www.serendipityadventures.com) Stellt maßgeschneiderte Fahrradtouren zusammen, die in den Zeitplan und zur Gruppe passen.

Western Spirit Cycling (☎ in den USA 800-845 2453; www.westernspirit.com) Bietet verschiedene spannende achttägige Fahrradrouten.

Wild Rider (☎ 2258 4604; www.wild-rider.com) Motorradtouren; s. San José, S. 120.

Reiten

Wo auch immer in Costa Rica, stets bietet sich jemand für eine geführte Reittour an. Die Preise variieren von 25 US$ für eine Stunde oder zwei bis zu 100 US$ für einen ganzen Tag. Touren über Nacht mit Packpferden können ebenfalls organisiert werden und sind eine beliebte Art, abgelegene Ziele in den Nationalparks zu erreichen. Reiter, die mehr als 100 kg wiegen, können nicht erwarten, dass die kleinen einheimischen Pferde sie sehr weit tragen können.

Reisende sollten weiterhin an Lonely Planet schreiben und gute Anbieter empfehlen (und vor den schlechten warnen).

Die folgenden Unternehmen organisieren Ausritte in Costa Rica:

Sarapiquí Aguas Bravas (☎ 2292 2072; www.aguasbravas.co.cr) Bietet Rafting-, Rad- und Reit-Tagesausflüge rund um Puerto Viejo de Sarapiquí und La Virgen an.

Serendipity Adventures (☎ 2558 1000, in den USA 734-995 0111, 800-635 2325; www.serendipityadventures.com) Stellt erstklassige Reitrouten zusammen, u. a. Reisen in ein indigenes Cabécar Reservat.

River Rafting & Kajakfahren

Die Monate von Juni bis Oktober gelten als die wildeste Zeit für Wildwasser-Rafting und Kajakfahren, aber manche Flüsse bieten das ganze Jahr über gute Trips. Rafter und Kajakfahrer sollten Sun-Blocker, Wechselklamotten, eine wasserdichte Tüte für die Kamera und Flusssandalen zum Schutz der Füße mitbringen. Die Regierungsbestimmungen für Ausrüster sind mangelhaft, daher sollten Interessierte sichergehen, dass der Führer sehr erfahren ist, was die Sicherheit angeht, und ein Training in Notfallmedizin absolviert hat.

Kajakfahren auf dem Fluss kann, für erfahrene Sportler, in Verbindung mit Wildwasser-Rafting-Trips organisiert werden; Kajakfahren auf dem Meer ist das ganze Jahr über eine beliebte Aktivität.

Im Kapitel „Abenteuerurlaub" (S. 75) werden ausführlichere Informationen zu den lohnenswerten Rafting- und Kajakmöglichkeiten gegeben.

Viele Unternehmen sind auf Kajak- und Rafting-Trips spezialisiert:

Aventuras Naturales (☎ 2225 3939, 2224 0505, in den USA 800-514 0411; www.toenjoynature.com)

BattenKill Canoe Ltd (☎ in den USA 802-362 2800, 800-421 5268; www.battenkill.com) Zu den verlockendsten angebotenen Trips gehören u. a. eine sechstägige Kanufahrt um Monteverde herum und eine 11-tägige Paddeltour durch Talamanca.

Coast to Coast Adventures (☎ 2280 8054; www.ctocadventures.com) Die Trips umfassen Rafting, Radfahren und Wandern.

Costa Rica Expeditions (☎ 2257 0766, 2222 0333; www.costaricaexpeditions.com) Auf dem Programm stehen u. a. Rafting und andere Abenteuer.

Costa Rica Sun Tours (☎ 2296 7757; www.crsuntours.com)

Exploradores Outdoors (☎ 2222 6262; www.exploradoresoutdoors.com) Mit Büros in San José und Puerto Viejo de Talamanca. Der Veranstalter bietet ein- und zweitägige Rafting-Trips.

Gulf Islands Kayaking (in Kanada ☎ 250-539 2442; www.seakayak.ca) Im Tourenangebot enthalten sind fünf Tage Kajakfahren im Meer in Corcovado.

H2O Adventures (☎ 2777 4092; www.aventurash2o.com) Zwei- und fünftägige Abenteuer auf dem Río Savegre. Es gibt daneben aber auch River-Rafting- und Meer-Kajak-Tagesausflüge.

Mountain Travel Sobek (☎ in den USA 510-594 6000, 888-687 6235; www.mtsobek.com) Bietet ein 10-tägiges Abenteuer, das Kajakfahren auf dem Meer und River-Rafting enthält.

Ocarina Expeditions (☎ 2229 4278; www.ocarinaexpeditions.com)

Ríos Tropicales (☎ 2233 6455; www.riostropicales.com) Bietet zahlreiche River-Rafting-Tagestrips sowie auch einige zwei- und dreitägige Abenteuer auf dem Río Pacuare und zweitägige Kajakfahrten in Tortuguero an.

Safaris Corobicí (☎ 2669 6191; www.nicoya.com) Diese langsamen Rafting-Trips sind weniger für Abenteurer als für Vogelbeobachter gedacht.

Sarapiquí Aguas Bravas (☎ 2292 2072; www.aguasbravas.co.cr) Bieten Rafting-, Rad- und Reit-Tagesausflüge um Sarapiquí und La Virgen.

Surfen

Die meisten internationalen Fluglinien nehmen Surfbretter (sie müssen ordentlich in einer gepolsterten Surfbrett-Tasche verpackt sein) als eines von zwei eingecheckten Gepäckstücken mit, auch wenn der Transport in

Zeiten von höheren Kraftstoffpreisen immer schwieriger (und teurer) wird.

Inlandsfluglinien sind problematischer. Sie akzeptieren Surfbretter (für eine Extragebühr), aber das Brett muss kürzer als 2,1 m sein. Sollte das Flugzeug voll besetzt sein, ist es durchaus auch möglich, dass das Surfbrett wegen Gewichtsbeschränkungen nicht mitgenommen wird.

In den letzten Jahren wird es zunehmend beliebter, sich ein Brett (neu oder gebraucht) in Costa Rica zu kaufen und es dann, vor der Rückreise, wieder zu verkaufen. Ausrüster in vielen beliebten Surforten vermieten Short- und Longboards, reparieren Risse, geben Unterricht und organisieren Ausflüge. Jacó (S. 358), Tamarindo (S. 293), Pavones (S. 479) und Puerto Viejo de Talamanca (S. 572) sind empfehlenswert für diese Art von Aktivitäten.

Für detaillierte Surfinformationen, einschließlich einer umfassenden Surfkarte, s. S. 80. Die folgenden Unternehmen organisieren Touren und/oder Kurse:

Costa Rica Rainforest Outward Bound (☎ 2278 6058, in den USA 800-676 2018; www.crrobs.org) Mehrwöchige Kurse umfassen Surfspots in Nicaragua, Panama und natürlich Costa Rica.

Discover Costa Rica (☎ 2257 5780, in den USA 888-484 8227; www.discover-costa-rica.com) Recht günstige Surfangebote, die sich auf Tamarindo, Jacó und die Karibikküste konzentrieren.

Pura Vida Adventures (☎ in den USA 415-465 2162; www.puravidaadventures.com; Mal País) Sechstägige Angebote für Frauen und Paare.

Tico Travel (☎ in den USA 800-493 8426; www.ticotravel.com) Bietet eine große Vielfalt an tollen Surfpaketen und Camps.

Venus Surf Adventures (☎ 8840 2365, in den USA 800-793 0512; www.venussurfadventures.com; Pavones) Bietet ein sechstägiges Surfcamp nur für Frauen, einschließlich Unterricht, Yoga und anderen Aktivitäten.

Tauchen & Schnorcheln

Costa Rica gibt nicht vor, zu den regionalen Schwergewichten fürs Tauchen und Schnorcheln, wie Belize, die Kaiman-Inseln und Bonaire, zu gehören. Costa Ricas Unterwasserwelt bietet jedoch eine große Vielfalt an Unterwasserleben, und es gibt wenige Orte auf der Welt, wo es möglich ist, am selben Tag sowohl in der Karibik als auch im Pazifik zu tauchen.

In der Regel sind die Sichtverhältnisse im Wasser in den Regenmonaten, wenn die Flüsse ansteigen und ihre Abflüsse den Ozean

VERANTWORTLICHES TAUCHEN & SICHERHEITSRICHTLINIEN

Beim Tauchen bitte die folgenden Tipps beachten und dabei helfen, die Umwelt und die Schönheit der Riffe zu bewahren.

- Niemals einen Anker auf dem Riff benutzen und aufpassen, dass Boote nicht auf den Korallen stranden.

- Lebende Meeresorganismen nicht mit den Händen oder Füßen berühren und auch die Ausrüstung nicht über das Riff ziehen. Polypen können schon beim leichtesten Kontakt beschädigt werden. Wer sich am Riff festhalten muss, sollte dies ohne Ausnahme an offenen Felsen oder toten Korallen tun.

- Mit den Flossen aufpassen. Selbst ohne Berührung kann die von Flossenschlägen verursachte Welle in der Nähe des Riffs empfindliche Organismen schädigen. Darauf achten, keinen Sand aufzuwirbeln, der Organismen begraben könnte.

- Eine gute Auftriebskontrolle üben und beibehalten. Großer Schaden kann von Tauchern angerichtet werden, die zu schnell hinabsteigen und auf das Riff prallen.

- In Unterwasserhöhlen gut aufpassen. So wenig Zeit wie möglich dort zubringen, da Luftblasen an der Decke hängen bleiben und zu Luftlöchern führen können, die die Organismen zerstören. Sich beim Inspizieren des Inneren von kleinen Höhlen abwechseln.

- Der Versuchung widerstehen, Korallen oder Muscheln zu sammeln oder zu kaufen oder archäologische Meeresstätten (überwiegend Schiffswracks) zu plündern.

- Sichergehen, dass der gesamte Müll und auch der Abfall, der vielleicht im Meer auftaucht, entsorgt wird. Besonders Plastik ist eine ernsthafte Bedrohung für Meereslebewesen.

- Keine Fische füttern.

- Die Störung der Meerestiere minimieren. Niemals auf dem Rücken von Schildkröten reiten.

Bevor sich Taucher mit oder ohne Geräte oder Schnorchler auf den Weg machen, sollten sie die folgenden Punkte beachten, damit das Tauchen zu einer sicheren und schönen Erfahrung wird:

- Wirlich alle Gerätetaucher müssen im Besitz eines aktuellen Tauchscheins einer anerkannten Tauchausbildungsstätte sein.

- Wer tauchen möchte, sollte gesund sein und sich wohlfühlen.

- Vor dem Tauchgang sollten bei einem angesehenen lokalen Tauchunternehmen zuverlässige Informationen über die körperlichen Voraussetzungen und die Umweltbedingungen an der Tauchstelle eingeholt werden.

- Taucher sollten die lokalen Gesetze und Bestimmungen sowie die Etikette für die Meereswelt und die Umwelt beachten.

- Nur an Stellen tauchen, die im eigenen Erfahrungsbereich liegen; wenn vorhanden, besser den Service eines kompetenten, professionell ausgebildeten Tauchlehrers oder Divemasters in Anspruch nehmen.

- Beachten, dass sich Unterwasserbedingungen von einer Region zur nächsten oder sogar von einer Stelle zur anderen maßgeblich verändern. Saisonale Bedingungen können jede Stelle und Tauchbedingung wesentlich verändern. Sie haben Einfluss auf die Art, wie sich Taucher für einen Tauchgang kleiden und welche Tauchtechniken sie verwenden.

- Taucher sollten sich zuvor stets nach den Besonderheiten der Umwelt, die das Tauchen betreffen können, erkundigen und dabei in Erfahrung bringen, wie einheimische, erfahrene Taucher mit diesen umgehen.

trüben, nicht gut. In dieser Zeit bieten Boote zu Locations vor der Küste bessere Sichtverhältnisse.

Das Wasser ist warm – etwa 24 bis 29 °C an der Oberfläche mit einer Sprungschicht bei etwa 20 m unter der Oberfläche, wo sie auf

23 °C fällt. Wer nah an der Oberfläche bleibt, braucht keinen Taucheranzug.

Für Informationen zu den besten Tauchplätzen in Costa Rica s. S. 79.

Wer die Tauchmöglichkeiten optimal ausnutzen möchte, sollte sich vorzeitig eine Taucherlaubnis besorgen. Weitere Informationen gibt´s bei der **Professional Association of Diving Instructors** (PADI; ☎ in den USA 949-858 7234, 800-729 7234, in Kanada 604-552 5969, 800-565 8130, in der Schweiz 52-304 1414; www.padi.com). **Divers Alert Network** (☎ in den USA 800-446 2671, 919-684 2948; www.divers alertnetwork.org) ist eine gemeinnützige Organisation, die Tauchversicherungen und Notfalltransport anbietet.

Wer am Tauchen interessiert, aber nicht zertifiziert ist, kann normalerweise auch ohne Schein einen eintägigen Einführungskurs machen, der es einem erlaubt, ein bis zwei begleitete Tauchgänge zu unternehmen. Wem diese Art von Sport gefällt, was bei den meisten Menschen der Fall ist, sollte sich überlegen, sich zertifizieren zu lassen, was drei bis vier Tage dauert und etwa 350 bis 400 US$ kostet.

Die folgenden Tauchunternehmen bieten Touren in Costa Rica an:

JD's Watersports (☎ in den USA 970-356 1028, 800-477 8971; www.jdwatersports.com)

Okeanos Aggressor (☎ in den USA 985-385 2628, in den USA & Kanada 800-348 2628; www.aggressor.com)

Undersea Hunter (☎ 2228 6613, in den USA 800-203 2120; www.underseahunter.com)

Hinweise für Schnorcheler: Viele attraktive Küstenabschnitte haben beliebte Riffe. Hauptziele sind u. a. Cahuita (S. 520), Manzanillo (S. 539), Isla del Caño (S. 449) und Isla Tortuga (S. 325).

Tier- & Vogelbeobachtung

Costa Ricas Artenreichtum ist sagenhaft, daher ist es sicher keine Überraschung, dass das Land einmalige Möglichkeiten für die Tier- und Vogelbeobachtung bietet.

Alle Nationalparks Costa Ricas sind geeignete Orte für die Tierbeobachtung ebenso wie die vielen privaten Naturschutzgebiete, die im ganzen Land verstreut sind.

Vielleicht die beste Gegend, um Tiere auszukundschaften, ist die Península de Osa, insbesondere der Parque Nacional Corcovado (S. 461). Auch der Parque Nacional Santa Rosa (S. 230), Tortuguero (S. 502) und Caño Negro (S. 555) bieten gute Gelegenheiten für Vogel- und Tierbeobachtung. Quetzals können in den Gegenden in der Nähe von Cerro de la Muerte (S. 404), zum Beispiel im Parque Nacional Los Quetzales (S. 403), gesichtet werden. Die Naturschutzgebiete um Monteverde und Santa Elena (S. 182) sind ebenfalls gut für die Quetzalbeobachtung. Auf S. 71 gibt´s eine Karte mit den Schutzgebieten Costa Ricas.

Die folgenden Unternehmen mit Sitz in Costa Rica wurden von unseren Lesern in hohem Maße empfohlen. Das Angebot dieser Unter-

---

SICHERHEITSRICHTLINIEN FÜRS WANDERN & TREKKING

Bevor sich Wanderer zu einem Trip aufmachen, sollten sie die folgenden Punkte beachten, damit die Aktivität zu einer sicheren und schönen Erfahrung wird:

- Alle Gebühren zahlen und auch tunlichst alle Genehmigungen einholen, die von lokalen Behörden verlangt werden.

- Wer eine längere Wanderung plant, sollte gesund sein und sich wohlfühlen.

- Zuverlässige Informationen bei den Parkbehörden über die körperlichen und die Umweltbedingungen entlang der beabsichtigten Strecke einholen.

- Lokale Gesetze und Bestimmungen sowie die Etikette zur Tier- und Pflanzenwelt und der Umwelt genauestens und stets beachten.

- In Regionen und auf Strecken wandern, die im eigenen Erfahrungsbereich liegen.

- Beachten, dass sich Wetterbedingungen und der Untergrund von einer Region zur nächsten oder sogar von einem Weg zum anderen, maßgeblich verändern können. Saisonale Bedingungen können jeden Weg wesentlich verändern. Sie haben Einfluss auf die Kleidung der Wanderer und die Ausrüstung.

- Vor dem Start sollten sich Wanderer nach den Besonderheiten der Umwelt, die die Strecke betreffen können, erkundigen und in Erfahrung bringen, wie vor allem einheimische, geübte Wanderer mit diesen umgehen.

ALLGEMEINE
INFORMATIONEN

VERANTWORTLICHES WANDERN & TREKKING

Wanderer sollten die folgenden Tipps beachten, um dabei zu helfen, die Umwelt und Schönheit von Costa Rica zu bewahren.

Müll

■ Bitte den gesamten Müll mitnehmen. Keine leicht zu vergessenden Dinge, wie Silberpapier, Orangenschalen, Zigarettenkippen und Plastikhüllen, übersehen. Leere Verpackungen sollten in einem dafür bestimmten Müllsack verwahrt werden. Auch wenn es Mühe macht: den von anderen verursachten Müll mit einsammeln.

■ Niemals den Müll vergraben – das Graben stört den Boden und die Deckschicht und fördert Erosion. Vergrabener Müll wird wahrscheinlich von Tieren ausgegraben, die sich dadurch verletzen oder vergiften können. Außerdem wird es wohl Jahre dauern, bis der Abfall verrottet.

■ Wer auf minimale Verpackung achtet, kann den Abfall minimieren. Außerdem nicht mehr Essen als nötig mitnehmen und wiederverwendbare Behälter oder Stoffbeutel benutzen.

■ Binden, Tampons, Kondome und Toilettenpapier sollten trotz der Unanehmlichkeit wieder mitgenommen werden. Sie verbrennen und verrotten schlecht.

Stilles Örtchen

■ Die Verschmutzung von Wasserquellen durch menschliche Fäkalien kann zur Übertragung aller Arten von Krankheiten führen. Wo es eine Toilette gibt, sollte diese auch benutzt werden. Wo es keine gibt, sollte die Notdurft vergraben werden. Dafür ein kleines, 15 cm tiefes Loch buddeln, das mindestens 100 m von fließenden Gewässern entfernt ist. Die Notdurft mit Erde und einem Stein bedecken. Im Schnee bis zur Erde graben.

■ Wanderer sollten sichergehen, dass die oben aufgeführten Richtlinien auch auf tragbare Toilettenzelte angewendet werden. Alle Gruppenmitglieder, einschließlich Träger, sollten dazu aufgefordert werden, den Ort zu benutzen.

Waschen

■ In oder in der Nähe von fließenden Gewässern keine Waschmittel oder Zahnpasta benutzen, selbst wenn diese biologisch abbaubar sind.

■ Für die Körperwäsche biologisch abbaubare Seifen und einen Wasserbehälter (oder ein leichtes tragbares Becken) mindestens 50 m entfernt von fließenden Gewässern benutzen. Das Abwasser weit verteilen, damit der Boden es vollständig filtern kann.

■ Kochgeräte 50 m von fließenden Gewässern entfernt mit einem Topfkratzer, Sand oder Schnee (kein Waschmittel) waschen.

Feuer machen & kochen mit geringen Auswirkungen

■ Wanderer sollten sich nicht von offenen Feuern zum Kochen abhängig machen. Das Abschneiden von Holz für Feuer in beliebten Trekking-Gegenden kann zu schneller Abholzung

nehmen reicht von einfachen Wanderungen bis zu Expeditionen in abgelegener Wildnis. **Aratinga Tours** (☎ 2770 6324; www.aratinga-tours. com) Pieter Westra ist auf Vogeltouren in seiner Muttersprache Holländisch spezialisiert. Er spricht aber auch fließend Englisch, Spanisch und viele Vogeldialekte. Seine Website bietet eine hervorragende Einführung in Sachen Vogelbeobachtung in Costa Rica. **Birding Costa Rica** (☎ 2294 0463; www.birdscostarica. com) In hohem Maße empfohlene Agentur, die sowohl spezielle Vogelbeobachtungstouren als auch maßgeschneiderte Abenteuer- und Wandertouren zusammenstellt und anbietet. **Condor Journeys & Adventures** (☎ in den USA 318-775 0190, in GB 01700-841 318, in Frankreich 06-14 38 63 94) **Costa Rica Expeditions** (☎ 2257 0766, 2222 0333; www.costaricaexpeditions.com) Bietet maßgeschneiderte Reisen und ein Netz an Öko-Lodges. **Expediciones Tropicales** (☎ 2257 4171; www.costari

führen. Auf einem leichten Kerosin-, Alkohol- oder Shellite-(weißes Gas)Kocher kochen, die durch Wegwerf-Butangaskanister betriebenen Kocher vermeiden.

- Wer mit einem Führer und mit Trägern trekken geht, sollte Kocher für das ganze Team besorgen. In alpinen Gegenden sicherstellen, dass alle Mitglieder mit genügend Bekleidung ausgestattet sind, sodass keine Feuer zum Wärmen benötigt werden.

- Wer einheimische Unterkünfte benutzt, sollte Orte auswählen, die kein Holzfeuer verwenden, um Wasser zu erhitzen oder Essen zu kochen.

- Feuer sind unter der Baumgrenze in Gegenden, in die sehr wenige Besucher kommen, zulässig. Wer ein Feuer entzündet, sollte bereits existierende Feuerstätten verwenden. Feuer nicht mit Steinen umschließen. Nur totes, heruntergefallenes Holz verwenden. An das Sprichwort denken „je größer der Dummkopf, desto größer das Feuer". Wenig Holz verwenden – nur so viel, wie zum Kochen benötigt wird. In Hütten Holz für die Nachfolger übrig lassen.

- Sichergehen, dass das Feuer nach dem Gebrauch vollständig gelöscht wird. Die Asche verstreuen und mit Wasser beschütten.

Tierschutz

- Keine wilden Tiere füttern, da das zur Abhängigkeit der Tiere von Zuwendungen, unausgewogenen Beständen und Krankheiten führen kann.

- Die Anwesenheit von wilden und gefährlichen Tieren nicht unnötig unterstützen, also zum Beispiel keine Essensreste zurücklassen. Ausrüstung außer Reichweite platzieren und Pakete an Sparren oder Bäume binden.

- Sich nicht am Jagen beteiligen oder dazu ermuntern. Das Jagen ist in allen Parks und Schutzgebieten generell nicht erlaubt.

- Keine Artikel kaufen, die aus gefährdeten Arten angefertigt sind.

- Nicht versuchen, Tiere in Hütten auszurotten. In der Wildnis kann es sich dabei um geschützte einheimische Arten handeln.

Erosion

- Hang- und Bergböschungen, besonders in großen Höhen, neigen zu Erosion. Auf den bestehenden Wegen bleiben und Abkürzungen vermeiden.

- Wenn ein viel benutzter Weg durch eine schlammige Stelle führt, durch den Schlamm laufen, um die Stelle nicht zu vergrößern.

- Keine Pflanzen entfernen, die den Oberboden an der Stelle halten.

Camping auf & Betreten von Privatbesitz

- Immer die Erlaubnis der Landeigentümer einholen, um zu zelten.

- Immer die Erlaubnis einholen, bevor man Privatbesitz betritt.

cainfo.com) Hat eine Vielfalt an ein- und zweiwöchigen Reisen im Programm.

Horizontes (☎ 2222 2022; www.horizontes.com) Eine 11-tägige Reise (1706 US$) führt nach Tortuguero, Arenal, Monteverde und Manuel Antonio.

Wandern & Trekking

Mit Bergen, Tälern, Dschungel, Nebelwäldern und zwei Küsten ist Costa Rica eines der abwechslungsreichsten Wander- und Trekking-

Ziele Mittelamerikas. Das Land hat außerdem eine riesige Anzahl an Nationalparks, die in der Regel sogar in den entlegensten Gegenden über gut ausgebaute Wander- und Trekking-Netze verfügen.

Um lange Strecken zu wandern und zu trekken, ist es am besten, in der Trockenzeit (Dezember bis April) zu reisen. Außerhalb dieser Zeitperiode werden Flüsse unwegsam, und die Wege sind von Hochwasser bedroht.

Im Hochland ist der Trip bei Regen anstrengender, und die kahle Landschaft bietet wenig Schutz. Und dann sind da noch die Moskitos, die, es ist eigentlich überflüssig zu erwähnen, ausreichend vorhanden sind, um dem Spaß einen Dämpfer zu verpassen.

Die folgenden Unternehmen bieten Trekking-Touren in Costa Rica an:

Costa Rica Trekking Adventures (☎ 2771 4582; www.chirripo.com; San Isidro de El General) Bietet mehrtägige Trecks in Chirripó, Corcovado und Tapanti an.

Ocarina Expeditions (☎ 2229 4278; www.ocarina expe ditions.com) Von Naturforschern geführte lehrreiche Trecks in Corcovado und Chirripó sowie Vulkan- und Nebelwald-Wandern.

Osa Aventura (☎ 2735 5670; www.osaaventura.com) Spezialisiert auf Trecks durch Corcovado.

Windsurfen & Kitesurfen

Laguna de Arenal ist das unumstrittene nationale Zentrum für Windsurfen (und Kitesurfen). Von Dezember bis April sind die Winde stark und beständig und betragen in der Trockenzeit durchschnittlich 20 Knoten, mit Spitzen von oftmals 30 Knoten. Windstille Tage sind eine Seltenheit. Der See hat das ganze Jahr über eine Wassertemperatur von 18 bis 21 °C mit 1 m hohem Seegang. Für weitere Informationen s. Kasten S. 268.

Wer wärmeres Wasser bevorzugt, sollte am besten Puerto Soley in der Bahía Salinas (S. 298) ausprobieren. Dort gibt es jedoch unbeständigere Winde.

ALLEINREISENDE

In Costa Rica können Alleinreisende sich normalerweise wohlfühlen, vor allem wenn sie zu den Rucksacktouristen zählen. Preisgünstige Hostels mit Gemeinschaftsküchen fördern die Kommunikation.

Die vielen Sprachschulen, Tour- und Freiwilligen-Organisationen bieten Reisenden die Möglichkeit, ihresgleichen zu treffen. Lange Trecks in die Wildnis allein zu unternehmen, empfiehlt sich allerdings nicht.

ARBEITEN IN COSTA RICA

Es ist für Ausländer schwierig, in Costa Rica Arbeit zu finden. Die Regierung will nicht, dass irgendjemand den Costa-Ricanern die Jobs wegnimmt, und die Arbeitsgesetze spiegeln diese Stimmung wider.

Im Grunde genommen arbeiten die einzigen legal beschäftigten Ausländer in Costa Rica für ihr eigenes Unternehmen, oder aber sie besitzen Qualifikationen, die es im Land nicht gibt, oder arbeiten für Unternehmen, die Sondervereinbarungen mit der Regierung haben.

Um einen anständigen Job zu bekommen, ist eine Arbeitserlaubnis nötig – ein allerdings recht zeitaufwendiger und schwieriger Prozess. Am wahrscheinlichsten ist es, bezahlte Arbeit als Englischlehrer an einem der Sprachinstitute oder in der Bewirtungsindustrie in einem Hotel oder Resort zu finden. Naturkundler, Biologen oder Flussführer können vielleicht bei privaten Lodges oder Abenteuerreiseveranstaltern Arbeit finden, aber man sollte nicht erwarten, bei diesen Jobs wirklich mehr zu verdienen, als zum Überleben nötig ist.

BOTSCHAFTEN & KONSULATE

Der Morgen ist die beste Zeit, um zu den Botschaften und Konsulaten zu gehen, da es dann am ruhigsten ist. Für Visa-Informationen s. S. 591.

Die folgenden Botschaften befinden sich in San José.

Deutschland (☎ 2232 5533) In der 8. Etage der Torre La Sabana, auf der Sabana Norte, etwa 300 m westlich vom ICE-Gebäude.

Österreich (☎ 231 6815; Carreteras a oavas, 50 m nördlich von Euromobilia, Frente a Octubre 54)

Schweiz (☎ 2221 3229; Edificio Centro Colón, 10. OG, Paseo Colón zw. Calles 38 & 40)

ERMÄSSIGUNGEN

Studenten mit einer International Student Identity Card (ISIC) oder einem gültigen Ausweis einer Universität erhalten normalerweise beim Eintritt ins Museum oder bei geführten Touren Ermäßigungen. Von Sprachschulen ausgestellte Karten werden nicht anerkannt.

FEIERTAGE & FERIEN

Días feriados (nationale Feiertage) werden in Costa Rica ernst genommen. Banken, öffentliche Büros und viele Geschäfte schließen. Der öffentliche Transport ist in dieser Zeit schwierig, und viele Hotels sind ausgebucht. Zahlreiche Festivals (s. gegenüber) fallen mit öffentlichen Feiertagen zusammen.

Neujahr 1. Januar

Semana Santa (Karwoche; März oder April) Der Donnerstag und der Freitag vor Ostersonntag sind offizielle Feiertage, aber die meisten Geschäfte schließen die ganze Woche. Bars sind von Donnerstag bis Sonntag geschlossen, und der Verkauf von Alkohol ist verboten; Donnerstag und Freitag fahren keine Busse.

Día de Juan Santamaría (11. April) Ehrt den National-helden, der 1856 im Kampf gegen William Walker starb; in Alajuela, seiner Heimatstadt, finden stets Großveranstaltungen statt.

Tag der Arbeit 1. Mai

Día de la Madre (Muttertag; 15. August) Fällt mit dem jährlichen katholischen Festtag Mariä Himmelfahrt zusammen.

Unabhängigkeitstag 15. September

Día de la Raza Kolumbus-Tag; 12. Oktober

Weihnachtsfeiertag (25. Dezember) Heiligabend ist ebenfalls ein inoffizieller Feiertag.

Letzte Dezemberwoche Die Woche zwischen Weihnachten und Neujahr ist inoffizieller Feiertag; die Geschäfte schließen, und die Strandhotels sind überfüllt.

FESTE & EVENTS

Die folgenden Festlichkeiten besitzen in Costa Rica nationale Bedeutung:

JANUAR/FEBRUAR

Fiesta de Santa Cruz (Mitte Jan.) In Santa Cruz finden alljährlich eine Prozession, Rodeo, Stierkampf, Musik und Tanz sowie ein viel besuchter Schönheitswettbewerb statt.

Las Fiestas de Palmares (Mitte Jan.) Zehn Tage wird ausgiebig und lautstark mit Biertrinken, einigen Pferde-Shows und anderen Karnevalsveranstaltungen in der kleinen Stadt Palmares gefeiert.

Fiesta de los Diablitos (31. Dez.–2. Jan. in Boruca; 5.–8. Feb. in Curré) Die Männer tragen geschnitzte Teufels-masken aus Holz und Sackleinenkostüme, um einen Kampf zwischen Indios und Spaniern nachzustellen. In diesem Fall verlieren die Spanier.

MÄRZ

Día del Boyero (2. So des Monats) In Escazú findet eine Parade zu Ehren der Fuhrleute statt.

Día de San José (Josefstag; 19. März) Der Festtag des Schutzpatrons der Hauptstadt.

JUNI

Día de San Pedro & San Pablo (St. Peter und Paul; 29. Juni) In Orten mit einem dieser beiden Namen gibt es Prozessionen.

JULI

Fiesta de La Virgen del Mar (Fest der Heiligen Jungfrau des Meeres; Mitte Juli) Es findet in Puntarenas und Playa del Coco statt, dazu gehören farbenprächtige Regatten und Bootsparaden.

Día de Guanacaste (25. Juli) Die Bevölkerung feiert, dass Guanacaste von Nicaragua an Costa Rica fiel. In Santa Cruz wird ein Rodeo abgehalten.

AUGUST

La Virgen de Los Ángeles (2. Aug.) Zu Ehren der Schutzheiligen findet eine besonders wichtige Prozession von San José nach Cartago statt.

OKTOBER

Día de la Raza (Kolumbustag; 12. Okt.) Puerto Limón feiert mit großer Begeisterung die Landung des Entdeckers auf der nahe gelegenen Isla Uvita. Vier Tage gibt es zahlreiche farbenprächtige Paraden, Tanzen, Singen und Trinken ohne Ende.

NOVEMBER

Día de los Muertos (Allerheiligen; 2. Nov.) Familien besuchen die Friedhöfe und veranstalten religiöse Umzüge zu Ehren der Verstorbenen.

DEZEMBER

La Inmaculada Concepción (Unbefleckte Empfängnis; 8. Dez.) Ein wichtiger kirchlicher Feiertag.

Las Fiestas de Zapote (25. Dez.–1. Jan.) Eine Woche lang feiert man in Zapote, südöstlich von San José, auf typisch costa-ricanische Art (mit Rodeos, Cowboys, Umzügen, Gebratenem und reichlich alkoholischen Getränken).

FOTOGRAFIE

Costa-Ricaner sind wunderbare Fotomotive. Die meisten Menschen ärgern sich jedoch darüber, wenn ihnen eine Kamera vors Gesicht gehalten wird, und manche kleben Preisschilder auf ihr Gesicht. In der Regel sollten Besucher immer um Erlaubnis bitten, besonders wenn schon deutlich ist, dass das Fotografieren nicht gutgeheißen wird.

Da die meisten Menschen heutzutage Digitalkameras benutzen, kann es ziemlich schwierig sein, einen hochwertigen Film in Costa Rica zu kaufen. Die meisten Internetcafés im Land können jedoch Digitalbilder auf CD brennen, und in den meisten großen Orten und Städten ist es möglich, günstige Speichermedien zu kaufen.

FRAUEN UNTERWEGS

Die meisten weiblichen Reisenden bekommen von den einheimischen Männern in Costa Rica kaum mehr Reaktionen als ein *„mi amor"* („meine Liebe") oder ein anerkennendes Gezische. Im Allgemeinen denken Costa-Ricaner, dass ausländische Frauen lockerere Moralvorstellungen haben und leichter zu erobern sind als Ticas (weibliche Costa-Ricaner). Männer machen einzelnen Frauen, besonders Blonden gegenüber oft kokette Bemerkungen. Mehrere Frauen, die zusam-

ALLGEMEINE
INFORMATIONEN

men reisen, sind davon nicht ausgenommen. Die beste Art, damit umzugehen, ist, es wie die Ticas zu machen – es komplett zu ignorieren. Frauen, die ungewünschten verbalen Avancen von Männern standhaft widerstehen, werden normalerweise mit so etwas wie Respekt behandelt.

In kleinen Hochlandorten ist die Kleidung normalerweise konservativ. Frauen tragen selten kurze Hosen, aber bauchfreie Tops sind der letzte Schrei. Am Strand sind knappe Badeanzüge okay, aber dies gilt nicht für Obenohne- oder Nacktbaden (s. Kasten S. 367).

Wie in jedem Teil der Welt besteht auch hier die Gefahr von Vergewaltigung und Überfällen. Normale Vorsichtsmaßnahmen einhalten: spät nachts nicht allein an abgelegenen Orten oder durch die Straßen der Stadt laufen und nicht trampen; keine nicht zugelassenen „Schwarz-"Taxis (zugelassene Taxis sind rot und haben ein Emblem) nehmen, da es schon öfter Meldungen von Übergriffen gegen Frauen durch unlizenzierte Taxifahrer gegeben hat.

Die Pille ist in den meisten Apotheken erhältlich (ohne Rezept), aber Tampons können in ländlichen Gegenden schwer aufzutreiben sein – also welche von zu Hause mitbringen oder sich in San José eindecken.

Das **Centro Feminista de Información y Acción** (Cefemina; ☎ 2224 3986; www.cefemina.org; San Pedro) ist die wichtigste Frauenorganisation von Costa Rica. Sie veröffentlicht einen Newsletter und kann weiblichen Reisenden Informationen und Hilfe bieten.

FREIWILLIGENARBEIT

Die riesige Zahl an Möglichkeiten für Freiwilligenarbeit in Costa Rica ist überwältigend. Freiwilligentourismus ist eine tolle Art, um nachhaltig zu reisen und einen positiven Beitrag zur einheimischen Gesellschaft zu leisten. Freiwilligenarbeit ist auch ein unglaubliches Forum für Selbstentdeckungen, besonders wenn man entlang des Weges Spuren im Leben einiger Menschen hinterlässt und ein paar neue Freunde trifft. Gewöhnlich gibt einem Freiwilligenarbeit so viel zurück, wie man hineinsteckt, und die meisten der Freiwilligen in Costa Rica sind mit ihren Erfahrungen zufrieden, wenn sie wieder gehen.

Die nachfolgend aufgeführten Möglichkeiten der Freiwilligenarbeit geben einen allgemeinen Überblick darüber, was gegenwärtig in Costa Rica machbar ist.

Biolandwirtschaft

Auf der ganzen Welt ist zunehmend Bio angesagt und Costa Rica steht sicher in der vordersten Reihe dieser äußerst bewundernswerten und nachhaltigen Entwicklung. Als Heimat von gewissermaßen lebendigen Laboratorien mit autarken Bauernhöfen und Plantagen ist Costa Rica perfekt geeignet für Freiwillige, die einen grünen Daumen bekommen wollen oder schon haben.

Finca la Flor de Paraíso (www.la-flor-de-paraiso.org) Bietet Programme in einer Vielzahl an Disziplinen von Tierhaltung bis zum Anbau von Medizinkräutern.

Finca Lomas (www.anaicr.org) Heimat eines bemerkenswerten Pflanzenexperimentierprojekts, das Obst-, Nuss- und Gewürzbäume umfasst.

Punta Mona (www.puntamona.org) Ein Biobauernhof und spirituelles Zentrum, das auf Permakulturen und nachhaltiger Lebensweise basiert.

Rancho Margot (www.ranchomargot.org) Diese selbst ernannte Lebenskunde-Universität bietet Naturbildung, die vor allem die ökologische Landwirtschaft und Tierhaltung betont.

Reserva Biológica Dúrika (www.durika.org) Eine nachhaltige Gemeinschaft, die in einem 7500 ha großen biologischen Schutzgebiet versammelt ist.

Englischunterricht

Auch wenn die meisten Reisenden in Costa Rica ziemlich scharf darauf sind, Spanisch zu lernen und/oder zu perfektionieren, können Besucher eine Menge an die Einheimischen zurückgeben, wenn sie Englisch für Kinder und Erwachsene aller Altersstufen unterrichten. Nichtsdestoweniger werden die Schüler glücklich sein, wenn sie nach Unterrichtsende und außerhalb der Schule die Rollen tauschen und einem nebenbei ein bisschen Spanisch beibringen können.

Amerispan Unlimited (www.amerispan.com) Bietet eine Vielfalt an pädagogischen Reiseprogrammen in spezialisierten Gebieten.

Cloud Forest School (www.cloudforestschool.org) Eine vorbildliche zweisprachige Schule (Kindergarten bis 11. Klasse) in Monteverde, die kreative und erfahrungsbasierte Bildung anbietet.

Institute for Central American Development Studies (www.icadscr.com) Das Institutsrogramm kombiniert einmonatige Spanisch-Sprachprogramme und Freiwilligenpraktika.

Sustainable Horizon (www.sustainablehorizon.com) Organisiert Freiwilligenreisen wie z. B. Gastlehrtätigkeiten und Praktika in Waisenhäusern.

World Language Study (www.worldlanguagestudy. com) Schickt Freiwillige in Kindergärten, Grund- und Sekundarschulen und Pflegeheime, um dort die englische Sprache zu unterrichten.

Forstwirtschaft

Trotz seiner relativ kleinen Größe hat Costa Rica eine eindrucksvolle Anzahl an Nationalparks, von denen viele ein ansehnliches Stück vom ursprünglichen Regenwald auf dem Planeten schützen.

Wer daran interessiert ist, dabei zu helfen, dieses bedrohte Ökosystem zu retten und dabei vielleicht eine Reihe von Qualifikationen zu erlangen, sollte bei seinem Aufenthalt im Land ein Praktikum in einem Forstwirtschaftsprogramm in Erwägung ziehen.

Bosque Eterno de los Niños (Children's Eternal Forest; www.acmcr.org) Freiwillige werden benötigt, um dabei zu helfen, diese bemerkenswerte Leistung zu handhaben: ein Regenwald, der von Kindern gekauft wurde, von Geld, dass sie zuvor extra zu diesem Zweck aufgetrieben hatten.

Cloudbridge Nature Preserve (www.cloudbridge.org) Ein vorbildliches privates Naturschutzgebiet mit einem laufenden Wiederaufforstungsprojekt, das von zwei New Yorkern angeführt wird.

Fundación Corcovado (www.corcovadofoundation.org) Ein eindrucksvolles, gut funktionierendes Netzwerk an Menschen und Organisationen, das sich für den Erhalt des Parque Nacional Corcovado engagiert.

INBio (www.inbio.ac.cr/en/default2.html) Ein privates Forschungszentrum, das sich im Biodiversitätsmanagement in Costa Ricas verschiedenen Ökosystemen engagiert.

Monteverde Institute (www.mvinstitute.org) Ein gemeinnütziges Bildungsinstitut, das Praktika in Tropenbiologie, Schutz und nachhaltiger Entwicklung anbietet.

Tierschutz

Ob man sich nun für Wasserschildkröten interessiert oder gerettete Tiere wieder eingliedern will, Costa Rica ist einer der besten Orte auf der Welt, um praktische Erfahrung mit wilden Tieren zu sammeln. Ob als angehender Tierarzt oder einfach nur als über die Notlage gefährdeter Arten besorgter Mensch, jedes der folgen Programme kann dabei helfen, einigen charismatischen Lebewesen von Mutter Natur etwas näher zu kommen.

ANAI (www.anaicr.org) Eine Basisorganisation, die hart dafür kämpft, die Seeschildkröten zu retten.

ASCOMOTI (www.ascomoti.org) Schützt das Totenkopfäffchen, Costa Ricas gefährdetsten Primaten.

CCC (www.cccturtle.org) Hier bietet sich die schöne Möglichkeit, Wissenschaftlern dabei helfen, Schildkröten zu markieren und die Suppenschildkröten und Lederschildkröten zu erforschen.

Profelis (www.grafischer.com/profelis) Ein Katzen-Schutzprogramm, das sich um konfiszierte Wildkatzen, sowohl groß als auch klein, kümmert.

Zoo Ave (www.zooave.org) Ein Wildpark, der Möglichkeiten zur Pflege von Haus- und Wildtieren bietet.

GEFAHREN & ÄRGERNISSE

Für die aktuellsten offiziellen Berichte und Tipps zu Reisen nach Costa Rica s. die Website des **US State Department** (www.travel.state.gov/travel) oder des **UK Foreign & Commonwealth Office** (www.fco.gov.uk).

Diebstähle & Überfälle

Die größte Gefahr, mit der die meisten Reisenden rechnen müssen, ist Diebstahl, besonders Taschendiebstahl. Es gibt eine Menge Kleinkriminalität in Costa Rica, daher möglichst immer auf der Hut sein.

Erdbeben & Vulkanausbrüche

Costa Rica liegt am Rand aktiver tektonischer Platten, daher ist es eindeutig erdbebengefährdet. Die letzten großen Erdbeben ereigneten sich 1990 (7,1 auf der Richterskala) und 1991 (7,4). Kleinere Erdbeben und Erdstöße kommen ziemlich häufig vor – besonders auf der Península de Nicoya – und verursachen Risse in den Straßen und legen Telefonverbindungen lahm. Die Vulkane in Costa Rica sind nicht wirklich gefährlich, so lange man auf den gekennzeichneten Wegen bleibt und nicht versucht, in den Krater eines aktiven Vulkans hineinzuspähen. Als Vorsichtsmaßnahme sollten Reisende die Lage immer mit den Park-Rangern abklären, bevor sie sich in die Nähe von aktiven Vulkanen begeben.

Gefahren beim River-Rafting

River-Rafting-Fahrten können in Zeiten starken Regenfalls besonders riskant sein – Sturzfluten haben Flöße kentern lassen. Seriöse Tourenanbieter stellen sicher, dass die Bedingungen ungefährlich sind, bevor sie losfahren; s. S. 573 für eine Liste von Anbietern.

Gefahren beim Wandern

Wanderer, die sich in die Wildnis aufmachen, sollten für ihre Tour gut ausgerüstet sein. Vor allem sollten sie sich nicht zu viel zumuten. Wer sich normalerweise nur vom Kühlschrank zum Fernseher bewegt, darf sich keine 20-km-Tour vornehmen. Es gibt viele Wanderungen von 3 oder 5 km Länge, die sich gut für weniger Trainierte eignen.

Selbst für kurze Touren ist es wichtig, ausreichend Wasser mitzunehmen. Es ist heiß und die Dehydrierung setzt schnell ein. In Corcovado stirbt jedes Jahr mindestens ein Wanderer an den Folgen der Überhitzung auf dem anstrengenden Trail zwischen San Pedrillo und Sirena.

Wanderer haben sich auch schon im Regenwald verirrt, daher immer Kartenmaterial, zusätzliche Nahrung und einen Kompass mitnehmen. Irgendwer sollte auch immer Bescheid wissen, wo Wanderer unterwegs sind, damit im Notfall gezielt gesucht werden kann.

In Costa Rica leben einige der giftigsten Schlangen Mittelamerikas, die Lanzenotter (die „costa-ricanische Landmine") und die Buschmeisterschlange, und auch Krokodile kommen in vielen Flussmündungen vor. Zu allem Überfluss schwimmen auch noch Bullenhaie mit Vorliebe in der Mündung des Río Sirena in Corcovado umher.

Gefahren im Ozean

Jährlich ertrinken etwa 200 Personen in den Gewässern Costa Ricas, 90 % von ihnen aufgrund von Unterströmungen, also starke Strömungen, die die Schwimmer aufs Meer hinaus treiben. Viele Todesfälle durch Unterströmungen werden dadurch verursacht, dass in Panik geratende Schwimmer bis zur Erschöpfung kämpfen.

Wer in einer Unterströmung gefangen ist, sollte sich nicht wehren. Stattdessen einfach treiben lassen und von der Strömung hinter die Brecher tragen lassen, hinter denen sich die Unterströmung dann auflöst, im Anschluss parallel zum Strand schwimmen und sich von den Wellen wieder hineintragen lassen.

Für weitere Informationen zu Unterströmungen s. Kasten S. 299.

GELD
Bargeld & Währung

Die Währung Costa Ricas ist der Colón (Plural Colones, ₡), der nach Cristóbal Colón (Christoph Kolumbus) benannt ist. Geldscheine gibt es als Noten zu 500, 1000, 5000 und 10 000, während Münzen einen Nennwert von 5, 10, 20, 25, 50 und 100 haben. Achtung: Ältere Münzen sind größer und silbern, während die neueren kleiner und golden sind – das führt bei gerade angekommenen Reisenden oft zu Verwirrung.

Im ganzen Land ist es möglich, Touren, Parkeintrittsgebühren, Hotelzimmer, mittelteure bis teure Gerichte und teure Artikel in US-Dollar zu bezahlen. Einheimische Gerichte, Busfahrpreise und kleine Artikel sollten jedoch in der Landeswährung Colones bezahlt werden.

In Costa Rica können Sachen mühelos in US-Dollar beglichen werden, und dies wird zeitweise gefördert, da die Währung als stabiler angesehen wird als der Colón. Neuere US-Dollar (also mit großen Köpfen) werden in ganz Costa Rica bevorzugt.

Geldautomaten

Es ist zunehmend einfacher, in Costa Rica *cajeros automáticos* (Geldautomaten) zu finden, sogar in den kleinsten Orten. Das Visa-Plus-Netzwerk ist der Standard, aber Automaten des Cirrus-Netzwerks, die die meisten ausländischen Geldautomatenkarten akzeptieren, werden in größeren Städten und Touristenorten angeboten. In diesen Gegenden geben Geldautomaten auch US-Dollar aus, was für Zahlungen in Spitzenklassehotels und Reiseagenturen praktisch ist. Achtung: Einige Automaten akzeptieren allerdings nur Karten ihrer eigenen Kunden.

Geldwechsel

Alle Banken tauschen US-Dollar, und manche tauschen Euro und Britische Pfund; andere Währungen sind schwieriger. Die meisten Banken haben entsetzlich lange Warteschlangen, besonders die staatlichen Institute (Banco Nacional, Banco de Costa Rica, Banco Popular), die jedoch beim Geldwechsel keine Provision berechnen. Private Banken (Banex, Banco Interfin, Scotiabank) sind in der Regel schneller. Reisende sollten sichergehen, dass die Dollarnoten, die sie umtauschen möchten, in gutem Zustand sind, andernfalls werden sie vielleicht abgelehnt.

Kreditkarten

Bei allen Einkäufen mit internationalen Kreditkarten ist mit einer Transaktionsgebühr zu rechnen. Inhaber von Kredit- und Debitkarten können Colones und in einigen Banken manchmal US-Dollar kaufen, auch wenn sie von hohen Transaktionsgebühren ausgehen müssen. In einigen Mittelklasse- und den meisten Spitzenklassehotels sowie in teuren Restaurants und einigen Reisebüros werden

Karten weitgehend akzeptiert. Alle Autovermietungen nehmen Kreditkarten.

Reisechecks

Die meisten Banken und auch Wechselstuben lösen Reisechecks gegen eine Kommission von 1 % bis 3 % ein. Einige Hotels akzeptieren sie ebenfalls als Zahlungsmittel, doch sollten Reisende das zuvor abklären, weil es durchaus auch Hotels gibt, die nicht dazu bereit sind.

Reisechecks in US-Dollar erfreuen sich größter Beliebtheit, bei Schecks in anderen Währungen kann der Umtausch Schwierigkeiten bereiten.

Steuern

Reisende werden in Mittelklasse- und Spitzenklassehotels und Restaurants eine Umsatzsteuer von 13,39 % bemerken, während Hotels ebenfalls einen zusätzlichen Touristenaufschlag von 3 % berechnen. Jeder muss beim Verlassen des Landes eine Flughafensteuer von 26 US$ zahlen. Sie kann sowohl in US-Dollar als auch in Colones entrichtet werden, und auch Kreditkarten werden akzeptiert. Achtung: Einige Reisende haben berichtet, dass diese Zahlung ihren Karten als Barvorschuss berechnet wurde, was zu einer saftigen Gebühr führte.

Trinkgeld

Pagen und Gepäckträger (1–3 US$ pro Dienstleistung) und Zimmermädchen (1–2 US$ pro Tag in Spitzenklassehotels, weniger in preisgünstigeren Häusern) erwarten ein Trinkgeld. Bei geführten Touren bekommt der Führer 1 bis 10 US$ pro Person und Tag. Der Fahrer einer Tour erhält halb so viel wie der Führer. Natürlich hängt die Höhe des Trinkgelds von der Qualität der Dienstleistung ab. Taxifahrer bekommen normalerweise kein Trinkgeld, es sei denn, sie leisten besondere Dienste. Teure Restaurants schlagen eventuell 10 % Bedienung auf die Rechnung auf. Andernfalls können Gäste ein kleines Trinkgeld auf dem Tisch liegen lassen, um ihre Anerkennung zu zeigen, doch wird das nicht erwartet.

INTERNETZUGANG

Internetcafés sind in Costa Rica reichlich vorhanden, und ein billiger und schneller Internetzugang ist schnell gefunden. Die übliche Zugangsgebühr in San José und in Touristenorten beträgt 1 bis 2 US$ pro Stunde, in abgelegenen Orten ist dagegen mit mehr als 5 US$ pro Stunde zu rechnen.

Internetzugang über WLAN ist in Costa Rica auf dem Vormarsch. Wer die Augen offen hält (und den Computer anschaltet), findet in San José, Alajuela, Jacó, Monteverde und Santa Elena, La Fortuna, Tamarindo, Puerto Jiménez und Puerto Viejo de Talamanca drahtlose Hotspots. Außerdem bieten die Mehrheit der Spitzenklassehotels und zunehmend auch gehobene Backpacker-Hostels ihren Gästen drahtlose Netzwerke.

KARTEN

Detaillierte Karten sind in Costa Rica leider schwer aufzutreiben. Eine hervorragende Option ist die 1:330 000 *Costa Rica*, die von **International Travel Map** (ITBM; www.itmb.com; 530 W Broadway, Vancouver, BC, V5Z 1E, Canada) produziert wird. Die Karte ist wasserfest und enthält eine Nebenkarte von San José.

Die **Fundación Neotropica** (www.neotropica.org) gibt eine 1:500 000 Karte heraus, die die Nationalparks und andere Schutzgebiete zeigt. Diese gibt´s in Buchläden in San José und übers Internet.

Das **Instituto Costarricense de Turismo** (ICT; s. S. 87) veröffentlicht eine 1:700 000 Costa-Rica-Karte mit einer 1:12 500 Central-San-José-Karte auf der Rückseite. Diese gibt es kostenlos bei den ICT-Büros in San José.

Im Internet hat **Maptak** (www.maptak.com) Karten von Costa Ricas sieben Provinzen und ihren Hauptstädten.

Wanderer sollten nicht unbedingt damit rechnen, dass die Nationalparkbüros oder Ranger-Stationen entsprechende Karten anbieten. Topografische Karten sind aber beim **Instituto Geográfico Nacional** (IGN; ☎ 2257 7798; Calle 9 zw. Avs. 20 & 22, San José; ☯ Mo–Fr 7.30–Mittag & 13–15 Uhr) erhältlich. In den USA **Omni Resources** (☎ 336-227 8300; www.omnimap.com) kontaktieren.

Der *Mapa-Guía de la Naturaleza Costa Rica* ist ein Atlas, der von Incafo herausgegeben wird und topografische Blätter im Maßstab 1:200 000 sowie englische und spanische Beschreibungen der Naturgegenden Costa Ricas enthält. Er ist bei Lehmann's (S. 86) in San José erhältlich.

KINDER

Im Großen und Ganzen ist Costa Rica ein kinderfreundliches Land, vor allem da die Ticos selbst sehr familienorientiert sind und

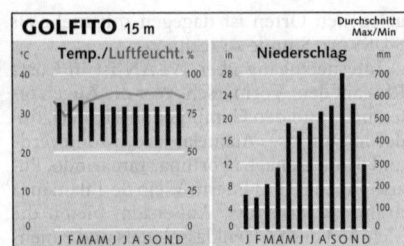

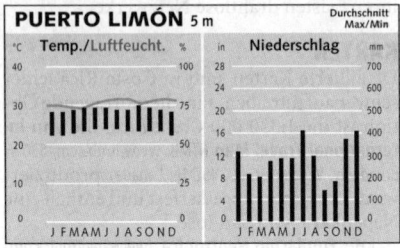

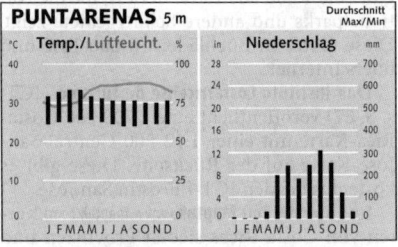

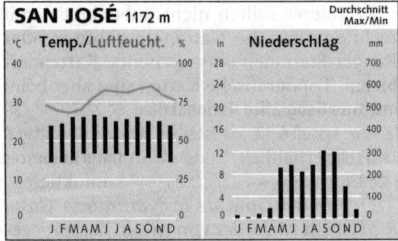

keine Mühe scheuen, um die Kinder mit Aufmerksamkeit zu überhäufen. Auch wenn bestimmte Vorsichtsmaßnahmen getroffen werden sollten, um die Gesundheit und Sicherheit der Kleinen sicherzustellen, ist Costa Rica wohl das beliebteste Familienreiseziel in Lateinamerika.

Erst einmal erhalten Kinder unter 12 Jahren einen Rabatt von 25 % auf Flüge mit Inlandsfluglinien, während Kinder unter zwei Jahren kostenlos fliegen (vorausgesetzt sie sitzen auf dem Schoß der Eltern). Kinder zahlen in Bussen den kompletten Fahrpreis (außer Kinder unter drei Jahren). Kindersitze sind bei Autovermietungen nicht immer vorhanden, daher bitte einen eigenen mitbringen.

Die meisten Mittelklasse- und Spitzenklassehotels haben für Kinder unter 12 Jahren ermäßigte Preise, vorausgesetzt das Kind schläft im Zimmer der Eltern. Spitzenklassehotels haben normalerweise Kinderbetten und bieten für gewöhnlich Aktivitäten für Kinder an. Wer mit einem Säugling reist, sollte Wegwerfwindeln, Baby-Crème oder Toilettenartikel, Baby-Aspirin und ein Thermometer von zu Hause mitbringen oder sich in San José damit eindecken. In ländlichen Gegenden könnte es schwieriger sein, diese Dinge aufzutreiben, allerdings sind hier (umweltfreundlichere) Stoffwindeln weit verbreitet.

Eine große Anzahl an Reisetipps gibt´s in Lonely Planets Travel with Children.

KLIMA
Für ein kleines Land gibt´s in Costa Rica verdammt viel unterschiedliches Wetter. Das Hochland ist kalt, der Nebelwald ist neblig und kühl, San José und das Zentraltal haben einen „ewigen Frühling", und sowohl die Pazifik- als auch die Karibikküste sind das Jahr über ganz schön drückend heiß. Reisende sollten sich auf einige Bad-Hair-Days einstellen (siehe auch die Klimadiagramme).

KURSE
Sprache
Spanisch-Sprachschulen agieren in ganz Costa Rica und rechnen gewöhnlich nach Unterrichtsstunden ab. Der Unterricht ist normalerweise intensiv mit Klassengrößen von zwei bis fünf Schülern und mehreren Stunden Unterricht jeden Wochentag.

Kurse werden vor allem im zentralen San José und der Vorstadt San Pedro, die eine lebendige Universitäts- und Studentenszene hat (s. Kasten S. 99), angeboten. Im Zentraltal gibt es eine Vielzahl von Instituten, die Kurse anbieten (s. Kasten S. 140). Sprachschulen sind ebenfalls in Santa Elena und Monteverde (S. 192), Playa Sámara (S. 315), Jacó (S. 359), Manuel Antonio (S. 376), La Fortuna (S. 252) und Dominical (S. 392) zu finden.

Es ist am besten, den Unterricht im Voraus zu organisieren. Eine gute Vermittlungsstelle ist das **Institute for Spanish Language Studies** (ISLS;

KINDERSEXTOURISMUS VERHINDERN *ECPAT/Beyond Borders*

Tragischerweise nimmt die Ausbeutung von einheimischen Kindern durch Touristen in ganz Lateinamerika, einschließlich Costa Rica, zu. Verschiedene sozioökonomische Faktoren machen Kinder anfällig für sexuelle Ausbeutung, und manche Touristen nutzen nach wie vor ihre ungeschützte Lage skrupellos aus.

Sexuelle Ausbeutung hat ernsthafte, lebenslange Auswirkungen auf Kinder. Sexuelle Ausbeutung ist ein Verbrechen und eine Verletzung der Menschenrechte, die in Costa Rica bestraft wird. Viele Länder haben eine extraterritioriale Gesetzgebung erlassen, die es ermöglicht, Reisende so zu bestrafen, als hätte die Ausbeutung in ihrem Heimatland stattgefunden.

Reisende können dabei helfen, Kindersextourismus zu stoppen, indem sie ihn melden – es ist wichtig, verdächtiges Verhalten nicht zu ignorieren. **Cybertipline** (www.cybertipline.com) ist eine Website, auf der sexuelle Ausbeutung von Kindern gemeldet werden kann, daneben ist es auch möglich, derartige Delikte bei den lokalen Behörden und, wenn die Nationalität des Täters bekannt ist, bei der entsprechenden Botschaft anzuzeigen.

Reisende, die an mehr Informationen darüber interessiert sind, wie die sexuelle Ausbeutung von Kindern bekämpft werden kann, können sich an **ECPAT International** (End Child Prostitution and Trafficking; www.ecpat.org) oder **Beyond Borders** (www.beyondborders.org), den kanadischen Ableger von ECPAT, wenden. ECPAT will die Rechte von Kindern verbessern und sie unabhängig von Rasse, Religion, Geschlecht oder sexueller Orientierung vor Missbrauch und Ausbeutung schützen. **ECPAT USA** (☎ in den USA 718-935 9192; www.ecpatusa.org) ist Teil eines globalen Netzwerkes, das mit mehr als 70 Partnerorganisationen auf der ganzen Welt an diesen Themen arbeitet. Das US-Hauptquartier befindet sich in New York.

☎ 2258 5111, in den USA 800-765 0025, 626-441 3507, 858-456 9268; www.isls.com), das ein halbes Dutzend Schulen in Costa Rica vertritt.

ÖFFNUNGSZEITEN
Restaurants haben normalerweise von 7 Uhr an geöffnet und servieren bis 21 Uhr Abendessen, allerdings öffnen manche gehobene Lokale nur fürs Abendessen. In abgelegenen Gegenden bieten selbst die kleinen *sodas* (preiswerte Lokale) manchmal nur bestimmte Mahlzeiten an. Andere Öffnungszeiten sind auf der inneren Umschlagseite dieses Buches zu finden. Falls nicht anders angegeben, sind Sehenswürdigkeiten, Aktivitäten und Restaurants täglich geöffnet.

POST
Luftpostbriefe kosten etwa 0,35 US$ für die ersten 20 g. Pakete können für 7 US$ pro Kilogramm verschifft werden. Auf dem Hauptpostamt in größeren Städten können Reisende Post empfangen. Post an San Josés Hauptpost sollte wie folgt adressiert sein:

[Name], c/o Lista de Correos, Correo Central, San José, Costa Rica.

Von Nordamerika aus kommen Briefe normalerweise innerhalb von einer Woche an.

Von entfernteren Orten dauert es länger. Das Postamt bewahrt Post bis zu 30 Tage nach Erhalt auf. Um die Post abzuholen, ist ein Ausweis mit Foto nötig und man bekommt nur Briefsendungen ausgehändigt, auf denen der eigene Name steht.

Achtung: *Apartado* in Adressen bedeutet „Postfach" und ist keine Straßen- oder Wohnungsadresse, wie anzunehmen.

RECHTSFRAGEN
Wer in rechtliche Schwierigkeiten gerät und in Costa Rica inhaftiert wird, dem kann die Botschaft begrenzten Beistand bieten. Dazu gehören gelegentliche Besuche eines Mitarbeiters der Botschaft, um sicherzugehen, dass die Menschenrechte nicht verletzt werden, das Informieren der Familie über den Verbleib und das Herstellen des Kontaktes zu einem einheimischen Rechtsanwalt, der jedoch selbst bezahlt werden muss. Außerdem unterliegt die ganze Angelegenheit rechtmäßig den Gesetzen Costa Ricas, nicht den Gesetzen des Landes, aus dem der Reisende stammt.

In Costa Rica ist das gesetzliche Mindestalter, ab dem es erlaubt ist zu trinken, zu wählen und heterosexuellen Geschlechtsverkehr zu haben, auf 18 Jahre festgesetzt. Heiraten ist ab 15 Jahren erlaubt. Es gibt kein gesetzliches Mindestalter für homosexuellen Geschlechts-

WIE LAUTET DIE ADRESSE?

Einige größere Städte haben ihren Straßen zwar Namen gegeben, doch gibt es nur selten Schilder und noch seltener Ticos, die wissen, in welcher Straße sie sich gerade befinden. Jeder orientiert sich an markanten Punkten. Eine Adressangabe könnte also „200 m südlich und 150 m östlich der Kirche soundso" lauten. (Ein Häuserblock wird mit *cien metros* angegeben – wörtlich 100 m – „250 metros al sur" bedeutet also zweieinhalb Häuserblocks südlich, egal, wie lang die Blocks tatsächlich sind). Kirchen, Parks, Bürogebäude, Fastfood-Lokale und Autohändler sind die häufigsten Orientierungspunkte – doch ein Tourist aus dem Ausland kommt damit selten weiter, weil er keine Ahnung hat, wo sich z. B. der Subaru-Händler befindet. Hinzu kommt, dass Ticos sich oft auf markante Punkte beziehen, die es nicht mehr gibt. In San Pedro, am Rand von San José, geben Einheimische die Richtung immer noch anhand des alten Feigenbaumes (*el antiguo higuerón*) an.

Verwirrt? Auch Fremde kommen nicht umhin, sich an diese Sitte zu gewöhnen.

verkehr, aber Sex mit Personen unter 18 Jahren ist nicht ratsam. Reisende können in Bezug auf sexuelle Beziehungen den Gesetzen ihres eigenen Landes unterliegen.

Autofahrer & Autounfälle
Autofahrer sollten Pass und Führerschein grundsätzlich immer bei sich tragen. Bei Unfällen immer sofort die Polizei rufen, damit diese vor Ort einen Unfallbericht aufnimmt (wird für die Versicherung benötigt) und sich um eventuell Verletzte kümmert.

Die Autos sollten an Ort und Stelle stehen bleiben, bis der Bericht aufgenommen ist. Nur gegenüber der Polizei Angaben machen. Verletzte sollten nur von medizinisch geschulten Helfern versorgt werden.

Das Auto im Auge behalten, bis die Polizei kommt, und dann bei der Autovermietung anrufen, um zu fragen, wohin das Auto zur Reparatur gebracht werden soll (nicht selbst reparieren lassen). Gibt es bei einem Unfall Verletzte oder Tote, können ausländische Beteiligte eventuell bis zur gerichtlichen Klärung verhaftet werden oder sie dürfen zumindest das Land nicht verlassen.

Notrufnummern stehen auf der Umschlaginnenseite dieses Buchs.

REISEN MIT BEHINDERUNG
Unabhängiges Reisen ist schwierig für Menschen mit Bewegungseinschränkung. Zwar gibt es in Costa Rica ein Gesetz zur Gleichstellung von Menschen mit Behinderung, aber es bezieht sich nur auf neue oder umgebaute Anlagen und wird nur zögerlich umgesetzt. Daher verfügen nur wenige Hotels und Restaurants über eine rollstuhlgerechte Ausstattung. Viele haben keine Rampen, und die

Zimmer- und Badezimmertüren sind kaum je breit genug für einen Rollstuhl.

Straßen und Gehsteige sind häufig von Schlaglöchern übersät und schlecht gepflastert, was Rollifahrer buchstäblich auf eine harte Probe stellt. Öffentliche Verkehrsmittel besitzen keine Vorrichtung zum Transport von Rollstühlen, und die meisten Wege in Nationalparks und in Touristenattraktionen sind ebenfalls nicht rollstuhlgerecht. Zu den beachtenswerten Ausnahmen zählen Volcán Poás (S. 150), INBio (S. 156) und Regenwald-Wipfelbahn (S. 159). Wenn Lodges über eine rollstuhlgerechte Einrichtung in diesem Reiseführer verfügen, ist das bei den Beschreibungen vermerkt.

Die folgenden Organisationen bieten speziell zusammengestellte Ausflüge für Reisende mit Behinderungen:

Accessible Journeys (☎ in den USA 800-846 4537; www.disabilitytravel.com) Organisiert unabhängige Reisen nach Costa Rica für Menschen mit Behinderungen.

Vaya con Silla de Ruedas (☎ 2454 2810; www.gowithwheelchairs.com) Bietet Spezialtrips für Reisende, die an den Rollstuhl gefesselt sind. Das Unternehmen hat speziell angefertigte Kleinbusse, und seine Ausrüstung entspricht internationalen Zugangsstandards.

SCHWULE & LESBEN
Die gute Nachricht zuerst: Die Situation der Schwulen und Lesben in Costa Rica ist besser als in den meisten Ländern Mittelamerikas . Homosexuelle Handlungen zwischen zwei damit einverstandenen Erwachsenen (Mindestalter 18 Jahre) sind legal, auch wenn beachtet werden muss, dass Reisende in Bezug auf sexuelle Beziehungen den Gesetzen ihres eigenen Landes unterliegen können. Die meisten Costa-Ricaner sind Homosexualität ge-

PRAKTISCH & KONKRET

- **Elektrizität** Der elektrische Strom beträgt 110 V AC bei 60 Hz; Stecker sind zwei flache Stifte (wie in den USA).

- **Notfall** Die einheimische Tourismusbehörde, Instituto Costarricense de Turismo (ICT), befindet sich in San José und verteilt eine überaus hilfreiche Broschüre mit aktuellen Notfallnummern für jede Region.

- **Zeitschriften** Die spanischprachige *Esta Semana* ist das sicherlich beste einheimische wöchentliche Nachrichtenmagazin.

- **Zeitungen** Die am weitesten verbreitete Zeitung ist *La Nación* (www.nacion.co.cr), gefolgt von *Al Día* (eine Boulevardzeitung), *La República* und *La Prensa Libre* (www.prensalibre.co.cr). *Tico Times* (www.ticotimes.net), die englischprachige Wochenzeitung, erscheint am immer Freitagnachmittag.

- **Radio** 107,5 FM ist der englischprachige Radiosender, der aktuelle Hits spielt und regelmäßige BBC-Nachrichtenblöcke bietet.

- **TV** Kabel- und Satelliten- TV sind weit verbreitet für CNN, französische Videos oder japanische Nachrichten. Einheimische TV-Sender bieten eine Mischung aus Nachrichten, bunten Shows und *telenovelas* (spanischprachige Soap-Operas).

- **Video Systeme** Videos, die zum Kauf angeboten werden, verwenden das NTSC-Bilderkennungssystem (wie in den USA).

- **Gewichte & Maße** Costa Rica verwendet das in vielen Weltteilen gebräuchliche metrische System für Gewichte, Entfernungen und Maße.

genüber nur auf einem „Nichts fragen; nichts sagen"-Niveau tolerant. Dies ist unzweifelhaft ein Nebeneffekt der starken Stellung des Katholizismus und des fortdauernden Traditionalismus in der Gesellschaft.

Und hier die schlechten Nachrichten: In der jüngeren Vergangenheit gab es eine zunehmende Zahl von Handlungen aus Vorurteilen heraus. 1998 wurde ein in San José geplantes Schwulen- und Lesben-Festival infolge des heftigen Widerstands der katholischen Kirche abgesagt. Die Kirche erzwang ebenfalls die Absage einer Schwulen- und Lesben-Tour nach Manuel Antonio und rief zum Boykott eines Küstenhotels auf, das eine Schwulengruppe untergebracht hatte. Die Dinge nahmen 1999 eine beschämende Wendung, als der Tourismusminister des Landes sagte, dass Costa Rica kein Ziel für Sextourismus und Schwule sein sollte.

Die Schwulen-Gemeinschaft machte ihre Haltung gegen Sextourismus klar und kritisierte es als falsch und verleumderisch, Schwulentourismus mit Sextourismus in Verbindung zu bringen. Die offizielle Haltung in Costa Rica wurde daraufhin modifiziert, und es wurde erklärt, dass Schwulentourismus weder gefördert noch verboten wird.

Auch wenn homosexuelle Handlungen zwischen Erwachsenen in Costa Rica legal sind, leiden Schwule und Lesben in der Gesellschaft weiterhin unter Diskriminierung. Glücklicherweise nimmt die Diskriminierung normalerweise die Form subtiler Nichtakzeptanz an und weitet sich nicht zu Gewalt oder offener Verfolgung aus.

Die Homophobie hat in den letzten Jahren besonders in stark touristischen Gegenden nachgelassen – ein positives Ergebnis des Zustroms von Ausländern.

Zum Glück konnten die Schwulen und Lesben Costa Ricas in ihrem Kampf um Anerkennung einige in der Tat bemerkenswerte Erfolge verbuchen. In den 1990er-Jahren entschied beispielsweise der Oberste Gerichtshof gegen Polizeischikane in Schwulen-Nachtlokalen und gewährte Menschen mit HIV/Aids medizinische Behandlung. Im Juni 2003 zog das erste Gay-Pride-Festival in San José mehr als 2000 Teilnehmer an.

Es ist unwahrscheinlich, dass Schwule und Lesben, die in Costa Rica unterwegs sind, mit schlechter Behandlung konfrontiert werden; trotzdem wird die öffentliche Zurschaustellung von Zuneigung außerhalb von Schwulenorten nicht empfohlen.

Die unbestrittene Schwulen- und Lesben-Hauptstadt Costa Ricas ist Manuel Antonio – für weitere Informationen s. Kasten S. 327. Die monatliche Zeitung *Gayness* und die Zeitschrift *Gente 10* (auf Spanisch) sind beide in Schwulenbars in San José (s. S. 114) erhältlich. Darüber hinaus gibt es eine Reihe von weiteren Adressen für Schwule:

Agua Buena Human Rights Association (☎ 2280 3548; www.aguabuena.org, auf Spanisch) Diese bemerkenswerte gemeinnützige Organisation kämpft seit Langem für Gerechtigkeit bei der medizinischen Behandlung von Menschen mit HIV/Aids in Costa Rica.

Cipac (☎ 2280 7821; www.cipacdh.org, auf Spanisch) Die führende Schwulenaktivistenorganisation in Costa Rica.

Gay Costa Rica (www.gaycostarica.com, auf Spanisch) Bietet neueste Nachrichten zum Nachtleben, zu Reisen und nennt viele nützliche Links.

International Gay & Lesbian Travel Association (IGLTA; ☎ in den USA 800-448 8550, 954-776 2626; www.iglta.org) Führt eine Liste von Hunderten von Reisebüros und Tourenbetreibern auf der ganzen Welt.

Tiquicia Travel (☎ 2256 9682; www.tiquiciatravel. com) Tätigt vor allem Reservierungen in schwulenfreundlichen Hotels.

Toto Tours (☎ in den USA 800-565 1241, 773-274 8686; www.tototours.com) Schwulenreisespezialist, der regelmäßig Reisen u. a. nach Costa Rica organisiert.

SHOPPEN

Reisende sollten keine Tierprodukte, einschließlich Schildkrötenpanzer, Tierschädel

---

HANDELN

Ein hoher Lebensstandard gemeinsam mit einem konstanten Strom an internationalem Touristenverkehr bedeutet, dass die lateinamerikanische Tradition des Feilschens in Costa Rica schnell ausstirbt. Vor allem in Touristenorten sind festgelegte Hotelpreise nicht verhandelbar, und Reisende sollten damit rechnen, dass Geschäftsbesitzer sauer werden, wenn sie es versucht wird. Manche kleineren Hotels im Hinterland akzeptieren diese Praxis aber nicht.

Auf Märkten im Freien können die Preise verhandelt werden, und beim Mieten eines Langstreckentaxis ist Handeln ebenso akzeptiert. Im Großen und Ganzen reagieren Ticos auf gute Manieren und behutsame Anfragen nett. Wird allerdings zum Preis auch noch Service verlangt, stehen die Chancen nicht gut.

---

und Dinge, die aus Federn, Korallen oder Muscheln gemacht sind, kaufen. Holzprodukte sind auch sehr verdächtig: Wer etwas Derartiges erstehen möchte, sollte sich zuvor vergewissern, woher das Holz stammt.

Kaffee & Alkohol

Kaffee ist das weitaus beliebteste Souvenir Costa Ricas, und das zu Recht. Er ist in Geschenkläden, auf dem Mercado Central (S. 115) in San José und in jedem Supermarkt im ganzen Land erhältlich.

Die beliebtesten Alkoholeinkäufe sind Ron Centenario, Café Rica (der Kaffeelikör) und *guaro* (das einheimische Feuerwasser). Sie alle sind in den Duty-Free-Shops im Flughafen oder in Supermärkten sowie in Wein- und Spirituosenhandlungen in jedem Ort und jeder Stadt erhältlich.

Kunsthandwerk & Töpferarbeiten

Zu den beliebtesten Gegenständen aus tropischen Hölzern zählen Salatschüsseln, Teller, Schneidbretter, Schmuckschatullen und vielerlei Schnitzereien. Die schönsten Arbeiten gibt es bei Biesanz Woodworks (S. 132) in Escazú. Die Bäume, aus deren Holz die Handwerksarbeiten gemacht sind, werden eigens für diesen Zweck gepflanzt, Käufer müssen sich also keine Sorgen machen, dass ihre gerade erworbene Salatschüssel den Regenwald geschädigt hat.

Einzigartige Souvenirs aus Costa Rica sind die farbenprächtig bemalten Repliken der traditionellen Ochsenkarren *(carretas)*, hergestellt in Sarchí (S. 146).

TELEFON

Öffentliche Telefone finden sich in ganz Costa Rica, und Chip- oder Colibrí-Telefonkarten gibt´s zum Wert von 1000, 2000 und 3000 Colón. Die Chip-Karten werden in das Telefon hineingesteckt und gelesen. Bei Colibrí-Karten (die gebräuchlichsten) muss eine gebührenfreie Nummer gewählt (☎ 199) und ein Zugangscode eingegeben werden. Die Anweisungen gibt´s auf Englisch oder Spanisch. Colibrí wird von Reisenden bevorzugt, da sie von allen Telefonen aus verwendet werden kann. Die Karten werden so ziemlich überall angeboten, u. a. in Supermärkten, Apotheken, Zeitungskiosken, *pulperías* (Tante-Emma-Läden) und Geschenkeläden.

Am günstigsten sind internationale Anrufe aus Costa Rica, wenn man direkt wählt und dabei eine Telefonkarte verwendet. Um internationale Anrufe zu tätigen, „00" und dann den Ländercode und die Telefonnummer wählen. Münztelefone können übrigens nicht vom internationalen Ausland aus angerufen werden.

Wer sichergehen möchte, sollte sich vergewissern, dass einem niemand über die Schulter guckt beim Eingeben des Codes. Einigen Reisenden wurde ihre Zugangsnummer von Dieben geklaut.

Um Costa Rica aus dem Ausland anzurufen, vor der achtstelligen Nummer den internationalen Code (☎ 506) wählen. Andere wichtige Telefonnummern befinden sich auf der inneren Umschlagseite dieses Buches.

Da Voice-Over-IP-Dienste, wie Skype, zunehmend beliebter werden, ist es manchmal möglich, den Mittelsmann zu übergehen, und einfach nur ein Headset mit ins Internetcafé zu nehmen. Ethernet-Verbindungen und drahtlose Signale werden in Unterkünften immer häufiger, dadurch können sich alle, die mit einem Laptop reisen, einfach einwählen und für ein paar Cent telefonieren.

TOILETTEN

Es gibt nur wenige öffentliche Toiletten, doch die meisten Restaurants und Cafés erlauben die Benutzung ihrer Toiletten gegen eine kleine Gebühr – meist 0,25 bis 0,50 US$. Busbahnhöfe und andere große öffentliche Gebäude verfügen ebenfalls oft über Toiletten, auch hier kostet es einen kleinen Betrag.

Toilettenpapier ist nicht überall in Costa Rica vorhanden, es lohnt, einen kleinen Vorrat dabeizuhaben. Nur nicht das Papier mit abspülen! Die sanitären Anlagen in Costa Rica lassen meist zu wünschen übrig und haben außer in den besten Hotels und modernsten Gebäuden nur sehr geringen Druck. In jeder Toilette gibt es einen Abfalleimer, in den das gebrauchte Papier gehört.

TOURISTENINFORMATION

Die von der Regierung betriebene Tourismusbehörde, das Instituto Costarricense de Turismo (ICT), hat in der Hauptstadt zwei Büros (s. S. 87). Reisende sollten jedoch nicht erwarten, mit besonders aufschlussreichen Ratschlägen beeindruckt zu werden.

Die Aufgabe des Personals ist vorrangig, den Besuchern mitzuteilen, dass in Costa Rica alles toll ist. Nichtsdestoweniger kann das ICT mit kostenlosen Karten, einem Original-Bus-fahrplan und Informationen zu Straßenbedingungen im Hinterland dienen. Es wird Englisch gesprochen.

Es ist auch möglich, die schrille englischsprachige Website des ICT (www.visitcosta rica.com) für Informationen zu konsultieren oder von den USA aus die kostenlose Nummer des ICT (☎ 800-343 6332) für Broschüren und Informationen anzurufen.

UNTERKÜNFTE

Die Hotelsituation in Costa Rica reicht von luxuriösen Öko-Lodges und glänzenden All-Inclusive-Resorts bis zu Backpacker-Palästen und absolut schäbigen Zimmern. Angesichts dieser erstaunlichen Vielfalt an Unterkünften kommt es selten vor, dass Touristen keinen Platz zum Schlafen finden.

Im ganzen Buch werden die Preise für die Hauptsaison oder Trockenzeit (Dezember bis April) angegeben, auch wenn viele Lodges ihre Preise während der Nebensaison oder Regenzeit (Mai bis November) senken. Es sollte jedoch bedacht werden, dass sich die Preise in Costa Rica schnell verändern, daher ist es am besten, die in diesem Buch angegebenen Preise als ungefähre Werte und nicht als Gegebenheiten anzusehen.

Im ganzen Buch sind die Unterkünfte, außer wenn anders angegeben, nach der Höhe des Preises geordnet.

B&Bs

Das Phänomen der B&Bs, das in den 1980er-Jahren im Land noch fast unbekannt war, ist in den letzten zwei Jahrzehnten, angetrieben vor allem durch die steigende Zahl von ortsansässigen Europäern und Nordamerikanern, durch Costa Rica gefegt. Im Allgemeinen gehören B&Bs in Costa Rica zur Mittelklasse-bis Spitzenklassekategorie.

Zusätzlich zu den hier im Reiseführer besprochenen B&Bs, sind Informationen

---

UNTERKÜNFTE ONLINE BUCHEN

Weitere Besprechungen von Unterkünften und Empfehlungen durch Lonely Planet Autoren finden sich beim Onlinebuchungsservice unter www.lonelyplanet.com/hotels. Hier gibt's echte Insiderfakten über die besten Unterkünfte. Die Besprechungen sind genau und unabhängig. Und das Beste daran: Es ist möglich, online zu buchen.

über diese Art der Unterkunft auch auf verschiedenen Websites zu finden (auch wenn sie bei Weitem nicht vollständig sind):

Bed and Breakfast.com (www.bedandbreakfast.com/costa-rica.html)

Costa Rica Innkeepers Association (www.costaricainnkeepers.com)

Pamela Lanier's Worldwide Bed and Breakfasts Directory (www.lanierbb.com)

Camping

Camping bietet auch zahlreichen Ticos eine geeignete Möglichkeit, die teureren Küstenorte zu genießen, vor allem da heutzutage die meisten Unterkünfte speziell auf Ausländer ausgerichtet sind. Daher haben die meisten bedeutenderen Touristenziele wenigstens einen Campingplatz, fehlt dieser am Ort, dann beherbergen die meisten Budgetunterkünfte außerhalb von San José Camper auf ihrem Gelände. Zwar verfügen diese Anlagen normalerweise über Toiletten, kalte Duschen und einfache Einrichtungen für Selbstversorger (meistens eine Spüle und einen Grillplatz), können ansonsten aber ziemlich überfüllte, laute Plätze sein.

In den meisten Nationalparks sind Campingplätze in der Regel von hervorragender Qualität und werden von engagiertem Personal gründlich gereinigt und instand gehalten. Im Allgemeinen müssen sich die Gäste das gesamte Essen und die Vorräte mitbringen und ihren Müll selbst entsorgen.

SICHERHEIT IM HOTEL

Auch wenn Hotels Zimmerschlüssel aushändigen, wird empfohlen, für zusätzliche Sicherheit ein Vorhängeschloss für den Rucksack oder Koffer dabei zu haben. Außerdem sollten Reisende das Unglück nicht heraufbeschwören, indem sie Wertsachen, Bargeld oder wichtige Dokumente im Zimmer herumliegen lassen oder in einer unverschlossenen Tasche aufbewahren. Gehobene Hotels haben Safes, wo Geld und Pässe aufbewahrt werden können – eine Möglichkeit, die auch genutzt werden sollte. Wer in einfachen Unterkünften wohnt, sollte seine Wertsachen am besten immer bei sich tragen. Diebstahl ist vielleicht das Hauptproblem, das Reisende in Costa Rica haben, es kann daher nicht schaden, ein paar zusätzliche Vorsichtsmaßnahmen zu treffen.

Hostels

Auch wenn noch immer eine Handvoll von Hostelling International (HI) Hostels in Costa Rica übrig geblieben sind, ist die Backpacker-Szene in den letzten Jahren zunehmend teuer geworden. Im Vergleich zu anderen Zielen in Mittelamerika sind Hostels in Costa Rica eine ziemlich teure Angelegenheit, auch wenn die Qualität von Service und Unterkunft unübertroffen ist.

Hotels

Es lohnt immer, Zimmer – und Bad – zunächst einmal anzuschauen, vor allem in den Budgetunterkünften.

BUDGETUNTERKÜNFTE

In den meisten Budgetunterkünften, die dieses Buch vorstellt, kostet ein Doppelzimmer bis zu 20 US$. Billigere Hotels bieten meist nur ein Gemeinschaftsbad. In einigen Orten abseits der Touristenpfade sind aber durchaus auch noch Doppelzimmer mit Bad für 10 US$ zu bekommen. (Ein eigenes Bad kann in einigen schlichten Unterkünften eine abgeteilte Ecke im Hotelzimmer bedeuten.)

Am oberen Ende dieser Kategorie verfügen die Zimmer oft über Ventilator und Bad, manchmal mit heißem Wasser, manchmal auch nicht. In den billigsten Hotels sind die Zimmer oft Verschläge, deren Wände nicht bis zur Decke reichen.

Warmes Wasser kommt oft aus elektrischen Duschköpfen (liebevoll-ironisch „costa-ricanische Selbstmorddusche" genannt). Entgegen den immer wieder gehörten Schauermärchen sind sie völlig ungefährlich – es sei denn, man schraubt am Duschkopf herum, wenn er in Betrieb ist. Solange der Druck nicht zu hoch ist, liefert er tatsächlich warmes Wasser!

MITTELKLASSE- & SPITZENKLASSEHOTELS

Mittelklasse umfasst normalerweise Hotels, die zwischen 20 und 80 US$ kosten. Diese Zimmer sind gemütlicher als Budgetunterkünfte und haben in der Regel ein eigenes Bad mit gaserhitztem heißen Wasser sowie die Wahl zwischen Ventilator oder Klimaanlage und Kabel- oder Satelliten-TV. Die besseren Einrichtungen bieten Tourenservice und viele haben ein Restaurant oder eine Bar vor Ort sowie einen Swimmingpool oder Whirlpool. In dieser Preisklasse haben viele Hotels eine Kochnische oder sogar eine vollständige Küche. Das ermöglicht es vor allem großen

---

RESERVIERUNG MIT KREDITKARTE

Einige der teureren Hotels lassen sich eine Reservierung durch die Nennung einer Kreditkartennummer bestätigen. Dabei sollte der Interessent allerdings beachten, dass manche der Spitzenklassehotels bei einer Reservierung 50 bis 100 % des Zimmerpreises im Voraus kassieren. Viele machen darauf leider nicht deutlich genug aufmerksam.

Oft passiert es Besuchern, dass sie ein Zimmer „reservieren" und dann merken, dass sie tatsächlich im Voraus dafür bezahlt haben. Eigentlich können Reservierungen, wenn sie rechtzeitig erfolgen, kostenlos storniert werden (auch zu den Stornobedingungen beim jeweiligen Hotel Informationen einholen). Doch in Costa Rica gestaltet es sich in der Regel wesentlich einfacher, eine Reservierung zu machen, als sie zu stornieren. Außerdem verlangen viele Hotels eine Gebühr von 7 % bei Zahlung mit Kreditkarte.

Reservierungen sollten immer per Fax oder per E-Mail bestätigt werden. Oft sind Hotels überbelegt, und wer keine Bestätigung vorweisen kann, bekommt kein Zimmer.

Gruppen oder Familien auf eine tolle Art, Geld zu sparen.

Alles, was teurer ist als 80 US$, wird als Spitzenklasse bezeichnet. Dazu gehören Öko-Lodges, All-Inclusive-Resorts, Geschäfts- und Kettenhotels, außerdem ein großes Netz an persönlicheren Boutique-Hotels, abgelegene Dschungelcamps und gehobene B&Bs. Viele dieser Unterkunftsmöglichkeiten bieten Annehmlichkeiten wie eine Badewanne mit heißem Wasser, private Terrassen, Satelliten-TV und Klimaanlage sowie Portier, Touren- und Spa-Service.

Die meisten Mittelklasse- und Spitzenklassehotels erheben 16,39 % Steuern. In diesem Buch wurde versucht, die Steuern bei allen aufgeführten Preisen bereits mit einzurechnen. Achtung: Viele Hotels berechnen pro Person und nicht pro Zimmer – daher die Preise aufmerksam lesen. Für Informationen zu Hotelbuchungen per Kreditkarte s. Kasten oben.

VERSICHERUNG

Egal wohin die Reise geht, eine umfangreiche Reiseversicherung ist immer eine gute Idee. Hinsichtlich Costa Rica wird eine grundlegende Police für Diebstahl/Verlust und medizinische Zwischenfälle empfohlen. Reisende sollten das Kleingedruckte sorgfältig lesen, da manche Unternehmen gefährliche Aktivitäten vom Versicherungsschutz ausschließen, zum Beispiel Tauchen, Motorradfahren und manchmal sogar Wandern. Unter Umständen ist es besser, sich für eine Police zu entscheiden, die Ärzte und Krankenhäuser direkt bezahlt, als für eine, bei der man selbst vor Ort in Vorkasse treten und später eine Rückforderung stellen muss.

VISA

Staatsangehörige mit dem Pass der folgenden Staaten dürfen ohne Visum 90 Tage im Lande bleiben: Argentinien, Kanada, Israel, Japan, Panama, die USA sowie die meisten westeuropäischen Länder.

Bürger aus Australien, Island, Irland, Mexiko, Neuseeland, Russland, Südafrika und Venezuela dürfen ohne Visum 30 Tage bleiben. Andere brauchen ein Visum von einer costaricanischen Botschaft oder einem Konsulat. Für die neuesten Infos zu Visa, s. die Websites von **ICT** (www.visitcostarica.com) oder der **Botschaft von Costa Rica** (www.costarica-embassy.org) in Washington, DC.

Wer sich in Costa Rica aufhält und seine Botschaft oder das Konsulat kontaktieren möchte, findet auf S. 578 diverse Kontaktinformationen.

Verlängerungen

Seinen Aufenthalt über die genehmigten 30 oder 90 Tage hinaus zu verlängern, ist zumindest eine zeitraubende Mühe. Es ist viel einfacher, das Land für 72 Stunden zu verlassen und dann wieder einzureisen.

Wer sich für die erste Möglichkeit entscheidet, geht in das Büro der **Migración** (Einwanderung; ☎ 2220 0355; ☼ 8–16 Uhr) in San José, gegenüber von Channel 6, etwa 4 km nördlich des Parque La Sabana. Die Anforderungen für Verlängerungen ändern sich immer einmal wieder, daher sollten für die Erledigung einige Tage eingeplant werden.

Weiterreisetickets

Reisende benötigen offiziell ein Weiterreiseticket, bevor sie nach Costa Rica einreisen dürfen. Diese Voraussetzung wird am Flughafen nicht oft kontrolliert, aber Besucher die auf dem Landweg ankommen, sollten davon ausgehen, dass sie ein Weiterreiseticket vorzeigen müssen.

Wer von Costa Rica aus nach Panama, Nicaragua oder in ein anderes Land Mittel- oder Südamerikas fährt, wird wohl ein Weiteroder Rückreiseticket benötigen, um ins jeweilige Land hinein, oder bei Anreise mit dem Flugzeug, überhaupt an Bord gelassen zu werden. Eine schnelle Prüfung bei der entsprechenden Botschaft – dies kann auch leicht übers Internet erledigt werden – liefert den Hinweis, ob für den jeweiligen Zielstaat ein Weiterreiseticket erforderlich ist.

ZEIT

Costa Rica ist im Verhältnis zur Mitteleuropäischen Zeit sieben Stunden, zur Mitteleuropäischen Sommerzeit acht Stunden zurück. Eine Umstellung auf Sommerzeit gibt es jedoch nicht.

ZOLL

Alle Reisenden über 18 Jahre dürfen 5 l Wein oder Spirituosen und 500 g verarbeiteten Tabak (400 Zigaretten oder 50 Zigarren) ins Land bringen. Kameraausrüstung, Ferngläser sowie Camping-, Schnorchel- und andere Sportausrüstung können problemlos eingeführt werden.

Verkehrsmittel & -wege

AN- & WEITERREISE

EINREISE

Einige wenige Reisende kommen auf dem Seeweg nach Costa Rica, entweder im Rahmen einer Tauch- oder Angelcharter oder weil ihr Kreuzfahrtschiff hier einen kurzen Zwischenstopp einlegt.

Andere reisen per Bus aus einem der Nachbarländer ein. Doch die große Mehrzahl der Touristen landet mit dem Flugzeug – meist auf dem Flughafen in San José, doch zunehmend auch in Liberia (s. rechts). Die Einreise nach Costa Rica erfolgt meist ohne größere Probleme (auch wenn es mal ein paar lange

---

DIE DINGE ÄNDERN SICH

Die Informationen in diesem Kapitel sind besonders anfällig für Veränderungen. Es empfiehlt sich, Tarife unmittelbar bei der Fluggesellschaft oder im Reisebüro abzufragen. Die Sicherheitsbestimmungen im internationalen Reiseverkehr sind ebenfalls zu beachten. Aufgepasst beim Einkaufen! Die Angaben in diesem Kapitel sind stets als Richtwerte zu verstehen und ersetzen nicht die eigene sorgfältige und aktuelle Recherche vor Ort.

Warteschlangen geben kann). Einreisende müssen weder Gebühren noch Steuern zahlen; weitere Informationen zu Visa s. S. 591.

Reisepass

Bürger aller Herkunftsländer müssen bei der Einreise nach Costa Rica einen Reisepass vorlegen, der nach Abschluss der Reise noch mindestens sechs Monate gültig ist. Bei der Einreise gibt es einen Stempel der Behörden in den Pass. Das Gesetz schreibt vor, dass der Pass während des gesamten Aufenthalts in Costa Rica von den Reisenden immer mitgeführt werden muss.

Ticket für die Ausreise

Offiziell darf in Costa Rica nur jemand einreisen, der über ein Ticket für die Aus- oder Weiterreise verfügt, doch die Behörden prüfen das nur sehr selten nach. Wer auf dem Landweg kommt, kann diese Bedingung erfüllen, indem er ein Ticket zu einem Ziel außerhalb Costa Ricas bei der Busgesellschaft TICA kauft, die Büros in Managua (Nicaragua) und Panama-Stadt hat.

FLUGZEUG
Flughäfen & Fluglinien

Internationale Fluglinien fliegen den Aeropuerto Internacional Juan Santamaría an (S. 118), der 17 km nordwestlich von San José in Alajuela liegt. Das führt dazu, das eine steigende Zahl von Reisenden an der Hauptstadt vorbeifährt und/oder die Reise durch das Land direkt in Alajuela startet.

Seit einigen Jahren landen auf dem Aeropuerto Internacional Daniel Oduber Quirós (S. 229) in Liberia Flüge aus den USA. Obwohl immer wieder von einer Erweiterung des Flughafens die Rede ist, fliegen derzeit nur die Fluggesellschaften American Airlines, Continental, Delta, Northwest, United Airlines und US Airways Liberia an. Es steht aber zu erwarten, dass zunehmend weitere internationale Gesellschaften diesen Flughafen in ihr Angebot aufnehmen werden, darunter auch einige Gesellschaften mit Direktflügen von/nach Europa (dadurch würde das Umsteigen in Miami oder Dallas entfallen). Der Flughafen Daniel Oduber ist vor allem für Reisende interessant, die die Península de Nicoya besuchen wollen.

Costa Rica besitzt insgesamt gute Flugverbindungen zu anderen lateinamerikanischen Ländern und den USA. Die nationale Fluglinie Lacsa (Mitglied im Grupo TACA, dem Konsortium mittelamerikanischer Fluggesellschaften) fliegt viele Flughäfen in den USA und in Lateinamerika an, darunter auch nach Kuba. Nach der jüngsten Einschätzung der Federal Aviation Administration der USA entsprechen die Sicherheitvorschriften auf costa-ricanischen Flughäfen internationalen Standards.

Zu den Fluglinien, die Flughäfen in Costa Rica anfliegen, gehören die im Folgenden aufgelisteten; weitere Informationen zu denjenigen Gesellschaften, die ein Büro in San José haben, s. S. 118.

America West (☎ in den USA 480-693 6718; www.americawest.com; Code HP) kein Büro in Costa Rica.

American Airlines (☎ 2257 1266; www.aa.com; Code AA)

Continental (☎ 2296 4911; www.continental.com; Code CO)

COPA (☎ 2222 6640; www.copaair.com; Code CM)

ABFLUGSTEUER

Bei allen Auslandsflügen ist eine bar zu zahlende Abflugsteuer von 26 US$ fällig (in US-Dollar, Colones oder einer Mischung aus beidem). Am Flughafen Juan Santamaría besteht auch die Möglichkeit, mit Kreditkarte zu bezahlen, außerdem gibt es hier einen Geldautomaten beim Schalter, an dem diese Steuer fällig ist.

Cubana de Aviación (☎ 2221 7625, 2221 5881; www.cubana.cu; Code CU)

Delta (☎ 2256 7909, 5 für Reservierungen drücken; www.delta.com; Code DL)

Grupo TACA (☎ 2296 0909; www.taca.com; Code TA)

Iberia (☎ 2257 8266; www.iberia.com; Code IB)

KLM (☎ 2220 4111; www.klm.com; Code KL)

Lacsa (s. Grupo TACA)

Mexicana (☎ 2295 6969; www.mexicana.com; Code MX)

Northwest (☎ in den USA 800-225-2525; www.nwa.com; Code NW) Kein Büro in Costa Rica.

SAM/Avianca (☎ 2233 3066; www.avianca.com; Code AV)

KLIMAWANDEL & REISEN

Der Klimawandel stellt eine ernste Bedrohung für unsere Ökosysteme und Zukunft dar. Zu diesem Problem tragen Flugreisen immer stärker bei. Lonely Planet sieht im Reisen grundsätzlich einen Gewinn, ist sich aber der Tatsache bewusst, dass jeder seinen Teil dazu beitragen muss, um die globale Erwärmung zu verringern.

Fliegen & Klimawandel

Fast jede Art der motorisierten Fortbewegung erzeugt CO_2 (die Hauptursache für die globale Erwärmung), doch Flugzeuge sind mit Abstand die schlimmsten Klimakiller – nicht nur wegen der großen Entfernungen und der entsprechend großen CO_2-Mengen, sondern auch weil sie diese Treibhausgase direkt in hohen Schichten der Atmosphäre freisetzen. Die Zahlen sind erschreckend: Zwei Personen, die von Europa in die USA und wieder zurück fliegen, erhöhen den Treibhauseffekt in demselben Maße wie ein durchschnittlicher Haushalt in einem ganzen Jahr.

Emissionsausgleich

Die englische Website www.climatecare.org und die deutsche Internetseite www.atmosfair.de bieten sogenannte CO_2-Rechner. Damit kann jeder ermitteln, wie viel Treibhausgase seine Reise produziert. Das Programm errechnet den zum Ausgleich erforderlichen Betrag, mit dem der Reisende nachhaltige Projekte zur Reduzierung der globalen Erwärmung unterstützen kann, beispielsweise Projekte in Indien, Honduras, Kasachstan und Uganda.

Lonely Planet unterstützt gemeinsam mit Rough Guides und anderen Partnern aus der Reisebranche das CO_2-Ausgleichs-Programm von climatecare.org. Alle Reisen von Mitarbeitern und Autoren von Lonely Planet werden ausgeglichen.

Weitere Informationen zum Themenkomplex gibt's auf www.lonelyplanet.com.

United Airlines (☎ 2220 4844; www.united.com;
Code UA)
US Airways (☎ Gebührenfreie Reservierung in Costa
Rica 800-011 0793, 800-011 4114; www.usairways.com;
Code US) Kein Büro in Costa Rica.

Tickets

Die Tickets kosten normalerweise in der costa-ricanischen Hochsaison (Dez.–April) mehr; der Dezember und der Januar sind die teuersten Monate für Flugreisen.

Andere mittel- & südamerikanische Länder

American Airlines, Continental, Delta, Northwest, United und US Airways bieten Verbindungen nach Costa Rica von zahlreichen mittel- und südamerikanischen Ländern. Die Grupo TACA hat in der Regel die meisten Flüge auf diesen Routen im Angebot.

Seit einiger Zeit haben auch costa-ricanische Fluggesellschaften ein paar internationale Flüge nach Süd- und Mittelamerika in ihr Programm aufgenommen. **Nature Air** (www.natureair.com) fliegt nun viermal die Woche nach Granada, und zwar von Liberia (einfach/hin & zurück 65/130 US$) und San José (einfach/hin & zurück 120/240 US$), außerdem zweimal wöchentlich nach Bocas del Toro (einfach/hin & zurück 99/199 US$). Die hier angegebenen Preise sind allesamt Durchschnittswerte, die genauen Preise hängen von der Saison und der Nachfrage ab.

Die Grupo TACA bietet Direktflüge nach Caracas (500 US$, 3 Std., tgl.), Guatemala City (250 US$, 1½ Std., 2-mal tgl.) und San Salvador (235 US$, 1½ Std., 3-mal tgl.) an. TACA und Mexicana fliegen jeden Tag nach Mexico City (500 US$, 3 Std.). TACA und Copa bieten mehrmals täglich Flüge nach Panama City (300 US$, 1½ Std., 3-mal tgl.) an. Wenn nicht anders angegeben, handelt es sich bei den genannten Preisen um Hin- und Rückflugtickets. Auch hier gilt, dass die Preise je nach Saison und Nachfrage schwanken.

Andere Länder

Mehr als ein Drittel aller Reisenden nach Costa Rica kommen aus den USA, entsprechend viele Direktflüge gibt es ab Houston, Miami oder New York. Flugpläne und Preise sind sehr unterschiedlich, es lohnt sich also, die Angebote zu vergleichen.

Die meisten Flüge aus Europa gehen über die USA oder Mexiko-Stadt, obwohl sich das möglicherweise ändern könnte, sobald der Flughafen in Liberia auch europäische Fluglinien anzieht. Die höchsten Preise werden während der europäischen Sommermonate verlangt, obwohl das der Beginn der costaricanischen Regenzeit ist.

AUF DEM LANDWEG
Auto & Motorrad

Die Kosten für die Autoversicherung, das Benzin und die Gebühren für den Grenzübertritt machen eine Einreise mit dem Auto deutlich teurer als den Kauf eines Flugtickets. Viele Reisende schreckt der Berg an Formularen ab, der für die Einreise mit dem Auto nach Costa Rica zu bewältigen ist. So ziehen viele es vor, erst im Land selbst ein Auto zu mieten (oder es erst im Land zu kaufen). Wer sich von all diesen Hürden nicht abschrecken lässt, braucht für die Einreise mit dem Auto die folgenden Papiere:

- einen gültigen Kraftfahrzeugschein
- einen gültigen nationalen oder internationalen Führerschein (s. S. 598)
- gültige Nummernschilder
- einen Nachweis über eine nicht allzu lange zurückliegende Inspektion (nicht unbedingt erforderlich, aber sehr nützlich)
- einen gültigen Reisepass
- Fotokopien all dieser Dokumente für den Fall, dass sie verloren gehen.

Da Zollbeamte manchmal einen Übereifer bei der Überprüfung eines Autos an den Tag legen, sollten Autofahrer darauf achten, dass keine bestehenden (oder eingebildeten) Sicherheitsvorschriften verletzt werden. Sonst ist eine deftige Gebühr (sprich: Bestechung) fällig, will man ohne größere Probleme durch den Zoll kommen. Vor der Abreise gilt es, Folgendes zu überprüfen:

- Blinker, Scheinwerfer und Rücklichter
- Zustand des Reservereifens
- Vorhandensein eines Benzinkanisters
- Vorhandensein einer gut ausgestatteten Werkzeugkiste (mit Ersatzteilen wie Keilriemen, die in Mittelamerika schwer zu bekommen sind)
- das Funktionieren der Warnblinker und das Vorhandensein von Warndreieck und Feuerlöscher.

Ausländische Versicherungspolicen werden in Costa Rica nicht anerkannt, Reisende müssen daher eine einheimische Versicherung

VERKEHRSMITTEL & -WEGE

GRENZÜBERGÄNGE

Bei der gewöhnlichen Einreise nach Costa Rica muss keine Gebühr bezahlt werden. Allerdings beträgt die Gebühr für ein einreisendes Auto 22 US$. Weitere Informationen zu den notwendigen Einreisedokumenten s. S. 593.

Nicaragua – Von Sapoá nach Peñas Blancas

Dieser an der Interamericana gelegene Grenzübergang zwischen Nicaragua und Costa Rica wird am stärksten frequentiert. Praktisch alle Reisenden aus Nicaragua betreten Costa Rica hier. Der Grenzübergang ist auf beiden Seiten von 6 bis 20 Uhr geöffnet – die Regionalbusse verkehren allerdings nur bis zum Nachmittag. Dies ist der einzige offizielle Grenzübergang zwischen Nicaragua und Costa Rica, der von Privatwagen genutzt werden darf.

Tica Bus (☎ in Managua 222 6094), Nica Bus (☎ in Managua 228 1374) und TransNica (☎ in Managua 278 2090) fahren täglich nach Costa Rica (14 US$, 9 Std.). Von Rivas (37 km nördlich der Grenze) fahren alle zwei Stunden Busse nach Sapoá ab (5–16.30 Uhr). Regelmäßig fahren Busse von Peñas Blancas nach La Cruz, Liberia und San José.

Die Einwanderungsbüros von Costa Rica und Nicaraguan liegen etwa 1 km voneinander entfernt; die meisten Reisenden nehmen den Bus oder das eigene Auto. Wer keine durchgehende Busfahrkarte hat, findet Golfwagen vor, die zwischen den Grenzen verkehren, aber auch zu Fuß ist die Strecke leicht zu bewältigen. Während Costa Rica Grenzgängern keine Gebühr abverlangt, berechnet Nicaragua für die Ausreise 2 US$ und für die Einreise bis 12 Uhr 7 US$, danach kostet sie sogar 9 US$. Alle Gebühren müssen in US-Dollar bezahlt werden.

Ein wichtiger Hinweis: Peñas Blancas ist nur eine Grenzstation und keine Stadt, deshalb fehlen auch Übernachtungsmöglichkeiten. Weitere Informationen finden sich im Kasten S. 240.

Nicaragua – Von San Carlos nach Los Chiles

Internationale Reisende nehmen diesen Weg nur selten, obwohl er als problemlos gilt. Es gibt keinen Grenzübergang an Land, Reisende müssen ein Boot nehmen. Boote (10 US$, 45 Min.) fahren regelmäßig um 10.30 und 16 Uhr in San Carlos ab und nehmen die Route über den Río Frío nach Los Chiles, bei entsprechender Nachfrage fahren sie auch außerplanmäßig. Ansonsten lässt sich meist ein Boot an der ENAP-Anlegestelle in San Carlos finden, doch die Grenzstation schließt um 17 Uhr. Es gibt auch eine Straße, die am Südufer des Río San Juan entlang nach Los Chiles führt, aber sie ist für Staatsbeamte reserviert. Auf diesem Weg kommen also normale Besucher nicht nach Costa Rica (und schon gar nicht mit dem Auto).

Wer nach Costa Rica einreist, darf nicht vergessen, sich für 2 US$ den Ausreisestempel im *migración*-Büro in San Carlos (50 m westlich der Anlegestelle) geben zu lassen.

Bei der Einreise nach Costa Rica ist dann ein Stopp bei der costa-ricanischen *migración* fällig, um den Einreisestempel zu erhalten.

Wer von Costa Rica nach Nicaragua reist, muss eine Einreisegebühr von 7 US$ bezahlen. Weitere Informationen s. Kasten S. 558.

abschließen. Sie kostet an der Grenze etwa 15 US$ pro Monat. Zusätzlich müssen Autofahrer wahrscheinlich eine Straßensteuer von 22 US$ zahlen, um überhaupt ins Land einreisen zu dürfen.

Der Autoverkauf ist in Costa Rica verboten. Wer das Land ohne Auto verlassen muss, ist gezwungen, sein Fahrzeug in einem Lagerhaus des Zolls in San José abzustellen.

Weitere hilfreiche Tipps für die Einreise mit dem Auto aus Nordamerika, die Einführung eines Autos und den späteren Verkauf s. Kasten S. 598.

Eine andere Möglichkeit besteht übrigens darin, ein Auto aus den USA per Schiff von Miami nach Costa Rica zu transportieren. Über Details informiert **Latii Express International** (☎ in den USA 800-590 3789, 305-593 8929; www.latiiexpress.com).

Bus

Costa Rica besitzt gemeinsame Grenzen mit Nicaragua und Panama; viele Reisende, die mehrere mittelamerikanische Staaten besuchen wollen, kommen mit dem Bus ins Land. Ein dicht geknüpftes Netz an Buslinien ver-

Panama – Paso Canoas

Dieser Grenzübergang an der Carretera Interamericana (Pan-American Highway) ist der am häufigsten genutzte Ein- und Ausreiseort nach bzw. von Panama; er ist rund um die Uhr geöffnet. Im Allgemeinen gibt es beim Grenzübertritt keine Probleme. Wichtig ist, dass der Reisende den Ausreisestempel von Panama vorweisen kann, wenn er das *migración*-Büro in Costa Rica betritt. Die Einreise nach Costa Rica kostet nichts. Wer kein Auto hat, sollte während des Tages kommen, da die Busse nur bis 18 Uhr verkehren. Reisende mit Privatwagen tun gut daran, am späten Vormittag zu kommen, wenn die Lkws bereits abgefertigt sind.

Tica Bus (in Panama City ☎ 262 2084) fährt täglich von Panama City nach San José (25 US$, 15 Std.) und nutzt diesen Grenzübergang. In David fährt täglich ein Bus von Tracopa ab dem Busbahnhof nach San José (14 US$, 9 Std.). Hier gibt es auch Busse zur Grenze in Paso Canoas (2 US$, 1½ Std.), die zwischen 4 und 20 Uhr alle 10 Minuten fahren.

Wer nach Panama reist, muss 5 US$ für eine Touristenkarte zahlen. Weitere interessante Details finden sich im Kasten S. 431.

Panama – Von Guabito nach Sixaola

Der Grenzübertritt verläuft hier an der karibischen Küste ziemlich ruhig und problemlos. Wenn die Beamten von der Einwanderungsbehörde ihre Mittagspause einlegen, heißt es für Reisende ein Weilchen auf die Abfertigung warten. Der Grenzort in Panama ist Guabito.

Die Grenze ist in Panama von 8 bis 18 Uhr und in Costa Rica von 7 bis 17 Uhr geöffnet (Panama ist mit der Zeit eine Stunde voraus). Beide Seiten schließen etwa um 13 Uhr wegen einer einstündigen Mittagspause, sodass Reisende, die um diese Zeit kommen, eventuell zwei Stunden warten müssen. Es lohnt sich, möglichst früh in Sixaola zu sein; es gibt dort einige Unterkunftsmöglichkeiten, ein Highlight der Reise ist der Ort allerdings nicht. Vor dem Überqueren der Brücke muss ein Stopp bei der costa-ricanischen **Migración** (☎ 2754 2044) eingelegt werden, um den Papierkram zu erledigen. Die Brücke zu Fuß zu überqueren ist ein schwindelerregender Spaß.

Für Reisende, die aus Bocas del Toro kommen, geht es schneller und kostet weniger, wenn sie die Fähre nach Changuinola (5 US$, 45 Min.) nehmen und von dort ein Taxi zur Grenze oder zur Bushaltestelle (5 US$). Täglich um 10 Uhr verkehrt ein Bus von Changuinola nach San José (15 US$, 8 Std.). Ansonsten genügt ein Spaziergang über die Grenze, um einen der stündlichen Busse, die von Sixaola aus an der Küste entlangfahren, zu erreichen. Details s. Kasten S. 542.

Panama – Von Río Sereno nach San Vito

Hierbei handelt es sich um einen selten frequentierten Grenzübergang in der Cordillera de Talamanca. Die Grenze ist in Panama von 8 bis 18 Uhr und in Costa Rica von 7 bis 17 Uhr geöffnet. Das kleine Dorf Río Sereno in Panama besitzt ein Hotel und ein Lokal, auf der costa-ricanischen Seite gibt es nichts dergleichen.

Busse verkehren regelmäßig von Concepción und David in Panama nach Río Sereno. Regionalbusse (4-mal täglich) und Taxis fahren von der Grenze nach San Vito. Ansonsten s. Kasten S. 431.

VERKEHRSMITTEL & -WEGE

bindet die mittelamerikanischen Hauptstädte miteinander, und das Busfahren kostet deutlich weniger als das Fliegen.

Wer ein Ticket für eine grenzüberschreitende Busfahrt kauft – es gibt auch die Möglichkeit, einen Bus zu nehmen, der nur bis zur Grenze fährt, und dann auf der anderen Seite die Fahrt mit einem anderen Bus fortzusetzen –, zahlt wahrscheinlich etwas mehr, doch der höhere Preis lohnt sich, weil die Betreiber die Grenzformalitäten kennen und die Reisenden darüber informieren, wie sie reibungslos über die Grenze kommen.

Wenn mit den Papieren alles stimmt, gibt es beim Grenzübertritt keine Probleme. Die Insassen eines internationalen Busses müssen an der Grenze aussteigen und beide Grenzstationen passieren. Der Busfahrer wartet, bis alle abgefertigt sind.

Wer einen Bus nimmt, der nur bis zur Grenze fährt, sollte möglichst früh am Tag an der Grenzstation dort ankommen, denn das Warten und die Formalitäten bei der Abfertigung können einige Zeit dauern. Die Anschlussbusse fahren meist am Nachmittag; s. Kasten S. 596/597.

VERKEHRSMITTEL & ·WEGE

MIT DEM AUTO VON NORDAMERIKA NACH COSTA RICA

Jedes Jahr schicken Leser dem Verlag Briefe, in denen sie von ihrer Fahrt durch den Kontinent berichten. Wer selbst Lust auf dieses Überland-Abenteuer hat, findet nachstehend eine Auswahl von Tipps der Lonely Planet Leser:

- **Was man wissen sollte** Mit dem Wagen durch Mittelamerika zu fahren ist *keine* besonders preiswerte Art des Reisens. Zugegebenermaßen bietet ein eigenes Fahrzeug mehr Komfort und Flexibilität, andererseits zahlt man aber für Benzin, Versicherung und Einfuhrzölle in der Regel mehr, als man vorher erwartet hat. Wer nicht wirklich vorhat, sehr viel Zeit auf abgelegenen Routen zu verbringen, und wer Lokalbusse nicht grundsätzlich ablehnt, der sollte seine Planung noch einmal überdenken. Denn eines ist sicher: Die öffentlichen Verkehrsmittel sind die billigere und unkompliziertere Alternative.

- **Ein japanisches Auto kaufen** Toyotas, Hondas und Nissans sind in Mittelamerika sehr beliebt, entsprechend einfacher ist der Service im Fall einer Panne oder eines Autoschadens.

- **Selbst ist der Mann/die Frau** Ein gewisses Mindestmaß an automechanischen Kenntnissen bietet die Möglichkeit, kleinere Schäden selbst zu beheben. Wer sein Auto trotzdem in eine Werkstatt bringen muss, zahlt in Costa Rica mehr als in den Nachbarländern, da die Automechaniker hier besser bezahlt werden.

- **Vorbereitet sein** Es ist grundsätzlich nie schlecht, auch auf den (schlimmsten) Notfall vorbereitet zu sein. Dazu zählen eine gute Auswahl an Werkzeugen, ein Reserve-Benzinkanister, ein Wasserkanister und ein sehr gutes Klebeband, mit dem im Ernstfall auch am Auto etwas gesichert werden kann. Ein oder noch besser zwei Reservereifen sind ebenfalls ratsam, vor allem bei Fahrten im extremen Gelände.

- **Die Gesetze kennen** Costa Ricas Gesetze verlangen bei allen Autos einen Katalysator. Daran sollte man denken, wenn man den Katalysator in anderen Teilen Mittelamerikas wegen der schlechteren Benzinqualität ausbaut, damit er nicht verrußt.

- **Vorsichtig fahren** Wie schrieb ein Leser so schön: „Man sollte bedenken, dass viele Autofahrer klinisch verrückt sind." Autofahren in Costa Rica und auch den übrigen Ländern Mittelamerikas ist absolut nichts für schwache Nerven – deshalb gilt: aufmerksam und sicher fahren und gesund ankommen.

Internationale Busse fahren von San José nach Changuinola (Bocas del Toro), David und Panama-Stadt (Panama), nach Guatemala-Stadt (Guatemala), nach Managua (Nicaragua), nach San Salvador (El Salvador) und nach Tegucigalpa (Honduras). Zu den wichtigsten Fahrplan-Richtwerten und zu den zu erwartenden Kosten s. S. 119.

ÜBERS MEER

Kreuzfahrtschiffe legen in costa-ricanischen Häfen an und ermöglichen den Passagieren einen kurzen (aber leider relativ uninteressanten) Landgang, meistens im Pazifikhafen Caldera (bei Puntarenas; S. 345) oder im Karibikhafen Puerto Limón (S. 491). Geplant wird derzeit eine weitere Kreuzfahrtanlegestelle in Quepos (S. 371).

Es besteht natürlich auch die Möglichkeit, mit einer privaten Yacht oder einem Boot nach Costa Rica einzureisen.

UNTERWEGS VOR ORT

AUTO & MOTORRAD

Bei Aufenthalten von bis zu 90 Tagen reicht normalerweise der nationale Führerschein aus. Viele Autovermietungen akzeptieren auch den Internationalen Führerschein, der von Automobilclubs im Heimatland ausgestellt wird. Wer länger als 90 Tage bleibt, muss eine costaricanische Fahrerlaubnis erwerben.

Benzin und Diesel gibt es fast überall. An der Interamericana stehen die Tankstellen mit 24-Stunden-Service dicht an dicht. Der Literpreis für Benzin liegt bei etwa 0,75 US$ pro Liter, allerdings kann er auch auf bis zu 1 US$ steigen. In entlegeneren Gegenden kostet das Benzin häufig mehr; hier wird es oft bei der *pulpería* (kleiner Lebensmittelladen) aus dem Fass abgefüllt; ein Schild „*Se vende gasolina*" weist darauf hin. Es kann mitunter recht schwierig werden, Autoersatzteile zu bekommen – vor allem für Autos mit raffinierter Elektronik und Katalysator.

Mieten

Die meisten Autovermietungen gibt es in San José und in den beliebten Touristenorten an der Pazifikküste. Ein Auto zu mieten ist generell nicht billig, doch wer ein wenig in der Gegend außerhalb der Städte herumfahren möchte, sollte in einen Wagen mit Allradantrieb investieren. Wenn Kunden längere Fahrten planen, bestehen viele Autoverleiher inzwischen sogar darauf, dass sie einen Wagen mit Allradantrieb nehmen – vor allem in der Regenzeit, wenn Flussdurchquerungen unvermeidbar sind. Sobald man die Interamericana verlässt, ist ein normales Auto in dieser Zeit nicht mehr zu gebrauchen.

Für das Anmieten eines Wagens werden ein gültiger Führerschein, eine gängige Kreditkarte und ein Reisepass verlangt. Das Mindestalter für das Anmieten liegt bei 21 Jahren. Es empfiehlt sich unbedingt, den Mietwagen auch auf kleine Schäden hin zu untersuchen und dafür zu sorgen, dass jeder Schaden im Mietvertrag notiert wird. Bei einer Panne gilt es, als Erstes die Autovermietung anzurufen. Die meisten Verleiher zahlen nämlich nur dann, wenn sie vorab ihre Zustimmung zu einer Reparatur gegeben haben – also nicht selbst reparieren oder auf eigene Faust eine Reparatur in Auftrag geben!

Die Preise beginnen bei 450 US$ pro Woche für einen Wagen mit Allradantrieb inklusive *kilometraje libre* (unbeschränkte Kilometer). Hinzu kommt als Mindestschutz (ohne den kein Verleiher ein Auto abgibt) eine Basisversicherung von 15–25 US$ pro Tag. Die Straßen in Costa Rica sind schlecht und voller Schlaglöcher, sodass kleinere Unfälle oder Schäden am Auto ziemlich wahrscheinlich sind. Für eine Zusatzgebühr (rund 10–15 US$ pro Tag) sind der Fahrer und eine dritte Partei gegen Unfallschäden abgesichert, abzüglich eines Selbstbehalts von 750 bis 1500 US$.

Darüber hinaus gibt es Vollkasko-Versicherungen, die zwar teuer, aber sehr lohnend sind (rund 30–50 US$/Tag). Wer mit einer Gold- oder Platin-Kreditkarte bezahlt, besitzt über die Karte in der Regel sowieso Versicherungsschutz bei Schäden am Auto und kann sich deshalb die volle Versicherung sparen. Das sollte jedoch vor der Reise mit der Kreditkartenfirma abgeklärt werden.

Schließlich ist zu beachten, dass viele Versicherungen Schäden durch Überflutungen oder die Fahrt durch einen Fluss (die in Costa Rica machmal nötig ist) generell nicht abdecken – unbedingt den Umfang der Versicherung abklären!

Da die Mietpreise sehr unterschiedlich sind, lohnt es sich, mehrere Angebote einzuholen. Einige Autovermietungen geben Rabatt, wenn der Abschluss online oder für einen längeren Zeitraum erfolgt. Die Filialen am Flughafen verlangen zusätzlich eine zwölfprozentige Gebühr.

Mietwagen sind leicht als solche zu erkennen und werden deshalb häufig aufgebrochen. *Niemals* sollte auch nur *irgendetwas* sichtbar in einem geparkten Auto liegen, und über Nacht sollten sämtliche Gepäckstücke aus dem Kofferraum genommen werden. Autos sollten immer auf einem bewachten Parkplatz stehen und nicht an einer Straße.

Gute Motorräder (darunter auch Harleys) werden in San José (S. 120) und Escazú (S. 126) vermietet.

Alle großen internationalen Autovermietungen besitzen Filialen in Costa Rica, aber meist haben die regionalen Firmen die günstigeren Angebote.

Adobe (☎ 2259 4242; www.adobecar.com) Von Lesern empfohlen, mit Büros in Liberia, Tamarindo und Quepos.

Dollar (☎ 2443 2950; www.dollarcostarica.com) Eine der günstigsten Mietwagenfirmen in Costa Rica mit Büros an beiden Flughäfen.

Poas (☎ 2442 6178; www.carentals.com) Service-Center in Liberia, Tamarindo, La Fortuna und Guápiles.

Solid (☎ 2442 6000; www.solidcarrental.com) Die einzige Autovermietung mit Filialen in Puerto Jiménez und Golfito.

Straßenzustand & Gefahren

Allgemein gilt: Autofahrer in Costa Rica brauchen Nerven wie Drahtseile. Der Straßenzustand reicht von passabel (Interamericana) bis gerade noch befahrbar (fast überall sonst). Selbst die Fahrt auf an sich guten Straßen kann durch Erdrutsche, Überflutungen oder Nebel beeinträchtigt sein. Die meisten Straßen sind einspurig, kurvenreich und ohne Seitenbefestigung; ansonsten führen vielfach nur Staub- und Schlammpisten über die Berge und durch die Flüsse.

Defensives Fahren ist hier absolut angesagt. Hinter der nächsten Kurve kann ein Radfahrer, ein liegengebliebenes Auto, eine Viehherde, ein langsamer Lkw oder ein Ochsen-

VERKEHRSMITTEL & -WEGE

ENTFERNUNGEN (KM)

	Golfito	Liberia	Monteverde	Puerto Limón	Quepos	San Isidro de El General	San José
Liberia	447						
Monteverde	396	112					
Puerto Limón	449	379	318				
Quepos	194	255	118	334			
San Isidro de El General	180	329	294	294	77		
San José	339	220	160	168	174	134	
Turrialba	364	287	227	136	241	159	67

karren den Weg versperren. Auf manchen Straßen finden sich – ohne jede Vorwarnung oder Markierung – Bodenschwellen. (Die Einheimischen bezeichnen sie ironisch als *muertos,* „Leichen".)

Außer in der Umgebung von Touristenorten sind die meisten Straßen schlecht ausgeschildert. Ortsunkundige müssen immer wieder anhalten, um nach dem Weg zu fragen. Nie sollte man vergessen, sich vor Fahrtbeginn nach dem Straßenzustand zu erkundigen, vor allem in der Regenzeit; dann sind zahlreiche Straßen unpassierbar.

Verkehrsregeln

Auf fast allen Hauptstraßen besteht eine Geschwindigkeitsbeschränkung von 100 km/h oder weniger und auf allen Nebenstraßen von 60 km/h oder weniger. Die Verkehrspolizei setzt Radar ein und verteilt Strafzettel an Temposünder. Auch wer seinen Sicherheitsgurt nicht anlegt, muss mit einem Strafzettel rechnen. Auf einer Kreuzung zu halten ist nicht erlaubt. Bei Kreuzungen ohne eindeutig beschilderte Vorfahrtsregelung hat stets das von rechts kommende Auto Vorfahrt. In Costa Rica herrscht Rechtsverkehr.

Wer einen Strafzettel bekommt, muss das Geld innerhalb einer gewissen Frist bei einer Bank einzahlen, die genauen Angaben finden sich auf dem Strafzettel. Bei einem Mietwagen kann eventuell der Autoverleih die Zahlung regeln – der Betrag sollte auf dem Strafzettel ausgewiesen sein. Ein Teil des Bußgeldes geht an Kinderhilfswerke.

Polizisten dürfen kein Geld kassieren und ein Auto nicht beschlagnahmen, es sei denn, der Fahrer kann keine Papiere vorweisen, dem Auto fehlen die Nummernschilder, der Fahrer ist betrunken oder war in einen Unfall verwickelt, bei dem es Schwerverletzte gab. (Zum richtigen Verhalten bei Unfällen s. S. 586.)

Wer sieht, dass entgegenkommende Autos die Lichthupe betätigen, muss mit einem Hindernis oder einer Radarkontrolle rechnen – sofort vom Gas gehen!

BUS
Regionalbusse

Mit Regionalbussen kommen Reisende am besten (wenn auch recht langsam) in ganz Costa Rica herum. Sie verkehren fast überall, fahren häufig und sind durchweg günstig. Die längste Inlandsfahrt ab San José kostet nicht einmal 10 US$.

San José ist der Dreh- und Angelpunkt des öffentlichen Verkehrs (s. S. 119), hat aber überraschenderweise keinen zentralen Busbahnhof. Die Büros der Busbetreiber sind deshalb über die ganze Stadt verstreut: Einige große Unternehmen betreiben eine Art Busbahnhof, an dem auch ein Kartenvorverkauf stattfindet, während andere nur über eine Haltestelle verfügen – die manchmal nicht einmal als solche gekennzeichnet ist.

Meist findet jeder im Bus Platz, und wenn's sehr eng wird, rücken die Mitfahrer einfach zusammen. Anders ist es an den Tagen vor und nach bedeutenden Feiertagen (vor allem Ostern): Dann sind die Busse unfassbar voll.

(Achtung: Von Gründonnerstag bis Karsamstag verkehren überhaupt keine Busse!)
Es gibt zwei Arten von Bussen: *directo* und *colectivo*. Die *Directo*-Busse sollten eigentlich mit wenigen Zwischenstopps von einem Ort zum anderen fahren. Es geht aber den costaricanischen Busfahrern gegen den Strich, nicht jeden potenziellen Mitfahrer an der Straße einsteigen zu lassen. Wer sieht, dass die Kinder draußen schneller laufen, als der Bus fährt, kann sicher sein, dass er in einem *Colectivo*-Bus sitzt.

Bei Fahrten von mehr als vier Stunden Dauer wird meist ein Stopp eingelegt, denn die Busse besitzen keine Toiletten. Der Platz im Bus ist knapp, deshalb sollten Passagiere gut aufpassen, dass ihr Gepäck auch wirklich eingeladen und nicht an einem Zwischenhalt „versehentlich" an jemand anderen ausgegeben wird. Und unbedingt auf alle wichtigen Reisedokumente achten: Diebstähle aus Gepäckablagen kommen häufig vor!

Da Busfahrpläne sich ändern können, empfiehlt es sich, beim Kauf des Tickets noch einmal nach den genauen Zeiten zu fragen. Wer einen Bus unterwegs an der Straße besteigen will, sollte schon früh vor Ort sein, denn die Abfahrtszeiten sind nur ungefähre Richtwerte: Wenn der Bus früher eintrifft, wartet er nicht etwa, sondern fährt auch entsprechend früher wieder ab.

Informationen über die Abfahrtzeiten in San José bietet das Büro des Instituto Costarricense de Turismo (ICT; S. 87), das auch eine (mehr oder weniger) aktuelle Fassung des Gesamtfahrplans vorliegen hat, der ist auch online unter www.visitcostarica.com einzusehen.

Shuttle-Busse

Eine Alternative zu den Standard-Busverbindungen stellt der Touristen-Shuttle-Service dar, den die Busgesellschaften **Grayline's Fantasy Bus** (☎ 2220 2126; www.graylinecostarica.com)

FLUSSDURCHQUERUNGEN

Alle kennen diese fantastischen Werbespots, in denen riesige Lkw oder Geländefahrzeuge mit vollem Tempo durch einen Fluss brettern. Am besten ist es, sie gleich wieder zu vergessen.

Irgendwann steht fast jeder Besucher in Costa Rica vor einem Fluss, den er mit dem Auto durchqueren muss. Leider stammen aber die Off-road-Fähigkeiten der meisten Fahrer nur aus dem Fernsehen – entsprechend oft müssen die Ticos deshalb abgetriebene oder festgefahrene Fahrzeuge aus dem Wasser ziehen ...

Wer durch Wasser fahren muss, sollte folgende Regeln beherzigen:

■ **Nur mit einem Allradfahrzeug fahren** Auf keinen Fall mit einem normalen Auto einen Versuch starten. (Es mag lächerlich sein, dies zu betonen, aber solche Überquerungen werden immer wieder mit normalen Autos versucht.) Aus einem steilen Flussbett mit Kies kommt man ohne Allradantrieb nicht mehr heraus. Außerdem vertragen die Motoren normaler Wagen das Wasser nicht – *adiós* Mietwagen.

■ **Die Wassertiefe prüfen** Bei einem Standard-Allradwagen sollte das Wasser maximal knietief sein. Für ein robusteres Fahrzeug (Toyota 4-Runner oder Vergleichbares) darf das Wasser bis zur Taille reichen. In Zweifelsfällen aber lieber einen Einheimischen fragen.

■ **Das Wasser sollte ruhig sein.** Wenn der Fluss so bewegt ist, dass er Schaumkronen trägt, keine Überquerung versuchen. Die Kraft des Wasser kann nicht nur den Motor schädigen, sondern auch das ganze Auto davontreiben.

■ **Laaaaaangsam fahren.** Taxifahrer in ganz Costa Rica verdienen viel Geld damit, Besucher herauszuziehen, die glaubten, dass sie mit vollem Tempo am besten durch einen Fluss kommen. Das ist ein großer Fehler. Der Druck, der bei schnellem Durchqueren entsteht, drückt das Wasser bis in den Motor, und das elektrische System bricht in Sekunden zusammen. Mit gleichmäßigem Tempo fahren, damit das Auspuffrohr sich nicht mit Wasser füllt – gleichmäßig, aber unbedingt auch langsam.

■ **Lieber ein bisschen zu vorsichtig sein.** Autovermietungen in Costa Rica versichern Wasserschäden nicht; wenn doch einmal ein Auto im Fluss hängen bleibt, zahlt stets der Mieter dafür – und das auf mehr als eine Art.

VERKEHRSMITTEL & -WEGE

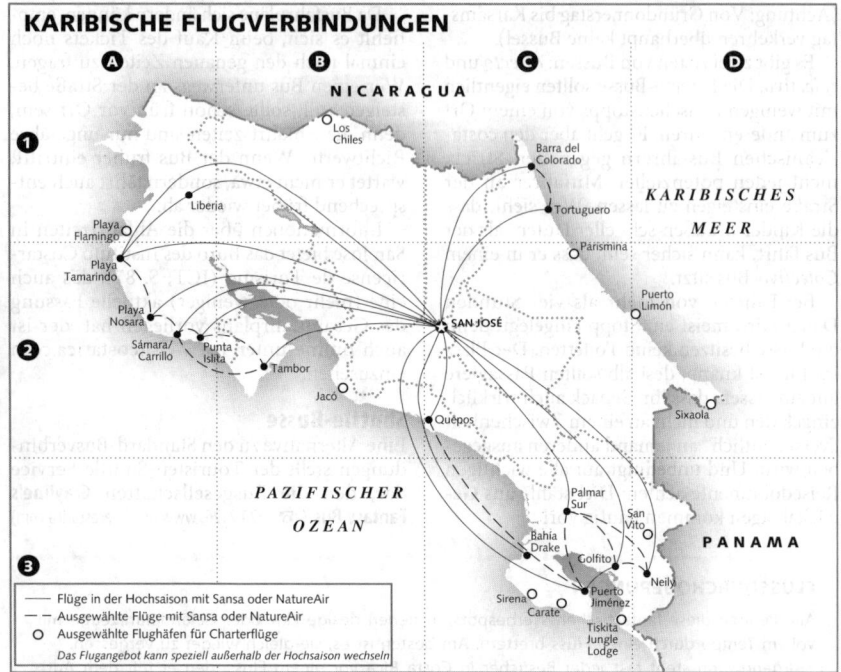

KARIBISCHE FLUGVERBINDUNGEN

Flüge in der Hochsaison mit Sansa oder NatureAir
Ausgewählte Flüge mit Sansa oder NatureAir
O Ausgewählte Flughäfen für Charterflüge
Das Flugangebot kann speziell außerhalb der Hochsaison wechseln

und **Interbus** (☎ 2283 5573; www.interbusonline.com) anbieten. Beide Gesellschaften fahren von San José zu den beliebtesten Urlaubsdestinationen des Landes, haben aber auch Direktverbindungen zu anderen Orten an (s. die jeweilige Homepage) in ihrem Reiseangebot.

Diese Busse holen ihre Passagiere als Service sogar am Hotel ab. Reservierungen sind online oder bei Reisebüros vor Ort und in Hotels möglich.

FÄHRE
Fähren über den Golfo de Nicoya verbinden die zentrale Pazifikküste mit der Südspitze der Península de Nicoya. Die **Countermark-Fähre** (☎ 2661 1069) fährt viermal täglich vom Hafen in Puntarenas nach Playa Naranjo.

Die **Ferry Peninsular** (☎ 2641 0118) verkehrt alle zwei Stunden zwischen Puntarenas und Vaquero; dort besteht Anschluss an den Bus nach Montezuma (s. S. 348).

Am Golfo Dulce verbindet eine Passagierfähre Golfito jeden Tag mit Puerto Jiménez auf der Península de Osa, außerdem verkehrt an Werktagen ein Wassertaxi nach Playa Zancudo (s. S. 472).

Auf der anderen Seite der Península de Osa fahren Wassertaxis von Bahía Drake nach Sierpe (s. S. 438).

An der Karibikküste gibt es einen Schiffs- und Busdienst, der mehrmals täglich zwischen Cariari und Tortuguero (S. 507) hin- und herpendelt, während ein weiterer zwischen Parismina und Siquirres (S. 499) verkehrt. Auch die Kanäle, die entlang der Küste von Moín nach Tortuguero verlaufen, werden von Booten befahren, allerdings bestehen dort keine regelmäßigen Verbindungen. Täglich fährt ein Wassertaxi auf dem Río San Juan von Puerto Viejo de Sarapiquí nach Trinidad (S. 568). Der Río San Juan liegt auf dem Staatsgebiet von Nicaragua, also bei dieser Fahrt unbedingt an den Reisepass denken. In all diesen Orten können Reisende versuchen, eine Bootstour zur Barra del Colorado zu arrangieren.

FAHRRAD
Mountainbikes und Beachcruisers gibt es in Städten mit großer Nachfrage für 10–15 US$ pro Tag. Einige Firmen organisieren sogar Radtouren durch Costa Rica (s. S. 572).

FLUGZEUG
Linienflüge

Costa Ricas nationale Fluglinien heißen **NatureAir** (☎ 2220 3054; www.natureair.com) und **Sansa** (☎ 2221 9414; www.flysansa.com); Letztere gehört übrigens zu Grupo TACA.

Beide Fluglinien setzen kleine Passagierflugzeuge ein; das Gepäck pro Passagier darf ein Gesamtgewicht von 12 kg nicht übersteigen. Da die Anzahl der Plätze in den kleinen Maschinen gering und die Nachfrage vor allem in der Trockenzeit hoch ist, sollte man so früh wie möglich reservieren und zahlen.

Wegen ungünstiger Wetterbedingungen ändern sich die Flugpläne häufig, viele Flüge haben auch Tagen mit guten Wetterbedingungen regelmäßig Verspätungen. Reisende sollten sich besser in Geduld üben: Costa Rica hat kleine Flugzeuge und große Stürme – da empfiehlt es sich eben manchmal, lieber am Boden zu bleiben.

Bei Inlandsflügen mit wichtigen internationalen Anschlussflügen sollten Reisende vor diesem Hintergrund immer ausreichend Reservezeiten einplanen.

Alle Inlandsflüge starten und landen in San José. In diesem Buch sind durchgängig die Tarife während der Hochsaison genannt. Zu den Zielen ab San José zählen Bahía Drake, Barra del Colorado, Golfito, Liberia, Neily, Palmar Sur, Playa Nosara, Playa Sámara/Carrillo, Playa Tamarindo, Puerto Jiménez, Quepos, Tambor und Tortuguero.

Charterflüge

Am Flughafen Tobías Bolaños in Pavas stehen kleine Maschinen bereit, die für Flüge zu beliebigen Zielen im Land gechartert werden können. Die Preisliste beginnt bei 300 US$ pro Stunde für ein drei- oder viersitziges Flugzeug; zu den meisten Zielen dauert ein Flug zwischen 40 und 90 Minuten. Auch der Rückflug muss bezahlt werden. Für Gepäck steht nur sehr wenig Platz zur Verfügung.

Viele Reisebüros organisieren Charterflüge, aber es geht auch auf eigene Faust; eine Liste der Anbieter findet sich unter San José (S. 118), Golfito (S. 472) und auch unter Puerto Jiménez (S. 457).

NAHVERKEHR
Bus

Einen Bus-Nahverkehr gibt es in San José, Puntarenas, San Isidro, Golfito und Puerto Limón jeweils zwischen dem Stadtzentrum und den Vororten. Die meisten Busse nehmen unterwegs Fahrgäste mit, außerhalb der Stadt jedoch nur an größeren Straßen. Die – oft überfüllten – Fahrzeuge sind meist ehemalige Schulbusse aus den USA.

Taxi

In San José besitzen Taxis Taxameter (*marías*), viele Taxifahrer schalten sie aber nicht ein – vor allem dann, wenn sie merken, dass die Kunden kein Spanisch sprechen. Die Fahrer sind allerdings gesetzlich dazu verpflichtet,

VERKEHRSMITTEL & -WEGE

DIE REIFENPANNE UND DAS VERSCHWUNDENE GEPÄCK

Auf den Straßen rund um den Aeropuerte Internacional Juan Santamaría scheint eine Art von Betrug immer häufiger vorzukommen. Viele Leser haben über ähnliche Vorfälle berichtet, Reisende sollten also vorsichtig sein. Und das passiert:

Nachdem die Reisenden ihren Mietwagen abgeholt haben und losgefahren sind, stellen sie fest, dass sie einen „Plattfuß" haben. Sie fahren an den Straßenrand, um den Reifen zu wechseln. Einige freundliche Einheimische bemerken, dass die Besucher ihres schönen Landes in Schwierigkeiten sind, und halten an, um zu helfen. Unvermeidlich folgt beim Wechseln der Reifen ein Tohuwabohu. Doch schließlich ist die Panne behoben, die freundlichen Ticos winken und fahren davon. Die Reisenden steigen wieder ins Auto und stellen fest, dass die Brieftasche – oder das Gepäck oder alles – verschwunden ist.

Da sich solche Vorfälle häufen, ist anzunehmen, dass bei den Reifenpannen ein wenig nachgeholfen wird. Reisende sollten deshalb sehr aufmerksam und vorsichtig sein, wenn jemand in dieser Situation hält, um ihnen zu helfen. Immer beim Verlassen des Autos Brieftasche und Reisepass am Körper tragen. Wenn möglich, sollte eine Person im Auto bleiben und aufpassen. In jedem Fall die Türen verschließen, selbst wenn alle direkt am Auto bleiben.

Nichts kann der Ferienstimmung einen größeren Dämpfer versetzen, als wenn plötzlich das ganze Gepäck verschwunden ist.

TAXIFAHRTEN IN ABGELEGENEN GEGENDEN

Taxis sind in Gegenden ohne funktionierendes öffentliches Nahverkehrsnetz eine gute Alternative. Die Fahrzeuge können für eine Stunde, einen halben oder ganzen Tag gemietet werden; für einen Ausflug wird ein Pauschalpreis verhandelt. Auf langen Strecken hat es keinen Sinn, den Taxameter einzuschalten, stattdessen wird in der Regel ein Festpreis vor Fahrtbeginn vereinbart. Die Preise können bei schwer zu erreichenden Zielen je nach Straßenzustand und Wetterbedingungen variieren.

Die Fahrzeugpalette bei solchen Taxis reicht von einfachen Limousinen, die nur noch vom Rost zusammengehalten werden, bis zu voll ausgestatteten Allradwagen mit Klimaanlage. In einigen Fälllen handelt es sich auch um umgebaute Pickups mit Sitzen auf der Ladefläche. In den meisten Städtchen findet sich zumindest ein lizenzierter Taxibetrieb (oder -fahrer), in einigen abgelegenen Dörfern ist man auf das Entgegenkommen der Einheimischen angewiesen – beim Suchen sind die *pulperías* (Lebensmittelläden) oft eine gute Informationsquelle.

---

sie in Betrieb zu setzen, man sollte also ruhig darauf bestehen (vor allem dann, wenn man das Gefühl hat, über's Ohr gehauen zu werden). Außerhalb der Hauptstadt haben viele Taxis tatsächlich keinen Taxameter, dann sollte der Fahrpreis vorab ausgehandelt werden – ein bischen Feilschen ist dabei erlaubt.

In einigen Städten fahren *Colectivo*-Taxis, die mehrere Fahrgäste für eine Fahrt aufnehmen. Auch wenn solche *Colectivo*-Taxis immer schwerer zu finden sind, das Prinzip ist nach wie vor überall das gleiche: Der Fahrer verlangt einen Einheitspreis für eine Fahrt von einem Ende der Stadt zur anderen (meist sind es etwa 0,50 US$).

In ländlichen Gegenden kommen Allrad-Jeeps als Taxis zum Einsatz; sie sind vor allem bei Surfern beliebt, die so von ihrer Unterkunft zu abgelegeneren Stränden fahren. Die Preise variieren stark und hängen u. a. davon ab, wie sehr die jeweilige Region touristisch erschlossen ist. Eine zehnminütige Fahrt kostet ungefähr 5–15 US$.

Taxifahrer bekommen in der Regel kein Trinkgeld, es sei denn, sie helfen beim Gepäckverladen oder erledigen sonstiges. Doch angesichts der großen Zahl amerikanischer Reisender sollte man nicht überrascht reagieren, wenn Taxifahrer in Tourismusorten ihre Hand aufhalten.

TRAMPEN

Trampen ist in keinem Land wirklich sicher, und Lonely Planet empfiehlt es nicht. Reisende, die trampen, sollten sich klar sein, dass sie ein geringes, aber möglicherweise schwerwiegendes Risiko eingehen. Etwas weniger gefährlich ist die Sache zu zweit und dann, wenn jemand Bescheid weiß, wohin die Trampenden unterwegs sind. Alleinreisende Frauen sollten noch mehr Vorsicht walten lassen.

Auf den größeren Straßen Costa Ricas, auf denen häufig Busse verkehren, ist Trampen unüblich. Auf kleinen Landstraßen funktioniert es einfacher. Einheimische winken vorbeikommenden Autos meist freundlich zu, wenn sie mitgenommen werden möchten. Tramper sollten am Ziel eine Bezahlung anbieten: *¿Cuanto le debo?* (Was schulde ich Ihnen?) Der Fahrer wird das Angebot entweder ablehnen oder aber um einen kleinen Zuschuss zum Benzingeld bitten.

Gesundheit Dr. David Goldberg

Leute, die nach Mittelamerika reisen, sollten das Risiko von Infektionskrankheiten, die durch Lebensmittel oder Insektenstiche übertragen werden, stets vor Augen haben. Die meisten dieser Krankheiten sind zwar nicht lebensbedrohlich, aber der weitere Aufenthalt ist dann kein Vergnügen mehr. Deshalb ist es wichtig, vor der Reise nicht nur für die entsprechenden Impfungen zu sorgen, sondern auch wirksame Insektensprays mitzunehmen und große Vorsicht beim Essen und Trinken walten zu lassen.

VOR DER REISE

Da die meisten Impfungen erst nach zwei Wochen wirksam sind, empfiehlt es sich, schon vier bis acht Wochen vor dem Reiseantritt zum Arzt zu gehen. Dort ist auch der Internationale Impfausweis erhältlich, in dem der Arzt alle Impfungen dokumentiert. In Ländern, die eine Impfung gegen Gelbfieber bei der Einreise voraussetzen, ist es sogar Pflicht, diesen Internationalen Impfausweis mitzuführen, aber es kann eigentlich nicht schaden, ihn immer bei sich zu haben, egal wohin die Reise geht.

Wichtig ist zudem, dass alle Medikamente in ihrer Originalverpackung mit gut leserlicher Beschriftung mitgenommen werden. Ein vom Arzt mit Datum und Unterschrift versehener Brief, der eine Diagnose und alle benötigten Medikamente inklusive denkbarer Ersatzpräparate auflistet, ist bei Notfällen ebenfalls immer sehr nützlich.

Wenn Spritzen mit zur Reiseapotheke gehören, muss eine vom Arzt ausgestellte Erklärung über die medizinische Notwendigkeit der Nadeln unbedingt mit ins Gepäck.

VERSICHERUNG

Die meisten Ärzte und Krankenhäuser erwarten Barzahlung, ganz egal, ob eine Reisekrankenversicherung abgeschlossen worden ist oder nicht. Falls es während der Reise zu einer lebensbedrohlichen Erkrankung kommt, wird eine Behandlung nur in einem Land mit ziemlich hohem medizinischem Standard infrage kommen. Da in einem solchen Fall der Transport und die Behandlung dann unter Umständen mehrere zehntausend Euro kosten können, sollte man unbedingt vor der Reise eine Versicherung abschließen, die diese Kosten deckt. Kopien dieser Versicherungsunterlagen – möglichst mit Telefonnummern – gehören ins Reisegepäck.

Falls die bestehende Krankenversicherung nicht für unvorhergesehene Erkrankungen im Urlaub aufkommt, ist es ratsam, eine Zusatzversicherung abzuschließen. Dabei unbedingt prüfen, ob die Versicherung nur eine direkte Bezahlung der Helfer vorsieht oder ob sie die Auslagen für die Behandlung in Übersee später erstattet.

REISEAPOTHEKE

- Paracetamol oder Aspirin
- Heftpflaster oder Klebeband
- Antibakterielle Salbe für Schnitte und Schürfwunden
- Antibiotika
- Durchfallmedikamente
- Antihistamine (gegen Heuschnupfen und allergische Reaktionen)
- Entzündungshemmende Tabletten & Schmerztabletten
- Bandagen, Gaze(-rollen)
- Wirksames Insektenspray für die Haut
- Jodtabletten (um Wasser sterilisieren zu können)
- Rehydrationslösungen mit Salz

GESUNDHEIT

- Permethrinhaltiges Anti-Insektenspray für Kleidung, Zelte und Mückennetze
- Taschenmesser
- Schere, Sicherheitsnadeln, Pinzette
- Kortisonhaltige Salbe (für Kontaktekzeme und andere allergische Reaktionen)
- Sonnencreme
- Spritzen und sterile Nadeln
- Thermometer

INFOS IM INTERNET

Das Internet ist eine schier unerschöpfliche Quelle an Reisegesundheitstipps. Einen guten Einstieg bietet die Website von **Lonely Planet** (www.lonelyplanet.com). Immer nützlich ist auch die Website des Auswärtiges Amtes der Bundesrepublik Deutschland (www.auswaertiges-amt.de) mit einerseits allgemeinen Gesundheitsinformationen und andererseits stets aktuellen medizinischen Hinweisen für das jeweilige Reiseland.

Ebenfalls sehr empfehlenswert ist ein Besuch auf www.vitanet.de/service/reise_gesund heit/literatur/ findet sich reichlich weiterführende Literatur für das Leben und Reisen in die Tropen.

NOCH MEHR LEKTÜRE

Weitere Informationen gibt es bei Lonely Planet, z. B. *Travel with Children*.

UNTERWEGS

JETLAG & REISEÜBELKEIT

Zum Jetlag kommt es meist dann, wenn während der Reise mehr als fünf Zeitzonen durchquert werden. Typische Symptome sind Schlaflosigkeit, Ermüdung, Unwohlsein und Übelkeit. Zur Vorbeugung sollte man viel Flüssigkeit (jedoch nicht in Form von Alkohol) und nur leichte Mahlzeiten zu sich nehmen. Bei der Ankunft sollte man sich – sofern es hell ist – sobald wie möglich dem Sonnenlicht aussetzen und den persönlichen Tageszeitplan (z. B. fürs Zubettgehen und die Mahlzeiten) so schnell wie möglich auf die veränderte Situation umstellen.

Antihistamine wie Dramamin und Meclozin (Antivert) können gegen Reiseübelkeit helfen. Eine häufige Nebenwirkung ist jedoch Schläfrigkeit. Eine pflanzliche Alternative stellt Ingwer dar, der auf einige Menschen anregend wirkt.

THROMBOSE

Bei langem Sitzen ohne Bewegung können sich gelegentlich Blutklümpchen in den Adern vor allem der Beine bilden. Je länger ein Flug dauert, desto höher ist das dadurch bedingte Thromboserisiko. Auch wenn sich die meisten dieser Klumpen problemlos wieder verflüssigen, können solche Gerinnsel sich lösen und schließlich durch die Blutgefässe in die Lungen gelangen, was lebensbedrohliche Auswirkungen haben kann.

Die Hauptsymptome sind Schwellungen oder Schmerzen in einem der Füße, Knöchel oder einer der Waden, manchmal auch in beiden. Wenn ein Blutklümpchen bis zur Lunge wandert, kann es zu Schmerzen in der Brust und Atemnot kommen. Wer eines dieser Symptome bei sich feststellt, sollte sofort um medizinische Hilfe bitten.

Um die Entwicklung einer Thrombose auf langen Flügen zu vermeiden, empfiehlt es sich, ab und zu aufzustehen und durch die Gänge zu gehen, im Sitzen die Beinmuskeln zu bewegen und viel Flüssigkeit zu sich zu nehmen. Auf Alkohol oder Tabak sollte man besser verzichten.

IN COSTA RICA

MEDIZINISCHE VERSORGUNG & KOSTEN

Eine gute medizinische Versorgung ist in den meisten größeren Städten garantiert, auf dem Land jedoch eher rar.

In der medizinischen Notfallversorgung helfen normalerweise diese Nummern und Adressen weiter:

CIMA San José (☎ 2208 1000; Próspero Fernández Fwy., San José) 500 m westlich vom Zollhaus am Highway nach Santa Ana gelegen.

Clínica Bíblica (☎ 2257 0466, 257 5252;www.clinica-biblica.com; Av. 14 zw. Calle Central & Calle 1)

Hospital Nacional de Niños (☎ 2222 0122; Calle 14, Av. Central, San José) Nur für Kinder unter 12 Jahren.

Poison Center (☎ 2223 1028)

Red Cross Ambulance (☎ 911, in San José 2221 5818)

San Juan de Dios Hospital (☎ 2257 6282; Ecke Calle 14 & Av. Central, San José)

Eine umfangreiche Liste von Allgemeinmedizinern, Zahnärzten und Krankenhäusern stellt die Amerikanische Botschaft auf ihrer Website (usembassy.or.cr) zur Verfügung. Schwangere Frauen sollten sich auf dieser Site vorsichtshal-

GESUNDHEIT

ber für den Fall der Fälle nach den Namen von ein oder zwei Geburtshelfern erkundigen.

Die meisten Apotheken in Costa Rica sind gut ausgestattet, und das Personal ist berechtigt, Medikamente zu verschreiben. Falls regelmäßig Medikamente eingenommen werden müssen, sollten auch die Namen der Ersatzpräparate bzw. die Wirkstoffe bekannt sein, da viele Medikamente in Costa Rica unter einer anderen Bezeichnung laufen. Die hier aufgeführten Apotheken sind rund um die Uhr geöffnet:

Farmacia Clínica Bíblica (☎ 2257 5252; Ecke Calle 1 & Av. 14, San José)

Farmacia Clínica Católica (☎ 2283 6616; Guadalupe, San José)

Farmacia el Hospital (☎ 2222 0985)

INFEKTIONEN
Chagas-Krankheit

Die Chagas-Krankheit wird von Raubwanzen übertragen, die in Wand- und Dachritzen ärmlicher Behausungen in ganz Süd- und Mittelamerika leben. In Costa Rica sind die meisten Krankheitsfälle aus Alajuela, Liberia und Puntarenas bekannt. Die Wanzen legen nachts während des Blutsaugens ihren Kot auf der menschlichen Haut ab. Übertragen wird die Krankheit erst, wenn die betroffene Person den Kot versehentlich auf der Einstichstelle oder einer anderen offenen Wunde verreibt. Zu den Symptomen der Krankheit zählen Fieber und das Anschwellen von Milz, Leber und Lymphknoten. Bei Reisenden kommt die Chagas-Krankheit nur extrem selten vor.

Wer in einer behelfsmäßigen Unterkunft schläft, vor allem dann, wenn sie aus Schlamm, Lehm oder Reed gebaut ist, sollte einer möglichen Ansteckung aber unbedingt mit einem Mückennetz und einem guten Insektenspray vorbeugen.

Dengue-Fieber

Beim Dengue-Fieber handelt es sich um eine Virusinfektion, von der ganz Mittelamerika betroffen ist. In Costa Rica sind leider jährlich Tausende von Menschen davon betroffen. Das Dengue-Fieber wird von den Larven der Aedes-Mücke übertragen, die sich in der Nähe von menschlichen Siedlungen (oft sogar in den Häusern) aufhalten und meist am Tag zustechen. Die Mücken legen ihre Eier meist in mit Wasser gefüllten Gefäßen wie Fässer, Tonnen, Kannen, Kästen, Metalltrommeln, Plastikbehältern und alten Reifen ab. Deshalb

tritt die Krankheit vor allem in dicht besiedelten städtischen Gebieten auf.

Dengue-Fieber verursacht normalerweise grippeartige Beschwerden wie etwa Fieber, Muskel-, Kopf- und Gelenkschmerzen, Übelkeit und Erbrechen, oft folgt auch ein Hautausschlag. Die körperlichen Beschwerden mögen sehr unangenehm sein, aber meistens hören sie, ohne Schaden anzurichten, nach einigen Tagen wieder auf. Schwere Erkrankungen sind vor allem bei Kindern unter 15 Jahren zu erwarten, wenn es sich um einen zweiten Ausbruch der Krankheit handelt.

Eine richtige Behandlungsmethode gibt es für das Dengue-Fieber nicht; hilfreich ist die Einnahme von Acetaminophen- bzw. Paracetamolzäpfchen (auch Tylenol). Ausreichend Flüssigkeit zu trinken kann die Beschwerden lindern. Sollte der Krankheitsverlauf ernster sein, kann eine Infusion mit zusätzlichen Schmerzmitteln und Flüssigkeit im Krankenhaus notwendig werden.

Eine Impfung gegen Dengue-Fieber gibt es bisher nicht. Um eine Ansteckung zu vermeiden, sollten also die besonderen Vorsichtsmaßnahmen wie bei allen Insektenstichen (s. S. 610) beachtet werden.

Hepatitis A

Hepatitis A ist nach dem Durchfall die zweithäufigste Reiseerkrankung. Sie wird durch Viren übertragen, die sich in verunreinigten Lebensmitteln, Getränken oder Eis befinden und bei der Nahrungsaufnahme in den Körper gelangen; sie können aber auch im direkten Kontakt mit infizierten Personen übertragen werden. Bei Hepatitis A handelt es sich um eine Infektion der Leber. Sie tritt zwar auf der ganzen Welt auf, allerdings ist das Ansteckungsrisiko in Entwicklungsländern deutlich höher. Zu den Symptomen zählen Fieber, Unwohlsein, Gelbsucht, Übelkeit, Erbrechen und Schmerzen im Oberbauch. In den meisten Fällen ist nicht mit schlimmen Komplikationen zu rechnen, manchmal treten aber schwere Leberschädigungen auf. Hepatitis A ist nicht behandelbar.

Die Impfung gegen diese Krankheit ist extrem sicher und wirkungsvoll. Eine Auffrischung nach sechs bis zwölf Monaten garantiert Ansteckungsschutz für mindestens 10 Jahre. Eine solche Impfung ist vor einer Reise nach Costa Rica wirklich unerlässlich. Da sie aber für schwangere Frauen und Kinder unter zwei Jahren nicht infrage kommt, soll-

GESUNDHEIT

GESUNDHEIT

ten diese sich stattdessen vom Arzt eine Gammaglobulininjektion verabreichen lassen.

Hepatitis B

Ebenso wie Hepatitis A ist Hepatitis B eine Lebererkrankung, die überall auf der Welt vorkommt, aber in Entwicklungsländern gehäuft auftritt. Im Gegensatz zur Variante A wird Hepatitis B nicht bei der Nahrungsaufnahme, sondern durch sexuellen Kontakt mit erkrankten Personen oder durch infiziertes Blut (bei Transfusionen oder kontaminierten Spritzen) übertragen. Eine Impfung ist vor allem für Menschen ratsam, die einen längeren Aufenthalt (von über sechs Monaten) planen und sich vorwiegend in ländlichen Gegenden aufhalten werden. Vor allem, wenn sexuelle Kontakte oder medizinische Behandlungen (Injektionen oder Bluttransfusionen) während des Aufenthalts nicht auszuschließen sind, sollte man eine Hepatitis-B-Impfung vornehmen lassen.

Auch die Hepatitis-B-Impfung gilt als sehr sicher und effektiv. Dennoch sind drei Injektionen nötig, um vollständige Immunität zu garantieren. In vielen Ländern wurde diese Impfung schon seit den 1980er-Jahren routinemäßig bei Kindern durchgeführt, sodass viele junge Erwachsene heute bereits geschützt sein dürften.

HIV/Aids

Von Aids sind viele Menschen in nahezu sämtlichen mittelamerikanischen Staaten betroffen. Deshalb sollte bei jedem sexuellen Kontakt ein Kondom benutzt werden.

Leishmaniase

Leishmaniase tritt in den Gebirgen und Urwäldern aller mittelamerikanischen Länder auf. Übertragen wird diese Infektionskrankheit durch Sandmücken, die dreimal so klein wie normale Mücken sind. Die meisten Krankheitsfälle treten in frisch gerodeten Wäldern oder Gebieten mit Sekundärbepflanzung auf. Vor allem die Menschen in Talamanca sind häufig betroffen. In Costa Rica beschränkt sich das Krankheitsbild meist auf die Haut, wo sich an den befallenen Stellen langsam wachsende Geschwüre bilden. Gegen Leishmaniase gibt es keine Impfung. Die Schutzmaßnahmen gegen Sandmücken sind die gleichen wie bei den normalen Moskitos, mit dem Unterschied, dass die Maschen der Schutznetze feiner sein sollten.

Leptospirose

Die Ansteckung mit Leptospirose erfolgt durch Kontakt mit Wasser, in dem sich Urin von infizierten Tieren befindet. Deshalb sind Menschen, die sich auf bzw. an Bächen und Flüssen aufhalten, besonders gefährdet. In Costa Rica sind besonders Limón, Turrialba, San Carlos und Golfito von Ausbrüchen dieser Krankheit betroffen. In Puerto Limón sind Fälle bekanntgeworden, in denen die betroffenen Einwohner in den örtlichen Flüssen gebadet hatten. Die meisten Krankheitsfälle treten auf, wenn Überschwemmungen das Trinkwasser verschmutzen. Die ersten Symptome, die denen einer schwachen Grippe ziemlich ähnlich sind, ebben ohne größere Komplikationen nach ein paar Tagen ab. In einigen wenigen Fällen kann es aber ohne ärztliche Behandlung auch zu Gelbsucht oder Hirnhautentzündung kommen. Gegen Leptospirose gibt es leider keine Impfung. Wenn man den Kontakt mit Gewässern meidet, die möglicherweise mit tierischem Urin versetzt sind, ist das Ansteckungsrisiko aber sehr gering. Wer sich in gefährdeten Gebieten im Wasser oder dessen Nähe aufhält, kann vorsichtshalber einmal in der Woche 200 mg Doxicyclin zu sich nehmen. Kommt es jedoch tatsächlich zu einem Ausbruch der Krankheit, sollten zweimal täglich je 100 mg Doxicyclin eingenommen werden.

Malaria

Malaria tritt in sämtlichen mittelamerikanischen Staaten auf. Sie wird durch Moskitostiche übertragen, und zwar meistens während der Nacht. Das Hauptsymptom ist ein stark ansteigendes Fieber, begleitet von Schüttelfrost, Schweißausbrüchen, Kopf- und Gliederschmerzen, Schwächegefühl, Erbrechen und Durchfall. In schweren Fällen wird auch das zentrale Nervensystem in Mitleidenschaft gezogen, sodass die Malaria zu Krampfanfällen, Verwirrung, zum Koma und schließlich sogar zum Tod führen kann.

In den Provinzen Alajuela, Limón (außer Puerto Limón), Guanacaste und Heredia ist die Einnahme von Malariatabletten ratsam. Das höchste Erkrankungsrisiko besteht in Los Chiles (Provinz Alajuela), Matina und Talamanca (Provinz Limón).

Die hier bevorzugte Malariatablette ist Chloroquin. Einmal pro Woche sollten 500 mg eingenommen werden, wobei empfohlen wird, bereits ein bis zwei Wochen vor der Reise mit der Einnahme zu beginnen und diese bis etwa vier Wochen nach der Heimkehr fortzusetzen. Chloroquin ist sicher, preiswert und sehr wirkungsvoll. Die Nebenwirkungen sind eigentlich gering und beschränken sich auf Übelkeit, Magenverstimmung, Kopfschmerzen, Schwindel, getrübte Sicht und Juckreiz. Mit schlimmeren Auswirkungen ist kaum zu rechnen.

Zusätzliche Vorkehrungen gegen Moskitostiche (s. unten) sind trotzdem sehr wichtig, zumal keine Tabletten hundertprozentigen Schutz bieten.

Wer unterwegs keine Möglichkeit hat, sich Medikamente zu besorgen oder einen Arzt aufzusuchen, sollte auf jeden Fall einige Ersatzpillen für den Notfall mitnehmen und auf Malariasymptome achten. Zur Selbstbehandlung kann man drei Wochen lang einmal am Tag vier Malarontabletten einnehmen. Trotzdem sollte man unbedingt einen Arzt hinzuziehen, sobald das wieder möglich ist.

Übrigens ist nicht auszuschließen, dass das typische Fieber erst nach der Rückkehr aus dem Urlaub auftritt, da Malaria monatelang ohne Symptome im Körper schlummern kann. Auch dann sollte man natürlich unmittelbar zum Arzt gehen und ihn auch tunlichst über die erfolgte Reise in ein Malariagebiet informieren.

Tollwut

Tollwut ist eine Virusinfektion, die das Gehirn und das Rückenmark befällt und fast immer tödlich endet. Das Tollwutvirus befindet sich im Speichel infizierter Tiere und wird in den meisten Fällen durch einen Biss auf den Menschen übertragen, wobei auch jede sonstige Wunde, die mit Tierspeichel in Berührung kommt, zu einer Tollwuterkrankung führen kann.

Tollwut tritt in allen mittelamerikanischen Ländern auf, allerdings wurden in Costa Rica in den letzten 30 Jahren nur zwei Fälle registriert. Tollwutimpfungen sind deshalb nur dann erforderlich, wenn man einem hohen Ansteckungsrisiko ausgesetzt ist, also während der Reise in direkten Kontakt mit Wildtieren kommt.

Alle Bisswunden oder sonstige Verletzungen durch Tiere sollten auf jeden Fall sofort und gründlichst mit viel Wasser und Seife ausgewaschen werden. Ob eine weitere Behandlung der Verletzungen notwendig ist, muss im Zweifelfall die örtliche Gesundheitsbehörde bzw. ein hinzugezogener Arzt entscheiden (s. unten).

Typhus

Typhus wird durch Speisen und Getränke, die mit einem Salmonellenstamm namens *Salmonella typhi* kontaminiert sind, übertragen. Dabei stellt sich in nahezu allen Fällen Fieber ein. Zu den weiteren Symptomen gehören Kopfschmerzen, Unwohlsein, Muskelschmerzen, Schwindelgefühl, Appetitlosigkeit, Übelkeit und Bauchschmerzen. Außerdem kann es zu Durchfall oder Verstopfung kommen. Die gravierenderen Symptome einer Typhuserkrankung sind mitunter Darmperforationen und -blutungen, außerdem Anzeichen von Verwirrtheit, ein Fall ins Delirium oder (selten) ins Koma.

Auch wenn man seine Mahlzeiten auf der Reise nur in größeren Hotels und Restaurants einnimmt, ist eine Typhusimpfung empfehlenswert. Diese wird meist oral verabreicht, kann aber auch gespritzt werden. Allerdings eignet sich keine der beiden Darreichungsformen für Kinder unter zwei Jahren.

Zur Behandlung von Typhus wird meist ein Quinolin-Antibiotikum wie Asciprofloxacin (Cipro) oder Levofloxacin (Levaquin) eingesetzt. Wer keine medizinische Hilfe gegen das Typhusfieber in Anspruch nimmt, muss eventuell auch die Malaria selbst kurieren, da die Symptome dieser beiden Krankheiten sich häufig nicht voneinander unterscheiden lassen.

DURCHFALLERKRANKUNGEN

Um einer Durchfallerkrankung vorzubeugen, ist es wichtig, kein Leitungswasser zu trinken, es sei denn, es wurde abgekocht, gefiltert oder chemisch desinfiziert (mit Jodtabletten). Frisches Obst und Gemüse sollte entweder gekocht oder geschält werden. Vorsicht ist auch bei Molkereiprodukten geboten, die nichtpasteurisierte Milch enthalten könnten. Ebenfalls bedenklich sind Lebensmittel, die von Straßenverkäufern angeboten werden.

Wer sich trotz allem eine Durchfallerkrankung zuzieht, sollte darauf achten, viel Flüssigkeit zu sich zu nehmen, am besten Rehydrationslösungen mit viel Salz und Zucker. Wenn der Stuhlgang einige Male etwas dünner ist, besteht noch kein Grund zur Besorgnis, aber bei mehr als vier oder fünf Stuhlgängen am Tag ist eine Behandlung mit Antibiotika (meist Quinolintabletten) und einem Präparat

610 IN COSTA RICA ·· Gesundheitsrisiken

gegen Durchfall (beispielsweise Imodium) notwendig. Falls der Durchfall blutig sein sollte, länger als 72 Stunden anhält oder falls Begleiterscheinungen wie Fieber, Schüttelfrost und starke Schmerzen im Oberbauch auftreten, sollte auf alle Fälle ein Arzt aufgesucht werden.

GESUNDHEITSRISIKEN
Bisse großer Tiere
Tiere anzufassen, zu streicheln oder zu füttern kann, außer bei gesunden Haustieren, sehr gefährlich sein. Die meisten Verletzungen entstehen, wenn Menschen sich nicht an diese Regel halten.

Jeder noch so kleine Biss oder Kratzer, der von einem Säugetier (auch von Fledermäusen) stammt, muss sofort gründlichst und mit viel Wasser und Seife gereinigt und anschließend mit einem Antiseptikum wie Jod oder Alkohol desinfiziert werden. Außerdem ist es wichtig, die örtlichen Gesundheitsbehörden sofort über den Vorfall zu informieren, da eventuell eine Behandlung gegen Tollwut erforderlich ist.

Unabhängig davon ist es ratsam, mit der Einnahme von Antibiotika zu beginnen, da Bisswunden und sonstige Verletzungen durch Tiere sich schnell entzünden können. Ein etwas neueres Quinolin wie Levofloxacin (Levaquin), das Reisenden vor allem als Mittel gegen Durchfall dient, hilft in solchen Fällen meist weiter.

Insektenstiche
Wie gut die getroffenen Sicherheitsvorkehrungen auch sein mögen: Moskitostiche gehören scheinbar einfach zur Erfahrung aller Reisenden in diesem Land. Zwar wird in Costa Rica auf diese Weise manchmal auch das gefährliche Dengue-Fieber (s. S. 607) auf den Menschen übertragen, in den meisten Fällen kommt man aber mit dem üblichen unangenehmen Juckreiz davon.

Der beste Schutz besteht darin, den Körper gut zu bedecken. Eine lange Hose, ein langärmliges Hemd, ein Hut und geschlossene Schuhe statt Sandalen sind am geeignetsten. Leider ist diese schützende Kleidung angesichts des vorherrschenden Klimas nicht besonders angenehm.

Deshalb ist ein gutes Insektenspray – am besten eines, das DEET oder Icaridin enthält – eine sinnvolle Investition (solche Sprays sind auch in Costa Rica erhältlich). Man sollte es einfach auf alle freiliegenden Hautstellen sprühen, aber von Mund und Augen oder Wunden fernhalten.

Generell können Erwachsene und Kinder ab 12 Jahren Präparate benutzen, die 25-30 % DEET enthalten. Diese Sprays wirken ungefähr sechs Stunden lang. Für Kinder zwischen zwei und 12 Jahren sollte man Sprays mit nur 10 % DEET-Gehalt verwenden und das Mittel nur sparsam auftragen; die Wirkung hält nur ca. drei Stunden an. Allergische Hautreizungen bei DEET-Anwendung wurden zwar gerade bei Kindern beobachtet, aber sie treten nur sehr selten auf und sind in den meisten Fällen auf eine Überdosierung zurückzuführen. Bei Kindern unter zwei Jahren sollten Sprays, die DEET enthalten, überhaupt nicht eingesetzt werden; auch Schwangere sollten am besten vorsichtig beim Umgang mit DEET sein. Ähnlich wirksam wie DEET ist übrigens auch der in Europa verbreitete Wirkstoff Icaridin. Insektensprays, die mit pflanzlichen Stoffen wie Eukalyptus- oder Sojabohnenöl versetzt sind, sind zwar ebenso wirksam, der Effekt hält aber normalerweise nur 1½ bis 2 Stunden an.

Guten Schutz bietet ein Moskitonetz, das am besten mit Heftzwecken oder Nägeln über dem Bett befestigt wird. Ein preiswertes kleines Netz kann viel nächtlichen Ärger ersparen. Allerdings sollte die Größe der Maschen unter 1,5 mm betragen.

In der Abenddämmerung sind Moskitos normalerweise am lästigsten, dann ist der Schutz besonders nötig.

Schlangenbisse
In Costa Rica leben Giftschlangen aller Art. Wer in die Waldgebiete vordringt, begibt sich dabei zumindest in die – wenn auch eher geringe – Gefahr, von einer solchen Schlange gebissen zu werden.

Den besten Schutz dagegen bieten geschlossene, feste Schuhe, lange Hosen und ein stets wachsamer Blick auf den Pfad. Schlangen ruhen sich gern auf freien Flächen wie Wegen aus, also Vorsicht! (Für weitere Informationen s. S. 195).

Sollte man wirklich von einer Giftschlange gebissen werden, ist Ruhe oberstes Gebot, d. h. die Bissstelle darf möglichst wenig bewegt werden. Ein Abklemmen der Adern wird heute nicht mehr empfohlen. Allerdings muss man sich sofort auf den Weg zum nächsten Arzt oder Krankenhaus machen.

GESUNDHEIT

Sonne

Zum Schutz vor der enorm hohen Sonnen-
einstrahlung empfiehlt es sich, die Mittags-
sonne zu meiden, eine Sonnenbrille und einen
Sonnenhut mit breiter Krempe zu tragen und
eine Sonnencreme mit mindestens Licht-
schutzfaktor 15 sowie UVA- und UVB-Schutz
zu benutzen. Die Sonnencreme sollte großzügig auf alle der Sonne ausgesetzten Körper-
stellen aufgetragen werden, am besten ungefähr eine halbe Stunde vor Verlassen des
Hauses. Nach dem Schwimmen oder sonsti-
gem Sport muss der Schutz erneuert werden.
Viel Flüssigkeit zu sich zu nehmen und bei
Hitze große Anstrengungen zu vermeiden ist
ebenfalls wichtig.

Wasser

Grundsätzlich ist das Leitungswasser in vielen
Teilen Costa Ricas unbedenklich, allerdings
nicht in den ländlichsten und am wenigsten
entwickelten Gebieten des Landes. Wer aber
auf Nummer sicher gehen will, sollte besser
Mineralwasser aus Flaschen trinken. Ist abgefülltes Wasser nicht erhältlich, kann Leitungswasser durch einminütiges Kochen (Wasser
also zum Sprudeln bringen) sterilisiert werden. In über 2000 m Höhe sollte das Wasser
drei Minuten lang kochen! Alternativ kann
Wasser auch mit Jodtabletten gereinigt werden: Dabei werden 2 % Jodtinktur auf 1 l Wasser gegeben (fünf Tropfen auf klares, zehn auf
trübes Wasser) und mindestens eine halbe
Stunde stehen gelassen. Bei kaltem Wasser
dauert das Ganze noch etwas länger.

MIT KINDERN REISEN

Im Allgemeinen sind Costa-Rica-Reisen mit
Kindern oder auch in der Schwangerschaft
eine sichere Angelegenheit. Allerdings sollten
gerade Kinder und Schwangere darauf achten,
kein Leitungswasser oder bedenkliche Lebensmittel und Getränke zu sich zu nehmen, da
einige der genannten Impfungen bei ihnen
nicht möglich sind. Kinder sollten alle wichtigen Routineimpfungen erhalten haben.
Manchmal empfiehlt es sich auch, einige Impfungen schon ein wenig früher als vorgesehen
durchführen zu lassen, wenn die Krankheiten
im Reiseland auftreten können. Daher am
besten rechtzeitig vor der Reise mit dem Kin-
derarzt sprechen.

Schwangere sollten zumindest bedenken,
dass die medizinische Versorgung im Fall von
Komplikationen (z. B. bei vorzeitigen Wehen)
nicht mit dem Standard in deutschen Krankenhäusern zu vergleichen ist.

Auf S. 583 sind ein paar grundlegende
Informationen zum Reisen mit Kindern
zu finden.

Sprache

Spanisch ist in Costa Rica die Amtsprache und die Sprache, die der Reisende vor allem benötigt. Alle Besucher dieses Landes sollten versuchen, ein wenig Spanisch zu lernen – ein paar Grundkenntnisse kann man sich leicht aneignen.

Ein Sprachkurs direkt vor der Reise kann die Kommunikation unterwegs wirklich sehr erleichtern. Auch in Costa Rica selbst besteht die Möglichkeit, einen solchen Sprachkurs zu besuchen (s. S. 584). Es lohnt sich in jedem Fall, einige grundlegende Sätze und und ein paar höfliche Wendungen zu lernen und das Gelernte auch anzuwenden – Lateinamerikaner nehmen auch holprige Versuche, sich in der Landessprache zu verständigen, mit Begeisterung und Respekt auf.

SPRACHFÜHRER & WÖRTERBÜCHER

Der Sprachführer *Spanisch* (mit deutsch-spanischem Wörterbuch) von Lonely Planet ist unterwegs sehr hilfreich. Ebenfalls sehr nützlich ist der Sprachführer *Costa Rica Spanish Phrasebook,* wenn man mit der Kombination Englisch-Spanisch zurechtkommt. Außerhalb von Costa Rica hilft das *Latin American Spanish Phrasebook* weiter. Den genannten Sprachführer

SPANISCH IN COSTA RICA

Die folgenden umgangssprachlichen Wendungen und Slangausdrücke (tiquismos) sind im Alltag häufig zu hören; die meisten davon kennt man nur in Costa Rica.

¡Adiós! – Hi! (wenn man einen Freund auf der Straße trifft oder wenn man in einsamen Gegenden einem Menschen begegnet; „Auf Wiedersehen", wenn man für längere Zeit verreist)
bomba – Tankstelle
Buena nota – OK/Hervorragend
chapulines – Eine Gang (oft jüngere Kriminelle)
chunche – Ding (kann für fast alles gebraucht werden)
cien metros – ein Straßenblock
¿Hay campo? – Ist noch ein Platz frei? (im Bus)
machita – Blonde Frau (Slang)
mae – Kumpel (meist Junge oder junger Mann); mä-e ausgesprochen
mi amor – meine Liebe/mein Lieber (vertraute Anredeform))
pulpería – kleiner Lebensmittelladen
¡Pura vida! – Super! (auch als Ausdruck der Zustimmung oder als Gruß)
sabanero – Cowboy, speziell aus Guanacaste
Salado. – Schade/Pech gehabt.
soda – Selbstbedienungscafé oder -restaurant
¡Tuanis! – Cool!
¡Upe! – Ist jemand zu Hause? (meist in ländlichen Gegenden, statt des Anklopfens)
vos – Du (informell, wie tú)

findet man in Buchhandlungen in Deutschland, Österreich und der Schweiz.

LATEINAMERIKANISCHES SPANISCH

Das Spanisch in Amerika weist eine verwirrende Vielfalt an Variationen auf. Je nach der Gegend, in der man gerade ist, hört man zusammengezogene Vokale, und Silben oder sogar ganze Wörter werden ausgelassen. Zur Steigerung der Verwirrung tragen noch Slang und regionale Spielarten bei, bei denen das Spanische mit Wörtern aus der Sprache der Ureinwohner durchsetzt ist. Im entsprechenden Kasten findet man ein paar Hinweise auf diese regionalen Ausprägungen des Spanischen. In ganz Lateinamerika bezeichnet man das Spanische häufig als *castellano* (Kastilisch) und nicht als *español*. Anders als in Spanien verwendet man als Pluralform der vertrauten Anrede *tú* das Wort *ustedes*, nicht *vosotros*; Letzteres empfinden Lateinamerikaner als ziemlich altmodisch.

Ein weiterer Unterschied besteht darin, dass die Buchstaben c und z nie als dem englischen „th" ähnlicher Laut gesprochen werden – über diese Aussprache amüsieren sich Lateinamerikaner.

ANDERE SPRACHEN

Reisende können sich in teureren Hotels, in den Büros der Fluglinien und in Reisebüros in der Regel auch auf Englisch verständigen. In von Europäern geführten Hotels werden eventuell auch andere europäische Sprachen gebraucht. An der Karibikküste sprechen die Einheimischen oft etwas Englisch, allerdings häufig den örtlichen kreolischen Dialekt.

Sprachen der Ureinwohner gibt es noch in abgelegenen Gegenden, doch Reisende, die sich nicht abseits der üblichen Wege aufhalten, begegnen ihnen nur selten. Die Sprachen Bribrí und Cabécar werden von etwa 18 000 Menschen auf beiden Seiten der Cordillera de Talamanca gesprochen.

AUSSPRACHE

Die Aussprache spanischer Wörter folgt weitgehend der Schreibweise. Außerdem kommen die meisten Laute des Spanischen in einigermaßen ähnlicher Form auch im Deutschen vor, sodass deutschsprachige Reisende keine allzu großen Schwierigkeiten mit der Aussprache haben sollten und auch gut verstanden werden. Für alle Fälle gibt es aber auch Hinweise auf die richtige Aussprache eines jeden Wortes.

Vokale

a	wie in „Vater"
e	wie „essen"
i	wie in „sie"
o	wie in „locker"
u	wie in „gut"; das „u" wird nach q und in den Kombinationen **gue** und **gui** nicht gesprochen, außer es befindet sich ein Trema darauf (z. B. *argüir*), dann klingt es wie das englische „w"
y	wenn es am Ende eines Wortes oder allein steht, wird es wie das spanische

i (z. B. *ley*); gesprochen, in Verbindung mit anderen Vokalen in einem Wort wie das „j" in „jung".

Konsonanten

Die Aussprache der meisten spanischen Konsonanten entspricht der deutschen. Eine Liste der Ausnahmen findet sich weiter unten.

Die Konsonanten **ch**, **ll** und **ñ** gelten im Allgemeinen als eigene Buchstaben. Sie finden sich im Wörterbuch auch gesondert: **ch** steht nach **c**, **ll** nach **l** und **ñ** nach **n**.

b	ähnlich dem deutschen „b", doch mit einer Tendenz zum „w"; wird „b larga" genannt
c	stimmloses „s" wie in „besser" vor **e** und **i**; ansonsten wie das deutsche „k"
ch	„tsch", etwa wie in „zwitschern"
d	wie „dort"; zwischen Vokalen sehr weich, fast dem stimmhaften englischen th-Laut ähnlich, am Ende des Wortes nur angedeutet
g	wie das „ch" in „doch" vor **e** und **i**; ansonsten wie in „gut"
h	bleibt immer stumm
j	wie das „ch" in „doch"
ll	„j" wie in „jung"
ñ	„nj", wie das „ng" in „Champagner" gesprochen
r	ein gerolltes **r** (Zungen-r), am Anfang eines Wortes und nach **l**, **n** und **s** stärker gerollt
rr	sehr stark gerollt
v	ähnlich dem deutschen „b," aber weicher; als „b corta" bezeichnet
x	meist wie das oben beschriebene **j** gesprochen; bei Ortsnamen aus Ureinwohnersprachen wird das **x** auch als „s" (wie in „besser") oder als „x" (wie in „Taxi") gesprochen
z	wie das stimmhafte „s" in „Sonne"

Betonung

Die Betonungsregeln sind recht einfach: Wörter, die auf Vokale oder auf **n** oder **s** enden, werden auf der vorletzten Silbe betont, bei anderen Endungen liegt die Betonung auf der letzten Silbe. Dementsprechend liegt bei *vaca* (Kuh) oder *caballos* (Pferde) die Betonung auf der vorletzten Silbe, bei *ciudad* (Stadt) oder *infeliz* (unglücklich) dagegen auf der letzten Silbe.

Wörter, die nicht den oben genannten Regeln folgen, tragen im Schriftbild meist einen Akzent auf der betonten Silbe, beispielsweise *sótano* (Untergeschoss), *América* und *porción* (Portion). In der – etwas vereinfachten – Wiedergabe der Aussprache eines Wortes stehen betonte Silben in kursiver Schrift.

GESCHLECHT & PLURALFORMEN

Im Spanischen sind Substantive entweder maskulin oder feminin, und dank einiger Regeln lässt sich das Geschlecht bis auf wenige Ausnahmen leicht erkennen. Weibliche Substantive enden normalerweise auf -**a** oder auf -**ción**, -**sión** oder -**dad**. Andere Endungen kennzeichnen in der Regel ein maskulines Substantiv. Die Endungen der Adjektive richten sich nach dem Geschlecht des zugehörigen Substantivs (maskulin/feminin -**o**/-**a**). Wo in diesem Sprachführer beide Formen genannt werden, trennt sie ein Schrägstrich; die maskuline Form steht vorn, beispielsweise bei *perdido/a*.

Wenn ein Substantiv oder Adjektiv auf einen Vokal endet, wird der Plural durch Anhängen eines **s** gebildet. Bei einem Konsonanten hängt man im Plural ein **es an**.

GESUNDHEIT

Ich bin krank.	*Estoy enfermo/a.*	es·*toi* em·*fer*·mo/a
Ich brauche	*Necesito un*	ne·se·*si*·to un
einen Arzt.	*médico.*	*me*·di·ko
Wo ist das	*¿Dónde está el*	don·de es·*ta* el
Krankenhaus?	*hospital?*	os·pi·*tal*
Ich bin	*Estoy embarazada.*	es·*toi*
schwanger.		em·ba·ra·*sa*·da
Ich bin geimpft.	*Estoy vacunado/a.*	es·*toi* va·ku·na·do/a
Ich bin allergisch	*Soy alérgico/a*	soi a·*ler*·chi·ko/a
gegen...	*a...*	a...
Antibiotika	*los antibióticos*	los an·ti·*bio*·ti·kos
Nüsse	*las nueces*	las *nue*·ses
Erdnüsse	*los cacahuates*	los ka ka *chua*·tes
Penicillin	*la penicilina*	la pe·ni·si·*li*·na
Ich bin ...	*Soy ...*	soi ...
Asthmatiker	*asmático/a*	as·*ma*·ti·ko/a
Diabetiker	*diabético/a*	dia·*be*·ti·ko/a
Epileptiker	*epiléptico/a*	e·pi·*lep*·ti·ko/a
Ich habe ...	*Tengo ...*	*ten*·go ...

NOTFÄLLE

Hilfe!	¡Socorro!	so·ko·ro
Feuer!	¡Fuego!	fue·go
Ich wurde bestohlen.		
	Me han robado.	me an ro·ba·do
Gehen Sie weg!	¡Déjeme!	de·che·me
Hauen Sie ab!	¡Váyase!	va·ja·se
Rufen Sie ...!	¡Llame a ...!	ja·me a
die Polizei	la policía	la po·li·si·a
einen Arzt	un médico	un me·di·ko
eine Ambulanz	una ambulancia	u·na am·bu·lan·sja
Es ist ein Notfall.		
Es una emergencia.	es u·na e·mer·chen·sja	
Könnten Sie mir bitte helfen?		
¿Me puede ayudar, por favor?		
	me pue·de a·ju·dar por fa·vor	
Ich habe mich verlaufen.		
Estoy perdido/a.	es·toi per·di·do/a	
Wo sind die Toiletten?		
¿Dónde están los baños?		
	don·de es·tan los ba·njos	

Husten	*tos*	tos
Durchfall	*diarrea*	dia·*re*·a
Kopfschmerzen	*un dolor de*	un do·*lor* de
	cabeza	ka·*be*·sa
Übelkeit	*náusea*	*nau*·se·a

KONVERSATION

In der Öffentlichkeit legen Lateinamerikaner großen Wert auf Höflichkeit. Wer einen Fremden um Auskunft bittet, sollte ihn immer zuerst grüßen, etwa mit *buenos días* oder *buenas tardes*, auch sollte immer die Höflichkeitsform verwendet werden, vor allem bei Polizisten und anderen Beamten im Dienst.

Mittelamerikaner sind förmlicher als Menschen aus den meisten südamerikanischen Ländern. In diesem Führer wird die Höflichkeitsform *usted* (Sie) verwendet, bei verschiedenen Möglichkeiten weisen die Abkürzungen „höfl." (höflich) oder „inf." (informell) auf die Verwendung hin.

Hallo.	*Hola.*	o·la (inf.)
Guten Morgen.	*Buenos días.*	bue·nos *di*·as
Guten Tag.	*Buenas tardes.*	bue·nas tar·des

Guten Abend/ *Buenas noches* bue·nas no·tsches
Nacht.

Die drei gängigsten Grußformeln werden oft zu *buenos* (für *buenos días*) und *buenas* (für *buenas tardes* und *buenas noches*) abgekürzt.

Bis bald.	*Hasta luego.*	as·ta lue·go
Auf Wiedersehen.	*Adiós.*	a·dios

(s. auch den Kasten auf S. 612)

Ja.	*Sí.*	si
Nein.	*No.*	no
Bitte.	*Por favor.*	por fa·vor
Danke.	*Gracias.*	gra·sias
Vielen Dank.		
Muchas gracias.	mu·tschas gra·sias	
Bitte.	*De nada.*	de na·da

(als Antwort auf „danke")

Entschuldigung. *Perdón.* per·don
(Entschuldigung oder Einleitung einer Frage)
Entschuldigung/
Darf ich? *Con permiso.* kon per·mi·so
(Beim "Überholen" oder Hinüberreichen von Gegenständen)
Entschuldigung. *Disculpe.* dis·kul·pe
(bei einer Entschuldigung)

Wie geht es? *¿Qué tal?* ke tal
Wie heißen Sie? *¿Cómo se llama usted?*
ko·mo se ja·ma u·sted (höfl.) *¿Cómo te llamas?*
ko·mo te lja·mas (inf.)
Ich heiße ... *Me llamo ...* me ja·mo ...
Erfreut, Sie zu treffen.
Mucho gusto. mu·tscho gus·to
Ganz meinerseits. *El gusto es mío.*
el gus·to es mi·o
Woher kommen Sie?
¿De dónde es/eres? de don·de es/er·es (höfl./inf.)
Ich komme aus ... *Soy de ...* soi de ...
Wo sind Sie untergebracht?
¿Dónde está alojado? don·de es·ta a·lo·cha·do (höfl.)
¿Dónde estás alojado? don·de es·tas a·lo·cha·do (inf.)
Darf ich fotografieren?
¿Puedo sacar una foto? pue·do sa·kar u·na fo·to

MIT KINDERN REISEN
Ich brauche ...
Necesito...
ne·se·si·to...
Haben Sie ...?
¿Hay...?
ai...
einen Kindersitz
un asiento de seguridad para bebés
un a·sjen·to de se·gu·ri·da pa·ra be·bes

eine Kinderbetreuung
un club para niños
un klub pa·ra ni·njos
ein Kindermenü
un menú infantil
un me·nu in·fan·til
eine Kinderkrippe
una guardería
una guar·de·ri·a
(Wegwerf-) Windeln
pañales (de usar y tirar)
pa·nja·les (de u·sar i ti·rar)
einen (Deutsch sprechenden) Babysitter
una niñera (que habla alemán)
u·na ni·nie·ra (ke a·bla a le·man)
Milchpulver
leche en polvo
le·tsche en pol·vo
einen Hochstuhl
una silla para bebé
u·na si·ja pa·ra be·be
ein Töpfchen
una bacinica
u·na ba·si·ni·ka
ein Sportwagen
una carreola
una ka·re·o·la
Darf ich hier stillen?
¿Le molesta que dé el pecho aquí?
le mo·les·ta ke de el pe·tscho a·ki
Sind Kinder erlaubt?
¿Se admiten niños?
se ad·mi·ten ni·njos

PAPIERKRAM
Geburtsurkunde	*certificado de nacimiento*
Grenze	*la frontera*
Kraftfahrzeugschein	*registración*
Zoll	*aduana*
Führerschein	*licencia de manejar*
Ausweispapier	*identificación*
Einwanderung	*migración*
Versicherung	*seguro*
Pass	*pasaporte*
Einfuhrerlaubnis	*permiso de importación*
Touristenkarte	*tarjeta de turista*
Visum	*visado*

SHOPPEN & SERVICE
Ich möchte gerne kaufen ...
Quisiera comprar... ki·sje·ra kom·prar...
Ich sehe mich nur um.
Sólo estoy mirando. so·lo es·toi mi·ran·do
Darf ich es ansehen?
¿Puedo verlo/a? pue·do ver·lo/a

Was kostet es?
¿Cuánto cuesta?   kuan·to kues·ta
Das ist mir zu teuer.
Es demasiado caro   es de·ma·*sia*·do ka·ro
para mí.   pa·ra mi
Könnten Sie den Preis etwas senken?
¿Podría bajar un poco   po·*dri*·a ba·char un po·ko
el precio?   el *pre*·sio
Es gefällt mir nicht.
No me gusta.   no me *gus*·ta
Ich nehme es.
Lo llevo.   lo *je*·vo
Akzeptieren Sie ...?
¿Aceptan ...?   a·sep·tan ...
  US-Dollar
  dólares americanos   do·la·res a·me·
  ri·*ka*·nos
  Kreditkarten
  tarjetas de crédito   tar·*che*·tas de *kre*·di·to
  Reiseschecks
  cheques de viajero   *tsche*·kes de via·*che*·ro
weniger   *menos*   me·nos
mehr   *más*   mas
groß   *grande*   gran·de
klein   *pequeño/a*   pe·*ke*·njo/a
Ich suche nach ... *Estoy buscando ...* es·toi bus·kan·do ...
  dem Geldautomaten
  un cajero automático un ka·*che*·ro au·to·ma·ti·ko
  der Bank   *un banco*   un *ban*·ko
  der Buchhandlung
          la librería   la li·bre·*ri*·a
  der Wechselstube
  una casa de cambio una ka·sa de
  kam·bjo
  dem Gemischtwarenladen
          la tienda   la *tjen*·da
  der Wäscherei *la lavandería*   la la·van·de·*ri*·a
  dem Markt   *el mercado*   el mer·*ka*·do
  der Apotheke/ *la farmacia*   la far·*ma*·sia
  dem Postamt
  el correo   el ko·*re*·o

SCHILDER

Entrada	Eingang
Salida	Ausgang
Información	Information
Abierto	Geöffnet
Cerrado	Geschlossen
Prohibido	Verboten
Comisaria	Polizeirevier
Servicios/Baños	Toiletten
Hombres/Varones	Herren
Mujeres/Damas	Damen

---

  dem Supermarkt
  el supermercado   el su·per·mer·*ka*·do
  der Touristeninformation
  la oficina de turismo   la o·fi·*si*·na de tu·*ris*·mo
Wann öffnet/schließt er/sie/es?   *¿A qué hora ab-*
re/cierra?   a ke o·ra *a*·bre/sie·ra
Ich möchte Geld/Reiseschecks wechseln.
Quisiera cambiar dinero/cheques de viajero. ki·*sie*·ra
kam·*bjar* di·*ne*·ro/tsche·kes de via·*che*·ro
Wie ist der Wechselkurs?
¿Cuál es el tipo de cambio? kual es el *ti*·po de kam·bio
Ich möchte anrufen ... *Quisiera llamar a ...*
ki·*sie*·ra ja·mar a ...
Luftpost   *correo aéreo*   ko·*re*·o a·e·re·o
Brief   *carta*   kar·ta
Einschreiben   *certificado*   ser·ti·fi·*ka*·do
Briefmarken   *timbres*   tim·bres

UHRZEIT & DATUM

Wie viel Uhr ist es? *¿Qué hora es?*   ke o·ra es
Es ist ein Uhr.   *Es la una.*   es la u·na
Es ist zehn Uhr.   *Son las diez.*   son las dies
Halb drei.   *Dos y media.*   dos i *me*·dia
Mitternacht   *medianoche*   me·dia·*no*·tsche
Mittag   *mediodía*   me·dio·*di*·a
jetzt   *ahora*   a·o·ra
heute   *hoy*   oi
heute Nacht   *esta noche*   es·ta *no*·tsche
morgen   *mañana*   ma·*nja*·na
gestern   *ayer*   a·*jer*
Montag   *lunes*   lu·nes
Dienstag   *martes*   mar·tes
Mittwoch   *miércoles*   mjer·ko·les
Donnerstag   *jueves*   chue·ves
Freitag   *viernes*   vjer·nes
Samstag   *sábado*   sa·ba·do
Sonntag   *domingo*   do·*min*·go
Januar   *enero*   e·ne·ro
Februar   *febrero*   fe·bre·ro
März   *marzo*   mar·so
April   *abril*   a·bril
Mai   *mayo*   ma·jo
Juni   *junio*   chu·nio
Juli   *julio*   chu·lio
August   *agosto*   a·*gos*·to
September   *septiembre*   sep·*tjem*·bre
Oktober   *octubre*   ok·*tu*·bre
November   *noviembre*   no·*vjem*·bre
Dezember   *diciembre*   di·*sjem*·bre

UNTERKUNFT

Ich suche nach ... *Estoy buscando ...* e·stoi bus·kan·do ...
Wo ist ...?   *¿Dónde hay ...?*   don·de ai ...
  eine Hütte   *una cabina*   u·na ca·*bi*·na
  ein Campingplatz *un campamento* un kam·pa·*men*·to

SPRACHE

EINE RESERVIERUNG
(per Telefon oder Brief)

An ...	*a ...*
Von ...	*De ...*
Datum	*Fecha*
Ich möchte buchen ...	*Quisiera reservar ...*
(s. unter „Unterkunft" die verschiedenen	
Zimmervarianten)	
auf den Namen ...	*en nombre de ...*
für die Nächte ab ...	*para las noches*
	del...
Kreditkarte ...	*tarjeta de crédito ...*
Nummer	*número*
gültig bis	*fecha de vencimiento*
Bitte bestätigen Sie ...	*Puede confirmar ...*
Verfügbarkeit	*la disponibilidad*
Preis	*el precio*

eine Pension	*una casa de*	*u·na ka·sa de*
	huespedes	*ues·pe·des*
ein Hostel	*un hospedaje/*	*un os·pe·da·che/*
una residencia	*un·a re·si· den·sia*	
ein Hotel	*un hotel*	*un o·tel*
eine Jugendherberge	*un albergue*	
un al·ber·ge	*juvenil*	*chu·ve·nil*
Haben Sie freie Zimmer?		
¿Hay habitaciones	*ai a·bi·ta·sion·es*	
libres?	*li·bres*	
Ich hätte gern ein ...		
Quisiera una	*ki·sie·ra u·na ...*	
habitación...	*a·bi·ta·cion ...*	
Doppelzimmer	*doble*	*do·ble*
Einzelzimmer	*individual*	*in·di·vi·dual*
Zimmer mit zwei Betten		*con dos camas*
kon dos ka·mas		
Wie viel kostet es		
¿Cuánto cuesta	*kuan·to kues·ta* **pro ...?**	
por ...?	*por ...*	
Nacht	*noche*	*no·tsche*
Person	*persona*	*per·so·na*
Woche	*semana*	*se·ma·na*
Vollpension	*pensión*	*pen·sion*
completa	*kom·ple·ta*	
mit eigenem/ohne eigenes Bad		
baño privado/	*ba·nio pri·va·do/*	
compartido	*kom·par·ti·do*	
zu teuer		
demasiado caro	*de·ma·sia·do ka·ro*	
billiger		
más económico	*mas e·ko·no·mi·ko*	

Rabatt *descuento* des·kuen·to
Ist das Frühstück im Preis inbegriffen?
¿Incluye el desayuno? in·klu·je el de·sa·ju·no
Kann ich das Zimmer sehen?
¿Puedo ver la pue·do ver la
habitación? a·bi·ta·sion
Es gefällt mir nicht.
No me gusta. no me gus·ta
Es ist schön. Ich nehme es.
Está bien. La tomo. es·ta bien la to·mo
Ich gehe jetzt.
Me voy ahora. me voi a·o·ra

VERKEHRSMITTEL & -WEGE
Wann ... *¿A qué hora ...* a ke o·ra ...
... fährt ab/kommt an? *sale/llega?*
sa·le/je·ga

der Bus	*el bus/autobús*	el bus/au·to·bus
die Fähre	*el barco*	el bar·ko
der Minibus	*el colectivo/ la buseta/ el microbus*	
el ko·lek·ti·vo/ la bu·se·ta/ el mi·kro·bus		
das Flugzeug	*el avión*	el a·vjon
der Zug	*el tren*	el tren
der Flughafen	*el aeropuerto*	el a·e·ro·puer·to

der Busbahnhof
la estación de autobuses la es·ta·sjon de au·to·bu·ses
die Bushaltestelle
la parada de autobuses la pa·ra·da de au·to·bu·ses
der Bahnhof
la estación de ferrocarril la es·ta·sion de fe·ro·ka·ril
das Gepäckschließfach *la consigna para el*
equipaje la kon·si·nia para el e·ki·pa·che
der Fahrkartenschalter *la boletería/ ticke-*
tería la bo·le·te·ri·a/ti·ke·te·ri·a
Eine Fahrkarte nach ..., bitte.
Un boleto a ..., por favor. un bo·le·to a ...
por fa·vor
Wie ist der Fahrpreis nach ...?
¿Cuánto cuesta hasta...? kuan·to kues·ta
a·sta...

Für Studenten	*de estudiante*	de es·tu·djan·te
Erster Klasse	*primera clase*	pri·me·ra kla·se
Zweiter Klasse	*segunda clase*	se·gun·da kla·se
einfach	*de ida*	de i·da
Hin- und Rückfahrt	*de ida y vuelta*	de i·da e vuel·ta
Taxi	*taxi*	tak·si

Private Verkehrsmittel
Ich möchte ... mieten *Quisiera alquilar ...*
ki·sie·ra al·ki·lar ...

Geländefahrzeug	*un todo terreno*	un to·do te·re·no
Auto	*un auto/carro*	un au·to/ka·ro
Motorrad	*una motocicleta*	u·na
mo·to·si·kle·ta		
Fahrrad	*una bicicleta*	u·na bi·si·kle·ta
Kleintransporter	*camioneta*	ka·mjo·ne·ta

SPRACHE

STRASSENSCHILDER

Costa Rica verwendet zwar weitgehend die internationalen Verkehrszeichen, doch gelegentlich stoßen Reisende auch auf folgende Schilder:

Acceso	Zugang
Acceso Permanente	Zugang rund um die Uhr
Acceso Prohibido	Kein Zugang
Ceda el Paso	Vorfahrt gewähren
Construcción de Carreteras	
	Straßenarbeiten
Curva Peligrosa	Gefährliche Kurve
Derrumbes	Erdrutsch
Despacio	Langsam
Desvío/Desviación	Umleitung
Mantenga Su Derecha	Rechts halten
No Adelantar	Keine Durchfahrt
No Hay Paso	Straße gesperrt
No Pase	Kein Überholen
Pare/Stop	Stopp
Peligro	Gefahr
Prohibido Estacionar	Parken verboten
Puente Angosto	Schmale Brücke
Salida (de Autopista)	Ausfahrt (Autobahn)
Una Via	Einbahnstraße

Lkw	*camión*	*ka·*mjon
Trampen	*pedir un aventón*	·pe dir un a ven *ton*

Wo ist eine Tankstelle?
¿Dónde hay una gasolinera/bomba?   don·de ai u·na ga·so·li·*ne·*ra/ bom·ba

Wie viel kostet ein Liter Benzin?
¿Cuánto cuesta el litro de gasolina?   kuan·to *kues·*ta el *li·*tro de ga·so·*li·*na

Bitte volltanken. *Lleno, por favor.* je·no por fa·*vor*
Ich möchte für (2000 Colones) tanken.
Quiero (dos mil colones) en gasolina.   kie·ro (dos mil ko·*lo·*nes) en ga·so·*li·*na

Diesel	*diesel*	*di·*sel
Benzin	*gasolina*	ga·so·*li·*na
verbleit		
gasolina con plomo	ga·so·*li·*na kon *plo·*mo	
unverbleit		
gasolina sin plomo	ga·so·*li·*na sin *plo·*mo	
Öl	*aceite*	a·*sei·*te
Reifen	*llanta*	*jan·*ta
Reifenpanne	*agujero*	a·gu·*che·*ro

Ist dies die Straße nach ...?
¿Por acquí se va a...?   por a·*ki* se va a...

(Wie lange) Kann ich hier parken? *¿(Por cuánto tiempo) Puedo estacionar aquí?*   (por kuan·to tjem·po) *pue·*do es·ta·sio·*nar* a·*ki*

Wo zahle ich?   *¿Dónde se paga?*   don·de se *pa·*ga
Ich brauche einen Mechaniker/Abschleppwagen.
Necesito un mecánico/remolque.
ne·se·*si·*to un me·*ka·*ni·ko/re·*mol·*ke

Gibt es eine Werkstatt hier in der Nähe?
¿Hay un garaje cerca de aquí?   ai un ga·*ra·*che ser·ka de a·*ki*

Mein Auto hat eine Panne in ... *El carro se ha averiado en ...*   el *ka·*ro se a·ve·*ria·*do en ...
Das Motorrad springt nicht an.
La moto no arranca.   la *mo·*to no a·*ran·*ka
Ich habe eine Reifenpanne.
Tengo una llanta desinflada. ten·go u·na jan·ta des·in·*fla·*da
Mir ist das Benzin ausgegangen. *Me quedé sin gasolina.*   me ke·*de* sin ga·so·*li·*na
Ich hatte einen Unfall.
Tuve un accidente.   *tu·*ve un ak·si·*den·*te

VERSTÄNDIGUNG

Sprechen Sie Deutsch/Englisch?   *¿Habla/Hablas alemán/inglés?*   a·bla/a·blas ale *man/*in gles (höfl./inf.)
Spricht hier jemand Deutsch?   *¿Hay alguien que hable alemán?*   ai al·*gien* ke a·ble ale·*man*
Ich verstehe (nicht).
(No) Entiendo.   (no) en·*tien·*do
Wie sagt man ...? *¿Cómo se dice ...?*ko·mo se *di·*se ...
Was bedeutet ...? *¿Qué significa ...?*ke sin·ji·fi·ka ...
Könnten Sie bitte ...?
¿Puede ..., por favor?   pue·de ... por fa·*vor*

wiederholen	*repetirlo*	re·pe·*tir·*lo
langsamer sprechen		
hablar más despacio	a·*blar* mas des·*pa·*sio	
aufschreiben	*escribirlo*	es·kri·*bir·*lo

Wegweiser
Wie komme ich nach ...?   *¿Cómo llego a ...?*
ko·mo je·go a ...
Ist es weit?   *¿Está lejos?*   es·ta *le·*chos
Halten Sie sich geradeaus.   *Siga/Vaya derecho.*
si·ga/va·ja de·*re·*tscho
Biegen Sie links ab.
Voltée a la izquierda.   vol·*te·*e a la is·*kjer·*da
Biegen Sie rechts ab.
Voltée a la derecha.   vol·*te·*e a la de·*re·*tscha
Können Sie mir das (auf der Karte) zeigen?
¿Me lo podría señalar me lo po·*dri·*a se·nja·*lar* *(en el mapa)?*   (en el *ma·*pa)

Norden	*norte*	*nor·*te
Süden	*sur*	sur
Osten	*este*	*es·*te
Westen	*oeste*	o·*es·*te

hier	aquí	a·ki
dort	ahí a·i	
Allee	avenida	a·ve·ni·da
Häuserblock	cuadra	kua·dra
Straße	calle/paseo	ka·je/pa·se·o

ZAHLEN

1	uno	u·no
2	dosdos	
3	tres	tres
4	cuatro	kua·tro
5	cinco	sin·ko
6	seis	seis
7	siete	sje·te
8	ocho	o·tscho
9	nueve	nue·ve
10	diez	djes
11	once	on·se
12	doce	do·se
13	trece	tre·se
14	catorce	ka·tor·se

15	quince	kin·se
16	dieciséis	dje·si·seis
17	diecisiete	dje·si·sie·te
18	dieciocho	dje·si·o·tscho
19	diecinueve	dje·si·nue·ve
20	veinte	vein·te
21	veintiuno	vein·ti·u·no
30	treinta	trein·ta
31	treinta y uno	trein·ta i u·no
40	cuarenta	kua·ren·ta
50	cincuenta	sin·kuen·ta
60	sesenta	se·sen·ta
70	setenta	se·ten·ta
80	ochenta	o·tschen·ta
90	noventa	no·ven·ta
100	cien	sjen
101	ciento uno	sjen·to u·no
200	doscientos	do·sjen·tos
1000	mil	mil
5000	cinco mil	sin·ko mil

Glossar

Nützliche Wörter und Redewendungen zum Thema Nahrungsmittel und Essen finden sich auch auf S. 61. Siehe auch das Kapitel Sprache (S. 612) mit weiteren hilfreichen Wörtern und Redewendungen.

adiós – bedeutet im Allgemeinen „Auf Wiedersehen", wird im ländlichen Costa Rica aber auch als Gruß gebraucht
alquiler de automóviles – Autovermietung
apartado – Postfach
artesanía – Kunsthandwerk
ATH – *a toda hora* (durchgehend geöffnet); Bezeichnung für Geldautomaten
automóvil – Auto
avenida – Allee
avión – Flugzeug

bahía – Bucht
barrio – Stadtviertel, Bezirk
biblioteca – Bibliothek
bocas – kleine Gerichte, die in Bars serviert werden
bomba – kurzer, lustiger Vers; bedeutet auch „Tankstelle" und „Bombe"
bosque – Wald
bosque nuboso – Nebelwald
buena nota – ausgezeichnet/OK; wörtlich: „gute Note"

caballo – Pferd
cabaña – Hütte; s. auch *cabina*
cabina – Hütte; s. auch *cabaña*
cajero automático – Geldautomat
calle – Straße
cama/cama matrimonial – Bett/Doppelbett
campesino – Bauer oder Landarbeiter
carretas – farbenprächtig bemalte Ochsenkarren, heute eine Form der Volkskunst
carretera – Landstraße
casado – Menü; bedeutet auch „verheiratet"
casita – Häuschen oder Wohnung
catedral – Kathedrale
caverna – Höhle; s. auch *cueva*
cerro – Berg oder Hügel
cerveza – Bier
ceviche – typisches Gericht aus rohen, marinierten Meeresfrüchten
Chepe – liebevoller Spitzname für José; auch für San José gebraucht
cine – Kino
ciudad – Stadt

cocina – Küche oder Kochen
colectivo – Gemeinschaftstaxis
colibrí – Kolibri
colina – Hügel
colón – Währungseinheit von Costa Rica; Plural *colones*
comida típica – typisches Essen
cordillera – Bergkette
correo – Post
Costarricense – Costa-Ricaner; s. auch *Tico*
cruce – Kreuzung
cruda – bezeichnet oft einen „Kater"; wörtlich „roh"
cueva – Höhle; s. auch *caverna*
culebra – Schlange; s. auch *serpiente*

Dios – Gott
directo – direkt; bezeichnet Fernbusse ohne Zwischenstopps

edificio – Gebäude
estación – Station, wie in Ranger-Station; bedeutet auch „Jahreszeit"

farmacia – Apotheke
fauna silvestre – Wildtiere
fiesta – Fest oder Festival
finca – Bauernhof oder Plantage
floresta – Wald
frontera – Grenze
fútbol – Fußball

gallo pinto – Reis und Bohnen
garza – Kuhreiher
gasolina – Benzin
gracias – danke
gringo/a –US-amerikanische(r) oder europäische(r) Besucher(in); je nach Ton liebevoll oder beleidigend
guaro – einheimischer Schnaps

hacienda – Landgut
hielo – Eis

ICT – Instituto Costarricense de Turismo; Tourismusbehörde Costa Ricas, die Informationen für Touristen bereithält
iglesia – Kirche
indígena – eingeboren, einheimisch
Interamericana – die panamerikanische Straße, die fast durchgehen von Alaska bis Chile verläuft (sie bricht am Tapón del Darién zwischen Panama und Kolumbien ab)
invierno – Winter; die Regenzeit in Costa Rica

isla – Insel
jardín – Garten
josefino – Einwohner von San José

lago – See
lavandería – Wäscherei und chemische Reinigung
librería – Buchhandlung
llanuras – tropische Niederungen

machismo – Macho-Verhalten
macho – Macho
marías – Beiname für Taxameter
mercado – Markt
Meseta Central – Zentrales Hochland
mestizo – Mischling, meist mit spanischen und indianischen Vorfahren
metate – ebene Plattform aus Stein, auf der die vorkolumbischen Bewohner Costa Ricas Mais mahlten
migración – Einwanderung
Minae – Ministerio de Ambiente y Energía; Ministerium für Umwelt und Energie, zuständig für die Nationalparks
mirador – Aussichtspunkt
mono – Affe
mono tití – Totenkopfaffe
motocicleta – Motorrad
muelle – Dock
museo – Museum

niño – Kind
normal – Fernbusse mit vielen Haltestellen

ola(s) – Welle(n)
OTS – Organisation für tropische Studien

pájaro – Vogel
palapa – Unterstand mit einem Dach aus Palmblättern und offenen Seiten
páramo – Lebensraum mit Gestrüpp und hohem Gras
parque – Park
parque central – zentraler Platz einer Stadt

parque nacional – Nationalpark
perezoso – Faultier
perico – Mülleramazone (Amazona farinosa)
playa – Strand
posada – Gasthaus in ländlichem Stil
puente – Brücke
puerto – Hafen
pulpería – "Tante-Emma-Laden"
punta – Punkt
pura vida – super; wörtlich "reines Leben"

quebrada – Bach
queso – Käse

rana – Frosch oder Kröte
rancho – kleines Haus oder hausähnliches Gebäude
refugio nacional de vida silvestre – nationales Tierschutzgebiet
río – Fluss

sabanero – Cowboy aus Guanacaste
selva – Dschungel
Semana Santa – Karwoche
sendero – Weg oder Pfad
serpiente – Schlange; s. auch *culebra*
soda – Imbissstand oder billiges Speiselokal
supermercado – Supermarkt

Tico/a – männlicher/weiblicher Bewohner von Costa Rica; s. auch *Costarricense*
tienda – Laden
tortuga – Schildkröte

valle – Tal
verano – Sommer; Trockenzeit in Costa Rica
vino – Wein
volcán – Vulkan

zoológico – Zoo

Die Autoren

MATTHEW D. FIRESTONE
Hauptautor: Zentrale Pazifikküste, Der Süden, Península de Osa & Golfo Dulce

Matt ist Bioanthropologe und Epidemiologe; sein Hauptinteresse gilt der Gesundheit und der Ernährung der indianischen Ureinwohner. Sein erster Costa-Rica-Besuch 2001 führte ihn in den Regenwald des Parque Nacional Chirripó, wo er eine Feldstudie zu den Ernährungsgewohnheiten der Cabécar durchführte. Ein Anfall von Reiselust unterbrach seine akademische Karriere, und auch der Besuch von mehr als 65 Ländern hat noch keine Besserung gebracht. Matt hofft, dass dieses Buch dazu beiträgt, die Leiden aller, die von der gleichen Krankheit befallen sind, zu lindern, obwohl er fürchtet, dass in dieser Hinsicht wohl eher eine Epidemie ins Haus steht.

GUYAN MITRA
San José, Valle Central & Hochland, Karibikküste

Guyan gehört zu den glücklichen Menschen, denen nach der Uni ein Traumjob in den Schoß gefallen ist. Er schloss sein Studium der Alten Geschichte an der Cardiff University mit dem BA ab, dann fand er seinen Weg ins Büro des *Sunday Times Travel Magazine,* wo er erste Erfahrungen als Reisejournalist sammelte. Seither arbeitet er als freier Mitarbeiter für *Sunday Times, Esquire* und die Bordmagazine verschiedener Fluggesellschaften. Guyan hat zwei Bücher verfasst; er arbeitet und lebt in seiner Heimatstadt London. Seit mehr als einem Jahrzehnt besucht er Lateinamerika. Bei jedem Besuch verspricht er, dass er dieses Mal Salsa oder Merengue beherrschen wird. Trotz all seiner Bemühungen kann er aber nur den Ententanz perfekt.

WENDY YANAGIHARA
Der Nordwesten, Península de Nicoya, Nördliches Tiefland

Wendy, die in einem ländlichen Paradies in Südkalifornien geboren wurde, wuchs mit reichlich Reisefieber auf, das sie ihrer verstorbenen Mutter verdankt. Reisen während der Kindheit führten zu Auslandsaufenthalten und einem Studium im Ausland. Zu ihren zahlreichen beruflichen Tätigkeiten gehörten Jobs als Verkäuferin auf einem Bauernmarkt, als Barista in einer Kaffeebar, als Schmuckverkäuferin, Grafikerin und Englischlehrerin für Ausländer. Sie hat an mehr als einem Dutzend Lonely-Planet-Führern mitgearbeitet, darunter *Mexiko, Indonesien, Tokio, Vietnam, Grand Canyon National Park* und natürlich *Costa Rica*. Zurzeit lebt sie im schönen Boulder, Colorado.

DIE AUTOREN VON LONELY PLANET

Warum unsere Reiseführer die besten der Welt sind? Ganz einfach: Unsere Autoren sind unabhängige und leidenschaftliche Globetrotter. Sie recherchieren nicht einfach nur übers Internet oder Telefon, und sie lassen sich nicht mit Werbegeschenken für positive Berichterstattung schmieren. Sie reisen weit, zu touristischen Highlights und entlegenen Orten. Sie besuchen persönlich Tausende von Hotels, Restaurants, Cafés, Bars, Galerien, Schlösser, Museen und mehr – und schildern ihre Eindrücke gnadenlos ehrlich, ohne Schönfärberei. Weitere Informationen gibt's auf www.lonelyplanet.com im Autorenbereich.

BEITRÄGE VON ...

Dr. David Goldberg schrieb das Kapitel „Gesundheit" (S. 605). Er schloss seine Ausbildung als Facharzt für innere Medizin und Infektionskrankheiten am Columbia-Presbyterian Medical Center in New York City ab, wo er auch ehrenamtlich lehrte. Zurzeit arbeitet er als Spezialist für Infektionskrankheiten in Scarsdale, New York; außerdem ist er Chefredakteur der Website MDTravelHealth.com.

David Lukas schrieb das Kapitel zur Natur & Umwelt (S. 64) und den Führer zur Tierwelt (S. 193). Der begeisterte Naturkundler ist schon kreuz und quer durch die Welt gereist, um die tropischen Ökosysteme zu erforschen, etwa in Borneo oder am Amazonas. Als Führer hat er mehrere Jahre lang naturkundliche Touren in allen Teilen von Costa Rica, Belize und Guatemala geleitet.

Hinter den Kulissen

DIESES BUCH

Dies ist die 2. deutsche Auflage von *Costa Rica*, basierend auf der mittlerweile 8. englischen Auflage. Diese Auflage haben Matthew D. Firestone (Hauptautor), Guyan Mitra und Wendy Yanagihara geschrieben. David Lukas verfasste den Führer zur Tierwelt und das Umweltkapitel, Dr. David Goldberg ist für das Kapitel über Gesundheit verantwortlich. Mara Vorhees and Matthew D. Firestone zeichneten für die vorhergehende 7. Auflage von *Costa Rica* verantwortlich. Die ersten fünf Auflagen schrieb Rob Rachowiecki, die 6. Auflage Paige R. Penland zusammen mit Carolina Miranda. Dieser Führer entstand im Büro von Lonely Planet in Oakland, die folgenden Personen haben daran mitgewirkt:

Leitende Redakteurin Catherine Craddock
Redaktion & Koordination Anna Metcalfe
Kartografieleitung Julie Dodkins
Layout-Leitung Katherine Marsh
Redaktion Bruce Evans
Kartografie Alison Lyall, Adrian Persoglia
Layout Adam McCrow, Celia Wood
Redaktionsassistenz Simone Egger, Justin Flynn, Amy Karafin, Anne Mulvaney, Kristin Odijk

Assistenz der Kartografie Owen Eszeki, Andy Rojas
Layout-Assistenz Jacqui Saunders
Umschlaggestaltung Pepi Bluck
Projektleitung Fabrice Rocher
Landessprache Quentin Frayne
Dank an Helen Christinis, Jay Cooke, Eoin Dunlevy, Rachel Imeson, Laura Jane, Lisa Knights, Katie Lynch, Katy Murenu, Wayne Murphy, Trent Paton, Glenn van der Knijff

DANKSAGUNG
MATTHEW D. FIRESTONE

Zuallererst möchte ich meiner Familie für ihre Geduld und Unterstützung danken. Dieses Mal geht mein spezieller Dank an meine Mutter, die sich furchtlos kalten Duschen, unbefestigten Straßen und gelegentlichen Zwiebeln stellte. Ich muss nicht betonen, dass sie von Anfang an ein echter Backpacker war! Dann möchte ich Catherine danken, dass sie mir einen zweiten Anlauf für diesen umfangreichen Reiseführer ermöglichte. Und natürlich gilt mein Dank auch meinen Mitautoren Wendy und Guyan für ihre großartige Arbeit und die herzliche Stimmung während der Recherche und des Schreibens. Und schließlich darf ich meinen Mitbewohner und Mitstreiter Tac nicht ver-

---

DIE LONELY PLANET STORY

Am Küchentisch fing alles an – nachdem Tony und Maureen Wheeler 1972 eine lange, abenteuerliche Reise durch Europa, Asien und Australien unternommen hatten, trugen sie all ihre Informationen und Notizen zusammen. So entstand der erste Lonely Planet Reiseführer Across Asia on the Cheap.

Der Reiseführer wurde von Travellern geradezu verschlugen. Ermutigt durch ihren Erfolg, veröffentlichten die Wheelers weitere Bücher über Südostasien, Indien und andere Länder. Die Nachfrage war so ungeheuerlich groß, dass die Wheelers ihr Untenehmen erweiterten. Über die Jahre deckten sie mit ihrer Reiseliteratur den ganzen Globus ab und sie dehnten ihre Berichterstattung auf die virtuelle Welt von lonelyplanet.com und das Lonely Planet Messageboard Thorn Tree aus.

Lonely Planet wurde ein immer beliebterer Reisebuchverlag und Tony und Maureen konnten sich vor Aufträgen kaum mehr retten. Doch erst 2007 fanden sie einen verlässlichen Partner, bei dem sie sich sicher sein konnten, dass er dem Prinzip abenteuerlustiger, aber umweltbewusster Reisen treu blieb. Im Oktober dieses Jahres erwarb BBC Worldwide 75% der Anteile von Lonely Planet, mit dem Versprechen, die Grundsätze unabhängiges Reisen, vertrauenswürdige Auskünfte und redaktionelle Unabhängigkeit aufrechtzuerhalten.

Heute hat Lonely Planet Büros in Melbourne (Australien), London und Oakland (USA) mit über 500 Mitarbeitern und 300 Autoren. Tony und Maureen engagieren sich immer noch aktiv bei Lonely Planet. Sie reisen mehr als je zuvor und in ihrer Freizeit widmen sie sich wohltätigen Projekten. Das Unternehmen wird nach wie vor von der Philosophie von Across Asia on the Cheap getragen: „Wichtig ist, dass du dich entscheidest zu gehen, dann hast du den härtesten Teil geschafft. Also, los geht's!"

gessen, der für meine geistige Gesundheit während der Zeit des Schreibens gesorgt hat.

GUYAN MITRA

An erster Stelle möchte ich Catherine dafür danken, dass sie mir dieses Projekt anvertraut hat. Mein Dank geht auch an Matt, der mich bei der Arbeit so hervorragend unterstützt hat. Du warst eine große Hilfe und ich weiß deine Zeit und Geduld zu schätzen. Ich möchte auch all denen danken, die mir in Costa Rica geholfen habe: Nealan, Dan, Martijn, Sitsi, Caroline, Mariella, Andres, Adrian, Eric, J, Philip, Anton, Yolanda, John und Miguel. *Gracias por todo.* X

WENDY YANAGIHARA

So viele Menschen haben meine Reise vom Fluss zum Meer und zum Vulkan und zurück hilfreich begleitet; es wäre unmöglich, ihnen allen zu danken, doch hier mache ich mal einen Anfang und trinke einen Flor de Caña auf Fred und Luisa, Polar Bear, Miguel Angel Castillo Espinoza, Mario Tulio Brenes, Andres Vargas, Andrew Rothman, Mariana in Liberia, Ranger Lupita im Parque Nacional Santa Rosa, Luis in Las Hornillas, Wander *'gracias pero no,'* Gracie und Cody, Manuel in Montezuma, den Schmetterlingsmann Josh, Eyal und Coryn, Kenn und Trish, Cheney Wells, Edwin in Santa Cruz, Joe und Mari, Thisbe und Mark, Carolyn, Paige, Jimmy für den Geleitschutz, Matt für die wundervolle Zusammenarbeit und Cat dafür, dass sie mir die herrliche Gelegenheit geboten hat, nach Costa Rica zurückzukehren.

DANK VON LONELY PLANET

Wir möchten den Reisenden danken, die mit der letzten Ausgabe gereist sind und uns wertvolle Hinweise, nützliche Tipps und interessante Anekdoten mitteilten:
A Mariem Aameyri, Sherron Abernethy, Simi Aboutboul, Marla Abrolat, Ashima Aggarwal, Patricia Aguilera, Claire Allen, Eric Allen, William Alvarado, Leif Andersson, Mike Andrews, Victor Anysimiv, Milly Anz, Silvia Argerich, Rachel Arnold, Deneice Arthurton, Nina Auer, Fiorentina Azizi **B** Alexandra Baackes, Elisabeth Babich, Martin Backman, Matthew Barendse, Beverly Bean, Danielle Beckham, David Bekhor, Steven Bernd, William Berry, Sean Besser, Kristyn Bishop, Tea Biteznik, William Blaettler, Amir Blumenthal, Jeramy Boik, Alex Boladeras, Michael Boller, Christopher Booth, Silke Bork, Ian Boroughs, Michael Bowers, Tad Brady, Suzanne Braun, Dana Breen, Remo Britschgi, Matt Brockwell, Jay Brodell, Lindsey Brown, David Bruhowzki, Kevin Bryant, Patricia Buschor, Tammie

WIR FREUEN UNS ÜBER EIN FEEDBACK

Post von Travellern zu bekommen ist für uns ungemein hilfreich – Kritik und Anregungen halten uns auf dem Laufenden und helfen, unsere Bücher zu verbessern. Unser reiseerfahrenes Team liest alle Zuschriften genau durch, um zu erfahren, was an unseren Reiseführern gut und was schlecht ist. Wir können solche Post zwar nicht individuell beantworten, aber jedes Feedback wird garantiert schnurstracks an die jeweiligen Autoren weitergeleitet, rechtzeitig vor der nächsten Nachauflage.

Wer uns schreiben und informieren will, erreicht uns über www.lonelyplanet.de/kontakt

Hinweis: Da wir Beiträge möglicherweise in Lonely Planet Produkten (Reiseführer, Websites, digitale Medien) veröffentlichen, ggf. auch in gekürzter Form, bitten wir um Mitteilung, falls ein Kommentar nicht veröffentlicht oder ein Name nicht genannt werden soll. Wer Näheres über unsere Datenschutzpolitik wissen will, erfährt das unter www.lonelyplanet.com/privacy

Buxton **C** Mark Cannalte, Gregory Casillas, Robert Chatfield, Roni Chernin, Maureen Chorney, Joseph Christie, Hsiao-Yun Chu, Elsa Citeau, Casey Clark, Erin Cleary, John Clode, Shannon Cobb, Jim Cohen, Karen Coker, Michelle Collins, Christopher Conatser, Ann Conroy, Sharla Cooper, Hernan Cordero, Sarah Corkill, Sara Cote, Ann Cowles, Janna Crabb, Simon Crosbie, Rachel Crosier, Peter Crossley **D** Raymond Danner, Chris Davis, Paul Davis, Carolyn De Groot, Ineke De Weerdt, Sander De Wit, Cathy Deeley, Diane Dejoannis, Noel Dekking, Linda Derfiny, Nicole Diamond, Anne Dias, John Dillard, Jennifer Dominique, Judy Donie, Dustin Donovan, William Douglas, Craig Dowle, Frank Driscoll, Florian Dünner **E** Leisl Ellis, Laura Emmett, Steven Engler, Kamyar Eshraghi, Jaco Expert **F** Elizabeth Fabbre, Bliss Fago, Gregory Falkenstein, Geoffroy Fauchet, Laura Faulkner, Nadia Ferrari, Federico Fileti, Elodie Fish, Melissa Fishburne, Lee Fitzgerald, Julia Flood, Brian Flores, Patrick Foster, Eva Fuchs **G** Sarah Garber, Andy Garcia, Aurora Garcia, Becky Garrod, Mari Gasiorowicz, Bill Gasteyer, Iris Gat, Otto Geesink, Clinton Gilliland, Lucy Gillon, Deborah Goldman, Justine Grajski, Ray Granade, Kate Gregory, Carrie Griffin, Meghan Grosscup, Thomas Grund, Susanne Grütter, Saul Guerrero **H** Daniel Haesen, Taili Hardiman, Linda Harleman, Corinne

Hartmann, Sabine Hein, Cristin Hendrickson, Erik Henricsson, Jim Herdman, Lia Hesseling, Kevin Hill, Louise Hockley, Esmé Hoekstra, Michele Hoopes, Cassandra Hoover, Zohar Hoshen, Hi Howard, Kenneth Hoyt, Verena Hrovat, Frans Huber, Hans Huisman, Diana Hüchelbach **I** Nadine Imhasly **J** Sara J, Henriette Jacob, Goeran Jaeger, Jeannie Jarnot, Lauren Jawer, JD, Rachel Jensen, Duncan Jodrell, Milena Johnson, Michael Jones, Nicole Ellen Jones, Claudia Joos, Paul Jorgensen, Anne Junius, Tomi Jylhä **K** Jessica Kagle, Carly Kim, Leah Kirkpatrick, Elaine Klemmensen, Kimberly Klootwyk, Christina Ko, Jasmin Köhler, Margot Kokke, Jesper Konig, Helga Krammer, Ron Kreisman, Anthony Kremski, Ronald Kuegler, Lesley Kunikis, Lucie Kyselova **L** Jane-Anne Lee, Pascala Leff, Jose Ignacio Leguina, Marguerite H Leishman, Laureline Lesselingue-Belair, Marian Klein Leugemors, Shira Lev-Ami, Diana Levengood, Lisa Levine, Suzanne Lew, Catherine Lewis, Jean Lewis, Jan Lim, Fernando Lizano, Amy Lodge, Torge Löding, John Lofy, Parker Love, Mauricio Luna, Diego Lynch, Kari Lyons **M** Aimée Machiels, Erika Malitzky, Patrick Mannens, Oren Marciano, James Martin, John Martin, Kathleen Martin, Laszlo Mathe, Esther Matute, Scott Mcintyre, Jessica Mcquade, David Mcsherry, Jennifer Medley, Patty Meier, Chris Mellen, Martin Merkle, Klaus Meyer-Arendt, Jean-Louis Michels, Lee Milner, Mark Douglas Minor, Susie Minson, Chris Mitchell, Sílvia Martín Molina, Marianne Mongillo, Pete Mooney, Adrian Moreno, Melanie Mueller-Jensen, Nancy Muir, Anne Mulcair, Paloma Muñoz, Gerri Myles **N** Alexandra Nadler, Kellee Napieralski, Melissa Nettles, Terry Newton, Sabrina Nichols, Lesley Noble, Mariana Nogaro, Camie Noll, Eka Norris, Christina Noz, Clara Nussbaum, Jens Nyman **O** Jasmine O'Brien, Jack Ocarroll, Jacquo Odemaere, Anne Olson, Caprice Olsthoorn, Smadar Oren, Daniele Oudinot **P** Dutch Pablo, Elizabeth Parker, Julia Patrick, Peter Peeters, Sarah Pelot-Hobbs, James Peters, Tom Pfyffer, Susan Phares, Peter Phillips, Joan Piazza, Suzanne Pincus, Max Pitman, Geoff Polci, Gretchen Powers, John Pratt, Shirley Price, Anthony Primozich, Angela Prior, Jean Prominski, John Puricelli **R** Dion Ramos, Kamini Rangappan, Juliette Ranson, Al Rapaport, Jim Ratti, Anna Ravensbergen, Nick Rayman, Cheryl Reed, Jennifer Reed, Alistair Reeves, Susan Register, Christina Reichel, Cynthia Renaud, Elisa Renda, Stefanie Reska, Kon Rhyu, Marci Richards, Esther Rietveld, Rod and June Ririe, Karen Robacker, Cigi Robert, Mike Roberto, Regina Rosa, Jess Rose, Tracy Rosecrans, Joyce and Nick Rouy, Maggie Roy, Mark Rutherford, Amatierra Hotel and Retreat Ruttenberg **S** Anne Karin Sæther, Gideon Saroufiem, Sarah Sattin, Milena Schmidt, P Schneider, Danette Schwab, Kim Schwartz, Todd Schwebel, Jody Seasonwein, Yolanda Senders, Carrie Serwetnyk, Stephen Shaw, Chun Jui Shen, Jacob Silber, Patricia Simpson, Anthony Smith, Brian Smith, Cayenne Smith, Chad Smith, Gill Smith, Lynne Smith, Stacey Sowards, Paige Spencer, Krista Spiro, Arlene Stanton, David Stanton, Danny Steinman, Igor Sterk, Dustin Stucki, Susana Susana, Mardi Swatek, Antje Szymendera **T** Maud Taillard, Humberto Takara, Stefan Tanamal, Emanuela Tasinato, Amber Tatum, Elly Taylor, Francesca Taylor, Carl Tera, June Terry, Lotti Tetteroo, Sian Thomas, Barbara Tilford, Sam Tomlinson, Francoise Touboul, Micha Tranchida, Rita Treiber, Martin Tremblay, Carolyn Trend, Monika Trojan, Robby Tucker, Sarah Turgon **V** Maritza Valenzuela, Maria Valerio, Luisa Valfre, Peter G van Jensen, Rick van Klaveren, Peter van Laere, Vicky van Loock, Jan and Charlotte van Oostrum,Hijmen van Twillert, Anne Vanderschueren, Josh Vanek, Raymond Venner, Laura Vernoy, Sigrid Verweij, Cristina Viray **W** Tali Waisel, David Walker, Sara Walsh, Dave Warner, Maerle Wasmann, Kerstin Wasson, Cara Waters, Mazey Watson, Stéphanie Weber, Michèle Wegmann, R Weinzweig, Cheney Wells, Sabrina Wendorff, Lauren West, Valerie Wezran, Stephanie White, Tracey Whybrow, Jo Ann Wichmann, Amy Widmer, Damon Willaman, Irene Williams, Joris Wind, Melissa Wolf, Patti Wolf, Kenneth Wood, Charlie Woodall, Alex Woodcraft, Marieke Wright, Michelle Wright **Z** Cathryn Zommer, Tal Zoucker

QUELLENNACHWEIS

Der Verlag dankt für die freundliche Genehmigung zum Abdruck der folgenden Grafiken und Fotos:

Weltkugel auf der Umschlagrückseite ©Mountain High Maps 1993 Digital Wisdom, Inc.

Abbildungen im Innenteil: S. 5 Neil McAllister/Alamy; S. 10 (Nr. 6), 12 (Nr. 1) Yadid Levy/Alamy; S. 9 (Nr. 3) Ellen McKnight/Alamy; S. 14 (Nr. 2) R1/Alamy; S. 15 (Nr. 5), S. 16 REUTERS/Juan Carlos Ulate. Alle übrigen Aufnahmen stammen aus dem Bestand von Lonely Planet Images und wurden fotografiert von Johnny Haglund S. 6 (Nr. 5), S. 12 (Nr. 6); Luke Hunter S. 6 (Nr. 3), S. 7 (Nr. 6); Corey Wise S. 7 (Nr. 4); Christian Aslund S. 13; Ralph Hopkins S. 9 (Nr. 2); Tom Boyden S. 8; Christian Aslund S. 10 (Nr. 3); Mark Newman S. 10 (Nr. 4); Stephen Saks S. 14 (Nr. 1); Christer Fredriksson S. 15 (Nr. 3).

Register

GreenDex

UMWELTBEWUSST REISEN

Heutzutage wirbt fast jeder Dienstleister im Tourismusbereich mit Nachhaltigkeit und Umweltfreundlichkeit seiner Angebote; aber wie findet man eigentlich heraus, wer es ernst meint mit dem „grünen" Konzept und wer sich nur ein werbewirksames Etikett umgehängt hat?

Die folgenden Einrichtungen wurden von den Autoren von Lonely Planet ausgewählt, weil sie offenbar wirklich den Leitlinien eines sanften und nachhaltigen Tourismus folgen. Manche der Genannten engagieren sich im Bereich des Umweltschutzes und der Umwelterziehung, andere werden von Einheimischen vor Ort betrieben oder befinden sich im Besitz indianischer Ureinwohner, und sie leisten daher einen wichtigen Beitrag zur Bewahrung der regionalen Identität und Landeskultur. Einige dieser Einrichtungen tragen ein Zertifikat des Fremdenverkehrsamtes von Costa Rica (ICT; www.visitcostarica.com), ein Beleg dafür, dass sie in Sachen Umwelt, aber auch hinsichtlich ethischer Maßstäbe und kultureller Sensibilität hohen Anforderungen genügen.

Lonely Planet ist sehr daran gelegen, die Angaben zum Thema Nachhaltigkeit auf dem aktuellsten Stand zu halten. Falls Leser also der Ansicht sind, dass wir eine wichtige Adresse übersehen haben oder dass eine bestimmte Empfehlung mittlerweile nicht mehr ausgesprochen werden dürfte, sind wir für Zuschriften unter www.lonelyplanet.com/contact sehr dankbar. Mehr Infos zu umweltverträglichem Tourismus und Lonely Planet unter www.lonelyplanet.com/responsibletravel.

KARTENLEGENDE

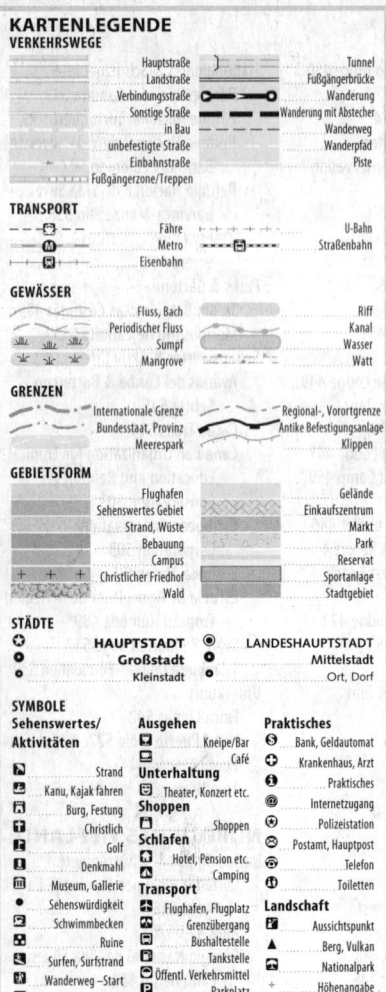

VERKEHRSWEGE

Hauptstraße		Tunnel
Landstraße		Fußgängerbrücke
Verbindungsstraße		Wanderung
Sonstige Straße		Wanderung mit Abstecher
in Bau		Wanderweg
unbefestigte Straße		Wanderpfad
Einbahnstraße		Piste
Fußgängerzone/Treppen		

TRANSPORT

Fähre		U-Bahn
Metro		Straßenbahn
Eisenbahn		

GEWÄSSER

Fluss, Bach		Riff
Periodischer Fluss		Kanal
Sumpf		Wasser
Mangrove		Watt

GRENZEN

Internationale Grenze		Regional-, Vorortgrenze
Bundesstaat, Provinz		Antike Befestigungsanlage
Meerespark		Klippen

GEBIETSFORM

Flughafen		Gelände
Sehenswertes Gebiet		Einkaufszentrum
Strand, Wüste		Markt
Bebauung		Park
Campus		Reservat
Christlicher Friedhof		Sportanlage
Wald		Stadtgebiet

STÄDTE

✪	HAUPTSTADT	◉ LANDESHAUPTSTADT
●	Großstadt	◉ Mittelstadt
●	Kleinstadt	◉ Ort, Dorf

SYMBOLE

Sehenswertes/ Aktivitäten

🏛	Strand
🚣	Kanu, Kajak fahren
🏰	Burg, Festung
✝	Christlich
⛳	Golf
🗿	Denkmal
🏛	Museum, Galerie
●	Sehenswürdigkeit
🏊	Schwimmbecken
⚑	Ruine
🏄	Surfen, Surfstrand
🥾	Wanderweg –Start
🦓	Zoo, Vogelschutzgebiet

Essen

🍴	Restaurant

Ausgehen

🍺	Kneipe/Bar
☕	Café

Unterhaltung

🎭	Theater, Konzert etc.

Shoppen

🛍	Shoppen

Schlafen

🛏	Hotel, Pension etc.
⛺	Camping

Transport

✈	Flughafen, Flugplatz
▣	Grenzübergang
▣	Bushaltestelle
⛽	Tankstelle
▣	Öffentl. Verkehrsmittel
P	Parkplatz
🚕	Taxistand

Praktisches

💲	Bank, Geldautomat
✚	Krankenhaus, Arzt
ℹ	Praktisches
@	Internetzugang
⊗	Polizeistation
✉	Postamt, Hauptpost
☎	Telefon
🚻	Toiletten

Landschaft

⚑	Aussichtspunkt
▲	Berg, Vulkan
☘	Nationalpark
+	Höhenangabe
◍	Wasserfall

IMPRESSUM

Lonely Planet Publications,
Locked Bag 1, Footscray,
Melbourne, Victoria 3011,
Australia

Verlag der deutschen Ausgabe:
MAIRDUMONT, Marco-Polo-Str. 1, 73760 Ostfildern,
www.mairdumont.com, lonelyplanet@mairdumont.com

Chefredakteurin deutsche Ausgabe: Birgit Borowski
Übersetzung: Petra Dubilski, Beatrix Gehlhoff, Marion Gieseke,
Dr. Martin Goch, Monika Grabow, Dr. Horst Leisering, Raphaela
Moczynski, Dr. Thomas Pago, Christina Radünz, Jutta Ressel
M.A., Jürgen Scheunemann, Renate Weinberger
Redaktion: CLP Carlo Lauer & Partner, Aschheim
Technischer Support: Typographischer Betrieb K. Numberger/
H. Numberger, München

Costa Rica
2. deutsche Auflage Februar 2009, übersetzt von *Costa Rica 8th
edition*, Oktober 2008 Lonely Planet Publications Pty

Deutsche Ausgabe © Lonely Planet Publications Pty, Februar 2009
Fotos © wie angegeben

Printed in China

Titelfoto: Weißschulter-Kapuzineraffe *(Cebus capucinus)* im tropischen
Regenwald – Ralph Hopkins/Lonely Planet Images.

Die meisten Fotos in diesem Reiseführer können bei Lonely Planet
Images, www.lonelyplanetimages.com auch lizenziert werden.